中華古籍保護計劃

ZHONG HUA GU JI BAO HU JI HUA CHENG GUO

·成果·

江蘇省無錫市圖書館古籍普查登記目録

全國古籍普查登記目録

國家圖書館出版社
National Library of China Publishing House

圖書在版編目(CIP)數據

江蘇省無錫市圖書館古籍普查登記目録/《江蘇省無錫市圖書館古籍普查登記目録》編委會編. —北京:國家圖書館出版社,2021.5
(全國古籍普查登記目録)
ISBN 978-7-5013-7189-1

Ⅰ.①江… Ⅱ.①江… Ⅲ.①公共圖書館—古籍—圖書館目録—無錫 Ⅳ.①Z838

中國版本圖書館 CIP 數據核字(2020)第 268776 號

書　　名　江蘇省無錫市圖書館古籍普查登記目録
著　　者　《江蘇省無錫市圖書館古籍普查登記目録》編委會　編
責任編輯　趙　嫄

出版發行　國家圖書館出版社(北京市西城區文津街 7 號　100034)
(原書目文獻出版社 北京圖書館出版社)
010-66114536　63802249　nlcpress@nlc.cn(郵購)
網　　址　http://www.nlcpress.com
排　　版　京荷(北京)科技有限公司
印　　裝　河北三河弘翰印務有限公司
版次印次　2021 年 5 月第 1 版　2021 年 5 月第 1 次印刷

開　　本　787×1092　1/16
印　　張　46
字　　數　900 千字
書　　號　ISBN 978-7-5013-7189-1
定　　價　460.00 圓

《全國古籍普查登記目録》

工作委員會

《全國古籍普查登記目録》

序　言

全國古籍普查登記工作是"中華古籍保護計劃"的首要任務，是全面開展古籍搶救、保護和利用工作的基礎，也是有史以來第一次由政府組織、參加收藏單位最多的全國性古籍普查登記工作。

2007年國務院辦公廳發布《關於進一步加强古籍保護工作的意見》（國辦發[2007]6號），明確了古籍保護工作的首要任務是對全國公共圖書館、博物館和教育、宗教、民族、文物等系統的古籍收藏和保護狀况進行全面普查，建立中華古籍聯合目録和古籍數字資源庫。2011年12月，文化部下發《文化部辦公廳關於加快推進全國古籍普查登記工作的通知》（文辦發[2011]518號），進一步落實了全國古籍普查登記工作。根據文化部2011年518號文件精神，國家古籍保護中心擬訂了《全國古籍普查登記工作方案》，進一步規範了古籍普查登記工作的範圍、内容、原則、步驟、辦法、成果和經費。目前進行的全國古籍普查登記工作的中心任務是通過每部古籍的身份證——"古籍普查登記編號"和相關信息，建立古籍總臺賬，全面瞭解全國古籍存藏情况，開展全國古籍保護的基礎性工作，加强各級政府對古籍的管理、保護和利用。

《全國古籍普查登記工作方案》規定了全國古籍普查登記工作的三個主要步驟：一、開展古籍普查登記工作；二、在古籍普查登記基礎上，編纂出版館藏古籍普查登記目録，形成《全國古籍普查登記目録》；三、在古籍普查登記工作基本完成的前提下，由省級古籍保護中心負責編纂出版本省古籍分類聯合目録《中華古籍總目》分省卷，由國家古籍保護中心負責編纂出版《中華古籍總目》統編卷。

在黨和政府領導下，在各地區、各有關部門和全社會共同努力下，古籍普查登記工作得以扎實推進。古籍普查已在除臺、港、澳之外的全國各省級行政區域開展，普查内容除漢文古籍外，還包括各少數民族文字古籍，特别是於2010年分别啓動了新疆古籍保護和西藏古籍保護專項，因地制宜，開展古籍普查登記工作；國家古籍保護中心研製的"全國古籍普查登記平臺"已覆蓋到全國各省級古籍保護中心，并進一步研發了"中華古籍索引庫"，爲及時展現古籍普查成果提供有力支持；截至目前，已有11375部古籍進入《國家珍貴古籍名録》，浙江、江蘇、山東、河北等省公布了省級《珍貴古籍名録》，古籍分級保護機制初步形成。

《全國古籍普查登記目録》是古籍普查工作的階段性成果，旨在摸清家底，揭示館藏，反映古籍的基本信息。原則上每申報單位獨立成册，館藏量少不能獨立成册者，則在本省範圍内幾個館目合并成册。無論獨立成册還是合并成册，均編製獨立的書名筆畫索引附於書後。著録的必填基本項目有：古籍普查登記編號、索書號、題名卷數、著者（含著作方式）、版本、册數及存缺卷數。其他擴展項目有：分類、批校題跋、版式、裝幀形式、叢書子目、書影、破損狀況等。有條件的收藏單位多著録的一些擴展項目，也反映在《全國古籍普查登記目録》上。目録編排按古籍普查登記編號排序，内在順序給予各古籍收藏單位較大自由度，可按分類排列古籍普查登記編號，也可按排架號、按同書名等排列古籍普查登記編號，以反映各館特色。

此次全國古籍普查登記工作，克服了古籍數量多、普查人員少、普查難度大等各種困難，也得到了全國古籍保護工作者的極大支持。在古籍普查登記過程中，國家古籍保護中心、各省古籍保護中心爲此舉辦了多期古籍普查、古籍鑒定、古籍普查目録審校等培訓班，全國共1600餘家單位參加了培訓，爲古籍普查登記工作培養了大量人才。同時在古籍普查登記工作中，也鍛煉了普查員的實踐能力，爲將來古籍保護事業發展奠定了良好的基礎。

《全國古籍普查登記目録》的出版，將摸清我國古籍家底，爲古籍保護和利用工作提供依據，也將是古籍保護長期工作的一個里程碑。

國家古籍保護中心
2013年10月

《全國古籍普查登記目録》

編纂凡例

一、收録範圍爲我國境内各收藏機構或個人所藏，産生於 1912 年以前，具有文物價值、學術價值和藝術價值的文獻典籍，包括漢文古籍和少數民族文字古籍以及甲骨、簡帛、敦煌遺書、碑帖拓本、古地圖等文獻。其中，部分文獻的收録年限適當延伸。

二、以各收藏機構爲分册依據，篇幅較小者，適當合并出版。

三、一部古籍一條款目，複本亦單獨著録。

四、著録基本要求爲客觀登記、規範描述。

五、著録款目包括古籍普查登記編號、索書號、題名卷數、著者、版本、册數、存缺卷等。古籍普查登記編號的組成方式是：省級行政區劃代碼—單位代碼—古籍普查登記順序號。

六、以古籍普查登記編號順序排序。

《江蘇省無錫市圖書館古籍普查登記目録》

編委會

《江蘇省無錫市圖書館古籍普查登記目録》

前　言

無錫,歷史悠久、人文薈萃,素稱文獻之邦。無錫市圖書館前身爲無錫縣圖書館,創建於 1912 年,由地方知名人士倡議籌建,是我國早期創建的公立圖書館之一。圖書館軒敞宏偉,主體建築老鐘樓爲當時無錫境内最高建築,成爲城市標志。圖書館館藏宏富,集精擷萃,國學大師錢基博先生等著名學者親任館長,其獨特的人文底蘊和古樸典雅的建築風貌,在辛亥革命後無錫文化歷史上具有十分重要的地位。經歷了軍閥混戰的坎坷、日寇侵華的磨難和國内戰争的動蕩,圖書館許多珍貴館藏遭到破壞。1949 年人民政府接管,更名爲無錫市圖書館,從此無錫市圖書館焕發新的光彩。1956 年榮氏家族遵榮德生先生的遺命,將其所創大公圖書館藏書及私人珍藏近 12 萬册古籍綫裝書捐贈無錫市圖書館,極大豐富了館藏鄉賢著述和地方資料。無錫市圖書館現有館藏綫裝古籍 30 萬册,其中善本 2 萬餘册。地方文獻、舊家譜及榮氏贈書,均爲特色館藏。

自 2007 年“中華古籍保護計劃”啓動以來,無錫市圖書館古籍保護工作取得了顯著成效。珍貴古籍名録申報是“中華古籍保護計劃”的重要工作。圖書館高度重視,參與了歷次申報。2008 年起先後有 112 部、273 部古籍入選國家級、省級珍貴古籍名録,在全國、全省同級圖書館中名列前茅,其中不乏孤本、珍本。如明萬曆刻本《無錫縣學筆記》十二卷、明萬曆三十二年(1604)刻本《近思録補》十四卷,僅無錫市圖書館收藏,海内孤本,彌足珍貴。明萬曆刻本《歷年二十一傳》□□卷、明天啓刻本《戍樓閒話》四卷、清康熙五十八年(1719)刻徐氏真合齋磁版印本《周易説略》八卷等傳世極稀,實屬珍本。

古籍普查是古籍保護工作的基礎和重點。無錫市圖書館專門成立普查小組,制定詳細方案,推進館藏古籍的整理和清查工作。通過摸底清查,截至 2016 年底,已基本完成萬餘部上架古籍的普查,并將基本信息録入全國古籍普查登記平臺(尚有 8 萬餘册綫裝書還未整理)。此次出版的《江蘇省無錫市圖書館古籍普查登記目録》共收録館藏古籍書目 11324 條,是無錫市圖書館目前爲止最爲完備的古籍藏書目録。希望通過此書的出版,向社會各界展示無錫市圖書館古籍普查成果,并促進館藏古籍的保護和利用。

無錫市圖書館歷來非常重視對古籍的保護、整理、開發與利用,也取得了一些成績。開展普查的同時,先後整理出版《錫山先哲叢刊》《寄暢園法帖》《榮德生遺命捐贈無錫圖書館館藏國家珍貴古籍選刊》《無錫市圖書館藏地方孤本叢書·第一輯》及《無錫市圖書館藏古籍珍本叢刊》(該叢刊已出版《比璞山房罪言》《朱子節要》《華氏傳芳集》《秋水集》《瞻橋小志》)等十多種地方文獻,弘揚歷史文化,宣傳館藏特色。編輯出版《無錫地區家譜知見目録》,獲江蘇省第五届圖書館學情報學學術成果二等獎。先後建成《無錫市圖書館館藏家譜目録》《無錫市圖書館館藏地方志目録》等9種書目數據庫和《無錫市圖書館館藏古籍全文數據庫》,大力推進數字化建設。《無錫文庫》是無錫有史以來最大型的地方歷史文獻集成,也是江蘇省首部完成的城市歷史文化總集。無錫市圖書館作爲地區文獻資源中心,不僅承擔其中兩輯編纂任務,還全程參與前期選目、底本提供、各輯分編、提要寫作等工作,爲文庫編輯出版提供全方位深層次的課題服務,獲江蘇省第六届公共圖書館優秀服務成果一等獎;與《江南晚報》聯合開展"追憶往錫"專題服務,獲江蘇省第六届公共圖書館優秀服務成果二等獎。另外還參與無錫市紀委《無錫家訓與廉政建設》叢書的編輯,配合無錫市文明辦完成"家規家訓明信片"的編輯出版。爲展示珍貴館藏,先後舉辦"無錫市圖書館館藏精品展""無錫市譜牒文化成果展""無錫入選《國家珍貴古籍名録》書展"等多個展覽;與無錫博物院聯合舉辦"天禄遺珠——無錫市圖書館、無錫博物院藏古籍珍本聯展""得天之清——無錫藝蘭文化展"。無錫市圖書館2009年被評爲全國古籍重點保護單位和江蘇省古籍重點保護單位,2011年、2016年連續兩次被評爲江蘇省古籍保護工作先進單位。

《江蘇省無錫市圖書館古籍普查登記目録》的順利出版,離不開江蘇省古籍保護中心的指導與幫助,離不開國家圖書館出版社編輯們的再三審校,離不開無錫市圖書館歷史文獻中心古籍普查人員的辛勤努力與付出。在此我們對嚴謹執着的他們表示誠摯的感謝!因專業知識有限,文中難免出現錯誤,敬請各位專家及讀者予以批評、指正。

《江蘇省無錫市圖書館古籍普查登記目録》編委會

2020年12月

目　　録

320000－1606－0000001　1557
唐陸宣公集二十四卷　(唐)陸贄撰　明刻本　四册

320000－1606－0000002　2101
津逮祕書十五集　(明)毛晉輯　明崇禎毛氏汲古閣刻本　三百二十册

320000－1606－0000003　5031
錦繡萬花谷前集四十卷後集四十卷續集四十卷　(□)□□撰　明嘉靖十五年(1536)秦汴繡石書堂刻本(前集卷一至三,後集卷十三末、三十四至四十爲抄配)　二十册

320000－1606－0000004　6072
地圖綜要三卷　(明)吳學儼等輯　明朗潤堂刻本　四册

320000－1606－0000005　20166
楊龜山先生集四十二卷首一卷末一卷　(宋)楊時撰　清康熙四十六年(1707)刻本　二十册

320000－1606－0000006　20171
新刻張太岳先生文集四十七卷　(明)張居正撰　明萬曆四十年(1612)唐國達刻本　十六册

320000－1606－0000007　26496
潛書四卷　(清)唐甄著　(清)王聞遠編　清康熙王聞遠刻本　二册

320000－1606－0000008　26647
春秋胡傳三十卷諸國興廢說一卷　(宋)胡安國撰　明正統十二年(1447)内府司禮監刻本　十六册

320000－1606－0000009　26647－1
禮記集説十六卷　(元)陳澔撰　明正統十二年(1447)内府司禮監刻本　四十册

320000－1606－0000010　26647－2
詩集傳二十卷詩序辨說一卷詩傳綱領一卷詩圖一卷　(宋)朱熹撰　明正統十二年(1447)内府司禮監刻本　二十二册

320000－1606－0000011　26647－3
書集傳六卷　(宋)蔡沈集傳　**説書綱領一卷**　(宋)朱熹撰　**圖一卷**　明正統十二年(1447)内府司禮監刻本　二十册

320000－1606－0000012　26647－4
周易傳義十卷上下篇義一卷　(宋)程頤傳　**易圖集錄一卷易五贊一卷筮儀一卷**　(宋)朱熹撰　明正統十二年(1447)内府司禮監刻本　二十二册

320000－1606－0000013　26649
新刊迂齋先生標註崇古文訣三十五卷　(宋)樓昉輯　明刻本　二十四册

320000－1606－0000014　26653
桂林春秋義三十卷　(明)顧懋樊撰　明崇禎十二年(1639)顧爆祚刻桂林説經本　十六册

320000－1606－0000015　26659
唐類函二百卷目錄二卷　(明)俞安期彙纂　明萬曆三十一年(1603)刻四十六年(1618)重修本(卷五十六至五十九配清抄本)　一百二十册

320000－1606－0000016　26661
眉公見聞錄四卷　(明)陳繼儒撰　明崇禎醉綠居刻眉公十種藏書本　二册

320000－1606－0000017　26677
詮敘管子成書十五卷首一卷　(唐)房玄齡注　(明)梅士享詮敘　明天啓五年(1625)刻本　十六册

320000－1606－0000018　26678
西山日記二卷　(明)丁元薦撰　清康熙二十八年(1689)先醒齋刻本　八册

320000－1606－0000019　26679
重輯朱子錄要十五卷　(明)馮應京編輯　(明)朱崇沐訂梓　明萬曆三十三年(1605)朱崇沐刻本　十六册

320000－1606－0000020　26682
錦繡萬花谷前集四十卷後集四十卷續集四十卷　(□)□□撰　明嘉靖十五年(1536)秦汴繡石書堂刻本　三十二册

320000－1606－0000021　26683
古今攷三十八卷　(宋)魏了翁撰　(元)方回續　(明)謝三賓定　明崇禎九年(1636)謝三賓刻本　三十册

320000－1606－0000022　26684
北堂書鈔一百六十卷　(唐)虞世南輯　(明)陳禹謨校幷補註　明萬曆二十八年(1600)陳禹謨刻本　六十册

320000－1606－0000023　26691
瞿文懿公集十六卷制勑稾一卷制科集四卷　(明)瞿景淳撰　明萬曆瞿汝稷刻本　二十册

320000－1606－0000024　26697
性命眞詮十卷續一卷　(明)黄復初輯　明崇禎十年(1637)刻本　五十册

320000－1606－0000025　26699
讀史漫錄十四卷　(明)于愼行撰　明萬曆四十二年(1614)于緯刻本　二十册

320000－1606－0000026　26700
困知記二卷續二卷三續一卷四續一卷續補一卷附錄一卷　(明)羅欽順撰　明萬曆刻本　十册

320000－1606－0000027　26702
元人十種詩五十四卷　(明)毛晉輯　明崇禎十一年(1638)毛氏汲古閣刻本　五十册

320000－1606－0000028　26704
輶軒使者絕代語釋别國方言十三卷　(漢)揚雄撰　(晉)郭璞注　明刻本　二册

320000－1606－0000029　26706
醫方選要十卷　(明)周文采編集　明嘉靖刻本　四册　存二卷(一、五)

320000－1606－0000030　26710
唐皮日休文藪十卷　(唐)皮日休撰　明正德刻本　六册

320000－1606－0000031　26711
鍼灸大成十卷　(明)楊繼洲撰　明萬曆二十九年(1601)趙文炳刻本　三册　存一卷(八)

320000－1606－0000032　26713
刪補唐詩選脈箋釋會通評林六十卷詩人爵里詳節一卷　(明)周珽輯　明崇禎八年(1635)穀采齋刻本　八十册

320000－1606－0000033　26717
説略十集三十二卷　(明)陸楫編　明嘉靖二十三年(1544)陸氏儼山書院、雲山書院刻本　十册

320000－1606－0000034　26719
淑世談藪十卷　(明)劉兑輯　明萬曆二十年(1592)刻本　二十八册

320000－1606－0000035　26720
六書本義十二卷綱領一卷圖一卷　(明)趙撝謙撰　明正德十二年(1517)邵賷刻本　四册

320000－1606－0000036　26723
刻李卓吾先生文章又玄二十卷　(明)李贄輯　明萬曆四十一年(1613)刻本　二十册

320000－1606－0000037　26726
管子榷二十四卷　(唐)房玄齡注　(明)朱長春榷　明萬曆四十年(1612)張維樞刻本　二十四册

320000－1606－0000038　26728
七修類藁五十一卷　(明)郎瑛著述　明刻本　六册　存十九卷(一至十九)

320000－1606－0000039　26741
古今名喻分類全編八卷　(明)吴仕期輯　(明)沈懋學批點　(明)貢克承仝批　(明)蔡逢春閲次　(明)徐嘉宇仝閲　(明)吴之庠音釋　(明)蔡逢暘校正　明耕野堂刻本　八册　存四卷(一至三、七)

320000－1606－0000040　26745
繩庵内集十六卷外集八卷　(清)劉綸撰　清乾隆三十七年(1772)用拙堂刻本　八册

320000－1606－0000041　26748
楊升菴先生批點文心雕龍十卷　(南朝梁)劉勰撰　(明)楊愼批點　(明)梅慶生音註　明萬曆三十七年(1609)梅慶生刻天啓二年(1622)重修本　八册

320000－1606－0000042　26750
讀杜詩愚得十八卷　(明)單復撰　明刻本　四册　存四卷(二至三、十、十五)

320000－1606－0000043　26752
吳歈小草十卷補遺一卷　(明)婁堅撰　明崇禎三年(1630)謝三賓刻本　十二册

320000－1606－0000044　26754
荀子二十卷　(唐)楊倞注　明刻本　二册

320000－1606－0000045　26766
飲膳正要三卷　(元)忽思慧撰　明景泰七年(1456)内府刻本　六册

320000－1606－0000046　26768
文翰類選大成一百六十三卷　(明)李伯璵　(明)馮厚輯　明成化八年(1472)淮藩朱祁銓刻弘治十四年(1501)、嘉靖二十五年(1546)遞修本　六十册　存一百五十四卷(一至二十一、二十四至三十三、三十九至一百十八、一百二十一至一百六十三)

320000－1606－0000047　26772
元曲選十集一百種一百卷　(明)臧懋循編　**天台陶九成論曲一卷**　(明)陶宗儀等撰　**元曲論一卷**　明萬曆臧氏刻本　一百四册

320000－1606－0000048　26774
薛氏醫按二十四種　(明)吳琯輯　明萬曆光華堂刻本　四十八册

320000－1606－0000049　26775
新鍥官板批評註釋虞精集八卷　(明)周伯畊撰　(明)徐奮鵬評　(明)周家賢註　明書林鄭大經刻本　八册

320000－1606－0000050　26782
類編標註文公朱先生經濟文衡前集二十五卷後集二十五卷續集二十二卷　(宋)朱熹撰　(宋)滕珙輯　明萬曆三十四年(1606)朱崇沐刻本　三十二册

320000－1606－0000051　26786
古今韻會舉要三十卷禮部韻略七音三十六母通攷一卷　(元)熊忠撰　明嘉靖十五年(1536)刻本　三十二册

320000－1606－0000052　26788
遂初堂詩集十五卷補遺一卷文集二十卷别集四卷　(清)潘耒撰　清康熙刻本　三十二册

320000－1606－0000053　26798
箋釋梅亭先生四六標準四十卷　(宋)李劉撰　(明)孫雲翼箋　明萬曆四十四年(1616)唐鯉飛刻本　四十册

320000－1606－0000054　26799
賜閒堂集四十卷　(明)申時行撰　明萬曆申用懋、申用嘉刻本　二十册　存二十卷(一至二十)

320000－1606－0000055　26803
考古彙編二十四卷　(明)傅鉞輯　明嘉靖三十一年(1552)翁氏杭郡刻本　二十册

320000－1606－0000056　26810
臨川吳文正公集四十九卷道學基統一卷外集三卷　(元)吳澄撰　**年譜一卷**　(明)危素撰　明成化二十年(1484)方中、陳輝刻本(卷二十七至二十八配清抄本)　五十二册　存五十卷(臨川吳文正公集四十九卷、年譜一卷)

320000－1606－0000057　26813
毛詩註疏二十卷　(漢)毛亨撰　(漢)鄭玄箋　(唐)孔穎達疏　(唐)陸德明音義　明崇禎三年(1630)毛氏汲古閣刻十三經註疏本　十六册

320000－1606－0000058　26814
蓉槎蠡說十二卷　(清)程哲撰　清康熙五十年(1711)程氏七略書堂刻本　四册

320000－1606－0000059　26818
屠先生評釋謀野集註解評林四卷　(明)王稺登撰　(明)屠隆評釋　明刻本　六册

320000－1606－0000060　26819
太史升菴遺集二十六卷　(明)楊慎撰　明萬曆三十四年(1606)湯日昭刻本　十二册

320000－1606－0000061　26842
新編事文類聚翰墨大全甲集十二卷乙集九卷

丙集五卷丁集五卷戊集五卷己集七卷庚集二十四卷辛集十卷壬集十二卷癸集十一卷後甲集八卷後乙集三卷後丙集六卷後丁集八卷後戊集九卷　(元)劉應李輯　明刻本(壬集卷七至十二配清抄本附圖)　八十六册

320000－1606－0000062　26848
春秋穀梁傳註疏二十卷　(晉)范甯集解　(唐)楊士勛疏　(唐)陸德明音義　明刻本　十册

320000－1606－0000063　26849
漢書一百卷　(漢)班固撰　(唐)顔師古注　明嘉靖汪文盛等刻本　二十四册　存三十六卷(五十三至五十五、六十六至六十八、七十一至一百)

320000－1606－0000064　26855
說儲八卷二集八卷　(明)陳禹謨撰　清康熙五十五年(1716)金閶文藻堂刻本　二册

320000－1606－0000065　26857
虞初志七卷　(明)袁宏道參評　(明)屠隆點閱　明凌性德刻朱墨套印本　十六册

320000－1606－0000066　26859
淮南鴻烈解二十一卷　(漢)劉安撰　(明)茅坤評　明刻朱墨套印本　十六册

320000－1606－0000067　26860
集千家註杜工部詩集二十卷文集二卷　(唐)杜甫撰　明刻本　四十册

320000－1606－0000068　26862
嬰童百問十卷　(明)魯伯嗣著　明萬曆刻本　二十册

320000－1606－0000069　26863
道言内三卷外三卷　(明)彭好古輯　明萬曆吳勉學刻黄之寀重修本　二十四册

320000－1606－0000070　26867
仲子三墓志七卷　(明)吕維祺輯　明崇禎五年(1632)刻本　十册

320000－1606－0000071　26868
周易旁註會通十四卷　(明)朱升撰　明萬曆四十五年(1617)姚文蔚刻本　二十五册

320000－1606－0000072　26871
王子年拾遺記十卷　(晉)王嘉撰　(南朝梁)蕭綺輯　明萬曆程榮刻漢魏叢書本　五册

320000－1606－0000073　26892
梓溪文鈔内集八卷外集十卷附錄一卷　(明)舒芬撰　明萬曆四十八年(1620)舒瑮刻本　二十六册

320000－1606－0000074　26907
小窗别紀四卷小窗清紀不分卷清紀附不分卷　(明)吳從先評選　明刻本　十二册

320000－1606－0000075　26908
國史經籍志六卷　(明)焦竑撰　清木活字印本　十册

320000－1606－0000076　26909
明紀編年十二卷　(明)鍾惺撰　(明)王汝南補　清刻本　十册

320000－1606－0000077　26930
新鐫陳太史子史經濟言十二卷　(明)陳子壯纂　明天啓五年(1625)刻本　六册

320000－1606－0000078　26942
原機啟微集二卷　(元)倪維德撰　**附錄一卷**　(明)薛己輯　明嘉靖刻本　四册

320000－1606－0000079　26943
瑯嬛記三卷　(元)伊世珍輯　明末汲古閣刻本　三册

320000－1606－0000080　26944
劉向說苑二十卷　(漢)劉向撰　明刻本　十二册

320000－1606－0000081　26955
劉向說苑二十卷　(漢)劉向撰　(明)黄汝亨等閲　明天啓二年(1622)刻本　十册

320000－1606－0000082　26968
易傳八卷　(宋)蘇軾撰　**王輔嗣論易一卷**　(三國魏)王弼撰　明刻朱墨套印本　十二册

320000－1606－0000083　26976

古源山人日錄十卷　(明)李呈祥撰　明嘉靖十七年(1538)李敬之、李謙然刻本　十册

320000－1606－0000084　26980
新編古今事文類聚前集六十卷後集五十卷續集二十八卷别集三十二卷　(宋)祝穆輯　**新集三十六卷外集十五卷**　(元)富大用輯　明刻本　六十册

320000－1606－0000085　26989
新訂四書直解正字全編二十六卷　(明)張居正撰　(明)沈鯉正字　明崇禎七年(1634)方奇峋刻本　三十二册

320000－1606－0000086　26990
唐人試帖攀龍四卷　(清)毛奇齡輯　(清)唐信增訂　清康熙五十四年(1715)孔毓璣刻本　四册

320000－1606－0000087　26993
泰律十二卷外篇三卷　(明)葛中選撰　明萬曆金聲刻本　十二册

320000－1606－0000088　26994
新編秘傳堪輿類纂人天共寶十二卷　(明)黄慎編次　明崇禎六年(1633)刻本　十二册

320000－1606－0000089　27013
重刊嘉祐集十五卷　(宋)蘇洵撰　清蔡士英刻本　六册

320000－1606－0000090　27019
燕泉何先生餘冬序錄六十五卷　(明)何孟春撰　明嘉靖七年(1528)刻萬曆黄齊賢、張汝賢重修本　六册　存三十卷(一至三十)

320000－1606－0000091　27039
皇明程墨同文錄六卷　(明)楊廷樞輯　明崇禎八年(1635)刻本　四册

320000－1606－0000092　27043
鶴林玉露十六卷　(宋)羅大經撰　明刻本　六册

320000－1606－0000093　27060
劉雪湖梅譜二卷　(明)劉世儒撰　(明)王思任編輯　明萬曆二十三年(1595)刻本　二册

320000－1606－0000094　27102
三禮解詁二十卷　(明)陳深撰　明萬曆刻十三經解詁本　二十八册

320000－1606－0000095　27108
淮南鴻烈解二十一卷　(漢)劉安撰　(漢)高誘注　(明)茅一桂訂　明萬曆刻本　六册

320000－1606－0000096　27122
容齋隨筆十六卷續筆十六卷三筆十六卷四筆十六卷五筆十卷　(宋)洪邁撰　明崇禎三年(1630)馬元調刻本　二十册

320000－1606－0000097　27128
元詩四大家二十七卷　(明)毛晉編　明崇禎毛氏汲古閣刻本　二十册

320000－1606－0000098　27134
愧郯錄十五卷　(宋)岳珂撰　(明)岳元聲等訂　明岳元聲等刻本　八册

320000－1606－0000099　27166
内科摘要二卷　(明)薛己著　明末吳玄有刻本　四册

320000－1606－0000100　27174
甲子會紀五卷　(明)薛應旂撰　明崇禎二年(1629)陳仁錫刻資治通鑑大全本　四册

320000－1606－0000101　27199
知津堂詩集續刻十一卷　(清)奚祿詒撰　清康熙十八年(1679)刻本　十册

320000－1606－0000102　27206
經籍會通四卷　(明)胡應麟撰　明萬曆四十六年(1618)江湛然刻少室山房四集刻本　四册

320000－1606－0000103　27215
新刻官板地理造福玄機體用全書十九卷　(明)徐華盛輯　明萬曆四十三年(1615)書林余繼泉、余祥我刻本　八册

320000－1606－0000104　27217
見聞雜記九卷續二卷　(明)李樂著　(明)朱國禎校正　明萬曆刻清修本　十六册

320000－1606－0000105　27222

古文賞音十二卷 （清）謝有煇輯　清康熙四十六年(1707)師儉閣刻本　二十四册

320000－1606－0000106　27224
刪正唐詩拾遺□□卷 （明）俞憲輯　明刻本　一册　存二卷(八至九)

320000－1606－0000107　27224－1
唐詩品彙九十卷拾遺十卷 （明）高棅輯　明刻本　九册　存八卷(拾遺一至七、十)

320000－1606－0000108　27228
俞氏易集説十三卷 （元）俞琰撰　清康熙刻通志堂經解本　十六册

320000－1606－0000109　27235
韓文四十卷外集十卷遺集一卷集傳一卷 （唐）韓愈撰　明嘉靖三十五年(1556)莫如士刻韓柳文本　十册　存四十二卷(韓文十一至四十、外集十卷、遺集一卷、集傳一卷)

320000－1606－0000110　27248
新編歷代草書韻海十卷 （明）陳鼎新輯　明崇禎三年(1630)刻本　六册

320000－1606－0000111　27267
名句文身表異錄二十卷 （明）王志堅撰　**清異錄二卷** （宋）陶穀撰　清康熙四十七年(1708)陳世修刻雍正印本　十二册

320000－1606－0000112　27277
讀易大旨五卷 （清）孫奇逢撰　清康熙刻道光至光緒遞修孫夏峯全集本　四册

320000－1606－0000113　27277－1
書經近指六卷 （清）孫奇逢撰　清康熙刻道光至光緒遞修孫夏峯全集本　四册

320000－1606－0000114　27277－2
四書近指二十卷晚年批定四書近指十七卷 （清）孫奇逢撰　清康熙刻道光至光緒遞修孫夏峰全集本　七册

320000－1606－0000115　27282
老學庵筆記十卷 （宋）陸游著　明萬曆商氏半埜堂刻稗海本(有抄配)　六册　存六卷(一至六)

320000－1606－0000116　27295
四書備考二十八卷考異一卷 （明）陳仁錫撰　明崇禎七年(1634)刻本　四十八册

320000－1606－0000117　27299
唐詩品彙九十卷詩人爵里詳節一卷 （明）高棅輯　明居隆刻本(卷八十二至九十配清抄本)　八十六册

320000－1606－0000118　27301
夏桂洲先生文集十八卷首一卷 （明）夏言撰　明崇禎十年(1637)吴一璘刻本　四十八册

320000－1606－0000119　27306
庸言十二卷 （明）黄佐撰　明嘉靖三十一年(1552)孫學古等刻本　十六册

320000－1606－0000120　27307
弇州史料後集七十卷 （明）王世貞撰　（明）董復表輯　明萬曆刻本　四十八册

320000－1606－0000121　27317
世廟識餘錄二十六卷 （明）徐學謨撰　明刻本　四册　存六卷(一至六)

320000－1606－0000122　27329
春秋經傳集解三十卷 （晉）杜預撰　（唐）陸德明釋文　**春秋名號歸一圖二卷年表一卷** （五代）馮繼先撰　明刻本　三十二册

320000－1606－0000123　27331
四史鴻裁四十卷 （明）穆文熙輯　明萬曆刻本　三十二册　存二十八卷(史記一至十二、國語一至八、國策一至八)

320000－1606－0000124　27332
藏書六十八卷 （明）李贄撰　明天啓陳仁錫刻本　五十册

320000－1606－0000125　27337
文章正論十五卷緒論五卷 （明）劉祜輯　明萬曆十九年(1591)徐圖刻本　四十册

320000－1606－0000126　27338
古今詩删三十四卷 （明）李攀龍輯　明刻本　三册　存六卷(一至六)

320000－1606－0000127　27339

重刻丁卯集二卷 （清）許渾撰 明崇禎十年（1637）西蜀雷氏刻本 六冊

320000－1606－0000128 27348

脈經十卷 （晉）王叔和撰 明萬曆三年（1575）書林童文舉刻袁表本 十冊

320000－1606－0000129 27349

宋學士文集七十五卷 （明）宋濂撰 明正德九年（1514）張縉刻公文紙印本 二十四冊 存四十九卷（一至四、二十一至三十、四十一至七十五）

320000－1606－0000130 27355

古文採華旁訓四卷 （明）徐鷁輯 明天啓二年（1622）徐振英家刻本 八冊

320000－1606－0000131 27357

保嬰撮要二十卷 （明）薛鎧編集 （明）薛己驗 明萬曆刻薛氏醫按二十四種本 二十冊

320000－1606－0000132 27358

梁昭明文選二十四卷 （南朝梁）蕭統輯 （明）張鳳翼纂注 明刻本 三十二冊 存九卷（一至九）

320000－1606－0000133 27364

重刊許氏說文解字五音韻譜十二卷 （宋）李燾編 明天啓七年（1627）世裕堂刻本 八冊

320000－1606－0000134 27392

藝圃球琊二卷 （明）蔣以忠 （明）蔣以化著 明吳航書林李氏善慶堂刻本 四冊 存一卷（一）

320000－1606－0000135 27394

皇明從信錄四十卷 （明）陳建輯 （明）沈國元訂補 明末刻本 十二冊 存三十三卷（一至三十三）

320000－1606－0000136 27398

見素集二十八卷奏議七卷素翁續集十二卷 （明）林俊撰 **宸翰錄三卷清朝特典五卷編年紀略一卷墓誌銘一卷卹錄紀事一卷雲莊公畫像贊一卷自考集七卷** （明）林達撰 明萬曆十三年（1585）林及祖、林大黼刻本 四十冊 缺二卷（自考集三、六）

320000－1606－0000137 27400

東坡集選五十卷 （宋）蘇軾撰 （明）陳繼儒定 （明）陳夢槐輯 **蘇文忠公年譜一卷** （宋）王宗稷撰 **蘇文忠公外紀二卷** （明）王世貞輯 **外紀逸編一卷** （明）璩之璞輯 明末刻本 二十二冊 存三十九卷（東坡集選一至三十五、蘇文忠公年譜一卷、蘇文忠公外紀二卷、外紀逸編一卷）

320000－1606－0000138 27404

道驛集四卷 （清）張祖年撰 清康熙刻本 十冊

320000－1606－0000139 27407

松陵集十卷 （唐）皮日休 （唐）陸龜蒙撰 明末毛氏汲古閣刻本 八冊

320000－1606－0000140 27419

九會元集九卷 （明）吳默等撰 明天啓元年（1621）閔齊華刻朱墨套印本 十四冊

320000－1606－0000141 27427

高季迪先生大全集十八卷 （明）高啟撰 清康熙長洲許氏竹素園刻本 十六冊

320000－1606－0000142 27430

七十二峯足徵集八十八卷文集十六卷 （清）吳定璋輯 清乾隆十年（1745）吳氏依綠園刻本 四十八冊 存八十八卷（詩一至八十三、詞一至二、賦一至三）

320000－1606－0000143 27431

啟雋類函一百二卷職官考五卷目錄九卷 （明）俞安期輯 明萬曆四十六年（1618）刻本 四十六冊 存四十六卷（近體一至四十六）

320000－1606－0000144 27435

羣書考索前集六十六卷後集六十五卷續集五十六卷別集二十五卷 （宋）章如愚輯 明正德三年至十三年（1508－1518）劉洪慎獨書齋刻本（續集卷二十三至三十一配清抄本） 十五冊 存一百四十七卷（羣書考索前集六十六卷、續集五十六卷、別集二十五卷）

320000－1606－0000145　27438

重修正文對音捷要真傳琴譜大全十卷　（明）楊表正撰　明萬曆十三年（1585）金陵唐氏富春堂刻本　十册

320000－1606－0000146　27444

文章辨體五十卷外集五卷總論一卷　（明）吳訥輯　明刻本　四十册

320000－1606－0000147　27452

白石樵眞稾二十四卷尺牘四卷　（明）陳繼儒撰　明崇禎九年（1636）章台鼎刻眉公十種藏書本　二十二册

320000－1606－0000148　27457

王氏書苑十卷補益十卷畫苑十卷補益四卷　（明）王世貞輯　（明）詹景鳳補益　明萬曆十八年至十九年（1590－1591）王元貞刻本（王氏書苑卷一至二配清抄本）　二十四册　存二十八卷（王氏書苑十卷、補益一至八、畫苑十卷）

320000－1606－0000149　27458

書傳大全十卷綱領一卷圖一卷　（明）胡廣等輯　明刻本　三十册

320000－1606－0000150　27462

閒情小品　（明）華淑輯　明萬曆刻本　六册　存十三種十五卷（書紳要語一卷，睡方書一卷，雨窗隨喜一卷，清史一卷，迷仙志一卷，田園詩一卷，清涼帖一卷，草堂隨筆二卷，文字禪一卷，文章九命一卷，千古一朋一卷，揚州夢一卷、補一卷，樂府餘編一卷）

320000－1606－0000151　27463

鸝吹二卷附集一卷　（明）沈宜修撰　明崇禎九年（1636）葉紹袁刻午夢堂集本　八册

320000－1606－0000152　27466

雪廬讀史快編六十卷　（明）趙維寰撰　明刻本　八十册

320000－1606－0000153　27468

卓氏藻林八卷　（明）卓明卿編輯　明萬曆刻本　十六册

320000－1606－0000154　27469

新安文獻志一百卷先賢事略二卷目錄二卷　（明）程敏政輯　（明）王宗植等增補　明弘治十年（1497）祁司員、彭哲等刻本　六十册

320000－1606－0000155　27470

通鑑總類二十卷　（宋）沈樞輯　明刻本　六十四册

320000－1606－0000156　27471

藏書六十八卷　（明）李贄撰　明刻本　二十四册　存二十三卷（九至三十一）

320000－1606－0000157　27472

管子二十四卷　（唐）房玄齡注　清刻本　十册

320000－1606－0000158　27473

管子二十四卷　（唐）房玄齡注　清刻本　十二册

320000－1606－0000159　27474

省括編二十三卷　（明）姚文蔚輯　明萬曆三十四年（1606）楊廷筠刻本　四十册

320000－1606－0000160　27486

工師雕斲正式魯班木經匠家鏡三卷靈驅解法洞明眞言祕書一卷圖一卷　（明）午榮彙編　（明）章嚴集　清刻本　二册

320000－1606－0000161　27497

醫學統旨六卷　（明）葉文齡撰　明嘉靖十四年（1535）刻本　二十六册

320000－1606－0000162　27498

箋釋梅亭先生四六標準四十卷　（宋）李劉撰　（明）孫雲翼箋　明萬曆四十四年（1616）唐鯉飛刻本　四十册

320000－1606－0000163　27505

月旦堂仙佛奇蹤合刻八卷　（明）洪應明撰　明刻本　八册

320000－1606－0000164　27506

一萬社草十二卷　（明）盧明銓輯　明天啓刻本　二十八册　存八卷（一至八）

320000－1606－0000165　27507

易經說意七卷　(明)陳際泰撰　明刻本　八冊

320000－1606－0000166　27509
蓉塘詩話二十卷　(明)姜南撰　明隆慶五年(1571)刻本　六冊

320000－1606－0000167　27518
新鐫通鑑集要十卷　(明)諸燮輯　明末金閶書林龔太初刻本　二十冊

320000－1606－0000168　27521
居諸二集十二卷　(明)梅守箕撰　明刻本　十六冊　存十一卷(二至十二)

320000－1606－0000169　27532
何氏語林三十卷　(明)何良俊撰　明嘉靖二十九年(1550)何氏清森閣刻本　三十冊

320000－1606－0000170　27534
博物典彙二十卷　(明)黄道周輯　明崇禎刻本　二十四冊

320000－1606－0000171　27539
四書備考二十八卷考異一卷　(明)陳仁錫撰　明崇禎七年(1634)刻本　十四冊

320000－1606－0000172　27543
羅鄂州小集五卷　(宋)羅願撰　**羅郢州遺文一卷**　(宋)羅頌撰　明天啓六年(1626)羅朗刻本　四冊

320000－1606－0000173　27544
葉忠節公遺藁十二卷　(清)葉映榴撰　(清)葉方輯　清乾隆十年(1745)刻本　十冊

320000－1606－0000174　27545
三子通義二十卷　(明)朱得之撰　明嘉靖四十四年(1565)朱氏浩然齋刻本　十六冊

320000－1606－0000175　27549
留餘堂史取十二卷　(明)賀詳撰　明崇禎刻本　三十二冊

320000－1606－0000176　27552
甗甑洞續藁二十七卷目錄二卷　(明)吳國倫撰　明萬曆三十一年(1603)吳士良刻本　十二冊

320000－1606－0000177　27555
儼山外集四十卷　(明)陸深撰　明嘉靖二十四年(1545)陸楫刻本(卷十四、三十九至四十補配清抄本)　十二冊

320000－1606－0000178　27556
羣芳清玩十二種十六卷　(明)毛晉輯　(明)李璵編　明末毛氏汲古閣刻本　十冊

320000－1606－0000179　27557
見羅先生書二十卷　(明)李材撰　明萬曆李復陽刻本　二十二冊

320000－1606－0000180　27559
葛端肅公文集十八卷　(明)葛守禮撰　明萬曆十年(1582)刻本　二十冊

320000－1606－0000181　27564
崇相集二十卷　(明)董應舉撰　明刻本　十六冊　存六卷(一至六)

320000－1606－0000182　27568
樂府詩集一百卷目錄二卷　(宋)郭茂倩編　元刻明修本　四十冊

320000－1606－0000183　27569
吟風閣四卷　(清)楊潮觀撰　清乾隆二十九年(1764)楊氏恰好處刻本　十冊

320000－1606－0000184　27570
兩漢紀六十卷　(漢)荀悅　(晉)袁宏撰　明萬曆二十六年(1598)南京國子監刻本　二十四冊

320000－1606－0000185　27576
弇州山人四部稾一百七十四卷目錄十二卷　(明)王世貞撰　明萬曆五年(1577)王氏世經堂刻本　一百八十六冊

320000－1606－0000186　27577
新刊唐荆川先生稗編一百二十卷目錄三卷　(明)唐順之輯　明萬曆九年(1581)茅一相文霞閣刻本　八十冊　存七十二卷(一至七十二)

320000－1606－0000187　27585
李卓吾先生讀升菴集二十卷　(明)楊慎撰

(明)李贄評　明刻本　十四冊

320000－1606－0000188　27589
新刻刪補註釋藝圃球琊集四卷　(明)蔣以忠著稿　(明)蔣以化仝稿　(明)林大桂集註　明萬曆刻本　四冊

320000－1606－0000189　27591
空同子集六十六卷目錄三卷　附錄二卷　(明)李夢陽撰　(明)鄧雲霄　(明)潘之恒輯　明萬曆三十年(1602)鄧雲霄刻本　三十冊

320000－1606－0000190　27592
升菴外集一百卷　(明)楊慎著　(明)焦竑編　明萬曆四十五年(1617)刻本　五十六冊

320000－1606－0000191　27594
烏鼠山人遺集　(明)胡纘宗撰　明嘉靖刻清順治補修本　十四冊　存十二卷(小集一至十、後集一至二)

320000－1606－0000192　27595
震澤先生集三十六卷　(明)王鏊撰　明嘉靖刻本　二十冊

320000－1606－0000193　27600
來禽館集二十九卷　(明)邢侗撰　明萬曆四十六年(1618)刻本　四十冊

320000－1606－0000194　27602
東里文集二十五卷　(明)楊士奇撰　明刻本　二十四冊

320000－1606－0000195　27604
皇明三元考十四卷　(明)張弘道　(明)張凝道輯　明常郡書林何敬塘刻本　十冊

320000－1606－0000196　27608
迪吉錄八卷首一卷　(明)顏茂猷撰　明崇禎刻本　八冊　存四卷(一集一卷、普集一卷、世集一卷,首一卷)

320000－1606－0000197　27610
文苑彙雋二十四卷　(明)孫丕顯輯　明萬曆三十六年(1608)刻本　十二冊

320000－1606－0000198　27614
新鐫焦太史彙選中原文獻經集六卷史集六卷子集七卷文集四卷通考一卷　(明)焦竑輯　明萬曆二十四年(1596)汪元湛、許繼登等刻本　四十四冊

320000－1606－0000199　27616
續資治通鑑綱目二十七卷　(明)商輅等撰　明嘉靖三十九年(1560)仁齋刻本(卷一至四配明刻本)　四十八冊

320000－1606－0000200　27624
弇山堂別集一百卷　(明)王世貞撰　明萬曆十八年(1590)翁良瑜雨金堂刻本　一百冊

320000－1606－0000201　27627
研硃集五經總類二十二卷　(明)張瑄撰　明張氏虹化堂刻本　二十四冊

320000－1606－0000202　27629
新鐫古史要評五卷　(明)吳崇節撰　明吳氏菉猗館刻本　十六冊

320000－1606－0000203　27633
金罍子三篇四十四卷　(明)陳絳著　(明)陶望齡閱　明萬曆三十四年(1606)陳昱刻本　二十四冊

320000－1606－0000204　27634
三蘇文纂五卷　(明)馮汝弼輯　明刻本　八冊

320000－1606－0000205　27635
荀子二十卷　(唐)楊倞注　明嘉靖刻本　十八冊

320000－1606－0000206　27636
詩家全體十四卷　(明)李之用輯　明萬曆二十六年(1598)刻本　十九冊

320000－1606－0000207　27638
容臺文集九卷詩集四卷別集四卷　(明)董其昌撰　明崇禎三年(1630)董庭刻本　二十六冊

320000－1606－0000208　27641
鏡世編六卷　(明)林有本編閱　明崇禎十四年(1641)刻本　十四冊　存四卷(一至四)

320000－1606－0000209　27650

刻精釋古今名翰六卷 (明)丘兆麟輯 明末書林張輔刻本 六冊

320000－1606－0000210 27651

少村漫稾四卷 (明)黄廷用撰 明萬曆刻本 八冊

320000－1606－0000211 27653

韓忠定公集四卷附二卷 (明)韓文撰 明萬曆八年(1580)喬因羽刻本(卷三至四、附卷二配清康熙喬有慶刻本) 十四冊

320000－1606－0000212 27658

沈氏三先生文集六十一卷 (宋)沈遘等撰 明刻本 二十四冊 存三十五卷(西溪文集十卷,長興集十三至三十、三十二,雲巢編一至六)

320000－1606－0000213 27662

浮湘藁四卷山中集四卷憑几集五卷續集二卷息園存藁十四卷文九卷緩慟集一卷後集一卷 (明)顧璘撰 明嘉靖刻本 二十七冊 缺二卷(息園存藁文八至九)

320000－1606－0000214 27662－1

近言一卷 (明)顧璘撰 明嘉靖沈氏繁露堂刻本 一冊

320000－1606－0000215 27664

莆陽知稼翁集二卷 (宋)黄公度撰 明黄廷宣、黄廷用刻本 五冊

320000－1606－0000216 27666

姓氏譜纂七卷 (明)李日華輯 明余應灦刻本 六冊

320000－1606－0000217 27671

歷代史纂左編一百四十二卷 (明)唐順之輯 明嘉靖四十年(1561)刻本 二百四十冊 存一百三十二卷(一至一百三十二)

320000－1606－0000218 27678

古今律曆考七十二卷 (明)邢雲路編輯 (明)孫瑋訂閲 明萬曆三十六年(1608)張崇禮刻本 四十八冊

320000－1606－0000219 27680

皇明鴻猷錄十六卷 (明)高岱撰 明萬曆四十七年(1619)李徵儀、王同鼎刻本 十六冊

320000－1606－0000220 27681

綱鑑會編九十八卷 (清)葉澐輯 清康熙四十一年(1702)刻本 九十二冊

320000－1606－0000221 27687

戰國策譚棷十卷 (宋)鮑彪校注 (元)吴師道補正 (明)張文爟集評 **附錄一卷** (明)張文爟輯 明萬曆十五年(1587)刻本 二十八冊

320000－1606－0000222 27689

青箱堂詩集三十三卷 (清)王崇簡撰 清康熙刻本 十四冊

320000－1606－0000223 27694

神農本草經疏三十卷 (明)繆希雍著 (明)李枝參訂 明天啓五年(1625)毛氏綠君亭刻本 三十六冊

320000－1606－0000224 27696

桂洲詩集二十四卷 (明)夏言撰 明嘉靖杭州府刻本 十八冊

320000－1606－0000225 27697

周書五十卷 (唐)令狐德棻撰 明萬曆十六年(1588)南京國子監刻本 二十四冊

320000－1606－0000226 27704

霞外詩集十卷 (元)馬臻撰 明崇禎十一年(1638)毛氏汲古閣刻元人十種詩本 六冊

320000－1606－0000227 27706

五代史記七十四卷 (宋)歐陽修撰 (宋)徐無黨注 明萬曆四年至五年(1576－1577)南京國子監刻本 二十四冊

320000－1606－0000228 27707

編日新書十二卷 (明)陳堦撰 明刻本 二十四冊

320000－1606－0000229 27708

嘉祐集選一卷 (宋)蘇洵撰 (明)趙南星輯 明刻本 一冊

320000－1606－0000230 27708－1

夢白先生集三卷　(明)趙南星撰　明萬曆三十六年(1608)馬調鼎刻本　五册

320000－1606－0000231　27709
才調集十卷　(五代)韋穀輯　明崇禎元年(1628)毛氏汲古閣刻唐人選唐詩八種本　十册

320000－1606－0000232　27711
媚幽閣文娱不分卷　(明)鄭元勳輯　明崇禎三年(1630)鄭元化刻本　十四册

320000－1606－0000233　27712
南北史合纂二十四卷　(明)錢岱撰　明刻本　二十六册

320000－1606－0000234　27714
梁書五十六卷　(唐)姚思廉撰　明萬曆南京國子監刻本　二十册　存五十卷(一至五十)

320000－1606－0000235　27715
王文肅公文草十四卷牘草十八卷　(明)王錫爵撰　明萬曆四十三年(1615)王時敏刻本　四十六册

320000－1606－0000236　27721
潛確居類書一百二十卷　(明)陳仁錫纂輯　明崇禎三年至五年(1630－1632)徐氏大觀堂刻本　一百六十册

320000－1606－0000237　27722
燕泉何先生餘冬序錄六十五卷　(明)何孟春撰　明嘉靖七年(1528)刻萬曆黄齊賢、張汝賢重修本　二十册　存四十卷(一至四十)

320000－1606－0000238　27727
吕氏春秋二十六卷　題(宋)陸游評　(明)凌稚隆批　明萬曆四十八年(1620)凌毓枏刻朱墨套印本　十六册

320000－1606－0000239　27735
尚書説統四十卷　(明)張雲鸞撰　明崇禎刻本　四十册

320000－1606－0000240　27736
鳴寃錄四卷附錄一卷　(明)席書輯　明刻本　四册

320000－1606－0000241　27738
雅尚齋遵生八牋十九卷　(明)高濂撰　**菜根譚二卷**　(明)洪應明撰　明萬曆十九年(1591)刻清增修本　四十四册

320000－1606－0000242　27741
情史類略二十四卷　(明)馮夢龍撰　明刻本　三十册

320000－1606－0000243　27742
唐類函二百卷目錄二卷　(明)俞安期彙纂　明萬曆刻本　二百册

320000－1606－0000244　27744
鐫古今曠世文淵評林三十卷　(明)徐宗夔輯並評　(明)屠隆批釋　明萬曆二十七年(1599)刻本　四十册

320000－1606－0000245　27745
莊子通十卷讀莊槩辨一卷　(明)沈一貫撰　明萬曆刻本　二十册

320000－1606－0000246　27746
程氏演繁露十六卷續演繁露六卷　(宋)程大昌著　明萬曆四十五年(1617)鄧渼刻本　十册

320000－1606－0000247　27747
兩漢博聞類編十卷　(□)□□撰　明萬曆二十九年(1601)楊明盛刻本　十册

320000－1606－0000248　27749
鐔津文集十九卷首一卷　(宋)釋契嵩撰　明萬曆三十五年(1607)嘉興楞嚴寺刻徑山藏本　十册

320000－1606－0000249　27753
樂律全書十五種四十九卷　(明)朱載堉撰　明萬曆鄭藩刻增修本　一百册

320000－1606－0000250　27754
兩漢文四十卷　(明)張采輯　明末刻本　八十册

320000－1606－0000251　27756
古今濡削選章四十卷目錄一卷　(明)李國祥選　明萬曆二十九年(1601)刻本　六十四册

320000－1606－0000252　27758
秋澗先生大全文集一百卷目錄一卷附錄一卷　(元)王惲撰　明弘治十一年(1498)刻本(卷二十一至二十九、八十四配抄本)　四十六册　存九十六卷(一至五十八、六十五至一百,目錄一卷,附錄一卷)

320000－1606－0000253　27764
路史四十七卷　(宋)羅泌撰　清嘉慶西山堂刻本　四十八册

320000－1606－0000254　27765
梁園風雅二十七卷　(明)趙彦復輯　明刻本　二十册　存二十三卷(李獻吉詩選五卷、何仲默詩選五卷、王子衡詩選一卷、孟有涯詩選一卷、薛君采詩選二卷、高子業詩選二卷、劉子素詩選三卷、張助甫詩選三卷、謝茂秦詩選一卷)

320000－1606－0000255　27767
兒易内儀以六卷兒易外儀十五卷　(明)倪元璐撰　明崇禎刻本　十四册

320000－1606－0000256　27768
新刊李九我先生編纂大方萬文一統内外集二十二卷　(明)李廷機輯　明建邑書林余象斗刻本　二十八册

320000－1606－0000257　27769
宋文紀十八卷　(明)梅鼎祚輯　明崇禎十年(1637)周維新刻本　二十四册

320000－1606－0000258　27772
班馬異同三十五卷　(宋)倪思撰　(宋)劉辰翁評　明刻本　二十册

320000－1606－0000259　27773
歷代帝王曆祚考八卷歷代紹統年表一卷　(明)程楊編　明崇禎刻本　十册

320000－1606－0000260　27775
文公家禮儀節八卷　(明)丘濬輯　明萬曆三十六年(1608)錢時刻本　十六册

320000－1606－0000261　27779
大明一統志九十卷　(明)李賢等纂修　明萬壽堂刻清修本　九十二册

320000－1606－0000262　27780
江湖長翁文集四十卷　(宋)陳造撰　明萬曆四十六年(1618)李之藻刻本　三十六册

320000－1606－0000263　27786
新刊宋學士全集三十三卷　(明)宋濂撰　明嘉靖三十年(1551)韓叔陽刻本　五十六册

320000－1606－0000264　27789
歷代通鑑纂要九十二卷　(明)李東陽等撰　明正德二年(1507)内府刻本　二十八册　存二十八卷(一至二十八)

320000－1606－0000265　27790
皇明文則二卷　(明)愼蒙輯　明刻本　四册

320000－1606－0000266　27792
今文周易演義十二卷首一卷　(明)徐師曾撰　明隆慶二年(1568)董漢策刻本　二十四册

320000－1606－0000267　27793
湧幢小品三十二卷　(明)朱國禎輯　明天啓二年(1622)刻本　三十二册

320000－1606－0000268　27794
淮南王氏三賢全書十二卷　(明)王艮等撰　明刻清遞修本　二十六册

320000－1606－0000269　27795
藏說小萃十一種二十七卷　(明)李如一輯　明萬曆三十四年(1606)李銓前書樓刻本　十八册　存三種十三卷(汴遊錄一卷、戒菴老人漫筆八卷、延州筆記四卷)

320000－1606－0000270　27797
箋註唐賢絕句三體詩法二十卷　(宋)周弼輯　(元)釋圓至註　明刻本　六册

320000－1606－0000271　27799
壽養叢書三十五種七十三卷　(明)胡文煥輯　明萬曆胡氏文會堂刻本　二十册　存十五種三十六卷(新刻三元參贊延壽書四卷、首一卷,新刻養生類纂二卷,新刻養生月覽二卷,新刻攝生集覽一卷,新刻攝生要義一卷,新刻類修要訣二卷、續附一卷,新刻厚生訓纂六卷,新刻山居四要四卷、附一卷,新刻壽親養老書一卷,新刻食物本草二卷,新刻食鑑本草二卷,新刻養生食忌一卷、附急救良方一卷,新刻養生導引法一卷,新刻保生心鑑一卷、附活人心法一卷,新刻修真祕要一卷)

320000－1606－0000272　27811
瘍科選粹八卷　(明)陳文治輯　明崇禎元年(1628)刻本　十六册

320000－1606－0000273　27812
詩庸六卷　(清)謝芳連撰　(清)王士禛評點　清康熙刻本　四册

320000－1606－0000274　27814
重刻解元會魁紫溪蘇先生心傳周易兒說四卷　(明)蘇濬撰　清康熙蘇堯松刻本　十六册

320000－1606－0000275　27816
法書要錄十卷　(唐)張彥遠撰　明刻本　十册

320000－1606－0000276　27818
詩人玉屑二十卷　(宋)魏慶之輯　明汪元臣刻遞修本　十二册

320000－1606－0000277　27821
弇州山人讀書後八卷　(明)王世貞撰　明刻本　三册　存三卷(一至三)

320000－1606－0000278　27827
周禮訓雋二十卷　(明)陳深撰　明萬曆刻本　十二册

320000－1606－0000279　27828
海錄碎事二十二卷　(宋)葉廷珪撰　明萬曆二十六年(1598)劉鳳刻本　二十八册

320000－1606－0000280　27831
周易滴露集四卷　(清)張完臣撰　清康熙二十八年(1689)張氏刻本　八册

320000－1606－0000281　27836
禮記集說三十卷　(元)陳澔撰　明嘉靖刻本　二十一册　存二十七卷(四至三十)

320000－1606－0000282　27837
晉書一百三十卷　(唐)房玄齡等撰　明崇禎元年(1628)毛氏汲古閣刻本　五十六册　存一百一卷(十三至七十、八十八至一百三十)

320000－1606－0000283　27848
詩經類考三十卷　(明)沈萬鈳撰　明崇禎陳增遠刻本　六十六册

320000－1606－0000284　27850
二史會編十六卷　(明)況叔祺輯　明嘉靖四十年(1561)刻本　四十册

320000－1606－0000285　27856
山堂肆考二百四十卷　(明)彭大翼撰　明萬曆二十三年(1595)刻本　二百册

320000－1606－0000286　27857
朱文公校昌黎先生文集四十卷外集十卷遺文一卷傳一卷　(唐)韓愈撰　(宋)朱熹考異　(宋)王伯大音釋　明初刻本　四十八册

320000－1606－0000287　27858
雲笈七籤一百二十二卷　(宋)張君房輯　(明)張萱訂　明張萱清真館刻本　八十册

320000－1606－0000288　27871
張龍湖先生文集十五卷　(明)張治撰　**張文毅公傳一卷**　(明)雷禮撰　清雍正四年(1726)彭思眷刻本　九册　存十一卷(張龍湖先生文集一至六、九至十二,張文毅公傳一卷)

320000－1606－0000289　27887
集古錄十卷　(宋)歐陽修撰　明末刻本　十册

320000－1606－0000290　27890
道言内三卷外三卷　(明)彭好古分章　明萬曆吳勉學刻本　八册　存二卷(道言内一、外三)

320000－1606－0000291　27892
增刊校正王狀元集註分類東坡先生詩二十五卷　(宋)蘇軾撰　(宋)王十朋纂集　(宋)劉辰翁批點　明刻本　十二册　存十一卷(一至十一)

320000－1606－0000292　27896

新鐫性理節要八卷 (明)蘇文韓輯 明萬曆刻本 十二册

320000－1606－0000293 27905
東垣十書 (明)□□輯 明萬曆十一年(1583)周曰校刻本 十二册 存六種十二卷(格致餘論一卷、局方發揮一卷、蘭室秘藏三卷、湯液本草三卷、東垣先生此事難知集二卷、外科精義二卷)

320000－1606－0000294 27911
凌谿先生集十八卷 (明)朱應登撰 明嘉靖三十三年(1554)朱曰藩刻本 八册

320000－1606－0000295 27917
先儒正修録三卷先儒齊治録三卷 (清)于準纂 清康熙刻本 二十册

320000－1606－0000296 27959
歷代小史一百六種一百六卷 (明)李栻輯 明刻本 三十册 存五十種五十卷(龍城録一卷、避暑漫鈔一卷、幽閒鼓吹一卷、北夢瑣言一卷、杜陽雜編一卷、蜀檮杌一卷、燕翼詒謀録一卷、孫公談圃一卷、聞見雜録一卷、行營雜録一卷、鐵圍山叢談一卷、高齋漫録一卷、談淵一卷、春明退朝録一卷、玉堂雜記一卷、錢氏私誌一卷、桐陰舊話一卷、揮麈録一卷、王氏揮麈録一卷、晉公談録一卷、王文正筆録一卷、貴耳集一卷、古杭雜記一卷、國老談苑一卷、清夜録一卷、宣政雜録一卷、艮嶽記一卷、閒燕常談一卷、退齋筆録一卷、避戎嘉話一卷、朝野僉言一卷、朝野遺記一卷、白獺髓一卷、齊東野語一卷、遼志一卷、金志一卷、松漠紀聞一卷、北轅録一卷、蒙韃備録一卷、北邊備對一卷、西使記一卷、自警篇一卷、萊公遺事一卷、南村輟耕録一卷、遂昌山樵雜録一卷、東園友聞一卷、廣客談一卷、稗史集傳一卷、翦勝野聞一卷、野記一卷)

320000－1606－0000297 27990
梅花草堂集十四卷 (明)張大復著 明崇禎三年(1630)刻清順治十二年(1655)重修本 八册

320000－1606－0000298 27995
諸史會編大全一百十二卷 (明)金燫輯 明嘉靖刻公文紙印本 一百十二册

320000－1606－0000299 27997
憺園文集三十六卷 (清)徐乾學撰 清康熙三十六年(1697)刻本 三十六册

320000－1606－0000300 27999
通鑑總類二十卷 (宋)沈樞輯 明萬曆二十三年(1595)孫隆刻天啓重修本 二十册

320000－1606－0000301 28001
文選尤十四卷 (南朝梁)蕭統輯 (明)鄒思明評 明天啓二年(1622)刻三色套印本 十四册

320000－1606－0000302 28009
五倫書六十二卷 (明)宣宗朱瞻基撰 明正統十二年(1447)内府刻本 六十二册

320000－1606－0000303 28018
地圖綜要三卷 (明)吳學儼等輯 明末刻本 十册

320000－1606－0000304 28022
文致不分卷 (明)劉士鏻輯 (明)閔無頗 (明)閔昭明集評 明天啓元年(1621)閔元衢刻朱墨套印本 八册

320000－1606－0000305 28029
邊華泉集八卷邊華泉集稾六卷 (明)邊貢撰 明萬曆魏允孚刻本 八册

320000－1606－0000306 28031
樂善堂全集三十卷 (清)高宗弘曆撰 清乾隆二十三年(1758)刻本 十六册

320000－1606－0000307 28048
鮑明遠集十卷 (南朝宋)鮑照撰 明刻漢魏六朝諸家文集本 三册

320000－1606－0000308 28048－1
東方先生集一卷 (漢)東方朔撰 明刻漢魏六朝諸家文集本 一册

320000－1606－0000309 28048－2
董仲舒集一卷 (漢)董仲舒撰 明刻漢魏六朝諸家文集本 一册

320000－1606－0000310　28048－3
陸士龍集十卷　(晉)陸雲撰　明刻漢魏六朝諸家文集本　四册

320000－1606－0000311　28048－4
任彦升集六卷　(南朝梁)任昉撰　明刻漢魏六朝諸家文集本　二册

320000－1606－0000312　28048－5
顔延之集一卷　(南朝宋)顔延之撰　明刻漢魏六朝諸家文集本　一册

320000－1606－0000313　28048－6
揚子雲集三卷　(漢)揚雄撰　明刻漢魏六朝諸家文集本　二册

320000－1606－0000314　28051
麗句集六卷　(明)許之吉輯　明末刻本　十二册

320000－1606－0000315　28052
增定南九宫曲譜二十一卷附錄一卷　(明)沈璟撰　明龍驤刻本　八册

320000－1606－0000316　28055
劍南詩藁八十五卷　(宋)陸游撰　明末毛氏汲古閣刻陸放翁全集本　二十九册

320000－1606－0000317　28061
晉史删四十卷　(明)茅國縉撰　明刻本　十册　存十八卷(一至十八)

320000－1606－0000318　28063
弘道錄二十五卷　(明)邵經邦撰　清康熙四十三年(1704)刻本　二十册

320000－1606－0000319　28065
弇山堂别集一百卷　(明)王世貞撰　明萬曆王應龍刻本　四十八册　存九十八卷(一至九十八)

320000－1606－0000320　28067
水東日記四十卷　(明)葉盛著　明萬曆葉重華賜書樓刻本　十六册

320000－1606－0000321　28074
坤輿圖説二卷　(比利時)南懷仁撰　清初刻本　四册

320000－1606－0000322　28083
本草綱目五十二卷圖三卷　(明)李時珍撰　清順治太和堂吳毓昌刻本　三十二册

320000－1606－0000323　28104
三經評註五卷　(明)閔齊伋輯　明萬曆閔齊伋刻三色套印三經評註本　四册　存二種四卷(考工記二卷、檀弓二卷)

320000－1606－0000324　28117
西塘先生文集十卷　(宋)鄭俠撰　明萬曆三十七年(1609)葉向高等刻本　十二册

320000－1606－0000325　28133
新刻批點金罍子三篇四十四卷　(明)陳絳著　(明)陶望齡編次　(明)李維楨批點　明泰昌元年(1620)刻本　十册　存十四卷(上篇十三至十七,中篇一至四、八至十二)

320000－1606－0000326　28139
申鑒五卷　(漢)荀悦著　(明)黄省曾注　明正德十四年(1519)程榮刻本　二册

320000－1606－0000327　28142
四書説叢十七卷　(明)沈守正撰　明萬曆四十三年(1615)刻本　十四册　存十五卷(一至十五)

320000－1606－0000328　28149
施愚山先生全集　(清)施閏章撰　清康熙四十七年(1708)曹氏楝亭刻乾隆十二年(1747)施企曾等續刻本　二十四册

320000－1606－0000329　28163
蘇氏易解八卷　(宋)蘇軾撰　明萬曆二十二年(1594)陳所藴冰玉堂刻本　十六册

320000－1606－0000330　28166
溯流史學鈔十九卷附遊梁書院講語一卷　(清)張沐撰　清康熙三十三年(1694)刻本　二十册

320000－1606－0000331　28167
脈訣彙辨十卷　(清)李延是撰　清康熙刻本　十册

320000－1606－0000332　28168

唐人八家詩四十二卷　(明)毛晉編　明崇禎十二年(1639)毛氏汲古閣刻本　十八册

320000－1606－0000333　28184
廣韻藻六卷　(明)方夏輯　明崇禎十五年(1642)方來刻本　十六册

320000－1606－0000334　28188
從野堂存稿八卷首一卷末一卷外集一卷　(明)繆昌期撰　明崇禎十年(1637)繆虛白刻本　十册

320000－1606－0000335　28197
信陽子卓錄八卷　(清)張鵬翮撰　清康熙刻本　四册

320000　1606－0000336　28201
黄帝素問宣明論方十五卷　(金)劉完素撰集　明萬曆吳勉學刻古今醫統正脈全書本　六册

320000－1606－0000337　28206
眉公十種藏書六十二卷　(明)陳繼儒撰　明崇禎醉綠居刻本　十二册　存七種十六卷(眉公見聞錄四卷、太平清話二卷、讀書鏡五卷、狂夫之言二卷、安得長者言一卷、巖棲幽事一卷、偃曝談餘一卷)

320000－1606－0000338　28209
初學記三十卷　(唐)徐堅等輯　明嘉靖十年(1531)安國桂坡館刻本(卷四至六、十、十六至二十四、二十七至二十八配明楊鑨九洲書屋刻本)　二十四册

320000－1606－0000339　28212
篋衍集十二卷　(清)陳維崧輯　清乾隆二十六年(1761)華綺刻本　十二册

320000－1606－0000340　28214
曝書亭集八十卷　(清)朱彝尊撰　**附錄一卷　笛漁小稾十卷**　(清)朱昆田撰　清康熙五十三年(1714)朱稻孫刻本　十二册

320000－1606－0000341　28216
賴古堂尺牘新鈔三選結隣集十六卷　(清)周在浚　(清)周在梁　(清)周在延輯　清康熙周氏賴古堂刻本　十册

320000－1606－0000342　28220
匠門書屋文集三十卷　(清)張大受撰　清雍正三年至七年(1725－1729)顧詒祿刻本　十四册

320000－1606－0000343　28221
省括編二十三卷　(明)姚文蔚輯　明萬曆三十四年(1606)楊廷筠刻本　十二册

320000－1606－0000344　28226
類經三十二卷圖翼十一卷附翼四卷　(明)張介賓類註　明天啓四年(1624)刻本　二十册

320000－1606－0000345　28233
唐詩正聲二十二卷　(明)高棅輯　明隆慶刻本　八册　存十五卷(一至十五)

320000－1606－0000346　28235
古文品外錄十二卷　(明)陳繼儒輯　明天啓五年(1625)朱蔚然刻本　六册

320000－1606－0000347　28238
緱山先生集二十七卷　(明)王衡撰　明萬曆刻本　二十四册

320000－1606－0000348　28239
周玉繩先生家藏二十三史綺編十七卷　(明)周延儒輯　明末刻本　十四册

320000－1606－0000349　28240
漢書鈔九十三卷　(明)茅坤輯　明萬曆十七年(1589)刻本　四十八册

320000－1606－0000350　28244
王槐野先生存笥稾續集九卷　(明)王維楨撰　明嘉靖徐學禮刻本　六册

320000－1606－0000351　28251
穀城山館詩集二十卷　(明)于愼行撰　明萬曆三十二年(1604)自刻本　十八册

320000－1606－0000352　28260
戰國策評苑十卷首一卷　(宋)鮑彪校注　(元)吳師道補正　(明)穆文熙輯　明萬曆二十年(1592)鄭以厚刻本　十册

320000－1606－0000353　28264
方正學集十三卷　(明)方孝孺撰　清康熙張汝瑚刻明八大家集本　十二册

320000－1606－0000354　28274
儼山外集四十卷　(明)陸深撰　明嘉靖二十四年(1545)陸楫刻本　二册　存七卷(金台紀聞二卷、願豐堂漫書一卷、溪山餘話一卷、玉堂漫筆三卷)

320000－1606－0000355　28299
司牧寶鑑一卷　(清)李顒輯　清康熙倪氏刻本　二册

320000－1606－0000356　28326
像抄六卷　(明)錢一本撰　明萬曆四十一年(1613)刻本　二十册

320000－1606－0000357　28343
渭南文集五十卷　(宋)陸游撰　明末毛氏汲古閣刻陸放翁全集本　十册

320000－1606－0000358　28348
馮用韞先生北海集四十六卷　(明)馮琦撰　明萬曆三十一年(1603)林景暘刻本　十册

320000－1606－0000359　28350
阮嗣宗集二卷　(三國魏)阮籍撰　明程榮刻漢魏叢書本　二册

320000－1606－0000360　28352
觚賸八卷續編四卷　(清)鈕琇撰　清康熙臨野堂刻本　六册

320000－1606－0000361　28352－1
臨野堂文集十卷詩集十三卷詩餘二卷尺牘四卷　(清)鈕琇撰　清康熙刻本　十册

320000－1606－0000362　28361
新刊名世文宗三十卷　(明)胡時化輯　明萬曆七年(1579)李充實刻本　二十四册

320000－1606－0000363　28363
金石古文十四卷　(明)楊慎輯　明嘉靖三十四年(1555)孫昭、李懿刻本　六册

320000－1606－0000364　28375
唐詩歸三十六卷　(明)鍾惺　(明)譚元春輯　明閔振業、閔振聲刻三色套印詩歸本　八册　存十六卷(一至十六)

320000－1606－0000365　28377
先儒正修錄三卷先儒齊治錄三卷　(清)于準纂　清康熙刻本　十六册

320000－1606－0000366　28381
廣筆記十五卷附炮炙大法一卷用藥凡例一卷　(明)繆希雍撰　(明)丁元薦集校　(明)莊綬光增次　明天啓二年(1622)莊綬光刻本　六册

320000－1606－0000367　28382
新鐫古今大雅北宮詞紀六卷　(明)陳所聞輯　明萬曆三十二年(1604)陳氏繼志齋刻本　十二册

320000－1606－0000368　28391
嵇中散集十卷　(三國魏)嵇康撰　明萬曆至天啓汪士賢刻漢魏六朝二十一名家集本　四册

320000－1606－0000369　28394
陶貞白集二卷　(南朝梁)陶弘景撰　明刻本　一册

320000－1606－0000370　28396
横渠先生經學理窟五卷　(宋)張載撰　清康熙四十四年(1705)栖筠書屋刻本　三册

320000－1606－0000371　28402
症因脈治四卷論一卷　(明)秦昌遇撰　清康熙攸寧堂刻本　十六册

320000－1606－0000372　28405
朱文公校昌黎先生文集四十卷外集十卷遺文一卷傳一卷　(唐)韓愈撰　(宋)朱熹考異　(宋)王伯大音釋　明朱崇沐刻本　十二册

320000－1606－0000373　28406
醫宗必讀十卷　(明)李中梓撰　明崇禎十年(1637)刻本　五册

320000－1606－0000374　28408
春秋胡傳三十卷諸國興廢說一卷　(宋)胡安國撰　明正統十二年(1447)内府司禮監刻本

十四册

320000－1606－0000375　28421

蔡忠惠詩集全編二卷　（宋）蔡襄撰　（明）宋珏輯　**蔡忠惠別紀補遺二卷**　（明）宋珏增輯　明天啓二年（1622）顔繼祖等刻本　四册

320000－1606－0000376　28425

山居雜志　（明）汪士賢輯　明萬曆中新安汪氏刻本　五册　存八種十卷（海棠譜三卷、牡丹榮辱志一卷、天彭牡丹譜一卷、亳州牡丹志一卷、芍藥譜一卷、荔枝譜一卷、橘譜一卷、蟹譜一卷）

320000－1606－0000377　28437

李詩通二十一卷　（明）胡震亨編　清順治七年（1650）朱茂時刻李杜詩通本　六册

320000－1606－0000378　28444

編注醫學入門七卷首一卷　（明）李梴撰　明崇禎九年（1636）刻本　三十二册

320000－1606－0000379　28456

尋樂編不分卷　（明）毛元淳撰　明崇禎刻本　四册

320000－1606－0000380　28458

分類補註李太白詩二十五卷　（唐）李白撰　（宋）楊齊賢集註　（元）蕭士贇補註　**年譜一卷**　（宋）薛仲邕撰　明嘉靖二十五年（1546）玉几山人刻本　八册

320000－1606－0000381　28464

證治準繩八卷　（明）王肯堂輯　明萬曆刻本　十册

320000－1606－0000382　28478

易小傳六卷　（宋）沈該撰　清康熙刻通志堂經解本　六册

320000－1606－0000383　28479

蟲天志十卷　（明）沈弘正撰　明暢閣刻本　十二册

320000－1606－0000384　28484

性理大全書輯要八卷　（清）朱啟昆輯　清康熙紫陽書院刻本　十六册

320000－1606－0000385　28502

朱文公語録類要述十八卷　（明）范淶輯　明萬曆四十年（1612）詹光陛等刻本　六册

320000－1606－0000386　28527

宋學士先生文集二十六卷附録一卷　（明）宋濂撰　明天順五年（1461）黄譽刻本　二十册

320000－1606－0000387　28534

大學衍義補纂要六卷　（明）徐栻輯　明隆慶五年（1571）刻本　六册

320000－1606－0000388　28536

史記鈔九十一卷　（明）茅坤輯　明泰昌元年（1620）閔振業刻朱墨套印本　五十册

320000－1606－0000389　28547

下學堂劄記三卷　（清）熊賜履撰　清康熙刻本　一册

320000－1606－0000390　28568

諸儒講義二卷　（明）章懋輯　明嘉靖三十七年（1558）漢東書院刻本　六册

320000－1606－0000391　28570

帶經堂集五十二卷　（清）王士禎撰　清康熙五十一年（1712）程氏七略書堂刻本　十册

320000－1606－0000392　28572

孟東野詩集十卷聯句一卷　（唐）孟郊撰　明嘉靖三十五年（1556）秦禾刻本　六册

320000－1606－0000393　28589

類經三十二卷圖翼十一卷附翼四卷　（明）張介賓類註　明天啓四年（1624）刻本　三十二册

320000－1606－0000394　28594

閒情偶寄十六卷　（清）李漁撰　清康熙十年（1671）刻本　十六册

320000－1606－0000395　28598

唐賈浪仙長江集十卷　（唐）賈島撰　明刻本　二册

320000－1606－0000396　28605

詩緝三十六卷　（宋）嚴粲撰　清刻本　三十册

320000－1606－0000397　28648
韓魏公集三十八卷　(宋)韓琦撰　**別錄一卷**　(宋)王巖叟撰　**忠獻韓魏王家傳十卷遺事一卷史傳一卷**　(宋)强至撰　明萬曆三十六年(1608)康丕揚刻宋兩名相集本　八册

320000－1606－0000398　28649
古文瀾編二十卷　(明)王志堅輯　明崇禎刻本　四十八册

320000－1606－0000399　28662
吕晚邨先生四書講義四十三卷　(清)吕留良撰　(清)陳鏦輯　清康熙二十五年(1686)吕氏天蓋樓刻本　四册

320000－1606－0000400　28672
海瓊玉蟾先生文集六卷續二卷　(宋)葛長庚撰　明汪乾行、何繼高等刻本　十六册

320000－1606－0000401　28686
古今萬姓統譜一百四十卷歷代帝王姓系統譜六卷氏族博考十四卷　(明)淩迪知輯　明萬曆七年(1579)刻本　三十二册

320000－1606－0000402　28693
吕氏春秋二十六卷　(漢)高誘注　(明)陳世寶訂正　(明)朱東光參補　明萬曆七年(1579)張登雲鳳陽府刻本　十六册

320000－1606－0000403　28706
藏書六十八卷　(明)李贄撰　明天啓陳仁錫刻本　四十八册

320000－1606－0000404　28707
東坡全集一百十五卷　(宋)蘇軾撰　明刻本　四十八册　存五十五卷(東坡集一至二十、後集一至二十、續集一至十、應詔集一至五)

320000－1606－0000405　28708
野客叢書三十卷野老記聞一卷　(宋)王楙撰　明萬曆會稽商氏半埜堂刻本　二十册

320000－1606－0000406　28715
文府滑稽十二卷　(明)鄒迪光輯　明萬曆三十七年(1609)鄒同光刻本　二十六册

320000－1606－0000407　28730
闕里志十五卷　(明)陳鎬輯　明刻本　六册　存十二卷(一至十二)

320000－1606－0000408　28749
黄山志略不分卷　(清)黄身先撰　清康熙刻本　三册

320000－1606－0000409　28762
邵子全書二十四卷　(宋)邵雍撰　(明)徐必達編　**附錄一卷**　(明)徐必達輯　明萬曆三十四年(1606)徐必達刻本　三十二册

320000－1606－0000410　28763
雅宜山人集十卷　(明)王寵撰　明嘉靖十六年(1537)朱浚明刻本　六册

320000－1606－0000411　28764
石屏詩集六卷　(宋)戴復古撰　明萬曆四十三年(1615)潘是仁刻宋元詩本　三册

320000－1606－0000412　28773
始豐藁十四卷　(明)徐一夔撰　清王氏十萬卷樓抄本　十四册

320000－1606－0000413　28780
東萊先生北史詳節二十八卷　(宋)吕祖謙輯　明正德十三年(1518)劉氏慎獨齋刻十七史詳節本　八册

320000－1606－0000414　28786
古逸書三十卷首一卷末一卷　(明)潘基慶選注　明萬曆三十九年(1611)刻本　十册　存十卷(一至九、首一卷)

320000－1606－0000415　28793
王奉常集六十九卷目錄五卷　(明)王世懋撰　明萬曆十七年(1589)刻本　十二册

320000－1606－0000416　28795
周易會通十四卷　(元)董真卿撰　清康熙十六年(1677)刻通志堂經解本　十六册

320000－1606－0000417　28797
周易本義通釋十二卷輯錄雲峰文集易義一卷　(元)胡炳文撰　清康熙刻通志堂經解本　十册

320000－1606－0000418　28798

黃帝素問靈樞經十二卷 （明）王肯堂輯 明萬曆吳勉學刻古今醫統正脈全書本 六册

320000－1606－0000419 28804
湯海若問棘郵草二卷 （明）湯顯祖撰 （明）徐渭批釋 明刻本 二册

320000－1606－0000420 28811
陽明先生文錄五卷外集九卷别錄十卷 （明）王守仁撰 明嘉靖刻本 九册 存六卷（陽明先生文錄一至四、外集七至八）

320000－1606－0000421 28811－1
陽明先生文錄五卷外集九卷别錄十卷 （明）王守仁撰 明嘉靖三十六年（1557）胡宗憲刻本 三册 存二卷（外集五至六）

320000－1606－0000422 28813
大易輯說十卷 （元）王申子撰 清康熙十六年（1677）刻通志堂經解本 十册

320000－1606－0000423 28825
三易洞璣十六卷 （明）黃道周撰 明刻本 三册 存三卷（宓圖經緯三卷）

320000－1606－0000424 28843
五峯集十五卷集字詩一卷 （清）陳正璆撰 清乾隆九年（1744）刻本 四册 缺二卷（五律五、七律五）

320000－1606－0000425 28850
慮得集四卷附錄二卷 （明）華悰韡撰 明萬曆四十二年（1614）華繼祥刻本 三册

320000－1606－0000426 28855
唐百家詩一百七十一卷 （明）朱警編 **唐詩品一卷** （明）徐獻忠撰 明嘉靖十九年（1540）刻本 十册 存二十卷（董思恭集一卷、劉廷芝集一卷、唐喬知之詩集一卷、陳伯玉集二卷、宋之問集二卷、李嶠集三卷、張說之集八卷、盧僎集一卷，唐詩品一卷）

320000－1606－0000427 28864
中論二卷 （漢）徐幹著 明萬曆程榮刻漢魏叢書本 二册

320000－1606－0000428 28880
淨德集三十八卷 （宋）吕陶撰 清乾隆武英殿木活字印武英殿聚珍版書本 十二册

320000－1606－0000429 28883
邵文莊公經史全書二十八卷 （明）邵寶撰 （明）曹荃編 明崇禎四年（1631）曹荃刻本 二十册 存二十七卷（泉齋簡端錄十二卷、學史十三卷、左觿一卷、容春堂雜鈔一卷）

320000－1606－0000430 28884
保嬰撮要二十卷 （明）薛鎧編集 （明）薛己驗 明萬曆刻薛氏醫按二十四種本 三十册 存十六卷（一至十六）

320000－1606－0000431 28909
御製資政要覽三卷後序一卷 （清）世祖福臨撰 清孫家鼐刻本 四册

320000－1606－0000432 28911
孝經衍義一百卷首二卷 （清）葉方藹等纂 清康熙三十年（1691）刻本 三十二册

320000－1606－0000433 28915
函史上編八十二卷下編二十一卷 （明）鄧元錫撰 明萬曆刻本 四十八册

320000－1606－0000434 28923
宋洪魏公進萬首唐人絕句四十卷目錄四卷 （宋）洪邁輯 （明）趙宧光 （明）黃習遠補 明萬曆三十四年（1606）趙氏小宛堂刻本 四十八册

320000－1606－0000435 28924
四六雕蟲三十一卷 （明）馬朴撰 明萬曆刻本 二十四册

320000－1606－0000436 28932
尊前集二卷 （明）顧梧芳輯 明毛氏汲古閣刻詞苑英華本 二册

320000－1606－0000437 28936
朱楓林集十卷 （明）朱升撰 明萬曆四十四年（1616）朱時新等刻本 八册

320000－1606－0000438 28945
月泉吟社一卷 （宋）吳渭輯 明末毛氏汲古閣刻詩詞雜俎本 二册

320000－1606－0000439　28950
弇州史料前集三十卷後集七十卷　(明)王世貞撰　(明)董復表輯　明萬曆四十二年(1614)楊鶴等刻本　三十二册

320000－1606－0000440　28954
甔甀洞藁五十四卷目錄二卷　(明)吳國倫撰　明萬曆十二年(1584)刻本　二十册

320000－1606－0000441　28955
抱犢山房集五卷　(清)嵇永仁撰　**同難二先生詩文一卷**　(清)王龍光　(清)沈上章撰　清雍正嵇曾筠刻本　六册

320000－1606－0000442　28956
學箕初稾二卷　(清)黄百家撰　清康熙箭山鐵鐙軒刻本　二册

320000－1606－0000443　28960
元包經傳五卷　(北周)衛元嵩撰　(唐)蘇源明傳　(唐)李江注　明刻本　二册

320000－1606－0000444　28961
潘子求仁錄輯要十卷　(清)潘平格撰　清康熙毛文強、鄭性刻本　十册

320000－1606－0000445　28962
史裁二十六卷　(明)吳士奇輯　明萬曆三十年(1602)刻本　十二册　存八卷(一至八)

320000－1606－0000446　28964
齊雲山志五卷　(明)魯點撰　明萬曆刻本　三册

320000－1606－0000447　28971
古文品外錄十二卷　(明)陳繼儒輯　明天啓五年(1625)朱蔚然刻本　十二册

320000－1606－0000448　28972
十六國春秋一百卷　(北魏)崔鴻撰　明刻本　十二册

320000－1606－0000449　28973
荆川先生精選批點史記十二卷漢書六卷　(明)唐順之輯　明嘉靖刻本　十六册

320000－1606－0000450　28985
眉公見聞錄八卷　(明)陳繼儒撰　明萬曆三十四年(1606)繡水沈氏尚白齋刻寶顔堂祕笈本　八册

320000－1606－0000451　28993
讀史商語四卷　(明)王志堅撰　明萬曆刻本　四册　存二卷(一至二)

320000－1606－0000452　29001
證治彙補八卷　(清)李用粹撰　清康熙李氏舊德堂刻本　十二册

320000－1606－0000453　29003
庸行編八卷　(清)牟允中撰　清康熙秀水李氏澹寧堂刻本　八册

320000－1606－0000454　29020
天元曆理全書六卷首一卷　(清)徐發撰　清康熙刻本　八册

320000－1606－0000455　29024
讀素問鈔三卷　(元)滑壽撰　(明)汪機續注　明嘉靖三年至五年(1524－1526)程玘綱等刻本　八册

320000－1606－0000456　29024－1
脈訣刊誤集解二卷附錄一卷　(元)戴起宗撰　(明)汪機輯　明嘉靖汪氏刻本　四册

320000－1606－0000457　29024－2
石山醫案三卷附錄一卷　(明)汪機撰　明嘉靖十年(1531)陳桷刻本　四册

320000－1606－0000458　29024－3
運氣易覽三卷　(明)汪機撰　明嘉靖十二年(1533)程鐈刻本　四册

320000－1606－0000459　29042
漢書評林一百卷　(明)淩稚隆輯　明萬曆九年(1581)刻本　二十四册

320000－1606－0000460　29056
穀山筆麈十八卷　(明)于慎行著　(明)郭應寵編次　明萬曆于緯刻本　十二册

320000－1606－0000461　29065
范文正公集二十卷别集四卷　(宋)范仲淹撰　元天曆、至正間褒賢世家家塾歲寒堂刻本　八册

320000－1606－0000462　29077
紉蘭堂集五卷　(清)孫弘鐸撰　清康熙刻本　二册

320000－1606－0000463　29078
類選註釋駱丞全集四卷　(唐)駱賓王撰　(明)顧從敬輯　(明)陳繼儒註　明萬曆刻本　八册

320000－1606－0000464　29081
韓詩外傳十卷　(漢)韓嬰撰　明天啓六年(1626)新都唐琳刻快閣藏書十種本　一册

320000－1606－0000465　29082
震澤長語二卷　(明)王鏊撰　明嘉靖刻本　二册

320000－1606－0000466　29097
陸士衡集十卷　(晉)陸機撰　**陸士龍集十卷**　(晉)陸雲撰　明萬曆、天啓間汪士賢刻漢魏六朝二十一名家集本　八册

320000－1606－0000467　29118
杜工部集二十卷諸家詩話一卷唱酬題詠附錄一卷附錄一卷　(唐)杜甫撰　(清)錢謙益箋注　清康熙六年(1667)季氏靜思堂刻本　十二册

320000－1606－0000468　29142
類箋唐王右丞詩集十卷文集四卷外編一卷　(唐)王維撰　**年譜一卷唐諸家同詠集一卷贈題集一卷歷朝諸家評王右丞詩畫鈔一卷**　(明)顧起經撰　明嘉靖三十五年(1556)顧氏奇字齋刻本　二十四册

320000－1606－0000469　29144
備急千金要方九十三卷　(唐)孫思邈撰　清抄本　三册　存五卷(二十至二十三、四十四)

320000－1606－0000470　29145
普濟方四百二十六卷　(明)朱橚撰　清抄本　一册　存一卷(九十三)

320000－1606－0000471　29147
天中記六十卷　(明)陳耀文撰　明萬曆刻本　三十册

320000－1606－0000472　29151
諸儒唐書詳節六十卷　(宋)吕祖謙輯　明正德十五年(1520)劉氏慎獨齋刻十七史詳節本　二十八册

320000－1606－0000473　29153
杜氏通典二百卷　(唐)杜佑撰　明嘉靖十八年(1539)王德溢、吳鵬刻本　一百二十册

320000－1606－0000474　29154
唐宋白孔六帖一百卷目錄二卷　(唐)白居易　(宋)孔傳輯　明刻本　四十八册

320000－1606－0000475　29156
皇明文苑九十六卷　(明)張時徹輯　明嘉靖刻本　一百二十四册　存七十卷(一至七十)

320000－1606－0000476　29159
册府元龜一千卷目錄十卷　(宋)王欽若等撰　明崇禎十五年(1642)黃國琦刻本　二百册

320000－1606－0000477　29169
南史八十卷　(唐)李延壽撰　明崇禎張溥刻本　四十八册

320000－1606－0000478　29171
弇州山人續稾二百七卷目錄十卷附十一卷　(明)王世貞撰　明萬曆刻本　三十二册

320000－1606－0000479　29172
文翰類選大成一百六十三卷　(明)李伯璵　(明)馮厚輯　明成化八年(1472)淮藩朱祁銓刻弘治十四年(1501)、嘉靖二十五年(1546)遞修本　一百册

320000－1606－0000480　29180
伊川擊壤集二十卷　(宋)邵雍撰　明末刻本　八册

320000－1606－0000481　29181
紺珠集十三卷　(□)□□撰　明刻本　十二册

320000－1606－0000482　29183
遺山先生詩集二十卷　(金)元好問撰　明崇禎十一年(1638)毛氏汲古閣刻元人十種詩本

十二册

320000－1606－0000483　29197
尚書註疏二十卷　(漢)孔安國傳　(唐)孔穎達疏　(唐)陸德明釋文　明嘉靖李元陽刻十三經註疏本　十六册

320000－1606－0000484　29207
韋蘇州集十卷　(唐)韋應物撰　明末余懷刻本　八册

320000－1606－0000485　29208
杜子美詩集二十卷　(唐)杜甫撰　(宋)劉辰翁評點　明崇禎二年(1629)聞啟祥刻李杜全集本　十二册

320000－1606－0000486　29211
賓退錄十卷　(宋)趙與時撰　清乾隆刻本　五册

320000－1606－0000487　29224
重廣補註黃帝内經素問二十四卷　(唐)王冰註　(宋)林億等校正　(宋)孫兆改誤　明嘉靖二十九年(1550)顧從德刻本　十二册

320000－1606－0000488　29234
清江貝先生詩集十卷文集三十卷　(明)貝瓊撰　清康熙五十八年(1719)金檀燕翼堂刻乾隆二十四年(1759)汪亟展硯齋重印本　十二册

320000－1606－0000489　29235
文苑英華一千卷　(宋)李昉等輯　明隆慶元年(1567)胡維新、戚繼光刻本(卷八百六十配清抄本)　一百二十册

320000－1606－0000490　29239
説郛續四十六号　(明)陶珽輯　清順治三年(1646)兩浙督學周南李際期宛委山堂刻本　四十六册

320000－1606－0000491　29239－1
説郛一百二十号　(明)陶宗儀輯　清順治三年(1646)兩浙督學周南李際期宛委山堂刻本　一百二十册

320000－1606－0000492　29241
史記一百三十卷　(漢)司馬遷撰　(南朝宋)裴駰集解　(唐)司馬貞索隱　(唐)張守節正義　明末刻本　四十八册

320000－1606－0000493　29242
潛確居類書一百二十卷　(明)陳仁錫纂輯　明崇禎三年至五年(1630－1632)徐氏大觀堂刻本　六十八册

320000－1606－0000494　29244
詩所五十六卷歷代名氏爵里一卷　(明)臧懋循輯　明萬曆三十一年(1603)刻本　二十四册

320000－1606－0000495　29245
玉機微義五十卷　(明)徐彥純撰　(明)劉純續　明正統刻本　二十四册

320000－1606－0000496　29249
東坡集選五十卷集餘一卷　(宋)蘇軾撰　(明)陳繼儒定　(明)陳夢槐輯　**蘇文忠公年譜一卷**　(宋)王宗稷撰　**蘇文忠公外紀二卷**　(明)王世貞輯　**外紀逸編一卷**　(明)璩之璞輯　明刻本　二十四册

320000－1606－0000497　29250
陸放翁全集六種一百五十八卷　(宋)陸游撰　明末毛氏汲古閣刻清毛扆增刻本　四十八册

320000－1606－0000498　29251
孔子家語十卷　(三國魏)王肅注　明末毛氏汲古閣刻本　六册

320000－1606－0000499　29255
精選古今名賢叢話詩林廣記十卷後集十卷　(宋)蔡正孫輯　明刻本　十八册

320000－1606－0000500　29258
太平清話二卷　(明)陳繼儒撰　明崇禎醉綠居刻眉公十種藏書本　二册

320000－1606－0000501　29261
周禮十二卷　(漢)鄭玄注　(唐)陸德明釋文　明嘉靖潘恩刻萬曆十六年(1588)潘允端印本　十二册

320000－1606－0000502　29262
鮑明遠集十卷　（南朝宋）鮑照撰　明萬曆、天啓間汪士賢刻漢魏六朝二十一名家集本　二册

320000－1606－0000503　29263
純陽吕眞人文集三卷　（唐）吕嵒撰　明刻本　三册

320000－1606－0000504　29268
吾學編六十九卷　（明）鄭曉撰　明隆慶元年（1567）鄭履淳刻本　四十二册

320000－1606－0000505　29269
嘉樂齋三蘇文範十八卷首一卷　（宋）蘇洵等撰　（明）楊慎輯　（明）袁宏道評釋　明天啓二年（1622）刻本　十八册

320000－1606－0000506　29271
尋壑外言五卷　（清）李繩遠撰　清康熙刻乾隆續刻李氏家集四種本　四册

320000－1606－0000507　29273
朱子語類一百四十卷　（宋）黎靖德輯　清刻本　二十八册

320000－1606－0000508　29275
春秋外傳國語二十一卷　（三國吴）韋昭撰　明刻本　一册

320000－1606－0000509　29279
苑洛集二十二卷　（明）韓邦奇撰　明嘉靖刻本　八册　存六卷（五至六、九至十二）

320000－1606－0000510　29283
陳眉公集十七卷　（明）陳繼儒撰　明萬曆四十三年（1615）史辰伯刻本　十册

320000－1606－0000511　29286
中州集十卷首一卷中州樂府一卷　（金）元好問輯　明末毛氏汲古閣刻本　十二册

320000－1606－0000512　29291
唐類函二百卷目録二卷　（明）俞安期彙纂　明萬曆刻本　五十册

320000－1606－0000513　29302
名山勝概記四十六卷圖一卷附録一卷　（明）何鏜輯　明崇禎六年（1633）墨繪齋刻本　四十册

320000－1606－0000514　29304
刻杜少陵先生詩分類集註二十三卷　（唐）杜甫撰　（明）邵寶集註　（明）過棟箋　明萬曆二十年（1592）周子文刻本　二十四册

320000－1606－0000515　29307
宋儒致堂胡先生讀史管見三十卷　（宋）胡寅撰　明正德劉氏愼獨書齋刻本　三十册

320000－1606－0000516　29309
輟耕録三十卷　（明）陶宗儀撰　明刻本　十六册

320000－1606－0000517　29313
古詩源十四卷　（清）沈德潛選　清刻本　八册

320000－1606－0000518　29314
杜律七言註解一卷　（元）虞集撰　明刻本　四册

320000－1606－0000519　29321
湯液本草二卷　（元）王好古類集　明刻本　四册　存一卷（下）

320000－1606－0000520　29323
徐文長逸稾二十四卷畸譜一卷　（明）徐渭撰　明天啓三年（1623）張維城刻本　十册

320000－1606－0000521　29324
高皇帝御製文集二十卷訓行録三卷　（明）太祖朱元璋撰　（明）楊起元註譯　明萬曆刻本　六册

320000－1606－0000522　29325
東坡全集一百十五卷目録七卷　（宋）蘇軾撰　**東坡先生年譜一卷**　（宋）王宗稷撰　明刻本　四十册

320000－1606－0000523　29329
録異記八卷　（五代）杜光庭撰　（明）胡震亨　（明）毛晉訂　明萬曆刻本　二册

320000－1606－0000524　29338
王荆石先生批評柳文十二卷　（唐）柳宗元撰

（明）王錫爵評　明刻王荆石先生批評韓柳文本　十二册

320000－1606－0000525　29339
春秋左翼四十三卷首一卷　（明）王震撰　明萬曆三十一年（1603）刻本　十八册

320000－1606－0000526　29353
東坡養生集十二卷　（宋）蘇軾撰　（明）王如錫輯　明崇禎八年（1635）王如錫刻本　二十四册

320000－1606－0000527　29354
駱丞集註四卷　（唐）駱賓王撰　（明）顔文選補註　明萬曆四十三年（1615）顔氏刻本　四册

320000－1606－0000528　29355
楊盈川集十卷附録一卷　（唐）楊炯撰　（明）張燮輯　明張燮刻本　四册

320000－1606－0000529　29356
薛文清公讀書全録類編二十卷　（明）薛瑄撰（明）侯鶴齡編　明萬曆二十七年（1599）刻本　八册

320000－1606－0000530　29359
徐文長文集三十卷　（明）徐渭撰　（明）袁宏道評點　明萬曆四十二年（1614）鍾人傑刻本　六册

320000－1606－0000531　29361
東方先生集一卷　（漢）東方朔撰　明萬曆十一年（1583）翁少麓刻漢魏諸名家集本　一册

320000－1606－0000532　29363
翠寒集一卷　（元）宋无撰　明崇禎十一年（1638）毛氏汲古閣刻元人十種詩本　一册

320000－1606－0000533　29366
漁洋山人精華録箋注十二卷　（清）王士禛撰（清）金榮箋注　（清）徐淮纂輯　**年譜一卷附録一卷**　清康熙吴縣金氏鳳翽堂刻本　六册

320000－1606－0000534　29372
學約古文三卷　（明）岳倫輯　明刻本　三册

320000－1606－0000535　29375
毛詩日箋六卷　（清）秦松齡撰　清康熙三十九年（1700）挺秀堂刻本　六册

320000－1606－0000536　29379
瀔山筆麈十八卷　（明）于慎行著　（明）郭應寵編次　明萬曆于緯刻本　六册

320000－1606－0000537　29382
重修政和經史證類備用本草三十卷　（宋）唐慎微撰　（宋）寇宗奭衍義　明刻本　三十二册　存十八卷（一至六、十至二十一）

320000－1606－0000538　29387
湧幢小品三十二卷　（明）朱國禎輯　明天啓二年（1622）刻本　三十二册

320000－1606－0000539　29388
新刻陶顧二會元類編蘇長公全集四十卷首一卷　（宋）蘇軾撰　（明）陶望齡　（明）顧起元輯　明萬曆刻本　八册　存九卷（一至三、六至十，首一卷）

320000－1606－0000540　29389
靈隱子六卷　（唐）駱賓王撰　（明）陳魁士注　明萬曆二十四年（1596）陳大科刻本　六册

320000－1606－0000541　29394
少室山房續筆叢十六卷　（明）胡應麟著　明萬曆三十四年（1606）吴勉學刻本　六册

320000－1606－0000542　29397
秦漢文定十二卷　（明）倪元璐輯　明刻本　六册

320000－1606－0000543　29401
六一題跋十一卷放翁題跋六卷姑溪題跋二卷　（宋）歐陽修撰　（明）毛晉訂　明崇禎虞山毛氏汲古閣刻本　十二册

320000－1606－0000544　29403
文清公薛先生文集二十四卷　（明）薛瑄撰（明）張鼎編輯　明萬曆四十二年（1614）薛士弘刻本　二十册

320000－1606－0000545　29405
重編朱子學的二卷　（明）丘濬輯　（明）朱吾

弼等重編　明萬曆三十四年（1606）朱崇沐刻本　二册

320000－1606－0000546　29410
陸宣公集十八卷　（唐）陸贄撰　（明）陳子龍輯　明崇禎刻本　十二册

320000－1606－0000547　29413
歐陽先生文粹二十卷　（宋）歐陽修撰　（宋）陳亮輯　**遺粹十卷**　（宋）歐陽修撰　（明）郭雲鵬輯　明嘉靖二十六年（1547）郭雲鵬寶善堂刻本　四册　存十卷（遺粹十卷）

320000－1606－0000548　29416
坡仙集十六卷　（宋）蘇軾撰　（明）李贄評輯　明萬曆二十八年（1600）焦竑刻本　二十册

320000－1606－0000549　29421
王公四六話二卷　（宋）王銍撰　明弘治無錫華氏刻百川學海本　一册

320000－1606－0000550　29425
劍南詩稾八十五卷　（宋）陸游撰　明末毛氏汲古閣刻陸放翁全集本　三十二册

320000－1606－0000551　29426
文章軌範七卷　（宋）謝枋得輯　明刻本　二册

320000－1606－0000552　29427
陳定宇先生文集十六卷别集一卷附録一卷　（元）陳櫟撰　清康熙三十三年（1694）陳嘉基刻本　十册

320000－1606－0000553　29428
渭南文集五十卷　（宋）陸游撰　明末毛氏汲古閣刻陸放翁全集本　十六册

320000－1606－0000554　29445
皇極經世書十二卷觀物外篇二卷漁樵對問一卷遺文一卷　（宋）邵雍撰　明刻本　十二册

320000－1606－0000555　29452
廣博物志五十卷　（明）董斯張纂　（明）楊鶴訂　明萬曆高暉堂刻本　四十册

320000－1606－0000556　29453
漢書鈔九十三卷　（明）茅坤輯　明萬曆十七年（1589）刻本　二十册

320000－1606－0000557　29458
古文五删五十二卷　（明）張溥輯　明末段君定刻本　二十册

320000－1606－0000558　29461
春秋四傳三十八卷綱領一卷提要一卷列國東坡圖説一卷春秋二十國年表一卷諸國興廢説一卷　（□）□□撰　明崇禎四年（1631）孫燝刻本　八册

320000－1606－0000559　29471
坡仙集十六卷　（宋）蘇軾撰　（明）李贄評輯　明萬曆四十七年（1619）程明善刻本　六册

320000－1606－0000560　29486
元白長慶集一百四十一卷　（明）馬元調輯　明萬曆馬元調魚樂軒刻本　三十二册

320000－1606－0000561　29491
周恭肅公集十六卷附録一卷　（明）周用撰　明嘉靖二十八年（1549）周國南川上草堂刻本　十册

320000－1606－0000562　29492
東坡外制集三卷　（宋）蘇軾撰　明刻本　三册

320000－1606－0000563　29497
歐陽南野先生文選四卷　（明）歐陽德撰　（明）王畿　（明）李春芳輯　明嘉靖刻本　十册

320000－1606－0000564　29503
由拳集二十三卷　（明）屠隆撰　明萬曆八年（1580）馮氏刻本　十二册

320000－1606－0000565　29507
唐詩正音輯注六卷　（元）楊士弘輯　（元）張震注　明刻本　十六册

320000－1606－0000566　29508
集千家註杜工部詩集二十卷文集二卷　（唐）杜甫撰　（明）許自昌校　明萬曆三十年（1602）許自昌刻李杜全集本　十二册　存二十卷（集千家註杜工部詩集二十卷）

320000－1606－0000567　29519
夢溪筆談二十六卷補筆談三卷續筆談一卷　(宋)沈括撰　明崇禎四年(1631)馬元調刻本　十冊

320000－1606－0000568　29539
漫塘文集三十六卷附録一卷　(宋)劉宰撰　明萬曆三十二年(1604)范崙等刻本　二十四冊

320000－1606－0000569　29551
文苑春秋四卷　(明)崔銑輯　明萬曆二十年(1592)陳簡刻本　十二冊

320000－1606－0000570　29556
古唐選屑三十卷　(明)李本緯輯　明萬曆四十一年(1613)刻本　六冊

320000－1606－0000571　29563
今古輿地圖三卷　(明)吴國輔輯　明崇禎十六年(1643)刻朱墨套印本　六冊

320000－1606－0000572　29571
林泉老人評唱投子青和尚頌古空谷傳聲集三卷　(元)釋義聰輯　明萬曆十七年(1589)刻本　八冊

320000－1606－0000573　29578
保生心鑒一卷　題(明)鐵峰居士撰　**活人心法養生導引法一卷修眞秘要一卷**　(明)朱權撰　明刻本　六冊

320000－1606－0000574　29606
中山傳信錄六卷　(清)徐葆光撰　清康熙六十年(1721)刻本　五冊　存三卷(一至三)

320000－1606－0000575　29616
新刻名文簡要二卷　(明)胡文煥輯　明胡文煥刻本　四冊

320000－1606－0000576　29617
周易兼義九卷　(唐)孔穎達撰　**經典釋文一卷**　(唐)陸德明撰　**周易略例一卷**　(三國魏)王弼撰　明萬曆十四年(1586)北京國子監刻十三經註疏本　十六冊

320000－1606－0000577　29629
大明同文集舉要五十卷章則一卷　(明)田藝蘅撰　明萬曆十年(1582)汪以成刻本　十六冊

320000－1606－0000578　29636
天隱子遺稾十七卷　(明)嚴果撰　明悟滄齋刻本　十二冊

320000－1606－0000579　29640
史記一百三十卷　(漢)司馬遷撰　(南朝宋)裴駰集解　(唐)司馬貞索隱　(唐)張守節正義　明刻本(有配補)　六十冊

320000－1606－0000580　29641
季漢書六十卷正論一卷答問一卷　(明)謝陛撰　明萬曆刻本　十二冊

320000－1606－0000581　29654
玉堂校傳如崗陳先生二經精解全編九卷　(明)陳懿典撰　明萬曆二十二年(1594)熊雲濱刻本　十六冊

320000－1606－0000582　29659
談經菀四十卷　(明)陳禹謨輯　明萬曆刻本　十冊　存三十九卷(一至二十四、二十六至四十)

320000－1606－0000583　29660
籌海圖編十三卷　(明)胡宗憲輯議　明天啓四年(1624)胡維極刻本　十六冊

320000－1606－0000584　29675
小方壺齋叢稾八種十八卷　(清)王錫祺撰　稿本　十五冊

320000－1606－0000585　29675－1
中外遊記彙編一百三十種一百三十卷　(清)王錫祺編　稿本　十五冊

320000－1606－0000586　29691
御纂性理精義十二卷　(清)李光地輯　清康熙五十六年(1717)刻本　十冊

320000－1606－0000587　29804
重刊孫眞人備急千金要方三十卷　(唐)孫思邈撰　明刻本　六冊　存五卷(一至五)

320000－1606－0000588　29845

石山醫案八種二十九卷　(明)汪機著　明崇禎六年(1633)汪邦鐸刻本　十六冊

320000－1606－0000589　29879
陳眉公重訂學古編一卷　(元)吾丘衍述　**筆疇二卷**　(明)王達著　明萬曆繡水沈氏刻寶顏堂秘笈本　一冊

320000－1606－0000590　29930
文選錦字錄二十一卷　(明)淩迪知輯　明萬曆五年(1577)淩氏桂芝館刻本　十二冊

320000－1606－0000591　29968
冊府元龜獨制三十卷　(明)曹胤昌輯　明崇禎刻本　八冊

320000－1606－0000592　30031
曹子建集十卷附錄一卷　(三國魏)曹植撰　(唐)吕向等評　明天啓元年(1621)淩性德刻朱墨套印本　六冊

320000－1606－0000593　30040
秋錦山房集十卷　(清)李良年撰　清康熙三十五年(1696)李潮偕刻本　四冊

320000－1606－0000594　30200
戴東埜詩集五卷　(宋)戴昺撰　明萬曆四十三年(1615)潘是仁刻宋元詩本　一冊

320000－1606－0000595　30208
三才圖會一百六卷　(明)王圻　(明)王思義輯　明萬曆三十七年(1609)刻崇禎王爾賓重修本　五十冊　存八十六卷(天文一至二,地理一至十六,人物一至六、八至十二,時令一至四,宮室一至四,器用一至八、十一至十二,身體一至四,衣服一至三,儀制一至八,珍寶一至二,文史一至四,鳥獸一至六,草木一至十二)

320000－1606－0000596　30209
百川學海一百種一百七十九卷　(宋)左圭輯　明弘治十四年(1501)華珵刻遞修本(有抄配)　三十七冊　存八十八種一百五十四卷(聖門事業圖一卷,漁樵對問一卷,學齋佔畢四卷,獨斷二卷,李涪刊誤二卷,九經補韻一卷,中華古今注三卷,釋常談三卷,隋遺錄二卷,翰林志一卷,宋朝燕翼詒謀錄五卷,春明退朝錄三卷,淳熙玉堂雜紀三卷,揮麈錄二卷,丁晉公談錄一卷,王文正公筆錄一卷,開天傳信記一卷,厚德錄一至二,韓忠獻公遺事一卷,文正王公遺事一卷,濟南先生師友談記一卷,可談一卷,河東先生龍城錄二卷,前定錄一卷、續前定錄一卷,國老談苑二卷,晁氏客語一卷,道山清話一卷,書簾緒論一卷,官箴一卷,祛疑說一卷,因論一卷,宋景文公筆記三卷,鼠璞一卷,善誘文一卷,東坡先生志林集一卷,螢雪叢說二卷,蘇黄門龍川略志十卷,西疇老人常言一卷,樂城先生遺言一卷,東谷所見一卷,雞肋一卷,孫公談圃三卷,王公四六話二卷,四六談麈一卷,文房四友除授集一卷,擬彈駁四友除授集一卷,耕祿藁一卷,子略四卷,騷略三卷,獻醜集一卷,選詩句圖一卷,石林詩話三卷,六一居士詩話一卷,東萊吕紫微詩話一卷,珊瑚鉤詩話三卷,劉攽貢父詩話一卷,後山居士詩話一卷,許彦周詩話一卷,司馬溫公詩話一卷,庚溪詩話二卷,竹坡老人詩話三卷,法帖釋文十卷,海岳名言一卷,寶章待訪錄一卷,米元章書史一卷,書斷四卷,續書譜一卷,試筆一卷,書譜一卷,法帖刊誤二卷,高宗皇帝御製翰墨志一卷,法帖譜系雜說二卷,端溪硯譜一卷,硯譜一卷,歙州硯譜一卷,硯史一卷,歙硯說一卷,辨歙石說一卷,古今刀劍錄一卷,香譜二卷,煎茶水記一卷,東溪試茶錄一卷,酒譜一卷,本心齋疏食譜一卷,筍譜一卷,菌譜一卷,蟹譜二卷,竹譜一卷)

320000－1606－0000597　30212
經濟類編一百卷　(明)馮琦輯　明萬曆刻本　二十七冊　存五十六卷(一至八、二十五至七十二)

320000－1606－0000598　30213
宋名家詞六十一種　(明)毛晉輯　明崇禎毛氏汲古閣刻本　六十冊

320000－1606－0000599　30238
事親庸言二十卷　(清)竇克勤撰　清康熙刻本　三十二冊

320000－1606－0000600　30239
安陽集五十卷　(宋)韓琦撰　**別錄三卷**　(宋)王巖叟輯　**遺事一卷忠獻韓魏王家傳十卷**　(宋)強至撰　明萬曆十五年(1587)郭樸刻本　十四册　存三十八卷(安陽集一至三十六、忠獻韓魏王家傳一至二)

320000－1606－0000601　30245
新刊國朝歷科翰林文選經濟宏猷十六卷　(明)沈一貫輯　明萬曆三十一年(1603)唐氏建業廣慶堂刻本　八册　存八卷(一、三至五、七至九、十一)

320000－1606－0000602　30253
四六法海十二卷　(明)王志堅輯　明天啓七年(1627)刻本　三十九册

320000－1606－0000603　30961
唐宋八大家文懸十卷　(明)鍾惺輯　明崇禎刻本　三十六册

320000－1606－0000604　30967
甓湖草堂文集六卷近集四卷　(清)吳世傑撰　清康熙四十四年(1705)許彪刻本　十二册

320000－1606－0000605　30977
三蘇文匯六十卷　(宋)蘇洵等撰　(明)茅坤等評　明刻本　三十册

320000－1606－0000606　31013
陸密菴文集二十卷錄餘二卷詩集八卷詩餘四卷　(清)陸求可撰　清康熙二十年(1681)王霖刻本　十二册　存二十二卷(陸密菴文集二十卷、錄餘二卷)

320000－1606－0000607　31027
類編標註文公朱先生經濟文衡前集二十五卷後集二十五卷續集二十二卷　(宋)朱熹撰　(宋)滕珙輯　明萬曆三十四年(1606)朱崇沐刻本　三十二册　存五十三卷(類編標註文公朱先生經濟文衡前集一至六、後集二十五卷、續集二十二卷)

320000－1606－0000608　31041
羣玉樓稾八卷　(明)李默撰　明萬曆刻本　三十二册

320000－1606－0000609　31057
新鐫徐氏家藏羅經頂門針二卷鄙言一卷簡易圖解一卷　(明)徐之鏌著　明天啓三年(1623)唐鯉耀集賢堂刻本　六册

320000－1606－0000610　31064
竹嘯軒詩鈔十八卷　(清)沈德潛撰　清乾隆刻本　六册

320000－1606－0000611　31065
西晉文二十卷　(明)張采輯　明崇禎刻本　四十册

320000－1606－0000612　31068
小窗自紀四卷　(明)吳從先評選　明刻本　四册

320000－1606－0000613　31073
學文堂文集十六卷詩集五卷詩餘三卷　(清)陳玉璂撰　清康熙刻本　三十册

320000－1606－0000614　31147
香溪先生范賢良文集二十二卷　(宋)范浚撰　明成化十五年(1479)唐韶刻遞修本　七册　存十七卷(一至五、十一至二十二)

320000－1606－0000615　31174
河岳英靈集二卷　(唐)殷璠輯　明末毛氏汲古閣刻本　三册

320000－1606－0000616　31179
千古斯文子集三卷諸子總斷一卷　(明)徐奮鵬輯　明萬曆四十六年(1618)五車館刻本　十二册

320000－1606－0000617　31180
書記洞詮一百十六卷目錄十卷　(明)梅鼎祚輯　明萬曆刻本　二十四册　存四十二卷(一至四十二)

320000－1606－0000618　31181
飴山文集十二卷附錄一卷　(清)趙執信撰　清乾隆三十九年(1774)趙氏因園刻本　十册

320000－1606－0000619　31185
先秦兩漢文膾五卷　(明)陳繼儒輯　明鄒彥章刻本　八册　存四卷(一、三至五)

320000－1606－0000620　31186
今文韻品不分卷　（明）楊雲鶴輯　明崇禎六年（1633）刻本　二冊

320000－1606－0000621　31193
國朝名公翰藻五十二卷氏名爵里一卷　（明）淩迪知輯　明隆慶、萬曆間刻本　四十八冊　存十九卷（十二至十四、十七至十八、二十三至二十六、三十三至三十四、三十七至三十八、四十三至四十四、四十六至四十七、五十一至五十二）

320000－1606－0000622　31196
古文品外錄二十四卷　（明）陳繼儒輯　明末刻本　八冊

320000－1606－0000623　31203
衛生易簡方十二卷附錄一卷　（明）胡濙撰　明嘉靖刻本　十六冊　存十卷（一至六、十至十二，附錄一卷）

320000－1606－0000624　31220
北齊文紀三卷　（明）梅鼎祚輯　明崇禎十一年（1638）刻本　四冊

320000－1606－0000625　31221
刪補古今文致十卷　（明）劉士鏻輯　（明）王宇增刪　明天啓刻本　四冊

320000－1606－0000626　31248
叢碧山房文集八卷雜著三卷　（清）龐塏撰　清康熙刻本　八冊

320000－1606－0000627　31257
醫便初集二卷附一卷　（明）沈與齡撰　明刻本　四冊

320000－1606－0000628　31274
南唐書三十卷　（宋）馬令撰　明刻本　十冊

320000－1606－0000629　31275
廣諧史十卷　（明）陳邦俊輯　明萬曆四十三年（1615）沈應魁刻本　二十冊

320000－1606－0000630　31286
六家文略十二卷　（明）唐順之輯　明萬曆二十九年（1601）蔡望卿刻本　六冊

320000－1606－0000631　31301
後周文紀八卷　（明）梅鼎祚輯　明崇禎十一年（1638）刻本　十二冊

320000－1606－0000632　31313
花間集四卷　（五代）趙崇祚輯　（明）湯顯祖評　明刻本　四冊

320000－1606－0000633　31314
駱丞集註四卷　（唐）駱賓王撰　（明）顔文選補註　明萬曆四十三年（1615）顔氏刻本　十冊

320000－1606－0000634　31320
古文合刪十二卷　（明）符昉祁刪定　明末刻本　十二冊

320000－1606－0000635　31334
南朝宋文二十八卷　（明）張采輯　明崇禎刻本　四十八冊

320000－1606－0000636　31363
省身集要四卷　（明）胡宗洵輯　明萬曆十六年（1588）刻本　十二冊

320000－1606－0000637　31368
樓山堂集二十六卷首一卷　（明）吳應箕撰　清初刻本　二十四冊

320000－1606－0000638　31375
茅鹿門先生文集三十六卷　（明）茅坤撰　明萬曆刻本　二十冊

320000－1606－0000639　31385
先秦鴻文五卷　（明）顧錫疇輯　明崇禎刻秦漢鴻文本　六冊

320000－1606－0000640　31389
擷藻堂續藁五卷　（清）汪文柏撰　清康熙刻本　四冊

320000－1606－0000641　31393
純陽吕眞人文集八卷　（唐）吕嵓撰　明刻本　四冊

320000－1606－0000642　31409
晴山堂文稾七卷詩稾七卷三集四卷四集八卷　（清）陳國祝撰　清康熙刻本　十二冊

320000－1606－0000643　31439
梁文紀十四卷　（明）梅鼎祚輯　明崇禎十二年（1639）玄白堂刻本　二十四册

320000－1606－0000644　31442
隋文紀八卷　（明）梅鼎祚輯　明宣城刻本　十六册

320000－1606－0000645　31450
蓼村集四卷　（清）王苹撰　清乾隆三十八年（1773）胡德琳刻本　四册

320000－1606－0000646　31468
憨山老人夢遊集四十卷　（明）釋德清撰　清順治刻本（卷二十二至二十四、三十四至三十六配清抄本）　三十二册

320000－1606－0000647　31475
明文致二十卷　（明）蔣如奇輯　明崇禎刻本　十册

320000－1606－0000648　31480
陳明卿先生評古今文統十六卷　（明）張以忠輯　（明）陳仁錫評　明崇禎張叔籟刻本　六十册

320000－1606－0000649　31481
古文採華旁訓四卷　（明）徐鶠輯　明天啓二年（1622）徐振英家刻本　八册

320000－1606－0000650　31493
往生集三卷　（明）釋袾宏輯　明萬曆刻本　四册

320000－1606－0000651　31501
省括編二十三卷　（明）姚文蔚輯　明萬曆三十四年（1606）楊廷筠刻本　二十册

320000－1606－0000652　31514
緱山先生集二十七卷　（明）王衡撰　明萬曆刻本　二十四册　存十五卷（一至十五）

320000－1606－0000653　31546
外科理例七卷附方一卷　（明）汪機撰　明嘉靖刻本　二册　存一卷（附方一卷）

320000－1606－0000654　31581
徐文長文集三十卷　（明）徐渭撰　（明）袁宏道評點　明萬曆四十二年（1614）鍾人傑刻本　二十二册

320000－1606－0000655　31583
巖居稾八卷　（明）華察撰　清無錫華氏延綠閣刻本　二册

320000－1606－0000656　31611
讀史管見三十卷目錄二卷　（宋）胡寅撰　明崇禎八年（1635）張溥刻本　十六册

320000－1606－0000657　31613
從先文訣内篇一卷外篇一卷　（明）劉元珍撰　明萬曆四十二年（1614）刻本　四册

320000－1606－0000658　31655
陳司業文集四卷詩集四卷經咫一卷掌錄一卷　（清）陳祖范撰　清乾隆二十九年（1764）日華堂刻本　十六册

320000－1606－0000659　31674
石山醫案八種二十九卷　（明）汪機著　明崇禎六年（1633）汪邦鐸刻本　二十册

320000－1606－0000660　31675
醫旨緒餘二卷　（明）孫一奎著　明萬曆刻本　六册

320000－1606－0000661　31677
醫案五卷　（明）孫一奎輯　明萬曆刻本　四册

320000－1606－0000662　31707
博物典彙二十卷　（明）黄道周輯　明崇禎刻本　十六册

320000－1606－0000663　31709
酉陽雜俎續集十卷　（唐）段成式撰　（明）毛晉訂　明末虞山毛氏汲古閣刻本　四册

320000－1606－0000664　31725
新編秘傳堪輿類纂人天共寶十二卷　（明）黄慎編次　明崇禎六年（1633）刻本　十二册

320000－1606－0000665　31745
昌黎先生集四十卷　（唐）韓愈撰　明徐氏東雅堂刻清冠山堂遞修本　十二册　存十一卷（一至十一）

320000－1606－0000666　31777
宋史紀事本末一百九卷　(明)馮琦編　(明)陳邦瞻增訂　(明)張溥論正　明末張溥刻本　二十冊

320000－1606－0000667　31778
通鑑紀事本末四十二卷　(宋)袁樞撰　明萬曆三十五年(1607)黄雲蛟刻本　四十二冊

320000－1606－0000668　31865
弇州山人四部稾一百七十四卷目録十二卷　(明)王世貞撰　明萬曆五年(1577)王氏世經堂刻本　八十冊

320000－1606－0000669　31906
東坡題跋六卷　(宋)蘇軾撰　明黄嘉惠刻本　四冊　存四卷(一至四)

320000－1606－0000670　31907
蘇文忠公表一卷啟一卷　(宋)蘇軾撰　明刻本　四冊

320000－1606－0000671　31918
湘帆堂集二十六卷　(清)傅占衡撰　清康熙六十一年(1722)青峯書屋木活字印本　六冊

320000－1606－0000672　31955
中巖文介先生文集六卷　(清)宋振麟撰　清乾隆十七年(1752)刻本　八冊

320000－1606－0000673　31956
湛園未定藁六卷　(清)姜宸英撰　清康熙鄭氏二老閣刻本　六冊

320000－1606－0000674　31957
曹江集十卷　(清)曹恒吉撰　清康熙願學堂刻本　四冊

320000－1606－0000675　31959
道榮堂文集六卷詩集十卷首一卷　(清)陳鵬年撰　清乾隆二十七年(1762)刻本　十冊

320000－1606－0000676　31965
曝書亭集詩註二十二卷　(清)朱彝尊撰　(清)楊謙註　**年譜一卷**　(清)楊謙撰　清楊氏木山閣刻本　十二冊

320000－1606－0000677　31970
嘯竹堂集十六卷二集二卷　(清)王錫撰　清康熙三十五年(1696)刻本　八冊

320000－1606－0000678　31976
緜津山人詩集三十二卷　(清)宋犖撰　清康熙二十七年(1688)刻本　四冊

320000－1606－0000679　31977
漁洋山人詩續集十六卷　(清)王士禛撰　清康熙二十一年(1682)刻本　六冊

320000－1606－0000680　31980
六瑩堂集九卷二集八卷　(清)梁佩蘭撰　清康熙刻本　六冊　存十六卷(六瑩堂集一至八、二集八卷)

320000－1606－0000681　31986
白茅堂集四十六卷耳提錄一卷　(清)顧景星撰　清乾隆二十年(1755)白茅堂刻本　二十一冊

320000－1606－0000682　31991
紺寒亭詩集八卷　(清)趙俞撰　清康熙三十三年(1694)刻本　八冊

320000－1606－0000683　31995
遂初堂詩集十五卷補遺一卷文集二十卷別集四卷　(清)潘耒撰　清康熙刻本　三十二冊

320000－1606－0000684　32001
汪鈍翁文鈔十二卷　(清)汪琬撰　清康熙三十三年(1694)刻國朝三家文鈔本　十二冊

320000－1606－0000685　32180
青箱堂詩集三十三卷　(清)王崇簡撰　清康熙刻本　十六冊

320000－1606－0000686　32186
合刻李忠定公全集四十四卷首四卷　(宋)李綱撰　(明)左光先輯　明崇禎十二年(1639)刻本　十四冊

320000－1606－0000687　32196
淮海集四十卷後集六卷又三卷　(宋)秦觀撰　明萬曆四十六年(1618)李之藻刻本　十冊

320000－1606－0000688　32203
陸放翁全集六種一百五十八卷　(宋)陸游撰

明末毛氏汲古閣刻清毛扆增刻本　五十三冊

320000－1606－0000689　32227
山草堂集二十八種一百五十三卷　(明)郝敬撰　明萬曆、崇禎間郝洪範刻本　四十四冊　存十種四十五卷(四書攝提十卷、附錄一卷,時習新知六卷,閑邪記二卷,諫草二卷,批點南史瑣瑣四卷,批點北史瑣瑣四卷,批點舊唐書瑣瑣四卷,批選杜工部詩四卷,批選唐詩二卷,臞談六卷)

320000－1606－0000690　32240
千一錄二十六卷　(明)方弘靜著　明萬曆刻本　十六冊

320000－1606－0000691　32242
儼山外集四十卷　(明)陸深撰　明嘉靖二十四年(1545)陸楫刻本　十二冊

320000－1606－0000692　32276
周易說略八卷　(清)張爾岐撰　清康熙五十八年(1719)刻徐氏真合齋磁版印本　八冊

320000－1606－0000693　32288
書經講義會編十二卷　(明)申時行撰　明萬曆二十五年(1597)徐銓刻本　十二冊

320000－1606－0000694　32290
讀風臆評不分卷　(明)戴君恩撰　明萬曆四十七年(1619)閔齊伋刻朱墨套印本　二冊

320000－1606－0000695　32330
元氏長慶集六十卷補遺六卷　(唐)元稹撰　明萬曆三十二年(1604)馬元調魚樂軒刻元白長慶集本　十二冊

320000－1606－0000696　32334
盛明十二家詩選十二卷　(明)朱翊鈏輯並批點　明萬曆十三年(1585)益藩刻本　十二冊

320000－1606－0000697　32345
增定二十一史韻四卷首一卷　(明)趙南星撰　(清)仲弘道增續　**讀史小論一卷**　(清)仲弘道撰　清康熙三十三年(1694)蘭雪堂刻本　六冊

320000－1606－0000698　32346
聖朝泰交錄九卷　(明)鄒德溥撰　明崇禎七年(1634)李嗣京刻本　四冊

320000－1606－0000699　32362
集千家註杜工部詩集二十卷文集二卷　(唐)杜甫撰　(宋)黃鶴補註　明刻本　十四冊

320000－1606－0000700　32363
朱文公校昌黎先生文集四十卷外集十卷遺文一卷傳一卷　(唐)韓愈撰　(宋)朱熹考異　(宋)王伯大音釋　明朱崇沐刻本　二十冊

320000－1606－0000701　32367
陸放翁全集六種一百五十八卷　(宋)陸游撰　明末毛氏汲古閣刻清毛扆增刻本　六十冊

320000－1606－0000702　32369
抱犢山房集五卷　(清)嵇永仁撰　**同難二先生詩文一卷**　(清)王龍光　(清)沈上章撰　**續離騷一卷雙報應二卷揚州夢二卷**　(清)嵇永仁撰　清雍正嵇曾筠刻本　十六冊

320000－1606－0000703　32371
文苑英華一千卷　(宋)李昉等輯　明隆慶元年(1567)胡維新、戚繼光刻隆慶六年(1572)、萬曆六年(1578)、三十六年(1608)遞修本　一百一冊

320000－1606－0000704　32373
中州集十卷首一卷中州樂府一卷　(金)元好問輯　明末毛氏汲古閣刻本　二十冊

320000－1606－0000705　32374
秦漢文鈔十二卷　(明)馮有翼輯　明刻本　十二冊

320000－1606－0000706　32376
車書樓彙輯各名公四六爭奇八卷　(明)許以忠輯　明萬曆四十八年(1620)刻本　四冊

320000－1606－0000707　32379
萬首唐人絕句一百一卷　(宋)洪邁輯　明嘉靖十九年(1540)陳敬學德星堂刻本(卷八至十二配清抄本)　二十四冊　存七十五卷(一至七十五)

320000－1606－0000708　32380

鼎雕增補單篇評釋昭明文選八卷　（南朝梁）蕭統輯　（明）李叔元刪定　（明）鄭維嶽增補　（明）李光縉評釋　明萬曆刻本　二十四册

320000－1606－0000709　32398

歇菴集十六卷　（明）陶望齡撰　明萬曆三十九年（1611）王氏眞如齋刻本　十四册　存七卷（一至七）

320000－1606－0000710　32399

吴虎臣詩集二卷　（明）吴守淮撰　明萬曆十七年（1589）吴薪刻本　四册

320000－1606－0000711　32434

麗句集六卷　（明）許之吉輯　明末刻本　八册

320000－1606－0000712　32439

古文類選十八卷　（明）鄭旻輯　明隆慶六年（1572）刻本　四十册

320000－1606－0000713　32441

小窗豔紀不分卷　（明）吴從先評選　明刻本　八册

320000－1606－0000714　32446

國朝名公經濟宏詞選十二卷　（明）汪以時輯　明萬曆十八年（1590）汪氏刻本　十册

320000－1606－0000715　32461

選輯諸名家評註批點蘇文八卷　（宋）蘇洵等撰　（明）詹奎光輯　明萬曆六年（1578）詹斗光、吴元禮刻本　十六册

320000－1606－0000716　32490

治法彙八卷　（明）張三錫纂　明萬曆刻本　十六册

320000－1606－0000717　32517

山東全河備考四卷　（清）葉方恆撰　清康熙十九年（1680）刻本　四册

320000－1606－0000718　32546

玉華洞志六卷玉華紀遊詩一卷　（清）陳文在纂修　清康熙刻本　八册

320000－1606－0000719　32564

匏野文集二十卷　（清）張汝瑚撰　清康熙視古堂刻本　三十二册　存十八卷（一至十七、二十）

320000－1606－0000720　32625

唐詩紀一百七十卷目錄三十四卷　（明）吴琯輯　明萬曆十三年（1585）聚錦堂刻本　三十册

320000－1606－0000721　32633

唐詩歸三十六卷　（明）鍾惺　（明）譚元春輯　明刻詩歸本　二十册

320000－1606－0000722　32634

廣文選六十卷　（明）劉節輯　明嘉靖十六年（1537）陳蕙刻本　十八册

320000－1606－0000723　32653

宋東京考二十卷　（清）周城撰　清乾隆六有堂刻本　四册

320000－1606－0000724　32655

［康熙］臺灣府志十卷首一卷　（清）高拱乾纂修　清康熙三十五年（1696）刻本　六册

320000－1606－0000725　32662

皇明文衡一百卷目錄二卷　（明）程敏政輯　明嘉靖六年（1527）盧煥刻本（卷九十五至一百配清抄本）　四十八册

320000－1606－0000726　32728

大學衍義補一百六十卷首一卷　（明）丘濬撰　（明）陳仁錫評　明萬曆三十三年（1605）刻本　三十二册

320000－1606－0000727　32799

王文恪公集三十六卷　（明）王鏊撰　（明）朱國禎訂　（明）董其昌閲　**鷗音一卷白社詩草一卷**　（明）王禹聲著　（明）朱國禎訂　（明）董其昌閲　明萬曆王氏三槐堂刻清修本　十二册

320000－1606－0000728　32804

八編類纂二百八十五卷　（明）陳仁錫輯　**六經圖六卷附圖二卷**　（宋）楊甲撰　明天啓刻本　一百册

320000－1606－0000729　32828
瘡瘍經驗全書十三卷　(宋)竇漢卿撰　清刻本　十二册

320000－1606－0000730　32894
諸子奇賞前集五十卷後集六十卷　(明)陳仁錫評選　明天啓蔣氏三徑齋刻本　一百册

320000－1606－0000731　32945
武夷志略四卷附圖　(明)徐表然撰　明萬曆四十七年(1619)孫世昌刻本　四册

320000－1606－0000732　32958
使琉球雜錄五卷册封疏鈔一卷　(清)汪楫撰　清康熙二十三年(1684)刻本　四册

320000－1606－0000733　33048
午亭文編五十卷　(清)陳廷敬撰　清康熙四十七年(1708)林佶刻本　十六册

320000－1606－0000734　33077
方正學先生遜志齋集二十四卷　(明)方孝孺撰　明萬曆四十年(1612)丁賓等刻本　二十册

320000－1606－0000735　33081
鄧文潔先生文集四卷　(明)鄧以讚撰　明萬曆二十八年(1600)刻本　四册

320000－1606－0000736　33093
揭曼碩詩三卷　(元)揭傒斯撰　明崇禎毛氏汲古閣刻元詩四大家本　二册

320000－1606－0000737　33113
歷代帝王曆祚考八卷　(明)吳繼安撰　明吳氏刻本　四册　存四卷(一至四)

320000－1606－0000738　33117
元經薛氏傳十卷　(唐)薛收撰　(宋)阮逸注　明萬曆程榮刻漢魏叢書本　六册

320000－1606－0000739　33164
泊如齋重修宣和博古圖錄三十卷　(宋)王黼撰　明萬曆十六年(1588)刻本　三十册

320000－1606－0000740　33177
法書要錄十卷　(唐)張彥遠撰　明毛氏汲古閣刻本　十册

320000－1606－0000741　33182
太姥山志三卷　(明)謝肇淛撰　明萬曆三十七年(1609)刻本　四册

320000－1606－0000742　33183
岳紀六卷　(明)陳士元撰　明萬曆二十年(1592)羅紳刻本　四册

320000－1606－0000743　33194
麗句集六卷　(明)許之吉輯　明末刻本　六册

320000－1606－0000744　33228
藝文類聚一百卷　(唐)歐陽詢撰　明嘉靖六年至七年(1527－1528)胡纘宗、陸采刻本　十册

320000－1606－0000745　33245
小方壺存稾十八卷　(清)汪森撰　清康熙刻本　二册

320000－1606－0000746　33248
明文奇賞四十卷　(明)陳仁錫輯　明天啓三年(1623)刻本　二十册

320000－1606－0000747　33343
詩體明辯二十六卷　(明)徐師曾輯　(明)沈芬　(明)沈騏箋注　明崇禎十三年(1640)刻本　二十册

320000－1606－0000748　33381
新鐫重訂增補名文珠璣不分卷　(明)焦竑輯　明刻本　二十册

320000－1606－0000749　33398
羣書備考六卷　(明)袁黄撰　(明)袁儼注　明刻本　四册

320000－1606－0000750　33413
諸子彙函二十六卷　(明)歸有光蒐輯　(明)文震孟參訂　明天啓刻本　十四册

320000－1606－0000751　33435
初潭集三十卷　(明)李贄輯　明萬曆刻本　六册

320000－1606－0000752　33461
山堂肆考二百四十卷　(明)彭大翼撰　明萬

曆二十三年(1595)刻本　四十冊

320000－1606－0000753　33472
青邱高季迪先生詩集十八卷遺詩一卷扣舷集一卷鳧藻集五卷　(明)高啟撰　(清)金檀輯註　**附錄一卷年譜一卷**　(清)金檀撰　清雍正六年(1728)金氏文瑞樓刻本　十冊

320000－1606－0000754　33523
滄溟先生集三十卷補遺一卷附錄一卷　(明)李攀龍撰　明萬曆二十六年(1598)刻本　十六冊

320000－1606－0000755　33645
錦繡萬花谷前集四十卷後集四十卷續集四十卷　(□)□□撰　明嘉靖十五年(1536)秦汴繡石書堂刻本　三十二冊

320000－1606－0000756　33647
皇明五先生文雋二百四卷目錄五卷　(明)蘇文韓輯　明天啓刻本　一百八冊　存一百九十卷(一至一百八十五、目錄五卷)

320000－1606－0000757　33652
匯古菁華二十四卷　(明)張國璽輯　明萬曆二十四年(1596)刻本　六十四冊

320000－1606－0000758　33656
秋錦山房集二十二卷外集三卷　(清)李良年撰　清康熙刻乾隆續刻李氏家集四種本　二十冊

320000－1606－0000759　33672
梅里志四卷　(清)吳存禮編　清雍正二年(1724)蔡名烜刻本　六冊

320000－1606－0000760　33687
比璞山房罪言十四卷　(明)談修撰　明萬曆二十二年(1594)刻本　四冊

320000－1606－0000761　33689
靜觀堂詩集三十卷　(清)勞之辨撰　清康熙四十年(1701)刻本　二十冊　存二十八卷(一至二十八)

320000－1606－0000762　33700
彙鍥註釋三蘇文苑八卷　(宋)蘇洵　(宋)蘇軾　(宋)蘇轍撰　(明)李叔元輯　明萬曆三十二年(1604)余泗泉萃慶堂刻本　十六冊

320000－1606－0000763　33713
崇雅堂藁八卷　(清)王植撰　清乾隆刻本　二十三冊

320000－1606－0000764　33715
名世文宗三十卷　(明)胡時化輯　明刻本　十六冊

320000－1606－0000765　33716
四品稾九卷　(明)李若訥撰　明末刻本　三十四冊

320000－1606－0000766　33716－1
五品稾九卷楊花詩一卷　(明)李若訥撰　明萬曆刻本　二十四冊

320000－1606－0000767　33720
文致不分卷　(明)劉士鏻輯　明末刻本　八冊

320000－1606－0000768　33722
皇明四大家文選五卷　(明)孫慎行輯　明刻本　十六冊

320000－1606－0000769　33753
詞譜四十卷　(清)王奕清等撰　清康熙五十四年(1715)内府刻朱墨套印本　二十四冊

320000－1606－0000770　33763
運氣略一卷　(明)張三錫纂　明刻本　二冊

320000－1606－0000771　33825
農政全書六十卷　(明)徐光啟撰　清刻本　十冊　存三十六卷(十三至十七、二十一至三十二、四十二至六十)

320000－1606－0000772　33827
巧團圓傳奇二卷　(清)李漁撰　清康熙刻笠翁傳奇十種本　四冊

320000－1606－0000773　33829
篋衍集十二卷　(清)陳維崧輯　清乾隆二十六年(1761)華綺刻本　四冊

320000－1606－0000774　33830

王槐野先生存笥稾二十卷　(明)王維楨撰　明尹應元刻本(卷一至二配清抄本)　二十六册

320000－1606－0000775　33835
經絡考一卷　(明)張三錫撰　明刻本　三册

320000－1606－0000776　33845
拙存堂文初集八卷　(清)蔣衡撰　清乾隆六年(1741)陳希敬木活字印本　二十册

320000－1606－0000777　33847
礪巖續文部二十卷　(清)周金然撰　清康熙二十四年(1685)刻本　六册　存十卷(一至十)

320000－1606－0000778　33855
林茂之文草一卷賦草一卷　(清)林古度撰　明崇禎刻本　六册

320000－1606－0000779　33863
秋泉居士集十七卷　(清)汪士鋐撰　清乾隆十三年(1748)清蔭堂刻本　十六册

320000－1606－0000780　33870
元曲選十集一百種一百卷　(明)臧懋循編　**天台陶九成論曲一卷**　(明)陶宗儀等撰　**元曲論一卷**　明萬曆臧氏刻本　十二册　存二十五種二十五卷(硃砂擔滴水浮漚記雜劇一卷、便宜行事虎頭牌雜劇一卷、包龍圖智賺合同文字雜劇一卷、吕洞賓度鐵拐李岳雜劇一卷、小尉遲將鬬將認父歸朝雜劇一卷、陶學士醉寫風光好雜劇一卷、吕洞賓三醉岳陽樓雜劇一卷、包待制三勘蝴蝶夢雜劇一卷、説鱄諸伍員吹簫雜劇一卷、河南府張鼎勘頭巾雜劇一卷、黑旋風雙獻功雜劇一卷、迷青瑣倩女離魂雜劇一卷、西華山陳摶高臥雜劇一卷、包待制智賺灰闌記雜劇一卷、崔府君斷寃家債主雜劇一卷、㑳梅香騙翰林風月雜劇一卷、杜蘂娘智賞金線池雜劇一卷、王月英元夜留鞋記雜劇一卷、漢高皇濯足氣英布雜劇一卷、荊楚臣重對玉梳記雜劇一卷、逞風流王煥百花亭雜劇一卷、秦脩然竹塢聽琴雜劇一卷、羅李郎大鬧相國寺雜劇一卷、看錢奴買寃家債主雜劇一卷、都孔目風雨還牢末雜劇一卷)

320000－1606－0000781　33905
渠亭山人半部稾不分卷　(清)張貞撰　清康熙二十八年(1689)刻本　八册

320000－1606－0000782　33930
冶古堂文集五卷　(清)吕履恒撰　清乾隆十五年(1750)刻本　三十二册

320000－1606－0000783　34041
梅崖居士文集三十卷外集八卷　(清)朱仕琇撰　清乾隆四十七年(1782)松谷刻本　二十册

320000－1606－0000784　34042
笠亭詩集十二卷　(清)朱琰撰　清乾隆三十八年(1773)樊桐山房刻本　六册

320000－1606－0000785　34086
匠門書屋文集三十卷　(清)張大受撰　清雍正三年至七年(1725－1729)顧詒禄刻本　十二册

320000－1606－0000786　34087
虛白齋詩集八卷　(清)欽璉撰　清乾隆十年(1745)刻本　四册

320000－1606－0000787　34088
果堂集十二卷　(清)沈彤撰　清乾隆十九年(1754)刻本　四册

320000－1606－0000788　34089
竹嘯軒詩鈔十八卷　(清)沈德潛撰　清乾隆刻本　六册

320000－1606－0000789　34095
綠蘿山莊文集二十四卷　(清)胡浚撰　清乾隆八年(1743)刻本　十二册

320000－1606－0000790　34101
戴東原集十二卷　(清)戴震撰　**覆校札記一卷**　(清)段玉裁撰　清乾隆五十七年(1792)段氏經韻樓刻本　八册

320000－1606－0000791　34104
潘黃門集六卷　(晉)潘岳撰　明刻漢魏六朝諸家文集本　四册

320000－1606－0000792　34127

刻杜少陵先生詩分類集註二十三卷　(唐)杜甫撰　(明)邵寶集註　(明)過棟箋　明萬曆二十年(1592)周子文刻本　四十八册

320000－1606－0000793　34251
周易孔義三卷　(明)高攀龍撰　明崇禎九年(1636)秦堈刻本　五册

320000－1606－0000794　34252
毛詩草木鳥獸蟲魚疏廣要二卷　(三國吳)陸璣疏　明崇禎毛氏汲古閣刻津逮祕書本　六册

320000－1606－0000795　34274
儲遯菴文集十二卷　(清)儲方慶撰　**附録一卷**　(清)魏象樞撰　清康熙四十一年(1702)儲右文等刻本　四册

320000－1606－0000796　34276
本朝應制琳琅集十卷首一卷　(清)鄒一桂輯　清乾隆十九年(1754)京都鴻遠堂刻本　十六册

320000－1606－0000797　34279
新刻天傭子全集六卷　(明)艾南英撰　清順治十八年(1661)刻本　十二册

320000－1606－0000798　34307
甂甀洞稾文類二十卷詩集六卷　(明)吴國倫撰　明萬曆刻本(卷一配清抄本)　十六册

320000－1606－0000799　34313
弇州先生七言律選八卷　(明)王世貞撰　(明)胡應麟輯　明刻本　八册

320000－1606－0000800　34319
苑洛集二十二卷　(明)韓邦奇撰　清道光八年(1828)刻本　三十二册

320000－1606－0000801　34320
疑雨集二卷　(明)王彦泓撰　清康熙侯氏亦園刻本　四册

320000－1606－0000802　34327
兩晉文鈔十卷　(明)朱隗輯　明末刻本　八册

320000－1606－0000803　34355
黄帝内經素問二十四卷　(明)吴崐注　明萬曆二十二年(1594)刻本　十六册

320000－1606－0000804　34359
劉河間傷寒六書二十七卷　(金)劉完素撰　明吴勉學刻本　八册

320000－1606－0000805　34392
正蒙釋四卷　(明)高攀龍集注　(明)徐必達發明　明刻本　十二册

320000－1606－0000806　34402
澹香書屋詩初集四卷　(清)汪學金撰　清乾隆三十七年(1772)刻本　四册

320000－1606－0000807　34403
隅蜣草十二卷　(清)譚田明撰　清康熙五十三年(1714)刻本　八册

320000－1606－0000808　34405
羣書考索前集六十六卷後集六十五卷續集五十六卷别集二十五卷　(宋)章如愚輯　明正德三年至十三年(1508－1518)劉洪慎獨書齋刻本　六十册

320000－1606－0000809　34407
幾亭文録三卷　(明)陳龍正撰　明崇禎刻本　八册

320000－1606－0000810　34408
幾亭外書九卷　(明)陳龍正撰　明崇禎刻本　十六册　存四卷(一至四)

320000－1606－0000811　34438
何文定公文集十一卷　(明)何瑭撰　明萬曆四年(1576)賈待問等刻本　十二册

320000－1606－0000812　34446
潛學稾十九卷　(明)鄧元錫撰　明崇禎十二年(1639)鄧應瑞刻清乾隆八年(1743)重修本　三十册

320000－1606－0000813　34454
分甘餘話四卷　(清)王士禛撰　清康熙刻王漁洋全集本　四册

320000－1606－0000814　34464
廣輿記二十四卷　(明)陸應陽撰　(清)蔡方

炳輯　清康熙二十五年(1686)刻本　十冊

320000－1606－0000815　34465
王子年拾遺記十卷　(晉)王嘉撰　(南朝梁)蕭綺輯　明萬曆程榮刻漢魏叢書本　四冊

320000－1606－0000816　34467
滸東山房批校廬陵曾氏十八史略八卷　(元)曾先之撰　明萬曆十二年(1584)趙愼修刻本　十六冊

320000－1606－0000817　34503
沈休文集四卷　(南朝梁)沈約撰　明刻本　八冊

320000－1606－0000818　34507
撫浙疏草五卷檄草二卷　(清)朱昌祚撰　清康熙刻本　十六冊

320000－1606－0000819　34521
蠶尾集十卷續集二卷後集二卷　(清)王士禛撰　清康熙三十五年(1696)刻本　八冊　存十卷(蠶尾集十卷)

320000－1606－0000820　34531
沈朗仲先生病機彙論十八卷　(清)馬俶輯　清康熙五十二年(1713)刻本　二十四冊

320000－1606－0000821　34538
新編古今事文類聚前集六十卷後集五十卷續集二十八卷別集三十二卷　(宋)祝穆輯　**新集三十六卷外集十五卷**　(元)富大用輯　明內府刻本　十八冊　存三十二卷(後集一至三十二)

320000－1606－0000822　34566
漢書纂二十四卷　(明)淩稚隆輯　明萬曆十一年(1583)刻本　十六冊

320000－1606－0000823　34581
弇州史料前集三十卷後集七十卷　(明)王世貞撰　(明)董復表輯　明萬曆四十二年(1614)楊鶴等刻本　六十四冊

320000－1606－0000824　34598
東征集六卷　(清)藍鼎元撰　清雍正十年(1732)刻本　六冊

320000－1606－0000825　34601
食物本草二十二卷　題(金)李杲輯　(明)李時珍訂　**救荒野譜一卷附圖**　(明)姚可成撰　明天啓刻清初修本　二十冊

320000－1606－0000826　34605
新書十卷　(漢)賈誼著　(明)錢震瀧閱　明末刻本　二冊

320000－1606－0000827　34611
文苑彙雋二十四卷　(明)孫丕顯輯　明萬曆三十六年(1608)刻本　十二冊

320000－1606－0000828　34631
小心齋劄記十八卷　(明)顧憲成撰　清康熙刻本　八冊

320000－1606－0000829　34649
雪廬讀史快編六十卷　(明)趙維寰撰　明刻本　二十冊

320000－1606－0000830　34651
薪齋初集八卷　(清)吕陽撰　清順治五年(1648)刻本　二冊　存二卷(一至二)

320000－1606－0000831　34656
史義拾遺二卷　(元)楊維楨撰　明刻本　四冊

320000－1606－0000832　34664
王文成公全書三十八卷　(明)王守仁撰　(明)謝廷傑輯　明隆慶六年(1572)謝廷傑刻本　二十四冊

320000－1606－0000833　34718
焉文堂集十一卷首一卷末一卷　(清)黄家舒撰　清康熙刻本　二冊

320000－1606－0000834　34756
王元士文集不分卷　(清)王一寧撰　清康熙四十七年(1708)刻本　十六冊

320000－1606－0000835　34762
薛子庸語十二卷　(明)薛應旂撰　(明)向程音釋　明隆慶刻本　四冊

320000－1606－0000836　34767
弇州山人續槀選三十八卷　(明)王世貞撰

（明）顧起元輯　明刻本　六十四册

320000－1606－0000837　34768
楓山章先生集九卷　（明）章懋撰　明嘉靖九年（1530）張大綸刻本　十册

320000－1606－0000838　34779
羅經祕竅十卷　（明）甘霖撰　**新鐫唐氏壽域一卷**　（明）王福賢撰　明錦池刻本　十册

320000－1606－0000839　34802
蠛蠓集五卷　（明）盧柟撰　明萬曆三十年（1602）張其忠刻本　二十册

320000－1606－0000840　34820
歷代史纂左編一百四十二卷　（明）唐順之輯　明萬曆吳用先等刻本　六十四册

320000－1606－0000841　34824
緱山先生集二十七卷　（明）王衡撰　明萬曆刻本　六册　存五卷（一至五）

320000－1606－0000842　34826
張南湖先生詩集四卷附錄一卷　（明）張綖撰　明嘉靖三十二年（1553）張守中刻本　四册

320000－1606－0000843　34830
範家集略六卷　（清）秦坊輯　清康熙五十年（1711）刻本　七册

320000－1606－0000844　34830－1
範身集略八卷　（清）秦坊輯　清康熙五十八年（1719）刻本　九册

320000－1606－0000845　34836
漢雋十卷　（宋）林鉞輯　明萬曆二十八年（1600）吳繼安刻本　十册

320000－1606－0000846　34843
新鐫諸子拔萃八卷　（明）李雲翔輯　明天啓七年（1627）余大茂、張起鵬刻套印本　八册

320000－1606－0000847　34849
論衡三十卷　（漢）王充撰　（明）劉廣斗評　明天啓六年（1626）閻光表刻本　六册

320000－1606－0000848　34851
明狀元圖考三卷　（明）顧鼎臣　（明）顧祖訓輯　清咸豐六年（1856）福元書室刻本　三册

320000－1606－0000849　34856
米元章書史一卷　（宋）米芾撰　明弘治十四年（1501）華珵刻本　一册

320000－1606－0000850　34871
唐文歸十卷　（明）鍾惺輯並評　明集賢堂刻本　十六册

320000－1606－0000851　34873
野客叢書三十卷野老記聞一卷　（宋）王楙撰　明刻本　十六册

320000－1606－0000852　34877
史記鈔九十一卷首一卷　（明）茅坤輯　明萬曆三年（1575）刻本　二十册

320000－1606－0000853　34885
印機草一卷　（清）馬俶撰　清康熙五十二年（1713）刻本　四册

320000－1606－0000854　34967
皇霸文紀十三卷　（明）梅鼎祚輯　明崇禎刻本　十六册

320000－1606－0000855　34970
海珠小志五卷　（明）李韡輯　明萬曆二十三年（1595）刻清遞修本　四册

320000－1606－0000856　34979
宋文紀十八卷　（明）梅鼎祚輯　明崇禎十年（1637）周維新刻本　二十四册

320000－1606－0000857　34984
東坡詩鈔十八卷　（宋）蘇軾撰　（清）姚培謙輯　清康熙六十年（1721）刻本　十册

320000－1606－0000858　34989
斜川詩集十卷　（宋）蘇過撰　清木活字印本　二册　存六卷（一至六）

320000－1606－0000859　34997
新鐫全補標題音註歷朝捷錄四卷　（明）顧充輯　（明）顧憲成音釋　明末刻本　四册

320000－1606－0000860　35031
天游別集二卷　（明）王達撰　明嘉靖二十年

(1541)舒遷、劉啟東等刻本　一冊

320000－1606－0000861　35057
史懷十九卷　(明)鍾惺撰　(明)陶珽評　明刻本　四冊

320000－1606－0000862　35065
羣芳清玩十二種十六卷　(明)毛晉輯　(明)李璵編　明末毛氏汲古閣刻本　二冊

320000－1606－0000863　35071
小山類藁選二十卷附錄一卷　(明)張岳撰　明萬曆十五年(1587)刻本　二十四冊

320000－1606－0000864　35101
眞儒一脈不分卷　(明)吳桂森輯　明天啓六年(1626)刻本　四冊

320000－1606－0000865　35129
近思錄補十四卷　(明)江起鵬輯補　(明)陳邦瞻參訂　(明)葛寅亮校閱　明萬曆三十二年(1604)刻本　二冊

320000－1606－0000866　35157
勘輿地理精髓二卷　(□)□□撰　明刻本　四冊

320000－1606－0000867　35164
師善堂詩集十卷　(清)嵇曾筠撰　清雍正十三年(1735)刻本　八冊

320000－1606－0000868　35178
見聞搜玉八卷　(明)高鶴撰　明萬曆十九年(1591)陳汝元函三館刻本　四冊　存四卷(一至四)

320000－1606－0000869　35189
太乙山房文集十五卷　(明)陳際泰撰　**陳孝逸論一卷**　(明)陳士驥撰　**孝威論一卷**　(明)陳士鳳撰　明崇禎六年(1633)李士奇刻本　十冊

320000－1606－0000870　35218
重刻黃文節山谷先生文集三十卷　(宋)黃庭堅撰　明萬曆王鳳翔光啟堂刻本　二十冊

320000－1606－0000871　35227
讀史管見三十卷目錄二卷　(宋)胡寅撰　明崇禎八年(1635)張溥刻本　八冊

320000－1606－0000872　35332
文選類林十八卷　(宋)劉攽輯　明嘉靖三十七年(1558)吳思賢刻本　十二冊

320000－1606－0000873　35336
新刻古今類腴十八卷　題(明)王世懋輯　明崇禎靜懷居刻本　十二冊

320000－1606－0000874　35352
如蘭集二十卷　(清)董柴選輯　清乾隆二十五年(1760)半壁山房刻本　二十冊

320000－1606－0000875　35357
凝翠樓集四卷　(清)王慧撰　清康熙朱氏銀槎閣刻本　四冊

320000－1606－0000876　35371
奇賞齋古文彙編二百三十六卷　(明)陳仁錫輯　明崇禎刻本　一百冊　存二百三十四卷(一至四、七至二百三十六)

320000－1606－0000877　35379
長吟閣詩集八卷　(清)黃子雲撰　清乾隆十二年(1747)刻本　八冊

320000－1606－0000878　35387
資治通鑑綱目事類一百二十一卷　(明)包瑜輯　明刻本　五十冊　存四十一卷(十三至十四、二十二至二十八、三十、四十四至四十六、五十至六十一、六十三、八十一、八十五、八十八至九十、九十四至九十八、一百十一至一百十四、一百十六)

320000－1606－0000879　35396
秦漢文歸三十卷　(明)鍾惺輯並評　明末古香齋刻本　二十八冊

320000－1606－0000880　35397
兩晉南北朝文歸十二卷　(明)鍾惺輯並評　明末古香齋刻本　十二冊

320000－1606－0000881　35398
宋文歸二十卷　(明)鍾惺輯並評　明集賢堂刻本　二十冊

320000－1606－0000882　35415

尋樂齋詩集八卷慵齋野老傳一卷　(清)戴有祺撰　清康熙刻本　六冊

320000－1606－0000883　35425
青箱堂文集十二卷遺稾一卷　(清)王崇簡撰　清康熙刻本　二十冊

320000－1606－0000884　35426
西河合集　(清)毛奇齡撰　清康熙刻本(賦卷一至四配抄本)　一百二十冊

320000－1606－0000885　35431
歷年二十一傳□□卷　(明)程元初撰　明萬曆刻本　十二冊　存十二卷(一至十二)

320000－1606－0000886　35492
新刊唐荆川先生稗編一百二十卷目錄三卷　(明)唐順之輯　明萬曆九年(1581)茅一相文霞閣刻本　四十冊

320000－1606－0000887　35545
月令廣義二十四卷首一卷附錄一卷　(明)馮應京輯　(明)戴任增釋　明萬曆刻本　七冊　存二十二卷(一至二十、首一卷、附錄一卷)

320000－1606－0000888　35547
類經三十二卷圖翼十一卷附翼四卷　(明)張介賓撰　明天啓四年(1624)天德堂刻本　四十冊

320000－1606－0000889　35550
名義考十二卷　(明)周祈撰　明萬曆十七年(1589)黄中色刻本　六冊

320000－1606－0000890　35552
新編古今事文類聚前集六十卷後集五十卷續集二十八卷别集三十二卷　(宋)祝穆輯　**新集三十六卷外集十五卷**　(元)富大用輯　明萬曆三十二年(1604)書林唐富春德壽堂刻本　八冊　存三十六卷(新集三十六卷)

320000－1606－0000891　35553
新鍥簪纓必用增補秘笈新書十三卷别集三卷　(宋)謝枋得輯　(明)吴道南增補　明萬曆刻本　八冊

320000－1606－0000892　35559
重編東坡先生外集八十六卷年譜一卷　(宋)蘇軾撰　明萬曆三十六年(1608)康丕揚刻本　二十四冊

320000－1606－0000893　35589
小窗清紀五卷　(明)吴從先撰　明刻本　八冊

320000－1606－0000894　35596
慮得集四卷附錄二卷　(明)華悰韡撰　明萬曆四十二年(1614)華繼祥刻本　二冊

320000－1606－0000895　35615
露書十四卷　(明)姚旅撰　明天啓刻本　十二冊

320000－1606－0000896　35618
容齋隨筆十六卷續筆十六卷三筆十六卷四筆十六卷五筆十卷　(宋)洪邁撰　明崇禎三年(1630)馬元調刻本　二十冊

320000－1606－0000897　35638
翠娱閣評選陳眉公先生小品二卷　(明)陳繼儒撰　(明)陸雲龍評　(明)梅羹選　明崇禎六年(1633)崢霄館刻皇明十六名家小品本　二冊

320000－1606－0000898　35640
大滌山人詩集十三卷　(明)徐桂撰　明萬曆刻本　六冊

320000－1606－0000899　35641
白榆集二十八卷　(明)屠隆撰　明萬曆二十八年(1600)龔堯惠刻本　十二冊

320000－1606－0000900　35677
唐類函二百卷目錄二卷　(明)俞安期彙纂　明萬曆三十一年(1603)刻本　四十冊

320000－1606－0000901　35741
中和集七卷　(元)李道純撰　(元)蔡志頤輯　明刻道藏本　四冊

320000－1606－0000902　35784
新鍥名家纂定註解兩漢評林三卷　(明)吴默輯　明詹聖澤刻本　三冊

320000－1606－0000903　35924

爾雅三卷　(晉)郭璞注　明嘉靖十七年(1538)吳元恭刻本　三冊

320000－1606－0000904　36095

資治通鑑綱目全書一百十三卷　明萬曆二十八年(1600)朱燮元等刻本　一百七冊

320000－1606－0000905　36121

路史四十七卷　(宋)羅泌撰　明萬曆三十九年(1611)喬可傳刻本　十四冊

320000－1606－0000906　36122

吳詩集覽二十卷補註二十卷　(清)吳偉業撰　(清)靳榮藩補註　**吳詩談藪二卷拾遺一卷**　(清)靳榮藩輯　清乾隆四十年(1775)淩雲亭刻本　二十四冊

320000－1606－0000907　36138

綏寇紀略十二卷補遺三卷　(清)吳偉業纂輯　清嘉慶九年(1804)虞山張海鵬照曠閣刻本　八冊

320000－1606－0000908　36140

四書自課錄二十九卷　(清)任時懋纂　清乾隆璜川書屋刻本　十六冊

320000－1606－0000909　36155

五車韻瑞一百六十卷　(明)淩稚隆輯　明刻本　二十四冊

320000－1606－0000910　36168

潛確居類書一百二十卷　(明)陳仁錫纂輯　明崇禎三年至五年(1630－1632)徐氏大觀堂刻本　八十冊

320000－1606－0000911　36310

皇清詩選三十卷首一卷　(清)孫鋐輯評　(清)黃朱芾編校　清康熙二十七年(1688)刻本　十二冊

320000－1606－0000912　39233

秀埜草堂詩集五卷　(清)顧嗣立撰　清康熙三十四年(1695)刻本　二冊

320000－1606－0000913　19－4

筆疇二卷　(明)王達著　明萬曆繡水沈氏刻寶顏堂秘笈本　一冊

320000－1606－0000914　100007

宋大家王文公文抄十六卷　(宋)王安石撰　(明)茅坤輯　明萬曆七年(1579)茅一桂刻唐宋八大家文抄本　六冊

320000－1606－0000915　100022

唐大家韓文公文抄十六卷　(唐)韓愈撰　(明)茅坤批評　明萬曆七年(1579)茅一桂刻唐宋八大家文抄本　六冊

320000－1606－0000916　100036

玉臺新詠十卷　(南朝陳)徐陵輯　**續五卷**　(明)鄭玄撫輯　明天啓二年(1622)袁宏道刻本　二冊　存十四卷(玉臺新詠十卷、續一至四)

320000－1606－0000917　100046

無錫縣學筆記十二卷　(明)談修撰　明萬曆刻本　四冊

320000－1606－0000918　100075

萬曆乙酉科應天鄉試硃卷一卷　(明)安希范撰　稿本　一冊

320000－1606－0000919　100075－1

萬曆乙酉科應天鄉試硃卷一卷　(明)安希范撰　清抄本　一冊

320000－1606－0000920　100115

世說新語八卷　(南朝宋)劉義慶撰　(南朝梁)劉孝標注　(明)張懋辰訂　**世說新語補四卷**　(明)何良俊撰　(明)王世貞刪定　明萬曆張懋辰刻本　六冊

320000－1606－0000921　100118

春秋詞命三卷　(明)王鏊輯　明刻本　一冊

320000－1606－0000922　100124

禮記註疏六十三卷　(漢)鄭玄著　(唐)孔穎達疏　(唐)陸德明音義　明崇禎十二年(1639)毛氏汲古閣刻十三經註疏本　二十冊

320000－1606－0000923　100127

翼聖堂重訂蘇老泉硃批孟子二卷　(宋)蘇洵批點　明崇禎刻朱墨套印本　四冊

320000－1606－0000924　100131

書經集傳六卷　（宋）蔡沈撰　明崇禎四年（1631）汪應魁刻本　三冊

320000－1606－0000925　100132
詩經集傳八卷　（宋）朱熹集傳　明崇禎四年（1631）汪應魁刻本　四冊

320000－1606－0000926　100145
春秋胡傳三十卷　（宋）胡安國撰　（宋）林堯叟音注　明成化十八年（1482）劉憲刻本　四冊

320000－1606－0000927　100147
古詩歸十五卷　（明）鍾惺　（明）譚元春輯　明萬曆四十五年（1617）刻詩歸本　四冊

320000－1606－0000928　100173
李詩通二十一卷　（明）胡震亨編　清順治七年（1650）朱茂時刻李杜詩通本　八冊

320000－1606－0000929　100214
唐詩歸三十六卷　（明）鍾惺　（明）譚元春輯　明刻詩歸本　七冊

320000－1606－0000930　100256
文編六十四卷　（明）唐順之輯　明天啓刻本　二十三冊　存六十一卷（一至二十、二十四至六十四）

320000－1606－0000931　100300
煙餘草一卷　（明）安廣譽撰　（清）安璿輯　清安璿抄本　一冊

320000－1606－0000932　100316
杜子美詩集二十卷　（唐）杜甫撰　（宋）劉辰翁評點　明崇禎二年（1629）聞啟祥刻李杜全集本　十冊

320000－1606－0000933　100319
杜詩通四十卷　（明）胡震亨撰　清順治七年（1650）朱茂時刻李杜詩通本　四冊

320000－1606－0000934　100403
春秋左氏全傳白文十二卷　明萬曆十六年（1588）賀邦泰刻本　十冊

320000－1606－0000935　100417
戰國策十卷　（宋）鮑彪校注　（元）吴師道補正　明刻本　六冊

320000－1606－0000936　100420
戰國策十卷　（宋）鮑彪校注　明天啓三年（1623）鍾人傑刻本　六冊

320000－1606－0000937　100438
方城均田志一卷　（明）吕琦輯　明嘉靖十七年（1538）陳鳳刻本　一冊

320000－1606－0000938　100446
茅鹿門先生批評史記鈔一百四卷　（明）茅坤輯　明天啓元年（1621）茅兆海刻本　十冊

320000－1606－0000939　100555
戍樓閒話四卷　（明）茅元儀撰　明天啓刻本　一冊

320000－1606－0000940　100572
西林纂一卷　（明）安紹芳輯　明崇禎九年（1636）安璜刻本　一冊

320000－1606－0000941　101892
孟公不在兹集一卷　（清）安璿撰　稿本　一冊

320000－1606－0000942　101947
朱子節要十四卷　（宋）朱熹撰　（明）高攀龍節要　明萬曆三十年（1602）刻本　二冊

320000－1606－0000943　102258
華氏傳芳續集六卷　（明）華察輯　明隆慶六年（1572）刻本　四冊　存五卷（二至六）

320000－1606－0000944　102259
華氏傳芳集八卷　（明）華毓琮等輯　清初刻本　八冊

320000－1606－0000945　102771
始青閣稾二十四卷　（明）鄒迪光撰　明天啓刻本　十冊

320000－1606－0000946　102772
唐雅二十六卷　（明）張之象輯　明嘉靖三十一年（1552）無錫縣刻本　十冊

320000－1606－0000947　102773
新刻雍正九年爵秩全覽不分卷　清雍正九年

(1731)榮錦堂書坊刻本　四册

320000－1606－0000948　102775
皇明象胥録八卷　(明)茅瑞徵撰　明芝園刻本　三册　存六卷(一至四、七至八)

320000－1606－0000949　102778
刻杜少陵先生詩分類集註二十三卷　(唐)杜甫撰　(明)邵寶集註　(明)過棟箋　明萬曆二十年(1592)周子文刻本　二十四册

320000－1606－0000950　102779
罨畫樓詩草四卷詩餘一卷　(清)安璿撰　稿本　四册

320000－1606－0000951　102780
讀史桑梓録不分卷　(清)安經世輯　清安氏西林書屋抄本　五册

320000－1606－0000952　102781
唐翰林李白詩類編十二卷　(唐)李白撰　明刻本　六册

320000－1606－0000953　102782
二禮集解十二卷　(明)李黼撰　明嘉靖十六年(1537)常州府刻本　十六册

320000－1606－0000954　102783
新編古今奇聞類紀十卷　(明)施顯卿撰　明萬曆刻本　六册　存六卷(一至六)

320000－1606－0000955　102784
閒情小品　(明)華淑輯　明刻本　二册　存五種五卷(書紳要語一卷、睡方書一卷、花寮一卷、雨窗隨喜一卷、清史一卷)

320000－1606－0000956　102785
古今名公百花鼓吹十五卷　(明)王化醇輯　明萬曆三十六年(1608)尊生齋刻本　八册

320000－1606－0000957　102786
初學記三十卷　(唐)徐堅等輯　明嘉靖十年(1531)安國桂坡館刻本　八册

320000－1606－0000958　102787
錫山補志一卷　(清)錢泳編　稿本　一册

320000－1606－0000959　102788
孟公不在兹集二卷　(清)安璿撰　稿本　二册

320000－1606－0000960　102789
夏時考五卷　(清)安吉撰　稿本　二册

320000－1606－0000961　102791
十二山人詩文草不分卷　(清)安吉撰　稿本　二册

320000－1606－0000962　102792
錫山梅里志十七卷補一卷　(清)浦傳桂撰　稿本　八册

320000－1606－0000963　102793
新刻譚友夏合集二十三卷　(明)譚元春撰　明崇禎六年(1633)張澤刻本　十二册

320000－1606－0000964　102794
金剛經句解一卷如如説一卷　(明)曹元相撰　明崇禎十四年(1641)周之德等茂荊堂刻本　一册

320000－1606－0000965　102796
唐李長吉詩集四卷外詩集一卷附録一卷　(唐)李賀撰　(明)徐渭　(明)董懋策批註　明刻本　四册

320000－1606－0000966　102799
正蒙釋四卷　(明)高攀龍集注　(明)徐必達發明　明刻本　四册

320000－1606－0000967　102800
士翼三卷　(明)崔銑撰　明嘉靖崔氏家塾刻萬曆重修崔氏六種本　三册

320000－1606－0000968　102801
明文奇賞四十卷　(明)陳仁錫輯　明天啓三年(1623)刻本　二十册

320000－1606－0000969　102802
潛確居類書一百二十卷　(明)陳仁錫纂輯　明崇禎三年至五年(1630－1632)徐氏大觀堂刻本　六十册

320000－1606－0000970　102803
類選苑詩秀句十二卷　(明)顧起綸輯　明萬曆刻本　六册

320000－1606－0000971　102805
名山勝概記四十六卷圖一卷附錄一卷　（明）何鏜輯　明崇禎六年（1633）墨繪齋刻本　四十冊

320000－1606－0000972　102806
禮樂合編三十卷　（明）黄廣撰　明崇禎六年（1633）玉磬齋刻本　十六冊

320000－1606－0000973　102808
唐詩紀一百七十卷目錄三十四卷　（明）吳琯輯　明萬曆十三年（1585）聚錦堂刻本　三十冊

320000－1606－0000974　102810
日本國考略一卷補遺一卷　（明）薛俊撰　（明）王文光增補　明嘉靖九年（1530）王文光刻本　一冊

320000－1606－0000975　102811
孫宗伯集十卷　（明）孫繼皐撰　明陳一教、劉毅等刻本　二十冊

320000－1606－0000976　102812
名媛詩歸三十六卷　（明）鍾惺輯　明刻本　六冊

320000－1606－0000977　102814
生生篇七卷　（明）蘇濬撰　明萬曆二十一年（1593）刻本　三冊

320000－1606－0000978　102817
六家文略十二卷　（明）唐順之輯　明萬曆二十九年（1601）蔡望卿刻本　六冊

320000－1606－0000979　102818
李氏焚書六卷續五卷　（明）李贄撰　明萬曆刻本　五冊　存八卷（李氏焚書二至四、續五卷）

320000－1606－0000980　102821
通鑑本末紀要八十一卷　（清）蔡毓榮輯　（清）林子卿注　清刻本　四十冊

320000－1606－0000981　102829
詞家玉律十六卷　（清）王一元撰　稿本　十二冊

320000－1606－0000982　102836
師善堂詩集十卷　（清）嵇曾筠撰　清雍正十三年（1735）刻本　四冊

320000－1606－0000983　102837
文府滑稽十二卷　（明）鄒迪光輯　明萬曆三十七年（1609）鄒同光刻本　六冊

320000－1606－0000984　102839
皇明大政記十卷　（明）鄭曉撰　明刻本　四冊

320000－1606－0000985　102846
合刻管韓二子四十四卷　（明）葛鼎評點　明崇禎十一年（1638）葛鼎刻本　六冊

320000－1606－0000986　102857
申鑒五卷　（漢）荀悅著　（明）黄省曾注　明萬曆程榮刻漢魏叢書本　一冊

320000－1606－0000987　122.1/1050/4/20091
孔子家語十卷　（三國魏）王肅注　明末清初刻本　四冊

320000－1606－0000988　122.7/3763/4/20092
群言瀝液八卷　（清）梁顯祖彙編　清康熙刻本　四冊

320000－1606－80000989　126.1/8825/10/20093
管子二十四卷　（唐）房玄齡註釋　（明）劉績增註　明天啓五年（1625）刻本　十冊

320000－1606－0000990　129.1/2681/1/20093
鬼谷子二卷　（南朝梁）陶弘景注　清嘉慶十年（1805）刻本　一冊

320000－1606－0000991　27655/27663
格致叢書□□種□□卷　（明）胡文煥輯　明萬曆胡氏文會堂刻本（有圖）　三十冊　存十三種三十七卷（新刻古今原始十五卷、新刻大明一統賦四卷、新刻尉繚子一卷、新刻格古論要五卷、新刻物原一卷、新刻三餘贅筆一卷、新刻聽雨紀談一卷、新刻資暇集三卷、新刻東溪試茶錄一卷、新刻茶具圖贊一卷、新刻洞天清錄一卷、新刻香譜二卷、新刻寶貨辨疑一卷）

320000－1606－0000992　28158－28162
瀟碧堂集二十卷敝篋集二卷廣莊一卷瓶花齋集十卷解脱集四卷錦帆集四卷去吴七牘一卷　（明）袁宏道撰　明萬曆三十六年至三十八年（1608－1610）袁氏書種堂刻本　二十册

320000－1606－0000993　28419/34696
歐陽先生文粹二十卷　（宋）歐陽修撰　（宋）陳亮輯　**遺粹十卷**　（宋）歐陽修撰　（明）郭雲鵬輯　明嘉靖二十六年（1547）郭雲鵬寶善堂刻本　十四册　存二十六卷（歐陽先生文粹一至十六、遺粹十卷）

320000－1606－0000994　29143、29199、29658
晉書一百三十卷　（唐）房玄齡等撰　**音義三卷**　（唐）何超撰　元刻明正德十年（1515）内府司禮監，嘉靖、萬曆南京國子監遞修本　七十八册　存八十八卷（一至十、三十一至三十七、四十二至四十八、五十九至一百二十二）

320000－1606－0000995　31358、31359
聰山集八卷又三卷　（清）申涵光撰　清康熙刻本　十二册

320000－1606－0000996　31455、31456
屺思堂文集八卷詩集一卷　（清）劉子壯撰　清康熙刻本　十二册

320000－1606－0000997　31656、31657
無罪草十六卷雜著四卷偶存篇二卷　（清）吴莊撰　清康熙刻本　十六册

320000－1606－0000998　33657/33658
近道齋文集六卷詩集四卷　（清）陳萬策撰　清乾隆八年（1743）刻本　十四册

320000－1606－0000999　34533－34537、35423
新編古今事文類聚前集六十卷後集五十卷續集二十八卷别集三十二卷　（宋）祝穆輯　**新集三十六卷外集十五卷**　（元）富大用輯　明内府刻本　一百二十九册

320000－1606－0001000　4－100.4
册府元龜一千卷目録十卷　（宋）王欽若等撰　明崇禎十五年（1642）黄國琦刻本　二百四十九册

320000－1606－0001001　821.3－4635－2/20163
唐詩繹三十卷　（清）楊逢春選輯　清乾隆三十九年（1774）紉香書屋刻本　二册　存十二卷（一至十二）

320000－1606－0001002　822.29－2322－5/20203
傅徵君霜紅龕詩鈔一卷　（清）傅山撰　清乾隆三十二年（1767）刻本　五册

320000－1606－0001003　822.3－4635－6/20206
唐詩繹三十卷　（清）楊逢春選輯　清乾隆三十九年（1774）紉香書屋刻本　六册

320000－1606－0001004　822.4－3445－3/20207
南宋襍事詩七卷　（清）沈嘉轍等撰　清武林芹香齋刻本　三册

320000－1606－0001005　822.4－5504－32/20212
宋百家詩存二十卷　（清）曹庭棟撰　清乾隆六年（1741）嘉善曹氏二六書堂刻本　三十二册

320000－1606－0001006　822.4－7106－24/20212
宋詩紀事一百卷　（清）厲鶚　（清）馬曰琯輯　清乾隆十一年（1746）錢塘厲氏刻本　二十四册

320000－1606－0001007　822.7－1004－6/20213
海虞詩苑十八卷　（清）王應奎輯　（清）顧士榮校訂　清乾隆二十四年（1759）古處堂刻本　六册

320000－1606－0001008　829.3/8713
昨非庵日纂二集二十卷　（明）鄭瑄輯　明崇禎刻本　六册

320000－1606－0001009　P00001
陶淵明文集十卷　（晉）陶潛撰　清光緒五年（1879）刻本　二册

320000－1606－0001010　P00002
旅逸小稿二卷　（清）錢儀吉撰　清光緒六年（1880）刻本　一册

320000－1606－0001011　P00003
于湖小集六卷金陵襍事詩一卷滬簃擬墨一卷　（清）袁昶撰　清光緒刻本　三册

320000－1606－0001012　P00004
安般簃集詩續三卷春闈雜詠一卷附錄一卷　(清)袁昶撰　清光緒刻本　一冊

320000－1606－0001013　P00005
經韻樓集十二卷　(清)段玉裁撰　清光緒十年(1884)刻本　八冊

320000－1606－0001014　P00006
平津讀碑記八卷續記一卷　(清)洪頤煊撰　清光緒刻本　四冊

320000－1606－0001015　P00007
隨庵算學入門三卷首一卷　(清)葉鳳藻編輯　清光緒二十二年(1896)刻本　二冊

320000－1606－0001016　P00008
頤情館聞過集十二卷　(清)宗源瀚撰　清光緒三年(1877)刻本　四冊

320000－1606－0001017　P00009
兩浙金石志十八卷　(清)阮元編錄　**補遺一卷**　(清)阮福補遺　清光緒十六年(1890)浙江書局刻本　十二冊

320000－1606－0001018　P00010
南華經四卷　(清)徐廷槐鈔閱　清光緒二十年(1894)刻本　四冊

320000－1606－0001019　P00011
小琅嬛叢記二卷　(清)阮福輯　清刻本　一冊

320000－1606－0001020　P00012
重刊宋本十三經注疏附校勘記十三種　(清)阮元撰校勘記　**十三經注疏校勘記識語四卷**　(清)汪文臺撰　清光緒十三年(1887)脈望仙館石印本　三十二冊　缺一種五十卷(毛詩正義二十一至七十)

320000－1606－0001021　P00014
御選唐宋文醇五十八卷　(清)高宗弘曆選　清光緒浙江書局刻本　二十冊

320000－1606－0001022　P00015
史記一百三十卷　(漢)司馬遷撰　(南朝宋)裴駰集解　(唐)司馬貞索隱　(唐)張守節正義　(明)徐孚遠　(明)陳子龍測議　清道光十四年(1834)三元堂刻本　三十二冊

320000－1606－0001023　P00016
元和郡縣補志九卷　(清)嚴觀輯　清光緒八年(1882)金陵書局刻本　二冊

320000－1606－0001024　P00017
元和姓纂十卷　(唐)林寶撰　清光緒六年(1880)金陵書局刻本　四冊

320000－1606－0001025　P00018
格物淺說十六章　(美國)范約翰輯　清光緒二十九年(1903)上海商務印書館鉛印本　一冊

320000－1606－0001026　P00022
元和郡縣圖志四十卷　(唐)李吉甫撰　**闕卷逸文一卷**　(清)孫星衍輯　清光緒六年(1880)金陵書局刻本　六冊

320000－1606－0001027　P00024
山海經箋疏十八卷圖贊一卷訂譌一卷叙錄一卷　(晉)郭璞傳　(清)郝懿行箋疏　清光緒刻本　四冊

320000－1606－0001028　P00026
汲庵文存六卷　(清)楊象濟撰　清光緒七年(1881)杭州刻本　四冊

320000－1606－0001029　P00029
岱游集一卷　(清)陳文述著　清宣統元年(1909)刻本　一冊

320000－1606－0001030　P00031
近科鄉會試帖文錦一卷　(清)李君泰纂輯　清乾隆刻本　一冊

320000－1606－0001031　P00036
韓文百篇編年三卷　(唐)韓愈撰　(清)劉成忠選評　清光緒二十六年(1900)食舊堂石印本　三冊

320000－1606－0001032　P00037
洗蕉吟館詩鈔一卷詞鈔一卷　(清)戴青著　清宣統二年(1910)石印本　一冊

320000－1606－0001033　P00039

史通削繁四卷 （清）紀昀撰 （清）浦起龍注刪 清道光十三年(1833)兩廣節署刻朱墨套印本 二册

320000－1606－0001034 P00040
圖註八十一難經辨真四卷 （明）張世賢註 清刻本 二册

320000－1606－0001035 P00041
圖註脈訣辨真四卷 （晉）王叔和撰 （明）張世賢註 **脈訣附方一卷** （明）張世賢編次 清刻本 二册

320000－1606－0001036 P00042
傷寒論十卷論圖一卷 （漢）張仲景述 （晉）王叔和撰次 （金）成無巳注解 清道光六年(1826)刻本 四册

320000－1606－0001037 P00043
傷寒明理論三卷藥方論一卷 （金）成無巳撰 清道光六年(1826)刻本 二册

320000－1606－0001038 P00045
伏鸞堂詩賸四卷 （清）秦雲撰 清光緒四年(1878)刻本 一册

320000－1606－0001039 P00046
復丁老人詩記一卷續一卷 （清）劉炳照撰 清光緒三十四年(1908)刻本 一册

320000－1606－0001040 P00047
鄉塾正誤二卷 （清）李江著 清光緒七年(1881)刻本 一册

320000－1606－0001041 P00049
通雅集續編三卷 （清）郜雲鵠等輯 清光緒二十三年(1897)刻本 四册

320000－1606－0001042 P00050
澤雅堂詩鈔一卷 （清）施補華撰 **志遠堂詩鈔一卷** （清）鄒鍾撰 **天全詩鈔一卷** （清）王鵠撰 清刻本 一册

320000－1606－0001043 P00051
册山詩鈔一卷附補遺一卷花品一卷 （清）王再咸撰 清刻本 一册

320000－1606－0001044 P00052
大風樓詩鈔一卷 （清）郭翊撰 **春谷詩鈔一卷詞附一卷** （清）李坤厚撰 清刻本 一册

320000－1606－0001045 P00053
禮記二十卷附考證二十卷 （漢）鄭玄注 清同治三年(1864)南海鄺九我堂刻本 八册

320000－1606－0001046 P00054
古刻叢鈔一卷 （明）陶宗儀撰 清光緒九年(1883)刻本 一册

320000－1606－0001047 P00058
契券彙式一卷 題（清）綠斐齋主人輯 清宣統二年(1910)鉛印本 一册

320000－1606－0001048 P00059
契券彙式一卷 題（清）綠斐齋主人輯 清宣統二年(1910)鉛印本 一册

320000－1606－0001049 P00060
玫瑰經義二卷 （清）李杕譯 清光緒十四年(1888)鉛印本 一册

320000－1606－0001050 P00061
讀禮通考一百二十卷 （清）徐乾學撰 清刻本 八册 存三十卷(一至三十)

320000－1606－0001051 P00062
知白齋詩鈔五卷詩草附存一卷雙橋小築詞存六卷詞存集餘一卷 （清）江人鏡撰 清光緒二十年(1894)刻本 四册

320000－1606－0001052 P00063
仙踪接脈四卷 （宋）紫清真人白祖(葛長庚)著 清光緒十一年(1885)刻本 四册

320000－1606－0001053 P00066
筠清館金石文字五卷 （清）吳榮光撰 清道光二十二年(1842)刻本 五册

320000－1606－0001054 P00069
容安小室詩詞合鈔五卷 （清）楊福申著 清宣統三年(1911)鉛印本 二册

320000－1606－0001055 P00070
寶雲山館詩稿一卷 （清）畢長豫撰 清宣統三年(1911)刻本 一册

320000－1606－0001056　P00071
十二硯齋金石過眼錄十八卷　（清）汪鋆撰　清光緒元年（1875）刻本　四册

320000－1606－0001057　P00072
漢書地理志水道圖説七卷　（清）陳澧撰　**考正德清胡氏禹貢圖一卷**　（清）陳宗誼學　清同治二年（1863）刻本　二册

320000－1606－0001058　P00073
墨妙亭碑目攷二卷附攷一卷　（清）張鑑撰　清光緒十年（1884）江蘇書局刻本　二册

320000－1606－0001059　P00074
句股容三事拾遺三卷坿存一卷　（清）羅士琳撰　清道光八年（1828）刻本　一册

320000－1606－0001060　P00075
遲鴻軒詩存一卷文存一卷　（清）楊峴撰　清光緒二年（1876）吳門刻本　一册

320000－1606－0001061　P00076
涑水記聞十六卷補遺一卷　（宋）司馬光撰　清光緒三年（1877）湖北崇文書局刻本　四册

320000－1606－0001062　P00077
海東金石存考一卷附待訪目錄一卷　（清）劉喜海編輯　清抄本　一册

320000－1606－0001063　P00078
波斯志不分卷　（清）學部編譯圖書局編纂　清光緒三十三年（1907）鉛印本　一册

320000－1606－0001064　P00079
宋名臣言行錄前集十卷後集十四卷續集八卷別集二十六卷外集十七卷　（宋）朱熹纂　（宋）李幼武續纂　清道光元年（1821）洪氏歙績學堂刻二十二年（1842）丹徒包氏重修同治七年（1868）臨川桂氏遞修本　十二册

320000－1606－0001065　P00080
駕雲螭室詩錄六卷　（清）周文禾撰　清光緒十四年（1888）刻本　一册

320000－1606－0001066　P00081
袁氏藝文志一卷文錄一卷詩錄一卷金石錄一卷附錄一卷　（清）袁渭漁等輯　清光緒桐廬袁氏漸西村舍刻本　一册

320000－1606－0001067　P00082
欽定春秋傳説彙纂三十八卷首二卷　（清）王掞等撰　清康熙六十年（1721）刻本　三十二册

320000－1606－0001068　P00083
抗希堂十六種　（清）方苞撰　清康熙、嘉慶間桐城方氏抗希堂刻本　四十一册　缺一種六卷（周官集注三至八）

320000－1606－0001069　P00084
事類賦三十卷　（宋）吳淑撰並注　清刻本　四册

320000－1606－0001070　P00085
鮚埼亭集金石跋一卷　（清）全祖望撰　清光緒七年（1881）繭甕老人（秦臻）抄本　一册

320000－1606－0001071　P00087
地學淺釋三十八卷　（英國）雷俠兒撰　（美國）瑪高溫口譯　（清）華蘅芳筆述　清末刻本　八册

320000－1606－0001072　P00088
暢園遺稿二種　（清）張邁撰　清光緒三十年（1904）刻本　一册

320000－1606－0001073　P00089
八家四六文鈔九卷　（清）吳鼒輯　清末刻本　六册

320000－1606－0001074　P00090
鐵網珊瑚初集一卷二集一卷　（清）沈鏡堂編　**鐵網珊瑚三集一卷**　（清）朱鴻儒著　清光緒元年（1875）刻本　六册

320000－1606－0001075　P00091
明末五小史八卷　（清）三餘氏編　清刻本　十二册

320000－1606－0001076　P00092
甌北集五十三卷傳一卷甌北年譜一卷墓誌銘一卷　（清）趙翼撰　清嘉慶十七年（1812）刻本　十二册

320000－1606－0001077　P00093

東萊先生左氏博議集要八卷 （清）宗廷輔評選 **吕東萊先生書目彙纂一卷** （清）宗廷輔輯 清光緒十五年（1889）刻本 二册

320000－1606－0001078 P00094
東萊先生左氏博議二十五卷 （宋）吕祖謙撰 **虚字註釋備考六卷** （清）張文炳點定 清光緒十四年（1888）刻本 六册

320000－1606－0001079 P00095
擬明史樂府一卷外國竹枝詞一卷 （清）尤侗撰 （清）尤珍注 清刻本 一册

320000－1606－0001080 P00096
書經六卷 （宋）蔡沈集傳 清光緒十四年（1888）刻本 四册

320000－1606－0001081 P00097
書經六卷首一卷末一卷 （宋）蔡沈集傳 清光緒六年（1880）刻本 四册 存六卷（書經六卷）

320000－1606－0001082 P00099
嘯古堂詩集八卷遺集一卷 （清）蔣敦復撰 清光緒十一年（1885）刻本 二册

320000－1606－0001083 P00100
楊忠愍公傳家寶訓全集一卷 （明）楊繼盛撰 清道光十八年（1838）刻本 一册

320000－1606－0001084 P00101
古文快筆貫通解四卷 （清）杭永年評解 （清）陸費錫鑒定 清刻本 四册

320000－1606－0001085 P00102
切韻指掌圖一卷 （宋）司馬光撰 **檢例一卷** （元）邵光祖撰 清宣統二年（1910）刻本 一册

320000－1606－0001086 P00103
培遠堂手札節存不分卷 （清）陳弘謀著 清刻本 一册

320000－1606－0001087 P00104
欽定化治四書文不分卷 （清）方苞等選 清光緒二年（1876）崇文書局刻本 一册

320000－1606－0001088 P00105
十國宫詞一百首 （清）吳省蘭撰 清同治十二年（1873）刻本 一册

320000－1606－0001089 P00106
招隱山房詩鈔八卷末一卷 （清）戴啟文撰 清宣統元年（1909）鉛印本 二册

320000－1606－0001090 P00107
韓文起十二卷 （唐）韓愈撰 （清）林雲銘評註 清康熙刻本 四册

320000－1606－0001091 P00108
前漢紀三十卷 （漢）荀悦撰 **後漢紀三十卷** （晉）袁宏撰 **兩漢紀校記二卷** （清）陳璞撰 清光緒二年（1876）刻本 十四册

320000－1606－0001092 P00110
中庸注一卷 康有為著 清光緒鉛印本 一册

320000－1606－0001093 P00111
金石錄補二十七卷 （清）葉奕苞著 清末抄本 四册

320000－1606－0001094 P00113
皇朝經世文編一百二十卷姓名總目二卷生存姓名一卷 （清）賀長齡輯 清道光七年（1827）刻本 九十六册

320000－1606－0001095 P00115
聊齋先生文集二卷 （清）蒲松齡撰 清宣統元年（1909）上海國學扶輪社鉛印本 二册

320000－1606－0001096 P00116
説文辨字正俗八卷 （清）李富孫學 清同治九年（1870）校經廎刻本 四册

320000－1606－0001097 P00118
最新養蠶學八卷 （日本）針塚長太郎撰 （日本）野浦齋譯 清光緒三十年（1904）浙江官書局鉛印本 一册

320000－1606－0001098 P00122
字學舉隅不分卷 （清）龍啟瑞撰 清光緒刻本 一册

320000－1606－0001099 P00128
重訂五種秘竅全書 （明）甘霖撰 清刻本

八冊　存四種十一卷(羅經秘竅一至四、七至八,通書秘竅中、下,奇聞一得上、下,地理秘竅一卷)

320000－1606－0001100　P00129
歷代名人書札二卷　吳曾祺輯　清宣統元年(1909)上海商務印書館鉛印本　二冊

320000－1606－0001101　P00145
大廣益會玉篇三十卷　(南朝梁)顧野王撰　清咸豐元年(1851)新化鄧氏東山精舍覆宋刻本　三冊

320000－1606－0001102　P00160
中外交涉類要表一卷光緒通商綜覈表一卷　(清)錢學嘉輯　清刻本　二冊

320000－1606－0001103　P00161
[嘉慶]西安縣志四十八卷首一卷　(清)姚寶煃修　(清)范崇楷纂　清嘉慶十六年(1811)刻本　十冊

320000－1606－0001104　P00165
文選六十卷　(南朝梁)蕭統輯　(唐)李善注　清同治八年(1869)金陵書局刻本　十冊

320000－1606－0001105　P00166
皇朝文獻通考三百卷　(清)嵇璜等纂　清光緒二十八年(1902)鴻寶書局石印本　三十二冊

320000－1606－0001106　P00167
惺諟齋初稿十卷　喻長霖撰　清宣統三年(1911)鉛印本　六冊

320000－1606－0001107　P00168
羅浮待鶴山人詩草二卷外集一卷　鄭官應撰　清宣統元年(1909)上海城北著易堂鉛印本　二冊

320000－1606－0001108　P00169
合肥學舍札記十二卷　(清)陸繼輅撰　清光緒四年(1878)興國州署刻本　四冊

320000－1606－0001109　P00170
味菜堂詩集四卷　(清)汪淵撰　清光緒二十三年(1897)刻本　二冊

320000－1606－0001110　P00172
精選小題清華集初集不分卷二集不分卷　(清)沈菊泉輯　清同治十一年(1872)學歐室刻本　四冊

320000－1606－0001111　P00173
東浦草堂詩集九卷　(清)楊大澂撰　清道光十九年(1839)刻本　二冊

320000－1606－0001112　P00174
德國學校制度二編　(日本)加藤駒二撰　中國國民叢書社譯　清光緒二十九年(1903)商務印書館鉛印本　一冊

320000－1606－0001113　P00176
緬甸國志一卷英領緬甸志一卷緬甸新志一卷暹羅國志一卷布哈爾志一卷　(清)學部圖書局編譯　清光緒三十三年(1907)鉛印本　一冊

320000－1606－0001114　P00178
湘中草六卷　(明)湯傳楹撰　清康熙二十四年(1685)刻本　二冊

320000－1606－0001115　P00179
徐忠烈公遺集二卷　(明)徐從治撰　清光緒十六年(1890)刻本　一冊

320000－1606－0001116　P00180
自得齋吟草一卷　(清)徐槐廷著　清光緒六年(1880)徐氏刻本　一冊

320000－1606－0001117　P00181
清抱居詩稿一卷後錄一卷　(清)畢庭杰著　清光緒二十四年(1898)刻本　一冊

320000－1606－0001118　P00182
淮鹽紀略一卷　(清)杜文瀾撰　清光緒二十九年(1903)通州翰墨林書局鉛印本　一冊

320000－1606－0001119　P00183
沈四山人詩錄六卷附錄一卷　(清)沈謹學著　清宣統二年(1910)鉛印本　一冊

320000－1606－0001120　P00184
遺園詩餘一卷　(清)王尚辰撰　清光緒二十一年(1895)廬州刻本　一冊

320000－1606－0001121　P00185
奧國學務章程一卷　（清）□□輯　清光緒三十三年(1907)木活字印本　一册

320000－1606－0001122　P00187
東萊先生音註唐鑑二十四卷　（宋）范祖禹撰　清刻本　十二册

320000－1606－0001123　P00188
六經圖考六種　（宋）楊甲撰　清康熙禮耕堂刻本　十二册

320000－1606－0001124　P00189
尺木堂綱鑑易知錄九十二卷明鑑易知錄十五卷　（清）吳乘權等輯　清光緒二十七年(1901)上海文瑞樓鉛印本　十六册

320000－1606－0001125　P00190
增補尚友錄二十二卷　（明）廖用賢編　（清）張伯琮輯　清康熙五年(1666)刻本　十九册

320000－1606－0001126　P00193
宋簽判龍川陳先生文鈔二卷末一卷　（宋）陳亮撰　（清）余肇鈞編　清同治二年(1863)長沙余氏家塾校刻本　一册

320000－1606－0001127　P00196
欽定春秋傳說彙纂三十八卷首二卷　（清）王掞等撰　清刻本　八册　存十三卷(二十六至三十八)

320000－1606－0001128　P00197
淵鑑齋御纂朱子全書六十六卷　（宋）朱熹撰　（清）李光地等輯　清刻本　四十八册

320000－1606－0001129　P00198
拳匪紀事六卷　（日本）佐原篤介　（清）浙西漚隱輯　清光緒二十七年(1901)鉛印本　六册

320000－1606－0001130　P00200
篆文論語二卷　（清）吳大澂書　清光緒十二年(1886)石印本　四册

320000－1606－0001131　P00202
漁洋山人古詩選五言詩十七卷七言詩十五卷　（清）王士禛撰　清同治五年(1866)金陵書局刻本　八册

320000－1606－0001132　P00207
續博物志十卷　（宋）李石撰　清光緒元年(1875)湖北崇文書局刻本　一册

320000－1606－0001133　P00211
四書朱子本義匯条四十三卷首四卷　（清）王步青輯　清嘉慶十八年(1813)敦復堂刻本　三十二册

320000－1606－0001134　P00212
經義考三百卷目錄二卷　（清）朱彝尊錄　清乾隆二十年(1755)德州盧見曾刻本(卷二百八十六、二百九十九至三百原缺)　六十册

320000－1606－0001135　P00213
汽機發軔九卷　（英國）美以納等撰　（英國）偉烈口譯　（清）徐壽筆述　清光緒江南製造總局刻本　一册　存二卷(一至二)

320000－1606－0001136　P00214
資治通鑑二百九十四卷　（宋）司馬光編集　(元)胡三省音註　清嘉慶二十一年(1816)鄱陽胡氏刻本　五十册　存一百八十卷(六十一至二百四十)

320000－1606－0001137　P00217
資治通鑑二百九十四卷　（宋）司馬光編集　(元)胡三省音註　清刻本　六十册　存一百八十卷(十六至五十六、六十至六十五、六十九至七十七、八十四至一百十、一百十四至一百四十、一百四十四至一百五十六、二百十一至二百六十七)

320000－1606－0001138　P00218
咫進齋叢書三集　（清）姚覲元輯　清光緒九年(1883)歸安姚氏刻本　八册　存一集(三)

320000－1606－0001139　P00219
香海盦叢書　（清）徐琪輯　清光緒二十年(1894)仁和徐氏刻本　四册

320000－1606－0001140　P00220
[光緒]處州府志三十卷首一卷末一卷　（清）潘紹詒等修　（清）周榮椿等纂　清光緒三年

(1877)刻本　二十六冊

320000－1606－0001141　P00221
長沙藥解四卷　(清)黄元御撰　清咸豐十年(1860)長沙徐氏燮和精舍刻本　二冊

320000－1606－0001142　P00222
玉楸藥解八卷　(清)黄元御撰　清咸豐十年(1860)長沙徐氏燮和精舍刻本　一冊

320000－1606－0001143　P00223
傷寒説意十卷首一卷　(清)黄元御撰　清咸豐十年(1860)長沙徐氏燮和精舍刻本　一冊

320000－1606－0001144　P00224
金匱懸解二十二卷　(清)黄元御撰　清咸豐十年(1860)長沙徐氏燮和精舍刻本　三冊

320000－1606－0001145　P00225
韻府拾遺一百六卷　(清)汪灝等編　清康熙五十九年(1720)刻本　二十三冊　存一百三卷(四至一百六)

320000－1606－0001146　P00226
周官精義十二卷　(清)連斗山編　清乾隆四十一年(1776)啟元堂刻本　六冊

320000－1606－0001147　P00227
玉海二百四卷附刻十三種六十一卷　(宋)王應麟撰　清嘉慶十一年(1806)江寧刻本　一百十七冊

320000－1606－0001148　P00230
緑雪館詩鈔四卷　(清)張鴻卓撰　清道光二十三年(1843)刻本　一冊

320000－1606－0001149　P00232
宋史論三卷　(明)張溥論正　清光緒刻本　一冊　存二卷(一至二)

320000－1606－0001150　P00233
明史論四卷　(清)谷應泰論正　清光緒刻本　一冊

320000－1606－0001151　P00234
知止盦詩録六卷附録二卷　(清)黄宗起撰　**退齋詩存一卷**　(清)黄世礽撰　清宣統二年(1910)試金石室刻本　一冊　存四卷(知止盦詩録一至四)

320000－1606－0001152　P00235
聞妙香室詞鈔四卷　(清)錢錫寀著　清宣統二年(1910)天津醒華報館石印本　一冊

320000－1606－0001153　P00236
漁洋山人古詩選五言詩十七卷七言詩十五卷　(清)王士禛選　清同治五年(1866)金陵書局刻本　八冊

320000－1606－0001154　P00237
佩文齋書畫譜一百卷　(清)孫岳頒等纂　清康熙四十七年(1708)静永堂刻本　二十八冊　存四十八卷(一至四、九至二十、三十三至五十五、九十二至一百)

320000－1606－0001155　P00240
經籍籑詁並補遺一百六卷首一卷　(清)阮元撰　清嘉慶十七年(1812)揚州阮氏瑯嬛僊館刻本　四十九冊　存二百九卷(經籍籑詁一至十一、十四至一百六,補遺一至十一、十四至一百六,首一卷)

320000－1606－0001156　P00241
欽定本朝四書文四種　(清)方苞編　清光緒二年(1876)崇文書局刻本　七冊

320000－1606－0001157　P00242
金石萃編一百六十卷　(清)王昶撰　清嘉慶十年(1805)青浦王氏經訓堂刻本　四十四冊　存一百八卷(一至四十、四十四至四十六、六十四至六十六、七十三至七十九、八十五至九十、九十八至一百十二、一百十七至一百五十)

320000－1606－0001158　P00264
香樹齋文集二十八卷續鈔五卷　(清)錢陳群撰　清乾隆刻本　十冊

320000－1606－0001159　P00265
漢官舊儀二卷補遺一卷　(漢)衛宏撰　清刻本　一冊

320000－1606－0001160　P00267
禮記十卷　(元)陳澔集説　清光緒八年

(1882)刻本　十册

320000－1606－0001161　P00269
八線對數簡表一卷　(清)賈步緯述　清光緒鉛印本　一册

320000－1606－0001162　P00270
七家試帖輯註彙鈔七種　(清)張熙宇輯評　(清)王植桂輯註　清同治九年(1870)京師琉璃廠刻本　二册　存四種四卷(澹香齋試帖輯註一卷、尚絅堂試帖輯註一卷、修竹齋試帖輯註一卷、樫花館試帖輯註一卷)

320000－1606－0001163　P00271
後七家試帖選輯註四種　(清)薛春黎輯　清光緒二年(1876)京師琉璃廠刻本　二册

320000－1606－0001164　P00272
弘明集十四卷　(南朝梁)釋僧祐集　清光緒二十二年(1896)金陵刻經處刻本　四册

320000－1606－0001165　P00273
淮南子二十一卷　(漢)劉安撰　(漢)高誘注　清光緒二年(1876)浙江書局刻本　六册

320000－1606－0001166　P00274
直齋書録解題二十二卷　(宋)陳振孫撰　清刻本　五册　缺三卷(五至七)

320000－1606－0001167　P00275
文選六十卷　(南朝梁)蕭統輯　(唐)李善注　**考異十卷**　(清)胡克家撰　清同治八年(1869)湖北崇文書局刻本　二十四册

320000－1606－0001168　P00276
周禮節訓六卷　(清)黄叔琳輯　(清)姚培謙重訂　清光緒十二年(1886)蘇州集古山房刻本　二册

320000－1606－0001169　P00277
周禮節訓六卷　(清)黄叔琳輯　(清)姚培謙重訂　清光緒十二年(1886)蘇州掃葉山房刻本　二册

320000－1606－0001170　P00279
唐陸宣公集二十二卷　(唐)陸贄撰　清乾隆五年(1740)雲林懷德堂刻本　八册

320000－1606－0001171　P00280
南疆繹史勘本三十卷首二卷摭遺十八卷䘏謚攷八卷　(清)溫睿臨撰　清道光十年(1830)都城琉璃廠半松居士刻本　十六册

320000－1606－0001172　P00283
[光緒]烏程縣志三十六卷　(清)潘玉璿等修　(清)汪曰楨纂　清光緒七年(1881)刻本　十六册

320000－1606－0001173　P00284
尺木堂綱鑑易知録九十二卷明鑑易知録十五卷　(清)吳乘權等輯　清光緒二十四年(1898)上海宏文閣鉛印本　十六册

320000－1606－0001174　P00285
居家便覽不分卷　(清)艮錫氏撰　清光緒十一年(1885)抄本　一册

320000－1606－0001175　P00286
息養廬詩集四卷末一卷　(清)徐錦華撰　清光緒二十七年(1901)木活字印本　一册

320000－1606－0001176　P00287
旅杭測量日記不分卷　周熙等記　清宣統元年(1909)鉛印本　一册

320000－1606－0001177　P00288
西比里亞志一卷新志一卷　(清)前編書局纂　清光緒三十四年(1908)學部編譯圖書局鉛印本　一册

320000－1606－0001178　P00289
棗林雜俎六卷附録一卷　(明)談遷著　清宣統三年(1911)上海國學扶輪社鉛印本　一册　存一卷(智集)

320000－1606－0001179　P00291
金石萃編一百六十卷　(清)王昶譔　清刻本　三十五册　存八十五卷(二十三至三十五、四十四至六十五、八十八至一百十八、一百四十至一百五十八)

320000－1606－0001180　P00292
廣雅碎金四卷附録一卷　(清)張之洞撰　清光緒二十三年(1897)袁氏水明樓刻本　二册

320000－1606－0001181　P00293
靈洲山人詩録六卷　（清）徐灝撰　清同治三年（1864）粤東省萃文堂刻本　一册

320000－1606－0001182　P00294
鄧林唱和詩詞合刻二卷　陳濳輯　清宣統元年（1909）江浦陳氏刻本　一册

320000－1606－0001183　P00296
爾雅郭注義疏二十卷　（清）郝懿行學　清刻本　一册　存一卷（上之二）

320000－1606－0001184　P00297
寶德堂詩鈔十卷附存二卷　（清）周衡撰　清光緒二年（1876）刻本　二册　存七卷（一至七）

320000－1606－0001185　P00298
震川先生集三十卷别集十卷　（明）歸有光撰　清光緒六年（1880）常熟歸氏刻本　二十册

320000－1606－0001186　P00299
舊唐書二百十四卷　（五代）劉昫等撰　清同治十一年（1872）浙江書局刻本　三十五册　存一百五十一卷（一至二十一、三十二至一百三十八、一百四十四至一百五十七、一百六十九至一百七十三、一百七十八至一百八十一）

320000－1606－0001187　P00300
文獻通考三百四十八卷　（元）馬端臨撰　清光緒二十八年（1902）上海鴻寶書局石印本　三十二册

320000－1606－0001188　P00301
唐書二百二十五卷　（宋）歐陽修　（宋）宋祁撰　清同治十二年（1873）浙江書局刻本　四十册

320000－1606－0001189　P00302
青雲集分韻試帖詳註四卷　（清）楊逢春　（清）蕭應槐輯　清光緒九年（1883）鎮江文成堂刻本　四册

320000－1606－0001190　P00303
子史精華一百六十卷　（清）允禄等輯　清雍正五年（1727）刻本　三十二册　存一百三十二卷（一至五、十三至三十七、四十九至六十八、七十五至七十九、八十四至一百六十）

320000－1606－0001191　P00304
經餘必讀八卷　（清）雷琳等輯　清光緒二年（1876）退補齋刻本　四册

320000－1606－0001192　P00305
訓蒙捷徑四卷　（清）黄慶澄編　清光緒二十五年（1899）刻本　四册

320000－1606－0001193　P00306
佛教初學課本一卷註一卷　（清）楊文會述　清光緒三十二年（1906）金陵刻經處刻本　一册

320000－1606－0001194　P00308
鶴磵詩龕集八卷蕒波詞一卷　（清）萬釗撰　清光緒十九年（1893）刻本　二册

320000－1606－0001195　P00310
江漢炳靈集二卷　（清）張之洞輯　清同治九年（1870）刻本　六册

320000－1606－0001196　P00311
雲海東遊紀二卷　（清）江慕洵撰　清光緒三十二年（1906）鉛印本　一册

320000－1606－0001197　P00313
詩民漫詠八卷　（清）姚承燕撰　清宣統三年（1911）影印本　一册

320000－1606－0001198　P00315
移芝室古文十三卷詩鈔三卷思舊集一卷外集一卷律賦一卷試帖一卷芰餘草一卷　（清）楊彝珍撰　清光緒刻本　五册

320000－1606－0001199　P00317
咫進齋叢書三集　（清）姚覲元輯　清光緒九年（1883）歸安姚氏刻本　十六册　存二集（一至二）

320000－1606－0001200　P00318
趙似昇女士長生册不分卷　周嵩堯輯　清宣統三年（1911）京師京華印書局石印本　三册

320000－1606－0001201　P00320
廣蠶桑説輯補二卷　（清）沈練撰　（清）仲學

軺輯補　清光緒三年(1877)刻本　一册

320000－1606－0001202　P00321

榕門全集　(清)陳弘謀纂　清培遠堂刻本　七十三册　存十八種一百四十一卷(綱鑑正史約二十一至三十六;御撰資治通鑑綱目三編二十卷;大學衍義輯要六卷;大學衍義補輯要一至二、五至十二,首一卷;培遠堂偶存稿十卷;培遠堂手札節要三卷;文檄一至四、十至四十八;養正遺規二卷;養正遺規補編一卷;訓俗遺規四卷;訓俗遺規補二卷;教女遺規三卷;從政遺規二卷;學仕遺規四卷;學仕遺規補四卷;司馬文正公傳家集八卷;司馬文正公傳家集附録一卷;司馬文正公年譜一卷)

320000－1606－0001203　P00322

常郡八邑藝文志十二卷　(清)盧文弨輯　(清)莊翊昆校補　清光緒十六年(1890)刻本　六册　存四卷(一至四)

320000－1606－0001204　P00323

歷代名儒傳八卷首一卷歷代名臣傳三十五卷首一卷歷代循吏傳八卷　(清)朱軾　(清)蔡世遠輯　清雍正七年(1729)朱氏古懽齋刻本　二十四册

320000－1606－0001205　P00324

史略八十七卷　(清)朱堃輯　清同治五年(1866)皖南朱氏刻本　十册　存四十五卷(一至四十五)

320000－1606－0001206　P00325

阿達曼群島志一卷新志一卷婆羅島志一卷　(清)前編書局編　清光緒三十四年(1908)學部編譯圖書局鉛印本　一册

320000－1606－0001207　P00327

重訂幼學須知句解四卷　(清)程登吉撰　清玉海山房刻本　四册

320000－1606－0001208　P00329

[光緒]施南府志續編十卷附擬訂施南府志瑣言一卷　(清)王庭楨等修　(清)雷春沼等纂　清光緒十一年(1885)刻本　四册

320000－1606－0001209　P00330

通典二百卷　(唐)杜佑纂　清光緒二十八年(1902)上海鴻寶書局石印本　十二册

320000－1606－0001210　P00331

皇朝通典一百卷　(清)嵇璜等纂修　清光緒二十八年(1902)上海鴻寶書局石印本　八册

320000－1606－0001211　P00332

欽定續通典一百五十卷　(清)嵇璜等纂　清光緒二十八年(1902)上海鴻寶書局石印本　八册

320000－1606－0001212　P00333

皇朝通志一百二十六卷　(清)嵇璜等纂修　清光緒二十八年(1902)上海鴻寶書局石印本　八册

320000－1606－0001213　P00342

通志二百卷　(宋)鄭樵撰　**欽定通志考證三卷**　(清)□□撰　清光緒二十八年(1902)上海鴻寶書局石印本　四十册

320000－1606－0001214　P00343

欽定續通志六百四十卷　(清)嵇璜等纂　清光緒二十八年(1902)上海鴻寶書局石印本　四十册

320000－1606－0001215　P00344

光緒庚子辛丑恩正併科浙江鄉試卷不分卷　(清)□□輯　清光緒刻本　一册

320000－1606－0001216　P00346

欽定禮記義疏八十二卷首一卷　(清)允祿等撰　清刻本　二十册　存三十三卷(一至九、十六至十八、二十至二十九、七十三至八十三)

320000－1606－0001217　P00347

御纂周易折中二十二卷首一卷　(清)李光地等撰　清刻本　十二册

320000－1606－0001218　P00348

欽定周官義疏四十八卷首一卷　(清)允祿等撰　清刻本　二十九册　存四十卷(六至二十二、二十六至四十八)

320000－1606－0001219　P00349

欽定詩經傳說彙纂二十一卷首二卷詩序二卷　(清)王鴻緒等纂　清刻本　十七册　存十八卷(一至十、十五至十七、二十一,首二卷,詩序二卷)

320000－1606－0001220　P00350
欽定詩經傳說彙纂二十一卷首二卷詩序二卷　(清)王鴻緒等纂　清刻本　八册　存八卷(一至三、六、十二至十四,首一下)

320000－1606－0001221　P00351
奏定城鎮鄉地方自治并選舉章程不分卷　(清)民政部輯　清光緒三十四年(1908)中國圖書公司鉛印本　一册

320000－1606－0001222　P00352
延平李先生答問二卷　(宋)朱熹編　**楊羅李朱四先生年譜四卷**　(清)毛念恃編　清光緒二年(1876)刻本　四册

320000－1606－0001223　P00355
養正遺規二卷　(清)陳弘謀編輯　清道光二十二年(1842)刻本　一册

320000－1606－0001224　P00356
訓俗遺規摘鈔二卷補鈔一卷　(清)陳弘謀編　清同治五年(1866)刻本　二册

320000－1606－0001225　P00357
欽定書經傳說彙纂二十一卷首二卷書序一卷　(清)王頊齡等纂　清刻本　十六册

320000－1606－0001226　P00358
欽定春秋傳說彙纂三十八卷首二卷　(清)王掞等撰　清刻本　十六册

320000－1606－0001227　P00359
欽定儀禮義疏四十八卷首二卷　(清)允祿等撰　清刻本　三十一册　存四十四卷(一至十五、二十二至四十八,首二卷)

320000－1606－0001228　P00361
[乾隆]直隸通州志二十卷　(清)王繼祖修　清乾隆二十年(1755)刻本　二十册

320000－1606－0001229　P00364
元和郡縣圖志四十卷　(唐)李吉甫撰　**闕卷逸文一卷**　(清)孫星衍輯　清嘉慶元年(1796)蘭陵孫氏刻本　三册　存十卷(一至十)

320000－1606－0001230　P00365
欽定啟禎四書文六卷　(明)陳際泰等撰　清光緒二年(1876)刻本　四册

320000－1606－0001231　P00378
金石存十五卷　(清)吳玉搢纂　清嘉慶二十四年(1819)刻本　四册

320000－1606－0001232　P00379
錢穀備要十卷　(清)王又槐編輯　清刻本　五册

320000－1606－0001233　P00381
量倉通法五卷　(清)張作楠學算　(清)范景福校訂　(清)江臨泰補圖　清刻本　三册　存三卷(三至五)

320000－1606－0001234　P00382
八線類編三卷　(清)張作楠輯　清刻本　三册

320000－1606－0001235　P00383
八線對數類編二卷　(清)張作楠輯　清刻本　一册

320000－1606－0001236　P00384
南史八十卷　(唐)李延壽撰　清光緒二十九年(1903)石印本　二十册

320000－1606－0001237　P00385
倉田通法續編三卷　(清)張作楠學算　(清)俞俊編次　(清)江臨泰補圖　清刻本　一册

320000－1606－0001238　P00386
方田通法補例六卷附錄一卷　(清)張作楠學算　(清)范景福校訂　(清)江臨泰補圖　清刻本　三册

320000－1606－0001239　P00387
歷代神仙通鑑二十二卷像一卷　(清)徐道述　(清)李理贊　清刻本　二十二册　存二十一卷(一至二十、像一卷)

320000－1606－0001240　P00388

春秋經傳集解三十卷考證三十卷　(晉)杜預注　清同治三年(1864)南海鄺九我堂刻本　八冊

320000－1606－0001241　P00389
小學紺珠十卷　(宋)王應麟撰　清刻本　五冊　存九卷(二至十)

320000－1606－0001242　P00390
初白菴詩評三卷附詞綜偶評一卷　(清)查慎行撰　(清)張載華輯　清末民國石印本　六冊

320000－1606－0001243　P00391
古文雅正十四卷　(清)蔡世遠選評　清光緒二十二年(1896)鉛印本　四冊

320000－1606－0001244　P00392
孫子十家註十三卷遺說一卷敘錄一卷　(宋)吉天保輯　(清)孫星衍　(清)吳人驥校　清光緒三年(1877)浙江書局刻本　八冊

320000－1606－0001245　P00393
春秋穀梁傳讀本十二卷　(晉)范甯集解　清施肇曾刻本　一冊　存三卷(一至三)

320000－1606－0001246　P00394
新訂四書補註備旨十卷　(明)鄧林撰　清刻本　五冊　存八卷(上論二卷、下論二卷、上孟二卷、下孟二卷)

320000－1606－0001247　P00395
大清會典一百六十二卷　(清)伊桑阿等纂修　清康熙三十三年(1694)刻本　三十三冊　存七十六卷(一至十二、十七至十九、二十二至二十三、二十八至二十九、四十二至五十五、五十九至七十、一百九至一百十八、一百二十四至一百三十八、一百五十五至一百六十)

320000－1606－0001248　P00396
欽定大清會典圖一百三十二卷　(清)王茂松等纂　清嘉慶十六年(1811)刻本　三十八冊　存一百二十八卷(一至一百六、一百十一至一百三十二)

320000－1606－0001249　P00398
欽定大清會典八十卷　(清)葉繼雯等纂修　清嘉慶二十三年(1818)刻本　二十五冊　存四十九卷(一至三十四、四十七至六十一)

320000－1606－0001250　P00401
地理學講義一卷　(日本)志賀重昂述　薩端譯　清光緒二十八年(1902)金粟齋鉛印本　一冊

320000－1606－0001251　P00403
九通提要十二卷　(清)柴紹炳纂　清光緒二十八年(1902)鴻寶齋鉛印本　六冊

320000－1606－0001252　P00404
御批歷代通鑑輯覽一百二十卷　(清)傅恒等纂　清光緒二十八年(1902)上海日新書莊石印本　二十冊　存一百卷(一至九十、一百一至一百五、一百十六至一百二十)

320000－1606－0001253　P00408
各國交涉公法論三集十六卷　(英國)費利摩羅巴德著　(英國)傅蘭雅口譯　(清)俞世爵筆述　清光緒二十二年(1896)慎記書莊石印本　七冊　存十四卷(三至十六)

320000－1606－0001254　P00409
知止盦詩錄六卷附錄二卷　(清)黃宗起撰　**退齋詩存一卷**　(清)黃世礽撰　清宣統二年(1910)試金石室刻本　二冊

320000－1606－0001255　P00410
[咸豐]南潯鎮志四十卷首一卷蓮漪文鈔八卷　(清)汪曰楨撰　清同治二年(1863)刻本　十冊　存四十一卷(南潯鎮志四十卷、首一卷)

320000－1606－0001256　P00411
[光緒]重修華亭縣志二十四卷首一卷末一卷　(清)楊開第修　(清)姚光發等纂　清光緒五年(1879)刻本　十冊

320000－1606－0001257　P00419
聲律通考十卷　(清)陳澧撰　清咸豐刻本　一冊　存五卷(一至五)

320000－1606－0001258　P00420
枝山文集四卷　(明)祝允明撰　(清)李文楷

編校　清同治十三年(1874)元和祝氏刻本　二冊

320000－1606－0001259　P00421
野記四卷　(明)祝允明撰　清同治十三年(1874)元和祝氏刻本　一冊

320000－1606－0001260　P00422
史記一百三十卷　(漢)司馬遷撰　(南朝宋)裴駰集解　(唐)司馬貞索隱　(唐)張守節正義　清同治五年至九年(1866－1870)金陵書局刻本　十八冊　缺三十三卷(八至三十二、一百二十三至一百三十)

320000－1606－0001261　P00423
四書典制類聯音註四卷　(清)閻其淵編　清光緒十七年(1891)鴻寶齋石印本　四冊

320000－1606－0001262　P00424
陸操新義四卷附錄一卷　(德國)康貝撰　(清)李鳳苞譯　清光緒十年(1884)武備學堂刻本　二冊

320000－1606－0001263　P00425
練勇芻言五卷　(清)王鑫撰　**操練洋槍淺言一卷**　(清)馮國士　(清)葛道殷撰　清光緒二十七年(1901)上海六藝書局刻本　一冊

320000－1606－0001264　P00426
地球十五大戰紀十五卷　(清)賴鴻翰筆譯　清光緒二十四年(1898)上海大同譯書局石印本　二冊

320000－1606－0001265　P00427
地球十五大戰紀十五卷　(清)賴鴻翰筆譯　清光緒二十四年(1898)上海大同譯書局石印本　二冊

320000－1606－0001266　P00428
康熙字典十二集總目一卷檢字一卷辨似一卷等韻一卷備考一卷補遺一卷　(清)張玉書　(清)凌紹雯等纂修　清道光七年(1827)刻本　四十冊

320000－1606－0001267　P00433
廿二史劄記三十六卷補遺一卷　(清)趙翼撰　清光緒二十五年(1899)益元書局刻本　十五冊　存三十五卷(一至三十五)

320000－1606－0001268　P00434
三百六十行必要尺牘十九卷對聯一卷通商章程善後條約一卷　(清)姚印詮注　清光緒二十年(1894)上海崇文書局石印本　六冊

320000－1606－0001269　P00437
經籍籑詁五卷　(清)阮元譔集　清光緒九年(1883)上海點石齋石印本　五冊

320000－1606－0001270　P00440
李舍人遺集一卷　(清)李結著　清光緒二十二年(1896)宗鄴堂刻本　一冊

320000－1606－0001271　P00441
古文選讀不分卷　(□)□□撰　清刻本　一冊

320000－1606－0001272　P00444
新刻書經備旨善本輯要六卷　(清)馬大猷輯　清光緒十九年(1893)澹雅書局刻本　六冊

320000－1606－0001273　P00445
新刻古今碑帖考一卷　(明)朱晨編輯　明萬曆胡氏刻本　一冊

320000－1606－0001274　P00446
茗柯文編初編一卷二編二卷三編一卷四編一卷　(清)張惠言撰　清光緒七年(1881)刻本　二冊

320000－1606－0001275　P00447
欽定隆萬四書文不分卷　(清)方苞等評選　清光緒二年(1876)崇文書局刻本　二冊

320000－1606－0001276　P00448
欽定正嘉四書文不分卷　(清)方苞等評選　清光緒二年(1876)崇文書局刻本　二冊

320000－1606－0001277　P00449
唐陸宣公集二十二卷　(唐)陸贄撰　(清)年羹堯重訂　清雍正元年(1723)年氏刻本　八冊

320000－1606－0001278　P00451
莊子內篇註四卷　(明)釋德清註　清光緒十

四年(1888)金陵刻經處刻本　二冊

320000－1606－0001279　P00452
毘陵科第攷八卷　(清)趙充之原編　(清)錢鑄菴　(清)莊南村續編　(清)湯成烈等校補　清同治七年(1868)刻本　二冊

320000－1606－0001280　P00453
芬陀利室詞集五卷　(清)蔣敦復著　清光緒十一年(1885)刻本　二冊

320000－1606－0001281　P00454
與舍弟書十六通一卷板橋詞鈔一卷衢情十首一卷　(清)鄭燮著　清刻本　一冊

320000－1606－0001282　P00455
板橋詩鈔三卷　(清)鄭燮撰　清刻本　一冊

320000－1606－0001283　P00456
野客叢書三十卷野老記聞一卷　(宋)王楙撰　清光緒十九年(1893)刻本　七冊　存二十七卷(野客叢書一至二十七)

320000－1606－0001284　P00458
泰泉鄉禮七卷首一卷　(明)黃佐撰　清道光芸香堂刻本　二冊

320000－1606－0001285　P00463
登瀛試律初編二卷　(□)□□編　清光緒二年(1876)常熟曾氏明瑟山莊刻本　一冊　存一卷(上)

320000－1606－0001286　P00464
重訂文選集評十五卷首一卷末一卷　(清)于光華編次　清乾隆經綸堂刻本　十六冊

320000－1606－0001287　P00465
晉書一百三十卷　(唐)房玄齡等撰　清光緒二十九年(1903)五洲同文局石印本　三十冊

320000－1606－0001288　P00468
歷代地理志韻編今釋二十卷附皇朝輿地韻編二卷　(清)李兆洛輯　清光緒二十九年(1903)上海蜚英館石印本　六冊

320000－1606－0001289　P00475
文心雕龍十卷　(南朝梁)劉勰撰　(清)黃叔琳注　(清)紀昀評　清末民國石印本　四冊

320000－1606－0001290　P00476
民約通義九章　(法國)戎雅屈婁騷著　(日本)中江篤介譯解　清光緒二十四年(1898)石印本　一冊

320000－1606－0001291　P00477
亞拉伯志一卷亞拉伯新志一卷　(清)學部編譯圖書局編纂　清光緒三十三年(1907)鉛印本　一冊

320000－1606－0001292　P00478
求是齋詩存二卷　(清)彭崧毓撰　清同治十一年(1872)刻本　二冊

320000－1606－0001293　P00479
欽定國朝詩別裁集三十二卷　(清)沈德潛纂評　清乾隆至嘉慶刻本　四冊　存二十一卷(一至六、十八至三十二)

320000－1606－0001294　P00480
晏子春秋八卷　(清)孫星衍校　清光緒元年(1875)刻本　二冊

320000－1606－0001295　P00481
獨斷一卷　(漢)蔡邕撰　清光緒元年(1875)刻本　一冊

320000－1606－0001296　P00482
伸蒙子三卷　(唐)林慎思撰　清光緒元年(1875)刻本　一冊

320000－1606－0001297　P00483
求闕齋日記類鈔二卷　(清)曾國藩隨筆　(清)王啟原校編　清末民國石印本　二冊

320000－1606－0001298　P00484
講書詳解論語四卷　(清)劉忠輯　清咸豐七年(1857)刻本　四冊

320000－1606－0001299　P00485
新序十卷　(漢)劉向撰　清光緒元年(1875)湖北崇文書局刻本　二冊

320000－1606－0001300　P00486
新序十卷　(漢)劉向撰　清光緒元年(1875)湖北崇文書局刻本　二冊

320000－1606－0001301　P00487

潛夫論十卷　(漢)王符撰　清光緒元年(1875)湖北崇文書局刻本　二冊

320000－1606－0001302　P00488
傅子一卷　(晉)傅玄撰　**續孟子二卷**　(唐)林慎思撰　清光緒元年(1875)湖北崇文書局刻本　一冊

320000－1606－0001303　P00489
說苑二十卷　(漢)劉向撰　清光緒元年(1875)湖北崇文書局刻本　三冊　存十五卷(一至十五)

320000－1606－0001304　P00490
神異經一卷海內十洲記一卷　題(漢)東方朔撰　清光緒元年(1875)刻本　一冊

320000－1606－0001305　P00491
別國洞冥記四卷　(漢)郭憲撰　**穆天子傳六卷**　(晉)郭璞註　清光緒元年(1875)刻本　一冊

320000－1606－0001306　P00492
歷代名臣言行錄二十四卷　(清)朱桓編輯　清光緒二十一年(1895)石印本　八冊

320000－1606－0001307　P00494
評選船山史論二卷　林紓撰　清宣統三年(1911)鉛印本　二冊

320000－1606－0001308　P00500
新鐫校正評註分類百子金丹全書十卷　(清)郭偉選註　清光緒二十九年(1903)石印本　五冊

320000－1606－0001309　P00502
國朝名人小簡二卷　吳曾祺編輯　清宣統元年(1909)鉛印本　二冊

320000－1606－0001310　P00503
四書論經正篇二卷首一卷續編二卷　(□)□□撰　清光緒二十七年(1901)石印本　八冊

320000－1606－0001311　P00505
劉孟塗集四十四卷　(清)劉開撰　清道光六年(1826)刻本　九冊

320000－1606－0001312　P00506
格致鏡原一百卷　(清)陳元龍輯　清雍正刻乾隆印本　十八冊　存七十三卷(二十八至一百)

320000－1606－0001313　P00507
樓船日記二卷　(清)佘思詒撰　清光緒三十年(1904)鉛印本　二冊

320000－1606－0001314　P00510
文史通義八卷校讐通義三卷　(清)章學誠撰　清光緒二十八年(1902)湖南勸學書舍刻本　五冊　存五卷(內篇一至五)

320000－1606－0001315　P00511
孔子家語十卷　(三國魏)王肅注　清光緒上海同文書局石印本　五冊

320000－1606－0001316　P00516
洪稚存先生評史四卷　(清)龔熙評點　清光緒三十一年(1905)石印本　四冊

320000－1606－0001317　P00517
冶梅石譜二卷　(清)王寅繪　清光緒、宣統間上海朝記書莊影印本　二冊

320000－1606－0001318　P00519
社會黨二卷　(日本)西川光次郎著　(清)周子高譯　清光緒二十九年(1903)鉛印本　一冊

320000－1606－0001319　P00520
三輔黃圖一卷　(漢)□□撰　(清)孫星衍輯　清嘉慶十九年(1814)刻本　一冊

320000－1606－0001320　P00523
春秋左傳五十卷　(晉)杜預註釋　(唐)陸德明音義　(宋)林堯叟註釋　(明)鍾惺等評點　清光緒十年(1884)刻本　十五冊　存四十七卷(一至二十七、三十一至五十)

320000－1606－0001321　P00548
物理學三編十二卷　(日本)飯盛挺造編纂　(日本)藤田豐八譯　王季烈重編　清光緒二十六年(1900)江南製造局刻本　十二冊

320000－1606－0001322　P00549

[光緒]順天府志一百三十卷附錄一卷 (清)萬青藜等修 繆荃孫等纂 清光緒十二年(1886)刻本 五十四冊 存一百十二卷(一至四十五、五十二至六十、六十五至七十六、八十五至一百三十)

320000－1606－0001323 P00551
小亞細亞志一卷 (清)學部編譯圖書局編纂 清光緒三十三年(1907)學部編譯圖書局鉛印本 一冊

320000－1606－0001324 P00556
養素居詩稿初編一卷養素居詩集續編一卷 (清)董耀撰 (清)董念棻輯 清光緒十八年(1892)刻本 二冊

320000－1606－0001325 P00557
蔣詩二卷 蔣智由撰 清宣統二年(1910)石印本 一冊

320000－1606－0001326 P00558
閩歸詩集二卷 (清)曹文漢撰 清光緒石印本 一冊 存一卷(一)

320000－1606－0001327 P00559
大雲山房文稿初集四卷 (清)惲敬撰 清末刻本 一冊 存二卷(三至四)

320000－1606－0001328 P00560
古文觀止十二卷 (清)吳留村鑒定 (清)吳乘權 (清)吳大職手錄 清末刻本 六冊

320000－1606－0001329 P00561
[光緒]唐棲志二十卷 (清)王同纂 清光緒十五年(1889)刻本 八冊

320000－1606－0001330 P00562
康熙字典十二集總目一卷檢字一卷辨似一卷等韻一卷備考一卷補遺一卷 (清)張玉書 (清)凌紹雯等纂修 清光緒元年(1875)刻本 二十冊 存六集四卷(子至巳、總目一卷、檢字一卷、辨似一卷、等韻一卷)

320000－1606－0001331 P00564
御撰資治通鑑綱目三編二十卷 (清)張廷玉等編 清刻本 六冊

320000－1606－0001332 P00565
指玄篇八卷 (唐)吕嵓著 (清)本誠子註 清屠蓮鈵刻本 一冊 存二卷(木其律詩一卷、絕句一卷)

320000－1606－0001333 P00567
驚風辨證必讀書二種三卷 (清)劉德馨輯 清光緒二十七年(1901)刻本 一冊

320000－1606－0001334 P00568
倉頡篇三卷 (清)孫星衍學 清乾隆五十年(1785)刻本 一冊

320000－1606－0001335 P00570
花樣集錦四卷 (清)張補山輯 清刻本 四冊

320000－1606－0001336 P00571
節本原富五卷 (英國)亞丹斯密撰 嚴復譯 張鵬一節 清光緒三十三年(1907)鉛印本 一冊 存二卷(四至五)

320000－1606－0001337 P00572
四書人物考訂補四十卷 (明)薛應旂采輯 (明)朱焯註釋 (明)許胥臣等訂補 明天啓七年(1627)刻本 五冊 存三十卷(一至十四、二十五至四十)

320000－1606－0001338 P00573
科學叢書第一集八種十一卷 樊炳清等譯 清光緒二十七年(1901)石印本 六冊 存五種六卷(萬國圖誌下、博物一卷、植物一卷、動物一卷、理化二卷)

320000－1606－0001339 P00574
科學叢書第二集六種十卷 樊炳清等譯 清光緒二十九年(1903)石印本 四冊 存三種六卷(化學教科書三卷、朝鮮近世史二卷、中國史要一卷)

320000－1606－0001340 P00575
左傳事緯十二卷 (清)馬驌編論 清光緒四年(1878)敏德堂刻本 八冊 存八卷(一、六至十二)

320000－1606－0001341 P00576

湖北節義錄十二卷　(清)黄昌輔編定　(清)陳瑞珍彙纂　清同治九年(1870)刻本　十二册

320000－1606－0001342　P00577
尺木堂綱鑑易知錄九十二卷　(清)吴乘權等輯　清康熙刻本　三十三册　存七十二卷(十四至三十九、四十七至九十二)

320000－1606－0001343　P00578
加批王鳳洲袁了凡先生綱鑑合纂三十九卷加批明紀通鑑綱目二十卷附福唐桂三王本末一卷　(宋)司馬光通鑑　(宋)朱熹綱目　(明)王世貞　(明)袁黄編纂　清末民國石印本　九册　缺二十一卷(加批王鳳洲袁了凡先生綱鑑合纂　至二十　)

320000－1606－0001344　P00579
漢書一百卷　(漢)班固撰　(唐)顔師古注　清末刻本　八册　存六十八卷(三十三至一百)

320000－1606－0001345　P00580
唐宋八家文讀本三十卷　(清)沈德潛評點　清嘉慶刻本　十一册　存二十一卷(二至九、十四至二十二、二十七至三十)

320000－1606－0001346　P00581
揚子法言十三卷音義一卷　(晉)李軌注　清刻本　三册　存十二卷(一至十二)

320000－1606－0001347　P00582
[光緒]嘉定縣志三十二卷首一卷　(清)程其玨等修　(清)楊震福等纂　清光緒七年(1881)刻本　九册　存十七卷(十六至三十二)

320000－1606－0001348　P00583
西堂雜組一集八卷　(清)尤侗撰　清康熙刻本　三册　存六卷(三至八)

320000－1606－0001349　P00584
西堂雜組二集八卷　(清)尤侗撰　清康熙刻本　三册　存六卷(一至四、七至八)

320000－1606－0001350　P00585
西堂雜組三集八卷　(清)尤侗撰　清康熙刻本　一册　存二卷(一至二)

320000－1606－0001351　P00586
百末詞五卷附詞餘一卷後性理吟一卷　(清)尤侗撰　**性理吟一卷**　(宋)朱熹撰　清刻本　二册

320000－1606－0001352　P00587
于京集五卷　(清)尤侗撰　清刻本　一册　存三卷(三至五)

320000－1606－0001353　P00588
哀絃集一卷　(清)尤侗撰　清刻本　一册

320000－1606－0001354　P00589
新鐫考證攀鳳千家詩二卷　(□)□□撰　清刻本　一册

320000－1606－0001355　P00592
謝表一卷　(□)□□撰　清抄本　一册

320000－1606－0001356　P00593
子史精華一百六十卷　(清)允祿等輯　清刻本　四册　存十二卷(二十一至二十七、八十九至九十、一百五十四至一百五十六)

320000－1606－0001357　P00594
中外策問大觀二十八卷　雷瑨編輯　清光緒二十九年(1903)石印本　十册

320000－1606－0001358　P00595
欽定大清會典事例一千二百二十卷目錄八卷　(清)崑岡等修　清宣統元年(1909)石印本　一册　存七卷(一百五十二至一百五十八)

320000－1606－0001359　P00596
館律分韻初編六卷　延清編　清光緒十四年(1888)石印本　一册　存一卷(一)

320000－1606－0001360　P00601
子史精華一百六十卷　(清)允祿等輯　清刻本　十六册　存八十二卷(六至十二、八十一至八十九、九十五至一百六十)

320000－1606－0001361　P00605
彊自寬齋外集詩二卷文二卷　(清)金石撰　清刻本　一册

320000－1606－0001362　P00606
周易本義考一卷　(清)劉世讜輯　清刻本　一册

320000－1606－0001363　P00607
醫方湯頭歌括一卷　(清)汪昂輯　清刻本　一册

320000－1606－0001364　P00609
詩攷一卷　(宋)王應麟撰　清末刻本　一册

320000－1606－0001365　P00610
詩地理攷六卷　(宋)王應麟撰　清末刻本　一册

320000－1606－0001366　P00611
漢制攷四卷　(宋)王應麟撰　清末刻本　一册

320000－1606－0001367　P00612
姓氏急就篇二卷　(宋)王應麟撰　清刻本　一册

320000－1606－0001368　P00613
漢藝文志攷證十卷　(宋)王應麟撰　清刻本　二册

320000－1606－0001369　P00614
澄衷蒙學堂字課圖説四卷　(清)澄衷蒙學堂輯　清末石印本　一册　存一卷(二)

320000－1606－0001370　P00615
史鑑節要便讀六卷　(清)鮑東里編輯　清末刻本　一册　存三卷(一至三)

320000－1606－0001371　P00652
問經堂書目一卷　(清)杭州問經堂輯　清光緒二十五年(1899)石印本　一册

320000－1606－0001372　P00654
周易四卷　(宋)朱熹集録　清光緒六年(1880)埽葉山房刻本　二册

320000－1606－0001373　P00655
晉書一百三十卷　(唐)房玄齡等撰　清抄本　一册　存八卷(一百二十三至一百三十)

320000－1606－0001374　P00656
楊氏全書三十七卷　(清)楊名時撰　清光緒三十四年至宣統元年(1908－1909)刻本　十册

320000－1606－0001375　P00668
政治汎論四卷　(美國)威爾遜著　(日本)高田早苗原譯　商務印書館重譯　清光緒二十九年(1903)鉛印本　二册

320000－1606－0001376　P00669
泰西民族文明史緒論二章本論十四章　(法國)賽奴巴著　(日本)野澤武之助原譯　沈是中　俞子彝重譯　清光緒二十九年(1903)鉛印本　一册

320000－1606－0001377　P00670
歐洲新政史二卷　(德國)米勒爾撰　清光緒二十九年(1903)鉛印本　一册　存一卷(一)

320000－1606－0001378　P00671
歐洲最近政治史十六章　(日本)森山守次原著　商務印書館譯　清光緒二十九年(1903)鉛印本　一册

320000－1606－0001379　P00672
憲法治原四卷首一卷附平國議一卷　陳澹然著　清光緒三十二年(1906)鉛印本　二册

320000－1606－0001380　P00673
憲法古義三卷　(清)衎石生撰　清光緒三十一年(1905)鉛印本　一册

320000－1606－0001381　P00676
小學集注六卷　(宋)朱熹撰　(明)陳選句讀　清光緒十九年(1893)刻本　三册　存五卷(一至五)

320000－1606－0001382　P00677
高等小學博物教科書三編　(清)張肇熊編譯　王季烈校訂　清光緒三十年(1904)鉛印本　一册

320000－1606－0001383　P00684
天文歌略一卷　葉瀾著　**地學歌略一卷**　葉瀾　葉瀚著　清光緒二十八年(1902)刻本　一册

320000－1606－0001384　P00685

聖諭十六條附律易解一卷　（清）聖祖玄燁撰　清光緒九年（1883）省垣學院前奎文堂刻本　一冊

320000－1606－0001385　P00686

聖諭十六條附律易解一卷　（清）聖祖玄燁撰　清光緒九年（1883）省垣學院前奎文堂刻本　一冊

320000－1606－0001386　P00687

味經山館文鈔四卷　（清）戴鈞衡撰　清末刻本　一冊　存二卷（一至二）

320000－1606－0001387　P00691

高等代數問題解法自在十編　（日本）三木清二編纂　（清）王文授譯並補式　清光緒三十二年（1906）石印本　一冊　存四編（一至四）

320000－1606－0001388　P00692

明百官鐸一幅　（明）倪元璐製　清光緒十七年（1891）刻本　一幅

320000－1606－0001389　P00693

樂邑勸民說一卷附歷任雜文一卷　（清）胡惟賢著　清光緒三十三年（1907）鉛印本　一冊

320000－1606－0001390　P00696

東海褰冥氏三十以前舊學四種八卷　（清）譚嗣同撰　清光緒二十八年（1902）石印本　四冊

320000－1606－0001391　P00697

筆算教科書二卷　彭蘭琪輯　清末鉛印本　一冊　存一卷（一）

320000－1606－0001392　P00700

維持留學界同志會報告一卷　（清）維持留學界同志會編　清光緒三十二年（1906）鉛印本　一冊

320000－1606－0001393　P00701

常州賦一卷　（清）褚邦慶編注　清光緒四年（1878）刻本　一冊

320000－1606－0001394　P00704

義大利財政書　（清）翟青松等口譯　（清）許沐鑅筆述　清光緒三十一年（1905）鉛印本　一冊　存二種二卷（義大利財政彙攷一卷、義大利稅則一卷）

320000－1606－0001395　P00706

商標註冊試辦章程一卷　（清）商部編　清光緒三十年（1904）鉛印本　一冊

320000－1606－0001396　P00707

現行刑律簡明圖說一卷　（清）程繼元編輯　清宣統三年（1911）鉛印本　一冊

320000－1606－0001397　P00710

支那疆域沿革略說一卷　（日本）重野安繹　（日本）河田羆著　清末刻本　一冊

320000－1606－0001398　P00711

元遺山詩集八卷　（金）元好問撰　清乾隆四十三年（1778）刻本　二冊

320000－1606－0001399　P00712

引水章程一卷附鄱陽湖拖帶輪船一卷　（□）□□撰　清抄本　一冊

320000－1606－0001400　P00726

明治政黨小史不分卷　（日本）井上毅原撰　（清）出洋學生編輯所譯述　清光緒二十八年（1902）上海商務印書館鉛印本　一冊

320000－1606－0001401　P00727

簡明珠算課本一卷　（清）萬里鵬編輯　（清）許庚星圖繪　清宣統元年（1909）石印本　一冊

320000－1606－0001402　P00729

女權篇一卷　（英國）斯賓塞著　馬君武譯

物競篇一卷　（英國）達爾文著　馬君武譯　清光緒二十八年（1902）鉛印本　一冊

320000－1606－0001403　P00731

觚賸八卷　（清）鈕琇撰　清宣統三年（1911）鉛印本　一冊　存二卷（一至二）

320000－1606－0001404　P00732

普通博物問答八章　商務印書館譯輯　清光緒三十二年（1906）鉛印本　一冊

320000－1606－0001405　P00733

地方自治淺説三部　孟森編纂　清宣統三年(1911)鉛印本　一册

320000－1606－0001406　P00736
泖東草堂筆記二十卷　(清)沈宗祉撰　清宣統二年(1910)鉛印本　一册　存五卷(一至五)

320000－1606－0001407　P00737
張蒼水全集十二卷附錄四卷序跋一卷補遺一卷題詠二卷人物考略一卷傳略補一卷　(明)張煌言撰　(清)國粹叢編社編　清宣統元年(1909)鉛印本　三册

320000－1606－0001408　P00744
大學古本質言一卷　(清)劉沅撰　清咸豐十一年(1861)刻本　一册

320000－1606－0001409　P00760
女子教育家庭教養法五章　(日本)秋山七郎著　(清)翰墨林編譯印書局譯印　清光緒三十二年(1906)鉛印本　一册

320000－1606－0001410　P00763
環瀛誌險一卷　(奥地利)愛孫孟著　商務印書館編譯所譯　清光緒三十二年(1906)鉛印本　一册

320000－1606－0001411　P00765
泰西八愛國者傳一卷　(日本)下里彌生著　題中國愛國者輯譯　清光緒二十九年(1903)鉛印本　一册

320000－1606－0001412　P00768
理學鉤玄三卷　(日本)中江篤介著　(清)陳鵬譯　清光緒二十八年(1902)廣智書局鉛印本　二册

320000－1606－0001413　P00776
新編生理學問答一卷　商務印書館編譯所編輯　清光緒三十三年(1907)鉛印本　一册

320000－1606－0001414　P00778
代數學十三卷首一卷　(英國)棣麼甘撰　(清)李善蘭筆受　(英國)偉烈亞力口譯　清光緒三十一年(1905)石印本　六册

320000－1606－0001415　P00780
形學備旨習題詳草八卷　(清)徐樹勳選輯　清光緒三十一年(1905)石印本　四册

320000－1606－0001416　P00781
形學備旨習題詳草八卷　(清)徐樹勳選輯　清光緒三十一年(1905)石印本　四册

320000－1606－0001417　P00782
形學十卷首一卷　(美國)魯米斯撰訂　(美國)狄考文選譯　**形學習題解證八卷**　(清)徐樹勳選輯　清末石印本　八册

320000－1606－0001418　P00783
形學十卷首一卷　(美國)魯米斯撰訂　(美國)狄考文選譯　**形學習題解證八卷**　(清)徐樹勳選輯　清末石印本　八册

320000－1606－0001419　P00789
楹聯新句一卷　(清)俞樾撰　清光緒九年(1883)刻本　一册

320000－1606－0001420　P00790
五經體註合解全集四十五卷　(□)□□撰　清光緒二十三年(1897)石印本　十二册

320000－1606－0001421　P00791
四書味根錄四種三十八卷　(清)金澂輯　清光緒二十一年(1895)石印本　八册

320000－1606－0001422　P00792
四書合纂大成不分卷　(清)沈祖燕輯纂　清光緒三十一年(1905)石印本　十二册

320000－1606－0001423　P00800
五子近思錄發明十四卷　(清)施璜纂註　清康熙刻本　八册

320000－1606－0001424　P00801
荀子二十卷首一卷　(唐)楊倞注　王先謙集解　清光緒十七年(1891)刻本　六册

320000－1606－0001425　P00803
潛夫論十卷　(漢)王符撰　清光緒元年(1875)湖北崇文書局刻本　二册

320000－1606－0001426　P00804
近思錄十四卷附考訂朱子世家一卷校勘記一

卷　（清）江永集註　清同治八年（1869）刻本　四冊

320000－1606－0001427　P00805

近思錄集解十四卷　（宋）葉采集解　清光緒十年（1884）刻本　二冊

320000－1606－0001428　P00806

集說詮眞不分卷集說詮眞提要不分卷　（清）黃伯祿輯　清光緒五年（1879）刻十年（1884）重校本　五冊

320000－1606－0001429　P00807

集說詮眞續編一卷　（清）黃伯祿輯　清光緒六年（1880）刻十年（1884）重校本　一冊

320000－1606－0001430　P00809

漢藝文志攷證十卷　（宋）王應麟撰　清光緒刻本　二冊

320000－1606－0001431　P00811

羅近溪先生語要一卷　（明）陶望齡輯　清光緒二十年（1894）刻本　一冊

320000－1606－0001432　P00812

古桐書屋續刻三種　（清）劉熙載著　清光緒十三年（1887）刻本　一冊

320000－1606－0001433　P00813

勸學篇二卷　（清）張之洞撰　清光緒二十四年（1898）刻本　一冊

320000－1606－0001434　P00814

孔子集語二卷　（宋）薛據纂　清光緒元年（1875）刻本　一冊

320000－1606－0001435　P00816

孔門之德育一卷　（日本）亘理章三郎著　**讀書法一卷**　（日本）澤柳政太郎著　**二十世紀之家庭一卷**　（日本）古川花子著　（日本）田谷九橋譯　清末鉛印本　一冊

320000－1606－0001436　P00818

家範十卷　（宋）司馬光著　（清）朱軾注　清光緒二十三年（1897）刻本　二冊

320000－1606－0001437　P00819

理學辨似一卷　（清）潘子昭著　清刻本　一冊

320000－1606－0001438　P00820

潛書二卷附西蜀唐圃亭先生行略一卷　（清）唐甄著　（清）王聞遠編　清光緒九年（1883）中江李氏刻本　四冊

320000－1606－0001439　P00821

近思錄十四卷附考訂朱子世家一卷校勘記一卷　（清）江永集註　清同治八年（1869）刻本　四冊

320000－1606－0001440　P00822

近思錄十四卷附考訂朱子世家一卷　（清）江永集註　清咸豐三年（1853）刻本　四冊

320000－1606－0001441　P00823

抱朴子内篇二十卷外篇五十卷　（晉）葛洪撰　清光緒十一年（1885）刻本　八冊

320000－1606－0001442　P00825

程氏性理字訓一卷　（宋）程端蒙撰　清光緒二年（1876）刻本　一冊

320000－1606－0001443　P00826

朱子講學輯要編十卷　（清）龍炳垣輯　清同治六年（1867）刻本　四冊

320000－1606－0001444　P00827

文中子一卷　（隋）王通撰　清光緒元年（1875）湖北崇文書局刻百子全書本　一冊

320000－1606－0001445　P00828

正學編八卷　（清）潘世恩輯　（清）潘曾瑋疏解　清同治六年（1867）刻本　四冊

320000－1606－0001446　P00829

勸學篇二卷　（清）張之洞撰　清光緒二十四年（1898）鉛印本　一冊

320000－1606－0001447　P00830

理學宗傳二十六卷　（清）孫奇逢輯　（清）魏一鰲等編　清光緒六年（1880）刻本　十二冊

320000－1606－0001448　P00831

朱止泉先生朱子聖學考略十卷　（清）朱澤澐撰　清刻本　十一冊

320000－1606－0001449　P00832

二程全書七種六十七卷　（宋）程顥　（宋）程頤撰　（宋）朱熹編　清康熙刻本　三冊　存四種三十二卷（遺書一至十八、周易傳一至四、經說一至八、粹言一至二）

320000－1606－0001450　P00834

小學節本二卷　（宋）朱熹撰　清光緒三十一年（1905）鉛印本　二冊

320000－1606－0001451　P00835

明儒學案十六卷　（清）黄宗羲述　清光緒二十八年（1902）石印本　八冊

320000－1606－0001452　P00838

南華經解六卷　（清）宣穎著　清末石印本　一冊

320000－1606－0001453　P00843

宋元學案一百卷首一卷考略一卷　（清）黄宗羲原本　（清）黄百家纂輯　（清）全祖望修定　清光緒五年（1879）刻本　四十八冊

320000－1606－0001454　P00844

二曲粹言四卷　（清）李顒撰　（清）吳鳳藻輯　清同治五年（1866）刻本　一冊

320000－1606－0001455　P00845

原人四卷附晦堂書錄一卷　陳澹然撰　清光緒三十二年（1906）鉛印本　二冊

320000－1606－0001456　P00846

莊子十卷　（晉）郭象注　（唐）陸德明音義　清光緒二年（1876）浙江書局刻本　二冊　存六卷（一至六）

320000－1606－0001457　P00847

鳳臺集三卷　（清）田錫齡著　清嘉慶二十二年（1817）刻本　一冊

320000－1606－0001458　P00848

潛室劄記二卷　（清）刁包著　清雍正三年（1725）刻本　二冊

320000－1606－0001459　P00849

朱子語類日鈔五卷　（清）陳澧編　清咸豐十一年（1861）刻本　一冊

320000－1606－0001460　P00850

朱子語類日鈔五卷　（清）陳澧編　清咸豐十一年（1861）刻本　一冊

320000－1606－0001461　P00851

俟後編六卷補錄一卷　（明）王敬臣著　**仁孝先生事略附錄一卷**　（清）彭定求輯　清同治八年（1869）木活字印本　一冊

320000－1606－0001462　P00852

童蒙訓二卷　（宋）吕本中撰　清同治二年（1863）刻本　一冊

320000－1606－0001463　P00853

學案小識十四卷首一卷末一卷　（清）唐鑑撰　清光緒十年（1884）刻本　十二冊

320000－1606－0001464　P00854

儒門法語一卷　（清）彭定求編　（清）湯金釗輯要　清咸豐二年（1852）刻本　一冊

320000－1606－0001465　P00855

小學韻語一卷　（清）羅澤南撰　清光緒二十六年（1900）鉛印本　一冊

320000－1606－0001466　P00856

仁書二卷　（清）易佩紳著　清光緒十年（1884）刻本　一冊

320000－1606－0001467　P00857

潛菴先生志學會約一卷困學錄一卷　（清）湯斌著　清光緒四年（1878）刻本　一冊

320000－1606－0001468　P00859

聖學入門四卷　（清）彭世昌輯註　清光緒三年（1877）刻本　二冊

320000－1606－0001469　P00860

國朝先正學規彙鈔不分卷　（清）黄舒昺編次　清同治七年（1868）刻本　二冊

320000－1606－0001470　P00861

十家語錄摘要二卷詠梅軒搭記一卷　（清）謝蘭生輯　清同治六年（1867）刻本　二冊

320000－1606－0001471　P00862

吕子節錄四卷吕新吾先生理欲生長極至圖說一卷身家盛衰循環圖說一卷　（明）吕坤著

(清)陳弘謀評輯　清光緒九年(1883)刻本　二册

320000－1606－0001472　P00863
國朝漢學師承記八卷附國朝經師經義目錄一卷國朝宋學淵源記二卷附記一卷　(清)江藩纂　清光緒二十二年(1896)刻本　四册

320000－1606－0001473　P00864
繹志十九卷　(清)胡承諾撰　清同治十一年(1872)刻本　八册

320000－1606－0001474　P00865
慎思記一卷訟過記一卷　(清)吕存德撰　清光緒二十二年(1896)刻本　一册

320000－1606－0001475　P00866
毋不敬齋全書六種　(清)方濬撰　清光緒十五年(1889)刻二十三年(1897)印本　十五册

320000－1606－0001476　P00867
國朝漢學師承記八卷附國朝經師經義目錄一卷國朝宋學淵源記二卷附記一卷　(清)江藩纂　清光緒十一年(1885)刻本　六册

320000－1606－0001477　P00868
莊子十卷　(晉)郭象注　(唐)陸德明音義　清末民國石印本　四册

320000－1606－0001478　P00869
南華經副墨八卷　(明)陸西星述　清末石印本　六册

320000－1606－0001479　P00872
思辨錄輯要前集二十二卷後集十三卷　(清)陸世儀撰　清宣統刻本　八册

320000－1606－0001480　P00873
讀書錄十一卷續錄十二卷　(明)薛瑄撰　清康熙刻本　六册

320000－1606－0001481　P00874
人譜類記圖說二十五課　(清)陳清震編　清光緒三十二年(1906)鉛印本　二册

320000－1606－0001482　P00875
太上感應靈篇圖說一卷附錄一卷　(元)陳堅撰　清光緒二十四年(1898)刻本　一册

320000－1606－0001483　P00876
人譜三編　(明)劉宗周著　清光緒三年(1877)刻本　一册

320000－1606－0001484　P00878
孝友堂家規一卷　(清)孫奇逢著　清刻本　一册

320000－1606－0001485　P00882
在官法戒錄四卷　(清)陳弘謀編輯　清光緒二十一年(1895)刻本　二册

320000－1606－0001486　P00884
明儒學案六十二卷　(清)黄宗羲著　清光緒十四年(1888)南昌縣學刻本　二十四册

320000－1606－0001487　P00892
內則章句一卷　(清)顧陳垿著　清乾隆木活字印本　一册

320000－1606－0001488　P00893
顔氏家訓七卷考證一卷　(北齊)顔之推撰　清光緒十六年(1890)刻本　二册

320000－1606－0001489　P00894
墨子閒詁十五卷目錄一卷附錄一卷後語二卷　(清)孫詒讓撰　清宣統刻本　八册

320000－1606－0001490　P00901
曹大家女誡二卷　(清)王相箋註　清光緒三十四年(1908)刻本　二册

320000－1606－0001491　P00902
小學韻語一卷　(清)羅澤南撰　清末刻本　一册

320000－1606－0001492　P00903
道祖眞傳輯要四卷　(清)陸輿輯　清光緒三年(1877)刻本　四册

320000－1606－0001493　P00904
五種遺規　(清)陳弘謀輯　清光緒二十年(1894)刻本　八册　存十二卷(訓俗遺規二卷、補編二卷,從政遺規二卷,養正遺規二卷、補編一卷,教女遺規三卷)

320000－1606－0001494　P00912
名學部甲一卷部首一卷　(英國)穆勒約翰原

本　嚴復翻譯　清光緒二十八年(1902)鉛印本　二冊

320000－1606－0001495　P00913
教育心理學五篇　(日本)高島平三郎著　田吳炤譯述　清光緒三十一年(1905)鉛印本　一冊

320000－1606－0001496　P00914
傳家必讀一卷　(清)王正朋纂　**應驗良方一卷達生編一卷**　題(清)亟齋居士撰　清光緒十一年(1885)刻本　一冊

320000－1606－0001497　P00915
雙節堂庸訓六卷　(清)汪輝祖纂　清刻本　一冊　存一卷(一)

320000－1606－0001498　P00916
雙節堂庸訓六卷　(清)汪輝祖纂　清刻本　一冊　存一卷(一)

320000－1606－0001499　P00917
玉峯先生脚氣集一卷　(宋)車若水撰　清同治十年(1871)刻本　一冊

320000－1606－0001500　P00918
潛書二卷附西蜀唐圃亭先生行略一卷　(清)唐甄著　(清)王聞遠編　清光緒九年(1883)中江李氏刻本　四冊

320000－1606－0001501　P00920
元張文忠公忠告全書三種四卷　(元)張養浩著　清道光三十年(1850)刻本　一冊

320000－1606－0001502　P00921
養蒙金鑑二卷　(清)林之望編輯　(清)沈錫慶刪訂　清光緒元年(1875)刻本　一冊　存一卷(一)

320000－1606－0001503　P00923
小學弦歌八卷　(清)李元度輯　清光緒刻本　四冊

320000－1606－0001504　P00925
倫理學講義四章　(清)蔡璜編纂　清宣統二年(1910)鉛印本　一冊

320000－1606－0001505　P00928
穆勒名學部甲八篇部乙七篇部丙十三篇　(英國)穆勒約翰原本　嚴復譯　清光緒三十一年(1905)刻本　八冊

320000－1606－0001506　P00929
課子隨筆節鈔六卷附錄一卷續編一卷　(清)張師載等輯　(清)徐桐等鈔　清同治十年(1871)刻本　四冊

320000－1606－0001507　P00930
便蒙後覺篇四卷　(清)嵩岫撰　清光緒十七年(1891)嵩崑刻本　四冊

320000－1606－0001508　P00931
人譜二卷　(明)劉宗周著　清道光三年(1823)刻本　一冊

320000－1606－0001509　P00932
人譜一卷人譜類記二卷　(明)劉宗周著　清道光八年(1828)刻本　二冊

320000－1606－0001510　P00933
無欺錄二卷附墓誌銘一卷　(清)朱用純撰　清光緒二十六年(1900)玉山書院刻本　二冊

320000－1606－0001511　P00939
顏氏家訓二卷　(北齊)顏之推撰　清光緒元年(1875)湖北崇文書局刻本　一冊

320000－1606－0001512　P00948
浮邱子十二卷　(清)湯鵬著　清宣統二年(1910)石印本　六冊

320000－1606－0001513　P00949
韓非子二十卷　(戰國)韓非撰　清光緒元年(1875)刻本　四冊

320000－1606－0001514　P00955
繪圖最新家庭寶一卷　(□)□□撰　清宣統二年(1910)石印本　一冊

320000－1606－0001515　P00957
管子二十四卷　(唐)房玄齡注　(明)劉績補　清光緒二十九年(1903)石印本　四冊

320000－1606－0001516　P00960
願體集四卷　(清)李仲麟輯　清光緒十八年(1892)上海同文書局石印本　一冊　存二卷

(一至二)

320000－1606－0001517　P00963
小兒語述義一卷　林紓述義　清光緒三十三年(1907)鉛印本　一冊

320000－1606－0001518　P00964
化書六卷　(五代)譚峭撰　清光緒六年(1880)刻本　一冊

320000－1606－0001519　P00968
欽定協紀辨方書三十六卷　(清)允祿等纂　清鉛印本　十五冊

320000－1606－0001520　P00970
陽宅大全十卷　(明)周繼著　(明)郭濬編　清光緒十五年(1889)刻本　五冊　存九卷(二至十)

320000－1606－0001521　P00972
山洋指迷原本四卷　(明)周景一著　(清)張九儀增注　清光緒九年(1883)刻本　四冊

320000－1606－0001522　P00975
山居瑣言一卷　(清)王晉之撰　清光緒十年(1884)刻本　一冊

320000－1606－0001523　P00980
五變中黃經一卷　(□)唐維經輯　清末刻本　一冊

320000－1606－0001524　P00981
六壬類聚四卷　(清)紀大奎輯著　清同治刻本　四冊

320000－1606－0001525　P00982
勸戒近錄六卷續錄六卷三錄六卷　(清)梁恭辰撰　清同治五年(1866)刻本　六冊

320000－1606－0001526　P00985
藥言四卷藥言賸稿四卷　(清)李惺撰　清光緒三十三年(1907)刻本　二冊

320000－1606－0001527　P00986
冰言十卷冰言補錄十卷　(清)李惺撰　清光緒三十三年(1907)刻本　二冊

320000－1606－0001528　P00987
奇門遁甲統宗十二卷　(三國蜀)諸葛亮撰　清刻本　一冊　存二卷(一至二)

320000－1606－0001529　P00988
奇門遁甲元靈經二十四卷　題(清)隱溪居士撰　清光緒九年(1883)刻本　四冊

320000－1606－0001530　P00989
五種秘竅全書　(明)甘霖撰　清至善堂刻本　十二冊

320000－1606－0001531　P00991
教勸合編一卷　(□)□□撰　清刻本　一冊

320000－1606－0001532　P00992
公門果報錄一卷續錄一卷附錄一卷　(清)宋楚望輯　清光緒十八年(1892)刻本　一冊

320000－1606－0001533　P00996
六壬粹言六卷首一卷　(清)劉赤江編　清道光六年(1826)刻本　六冊

320000－1606－0001534　P00998
新編日用涓吉奇門五總龜四卷　(明)池紀撰　**煙波釣叟歌一卷**　(宋)趙普撰　清道光二十六年(1846)刻本　四冊

320000－1606－0001535　P00999
奇門遁甲秘笈大全三十卷　(明)劉基校訂　清刻本　八冊

320000－1606－0001536　P01000
女四書二卷　(清)王相箋注　清光緒八年(1882)刻本　二冊

320000－1606－0001537　P01001
欽定協紀辨方書三十六卷　(清)允祿等纂　清刻朱墨套印本　二十四冊

320000－1606－0001538　P01002
池上草堂筆記六卷　(清)梁恭辰撰　清羊城味經堂刻本　十二冊

320000－1606－0001539　P01004
一乘決疑論一卷　(清)彭際清撰　清同治八年(1869)刻本　一冊

320000－1606－0001540　P01007

黄帝五書六卷　(清)孫星衍校　清嘉慶十二年(1807)蘭陵孫氏刻本　一册

320000－1606－0001541　P01008
立宅賦一卷　(□)陸樂山著　清光緒四年(1878)抄本　一册

320000－1606－0001542　P01009
金剛般若波羅蜜經旁解一卷　(□)□□撰　清同治六年(1867)鉛印本　一册

320000－1606－0001543　P01011
民教相安一卷　高步瀛　陳寶泉編　清光緒三十一年(1905)刻本　一册

320000－1606－0001544　P01012
答客芻言一卷　(清)沈容齋撰　清光緒七年(1881)刻本　一册

320000－1606－0001545　P01013
聖教小引一卷　(清)范中撰　清光緒十四年(1888)鉛印本　一册

320000－1606－0001546　P01014
救世教益一卷　(英國)李提摩太著　清光緒二十一年(1895)鉛印本　一册

320000－1606－0001547　P01015
眞教自證一卷　(意大利)晁德蒞撰　清宣統三年(1911)上海土山灣印書館鉛印本　一册

320000－1606－0001548　P01016
小學句讀集疏十卷　(日本)貝原益軒鑒定　(日本)竹田定直編次　清光緒十七年(1891)刻本　五册

320000－1606－0001549　P01017
易冒十卷　(清)程良玉著　清光緒十二年(1886)刻本　四册

320000－1606－0001550　P01018
金仙證論一卷　(清)柳華陽撰　清光緒二十三年(1897)刻本　一册

320000－1606－0001551　P01019
仙佛合宗一卷　(明)伍守陽著　清光緒二十三年(1897)刻本　一册

320000－1606－0001552　P01020
好生錄一卷　清同治九年(1870)刻本　一册

320000－1606－0001553　P01022
奇門法竅八卷　(清)錫孟樨增註　清同治九年(1870)刻本　八册

320000－1606－0001554　P01023
重刻畸人十篇二卷　(意大利)利瑪竇述　清道光二十七年(1847)刻本　二册

320000－1606－0001555　P01024
天仙正理九卷　(明)伍守陽著　清光緒二十三年(1897)刻本　一册

320000－1606－0001556　P01025
慧命經二十卷　(清)柳華陽撰　清光緒二十三年(1897)刻本　一册

320000－1606－0001557　P01026
鐵鞭四卷　(日本)岡本監輔著　清光緒二十七年(1901)鉛印本　一册

320000－1606－0001558　P01029
續哲學妖怪百談一卷　(日本)井上圓了輯　(清)徐渭臣譯　清光緒二十八年(1902)石印本　一册

320000－1606－0001559　P01031
勸戒近錄六卷　(清)梁恭辰撰　清同治九年(1870)賴昌期刻本　八册

320000－1606－0001560　P01033
二十二史感應錄二卷　(清)彭希涑撰　清光緒十三年(1887)刻本　一册

320000－1606－0001561　P01034
先哲格言一卷　(□)□□撰　清末刻本　一册

320000－1606－0001562　P01036
口鐸日抄八卷　(意大利)艾思及(艾儒略)　(法國)盧磐石(盧安德)等口譯　(明)李九標筆記　清刻本　四册

320000－1606－0001563　P01037
折疑論集註二卷　(元)釋子成撰　(元)釋師子註　清光緒十三年(1887)刻本　二册

320000－1606－0001564　P01038
一切經音義二十五卷　（唐）釋元應撰　（清）莊炘等校正　**華嚴經音義敘錄一卷**　（□）□□撰　**補訂新譯大方廣佛華嚴經音義二卷**　（唐）釋慧苑撰　清同治八年（1869）刻本　四冊

320000－1606－0001565　P01039
夢東禪師遺集二卷　（清）馬際醒撰　清刻本　一冊

320000－1606－0001566　P01040
天主實義二卷　（意大利）利瑪竇述　清光緒刻本　一冊

320000－1606－0001567　P01041
天主實義二卷　（意大利）利瑪竇述　清光緒刻本　一冊

320000－1606－0001568　P01042
百年一覺一卷　（英國）李提摩太譯　清光緒二十四年（1898）鉛印本　一冊

320000－1606－0001569　P01043
答問錄存一卷　（清）李杕著　清宣統元年（1909）刻本　一冊

320000－1606－0001570　P01044
代疑編一卷　（明）楊廷筠述　清刻本　一冊

320000－1606－0001571　P01047
翻譯名義集二十卷　（宋）釋法雲撰　清光緒四年（1878）刻本　六冊

320000－1606－0001572　P01049
勸發菩提心文一卷　（清）釋實賢撰　清光緒刻本　一冊

320000－1606－0001573　P01051
重訂西方公據二卷　（清）彭際清集　清光緒十三年（1887）刻本　一冊

320000－1606－0001574　P01052
眞道自證四卷首一卷　（法國）沙守信撰　清同治刻本　二冊

320000－1606－0001575　P01053
拯世略說一卷　（清）朱宗元著　清同治十二年（1873）刻本　一冊

320000－1606－0001576　P01054
性理眞詮四卷　（清）孫璋述　清光緒十五年（1889）鉛印本　四冊

320000－1606－0001577　P01055
理窟九卷　（清）李杕著　清光緒十二年（1886）鉛印本　四冊

320000－1606－0001578　P01056
理窟九卷　（清）李杕著　清光緒十二年（1886）鉛印本　二冊

320000－1606－0001579　P01057
高峰大師語錄一卷　題（元）參學門人編　清光緒十五年（1889）金陵刻經處刻本　一冊

320000－1606－0001580　P01058
徑中徑又徑徵義三卷　（清）張師誠輯　（清）徐槐廷徵義　清光緒二十五年（1899）刻本　一冊

320000－1606－0001581　P01059
重刊瑞應集錄一卷　（□）□□撰　清光緒元年（1875）刻本　一冊

320000－1606－0001582　P01060
護法論一卷　（宋）張商英述　清光緒二年（1876）刻本　一冊

320000－1606－0001583　P01061
折疑論集註二卷　（元）釋子成撰　（元）釋師子註　清光緒三十四年（1908）刻本　一冊

320000－1606－0001584　P01063
金剛決疑一卷　（後秦）釋鳩摩羅什譯　（明）釋德清撰　**般若波羅蜜多心經直說一卷**　（明）釋德清述　清刻本　一冊

320000－1606－0001585　P01065
念佛百問一卷　（清）釋悟開著　清同治五年（1866）刻本　一冊

320000－1606－0001586　P01067
善惡報略說一卷　（比利時）南懷仁述　清光緒三十一年（1905）鉛印本　一冊

320000－1606－0001587　P01068

不得已辯一卷　(意大利)利類思著　(葡萄牙)安文思　(比利時)南懷仁訂　清道光二十七年(1847)刻本　一册

320000－1606－0001588　P01069

理窟九卷　(清)李杕著　清光緒十二年(1886)鉛印本　四册

320000－1606－0001589　P01070

醒世迷編二卷　(清)郁蓀纂著　清同治十二年(1873)上海慈母堂刻本　一册

320000－1606－0001590　P01075

三山論學紀一卷　(意大利)艾儒略著　清道光二十七年(1847)刻本　一册

320000－1606－0001591　P01076

禪淨雙修直指一卷　(清)曹本榮等撰　清同治五年(1866)四明天甯講寺監刻本　一册

320000－1606－0001592　P01078

神僧傳九卷　(明)成祖朱棣編　清宣統元年(1909)常州天寧寺刻本　四册

320000－1606－0001593　P01079

戒殺放生文一卷　(明)釋袾宏撰　清光緒刻本　一册

320000－1606－0001594　P01081

念佛警策二卷　(清)彭際清纂　清同治十三年(1874)刻本　一册

320000－1606－0001595　P01082

淨土聖賢錄九卷續編四卷附種蓮集一卷　(清)彭際清輯　清刻本　六册

320000－1606－0001596　P01085

寶藏論一卷　(後秦)釋僧肇著　清光緒二十三年(1897)刻本　一册

320000－1606－0001597　P01087

一切經音義二十五卷　(唐)釋元應撰　(清)莊炘等校正　**華嚴經音義敘錄一卷**　(□)□□撰　**補訂新譯大方廣佛華嚴經音義二卷**　(唐)釋慧苑撰　清同治八年(1869)刻本　四册

320000－1606－0001598　P01088

金剛經石註一卷　(清)石成金撰　清道光二十七年(1847)刻本　一册

320000－1606－0001599　P01090

般若波羅蜜多心經註解一卷　(唐)釋玄奘譯　(明)釋宗泐　(明)釋如玘註　**金剛般若波羅蜜經註解一卷**　(後秦)釋鳩摩羅什譯　(明)釋宗泐　(明)釋如玘註　清光緒二年(1876)刻本　一册

320000－1606－0001600　P01100

雍正諭旨一卷　(清)世宗胤禛撰　清光緒二十一年(1895)點石齋石印本　一册

320000－1606－0001601　P01103

法苑珠林一百卷　(唐)釋道世撰　清道光七年(1827)蔣氏燕園刻本　二十四册

320000－1606－0001602　P01112

百年兩事體仁要術三種　(□)徐璧如輯　清咸豐十年(1860)刻本　一册

320000－1606－0001603　P01113

百年兩事體仁要術三種　(□)徐璧如輯　清咸豐十年(1860)刻本　一册

320000－1606－0001604　P01119

佛說摩訶阿彌陀佛經衷論一卷　(清)魏源譯　(清)王耕心衷論　清光緒三十年(1904)刻本　一册

320000－1606－0001605　P01127

大佛頂如來密因修證了義諸菩薩萬行首楞嚴經十卷　(唐)釋般剌密帝譯　(印度)釋彌伽釋伽譯語　清同治八年(1869)金陵刻經處刻本　二册

320000－1606－0001606　P01129

大乘法寶十種　(□)□□撰　清刻本　十册

320000－1606－0001607　P01132

金剛決疑一卷　(後秦)釋鳩摩羅什譯　(明)釋德清撰　**般若波羅蜜多心經直說一卷**　(明)釋德清述　清刻本　一册

320000－1606－0001608　P01133

呂祖註講金剛心經一卷　(清)呂沐註　清光緒十七年(1891)上海翼化堂刻本　一册

320000－1606－0001609　P01134
金剛般若經六譯本一卷　(後秦)釋鳩摩羅什等譯　清同治十一年(1872)金陵刻經處刻本　一册

320000－1606－0001610　P01136
金剛經直解一卷　(清)釋圓通文尼自在光佛撰　清光緒十五年(1889)刻本　一册

320000－1606－0001611　P01138
大清重刻龍藏彙記一卷　(清)□□編　清同治九年(1870)金陵刻經處刻本　一册

320000－1606－0001612　P01139
仁王護國般若波羅密多經二卷　(唐)釋大廣智不空譯　清同治九年(1870)金陵刻經處刻本　一册

320000－1606－0001613　P01145
壇經一卷　(唐)釋慧能說　(唐)釋法海錄　清同治十一年(1872)如皋刻經處刻本　一册

320000－1606－0001614　P01146
首楞嚴經懸鏡一卷通義提綱略科一卷大佛頂如來密因修證了義諸菩薩萬行首楞嚴經通義十卷　(明)釋德清述　清光緒二十年(1894)金陵刻經處刻本　六册

320000－1606－0001615　P01147
大方廣佛新華嚴經合論一百二十卷首一卷　(唐)釋實叉難陀譯經　(唐)李通玄造論　(唐)釋志寧論　(唐)釋鳌經論　(唐)釋般若譯　清同治十一年(1872)刻本　三十册

320000－1606－0001616　P01149
佛說仁王護國般若波羅蜜經疏神寶記四卷　(宋)釋善月述　清光緒十四年(1888)江北刻經處刻本　一册

320000－1606－0001617　P01151
仁王護國般若經疏五卷　(唐)釋灌頂記　清光緒十一年(1885)江北刻經處刻本　二册

320000－1606－0001618　P01155
一行居集八卷附一卷　(清)彭紹升著　清道光五年(1825)刻本　八册

320000－1606－0001619　P01159
說教一卷　(清)彭光譽撰　清光緒二十二年(1896)文光齋刻本　一册

320000－1606－0001620　P01165
欽定學堂章程不分卷　(清)張百熙編　清光緒刻本　二册

320000－1606－0001621　P01171
法國鄉學章程一卷　(清)鄭守箴譯　清光緒二十四年(1898)刻本　一册

320000－1606－0001622　P01174
信心銘闢義解三卷　(元)釋慈寂撰　清同治十二年(1873)刻本　一册

320000－1606－0001623　P01179
女子教育家庭教養法五章　(日本)秋山七郎著　(清)翰墨林編譯印書局譯印　清光緒三十二年(1906)鉛印本　一册

320000－1606－0001624　P01181
養眞集二卷　題(清)養眞子著　清光緒十五年(1889)鉛印本　一册

320000－1606－0001625　P01182
教育界之風潮十二卷　(□)愛國青年著　清光緒二十九年(1903)石印本　六册

320000－1606－0001626　P01183
教育界之風潮十二卷　(□)愛國青年著　清光緒二十九年(1903)石印本　六册

320000－1606－0001627　P01184
胎内教育一卷　(日本)伊東琴次郎著　清光緒二十八年(1902)廣智書局鉛印本　一册

320000－1606－0001628　P01185
兒童教育鑑二卷　文明書局編譯　清光緒三十一年(1905)鉛印本　二册

320000－1606－0001629　P01186
二申野錄八卷　(清)孫之騄輯　清同治六年(1867)吟香館刻本　四册

320000－1606－0001630　P01190
女學集議初編一卷　(清)經元善等撰　清光緒二十四年(1898)鉛印本　一冊

320000－1606－0001631　P01194
兒童矯弊論一卷　(日本)大村仁太郎編　(清)京師編書局譯　清光緒京師學務處官書局鉛印本　一冊

320000－1606－0001632　P01195
每時分配手工科教授指鍼五章　(日本)中垣兵次郎著　吳燕譯　清光緒三十二年(1906)鉛印本　一冊

320000－1606－0001633　P01196
通州師範學校第三次編定章程一卷　張謇編　清光緒三十一年(1905)刻本　一冊

320000－1606－0001634　P01204
教務輯要四卷　(清)徐家幹編　清光緒二十四年(1898)湖北官書局刻本　四冊

320000－1606－0001635　P01205
英俄印度交涉書一卷續編一卷　(英國)馬文著　(英國)羅亨利　(清)瞿昂來譯　清光緒刻本　一冊

320000－1606－0001636　P01206
岑襄勤公奏稾三十卷總目一卷首一卷　(清)岑毓英撰　清光緒二十三年(1897)武昌督糧官署止復園刻本　三十二冊

320000－1606－0001637　P01207
教育統論四卷　(日本)槙山榮次撰　(清)陸鋆譯　清光緒二十九年(1903)刻本　二冊

320000－1606－0001638　P01208
西學有益於中華一卷　(清)謝子榮著　清光緒二十二年(1896)刻本　一冊

320000－1606－0001639　P01209
星軺指掌四卷　(清)聯芳　(清)慶常譯　清光緒二年(1876)同文館鉛印本　四冊

320000－1606－0001640　P01212
太西教育史二篇　(日本)能勢榮著　葉瀚譯　清光緒二十七年(1901)鉛印本　一冊

320000－1606－0001641　P01213
教育史一卷　商務印書館編譯所編纂　清光緒三十一年(1905)刻本　一冊

320000－1606－0001642　P01215
欽定學政全書八十二卷　(清)王杰等修　清乾隆刻本　十六冊

320000－1606－0001643　P01217
學部奏咨輯要四卷續編一卷三編一卷　(清)學部總務司案牘科輯　清宣統鉛印本　六冊

320000－1606－0001644　P01220
小學教授法要義二編　(日本)木村忠治郎　(清)于沈編纂　清光緒三十三年(1907)鉛印本　一冊

320000－1606－0001645　P01222
保華全書四卷續編一卷　(英國)貝思福著　(美國)林樂知譯意　(清)任廷旭述　清光緒二十五年(1899)鉛印本　四冊

320000－1606－0001646　P01223
十九世紀末世界之政治五編　(美國)靈綬著　(清)羅普譯　清光緒二十八年(1902)鉛印本　一冊

320000－1606－0001647　P01224
明夷待訪錄一卷　(清)黄宗羲著　清光緒五年(1879)五桂樓刻本　一冊

320000－1606－0001648　P01225
明夷待訪錄一卷　(清)黄宗羲著　清光緒五年(1879)五桂樓刻本　一冊

320000－1606－0001649　P01226
列國變通興盛記四卷　(英國)李提摩太撰　清光緒二十四年(1898)鉛印本　一冊

320000－1606－0001650　P01229
止亂圖治芻議一卷　(□)□□撰　清末民國石印本　一冊

320000－1606－0001651　P01230
中興十二策一卷　(清)蔣琦齡撰　清抄本　一冊

320000－1606－0001652　P01231

大東合邦新義一卷　(日本)森本藤吉述　(清)陳高第校定　清光緒二十四年(1898)石印本　一冊

320000－1606－0001653　P01233
十九世紀末世界之政治五編　(美國)靈綬著　(清)羅普譯　清光緒二十八年(1902)鉛印本　一冊

320000－1606－0001654　P01235
歐美各國政治詳考五章附諸家論叢一章　(清)單啟鵬撰　清刻本　二冊

320000－1606－0001655　P01238
世界三怪物四章　(美國)斯密哥德文著　(清)李郁譯　清光緒二十九年(1903)上海文明書局鉛印本　一冊

320000－1606－0001656　P01239
十九世紀外交史十七章總論一章　(日本)平田久著　張相譯　清光緒二十八年(1902)史學齋刻本　四冊

320000－1606－0001657　P01241
國民教育資料二卷　(日本)峰是三郎著　(清)沈紘譯　清光緒刻本　一冊

320000－1606－0001658　P01242
國民教育資料二卷　(日本)峰是三郎著　(清)沈紘譯　清光緒刻本　一冊

320000－1606－0001659　P01244
民約通義九章　(法國)戎雅屈婁騷著　(日本)中江篤介譯解　清光緒二十四年(1898)石印本　一冊

320000－1606－0001660　P01245
公民必讀初編不分卷　孟昭常撰　清光緒三十三年(1907)鉛印本　一冊

320000－1606－0001661　P01253
五千年中外交涉史九十七卷　題(清)屯廬主人輯　清光緒二十九年(1903)鉛印本　二十冊

320000－1606－0001662　P01254
柔遠新書四卷　(清)朱克敬著　清光緒十年(1884)刻本　二冊

320000－1606－0001663　P01255
遷移蠶池口教堂函稿二卷　(清)吳汝綸編輯　清光緒二十八年(1902)鉛印本　一冊

320000－1606－0001664　P01258
中美續議通商行船條約一卷　(清)外務部編　清光緒鉛印本　一冊

320000－1606－0001665　P01259
中日通商行船條約續約一卷　清光緒鉛印本　一冊

320000－1606－0001666　P01262
通商約章類纂三十五卷　(清)徐宗亮等輯　清光緒二十四年(1898)石印本　二十冊

320000－1606－0001667　P01263
通商約章類纂三十五卷　(清)徐宗亮等輯　清光緒二十四年(1898)石印本　二十冊

320000－1606－0001668　P01264
約章摘要條約七則章程七則　(□)□□撰　清光緒刻本　一冊

320000－1606－0001669　P01265
中俄國際約注五卷　(清)施紹常編　清光緒三十一年(1905)鉛印本　二冊

320000－1606－0001670　P01267
支那問題一卷　(日本)持地六三郎著　題(清)愈思齋主人譯述　清光緒二十九年(1903)鉛印本　一冊

320000－1606－0001671　P01268
教案簡明要覽十三條　(清)□□撰　清刻本　一冊

320000－1606－0001672　P01269
中法俄英歷年交涉事宜章程條約一卷　清光緒鉛印本　一冊

320000－1606－0001673　P01271
中外約章纂新十卷　(清)上海時中書局編　清光緒三十年(1904)鉛印本　十冊

320000－1606－0001674　P01272

光緒乙巳年交涉要覽二篇五卷 （清）北洋洋務局纂輯 清光緒三十三年（1907）北洋官報局鉛印本 五册

320000－1606－0001675 P01273

韓國條約一卷 （清）□□編 清光緒鉛印本 一册

320000－1606－0001676 P01274

韓國條約一卷 （清）□□編 清光緒鉛印本 一册

320000－1606－0001677 P01275

通商各國條約二十一卷 （□）□□撰 清光緒鉛印本 二十一册

320000－1606－0001678 P01276

各國和約十五卷 （清）□□輯 清光緒刻本 七册

320000－1606－0001679 P01280

中俄約章會要三卷續編一卷 （清）總理衙門編 清光緒八年（1882）總理衙門同文館鉛印本 四册

320000－1606－0001680 P01286

約章分類輯要三十八卷首一卷 蔡乃煌等纂 清光緒二十六年（1900）湖南商務局刻本 三十册

320000－1606－0001681 P01293

各國約章纂要六卷首一卷附錄一卷 勞乃宣輯 清光緒十八年（1892）上海圖書集成印書局鉛印本 四册

320000－1606－0001682 P01296

中日馬關新約一卷 清光緒刻本 一册

320000－1606－0001683 P01297

日本國通商行船條約一卷 （清）總理各國事務衙門編 清光緒刻本 一册

320000－1606－0001684 P01300

處分則例圖要六卷 （清）蔡逢年繪編 清同治九年（1870）刻本 二册

320000－1606－0001685 P01301

明治政黨小史不分卷 （日本）日日新聞社編纂 （清）陳超譯 清光緒二十八年（1902）上海廣智書局鉛印本 一册

320000－1606－0001686 P01302

明治政黨小史不分卷 （日本）井上毅原撰 （清）出洋學生編輯所譯述 清光緒二十八年（1902）上海商務印書館鉛印本 一册

320000－1606－0001687 P01303

經濟原論二十七篇 （美國）麥喀梵撰 （清）朱寶綬譯 清光緒三十四年（1908）鉛印本 一册

320000－1606－0001688 P01304

原富五卷 （英國）斯密亞丹撰 嚴復譯 清光緒二十八年（1902）南洋公學譯書院鉛印本 八册

320000－1606－0001689 P01305

德國合盟紀事本末一卷 （清）徐建寅譯述 清光緒刻本 一册

320000－1606－0001690 P01306

原富五卷 （英國）斯密亞丹撰 嚴復譯 清光緒二十八年（1902）南洋公學譯書院鉛印本 八册

320000－1606－0001691 P01307

萬國公法四卷 （美國）惠頓撰 （美國）丁韙良譯 **萬國公法總論十八條一卷中國古世公法論略一卷** （英國）羅柏村撰 （英國）傅蘭雅 汪振聲譯 清光緒二十四年（1898）石印本 四册

320000－1606－0001692 P01309

交還奉天省南邊地方條約一卷 （清）□□撰 清光緒二十一年（1895）鉛印本 一册

320000－1606－0001693 P01310

大清國大美國續定華工條款一卷 （清）總理各國事務衙門編 清光緒二十年（1894）鉛印本 一册

320000－1606－0001694 P01311

大清國大英國續議滇緬界務商務條款一卷中緬條約付款專條一卷 （清）總理各國事務衙

門編　清光緒二十三年(1897)刻本　一冊

320000－1606－0001695　P01312

美英條約四卷　(清)徐承祖譯　清光緒十二年(1886)鉛印本　四冊

320000－1606－0001696　P01313

歐洲東方交涉記十二卷　(英國)麥高爾著　(美國)林樂知等譯　清光緒江南製造總局刻本　二冊

320000－1606－0001697　P01314

英俄印度交涉書一卷續編一卷　(英國)馬文著　(英國)羅亨利　(清)瞿昂來譯　清光緒刻本　一冊

320000－1606－0001698　P01315

東三省交涉輯要十一卷首一卷　劉瑞霖訂　孫鳳翔輯　清宣統二年(1910)鉛印本　一冊

320000－1606－0001699　P01316

洗冤錄歌訣一卷　(清)剛毅編　清光緒五年(1879)湖北書局刻本　一冊

320000－1606－0001700　P01318

歐美日本審判廳編制法通義二卷　潘承鍔編輯　清宣統元年(1909)鉛印本　一冊

320000－1606－0001701　P01319

比較國法學四編　(日本)末岡精一著　清光緒三十二年(1906)鉛印本　一冊

320000－1606－0001702　P01322

經濟教科書六編　(日本)和田垣謙三著　清光緒二十八年(1902)鉛印本　一冊

320000－1606－0001703　P01323

富國策三卷　(英國)法思德撰　(美國)丁韙良等譯　清光緒八年(1882)鉛印本　三冊

320000－1606－0001704　P01324

洗冤錄詳義四卷首一卷　(清)許槤編校　**洗冤錄摭遺二卷**　(清)葛元煦撰　清光緒十年(1884)刻本　五冊

320000－1606－0001705　P01325

補註洗冤錄集證四卷附刊檢骨圖格一卷作吏要言一卷　(宋)宋慈撰　(清)王又槐集證　(清)阮其新補註　清道光二十三年(1843)刻三色套印本　四冊

320000－1606－0001706　P01327

公法便覽四卷總論一卷續一卷　(美國)丁韙良譯　清光緒三年(1877)同文館鉛印本　六冊

320000－1606－0001707　P01328

各國交涉公法論十六卷附校勘記一卷中西紀年一卷　(英國)費利摩羅巴德著　(英國)傅蘭雅口譯　(清)俞世爵筆述　清光緒二十二年(1896)石印本　八冊

320000－1606－0001708　P01329

各國交涉公法論十六卷附校勘記一卷中西紀年一卷　(英國)費利摩羅巴德著　(英國)傅蘭雅口譯　(清)俞世爵筆述　清光緒二十二年(1896)石印本　六冊　缺四卷(一至四)

320000－1606－0001709　P01330

萬國公法四卷　(美國)惠頓撰　(美國)丁韙良譯　清末鉛印本　四冊

320000－1606－0001710　P01331

萬國公法四卷　(美國)惠頓撰　(美國)丁韙良譯　清同治三年(1864)京都崇實館刻本　四冊

320000－1606－0001711　P01332

公法會通十卷　(德國)步倫撰　(美國)丁韙良譯　清光緒二十五年(1899)鉛印本　五冊

320000－1606－0001712　P01333

國政貿易相關書二卷　(英國)法拉著　(英國)傅蘭雅口譯　徐家寶筆述　清江南製造總局刻本　二冊

320000－1606－0001713　P01334

大清新法令十三類附錄三種　商務印書館編譯所編纂　清宣統二年(1910)商務印書館鉛印本　七冊　存五類并三種(一、五、十一至十三,附錄三種)

320000－1606－0001714　P01335

大清律例四十七卷　(清)三泰等撰　清刻本

十九册　存四十四卷(四至四十七)

320000－1606－0001715　P01336
大清律例會通新纂四十卷　(清)刑部制定　清道光十四年(1834)刻本　二十四册

320000－1606－0001716　P01337
大清律例三十九卷　(清)徐本等撰　清刻本　十一册　存三十五卷(一至三十五)

320000－1606－0001717　P01338
故唐律疏議三十卷　(唐)長孫無忌等撰　清光緒十七年(1891)刻本　八册

320000－1606－0001718　P01339
校正法蘭西刑法四編　(清)修訂法律館譯　清光緒三十三年(1907)鉛印本　一册

320000－1606－0001719　P01340
欽定六部處分則例五十二卷　(清)清平等纂修　清道光十八年(1838)刻本　二十四册

320000－1606－0001720　P01341
丁未和會類要四卷　(清)□□編　清光緒三十四年(1908)中國圖書公司鉛印本　四册

320000－1606－0001721　P01342
丁未和會類要四卷　(清)□□編　清光緒鉛印本　四册

320000－1606－0001722　P01343
三流道里表不分卷　(清)徐本等纂修　清同治十一年(1872)湖北讞局刻本　二册

320000－1606－0001723　P01345
和會條約譯詮二卷　董鴻禕撰　清光緒、宣統間鉛印本　二册

320000－1606－0001724　P01346
欽定五軍道里表十八卷　(清)常泰等纂　清刻本　十三册　存十三卷(六至十八)

320000－1606－0001725　P01347
通行條例十四卷　(清)□□編　清光緒元年至十四年(1875－1888)江蘇書局刻本　四册

320000－1606－0001726　P01348
律例便覽八卷　(清)蔡嵩年編　清同治九年(1870)江蘇書局刻本　四册

320000－1606－0001727　P01349
處分則例圖要六卷　(清)蔡逢年繪編　清同治九年(1870)刻本　二册

320000－1606－0001728　P01350
律例便覽八卷　(清)蔡嵩年編　清同治九年(1870)江蘇書局刻本　四册

320000－1606－0001729　P01351
大清律纂修條例不分卷　(清)那穆齊禮等纂修　清刻本　五册

320000－1606－0001730　P01352
民政部奏定巡警服章圖表一卷　(清)民政部編　清光緒石印本　一册

320000－1606－0001731　P01354
秋審實緩比較條款一卷　(清)謝誠鈞纂　清光緒四年(1878)江蘇書局刻本　二册

320000－1606－0001732　P01355
英國憲法史十編　(日本)松平康國著　清光緒二十九年(1903)鉛印本　三册

320000－1606－0001733　P01357
三流道里表不分卷　(清)徐本等纂修　清同治十一年(1872)江蘇書局刻本　二册

320000－1606－0001734　P01358
德意志刑法三編　(清)修訂法律館輯　清光緒三十三年(1907)鉛印本　一册

320000－1606－0001735　P01359
重修名法指掌圖四卷　(清)沈辛田原編　(清)徐灝重訂　清同治九年(1870)湖北崇文書局刻本　四册

320000－1606－0001736　P01360
三流道里表不分卷　(清)徐本等纂修　清刻本　四册

320000－1606－0001737　P01361
五軍道里表不分卷　清同治十一年(1872)湖北讞局刻本　二册

320000－1606－0001738　P01362

欽定大清刑律二編　沈家本等編　清宣統三年(1911)刻本　二册

320000－1606－0001739　P01363
欽定大清刑律二編　沈家本等編　清宣統三年(1911)刻本　二册

320000－1606－0001740　P01364
督捕則例二卷　(清)徐本等撰　清刻本　二册

320000－1606－0001741　P01365
大清新法令十三類附錄三種　商務印書館編譯所編纂　清宣統元年(1909)商務印書館鉛印本　十七册　存十一類并三種(二至四、六至十三,附錄三種)

320000－1606－0001742　P01366
法國律例四十四卷　(法國)畢利幹口譯　(清)時雨化筆述　清光緒同文館鉛印本　四十六册

320000－1606－0001743　P01367
德國民法一卷　(清)修訂法律館輯　清光緒修訂法律館鉛印本　一册

320000－1606－0001744　P01368
法國律例四十四卷　(法國)畢利幹口譯　(清)時雨化筆述　清光緒同文館鉛印本　四十六册

320000－1606－0001745　P01369
新譯日本法規大全不分卷　劉崇傑等譯　清光緒三十三年(1907)商務印書館鉛印本　八十一册

320000－1606－0001746　P01371
刑錢必覽十卷　(清)王又槐編輯　清刻本　三册

320000－1606－0001747　P01372
大清現行刑律三十六卷首一卷附錄二卷　沈家本等修　清宣統二年(1910)鉛印本　一册　存二卷(二十一至二十二)

320000－1606－0001748　P01377
南巡盛典一百二十卷　(清)高晉等纂　清光緒八年(1882)上海點石齋石印本　八册

320000－1606－0001749　P01378
南巡盛典一百二十卷　(清)高晋等纂　清光緒八年(1882)上海點石齋石印本　四册　存六十五卷(一至六十五)

320000－1606－0001750　P01379
俄羅斯刑法十二卷　(清)薩蔭圖譯　清光緒三十一年(1905)修訂法律館鉛印本　二册

320000－1606－0001751　P01380
美國刑律二十七章　(□)□□撰　清末民初修訂法律館鉛印本　一册

320000－1606－0001752　P01381
瑞士刑法典案二編　(□)□□撰　清光緒三十三年(1907)法律館鉛印本　一册

320000－1606－0001753　P01382
和蘭刑法三編　汪有齡校正　清光緒三十三年(1907)鉛印本　一册

320000－1606－0001754　P01383
磐石縣戊申報告書一卷　(清)劉贊棠撰　清光緒三十四年(1908)鉛印本　一册

320000－1606－0001755　P01384
列國政要一百三十二卷首一卷　(清)戴鴻慈　(清)端方輯　清光緒三十三年(1907)商務印書館石印本　三十二册

320000－1606－0001756　P01385
列國政要一百三十二卷首一卷　(清)戴鴻慈　(清)端方輯　清光緒三十三年(1907)商務印書館石印本　三十二册

320000－1606－0001757　P01386
列國政要續編九十四卷首一卷　(清)戴鴻慈　(清)端方輯　清宣統三年(1911)商務印書館石印本　三十二册

320000－1606－0001758　P01387
列國政要一百三十二卷首一卷　(清)戴鴻慈　(清)端方輯　清光緒三十三年(1907)商務印書館石印本　三十二册

320000－1606－0001759　P01388

列國歲計政要十二卷首一卷 （英國）麥丁富得力編纂 （美國）林樂知口譯 （清）鄭昌棪筆述 清光緒元年（1875）江南製造總局刻本 六册

320000－1606－0001760 P01389
熙朝紀政六卷 （清）王慶雲述 清光緒二十四年（1898）石印本 六册

320000－1606－0001761 P01390
欽定大清會典一百卷首一卷 （清）崑岡等纂修 清宣統三年（1911）石印本 十册

320000－1606－0001762 P01392
和蘭治理屬地章程九章 （清）王曾思等譯 清宣統二年（1910）鉛印本 一册

320000－1606－0001763 P01394
刑案匯覽六十卷續增十六卷 （清）祝慶祺編 清光緒圖書集成局鉛印本 十七册 存三十四卷（刑案匯覽三十五至四十二、四十七至五十四、五十七至六十，續增一至十四）

320000－1606－0001764 P01395
大清會典四卷 （清）托津等續修 清同治十一年（1872）崇文書局刻本 四册

320000－1606－0001765 P01396
大清會典四卷 （清）托津等續修 清同治十一年（1872）崇文書局刻本 四册

320000－1606－0001766 P01399
欽定臺規四十卷 （清）松筠等纂修 清道光七年（1827）刻本 十六册

320000－1606－0001767 P01400
資治新書初集十四卷首一卷二集二十卷 （清）李漁輯 清光緒二十年（1894）上海圖書集成印書局鉛印本 十二册

320000－1606－0001768 P01401
吾學錄二十四卷 （清）吳榮光述 清同治十三年（1874）刻本 八册

320000－1606－0001769 P01402
牧令書二十三卷 （清）徐棟輯 清道光二十八年（1848）刻本 十七册

320000－1606－0001770 P01404
皇朝政典類纂五百卷目錄六卷 席裕福等纂 清光緒二十九年（1903）上海圖書集成局鉛印本 一百二十册

320000－1606－0001771 P01405
欽定大清會典事例一千二百二十卷目錄八卷 （清）崑岡等修 清宣統元年（1909）石印本 一百五十册

320000－1606－0001772 P01406
明夷待訪錄一卷 （清）黃宗羲著 清光緒五年（1879）五桂樓刻本 一册

320000－1606－0001773 P01407
明夷待訪錄一卷 （清）黃宗羲著 清光緒五年（1879）五桂樓刻本 一册

320000－1606－0001774 P01410
作吏要言一卷 （清）葉鎮著 （清）朱性齋增 清刻本 一册

320000－1606－0001775 P01411
作吏要言一卷蔣心餘先生官戒詩一卷 （清）葉鎮著 清道光三年（1823）鄂山潤泉氏刻本 一册

320000－1606－0001776 P01412
籌濟編三十二卷首一卷 （清）楊景仁輯 清光緒四年（1878）刻本 六册

320000－1606－0001777 P01413
圖民錄四卷 （清）袁守定著 清光緒五年（1879）刻本 二册

320000－1606－0001778 P01414
學仕錄十六卷 （清）戴肇辰輯 清同治六年（1867）刻本 八册

320000－1606－0001779 P01417
戶部具奏刪定州縣交代案內一卷 （清）□□撰 清光緒十三年（1887）刻本 一册

320000－1606－0001780 P01418
交代章程一卷 （清）□□撰 清刻本 一册

320000－1606－0001781 P01422
宦遊紀略二卷 （清）桂超萬撰 清光緒七年

(1881)刻本　三冊

320000－1606－0001782　P01423

宦游紀略二卷　(清)高廷瑤述　清光緒二十六年(1900)刻本　一冊

320000－1606－0001783　P01424

廉俸章程一卷　(□)□□撰　清抄本　一冊

320000－1606－0001784　P01425

籌濟編三十二卷首一卷　(清)楊景仁輯　清光緒五年(1879)江蘇書局刻本　八冊

320000－1606－0001785　P01426

欽定吏部處分則例四十七卷首一卷　(清)吏部纂修　清刻本　二十冊

320000－1606－0001786　P01427

五種遺規　(清)陳弘謀輯　清同治七年(1868)崇文書局刻本　八冊

320000－1606－0001787　P01428

在官法戒錄摘鈔四卷　(清)陳弘謀編輯　(清)葛正笏　(清)張鳳孫訂　清同治七年(1868)楚北崇文書局刻本　二冊

320000－1606－0001788　P01429

在官法戒錄摘鈔四卷　(清)陳弘謀編輯　(清)葛正笏　(清)張鳳孫訂　清同治七年(1868)楚北崇文書局刻本　二冊

320000－1606－0001789　P01430

州縣提綱四卷輿地形勢論一卷　(宋)陳襄撰　清光緒刻本　一冊

320000－1606－0001790　P01431

在官法戒錄摘鈔四卷　(清)陳弘謀編輯　(清)葛正笏　(清)張鳳孫訂　清同治七年(1868)楚北崇文書局刻本　二冊

320000－1606－0001791　P01432

學治臆說二卷續說一卷說贅一卷　(清)汪輝祖纂　清道光三年(1823)刻本　一冊

320000－1606－0001792　P01433

牧民忠告二卷　(元)張養浩著　清同治七年(1868)姑蘇書局刻本　一冊

320000－1606－0001793　P01434

各省學務官制並勸學所章程一卷　(清)學部撰　清刻本　一冊

320000－1606－0001794　P01435

學治一得編一卷　(清)何耿繩輯　清同治十三年(1874)崇文書局刻本　一冊

320000－1606－0001795　P01436

佐治藥言一卷續一卷　(清)汪輝祖纂　清道光三年(1823)刻本　一冊

320000－1606－0001796　P01437

袁易齋先生圖民錄四卷　(清)袁守定撰　清同治十二年(1873)楊昌濬刻本　二冊

320000－1606－0001797　P01438

鹽鐵論十卷　(漢)桓寬撰　清光緒十七年(1891)刻本　二冊

320000－1606－0001798　P01439

福惠全書三十二卷　(清)黃六鴻撰　清刻本　十二冊

320000－1606－0001799　P01440

庸吏庸言二卷　(清)劉衡撰　清同治七年(1868)崇文書局刻本　二冊

320000－1606－0001800　P01441

劉簾舫先生吏治三書六卷　(清)劉衡撰　清同治七年(1868)江蘇書局刻本　一冊

320000－1606－0001801　P01442

實政錄七卷　(明)吕坤撰　清同治十一年(1872)江蘇書局刻本　六冊

320000－1606－0001802　P01443

從政遺規摘鈔二卷　(清)陳弘謀編　清同治四年(1865)刻本　二冊

320000－1606－0001803　P01444

硃批諭旨不分卷　(清)世宗胤禛撰　(清)鄂爾泰輯　清光緒十三年(1887)上海點石齋石印朱墨套印本　二十冊

320000－1606－0001804　P01445

槐卿政蹟六卷遺稾六卷附錄一卷　(清)沈衍慶著　清同治元年(1862)刻本　四冊

320000－1606－0001805　P01447
劉簾舫先生吏治三書六卷　(清)劉衡撰　清同治七年(1868)江蘇書局刻本　一冊

320000－1606－0001806　P01448
在官法戒錄四卷　(清)陳弘謀編輯　(清)葛正笏　(清)張鳳孫訂　清同治十三年(1874)刻本　一冊

320000－1606－0001807　P01449
咸豐上諭一卷　清抄本　一冊

320000－1606－0001808　P01450
雍正上諭不分卷(清康熙六十一年十一月至雍正七年十二月)　(清)允祥等編　清刻本　四十八冊

320000－1606－0001809　P01452
撫東政略二卷　宋小濂　徐鼐霖編輯　清末鉛印本　二冊

320000－1606－0001810　P01455
後樂集二十卷年譜一卷　(宋)衛涇撰　清光緒八年(1882)刻本　十冊

320000－1606－0001811　P01456
戊戌新政上諭一卷附件一卷　清光緒二十六年(1900)鉛印本　一冊

320000－1606－0001812　P01457
欽定戶部軍需則例九卷續纂一卷兵部軍需則例五卷工部軍需則例一卷　(清)阿桂等撰　清刻本　四冊

320000－1606－0001813　P01458
戶部則例一百卷　(清)倭仁等纂修　清同治四年(1865)刻本　四十六冊

320000－1606－0001814　P01459
地方自治淺說三部　孟森編纂　清宣統三年(1911)鉛印本　一冊

320000－1606－0001815　P01464
宦海指南五種八卷　(清)許乃普輯　清刻本　五冊

320000－1606－0001816　P01465
北洋公牘類纂續編二十四卷　(清)甘厚慈輯　清宣統二年(1910)鉛印本　二十冊

320000－1606－0001817　P01467
公車上書記一卷　康有為撰　清光緒二十一年(1895)石印本　一冊

320000－1606－0001818　P01468
資治新書初集十四卷首一卷二集二十卷　(清)李漁輯　清光緒二十年(1894)上海圖書集成印書局鉛印本　十二冊

320000－1606－0001819　P01469
北洋公牘類纂二十五卷　(清)甘厚慈輯　清光緒三十三年(1907)鉛印本　七冊　存八卷(三至四、九至十一、十七至十八、二十一)

320000－1606－0001820　P01470
各國憲法源泉三種合編　(德國)挨里捏克著　(日本)美濃部達吉原譯　(清)林萬里　(清)陳承澤重譯　清光緒三十四年(1908)鉛印本　一冊

320000－1606－0001821　P01471
憲法精理二卷　(清)周逵編譯　清光緒二十八年(1902)鉛印本　一冊

320000－1606－0001822　P01472
保甲書輯要四卷　(清)徐棟編　**牧令書輯要十卷**　(清)徐棟編　(清)丁日昌選評　清同治七年(1868)刻本　十一冊

320000－1606－0001823　P01473
牧令書二十三卷　(清)徐棟輯　清道光二十八年(1848)刻本　一冊　存一卷(一)

320000－1606－0001824　P01474
郭侍郎奏疏十二卷　(清)郭嵩燾撰　清光緒十八年(1892)刻本　八冊　存八卷(一至八)

320000－1606－0001825　P01476
禁煙公呈一卷　(清)吳汝綸署　清光緒刻本　一冊

320000－1606－0001826　P01477
撫吳公牘五十卷　(清)丁日昌撰　(清)沈幼丹評選　清光緒鉛印本　六冊

320000－1606－0001827　P01479
丁文誠公奏稿二十六卷首一卷　(清)丁寶楨

撰　(清)陳夔龍輯　清光緒十九年(1893)刻本　二十五册　存二十五卷(一至八、十一至二十六,首一卷)

320000－1606－0001828　P01480

丁文誠公奏稿二十六卷首一卷　(清)丁寶楨撰　(清)陳夔龍輯　清光緒十九年(1893)刻本　二十七册

320000－1606－0001829　P01483

歷代名臣奏議三百二十卷　(明)張溥編次　明崇禎八年(1635)刻本　七十七册

320000－1606－0001830　P01484

奏議初編十二卷　(清)張之洞撰　清光緒二十七年(1901)上海圖書集成印書局鉛印本　六册

320000－1606－0001831　P01485

教案奏議彙編八卷首一卷　(清)程宗裕編　清光緒二十七年(1901)上海書局石印本　六册

320000－1606－0001832　P01486

歷代名臣奏議策論二十卷　題(清)恥不逮齋主人編輯　清光緒二十八年(1902)刻本　六册

320000－1606－0001833　P01488

孫文定公奏疏十二卷　(清)孫嘉淦撰　清敦和堂刻本　十二册

320000－1606－0001834　P01490

飭議新章一卷　(□)□□撰　清光緒刻本　一册

320000－1606－0001835　P01491

校邠廬抗議二卷　(清)馮桂芬著　清光緒十一年(1885)廣仁堂刻本　二册

320000－1606－0001836　P01493

曾廟從祀議一卷　(清)洪恩波撰　清光緒洪氏兩課堂刻本　一册

320000－1606－0001837　P01494

沈文肅公政書七卷首一卷　(清)沈葆楨撰　清光緒六年(1880)吳門節署刻本　十二册

320000－1606－0001838　P01495

李忠武公遺書褒節錄一卷奏疏一卷書牘二卷　(清)李續賓撰　清光緒十七年(1891)甌江巡署刻本　四册

320000－1606－0001839　P01496

沈文肅公政書七卷首一卷　(清)沈葆楨撰　清光緒六年(1880)吳門節署刻本　十二册

320000－1606－0001840　P01497

證學編十卷　(清)額勒精額撰　清光緒二十年(1894)廣東臬署刻本　二册

320000－1606－0001841　P01498

欽定大清會典一百卷　(清)允祹等纂修　清光緒二十五年(1899)上海書局石印本　六册

320000－1606－0001842　P01500

合肥李勤恪公政書十卷　(清)李經畬等編　清光緒石印本　十册

320000－1606－0001843　P01501

寄簃文存八卷　沈家本撰　清光緒三十三年(1907)修訂法律館鉛印本　二册

320000－1606－0001844　P01502

寄簃文存二編二卷　沈家本撰　清宣統鉛印本　一册

320000－1606－0001845　P01504

重訂江蘇海運全案原編六卷續編八卷新編六卷　(清)王毓藻輯　清光緒十一年(1885)刻本　二十册

320000－1606－0001846　P01505

林文忠公政書四集四十二卷　(清)林則徐撰　清光緒二十四年(1898)天津文德堂石印本　六册

320000－1606－0001847　P01509

理財新義三卷附各國幣制表一卷　(法國)戈利撰　清光緒三十三年(1907)上海商務印書館鉛印本　一册

320000－1606－0001848　P01510

生利分利之別論一卷　(英國)李提摩太著　蔡爾康譯　清光緒二十年(1894)上海廣學會

鉛印本　一册

320000－1606－0001849　P01511
義大利國債冊律章程彙編一種銀行章程一種財政彙考一種榷煙志略一種附官售煙價冊一種稅則一種　(清)駐義使署編譯　清光緒三十一年(1905)駐義使署鉛印本　三册

320000－1606－0001850　P01513
光緒會計錄三卷　(清)李希聖輯　清光緒二十二年(1896)上海時務報館石印本　二册

320000－1606－0001851　P01514
光緒會計錄三卷　(清)李希聖輯　清光緒二十二年(1896)上海時務報館石印本　二册

320000－1606－0001852　P01515
光緒會計錄三卷　(清)李希聖輯　清光緒二十二年(1896)上海時務報館石印本　一册

320000－1606－0001853　P01516
程中丞庚子函牘鈔略一卷　程德全撰　李遜輯　清宣統元年(1909)鉛印本　一册

320000－1606－0001854　P01517
許國公奏議四卷　(宋)吳潛撰　清光緒刻本　四册

320000－1606－0001855　P01518
孝肅包公奏議十卷　(宋)包拯撰　(清)張純修輯　清中天樓刻本　二册

320000－1606－0001856　P01519
孝肅奏議十卷　(宋)包拯撰　清同治二年(1863)李瀚章省心閣刻本　四册

320000－1606－0001857　P01520
李肅毅伯奏議二十卷　(清)李鴻章撰　(清)章洪鈞　(清)吳汝綸編　清光緒二十五年(1899)上海鴻文書局石印本　二十册

320000－1606－0001858　P01521
李文忠公朋僚函稿二十四卷　(清)李鴻章撰　(清)吳汝綸編　清光緒鉛印本　十二册

320000－1606－0001859　P01522
李文忠公外部函稿二十八卷　(清)李鴻章撰　(清)吳汝綸編　清光緒二十八年(1902)蓮池書社鉛印本　十四册

320000－1606－0001860　P01523
李文忠公全集　(清)李鴻章撰　(清)吳汝綸編　清光緒三十一年(1905)金陵刻本　一百册

320000－1606－0001861　P01524
李文忠公全集　(清)李鴻章撰　(清)吳汝綸編　清光緒三十一年(1905)金陵刻本　八册　存三種十三卷(奏稿四至五、九、六十八至六十九,朋僚函稿十三至十四,電稿十一至十四、二十四;首一卷)

320000－1606－0001862　P01525
李文忠公全集　(清)李鴻章撰　(清)吳汝綸編　清光緒三十一年(1905)金陵刻朱印本　一册　存一卷(首一卷)

320000－1606－0001863　P01526
李文忠公譯署函稿二十卷　(清)李鴻章撰　(清)吳汝綸編　清光緒三十一年(1905)金陵刻朱印本　二十册

320000－1606－0001864　P01527
李文忠公遷移蠶池口教堂函稿一卷　(清)李鴻章撰　(清)吳汝綸編　清光緒三十一年(1905)金陵刻朱印本　一册

320000－1606－0001865　P01528
李文忠公海軍函稿四卷　(清)李鴻章撰　(清)吳汝綸編　清光緒三十一年(1905)金陵刻朱印本　四册

320000－1606－0001866　P01529
李文忠公電稿四十卷　(清)李鴻章撰　(清)吳汝綸編　清光緒三十一年(1905)金陵刻朱印本　四十册

320000－1606－0001867　P01530
彭剛直公奏稿八卷　(清)彭玉麟撰　清光緒十七年(1891)刻本　八册

320000－1606－0001868　P01531
彭剛直公奏稿八卷　(清)彭玉麟撰　清光緒十七年(1891)刻本　六册

320000－1606－0001869　P01532
廣藝舟雙楫六卷　(清)康祖詒撰　清光緒十九年(1893)南海康氏萬木草堂刻本　二册

320000－1606－0001870　P01535
林文忠公政書三十七卷　(清)林則徐撰　清光緒刻本　十册

320000－1606－0001871　P01536
江楚會奏變法全摺三卷　(清)劉坤一　(清)張之洞撰　清光緒二十七年(1901)富強齋石印本　三册

320000－1606－0001872　P01539
胡文忠公遺集八十六卷首一卷　(清)胡林翼撰　(清)胡鳳丹編　清光緒十四年(1888)上海著易堂鉛印本　八册

320000－1606－0001873　P01540
時務摭言四卷　(清)蔡鈞撰　清光緒二十三年(1897)六先書局石印本　二册

320000－1606－0001874　P01541
胡文忠公遺集八十六卷首一卷　(清)胡林翼撰　(清)胡鳳丹編　清刻本　一册　存一卷(一)

320000－1606－0001875　P01543
桐城馬太僕奏略四卷　(明)馬孟楨撰　清光緒六年(1880)刻本　二册

320000－1606－0001876　P01546
盧鄉公牘四卷補遺一卷　(清)莊綸裔撰　清光緒三十年(1904)鉛印本　四册

320000－1606－0001877　P01549
林文忠公政書三十七卷　(清)林則徐撰　清光緒刻本　十册

320000－1606－0001878　P01550
石封官書二卷　(清)□□輯　清宣統二年(1910)鉛印本　二册

320000－1606－0001879　P01552
西鐸九卷　(英國)李提摩太撰　清光緒二十一年(1895)刻本　一册

320000－1606－0001880　P01553
醒華博議一卷　(英國)李提摩太撰　清光緒二十五年(1899)上海廣學會鉛印本　一册

320000－1606－0001881　P01554
圭山存牘一卷　(清)李鍾玨撰　清光緒二十一年(1895)寧陽官廨刻本　一册

320000－1606－0001882　P01555
甯陽存牘一卷　(清)李鍾玨撰　清光緒二十四年(1898)粤東省城刻本　一册

320000－1606－0001883　P01556
江楚會奏變法全摺三卷　(清)劉坤一　(清)張之洞撰　清光緒鉛印本　三册

320000－1606－0001884　P01557
陸文慎公奏議一卷　(清)陸寶忠撰　清宣統三年(1911)鉛印本　一册

320000－1606－0001885　P01558
唐陸宣公集二十二卷　(唐)陸贄撰　(清)年羹堯重訂　清光緒二十四年(1898)上海著易堂石印本　四册

320000－1606－0001886　P01559
唐陸宣公奏議讀本四卷首一卷　(唐)陸贄撰　(清)汪銘謙編輯　(清)馬傳庚評點　清宣統元年(1909)石印本　二册

320000－1606－0001887　P01560
同治中興京外奏議約編八卷　(清)陳弢編　清光緒元年(1875)京都小西山房刻本　八册

320000－1606－0001888　P01564
財政四綱四卷　錢恂譯　清光緒二十七年(1901)鉛印本　二册

320000－1606－0001889　P01565
原富五卷　(英國)斯密亞丹撰　嚴復譯　清光緒二十七年(1901)南洋公學譯書院鉛印本　三册　存四卷(甲二卷、乙一卷、丙一卷)

320000－1606－0001890　P01566
論賑芻言一卷　(清)劉鐘琳撰　清光緒三十年(1904)鉛印本　一册

320000－1606－0001891　P01569
歐洲財政史三卷　(日本)小林丑三郎撰

（清）羅普譯　清光緒二十八年（1902）上海廣智書局鉛印本　一册

320000－1606－0001892　P01570
税歛要例一卷　（美國）卜舫濟撰　**附呈廣學會書目一卷**　清光緒二十一年（1895）上海廣學會鉛印本　一册

320000－1606－0001893　P01572
中國財政紀略四卷　（日本）東邦協會撰（清）吳銘譯　清光緒二十八年（1902）上海廣智書局鉛印本　一册

320000－1606－0001894　P01573
調查各國銀行義例彙鈔六卷　（日本）神津助太郎調查　（清）舒邦杰編　清光緒翰墨林書局鉛印本　六册

320000－1606－0001895　P01575
義大利財政彙攷一卷権煙志略二卷附官售煙價冊一卷國債冊律章程彙編二卷銀行章程一卷　（清）翟青松等編譯　清光緒三十一年（1905）駐義使署鉛印本　二册

320000－1606－0001896　P01576
義大利財政彙攷一卷権煙志略二卷附官售煙價冊一卷國債冊律章程彙編二卷銀行章程一卷　（清）翟青松等編譯　清光緒三十一年（1905）駐義使署鉛印本　二册

320000－1606－0001897　P01577
增修籌餉事例條款二卷籌餉事例一卷增修現行常例一卷　（清）户部纂修　清同治刻本　四册

320000－1606－0001898　P01578
義大利税則一卷　（清）駐義使署編譯　清光緒三十一年（1905）駐義使署鉛印本　一册

320000－1606－0001899　P01580
蘇州省賦役全書不分卷（蘇州、松江、常州、鎮江、太倉五屬）　（清）□□輯　清光緒鉛印本　三十五册

320000－1606－0001900　P01581
蘇州省賦役全書不分卷（蘇州、松江、常州、鎮江、太倉五屬）　（清）蔣兆奎輯　清乾隆五十四年（1789）刻本　八册

320000－1606－0001901　P01582
增修河東鹽法備覽八卷首一卷　（清）江人鏡等修　（清）張元鼎等纂　清光緒八年（1882）刻本　十册

320000－1606－0001902　P01583
敕修河東鹽法志十二卷　（清）石麟等修（清）朱一鳳等纂　清雍正五年（1727）刻本　八册

320000－1606－0001903　P01584
欽定重修兩浙鹽法志三十卷首二卷　（清）延豐等纂修　清嘉慶七年（1802）刻本　二十四册

320000－1606－0001904　P01588
張季子說鹽不分卷　張謇撰　清宣統二年（1910）通州翰墨林書局鉛印本　二册

320000－1606－0001905　P01589
兩淮案牘鈔存不分卷　（清）□□輯　清宣統鉛印本　三册

320000－1606－0001906　P01592
戰術學三卷　（日本）細田謙藏譯述　清光緒南洋公學譯書院鉛印本　四册

320000－1606－0001907　P01593
陸軍行營禮節約單一卷　（清）北洋武備研究所編　清光緒三十一年（1905）北洋武備研究所石印本　一册

320000－1606－0001908　P01595
中國之金融二卷　潘承鍔編譯　清光緒三十四年（1908）中國圖書公司鉛印本　二册

320000－1606－0001909　P01596
步兵偵探三章　（清）北洋將弁學堂稿　清光緒三十年（1904）北洋武備研究所鉛印本　一册

320000－1606－0001910　P01597
臨戰略範十三編　（清）賀忠良著　清光緒三十年（1904）北洋武備研究所刻本　一册

320000－1606－0001911　P01598

趙註孫子十三篇四卷　(清)趙本學註　清光緒三十一年(1905)北洋陸軍學堂印書局鉛印本　四冊

320000－1606－0001912　P01599
馬隊搜索篇四章　(清)賀忠良撰　清光緒三十一年(1905)北洋武備研究所鉛印本　一冊

320000－1606－0001913　P01605
兩浙鹽法續纂備考十二卷　(清)楊昌濬修　(清)李綸全等纂　清同治十三年(1874)刻本　十二冊

320000－1606－0001914　P01606
練兵實紀九卷雜集六卷　(明)戚繼光撰　清道光二十年(1840)福州楊慶琛刻本　六冊

320000－1606－0001915　P01608
借箸籌防論略一卷附礮概淺說一卷　(德國)來春石泰撰　沈敦和譯　清光緒二十一年(1895)金陵練兵處刻本　一冊

320000－1606－0001916　P01610
步隊彈擊效力學十八章　(清)賀忠良編　清光緒三十一年(1905)北洋陸軍學堂印書局鉛印本　一冊

320000－1606－0001917　P01611
步隊行軍篇十章　(清)賀忠良撰　清光緒三十年(1904)北洋武備研究所鉛印本　一冊

320000－1606－0001918　P01612
奏定陸軍營制餉章一卷　奕劻等編　清光緒三十年(1904)北洋陸軍學堂印書局鉛印本　一冊

320000－1606－0001919　P01613
奏定陸軍營制餉章一卷　奕劻等編　清光緒三十年(1904)鉛印本　一冊

320000－1606－0001920　P01614
軍隊內務條例三十章　(清)北洋陸軍兵備處稿　清光緒三十二年(1906)北洋武備研究所鉛印本　一冊

320000－1606－0001921　P01615
築壘教範草案七章　(清)伍士修等編　清光緒北洋陸軍編譯局石印本　一冊

320000－1606－0001922　P01616
交通教範草案八章　(清)杜爾倫編　清光緒北洋陸軍編譯局石印本　一冊

320000－1606－0001923　P01618
混成諸隊戰鬥指揮法一卷　(清)伍士修編　清光緒北洋陸軍學堂印書局鉛印本　一冊

320000－1606－0001924　P01619
紀效新書十八卷首一卷　(明)戚繼光撰　清嘉慶二十四年(1819)刻本　六冊

320000－1606－0001925　P01621
北洋將弁學堂叢刊六種　(清)賀忠良等編　清光緒三十一年(1905)北洋將弁學堂石印本　六冊

320000－1606－0001926　P01622
改正戰法學二卷　(清)賀忠良改訂　清光緒三十一年(1905)北洋武備研究所鉛印本　二冊

320000－1606－0001927　P01623
步兵操典六卷首一卷　(清)賀忠良校訂　清光緒三十年(1904)北洋武備研究所鉛印本　一冊

320000－1606－0001928　P01627
讀史兵略四十六卷　(清)胡林翼纂　清咸豐十一年(1861)武昌節署刻本　十六冊

320000－1606－0001929　P01628
讀史兵略四十六卷　(清)胡林翼纂　清咸豐十一年(1861)武昌節署刻本　十四冊　存四十卷(一至三十三、四十至四十六)

320000－1606－0001930　P01630
練兵實紀九卷雜集六卷　(明)戚繼光撰　清刻本　四冊　存十一卷(練兵實紀二至四、八至九,雜集六卷)

320000－1606－0001931　P01632
讀史兵略四十六卷　(清)胡林翼纂　清咸豐十一年(1861)武昌節署刻本　十六冊

320000－1606－0001932　P01633

中西兵略指掌二十四卷首一卷　(清)陳龍昌輯　清光緒二十三年(1897)東山草堂石印本　六冊

320000－1606－0001933　P01634
德國陸軍紀略四卷　(清)許景澄譯輯　清光緒十六年(1890)刻本　二冊

320000－1606－0001934　P01635
防海節要不分卷　(清)施在鈺編　清光緒十年(1884)刻本　二冊

320000－1606－0001935　P01636
德國軍制述要一卷　(德國)來春石泰述　沈敦和譯　清光緒二十一年(1895)金陵教冑營龍文齋刻本　一冊

320000－1606－0001936　P01639
防海紀略二卷　題(清)芍唐居士編　清光緒二十一年(1895)同文館鉛印本　二冊

320000－1606－0001937　P01641
馬隊偵探教程五章　(清)北洋陸軍教練處編　清光緒北洋陸軍教練處鉛印本　一冊

320000－1606－0001938　P01642
一鎮圖上戰法一卷　(清)伍士修編　清光緒三十一年(1905)北洋陸軍學堂印書局鉛印本　一冊

320000－1606－0001939　P01643
八陣發明一卷淮雲問答輯存一卷　(清)陸世儀撰　清光緒二十五年(1899)太倉唐受祺京師刻本　二冊

320000－1606－0001940　P01646
西國陸軍制考略八卷　(英國)傅蘭雅口譯　(清)范本禮筆述　清光緒江南製造局刻本　四冊

320000－1606－0001941　P01647
列國陸軍制不分卷　(美國)歐潑登著　(美國)林樂知　(清)瞿昂來譯　清光緒江南製造總局刻本　三冊

320000－1606－0001942　P01648
行軍測繪十卷首一卷附圖一卷　(英國)連提撰　(英國)傅蘭雅口譯　(清)趙元益筆述　清同治江南機器製造總局刻本　二冊

320000－1606－0001943　P01649
繪圖最新社會寶一卷　(清)改良善書會編輯　清宣統二年(1910)上海改良善書局石印本　一冊

320000－1606－0001944　P01651
大同學十章　(英國)器德撰　(英國)李提摩太譯　蔡爾康筆述　清光緒二十五年(1899)鉛印本　一冊

320000－1606－0001945　P01653
水師保身法一卷　(法國)勒羅阿撰　(英國)伯克雷譯　(清)程鑾　(清)趙元益重譯　清光緒江南製造總局刻本　一冊

320000－1606－0001946　P01654
水師章程十四卷續編六卷　(美國)林樂知口譯　(清)鄭昌棪筆述　清光緒刻本　十六冊

320000－1606－0001947　P01655
調查日本裁判監獄報告書一卷　董康等輯　清光緒三十三年(1907)鉛印本　一冊

320000－1606－0001948　P01656
提牢備考四卷　(清)趙舒翹撰　清光緒十九年(1893)東甌官舍刻本　二冊

320000－1606－0001949　P01657
監獄訪問錄二編　(日本)小河滋次郎講演　清光緒三十三年(1907)鉛印本　二冊

320000－1606－0001950　P01658
采風記五卷附紀程感事詩一卷　宋育仁撰　清光緒二十二年(1896)袖海山房石印本　二冊

320000－1606－0001951　P01660
改良風俗教科書一卷　(清)□□撰　清光緒三十二年(1906)譯書公會刻本　一冊

320000－1606－0001952　P01661
改良風俗教科書一卷　(清)□□撰　清光緒三十二年(1906)譯書公會刻本　一冊

320000－1606－0001953　P01662

司馬氏書儀十卷 (宋)司馬光撰 清同治七年(1868)江蘇書局刻本 一册

320000－1606－0001954 P01663
直省釋奠禮樂記六卷首一卷 (清)應寶時輯 清光緒十七年(1891)廣東藩署刻本 四册

320000－1606－0001955 P01664
直省釋奠禮樂記六卷首一卷 (清)應寶時輯 清同治十二年(1873)刻本 四册

320000－1606－0001956 P01665
樂譜一卷舞譜一卷 (□)□□撰 **釋奠事宜一卷** (清)祝純嘏 (清)許春江擬 **丁祭一卷** (清)許春江 (清)吳鈺錄 清刻本 三册

320000－1606－0001957 P01667
聖廟祀典圖攷五卷 (清)顧沅輯 清道光六年(1826)刻本 五册

320000－1606－0001958 P01668
傳恭堂祭儀二卷 (清)潘德輿撰 清光緒三十四年(1908)鉛印本 一册

320000－1606－0001959 P01669
澤宫序次舉要二卷附錄一卷 (清)洪恩波編 清光緒二十三年(1897)刻本 二册

320000－1606－0001960 P01670
文廟祀位一卷 (清)倭什琿布撰 清同治八年(1869)楚北崇文書局刻本 一册

320000－1606－0001961 P01673
同治大喪章程一卷 (清)□□撰 清刻本 一册

320000－1606－0001962 P01674
釋奠考一卷樂譜一卷舞譜一卷禮樂圖一卷章程一卷 (清)桂良輯 清刻本 四册

320000－1606－0001963 P01678
庚子銷夏記八卷 (清)孫承澤撰 清宣統三年(1911)石印本 四册

320000－1606－0001964 P01688
辛丑銷夏記五卷 (清)吳榮光撰 (清)潘正煒等訂 清光緒三十一年(1905)郎園刻本 四册

320000－1606－0001965 P01690
拙存堂題跋一卷 (清)蔣衡著 **石泉書屋金石題跋一卷** (清)李佐賢著 清宣統二年(1910)江浦陳氏刻本 一册

320000－1606－0001966 P01691
書法正傳十卷 (清)馮武編輯 清同治十一年(1872)嘉興大魁堂刻本 四册

320000－1606－0001967 P01693
釋書名一卷 (清)莊綬甲著 清光緒十五年(1889)木活字印本 一册

320000－1606－0001968 P01696
董文敏書眼一卷 (明)董其昌撰 清清溪草堂刻本 一册

320000－1606－0001969 P01698
昭代名人尺牘小傳二十四卷 (清)吳修采輯 清光緒三十四年(1908)上海集古齋石印本 二册

320000－1606－0001970 P01699
許竹篔侍郎尺牘眞蹟二卷 (清)許景澄撰 (清)盛沅輯 (清)高學源校讀 清光緒三十三年(1907)影印本 二册

320000－1606－0001971 P01705
張文襄書翰墨寶二卷 (清)張之洞撰並書 清宣統三年(1911)文明書局石印本 二册

320000－1606－0001972 P01713
翁叔平隸書三種墨迹一卷 (清)翁同龢書 清光緒三十四年(1908)石印本 一册

320000－1606－0001973 P01718
穰梨館過眼錄四十卷續錄十六卷 (清)陸心源編 清光緒十七年(1891)吳興陸氏家塾刻本 十六册

320000－1606－0001974 P01719
名賢手札八種八卷 (清)郭慶藩輯 清光緒二十四年(1898)石印本 二册

320000－1606－0001975 P01722
王戎部遺墨一卷 (清)王鐵珊撰 清光緒上

海點石齋石印本　一册

320000－1606－0001976　P01727
陸文慎公墨蹟一卷　(清)陸寶忠書　清宣統元年(1909)婁東唐氏石印本　一册

320000－1606－0001977　P01731
美術叢書十集續集十集　風雨樓編印　清宣統三年(1911)上海神州國光社鉛印本　八十册

320000－1606－0001978　P01732
原本海公大紅袍傳六十卷六十回　(明)李春芳編次　清同治六年(1867)聚盛堂刻本　八册

320000－1606－0001979　P01737
曲園篆書六種七卷　(清)俞樾撰　清光緒三十三年(1907)蘇省刷印局石印本　二册

320000－1606－0001980　P01738
松禪老人遺墨一卷　(清)翁同龢書　(清)鄒王賓輯　清光緒三十一年(1905)石印本　一册

320000－1606－0001981　P01740
曲園先生書札手稿一卷　(清)俞樾撰　清光緒三十三年(1907)蘇省刷印局石印本　一册

320000－1606－0001982　P01747
昭代名人尺牘續集二十四卷　陶湘輯　清宣統三年(1911)石印本　二十册　存二十卷(一至四、九至二十四)

320000－1606－0001983　P01776
海内初拓第一曹全碑一卷　(□)□□撰　清宣統三年(1911)文明書局影印本　一册

320000－1606－0001984　P01787
寰宇訪碑録十二卷　(清)孫星衍　(清)邢澍撰　清光緒九年(1883)江蘇書局刻本　四册

320000－1606－0001985　P01788
再續寰宇訪碑録二卷　羅振玉撰　清光緒面城精舍石印本　一册　存一卷(上)

320000－1606－0001986　P01841
唐拓醴泉銘一卷　(唐)歐陽詢書　清宣統三年(1911)文明書局石印本　一册

320000－1606－0001987　P01870
張廉卿書箴言一卷　(清)張裕釗撰並書　清宣統三年(1911)文明書局石印本　一册

320000－1606－0001988　P01871
張廉卿書李剛介公殉難碑一卷　(清)張裕釗撰並書　清宣統三年(1911)文明書局石印本　一册

320000－1606－0001989　P01890
南田叢帖五種　(清)惲壽平書　清宣統影印本　五册

320000－1606－0001990　P01905
三希堂續刻法帖不分卷　(唐)褚遂良等書　清宣統二年(1910)影印本　四册

320000－1606－0001991　P01908
太倉沈敬亭先生眞迹一卷　(清)沈敬亭書　清光緒石印本　一册

320000－1606－0001992　P01918
雙鈎殘宋拓瘞鶴銘四十七字一卷　(□)□□撰　清光緒二十二年(1896)刻本　一册

320000－1606－0001993　P01951
水道提綱二十八卷　(清)齊召南編録　清光緒四年(1878)津門徐士鑾霞城精舍刻本　六册　存二十二卷(七至二十八)

320000－1606－0001994　P02002
國朝畫徵録三卷續録二卷明人附録一卷　(清)張庚著　清光緒十九年(1893)上海積山書局石印本　二册

320000－1606－0001995　P02003
歷代畫史彙傳七十二卷首一卷附録二卷　(清)彭蘊璨編　清宣統二年(1910)文瑞樓書局石印本　十二册

320000－1606－0001996　P02004
墨林今話十八卷續編一卷　(清)蔣寶齡撰　清宣統三年(1911)掃葉山房石印本　六册

320000－1606－0001997　P02009
國朝畫徵録三卷續録二卷明人附録一卷

(清)張庚著　清京都墨林齋刻本　二冊

320000－1606－0001998　P02011
習苦齋畫絮十卷　(清)戴熙記　(清)惠年編輯　清光緒十九年(1893)刻本　四冊

320000－1606－0001999　P02012
藝風堂金石文字目十八卷　繆荃孫撰　清光緒三十二年(1906)江陰繆氏刻本　八冊

320000－1606－0002000　P02021
張叔未解元所藏金石文字不分卷　(清)張廷濟藏　(清)嚴荄編　清光緒十年(1884)四會嚴氏鶴緣齋石印本　二冊

320000－1606－0002001　P02024
金石萃編一百六十卷　(清)王昶撰　清嘉慶十年(1805)青浦王氏經訓堂刻同治十一年(1872)補刻本　六十四冊

320000－1606－0002002　P02025
陶齋吉金錄八卷　(清)端方等輯　(清)管琳(清)黄廷榮繪圖　清光緒三十四年(1908)石印本　八冊

320000－1606－0002003　P02030
金石續編二十一卷首一卷　(清)陸耀遹纂(清)陸增祥校訂　清同治十三年(1874)毗陵雙白燕堂刻本　十三冊　存十八卷(一至十七、首一卷)

320000－1606－0002004　P02031
學古齋金石叢書四集十二種　(清)葛元煦輯　清光緒三十年(1904)會稽董氏取斯堂刻本　二十四冊

320000－1606－0002005　P02032
匋齋藏石記四十四卷首一卷　(清)端方撰　清宣統元年(1909)石印本　六冊　存二十四卷(一至二十三、首一卷)

320000－1606－0002006　P02035
東甌金石志十二卷　(清)戴咸弼纂緝　(清)孫詒讓校補　清光緒二十五年(1899)石印本　二冊

320000－1606－0002007　P02036
栝蒼金石志十二卷　(清)李遇孫輯　(清)鄒柏森增補　清同治十三年(1874)刻本　六冊

320000－1606－0002008　P02040
栝蒼金石志十二卷　(清)李遇孫輯　(清)鄒柏森增補　清同治十三年(1874)刻本　六冊

320000－1606－0002009　P02042
語石十卷　葉昌熾撰　清宣統元年(1909)刻本　四冊

320000－1606－0002010　P02047
清儀閣題跋不分卷　(清)張廷濟著　清光緒十九年(1893)丁立誠刻本　四冊

320000－1606－0002011　P02050
二銘草堂金石聚十六卷　(清)張德容輯　清同治二銘草堂刻本　十六冊

320000－1606－0002012　P02051
西清續鑑甲編二十卷附錄一卷　(清)王傑等輯　清宣統三年(1911)上海商務印書館影印本　四十二冊

320000－1606－0002013　P02052
宋淳熙敕編古玉圖譜一百卷　(宋)龍大淵等纂　清乾隆四十四年(1779)歙縣江春康山草堂刻本　十冊　存四十八卷(三十二至七十九)

320000－1606－0002014　P02053
錢志新編二十卷　(清)張崇懿輯　清道光十年(1830)刻本　十冊

320000－1606－0002015　P02054
景德鎮陶錄十卷　(清)藍浦撰　(清)鄭廷桂補輯　清同治九年(1870)刻本　四冊

320000－1606－0002016　P02055
小石山房印譜六卷　(清)顧湘　(清)顧浩編輯　清道光八年(1828)刻本　六冊

320000－1606－0002017　P02057
古泉匯五集六十四卷　(清)李佐賢編　**續泉匯十四卷首集一卷補遺二卷**　(清)李佐賢(清)鮑康編　清同治四年至光緒元年(1865－1875)李氏泉石書屋刻本　二十冊

320000－1606－0002018　P02065
漢官儀三卷　(宋)劉攽撰　清末刻本　一册

320000－1606－0002019　P02068
玉譜類編四卷　(清)徐壽基編輯　清光緒十五年(1889)刻本　四册

320000－1606－0002020　P02073
繪事淺説二卷　上海土山灣書館編　清光緒三十三年(1907)上海土山灣書館鉛印本　一册

320000－1606－0002021　P02074
幾何畫法一卷　(日本)印藤眞楯　(日本)岡村增太郎著　清末江楚編譯局石印本　一册

320000－1606－0002022　P02077
詞源斠律二卷　鄭文焯纂　清光緒刻本　一册

320000－1606－0002023　P02078
五知齋琴譜八卷　(清)周魯封彙纂　清刻本　六册

320000－1606－0002024　P02079
飛鴻堂印譜五集四十卷　(清)汪啟淑鑒藏　清末影印本　十五册　存四集三十卷(一集八卷、三集三至八、四集八卷、五集八卷)

320000－1606－0002025　P02080
飛鴻堂印譜五集四十卷　(清)汪啟淑鑒藏　清末影印本　三册　存六卷(五集三至八)

320000－1606－0002026　P02083
律音彙考八卷補正一卷　(清)邱之稑著　清宣統三年(1911)瀏陽禮樂局刻本　四册

320000－1606－0002027　P02087
音分古義二卷附一卷　(清)戴煦著　清光緒十二年(1886)新陽趙氏刻本　二册

320000－1606－0002028　P02088
音分古義二卷附一卷　(清)戴煦著　清光緒十二年(1886)新陽趙氏刻本　二册

320000－1606－0002029　P02091
西學大成十二編　(清)盧梯青　(清)王西清輯　清光緒十四年(1888)石印本　十二册

320000－1606－0002030　P02092
西學大成十二編　(清)盧梯青　(清)王西清輯　清光緒十四年(1888)石印本　十二册

320000－1606－0002031　P02093
格致精華錄四卷　(清)江標編次　王仁俊述　清光緒二十二年(1896)石印本　四册

320000－1606－0002032　P02094
格致精華錄四卷　(清)江標編次　王仁俊述　清光緒二十二年(1896)石印本　一册　存一卷(一)

320000－1606－0002033　P02095
西學關鍵八卷　(清)滙報館教士譯　清光緒二十九年(1903)鴻寶齋石印本　一册　存三卷(一至三)

320000－1606－0002034　P02096
御製數理精藴上編五卷下編四十卷表八卷　(清)聖祖玄燁撰　清光緒八年(1882)江寧藩署刻本　四十册

320000－1606－0002035　P02097
御製數理精藴上編五卷下編四十卷表八卷　(清)聖祖玄燁撰　清光緒八年(1882)廣東藩司刻本　四十册

320000－1606－0002036　P02098
格物探原六卷　(英國)韋廉臣撰　清光緒六年(1880)刻本　四册

320000－1606－0002037　P02099
格物入門七卷　(美國)丁韙良著　清同治七年(1868)刻本　一册　存一卷(七)

320000－1606－0002038　P02100
格致總學啟蒙三卷　(英國)艾約瑟譯撰　清光緒十二年(1886)總稅務司署刻本　一册

320000－1606－0002039　P02101
格致啟蒙四卷　(英國)羅斯古等纂　(美國)林樂知　(清)鄭昌棪譯　清刻本　四册

320000－1606－0002040　P02103
玉吟算草四卷　(清)胡玉吟撰　清光緒石印本　四册

320000－1606－0002041　P02105
數度衍二十三卷首三卷　(清)方中通衍　清光緒四年(1878)桐城方氏刻本　八册

320000－1606－0002042　P02106
孟晉堪所著書二種　(清)王季鍇學　清刻本　一册

320000－1606－0002043　P02107
九數外錄一卷　(清)顧觀光著　清刻本　一册

320000－1606－0002044　P02108
四元玉鑑三卷首一卷格朮補一卷　(清)丁取忠輯　清同治至光緒長沙荷池精舍刻本　二册

320000－1606－0002045　P02109
四元玉鑑細草三卷附一卷附會一卷　(元)朱世傑編述　(清)羅士琳補草　清道光十六年(1836)刻本　十册

320000－1606－0002046　P02110
翠微山房數學十五種三十八卷　(清)張作楠撰　清光緒五年(1879)息園刻本　十六册

320000－1606－0002047　P02111
九章算術細草圖說九卷附海島算經細草圖說一卷　(三國魏)劉徽註　(唐)李淳風註釋　(清)李潢撰　清嘉慶二十五年(1820)語鴻堂刻本　八册

320000－1606－0002048　P02112
白芙堂算學叢書　(清)丁取忠輯　清同治至光緒長沙荷池精舍刻本　三十三册

320000－1606－0002049　P02113
算學報二卷　(清)黄慶澄撰　清光緒二十四年(1898)刻本　一册

320000－1606－0002050　P02114
則古昔齋算學十三種二十四卷　(清)李善蘭撰　清同治六年(1867)刻本　六册

320000－1606－0002051　P02116
白芙堂算學叢書　(清)丁取忠輯　清同治至光緒長沙荷池精舍刻本　三十六册

320000－1606－0002052　P02117
中西算學大成一百卷　(清)陳維祺纂　清光緒十五年(1889)上海同文書局石印本　十八册　存八十六卷(一至三十八、五十三至一百)

320000－1606－0002053　P02118
中西算學叢書初編　(清)四明求敏齋主人彙輯　清光緒二十二年(1896)上海鴻寶齋石印本　四十册　存三十六種八十四卷(新儀像法要三卷、同文算指前編二卷、同文算指通編八卷、渾蓋通憲圖說二卷、學計一得二卷、乘方捷術三卷、補小爾雅釋度量衡一卷、格術補一卷、對數尺記一卷、釋弧三卷、對數簡法一卷、續對數簡法一卷、代數勾股術四卷、加減乘除釋八卷、天元一釋二卷、釋輪二卷、釋橢一卷、三統術詳說四卷、弧三角平視法一卷、少廣縋鑿一卷、洞方術圖解二卷、致曲術一卷、致曲圖解一卷、造各表簡法一卷、截球解義一卷、橢圓求周術一卷、圜容較義一卷、句股義一卷、測量法義一卷、測量異同一卷、簡平儀說一卷、五星行度解一卷、曉庵新法六卷、數學八卷、推步法解五卷、鄒徵君存稿一卷)

320000－1606－0002054　P02119
中西算學大成一百卷　(清)陳維祺纂　清光緒十五年(1889)上海同文書局石印本　十六册　存八十七卷(一至十三、十八至五十二、五十八至九十五、一百)

320000－1606－0002055　P02120
天算策學通纂十卷　(清)江衡輯　清光緒十四年(1888)上海積山書局石印本　二册

320000－1606－0002056　P02121
九數通考十一卷首一卷末一卷　(清)屈曾發輯　清光緒二十二年(1896)上海鴻寶齋影印本　六册

320000－1606－0002057　P02122
疇人傳四十六卷續六卷三編七卷　(清)阮元撰　(清)羅士琳續　清光緒二十二年(1896)上海璣衡堂石印本　六册

320000－1606－0002058　P02123
梅氏叢書輯要六十二卷　(清)梅文鼎著　清光緒十三年(1887)鴻文書局石印本　六冊

320000－1606－0002059　P02124
梅氏叢書輯要六十二卷　(清)梅文鼎著　清光緒十三年(1887)鴻文書局石印本　六冊

320000－1606－0002060　P02126
最新改良筆算數學三卷　(清)王瓚撰　清光緒三十年(1904)鉛印本　三冊

320000－1606－0002061　P02127
筆算數學全草二卷　(清)張貢九編輯　清光緒三十二年(1906)上海文明書局石印本　六冊

320000－1606－0002062　P02128
白芙堂算學叢書　(清)丁取忠輯　清光緒二十二年(1896)石印本　八冊

320000－1606－0002063　P02129
代數備旨十三章　(美國)狄考文選譯　(清)鄒立文　(清)生福維筆述　清光緒二十四年(1898)上海美華書館鉛印本　二冊

320000－1606－0002064　P02130
詳解九章算法纂類二卷　(宋)楊輝撰　**詳解九章算法札記一卷**　(清)宋景昌撰　清道光二十二年(1842)刻本　三冊

320000－1606－0002065　P02131
楊輝算法六卷　(宋)楊輝撰　**楊輝算法札記一卷**　(清)宋景昌撰　清道光二十二年(1842)刻本　二冊

320000－1606－0002066　P02132
數書九章十八卷　(宋)秦九韶撰　**數書九章札記四卷**　(清)宋景昌撰　清道光二十二年(1842)刻本　八冊

320000－1606－0002067　P02133
求一得齋算學七種十一卷　(清)陳志堅學　清光緒三十年(1904)松江嵇文墨齋刻本　三冊

320000－1606－0002068　P02142
二十世紀新代數學詳草不分卷　(日本)寺尾壽　(日本)吉田好九郎編　(清)周京譯　清光緒三十三年(1907)文明書局石印本　二冊

320000－1606－0002069　P02143
代數備旨十三章　(美國)狄考文譯　(清)徐錫麟編　清光緒二十九年(1903)浙紹特別書局石印本　六冊

320000－1606－0002070　P02144
二十世紀新代數學不分卷　(日本)寺尾壽　(日本)吉田好九郎編　(清)周京譯　清光緒三十三年(1907)科學書局石印本　二冊

320000－1606－0002071　P02145
二十世紀新代數學詳草不分卷　(日本)寺尾壽　(日本)吉田好九郎編　(清)周京譯　清光緒三十三年(1907)文明書局石印本　二冊

320000－1606－0002072　P02146
二十世紀新代數學詳草不分卷　(日本)寺尾壽　(日本)吉田好九郎編　(清)周京譯　清光緒三十三年(1907)文明書局石印本　二冊

320000－1606－0002073　P02147
二十世紀新代數學詳草不分卷　(日本)寺尾壽　(日本)吉田好九郎編　(清)周京譯　清光緒三十三年(1907)文明書局石印本　二冊

320000－1606－0002074　P02148
大代數學詳草一卷　(日本)奧平浪太郎著　清光緒石印本　一冊

320000－1606－0002075　P02149
代數解法之極意不分卷　(清)苗慶華譯著　清光緒三十三年(1907)石印本　一冊

320000－1606－0002076　P02150
筆算數學全草二卷　(清)張貢九編輯　清光緒三十二年(1906)上海文明書局石印本　六冊

320000－1606－0002077　P02151
形學十卷首一卷　(美國)魯米斯撰訂　(美國)狄考文選譯　**形學習題解證十卷**　(清)徐樹勳選輯　清光緒鉛印本　八冊

320000－1606－0002078　P02153
代數術二十五卷首一卷　(英國)華里司輯　(英國)傅蘭雅口譯　(清)華蘅芳筆述　清光緒二十二年(1896)上海書局石印本　四册

320000－1606－0002079　P02155
代數解法之極意解式不分卷　(清)苗慶華譯著　(清)蔡以觀解式　清光緒三十三年(1907)石印本　一册

320000－1606－0002080　P02156
二十世紀新代數學不分卷　(日本)寺尾壽　(日本)吉田好九郎編　(清)周京譯　清光緒三十三年(1907)科學書局石印本　二册

320000－1606－0002081　P02157
二十世紀新代數學不分卷　(日本)寺尾壽　(日本)吉田好九郎編　(清)周京譯　清光緒三十三年(1907)科學書局石印本　二册

320000－1606－0002082　P02158
梅氏叢書輯要六十二卷　(清)梅文鼎著　(清)梅瑴成輯　清同治刻本　二十四册

320000－1606－0002083　P02159
二十世紀新代數學不分卷　(日本)寺尾壽　(日本)吉田好九郎編　(清)周京譯　清光緒三十三年(1907)科學書局石印本　二册

320000－1606－0002084　P02160
代形合參三卷附一卷　(美國)羅密士著　(美國)潘慎文譯文　謝洪賚筆述　清光緒二十八年(1902)鉛印本　一册

320000－1606－0002085　P02161
合數述二卷　(清)林紹清撰　清光緒十四年(1888)刻本　二册

320000－1606－0002086　P02162
開方說三卷　(清)李鋭撰　清同治十二年(1873)刻本　二册

320000－1606－0002087　P02163
算學報開方提要一卷　(清)黄慶澄撰　清光緒刻本　一册

320000－1606－0002088　P02165
代數通藝錄十六卷　(清)方愷撰　清光緒十六年(1890)方氏刻本　五册　存十四卷(一至十一、十四至十六)

320000－1606－0002089　P02166
數學理九卷附一卷　(英國)棣麽甘撰　(英國)傅蘭雅口譯　(清)趙元益筆述　清光緒刻本　四册

320000－1606－0002090　P02167
數學理九卷附一卷　(英國)棣麽甘撰　(英國)傅蘭雅口譯　(清)趙元益筆述　清光緒刻本　四册

320000－1606－0002091　P02168
數學理九卷附一卷　(英國)棣麽甘撰　(英國)傅蘭雅口譯　(清)趙元益筆述　清光緒刻本　四册

320000－1606－0002092　P02169
曲綫新説一卷隄積術辨一卷　(清)蔣維鍾學　清光緒二十五年(1899)刻本　一册

320000－1606－0002093　P02170
運規約指三卷　(英國)白起德輯　(英國)傅蘭雅口譯　(清)徐建寅筆述　清末刻本　一册

320000－1606－0002094　P02171
割圜術輯要一卷附一卷　盧靖輯　清光緒二十八年(1902)石印本　一册

320000－1606－0002095　P02172
萬象一原演式九卷首一卷　(清)夏紫笙原衍　盧靖演式　清光緒二十八年(1902)石印本　一册

320000－1606－0002096　P02173
算式集要四卷　(英國)哈司韋輯　(英國)傅蘭雅口譯　(清)江衡筆述　清刻本　二册

320000－1606－0002097　P02174
算式集要四卷　(英國)哈司韋輯　(英國)傅蘭雅口譯　(清)江衡筆述　清刻本　二册

320000－1606－0002098　P02175
張蒼水集二卷附錄一卷　(明)張煌言撰　清

末鉛印本　二册

320000－1606－0002099　P02176
心白日齋集六卷　（清）尹耕雲撰　清光緒二十一年（1895）刻本　四册

320000－1606－0002100　P02177
幾何原本十五卷首一卷　（意大利）利瑪竇口譯　（明）徐光啟筆受　清同治四年（1865）金陵刻本　八册

320000－1606－0002101　P02178
幾何原本十五卷首一卷　（意大利）利瑪竇口譯　（明）徐光啟筆受　清同治四年（1865）金陵刻本　八册

320000－1606－0002102　P02179
圓錐曲線説三卷　（英國）艾約瑟口譯　（清）李善蘭筆述　清刻本　一册

320000－1606－0002103　P02182
算學報七卷　（清）黄慶澄撰　清光緒二十四年（1898）刻本　七册

320000－1606－0002104　P02183
西算新法直解八卷　（清）馮桂芬　（清）陳瑒撰　清光緒二年（1876）吴縣馮氏校邠廬刻本　二册

320000－1606－0002105　P02184
形學備旨十卷開端一卷　（美國）狄考文選譯　（清）鄒立文筆述　清光緒二十三年（1897）上海美華書館鉛印本　二册

320000－1606－0002106　P02185
形學備旨十卷開端一卷　（美國）狄考文選譯　（清）鄒立文筆述　清光緒二十九年（1903）上海美華書館鉛印本　二册

320000－1606－0002107　P02186
形學備旨十卷開端一卷　（美國）狄考文選譯　（清）鄒立文筆述　清光緒三十年（1904）上海美華書館鉛印本　二册

320000－1606－0002108　P02188
天文圖説四卷附星宿表一卷　（美國）摩嘉立　（清）薛承恩譯　清光緒九年（1883）益智書會刻本　一册

320000－1606－0002109　P02189
平三角舉要五卷　（清）梅文鼎撰　清光緒十四年（1888）刻本　二册

320000－1606－0002110　P02190
八線備旨四卷學總習問一卷　（美國）羅密士撰　（清）潘慎文選譯　清光緒二十三年（1897）上海美華書館鉛印本　一册

320000－1606－0002111　P02191
御製曆象考成上編十六卷下編十卷　（清）何國宗　（清）梅瑴成彙編　清光緒二十一年（1895）湖北官書局刻本　十五册

320000－1606－0002112　P02192
弧三角闡微五卷　（英國）歐禮斐譯　清光緒二十四年（1898）同文館鉛印本　五册

320000－1606－0002113　P02193
弧三角闡微五卷　（英國）歐禮斐譯　清光緒二十四年（1898）同文館鉛印本　五册

320000－1606－0002114　P02194
高厚蒙求四集　（清）徐朝俊纂　清嘉慶刻本　五册

320000－1606－0002115　P02195
高厚蒙求四集　（清）徐朝俊纂　清同治五年（1866）刻本　四册

320000－1606－0002116　P02197
圜天圖説三卷續編二卷首一卷　（清）李明徹述　清嘉慶至道光元年（1821）松梅軒刻本　五册

320000－1606－0002117　P02198
天文歌略一卷　葉瀾著　**地學歌略一卷**　葉瀾　葉瀚著　清光緒刻本　一册

320000－1606－0002118　P02199
天文揭要二卷　（清）登郡文會館撰　（美國）赫士口譯　（清）周文源筆述　清光緒二十二年（1896）上海美華書館鉛印本　二册

320000－1606－0002119　P02200
物理學算法八卷　（美國）丁韙良撰　清光緒

三十年(1904)石印本　八册

320000－1606－0002120　P02202
物理學三編十二卷　(日本)飯盛挺造編纂　(日本)藤田豐八譯　王季烈重編　清光緒二十六年(1900)上海書局石印本　八册　缺四卷(下編一至四)

320000－1606－0002121　P02205
董方立算書五種七卷　(清)董祐誠撰　清刻本　一册

320000－1606－0002122　P02206
三統曆衍式二卷附錄一卷　(清)方楷撰　清光緒十四年(1888)刻本　二册

320000－1606－0002123　P02210
高厚蒙求四集　(清)徐朝俊纂　清光緒十三年(1887)同文館鉛印本　四册

320000－1606－0002124　P02211
三統術詳說四卷　(清)陳澧撰　清光緒刻本　一册

320000－1606－0002125　P02212
熒惑新解一卷　(英國)駱三畏口譯　清光緒二十五年(1899)鉛印本　二册

320000－1606－0002126　P02213
星學發軔引說二卷　(英國)駱三畏著　清光緒二十年(1894)同文館鉛印本　二册

320000－1606－0002127　P02214
地形學一卷　(清)滕利芳著　清光緒三十一年(1905)北洋陸軍學堂鉛印本　一册

320000－1606－0002128　P02215
化學表一卷　(清)江南製造總局譯　清光緒十年(1884)鉛印本　一册

320000－1606－0002129　P02216
御製曆象考成後編十卷　(清)顧琮等彙編　清光緒二十二年(1896)上海書局石印本　十册

320000－1606－0002130　P02218
詠梅軒仰觀錄二卷　(清)謝蘭生續編　清刻本　一册

320000－1606－0002131　P02219
測圓海鏡細草十二卷　(元)李冶撰　清光緒二年(1876)上海同文館鉛印本　四册

320000－1606－0002132　P02220
行海要術四卷　(美國)金楷理口譯　(清)李鳳苞筆述　清光緒江南製造局刻本　三册

320000－1606－0002133　P02221
物理學三編十二卷　(日本)飯盛挺造編纂　(日本)藤田豐八譯　王季烈重編　清光緒二十六年(1900)江南製造局刻本　四册　存四卷(下編一至四)

320000－1606－0002134　P02222
物理推原一卷　(法國)羅第愛撰　(清)李杕編譯　清光緒二十年(1894)上海徐匯書館石印本　一册

320000－1606－0002135　P02223
物理推原一卷　(法國)羅第愛撰　(清)李杕編譯　清光緒二十年(1894)上海徐匯書館石印本　一册

320000－1606－0002136　P02224
物理學三編十二卷　(日本)飯盛挺造編纂　(日本)藤田豐八譯　王季烈重編　清光緒二十六年(1900)江南製造局刻本　八册　缺四卷(下編一至四)

320000－1606－0002137　P02225
光學二卷附視學諸器圖説一卷　(英國)田大里輯　(美國)金楷理口譯　(清)趙元益筆述　清同治九年(1870)江南機器製造總局刻本　二册

320000－1606－0002138　P02227
氣學叢談二卷　(英國)傅蘭雅口譯　(清)華蘅芳筆述　清末石印本　一册　存一卷(下)

320000－1606－0002139　P02228
聲學揭要六章雜問一章　(美國)赫士口譯　朱葆琛筆述　清光緒二十四年(1898)上海美華書館鉛印本　一册

320000－1606－0002140　P02229

物理學三編十二卷　（日本）飯盛挺造編纂　（日本）藤田豐八譯　王季烈重編　清光緒二十六年（1900）江南製造局刻本　十二册

320000－1606－0002141　P02230
重學二十卷圓錐曲線說三卷　（英國）胡威立撰　（英國）艾約瑟口譯　（清）李善蘭筆述　清同治五年（1866）刻本　六册

320000－1606－0002142　P02231
重學二十卷圓錐曲線說三卷　（英國）胡威立撰　（英國）艾約瑟口譯　（清）李善蘭筆述　清同治五年（1866）刻本　六册

320000－1606－0002143　P02232
熱學揭要六章習問一章　（美國）赫士口譯　（清）劉永貴筆述　清光緒二十八年（1902）上海美華書館鉛印本　一册

320000－1606－0002144　P02234
光學揭要二卷附然根光一卷中西字目錄一卷　（美國）赫士口譯　朱葆琛筆述　清光緒二十八年（1902）上海美華書館鉛印本　一册

320000－1606－0002145　P02235
物體遇熱改易記四卷　（英國）瓦特斯輯　（英國）傅蘭雅口譯　（清）徐壽筆述　清光緒二十五年（1899）江南製造局刻本　二册

320000－1606－0002146　P02236
物理學三編十二卷　（日本）飯盛挺造編纂　（日本）藤田豐八譯　王季烈重編　清光緒二十六年（1900）江南製造局刻本　四册　存四卷（上編一至四）

320000－1606－0002147　P02237
光學二卷附視學諸器圖說一卷　（英國）田大里輯　（美國）金楷理口譯　（清）趙元益筆述　清同治九年（1870）江南機器製造總局刻本　二册

320000－1606－0002148　P02238
物理學算法八卷　（美國）丁韙良撰　清光緒三十年（1904）石印本　八册

320000－1606－0002149　P02240
分化津梁一卷增補一卷　（日本）施德明口譯　清光緒二十三年（1897）同文館鉛印本　一册

320000－1606－0002150　P02241
地學淺釋三十八卷　（英國）雷俠兒撰　（美國）瑪高溫口譯　（清）華蘅芳筆述　清同治十二年（1873）刻本　八册

320000－1606－0002151　P02242
化學闡原十五卷表一卷首一卷　（法國）畢利幹口譯　（清）承霖　（清）王鍾祥筆述　清光緒八年（1882）同文館鉛印本　十六册

320000－1606－0002152　P02243
地學淺釋三十八卷　（英國）雷俠兒撰　（美國）瑪高溫口譯　（清）華蘅芳筆述　清江南機器製造總局刻本　八册

320000－1606－0002153　P02244
金石識別十二卷　（美國）代那撰　（美國）瑪高溫口譯　（清）華蘅芳筆述　清末江南機器製造總局刻本　六册

320000－1606－0002154　P02248
天演論二卷　（英國）赫胥黎造論　嚴復達恉　清光緒二十七年（1901）富文書局石印本　一册

320000－1606－0002155　P02249
天演論二卷　（英國）赫胥黎造論　嚴復達恉　清光緒二十四年（1898）侯官嗜奇精舍石印本　一册

320000－1606－0002156　P02251
御製曆象考成後編十卷　（清）顧琮等彙編　清光緒二十二年（1896）勵志書屋刻本　十二册

320000－1606－0002157　P02252
二如亭羣芳譜三十卷　（明）王象晉撰　清書業古講堂刻本　二十四册

320000－1606－0002158　P02253
佩文齋廣羣芳譜一百卷目錄二卷　（清）汪灝等編　清同治七年（1868）江左書林刻本　四

十八冊

320000－1606－0002159　P02254
東醫寶鑑二十三卷目錄二卷　（朝鮮）許浚撰　清乾隆二十八年（1763）刻本　二十四冊

320000－1606－0002160　P02255
圖註脈訣辨眞四卷　（晉）王叔和撰　（明）張世賢註　**脈訣附方一卷**　（明）張世賢編次　清刻本　一冊

320000－1606－0002161　P02256
脈經十卷　（晉）王叔和撰　清光緒十七年（1891）池陽周氏刻本　六冊

320000－1606－0002162　P02258
醫說十卷　（宋）張杲著　清宣統三年（1911）上海文明書局鉛印本　六冊

320000－1606－0002163　P02259
醫學心悟六卷　（清）程國彭著　清刻本　六冊

320000－1606－0002164　P02260
張氏醫通十六卷　（清）張璐纂述　清光緒刻本　六冊　存七卷（一至三、六至八、十二）

320000－1606－0002165　P02262
傳種改良問答七章　（日本）森田峻太郎編纂　清光緒二十九年（1903）上海文明書局石印本　一冊

320000－1606－0002166　P02263
傳種改良問答七章　（日本）森田峻太郎編纂　清光緒二十九年（1903）上海文明書局石印本　一冊

320000－1606－0002167　P02264
欽定四庫全書提要醫家類一卷　（清）紀昀等撰　清宣統三年（1911）上海文明書局鉛印本　一冊

320000－1606－0002168　P02265
補注黃帝内經素問二十四卷黃帝内經靈樞十二卷　（唐）王冰注　（宋）林億等校正　（宋）孫兆改誤　**黃帝内經素問遺篇一卷**　（宋）劉溫舒原本　清光緒三年（1877）浙江書局刻本　六冊　存二十一卷（補注黃帝内經素問一至七、十二至二十四，黃帝内經素問遺篇一卷）

320000－1606－0002169　P02266
内經知要二卷　（明）李念莪輯　清光緒十六年（1890）常郡振玉山房刻本　二冊

320000－1606－0002170　P02267
醫經原旨六卷　（清）薛雪集注　清刻本　二冊

320000－1606－0002171　P02268
圖註八十一難經辨眞四卷　（明）張世賢註　清刻本　一冊

320000－1606－0002172　P02269
醫書八種　（清）徐大椿撰　清光緒四年至十五年（1878－1889）刻本　八冊　缺一種四卷（蘭臺軌範一至四）

320000－1606－0002173　P02270
徐靈胎先生雜著五種六卷　（清）徐大椿撰　清光緒十四年（1888）江左書林刻本　二冊

320000－1606－0002174　P02272
醫學從眾八卷　（清）陳念祖著　清道光二十六年（1846）南雅堂刻本　七冊

320000－1606－0002175　P02273
儒門醫學三卷附一卷　（英國）海得蘭撰　（英國）傅蘭雅口譯　（清）趙元益筆述　清光緒江南製造總局刻本　四冊

320000－1606－0002176　P02274
御纂醫宗金鑑九十卷首一卷　（清）吳謙等輯　清刻本　六十三冊

320000－1606－0002177　P02277
衛生學問答不分卷　丁福保撰　清光緒鉛印本　一冊

320000－1606－0002178　P02280
實用衛生自強法六十章　（日本）崛井宗一撰　趙必振譯　清光緒二十九年（1903）刻本　一冊

320000－1606－0002179　P02282

黃氏遺書八種七十七卷　(清)黃元御著　清同治七年(1868)刻本　二十四册

320000－1606－0002180　P02284
衛生學問答不分卷　丁福保撰　清光緒二十九年(1903)石印本　一册

320000－1606－0002181　P02287
衛生學問答不分卷　丁福保撰　清光緒鉛印本　一册

320000－1606－0002182　P02288
徐氏醫書六種　(清)徐大椿撰輯並釋　清同治十二年(1873)湖北崇文書局刻本　十册

320000－1606－0002183　P02290
衛生要旨不分卷　(美國)嘉約翰口譯　清光緒九年(1883)刻本　一册

320000－1606－0002184　P02291
全體闡微三卷　(美國)柯為良　(清)林鼎文編譯　清光緒二十四年(1898)福州聖教醫館石印本　三册

320000－1606－0002185　P02292
化學衛生論四卷　(英國)真司騰譯　(英國)傅蘭雅口譯　清光緒十六年(1890)上海格致書室刻本　四册

320000－1606－0002186　P02293
衛生學問答不分卷　丁福保撰　清光緒石印本　一册

320000－1606－0002187　P02294
全體通考十八卷首一卷　(英國)德貞著　清光緒十二年(1886)同文館鉛印本　十四册

320000－1606－0002188　P02297
全體須知一卷　(英國)傅蘭雅著　清光緒二十年(1894)刻本　一册

320000－1606－0002189　P02298
全體須知一卷　(英國)傅蘭雅著　清光緒二十年(1894)刻本　一册

320000－1606－0002190　P02299
徐氏醫學十六種　(清)徐大椿釋　清光緒三十三年(1907)上海六藝書局石印本　十四册

320000－1606－0002191　P02300
靈素提要淺註十二卷　(清)陳念祖集註　(清)陳元犀參訂　清末敦厚堂刻本　四册　存八卷(一至八)

320000－1606－0002192　P02302
當歸草堂醫學叢書初編十種　(清)丁丙輯　清光緒四年(1878)錢塘丁氏當歸草堂刻本　五册　存五種十九卷(顱囟經二卷、傳信適用方四卷、衛濟寶書二卷、太醫局程文九卷、產育寶慶集方二卷)

320000－1606－0002193　P02303
霄鵬先生遺著五種　(清)黄保康輯　清宣統三年(1911)刻本　三册

320000－1606－0002194　P02304
昌邑黄先生醫書八種　(清)黄元御著　清咸豐十年(1860)刻本　三册　存三種十九卷(四聖心源十卷、素靈微蘊四卷、四聖懸樞五卷)

320000－1606－0002195　P02306
白喉治法忌表抉微一卷　題(清)耐修子錄並注　清光緒鴻章書局石印本　一册

320000－1606－0002196　P02307
傷寒審症表一卷　(清)包誠纂輯　清同治十年(1871)湖北崇文書局刻本　一册

320000－1606－0002197　P02308
痘疹定論四卷　(清)朱純嘏編輯　清笏園姚氏刻本　二册

320000－1606－0002198　P02309
痘證寶筏六卷　(清)強健纂著　清同治元年(1862)刻本　二册

320000－1606－0002199　P02310
重刊巢氏諸病源候總論五十卷　(隋)巢元方等撰　清光緒十二年(1886)湖北官書處刻本　八册

320000－1606－0002200　P02311
增訂本草備要四卷　(清)汪昂撰　清光緒十二年(1886)海陵大西山房刻本　四册

320000－1606－0002201　P02312

本草萬方鍼線八卷　(清)蔡烈先輯　**本草綱目五十二卷圖三卷附脈學奇經八脈三卷**　(明)李時珍編輯　(清)張鶴翥等校訂　清乾隆四十九年(1784)金閶書業堂刻本　三十冊

320000－1606－0002202　P02315

西藥大成十卷首一卷　(英國)來拉　(英國)海得蘭撰　(英國)傅蘭雅口譯　(清)趙元益筆述　清光緒江南機器製造總局刻本　十六冊

320000－1606－0002203　P02315－1

西藥大成藥品中西名目表一卷附人名地名兩表　(英國)來拉撰　(清)江南製造總局編譯　清光緒十三年(1887)江南製造總局鉛印本　一冊

320000－1606－0002204　P02316

漢譯診病奇侅二卷附載一卷　(日本)丹波茝庭類次　(日本)松井操子靜漢譯　清光緒十四年(1888)四明王氏鉛印本　二冊

320000－1606－0002205　P02319

瘍科臨證心得集三卷瘍科心得集方彙三卷　(清)高秉鈞纂輯　清嘉慶十四年(1809)盡心齋刻本　四冊

320000－1606－0002206　P02320

傷寒舌鑒一卷兼證析義一卷　(清)張登彙纂　(日本)前田安宅訂　清思德堂刻本　一冊

320000－1606－0002207　P02321

侶山堂類辯二卷　(清)張志聰撰　清刻本　二冊

320000－1606－0002208　P02322

石頑老人診宗三昧一卷　(清)張登　(清)張倬編次　(日本)前田安宅重訂　清思德堂刻本　一冊

320000－1606－0002209　P02324

絳雪園古方選註不分卷　(清)王子接撰　清雍正介景樓刻本　四冊

320000－1606－0002210　P02325

同壽錄四卷　(清)項天瑞輯　清乾隆二十七年(1762)志仁堂刻本　四冊

320000－1606－0002211　P02348

醫方集解三卷　(清)汪昂撰　清文會樓刻本　三冊

320000－1606－0002212　P02349

醫學金鍼八卷　(清)陳念祖撰　(清)潘霨增輯　清光緒四年(1878)敏德堂刻本　四冊

320000－1606－0002213　P02351

唐王燾先生外臺秘要方四十卷　(唐)王燾撰　清同治十三年(1874)廣東翰墨園刻本　十二冊　存十六卷(十六至二十一、三十一至四十)

320000－1606－0002214　P02352

千金翼方三十卷　(唐)孫思邈著　(宋)林億校正　(明)王肯堂重校　清同治七年(1868)掃葉山房刻本　十六冊

320000－1606－0002215　P02353

孫眞人千金方衍義三十卷　(清)張璐著　清刻本　二十冊　存十七卷(十四至三十)

320000－1606－0002216　P02355

西醫熱症總論一卷　(清)孔慶高筆譯　(美國)嘉約翰校正　清光緒刻本　一冊

320000－1606－0002217　P02359

驗方新編十六卷達生編一卷增廣達生編一卷佛眼垂青一卷婆心保赤一卷喉科密鑰二卷　(清)鮑相璈編輯　清有益堂刻本　十二冊

320000－1606－0002218　P02360

孫眞人千金方衍義三十卷　(清)張璐著　清嘉慶五年(1800)掃葉山房刻本　二十四冊

320000－1606－0002219　P02365

葛仙翁肘後奇方八卷　(晉)葛洪撰　(清)程永培校　**褚氏遺書一卷**　(南朝齊)褚澄編　清光緒二十二年(1896)上海圖書集成印書局鉛印本　四冊

320000－1606－0002220　P02369

急救應驗良方一卷　(清)費壽山撰　清光緒

元年(1875)刻本　一冊

320000－1606－0002221　P02370
醫醇賸義四卷　(清)費伯雄撰　清光緒三年(1877)刻本　四冊

320000－1606－0002222　P02371
臨證醫案筆記六卷　(清)吳篪著　清道光十六年(1836)樹滋堂刻本　六冊

320000－1606－0002223　P02372
種福堂公選良方兼刻古吳名醫精論四卷　(清)葉桂論　清乾隆刻本　二冊

320000－1606－0002224　P02373
增注類證活人書二十二卷釋音一卷傷寒藥性一卷　(宋)朱肱撰　清刻本　四冊

320000－1606－0002225　P02374
醫藥通考四卷　(□)□□撰　清光緒二十三年(1897)同文館鉛印本　四冊

320000－1606－0002226　P02376
五種經驗方不分卷　(清)葉廷芳輯　清道光三十年(1850)粤東撫署刻本　一冊

320000－1606－0002227　P02378
增訂治疔彙要三卷　(清)過鑄著　清光緒二十四年(1898)刻本　四冊

320000－1606－0002228　P02379
仲景全書五種二十卷　(漢)張仲景等撰　清光緒二十年(1894)成都鄧氏崇文齋刻本　十冊

320000－1606－0002229　P02380
溫病條辨方歌括一卷　(清)錢文驥編輯　清光緒三十年(1904)刻本　一冊

320000－1606－0002230　P02381
肺病問答一卷　(日本)石神亨著　(清)沙曾詒譯　清光緒鉛印本　一冊

320000－1606－0002231　P02382
肺病問答一卷　(日本)石神亨著　(清)沙曾詒譯　清光緒鉛印本　一冊

320000－1606－0002232　P02383
溫病條辨六卷首一卷　(清)吳瑭著　清寧波羣玉山房刻本　三冊

320000－1606－0002233　P02384
理虛元鑑二卷　(明)汪綺石著　清光緒二十二年(1896)刻本　一冊

320000－1606－0002234　P02386
溫熱經緯五卷　(清)王士雄纂　清同治十三年(1874)湖北崇文書局刻本　四冊

320000－1606－0002235　P02387
補注黃帝内經素問二十四卷黃帝内經靈樞十二卷　(唐)王冰注　(宋)林億等校正　(宋)孫兆重改誤　**黃帝内經素問遺篇一卷**　(宋)劉溫舒原本　清光緒三年(1877)浙江書局刻本　十冊

320000－1606－0002236　P02388
續纂江蘇水利全案正編四十卷附編十二卷圖說一卷首一卷　(清)李慶雲等纂　清光緒十五年(1889)水利工程局木活字印本　二十二冊　存五十三卷(續纂江蘇水利全案正編四十卷、附編十二卷、首一卷)

320000－1606－0002237　P02389
續纂江蘇水利全案正編四十卷附編十二卷圖說一卷首一卷　(清)李慶雲等纂　清光緒十五年(1889)水利工程局木活字印本　二十三冊

320000－1606－0002238　P02390
續纂江蘇水利全案正編四十卷附編十二卷圖說一卷首一卷　(清)李慶雲等纂　清光緒十五年(1889)水利工程局木活字印本　二十二冊

320000－1606－0002239　P02391
江蘇水利圖說不分卷　(清)李慶雲等纂　(清)陸鐘琦編　清宣統二年(1910)刻本　二冊

320000－1606－0002240　P02392
開煤要法十二卷　(英國)士密德輯　(英國)傅蘭雅口譯　(清)王德均筆述　清光緒江南機器製造總局刻本　二冊

320000－1606－0002241　P02393
汽機發軔九卷　(英國)美以納等撰　(英國)偉烈口譯　(清)徐壽筆述　清光緒江南製造總局刻本　四册

320000－1606－0002242　P02394
營城揭要二卷　(英國)儲意比撰　(英國)傅蘭雅譯　(清)徐壽述　清光緒刻本　二册

320000－1606－0002243　P02395
水道提綱二十八卷　(清)齊召南撰　清光緒四年(1878)津門徐士鑾霞城精舍刻本　八册

320000－1606－0002244　P02396
咽喉脈證通論一卷　(宋)□□撰　清道光三十年(1850)粤東撫署刻本　一册

320000－1606－0002245　P02397
電學綱目一卷　(英國)田大里輯　(英國)傅蘭雅口譯　(清)周郇筆述　清光緒刻本　一册

320000－1606－0002246　P02398
重學二十卷圓錐曲線說三卷　(英國)胡威立撰　(英國)艾約瑟口譯　(清)李善蘭筆述　清同治五年(1866)刻本　六册

320000－1606－0002247　P02399
銀礦指南九章附圖一章　(美國)亞倫撰　(英國)傅蘭雅口譯　(清)應祖錫筆述　清光緒十七年(1891)江南製造總局刻本　一册

320000－1606－0002248　P02400
驗礦砂要法十節增補一節　(日本)施德明口譯　(清)文秀筆述　清光緒二十五年(1899)同文館鉛印本　一册

320000－1606－0002249　P02401
井礦工程三卷　(英國)白爾捺輯　(英國)傅蘭雅口譯　(清)趙元益筆述　清光緒江南機器製造總局刻本　二册

320000－1606－0002250　P02402
河工策要四卷　(清)□□編　清光緒二十一年(1895)上海蜚英書局石印本　一册

320000－1606－0002251　P02403
克虜伯礮說四卷操法四卷表八卷附一卷　(德國)布國軍政局編　(美國)金楷理口譯　(清)李鳳苞筆述　清光緒江南製造局刻本　二册

320000－1606－0002252　P02404
海防策要四卷　(清)□□輯　清光緒十四年(1888)上海蜚英書局石印本　一册

320000－1606－0002253　P02405
浙東倪涵初先生治瘧三方一卷　(清)倪涵初撰　清光緒四年(1878)八詠樓刻本　一册

320000－1606－0002254　P02406
修水口以利通商一卷　(英國)李提摩太　題(清)鑄鐵盦主撰　清光緒二十年(1894)廣學會鉛印本　一册

320000－1606－0002255　P02413
保赤全編二卷附一卷　(清)莊一夔撰　清光緒二十七年(1901)刻本　一册

320000－1606－0002256　P02422
營壘圖說一卷　(比利時)伯里牙芒撰　(美國)金楷理口譯　(清)李鳳苞筆述　清光緒刻本　一册

320000－1606－0002257　P02423
克虜伯礮藥彈造法二卷附圖一卷餅藥造法一卷附圖一卷　(德國)布國軍政局撰　(美國)金楷理口譯　(清)李鳳苞筆述　清光緒江南製造局刻本　三册

320000－1606－0002258　P02424
製羼金法二卷　(日本)橋本奇策撰　(清)王季點譯　清光緒二十七年(1901)上海製造局刻本　二册

320000－1606－0002259　P02425
製火藥法三卷　(英國)利稼孫　(英國)華得斯輯　(英國)傅蘭雅口譯　(清)丁樹棠筆述　清光緒江南製造總局刻本　一册

320000－1606－0002260　P02426
海塘輯要十卷首一卷　(英國)韋更斯撰　(英國)傅蘭雅口譯　(清)趙元益筆述　清末

江南機器製造總局刻本　二冊

320000－1606－0002261　P02428

農政全書六十卷　（明）徐光啟纂輯　清同治十三年（1874）山東書局刻本　二十冊

320000－1606－0002262　P02429

農學津梁一卷　（英國）恒裹湯納耳撰　（美國）衛理譯　汪振聲述　清光緒二十八年（1902）江南製造局刻本　一冊

320000－1606－0002263　P02430

農務化學問答二卷　（英國）仲斯敦撰　（英國）秀耀春口譯　（清）范熙庸筆述　清光緒二十五年（1899）江南機器製造總局刻本　二冊

320000－1606－0002264　P02431

江蘇海塘新志八卷首一卷　（清）李慶雲纂　清光緒十六年（1890）刻本　四冊

320000－1606－0002265　P02432

江蘇海塘新志八卷首一卷　（清）李慶雲纂　清光緒十六年（1890）刻本　四冊

320000－1606－0002266　P02433

江蘇海塘新志八卷首一卷　（清）李慶雲纂　清光緒十六年（1890）刻本　四冊

320000－1606－0002267　P02434

江蘇海塘新志八卷首一卷　（清）李慶雲纂　清光緒十六年（1890）刻本　四冊

320000－1606－0002268　P02436

鐵路要覽三卷附一卷　題（清）四明若癡主人撰　清光緒十五年（1889）富文閣石印本　二冊

320000－1606－0002269　P02437

英國鐵路章程二卷　（清）鄧廷鏗翻譯　（清）楊葆寅輯　清光緒二十二年（1896）上海六先書局石印本　二冊

320000－1606－0002270　P02439

中國工商業考一卷　（日本）緒方南溟撰　（日本）古城貞吉譯　清光緒二十三年（1897）時務報館石印本　一冊

320000－1606－0002271　P02442

蠶外紀二卷首一卷末一卷　陳壽彭譯輯　清光緒二十三年（1897）上海務農會石印本　一冊

320000－1606－0002272　P02443

意大利蠶書一卷　（英國）傅蘭雅等口譯　汪振聲筆述　清光緒務農會江石印本　一冊

320000－1606－0002273　P02446

衛生工事新論十八章　（日本）南部常次郎撰　（清）包公毅譯　清光緒二十九年（1903）廣智書局鉛印本　一冊

320000－1606－0002274　P02447

新輯纂圖元亨療馬集六卷首一卷　（明）喻本元　（明）喻本亨撰　清光緒三十四年（1908）上海文海閣石印本　三冊

320000－1606－0002275　P02448

圖像水黃牛經合併大全二卷駝經一卷　（明）喻本元　（明）喻本亨撰　清光緒上海文海閣石印本　一冊

320000－1606－0002276　P02449

字典考證十二集　（清）王引之撰　清光緒二年（1876）崇文書局刻本　六冊

320000－1606－0002277　P02451

軌政紀要初編九卷次編三卷　（清）陳毅編　（清）陳宗藩續編　清光緒三十三年（1907）郵傳部圖書通譯局鉛印本　六冊

320000－1606－0002278　P02452

蠶桑萃編十五卷首一卷　（清）衛杰編　清光緒二十五年（1899）刻本　八冊

320000－1606－0002279　P02453

無線電報一卷補編一卷　（英國）克爾撰　（美國）衛理口譯　（清）范熙庸筆述　清光緒二十六年（1900）江南機器製造總局刻本　一冊

320000－1606－0002280　P02454

意大利蠶書一卷　（英國）傅蘭雅等口譯　汪振聲筆述　清光緒二十四年（1898）江南製造

局刻本　一册

320000－1606－0002281　P02455

鐵路紀要三卷　(美國)柯理撰　(清)潘松譯　清光緒江南製造局刻本　一册

320000－1606－0002282　P02461

大清郵政章程二十五章　(清)總稅務司兼總郵政司訂　清光緒三十年(1904)鉛印本　一册

320000－1606－0002283　P02462

商業應用尺牘教本二卷　(清)上海文明書局編　清宣統三年(1911)上海文明書局石印本　二册

320000－1606－0002284　P02464

中國商務志一卷附錄一卷　(日本)織田一撰　(清)蔣簋方譯　清光緒二十八年(1902)上海廣智書局鉛印本　一册

320000－1606－0002285　P02465

籌辦萍鄉鐵路公牘四卷首一卷萍醴鐵路始末記一卷浙江鐵路條陳一卷　顧家相撰　清光緒三十年(1904)大梁刻本　二册

320000－1606－0002286　P02466

西比利亞鐵路考一卷　(美國)勒芬邇撰　(清)徐兆熊等譯　清光緒二十八年(1902)南洋公學鉛印本　一册

320000　1606　0002287　P02467

中國最新仕商尺牘教科書二卷　周天鵬編　清光緒三十三年(1907)上海會文學社石印本　二册

320000－1606－0002288　P02468

治河方略十卷首一卷　(清)靳輔撰　清嘉慶四年(1799)靳文鈞安瀾堂刻本　十一册

320000－1606－0002289　P02471

商標註册試辦章程一卷　(清)商部編　清光緒三十年(1904)鉛印本　一册

320000－1606－0002290　P02477

瓨荷譜一卷　(清)楊鍾寶撰　清嘉慶十三年(1808)刻本　一册

320000－1606－0002291　P02481

種樹書一卷　(元)俞宗本撰　清光緒二十三年(1897)桐廬袁氏漸西村舍刻本　一册

320000－1606－0002292　P02483

捕蝗要說二十則一卷圖說一卷除蝻八要一卷　(清)錢炘和輯　清同治八年(1869)楚北崇文書局刻本　一册

320000－1606－0002293　P02485

蠶桑輯要一卷　(清)沈秉成輯　**廣蠶桑說一卷**　(清)沈練撰　清光緒二十二年(1896)江西書局刻本　一册

320000－1606－0002294　P02489

爾雅郭注義疏二十卷　(清)郝懿行撰　清同治四年(1865)郝聯薇刻本　八册

320000－1606－0002295　P02490

農類譯叢甲三卷　李煜瀛譯　清光緒三十二年(1906)濟南農務學堂石印本　一册

320000－1606－0002296　P02491

區田編加註一卷變通區田省工法一卷附一卷　(清)友益書屋輯　清咸豐七年(1857)友益書屋刻本　一册

320000－1606－0002297　P02492

出洋通商舉隅一卷　吳宗濂輯譯　清光緒二十七年(1901)壽萱室鉛印本　一册

320000　1606　0002298　P02493

出洋通商舉隅一卷　吳宗濂輯譯　清光緒二十七年(1901)壽萱室鉛印本　一册

320000－1606－0002299　P02494

戊戌年中國農產物貿易表一卷　陳壽彭輯譯　清光緒二十六年(1900)江南總農會石印本　一册

320000－1606－0002300　P02496

蠶體解剖講義一卷　(日本)佐佐木忠二郎口授　(日本)山本正義譯　清光緒杭州蠶學館石印本　一册

320000－1606－0002301　P02498

喝茫蠶書八卷　(法國)喝茫勒窩滂著　(清)

鄭守箴譯　清光緒二十四年(1898)杭州蠶學館石印本　一册

320000－1606－0002302　P02499
爆藥記要六卷　(美國)水雷局原書　舒高第口譯　(清)趙元益筆述　清光緒江南製造局刻本　一册

320000－1606－0002303　P02500
鑄錢工藝三卷圖一卷　(英國)傅蘭雅　(清)鍾天緯譯　清光緒江南製造局刻本　二册

320000－1606－0002304　P02502
西國造紙法一卷　(英國)傅蘭雅輯　清光緒十八年(1892)上海格致書室石印本　一册

320000－1606－0002305　P02503
廣東出品協會説明書二十一部　(清)廣東省出品協會編　清宣統二年(1910)廣州總商會報鉛印本　六册

320000－1606－0002306　P02505
汗簡三卷略敘目錄一卷　(宋)郭忠恕輯　清光緒九年(1883)點石齋石印本　一册

320000－1606－0002307　P02506
説文拈字七卷補遺一卷　(清)王玉樹撰　清光緒十九年(1893)石印本　四册

320000－1606－0002308　P02509
中國字母北京切音合訂不分卷　盧戇章撰　清光緒三十二年(1906)上海點石齋石印本　一册

320000－1606－0002309　P02510
簡字叢錄一卷　勞乃宣撰　清光緒三十二年(1906)金陵刻本　一册

320000－1606－0002310　P02511
簡字全譜一卷　勞乃宣撰　清光緒三十三年(1907)金陵刻本　一册

320000－1606－0002311　P02515
字説一卷　(清)吳大澂撰　清光緒刻本　一册

320000－1606－0002312　P02518
倉頡篇輯補斠證三卷説文解字引漢律考二卷説文解字載漢律考附錄二卷　王仁俊撰　清光緒三十二年(1906)吳縣王氏籀鄦誃刻本　一册

320000－1606－0002313　P02521
朱子[熹]年譜四卷考異四卷朱子論學切要語二卷　(清)王懋竑編　清乾隆十七年(1752)寶應王氏白田草堂刻本　四册

320000－1606－0002314　P02522
汗簡三卷略敘目錄一卷　(宋)郭忠恕輯　清光緒十一年(1885)朱氏槐廬家塾刻本　二册

320000－1606－0002315　P02523
説文解字句讀三十卷　(清)王筠撰　清光緒八年(1882)四川尊經書局刻本　十六册

320000－1606－0002316　P02524
隸辨八卷　(清)顧藹吉撰　清乾隆八年(1743)刻本　八册

320000－1606－0002317　P02525
説文解字十五卷　(漢)許慎撰　(宋)徐鉉校定　清同治十三年(1874)東吳浦氏刻本　三册

320000－1606－0002318　P02526
説文解字十五卷　(漢)許慎撰　(宋)徐鉉校定　清刻本　六册

320000－1606－0002319　P02528
許學叢刻二集九種　(清)許頌鼎　(清)許溎祥輯　清光緒十三年(1887)海寧許氏古均閣刻本　四册

320000－1606－0002320　P02529
説文解字群經正字二十八卷　(清)邵瑛撰　清嘉慶二十一年(1816)刻本　八册

320000－1606－0002321　P02530
説文通訓定聲十八卷分部檢韵一卷分畫檢部一卷説雅一卷古今韵準一卷　(清)朱駿聲撰　**行述一卷**　朱孔彰撰　清同治九年(1870)朱氏臨嘯閣刻本　二十四册

320000－1606－0002322　P02532
康熙字典十二集總目一卷檢字一卷辨似一卷

等韻一卷備考一卷補遺一卷　(清)張玉書　(清)凌紹雯等纂修　清光緒二十八年(1902)上海寶善齋石印本　六冊

320000－1606－0002323　P02533
說文外編十六卷　(清)雷浚撰　清光緒二年(1876)刻本　四冊

320000－1606－0002324　P02534
說文外編十六卷　(清)雷浚撰　清光緒二年(1876)刻本　三冊　存十二卷(五至十六)

320000－1606－0002325　P02535
說文解字注三十二卷　(清)段玉裁注　清乾隆、嘉慶間段氏經韻樓刻本　二十四冊

320000－1606－0002326　P02536
說文校議十五卷　(清)姚文田　(清)嚴可均撰　清同治十三年(1874)歸安姚氏刻本　六冊

320000－1606－0002327　P02537
說文蠡箋十四卷　(清)潘奕雋撰　清嘉慶七年(1802)三松堂刻本　一冊

320000－1606－0002328　P02538
說文解字注三十二卷　(清)段玉裁注　清同治六年至十一年(1867－1872)蘇州保息局刻本　十六冊

320000－1606－0002329　P02539
說文字原一卷　(元)周伯琦撰　清光緒九年(1883)錢氏抄本　一冊

320000－1606－0002330　P02540
篆辨一卷　(□)□□撰　清抄本　一冊

320000－1606－0002331　P02541
說文古籀疏證六卷原目一卷　(清)莊述祖撰　清光緒二十年(1894)津郡明文堂刻本　四冊

320000－1606－0002332　P02542
說文通檢十四卷首一卷末一卷　(清)黎永椿編　清光緒二年(1876)崇文書局刻本　二冊

320000－1606－0002333　P02543
說文通檢十四卷首一卷末一卷　(清)黎永椿編　清光緒二年(1876)崇文書局刻本　二冊

320000－1606－0002334　P02544
說文解字義證五十卷　(清)桂馥撰　清同治九年(1870)湖北崇文書局刻本　三十二冊

320000－1606－0002335　P02545
小學類編七種　(清)李祖望輯　清咸豐至光緒江都李氏半畝園刻本　八冊

320000－1606－0002336　P02546
段氏說文注訂八卷　(清)鈕樹玉著　清同治十三年(1874)湖北崇文書局刻本　二冊

320000－1606－0002337　P02547
段氏說文注訂八卷　(清)鈕樹玉著　清道光刻同治五年(1866)碧螺山館補刻本　二冊

320000－1606－0002338　P02548
段氏說文注訂八卷　(清)鈕樹玉著　清道光刻同治五年(1866)碧螺山館補刻本　二冊

320000－1606－0002339　P02549
說文新附考六卷續考一卷　(清)鈕樹玉撰　清同治十三年(1874)湖北崇文書局刻本　二冊

320000－1606－0002340　P02550
爾雅三卷　(晉)郭璞注　(唐)陸德明音釋　清同治七年(1868)湖北崇文書局刻本　三冊

320000－1606－0002341　P02551
苗氏說文四種　(清)苗夔撰　清道光、咸豐間壽陽祁氏漢專亭刻本　八冊

320000－1606－0002342　P02552
說文古籀疏證六卷原目一卷　(清)莊述祖撰　清光緒二十年(1894)津郡明文堂刻本　四冊

320000－1606－0002343　P02553
唐寫本說文解字木部箋異一卷　(清)莫友芝撰　清同治二年(1863)刻本　一冊

320000－1606－0002344　P02554
說文粹言疏證二卷　潘任撰　清光緒二十年(1894)木活字印希鄭堂叢書本　一冊

320000－1606－0002345　P02557
說文解字斠詮十四卷　(清)錢坫撰　清光緒九年(1883)淮南書局刻本　六冊

320000－1606－0002346　P02558
爾雅正義二十卷　(清)邵晉涵撰　清刻本　四冊　存七卷(十四至二十)

320000－1606－0002347　P02559
爾雅三卷音釋一卷　(晉)郭璞注　(唐)陸德明音義　**爾雅經注集證三卷**　(清)龍啟瑞集證　清光緒七年(1881)刻本　二冊

320000－1606－0002348　P02560
爾雅三卷　(晉)郭璞注　(唐)陸德明音釋　清刻本　三冊

320000－1606－0002349　P02562
六書辨異二卷補遺一卷　(清)湯容煟輯　清刻本　二冊

320000－1606－0002350　P02564
金壺精粹四卷附疊文一卷　(清)郝在田輯　清光緒二年(1876)刻本　二冊

320000－1606－0002351　P02565
幼雅九卷　(清)陳榮袞撰　清光緒二十三年(1897)羊城崇蘭僊館刻本　一冊

320000－1606－0002352　P02566
隸篇十五卷續十五卷再續十五卷　(清)翟雲升編　清道光十七年至十八年(1837－1838)刻本　十冊

320000－1606－0002353　P02567
六書通十卷首一卷　(明)閔齊伋撰　(清)畢弘述篆訂　清光緒十九年(1893)上海校經山房石印本　五冊

320000－1606－0002354　P02568
六書通十卷首一卷　(明)閔齊伋輯　(清)畢弘述篆訂　清光緒十九年(1893)上海書局石印本　五冊

320000－1606－0002355　P02572
駢雅訓纂七卷首一卷　(明)朱謀㙔撰　清光緒二十年(1894)上海積山書局石印本　八冊

320000－1606－0002356　P02573
爾雅音圖三卷　(晉)郭璞注　清光緒十二年(1886)上海石印本　二冊

320000－1606－0002357　P02575
新爾雅三卷　汪榮寶　葉瀾纂　清宣統三年(1911)石印本　三冊

320000－1606－0002358　P02576
爾雅注疏十一卷　(晉)郭璞注　(宋)邢昺疏　清嘉慶八年(1803)青雲樓刻本　四冊

320000－1606－0002359　P02577
詩韻合璧五卷　(清)湯文潞編　**虛字韻藪一卷**　(清)潘維城輯　清末民國間鉛印本　五冊

320000－1606－0002360　P02578
經籍籑詁並補遺一百六卷首一卷　(清)阮元撰　清刻本　四十冊

320000－1606－0002361　P02579
康熙字典十二集總目一卷檢字一卷辨似一卷等韻一卷備考一卷補遺一卷　(清)張玉書　(清)凌紹雯等纂修　清光緒三十二年(1906)上海商務印書館石印本　六冊

320000－1606－0002362　P02587
說文審音十六卷　(清)張行孚撰　清光緒二十四年(1898)芳郭里通隱堂刻本　四冊

320000－1606－0002363　P02588
詩韻珠璣五卷　(清)余照輯　清嘉慶五年(1800)一枝山房刻本　五冊

320000－1606－0002364　P02590
東萊先生古文關鍵二卷　(宋)吕祖謙評　(宋)蔡文子注　(清)徐樹屏考異　清光緒二十四年(1898)江蘇書局刻本　二冊

320000－1606－0002365　P02591
大宋重修廣韻五卷　(宋)陳彭年等重修　清康熙四十三年(1704)吳郡張氏刻本　三冊

320000－1606－0002366　P02592
音學五書三十八卷　(清)顧炎武撰　清光緒十一年(1885)四明觀稼樓刻本　十二冊

320000－1606－0002367　P02593

重訂空谷傳聲一卷　(清)汪鎏撰　清光緒八年(1882)南京李光明莊刻本　一册

320000－1606－0002368　P02594

佩文詩韻釋要五卷　(清)周兆基輯　清宣統三年(1911)商務印書館影印本　二册

320000－1606－0002369　P02595

盛世元音一卷　(清)沈學撰　清光緒二十二年(1896)刻本　一册

320000－1606－0002370　P02596

詩韻含英十八卷　(清)劉文蔚輯　清乾隆二十三年(1758)刻本　四册

320000－1606－0002371　P02597

正音新纂二卷　(清)馬鳴鶴撰　清光緒二十八年(1902)金陵宜春閣木活字印本　二册

320000－1606－0002372　P02598

拼音字譜一卷　(清)王炳耀撰　清光緒二十三年(1897)刻本　一册

320000－1606－0002373　P02599

古音類表九卷首一卷　(清)傅壽彤學　清光緒二年(1876)大梁皋署刻本　四册

320000－1606－0002374　P02600

六書系韻二十四卷　(清)李貞輯　清光緒刻本　二十一册　存二十一卷(四至二十四)

320000－1606－0002375　P02607

大宋重修廣韻五卷　(宋)陳彭年等重修　清光緒十四年(1888)上海蜚英館石印本　一册

320000－1606－0002376　P02608

廣韻五卷　(宋)陳彭年等修　清光緒十四年(1888)上海蜚英館石印本　一册

320000－1606－0002377　P02610

音韻闡微十八卷韻譜一卷　(清)李光地等撰　清光緒七年(1881)淮南書局刻本　五册

320000－1606－0002378　P02611

李舟切韻一卷　(唐)李舟撰　清刻本　二册

320000－1606－0002379　P02614

中學文粹初編二卷二編二卷三編二卷四編二卷　(清)許貴編　清光緒三十二年(1906)上海文明書局鉛印本　五册

320000－1606－0002380　P02616

詞林正韻三卷發凡一卷　(清)戈載輯　清光緒嘉興稻香館主人方氏刻本　二册

320000－1606－0002381　P02617

集韻十卷　(宋)丁度等撰　清光緒二年(1876)川東官舍刻本　十册

320000－1606－0002382　P02618

說文通訓定聲十八卷分部檢韵一卷分畫檢部一卷說雅一卷古今韵準一卷　(清)朱駿聲撰　**行述一卷**　朱孔彰撰　清光緒十三年(1887)上海積山書局石印本　八册

320000－1606－0002383　P02619

增廣華英字典不分卷　(清)□□編　清光緒二十一年(1895)鉛印本　一册

320000－1606－0002384　P02621

和文漢譯讀本八卷東語語法略說一卷日本語音韻文法變化大要一卷　(日本)坪內雄藏編　(日本)長尾楨太郎譯　清光緒三十二年(1906)上海商務印書館鉛印本　八册

320000－1606－0002385　P02622

增註字類標韻六卷補遺一卷　(清)范多玨重訂　清光緒二十二年(1896)煥文書局石印本　一册

320000－1606－0002386　P02623

增註字類標韻六卷　(清)范多玨重訂　清光緒十四年(1888)上海蜚英館石印本　二册

320000－1606－0002387　P02624

增廣詩句題解彙編四卷姓氏考一卷　(清)陳晉蕃編　清光緒十三年(1887)上海大同書局石印本　四册

320000－1606－0002388　P02626

切音捷訣一卷幼學切音便讀一卷　(清)鄺珩伯輯　清光緒六年(1880)諸暨摭古堂刻本　一册

320000－1606－0002389　P02638

陶淵明集十卷　（晉）陶潛撰　清咸豐十一年(1861)皖城行營刻本　二册

320000－1606－0002390　P02639

陶淵明文集十卷　（晉）陶潛撰　清光緒十三年(1887)石印本　二册

320000－1606－0002391　P02645

時敏學堂課藝二卷　（清）鄧家讓等撰　清光緒二十八年(1902)廣東時敏書局鉛印本　二册

320000－1606－0002392　P02648

片玉山房花箋録二十卷　（清）孫兆溎輯　清咸豐二年(1852)刻本　六册

320000－1606－0002393　P02652

實用雄辯術十四章　王立才著　清宣統三年(1911)中國圖書公司鉛印本　一册

320000－1606－0002394　P02659

榕村語録四十卷　（清）李光地撰　清刻本　十一册

320000－1606－0002395　P02660

文學興國策二卷　（美國）林樂知譯　清光緒二十二年(1896)上海廣學會鉛印本　一册

320000－1606－0002396　P02662

涵芬樓古今文鈔小傳四卷首一卷附録一卷　商務印書館編譯所編　清宣統三年(1911)上海商務印書館鉛印本　一册

320000－1606－0002397　P02663

文章緣起一卷　（南朝梁）任昉撰　（明）陳懋仁注　（清）方熊補注　清光緒邵武徐氏刻本　一册

320000－1606－0002398　P02669

文章指南五集　（明）歸有光編　（清）許佐輯　清光緒二年(1876)皖江節署刻本　五册

320000－1606－0002399　P02670

王子安集註二十卷首一卷末一卷　（唐）王勃撰　（清）蔣清翊註　清光緒九年(1883)吳縣蔣氏雙唐碑館刻本　六册

320000－1606－0002400　P02671

庾子山集十六卷總釋一卷　（北周）庾信撰　（清）倪璠注　清道光十九年(1839)大文堂刻本　十二册

320000－1606－0002401　P02672

大雲山房文稾初集四卷二集四卷　（清）惲敬撰　清光緒十四年(1888)官書處刻本　八册

320000－1606－0002402　P02675

木犀軒叢書　李盛鐸輯　清光緒德化李氏木犀軒刻本　四十二册

320000－1606－0002403　P02676

南雷文定前集十一卷後集四卷三集三卷四集四卷附録一卷　（清）黄宗羲撰　清黄氏家塾耕餘樓刻本　八册

320000－1606－0002404　P02677

瀏陽二傑文二卷　（清）譚嗣同　（清）唐才常撰　清鉛印本　一册　存一卷(二)

320000－1606－0002405　P02679

瀏陽二傑文二卷　（清）譚嗣同　（清）唐才常撰　清鉛印本　二册

320000－1606－0002406　P02680

琴操二卷首一卷補一卷支遁集二卷首一卷補遺一卷　（漢）蔡邕撰　清光緒刻本　一册

320000－1606－0002407　P02682

楊龜山先生集四十二卷首一卷　（宋）楊時撰　清光緒九年(1883)張國正刻本　十册

320000－1606－0002408　P02683

文選六十卷　（南朝梁）蕭統輯　（唐）李善注　清同治八年(1869)潯陽萬氏刻本　二十四册

320000－1606－0002409　P02687

陸桴亭先生遺書二十二種　（清）陸世儀撰　清光緒二十五年(1899)太倉唐受祺京師刻本　二十册

320000－1606－0002410　P02691

王子安集註二十卷首一卷末一卷　（唐）王勃撰　（清）蔣清翊註　清光緒九年(1883)吳縣

蔣氏雙唐碑館刻本　六冊

320000－1606－0002411　P02693
重刊五百家註音辯昌黎先生文集四十卷　(唐)韓愈撰　清刻本　二十冊

320000－1606－0002412　P02694
白香山詩長慶集二十卷後集十七卷別集一卷補遺二卷　(唐)白居易撰　(清)汪立名編訂　清康熙四十二年(1703)汪氏一隅草堂刻本　十冊

320000－1606－0002413　P02695
新雕校證大字白氏諷諫一卷　(唐)白居易撰　清光緒十九年(1893)吳門徐氏刻本　一冊

320000－1606－0002414　P02696
張説之文集二十五卷補遺五卷　(唐)張説撰　清光緒三十一年(1905)仁和朱氏刻本　六冊

320000－1606－0002415　P02698
文選集釋二十四卷　(清)朱珔撰　清光緒元年(1875)涇村朱氏梅村家塾刻本　十二冊

320000－1606－0002416　P02700
杜詩詳註二十五卷首一卷附編二卷　(清)仇兆鰲輯註　清康熙刻本　二十八冊

320000　1606　0002417　P02701
蔡中郎集十卷末一卷外紀一卷外集四卷　(漢)蔡邕撰　清光緒十六年(1890)番禺陶氏刻本　五冊

320000－1606－0002418　P02702
文選補遺四十卷　(宋)陳仁子輯　(明)譚紹烈纂類　清刻本　六冊　存二十三卷(十八至四十)

320000－1606－0002419　P02704
徐孝穆全集六卷備考一卷　(南朝陳)徐陵撰　(清)吳兆宜箋注　清善化經濟書堂刻本　六冊

320000－1606－0002420　P02705
司空詩品註釋一卷　(唐)司空圖撰　清南京李光明莊刻本　一冊

320000－1606－0002421　P02706
昌黎先生集四十卷外集十卷遺文一卷朱子校昌黎先生集傳一卷　(唐)韓愈撰　(唐)李漢編　**韓集點勘四卷**　(清)陳景雲撰　清同治八年至九年(1869－1870)江蘇書局刻本　十一冊

320000－1606－0002422　P02707
柳文四十三卷別集二卷外集二卷附錄一卷　(唐)柳宗元撰　(唐)劉禹錫編　清同治七年(1868)永州刻本　十二冊

320000－1606－0002423　P02708
杜工部集二十卷首一卷　(唐)杜甫撰　(明)王世貞等評　清光緒二年(1876)粵東翰墨園刻五色套印本　十冊

320000－1606－0002424　P02709
李元賓文集六卷　(清)陸希聲編　清嘉慶二十三年(1818)秦氏石研齋刻本　一冊

320000－1606－0002425　P02710
樊川詩集四卷別集一卷外集一卷補遺一卷　(唐)杜牧撰　(清)馮集梧注　清光緒十六年(1890)湘南書局刻本　六冊

320000－1606－0002426　P02714
王臨川文集四卷　(宋)王安石撰　清宣統二年(1910)上海會文堂書局石印本　四冊

320000－1606－0002427　P02716
樊南文集詳註八卷　(清)馮浩編訂　清同治七年(1868)德聚堂刻本　四冊

320000－1606－0002428　P02717
樊南文集補編十二卷首一卷附錄一卷　(唐)李商隱撰　(清)錢振倫箋　(清)錢振常注　清同治五年(1866)望三益齋刻本　四冊

320000－1606－0002429　P02722
周太樸集不分卷　(唐)周樸撰　清光緒十二年(1886)盱南蔡學蘇刻本　一冊

320000－1606－0002430　P02723
文山別集四種　(宋)文天祥撰　清宣統二年(1910)東雅社鉛印本　四冊

320000－1606－0002431　P02724
晞髮集十卷晞髮遺集二卷補一卷　(宋)謝翶撰　清嘉慶二十一年(1816)留香室刻本　二册

320000－1606－0002432　P02725
恥堂存稿八卷　(宋)高斯得撰　清乾隆四十二年(1777)福建刻道光、同治遞修光緒二十一年(1895)增刻本　三册

320000－1606－0002433　P02726
陳伯玉集文集三卷詩集二卷附錄一卷　(唐)陳子昂撰　清道光二十二年(1842)刻本　六册

320000－1606－0002434　P02727
文信國公集二十卷首一卷　(宋)文天祥撰　清同治七年(1868)楚醴景萊書室刻本　十一册

320000－1606－0002435　P02729
宋謝文節公集六卷　(宋)謝枋得撰　清同治五年(1866)皖城藩署刻本　二册

320000－1606－0002436　P02731
華陽集四十卷　(宋)王珪撰　清刻本　十册

320000－1606－0002437　P02732
王臨川全集一百卷目錄二卷　(宋)王安石撰　清光緒九年(1883)聽香館刻本　二十册

320000－1606－0002438　P02738
宋王忠文公文集五十卷目錄四卷　(宋)王十朋撰　(清)唐傳鉎編　清光緒二年(1876)溫州梅溪書院刻本　十二册

320000－1606－0002439　P02739
新雕徂徠石先生文集二十卷末一卷　(宋)石介撰　**補遺一卷校勘記一卷**　(清)徐坊撰　清光緒九年(1883)尚志書院刻增刻本　三册　缺二卷(補遺一卷、校勘記一卷)

320000－1606－0002440　P02740
徂徠石先生全集二十卷附錄一卷　(宋)石介撰　清康熙五十六年(1717)燕山石鍵刻本　四册

320000－1606－0002441　P02743
平齋文集三十二卷　(宋)洪咨夔撰　清同治十一年(1872)湘皖同人刻本　八册

320000－1606－0002442　P02744
宋宗忠簡公集八卷首一卷　(宋)宗澤撰　(清)王廷曾重編　清乾隆二十六年(1761)趙氏刻本　三册

320000－1606－0002443　P02745
宋宗忠簡公集七卷　(宋)宗澤撰　清同治四年(1865)刻本　二册

320000－1606－0002444　P02747
鉅鹿東觀集十卷補遺一卷附錄一卷　(宋)魏野撰　清宣統三年(1911)趙氏峭帆樓刻本　一册

320000－1606－0002445　P02748
鉅鹿東觀集十卷補遺一卷附錄一卷　(宋)魏野撰　清宣統三年(1911)趙氏峭帆樓刻本　一册

320000－1606－0002446　P02749
吾汶藳十卷補遺一卷　(宋)王炎午撰　清光緒三十四年(1908)國學保存會鉛印本　一册

320000－1606－0002447　P02751
水雲集一卷附錄一卷　(宋)汪元量著　清光緒刻本　一册

320000－1606－0002448　P02752
節孝先生文集三十卷事實一卷附載一卷節孝先生語錄一卷　(宋)徐積著　清宣統三年(1911)徐氏刻本　六册

320000－1606－0002449　P02753
朱子集一百四卷目錄二卷　(宋)朱熹撰　清同治元年(1862)紫霞洲祠堂刻本　四十册

320000－1606－0002450　P02757
鉅鹿東觀集十卷補遺一卷附錄一卷　(宋)魏野撰　清宣統三年(1911)趙氏刻峭帆樓叢書本　一册

320000－1606－0002451　P02760
祠部集三十五卷　(宋)強至撰　清乾隆四十

二年(1777)福建刻道光、同治遞修光緒二十一年(1895)增刻本　八冊

320000－1606－0002452　P02761
元憲集三十六卷　(宋)宋庠撰　清道光福建刻本　十二冊

320000－1606－0002453　P02762
石屏詩集十卷　(宋)戴復古撰　清嘉慶二十二年(1817)臨海宋氏刻本　三冊

320000－1606－0002454　P02763
艮齋先生薛常州浪語集三十五卷　(宋)薛季宣撰　清同治十一年(1872)瑞安孫氏詒善祠塾刻本　六冊

320000－1606－0002455　P02764
安陽集五十卷　(宋)韓琦撰　清乾隆三十七年(1772)同安黃邦寧刻本　十冊

320000－1606－0002456　P02765
南澗甲乙稿二十二卷　(宋)韓元吉撰　清刻武英殿聚珍版書本　十冊

320000－1606－0002457　P02766
絜齋集二十四卷　(宋)袁燮撰　清刻本　十冊

320000－1606－0002458　P02767
山谷詩集註二十卷外集詩註十七卷別集詩註二卷　(宋)黄庭堅撰　(宋)任淵等註　清光緒二十一年至二十五年(1895－1899)雙井祠堂刻本　二十冊

320000－1606－0002459　P02768
范忠宣公集二十卷首一卷奏議二卷遺文一卷補編一卷附錄一卷　(宋)范純仁撰　清宣統二年(1910)歲寒堂刻本　六冊

320000－1606－0002460　P02769
范忠宣公集二十卷首一卷奏議二卷遺文一卷補編一卷附錄一卷　(宋)范純仁撰　清宣統二年(1910)歲寒堂刻本　六冊

320000－1606－0002461　P02770
蘇文忠公詩編註集成四十六卷集成總案四十五卷諸家雜綴酌存一卷蘇海識餘四卷牋詩圖一卷　(宋)蘇軾撰　(清)王文誥輯　清光緒十四年(1888)浙江書局刻本　二十四冊

320000－1606－0002462　P02771
范忠宣公集二十卷首一卷奏議二卷遺文一卷補編一卷附錄一卷　(宋)范純仁撰　清宣統二年(1910)蘇州范氏刻本　六冊

320000－1606－0002463　P02772
范文正公集二十卷首一卷別集四卷奏議二卷尺牘三卷言行拾遺事錄四卷鄱陽遺事錄一卷遺迹一卷建立義莊規矩一卷褒賢集五卷補編五卷　(宋)范仲淹撰　**年譜一卷補遺一卷**　(宋)樓鑰撰　清宣統二年(1910)蘇州范氏刻本　十冊

320000－1606－0002464　P02774
赤城集十八卷　(宋)林表民輯　清嘉慶二十三年(1818)臨海宋氏刻本　四冊

320000－1606－0002465　P02775
水心先生文集二十九卷補遺一卷別集十六卷　(宋)葉適撰　清光緒八年(1882)瑞安孫氏詒善祠塾刻本　十六冊

320000－1606－0002466　P02776
范文正公集二十卷首一卷別集四卷奏議二卷尺牘三卷言行拾遺事錄四卷鄱陽遺事錄一卷遺迹一卷建立義莊規矩一卷褒賢集五卷補編五卷　(宋)范仲淹撰　**年譜一卷補遺一卷**　(宋)樓鑰撰　清宣統二年(1910)蘇州范氏刻本　十冊

320000－1606－0002467　P02778
杜清獻公集十九卷首一卷　(宋)杜範著　**杜清獻公集補遺一卷附錄一卷校勘一卷**　(清)王棻輯　清同治九年(1870)吳縣孫氏九峰書院刻本　四冊

320000－1606－0002468　P02779
武夷新集二十卷楊文公逸詩文一卷　(宋)楊億撰　清嘉慶十六年(1811)浦城祝氏留香室刻本　八冊

320000－1606－0002469　P02780
陳克齋先生集五卷　(宋)陳文蔚撰　(清)張

伯行重訂　清同治五年(1866)福州正誼書院刻本　二册

320000－1606－0002470　P02781
淳熙稿二十卷　(宋)趙蕃撰　清乾隆武英殿木活字印本　九册

320000－1606－0002471　P02784
陸象山先生文集三十六卷附錄一卷　(宋)陸九淵撰　**少湖徐先生學則辯一卷**　(明)徐階撰　清道光三年(1823)金谿槐堂書屋刻本　十二册

320000－1606－0002472　P02785
東萊詩集二十卷　(宋)吕本中撰　清咸豐九年(1859)刻本　四册

320000－1606－0002473　P02786
東萊詩集二十卷　(宋)吕本中撰　清咸豐九年(1859)刻本　四册

320000－1606－0002474　P02787
後山先生集二十四卷首一卷　(宋)陳師道撰　清光緒十一年(1885)番禺陶福詳刻本　四册

320000－1606－0002475　P02788
北溪先生全集五十卷字義二卷外集一卷補遺一卷　(宋)陳淳撰　清光緒七年(1881)薌江鄭圭海種香别業刻本　十册

320000－1606－0002476　P02789
陳少陽集十卷首一卷　(宋)陳東撰　(清)劉德麟　(清)聞福圻輯　清光緒十六年(1890)敦善堂刻本　四册

320000－1606－0002477　P02790
彭城集四十卷　(宋)劉攽撰　清乾隆武英殿木活字印本　十六册

320000－1606－0002478　P02791
宛陵先生集六十卷拾遺一卷附錄三卷續金針詩格一卷　(宋)梅堯臣撰　清道光十年(1830)夜吟樓刻本　十二册

320000－1606－0002479　P02794
羅豫章先生集十二卷首一卷末一卷　(宋)羅從彦撰　清光緒八年(1882)盱江刻本　四册

320000－1606－0002480　P02797
胡少師總集六卷首一卷　(宋)胡舜陟著　**乙巳泗州錄一卷己酉避亂錄一卷吴門忠告一卷**　(宋)胡舜申撰　**宫詞集句一卷**　(宋)胡偉撰　清同治二年(1863)刻本　二册

320000－1606－0002481　P02798
公是集五十四卷　(宋)劉敞撰　清乾隆武英殿木活字印本　二十册

320000－1606－0002482　P02799
羅鄂州小集六卷　(宋)羅願撰　**羅郢州遺文一卷**　(宋)羅頌撰　清光緒十九年(1893)黟縣李氏刻本　二册

320000－1606－0002483　P02800
羅鄂州小集六卷　(宋)羅願撰　**羅郢州遺文一卷**　(宋)羅頌撰　清光緒十九年(1893)黟縣李氏刻本　三册

320000－1606－0002484　P02801
周益國文忠公集一百六十二卷首一卷末一卷附錄五卷　(宋)周必大撰　清道光二十八年(1848)廬陵歐陽棨瀛塘别墅刻本　四十册

320000－1606－0002485　P02804
拙軒集六卷　(金)王寂撰　清乾隆蘇州刻本　二册

320000－1606－0002486　P02805
北山文集三十卷末一卷　(宋)鄭剛中撰　清同治十二年(1873)永康胡氏退補齋刻本　七册

320000－1606－0002487　P02806
歐陽文忠公全集一百五十三卷首一卷附錄五卷　(宋)歐陽修撰　清光緒十九年(1893)澹雅書局刻本　三十二册

320000－1606－0002488　P02807
元豐類藁五十卷首一卷　(宋)曾鞏撰　清光緒十六年(1890)慈利漁浦書院刻本　十册

320000－1606－0002489　P02808
竹素山房集三卷補遺一卷附錄一卷　(元)吾

丘衍撰　清光緒二十一年(1895)錢塘丁氏嘉惠堂刻本　一册

320000－1606－0002490　P02810
青邱高季迪先生詩集十八卷首一卷遺詩一卷扣舷集一卷鳧藻集五卷　(明)高啟撰　(清)金檀輯注　**附録一卷青邱高季迪先生年譜一卷**　(清)金檀編　清雍正六年(1728)桐鄉金氏文瑞樓刻本　十二册

320000－1606－0002491　P02811
湛然居士文集十四卷　(元)耶律楚材撰　清光緒二十一年(1895)漸西村舍刻本　四册

320000－1606－0002492　P02816
舒文靖集二卷事實擬冊一卷　(宋)舒璘撰　**附録三卷**　(清)徐時棟輯　**校勘記三卷**　孫鏘輯　清光緒二十二年(1896)四明七千卷樓刻本　四册

320000－1606－0002493　P02817
梧溪集七卷補遺一卷困學齋雜録一卷　(元)王逢撰　清同治十三年(1874)思補樓木活字印本　八册

320000－1606－0002494　P02818
元遺山詩集箋注十四卷年譜一卷　(金)元好問撰　(清)施國祁注　**元遺山全集補載一卷**　(清)施國祁輯　**元遺山全集附録一卷**　(明)儲瓘輯　(清)華希閔增輯　清道光二年(1822)南潯蔣氏瑞松堂刻本　八册

320000－1606－0002495　P02819
李義山詩集三卷詩譜一卷　(唐)李商隱撰　(清)朱鶴齡箋注　清刻本　二册

320000－1606－0002496　P02820
中州集十卷首一卷中州樂府一卷　(金)元好問輯　明末毛氏汲古閣刻本　十册

320000－1606－0002497　P02821
兼濟堂文集選二十卷　(清)魏裔介撰　**魏貞庵先生年譜一卷**　(清)魏荔彤輯　清龍江書院刻本　二十册

320000－1606－0002498　P02823
剡源集三十卷　(元)戴表元撰　**剡源集札記一卷**　(清)郁松年撰　清道光二十年(1840)上海郁氏刻本　八册

320000－1606－0002499　P02824
清容居士集五十卷　(元)袁桷撰　**札記一卷**　(清)郁松年撰　清道光二十年(1840)上海郁氏刻宜稼堂叢刻本　十册

320000－1606－0002500　P02826
龔安節公野古集三卷附録一卷　(明)龔詡撰　清光緒二十八年(1902)新陽趙氏刻本　一册

320000－1606－0002501　P02828
龔安節公野古集三卷附録一卷　(明)龔詡撰　清光緒二十八年(1902)新陽趙氏刻本　一册

320000－1606－0002502　P02830
虞文靖公道園全集詩八卷詩遺稿八卷文四十四卷文遺稿十六卷　(元)虞集撰　清刻本　二十八册　缺十六卷(文遺稿十六卷)

320000－1606－0002503　P02831
重刊校正唐荆川先生文集十二卷外集三卷補遺五卷　(明)唐順之撰　清光緒三十年(1904)江南書局刻本　十册

320000－1606－0002504　P02833
純白齋類稿二十卷首一卷附録二卷　(元)胡助撰　清同治十二年(1873)永康胡氏退補齋刻本　四册

320000－1606－0002505　P02834
趙文敏公松雪齋全集十卷外集一卷續集一卷　(元)趙孟頫撰　清康熙五十二年(1713)海上曹氏城書室刻本　四册

320000－1606－0002506　P02835
趙文敏公松雪齋全集十卷外集一卷續集一卷　(元)趙孟頫撰　清光緒八年(1882)洞庭楊氏刻本　四册

320000－1606－0002507　P02836
郝文忠公陵川文集三十九卷首一卷附録一卷

（元）郝經撰　（清）王繆編訂　清乾隆三年（1738）王氏刻本　十册

320000－1606－0002508　P02837
明大司馬盧公集十二卷首一卷　（明）盧象昇撰　**明大司馬盧公年譜一卷**　（清）盧安節輯　清光緒三十四年（1908）會稽施惠刻本　八册

320000－1606－0002509　P02839
荆川文集十八卷　（明）唐順之撰　清康熙五十一年（1712）武進唐氏二南堂刻本　八册

320000－1606－0002510　P02840
節菴集八卷續稿一卷　（明）高得暘撰　清光緒二十年（1894）四明刻本　一册

320000－1606－0002511　P02841
蓉川集四卷首一卷　（明）齊之鸞撰　清光緒二十三年（1897）桐城徐氏刻本　二册

320000－1606－0002512　P02843
淵穎集十二卷　（元）吳萊撰　清光緒元年（1875）永康胡氏退補齋刻本　四册

320000－1606－0002513　P02844
所安遺集一卷附録一卷　（元）陳泰撰　清光緒六年（1880）武林節署刻本　一册

320000－1606－0002514　P02845
倭文端公遺書八卷首二卷末一卷續三卷　（清）倭仁撰　清光緒元年（1875）六安涂氏求我齋刻本　四册

320000－1606－0002515　P02846
石臼前集九卷後集七卷　（明）邢昉撰　清光緒十八年（1892）會稽陶在銘刻本　六册

320000－1606－0002516　P02847
王文成公全書三十八卷　（明）王守仁撰　清刻本　二十四册

320000－1606－0002517　P02848
太古園詩集一卷　（明）王僩撰　清乾隆元年（1736）雲和官衙刻本　一册

320000－1606－0002518　P02849
楊園先生全集五十四卷　（清）張履祥撰　（清）姚璉輯　（清）萬斛泉編　**張楊園先生年譜一卷編年詩文目一卷**　（清）蘇惇元編　清同治十年（1871）江蘇書局刻本　十六册

320000－1606－0002519　P02850
王陽明先生全集十六卷　（明）王守仁撰　**陽明先生年譜二卷**　（明）李贄輯　清道光六年（1826）文德刻本　十六册

320000－1606－0002520　P02851
解文毅公集十六卷首一卷附録一卷　（明）解縉撰　清乾隆三十二年（1767）解氏敦仁堂刻本　六册

320000－1606－0002521　P02853
疑雨集四卷　（明）王彦泓著　清宣統三年（1911）上海掃葉山房石印本　二册

320000－1606－0002522　P02854
疑雨集四卷　（明）王彦泓著　清宣統元年（1909）上海著易堂石印本　二册

320000－1606－0002523　P02855
明大司馬盧公集十二卷首一卷盧忠肅公遺翰一卷明大司馬雙印記一卷　（明）盧象昇撰　清光緒元年（1875）刻本　八册

320000－1606－0002524　P02856
左忠毅公集三卷　（明）左光斗撰　**左侍御公集一卷**　（明）左光先撰　**左忠毅公年譜一卷**　（清）左宰撰　清左國鼎刻本　六册

320000－1606－0002525　P02857
歸宫詹集四卷　（清）歸允肅撰　清光緒十三年（1887）虞山歸氏刻本　四册

320000－1606－0002526　P02859
青藤書屋文集三十卷補遺一卷　（明）徐渭撰　（明）袁宏道編　清宣統三年（1911）石印本　八册

320000－1606－0002527　P02862
亭林文集六卷　（清）顧炎武撰　清宣統元年（1909）席氏掃葉山房石印本　二册

320000－1606－0002528　P02863
陽明先生集要三種十五卷首一卷年譜一卷

(明)王守仁撰　(明)施邦曜輯　清宣統三年(1911)上海明明學社鉛印本　四册

320000－1606－0002529　P02864
陽明先生集要三種十五卷首一卷年譜一卷　(明)王守仁撰　(明)施邦曜輯　清宣統三年(1911)上海明明學社鉛印本　四册

320000－1606－0002530　P02865
凌忠介公奏疏六卷詩集二卷　(明)凌義渠撰　清光緒四年(1878)刻本　四册

320000－1606－0002531　P02866
枝山文集四卷　(明)祝允明撰　(清)李文楷編校　清同治十三年(1874)元和祝氏刻本　二册

320000－1606－0002532　P02867
玉笥山房要集四卷附文一卷　(清)顧廷綸撰　清光緒十二年(1886)刻本　一册

320000－1606－0002533　P02869
亭林餘集一卷　(清)顧炎武撰　清光緒二年(1876)誦芬樓刻本　一册

320000－1606－0002534　P02871
始豐藁十四卷補遺一卷附錄一卷　(明)徐一夔撰　清光緒二十年(1894)錢塘丁氏嘉惠堂刻本　四册

320000－1606－0002535　P02872
解文毅公集十六卷首一卷附錄一卷　(明)解縉撰　清乾隆三十二年(1767)解氏敦仁堂刻本　八册

320000－1606－0002536　P02877
宋學士全集三十二卷補遺八卷附錄二卷　(明)宋濂撰　清同治十三年(1874)永康胡氏退補齋刻本　四十册

320000－1606－0002537　P02878
胡敬齋先生文集三卷　(明)胡居仁撰　清同治五年(1866)福州正誼書局刻本　二册

320000－1606－0002538　P02879
周忠介公燼餘集三卷　(明)周順昌撰　**忠介遺事一卷周吏部[順昌]年譜一卷**　(明)殷獻臣編　清光緒二十九年(1903)太倉唐文治刻本　二册

320000－1606－0002539　P02880
周忠介公燼餘集三卷　(明)周順昌撰　**忠介遺事一卷周吏部[順昌]年譜一卷**　(明)殷獻臣編　清光緒二十九年(1903)太倉唐文治刻本　二册

320000－1606－0002540　P02882
陶菴集二十二卷首一卷末一卷　(明)黄淳耀撰　清光緒五年(1879)刻本　八册

320000－1606－0002541　P02884
陶菴集二十二卷首一卷末一卷　(明)黄淳耀撰　清光緒五年(1879)刻本　八册

320000－1606－0002542　P02886
衛衷賸稿一卷蒿子先生遺稿一卷　(清)芮長恤撰　清刻本　二册

320000－1606－0002543　P02887
重刻天傭子全集十卷首一卷末一卷　(明)艾南英撰　清道光十六年(1836)舊學山房刻本　十册

320000－1606－0002544　P02889
明遼府左長史程節愍公貞白遺稿十卷首一卷　(明)程通撰　**顯忠錄二卷**　(明)程樞輯　**續一卷**　(清)程邦瑞撰　清光緒十四年(1888)程氏刻本　三册

320000－1606－0002545　P02900
高陶堂遺集八卷　(清)高心夔撰　清光緒八年(1882)平湖朱氏經注經齋刻本　四册

320000－1606－0002546　P02901
敬亭集十卷補遺一卷附錄一卷姜貞毅先生自著年譜一卷　(清)姜埰撰　**府君貞毅先生年譜續編一卷**　(清)姜安節撰　清光緒十五年(1889)山東書局刻本　四册

320000－1606－0002547　P02903
黄漳浦集五十卷首一卷目錄二卷　(明)黄道周撰　(清)陳壽祺輯　**漳浦黄先生[道周]年譜二卷**　(清)莊起儔輯　清道光九年(1829)

刻本　三十二册

320000－1606－0002548　P02904
太師誠意伯劉文成公集二十卷首一卷　(明)劉基撰　清光緒二十六年(1900)浙江書局刻本　十册

320000－1606－0002549　P02906
雪坡文集十二卷獨行詩集八卷醉吟詩集九卷　(明)萬節撰　**簷篔詩存附刻一卷**　(明)萬震撰　清光緒三年(1877)雍塘萬燕翼堂刻本　十二册

320000－1606－0002550　P02909
劉忠宣公文集一卷宣召錄一卷詩集四卷　(明)劉大夏撰　**附錄文二卷詩一卷**　(清)劉乙燃輯　**劉忠宣公[大夏]年譜二卷**　(明)劉世節撰　清光緒元年(1875)劉乙燃刻本　六册

320000－1606－0002551　P02910
東山存稿一卷　(明)劉大夏撰　清嘉慶二十一年(1816)劉氏刻本　一册

320000－1606－0002552　P02912
寶綸堂外集十二卷　(清)齊召南撰　清宣統三年(1911)掃葉山房石印本　二册

320000－1606－0002553　P02914
楊忠愍公全集四卷首一卷　(明)楊繼盛撰　(清)章鈺輯　清光緒十九年(1893)味菜廬刻本　四册

320000－1606－0002554　P02915
楊椒山先生集四卷　(明)楊繼盛撰　清同治五年(1866)符離張景賢刻本　二册

320000－1606－0002555　P02916
味蓼軒詩鈔十卷　(清)高宅暘撰　清光緒五年(1879)刻本　一册

320000－1606－0002556　P02917
太史升菴遺集二十六卷　(明)楊慎撰　(明)楊金吾等輯　清道光二十四年(1844)景清堂刻本　八册

320000－1606－0002557　P02918
學古齋集四卷　(明)瞿俊撰　清宣統二年(1910)常熟瞿氏鐵琴銅劍樓刻本　一册

320000－1606－0002558　P02920
止止堂集五卷　(明)戚繼光撰　清光緒十四年(1888)山東書局刻本　四册

320000－1606－0002559　P02922
啖蔗軒全集四種　(清)方士淦撰　清同治十一年(1872)兩淮運署刻本　四册

320000－1606－0002560　P02923
絮香吟館小草一卷　(清)齡文撰　清光緒十三年(1887)刻本　一册

320000－1606－0002561　P02925
牧齋全集一百六十三卷　(清)錢謙益撰　(清)錢曾箋注　清宣統二年(1910)邃漢齋鉛印本　四十册

320000－1606－0002562　P02927
吟梅仙館絕句一卷　(清)方韻仙撰　清光緒四年(1878)刻本　一册

320000－1606－0002563　P02928
吟梅仙館絕句一卷　(清)方韻仙撰　清光緒四年(1878)刻本　一册

320000－1606－0002564　P02929
賜誠堂文集十六卷　(明)管紹寧撰　清光緒三年(1877)管氏刻本　四册

320000－1606－0002565　P02931
望溪先生文集十八卷集外文十卷集外文補遺二卷　(清)方苞撰　**方望溪先生年譜一卷附錄一卷**　(清)蘇惇元撰　清咸豐元年(1851)戴鈞衡刻本　十四册

320000－1606－0002566　P02932
墨池雜著一卷　(清)唐景星撰　清光緒十四年(1888)刻本　一册

320000－1606－0002567　P02935
虚白室文鈔四卷詩鈔十四卷　(清)方昌翰撰　清光緒十三年(1887)刻本　六册

320000－1606－0002568　P02936
柏堂集前編十四卷次編十三卷續編二十二卷

後編二十二卷餘編八卷補存三卷外編十二卷　（清）方宗誠撰　**毅齋遺集五卷**　（清）方培濬撰　清光緒六年至十二年（1880－1886）桐城方氏刻本　二十四冊

320000－1606－0002569　P02937
三歸草二卷　（明）鹿善繼撰　清刻本　二冊

320000－1606－0002570　P02938
鹿忠節公集二十一卷　（明）鹿善繼撰　清刻本　六冊

320000－1606－0002571　P02939
春融堂集六十八卷褀記八種八卷述庵先生年譜二卷　（清）王昶撰　清光緒十八年（1892）珠溪文彬齋刻本　二十四冊

320000－1606－0002572　P02940
唐中丞遺集二十八卷首一卷　（清）唐訓方撰　（清）唐敏湘等編次　清光緒十七年（1891）歸吾廬刻本　十冊

320000－1606－0002573　P02942
今白華堂詩錄八卷補八卷首二卷　（清）童槐撰　清刻本　五冊

320000－1606－0002574　P02943
百柱堂詩藁八卷　（清）王柏心撰　清同治十二年（1873）監利王氏刻本　二冊

320000－1606－0002575　P02944
許竹篔先生奏疏錄存二卷　（清）許景澄撰　清光緒鉛印本　一冊

320000－1606－0002576　P02945
許竹篔先生出使函稿十四卷　（清）許景澄撰　清光緒鉛印本　四冊

320000－1606－0002577　P02946
詒安堂詩初稿八卷　（清）王慶勳撰　清咸豐二年（1852）刻本　二冊

320000－1606－0002578　P02947
菊邊吟一卷　（清）丁丙撰　清光緒二十五年（1899）丁氏刻本　一冊

320000－1606－0002579　P02948
柳南詩鈔十卷柳南文鈔六卷　（清）王應奎撰　清刻本　二冊

320000－1606－0002580　P02950
漆室吟八卷　（清）王柏心撰　清同治三年（1864）監利王氏刻本　二冊

320000－1606－0002581　P02951
定盦文集三卷續集四卷續錄一卷古今體詩二卷雜詩一卷詞選一卷詞錄一卷　（清）龔自珍撰　清同治七年（1868）刻本　四冊

320000－1606－0002582　P02952
定盦文集補編四卷　（清）龔自珍撰　清光緒十二年（1886）平湖朱氏刻本　二冊

320000－1606－0002583　P02954
鄧尉探梅詩四卷　（清）謝家福輯　清光緒二十年（1894）刻本　一冊

320000－1606－0002584　P02955
謝亭集四集　（清）謝輪撰　清光緒八年（1882）江陰謝氏毓芝堂刻本　四冊

320000－1606－0002585　P02956
西亭文鈔十二卷首一卷末一卷附錄一卷　（清）王原撰　清光緒十七年（1891）不遠復齋刻本　四冊

320000－1606－0002586　P02957
北郭詩帳二卷　（清）丁丙撰　清光緒錢塘丁氏嘉惠堂刻本　二冊

320000－1606－0002587　P02958
松夢寮詩稿六卷　（清）丁丙撰　清光緒二十五年（1899）錢塘丁氏刻本　二冊

320000－1606－0002588　P02959
三塘漁唱三卷　（清）丁丙撰　清光緒二十五年（1899）錢塘丁氏嘉惠堂刻本　一冊

320000－1606－0002589　P02960
七家試帖輯註彙鈔七種　（清）張熙宇輯評　（清）王植桂輯註　清同治九年（1870）京師琉璃廠刻本　八冊

320000－1606－0002590　P02961
漁洋山人精華錄箋注十二卷　（清）王士禛撰　（清）金榮箋注　（清）徐淮纂輯　**年譜一卷**

附錄一卷　清金氏鳳翽堂刻本　十冊

320000－1606－0002591　P02967

蒿菴集三卷拾遺一卷附錄一卷　(清)張爾岐撰　清光緒十五年(1889)山東書局刻本　二冊

320000－1606－0002592　P02968

湘綺樓箋啟八卷　王闓運撰　清光緒三十三年(1907)長沙墨莊劉氏刻本　四冊　存六卷(一至六)

320000－1606－0002593　P02970

寫心偶存一卷續存一卷　(清)張燮承撰　清咸豐八年(1858)刻本　一冊

320000－1606－0002594　P02979

璞齋集詩六卷抛琴詞一卷　(清)諸可寶撰　清光緒二十二年(1896)玉峰官舍刻本　三冊

320000－1606－0002595　P02981

養知書屋文集二十八卷詩集十五卷　(清)郭嵩燾撰　清光緒十八年(1892)刻本　十六冊

320000－1606－0002596　P02983

三省樓賸稿一卷　(清)張婉撰　清光緒三十三年(1907)鉛印本　一冊

320000－1606－0002597　P02985

湘綺樓詩集十四卷　王闓運撰　清光緒三十三年(1907)衡陽刻本　四冊

320000－1606－0002598　P02987

悔昨齋詩錄四卷　(清)張深撰　清道光二十年(1840)刻本　二冊

320000－1606－0002599　P02988

煙霞萬古樓文集六卷　(清)王曇撰　清道光二十年(1840)句吳錢泳、錢塘陳文述刻本　二冊

320000－1606－0002600　P02989

蛾術齋詩草七卷　(清)丁杰撰　清光緒二十六年(1900)廣州刻本　二冊

320000－1606－0002601　P02995

湘綺樓文集八卷　王闓運撰　清光緒二十六年(1900)刻本　四冊

320000－1606－0002602　P02996

寄嶽雲齋初稿十卷補遺一卷　(清)聶銑敏撰　清嘉慶二十一年(1816)經國堂刻本　四冊

320000－1606－0002603　P02997

介軒詩鈔十卷文鈔八卷外集二卷　(清)張振夔著　清同治九年(1870)刻本　六冊

320000－1606－0002604　P02998

陶園全集三十六卷　(清)張九鉞撰　清道光七年(1827)賜錦樓刻本　十六冊

320000－1606－0002605　P02999

天眞閣集三十二卷　(清)孫原湘撰　清光緒十七年(1891)強氏南皋草廬刻本　八冊

320000－1606－0002606　P03000

暢園遺稿二種　(清)張邁撰　清光緒三十年(1904)刻本　一冊

320000－1606－0002607　P03004

愛吾廬詩鈔六編　(清)張洵佳撰　清宣統二年(1910)鉛印本　四冊

320000－1606－0002608　P03006

覆瓿集　(清)張文虎撰　清同治、光緒間刻本　十二冊

320000－1606－0002609　P03007

茗柯文編初編一卷二編二卷三編一卷四編一卷　(清)張惠言撰　清光緒七年(1881)刻本　二冊

320000－1606－0002610　P03008

退思軒詩集六卷補遺一卷　(清)張百熙撰　清宣統三年(1911)京師鉛印本　一冊

320000－1606－0002611　P03011

瑤華集一卷　(清)張邁撰　清光緒二十八年(1902)鑑湖張氏傳是樓木活字印本　一冊

320000－1606－0002612　P03012

聽松廬詩鈔十六卷首一卷　(清)張維屏撰　清嘉慶十八年(1813)刻本　四冊

320000－1606－0002613　P03014

彤雲閣遺詩二卷絳雪齋文稿一卷　(清)王家仕撰　清同治十一年(1872)監利王氏刻本

一册

320000－1606－0002614　P03016
讀選樓詩稿十卷　(清)王采蘋撰　清光緒二十年(1894)東河督署刻本　二册

320000－1606－0002615　P03017
燕石詩鈔四卷續刻一卷附録一卷　(清)虞書撰　清宣統三年(1911)木活字印本　二册

320000－1606－0002616　P03019
扁善齋文存二卷詩存一卷　(清)鄧嘉緝撰　清光緒二十七年(1901)刻本　三册

320000－1606－0002617　P03020
悔餘菴詩稿十三卷文稿九卷樂府四卷餘辛集三卷衲蘇集二卷　(清)何栻撰　清同治四年(1865)鳩江戎幄刻本　十二册

320000－1606－0002618　P03022
船山詩草二十卷　(清)張問陶撰　清同治十三年(1874)刻本　四册

320000－1606－0002619　P03025
誰與庵文鈔二卷孫氏先德傳一卷　(清)孫世均撰　清光緒十五年(1889)歸安孫氏守恒堂刻本　一册

320000－1606－0002620　P03026
綠槐書屋詩稿三卷附録一卷　(清)張綸英撰　清同治七年(1868)吕氏刻本　一册

320000－1606－0002621　P03027
張文達公遺集四卷　(清)張之萬撰　(清)張瑞蔭編　清光緒二十六年(1900)京師同文館鉛印本　二册

320000－1606－0002622　P03028
怡志堂文初編六卷　(清)朱琦撰　清同治三年至四年(1864－1865)京師刻本　二册

320000－1606－0002623　P03030
青門簏藁十六卷旅藁六卷賸藁八卷　(清)邵長蘅撰　清青門草堂刻本　八册

320000－1606－0002624　P03031
倭文端公遺書八卷首二卷末一卷續三卷　(清)倭仁撰　清光緒元年(1875)六安涂氏求我齋刻本　四册

320000－1606－0002625　P03032
孫淵如先生全集二種　(清)孫星衍撰　清光緒十二年(1886)吳縣朱氏槐廬家塾刻本　十册

320000－1606－0002626　P03034
寒松堂全集十二卷　(清)魏象樞撰　**年譜一卷**　(清)魏象樞編　清嘉慶十六年(1811)刻本　十三册

320000－1606－0002627　P03035
蘇林詩賸一卷含齋詩賸一卷　(清)熊其光　(清)熊其英撰　清光緒十七年(1891)刻本　一册

320000－1606－0002628　P03036
耻不逮齋文集三卷首一卷附録一卷補遺一卷　(清)熊其英撰　清光緒十七年(1891)蘇州五畝園刻本　二册　存三卷(一、三,首一卷)

320000－1606－0002629　P03037
雲樵先生詩集四卷　(清)吳芳培撰　清道光刻本　二册

320000－1606－0002630　P03038
苷園詩録四卷　(清)程澍撰　清宣統元年(1909)京師鉛印本　一册

320000－1606－0002631　P03039
祖硯堂集十卷畫舫齋詞二卷　(清)朱人鳳撰　清道光二年(1822)嶺南薇署刻本　四册

320000－1606－0002632　P03041
可齋經進文存一卷　(清)朱文翰撰　清同治十一年(1872)舊書齋刻本　一册

320000－1606－0002633　P03043
義門先生集十二卷附録一卷弟子姓氏録一卷　(清)何焯撰　(清)韓崇等輯　**何義門先生家書四卷**　吳蔭培編　清宣統元年(1909)平江吳氏廣州刻本　四册

320000－1606－0002634　P03044
倭文端公遺書十一卷首二卷　(清)倭仁撰　清光緒二十年(1894)山東書局刻本　八册

320000－1606－0002635　P03046
菘耘文鈔四卷　(清)季錫疇撰　清光緒五年(1879)褒弁閣刻本　一册

320000－1606－0002636　P03047
艾廬遺稿六卷　(清)邵曾鑑撰　清光緒二十三年(1897)刻本　二册

320000－1606－0002637　P03051
在陸草堂文集六卷　(清)儲欣撰　清光緒十七年(1891)儲氏刻本　六册

320000－1606－0002638　P03052
傅忠毅公全集八卷首一卷　(清)傅宏烈撰　清咸豐元年(1851)刻本　四册

320000－1606－0002639　P03053
灌園未定稿二卷　(清)傅懷祖撰　清光緒十三年(1887)蘇州刻本　二册

320000－1606－0002640　P03055
曝書亭集八十卷附錄一卷　(清)朱彝尊撰　**笛漁小藁十卷**　(清)朱昆田撰　清光緒十五年(1889)寒梅館刻本　十六册

320000－1606－0002641　P03056
憺園全集三十六卷　(清)徐乾學撰　清光緒九年(1883)嘉興金吳瀾鋤月唫館刻本　十六册

320000－1606－0002642　P03057
四憶堂詩集六卷　(清)侯方域撰　(清)賈開宗等選註　清同治十三年(1874)刻本　二册

320000－1606－0002643　P03058
嘯雲軒詩集五卷　(清)程畹撰　清同治十一年(1872)刻本　二册

320000－1606－0002644　P03059
魏季子文集十六卷　(清)魏禮撰　清康熙刻本　一册　存二卷(一至二)

320000－1606－0002645　P03060
紅粟山莊詩六卷詩續六卷詩餘一卷補遺一卷　(清)朱寶善撰　清同治九年(1870)福州刻本　四册

320000－1606－0002646　P03061
朱止泉先生文集八卷行狀一卷　(清)朱澤澐撰　清光緒二十七年(1901)朱氏刻本　四册

320000－1606－0002647　P03062
儲遯菴文集十二卷　(清)儲方慶撰　**附錄一卷**　(清)魏象樞撰　清光緒二年(1876)宜興儲氏刻本　六册

320000－1606－0002648　P03063
存研樓文集十六卷　(清)儲大文撰　清光緒元年(1875)靜遠堂刻本　十册

320000－1606－0002649　P03064
古微堂内集三卷外集七卷　(清)魏源撰　清光緒四年(1878)淮南書局刻本　四册

320000－1606－0002650　P03065
壯悔堂文集十卷遺稿一卷　(清)侯方域撰　清商邱侯氏刻本　六册

320000－1606－0002651　P03066
紀文達公遺集文十六卷詩十六卷　(清)紀昀撰　清嘉慶十七年(1812)紀氏刻本　十四册

320000－1606－0002652　P03068
江忠烈公遺集二卷首一卷附錄一卷　(清)江忠源撰　**江忠烈公行狀一卷**　(清)左宗棠　(清)郭嵩燾撰　清同治十二年(1873)刻本　三册

320000－1606－0002653　P03069
容甫先生遺詩五卷補遺一卷詩跋一卷　(清)汪中撰　清光緒十一年(1885)維揚述古齋木活字印本　一册

320000－1606－0002654　P03070
孟晉齋文集五卷　(清)顧壽楨撰　清同治五年(1866)見素抱樸齋刻本　三册

320000－1606－0002655　P03071
鶴和集一卷　(清)沈鏗撰　清光緒十九年(1893)鉛印本　一册

320000－1606－0002656　P03072
有眞意齋文集不分卷　(清)潘世恩撰　清同治十二年(1873)吳縣潘祖蔭刻本　一册

320000－1606－0002657　P03074

微尚齋文集二卷別集一卷 （清）馮志沂撰 清同治八年（1869）安慶郡城刻本 一册

320000－1606－0002658 P03075
天游閣集五卷詩補一卷附録一卷 （清）顧春撰 清宣統二年（1910）風雨樓鉛印本 一册

320000－1606－0002659 P03076
定峯文選二卷 （清）沙張白撰 清光緒二十四年（1898）江陰王氏重思齋刻本 二册

320000－1606－0002660 P03080
顯志堂稿十二卷 （清）馮桂芬撰 清光緒二年（1876）校邠廬刻本 八册

320000－1606－0002661 P03081
琴隱園詩集三十六卷琴隱園詞集四卷 （清）湯貽汾撰 清光緒元年（1875）刻本 八册

320000－1606－0002662 P03082
江忠烈公遺集二卷附録一卷 （清）江忠源撰 清同治三年（1864）四川藩署刻本 一册

320000－1606－0002663 P03083
槃邁紀事初藁四卷 （清）湯紀尚撰 清光緒十一年（1885）蘇州刻本 二册

320000－1606－0002664 P03084
頤綵堂文集十六卷劍舟律賦二卷頤綵堂詩鈔十卷 （清）沈叔埏撰 清光緒九年（1883）刻本 八册

320000－1606－0002665 P03085
秋影樓詩集九卷 （清）汪繹撰 清光緒二十三年（1897）瞿氏鐵琴銅劍樓刻本 二册

320000－1606－0002666 P03086
樂餘靜廉齋詩鈔續集一卷 （清）顧復初撰 清光緒四年（1878）刻本 一册

320000－1606－0002667 P03087
潛菴先生全集五卷疏稿一卷困學録一卷志學會約一卷 （清）湯斌撰 **湯文正公年譜一卷** （清）湯椿輯 清同治十年（1871）繡谷麗澤書屋刻本 十二册

320000－1606－0002668 P03088
隨山館詩簡編四卷 （清）汪瑔撰 清光緒十七年（1891）刻本 一册

320000－1606－0002669 P03089
鶴巢詩存一卷 （清）顧淳慶撰 **介卿遺草一卷** （清）顧家樹撰 清光緒十二年（1886）刻本 一册

320000－1606－0002670 P03091
平湖顧氏遺書五種五十一卷 （清）顧廣譽撰 清光緒三年（1877）顧鴻昇刻本 十二册
存五種四十四卷（學詩詳說八至三十，學詩正詁五卷，悔過齋文集七卷，劄記一卷，悔過齋續集七卷、補遺一卷）

320000－1606－0002671 P03095
奕雲堂文賸一卷詩賸一卷 （清）宋道南撰 **夢橋詩草一卷** （清）宋廷選撰 清光緒二十九年（1903）羅溪蔡聯欽刻本 一册

320000－1606－0002672 P03096
息養廬詩集四卷末一卷 （清）徐錦華撰 清光緒二十七年（1901）木活字印本 一册

320000－1606－0002673 P03097
庚辰集五卷 （清）紀昀編 清刻本 四册
存四卷（一至四）

320000－1606－0002674 P03098
補竹軒文集六卷詩集三卷三天入直瑣記一卷補竹圖一卷 （清）鮑源深撰 清光緒十四年（1888）刻本 五册

320000－1606－0002675 P03099
徐香粟詩稿一卷 （清）徐大亨撰 **香子詩存一卷** （清）徐儀壽撰 **硜士詩存一卷** （清）徐銘彝撰 清光緒十三年（1887）錢塘徐氏刻本 一册

320000－1606－0002676 P03102
善思齋文鈔九卷文續鈔四卷詩鈔七卷詩續鈔二卷 （清）徐宗亮撰 清光緒桐城徐氏刻本 四册

320000－1606－0002677 P03104
善思齋文鈔九卷詩鈔七卷 （清）徐宗亮撰 清光緒刻本 二册

320000－1606－0002678　P03105
笠翁一家言全集五種十六卷　（清）李漁撰　清光緒二十三年（1897）宏道堂刻本　十六册

320000－1606－0002679　P03106
慎盦詩鈔二卷文鈔二卷　（清）左宗植撰　清光緒元年（1875）刻本　四册

320000－1606－0002680　P03109
筠綠山房詩草四卷首一卷末一卷　（清）湯建中撰　清光緒十九年（1893）湯沅宜刻本　二册

320000－1606－0002681　P03111
邃懷堂全集三十八卷　（清）袁翼撰　清光緒十三年（1887）刻本　二十册

320000－1606－0002682　P03112
養一齋文集二十卷詩集四卷附詩餘一卷　（清）李兆洛撰　清光緒四年至八年（1878－1882）刻本　十册

320000－1606－0002683　P03115
隨園三十種　（清）袁枚撰　清同治五年（1866）三讓睦記刻本　六十册

320000－1606－0002684　P03116
白石山房文稿十四卷　（清）李振裕撰　清康熙二十五年（1686）刻本　五册　存十二卷（一至十二）

320000－1606－0002685　P03117
南畇詩稾十卷續十七卷南畇老人自訂年譜一卷　（清）彭定求撰　清光緒七年（1881）長洲彭氏刻本　六册

320000－1606－0002686　P03118
攬青閣詩鈔二卷　（清）李貽德撰　清同治五年（1866）刻本　一册

320000－1606－0002687　P03120
瑤華閣詩草一卷閩南雜詠一卷瑤華閣詞一卷補遺一卷　（清）袁綬撰　清同治六年（1867）刻本　一册

320000－1606－0002688　P03121
望月軒詩詞稿二卷　（清）沈英撰　清光緒二十一年（1895）廣東萃經堂刻本　一册

320000－1606－0002689　P03124
惜抱軒全集　（清）姚鼐撰　清同治五年（1866）省心閣刻本　十六册

320000－1606－0002690　P03125
怡雲堂全集六種　（清）沈保靖撰　清宣統元年（1909）刻本　六册

320000－1606－0002691　P03127
鈍翁文集十六卷　（清）汪琬撰　清宣統二年（1910）上海國學扶輪社石印本　八册

320000－1606－0002692　P03128
萬物炊累室類稿甲編二種乙編二種外編一種　沈同芳撰　清宣統三年（1911）中國圖書公司鉛印本　五册

320000－1606－0002693　P03129
童山選集十二卷　（清）李調元撰　（清）張懷泩編　清嘉慶刻本　三册

320000－1606－0002694　P03133
袁文箋正十六卷補注一卷附錄小傳一卷　（清）袁枚撰　（清）石韞玉箋　**增訂袁文箋正四卷**　（清）魏大縉箋　清光緒十四年（1888）上海蜚英館石印本　三册

320000－1606－0002695　P03135
袁文箋正十六卷增訂四卷補注一卷附錄小傳一卷　（清）袁枚撰　（清）石韞玉箋　**增訂袁文箋正四卷**　（清）魏大縉箋　清光緒十四年（1888）上海蜚英館石印本　四册

320000－1606－0002696　P03136
李二曲先生集二十四卷首一卷　（清）李顒撰　清光緒二年（1876）清安刻本　四册

320000－1606－0002697　P03137
吴門集八卷　（清）李黼平撰　清道光六年（1826）廣州以文堂刻本　二册

320000－1606－0002698　P03138
見山樓詩鈔二卷　（清）李本仁撰　清光緒十一年（1885）李氏刻本　二册

320000－1606－0002699　P03139

冬心草堂詩選二卷　(清)李恩綬撰　清宣統二年(1910)皖城衙齋鉛印本　二冊

320000－1606－0002700　P03141
敬孚類藁十六卷　(清)蕭穆撰　清光緒三十三年(1907)刻本　四冊

320000－1606－0002701　P03143
二林居集二十四卷　(清)彭紹升著　清光緒七年(1881)刻本　六冊

320000－1606－0002702　P03145
裘文達公文集六卷詩集十二卷奏議一卷　(清)裘曰修撰　清刻本　六冊

320000－1606－0002703　P03146
十三峯書屋全集九卷　(清)李榕撰　清光緒二十五年(1899)袖海山房石印本　四冊

320000－1606－0002704　P03147
石船居古今體詩賸藁十二卷　(清)李超瓊撰　清光緒二十二年(1896)木活字印本　四冊

320000－1606－0002705　P03150
三徑草堂詩鈔四卷　(清)蔣師軾撰　清光緒十六年(1890)刻本　一冊

320000－1606－0002706　P03151
青溪詩選二卷　(清)蔣師轍撰　清光緒十六年(1890)刻本　一冊

320000－1606－0002707　P03152
三徑草堂詩鈔四卷　(清)蔣師軾撰　清光緒十六年(1890)刻本　一冊

320000－1606－0002708　P03153
小謨觴館詩集八卷續二卷詩餘附錄一卷續一卷文集四卷續二卷　(清)彭兆蓀撰　清同治十三年(1874)吳縣潘氏滂喜齋刻本　六冊

320000－1606－0002709　P03154
小謨觴館文集注四卷文續集注二卷　(清)孫元培纂輯　清光緒十六年(1890)長洲黃氏流芳閣木活字印本　三冊

320000－1606－0002710　P03155
西堂全集　(清)尤侗撰　清康熙華文堂刻本　十六冊　存六十五卷(述祖詩一卷、于京集五卷、哀絃集一卷、擬明史樂府一卷、外國竹枝詞一卷、百末詞六卷、鈞天樂一卷、讀離騷一卷、弔琵琶一卷、桃花源一卷、黑白衛一卷、清平調一卷、湘中草六卷、西堂雜組一集八卷、西堂雜組二集八卷、西堂雜組三集八卷、西堂剩稾二卷、西堂秋夢錄一卷、西堂小草一卷、論語詩一卷、右北平集一卷、看雲草堂集八卷)

320000－1606－0002711　P03156
石船居古今體詩賸藁三卷　(清)李超瓊撰　清光緒二十年(1894)刻本　一冊

320000－1606－0002712　P03158
彭剛直公詩集八卷　(清)彭玉麟撰　清光緒十七年(1891)吳下刻本　二冊

320000－1606－0002713　P03163
晚翠軒集一卷　(清)林旭撰　清光緒二十八年(1902)吳門鉛印本　一冊

320000－1606－0002714　P03165
南畇文稾十二卷　(清)彭定求撰　清光緒六年(1880)刻本　六冊

320000－1606－0002715　P03166
秋士先生遺集六卷　(清)彭績撰　清光緒七年(1881)刻本　二冊

320000－1606－0002716　P03168
珍執宦詩鈔二卷　(清)莊述祖撰　清光緒十八年(1892)鄂州鉛印本　一冊

320000－1606－0002717　P03169
吳詩集覽二十卷補註二十卷　(清)吳偉業撰　(清)靳榮藩補註　**吳詩談藪二卷拾遺一卷**　(清)靳榮藩輯　清乾隆四十年(1775)淩雲亭刻本　十五冊

320000－1606－0002718　P03170
移芝室古文十二卷首一卷　(清)楊彝珍撰　清光緒二年(1876)刻本　三冊

320000－1606－0002719　P03172
知止盦詩錄六卷附錄二卷　(清)黃宗起撰　**退齋詩存一卷**　(清)黃世礽撰　清宣統二年

(1910)試金石室刻本　二册

320000－1606－0002720　P03173
秦川焚餘草六卷首一卷補遺一卷附刻一卷吟香室詩草二卷　(清)董平章撰　清光緒二十七年(1901)容齋刻本　八册

320000－1606－0002721　P03175
思過齋試律四卷賦抄二卷制藝六卷補編一卷雜體詩存十二卷　(清)蕭培元撰　清同治九年(1870)刻本　十一册　存十六卷(思過齋試律四卷,賦抄二卷,制藝六卷、補編一卷,雜體詩存八至十)

320000－1606－0002722　P03176
天韻閣詩存一卷　(清)黄箴撰　清光緒三十一年(1905)上海文明書局鉛印本　一册

320000－1606－0002723　P03177
逢吉堂焚餘稿一卷　(清)黄錫深撰　**逢吉堂焚餘稿題詞一卷**　(清)黄春輯　清光緒三十年(1904)南海黄氏刻本　一册

320000－1606－0002724　P03178
垂老讀書廬詩草二卷　(清)黄定齋撰　清光緒四年(1878)四明黄氏補不足齋刻本　二册

320000－1606－0002725　P03179
兩當軒集二十卷　(清)黄景仁撰　**考異二卷附録六卷**　(清)黄志述輯　清同治十二年(1873)集珍齋木活字印本　八册

320000－1606－0002726　P03180
鼇洲詩草十二卷詩餘一卷　(清)林蒲封撰　清道光五年(1825)掞藻堂刻本　四册

320000－1606－0002727　P03185
忠雅堂文集十二卷　(清)蔣士銓撰　清嘉慶二十二年(1817)藏園刻本　四册

320000－1606－0002728　P03187
虚一齋集五卷　(清)莊培因撰　清光緒九年(1883)刻本　二册

320000－1606－0002729　P03188
樊山集二十八卷二家試帖一卷樊山續集二十八卷公牘三卷批判十五卷時文一卷　樊增祥撰　**二家詠古詩一卷二家試帖一卷**　(清)張之洞　樊增祥輯　**二家詞鈔五卷**　(清)李慈銘　樊增祥輯　清光緒十九年至二十八年(1893－1902)渭南縣署、西安臬署刻本　三十二册

320000－1606－0002730　P03189
梅村文集二十卷　(清)吴偉業撰　清宣統二年(1910)順德鄧氏風雨樓鉛印本　四册

320000－1606－0002731　P03191
兩當軒集二十二卷　(清)黄景仁撰　**考異二卷附録六卷**　(清)黄志述輯　清光緒二年(1876)武進黄氏家塾刻本　六册

320000－1606－0002732　P03192
兩當軒集二十二卷　(清)黄景仁撰　**考異二卷附録六卷**　(清)黄志述輯　清光緒二年(1876)武進黄氏家塾刻本　六册

320000－1606－0002733　P03193
讀白華草堂詩初集九卷二集十二卷苜蓿集八卷　(清)黄釗撰　清道光刻本　八册

320000－1606－0002734　P03194
靈芝僊館詩鈔十二卷捲秋亭詞鈔二卷　(清)胡念修撰　清光緒二十七年(1901)刻鵠齋刻本　四册

320000－1606－0002735　P03195
椽筆樓初集二卷　(清)胡鉉編著　清宣統三年(1911)國光書局鉛印本　二册

320000－1606－0002736　P03199
遲鴻軒詩棄四卷文棄二卷　(清)楊峴撰　清光緒十一年(1885)刻本　二册

320000－1606－0002737　P03200
遲鴻軒詩棄四卷文棄二卷　(清)楊峴撰　清光緒十一年(1885)刻本　二册

320000－1606－0002738　P03201
問鸝山館詩鈔初集一卷續集一卷三集一卷　(清)楊炳勳撰　清光緒二十四年(1898)刻本　三册

320000－1606－0002739　P03202

薖園文鈔一卷　(清)楊金監撰　清光緒十六年(1890)毗陵世承堂楊氏木活字印本　一册

320000－1606－0002740　P03204
意園文略二卷事略一卷　(清)盛昱撰　(清)楊鍾羲編　清宣統二年(1910)金陵刻本　一册

320000－1606－0002741　P03206
柏梘山房文集十六卷續集一卷詩集十卷續集二卷駢體文二卷　(清)梅曾亮撰　清咸豐六年(1856)刻本　八册

320000－1606－0002742　P03207
石笥山房文集六卷文集補遺一卷詩集十一卷詩餘一卷詩集補遺二卷續補遺二卷　(清)胡天游撰　清咸豐二年(1852)刻本　十册

320000－1606－0002743　P03208
涵村詩集十卷　(清)秦文超撰　清光緒六年(1880)刻本　五册

320000－1606－0002744　P03209
青草堂集十二卷二集十六卷三集十六卷補集七卷　(清)趙國華撰　清同治十一年至民國十二年(1872－1923)豐潤趙氏刻本　十六册

320000－1606－0002745　P03212
小睡足寮詩錄四卷續錄二卷補錄二卷附錄一卷　(清)秦敏樹撰　清光緒十三年(1887)刻本　一册　存四卷(小睡足寮詩錄四卷)

320000－1606－0002746　P03213
九疊山房詩藁一卷　(清)趙仁基撰　清刻本　一册

320000－1606－0002747　P03214
吴詩集覽二十卷　(清)吴偉業撰　(清)靳榮藩注　清光緒淩雲亭刻本　十六册

320000－1606－0002748　P03215
東莊吟稿七卷　(清)吕留良撰　清宣統三年(1911)順德鄧氏鉛印本　一册

320000－1606－0002749　P03216
墨井集五卷　(清)吴歷撰　清宣統元年(1909)上海徐家匯印書館鉛印本　一册

320000－1606－0002750　P03217
曼陀羅花室文三卷詩三卷詞一卷遯庵集二卷　(清)吴翊寅撰　清光緒十九年至二十一年(1893－1895)廣州廣雅書局刻本　五册

320000－1606－0002751　P03218
樸巢詩選二卷　(清)冒襄撰　(清)張明弼(清)杜濬評選　清光緒二十年(1894)如皋冒氏刻本　二册

320000－1606－0002752　P03219
四焉齋文集八卷詩集六卷　(清)曹一士著　**梯仙閣餘課一卷**　(清)陸鳳池撰　清宣統二年(1910)新陽趙氏刻本　六册

320000－1606－0002753　P03220
靈巖山人詩集四十卷　(清)畢沅撰　**弇山畢公年譜一卷**　(清)史善長撰　清嘉慶四年(1799)經訓堂刻本　十一册

320000－1606－0002754　P03221
存悔齋集二十八卷外集四卷　(清)劉鳳誥撰　清道光十年(1830)刻本　八册

320000－1606－0002755　P03222
樫華館文集六卷詩集四卷詩餘一卷駢體文一卷雜錄一卷　(清)路德撰　清光緒七年(1881)解梁刻本　十册

320000－1606－0002756　P03223
吴學士文集四卷詩集五卷　(清)吴鼒著　(清)梁肇煌編訂　清光緒八年(1882)江寧藩署刻本　六册

320000－1606－0002757　P03224
桐鄉畢氏遺著三卷　(清)畢灝　(清)畢槐撰　清宣統二年(1910)桐鄉畢氏木活字印本　一册

320000－1606－0002758　P03225
徐烈婦詩鈔二卷　(清)吴宗愛撰　**吴絳雪年譜一卷**　(清)俞樾撰　**同心梔子圖讀法一卷**　(清)應瑩撰　清光緒元年(1875)雲鶴仙館刻本　二册

320000－1606－0002759　P03227

蘊時山莊駢散芰存一卷　(清)吳修祜撰　清末木活字印本　一册

320000－1606－0002760　P03231
羅忠節公遺集八卷西銘講義一卷人極衍義一卷姚江學辨二卷讀孟子劄記二卷周易附説一卷年譜二卷　(清)羅澤南撰　清咸豐、同治間長沙刻本　八册

320000－1606－0002761　P03233
求自得之室文鈔十二卷　(清)吳嘉賓撰　清同治五年(1866)廣州刻本　四册　存九卷(一至九)

320000－1606－0002762　P03234
三耻齋初稿十卷　(清)吳坤修撰　清同治四年(1865)鳩江半畝園刻本　二册

320000－1606－0002763　P03236
惺諟齋存稿十卷　喻長霖撰　清宣統元年(1909)鉛印本　六册

320000－1606－0002764　P03237
桐城吳先生文集四卷　(清)吳汝綸撰　清光緒三十年(1904)吳氏刻本　四册

320000－1606－0002765　P03238
養晦堂文集十卷　(清)劉蓉撰　清光緒三年(1877)思賢講舍刻本　五册

320000－1606－0002766　P03239
揅經室一集十四卷二集八卷三集五卷四集二卷詩集十一卷續集十一卷再續集六卷外集五卷　(清)阮元撰　清道光刻文選樓叢書本　十六册

320000－1606－0002767　P03242
樊榭先生游僊集三卷　(清)厲鶚撰　清末刻本　一册

320000－1606－0002768　P03243
晉齋詩存二卷　(清)昇寅撰　清咸豐四年(1854)刻本　二册

320000－1606－0002769　P03244
甌北詩鈔二十卷　(清)趙翼撰　清壽考堂刻本　十册

320000－1606－0002770　P03245
小書巢詩課偶存四卷續存六卷賦課存稿一卷　(清)陸以莊撰　清道光二十七年(1847)五羊官舍刻本　四册

320000－1606－0002771　P03246
澧蘭初稿一卷　(清)劉嗣富撰　清光緒三年(1877)刻本　一册

320000－1606－0002772　P03248
有正味齋詩集十六卷駢體文五卷詞集四卷　(清)吳錫麒撰　清嘉慶十三年(1808)刻本　六册

320000－1606－0002773　P03250
翊翊齋筆記二卷文鈔一卷詩鈔一卷附録一卷　(清)馬翩飛撰　清道光十八年(1838)刻本　一册

320000－1606－0002774　P03251
寄春吟二卷　(清)劉汝蕃撰　清光緒三年(1877)刻朱印本　一册

320000－1606－0002775　P03252
劉武慎公遺書奏稿十六卷稟牘四卷尺牘二卷札諭營規一卷雜文詩劄記一卷　(清)劉長佑撰　**劉武慎公年譜三卷**　(清)鄧輔綸編　清光緒二十六年(1900)鉛印本　二十册

320000－1606－0002776　P03253
憶園詩鈔六卷　(清)陳夔撰　清嘉慶三年(1798)聽雨樓刻本　二册

320000－1606－0002777　P03254
三魚堂文集十二卷附録一卷外集六卷附録一卷　(清)陸隴其撰　清老掃葉山房刻本　八册

320000－1606－0002778　P03256
北廬詩鈔二卷　(清)陸毅撰　清末刻本　二册

320000－1606－0002779　P03257
劉葆眞太史遺稾二卷　(清)劉葆眞撰　清宣統二年(1910)刻本　一册

320000－1606－0002780　P03258

思補齋文集四卷 (清)劉星煒撰 清光緒二十年(1894)刻本 四册

320000 - 1606 - 0002781 P03259
思補齋文集四卷 (清)劉星煒撰 清光緒二十年(1894)刻本 四册

320000 - 1606 - 0002782 P03260
桴亭先生詩鈔八卷桴亭先生文鈔六卷續鈔一卷 (清)陸世儀撰 **確庵先生詩鈔八卷確庵先生文鈔六卷** (清)陳瑚撰 清光緒二年(1876)安道書院刻本 八册

320000 - 1606 - 0002783 P03261
崇百藥齋文集二十卷續集四卷三集十二卷五眞閣吟藁一卷 (清)陸繼輅撰 清光緒四年(1878)興國州署刻本 十二册

320000 - 1606 - 0002784 P03262
梧孫行吟草十二卷疊聚星堂韻二卷 (清)劉興樾撰 清道光二十四年(1844)種墨草堂刻本 六册

320000 - 1606 - 0002785 P03263
大潛山房詩鈔一卷 (清)劉銘傳撰 清同治七年(1868)刻本 一册

320000 - 1606 - 0002786 P03265
蔚廬文集四卷補遺一卷詩稿一卷騷賦銘贊一卷四十五自定詩稿一卷補過精舍詩草一卷 (清)劉艮生撰 清光緒二十二年(1896)大梁刻本 四册

320000 - 1606 - 0002787 P03266
孟塗文集十卷駢體文二卷 (清)劉開撰 清光緒十二年(1886)刻本 四册

320000 - 1606 - 0002788 P03267
讀秋水齋詩十六卷補遺一卷 (清)陸𪫟恩撰 清同治七年(1868)刻本 三册

320000 - 1606 - 0002789 P03267 - 1
讀秋水齋文六卷 (清)陸𪫟恩撰 清光緒十六年(1890)木活字印本 一册

320000 - 1606 - 0002790 P03267 - 2
讀秋水齋文六卷 (清)陸𪫟恩撰 清光緒十六年(1890)木活字印本 一册

320000 - 1606 - 0002791 P03268
白雲文集五卷詩集二卷 (清)陳斌撰 清嘉慶十二年(1807)刻本 四册

320000 - 1606 - 0002792 P03269
白雲續集八卷 (清)陳斌撰 清道光四年(1824)刻本 二册

320000 - 1606 - 0002793 P03270
讀秋水齋詩十六卷 (清)陸𪫟恩撰 清同治七年(1868)刻本 四册

320000 - 1606 - 0002794 P03271
雙白燕堂詩集八卷 (清)陸耀遹撰 清同治六年(1867)刻本 三册

320000 - 1606 - 0002795 P03272
桴亭先生詩鈔八卷桴亭先生文鈔六卷續鈔一卷 (清)陸世儀撰 **確庵先生詩鈔八卷確庵先生文鈔六卷** (清)陳瑚撰 清光緒二年(1876)安道書院刻本 四册 存十二卷(桴亭先生文鈔六卷、確庵先生文鈔六卷)

320000 - 1606 - 0002796 P03273
湖海樓儷體文集十二卷 (清)陳維崧撰 清光緒十七年(1891)弇山鐸署刻本 四册

320000 - 1606 - 0002797 P03274
小迦陵館文集一卷 (清)陳寶撰 清宣統二年(1910)浙江官報兼印刷局鉛印本 一册

320000 - 1606 - 0002798 P03275
孟塗文集十卷 (清)劉開撰 清道光六年(1826)桐城姚氏櫱山草堂刻本 二册

320000 - 1606 - 0002799 P03276
陳文肅公遺集一卷年譜一卷清芬錄二卷 (清)陳大受撰 (清)陳文錄輯 清光緒十六年(1890)浯湘求志書屋鉛印本 四册

320000 - 1606 - 0002800 P03277
海騷十卷 (清)陳曇撰 清刻本 二册

320000 - 1606 - 0002801 P03278
湖海樓文集六卷 (清)陳維崧撰 清光緒十七年(1891)弇山鐸署刻本 二册

320000－1606－0002802　P03279

陶文毅公全集六十四卷首一卷末一卷　（清）陶澍撰　清道光二十年（1840）淮北士民刻本　四十册

320000－1606－0002803　P03281

陳星齋文藁一卷　（清）陳兆崙撰　清光緒二十年（1894）湖南書局刻本　一册

320000－1606－0002804　P03283

石遺室詩集三卷補遺一卷　陳衍撰　清光緒三十一年（1905）武昌刻本　一册

320000－1606－0002805　P03284

可園詞存四卷　陳作霖撰　清宣統二年（1910）刻本　一册

320000－1606－0002806　P03285

還山文稿一卷昭潭雜撰一卷落花詩一卷　（清）陳衍虞撰　清道光二十六年（1846）鳳城鐵巷世馨堂刻本　一册

320000－1606－0002807　P03286

蓮山續文稿三卷　（清）陳衍虞撰　清道光十九年（1839）鳳城鐵巷世馨堂刻本　三册

320000－1606－0002808　P03287

陳檢討集十二卷詩鈔十卷詞鈔十二卷　（清）陳維崧撰　清康熙天藜閣刻本　八册

320000－1606－0002809　P03289

可園詩存二十八卷　陳作霖撰　清宣統二年（1910）刻本　五册

320000－1606－0002810　P03290

陳迦陵儷體文集十卷文集六卷湖海樓詩集八卷迦陵詞全集三十卷　（清）陳維崧撰　清康熙二十八年（1689）患立堂刻本　十二册

320000－1606－0002811　P03291

春在堂襍文二卷續編五卷三編二卷四編八卷　（清）俞樾撰　清同治十年（1871）刻本　六册　缺三卷（四編三至五）

320000－1606－0002812　P03292

春在堂詩編十三卷　（清）俞樾撰　清同治七年（1868）刻本　四册

320000－1606－0002813　P03294

知止齋詩集十六卷　（清）翁心存撰　清光緒三年（1877）刻本　四册

320000－1606－0002814　P03295

知止齋詩集十六卷　（清）翁心存撰　清光緒三年（1877）刻本　四册

320000－1606－0002815　P03296

澧蘭初稿一卷　（清）劉嗣富撰　清光緒三年（1877）刻朱印本　一册

320000－1606－0002816　P03298

曾忠襄公全集　（清）曾國荃撰　清光緒二十九年（1903）刻本　六十四册

320000－1606－0002817　P03299

曾文正公全集十三種一百五十六卷首一卷　（清）曾國藩撰　（清）李瀚章輯　清同治、光緒間傳忠書局刻本　四十五册　存五種五十九卷（經史百家雜鈔二十六卷，經史百家簡編二卷，鳴原堂論文二卷，文集一至三，書札一至二十二、二十五至二十七；首一卷）

320000－1606－0002818　P03300

豸華堂文鈔十二卷　（清）金應麟撰　清光緒元年（1875）刻本　四册

320000－1606－0002819　P03304

梵隱堂詩存十卷　（清）釋祖觀撰　清同治五年（1866）通濟龕刻本　二册

320000－1606－0002820　P03305

文信國公集二十卷首一卷　（宋）文天祥撰　清同治七年（1868）楚醴景萊書室刻本　十二册

320000－1606－0002821　P03307

甘泉鄉人稿二十四卷餘稿二卷　（清）錢泰吉撰　**警石府君［錢泰吉］年譜一卷**　（清）錢應溥撰　**四水子遺著一卷**　（清）錢友泗撰　**郊農偶吟稿一卷**　（清）錢炳森撰　清同治十一年（1872）刻本　七册

320000－1606－0002822　P03308

吟雲仙館詩稿一卷　（清）曾詠撰　**冷吟仙館**

詩稿八卷詩餘一卷文存一卷附録一卷 （清）左錫嘉撰 **曾氏家訓一卷** 題（清）冰如老人輯 清光緒十七年（1891）定襄官署刻本 八册

320000－1606－0002823 P03309
鄭板橋全集六卷 （清）鄭燮撰 清宣統元年（1909）上海掃葉山房石印本 四册

320000－1606－0002824 P03313
鮚埼亭集外編五十卷 （清）全祖望撰 清嘉慶十六年（1811）刻本 八册

320000－1606－0002825 P03315
蟄廬遺集一卷 （清）俞文詔撰 清光緒二十一年（1895）婺源俞氏清蔭堂刻本 一册

320000－1606－0002826 P03317
翁山文外十六卷 （清）屈大均撰 清宣統二年（1910）上海國學扶輪社鉛印本 五册

320000－1606－0002827 P03318
板橋集六編六卷 （清）鄭燮撰 清清暉書屋刻本 四册

320000－1606－0002828 P03320
風月寶鑒一卷圖説一卷 （清）姜祺撰 清道光六年（1826）遠軒刻本 一册

320000－1606－0002829 P03322
賞雨茅屋外集一卷 （清）曾燠撰 清光緒十六年（1890）金峩山館刻本 一册

320000－1606－0002830 P03323
小林壑詩鈔八卷荻塘棹歌一卷 （清）鍾鼎撰 清同治十三年（1874）蘇州斐韞齋刻本 四册

320000－1606－0002831 P03325
享帚集鈔一卷外集鈔一卷眚老答客問一卷 （清）屈軼撰 清光緒十七年（1891）刻本 二册

320000－1606－0002832 P03326
海藏樓詩一卷 鄭孝胥撰 清光緒二十八年（1902）武昌刻本 一册

320000－1606－0002833 P03327
全謝山文鈔十六卷 （清）全祖望撰 清宣統二年（1910）上海國學扶輪社鉛印本 八册

320000－1606－0002834 P03329
桐菴文稿一卷 （明）鄭敷教撰 清光緒十三年（1887）新陽趙元益刻本 一册

320000－1606－0002835 P03330
鶴麐軒詩存一卷 （清）管元翰撰 清光緒十六年（1890）湯氏刻本 一册

320000－1606－0002836 P03332
衎石齋記事稿十卷續稿十卷刻楮集四卷旅逸小稿二卷 （清）錢儀吉撰 清光緒六年（1880）錢彝甫刻本 十二册

320000－1606－0002837 P03333
因寄軒文初集十卷二集六卷補遺一卷 （清）管同撰 **附小異遺文一卷** （清）管嗣復撰 清光緒五年（1879）刻本 四册

320000－1606－0002838 P03341
靜園八景圖題詠集不分卷 （清）龔鎮湘輯 清宣統元年（1909）武昌鉛印本 一册

320000－1606－0002839 P03342
靜園詩鈔後集一卷 （清）龔鎮湘撰 清宣統二年（1910）武昌鉛印本 一册

320000－1606－0002840 P03343
靜園詩餘一卷詞鈔後集一卷 （清）龔鎮湘撰 清宣統二年（1910）武昌鉛印本 一册

320000－1606－0002841 P03352
賓萌集六卷外集四卷 （清）俞樾撰 清同治九年（1870）刻本 三册

320000－1606－0002842 P03378
城北草堂詩鈔四卷詩餘二卷詞餘一卷 （清）顧夔撰 清光緒十四年（1888）刻本 二册

320000－1606－0002843 P03398
鄭齋漢學文編六卷 孫雄撰 清光緒三十四年（1908）鉛印本 二册

320000－1606－0002844 P03426
庚星文稿録存一卷詩稿録存一卷 （清）陸咸清撰 清光緒三十年（1904）刻本 一册

320000－1606－0002845　P03429
惜道味齋集文編二卷詩編一卷　(清)姚大榮撰　清宣統三年(1911)姚氏刻本　一冊

320000－1606－0002846　P03442
畏廬文集一卷續集一卷　林紓撰　清宣統二年(1910)上海商務印書館鉛印本　二冊

320000－1606－0002847　P03443
遙集集前編六卷後編十卷　(清)許貞幹撰　清光緒二十八年至三十四年(1902－1908)味青齋刻本　十六冊

320000－1606－0002848　P03444
黃梨洲先生南雷文約四卷詩曆五卷　(清)黃宗羲撰　(清)鄭性訂　清乾隆鄭性刻本　十冊

320000－1606－0002849　P03445
淮安藝文志十卷　(清)王琛編　清同治十二年(1873)刻本　八冊

320000－1606－0002850　P03446
增註七家試帖彙選七卷　(清)張熙宇評選　清光緒蘇州掃葉山房刻本　四冊

320000－1606－0002851　P03447
續古文辭類纂三十四卷　王先謙輯　清光緒十年(1884)吳縣朱氏行素草堂刻本　八冊

320000－1606－0002852　P03448
楊忠愍公集五卷首一卷末一卷　(明)楊繼盛撰　清同治七年(1868)楚醴景萊書室刻本　二冊

320000－1606－0002853　P03454
頤瑣室詩四卷　(清)湯寶榮撰　清光緒十六年(1890)湯氏刻本　二冊

320000－1606－0002854　P03458
陽湖錢氏家集　錢振鍠輯　清光緒三十三年(1907)木活字印本　一冊　存六卷(摘星詩草一至四、北窗吟草一、乩詩錄一)

320000－1606－0002855　P03463
悅心集四卷　(清)世宗胤禛輯　清末鉛印本　二冊

320000－1606－0002856　P03469
從野堂存稿八卷年譜一卷外集一卷附錄一卷　(明)繆昌期撰　清同治十三年(1874)海陵別業刻本　四冊

320000－1606－0002857　P03470
宛鄰書屋古詩錄十二卷　(清)張琦輯　清同治八年(1869)刻本　四冊

320000－1606－0002858　P03471
宛鄰書屋古詩錄十二卷　(清)張琦輯　清嘉慶二十年(1815)宛鄰書屋刻本　四冊

320000－1606－0002859　P03472
海陵文徵二十卷附錄十二卷　(清)夏荃輯　清道光二十三年(1843)刻本　十六冊

320000－1606－0002860　P03474
湖海文傳七十五卷　(清)王昶輯　清道光十七年(1837)經訓堂刻本　二十冊

320000－1606－0002861　P03475
古文苑二十一卷　(宋)章樵注　清光緒十二年(1886)江蘇書局刻本　四冊

320000－1606－0002862　P03476
古文苑二十一卷　(宋)章樵注　清光緒十二年(1886)江蘇書局刻本　四冊

320000－1606－0002863　P03477
海虞文徵三十卷目錄二卷　邵松年輯　清光緒三十一年(1905)鴻文書局石印本　十六冊

320000－1606－0002864　P03481
續古文苑二十卷　(清)孫星衍編　清光緒九年(1883)江蘇書局刻本　六冊

320000－1606－0002865　P03482
松陵文錄二十四卷　(清)淩淦輯　清同治十三年(1874)刻本　十二冊

320000－1606－0002866　P03491
海虞文徵三十卷目錄二卷　邵松年輯　清光緒三十一年(1905)鴻文書局石印本　十六冊

320000－1606－0002867　P03492
上虞詩選四卷　(清)徐幹輯　清光緒八年(1882)邵武徐氏刻本　四冊

320000－1606－0002868　P03493
古文七種　(清)儲欣撰　清光緒九年(1883)静遠堂刻本　二十四册

320000－1606－0002869　P03494
常郡八邑藝文志十二卷　(清)盧文弨輯　(清)莊翊昆校補　清光緒十六年(1890)刻本　十六册

320000－1606－0002870　P03495
古文淵鑒六十四卷　(清)徐乾學等編注　清同治十二年(1873)浙江書局刻本　三十二册

320000－1606－0002871　P03496
金陵詩徵四十四卷國朝金陵詩徵四十八卷　(清)朱緒曾編　清光緒十八年(1892)刻本　二十六册

320000－1606－0002872　P03497
漢魏六朝一百三家集一百三種一百十八卷　(明)張溥輯　清光緒三年(1877)滇南唐氏壽考堂刻本　一百册

320000－1606－0002873　P03500
古文詞略二十四卷　(清)梅曾亮輯　清光緒三十四年(1908)學部圖書局鉛印本　五册

320000－1606－0002874　P03503
重訂唐詩別裁集二十卷明詩別裁集十二卷欽定國朝詩別裁集三十二卷　(清)沈德潛選評　**宋詩別裁集八卷元詩別裁集八卷**　(清)姚培謙選評　清小酉山房刻本　四十册

320000－1606－0002875　P03504
書業堂重訂古文釋義新編八卷　(清)余誠評註　清書業堂刻本　八册

320000－1606－0002876　P03508
評選古詩源四卷　(清)沈德潛撰　清光緒二十年(1894)上海圖書集成印書局鉛印本　四册

320000－1606－0002877　P03513
古文雅正十四卷　(清)蔡世遠選評　清刻本　三册　存五卷(六至八、十三至十四)

320000－1606－0002878　P03514
古詩源十四卷　(清)沈德潛選　清刻本　四册

320000－1606－0002879　P03515
列朝詩集六集八十一卷　(清)錢謙益輯　清宣統二年(1910)上海神州國光社鉛印本　五十六册

320000－1606－0002880　P03517
經史百家雜鈔二十六卷首一卷　(清)曾國藩輯　清光緒三十二年(1906)上海商務印書館鉛印本　十二册

320000－1606－0002881　P03518
文選六十卷　(南朝梁)蕭統輯　(唐)李善注　**考異十卷**　(清)胡克家撰　清嘉慶十四年(1809)鄱陽胡氏刻本　二十四册

320000－1606－0002882　P03521
清容居士集五十卷　(元)袁桷撰　**札記一卷**　(清)郁松年撰　清道光二十年(1840)上海郁氏刻宜稼堂叢刻本　十五册

320000－1606－0002883　P03522
琴海集二卷　(清)陳玉鄰撰　清光緒二十一年(1895)刻本　一册

320000－1606－0002884　P03523
唐詩百名家全集一百四種　(清)席啟寓輯　清光緒八年(1882)洞庭席氏琴川書屋刻本　十三册　存十九種七十一卷(劉隨州詩集十卷、補遺一卷,錢考功詩集十卷,韓君平詩集一卷,張祠部詩集一卷、首一卷,皇甫補闕詩集二卷、補遺一卷,毗鄰集三卷,嚴正文詩集一卷,曹祠部詩集二卷,儲嗣宗詩集一卷,司馬扎先輩詩集一卷,鹿門詩集三卷、拾遺一卷,賈浪仙長江集十卷,杜荀鶴文集三卷,韋蘇州集十卷、首一卷、補遺一卷,臺閣集一卷、首一卷,包刑侍詩集一卷,郎刺史詩集一卷、首一卷,秦公緒詩集一卷,陳嵩伯詩集一卷)

320000－1606－0002885　P03525
涵芬樓古今文鈔一百卷　吴曾祺編　清宣統三年(1911)上海商務印書館鉛印本　一百册

320000－1606－0002886　P03526

松陵文集初編四卷　陳去病輯　清宣統三年(1911)鉛印本　一冊

320000－1606－0002887　P03527
東甌先正文錄十二卷括蒼先正文錄三卷補遺一卷附錄一卷　(清)陳遇春輯　清道光十四年(1834)梧竹山房刻本　十六冊

320000－1606－0002888　P03528
錢氏家集三十四卷乩詩錄一卷求拙齋遺詩一卷　錢振鍠輯　清光緒三十三年(1907)木活字印本　七冊　存三十三卷(錢氏家集一至二十二、二十六至三十四,乩詩錄一卷,求拙齋遺詩一卷)

320000－1606－0002889　P03529
唐詩三百首註釋六卷　(清)孫洙編　(清)章燮註　**唐詩三百首續選一卷**　(清)于慶元編　清光緒十年(1884)刻本　八冊

320000－1606－0002890　P03530
陳太僕批選八家文鈔不分卷　(清)陳兆崙輯　清光緒二十六年(1900)天津文美齋石印本　六冊

320000－1606－0002891　P03533
江西詩徵九十四卷附刻一卷　(清)曾燠輯　清嘉慶九年(1804)賞雨茅屋刻本　六十四冊

320000－1606－0002892　P03534
初唐四傑文集二十一卷　(清)項家達輯　清光緒五年(1879)淮南書局刻本　三冊

320000－1606－0002893　P03535
唐人五十家小集　(清)江標輯　清光緒二十一年(1895)元和江氏靈鶼閣影宋刻本　二十四冊

320000－1606－0002894　P03536
唐詩三百首續選二卷　(清)于慶元編　清刻本　二冊

320000－1606－0002895　P03541
初唐四傑文集二十一卷　(清)項家達輯　清光緒五年(1879)淮南書局刻本　三冊

320000－1606－0002896　P03542
御選唐宋文醇五十八卷　(清)高宗弘曆選　清光緒三年(1877)浙江書局刻本　二十四冊

320000－1606－0002897　P03543
唐詩金粉十卷　(清)沈炳震輯　清光緒七年(1881)八杉齋刻本　六冊

320000－1606－0002898　P03545
月午樓古詩十九首詳解二卷　(清)饒學斌撰　清光緒元年(1875)無諸城刻本　二冊

320000－1606－0002899　P03546
唐人合集四種　(唐)孟浩然等撰　清光緒十年(1884)上海同文書局石印本　八冊

320000－1606－0002900　P03547
唐宋八大家類選十四卷　(清)儲欣評　清光緒元年(1875)湖北崇文書局刻本　六冊

320000－1606－0002901　P03548
文粹一百卷　(宋)姚鉉輯　**補遺二十六卷**　(清)郭麐纂　清光緒十六年(1890)杭州許氏榆園刻本　二十四冊

320000－1606－0002902　P03549
唐中興間氣集二卷　(唐)高仲武編　清光緒武進費氏刻本　二冊

320000－1606－0002903　P03551
御選唐宋詩醇四十七卷目錄二卷　(清)高宗弘曆輯　清光緒七年(1881)浙江書局刻本　二十四冊

320000－1606－0002904　P03553
才調集十卷　(五代)韋縠輯　(清)馮舒　(清)馮班評閱　清維揚述古齋木活字印本　四冊

320000－1606－0002905　P03555
唐文粹補遺二十六卷　(清)郭麐輯　清光緒十一年(1885)江蘇書局刻本　四冊

320000－1606－0002906　P03556
唐詩三百首註釋六卷　(清)孫洙編　(清)章燮註　**續選一卷**　(清)于慶元輯　清光緒二十年(1894)京都文成堂刻本　八冊

320000－1606－0002907　P03557

唐詩三百首注疏六卷 （清）孫洙編 （清）章燮注 清光緒文奎堂刻本 二册

320000－1606－0002908 P03560
全唐詩九百卷 （清）曹寅等輯 清刻本 一百二十册

320000－1606－0002909 P03561
文苑英華選六十卷 （清）宫夢仁選 清康熙思敬堂刻本 二十四册

320000－1606－0002910 P03563
清容居士集五十卷 （元）袁桷撰 清刻本 一册 存三卷（一至三）

320000－1606－0002911 P03564
翁拾遺詩集不分卷 （唐）翁承賛撰 清刻本 三册

320000－1606－0002912 P03565
忠正德文集十卷附錄一卷 （宋）趙鼎撰 清光緒二年（1876）山陰謝福謙刻本 八册

320000－1606－0002913 P03566
欽定全唐文一千卷總目三卷 （清）董誥等編 清刻本 四百册

320000－1606－0002914 P03568
皇荂曲一卷 （宋）鄧林撰 **梅屋詩藁一卷融春小綴一卷梅屋第三藁一卷梅屋第四藁一卷** （宋）許棐撰 清嘉慶六年（1801）石門顧氏讀畫齋刻南宋群賢小集本 一册

320000－1606－0002915 P03569
唐人三家集 （清）秦恩復輯 清宣統三年（1911）藏古圖書館影印本 八册

320000－1606－0002916 P03570
唐人三家集 （清）秦恩復輯 清宣統三年（1911）藏古圖書館影印本 八册

320000－1606－0002917 P03571
唐詩三百首註釋六卷 （清）孫洙編 （清）章燮註 清光緒十年（1884）湖南學庫山房刻本 六册

320000－1606－0002918 P03572
南宋襍事詩七卷 （清）沈嘉轍等撰 清同治十一年（1872）淮南書局刻本 二册

320000－1606－0002919 P03573
宋文鑑一百五十卷目錄三卷 （宋）吕祖謙編 清光緒十二年（1886）江蘇書局刻本 二十四册

320000－1606－0002920 P03574
西崑酬唱集二卷 （宋）楊億輯 清光緒邵武徐氏刻本 一册

320000－1606－0002921 P03575
三蘇全集 （宋）蘇洵等撰 清道光十三年（1833）中州弓翊清補刻本 八十册

320000－1606－0002922 P03576
若仙集唐初刻二卷二刻二卷新刻二卷 （清）韓步鰲纂 清道光九年（1829）修竹軒刻本 六册

320000－1606－0002923 P03577
欽定國朝詩別裁集三十二卷 （清）沈德潛輯評 清刻本 十二册

320000－1606－0002924 P03578
國朝杭郡詩輯三十二卷姓氏韻編一卷 （清）吳顥輯 （清）吳振棫重輯 清同治十三年（1874）錢塘丁氏刻本 十六册

320000－1606－0002925 P03580
精選青雲集不分卷 （清）□□撰 清抄本 二册

320000－1606－0002926 P03581
國朝嚴州詩錄八卷 （清）宗源瀚輯 清光緒二年（1876）刻本 二册

320000－1606－0002927 P03582
楓嶺碧血圖題辭一卷 朱昌熾輯 清光緒常熟朱氏鉛印本 一册

320000－1606－0002928 P03583
梧笙唱和初集二卷湘潭郭氏閨秀集一卷 （清）李星沅 （清）郭潤玉撰 清道光十七年（1837）刻本 二册

320000－1606－0002929 P03584
國朝杭郡詩續輯四十六卷姓氏韻編一卷

(清)吳振棫輯　清光緒二年(1876)錢塘丁氏刻本　二十冊

320000－1606－0002930　P03585
皇朝文典七十四卷　(清)李兆洛編　清嘉慶二十年(1815)刻本　十六冊

320000－1606－0002931　P03586
國朝中州名賢集五種二十五卷　(清)黄舒昺編輯　清光緒十七年(1891)睢陽洛學書院刻本　十六冊

320000－1606－0002932　P03592
宋詩紀事一百卷　(清)厲鶚　(清)馬曰琯輯　清乾隆十一年(1746)錢塘厲氏刻本　三十二冊

320000－1606－0002933　P03601
宋詩紀事補遺一百卷小傳補正四卷　(清)陸心源輯　清光緒十九年(1893)刻本　二十四冊

320000－1606－0002934　P03604
遼文存六卷　繆荃孫輯　清光緒二十二年(1896)江陰繆氏雲自在堪刻本　二冊

320000－1606－0002935　P03605
元文類七十卷目録三卷　(元)蘇天爵編　清光緒十五年(1889)江蘇書局刻本　十冊

320000－1606－0002936　P03606
金文最六十卷　(清)張金吾輯　清光緒二十一年(1895)蘇州書局刻本　十六冊

320000－1606－0002937　P03607
國朝文匯甲前集二十卷甲集六十卷乙集七十卷丙集三十卷丁集二十卷姓氏目録一卷　(清)上海國學扶輪社輯　清宣統元年(1909)上海國學扶輪社石印本　一百一冊

320000－1606－0002938　P03611
增註七家詩彙鈔七卷　(清)王植桂輯註　清光緒十八年(1892)上海圖書集成印書局鉛印本　四冊

320000－1606－0002939　P03612
仙緣留詠集一卷續集一卷别集一卷　(清)龔鎮湘輯　清光緒三十四年(1908)武昌曇華林鉛印本　一冊

320000－1606－0002940　P03613
胡澹庵先生文集三十二卷補遺一卷　(宋)胡銓撰　清道光十三年(1833)歷原讀書堂刻本　八冊

320000－1606－0002941　P03614
元文類七十卷目録三卷　(元)蘇天爵編　清光緒十五年(1889)江蘇書局刻本　十冊

320000－1606－0002942　P03615
金文雅十六卷作者考一卷　(清)莊仲方編　清光緒十七年(1891)江蘇書局刻本　四冊

320000－1606－0002943　P03617
元詩紀事二十四卷　陳衍輯　清光緒鉛印本　六冊

320000－1606－0002944　P03618
明詩别裁集十二卷　(清)沈德潛　(清)周準輯　清乾隆四年(1739)刻本　六冊

320000－1606－0002945　P03619
明詩紀事甲籤三十卷乙籤二十二卷　陳田輯　清光緒二十五年至三十年(1899－1904)貴陽陳氏聽詩齋刻本　十冊

320000－1606－0002946　P03625
可作集八卷　(清)王慶勳輯　清道光二十九年(1849)上海王氏循陔草堂刻本　四冊

320000－1606－0002947　P03626
松陵文録二十四卷　(清)淩淦輯　清同治十三年(1874)刻本　八冊

320000－1606－0002948　P03628
講筵四世詩鈔十卷　(清)張英撰　清光緒刻本　四冊

320000－1606－0002949　P03629
西泠五布衣遺著　(清)丁丙輯　清同治、光緒間錢唐丁氏當歸草堂刻本　八冊

320000－1606－0002950　P03634
明文在一百卷　(清)薛熙輯　清光緒十五年(1889)江蘇書局刻本　十冊

320000－1606－0002951　P03635
慕萊堂詩文徵存十卷　(清)李維翰輯　清光緒二十一年(1895)刻本　四册

320000－1606－0002952　P03636
春暉堂叢書十二種　(清)徐渭仁輯　清道光至咸豐上海徐氏刻同治補刻本　三册　存七種九卷(仲瞿詩録一卷、秋紅丈室遺詩一卷、陔南池館遺集二卷、雙樹生詩草一卷、紀半樵詩一卷、儀鄭堂殘稾二卷、賜硯齋題畫偶録一卷)

320000－1606－0002953　P03637
京江耆舊集十三卷　(清)張學仁　(清)王豫輯　清宣統元年(1909)刻本　八册

320000－1606－0002954　P03638
明詩綜一百卷　(清)朱彝尊輯　清乾隆吳清來堂刻本　二十册　存四十一卷(一至四十一)

320000－1606－0002955　P03639
國朝三十五科同館詩賦解題七卷首一卷國朝十二科同館詩賦解題五卷首一卷　(清)魏茂林輯　清道光二十九年(1849)有不為齋刻本　八册

320000－1606－0002956　P03640
測海集六卷　(清)彭紹升撰　清刻本　一册　存三卷(四至六)

320000－1606－0002957　P03641
京江鮑氏三女史詩鈔合刻三種　(清)戴燮元輯　清光緒八年(1882)丹徒戴氏嘉禾刻本　五册

320000－1606－0002958　P03642
湖海詩傳四十六卷　(清)王昶輯　清嘉慶八年(1803)三泖漁莊刻本　十二册

320000－1606－0002959　P03643
梅嶺課子圖題辭七卷行述一卷　(清)傅振海輯　清光緒刻本　二册

320000－1606－0002960　P03644
明文在一百卷　(清)薛熙輯　清光緒十五年(1889)江蘇書局刻本　十册

320000－1606－0002961　P03645
佚叢甲集七種　張南袱輯　清光緒三十三年(1907)鉛印本　五册

320000－1606－0002962　P03646
國朝古文彙鈔初集一百七十六卷首一卷二集一百卷首一卷　(清)朱珔輯　清道光二十七年(1847)吳江沈氏世美堂刻本　一百二十册

320000－1606－0002963　P03647
寶山錢氏家集十三種　(清)錢蘅璋輯　清光緒二十六年(1900)寶山錢氏刻本　一册　存八種八卷(敦厚堂近體詩一卷、棣韡堂吟賸一卷、脈望窠詩集一卷、留香閣吟鈔一卷、觀自得廬詩存一卷、評花齋詩録一卷、寸草軒詩賸一卷、吉金樂石軒軼詩一卷)

320000－1606－0002964　P03648
佳樂堂遺稿一卷　(清)錢鈞撰　清光緒三十一年(1905)陽湖錢氏木活字印本　一册

320000－1606－0002965　P03652
東周列國全志二十三卷一百八回　(清)蔡界評點　清漁古山房刻本　二十四册

320000－1606－0002966　P03653
新鐫玉茗堂批評按鑑參補南宋志傳十卷　題(明)研石山樵訂正　清光緒三讓信記刻本　五册

320000－1606－0002967　P03654
新説西遊記一百回　(清)張書紳注　清乾隆善成堂刻本　二十册

320000－1606－0002968　P03655
紅樓夢二十卷一百二十回　(清)曹霑撰　清咸豐、同治間同文堂刻本　十七册

320000－1606－0002969　P03656
鏡花緣二十卷一百回　(清)李汝珍撰　清咸豐、同治間同文堂刻本　十七册　存十七卷(一至九、十三至二十)

320000－1606－0002970　P03658
顧氏明朝四十家小説　(明)顧元慶撰　清宣

統三年(1911)上海國學扶輪社鉛印本　八册

320000－1606－0002971　P03660
聊齋志異新評十六卷　(清)蒲松齡撰　清道光二十二年(1842)廣順但氏刻朱墨套印本　十五册　存十五卷(二至十六)

320000－1606－0002972　P03663
增評加批金玉緣圖說十二卷首一卷　(清)曹雪芹　(清)高鶚撰　(清)蝶薌仙史評訂　清光緒三十二年(1906)上海桐蔭軒石印本　十四册

320000－1606－0002973　P03664
淞隱漫錄十二卷　(清)王韜撰　清光緒二十九年(1903)上海點石齋石印本　六册

320000－1606－0002974　P03669
雲林別墅繪像妥註第六才子書六卷首一卷　(元)王實甫撰　清刻本　六册

320000－1606－0002975　P03670
詳註聊齋誌異圖詠十六卷　(清)蒲松齡著　(清)吕湛恩註　清光緒三十三年(1907)上海章福記書局石印本　八册

320000－1606－0002976　P03678
屑玉叢談初集六卷　(清)錢徵　蔡爾康輯　清光緒四年(1878)中華圖書館石印本　六册

320000－1606－0002977　P03681
上下古今談前編四卷　吴敬恒演詞　清宣統三年(1911)文明書局鉛印本　四册

320000－1606－0002978　P03687
錢神志七卷　(清)李世熊著　清光緒六年(1880)楚北劉國光刻本　七册

320000－1606－0002979　P03688
搜神後記十卷　(晉)陶潛撰　清光緒元年(1875)湖北崇文書局刻本　一册

320000－1606－0002980　P03693
今世説八卷　(清)王晫撰　清刻本　四册

320000－1606－0002981　P03699
雷波瑣記一卷　(清)劉文蔚述　清光緒二年(1876)刻本　一册

320000－1606－0002982　P03700
昨非集四卷附曲一卷　(清)劉熙載撰　清光緒三年(1877)刻本　二册

320000－1606－0002983　P03702
郎潛紀聞十四卷燕下鄉脞錄十六卷　(清)陳康祺著　清光緒刻本　七册　存二十七卷(郎潛紀聞四至十四、燕下鄉脞錄十六卷)

320000－1606－0002984　P03705
續夷堅志四卷　(金)元好問纂　清光緒七年(1881)讀書山房刻本　一册

320000－1606－0002985　P03710
能改齋漫錄十八卷　(宋)吳曾撰　清刻武英殿聚珍版書本　八册

320000－1606－0002986　P03713
諧鐸十二卷　(清)沈起鳳撰　清光緒二十一年(1895)海上書局石印本　四册

320000－1606－0002987　P03714
舒藝室隨筆六卷續筆三卷　(清)張文虎撰　清光緒五年(1879)刻本　二册　存六卷(舒藝室隨筆四至六、續筆三卷)

320000－1606－0002988　P03715
舒藝室雜著甲編二卷乙編二卷賸稿一卷　(清)張文虎撰　清光緒刻本　三册

320000－1606－0002989　P03717
南江札記四卷　(清)邵晉涵撰　清刻本　四册

320000－1606－0002990　P03719
歸田瑣記八卷　(清)梁章鉅撰　清宣統三年(1911)掃葉山房石印本　八册

320000－1606－0002991　P03720
嘯亭雜錄十卷續錄三卷　(清)汲修主人(昭槤)撰　清宣統元年(1909)中國圖書公司鉛印本　四册

320000－1606－0002992　P03725
新齊諧二十四卷續新齊諧十卷　(清)袁枚編　清光緒十九年(1893)石印本　四册

320000－1606－0002993　P03729

東堅志五十卷　（宋）洪邁撰　清宣統三年（1911）上海蓼光社石印本　十六冊

320000－1606－0002994　P03735
却掃編三卷　（宋）徐度撰　清照曠閣刻本　一冊

320000－1606－0002995　P03740
唐代叢書　（清）陳世熙輯　清光緒二十二年（1896）上海賜書堂石印本　十二冊

320000－1606－0002996　P03741
閱微草堂筆記二十四卷　（清）紀昀撰　清嘉慶五年（1800）刻本　十冊　存二十一卷（一至七、十至十七、十九至二十四）

320000－1606－0002997　P03742
宋稗類鈔三十六卷　（清）潘永因編　清宣統三年（1911）石印本　六冊　存十八卷（十九至三十六）

320000－1606－0002998　P03745
虞山妖亂志二卷附後一卷　（清）馮舒撰　清末雁來紅叢報鉛印本　一冊

320000－1606－0002999　P03746
石菊影廬筆識二卷　（清）譚嗣同撰　清光緒二十八年（1902）石印本　一冊

320000－1606－0003000　P03749
賜福廔啟事四卷　程德全撰　宋小濂等輯　清宣統鉛印本　一冊　存一卷（一）

320000－1606－0003001　P03750
賜福廔筆記一卷　程德全撰　清光緒三十年（1904）鉛印本　一冊

320000－1606－0003002　P03753
退菴隨筆二十二卷　（清）梁章鉅編　清刻本　四冊　存十一卷（十二至二十二）

320000－1606－0003003　P03755
野記四卷　（明）祝允明撰　清同治十三年（1874）元和祝氏刻本　二冊

320000－1606－0003004　P03757
金壺七墨全集六種十九卷　（清）黄鈞宰撰　清光緒二十一年（1895）掃葉山房石印本　四冊

320000－1606－0003005　P03758
金壺七墨全集六種十九卷　（清）黄鈞宰撰　清光緒二十一年（1895）掃葉山房石印本　四冊

320000－1606－0003006　P03759
嶺表錄異三卷　（唐）劉恂撰　清刻武英殿聚珍版書本　一冊

320000－1606－0003007　P03760
西溪叢語二卷　（宋）姚寬撰　清光緒五年（1879）仁和葛元煦嘯園刻本　二冊

320000－1606－0003008　P03763
新增嶺南即事雜詠六集　（清）何惠群撰　清刻本　六冊

320000－1606－0003009　P03769
南菁札記十四種　（清）溥良輯　清光緒刻本　三冊　存八種（前漢紀校釋三卷、後漢紀校釋三卷、古文官書一卷、倉頡篇補本續、纂要一卷、桂苑珠叢、括地志一卷、兩京新記二卷）

320000－1606－0003010　P03772
行素齋雜記二卷　（清）李佳繼昌撰　清光緒二十七年（1901）刻本　二冊

320000－1606－0003011　P03775
廣陽雜記五卷　（清）劉獻庭撰　清光緒潘祖蔭刻本　三冊

320000－1606－0003012　P03778
冷廬雜識八卷　（清）陸以湉撰　清咸豐六年（1856）刻本　八冊

320000－1606－0003013　P03781
粟香隨筆八卷二筆八卷三筆八卷四筆八卷五筆八卷　金武祥撰　清光緒七年至二十四年（1881－1898）刻本　二十冊

320000－1606－0003014　P03782
印雪軒隨筆四卷　（清）俞鴻漸撰　清道光二十七年（1847）刻本　四冊

320000－1606－0003015　P03783
太平廣記五百卷目錄十卷　（宋）李昉等輯

清道光二十六年(1846)三讓睦記刻本　五十六冊　存四百四十四卷(一至一百二十、一百八十七至五百,目錄十卷)

320000－1606－0003016　P03784

寄園寄所寄十二卷　(清)趙吉士輯　清刻本　十六冊

320000－1606－0003017　P03786

冷廬雜識八卷　(清)陸以湉撰　清咸豐六年(1856)刻本　七冊　存七卷(一至四、六至八)

320000－1606－0003018　P03787

粟香四筆八卷五筆八卷　金武祥撰　清光緒刻本　五冊　存十卷(粟香四筆一至六、五筆一至四)

320000－1606－0003019　P03791

六合内外瑣言二十卷　(清)屠紳編　清宣統三年(1911)上海國學扶輪社石印本　五冊　存十七卷(一至十一、十五至二十)

320000－1606－0003020　P03794

冷廬雜識八卷　(清)陸以湉撰　清咸豐六年(1856)刻本　八冊

320000－1606－0003021　P03795

浩然齋雅談三卷　(宋)周密撰　清乾隆武英殿聚珍版木活字印本　一冊

320000－1606－0003022　P03796

郎潛紀聞十四卷　(清)陳康祺著　清光緒十年(1884)琴川刻本　四冊

320000－1606－0003023　P03797

輟耕錄三十卷　(明)陶宗儀撰　清光緒十一年(1885)刻本　十冊

320000－1606－0003024　P03798

五大洲述異錄四卷　(清)藜牀舊主輯　清光緒二十二年(1896)石印本　四冊

320000－1606－0003025　P03802

世界第一譚二十一章　(日本)村上俊藏著　(日本)茂原周輔譯　清光緒二十九年(1903)上海文明書局鉛印本　一冊

320000－1606－0003026　P03803

萬國通史二卷　(日本)天野為之著　(清)吳啟孫譯　清宣統元年(1909)文明書局鉛印本　二冊

320000－1606－0003027　P03804

萬國近政考略十六卷　鄒弢編輯　清光緒二十二年(1896)三借廬鉛印本　四冊

320000－1606－0003028　P03805

泰西新史攬要二十四卷　(英國)馬懇西撰　(英國)李提摩太譯　蔡爾康述　清光緒二十一年(1895)上海美華書館鉛印本　八冊

320000－1606－0003029　P03807

萬國近政考略十六卷　鄒弢編輯　清光緒二十七年(1901)三借廬鉛印本　四冊

320000－1606－0003030　P03808

歐洲列國變法史二十一卷　(法國)賽那布著　(美國)麥克范譯　清光緒二十九年(1903)鉛印本　八冊

320000－1606－0003031　P03809

萬國史記二十卷　(日本)岡本監輔撰　清光緒二十三年(1897)上海六先書局鉛印本　八冊

320000－1606－0003032　P03810

萬國史綱目八卷　(日本)重野安繹著　清光緒二十八年(1902)鉛印本　八冊

320000－1606－0003033　P03811

西史綱目二十卷　(清)周維翰著　清光緒二十七年(1901)石印本　十冊

320000－1606－0003034　P03812

綱鑑易知錄九十二卷明鑑易知錄十五卷　(清)吳乘權等輯　清刻本　四十八冊

320000－1606－0003035　P03815

西洋史要四期　(日本)小川銀次郎撰　樊炳清　薩端譯　清光緒二十七年(1901)鉛印本　二冊

320000－1606－0003036　P03817

泰西民族文明史緒論二章本論十四章　(法

國)賽奴巴著　(日本)野澤武之助原譯　沈是中　俞子彝重譯　清光緒二十九年(1903)鉛印本　一冊

320000－1606－0003037　P03819
歷朝紀事本末九種　(清)陳如升　(清)朱記榮輯　清光緒十四年(1888)上海書業公所鉛印本　五十六冊

320000－1606－0003038　P03820
紀元編三卷末一卷　(清)李兆洛撰　(清)六承如錄　清咸豐二年(1852)刻本　三冊

320000－1606－0003039　P03821
蠻書十卷　(唐)樊綽撰　清漸西村舍刻本　一冊

320000－1606－0003040　P03823
海國公餘輯錄六卷雜著三卷　(清)張煜南輯　清光緒刻本　十冊

320000－1606－0003041　P03824
萬國通史前編十卷　(英國)李思倫白約翰輯譯　蔡爾康紀述　清光緒二十六年(1900)上海廣學會鉛印本　十冊

320000－1606－0003042　P03825
西學考略二卷　(美國)丁韙良著　清光緒九年(1883)同文館鉛印本　二冊

320000－1606－0003043　P03826
四裔編年表四卷　(美國)林樂知　(清)嚴良勛譯　(清)李鳳苞彙編　清光緒江南製造總局刻本　四冊

320000－1606－0003044　P03827
四裔編年表四卷　(美國)林樂知　(清)嚴良勛譯　(清)李鳳苞彙編　清光緒江南製造總局刻本　四冊

320000－1606－0003045　P03828
四裔編年表四卷　(美國)林樂知　(清)嚴良勛譯　(清)李鳳苞彙編　清光緒江南製造總局刻本　四冊

320000－1606－0003046　P03831
歷代史要三卷　(清)蔣蔭椿撰　清光緒學校司排印局鉛印本　三冊

320000－1606－0003047　P03833
資治通鑑地理今釋十六卷　(清)吳熙載撰　清光緒八年(1882)江蘇書局刻本　三冊

320000－1606－0003048　P03834
資治通鑑綱目發明五十九卷　(宋)尹起莘撰　清光緒刻本　六冊

320000－1606－0003049　P03840
讀通鑑論三十卷　(清)王夫之撰　清同治曾氏金陵節署刻本　十六冊

320000－1606－0003050　P03843
史略六卷　(宋)高似孫撰　清光緒九年(1883)虞山鮑氏刻本　二冊

320000－1606－0003051　P03845
廿一史四譜五十四卷　(清)沈炳震撰　清同治十年(1871)武林吳氏清來堂刻本　十六冊

320000－1606－0003052　P03846
壬癸志稿二十八卷　(清)錢寶琛輯　清光緒六年(1880)刻本　四冊

320000－1606－0003053　P03847
十七史商榷一百卷　(清)王鳴盛撰　清光緒六年(1880)太原王氏刻本　二十四冊

320000－1606－0003054　P03850
讀史大畧六十卷首一卷　(清)沙張白著　清光緒二十六年(1900)刻本　四冊　存二十八卷(一至二十七、首一卷)

320000－1606－0003055　P03851
太倉史論一編四卷　(明)張溥撰　清刻本　二冊

320000－1606－0003056　P03852
太倉史論一編四卷　(明)張溥撰　清刻本　四冊

320000－1606－0003057　P03853
聖武記十四卷　(清)魏源撰　清道光二十六年(1846)古微堂刻本　十一冊　存十三卷(一至十三)

320000－1606－0003058　P03854
三史拾遺五卷諸史拾遺五卷　(清)錢大昕撰　清嘉慶十二年(1807)刻本　四册

320000－1606－0003059　P03855
通鑑注辯正二卷　(清)錢大昕撰　清刻本　二册

320000－1606－0003060　P03856
通鑑論三卷稽古録論一卷　(宋)司馬光撰　(清)伍耀光輯　清光緒二十七年(1901)上海文淵山房石印本　四册

320000－1606－0003061　P03857
國朝史論約鈔四卷　(清)繆楷輯　清光緒二十八年(1902)上海書局石印本　四册

320000－1606－0003062　P03858
增兩朝御批正續通鑑類纂二十卷　(清)松椿纂　清光緒二十八年(1902)上海和記書莊石印本　十二册

320000－1606－0003063　P03859
歷代史論十二卷宋史論三卷元史論一卷　(明)張溥撰　**明史論四卷**　(清)谷應泰撰　**左傳史論二卷**　(清)高士奇撰　清光緒刻本　八册

320000－1606－0003064　P03860
小學讀本史四卷　(□)□□撰　清光緒木活字印本　八册

320000－1606－0003065　P03861
[正德]武功縣志三卷首一卷　(明)康海纂修　(清)孫景烈評注　清同治十二年(1873)湖北崇文書局刻本　一册

320000－1606－0003066　P03864
史通削繁四卷　(清)紀昀撰　(清)浦起龍注删　清光緒八年(1882)刻本　四册

320000－1606－0003067　P03869
評史管窺四卷　(清)王步蟾著　清光緒十九年(1893)刻本　四册

320000－1606－0003068　P03870
廿二史攷異一百卷　(清)錢大昕撰　清光緒龍氏家塾刻本　二十四册

320000－1606－0003069　P03871
路史四十七卷　(宋)羅泌撰　(宋)羅苹注　清同治五年(1866)五桂堂刻本　二十四册

320000－1606－0003070　P03872
廿二史劄記三十六卷補遺一卷　(清)趙翼撰　清嘉慶五年(1800)湛貽堂刻本　十二册

320000－1606－0003071　P03873
尚史六十九卷　(清)李鍇撰　清刻本　二十八册

320000－1606－0003072　P03874
朔方備乘六十八卷首十二卷凡例目録一卷　(清)何秋濤纂集　清光緒七年(1881)石印本　八册

320000－1606－0003073　P03875
潛研堂文集節録一卷　(清)錢大昕撰　**全謝山先生經史問答節録一卷**　(清)全祖望撰　清光緒江蘇存古學堂木活字印史學叢鈔本　一册

320000－1606－0003074　P03877
渚宫舊事五卷補遺一卷　(唐)余知古撰　清刻本　一册

320000－1606－0003075　P03878
廿二史紀事提要八卷　(清)吴綏纂　清嘉慶元年(1796)刻本　四册

320000－1606－0003076　P03881
史記菁華録六卷　(清)姚祖恩輯　清道光四年(1824)姚氏扶荔山房刻本　六册

320000－1606－0003077　P03882
春秋中國夷狄辨三卷　(清)徐勤撰　清末上海大同譯書局石印本　一册

320000－1606－0003078　P03883
戰國策三十三卷　(漢)高誘注　(宋)姚宏校正　**札記三卷**　(清)黄丕烈撰　**國語二十一卷札記一卷**　(三國吴)韋昭注　清光緒二十二年(1896)石印本　八册

320000－1606－0003079　P03884

史記一百三十卷　(漢)司馬遷撰　(南朝宋)裴駰集解　(唐)司馬貞索隱　(唐)張守節正義　清光緒十四年(1888)上海圖書集成印書局石印本　十五册　存一百十八卷(一至一百十、一百二十三至一百三十)

320000－1606－0003080　P03885
前漢書一百卷　(漢)班固撰　(唐)顔師古注　清光緒十八年(1892)武林竹簡齋石印本　十二册

320000－1606－0003081　P03890
戰國策三十三卷　(漢)高誘注　(宋)姚宏校正　**札記三卷**　(清)黄丕烈撰　清同治八年(1869)湖北崇文書局刻本　四册

320000－1606－0003082　P03891
兩漢刊誤補遺十卷　(宋)吴仁傑撰　清同治七年(1868)金陵書局木活字印本　二册

320000－1606－0003083　P03893
同菴史彙十卷　(清)蔣善選評　清刻本　八册

320000－1606－0003084　P03894
校刊史記集解索隱正義札記五卷　(清)張文虎撰　清同治十一年(1872)金陵書局刻本　二册

320000－1606－0003085　P03895
史記一百三十卷　(漢)司馬遷撰　(南朝宋)裴駰集解　清光緒四年(1878)金陵書局刻本　十六册

320000－1606－0003086　P03896
史記十二卷　(明)唐順之批選　清刻本　十一册

320000－1606－0003087　P03897
前漢書一百二十卷　(漢)班固撰　(唐)顔師古注　清光緒十三年(1887)金陵書局刻本　三十二册

320000－1606－0003088　P03898
姚惜抱先生前漢書評點一卷　(清)姚鼐撰　清光緒十六年(1890)天津石印本　一册

320000－1606－0003089　P03899
姚惜抱先生前漢書評點一卷　(清)姚鼐撰　清光緒十六年(1890)天津石印本　一册

320000－1606－0003090　P03900
楚漢諸侯疆域志三卷　(清)劉文淇撰　清光緒二年(1876)金陵刻本　一册

320000－1606－0003091　P03901
西漢會要七十卷　(宋)徐天麟撰　清光緒十年(1884)江蘇書局刻本　十册　存四十一卷(一至四十一)

320000－1606－0003092　P03903
東漢會要四十卷　(宋)徐天麟撰　清光緒十年(1884)江蘇書局刻本　八册

320000－1606－0003093　P03904
兩漢策要十二卷　(宋)陶叔獻撰　清光緒十三年(1887)上海同文書局石印本　二册　存二卷(一至二)

320000－1606－0003094　P03906
後漢書補注二十四卷　(清)惠棟撰　清刻本　六册　存十六卷(九至二十四)

320000－1606－0003095　P03907
後漢書一百卷　(南朝宋)范曄撰　(唐)李賢注　**續漢書志三十卷**　(晉)司馬彪撰　(南朝梁)劉昭注補　清光緒金陵書局刻本　二十册

320000－1606－0003096　P03908
南史八十卷　(唐)李延壽撰　清光緒二十八年(1902)石印本　四册

320000－1606－0003097　P03910
晉書校文五卷　丁國鈞撰　清光緒二十年(1894)木活字印本　二册

320000－1606－0003098　P03911
補晉書藝文志四卷附錄一卷　丁國鈞撰　清刻本　二册

320000－1606－0003099　P03912
三國志六十五卷　(晉)陳壽撰　(南朝宋)裴松之注　清光緒十三年(1887)江南書局刻本

八册

320000－1606－0003100　P03913
三國志六十五卷　(晉)陳壽撰　(南朝宋)裴松之注　清光緒十三年(1887)江南書局刻本　十二册

320000－1606－0003101　P03914
三國志證聞三卷　(清)錢儀吉撰　清光緒十一年(1885)江蘇書局刻本　二册

320000－1606－0003102　P03915
晉書一百三十卷　(唐)房玄齡等撰　**音義三卷**　(唐)何超撰　清同治十年(1871)金陵書局刻本　二十册

320000－1606－0003103　P03916
晉略六十六卷　(清)周濟撰　清光緒二年(1876)味雋齋刻本　十册

320000－1606－0003104　P03917
南史八十卷　(唐)李延壽撰　清同治十一年(1872)金陵書局刻本　十六册

320000－1606－0003105　P03918
南北史補志十四卷　(清)汪士鐸撰　清光緒四年(1878)淮南書局刻本　八册

320000－1606－0003106　P03919
宋書一百卷　(南朝梁)沈約撰　清同治十一年(1872)金陵書局刻本　十六册

320000－1606－0003107　P03920
晉書校文五卷　丁國鈞撰　清光緒二十年(1894)木活字印本　四册

320000－1606－0003108　P03921
隋書八十五卷　(唐)魏徵等撰　清同治十年(1871)淮南書局刻本　十六册

320000－1606－0003109　P03923
南漢紀五卷　(清)吳蘭修撰　清道光十四年(1834)鄭氏淳一堂刻本　二册

320000－1606－0003110　P03924
南漢紀五卷　(清)吳蘭修撰　清道光十四年(1834)鄭氏淳一堂刻本　二册

320000－1606－0003111　P03925
南齊書五十九卷　(南朝梁)蕭子顯撰　清同治十三年(1874)金陵書局刻本　六册

320000－1606－0003112　P03926
梁書五十六卷　(唐)姚思廉撰　清同治十三年(1874)金陵書局刻本　六册

320000－1606－0003113　P03927
陳書三十六卷　(唐)姚思廉撰　清同治十一年(1872)金陵書局刻本　四册

320000－1606－0003114　P03928
周書五十卷　(唐)令狐德棻撰　清同治十三年(1874)金陵書局刻本　四册

320000－1606－0003115　P03929
北史一百卷　(唐)李延壽撰　清同治十一年(1872)金陵書局刻本　十六册

320000－1606－0003116　P03930
魏書一百十四卷　(北齊)魏收撰　清同治十一年(1872)金陵書局刻本　二十册

320000－1606－0003117　P03931
北齊書五十卷　(唐)李百藥撰　清同治十三年(1874)金陵書局刻本　四册

320000－1606－0003118　P03932
五代會要三十卷　(宋)王溥撰　清光緒十二年(1886)江蘇書局刻本　六册　存二十六卷(一至二十六)

320000－1606－0003119　P03933
舊唐書二百十四卷　(五代)劉昫等撰　清同治十一年(1872)浙江書局刻本　四十册　存二百卷(一至二百)

320000－1606－0003120　P03934
唐書二百二十五卷　(宋)歐陽修　(宋)宋祁撰　清同治十二年(1873)浙江書局刻本　三十八册

320000－1606－0003121　P03937
唐會要一百卷　(宋)王溥撰　清刻本　十一册　存四十三卷(九至十六、四十一至七十五)

320000－1606－0003122　P03942
東萊先生音註唐鑑二十四卷　(宋)范祖禹撰　清刻本　五册

320000－1606－0003123　P03943
舊五代史一百五十卷目錄二卷附考證　(宋)薛居正等撰　清刻本　十六册

320000－1606－0003124　P03944
五代史七十四卷　(宋)歐陽修撰　(宋)徐無黨注　清同治十一年(1872)湖北崇文書局刻本　八册

320000－1606－0003125　P03947
十國春秋一百十六卷　(清)吳任臣撰　清海虞顧氏小石山房刻本　十六册

320000－1606－0003126　P03948
南唐書合刻二種　(清)蔣國祥　(清)蔣國祚編　清同治十三年(1874)三餘書屋刻本　六册

320000－1606－0003127　P03949
建炎以來朝野雜記乙集二十卷　(宋)李心傳撰　清刻本　四册

320000－1606－0003128　P03952
宋史四百九十六卷目錄三卷　(元)脱脱等撰　清光緒元年(1875)浙江書局刻本　一百二十册

320000－1606－0003129　P03953
元朝秘史十五卷　(清)李文田注　清光緒二十九年(1903)石印本　四册

320000－1606－0003130　P03956
元秘史山川地名攷十二卷　(清)施世杰撰　清光緒二十三年(1897)刻本　二册

320000－1606－0003131　地3550
[江蘇無錫]蔡氏禮派支譜不分卷　(清)蔡耀齋等纂修　清光緒五年(1879)西村草舍木活字印本　五册

320000－1606－0003132　P03962
元史二百十卷目錄二卷　(明)宋濂等撰　清同治十三年(1874)江蘇書局刻本　四十册

320000－1606－0003133　P03966
金史詳校十卷首一卷末一卷　(清)施國祁撰　清光緒六年(1880)會稽章氏刻本　十二册

320000－1606－0003134　P03967
遼史拾遺補五卷　(清)楊復吉輯　清光緒三年(1877)江蘇書局刻本　二册

320000－1606－0003135　P03968
遼史拾遺二十四卷　(清)厲鶚撰　清光緒元年(1875)江蘇書局刻本　八册

320000－1606－0003136　P03969
遼史一百十五卷　(元)脱脱等撰　清同治十二年(1873)江蘇書局刻本　十二册

320000－1606－0003137　P03970
金史一百三十五卷　(元)托克托等修　清同治十三年(1874)江蘇書局刻本　二十册

320000－1606－0003138　P03972
忠武誌八卷　(清)張鵬翮輯　清刻本　十四册

320000－1606－0003139　P03973
金史一百三十五卷　(元)托克托等修　清同治十三年(1874)江蘇書局刻本　二十二册

320000－1606－0003140　P03976
元史譯文證補三十卷　(清)洪鈞撰　清光緒二十三年(1897)陸潤庠刻本　四册

320000　1606　0003141　P03977
明史三百三十二卷目錄四卷　(清)張廷玉等修　清光緒三年(1877)湖北崇文書局刻本　八十册

320000－1606－0003142　P03978
續明紀事本末十八卷首一卷　(清)倪在田輯　清光緒二十九年(1903)育英學社鉛印本　六册

320000－1606－0003143　P03981
明紀六十卷　(清)陳鶴撰　(清)陳克家參訂　清同治十年(1871)江蘇書局刻本　二十册

320000－1606－0003144　P03982
明季南略十八卷　(清)計六奇編輯　清都城

琉璃廠半松居士木活字印本　十二冊

320000－1606－0003145　P03984
弇山堂别集一百卷　（明）王世貞撰　清光緒廣雅書局刻本　二十冊

320000－1606－0003146　P03985
湘軍記二十卷　（清）王定安撰　清光緒十五年（1889）江南書局刻本　四冊

320000－1606－0003147　P03986
小腆紀年附攷二十卷　（清）徐鼒撰　清咸豐十一年（1861）刻本　十二冊

320000－1606－0003148　P03989
皇朝事略一卷　（清）直隸學校司編譯處輯　清光緒二十九年（1903）石印本　一冊

320000－1606－0003149　P03991
聖武記十四卷　（清）魏源撰　清道光古微堂刻本　十二冊

320000－1606－0003150　P03992
拳匪紀略八卷前編二卷後編二卷　（清）僑析生輯　清光緒二十九年（1903）上洋書局石印本　二冊

320000－1606－0003151　P03994
湘軍志十六卷　王闓運撰　清光緒十一年（1885）刻本　四冊

320000－1606－0003152　P04001
明季續聞一卷　（清）汪光復撰　清宣統三年（1911）上海商務印書館鉛印本　一冊

320000－1606－0003153　P04002
三藩紀事本末四卷　（清）楊陸榮編　清刻本　二冊

320000－1606－0003154　P04003
野記四卷　（明）祝允明撰　清同治十三年（1874）元和祝氏刻本　一冊

320000－1606－0003155　P04004
野記四卷　（明）祝允明撰　清同治十三年（1874）元和祝氏刻本　二冊

320000－1606－0003156　P04005
籌鄂龜鑑七卷俄事新書二卷首一卷　（清）陳俠君輯　清光緒二十二年（1896）賜書堂石印本　八冊

320000－1606－0003157　P04006
意大利獨立史六編　（日本）松井廣吉撰　張仁普譯　清光緒二十九年（1903）上海廣智書局鉛印本　一冊

320000－1606－0003158　P04007
意大利獨立史六編　（日本）松井廣吉撰　張仁普譯　清光緒二十九年（1903）上海廣智書局鉛印本　一冊

320000－1606－0003159　P04008
希臘獨立史四編　（日本）柳井絅齋撰　（清）秦嗣宗譯　清光緒二十八年（1902）上海廣智書局鉛印本　一冊

320000－1606－0003160　P04009
希臘獨立史四編　（日本）柳井絅齋撰　（清）秦嗣宗譯　清光緒二十八年（1902）上海廣智書局鉛印本　一冊

320000－1606－0003161　P04011
平定粵匪紀略十八卷附記四卷　（清）杜文瀾撰　清刻本　七冊　存十四卷（三至十六）

320000－1606－0003162　P04013
思痛記二卷　（清）李圭撰　清光緒六年（1880）師一齋刻本　一冊

320000－1606－0003163　P04015
東牟守城紀略一卷　（清）戴燮元撰　清同治八年（1869）刻本　一冊

320000－1606－0003164　P04021
俄羅斯史二卷　（日本）山本利喜雄撰　麥鼎華譯　清光緒二十九年（1903）上海廣智書局鉛印本　二冊

320000－1606－0003165　P04022
英興記二卷首一卷　（英國）鄧理槎撰　（美國）林樂知　（清）任廷旭譯　清光緒二十四年（1898）上海圖書集成局鉛印本　二冊

320000－1606－0003166　P04023

英興記二卷首一卷 （英國）鄧理槎撰 （美國）林樂知 （清）任廷旭譯 清光緒二十四年(1898)上海圖書集成局鉛印本 二册

320000－1606－0003167 P04024
英美海軍戰史三卷 （美國）愛德華史賓氏著 （日本）越山平三郎譯 清光緒二十八年(1902)世界譯書局石印本 一册

320000－1606－0003168 P04025
普法戰紀二十卷 （清）張宗良口譯 （清）王韜輯 清光緒二十一年(1895)弢園王氏鉛印本 三册 存六卷(一至二、十七至二十)

320000－1606－0003169 P04027
日本雜事詩二卷 （清）黄遵憲撰 清光緒鉛印本 二册

320000－1606－0003170 P04033
埃及近世史不分卷 （日本）柴四郎撰 麥鼎華譯 清光緒二十八年(1902)廣智書局鉛印本 一册

320000－1606－0003171 P04034
埃及近世史不分卷 （日本）柴四郎撰 清光緒二十八年(1902)上海商務印書館鉛印本 一册

320000－1606－0003172 P04035
古巴雜記一卷 （清）譚乾初撰 清光緒三十二年(1906)刻本 一册

320000－1606－0003173 P04037
教務紀略四卷首一卷末一卷 李剛己輯 清光緒三十一年(1905)南洋官報局刻本 五册

320000－1606－0003174 P04038
教務紀略四卷首一卷末一卷 李剛己輯 清光緒三十一年(1905)南洋官報局刻本 五册

320000－1606－0003175 P04040
俄史輯譯四卷 （清）徐景羅譯 清光緒十四年(1888)益智書會刻本 四册

320000－1606－0003176 P04041
越事備考五種 劉名譽撰 清光緒二十一年(1895)慕庵氏刻本 六册

320000－1606－0003177 P04043
日本維新三十年史不分卷 （日本）東京博文館輯 清光緒二十九年(1903)上海廣智書局鉛印本 六册

320000－1606－0003178 P04044
日本維新三十年史不分卷 （日本）東京博文館輯 清光緒二十九年(1903)上海廣智書局鉛印本 六册

320000－1606－0003179 P04048
醇親王使德始末恭紀一卷 （清）□□編 清末鉛印本 一册

320000－1606－0003180 P04051
瑞士變政記三卷附錄一卷 （清）趙秀偉譯 清光緒上海大同譯書局石印本 一册

320000－1606－0003181 P04052
中東戰紀本末八卷首一卷末一卷 （美國）林樂知譯 蔡爾康纂輯 清光緒二十二年(1896)上海廣學會鉛印本 八册

320000－1606－0003182 P04053
中東戰紀本末三編四卷 （美國）林樂知審訂 蔡爾康錄 清光緒二十六年(1900)上海圖書集成局鉛印本 四册

320000－1606－0003183 P04055
瀛環志略十卷 （清）徐繼畬撰 清同治十二年(1873)刻本 六册

320000－1606－0003184 P04056
英法俄德四國志略一卷 沈敦和輯譯 清光緒十八年(1892)四明耳學廬刻本 二册

320000－1606－0003185 P04057
五洲屬國紀略四卷 （清）沈林一撰 清光緒二十四年(1898)鉛印本 一册 存二卷(一、四)

320000－1606－0003186 P04058
五洲屬國紀略四卷 （清）沈林一撰 清光緒二十四年(1898)鉛印本 四册

320000－1606－0003187 P04059
[乾隆]欽定皇輿西域圖志四十八卷首四卷

(清)傅恒等修　(清)褚廷璋纂　(清)英廉等續纂修　清光緒鉛印本　二十四册

320000－1606－0003188　P04060
各國日記彙編七種　題(清)萬選樓主人輯　清光緒二十二年(1896)上海書局石印本　四册

320000－1606－0003189　P04062
新撰亞細亞洲大地志七章　(日本)山上萬次郎編　葉瀚譯　清光緒二十七年(1901)上海正記書局石印本　四册

320000－1606－0003190　P04063
乘查筆記一卷　(清)斌椿撰　清光緒八年(1882)刻本　一册

320000－1606－0003191　P04064
漸學廬叢書第一集七種　(清)胡祥鑅輯　清光緒二十三年(1897)元和胡氏石印本　二册

320000－1606－0003192　P04065
漸學廬叢書第一集七種　(清)胡祥鑅輯　清光緒二十三年(1897)元和胡氏石印本　二册

320000－1606－0003193　P04066
地球韻言四卷　(清)張士瀛撰　清光緒二十四年(1898)鄂垣務急書館刻本　二册

320000－1606－0003194　P04067
海國圖志一百卷　(清)魏源撰　清咸豐二年(1852)古微堂刻本　六册

320000－1606－0003195　P04070
大清中外壹統輿圖三十卷首一卷中一卷　(清)鄒世詒等編　(清)李廷簫增訂　清同治二年(1863)湖北撫署景桓樓刻本　三十二册

320000－1606－0003196　P04071
廣志繹六卷　(明)王士性撰　清嘉慶二十二年(1817)臨海宋氏刻本　二册　存五卷(一至五)

320000－1606－0003197　P04073
大唐西域記十二卷　(唐)釋玄奘譯　(唐)釋辯機撰　清宣統元年(1909)常州天寧寺刻本　四册

320000－1606－0003198　P04076
俾路芝志一卷紐吉尼亞島志一卷馬留土股志一卷西里伯島志一卷西里伯島新志一卷　(清)學部編譯圖書局編　清光緒三十三年(1907)學部編譯圖書局鉛印本　一册

320000－1606－0003199　P04078
江蘇沿海圖說一卷海島表一卷浙江沿海圖說一卷海島表一卷　(清)朱正元撰　清光緒二十五年(1899)上海鉛印本　二册

320000－1606－0003200　P04079
地學歌略一卷　葉瀚　葉瀾撰　清光緒刻本　一册

320000－1606－0003201　P04080
瀛寰志畧十卷　(清)徐繼畬撰　清道光三十年(1850)紅杏山房刻本　六册

320000－1606－0003202　P04081
朔方備乘六十八卷首十二卷凡例目錄一卷　(清)何秋濤纂集　清光緒七年(1881)石印本　八册

320000－1606－0003203　P04082
大清一統志四百二十四卷　(清)和珅纂修　清光緒二十七年(1901)上海寶善齋石印本　六十册

320000－1606－0003204　P04083
東京夢華錄十卷　(宋)孟元老撰　明崇禎毛氏汲古閣刻本　四册

320000－1606－0003205　P04084
[乾隆]欽定皇輿西域圖志四十八卷首四卷　(清)傅恒修　(清)褚廷璋纂　(清)英廉等續纂修　清光緒鉛印本　二十四册

320000－1606－0003206　P04085
方輿全圖總說五卷　(清)顧祖禹輯　(清)浦錫齡校訂　清光緒二十五年(1899)上海二林齋石印本　四册

320000－1606－0003207　P04086
續山東考古錄三十二卷首一卷　(清)葉圭綬撰　清光緒八年(1882)山東書局刻本　六册

320000－1606－0003208　P04087

九邊圖論一卷　(明)許論撰　**海防圖論一卷**　(明)胡宗憲撰　**州縣提綱四卷**　(宋)陳襄撰　**輿地形勢論一卷**　(清)鮑振方撰　清光緒常熟鮑氏後知不足齋刻本　二册

320000－1606－0003209　P04088

西北邊界圖地名譯漢考證二卷　(清)許景澄撰　清光緒二十二年(1896)刻本　二册

320000－1606－0003210　P04089

光緒勘定西北邊界俄文譯漢圖例言一卷　(清)許景澄撰　清光緒刻本　一册

320000－1606－0003211　P04090

揚子江流域現勢論四編　(日本)林繁撰　(清)汪國屏譯　清光緒二十八年(1902)上海廣智書局鉛印本　一册

320000－1606－0003212　P04091

水道提綱二十八卷　(清)齊召南撰　清光緒四年(1878)津門徐士鑾霞城精舍刻本　八册

320000－1606－0003213　P04092

順德李氏遺書四種　(清)李文田撰　清光緒二十三年(1897)鉛印本　一册

320000－1606－0003214　P04093

吴江水考增輯五卷附編二卷　(明)沈啟著　清光緒二十年(1894)刻本　四册

320000－1606－0003215　P04095

水道提綱二十八卷　(清)齊召南編録　清乾隆四十一年(1776)傳經書屋刻本　八册

320000－1606－0003216　P04097

南嶽志八卷　(清)高自位編　(清)曠敏本輯　清乾隆十八年(1753)開雲樓刻本　六册

320000－1606－0003217　P04098

淮揚水利圖説一卷淮揚治水論一卷　(清)馮道立著　清道光十九年(1839)西園刻本　一册

320000－1606－0003218　P04101

泰山志二十卷　(清)金棨撰　清嘉慶刻本　十册

320000－1606－0003219　P04102

御覽三省黄河全圖不分卷　(清)易順鼎等纂　(清)顧潮等測繪　清光緒十六年(1890)上海鴻文書局石印本　五册

320000－1606－0003220　P04105

水經注釋四十卷首一卷附錄二卷　(清)趙一清撰　清刻本　七册　存二十二卷(二十至四十、附錄二)

320000－1606－0003221　P04106

太平寰宇記二百卷目錄二卷　(宋)樂史撰　清光緒八年(1882)金陵書局刻本　三十六册　存一百九十二卷(一至三、五至一百十二、一百二十至二百)

320000－1606－0003222　P04107

輿圖總論註釋一卷　(清)謝蘭生註　清同治謝氏刻本　一册

320000－1606－0003223　P04108

河海崑崙録四卷　裴景福撰　清宣統元年(1909)上海文明書局鉛印本　四册

320000－1606－0003224　P04113

舟車所至　(清)鄭光祖輯　清道光二十三年(1843)琴川鄭氏青玉山房刻本　六册

320000－1606－0003225　P04116

皇朝一統輿地全圖不分卷　題(清)欸乃軒主人編　清光緒二十年(1894)上海鴻寶齋石印本　二册

320000－1606－0003226　P04117

皇朝一統輿地全圖不分卷　題(清)欸乃軒主人編　清光緒二十年(1894)上海鴻寶齋石印本　二册

320000－1606－0003227　P04118

廣雁蕩山志二十八卷首一卷末一卷書後一卷　(清)曾唯纂輯　清同治八年(1869)東嘉依綠園刻本　八册

320000－1606－0003228　P04124

西湖紀遊一卷　(清)張仁美撰　清光緒十二年(1886)刻本　一册

320000－1606－0003229　P04125

成仁祠備錄四卷首一卷　（清）孫貽謀編　清光緒三十一年（1905）鴻寶齋書局石印本　一册

320000－1606－0003230　P04126

上海地名表一卷　商務印書館編譯所編　清宣統二年（1910）商務印書館鉛印本　一册

320000－1606－0003231　P04128

小滄浪筆談四卷　（清）阮元輯　清光緒二十六年（1900）江蘇書局刻本　二册

320000－1606－0003232　P04131

嶺海異聞錄五種　（清）陳坤輯　清光緒三年（1877）廣州萃經堂刻本　五册

320000－1606－0003233　P04133

北隅綴錄二卷續錄二卷　（清）丁丙纂　清光緒二十五年（1899）錢塘丁氏嘉惠堂刻本　四册

320000－1606－0003234　P04134

岳廟志略十卷首一卷　（清）馮培編輯　清光緒五年（1879）浙江書局刻本　四册

320000－1606－0003235　P04139

峽江救生船志二卷圖考一卷附行川必要一卷　（清）賀縉紳　（清）程以輔編　清光緒三年至五年（1877－1879）水師新副中營刻本　四册

320000－1606－0003236　P04144

灘江雜記一卷灘江游草一卷　金武祥撰　清光緒二十三年（1897）粟香室刻本　一册

320000－1606－0003237　P04148

赤溪雜志二卷霞城唱和集一卷　金武祥撰　清光緒十七年（1891）江陰金氏刻本　一册

320000－1606－0003238　P04149

烏石山志九卷首一卷　（清）郭柏蒼　（清）劉永松纂輯　清道光二十二年（1842）侯官郭氏古天開圖畫樓刻本　六册

320000－1606－0003239　P04150

唐張中丞專祠錄五卷首一卷末一卷　（清）侯慶勛纂　清光緒四年（1878）浮梁侯氏寶嶽齋刻本　三册

320000－1606－0003240　P04151

湖北通志凡例一卷辨例一卷　（清）章學誠撰　清光緒八年（1882）武昌官書處木活字印本　一册

320000－1606－0003241　P04156

元耶律楚材西遊錄一卷和林詩一卷　（元）耶律楚材撰　（清）李文田注　清光緒二十三年（1897）會稽施氏鄦鄦學廬刻本　一册

320000－1606－0003242　P04157

譚黔一卷　（清）陳明遠撰　清光緒鉛印本　一册

320000－1606－0003243　P04163

嶺表錄異三卷　（唐）劉恂撰　清刻武英殿聚珍版書本　一册

320000－1606－0003244　P04164

二十臺詩二卷　（清）潘世鏞等撰　清道光十二年（1832）刻本　一册

320000－1606－0003245　P04165

三晉見聞錄不分卷　（清）齊翀著　清光緒六年（1880）刻本　一册

320000－1606－0003246　P04166

潭濱雜誌三編　（清）黄景琯撰　清光緒二年（1876）木活字印本　一册

320000－1606－0003247　P04170

龍舒中七里河義渡志六卷　（清）崔保齡編　清宣統元年（1909）刻本　四册

320000－1606－0003248　P04172

東晉疆域圖不分卷　楊守敬撰　清宣統元年（1909）鄂城楊守敬刻本　一册

320000－1606－0003249　P04173

北魏地形志圖不分卷　楊守敬編　清宣統二年（1910）武昌刻本　一册

320000－1606－0003250　P04174

西魏疆域圖不分卷　楊守敬編繪　清宣統三年（1911）鄂城楊守敬刻本　一册

320000－1606－0003251　P04175
南朝宋州郡圖不分卷　楊守敬撰　清宣統元年(1909)刻本　一册

320000－1606－0003252　P04176
南齊州郡圖不分卷　楊守敬編　清宣統元年(1909)鄂城刻朱墨套印本　一册

320000－1606－0003253　P04177
唐地理志圖不分卷　楊守敬編繪　清宣統三年(1911)楊守敬刻本　一册

320000－1606－0003254　P04178
宋地理志圖不分卷　楊守敬編繪　清宣統三年(1911)楊守敬刻本　一册

320000－1606－0003255　P04179
[正德]武功縣志三卷首一卷　(明)康海纂修　(清)孫景烈評注　清同治十二年(1873)湖北崇文書局刻本　一册

320000－1606－0003256　P04180
西藏紀述一卷　(清)張海撰　清光緒二十年(1894)錢塘汪氏刻本　一册

320000－1606－0003257　P04182
景定嚴州續志十卷　(宋)鄭瑤　(宋)方仁榮纂修　清光緒刻漸西村舍彙刊本　二册

320000－1606－0003258　P04183
[同治]深州風土記二十二卷附表五卷　(清)吳汝綸纂修　清光緒二十六年(1900)深州文瑞書院刻本　六册

320000－1606－0003259　P04187
虎邱山志十卷首一卷　(清)顧湄重修　清宣統三年(1911)集群圖書館鉛印本　一册

320000－1606－0003260　P04188
竹堂寺志一卷附陽山景福庵紀略一卷　(清)釋真鑑纂　清宣統元年(1909)鉛印本　一册

320000－1606－0003261　P04193
[元豐]吳郡圖經續記三卷　(宋)朱長文纂修　清同治十二年(1873)江蘇書局刻本　一册

320000－1606－0003262　P04194
吉林輿地略二卷　(清)秦世銓等纂　清光緒二十四年(1898)石印本　二册

320000－1606－0003263　P04195
吳地記一卷後集一卷　(唐)陸廣微撰　清同治十二年(1873)江蘇書局刻本　一册

320000－1606－0003264　P04196
[元豐]吳郡圖經續記三卷　(宋)朱長文纂修　清同治十二年(1873)江蘇書局刻本　一册

320000－1606－0003265　P04204
金陵歷代建置表一卷　(清)傅春官纂　清光緒二十三年(1897)江寧傅氏晦齋刻本　一册

320000－1606－0003266　P04205
秣陵集六卷附表一卷圖考一卷　(清)陳文述撰　清光緒十年(1884)淮南書局刻本　二册

320000－1606－0003267　P04206
莫愁湖志六卷首一卷　(清)馬士圖撰　清光緒八年(1882)刻本　二册

320000－1606－0003268　P04207
金陵待徵錄十卷　(清)金鰲輯　清光緒二年(1876)刻本　一册

320000－1606－0003269　P04208
京口山水志十八卷首一卷末一卷勘誤表一卷　(清)楊棨撰　清宣統三年(1911)鉛印本　四册

320000－1606－0003270　P04210
遊譜一卷　(清)孫奇逢撰　清光緒十一年(1885)刻本　一册

320000－1606－0003271　P04211
辛卯侍行記六卷　(清)陶保廉撰　清光緒二十三年(1897)養樹山房刻本　六册

320000－1606－0003272　P04219
金龍四大王祠墓錄四卷首一卷末一卷　(清)仲學輅編　清光緒二十二年(1896)八千卷樓刻本　一册

320000－1606－0003273　P04220
滬城備考六卷　(清)褚華撰　清光緒四年(1878)上海申報館鉛印本　二册

320000－1606－0003274　P04223
五畝園小志一卷　(清)謝家福輯　**桃塢百詠一卷**　(清)凌泗撰　(清)謝家福注　**五畝園懷古一卷題詠一卷**　清光緒十六年(1890)蘇州徐文藝齋刻本　一册

320000－1606－0003275　P04227
金山志十卷續二卷　(清)盧見曽撰　清光緒雅雨堂刻本　三册　存五卷(金山志一至三、續二卷)

320000－1606－0003276　P04228
常州賦一卷　(清)褚邦慶編注　清光緒四年(1878)刻本　三册

320000－1606－0003277　P04230
英軺日記十二卷　載振撰　清光緒二十九年(1903)上海文明編譯書局鉛印本　四册

320000－1606－0003278　P04231
大英國志八卷　(英國)慕維廉譯　清光緒七年(1881)上海益智書會刻本　二册

320000－1606－0003279　P04233
重訂法國志略二十四卷　(清)王韜輯撰　清光緒十六年(1890)淞隱廬鉛印本　十册

320000－1606－0003280　P04234
松漠紀聞一卷續一卷補遺一卷考異一卷　(宋)洪皓撰　清同治十二年(1873)洪氏三瑞堂刻本　一册

320000－1606－0003281　P04235
法國新志四卷　(英國)陔勒低輯　(英國)傅紹蘭口譯　(清)潘松筆述　清光緒二十四年(1898)製造局刻本　二册

320000－1606－0003282　P04236
俄國新志八卷　(英國)陔勒低撰　(英國)傅蘭雅　(清)潘松譯　清光緒二十四年(1898)上海製造總局刻本　三册

320000－1606－0003283　P04239
柬埔寨以北探路記十五卷　(法國)晃西士加尼撰　清光緒鉛印本　十五册

320000－1606－0003284　P04243
遊歷日本圖經三十卷　(清)傅雲龍述　清光緒十五年(1889)傅氏鉛印本　十四册

320000－1606－0003285　P04244
埃及慘狀十章　(美國)濮因約翰著　清光緒二十九年(1903)上海文明書局鉛印本　一册

320000－1606－0003286　P04246
中亞洲俄屬遊記二卷　(英國)蘭士德著　(清)莫鎮藩譯　清光緒二十年(1894)上海時務報館石印本　一册

320000－1606－0003287　P04247
俄國西伯利東偏紀要不分卷　(清)曹廷杰撰　清光緒振綺堂刻本　一册

320000－1606－0003288　P04248
日本國志四十卷首一卷　(清)黄遵憲編　清光緒十六年(1890)羊城富文齋刻本　十二册　存三十八卷(一至三十七、首一卷)

320000－1606－0003289　P04249
法國新志四卷　(英國)陔勒低輯　(英國)傅紹蘭口譯　(清)潘松筆述　清光緒二十七年(1901)石印本　四册

320000－1606－0003290　P04250
翻譯米利堅志四卷　(日本)岡千仞　(日本)河野通之撰　清光緒二十二年(1896)新學書局刻本　二册

320000－1606－0003291　P04251
美利堅合衆國地理兵要四卷　(清)顧厚焜撰　清光緒十五年(1889)上海仁記石印本　二册

320000－1606－0003292　P04252
巴西國地理兵要一卷巴西政治一卷　(清)顧厚焜編　(清)鄭之騤譯　清光緒鉛印本　一册

320000－1606－0003293　P04253
章谷屯志畧一卷　(清)吳德煦輯　**埃及碑釋一卷**　(清)陳其鑣譯錄　清刻本　一册

320000－1606－0003294　P04254
黑龍江述略六卷　(清)徐宗亮輯　清光緒十

七年(1891)石埭徐氏觀自得齋刻本　二冊

320000－1606－0003295　P04255
黑龍江述略六卷　(清)徐宗亮輯　清光緒十七年(1891)石埭徐氏觀自得齋刻本　二冊

320000－1606－0003296　P04257
[嘉慶]黑龍江外記八卷　(清)西清撰　清光緒二十年(1894)漸西村舍刻本　二冊

320000－1606－0003297　P04258
越南游歷記一卷　(清)恩慶撰　清光緒三十一年(1905)鉛印本　一冊

320000－1606－0003298　P04259
越南游歷記一卷　(清)恩慶撰　清光緒三十一年(1905)鉛印本　一冊

320000－1606－0003299　P04260
印度國志不分卷　(清)學部編譯圖書局編纂　清光緒三十三年(1907)學部編譯圖書局鉛印本　一冊

320000－1606－0003300　P04261
希臘志畧七卷年表一卷　(英國)艾約瑟譯　清光緒十二年(1886)總稅務司署刻本　一冊

320000－1606－0003301　P04262
奉使朝鮮日記一卷　(清)崇禮撰　清光緒十八年(1892)鉛印本　一冊

320000－1606－0003302　P04263
俄國志略一卷附俄國邊界圖並中俄條約說一卷　題(清)鷺江寄跡人譯纂　清光緒六年(1880)格致彙編館鉛印本　一冊

320000－1606－0003303　P04264
俄國新志八卷　(英國)陔勒低撰　(英國)傅蘭雅　(清)潘松譯　清光緒二十四年(1898)上海製造總局刻本　三冊

320000－1606－0003304　P04265
漢魏六朝一百三家集一百三種一百十八卷　(明)張溥輯　清光緒三年(1877)滇南唐氏壽考堂刻本　一百二十冊

320000－1606－0003305　P04266
古經解彙函十六種小學彙函十四種　(清)鍾謙鈞等輯　清同治十二年(1873)粵東書局刻本　六十六冊

320000－1606－0003306　P04268
古文雅正十四卷　(清)蔡世遠選評　清光緒二十二年(1896)上海圖書集成印書局鉛印本　四冊

320000－1606－0003307　P04270
皇朝經世文新增續編一百二十卷時務續編四十卷附洋務八卷　(清)葛士濬輯　清光緒二十三年(1897)上海掃葉山房鉛印本　二十八冊

320000－1606－0003308　P04272
廣雅疏證十卷博雅音十卷　(清)王念孫撰　清光緒上海鴻章書局石印本　十六冊

320000－1606－0003309　P04273
紀效新書十五卷首一卷　(明)戚繼光撰　清光緒二十一年(1895)上海醉經廔石印本　四冊

320000－1606－0003310　P04274
御纂七經　(清)李光地等編　清光緒二十九年(1903)鑄記書局石印本　二十五冊

320000－1606－0003311　P04275
古今列女傳四卷　(漢)劉向撰　(明)解縉補　清光緒二十四年(1898)鏡清書屋刻本　四冊

320000－1606－0003312　P04276
淵鑑類函四百五十卷目錄四卷　(清)張英等纂　清康熙四十九年(1710)刻本　一百十九冊　存四百四十七卷(一至一百六、一百十至四百五十)

320000－1606－0003313　P04277
時事新論十二卷圖說一卷附一卷　(英國)李提摩太著　清光緒二十年(1894)上海廣學會鉛印本　三冊

320000－1606－0003314　P04278
三通考輯要七十六卷　湯壽潛編輯　清光緒二十五年(1899)圖書集成局鉛印本　三十冊

320000－1606－0003315　P04280
四書體註十九卷　(清)范翔考訂　清道光二十五年(1845)綠蔭堂刻本　六册

320000－1606－0003316　P04281
經餘必讀八卷續編八卷　(清)雷琳等輯　清刻本　七册　存十四卷(經餘必讀三至八、續編八卷)

320000－1606－0003317　P04282
顧氏遺書十二種　(清)顧觀光著　清光緒九年(1883)刻本　八册

320000－1606－0003318　P04283
政學錄初稿八卷　(清)陸言輯　清道光十二年(1832)刻本　八册

320000－1606－0003319　P04288
大潛山房詩鈔一卷　(清)劉銘傳撰　清同治七年(1868)刻本　一册

320000－1606－0003320　P04289
商君書五卷附攷一卷　(戰國)商鞅著　清光緒三年(1877)浙江書局刻本　一册

320000－1606－0003321　P04290
文章軌範七卷　(宋)謝枋得批點　清同治五年(1866)刻本　二册

320000－1606－0003322　P04293
周易本義四卷圖說一卷筮儀一卷　(宋)朱熹撰　清同治八年(1869)梁溪擷秀堂刻本　二册

320000－1606－0003323　P04294
詩經八卷　(宋)朱熹集傳　清同治五年(1866)金陵書局刻本　四册

320000－1606－0003324　P04295
書集傳六卷　(宋)蔡沈集傳　清刻本　四册

320000－1606－0003325　P04297
文獻通考序一卷　(元)馬端臨著　清刻本　一册

320000－1606－0003326　P04298
揚子法言十三卷音義一卷　(晉)李軌注　清光緒二年(1876)浙江書局刻本　一册

320000－1606－0003327　P04299
十科策畧箋釋十卷　(明)劉定之著　(清)劉作樑註釋　清刻本　一册　存一卷(一)

320000－1606－0003328　P04300
禮記十卷　(元)陳澔集說　清光緒二年(1876)掃葉山房刻本　十册

320000－1606－0003329　P04301
遼元明清尚友錄二十四卷　題(清)退思主人編纂　清光緒二十八年(1902)滬北中西書會石印本　六册

320000－1606－0003330　P04302
外國尚友錄十卷　(清)張元輯　清光緒二十八年(1902)石印本　六册

320000－1606－0003331　P04303
校正尚友錄二十二卷　(明)廖用賢編纂　(清)張伯琮補輯　清光緒十九年(1893)石印本　六册

320000－1606－0003332　P04304
詩韻合璧五卷　(清)湯文潞編　清咸豐七年(1857)經德堂刻本　四册　存四卷(一、三至五)

320000－1606－0003333　P04305
集驗良方拔萃二卷續補一卷　題(清)恬素氏輯　清咸豐九年(1859)寄漚氏刻本　一册

320000－1606－0003334　P04306
遜學齋詩鈔十卷　(清)孫衣言撰　清同治三年(1864)刻本　二册

320000－1606－0003335　P04307
遂園詩鈔六卷　(清)趙畇撰　清光緒二年(1876)金陵刻本　一册

320000－1606－0003336　P04309
古文觀止十二卷　(清)吳乘權　(清)吳大職輯　清咸豐三年(1853)刻本　六册

320000－1606－0003337　P04310
增批古文觀止十二卷　(清)吳乘權　(清)吳大職評注　清光緒二十七年(1901)浙紹墨潤堂石印本　六册

320000－1606－0003338　P04311
文廟丁祭譜不分卷　(清)□□輯　清同治七年(1868)江蘇書局刻本　一册

320000－1606－0003339　P04312
文廟通考六卷首一卷　(清)牛樹梅撰　清同治十一年(1872)浙江書局刻本　二册

320000－1606－0003340　P04314
館律分韻初編六卷　題(清)春暉閣主人輯　清光緒十四年(1888)上海鴻寶齋石印本　六册

320000－1606－0003341　P04323
醫方湯頭歌訣不分卷　(清)汪昂輯　清光緒三十年(1904)上海文瑞樓石印本　一册

320000－1606－0003342　P04324
良方集要六卷　(清)周鶴羣纂輯　清咸豐元年(1851)湖郡凌潤澤堂刻本　一册

320000－1606－0003343　P04325
券式集要一卷　(清)□□撰　清光緒二十六年(1900)玉海山房刻本　一册

320000－1606－0003344　P04328
驗方新編十六卷　(清)鮑相璈編輯　清咸豐九年(1859)刻本　八册

320000－1606－0003345　P04329
增補分部書法正傳四卷　(清)蔣和撰　清光緒十年(1884)掃葉山房刻本　一册

320000－1606－0003346　P04330
墨池編二十卷　(宋)朱長文撰　清康熙五十三年(1714)吳郡朱氏刻本　五册　存十七卷(四至二十)

320000－1606－0003347　P04332
唐詩三百首注疏六卷　(清)孫洙編　(清)章燮注　清道光十五年(1835)麟玉山房刻本　六册

320000－1606－0003348　P04333
唐詩三百首注疏六卷　(清)孫洙編　(清)章燮注　清光緒十七年(1891)上海掃葉山房刻本　一册　存四卷(一、三至五)

320000－1606－0003349　P04334
增廣達生編二卷　題(清)亟齋居士撰　題(清)南方恒人述　清同治十一年(1872)保赤堂刻本　一册

320000－1606－0003350　P04336
新刻張太岳先生詩集六卷文集四十卷　(明)張居正著　**太師張文忠公行實一卷**　(明)張敬修等撰　清刻本　十五册　缺三卷(文集十五至十七)

320000－1606－0003351　P04342
新輯廿四史尚友録不分卷　(明)廖用賢編纂　(清)張伯琮補輯　題(清)思退主人　題(清)倉山主人續編　清光緒二十五年(1899)上海富強齋石印本　十二册

320000－1606－0003352　P04343
東萊先生古文關鍵二卷　(宋)吕祖謙評　(宋)蔡文子註　(清)徐樹屏考異　清書種堂刻本　二册

320000－1606－0003353　P04344
輶軒語一卷　(清)張之洞撰　清光緒二年(1876)永康胡氏刻本　一册

320000－1606－0003354　P04346
重訂唐詩别裁集二十卷　(清)沈德潛選　清刻本　二册　存四卷(一至四)

320000－1606－0003355　P04355
古今僞書考一卷　(清)姚際恒撰　清光緒三年(1877)蘇州文學山房木活字印本　一册

320000－1606－0003356　P04372
子良詩録十卷　(清)馮詢撰　清同治十一年(1872)江西刻本　四册

320000－1606－0003357　P04373
廿一史約編八卷首一卷　(清)鄭元慶撰　清光緒上洋江左書林刻本　八册

320000－1606－0003358　P04374
文章正宗復刻三十卷　(宋)眞德秀撰　(清)楊仲興輯　清乾隆三十三年(1768)楊仲興刻本　十四册

320000－1606－0003359　P04375
在陸草堂文集六卷　(清)儲欣撰　清光緒十七年(1891)儲氏刻本　六冊

320000－1606－0003360　P04376
唐一庵先生[樞]年譜一卷　(明)李樂輯　(清)王表正重輯　(清)許正綬三輯　清咸豐四年(1854)刻本　一冊

320000－1606－0003361　P04377
西漚全集十卷外集八卷　(清)李惺撰　(清)童棫等編輯　清同治七年(1868)天瑞堂刻本　十六冊

320000－1606－0003362　P04378
寄園寄所寄十二卷　(清)趙吉士輯　清刻本　十六冊

320000－1606－0003363　P04379
英語集全六卷　(清)唐廷樞撰　清同治元年(1862)緯經堂刻本　六冊

320000－1606－0003364　P04381
毛詩說二卷首一卷　(清)諸錦撰　清刻本　三冊

320000－1606－0003365　P04382
七子詩選十四卷　(清)沈德潛選　清刻本　六冊

320000－1606－0003366　P04383
謫麐堂遺集四卷　(清)戴望撰　清光緒元年(1875)刻本　四冊

320000－1606－0003367　P04384
拙尊園叢稿六卷　(清)黎庶昌撰　清光緒二十一年(1895)金陵狀元閣刻本　四冊

320000－1606－0003368　P04385
蘭修館賦稿一卷　(清)顧元熙撰　清刻本　一冊

320000－1606－0003369　P04386
禮經校釋二十二卷禮經纂疏序一卷　曹元弼撰　清光緒十八年(1892)刻本　十二冊

320000－1606－0003370　P04392
碑傳集一百六十卷首二卷末二卷　(清)錢儀吉纂輯　清刻本　十八冊　存四十九卷(一百十四至一百六十、末二卷)

320000－1606－0003371　P04393
欽定剿平粵匪方略四百二十卷　(清)奕訢等撰　清同治十一年(1872)鉛印本　三十五冊　存一百五卷(二至四、十一至十六、四十一至五十五、一百四至一百十五、一百五十二至一百五十四、二百十九至二百二十四、二百三十一至二百三十三、二百七十六至二百九十、三百六至三百二十、三百三十六至三百五十三、三百七十二至三百八十)

320000－1606－0003372　P04394
欽定剿平捻匪方略三百二十卷　(清)奕訢等撰　清同治十一年(1872)鉛印本　三十五冊　存一百九卷(三十六至四十八、七十三至八十九、一百七至一百九、一百四十二至一百四十四、一百七十四至一百八十二、二百至二百二十、二百二十九至二百四十一、二百四十八至二百五十三、二百六十五至二百七十九、二百八十六至二百八十八、三百六至三百十一)

320000－1606－0003373　P04395
玉堂才調集三十一卷　(清)于朋舉選　清刻本　八冊

320000－1606－0003374　P04396
白虎通德論二卷　(漢)班固撰　清刻本　二冊

320000－1606－0003375　P04397
五種秘竅全書　(明)甘霖撰　清刻本　十四冊

320000－1606－0003376　P04398
枕藏外科形圖諸症二卷　(清)胡大中著　清咸豐六年(1856)文大堂刻本　三冊

320000－1606－0003377　P04399
左文襄公[宗棠]年譜十卷　(清)羅正鈞纂　清光緒二十三年(1897)湘陰左氏刻本　十冊

320000－1606－0003378　P04400
歐陽南野先生文集五卷　(明)歐陽德撰　(明)李春芳選編　(明)馮惟訥校訂　清道光

十五年(1835)刻本　八冊

320000－1606－0003379　P04401
益部方物略記一卷　(宋)宋祁撰　清刻本　一冊

320000－1606－0003380　P04402
倭文端公遺書八卷首二卷末一卷續三卷　(清)倭仁輯　清光緒元年(1875)六安涂氏求我齋刻本　四冊

320000－1606－0003381　P04403
增注類證活人書二十二卷釋音一卷傷寒藥性一卷　(宋)朱肱撰　清刻本　四冊

320000－1606－0003382　P04404
康熙字典十二集總目一卷檢字一卷辨似一卷等韻一卷備考一卷補遺一卷　(清)張玉書　(清)凌紹雯等纂修　清道光七年(1827)刻本　四十冊

320000－1606－0003383　P04405
欽定四庫全書考證一百卷　(清)王太岳　(清)曹錫寶纂輯　清光緒刻本　六十冊

320000－1606－0003384　P04406
女英傳四卷　(清)錢保塘編　清同治十年(1871)刻本　四冊

320000－1606－0003385　P04408
建炎以來朝野襍記甲集二十卷乙集二十卷　(宋)李心傳撰　清刻本　八冊

320000－1606－0003386　P04409
近光集八卷　(清)吳鼎科選輯　清刻本　八冊

320000－1606－0003387　P04410
醫法心傳一卷　(清)程芝田撰　清光緒十三年(1887)養鶴山房刻本　二冊

320000－1606－0003388　P04411
甌香館集十二卷首一卷末一卷　(清)惲格撰　(清)蔣光煦輯　清光緒七年(1881)刻本　四冊

320000－1606－0003389　P04412
滂喜齋叢書　(清)潘祖蔭輯　清刻本　三十二冊

320000－1606－0003390　P04413
綏寇紀略十二卷補遺三卷　(清)吳偉業纂輯　清刻本　十六冊

320000－1606－0003391　P04414
經訓堂叢書　(清)畢沅輯　清刻本　四十冊

320000－1606－0003392　P04415
蛾術編八十二卷　(清)王鳴盛撰　清道光二十一年(1841)世楷堂刻本　六十冊

320000－1606－0003393　P04416
水經注釋四十卷首一卷附錄二卷水經注箋刊誤十二卷　(漢)桑欽撰　(北魏)酈道元注　(清)趙一清釋　清乾隆五十九年(1794)刻本　二十冊

320000－1606－0003394　P04417
女科歌訣六卷附經驗方一卷　(清)邵登瀛輯　清光緒五年(1879)刻本　一冊

320000－1606－0003395　P04418
天花精言六卷　(清)袁句撰　清同治七年(1868)山陰陳氏刻本　二冊

320000－1606－0003396　P04419
福幼編一卷遂生編一卷　(清)莊一夔著　清同治十三年(1874)刻本　一冊

320000－1606－0003397　P04421
兼濟堂集十二卷　(清)魏裔介撰　清刻本　十冊

320000－1606－0003398　P04423
痧症全書三卷　(清)王凱輯　清光緒四年(1878)慈幼堂刻本　一冊

320000－1606－0003399　P04424
亭林先生補遺十種　(清)顧炎武撰　(清)朱記榮搜輯　清光緒十一年(1885)吳縣朱氏刻本　八冊

320000－1606－0003400　P04425
傷寒舌鑒一卷　(清)張登纂　清光緒四年(1878)刻本　一冊

320000－1606－0003401　P04426

溫毒病論一卷　（清）邵登瀛輯　清刻本　一册

320000－1606－0003402　P04427

怡怡堂圍碁新譜三卷首編一卷　（清）唐淦選　清道光二十九年（1849）怡怡堂刻本　六册

320000－1606－0003403　P04428

拾雅二十卷　（清）夏味堂述　清嘉慶二十四年（1819）遂園刻本　十二册

320000－1606－0003404　P04430

黄氏青囊全集秘旨二卷　（清）黄廷爵輯　清光緒十二年（1886）刻本　一册

320000－1606－0003405　P04432

唐詩類苑選三十四卷　（清）戴明說輯　清康熙刻本　三十六册

320000－1606－0003406　P04433

痘證寶筏六卷　（清）强健纂著　清同治元年（1862）刻本　四册

320000－1606－0003407　P04434

金壺字考二集二十一卷補録一卷補注一卷　（清）田朝恒續編　清乾隆二十八年（1763）貽安堂刻本　四册

320000－1606－0003408　P04435

静修先生文集十二卷　（元）劉因著　清光緒十一年（1885）刻本　四册

320000－1606－0003409　P04436

欽定協紀辨方書三十六卷　（清）允祿等纂　清乾隆六年（1741）刻本　十五册

320000－1606－0003410　P04437

瘡瘍經驗全書十三卷　（宋）竇漢卿撰　清康熙五十六年（1717）刻本　十二册

320000－1606－0003411　P04438

汪子遺書二十卷　（清）汪縉著　清光緒八年（1882）刻本　六册

320000－1606－0003412　P04439

增訂金壺字考十九卷　（宋）釋適之撰　（清）田朝恒增訂　清乾隆二十四年（1759）貽安堂刻本　四册

320000－1606－0003413　P04440

胎產金針三卷　（清）何榮撰　清光緒二年（1876）刻本　二册

320000－1606－0003414　P04441

史要七卷　（清）任啟運輯　（清）吴兆慶注　清嘉慶二十二年（1817）刻本　十册

320000－1606－0003415　P04443

國朝文徵四十卷　（清）吴翌鳳輯　清世美堂刻本　四十册

320000－1606－0003416　P04444

惜抱軒全集　（清）姚鼐撰　清同治五年（1866）刻本　二十册

320000－1606－0003417　P04445

柯山集五十卷　（宋）張耒撰　清乾隆刻本　八册

320000－1606－0003418　P04446

兩漢雋言十六卷　（宋）林越輯　（明）淩迪知續輯　明刻本　八册

320000－1606－0003419　P04447

宋忠肅陳了齋四明尊堯集十一卷　（宋）陳瓘撰　清刻本　四册

320000－1606－0003420　P04448

張仲景傷寒論貫珠集八卷　（清）尤怡注　清嘉慶十五年（1810）木活字印本　八册

320000－1606－0003421　P04449

傷寒大成二卷　（清）張璐撰　清康熙六年（1667）刻本　四十册

320000－1606－0003422　P04450

經義齋集十八卷　（清）熊賜履著　清光緒退補齋刻本　二十册

320000－1606－0003423　P04451

司馬溫公文集十四卷首一卷　（宋）司馬光撰　（清）張伯行重訂　清光緒刻本　六册

320000－1606－0003424　P04453

楚寶四十卷外篇五卷　（明）周聖楷輯纂　清

道光九年(1829)刻本　二十六册

320000－1606－0003425　P04454

居易錄三十四卷　(清)王士禛撰　清刻本　十六册

320000－1606－0003426　P04455

馮少墟集二十二卷首一卷續集五卷　(明)馮從吾著　清刻本　四十册

320000－1606－0003427　P04456

數學精詳十一卷首一卷末一卷　(清)屈曾發撰　清同治十年(1871)刻本　六册

320000－1606－0003428　P04457

讀書叢説六卷　(元)許謙撰　清同治十一年(1872)退補齋刻本　六册

320000－1606－0003429　P04458

紀元要略二卷補輯一卷綱目訂誤四卷通鑑胡注舉正一卷韓集點勘四卷　(清)陳景雲撰　清刻本　八册

320000－1606－0003430　P04459

證治準繩六種　(明)王肯堂輯　清乾隆刻本　八十册

320000－1606－0003431　P04462

竹窗隨筆一卷二筆一卷三筆一卷　(明)釋袾宏撰　清光緒二十四年(1898)金陵刻經處刻本　三册

320000－1606－0003432　P04463

三岡識畧十卷　(清)董含著　清刻本　十册　存五卷(一至五)

320000－1606－0003433　P04464

懷清堂集二十卷首一卷　(清)湯右曾撰　清刻本　八册

320000－1606－0003434　P04466

倦圃曹先生尺牘二卷　(清)曹溶撰　(清)胡泰選　清含暉閣刻本　四册

320000－1606－0003435　P04468

宣和書譜二十卷　(宋)□□撰　(明)毛晉訂　明末虞山毛氏汲古閣刻本　十册

320000－1606－0003436　P04469

白雲集十七卷　(清)張賁撰　清乾隆刻本　十册

320000－1606－0003437　P04471

筠心堂存稿八卷　(清)張孝時撰　清刻本　八册

320000－1606－0003438　P04472

河東先生集十五卷行狀一卷　(宋)柳開撰　(宋)張景編　清嘉慶元年(1796)刻本　八册

320000－1606－0003439　P04475

浮邱子十二卷　(清)湯鵬著　清同治四年(1865)刻本　十二册

320000－1606－0003440　P04476

絳雪園古方選注不分卷　(清)王子接注　清雍正介景樓刻本　八册

320000－1606－0003441　P04477

臣鑒錄二十卷　(清)蔣伊輯　清康熙刻本　十册

320000－1606－0003442　P04478

武林舊事十卷　(宋)周密撰　清乾隆刻本　八册

320000－1606－0003443　P04481

淵鑑類函四百五十卷目錄四卷　(清)張英等纂　清刻本　一百三十一册　存四百十三卷(一至一百五十八、一百八十四至四百十六、四百二十一至四百四十二)

320000－1606－0003444　P04482

兼濟堂文集選二十卷　(清)魏裔介撰　清康熙五十年(1711)龍江書院刻本　十六册

320000－1606－0003445　P04483

簷曝雜記六卷　(清)趙翼撰　清刻本　四册

320000－1606－0003446　P04485

臨證指南醫案十卷　(清)葉桂撰　清刻本　二十四册

320000－1606－0003447　P04486

觀象廬叢書十四種　(清)吕調陽撰　清刻本　二十二册

320000－1606－0003448　P04487

小不其山房集十二卷　(清)徐有珂撰　清毛上珍局刻本　十册　存十卷(經一至二、文一至二、賦一至六)

320000－1606－0003449　P04488

寒村詩文集三十六卷　(清)鄭梁撰　清康熙二老閣刻本　十六册

320000－1606－0003450　P04493

喬氏易俟十八卷圖一卷　(清)喬萊撰　清乾隆刻本　十二册

320000－1606－0003451　P04494

刑案匯覽六十卷首一卷末一卷拾遺備考一卷續增十六卷　(清)祝慶祺編　清咸豐二年(1852)棠樾文淵堂刻本　七十三册　存七十二卷(刑案匯覽六十卷、首一卷、末一卷、拾遺備考一卷、續增八至十六)

320000－1606－0003452　P04495

五經擬題類典集解七十五卷　(□)□□撰　清嘉慶二十四年(1819)南陔堂刻本　十册

320000－1606－0003453　P04496

經典四種　(□)□□撰　清咸豐十一年(1861)刻本　五册

320000－1606－0003454　P04503

兩漢韻珠十卷　(清)吳章澧編輯　清光緒十八年(1892)刻本　十册

320000－1606－0003455　P04504

昭忠錄五卷附錄一卷　(明)周璟輯　清刻本　六册

320000－1606－0003456　P04505

四史發伏十卷　(清)洪亮吉撰　清道光刻本　四册

320000－1606－0003457　P04506

經德堂集二十四卷　(清)龍啟瑞撰　清刻本　二十册

320000－1606－0003458　P04507

寶綸堂文鈔八卷詩鈔六卷　(清)齊召南撰　清刻本　十二册

320000－1606－0003459　P04508

昭代叢書　(清)張潮輯　清光緒世楷堂刻本　一百五十五册

320000－1606－0003460　P04509

史緯三百三十卷首一卷　(清)陳允錫刪修　(清)羅大春補　清同治溫陵輔仁堂刻本　一百十三册　存三百三十二卷(一至九十四、一百至一百二十七、一百三十二至三百三十,首一卷)

320000－1606－0003461　P04510

東塾讀書記二十五卷　(清)陳澧撰　清刻本　四册　存十五卷(一至十二、十五至十六、二十一)

320000－1606－0003462　P04511

番禺陳氏東塾叢書　(清)陳澧撰　清刻本　九册　存四種三十四卷(漢儒通義七卷,聲律通考十卷,切韻考六卷、外篇三卷,漢書地理志水道圖説七卷、圖一卷)

320000－1606－0003463　P04512

朱子語類日鈔五卷　(清)陳澧編　清咸豐十一年(1861)刻本　一册

320000－1606－0003464　P04513

觚賸續編四卷　(清)鈕琇撰　清康熙臨野堂刻本　四册

320000－1606－0003465　P04514

聞過齋集八卷　(元)吳海撰　清刻本　四册

320000－1606－0003466　P04515

幼科鐵鏡六卷　(清)夏鼎撰　清刻本　六册

320000－1606－0003467　P04516

重鐫香雪文鈔六卷　(清)曹學詩撰　清刻本　二十册

320000－1606－0003468　P04517

學津討原二十集　(清)張海鵬輯　清嘉慶十年(1805)照曠閣刻本　二百四十册

320000－1606－0003469　P04520

武編前編六卷後編六卷　(明)唐順之輯　清康熙刻本　三十册

320000－1606－0003470　P04522
詩經申義十卷　（清）吳士模撰　清道光十五年(1835)刻本　十二册

320000－1606－0003471　P04523
重訂駱龍吉内經拾遺方論四卷　（宋）駱龍吉撰　（明）劉浴德　（明）朱練考訂　清刻本　六册

320000－1606－0003472　P04524
成方切用十二卷首一卷末一卷　（清）吳儀洛輯　清乾隆二十六年(1761)利濟堂刻本　八册

320000－1606－0003473　P04525
遊藝錄三種　（清）李沺撰　清光緒二十年(1894)刻本　二十册

320000－1606－0003474　P04526
落帆樓文集二十四卷補遺一卷　（清）沈垚著　清刻本　二十册

320000－1606－0003475　P04527
吉金樂石山房文集一卷續編一卷詩集二卷　（清）朱士端撰　清同治三年(1864)刻本　一册

320000－1606－0003476　P04530
醫鏡四卷　（明）王肯堂撰　清刻本　八册

320000－1606－0003477　P04531
嘉樹山房集二十卷外集二卷　（清）張士元撰　清嘉慶二十四年(1819)刻本　五册　存十二卷(嘉樹山房集一、九至十六、二十,外集二卷)

320000－1606－0003478　P04533
方學博全集二十八卷　（清）方垌撰　清刻本　十八册

320000－1606－0003479　P04534
賜硯堂叢書新編四集四十種　（清）顧沅編　清道光十年(1830)刻本　二十册

320000－1606－0003480　P04536
蜀水攷四卷　（清）陳登龍撰　清道光五年(1825)刻本　二册

320000－1606－0003481　P04537
竹林女科證治四卷　（清）□□撰　清道光七年(1827)刻本　十册

320000－1606－0003482　P04538
九煙先生遺集六卷續二卷　（明）周星撰　清道光二十九年(1849)刻本　八册

320000－1606－0003483　P04539
咫進齋叢書三集　（清）姚覲元輯　清光緒九年(1883)歸安姚氏刻本　二十四册

320000－1606－0003484　P04540
瀛奎律髓四十九卷　（元）方回輯　清刻本　二十册

320000－1606－0003485　P04541
半農先生春秋説十五卷　（清）惠士奇撰　清刻本　十六册

320000－1606－0003486　P04542
逸語十卷　（清）曹庭棟輯注　清刻本　八册

320000－1606－0003487　P04544
智囊二十八卷　（明）馮夢龍輯　清刻本　十四册

320000－1606－0003488　P04545
合肥王育泉先生遺書不分卷　（清）王育泉撰　清咸豐刻本　二十册

320000－1606－0003489　P04546
養晦堂文集十卷　（清）劉蓉撰　清光緒三年(1877)思賢講舍刻本　五册

320000－1606－0003490　P04547
劉中丞奏議二十卷　（清）劉蓉撰　清光緒十一年(1885)思賢講舍刻本　十册

320000－1606－0003491　P04548
醫醇賸義四卷醫方論四卷　（清）費伯雄撰　清光緒三年(1877)刻本　六册

320000－1606－0003492　P04549
日下舊聞四十二卷　（清）朱彝尊輯　（清）朱昆田補遺　清刻本　二十册

320000－1606－0003493　P04550

養知書屋文集二十八卷詩集十五卷 (清)郭嵩燾撰 清光緒十八年(1892)刻本 十六冊

320000－1606－0003494 P04551
受恒受漸齋集十二卷 (清)沈曰富撰 清咸豐九年(1859)刻本 八冊

320000－1606－0003495 P04552
壯學齋文集十二卷 (清)周樹槐撰 清刻本 十冊

320000－1606－0003496 P04553
揚州足徵錄二十七卷 (清)焦循輯 清刻本 十冊

320000－1606－0003497 P04555
資治通鑑目錄三十卷 (宋)司馬光編 清同治八年(1869)江蘇書局刻本 十冊

320000－1606－0003498 P04556
國朝諸老先生論語精義十卷孟子精義十四卷 (宋)朱熹輯 清同治刻本 十冊

320000－1606－0003499 P04557
周禮註疏刪翼三十卷 (明)王志長輯 (明)華允誠輯註 清初刻本 四十冊

320000－1606－0003500 P04558
絳雪園古方選註不分卷 (清)王子接撰 清雍正介景樓刻本 六冊 缺和劑、溫劑、寒劑、吐劑、上劑、下劑

320000－1606－0003501 P04559
瘡瘍經驗全書十二卷 (宋)竇漢卿撰 清刻本 十八冊

320000－1606－0003502 P04560
緝齋文集八卷首一卷附錄二卷詩集八卷首一卷 (清)蔡新撰 清刻本 二十四冊

320000－1606－0003503 P04561
篆學瑣著三十種 (清)顧湘輯 清道光二十年(1840)海虞顧氏刻本 十八冊 缺二種(學古編、古今印史)

320000－1606－0003504 P04562
古經解彙函十六種小學彙函十四種 (清)鍾謙鈞等輯 清同治十二年(1873)粵東書局刻本 六十六冊

320000－1606－0003505 P04563
梁書五十六卷 (唐)姚思廉撰 清同治十三年(1874)金陵書局刻本 四冊 存三十五卷(一至二十九、五十一至五十六)

320000－1606－0003506 P04564
梁書五十六卷 (唐)姚思廉撰 清刻本 四冊 存三十八卷(十九至五十六)

320000－1606－0003507 P04565
郎潛紀聞十四卷 (清)陳康祺著 清光緒八年(1882)琴川刻本 四冊

320000－1606－0003508 P04566
燕下鄉脞錄十六卷 (清)陳康祺著 清光緒七年(1881)暨陽刻本 四冊

320000－1606－0003509 P04567
松壺先生集四卷 (清)錢杜撰 清末民國影印本 三冊

320000－1606－0003510 P04568
潛研堂文集五十卷 (清)錢大昕撰 清刻本 十一冊 存四十七卷(一至二十五、二十九至五十)

320000－1606－0003511 P04570
鑑止水齋集二十卷 (清)許宗彥撰 清刻本 十冊

320000－1606－0003512 P04571
知足齋詩集二十卷文集六卷詩續集四卷進呈文稿二卷 (清)朱珪撰 清嘉慶十年(1805)刻本 十四冊

320000－1606－0003513 P04576
西堂餘集十二種 (清)尤侗撰 清刻本 三十六冊

320000－1606－0003514 P04582
顏魯公文集十五卷補遺一卷 (唐)顏眞卿撰 清嘉慶七年(1802)曲阜顏氏刻本 六冊

320000－1606－0003515 P04584
東萊集註類編觀瀾文甲集二十五卷乙集二十五卷丙集二十卷 (宋)林之奇編 清刻本

二十冊

320000－1606－0003516　P04585
陶淵明詩一卷　（晉）陶潛撰　清光緒元年（1875）刻本　一冊

320000－1606－0003517　P04586
兩漢韻珠十卷　（清）吳章澧編輯　清光緒十八年（1892）吳縣吳氏刻本　十冊

320000－1606－0003518　P04587
春秋說略十二卷春秋比二卷　（清）郝懿行撰　清光緒七年（1881）刻本　四冊

320000－1606－0003519　P04588
春秋集傳釋義大成十二卷首一卷　（元）俞皋撰　清康熙十九年（1680）通志堂刻本　十冊

320000－1606－0003520　P04589
天真閣集五十四卷　（清）孫原湘撰　清嘉慶五年（1800）昭文孫氏刻本　十六冊

320000－1606－0003521　P04591
國朝文錄八十二卷　（清）李祖陶輯　清道光十九年（1839）瑞州府鳳儀書院刻本　三十三冊

320000－1606－0003522　P04592
證治彙補八卷　（清）李用粹撰　清刻本　八冊

320000－1606－0003523　P04593
韓文起十二卷　（唐）韓愈撰　（清）林雲銘評註　**韓文公年譜一卷**　（清）林雲銘編　清刻本　十二冊

320000－1606－0003524　P04595
針灸擇日編集一卷　（明）全循義　（明）金義孫輯　**備急灸法一卷**　（宋）張渙著　清光緒十六年（1890）上杭羅氏刻本　二冊

320000－1606－0003525　P04596
淵雅堂全集　（清）王芑孫撰　清嘉慶八年至九年（1803－1804）王氏刻本　二十四冊

320000－1606－0003526　P04597
漢魏二十一家易注三十三卷　（清）孫堂輯　清嘉慶四年（1799）平湖孫氏映雪草堂刻本　二十四冊

320000－1606－0003527　P04598
靜觀堂集十四卷　（明）顧潛撰　清桂雲堂刻本　十二冊

320000－1606－0003528　P04599
柳南隨筆六卷　（清）王應奎撰　清乾隆五年（1740）親仁堂刻本　六冊

320000－1606－0003529　P04600
天祿閣外史八卷　（漢）黃憲撰　（宋）韓洎贊　明末刻本　四冊

320000－1606－0003530　P04601
晚香樓集六卷　（清）石韞玉撰　清刻本　四冊

320000－1606－0003531　P04602
九靈山房集三十卷　（元）戴良撰　清乾隆三十七年（1772）刻本　十六冊

320000－1606－0003532　P04603
異魚圖贊四卷　（明）楊慎撰　**異魚圖贊補三卷閏集一卷**　（清）胡世安撰　清刻本　四冊

320000－1606－0003533　P04604
醫門棒喝四卷二集傷寒論本旨九卷　（清）章楠撰　清道光十六年（1836）刻本　十冊

320000－1606－0003534　P04605
一斑錄雜述八卷　（清）鄭光祖撰　清道光十九年（1839）青玉山房刻本　八冊

320000－1606－0003535　P04606
一斑錄五卷附編三卷　（清）鄭光祖撰　清道光二十五年（1845）青玉山房刻本　二冊

320000－1606－0003536　P04607
舟車所至　（清）鄭光祖輯　清道光二十三年（1843）琴川鄭氏青玉山房刻本　四冊

320000－1606－0003537　P04608
士禮居藏書題跋記六卷　（清）黃丕烈撰　清光緒十年（1884）滂喜齋刻本　二冊

320000－1606－0003538　P04609
沈忠敏公龜谿集十二卷附錄一卷　（宋）沈與

求撰　清刻本　六冊

320000－1606－0003539　P04612
湯液本草三卷　（元）王好古撰　清刻本　六冊

320000－1606－0003540　P04613
今古地理述十八卷首一卷末一卷　（清）王子音述　（清）萬承風等補　（清）顏伯燾等注　清嘉慶十二年（1807）刻本　二十冊

320000－1606－0003541　P04614
事物異名錄四十卷　（清）厲荃輯　（清）關槐增輯　清乾隆五十三年（1788）粵東刻本　十二冊

320000－1606－0003542　P04620
儀禮要義五十卷　（宋）魏了翁撰　清刻本　十二冊

320000－1606－0003543　P04621
唐人五言長律清麗集六卷　（清）徐曰璉　（清）沈士駿輯注　清乾隆二十二年（1757）刻本　四冊

320000－1606－0003544　P04622
硯耘緒錄十六卷　（清）林昌彝撰　清同治五年（1866）廣州刻本　八冊

320000－1606－0003545　P04623
安危注四卷　（明）吳甡輯　清道光刻本　十四冊

320000－1606－0003546　P04624
重修南溪書院志四卷首一卷　（清）楊毓健纂修　清同治九年（1870）刻本　十冊

320000－1606－0003547　P04625
鏡鏡詅癡五卷　（清）鄭復光撰　清道光二十七年（1847）靈石楊氏刻本　五冊

320000－1606－0003548　P04626
苕溪漁隱叢話前集六十卷後集四十卷　（宋）胡仔撰　清乾隆刻本　十冊

320000－1606－0003549　P04627
因寄軒文初集十卷二集六卷補遺一卷　（清）管同撰　清道光十三年（1833）管氏刻本　八冊

320000－1606－0003550　P04628
四書箋義纂要十二卷補遺一卷續遺一卷　（宋）趙悳撰　清刻本　六冊

320000－1606－0003551　P04630
論語通十卷　（元）胡炳文撰　清刻本　十冊

320000－1606－0003552　P04631
尚書纂傳四十六卷　（元）王天與撰　清康熙十九年（1680）通志堂刻本　十二冊

320000－1606－0003553　P04632
醫方論四卷　（清）費伯雄撰　清光緒三年（1877）刻本　二冊

320000－1606－0003554　P04633
外科圖說六卷　（清）高文晉輯　清咸豐六年（1856）上海掃葉山房刻本　六冊

320000－1606－0003555　P04635
春秋會義二十六卷　（宋）杜諤撰　清光緒十八年（1892）古不夜城孫氏山淵閣刻本　十二冊

320000－1606－0003556　P04636
艮齋倦稾文集十五卷　（清）尤侗撰　清刻本　八冊

320000－1606－0003557　P04637
金匱心典三卷　（漢）張仲景著　（清）尤怡集註　清光緒七年（1881）崇德書院刻本　三冊

320000－1606－0003558　P04638
醫醇賸義四卷　（清）費伯雄撰　清光緒三年（1877）刻本　四冊

320000－1606－0003559　P04639
瘟疫明辨四卷瘟疫明辨方一卷　（清）鄭奠一撰　清刻本　四冊

320000－1606－0003560　P04640
坊表錄十六卷　（清）蘇宗經輯　清光緒十六年（1890）家刻本　四冊

320000－1606－0003561　P04641
經玩十四卷　（清）沈淑撰　清雍正七年

(1729)沈氏刻本　十冊

320000－1606－0003562　P04642
靳文襄公奏疏八卷　(清)靳輔撰　(清)靳治豫編　清初刻本　八冊

320000－1606－0003563　P04643
風雅遺音二卷　(清)史榮輯　清乾隆十四年(1749)一灣齋刻本　六冊

320000－1606－0003564　P04644
古經解鉤沉三十卷　(清)余蕭客撰　清刻本　十六冊

320000－1606－0003565　P04645
春秋屬辭十五卷　(元)趙汸撰　清康熙通志堂刻本　十冊

320000－1606－0003566　P04646
輶軒使者絕代語釋別國方言十三卷　(漢)揚雄撰　**續二卷**　(清)杭世駿續　**續方言補一卷**　(清)程際盛補纂　清光緒十七年(1891)思賢講舍刻本　二冊

320000－1606－0003567　P04647
古文資鏡不分卷　(清)王壽康輯　清咸豐四年(1854)刻本　六冊

320000－1606－0003568　P04648
高厚蒙求五集　(清)徐朝俊纂　清嘉慶十二年至道光九年(1807－1829)雲間徐氏刻本　五冊

320000－1606－0003569　P04649
則堂先生春秋集傳詳説三十卷綱領一卷　(宋)家鉉翁撰　清同治十二年(1873)刻本　十六冊

320000－1606－0003570　P04650
萬言肄雅一卷　(清)屈曾發撰　清乾隆三十七年(1772)刻本　四冊

320000－1606－0003571　P04651
唐國師筠松楊先生堪輿傳燈集六卷　(清)袁良植集註　清雍正二年(1724)袁氏刻本　二十四冊

320000－1606－0003572　P04652
觀自得齋叢書二十四種　(清)徐士愷輯　清光緒十八年(1892)石埭徐氏觀自得齋刻本　十六冊　存二十種六十四卷(倉頡篇三卷、續高士傳五卷、征東實紀一卷、紹熙雲間志三卷、崑山郡志六卷、浙程備覽五卷、黑龍江述略六卷、國朝未刊遺書志略一卷、唐昭陵石蹟考略五卷、清儀閣金石題識四卷、泉志校誤四卷、多暇錄二卷、北窗囈語一卷、明宮詞一卷、袁海叟詩集四卷、大瓠堂詩錄八卷、梅村詩話一卷、漁洋詩問二卷、律詩定禮一卷、然燈記聞一卷)

320000－1606－0003573　P04653
駁吕留良四書講義六卷　(清)朱軾等撰　清雍正刻本　八冊

320000－1606－0003574　P04654
畫禪室隨筆四卷　(明)董其昌撰　(清)楊補輯　清康熙刻本　四冊

320000－1606－0003575　P04655
正誼堂文集四十卷附錄二卷　(清)張伯行撰　清光緒二年(1876)儀封揚烈堂刻本　二十冊

320000－1606－0003576　P04656
前漢紀三十卷　(漢)荀悦撰　明嘉靖二十七年(1548)刻本　十八冊

320000－1606－0003577　P04657
西齋偶得三卷　(清)博明撰　清嘉慶六年(1801)刻本　三冊

320000－1606－0003578　P04658
松峰説疫六卷　(清)劉奎撰　清刻本　八冊

320000－1606－0003579　P04659
三輔黄圖六卷補遺一卷　(漢)□□撰　清嘉慶刻本　二冊

320000－1606－0003580　P04660
越諺三卷越諺賸語二卷　(清)范寅撰　清光緒八年(1882)谷應山房刻本　三冊

320000－1606－0003581　P04661
萬善花室文藁六卷　(清)方履籛撰　清道光

十一年(1831)方氏刻本　六冊

320000－1606－0003582　P04662
閑閑老人滏水文集二十卷補遺一卷附一卷　(金)趙秉文撰　清光緒五年(1879)定州王氏謙德堂刻本　四冊

320000－1606－0003583　P04663
戒庵文集二十卷　(明)靳貴撰　清刻本　十冊

320000－1606－0003584　P04664
滹南遺老集四十五卷滹南王先生詩集一卷續編一卷　(金)王若虛撰　清光緒五年(1879)定州王氏謙德堂刻本　十二冊

320000－1606－0003585　P04665
文廟史典二十一卷　(清)莫瑞堂輯　清道光九年(1829)觀源山房刻本　十四冊

320000－1606－0003586　P04666
陸次山集一卷　(清)陸璣著　清道光十四年(1834)刻本　二冊

320000－1606－0003587　P04667
六經圖二十四卷　(清)鄭之僑編　清乾隆九年(1744)潮陽鄭氏述堂刻本　十二冊

320000－1606－0003588　P04668
周易鄭氏注箋釋十六卷　曹元弼撰　清宣統三年(1911)刻本　二十六冊

320000－1606－0003589　P04669
經韻樓叢書十一種　(清)段玉裁撰　清乾隆、道光間金壇段氏刻本　三十六冊

320000－1606－0003590　P04670
松筠閣鈔異十二卷　(清)高承勳輯　清道光八年(1828)渤海高氏刻本　七冊　存八卷(一至八)

320000－1606－0003591　P04671
鐵網珊瑚書品十卷　(明)朱存理集錄　清雍正刻本　八冊

320000－1606－0003592　P04672
遺篋錄八卷續錄四卷補遺一卷　(清)秦寶瓚編　清光緒二十九年至民國十五年(1903－1926)刻本　十六冊

320000－1606－0003593　P04673
金匱玉函經二註二十二卷補方一卷十藥神書一卷　(宋)趙以德衍義　(清)周揚俊補註　清道光十三年(1833)養恬齋刻本　十冊

320000－1606－0003594　P04675
和靖先生文集七卷　(宋)尹焞撰　清刻本　二冊

320000－1606－0003595　P04676
西湖集覽　(清)丁丙輯　清光緒九年(1883)錢塘丁氏嘉惠堂刻本　二十七冊　存四十二種(一至四十二)

320000－1606－0003596　P04677
瘟疫論類編五卷　(明)吳有性著　清嘉慶四年(1799)刻本　四冊

320000－1606－0003597　P04679
明鑑前紀二卷　(清)齊召南撰　清光緒十五年(1889)刻本　二冊

320000－1606－0003598　P04680
檀几叢書五十卷二集五十卷餘集二卷　(清)王晫　(清)張潮輯　清康熙三十四年至三十六年(1695－1697)新安張氏霞舉堂刻本　十二冊

320000－1606－0003599　P04681
四書彙辨十九卷　(清)侯廷銓輯　清嘉慶九年(1804)刻本　八冊

320000－1606－0003600　P04682
管窺輯要八十卷　(清)黄鼎纂　清順治十二年(1655)六安黄氏刻本　二十四冊

320000－1606－0003601　P04684
曹江孝女廟誌八卷首一卷末一卷補遺一卷　(清)金廷棟編輯　(清)阮元鑒定　清光緒八年(1882)五社公所刻本　二冊

320000－1606－0003602　P04685
玉機微義五十卷　(明)徐彦純撰　(明)劉純續　清康熙四十二年(1703)刻本　三十二冊

320000－1606－0003603　P04686

胎產心法三卷附錄三卷 （清）閻純璽撰 清道光刻本 十二冊

320000－1606－0003604 P04687

醫林指月十種 （清）王琦輯 清乾隆三十二年（1767）刻本 十二冊

320000－1606－0003605 P04688

闢經集二卷 （清）李默齋撰 清道光十四年（1834）欖溪李世德堂刻本 二冊

320000－1606－0003606 P04689

竹裕園筆語集十五卷 （清）李曰滌撰 清道光二年（1822）刻本 八冊

320000－1606－0003607 P04690

春秋測義三十五卷 （清）強汝詢撰 清光緒十五年（1889）流芳閣木活字印本 十二冊

320000－1606－0003608 P04691

撫本禮記鄭注考異二卷 （清）張敦仁撰 **禮記釋文不分卷** （唐）陸德明撰 清嘉慶十一年（1806）陽城張氏影宋刻本 四冊

320000－1606－0003609 P04692

五行大義五卷 （隋）蕭吉撰 清光緒二十三年（1897）武進盛氏思惠齋刻常州先哲遺書本 一冊

320000－1606－0003610 P04693

蔡氏九儒書九卷首一卷 （明）蔡有鵾輯 清同治七年（1868）三餘書屋刻本 六冊

320000－1606－0003611 P04694

重訂騖龍吉内經拾遺方論四卷 （宋）騖龍吉撰 （明）劉浴德 （明）朱練考訂 清乾隆四十一年（1776）武林大成齋刻本 二冊

320000－1606－0003612 P04695

江北運程四十卷首一卷 （清）董恂輯 清咸豐十年（1860）刻本 四十一冊

320000－1606－0003613 P04696

新編分門古今類事二十卷 （宋）宋□撰 清光緒刻本 十二冊

320000－1606－0003614 P04697

馮氏錦囊秘錄八種四十九卷 （清）馮兆張纂輯 清嘉慶十八年（1813）會成堂刻本 三十冊

320000－1606－0003615 P04698

明通鑑九十卷目錄二十卷前編四卷附編六卷首一卷 （清）夏燮編輯 清刻本 四十八冊

320000－1606－0003616 P04699

大英國志八卷 （英國）慕維廉譯 清咸豐六年（1856）上海墨海書院刻本 二冊

320000－1606－0003617 P04700

奚囊寸錦一百種 （清）張潮撰 清嘉慶二十五年（1820）刻本 二冊

320000－1606－0003618 P04701

鄭少谷先生全集二十五卷 （明）鄭善夫撰 清康熙二年（1663）刻本 二十冊

320000－1606－0003619 P04702

隨息居重訂霍亂論四卷 （清）王士雄撰 清同治二年（1863）上海崇本堂刻本 六冊

320000－1606－0003620 P04703

翻譯類編四卷 （清）尼瑪察冠景編 清乾隆十四年（1749）刻本 八冊

320000－1606－0003621 P04704

谿田文集十一卷首一卷補遺一卷續補遺一卷搜遺一卷 （明）馬埋撰 清道光二十年（1840）宏道書院刻本 六冊

320000－1606－0003622 P04705

讀史津逮四卷 （清）潘永圜編 清康熙五年（1666）刻本 十二冊

320000－1606－0003623 P04706

外證醫案彙編四卷 （清）余景和輯 清光緒二十年（1894）會稽孫氏刻本 八冊

320000－1606－0003624 P04708

五色線二卷 （宋）□□撰 明崇禎虞山毛氏汲古閣刻津逮秘書本 二冊

320000－1606－0003625 P04709

南征紀略二卷 （清）孫廷銓撰 清順治九年（1652）刻本 二冊

320000－1606－0003626　P04710
顏山雜記四卷　（清）孫廷銓纂　清康熙五年（1666）益都孫氏刻本　二册

320000－1606－0003627　P04712
春秋鈔十卷首一卷　（清）朱軾輯　清乾隆元年（1736）刻本　八册

320000－1606－0003628　P04713
丹溪先生金匱鈎玄三卷　（元）朱震亨撰　明刻本　三册

320000－1606－0003629　P04714
春秋疑義二卷　（清）華學泉撰　清嘉慶十九年（1814）璜川吴氏眞意堂刻本　二册

320000－1606－0003630　P04715
吕衡州文集十卷　（唐）吕溫撰　**考證一卷**　（清）秦恩復撰　清道光七年（1827）江都秦氏石研齋刻本　二册

320000－1606－0003631　P04716
葛中翰遺集十二卷首一卷　（明）葛麟撰　**葛麟年譜一卷**　（清）葛暾　（清）葛暐輯　清光緒十六年（1890）湘鄉葛氏敦本堂刻本　六册

320000－1606－0003632　P04717
虚直軒文集十卷　（清）姚文然撰　清光緒津河廣仁堂刻本　四册

320000－1606－0003633　P04718
畏壘筆記四卷　（清）徐昂發撰　清刻本　四册

320000－1606－0003634　P04719
司馬氏書儀十卷　（宋）司馬光撰　清雍正二年（1724）汪亮采刻本　四册

320000－1606－0003635　P04722
音韻合注四書一卷五經一卷　（清）鄒岳輯　清同治七年（1868）方氏刻本　四册

320000－1606－0003636　P04723
傷寒論集註十卷外編四卷　（清）徐赤撰　清乾隆十七年（1752）蔣棨刻本　十二册

320000－1606－0003637　P04724
松石齋詩集六卷文集二十五卷趙文毅公奏疏五卷　（明）趙用賢撰　清光緒二十二年至二十八年（1896－1902）常熟趙氏承啟堂刻本　二十六册

320000－1606－0003638　P04725
欽定蒙古源流八卷　（清）小徹辰薩囊臺吉撰　清刻本　四册

320000－1606－0003639　P04726
濟世養生集一卷便易經驗集一卷續刊便易經驗集一卷　（清）毛世洪輯　清乾隆刻本　四册

320000－1606－0003640　P04727
外國傳八卷　（清）尤侗撰　清康熙刻本　六册

320000－1606－0003641　P04728
楹聯叢話十二卷續話四卷　（清）梁章鉅輯　清道光二十年至二十三年（1840－1843）刻本　六册

320000－1606－0003642　P04729
禮說十四卷大學說一卷　（清）惠士奇撰　清嘉慶三年（1798）蘭陔書屋刻本　十六册

320000－1606－0003643　P04730
傷寒第一書四卷附餘二卷　（清）車宗輅　（清）胡憲豐輯　清光緒刻本　十册

320000－1606－0003644　P04731
龍學文集十六卷附録一卷　（宋）祖無擇撰　清刻本　四册

320000－1606－0003645　P04732
駱丞集四卷　（唐）駱賓王撰　**辨譌考異二卷**　（清）胡鳳丹撰　清同治八年（1869）退補齋刻本　二册

320000－1606－0003646　P04733
舫廬文存内集四卷外集一卷餘集一卷　（清）張壽榮撰　清光緒九年（1883）蛟川張氏秋樹根齋刻本　四册

320000－1606－0003647　P04734
楹聯録存三卷附録一卷　（清）俞樾撰　清光緒二十一年（1895）刻本　四册

320000－1606－0003648　P04735

月令輯要二十四卷首一卷　(清)李光地等編　清康熙五十五年(1716)武英殿刻本　十二册

320000－1606－0003649　P04736

楹聯新話十卷　(清)朱應鎬輯　清光緒十八年(1892)刻本　四册

320000－1606－0003650　P04737

寶研堂集四卷崇祀鄉賢錄一卷名宦緣由册一卷　(清)舒化民撰　清同治三年(1864)刻本　十册

320000－1606－0003651　P04738

種痘新書十二卷　(清)張琰編輯　清末刻本　十二册

320000－1606－0003652　P04739

仍貽堂全集十八卷首一卷　(明)侯峒曾撰　清道光十七年(1837)刻本　二十册

320000－1606－0003653　P04740

託素齋文集六卷託素齋詩集四卷仁恕堂筆記一卷　(清)黎士弘撰　清光緒二十五年(1899)木活字印本　十一册

320000－1606－0003654　P04741

新刊醫林狀元壽世保元十卷　(明)龔廷賢編　清刻本　十六册

320000－1606－0003655　P04743

唐鑑二十四卷　(宋)范祖禹撰　(宋)吕祖謙注　**音注考異一卷**　(清)胡鳳丹撰　清同治十年(1871)永康胡氏退補齋刻本　四册

320000－1606－0003656　P04745

儒門事親十五卷　(金)張從正撰　清初刻本　四册

320000－1606－0003657　P04746

西圃集十卷西圃文集四卷補遺一卷西圃續集四卷西圃詩集補遺一卷詞續一卷詞三續一卷題畫詩一卷續一卷　(清)潘遵祁撰　清同治、光緒間刻本　八册

320000－1606－0003658　P04748

四書或問三十九卷　(宋)朱熹撰　清同治十二年(1873)霍山劉氏五忠堂刻本　六册

320000－1606－0003659　P04749

醫級十卷首一卷末一卷　(清)董西園撰　清乾隆四十二年(1777)六順堂刻本　二十六册

320000－1606－0003660　P04750

[同治]山陽縣志二十一卷　(清)張兆棟　(清)孫雲修　(清)何紹基　(清)丁晏纂　清同治十二年(1873)刻本　三册　存八卷(十四至二十一)

320000－1606－0003661　P04751

花甲閒談十六卷　(清)張維屏撰　清道光十九年(1839)廣州西湖街富文齋刻本　八册

320000－1606－0003662　P04752

兩谿文集二十四卷　(明)劉球撰　清宣統二年(1910)木活字印本　八册

320000－1606－0003663　P04753

剡源集三十卷　(元)戴表元撰　**剡源集札記一卷**　(清)郁松年撰　清道光二十年(1840)上海郁氏刻本　八册

320000－1606－0003664　P04754

白香山詩長慶集二十卷後集十七卷别集一卷補遺二卷　(唐)白居易撰　(清)汪立名編　**年譜舊本一卷**　(宋)陳振孫撰　清康熙四十二年(1703)汪氏一隅草堂刻本　十册

320000－1606－0003665　P04757

醫學綱目四十卷　(明)樓英撰　明嘉靖四十四年(1565)曹灼刻本　二十册

320000－1606－0003666　P04758

樊川詩集四卷别集一卷外集一卷補遺一卷　(唐)杜牧撰　(清)馮集梧注　清光緒十六年(1890)湘南書局刻本　五册

320000－1606－0003667　P04759

廿二史紀事提要八卷　(清)吴綏纂　清嘉慶元年(1796)刻本　二册　存二卷(一至二)

320000－1606－0003668　P04761

周易孔義集説二十卷　(清)沈起元撰　清光

緒八年(1882)江蘇書局刻本　二十四冊

320000－1606－0003669　P04762
寒松堂全集十二卷　(清)魏象樞撰　**年譜一卷**　(清)魏象樞編　清嘉慶十六年(1811)刻本　十三冊

320000－1606－0003670　P04763
陳忠裕公全集三十卷年譜三卷首一卷末一卷　(明)陳子龍撰　(清)王昶輯　清嘉慶八年(1803)簳山草堂刻本　十冊

320000－1606－0003671　P04764
古歡堂集五十二卷　(清)田雯撰　清康熙、乾隆間田氏刻本　十六冊

320000－1606－0003672　P04765
浮沚集九卷　(宋)周行己撰　清刻本　六冊

320000－1606－0003673　P04767
醫方論四卷　(清)費伯雄撰　清光緒三年(1877)刻本　二冊

320000－1606－0003674　P04768
御覽孤山志一卷　(清)王復禮輯　清光緒七年(1881)錢塘丁氏刻本　三冊

320000－1606－0003675　P04769
記事珠十卷　(清)張以謙撰　清嘉慶二十一年(1816)雲間王氏知不足軒刻本　三十冊

320000－1606－0003676　P04770
道園學古錄五十卷　(元)虞集撰　清刻本　二十冊

320000－1606－0003677　P04771
禹貢錐指二十卷略例一卷禹貢圖一卷　(清)胡渭撰　清康熙四十四年(1705)漱六軒刻本　八冊

320000－1606－0003678　P04772
漢口叢談六卷　(清)范鍇撰　清道光二年(1822)漢口張明心刻本　四冊

320000－1606－0003679　P04773
南遊記一卷　(清)孫嘉淦撰　清嘉慶十年(1805)守意龕刻本　二冊

320000－1606－0003680　P04774
靜怡軒詩鈔五卷繡蜨盦詞鈔五卷　(清)汪藻撰　**投贈詩一卷投贈詞一卷**　(清)□□輯　清光緒四年(1878)刻本　四冊

320000－1606－0003681　P04775
欽定勝朝殉節諸臣錄十二卷首一卷　(清)舒赫德　(清)于敏中撰　清嘉慶二年(1797)浙江布政使司謝啟昆刻本　十冊

320000－1606－0003682　P04776
內則衍義十六卷　(清)世祖福臨撰　清刻本　八冊

320000－1606－0003683　P04777
齊名紀數十二卷　(清)王承烈輯　清嘉慶二十三年(1818)刻本　十二冊

320000－1606－0003684　P04778
藏書紀事詩六卷　葉昌熾撰　清光緒十七年(1891)刻本　十六冊

320000－1606－0003685　P04779
歷代賦話十四卷續集十四卷　(清)浦銑輯　清刻本　十冊

320000－1606－0003686　P04780
新刊良朋彙集五卷　(清)孫偉輯　清乾隆刻本　十冊

320000－1606－0003687　P04781
頤志齋叢書　(清)丁晏撰　清咸豐至同治山陽丁氏六藝堂刻彙印本　二十冊

320000－1606－0003688　P04783
傷科補要四卷　(清)錢秀昌輯　清嘉慶二十三年(1818)刻本　四冊

320000－1606－0003689　P04784
保產彙編四卷　(清)柯炘撰　清嘉慶六年(1801)刻本　二冊

320000－1606－0003690　P04785
名醫方論四卷　(清)羅美輯　清康熙刻本　八冊

320000－1606－0003691　P04786
涑水記聞十六卷補遺一卷　(宋)司馬光撰

清光緒三年(1877)湖北崇文書局刻本　四冊

320000－1606－0003692　P04787
吳下方言考十二卷　(清)胡文英輯　清乾隆四十八年(1783)留芝堂刻本　四冊

320000－1606－0003693　P04788
麟角集一卷附錄一卷　(唐)王棨撰　清嘉慶十五年(1810)福鼎王氏麟後山房刻本　二冊

320000－1606－0003694　P04789
名醫類案十二卷　(明)江瓘撰　清乾隆三十五年(1770)歙縣鮑氏知不足齋刻本　十二冊

320000－1606－0003695　P04790
歐羅巴通史四部　(日本)箕作元八　(日本)峰岸米造撰　(清)胡景伊譯　清光緒二十六年(1900)東亞譯書會鉛印本　四冊

320000－1606－0003696　P04791
洞庭湖志十四卷　(清)陶澍督修　(清)沈筠堂總纂　(清)綦世基撰　(清)夏大觀補輯　(清)萬年淳訂　清道光五年(1825)刻本　十冊

320000－1606－0003697　P04792
成方切用十二卷首一卷末一卷　(清)吳儀洛撰　清乾隆二十六年(1761)利濟堂刻本　六冊

320000－1606－0003698　P04793
金忠節公文集八卷　(明)金聲撰　清光緒十四年(1888)黟邑李宗煝刻本　四冊

320000－1606－0003699　P04794
璜川吳氏經學叢書　(清)吳志忠等輯　清嘉慶十五年(1810)璜川吳氏真意堂刻本　四十三冊

320000－1606－0003700　P04795
麗澞薈錄十四卷爽鳩要錄二卷　(清)蔣超伯輯　清同治五年(1866)刻本　八冊

320000－1606－0003701　P04796
北學編四卷　(清)魏一鰲輯　清同治七年(1868)蓮池書院刻本　五冊

320000－1606－0003702　P04797
雷塘庵主弟子記八卷　(清)張鑑錄　清道光刻本　八冊

320000－1606－0003703　P04798
張子全書十五卷　(宋)張載撰　清乾隆四十九年(1784)臨潼橫渠書院刻本　十六冊

320000－1606－0003704　P04799
七頌堂詩集十卷文集二卷　(清)劉體仁撰　清同治七年(1868)刻本　十冊

320000－1606－0003705　P04800
蠡園賦草一卷外集一卷　(清)范寬撰　清咸豐三年(1853)刻本　一冊

320000－1606－0003706　P04801
蠡園詩存二卷詩話二卷對聯大備一卷　(清)范敔璋撰　**天印山房遺稿一卷**　(清)范先謨撰　清光緒三十三年(1907)金陵刻本　五冊

320000－1606－0003707　P04802
山海經箋疏十八卷圖贊一卷訂譌一卷敘錄一卷　(晉)郭璞傳　(清)郝懿行箋疏　清嘉慶十四年(1809)阮氏琅環仙館刻本　四冊

320000－1606－0003708　P04803
詩說一卷　(漢)申培撰　**詩傳孔氏傳一卷**　(漢)端木賜撰　**詩攷一卷**　(宋)王應麟撰　明崇禎虞山毛氏汲古閣刻本　四冊

320000－1606－0003709　P04804
賞奇軒四種合編四卷　(清)□□繪　清刻本　四冊

320000－1606－0003710　P04805
青邱高季迪先生詩集十八卷首一卷遺詩一卷扣舷集一卷鳧藻集五卷　(明)高啟撰　(清)金檀輯注　**附錄一卷青邱高季迪先生年譜一卷**　(清)金檀編　清雍正六年(1728)桐鄉金氏文瑞樓刻本　二十冊

320000－1606－0003711　P04806
新刊權載之文集五十卷補刻一卷　(唐)權德輿撰　清嘉慶十一年(1806)刻本　八冊

320000－1606－0003712　P04807
河防一覽十四卷　(明)潘季馴撰　清乾隆十

三年(1748)刻本　十六册

320000－1606－0003713　P04808
街南文集二十卷　(清)吳肅公撰　清康熙二十八年(1689)豐溪吳氏刻本　四册　存三卷(一至三)

320000－1606－0003714　P04811
續小學六卷首一卷　(清)葉鉁輯注　清康熙二十九年(1690)事天閣刻本　四册

320000－1606－0003715　P04812
鐵華館叢書六種　(清)蔣鳳藻輯　清光緒九年至十年(1883－1884)長洲蔣氏刻本　六册

320000－1606－0003716　P04813
天花精言六卷　(清)袁句撰　清乾隆五十二年(1787)於陵袁氏刻本　六册

320000－1606－0003717　P04815
語餘謾錄十二卷　(清)汪璲撰　清康熙刻本　十册

320000－1606－0003718　P04816
左氏條貫十八卷　(清)曹基撰　清康熙致和堂刻本　六册

320000－1606－0003719　P04817
陳定宇先生文集十六卷別集一卷　(元)陳櫟撰　清康熙三十三年(1694)陳嘉基刻本　六册

320000－1606－0003720　P04818
司馬溫公稽古錄二十卷附校勘記一卷　(宋)司馬光撰　清光緒五年(1879)江蘇書局刻本　八册

320000－1606－0003721　P04819
問字堂集六卷附贈言一卷　(清)孫星衍撰　清光緒十年(1884)四明是亦軒刻本　六册

320000－1606－0003722　P04821
小學紺珠十卷　(宋)王應麟撰　明崇禎虞山毛氏汲古閣刻本　五册

320000－1606－0003723　P04822
內科摘要二卷　(明)薛己撰　明刻本　四册

320000－1606－0003724　P04823
南征紀略二卷　(清)孫廷銓撰　清順治九年(1652)刻本　四册

320000－1606－0003725　P04824
金鼓洞志八卷首一卷　(清)朱文藻纂　清光緒五年(1879)刻本　八册

320000－1606－0003726　P04825
醫學指歸二卷附錄一卷　(清)趙術堂輯　清咸豐元年(1851)趙氏旌孝堂刻本　四册

320000－1606－0003727　P04826
闡幽集初編不分卷　(清)沈德潛選　清乾隆九年(1744)刻本　二册

320000－1606－0003728　P04827
醫壘元戎一卷海藏瘢論萃英一卷　(元)王好古撰　清刻本　二册

320000－1606－0003729　P04828
于氏中說二卷　(明)于鎰撰　清光緒四年(1878)于馭良刻本　五册

320000－1606－0003730　P04829
皇朝謚彙考五卷　(清)劉長華輯　清光緒元年(1875)槐雲閣刻本　三册

320000－1606－0003731　P04830
王忠文公集二十卷　(明)王禕撰　清同治八年(1869)退補齋刻金華叢書本　十册

320000－1606－0003732　P04831
寶顏堂訂正脈望八卷　(明)趙台鼎撰　明刻本　四册　存四卷(一至四)

320000－1606－0003733　P04832
集虛草堂叢書甲集十種　李國松輯　清光緒合肥李氏刻本　二十四册

320000－1606－0003734　P04833
大學直解二卷　(清)王建常撰　清三原劉氏傳經堂刻本　四册

320000－1606－0003735　P04834
梧生文鈔十卷詩鈔十卷　(清)傅桐撰　清同治三年至光緒七年(1864－1881)刻本　十六册

320000－1606－0003736　P04835
御製耕織圖二卷　(清)聖祖玄燁題詩　(清)焦秉貞繪　清光緒五年(1879)上海點石齋石印本　二冊

320000－1606－0003737　P04836
皖學編十三卷首三卷　(清)徐定文輯　清宣統元年(1909)徐氏萬卷樓刻本　十冊

320000－1606－0003738　P04837
盋山文錄八卷詩錄二卷　(清)顧雲撰　清光緒十五年(1889)刻本　六冊

320000－1606－0003739　P04838
第六絃溪文鈔四卷　(清)黄廷鑑撰　清道光二十年(1840)刻本　四冊

320000－1606－0003740　P04839
三古君臣世譜二卷補遺一卷　(清)鄭淑詹輯　清光緒十七年(1891)刻本　二冊

320000－1606－0003741　P04840
重纂三遷志十卷首一卷　(清)孟廣均纂　清光緒十三年(1887)山東書局刻本　六冊

320000－1606－0003742　P04841
重刻萬元奇門遁甲句解煙波釣叟歌一卷新編日用消吉奇門五總龜四卷　(宋)趙普撰　(明)池紀解　清刻本　六冊

320000－1606－0003743　P04842
雅倫二十四卷　(清)費經虞撰　清康熙刻本　十四冊　存十六卷(一至十六)

320000－1606－0003744　P04843
槐下新編多識集十二卷槐下新編雅説集六卷　(清)魏裔介輯　清康熙書林周千秋刻本　十冊

320000－1606－0003745　P04844
通俗字林辨證五卷　(清)唐壎輯　清咸豐六年(1856)刻本　四冊

320000－1606－0003746　P04845
新鐫外科活人定本四卷　(清)龔居中纂　清刻本　四冊

320000－1606－0003747　P04846
識小錄八卷　(清)姚瑩撰　清道光二十九年(1849)刻本　六冊

320000－1606－0003748　P04847
傷寒尋源三卷　(清)吕震名撰　清咸豐刻本　六冊

320000－1606－0003749　P04848
女四書二卷　(清)王相箋注　清光緒六年(1880)李光明莊刻本　二冊

320000－1606－0003750　P04849
書古文訓十六卷　(宋)薛季宣撰　清康熙通志堂刻本　八冊

320000－1606－0003751　P04850
宋李忠定公文集選二十九卷首四卷奏議十五卷　(宋)李綱撰　明末福建青蓮齋刻本　二十冊

320000－1606－0003752　P04851
李光禄公遺集八卷　(清)李國杰輯　清光緒刻本　八冊

320000－1606－0003753　P04852
羅昭諫集八卷　(唐)羅隱著　清同治方氏刻本　六冊

320000－1606－0003754　P04859
新疆紀略二卷　(清)七十一撰　清乾隆四十二年(1777)刻本　二冊

320000－1606－0003755　P04860
[康熙]廬山志十五卷首一卷　(清)毛德琦重訂　清康熙五十九年(1720)順德堂刻本　十六冊

320000－1606－0003756　P04861
求益齋全集五種二十卷　(清)強汝詢撰　清光緒二十四年(1898)江蘇書局刻本　十二冊

320000－1606－0003757　P04862
賀文忠公遺集四卷末一卷　(明)賀逢聖撰　清同治八年(1869)錦樹山房刻本　二冊

320000－1606－0003758　P04870
張燕公集二十五卷　(唐)張説撰　清乾隆武英殿木活字印武英殿聚珍版書本　八冊

320000－1606－0003759　P04871
增定二十一史韻四卷首一卷末一卷續編四卷　(明)趙南星撰　(清)仲弘道增續　清康熙三十五年(1696)蘭雪堂刻本　二十冊

320000－1606－0003760　P04872
函海一百六十一種　(清)李調元輯　清嘉慶十四年(1809)刻本　一百六十冊

320000－1606－0003761　P04873
松窗夢語八卷　(明)張瀚著　清刻本　五冊　存五卷(一、五至八)

320000－1606－0003762　P04874
唐人百家小説　題(明)桃源居士輯　明刻本　七十六冊

320000－1606－0003763　P04875
通鑑本末紀要八十一卷首三卷　(清)蔡毓榮輯　(清)林子卿注　清康熙二十四年(1685)刻本　一百七十六冊

320000－1606－0003764　P04876
槐廬叢書五編五十四種　(清)朱記榮輯　清光緒吴縣朱氏槐廬家塾刻本　六十冊

320000－1606－0003765　P04878
鄭氏周易三卷　(漢)鄭玄撰　(宋)王應麟輯　(清)惠棟增補　**周易乾鑿度二卷**　(漢)鄭玄注　清乾隆二十一年(1756)德州盧氏雅雨堂刻本　三冊

320000－1606－0003766　P04879
禮記注疏六十三卷　(漢)鄭玄著　(唐)孔穎達疏　(唐)陸德明音義　明汲古閣刻本　六冊　存三十九卷(一至六、二十四至二十九、三十七至六十三)

320000－1606－0003767　P04881
韓子粹言一卷　(唐)韓愈撰　(清)李光地輯　清刻本　六冊

320000－1606－0003768　P04882
[正德]武功縣志三卷首一卷　(明)康海纂修　(清)孫景烈評注　清同治十二年(1873)湖北崇文書局刻本　一冊

320000－1606－0003769　P04883
[咸豐]南潯鎮志四十卷首一卷蓮漪文鈔八卷　(清)汪曰楨撰　清同治二年(1863)刻本　十二冊

320000－1606－0003770　P04885
東西洋考十二卷　(明)張燮著　清刻本　五冊　存十卷(一至二、五至十二)

320000－1606－0003771　P04886
左忠毅公[光斗]年譜二卷　(清)左宰撰　清刻本　二冊

320000－1606－0003772　P04888
大清一統志表不分卷　(清)徐午輯校　清刻本　四冊

320000－1606－0003773　P04889
安危注四卷　(明)吴甡輯　清刻本　十二冊

320000－1606－0003774　P04890
綏寇紀略十二卷補遺三卷　(清)吴偉業纂輯　清照曠閣刻本　二冊　存八卷(一至八)

320000－1606－0003775　P04891
鄭氏禮記箋四十九卷　(清)郝懿行撰　清光緒八年(1882)東路廳署刻本　十冊

320000－1606－0003776　P04893
託素齋文集六卷託素齋詩集四卷　(清)黎士弘撰　清刻本　二十八冊

320000－1606－0003777　P04894
高東溪先生遺集三卷　(宋)高登撰　清刻本　三冊

320000－1606－0003778　P04895
白沙子全集十卷首一卷末一卷白沙子古詩教解二卷　(明)陳獻章撰　清乾隆三十六年(1771)碧玉樓刻本　十冊

320000－1606－0003779　P04896
許松濱先生全集四十三卷首一卷末一卷　(清)許錫祺著　清光緒十七年(1891)刻本　二十冊

320000－1606－0003780　P04897
聾叟却老編十卷續編一卷附編一卷　(清)莊基永撰　清嘉慶三年(1798)姑蘇穆近文刻本

十冊

320000－1606－0003781　P04898
浪跡叢談十一卷　(清)梁章鉅撰　清道光二十七年(1847)亦東園刻本　三冊　存八卷(一至八)

320000－1606－0003782　P04899
白虎通四卷補遺一卷　(漢)班固撰　清乾隆二十五年(1760)抱經堂刻本　二冊

320000－1606－0003783　P04900
戰國策十卷　(宋)鮑彪校注　(元)吳師道補正　清詩禮堂刻本　四冊　存八卷(一至四、七至十)

320000－1606－0003784　P04902
痧脹玉衡書三卷後卷一卷　(清)郭志邃著　清刻本　六冊

320000－1606－0003785　P04903
二程全書七種六十七卷　(宋)程顥　(宋)程頤撰　(宋)朱熹編　清同治河南嵩邑兩程故里影堂刻本　二十冊

320000－1606－0003786　P04904
拙吏臆說不分卷　(清)符翕撰　清光緒十五年(1889)刻本　二冊

320000　1606　0003787　P04905
天文算學纂要二十卷首一卷附國朝萬年書二卷推測易知四卷　(清)陳松撰　清光緒十三年(1887)樹德堂刻本　二十四冊

320000－1606－0003788　P04906
陶庵文集七卷吾師錄一卷自監錄四卷陶庵詩集八卷　(明)黃淳耀撰　(清)陶應鯤等輯　清刻本　六冊

320000－1606－0003789　P04907
廿二史言行略四十二卷　(清)過元晈輯　(清)錢大昕校　清嘉慶十五年(1810)刻本　十二冊　存三十三卷(一至二十五、二十八至三十二、四十至四十二)

320000－1606－0003790　P04910
王耕野先生讀書管見二卷　(元)王充耘撰　清通志堂刻本　三冊

320000－1606－0003791　P04911
春秋占筮書三卷　(清)毛奇齡撰　清刻本　一冊

320000－1606－0003792　P04912
龍溪密諦一卷　(清)李衷燦輯　清光緒三年(1877)李氏刻本　一冊

320000－1606－0003793　P04913
痧脹玉衡書三卷後卷一卷　(清)郭志邃著　清刻本　六冊

320000－1606－0003794　P04914
嘯古堂文集八卷　(清)蔣敦復撰　清同治七年(1868)刻本　二冊

320000－1606－0003795　P04916
外科正宗十二卷　(□)□□撰　清刻本　二冊　存一卷(二)

320000－1606－0003796　P04918
笥河文集十六卷笥河詩集二十卷首一卷　(清)朱筠撰　清嘉慶二十二年(1817)刻本　四十冊

320000－1606－0003797　P04919
說文校定本十五卷　(清)朱士端撰　清同治元年(1862)刻本　一冊

320000－1606－0003798　P04921
文貞公集十二卷首一卷　(清)張玉書著　**張文貞公年譜一卷**　丁傳靖編　清刻本　二十四冊

320000－1606－0003799　P04922
醫學十書十二種　(清)陳璞編　清光緒七年(1881)羊城雲林閣刻本　十六冊

320000－1606－0003800　P04923
南華眞經影史九卷　(清)周拱辰注　清嘉慶八年(1803)聖雨齋刻本　六冊

320000－1606－0003801　P04924
楊忠烈公文集十卷補遺一卷年譜一卷表忠錄一卷　(明)楊漣撰　清刻本　二十四冊

320000－1606－0003802　P04925
外科大成四卷　(清)祁坤輯　清善成堂刻本　八册

320000－1606－0003803　P04926
寶綸堂集十卷拾遺一卷　(清)陳洪綬撰　清刻本　八册

320000－1606－0003804　P04927
中庸衍義十七卷　(明)夏良勝撰　清同治十年(1871)刻本　十二册

320000－1606－0003805　P04928
古文淵鑒六十四卷　(清)徐乾學等編注　清康熙刻本　三十册

320000－1606－0003806　P04929
[淳祐]玉峯志三卷　(宋)淩萬頃纂　**[咸淳]玉峯續志一卷**　(宋)邊實續纂　**[至正]崑山郡志六卷**　(元)楊譓纂　清刻本　六册

320000－1606－0003807　P04930
文房肆攷圖説八卷　(清)唐秉鈞纂　清乾隆四十年(1775)嘉定唐氏竹暎山莊刻本　八册

320000－1606－0003808　P04931
宋人經義約鈔四卷　(清)孫葆田輯　清光緒二十七年(1901)宛南書院刻本　四册

320000－1606－0003809　P04932
金匱心典三卷　(漢)張仲景著　(清)尤怡集註　清光緒七年(1881)崇德書院刻本　三册

320000－1606－0003810　P04933
三家醫案合刻三卷醫效秘傳三卷　(清)葉桂著　(清)吳金壽纂　**溫熱贅言一卷**　題(清)寄瓢子述　清道光刻本　六册

320000－1606－0003811　P04934
脈經十卷　(晉)王叔和撰　清道光二十三年(1843)黄氏西谿草廬刻本　四册

320000－1606－0003812　P04935
張仲景金匱要畧論注二十四卷　(清)徐彬撰　清刻本　四册

320000－1606－0003813　P04936
林水錄一卷　(明)彭年撰　清刻本　一册

320000－1606－0003814　P04937
熙朝新語十六卷　(清)余金輯　清道光四年(1824)嗚盛堂刻本　十二册

320000－1606－0003815　P04938
葆光道人秘傳眼科一卷秘傳眼科龍木醫書總論十卷　題(明)葆光道人撰　清刻本　四册

320000－1606－0003816　P04939
周易索詁十二卷首一卷　(清)倪象占編次　清嘉慶三年(1798)刻本　十二册

320000－1606－0003817　P04940
四書改錯平十四卷　(清)楊希閔撰　清同治刻本　十二册

320000－1606－0003818　P04941
傷寒辨證錄十四卷附脈訣闡微一卷　(清)陳士鐸撰　清乾隆十三年(1748)刻本　二十六册

320000－1606－0003819　P04942
九畹古文十卷　(清)劉紹攽撰　清乾隆八年(1743)刻本　十八册

320000－1606－0003820　P04943
吴氏一家稿十種　(清)吳錫麒輯　清咸豐五年(1855)刻本　十六册

320000－1606－0003821　P04944
歷代名人年譜十卷　(清)吳榮光撰　清咸豐二年(1852)刻本　十册

320000－1606－0003822　P04945
漢史餘二十卷補錄一卷　(清)陳堯松著　清同治三年(1864)刻本　六册

320000－1606－0003823　P04946
石室秘籙六卷　(清)陳士鐸撰　清刻本　十二册

320000－1606－0003824　P04948
經籍錄要十二卷　(清)倪思寬撰　清嘉慶二十三年(1818)刻本　六册

320000－1606－0003825　P04949
張氏醫學補注五種　(清)張驥先撰　清刻本　八册

320000－1606－0003826　P04950
吴醫彙講十一卷　(清)唐大烈輯　清乾隆刻本　八册

320000－1606－0003827　P04952
痢證匯參十卷補遺一卷　(清)吴道源纂輯　清乾隆三十八年(1773)刻本　四册

320000－1606－0003828　P04958
晚笑堂畫傳一卷明太祖功臣圖一卷　(清)上官周繪　清乾隆刻本　四册

320000－1606－0003829　P04959
感舊集十六卷　(清)王士禛輯　清乾隆刻本　十八册

320000－1606－0003830　P04960
義門先生集十二卷附録一卷弟子姓氏録一卷　(清)何焯撰　(清)韓崇等輯　清刻本　八册

320000－1606－0003831　P04963
友竹草堂文集六卷詩集二卷　(清)蔣慶第撰　清光緒刻本　八册

320000－1606－0003832　P04965
華陽集四十卷　(宋)王珪撰　清刻本　二十册

320000－1606－0003833　P04968
度隴記四卷　(清)董醇撰　清咸豐元年(1851)刻本　八册

320000－1606－0003834　P04970
鑑綱詠略八卷　(清)張應鼎撰　(清)柯龍章輯注　清同治十二年(1873)刻本　八册

320000－1606－0003835　P04971
稱謂録三十二卷　(清)梁章鉅撰　清道光刻本　三十四册

320000－1606－0003836　P04972
通俗編三十八卷　(清)翟灝撰　清乾隆無不宜齋刻本　二十册

320000－1606－0003837　P04973
香乘二十八卷　(明)周嘉胄輯　明萬曆刻本　十四册

320000－1606－0003838　P04974
新刊萬病回春八卷　(明)龔廷賢編輯　明閶門書林葉龍溪刻本　二十册

320000－1606－0003839　P04977
地理度金鍼集六卷　(清)舒鳳儀纂圖　(清)段喆著説　清光緒十六年(1890)徐州道署刻本　五册　存五卷(一至三、五至六)

320000－1606－0003840　P04980
白田草堂存稿二十四卷　(清)王懋竑撰　**崇祀鄉賢録一卷先考王公府君行狀一卷**　(清)王箴聽等撰　清乾隆十七年(1752)刻本　二十册

320000－1606－0003841　P04983
使粤日記二卷　(清)孟超然撰　清刻本　二册

320000－1606－0003842　P04984
使蜀日記五卷　(清)孟超然撰　清刻本　六册

320000－1606－0003843　P04985
習苦齋古文四卷習苦齋詩集八卷　(清)戴熙撰　清同治刻本　十册

320000－1606－0003844　P04986
四時病機十四卷　(清)邵登瀛輯　清光緒十六年(1890)刻本　四册

320000－1606－0003845　P04987
重刻秫坡先生詩集四卷首一卷　(明)黎貞撰　清刻本　二册

320000－1606－0003846　P04988
[光緒]西藏圖考八卷首一卷　(清)黄沛翹輯　清光緒二十三年(1897)刻本　六册

320000－1606－0003847　P04989
蜀典十二卷　(清)張澍撰　清光緒二年(1876)尊經書院刻本　四册

320000－1606－0003848　P04990
蒙古游牧記十六卷　(清)張穆撰　清同治六年(1867)壽陽祁氏刻本　四册

320000－1606－0003849　P04992

春秋臣傳三十卷 （宋）王當撰　清刻本　八冊

320000－1606－0003850　P04993
周易説纂鉤玄四卷首二卷 （明）章行嘉輯　明刻本　八冊

320000－1606－0003851　P04994
寶應圖經六卷 （清）劉寶楠撰　清道光刻本　十冊

320000－1606－0003852　P04995
敬亭集十卷補遺一卷附録一卷姜貞毅先生自著年譜一卷 （清）姜埰撰　**府君貞毅先生年譜續編一卷** （清）姜安節撰　清刻本　十冊

320000－1606－0003853　P04996
鍼灸要旨三卷 （明）高武撰　清刻本　三冊　存二卷（一至二）

320000－1606－0003854　P04998
劉叔子太極論二卷 （清）劉汶撰　清刻本　二冊

320000－1606－0003855　P05000
斯文精萃不分卷 （清）尹繼善編　清乾隆二十九年（1764）滿洲尹氏兩江官署刻本　二十冊

320000－1606－0003856　P05001
雅雨堂叢書十三種 （清）盧見曾輯　清乾隆二十一年（1756）德州盧氏雅雨堂刻本　二十八冊

320000－1606－0003857　P05002
江右古文選四十卷 （清）應麟評定　清乾隆屏山堂刻本　二十冊

320000－1606－0003858　P05005
張仲景中寒論辯證廣註三卷 （清）汪琥撰　清刻本　一冊

320000－1606－0003859　P05006
禮箋三卷 （清）金榜撰　清乾隆五十九年（1794）刻本　六冊

320000－1606－0003860　P05009
聖諭像解二十卷 （清）梁延年撰　清光緒二十八年（1902）刻本　十冊

320000－1606－0003861　P05010
桴亭先生遺書二十二種七十二卷 （清）陸世儀撰　**尊道先生年譜一卷** （清）淩錫祺輯　清光緒二十五年（1899）刻本　二十冊

320000－1606－0003862　P05012
本事詩十二卷 （清）徐釚撰　清乾隆二十二年（1757）刻本　八冊

320000－1606－0003863　P05016
樊南文集補編十二卷首一卷附録一卷 （唐）李商隱撰　（清）錢振倫箋　（清）錢振常注　清同治五年（1866）望三益齋刻本　四冊

320000－1606－0003864　P05017
樓邨詩集二十五卷 （清）王式丹撰　清刻本　四冊　存十卷（一至十）

320000－1606－0003865　P05018
潛邱劄記六卷 （清）閻若璩撰　**左汾近稿一卷** （清）閻詠撰　清乾隆十年（1745）眷西堂刻本　十二冊

320000－1606－0003866　P05019
請纓日記十卷 （清）唐景崧撰　清光緒刻本　十二冊

320000－1606－0003867　P05021
洴澼百金方十四卷首一卷 （清）袁宫桂編　清刻本　十冊

320000－1606－0003868　P05022
天霞山館文存六卷南安紀録一卷刻鵠軒存稿二卷 （清）龍起濤撰　清光緒刻本　六冊

320000－1606－0003869　P05024
楓南山館遺集七卷末一卷維摩室遺訓四卷 （清）莊受祺撰　清光緒元年至民國二年（1875－1913）刻本　八冊

320000－1606－0003870　P05025
雷塘庵主弟子記八卷 （清）張鑑録　清刻本　四冊

320000－1606－0003871　P05027
新鐫東厓王先生遺集四卷 （明）王襞撰　明

刻本　八册

320000－1606－0003872　P05028
傷寒懸解十四卷首一卷末一卷金匱懸解二十二卷長沙藥解四卷素靈微藴四卷　(清)黄元御著　清刻本　二十四册

320000－1606－0003873　P05029
伊犁總統事略十二卷西陲竹枝詞一卷綏服紀略圖詩一卷　(清)松筠纂　清嘉慶刻本　十二册

320000－1606－0003874　P05030
宋名臣言行錄前集十卷後集十四卷續集八卷别集二十六卷外集十七卷　(宋)朱熹纂　(宋)李衡校正　清同治七年(1868)臨川桂氏刻本　十九册　存七十三卷(宋名臣言行錄前集十卷,後集一至四、七至十四,續集八卷,别集二十六卷,外集十七卷)

320000－1606－0003875　P05031
自得語四卷　(明)朱懷吴輯　清刻本　六册

320000－1606－0003876　P05032
歷代史案二十卷首一卷　(清)洪亮吉編　清刻本　十册　存十八卷(三至二十)

320000－1606－0003877　P05033
梅叟閒評四卷　(清)郝培元著　清光緒曬書堂刻本　四册

320000－1606－0003878　P05034
内閣漢票簽中書舍人題名一卷　(清)孔憲彝輯　清咸豐十一年(1861)刻本　四册

320000－1606－0003879　P05036
傷寒纘論二卷　(清)張璐撰　清康熙刻本　八册

320000－1606－0003880　P05037
賴古堂尺牘新鈔二選藏弆集十六卷　(清)周在浚　(清)周在梁　(清)周在延輯　清康熙六年(1667)情話軒刻本　六册　存十四卷(一至十四)

320000－1606－0003881　P05039
鄭氏易譜十二卷　(明)鄭旒撰　(清)鄭時達輯　清乾隆十八年(1753)鄭氏刻本　六册

320000－1606－0003882　P05040
居家彝訓二十卷首一卷　(清)華學泉撰　清乾隆刻本　十四册

320000－1606－0003883　P05042
求實學齋文集八卷首一卷　(清)余愭撰　清刻本　六册

320000－1606－0003884　P05043
蟲薈五卷　(清)方旭撰　清刻本　十册

320000－1606－0003885　P05044
痢證匯參十卷　(清)吴道源纂輯　清乾隆敦厚堂刻本　六册

320000－1606－0003886　P05045
執齋集二十卷　(明)劉玉著　清刻本　十六册

320000－1606－0003887　P05046
類經圖翼十一卷附翼四卷　(明)張介賓著　清刻本　二十册

320000－1606－0003888　P05047
左傳快評八卷　(清)劉繼莊評定　(清)金成棟輯　清刻本　八册

320000－1606－0003889　P05048
秋燈叢話十八卷　(清)王椷撰　清乾隆四十五年(1780)積翠山房刻本　八册

320000－1606－0003890　P05049
姓解三卷　(宋)邵思纂　清光緒刻本　三册

320000－1606－0003891　P05050
止堂集十八卷　(宋)彭龜年撰　清刻本　十二册

320000－1606－0003892　P05051
丹溪朱氏脈因證治二卷　(元)朱震亨撰　(清)湯望久輯　清乾隆刻本　六册

320000－1606－0003893　P05052
孔叢子三卷　(漢)孔鮒撰　清刻本　五册

320000－1606－0003894　P05054
夢溪筆談二十六卷補筆談三卷續筆談一卷校

字記一卷　(宋)沈括撰　清刻本　十册

320000－1606－0003895　P05055
劉隨州詩十卷詩集補遺一卷　(唐)劉長卿撰　清刻本　三册　存九卷(劉隨州詩三至十、詩集補遺一卷)

320000－1606－0003896　P05056
史學綱領四卷　(明)顧充編輯　(清)蕭承煊增訂　清刻本　八册

320000－1606－0003897　P05059
物理小識十二卷首一卷　(清)方以智撰　清刻本　十册

320000－1606－0003898　P05060
古今長者録十卷　(清)丁蓮侶撰　(清)彭士望評閲　清嘉慶七年(1802)慶餘堂刻本　六册

320000－1606－0003899　P05062
通藝録　(清)程瑶田撰　清嘉慶八年(1803)刻本　五十册

320000－1606－0003900　P05063
周易玩辭十六卷　(宋)項安世撰　清康熙刻通志堂經解本　十册

320000－1606－0003901　P05064
蜀水攷四卷坿補注分疏　(清)陳登龍撰　(清)朱錫穀補注　(清)陳一津分疏　清光緒五年(1879)刻本　二册

320000－1606－0003902　P05065
資治通鑑綱目發明五十九卷　(宋)尹起莘撰　清刻本　十二册

320000－1606－0003903　P05067
經史喻言八卷　(清)李光庭輯　清道光二十八年(1848)刻本　十二册　存七卷(一至七)

320000－1606－0003904　P05068
鍥旁注事類捷録十五卷　(明)鄧志謨撰　明刻本　七册

320000－1606－0003905　P05069
喻林一葉二十四卷喻林原目一卷　(明)徐元太撰　清乾隆五十九年(1794)桑寄生齋刻本　十九册　存十八卷(一至十五、十九、二十三至二十四)

320000－1606－0003906　P05070
行素齋雜記二卷　(清)李佳繼昌撰　清光緒刻本　三册

320000－1606－0003907　P05071
蘇子美文集十卷　(宋)蘇舜欽撰　清刻本　八册

320000－1606－0003908　P05072
武林逸志二十九卷　(清)丁午輯　清道光刻本　二十四册

320000－1606－0003909　P05073
晉書一百三十卷　(唐)房玄齡等撰　**音義三卷**　(唐)何超撰　清鉛印本　五册　存一百十二卷(十九至一百三十)

320000－1606－0003910　P05074
廬陵宋丞相信國公文忠烈先生全集十六卷　(宋)文天祥撰　(清)文有焕輯　清雍正刻本　一册　存一卷(一)

320000－1606－0003911　P05075
龍井見聞録十卷附宋僧元淨外傳二卷　(清)汪孟鋗撰　清光緒十年(1884)錢塘丁氏嘉惠堂刻本　六册

320000－1606－0003912　P05076
十三唐人詩不分卷　(清)劉雲份輯　清康熙淮南劉氏野香堂刻本　十四册

320000－1606－0003913　P05077
王遵巖先生文集四十卷　(清)李光墺　(清)李光型編次　清康熙刻本　六十册

320000－1606－0003914　P05078
晚唐詩鈔二十六卷　(清)查克弘　(清)凌紹乾選　清康熙十干詩塢刻本　二十四册

320000－1606－0003915　P05079
漢兩大儒書二十八卷　(清)盧文弨編　清乾隆抱經堂刻本　十六册

320000－1606－0003916　P05081
景定建康志五十卷進建康志表一卷建康志賤

一卷　(宋)周應合纂修　清嘉慶六年(1801)刻本　六十八册

320000－1606－0003917　P05082
周易玩辭集解十卷首一卷　(清)查慎行撰　清刻本　十六册

320000－1606－0003918　P05083
姜先生全集三十三卷首一卷附錄二卷　(清)姜宸英撰　(清)馮保燮　(清)王定祥重編　清光緒慈谿毋自欺齋刻本　二十六册　存三十卷(一至二十四、三十至三十三,附錄二卷)

320000－1606－0003919　P05084
貴池二妙集四十八卷　(明)吳應箕　(明)劉城撰　劉世珩輯　清刻本　四十册

320000－1606－0003920　P05085
亦政堂秘笈二十四卷　(明)陳繼儒輯　明刻本　二十四册

320000－1606－0003921　P05088
李文襄公奏議二卷奏疏十卷首一卷别錄六卷年譜一卷　(清)李鍾麟輯　清康熙刻本　三十二册

320000－1606－0003922　P05090
居易錄三十四卷　(清)王士禛撰　清康熙刻本　八册

320000－1606－0003923　P05092
文選六十卷　(南朝梁)蕭統輯　(唐)李善注　明末毛氏汲古閣刻本　二十五册　存五十卷(一至六、十三至二十六、三十一至六十)

320000－1606－0003924　P05093
臥龍崗志二卷　(清)羅景輯　清康熙五十一年(1712)刻本　四册

320000－1606－0003925　P05095
增廣大題文府初集二集合編　(清)□□編　清光緒石印本　一册　存一集(二)

320000－1606－0003926　P05096
古今詩話八卷　題(清)稽留山樵輯　清刻本　十六册

320000－1606－0003927　P05097
靜用堂偶編十卷續編十卷　(清)涂天相著　清康熙刻本　十六册

320000－1606－0003928　P05098
歷代名賢齒譜九卷歷代名媛齒譜三卷　(清)易宗涒輯　清賜書堂刻本　五十三册

320000－1606－0003929　P05099
常州先哲遺書三編二十七種　盛宣懷輯　清刻本　二百册

320000－1606－0003930　P05100
兩浙名賢錄五十四卷外錄八卷　(明)徐象梅撰　清刻本　十六册　存三十九卷(兩浙名賢錄三至二十一、二十五至三十、三十七至四十二、四十四至四十八,外錄一至三)

320000－1606－0003931　P05101
蕭梁文苑二十一卷　(明)閻光世輯　明刻本　四十八册

320000－1606－0003932　P05102
晉陵羣賢小集三十六種　(清)任道鎔輯　清刻本　一百册

320000－1606－0003933　P05103
韓筆酌蠡三十卷年譜一卷　(清)盧軒撰　清雍正刻本　十八册

320000－1606－0003934　P05104
元遺山詩集箋注十四卷年譜一卷　(金)元好問撰　(清)施國祁注　**元遺山全集補載一卷**　(清)施國祁輯　**元遺山全集附錄一卷**　(明)儲瓘輯　(清)華希閔增輯　清刻本　十四册

320000－1606－0003935　P05109
欽定叶韻彙輯十卷　(清)梁詩正等編纂　清乾隆十五年(1750)武英殿刻本　三十二册

320000－1606－0003936　P05110
玉樞經纂二十四卷首一卷末一卷　(清)姚復莊注　清道光二十五年(1845)刻本　十二册

320000－1606－0003937　P05113
武陵山人遺書十二種附二種　(清)顧觀光撰　清刻本　二十八册

320000－1606－0003938　P05114
福壽全書六十六種　(清)石天基撰　清刻本　四十八册

320000－1606－0003939　P05117
魏書一百十四卷　(北齊)魏收撰　明崇禎九年(1636)毛氏汲古閣刻本　四十八册

320000－1606－0003940　P05119
曲禮全經附傳十二卷曲禮外集二卷　(明)柯尚遷集釋　明萬曆刻本　十八册

320000－1606－0003941　P05123
復齋文集二十一卷復齋詩集四卷首一卷末一卷　(清)曾鏞撰　清嘉慶二十五年(1820)刻本　二十册

320000－1606－0003942　P05125
欽定篆文六經四書六十三卷　(清)李光地等輯　清刻本　十六册　存五十九卷(周易十二卷、尚書四卷、周禮一至六、儀禮一至十七、春秋一卷、大學一卷、中庸一卷、論語十卷、孟子七卷)

320000－1606－0003943　P05126
詩體明辯二十六卷　(明)徐師曾輯　清順治刻本　三十六册

320000－1606－0003944　P05127
絜齋集二十四卷從祀錄六卷　(宋)袁燮撰　清同治十一年(1872)四明袁氏進修堂刻本　六册

320000－1606－0003945　P05128
長文襄公自定年譜四卷　(清)長齡撰　清道光二十一年(1841)桂叢堂刻本　八册

320000－1606－0003946　P05129
陳書三十六卷　(唐)姚思廉撰　清刻本　二册　存十卷(三至六、二十五至三十)

320000－1606－0003947　P05132
奇晉齋叢書十六種　(清)陸烜編　清乾隆刻本　十六册

320000－1606－0003948　P05134
讀史兵略四十六卷　(清)胡林翼纂　清咸豐十一年(1861)武昌節署刻本　十六册

320000－1606－0003949　P05135
吴越備史四卷補遺一卷　(宋)范坰　(宋)林禹撰　清刻本　六册

320000－1606－0003950　P05136
春秋權衡十七卷　(宋)劉敞撰　清康熙刻本　八册

320000－1606－0003951　P05137
漢晉迄明諡彙攷十卷首一卷　(清)劉長華輯　清光緒八年(1882)刻本　五册

320000－1606－0003952　P05138
四書證疑八卷答宋步武書一卷　(清)李允升撰　清道光四年(1824)易簡堂刻本　十二册

320000－1606－0003953　P05139
小三吾亭文甲集一卷小三吾亭詩四卷　冒廣生著　清光緒刻本　四册

320000－1606－0003954　P05140
唐詩善鳴集四卷補遺一卷宋詩二卷金詩善鳴集一卷元詩善鳴集一卷明詩善鳴集二卷　(清)陸次雲校　清刻本　三十二册

320000－1606－0003955　P05141
鄒徵君遺書八種附刻夏氏算學四種徐氏算學三種　(清)鄒伯奇撰　清同治十三年(1874)刻本　十册　缺二種(輿地全圖、赤道南北恒星圖)

320000－1606－0003956　P05142
靈巖山人詩集四十卷　(清)畢沅撰　**弇山畢公年譜一卷**　(清)史善長撰　清嘉慶四年(1799)經訓堂刻本　三十册

320000－1606－0003957　P05148
四診抉微八卷管窺附餘一卷　(清)林之翰纂　清雍正刻本　八册

320000－1606－0003958　P05149
咏物詩選八卷　(清)俞琰輯　清雍正二年(1724)寧儉堂刻本　八册

320000－1606－0003959　P05166
寄青霞館奕選八卷續編八卷　(清)王存善輯

清光緒二十三年(1897)刻本　十六册

320000－1606－0003960　P05168
關學編五卷首一卷　(明)馮從吾撰　(清)李元春續編　清刻本　六册

320000－1606－0003961　P05169
傅獻簡公奏議四卷首一卷末一卷　(宋)傅堯俞撰　清光緒二十三年(1897)演慎齋刻本　四册

320000－1606－0003962　P05170
蠶尾集十卷續集二卷後集二卷　(清)王士禛撰　清康熙三十五年(1696)刻本　十册

320000－1606－0003963　P05172
商文毅公集六卷　(明)商輅撰　(清)張一魁編　清武進王家琦木活字印本　五册

320000－1606－0003964　P05174
古文大觀初集二十四卷二集二十六卷　(清)關子棻輯　清光緒十六年(1890)關氏刻本　二十册

320000－1606－0003965　P05175
音韻闡微十八卷韻譜一卷　(清)李光地等撰　清雍正六年(1728)武英殿刻本　二十册

320000－1606－0003966　P05177
余師錄後集十卷續集八卷　(清)楊希閔纂　清光緒刻本　九册

320000－1606－0003967　P05178
丹魁堂詩集七卷外集四卷感遇錄一卷丹魁堂自訂年譜一卷　(清)季芝昌撰　**茗韻軒遺詩一卷**　(清)王塄稙撰　清同治刻本　十四册

320000－1606－0003968　P05179
漢雋十卷　(宋)林鉞輯　明萬曆二十八年(1600)吳繼安刻本　十册

320000－1606－0003969　P05180
墨緣彙觀二卷　(清)安岐撰　清刻本　六册

320000－1606－0003970　P05181
東林山志二十四卷首一卷　(清)吳玉樹輯　清嘉慶十八年(1813)刻本　十二册

320000－1606－0003971　P05184
居易錄三十四卷　(清)王士禛撰　清刻本　十六册

320000－1606－0003972　P05189
國史考異六卷　(清)潘檉章撰　清光緒刻本　六册

320000－1606－0003973　P05191
山志初集六卷二集六卷　(清)王弘撰　清光緒二十六年(1900)敬義堂刻本　十二册

320000－1606－0003974　P05192
荆駝逸史　題(清)陳湖逸士輯　清道光古槐山房木活字印本　四十八册

320000－1606－0003975　P05194
代微積拾級十八卷　(美國)羅密士撰　(英國)偉烈亞力口譯　(清)李善蘭筆述　清刻本　一册　存二卷(十七至十八)

320000－1606－0003976　P05199
咳唾珠玉補遺一卷　(清)傅山撰　清刻本　一册

320000－1606－0003977　P05207
增訂保赤金丹四卷　(清)吕紹先編輯　清乾隆三十四年(1769)中震堂刻本　六册　存三卷(一至三)

320000－1606－0003978　P05208
儀禮經傳通解三十七卷　(宋)朱熹撰　清刻本　四十册

320000－1606－0003979　P05211
晉書一百三十卷　(唐)房玄齡等撰　清刻本　三册　存十八卷(二十七至三十七、六十八至七十四)

320000－1606－0003980　P05212
廣韻五卷　(宋)陳彭年等修　清光緒遵義黎氏刻本　二册

320000－1606－0003981　P05214
青烏先生葬經二卷　(漢)青烏子撰　(金)兀欽仄注　**難解二十四篇一卷圖一卷**　(明)□□著　**古本葬書一卷**　(晉)郭璞著　**葬經**

翼一卷 (明)繆希雍撰 清嘉慶十年(1805)虞山張氏照曠閣刻本 二册

320000－1606－0003982 P05215
史記一百三十卷 (漢)司馬遷撰 (南朝宋)裴駰集解 (唐)司馬貞索隱 (唐)張守節正義 清刻本 四册 存二十卷(五至七、二十三至三十九)

320000－1606－0003983 P05217
禮記十卷 (元)陳澔集說 清刻本 九册 存九卷(二至十)

320000－1606－0003984 P05218
四朝名臣言行錄別集十三卷皇朝道學名臣言行外錄十七卷 (宋)李幼武纂集 清刻本 十册

320000－1606－0003985 P05223
御訂全金詩增補中州集七十二卷首二卷 (金)元好問撰 (清)郭元釪補輯 清康熙五十年(1711)刻本 三十二册

320000－1606－0003986 P05226
粥譜一卷廣粥譜一卷 (清)黄雲鵠撰 清刻本 三册

320000－1606－0003987 P05227
蔡中郎文集十卷外傳一卷 (漢)蔡邕撰 清光緒七年(1881)刻本 五册

320000－1606－0003988 P05228
秋笳集八卷 (清)吳兆騫撰 清雍正四年(1726)衍厚堂刻本 四册

320000－1606－0003989 P05229
書經六卷 (宋)蔡沈集傳 清光緒十九年(1893)浙江書局刻本 四册

320000－1606－0003990 P05230
高季迪先生大全集十八卷 (明)高啟撰 清康熙三十四年(1695)沈氏竹素園刻本 四册

320000－1606－0003991 P05232
[同治]淡水廳志十六卷 (清)陳培桂等纂修 清同治十年(1871)刻本 十二册 存十四卷(一至十四)

320000－1606－0003992 P05236
龍龕手鑑四卷 (遼)釋行均撰 清虛竹齋刻本 八册

320000－1606－0003993 P05238
欽定大清會典事例一千二百二十卷目錄八卷附皇輿全圖 (清)李鴻章等修 清光緒石印本 三百八十册 存一千二百二卷(一至四百十四、四百十八至四百十九、四百二十三至一千七十、一千七十五至一千一百二十八、一千一百三十二至一千二百十五)

320000－1606－0003994 P05239
欽定平定陝甘新疆回匪方略三百二十卷首一卷 (清)奕訢撰 清光緒鉛印本 二十一册 存八十四卷(四十七至五十八、八十三至八十六、一百三至一百六、一百二十七至一百四十六、一百六十七至一百九十四、二百三至二百十八)

320000－1606－0003995 P05241
英法俄德四國志略一卷 沈敦和輯譯 清光緒十八年(1892)刻本 二册

320000－1606－0003996 P05242
木犀軒叢書 李盛鐸輯 清刻本 四十册

320000－1606－0003997 P05243
古經解彙函十六種 (清)鍾謙鈞等輯 清光緒十五年(1889)湘南書局刻本 四十二册

320000－1606－0003998 P05244
魏叔子文鈔三卷 (清)魏禧著 清刻本 二册

320000－1606－0003999 P05245
續資治通鑑二百二十卷 (清)畢沅編集 清刻本 三十一册 存一百十四卷(十六至二十五、六十六至七十二、一百五至一百八、一百十五至一百四十三、一百五十四至一百六十五、一百六十九至二百二十)

320000－1606－0004000 P05246
李文忠公全書一百六十五卷首一卷 (清)李鴻章撰 (清)吳汝綸編 清光緒三十一年至

三十四年(1905－1908)金陵刻本　八十六冊　存一百二十卷(奏稿一至二十、二十五至二十八、三十二至四十一、四十五至八十,朋僚函稿三、九至二十,譯署函稿二十,遷移蠶池口教堂函稿一,電稿一至十二、十五至三十五、四十;首一卷)

320000－1606－0004001　P05248
通鑑紀事本末二百三十九卷　(宋)袁樞輯　(明)張溥論正　清同治十二年(1873)江西書局刻本　八十冊

320000－1606－0004002　P05249
元史紀事本末二十七卷　(明)陳邦瞻編輯　清同治十三年(1874)江西書局刻本　四冊

320000－1606－0004003　P05250
遼史紀事本末四十卷　(清)李有棠編纂　清光緒十九年(1893)李栘鄂樓刻本　四冊

320000－1606－0004004　P05251
西夏紀事本末三十六卷年表一卷　(清)張鑑著　清刻本　四冊

320000－1606－0004005　P05252
金史紀事本末五十二卷　(清)李有棠編纂　清光緒十九年(1893)李栘鄂樓刻本　六冊

320000－1606－0004006　P05253
宋史紀事本末一百九卷　(明)馮琦編　(明)陳邦瞻增訂　(明)張溥論正　清同治十三年(1874)江西書局刻本　十八冊　存一百卷(一至四十九、五十六至七十一、七十五至一百九)

320000－1606－0004007　P05254
明史紀事本末八十卷　(清)谷應泰輯　清同治十三年(1874)江西書局刻本　二十冊

320000－1606－0004008　P05255
潛研堂全書　(清)錢大昕撰　清光緒十年(1884)長沙龍氏家塾刻本　五十三冊　存二十種二百三十四卷(聲類四卷,廿二史攷異一百卷,三史拾遺五卷,諸史拾遺五卷,元史氏族表三卷,元史藝文志四卷,宋遼金元四史朔閏攷二卷,通鑑注辯正二卷,洪文惠公年譜一卷,洪文敏公年譜一卷,陸放翁先生年譜一卷,深寧先生年譜一卷,弇州山人年譜一卷,疑年錄四卷,潛研堂金石文跋尾一至三、十五至十七,十駕齋養新錄二十卷、餘錄三卷,三統術衍三卷、鈐一卷,風俗通逸文一卷,恆言錄六卷,潛研堂文集五十卷、詩集十卷)

320000－1606－0004009　P05256
詩林韶濩選二十卷　(清)顧嗣立原本　(清)周煌重選　清刻本　三冊　存十四卷(七至二十)

320000－1606－0004010　P05257
遠西奇器圖説錄最三卷新製諸器圖說一卷　(明)王徵撰　清刻本　四冊

320000－1606－0004011　P05258
邵武徐氏叢書初刻十四種　(清)徐榦輯　清光緒邵武徐氏刻本　二十冊

320000－1606－0004012　P05259
舒文靖集二卷事實擬冊一卷　(宋)舒璘撰　**附錄三卷**　(清)徐時棟輯　**校勘記三卷**　孫鏘輯　清光緒二十二年(1896)四明七千卷樓刻本　八冊

320000－1606－0004013　P05260
中復堂全集九十八卷　(清)姚瑩著　清同治六年(1867)安福縣署刻本　三十二冊

320000－1606－0004014　P05261
太平經國之書十一卷首一卷　(宋)鄭伯謙撰　清刻本　二冊

320000－1606－0004015　P05262
全上古三代秦漢三國六朝文七百四十六卷　(清)嚴可均輯　清光緒二十年(1894)王氏刻本　四十五冊　存三百四十一卷(全上古三代文六至十六,全秦文一卷,全漢文六十三卷,全後漢文一至六十二、八十一至一百六,全三國文七十五卷,全晉文一至一百三)

320000－1606－0004016　P05263
康輶紀行十六卷　(清)姚瑩撰　清刻本　六冊

320000－1606－0004017　P05264
重鐫官板地理天機會元正篇體用括要三十五卷　（唐）卜則巍著　（明）顧乃德集　（明）徐之鏌重編刪補　清刻本　十六冊

320000－1606－0004018　P05265
陳書三十六卷　（唐）姚思廉撰　清刻本　一冊　存十一卷（十八至二十八）

320000－1606－0004019　P05266
未軒公文集十二卷附錄一卷　（明）黃仲昭著　明嘉靖三十四年（1555）刻本　八冊

320000－1606－0004020　P05267
毛詩訂詁八卷附錄二卷　（清）顧棟高著　清光緒刻本　八冊

320000－1606－0004021　P05268
魏季子文鈔一卷　（清）魏禮撰　清刻本　一冊

320000－1606－0004022　P05269
彭躬菴文鈔六卷　（清）彭士望著　清刻本　三冊

320000－1606－0004023　P05270
魏伯子文鈔一卷　（清）魏際瑞撰　清刻本　一冊

320000－1606－0004024　P05271
邱邦士文鈔二卷　（清）邱維屏著　清刻本　一冊

320000－1606－0004025　P05272
墨池編二十卷　（宋）朱長文纂次　清雍正十一年（1733）就閒堂刻本　十六冊

320000－1606－0004026　P05273
古夫于亭雜錄六卷　（清）王士禛撰　清刻本　二冊　存五卷（一至五）

320000－1606－0004027　P05274
葬書五種　（清）□□輯　清咸豐四年（1854）刻本　五冊

320000－1606－0004028　P05275
西說醫範提綱釋義三卷　（日本）榛齋宇田川譯述　清凮雲堂刻本　三冊

320000－1606－0004029　P05276
道統大成十卷　（清）汪敵濩輯　清光緒二十六年（1900）刻本　十冊

320000－1606－0004030　P05277
國朝文錄續編六十七卷惕園初藁文二卷　（清）李祖陶輯　清刻本　三十三冊

320000－1606－0004031　P05278
新雕皇朝類苑七十八卷　（宋）江少虞撰　清宣統三年（1911）武進董氏刻本　三十六冊

320000－1606－0004032　P05279
地理正義鉛彈子砂水要訣六卷　（清）張鳳藻撰　清珊城經國堂刻本　六冊

320000－1606－0004033　P05280
范忠宣公集二十卷奏議二卷遺文一卷附錄一卷補編一卷　（宋）范純仁撰　清康熙四十六年（1707）歲寒堂刻本　六冊

320000－1606－0004034　P05281
周易詮疑八卷　（清）夏應銓著　清道光十年（1830）桂香書屋刻本　十六冊

320000－1606－0004035　P05282
讀書鏡二卷　（明）陳繼儒撰　清光緒六年（1880）泰州宮氏春雨草堂刻本　四冊

320000－1606－0004036　P05283
林蕙堂文集六卷　（清）吳綺著　清康熙四十九年（1710）其椐堂刻本　六冊

320000－1606－0004037　P05284
山曉閣選明文全集二十四卷　（清）孫琮評　清康熙十六年（1677）刻本　一冊　存二卷（一至二）

320000－1606－0004038　P05285
集驗良方拔萃二卷續補一卷　題（清）恬素氏輯　清道光三十年（1850）刻本　四冊

320000－1606－0004039　P05286
幼科鐵鏡六卷　（清）夏鼎撰　清康熙三十四年（1695）學古山房刻本　四冊

320000－1606－0004040　P05287
始豐藁十四卷補遺一卷附錄一卷　（明）徐一

夔撰　清刻本　十四冊

320000－1606－0004041　P05288
窺豹軒詞翰法程八卷　(清)姜桀撰　清嘉慶刻本　十六冊

320000－1606－0004042　P05289
松陽講義十二卷鈔存二卷　(清)陸隴其著　(清)侯銓編　清同治十三年(1874)湖南省城書局刻本　六冊

320000－1606－0004043　P05290
尤西川先生擬學小記六卷　(明)尤時熙著　(清)李根編次　清刻本　六冊

320000－1606－0004044　P05292
金石三跋十卷　(清)武億撰　清嘉慶刻本　二冊

320000－1606－0004045　P05292－1
群經義證八卷　(清)武億撰　清嘉慶二年(1797)授堂刻本　一冊

320000－1606－0004046　P05292－2
授堂金石文字續跋十四卷　(清)武億撰　清嘉慶元年(1796)授堂刻本　三冊

320000－1606－0004047　P05292－3
授堂文鈔八卷　(清)武億撰　清嘉慶刻本　二冊

320000－1606－0004048　P05293
清河偶鈔四卷　(清)程際盛輯　清嘉慶刻本　四冊

320000－1606－0004049　P05294
竹書紀年統箋十二卷前編一卷雜述一卷　(南朝梁)沈約注　(清)徐文靖箋　清光緒三年(1877)刻本　四冊

320000－1606－0004050　P05295
醫宗說約六卷　(清)蔣示吉纂述　清刻本　八冊

320000－1606－0004051　P05296
世補齋醫書六種三十三卷　(清)陸懋修著　清光緒十年(1884)刻十二年(1886)山左書屋印本　八冊

320000－1606－0004052　P05297
女科切要八卷　(清)吳道源纂輯　清乾隆三十八年(1773)刻本　四冊

320000－1606－0004053　P05298
重刻天傭子全集十卷首一卷末一卷　(明)艾南英撰　清刻本　十冊

320000－1606－0004054　P05301
七巧書譜二卷　(清)嚴恒著　清鋤經齋刻本　五冊

320000－1606－0004055　P05302
三曆撮要一卷　(宋)□□撰　清刻本　二冊

320000－1606－0004056　P05303
欽定周官義疏四十八卷首一卷　(清)允祿等撰　清乾隆十九年(1754)刻本　二十二冊　缺三卷(七至九)

320000－1606－0004057　P05304
貓苑不分卷　(清)黃漢輯　清咸豐二年(1852)甕雲草堂刻本　二冊

320000－1606－0004058　P05305
論語後案二十卷　(清)黃式三學　清道光二十四年(1844)定海黃氏木活字印本　十四冊

320000－1606－0004059　P05306
唐詩英華二十四卷　(清)顧有孝編　清顧氏寧遠堂刻本　二十冊　存二十二卷(一至二十二)

320000－1606－0004060　P05307
尤太史西堂餘集十二種六十七卷　(清)尤侗著　清康熙三十三年(1694)刻本　三十一冊　缺一種三卷(宮閨小名錄一至三)

320000－1606－0004061　P05308
事物紀原十卷　(宋)高承撰　清光緒十四年(1888)惜陰書局刻本　八冊

320000－1606－0004062　P05309
姑溪居士文集五十卷後集二十卷　(宋)李之儀撰　清刻本　十六冊

320000－1606－0004063　P05310
濬縣金石錄二卷　(清)熊象階纂　清刻本

一册

320000－1606－0004064　P05311

樂律表微八卷　（清）胡彦昇撰　清乾隆二十七年（1762）耆學齋刻本　八册

320000－1606－0004065　P05312

重刻秫坡先生詩集四卷文集四卷首一卷末一卷　（明）黎貞撰　清光緒元年（1875）都會三賢居書屋刻本　八册　存九卷（重刻秫坡先生詩集四卷、文集四卷、首一卷）

320000－1606－0004066　P05314

復盦類稿八卷續稿四卷外稿二卷公牘四卷䰞字齋詩畧四卷詩續一卷　曹允源撰　清光緒三十年（1904）刻本　六册

320000－1606－0004067　P05316

古微書三十六卷　（明）孫瑴輯　清嘉慶十七年（1812）禹航陳世望對山問月樓刻本　十二册

320000－1606－0004068　P05319

增訂漢魏叢書九十六種　（清）王謨輯　清刻本　六十册　存四十四種二百七十八卷（易林四卷、易傳三卷、詩說一卷、韓詩外傳十卷、大戴禮記十三卷、春秋繁露十七卷、白虎通德論四卷、獨斷一卷、忠經一卷、小爾雅一卷、方言十三卷、釋名四卷、越絕十五卷、吳越春秋六卷、西京雜記六卷、漢武帝内傳一卷、飛燕外傳一卷、雜事秘辛一卷、孔叢二卷、新語二卷、新書十卷、新序十卷、說苑二十卷、淮南鴻烈解二十一卷、鹽鐵論十二卷、法言十卷、申鑒五卷、論衡三十卷、潛夫論十卷、中論二卷、風俗通義十卷、人物志三卷、參同契一卷、陰符經一卷、風后握奇經一卷、素書一卷、心書一卷、神異經一卷、海内十洲記一卷、洞冥記四卷、三輔黄圖六卷、水經二卷、星經二卷、天禄閣外史八卷）

320000－1606－0004069　P05320

陳伯玉集文集三卷詩集二卷附録一卷　（唐）陳子昂撰　清道光十七年（1837）蜀州楊國楨刻本　八册

320000－1606－0004070　P05321

李長吉昌谷集句解定本四卷　（唐）李賀撰　清刻本　八册

320000－1606－0004071　P05322

查浦輯聞二卷　（清）查嗣瑮輯　清乾隆刻本　四册

320000－1606－0004072　P05323

雙池文集十卷　（清）汪紱撰　清道光十四年（1834）一經堂刻本　十册

320000－1606－0004073　P05324

奇晉齋叢書十六種　（清）陸烜編　清乾隆三十四年（1769）平湖陸氏奇晉齋刻本　十二册

320000－1606－0004074　P05325

太白山人槲葉集五卷附南遊草一卷補遺一卷附刊一卷　（清）李柏撰　清宣統三年（1911）刻本　十册

320000－1606－0004075　P05326

鑑要四卷首一卷補遺一卷　（清）李玉瓚輯　清嘉慶七年（1802）雙樓氏刻本　四册

320000－1606－0004076　P05327

通紀彙編九卷　（清）楊本源輯　清康熙刻本　十册

320000－1606－0004077　P05328

鼓山志十四卷首一卷　（清）黄任輯　清乾隆刻本　十四册

320000－1606－0004078　P05329

養晦堂文集十卷詩集二卷　（清）劉蓉撰　清光緒三年（1877）思賢講舍刻本　六册

320000－1606－0004079　P05330

此木軒雜著八卷　（清）焦袁熹撰　清嘉慶九年（1804）此木軒刻本　八册

320000－1606－0004080　P05331

傷寒論直解六卷傷寒附餘一卷　（清）張錫駒撰　清康熙五十一年（1712）刻本　八册

320000－1606－0004081　P05332

黄帝内經素問注證發微九卷　（明）馬蒔注證　清嘉慶十年（1805）古歙慎餘堂鮑氏刻本

十八册

320000－1606－0004082　P05333
黄帝内經靈樞注證發微九卷補遺一卷　（明）馬蒔注證　清光緒五年（1879）太醫院刻本　十四册

320000－1606－0004083　P05334
遜志堂雜鈔十卷　（清）吴翌鳳撰　清光緒十三年（1887）吴縣朱氏槐廬刻本　六册

320000－1606－0004084　P05335
杭州旅行記一卷　（清）顧誦坤撰　清宣統抄本　四册

320000－1606－0004085　P05337
傷寒瑣言二卷傷寒舌辨二卷　（明）陶華撰　清刻本　六册

320000－1606－0004086　P05338
悟道破格集五種　（清）劉一明撰　清嘉慶二十三年（1818）刻本　十四册

320000－1606－0004087　P05339
小坡識小録四卷　（清）馬騰蛟撰　清同治十三年（1874）敦倫堂刻本　四册

320000－1606－0004088　P05340
藥義明辨十八卷　（清）蘇廷琬撰　清乾隆五十八年（1793）敦善堂刻本　四册

320000－1606－0004089　P05341
金國南遷總略一卷　（金）張師顔撰　清抄本　二册

320000－1606－0004090　P05343
六一題跋十一卷放翁題跋六卷姑溪題跋二卷　（宋）歐陽修撰　（明）毛晉訂　明崇禎虞山毛氏汲古閣刻本　十册

320000－1606－0004091　P05344
垂楊館集十一卷　（明）郭孔建撰　**經傳正誤一卷**　（明）郭孔太輯　清光緒七年（1881）郭子仁刻本　六册

320000－1606－0004092　P05345
中華古今注三卷　（五代）馬縞撰　明末刻本　一册

320000－1606－0004093　P05346
明胡端敏公奏議十卷附録一卷　（明）胡世寧撰　清光緒十九年（1893）浙江書局刻本　十册

320000－1606－0004094　P05347
廣近思録十四卷　（清）張伯行輯　清光緒二十年（1894）刻本　六册

320000－1606－0004095　P05348
晉文歸八卷　（明）鍾惺輯評　明末古香齋刻本　十二册

320000－1606－0004096　P05349
周松靄先生遺書八種　（清）周春撰　清嘉慶刻本　二十册

320000－1606－0004097　P05350
歸顧朱三先生年譜合刻五卷附觀復堂稾一卷　（明）朱集璜撰　（清）金吴瀾輯　清光緒六年（1880）嘉興金吴瀾刻本　六册

320000－1606－0004098　P05351
今文偶見四十八卷　（清）徐斐然輯　清嘉慶四年（1799）恒勤堂刻本　二十四册

320000－1606－0004099　P05352
漢西域圖考七卷首一卷　（清）李光廷撰　清同治九年（1870）刻本　四册

320000－1606－0004100　P05353
石經考文提要十三卷　（清）彭元瑞撰　清嘉慶四年（1799）刻本　四册

320000－1606－0004101　P05354
朗軒吟一卷　（清）鍾師魯撰　清抄本　二册

320000－1606－0004102　P05355
聚學軒叢書　劉世珩輯　清光緒貴池劉氏刻本　一百册

320000－1606－0004103　P05357
伊蒿室文集六卷　（清）王效成撰　清咸豐五年（1855）望三益齋刻本　六册

320000－1606－0004104　P05359
儒林外史五十六回　（清）吴敬梓撰　清同治八年（1869）羣玉齋木活字印本　十四册

320000－1606－0004105　P05360
匡林二卷　(清)毛先舒撰　清康熙刻本　四册

320000－1606－0004106　P05361
吴越所見書畫録六卷　(清)陸時化撰　清光緒五年(1879)懷煙閣刻本　二十四册

320000－1606－0004107　P05363
明賢尺牘四卷　(清)王元勳　(清)程化騄輯　清光緒二十四年(1898)許氏榆園木活字印本　四册

320000－1606－0004108　P05364
占候紀聞不分卷　(清)□□輯　清抄本　四册

320000－1606－0004109　P05365
莆陽黄御史集二卷别録一卷附録一卷　(唐)黄滔撰　清光緒十年(1884)福山王氏天壤閣刻本　六册

320000－1606－0004110　P05366
春秋十二種　(清)納蘭成德編　清康熙十九年(1680)通志堂刻本　七十二册

320000－1606－0004111　P05367
李文恭公文集十六卷　(清)李星沅撰　清同治四年(1865)芋香山館刻本　八册

320000－1606－0004112　P05368
急就篇四卷　(唐)顔師古注　清抄本　四册

320000－1606－0004113　P05369
蜃園文集八卷詩四卷首一卷　(清)李天植撰　清道光十六年(1836)盛氏拜石山房刻本　十二册

320000－1606－0004114　P05370
湛然居士文集十四卷　(元)耶律楚材撰　清光緒二十一年(1895)漸西村舍刻本　八册

320000－1606－0004115　P05371
何大復先生集三十八卷附録一卷　(明)何景明撰　清乾隆十五年(1750)賜策堂刻本　二十四册

320000－1606－0004116　P05372
南嶽總勝集三卷　(宋)陳田夫撰　清光緒三十二年(1906)長沙葉氏刻本　六册

320000－1606－0004117　P05373
尚書地理今釋一卷　(清)蔣廷錫撰　清抄本　二册

320000－1606－0004118　P05376
尚書亼注音疏十二卷末一卷外編一卷　(清)江聲撰　清乾隆五十八年(1793)近市居刻本　三十册

320000－1606－0004119　P05377
沈下賢文集十二卷　(唐)沈亞之撰　清光緒三十四年(1908)湘潭葉氏刻本　四册

320000－1606－0004120　P05378
儀禮經注疏正譌十七卷　(清)金曰追撰　清咸豐四年(1854)宜稼堂刻本　二册

320000－1606－0004121　P05379
凌霄譜一卷　(清)□□撰　清抄本　一册

320000－1606－0004122　P05382
香雪小舍文鈔二卷　(清)李英撰　清抄本　四册

320000－1606－0004123　P05383
論語話解十卷　(清)陳濬撰　清光緒五年(1879)廣仁堂刻本　六册

320000－1606－0004124　P05384
古夫于亭雜録六卷　(清)王士禛撰　清康熙刻本　四册

320000－1606－0004125　P05385
治臺必告録八卷　(清)丁日健輯　清同治六年(1867)知足知止園刻本　二十四册

320000－1606－0004126　P05386
正學編八卷　(清)潘世恩輯　清道光三年(1823)刻本　八册

320000－1606－0004127　P05387
北墅閒鈔四卷　(清)婁謙撰　清道光十年(1830)南昌婁氏刻本　八册

320000－1606－0004128　P05388

先撥志始二卷　（明）文秉撰　清同治二年(1863)當塗夏氏南昌刻本　六冊

320000－1606－0004129　P05389
古今錢略三十二卷首一卷末一卷　（清）倪模撰　清光緒五年(1879)望江倪氏兩彊勉齋刻本　十六冊

320000－1606－0004130　P05390
忠肅集二十卷　（宋）劉摯撰　清光緒五年(1879)刻本　十冊

320000－1606－0004131　P05395
梧溪集七卷補遺一卷困學齋雜錄一卷　（元）王逢撰　清同治十三年(1874)思補樓木活字印本　三冊

320000－1606－0004132　P05396
明況太守龍岡公治蘇政績全集十六卷首一卷補遺一卷　（明）況鍾撰　清道光二十九年(1849)蘇州府照磨廳刻本　八冊

320000－1606－0004133　P05397
蜀輶日記四卷　（清）陶澍撰　清抄本　二冊

320000－1606－0004134　P05398
鈍硯卮言不分卷　（清）錢綺撰　清道光二十八年(1848)刻本　三冊

320000－1606－0004135　P05399
海外新書辯道一卷辯名四卷　（日本）物茂卿撰　（清）錢泳輯　清道光十六年(1836)刻本　五冊

320000－1606－0004136　P05401
費氏古易訂文十二卷　王樹枏撰　清光緒十七年(1891)文莫室刻本　四冊

320000－1606－0004137　P05402
蘭亭考七卷　（宋）桑世昌撰　清光緒刻本　五冊

320000－1606－0004138　P05403
禮記訓纂四十九卷　（清）朱彬輯　清咸豐元年(1851)宜祿堂刻本　十冊

320000－1606－0004139　P05404
周易爻徵廣義六卷首一卷末一卷　（清）閻汝弼輯　清光緒元年(1875)刻本　八冊

320000－1606－0004140　P05406
杏溪傅氏禹貢集解二卷　（宋）傅寅撰　清康熙十九年(1680)通志堂刻本　六冊

320000－1606－0004141　P05407
產孕集二卷　（清）張曜孫撰　清道光二十六年(1846)刻本　二冊

320000－1606－0004142　P05413
硯小史四卷　（清）朱棟撰　清嘉慶五年(1800)樓外樓刻本　四冊

320000－1606－0004143　P05414
蜃中樓傳奇二卷　（清）李漁編　清刻本　六冊

320000－1606－0004144　P05416
松泉文集十六卷　（清）汪由敦撰　清刻本　八冊

320000－1606－0004145　P05418
司馬溫公稽古錄二十卷　（宋）司馬光撰　清同治十一年(1872)湖北崇文書局刻本　四冊

320000－1606－0004146　P05419
古韻溯原八卷　（清）安念祖　（清）華湛恩輯　清道光十九年(1839)親仁堂刻本　八冊

320000－1606－0004147　P05420
論語集注補正述疏十卷首一卷　（宋）朱熹集注　簡朝亮述疏　清宣統讀書堂刻本　十六冊

320000－1606－0004148　P05421
雲外禪師語錄八卷　（清）釋宏忞等輯　清康熙十一年(1672)刻本　二冊

320000－1606－0004149　P05422
三才發秘九卷　（清）陳雯著　清刻本　二冊　存三卷(地部一至三)

320000－1606－0004150　P05423
曬書堂文集十二卷詩鈔二卷外集二卷別集一卷閨中文存一卷筆錄六卷筆記二卷時文一卷試帖一卷詩餘一卷和鳴集一卷　（清）郝懿行撰　清光緒十年(1884)東路廳署刻本　十

六册

320000－1606－0004151　P05425

黄帝龍首經二卷　(清)孫星衍校　清末抄本　一册

320000－1606－0004152　P05427

新刻增定邵康節先生梅花觀梅拆字數全集五卷　(宋)邵雍撰　清光緒十二年(1886)掃葉山房刻本　五册

320000－1606－0004153　P05428

地理錄要四卷　(清)蔣平階著　清道光二十一年(1841)綠蔭堂刻本　四册

320000－1606－0004154　P05429

三白寶海三卷　(元)釋幕講撰　清乾隆五十五年(1790)姑蘇顧氏樂眞堂刻本　三册

320000－1606－0004155　P05431

地理體用合編四卷　(清)林士恭　(清)吳頤慶著　清刻本　四册

320000－1606－0004156　P05432

堪輿洩秘六卷　(清)熊起磻編　清刻本　四册

320000－1606－0004157　P05433

痘科回生集三卷　(清)宋麟祥撰　清乾隆古吳致和堂刻本　四册

320000－1606－0004158　P05434

丹溪朱氏脈因證治二卷　(元)朱震亨撰　清光緒掃葉山房刻本　四册

320000－1606－0004159　P05435

楊會地理元文四卷　(清)端木國瑚注　清道光五年(1825)刻本　四册

320000－1606－0004160　P05436

楊會地理元文四卷　(清)端木國瑚注　清刻本　四册

320000－1606－0004161　P05437

陳莘田醫案三卷　(清)陳莘田撰　清光緒二十九年(1903)抄本　六册

320000－1606－0004162　P05438

花甲閒談十六卷　(清)張維屏撰　清道光十九年(1839)刻本　四册

320000－1606－0004163　P05439

荀子二十卷校勘補遺一卷　(唐)楊倞注　清乾隆五十一年(1786)嘉善謝氏安雅堂刻本　十六册

320000－1606－0004164　P05440

重訂增補陶朱公致富奇書四卷　(明)陳繼儒輯　清乾隆四十九年(1784)蔚文堂刻本　二册

320000－1606－0004165　P05441

讀書作文譜十二卷　(清)唐彪撰　清康熙刻本　三册

320000－1606－0004166　P05443

傷寒方法二卷　(清)王子接注　清乾隆二十五年(1760)吳門樂眞堂刻本　二册

320000－1606－0004167　P05444

欽定宗室王公功績表傳十二卷首一卷　(清)國史館編　清抄本　五册

320000－1606－0004168　P05445

嚴陵張九儀增釋地理琢玉斧巒頭歌括不分卷　(明)徐之鏌撰　(清)張鳳藻增釋　清道光八年(1828)小酉山房刻本　四册

320000－1606－0004169　P05446

唐摭言十五卷　(五代)王定保撰　清乾隆二十一年(1756)德州盧氏雅雨堂刻本　六册

320000－1606－0004170　P05447

小酉腴山館文鈔七卷集外文三卷　(清)吳大廷撰　清同治三年(1864)刻本　六册

320000－1606－0004171　P05448

搜神記二十卷　(晉)干寶撰　清嘉慶十一年(1806)琴川張氏照曠閣刻本　四册

320000－1606－0004172　P05449

爾雅翼三十二卷　(宋)羅願撰　清光緒十年(1884)刻本　十六册

320000－1606－0004173　P05450

地理三會集三卷　(明)張亘著　(清)汪應恭

較正　清抄本　三册

320000－1606－0004174　P05452
地學眞傳六卷　(清)查有新輯　清嘉慶九年(1804)懷日堂刻本　二册

320000－1606－0004175　P05453
地理正傳八種　(清)張九錫輯　清乾隆三十九年(1774)博古堂刻本　三册

320000－1606－0004176　P05454
新編秘傳堪輿類纂人天共寶十二卷　(明)黄慎編次　明崇禎六年(1633)刻本　十二册

320000－1606－0004177　P05456
楊忠愍公集五卷首一卷末一卷　(明)楊繼盛撰　清同治十一年(1872)刻本　五册

320000－1606－0004178　P05457
舌苔圖鑑一卷　(清)曹鑛撰　清抄本　一册

320000－1606－0004179　P05458
玉函經脈訣一卷　(五代)杜光庭撰　清光緒二十五年(1899)抄本　一册

320000－1606－0004180　P05459
渚宫舊事五卷補遺一卷　(唐)余知古撰　清嘉慶十九年(1814)刻本　三册

320000－1606－0004181　P05461
姑蘇名賢小記二卷　(明)文震孟撰　清光緒八年(1882)長洲蔣氏心矩齋刻本　二册

320000－1606－0004182　P05462
形家五要補編四卷　(清)萬滔著　清刻本　二册　存二卷(三至四)

320000－1606－0004183　P05464
醫書八種　(清)徐大椿撰　清光緒四年(1878)掃葉山房刻本　十册

320000－1606－0004184　P05465
高士宗先生手授醫學眞傳一卷　(清)高世栻授　(清)王嘉嗣等述　清乾隆三十三年(1768)刻本　二册

320000－1606－0004185　P05466
痘疹集成四卷　(清)朱楚芬輯　清道光十七年(1837)破愚齋刻本　二册

320000－1606－0004186　P05467
麻疹集成二卷　(清)朱楚芬輯　清道光十七年(1837)破愚齋刻本　一册

320000－1606－0004187　P05468
酉陽雜俎二十卷續集十卷　(唐)段成式撰　(明)毛晉訂　明末虞山毛氏汲古閣刻本　十二册

320000－1606－0004188　P05469
鄂宰四稾四種　(清)王筠撰　清咸豐二年(1852)鄉寧賀蓉刻本　二册

320000－1606－0004189　P05471
地理巒頭理氣捷訣二卷　(秦)樗里子等撰　清光緒抄本　四册

320000－1606－0004190　P05472
晚雨樓文稿一卷　(清)陳爾烈撰　清抄本　六册

320000－1606－0004191　P05473
甘氏奇門一得二卷　(明)甘霖撰　明崇禎元年(1628)古吳上虞唐鯉耀文林閣刻本　二册

320000－1606－0004192　P05475
痘疹定論四卷　(清)朱純嘏編輯　清康熙五十二年(1713)朱氏家刻本　四册

320000－1606－0004193　P05476
宅譜不分卷　(清)林鍾之撰　清康熙五十七年(1718)刻本　二册

320000－1606－0004194　P05480
演禽總論一卷　(清)□□撰　清抄本　一册

320000－1606－0004195　P05481
地理簡能集十六卷　(清)宣元仁輯　清刻本　四册　存四卷(一至二、六至七)

320000－1606－0004196　P05483
宜略識字一卷　(清)林春溥撰　清光緒抄本　一册

320000－1606－0004197　P05486
六經圖考六種　(宋)楊甲撰　清康熙六十一

年(1722)潘宲鼎禮耕堂刻本　十二册

320000－1606－0004198　P05487
史通削繁四卷　(清)紀昀撰　(清)浦起龍注删　清道光十三年(1833)兩廣節署刻朱墨套印本　四册

320000－1606－0004199　P05488
醫林纂要探源十卷附録一卷　(清)汪紱輯　清光緒二十三年(1897)江蘇書局刻本　二十四册

320000－1606－0004200　P05489
地理龍穴扼要十卷　(清)廖聚垣輯　清道光二十九年(1849)雲聲堂刻本　十册

320000－1606－0004201　P05490
古今韻會舉要三十卷　(宋)黄公紹撰　(元)熊忠舉要　清光緒九年(1883)淮南書局刻本　十册

320000－1606－0004202　P05491
地理正傳八種　(清)張九錫輯　清乾隆三十九年(1774)博古堂刻本　十册

320000－1606－0004203　P05494
取此居文集二卷　(清)周正撰　清康熙刻本　四册

320000－1606－0004204　P05496
灊山守禦志二卷外編一卷　(清)孫振銓輯　清刻本　三册

320000－1606－0004205　P05499
山洋指迷原本四卷　(明)周景一著　(清)吴卿瞻注　清咸豐七年(1857)經綸堂刻本　四册

320000－1606－0004206　P05500
地理晰義四卷　(清)秦照藜著　(清)梁景庚訂　清刻本　二册

320000－1606－0004207　P05502
新刊經驗痘疹不求人方論一卷　(明)朱棟隆撰　清刻本　二册

320000－1606－0004208　P05505
鐵網珊瑚二十卷　(明)都穆撰　清乾隆二十三年(1758)刻本　三册　存十五卷(一至十五)

320000－1606－0004209　P05506
記事珠十卷　(清)張以謙撰　清刻本　十二册

320000－1606－0004210　P05507
重刻昨非菴日纂十二卷　(明)鄭瑄纂　清刻本　六册

320000－1606－0004211　P05511
還硯齋全集八種三十三卷　(清)趙新撰　清光緒八年(1882)刻本　三十一册　存三十二卷(一至三十二)

320000－1606－0004212　P05512
國朝駢體正宗評本十二卷　(清)曾燠選　(清)姚燮評　清光緒十年(1884)刻本　六册

320000－1606－0004213　P05513
地理指掌四卷首一卷續編四卷首一卷補遺一卷八宫圖訣八卷首一卷　(清)洪季子輯　清光緒二十三年(1897)文德堂刻本　十册

320000－1606－0004214　P05514
融經館叢書　(清)徐友蘭輯　清光緒十一年(1885)刻本　三十九册

320000－1606－0004215　P05515
類證普濟本事方十卷坊刻王氏本備録一卷　(宋)許叔微撰　(清)葉桂釋義　清刻本　十册

320000－1606－0004216　P05516
鍼灸聚英發揮四卷　(明)高武撰　明刻本　四册　存二卷(一至二)

320000－1606－0004217　P05517
古文詞略二十四卷　(清)梅曾亮輯　清同治六年(1867)刻本　五册

320000－1606－0004218　P05518
春秋左傳類對賦不分卷　(清)高士奇補注　清康熙刻本　四册

320000－1606－0004219　P05519
春秋公羊穀梁二傳附左氏傳十二卷　(清)姜

兆錫撰　清刻本　八冊

320000－1606－0004220　P05520
增補蘇批孟子二卷年譜一卷　（宋）蘇洵撰　（清）趙大浣增補　（日本）藤澤南岳校疏　清泊園書院刻本　四冊

320000－1606－0004221　P05521
易象鉤解四卷　（明）陳世元撰　清刻本　四冊

320000－1606－0004222　P05522
存研樓文集十六卷　（清）儲大文撰　清光緒元年(1875)靜遠堂刻本　九冊　存十一卷(一至二、八至十六)

320000－1606－0004223　P05523
鈍翁文錄十六卷　（清）汪琬撰　清光緒十三年(1887)鋤月種梅室木活字印本　六冊

320000－1606－0004224　P05525
三魚堂賸言十二卷　（清）陳濟撰　清刻本　四冊

320000－1606－0004225　P05526
寶繪錄二十卷　（明）張泰階評訂　清知不足齋刻本　十六冊

320000－1606－0004226　P05527
大學衍義輯要六卷大學衍義補輯要十二卷首一卷　（宋）眞德秀撰　（清）陳弘謀輯　清道光二十二年(1842)寶恕堂刻本　十三冊　存十六卷(大學衍義輯要六卷;大學衍義補輯要一至三、六至七、九至十二,首一卷)

320000－1606－0004227　P05528
女科輯要八卷胎產全書一卷　（清）周紀常纂輯　清道光三年(1823)刻本　八冊

320000－1606－0004228　P05530
溫熱暑疫全書四卷　（清）周揚俊輯　清乾隆十九年(1754)庸德堂刻本　六冊

320000－1606－0004229　P05531
吳醫彙講十一卷　（清）唐大烈輯　清乾隆五十七年(1792)刻本　十冊

320000－1606－0004230　P05533
陰宅集要四卷陽宅集成八卷　（清）姚廷鑾輯　清乾隆善成堂刻本　十二冊

320000－1606－0004231　P05536
地理小補三卷續編一卷附錄近日沿習三元偽法一卷　（清）劉杰著　清光緒九年(1883)刻本　四冊

320000－1606－0004232　P05537
地學二卷　（清）沈鎬撰　清康熙五十二年(1713)刻本　二冊

320000－1606－0004233　P05538
玉芝堂談薈三十六卷首一卷　（明）徐應秋撰　清光緒元年(1875)蒨園刻本　二十七冊　存三十一卷(一至二十二、二十九至三十六,首一卷)

320000－1606－0004234　P05541
理氣三訣四卷　（清）葉泰著　（清）周敏求等參　（清）黄堦等訂　清刻本　四冊

320000－1606－0004235　P05544
潮州耆舊集三十七卷　（清）馮奉初輯　清道光二十九年(1849)李氏刻本　十八冊

320000－1606－0004236　P05546
哀生閣初稿四卷續稿三卷　（清）王大經撰　清光緒十一年(1885)刻本　六冊

320000－1606－0004237　P05547
性命圭旨四卷　（清）尹眞人授　清康熙刻本　四冊

320000－1606－0004238　P05548
楚漕江程十六卷首一卷末一卷　（清）董恂輯　清咸豐四年(1854)荻芬書屋刻本　十六冊

320000－1606－0004239　P05551
地理知新錄五卷　（清）張受祺著　清乾隆二十五年(1760)素宜堂刻本　二冊

320000－1606－0004240　P05552
地學仁孝淵源錄五卷郭景純葬經註一卷　（清）王達琮撰　清光緒十三年(1887)刻本　二冊

320000－1606－0004241　P05554

元經十卷 (晉)郭璞著 (明)江之棟輯 清乾隆五十五年(1790)姑蘇顧氏樂眞堂刻本 二冊

320000－1606－0004242 P05555
辯論三十篇一卷 (清)孟浩著 **雪心賦正解四卷** (唐)卜應天著 (清)孟浩注 清刻本 四冊

320000－1606－0004243 P05558
典故紀聞十八卷 (明)余繼登輯 清光緒刻本 十六冊

320000－1606－0004244 P05559
三科輯要三卷 (清)何夢瑤輯 清刻本 二冊

320000－1606－0004245 P05560
擬明代人物志十卷 (清)劉青芝撰 清乾隆十七年(1752)刻本 八冊 存八卷(一至二、五至十)

320000－1606－0004246 P05562
吴文節公遺集八十卷年譜一卷 (清)吴文鎔撰 (清)吴養原輯 清咸豐七年(1857)刻本 十七冊

320000－1606－0004247 P05563
雙溪集十二卷 (宋)王炎著 清康熙刻本 十六冊

320000－1606－0004248 P05564
四書集疏附正二十二卷論語緒言一卷 (清)張秉直著 (清)張南雅等編輯 清道光十五年(1835)傳經堂刻本 十六冊

320000－1606－0004249 P05566
春樹齋叢説不分卷 (清)溫葆深撰 清光緒二年(1876)金陵溫氏刻本 四冊

320000－1606－0004250 P05567
傷寒論三註十七卷 (清)方中行等註 (清)劉宏璧刪補 清乾隆八年(1743)刻本 十二冊

320000－1606－0004251 P05568
諧聲別部六卷 (清)王士禛原本 (清)喻端士編 清乾隆五十四年(1789)刻本 八冊

320000－1606－0004252 P05569
珊瑚舌雕談初筆八卷 (清)許起著 清光緒十一年(1885)弢園王氏木活字印本 八冊

320000－1606－0004253 P05573
南華經鈔四卷 (清)徐廷槐鈔閲 清乾隆刻本 八冊

320000－1606－0004254 P05574
瀛環志略十卷 (清)徐繼畬撰 清咸豐十一年(1861)阿陽對嵋閣刻本 十冊

320000－1606－0004255 P05576
順安詩草八卷 (清)張廷濟撰 清道光二十八年(1848)清儀閣刻本 六冊

320000－1606－0004256 P05579
秘傳水龍經五卷 (清)蔣平階輯 清刻本 六冊

320000－1606－0004257 P05581
埤雅二十卷 (宋)陸佃撰 清刻本 十冊

320000－1606－0004258 P05582
周忠介公燼餘集三卷 (明)周順昌撰 **忠介遺事一卷周吏部[順昌]年譜一卷** (明)殷獻臣編 清光緒二十九年(1903)太倉唐文治刻本 二冊

320000－1606－0004259 P05584
勉學堂針灸集成四卷 (清)廖潤鴻撰 清光緒五年(1879)刻本 四冊

320000－1606－0004260 P05585
盱江先生全集三十七卷外集三卷年譜一卷門人錄一卷 (宋)李覯撰 清雍正五年(1727)刻本 二十冊

320000－1606－0004261 P05586
傷寒指掌四卷 (清)吳貞撰 清刻本 八冊

320000－1606－0004262 P05587
青冢志十二卷首一卷 (清)胡鳳丹編輯 清光緒退補齋刻本 六冊

320000－1606－0004263 P05588

三世醫驗五卷　(明)陸嶽著　(明)陸桂輯　清道光十八年(1838)刻本　八冊

320000－1606－0004264　P05589
錢塘遺事十卷　(元)劉一清撰　清光緒掃葉山房刻本　四冊

320000－1606－0004265　P05590
茅山志十四卷　(清)笪蟾光編　清康熙八年(1669)朱茂如刻本　十六冊　存十二卷(一至十二)

320000－1606－0004266　P05591
春秋本義三十卷　(元)程端學撰　清刻本　二十四冊

320000－1606－0004267　P05593
泛槎圖一卷　(清)張寶繪并輯　清嘉慶刻本　一冊

320000－1606－0004268　P05594
孟氏八録八種　(清)孟超然撰　清嘉慶二十年(1815)陶舫書屋刻本　二十冊

320000－1606－0004269　P05595
天禄閣外史八卷　(漢)黄憲著　明嘉靖二年(1523)刻本　八冊

320000－1606－0004270　P05597
詩識名解十五卷　(清)姚炳撰　清嘉慶二十二年(1817)刻本　十冊　存十卷(一至十)

320000－1606－0004271　P05598
昭陵碑録三卷附録一卷補一卷　羅振玉撰　清光緒三十四年(1908)刻本　二冊

320000－1606－0004272　P05599
新化鄒氏斅蓺齋遺書四種十三卷　(清)鄒漢勳撰　清光緒四年(1878)刻本　十冊

320000－1606－0004273　P05602
五燈會元二十卷　(宋)釋慧明撰　清光緒三十二年(1906)貴池劉世珩刻玉海堂景宋叢書本　十六冊

320000－1606－0004274　P05603
看鑑偶評五卷　(清)尤侗撰　清康熙刻本　三冊

320000－1606－0004275　P05604
改亭集十六卷　(清)計東撰　清乾隆十三年(1748)刻本　十四冊

320000－1606－0004276　P05606
女科經綸八卷　(清)蕭壎撰　清康熙二十三年(1684)刻本　六冊

320000－1606－0004277　P05608
救偏瑣言十卷瑣言備用良方一卷　(清)費啟泰著　清刻本　十冊

320000－1606－0004278　P05609
回生集二卷續集二卷　(清)陳杰輯　清嘉慶十六年(1811)刻本　八冊

320000－1606－0004279　P05610
長江圖說十二卷首一卷　(清)馬徵麟撰　清同治九年(1870)金陵提署刻本　十二冊

320000－1606－0004280　P05611
雲湘畫譜一卷　(清)鄒駿撰　清咸豐八年(1858)刻本　二冊

320000－1606－0004281　P05612
宋四家詞選一卷　(清)周濟輯　清同治十二年(1873)滂喜齋刻本　一冊

320000－1606－0004282　P05613
郝文忠公陵川文集三十九卷首一卷附録一卷　(元)郝經撰　(清)王繆編訂　清刻本　八冊

320000－1606－0004283　P05615
景德鎮陶録十卷　(清)藍浦撰　清刻本　八冊

320000－1606－0004284　P05616
文苑英華辨證十卷　(宋)彭叔夏撰　清刻本　四冊

320000－1606－0004285　P05618
四洪年譜四卷　(清)洪汝奎輯　清宣統三年(1911)晦木齋刻本　五冊

320000－1606－0004286　P05619
隅園隱語四卷附刊蘭菊叢生館隱語二卷　(清)王錫元編纂　清宣統二年(1910)刻本

六冊

320000－1606－0004287　P05620
三十五舉一卷　(元)吾丘衍撰　**三十五舉校勘記一卷**　(清)姚覲元撰　**續三十五舉一卷**　(清)桂馥撰　**再續三十五舉一卷**　(清)姚晏撰　**安吳論書一卷**　(清)包世臣著　清刻本　一冊

320000－1606－0004288　P05621
南海四大家文存四種十二卷　(清)陳璞輯　清刻本　十六冊

320000－1606－0004289　P05623
蒼崖先生金石例十卷　(元)潘昂霄撰　清刻本　五冊

320000－1606－0004290　P05624
江南催耕課稻編不分卷　(清)李彥章輯　清道光刻本　三冊

320000－1606－0004291　P05625
醫經原旨六卷　(清)薛雪集注　清乾隆十九年(1754)簡香齋刻本　二冊

320000－1606－0004292　P05626
雪山集十六卷首一卷　(宋)王質撰　清刻武英殿聚珍版書本　十冊

320000－1606－0004293　P05627
三宋人集三種四十八卷　(清)方功惠編　清光緒七年(1881)刻本　十六冊

320000－1606－0004294　P05628
北溪詩集二十卷北溪文集二卷附集一卷　(清)王元文撰　清嘉慶十七年(1812)刻本　十冊

320000－1606－0004295　P05629
盡言集十三卷　(宋)劉安世撰　清刻本　六冊

320000－1606－0004296　P05630
天岳山館文鈔四十卷　(清)李元度撰　清光緒六年(1880)爽谿精舍刻本　十六冊

320000－1606－0004297　P05631
嶧桐文集十卷詩集十卷　(明)劉城撰　清光緒十九年(1893)貴池劉氏養雲山莊刻本　二十冊

320000－1606－0004298　P05632
附釋文互註禮部韻略五卷　(宋)□□撰　**大廣益會玉篇三十卷**　(南朝梁)顧野王撰　清康熙四十五年(1706)刻本　十一冊

320000－1606－0004299　P05634
歷代帝王年表不分卷　(清)齊召南編　清道光四年(1824)小琅嬛僊館刻本　六冊

320000－1606－0004300　P05635
吳會英才集二十四卷　(清)畢沅輯　清道光刻本　八冊

320000－1606－0004301　P05636
晉陵往哲遺書二十二種一百五十九卷　(清)劉繼增輯　清刻本　一百二十冊

320000－1606－0004302　P05637
荆駝逸史　(清)陳湖逸士輯　清刻本　六十三冊

320000－1606－0004303　P05638
文恭集四十卷　(宋)胡宿撰　清刻本　十六冊

320000－1606－0004304　P05639
太玄集注四卷　(漢)揚雄撰　(宋)司馬光注　(清)孫澍增補　清道光十一年(1831)鵝溪孫氏刻本　八冊

320000－1606－0004305　P05640
新刊纂圖元亨療馬集六卷圖像水黃牛經合併大全二卷附駝經一卷　(明)喻本元　(明)喻本亨撰　清刻本　十冊

320000－1606－0004306　P06365
欽定大清會典圖二百七十卷首一卷　(清)崑岡等修　清光緒石印本　七十四冊　存二百二十卷(一至二百二十)

320000－1606－0004307　P06366
欽定大清會典一百卷首一卷　(清)崑岡等纂修　清光緒二十五年(1899)石印本　三十六冊

320000－1606－0004308　P06367
前漢書一百卷　(漢)班固撰　(唐)顔師古注　清韓江書局刻本　十一册　存六十二卷(十五至二十七、三十三至七十二、九十二至一百)

320000－1606－0004309　P06368
三國志六十五卷　(晉)陳壽撰　(南朝宋)裴松之注　清同治六年(1867)刻本　二十册

320000－1606－0004310　P06369
蛾術編八十二卷　(清)王鳴盛撰　清道光二十一年(1841)世楷堂刻本　十册　存四十一卷(一至四十一)

320000－1606－0004311　P06370
經典釋文三十卷　(唐)陸德明撰　**經典釋文考證三十卷**　(清)盧文弨撰　清光緒十五年(1889)湘南書局刻本　十四册　存五十六卷(經典釋文一至二十八、經典釋文考證一至二十八)

320000－1606－0004312　P06371
北齊書五十卷　(唐)李百藥撰　清同治十三年(1874)金陵書局刻本　四册

320000－1606－0004313　P06372
增選加註能與集不分卷　(清)李稆香撰　清光緒六年(1880)浙紹墨潤堂刻本　二册

320000－1606－0004314　P06374
唐駢體文鈔十七卷　(清)陳均輯　清同治十二年(1873)刻本　四册

320000－1606－0004315　P06375
宋元舊本書經眼錄三卷附錄二卷　(清)莫友芝輯　清同治十二年(1873)刻本　一册

320000－1606－0004316　P06376
玉海附詩考一卷詩地理考六卷漢藝文志考證十卷通鑑地理通釋十四卷踐阼篇集解一卷漢制考四卷姓氏急就篇二卷急就篇補注四卷周書王會補注一卷小學紺珠十卷六經天文編二卷周易鄭康成注一卷通鑑答問五卷校補瑣記二卷深寧年譜一卷　(宋)王應麟撰　清光緒浙江書局刻本　二十册

320000－1606－0004317　P06377
曾文正公全集十四種一百六十四卷　(清)曾國藩撰　清光緒十四年(1888)鴻文書局鉛印本　四十册

320000－1606－0004318　P06378
精選小題清華集不分卷　(□)□□輯　清同治十一年(1872)刻本　四册

320000－1606－0004319　P06379
欽定四庫全書簡明目錄二十卷　(清)紀昀等纂　清光緒十年(1884)上海同文書局石印本　四册

320000－1606－0004320　P06380
搭截新編不分卷　(清)繆文溶輯　清刻本　四册

320000－1606－0004321　P06381
文津迎機合選不分卷　(清)龔文藻輯　清光緒九年(1883)京口文成堂刻本　四册

320000－1606－0004322　P06382
童子問路四卷　(清)鄭之琮撰　清光緒七年(1881)刻本　二册

320000－1606－0004323　P06383
味閒堂課鈔五卷三刻賦二卷　(清)陶然撰　清刻本　三册　存六卷(味閒堂課鈔一、三至五,三刻賦二卷)

320000－1606－0004324　P06384
塾課小題正鵠初集一卷二集一卷三集一卷四集一卷　(清)李元度輯　清咸豐三年(1853)刻本　八册

320000－1606－0004325　P06385
衡齋遺書九種　(清)汪萊撰　清刻本　一册

320000－1606－0004326　P06386
精選小題清華集不分卷　(□)□□輯　清同治十一年(1872)刻本　四册

320000－1606－0004327　P06387
塾課小題正鵠初集一卷二集一卷三集一卷四集一卷　(清)李元度輯　清光緒十二年(1886)刻本　八册

320000－1606－0004328　P06389
春秋世族譜一卷　(清)陳厚耀撰　清光緒十二年(1886)邵武徐氏刻本　一册

320000－1606－0004329　P06390
仁在堂時藝引階合編不分卷　(清)路德輯　清同治五年(1866)金閶亦西齋刻本　四册

320000－1606－0004330　P06392
匯學讀本二卷　(清)鄭之琮輯　清光緒四年(1878)鉛印本　二册

320000－1606－0004331　P06393
四體千字文一卷　(南朝梁)周興嗣撰　清咸豐七年(1857)松江文粹堂刻本　一册

320000－1606－0004332　P06395
註釋八銘塾鈔初集四卷二集四卷　(清)吳蘭陔編　清乾隆綠蔭堂刻本　六册

320000－1606－0004333　P06396
兩漢儒林印譜一卷　(清)夏孫穧製印　清光緒鈐印本　二册

320000－1606－0004334　P06397
增訂格物入門七卷首一卷　(美國)丁韙良撰　清光緒十五年(1889)同文館石印本　七册

320000－1606－0004335　P06398
增訂詳注廣日記故事一卷　(清)王相增注　清刻本　一册

320000－1606－0004336　P06399
南菁講舍文集六卷南菁書院文集一卷　(清)黃以周輯　清光緒十五年(1889)刻本　四册

320000－1606－0004337　P06400
元和姓纂十卷　(唐)林寶撰　清光緒六年(1880)金陵書局刻本　四册

320000－1606－0004338　P06401
春秋穀梁傳十二卷　(晉)范甯集解　清同治十一年(1872)濟南山東書局尚志堂刻本　四册

320000－1606－0004339　P06402
小題靈秀集一卷　題(清)愛吾主人撰　清同治十一年(1872)刻本　二册

320000－1606－0004340　P06403
竹虛小題鈔不分卷　(清)潘謙受撰　清光緒五年(1879)刻本　二册

320000－1606－0004341　P06404
湖南團練私議二卷　(清)左欽敏撰　清光緒二十五年(1899)刻本　一册

320000－1606－0004342　P06406
巴西國條約一卷　(清)□□編　清光緒七年(1881)刻本　一册

320000－1606－0004343　P06407
中法會議條款一卷　清光緒十一年(1885)刻本　一册

320000－1606－0004344　P06408
續定招工章程條約一卷　(清)□□撰　清同治五年(1866)刻本　一册

320000－1606－0004345　P06409
重慶新關章程一卷　(□)□□撰　清光緒刻本　一册

320000－1606－0004346　P06410
大瑞典國挪威國條約一卷　(□)□□撰　清光緒刻本　一册

320000－1606－0004347　P06411
長江通商統共章程一卷　(清)□□編　清刻本　一册

320000－1606－0004348　P06412
荷蘭國通商和約章程一卷　(□)□□輯　清末刻本　一册

320000－1606－0004349　P06413
大清國大英國會議條款一卷　(清)□□輯　清光緒刻本　一册

320000－1606－0004350　P06414
通商稅則善後條約一卷　(□)□□撰　清末刻本　一册

320000－1606－0004351　P06415
義國條約稅則章程一卷　(□)□□撰　清刻本　一册

320000－1606－0004352　P06416
比國通商條約稅則章程一卷　(清)□□編　清末刻本　一冊

320000－1606－0004353　P06417
奏準天津新議通商條款一卷　(清)□□輯　清光緒刻本　一冊

320000－1606－0004354　P06418
丹國通商條約稅則章程一卷　(清)□□輯　清同治二年(1863)刻本　一冊

320000－1606－0004355　P06419
布路斯國暨德意志通商稅務各國和約章程一卷　清光緒刻本　一冊

320000－1606－0004356　P06420
日斯巴尼亞國條款和約章程一卷　清光緒四年(1878)刻本　一冊

320000－1606－0004357　P06421
奧斯馬加國條款稅則章程一卷　(清)□□輯　清同治八年(1869)刻本　一冊

320000－1606－0004358　P06422
洋藥稅厘並徵新章一卷　(清)□□輯　清光緒十三年(1887)刻本　一冊

320000－1606－0004359　P06423
葡萄牙國條款一卷　(清)□□輯　清光緒刻本　一冊

320000－1606－0004360　P06424
各關征免洋商船鈔章程一卷　(清)□□輯　清光緒刻本　一冊

320000－1606－0004361　P06425
大清國大秘魯國條約章程一卷　(清)□□輯　清光緒刻本　一冊

320000－1606－0004362　P06426
增選加註能與集不分卷　(清)李秬香撰　清光緒七年(1881)宜興道生堂刻本　二冊

320000－1606－0004363　P06428
美國博物大會圖說一卷　(英國)傅蘭雅輯　清光緒十八年(1892)刻本　一冊

320000－1606－0004364　P06431
述學二卷　(清)汪中撰　清刻本　一冊

320000－1606－0004365　P06432
儀鄭堂殘稾二卷　(清)曹堉撰　**賜硯齋題畫偶錄一卷**　(清)戴熙著　清刻本　一冊

320000－1606－0004366　P06434
藍澗詩集六卷　(明)藍智撰　(明)程嗣祖編集　清刻本　三冊

320000－1606－0004367　P06435
藍山詩集六卷　(明)藍仁撰　清刻本　二冊　存五卷(二至六)

320000－1606－0004368　P06436
樊川詩集四卷別集一卷外集一卷補遺一卷　(唐)杜牧撰　(清)馮集梧注　清光緒十六年(1890)湘南書局刻本　五冊

320000－1606－0004369　P06437
懷白軒詩鈔八卷詞鈔二卷南北曲一卷文鈔二卷駢體一卷賦鈔一卷　(清)陸初望撰　清同治五年(1866)刻本　四冊

320000－1606－0004370　P06438
澄衷蒙學堂章程一卷　(□)□□撰　清光緒二十六年(1900)上海商務印書館鉛印本　一冊

320000－1606－0004371　P06439
澄衷蒙學堂創辦緣始一卷　(□)□□撰　清末鉛印本　一冊

320000－1606－0004372　P06441
通海墾牧公司集股章程啟一卷附圖　張謇等撰　清光緒鉛印本　一冊

320000－1606－0004373　P06442
聖諭廣訓一卷　(清)聖祖玄燁撰　清刻本　一冊

320000－1606－0004374　P06443
八家四六文注八卷　(清)吳鼒輯　**八家四六文補注一卷**　陳衍撰　清光緒十八年(1892)上海圖書集成印書局刻本　九冊

320000－1606－0004375　P06446

古文辭類纂七十四卷 (清)姚鼐纂集 清光緒三十三年(1907)上海商務印書館鉛印本 八册

320000－1606－0004376 P06447
壯悔堂文集十卷遺稿一卷 (清)侯方域撰 清宣統元年(1909)中國圖書公司鉛印本 三册

320000－1606－0004377 P06449
四書古人典林十二卷 (清)江永編 清光緒小西山房刻本 四册

320000－1606－0004378 P06450
四書典林三十卷 (清)江永編 清光緒小西山房刻本 十二册

320000－1606－0004379 P06451
清河書畫舫十二卷補遺十二卷 (明)張丑撰 清刻本 十二册

320000－1606－0004380 P06452
文章游戲初編八卷 (清)繆艮輯 清道光五年(1825)刻本 四册

320000－1606－0004381 P06453
青雲集分韻試帖詳註四卷 (清)楊逢春 (清)蕭應槐輯 清同治八年(1869)刻本 四册

320000－1606－0004382 P06454
詩韻集成十卷 (清)余照輯 清光緒三年(1877)刻本 四册

320000－1606－0004383 P06455
詩韻集成十卷 (清)余照輯 清同治五年(1866)刻本 四册

320000－1606－0004384 P06456
養雲山館試帖四卷 (清)許球撰 清同治六年(1867)刻本 四册

320000－1606－0004385 P06457
養雲山館試帖四卷 (清)許球撰 清光緒九年(1883)刻本 四册

320000－1606－0004386 P06460
後漢書九十卷 (南朝宋)范曄撰 (南朝梁)劉昭註補 (唐)李賢註 **續漢志三十卷** (晉)司馬彪撰 (南朝梁)劉昭註 清光緒上海點石齋石印本 六册

320000－1606－0004387 P06461
幣制問答一卷 賀璧理著 清光緒三十二年(1906)鉛印本 一册

320000－1606－0004388 P06465
漢書一百卷 (漢)班固撰 (唐)顔師古注 清光緒上海點石齋石印本 八册

320000－1606－0004389 P06466
時文小題約鈔二卷 (清)顧調元訂 清光緒九年(1883)宜稼堂刻本 六册

320000－1606－0004390 P06467
重訂事類賦三十卷 (宋)吳淑撰註 清道光十七年(1837)刻本 六册

320000－1606－0004391 P06473
三國志六十五卷 (晉)陳壽撰 (南朝宋)裴松之注 清光緒二十九年(1903)刻本 四册

320000－1606－0004392 P06474
普通學歌訣一卷 (清)張一鵬撰 清光緒二十六年(1900)刻本 一册

320000－1606－0004393 P06475
德國學校論略一卷 (德國)花之安撰 (清)李善蘭譯 清同治十二年(1873)刻本 一册

320000－1606－0004394 P06476
國朝右文掌錄一卷 題(清)自有餘齋輯 清光緒十四年(1888)刻本 一册

320000－1606－0004395 P06477
閨中書一卷 (□)□□撰 清光緒十七年(1891)刻本 一册

320000－1606－0004396 P06479
詩序辯説一卷 (宋)朱熹撰 清刻本 一册

320000－1606－0004397 P06480
菰中隨筆一卷 (清)顧炎武著 清光緒十年(1884)還讀樓刻本 一册

320000－1606－0004398 P06481

光緒甲午恩科會試錄一卷　(清)□□撰　清末刻本　一册

320000－1606－0004399　P06482
光緒乙巳年交涉要覽二篇五卷　(清)北洋洋務局纂輯　清光緒北洋官報局鉛印本　五册

320000－1606－0004400　P06483
關帝寶訓像注四卷關聖帝君覺世寶訓四卷　(□)□□撰　清刻本　一册　存一卷(關帝寶訓像注一)

320000－1606－0004401　P06484
闢誣編一卷　(□)□□撰　清光緒三十年(1904)上海土山灣慈母堂鉛印本　一册

320000－1606－0004402　P06488
經餘必讀八卷續編八卷三編四卷　(清)雷琳等輯　清聚英堂刻本　九册　存十八卷(經餘必讀八卷,續編一至二、五至八,三編四卷)

320000－1606－0004403　P06489
小學讀本史四卷　(□)□□撰　清光緒木活字印本　五册

320000－1606－0004404　P06490
滇考二卷　(清)馮甦撰　清道光元年(1821)臨海宋氏刻本　二册

320000－1606－0004405　P06493
翁注困學紀聞二十卷首一卷　(宋)王應麟撰　(清)翁元圻注　清光緒十五年(1889)刻本　六册

320000－1606－0004406　P06494
尺木堂綱鑑易知録九十二卷明鑑易知録十五卷　(清)吳乘權等輯　清光緒三十年(1904)刻本　十五册　存一百卷(尺木堂綱鑑易知録一至四十五、五十三至九十二,明鑑易知録十五卷)

320000－1606－0004407　P06500
大清法規大全一百五十九卷　(清)政學社輯　清光緒二十七年至宣統元年(1901－1909)政學社石印本　四十二册

320000－1606－0004408　P06507
秘藏大六壬大全善本十三卷　(清)郭載騋訂　清康熙四十三年(1704)懷慶楊衙刻本　十三册

320000－1606－0004409　P06508
國朝文才調集不分卷明文才調集不分卷　(清)許振禕輯　清光緒刻本　十五册

320000－1606－0004410　P06509
説文解字注三十二卷　(清)段玉裁注　清同治六年(1867)蘇州保息局刻本　十六册

320000－1606－0004411　P06511
奇門遁甲秘笈大全三十卷　(明)劉基校訂　清刻本　六册

320000－1606－0004412　P06520
鄭氏爻辰補六卷　(清)戴棠著　清道光二十九年(1849)刻本　三册

320000－1606－0004413　P06521
奉使紀勝一卷　(清)陳階平著　清道光九年(1829)刻本　一册

320000－1606－0004414　P06522
馬兵操法一卷　(清)北洋督練處編　清光緒北洋武備研究所石印本　一册

320000－1606－0004415　P06523
工兵操法一卷　(清)北洋督練處編纂　清光緒三十一年(1905)北洋武備研究所石印本　一册

320000－1606－0004416　P06524
野外勤務書二編　(清)北洋陸軍督練處編　清光緒三十一年(1905)北洋陸軍督練處鉛印本　一册

320000－1606－0004417　P06525
政教進化論不分卷　(日本)加藤弘之撰　清光緒二十八年(1902)鉛印本　一册

320000－1606－0004418　P06526
東三省輿地圖説不分卷　(清)曹廷杰撰　清光緒著易堂鉛印本　一册

320000－1606－0004419　P06527
印度隸英十二益説一卷　(美國)林樂知著

清光緒二十三年(1897)美華書館鉛印本　一册

320000－1606－0004420　P06528

培根新學格致論一卷　(清)李玉書譯　清光緒二十九年(1903)金陵基督書院鉛印本　一册

320000－1606－0004421　P06529

救華卮言二卷附録一卷　(英國)李提摩太撰　清光緒二十五年(1899)刻本　一册

320000－1606－0004422　P06533

忠言一卷　題(清)虚白齋主人撰　清光緒十八年(1892)鉛印本　一册

320000－1606－0004423　P06538

和文漢譯讀本八卷東語語法略説一卷日本語音韻文法變化大要一卷　(日本)坪内雄藏編　(日本)長尾槇太郎譯　清光緒三十一年(1905)上海商務印書館鉛印本　八册

320000－1606－0004424　P06541

宣講六種　(□)□□撰　清宣統元年(1909)上海德本堂石印本　十二册

320000－1606－0004425　P06542

南海先生五上書記一卷　康有為撰　清光緒上海大同譯書局石印本　一册

320000－1606－0004426　P06543

創世記五十章　(□)□□撰　清光緒十一年(1885)上海美華書館鉛印本　一册

320000－1606－0004427　P06544

詳注七家詩七卷　(清)王廷紹著　(清)張熙宇評選　清光緒十八年(1892)上海廣百宋齋刻本　四册

320000－1606－0004428　P06545

古文翼八卷　(清)唐德宜編　清光緒二十七年(1901)三元書局石印本　八册

320000－1606－0004429　P06550

澄衷蒙學堂字課圖説四卷附檢字一卷類字一卷刊誤一卷　(清)澄衷蒙學堂輯　清光緒二十七年(1901)澄衷蒙學堂石印本　八册

320000－1606－0004430　P06551

聖教理證一卷　(清)黄伯禄撰　清光緒十年(1884)上海慈母堂鉛印本　一册

320000－1606－0004431　P06552

聖教理證一卷　(清)黄伯禄撰　清光緒十年(1884)上海慈母堂鉛印本　一册

320000－1606－0004432　P06553

天主聖教約言一卷　(葡萄牙)蘇如望述　清同治十年(1871)金陵天主堂刻本　一册

320000－1606－0004433　P06554

聖母院函稿一卷　(□)緑裴士撰　清光緒十八年(1892)上海慈母堂鉛印本　二册

320000－1606－0004434　P06556

公車上書記一卷　康有為撰　清光緒二十一年(1895)刻本　一册

320000－1606－0004435　P06558

王臨川全集一百卷目録二卷　(宋)王安石撰　清光緒九年(1883)聽香館刻本　二十册

320000－1606－0004436　P06559

唐問苑先生暨張太夫人遺訓不分卷　(清)唐錫晉輯　清宣統三年(1911)石印本　一册

320000－1606－0004437　P06560

廣東武備學堂章程外論一卷　(□)□□撰　清末刻本　一册

320000－1606－0004438　P06561

天眞閣外集六卷　(清)孫原湘撰　清刻本　一册

320000－1606－0004439　P06563

数理問答一卷数理習題一卷　(德國)佘賓王撰　清光緒二十九年(1903)上海土山灣慈母堂印書館鉛印本　一册

320000－1606－0004440　P06568

資治新書十四卷首一卷　(清)李漁論次　清刻本　三册　存六卷(一至五、首一卷)

320000－1606－0004441　P06569

天主降生言行紀略八卷　(意大利)艾儒略述　清光緒二十九年(1903)慈母堂鉛印本

一册

320000－1606－0004442　P06575

通商原委演義二十五回　（□）□□撰　清末木活字印本　一册

320000－1606－0004443　P06576

律例便覽八卷　（清）蔡嵩年編　清光緒十四年（1888）江蘇書局刻本　四册

320000－1606－0004444　P06578

處分則例圖要六卷　（清）吏部纂修　清光緒十四年（1888）江蘇書局刻本　二册

320000－1606－0004445　P06579

哲學提綱名理學一卷　（清）李杕譯　清光緒三十四年（1908）上海土山灣印書館鉛印本　一册

320000－1606－0004446　P06582

御製勸善要言一卷　（清）世祖福臨撰　清順治十二年（1655）刻本　一册

320000－1606－0004447　P06583

戶部奏定交代半年彙奏案内不准再有行查勒追名目章程一卷戶部頒發交代達部册式一卷　（清）□□撰　清光緒十三年（1887）刻本　一册

320000　1606　0004448　P06588

蒙學格致教科書一卷　（清）錢承駒編　清光緒三十二年（1906）上海文明書局鉛印本　一册

320000－1606－0004449　P06589

客問條答一卷　（清）倪懷綸撰　清宣統二年（1910）鉛印本　一册

320000－1606－0004450　P06595

史記一百三十卷　（漢）司馬遷撰　（南朝宋）裴駰集解　清光緒二十九年（1903）石印本　六册

320000－1606－0004451　P06596

中西學門徑書七種　梁啟超輯　清光緒二十四年（1898）上海大同譯書局石印本　二册　缺一種一卷（西學書目表一）

320000－1606－0004452　P06597

書契便蒙不分卷　題（清）南窗侍者輯　清光緒三十二年（1906）石印本　二册

320000－1606－0004453　P06598

史鑑節要便讀六卷　（清）鮑東里編輯　清刻本　二册

320000－1606－0004454　P06600

教要序論一卷　（比利時）南懷仁撰　清光緒二十九年（1903）慈母堂鉛印本　一册

320000－1606－0004455　P06601

欽定四庫全書簡明目錄二十卷　（清）紀昀等纂　清光緒五年（1879）墨潤堂鉛印本　十二册

320000－1606－0004456　P06605

欽定四庫全書總目二百卷首一卷　（清）紀昀等纂　清同治七年（1868）廣東書局刻本　一百二十册

320000－1606－0004457　P06606

欽定四庫全書考證一百卷　（清）王太岳（清）曹錫寶纂輯　清道光十年（1830）刻武英殿聚珍版書本　九十六册

320000－1606－0004458　P06607

史記菁華錄六卷　（清）姚祖恩輯　清光緒十一年（1885）紅杏山房刻本　二册　存三卷（一至三）

320000－1606－0004459　P06608

皇朝經世文編一百二十卷　（清）賀長齡輯　清刻本　二册　存二卷（三十四至三十五）

320000－1606－0004460　P06609

女科要略一卷　（清）潘霨增輯　清光緒三年（1877）湖北藩署刻本　一册

320000－1606－0004461　P06610

改良小學新讀本高等科用四卷　梁文卿撰　清光緒二十九年（1903）致生號刻本　一册

320000－1606－0004462　P06612

公民必讀初編不分卷　孟昭常撰　清光緒三十三年（1907）中新書局鉛印本　一册

320000－1606－0004463　P06615
美國刑律不分卷　（清）修訂法律館輯　清末修訂法律館鉛印本　一册

320000－1606－0004464　P06617
四書章句集註二十六卷　（宋）朱熹集註　清刻本　一册　存五卷（論語一至五）

320000－1606－0004465　P06618
猶太史十七章　（日本）北村三郎著　趙必振譯　清光緒二十九年（1903）上海廣智書局鉛印本　一册

320000－1606－0004466　P06619
俄大彼得帝傳二編　（日本）山崎敬一郎撰　清光緒二十八年（1902）上海江左書林鉛印本　一册

320000－1606－0004467　P06623
埃及近世史不分卷　（日本）柴四郎撰　（清）章起謂譯　清光緒二十九年（1903）上海商務印書館鉛印本　一册

320000－1606－0004468　P06624
羅馬史二卷　（日本）占部百太郎撰　（清）陳時夏等譯　清光緒二十九年（1903）鉛印本　二册

320000－1606－0004469　P06625
俄羅斯史十六章　（俄國）伊羅瓦伊基著　清光緒二十九年（1903）上海商務印書館鉛印本　一册

320000－1606－0004470　P06626
日耳曼史二十章　（英國）沙安著　清光緒二十九年（1903）上海商務印書館鉛印本　一册

320000－1606－0004471　P06627
中國歷史教科書七卷　商務印書館編輯　清光緒三十三年（1907）商務印書館鉛印本　二册

320000－1606－0004472　P06632
欽定大清商律一卷　載振等編　清光緒鉛印本　一册

320000－1606－0004473　P06633
商會簡明章程一卷　（清）商部編　清光緒二十九年（1903）鉛印本　一册

320000－1606－0004474　P06635
奏定礦務章程一卷　（清）外務部編　清光緒三十年（1904）鉛印本　一册

320000－1606－0004475　P06636
約章分類輯要三十八卷首一卷　蔡乃煌等纂　清光緒二十六年（1900）湖南商務局刻本　四册　存四卷（一至三、首一卷）

320000－1606－0004476　P06638
各國憲法源泉三種合編　（德國）挨里捏克著　（日本）美濃部達吉原譯　（清）林萬里　（清）陳承澤重譯　清光緒三十四年（1908）鉛印本　一册

320000－1606－0004477　P06641
校正法蘭西刑法四編　（清）修訂法律館譯　清光緒三十三年（1907）鉛印本　一册

320000－1606－0004478　P06643
德國民法一卷　（清）修訂法律館輯　清光緒修訂法律館鉛印本　一册

320000－1606－0004479　P06644
德意志刑法三編　（清）修訂法律館輯　清光緒三十三年（1907）鉛印本　一册

320000－1606－0004480　P06647
還樂軒雜著五卷　（清）范鑄輯　清光緒鉛印本　一册

320000－1606－0004481　P06652
文字蒙求四卷　（清）王筠撰　清光緒十三年（1887）梁谿浦氏刻本　一册

320000－1606－0004482　P06670
蕩寇志七十卷末一卷　（清）俞萬春著　清同治十年（1871）刻本　三册

320000－1606－0004483　P06671
北齊書五十卷　（唐）李百藥撰　清金陵書局刻本　一册　存十六卷（二十一至三十六）

320000－1606－0004484　P06672
品花寶鑑六十回　（清）陳森撰　清刻本　二

十四册

320000－1606－0004485　P06673
燕山外史註釋八卷　(清)陳球撰　清光緒五年(1879)刻本　四册

320000－1606－0004486　P06675
點評春秋綱目左傳句解彙雋六卷　(清)韓菼重訂　清末民國上海錦章圖書局石印本　三册　存三卷(一至二、六)

320000－1606－0004487　P06678
陸侍御[隴其]年譜一卷　(清)吳光酉編次　清同治七年(1868)武林薇署刻本　一册

320000－1606－0004488　P06679
福建城守紀一卷　(清)華廷獻撰　清光緒石印本　一册

320000－1606－0004489　P06680
重刊麻姑山志十二卷首一卷　(清)黄家駒編訂　清同治五年(1866)洞天書屋刻本　五册　存九卷(四至十二)

320000－1606－0004490　P06682
周氏止庵詞辨二卷介存齋論詞雜著一卷　(清)周濟撰　(清)譚獻評　清光緒刻本　一册

320000－1606－0004491　P06683
鮮虞中山國事表疆域圖說一卷　王先謙撰　清光緒九年(1883)長沙王氏刻本　一册

320000－1606－0004492　P06684
傅青主男科二卷女科二卷附産後編補集一卷　(清)傅山撰　清宣統元年(1909)上海章福記石印本　二册

320000－1606－0004493　P06689
繪圖情天寶鑑二十四卷　龍子猶輯　清光緒二十年(1894)上海章福記書局石印本　六册

320000－1606－0004494　P06692
繪圖平金川四卷三十二回　(清)張小山撰　清光緒二十五年(1899)富文書局石印本　四册

320000－1606－0004495　P06693
繪圖玉如意四卷　(清)□□撰　清光緒三十年(1904)福記書局石印本　四册

320000－1606－0004496　P06694
繪圖越法戰書不分卷　(清)王子芹輯　清光緒十年(1884)上海王氏刻本　四册

320000－1606－0004497　P06695
朝市叢載八卷　(清)楊靜亭編　清光緒十三年(1887)刻本　八册

320000－1606－0004498　P06696
無稽讕語四卷　題(清)蘭皋居士撰　清刻本　四册

320000－1606－0004499　P06698
庚子紀念圖一卷　(清)烏目山僧編　清光緒二十七年(1901)鉛印本　一册

320000－1606－0004500　P06700
繪圖白蛇傳後集四卷　(清)錦熹氏撰　清光緒石印本　四册

320000－1606－0004501　P06702
繡像金台全傳十二卷六十回　(清)□□撰　清光緒二十一年(1895)上海中西書局石印本　六册

320000－1606－0004502　P06704
皇朝三通識要類編六十四卷　(清)黄雋輯　清光緒二十八年(1902)上海寶善齋石印本　十二册

320000－1606－0004503　P06705
湖山便覽十二卷　(清)翟灝等輯　清光緒元年(1875)槐陰堂王氏刻本　六册

320000－1606－0004504　P06708
北宋經撫年表二卷　吳廷燮撰　清宣統三年(1911)鉛印本　一册

320000－1606－0004505　P06716
岳武穆精忠傳六卷　(明)鄒元標編訂　清刻本　六册

320000－1606－0004506　P06718
新鐫玉茗堂批評按鑑參補南宋志傳十卷　題(明)研石山樵訂正　清刻本　十二册

320000－1606－0004507　P06725
滄浪小志二卷　（清）宋犖編　清光緒十年（1884）江蘇書局刻本　二册

320000－1606－0004508　P06728
四言便讀二卷　（清）□□撰　清刻本　二册

320000－1606－0004509　P06729
列子二卷　（戰國）列禦寇撰　清光緒元年（1875）湖北崇文書局刻本　一册

320000－1606－0004510　P06732
歷代帝王年表不分卷　（清）齊召南編　清道光四年（1824）小琅嬛僊館刻本　二册

320000－1606－0004511　P06733
繪圖後紅樓夢六卷三十二回　題（清）逍遥子撰　清宣統二年（1910）上海章福記石印本　三册

320000－1606－0004512　P06735
西湖遊覽志二十四卷志餘二十六卷　（明）田汝成撰　清光緒二十二年（1896）嘉惠堂刻本　十二册

320000－1606－0004513　P06736
紅樓圓夢四卷三十回　題（清）麟鶴山人撰　清光緒二十三年（1897）上海書局石印本　四册

320000－1606－0004514　P06737
海上花列傳六十四回　（清）韓邦慶撰　清光緒二十年（1894）石印本　八册　存三十二回（一至三十二）

320000－1606－0004515　P06741
圖像三寶太監下西洋通俗演義十六卷　（明）羅懋登撰　清光緒二十七年（1901）上海文宜書局石印本　十五册　存十五卷（一、三至十六）

320000－1606－0004516　P06742
大明正德皇遊江南傳七卷　（清）何夢梅撰　清道光十二年（1832）江左書林刻本　四册

320000－1606－0004517　P06743
新編繡像簇新小説麟兒報十六回　（□）□□撰　清刻本　四册

320000－1606－0004518　P06744
小知錄十二卷　（清）陸鳳藻輯　清同治十二年（1873）淮南書局刻本　四册

320000－1606－0004519　P06746
清波小志補一卷　（清）陳景鐘輯　清光緒二年（1876）葛氏刻本　一册

320000－1606－0004520　P06747
外史誌異八卷　（明）薛朝選著　清光緒二十六年（1900）德記書局石印本　二册

320000－1606－0004521　P06748
繡像芙蓉洞全傳十卷四十回　（清）陳遇乾撰　清道光十六年（1836）刻本　十册

320000－1606－0004522　P06749
御製圓明園詩二卷　（清）高宗弘曆撰　清光緒十三年（1887）天津石印書屋石印本　二册

320000－1606－0004523　P06750
崇禎五十宰相傳一卷　（清）曹溶撰　清順德龍氏刻本　一册

320000－1606－0004524　P06752
淞濱花影二卷　題（清）花影樓主人輯　清光緒十三年（1887）石印本　二册

320000－1606－0004525　P06753
第九才子書斬鬼傳四卷　題（清）樵雲山人編次　清同文堂刻本　四册

320000－1606－0004526　P06754
新刻鳳雙飛全傳五十二卷　（清）程蕙英撰　清光緒二十六年（1900）上海江南書局石印本　二十六册

320000－1606－0004527　P06764
京口掌故叢編初集六種　（清）陶駿保輯　清光緒三十四年（1908）丹徒陶氏刻本　二册

320000－1606－0004528　P06767
歷代循吏傳八卷　（清）朱軾　（清）蔡世遠訂　清雍正刻本　四册

320000－1606－0004529　P06773

周易内傳六卷發例一卷周易大象解一卷 (清)王夫之撰 清同治四年(1865)金陵節署刻本 八册

320000－1606－0004530 P06774
續廣博物志十六卷 (清)徐壽基撰 清光緒十二年(1886)刻本 二册

320000－1606－0004531 P06775
長生殿傳奇四卷 (清)洪昇撰 清光緒十六年(1890)上海文瑞樓石印本 二册

320000－1606－0004532 P06779
歷代名臣傳三十五卷續編五卷 (清)朱軾 (清)蔡世遠訂 清刻本 十八册

320000－1606－0004533 P06780
歷代名儒傳八卷 (清)朱軾 (清)蔡世遠輯 清雍正刻本 四册

320000－1606－0004534 P06781
繪圖四香緣三十二回 (清)朱鏡江撰 清光緒二十六年(1900)上海石印本 六册

320000－1606－0004535 P06783
新鐫楊家府世代忠勇演義志傳八卷 題(明)秦淮墨客校閲 清刻本 八册

320000－1606－0004536 P06786
選集漢印分韻二卷 (清)袁日省撰 (清)謝景卿重編 清嘉慶二年(1797)漱藝堂刻本 二册

320000－1606－0004537 P06787
續集漢印分韻二卷 (清)謝景卿纂 清嘉慶八年(1803)刻本 二册

320000－1606－0004538 P06793
[道光]琴川三志補記十卷續八卷 (清)黄廷鑑纂 清光緒二十四年(1898)木活字印本 四册

320000－1606－0004539 P06794
[嘉慶]重刊宜興縣舊志十卷首一卷末一卷 (清)阮升基等修 (清)寧楷纂 清光緒八年(1882)刻宜興荆溪舊志五種本 十册

320000－1606－0004540 P06795
[嘉慶]重刊宜興縣志四卷首一卷 (清)阮升基等修 (清)寧楷纂 清光緒八年(1882)刻宜興荆溪舊志五種本 二册

320000－1606－0004541 P06796
[嘉慶]重刊荆溪縣志四卷首一卷 (清)唐仲冕修 (清)寧楷纂 清光緒八年(1882)刻宜興荆溪舊志五種本 二册

320000－1606－0004542 P06798
[道光]重刊續纂宜荆縣志十卷首一卷 (清)顧名等修 清光緒八年(1882)刻本 四册

320000－1606－0004543 P06799
[光緒]宜興荆谿縣新志十卷首一卷末一卷 (清)施惠等修 (清)吴景牆等纂 清光緒八年(1882)刻宜興荆溪舊志五種本 四册 存六卷(一至五、首一卷)

320000－1606－0004544 P06800
[乾隆]震澤縣志三十八卷首一卷 (清)陳和志修 (清)倪師孟 (清)沈彤纂 清光緒十九年(1893)吴郡徐元圃刻本 八册

320000－1606－0004545 P06801
[咸豐]邳州志二十卷首一卷 (清)董用威 (清)馬軼群修 (清)魯一同纂 清咸豐元年(1851)刻光緒二十一年(1895)重印本 四册

320000－1606－0004546 P06802
[光緒]吴江縣續志四十卷首一卷 (清)金福曾修 (清)熊其英纂 清光緒五年(1879)刻本 八册

320000－1606－0004547 P06803
[同治]贛縣志五十四卷首一卷 (清)黄德溥纂修 清同治十一年(1872)刻本 十八册

320000－1606－0004548 P06804
[光緒]贛榆縣志十八卷 (清)王豫熙等修 張謇等纂 清光緒十四年(1888)刻本 三册 存十二卷(一至十二)

320000－1606－0004549 P06807
四大奇書第一種五十一卷 (清)毛宗崗評 清宏道堂刻本 十六册

320000－1606－0004550 P06812
[光緒]常昭合志稿四十八卷首一卷末一卷校勘

記一卷　(清)鄭鍾祥等修　(清)龐鴻文等纂　清光緒三十年(1904)木活字印本　十七册

320000－1606－0004551　P06813
[光緒]續纂句容縣志二十卷首一卷末一卷　(清)張紹棠修　(清)蕭穆纂　清光緒三十年(1904)刻本　二十册

320000－1606－0004552　P06815
[光緒]阜甯縣志二十四卷首一卷　(清)阮本焱等修　(清)殷自芳等纂　清光緒十二年(1886)刻本　十册

320000－1606－0004553　P06816
光緒丙子清河縣志二十六卷　(清)胡裕燕修　(清)吳昆田　(清)魯蕡纂　清光緒五年(1879)刻本　六册

320000－1606－0004554　P06817
[道光]重修儀徵縣志五十卷首一卷　(清)王檢心修　(清)劉文淇等纂　清光緒十六年(1890)刻本　九册

320000－1606－0004555　P06818
嘉慶海州直隸州志三十二卷　(清)唐仲冕等修　清嘉慶十六年(1811)刻本　十册

320000－1606－0004556　P06819
武夷山志二十四卷首一卷　(清)董天工編　清道光二十七年(1847)五夫尺木軒刻本　六册　存二十卷(一至十九、首一卷)

320000－1606－0004557　P06821
同治六年重濬三元溝始末二卷沙合新港開塞合編一卷　(清)郭柏蒼撰　清同治十一年(1872)刻本　一册

320000－1606－0004558　P06822
閩會水利故一卷　(清)郭柏蒼輯　清刻本　一册

320000－1606－0004559　P06823
武夷山志二十四卷首一卷　(清)董天工編　清道光二十七年(1847)五夫尺木軒刻本　八册

320000－1606－0004560　P06833
小腆紀傳六十五卷　(清)徐鼒撰　**小腆紀傳補遺一卷**　(清)徐承禮撰　清光緒十三年至十四年(1887－1888)金陵刻本　十一册　存五十一卷(一至五十一)

320000－1606－0004561　P06834
小腆紀年附攷二十卷　(清)徐鼒譔　清刻本　十一册　存十七卷(四至二十)

320000－1606－0004562　P06836
四史發伏十卷　(清)洪亮吉著　清光緒八年(1882)小石山房刻本　四册

320000－1606－0004563　P06838
蓉湖草堂存稿一卷　(清)陳滋撰　清光緒三年(1877)刻本　一册

320000－1606－0004564　P06839
蓉湖草堂存稿一卷　(清)陳滋撰　清光緒三年(1877)刻本　一册

320000－1606－0004565　P06840
蓉湖草堂存稿一卷　(清)陳滋撰　清光緒三年(1877)刻本　一册

320000－1606－0004566　P06841
陸氏傳家集四卷　(清)陸文衡著　清同治十一年(1872)刻本　四册

320000－1606－0004567　P06842
傳家寶二集八卷　(清)石成金撰　清刻本　六册　存六卷(一至六)

320000－1606－0004568　P06843
古今韻考四卷附記一卷　(清)李因篤撰　清光緒六年(1880)福山王氏天壤閣刻本　一册

320000－1606　0004569　P06844
說文聲讀表七卷　(清)苗夔撰　清福山王氏刻本　二册

320000－1606－0004570　P06845
說文逸字二卷　(清)鄭珍撰　**附錄一卷**　(清)鄭知同撰　清福山王氏刻本　一册

320000－1606－0004571　P06853
九靈山房集三十卷補編二卷遺稿目錄一卷　(元)戴良撰　清同治九年(1870)刻本　六册

320000－1606－0004572　P06854
九靈山房遺稿四卷首一卷末一卷　(元)戴良撰　清同治十二年(1873)刻本　二册

320000－1606－0004573　P06860
謙齋文録四卷年譜一卷　(明)徐溥撰　清光緒三十三年(1907)刻本　四册

320000－1606－0004574　P06862
道咸同光四朝詩史甲集六卷首一卷　孫雄輯　清宣統二年(1910)刻本　十册

320000－1606－0004575　P06863
白虎通義攷一卷目録一卷闕文一卷石鼓然疑一卷　(清)莊述祖撰　清刻本　一册

320000－1606－0004576　P06866
楚望閣詩集十卷編年目録一卷　程頌萬撰　清光緒二十七年(1901)長沙刻本　三册

320000－1606－0004577　P06868
湘社集四卷　(清)易順鼎　程頌萬編　清光緒十七年(1891)長沙刻本　二册

320000－1606－0004578　P06869
美人長壽盦詞集六卷　程頌萬撰　清光緒二十六年(1900)刻本　二册

320000－1606－0004579　P06872
無聲詩史七卷　(清)姜紹書撰　清宣統二年(1910)雲林閣石印本　六册

320000－1606－0004580　P06873
西學雕龍十卷　(清)張羅澄　(清)管斯駿輯　清光緒二十八年(1902)石印本　二册

320000－1606－0004581　P06874
袁文箋正十六卷補注一卷附録小傳一卷　(清)袁枚撰　(清)石韞玉箋　**增訂袁文箋正四卷**　(清)魏大縉箋　清光緒十四年(1888)上海蜚英館石印本　三册

320000－1606－0004582　P06877
古事比五十二卷　(清)方中德撰　清光緒石印本　五册　存四十卷(七至四十六)

320000－1606－0004583　P06886
説文古籀疏證六卷　(清)莊述祖撰　清光緒二十年(1894)刻本　四册

320000－1606－0004584　P06887
虚一齋集五卷　(清)莊培因撰　清光緒九年(1883)刻本　二册

320000－1606－0004585　P06888
詞林正韻三卷發凡一卷　(清)戈載輯　清光緒嘉興稻香館主人方氏刻本　二册

320000－1606－0004586　P06889
味經齋遺書　(清)莊存與撰　清光緒八年(1882)陽湖莊氏刻本　九册　存四種二十八卷(易七卷、書四卷、詩四卷、春秋十三卷)

320000－1606－0004587　P06893
仁山先生金文安公文集五卷香溪集十二卷　(宋)金履祥撰　清同治十三年(1874)刻本　四册

320000－1606－0004588　P06894
培遠堂手札節存三卷　(清)陳弘謀著　清同治三年(1864)刻本　二册

320000－1606－0004589　P06895
雪鴻吟館詩存一卷　(清)韓聞南撰　清光緒十四年(1888)金陵龍文齋刻本　一册

320000－1606－0004590　P06896
雪鴻吟館詞一卷　(清)韓聞南撰　清同治十三年(1874)杭州刻本　一册

320000－1606－0004591　P06897
耐俗軒詩鈔五卷　(清)申頲著　清光緒七年(1881)刻本　二册

320000－1606－0004592　P06898
稻香館粲香詞四卷外補遺一卷　(清)方受穀撰　清光緒十二年(1886)稻香館刻本　二册

320000－1606－0004593　P06899
天全詩鈔一卷　(□)何吟秋選　清刻本　一册

320000－1606－0004594　P06900
制詔集二十卷　(唐)常衮撰　清光緒九年(1883)沁泉山館刻本　四册

320000－1606－0004595　P06901
黄文獻公集十卷首一卷補遺一卷附録一卷　(元)黄溍撰　清光緒二年(1876)胡氏退補齋刻本　十二册

320000－1606－0004596　P06903
純白齋類稿二十卷首一卷附録二卷　(元)胡助撰　清同治十二年(1873)永康胡氏退補齋刻本　四册

320000－1606－0004597　P06904
海鹽張氏涉園叢刻十二種　張元濟輯　清宣統三年(1911)海鹽張氏上海商務印書館鉛印本　八册　存八種十五卷(入告編三卷、遺編一卷,退思軒詩集一卷,賦閑樓詩集一卷,貿谷詩選一卷,捫腹齋詩鈔四卷,詩餘二卷,藕村詞一卷,涉園題詠一卷)

320000－1606－0004598　P06905
象山先生全集三十六卷附一卷　(宋)陸九淵撰　清同治十年(1871)大儒家廟刻本　二册　存二卷(一、三十五)

320000－1606－0004599　P06907
梅村詩集箋注十八卷　(清)吴偉業撰　(清)吴翌鳳箋注　清嘉慶十九年(1814)滄浪吟榭刻本　十二册

320000－1606－0004600　P06908
張仲景傷寒論原文淺註六卷　(清)陳念祖集註　清光緒三年(1877)漁古山房刻本　六册

320000－1606－0004601　P06909
傷寒眞方歌括六卷　(清)陳念祖撰　清咸豐九年(1859)味根齋刻本　一册

320000－1606－0004602　P06911
鄭齋漢學文編六卷　孫雄撰　清光緒三十四年(1908)鉛印本　二册

320000－1606－0004603　P06912
唫秋閣詩草一卷　(清)繆寶娟著　清光緒鉛印本　一册

320000－1606－0004604　P06913
崇禎朝記事四卷　(明)李遜之撰　清光緒二十三年(1897)武進盛氏刻本　一册　存二卷(三至四)

320000－1606－0004605　P06914
景仰撮書一卷　(明)王達撰　**宜齋野乘一卷**　(宋)吴枋撰　**梁溪漫志十卷**　(宋)費袞撰　**萬柳溪邊舊話一卷**　(元)尤玘撰　**陽羨茗壺系一卷洞山岕茶系一卷**　(明)周高起撰　清光緒二十二年至二十三年(1896－1897)盛氏思惠齋刻常州先哲遺書本　一册

320000－1606－0004606　P06919
天方典禮擇要解二十卷後編一卷　(清)劉智撰　清刻本　六册

320000－1606－0004607　P06920
毛詩日箋六卷　(清)秦松齡撰　清宣統三年(1911)盛氏思惠齋刻本　一册

320000－1606－0004608　P06921
近思録十四卷附考訂朱子世家一卷　(清)江永集註　清同治八年(1869)刻本　四册　存七卷(一至七)

320000－1606－0004609　P06922
詩傳旁通十五卷　(元)梁益撰　清光緒二十三年(1897)武進盛氏思惠齋刻本　一册　存八卷(一至八)

320000－1606－0004610　P06924
三朝野紀七卷　(明)李遜之撰　清光緒武進盛氏思惠齋刻本　一册　存三卷(一至三)

320000－1606－0004611　P06926
五行大義五卷　(隋)蕭吉撰　清光緒二十三年(1897)武進盛氏思惠齋刻常州先哲遺書本　一册

320000－1606－0004612　P06927
戒菴老人漫筆八卷　(明)李詡撰　清光緒武進盛氏思惠齋刻本　二册

320000－1606－0004613　P06928
梁昭明太子文集五卷補遺一卷　(南朝梁)蕭統撰　**尤本文選考異一卷**　(宋)尤袤撰　**蕭茂挺文集一卷附録一卷**　(唐)蕭穎士撰　清

光緒二十二年至二十三年(1896－1897)武進盛氏刻本　一册

320000－1606－0004614　P06929

文恭集四十卷　(宋)胡宿撰　**春卿遺稿一卷續編一卷補遺一卷附一卷**　(宋)蔣堂撰　清光緒二十一年(1895)武進盛氏思惠齋刻常州先哲遺書本　四册

320000－1606－0004615　P06930

擒文堂集十五卷附録一卷　(宋)慕容彦逢撰　清光緒二十三年(1897)武進盛氏思惠齋刻本　二册

320000－1606－0004616　P06931

毘陵集十六卷補遺一卷附録一卷　(宋)張守撰　清光緒二十一年(1895)武進盛氏思惠齋刻本　二册

320000－1606－0004617　P06932

鴻慶居士文集四十二卷　(宋)孫覿撰　清光緒二十二年(1896)武進盛氏思惠齋刻常州先哲遺書本　四册

320000－1606－0004618　P06933

宋孫仲益内簡尺牘十卷　(宋)孫覿撰　(宋)李祖堯編注　清光緒二十二年(1896)武進盛氏思惠齋刻本　二册

320000－1606－0004619　P06934

丹陽集二十四卷附録一卷　(宋)葛勝仲撰　清光緒二十二年(1896)武進盛氏思惠齋刻本　三册

320000－1606－0004620　P06935

清閟閣全集十二卷　(元)倪瓚撰　清光緒二十一年(1895)武進盛氏思惠齋刻本　三册

320000－1606－0004621　P06936

滄螺集六卷補遺一卷附録一卷　(明)孫作撰　清光緒二十二年(1896)武進盛氏思惠齋刻本　一册

320000－1606－0004622　P06937

小辨齋偶存八卷附録一卷　(明)顧允成撰　清光緒二十二年(1896)武進盛氏思惠齋刻本　一册

320000－1606－0004623　P06938

從野堂存稿八卷補遺一卷年譜一卷附録一卷　(明)繆昌期撰　清光緒二十一年(1895)武進盛氏思惠齋刻本　三册

320000－1606－0004624　P06939

落落齋遺集十卷附録一卷　(明)李應昇撰　清光緒二十二年(1896)武進盛氏思惠齋刻本　三册

320000－1606－0004625　P06940

金忠潔公文集二卷　(明)金鉉撰　**堆山先生前集一卷**　(明)薛寀撰　清光緒二十三年(1897)武進盛氏思惠齋刻本　一册

320000－1606－0004626　P06941

韻語陽秋二十卷　(宋)葛立方撰　**存餘堂詩話一卷附録一卷**　(明)朱承爵撰　清光緒二十三年(1897)武進盛氏刻本　一册

320000－1606－0004627　P06942

罨溪外傳十八卷　(清)陳鼎撰　清光緒二十四年(1898)武進盛氏刻本　四册

320000－1606－0004628　P06943

邵青門全集三十卷　(清)邵長蘅撰　清光緒二十三年(1897)武進盛氏思惠齋刻本　四册

320000－1606－0004629　P06944

長安客話八卷　(明)蔣一葵撰　清宣統二年(1910)盛氏思惠齋刻本　二册

320000－1606－0004630　P06945

陳定生先生遺書三種　(清)陳貞慧撰　**遂初堂書目一卷**　(宋)尤袤撰　**江陰李氏得月樓書目摘録一卷**　(明)李鶚翀撰　清光緒二十一年(1895)武進盛氏思惠齋刻本　一册

320000－1606－0004631　P06946

學文堂文集十六卷詩集五卷詩餘三卷　(清)陳玉璂撰　清光緒二十三年(1897)武進盛氏思惠齋刻常州先哲遺書本　六册

320000－1606－0004632　P06947

定齋集二十卷　(宋)蔡戡撰　清光緒二十三

年(1897)武進盛氏思惠齋刻本　二册

320000－1606－0004633　P06948
唐荊川先生文集十八卷補遺一卷附錄一卷　(明)唐順之撰　清光緒二十一年(1895)武進盛氏思惠齋刻本　四册

320000－1606－0004634　P06949
鴻慶居士集補遺二十卷　(宋)孫覿撰　清光緒武進盛氏思惠齋刻常州先哲遺書本　二册

320000－1606－0004635　P06950
皇明名臣琬琰錄二十四卷後錄二十二卷　(明)徐紘輯　清光緒盛氏思惠齋刻本　五册

320000－1606－0004636　P06951
皇明名臣琬琰錄續八卷　(明)王道端編　**恩卹諸公志略二卷**　(明)孫慎行撰　**天山自敘年譜一卷**　(明)鄭鄤撰　清宣統二年(1910)武進盛宣懷刻本　一册

320000－1606－0004637　P06952
荆溪外紀二十五卷　(明)沈敕輯　清宣統三年(1911)盛氏思惠齋刻本　四册

320000－1606－0004638　P06953
像象管見四卷例略一卷題辭一卷繫辭傳二卷說卦傳一卷序卦傳一卷雜卦傳一卷　(明)錢一本撰　清光緒武進盛氏思惠齋刻常州先哲遺書本　二册

320000－1606－0004639　P06954
梁谿遺稾二卷補遺一卷附錄一卷　(宋)尤袤撰　**侍郎葛公歸愚集十卷補遺一卷**　(宋)葛立方撰　**信齋詞一卷**　(宋)葛郯撰　清光緒二十二年(1896)武進盛氏思惠齋刻本　一册

320000－1606－0004640　P06955
牆東類稾二十卷補遺一卷附校勘記一卷　(元)陸文圭撰　清光緒二十二年(1896)武進盛氏思惠齋刻本　三册

320000－1606－0004641　P06956
張水南文集十一卷　(明)張袞撰　清宣統二年(1910)武進盛氏思惠齋刻本　二册

320000－1606－0004642　P06957
雜諍一卷　(清)楊名寧撰　**玄晏齋困思鈔三卷**　(明)孫慎行撰　**韻石齋筆談二卷**　(清)姜紹書撰　清光緒三十四年至宣統三年(1908－1911)盛氏思惠齋刻常州先哲遺書本　一册

320000－1606－0004643　P06958
午風堂叢談八卷　(清)鄒炳泰撰　**飲淥軒隨筆二卷**　(清)伍宇澄撰　清宣統三年(1911)武進盛氏刻常州先哲遺書本　一册

320000－1606－0004644　P06959
灸硯瑣談三卷　(清)湯大奎撰　清宣統元年(1909)盛氏思惠齋刻本　一册

320000－1606－0004645　P06960
暨陽答問四卷　(清)蔣彤撰　**教經堂談藪六卷**　(清)徐書受　清光緒武進盛氏思惠齋刻本　一册

320000－1606－0004646　P06961
龜巢稾二十卷補遺一卷　(元)謝應芳撰　清光緒武進盛氏思惠齋刻本　五册

320000－1606－0004647　P06962
方山先生文錄二十二卷　(明)薛應旂撰　清宣統三年(1911)盛氏思惠齋刻本　二册

320000－1606－0004648　P06963
賜餘堂集十四卷　(明)吳中行撰　清光緒二十三年(1897)武進盛氏思惠齋刻本　一册
存十卷(一至六、十一至十四)

320000－1606－0004649　P06964
微泉閣詩集十四卷文集十六卷　(清)董文驥撰　清光緒二十三年(1897)武進盛氏思惠齋刻本　四册

320000－1606－0004650　P06965
正誼堂詩集二十卷文友文選三卷蓉渡詞三卷　(清)董以寧撰　清光緒盛氏思惠齋刻本　三册

320000－1606－0004651　P06966
清芬樓遺稿四卷　(清)任敢運撰　清光緒二十三年(1897)武進盛氏思惠齋刻本　一册

320000－1606－0004652　P06967
宛鄰詩二卷宛鄰文三卷立山詞一卷　（清）張琦撰　**蓬室偶吟一卷**　（清）湯瑤卿撰　清光緒二十三年（1897）武進盛氏思惠齋刻本　一册

320000－1606－0004653　P06968
丹棱文鈔四卷　（清）蔣彤撰　清光緒二十三年（1897）武進盛氏思惠齋刻本　一册

320000－1606－0004654　P06969
端虚勉一居文集三卷　（清）張成孫撰　**初月樓論書隨筆一卷初月樓古文緒論一卷**　（清）吴德旋撰　清光緒二十三年（1897）武進盛氏思惠齋刻本　一册

320000－1606－0004655　P06970
賜餘堂集十四卷　（明）吴中行撰　清宣統元年（1909）武進盛氏刻本　一册　存四卷（十一至十四）

320000－1606－0004656　P07008
世界萬事最新調查表一卷　（清）歐美調查會輯　清光緒二十九年（1903）有正書局石印本　一册

320000－1606－0004657　P07040
莫愁湖志六卷首一卷　（清）馬士圖撰　清光緒八年（1882）刻本　二册

320000－1606－0004658　P07041
小倉山房詩集三十一卷　（清）袁枚撰　清刻本　八册

320000－1606－0004659　P07042
史記一百三十卷　（漢）司馬遷撰　（南朝宋）裴駰集解　明末清初刻本　一册　存三十七卷（十六至五十二）

320000－1606－0004660　P07043
點石齋畫報十五集　（清）點石齋編　清光緒十一年（1885）點石齋石印本　二十二册　存十四集（二至十五）

320000－1606－0004661　P07240
刑案匯覽六十卷首一卷末一卷拾遺備考一卷律目一卷　（清）祝慶祺編　清光緒十二年（1886）聚文堂刻本　六十八册

320000－1606－0004662　P07241
申鑒五卷　（漢）荀悦撰　**中論二卷**　（漢）徐幹撰　清光緒元年（1875）湖北崇文書局刻本　一册

320000－1606－0004663　P07242
淮南鴻烈解二十一卷　（漢）劉安撰　（漢）高誘注　清光緒元年（1875）湖北崇文書局刻本　二册　存十二卷（五至十六）

320000－1606－0004664　P07245
新增刑案匯覽十六卷首一卷　（清）祝慶祺編　清光緒十二年（1886）皖聚文堂刻本　十二册

320000－1606－0004665　P07246
續增刑案匯覽十六卷律目一卷　（清）祝慶祺編　清光緒十二年（1886）皖省聚文堂刻本　十六册

320000－1606－0004666　P07247
抱朴子内篇四卷外篇四卷　（晉）葛洪撰　清光緒元年（1875）湖北崇文書局刻本　四册

320000－1606－0004667　P07248
金樓子六卷首一卷　（南朝梁）元帝蕭繹撰　清光緒元年（1875）湖北崇文書局刻本　一册　存四卷（一至三、首一卷）

320000－1606－0004668　P07249
傅子一卷　（晉）傅玄撰　**續孟子二卷**　（唐）林慎思撰　清光緒元年（1875）湖北崇文書局刻本　一册

320000－1606－0004669　P07250
鄧子一卷　（周）鄧析撰　**尸子二卷**　（戰國）尸佼撰　（清）孫星衍校集　清光緒元年（1875）湖北崇文書局刻本　一册

320000－1606－0004670　P07251
胡子知言六卷附錄一卷疑義一卷　（宋）胡宏撰　**薛子道論三卷**　（明）薛瑄撰　**海樵子一卷**　（明）王崇慶撰　清光緒元年（1875）湖北

崇文書局刻本　一册

320000－1606－0004671　P07252
鬱離子一卷　(明)劉基撰　**空同子一卷**　(明)李夢陽撰　**海沂子五卷**　(明)王文祿撰　清光緒元年(1875)湖北崇文書局刻百子全書本　一册

320000－1606－0004672　P07253
潛夫論十卷　(漢)王符撰　清光緒元年(1875)湖北崇文書局刻本　一册　存六卷(五至十)

320000－1606－0004673　P07254
吕氏春秋二十六卷　(漢)高誘注　**金樓子六卷**　(南朝梁)元帝蕭繹撰　清光緒元年(1875)湖北崇文書局刻本　二册　存十一卷(吕氏春秋七至十四、金樓子四至六)

320000－1606－0004674　P07255
説苑二十卷　(漢)劉向撰　清光緒元年(1875)湖北崇文書局刻本　一册　存五卷(六至十)

320000－1606－0004675　P07256
叔苴子内篇六卷外編二卷　(明)莊元臣撰　清光緒元年(1875)湖北崇文書局刻本　二册

320000－1606－0004676　P07257
新序十卷　(漢)劉向撰　清光緒元年(1875)湖北崇文書局刻本　二册

320000－1606－0004677　P07258
至游子二卷　(明)□□撰　清光緒元年(1875)湖北崇文書局刻本　一册

320000－1606－0004678　P07259
風俗通義十卷　(漢)應劭撰　清光緒元年(1875)湖北崇文書局刻本　二册

320000－1606－0004679　P07260
焦氏易林四卷　題(漢)焦贛撰　清光緒元年(1875)湖北崇文書局刻本　四册

320000－1606－0004680　P07261
亢倉子一卷　(戰國)庚桑楚撰　**玄眞子一卷**　(唐)張志和撰　**天隱子一卷**　司馬承禎撰　**无能子三卷**　(唐)無名氏撰　**胎息經一卷**　題(唐)幻眞先生注　**胎息經疏一卷**　(明)王文祿撰　清光緒元年(1875)湖北崇文書局刻百子全書本　一册

320000－1606－0004681　P07262
百子全書　(清)崇文書局輯　清光緒元年(1875)湖北崇文書局刻本　一册　存三種六卷(孫子三卷、吳子二卷、司馬瀍一卷)

320000－1606－0004682　P07263
伸蒙子三卷　(唐)林慎思撰　**素履子三卷**　(唐)張弧撰　清光緒元年(1875)湖北崇文書局刻本　一册

320000－1606－0004683　P07264
文中子一卷　(隋)王通撰　清光緒元年(1875)湖北崇文書局刻百子全書本　一册

320000－1606－0004684　P07265
商子五卷　(戰國)商鞅撰　清光緒元年(1875)湖北崇文書局刻本　一册

320000－1606－0004685　P07266
聱隅子歔欷瑣微論二卷　(宋)黄晞撰　**嬾眞子五卷**　(宋)馬永卿撰　**廣成子解一卷**　(宋)蘇軾纂　清光緒元年(1875)湖北崇文書局刻本　一册

320000－1606－0004686　P07267
老子道德經二卷　(三國魏)王弼注　**道德眞經注四卷**　(元)吳澄述　清光緒元年(1875)湖北崇文書局刻本　二册

320000－1606－0004687　P07268
墨子十六卷　(清)畢沅校注　清光緒元年(1875)湖北崇文書局刻本　四册

320000－1606－0004688　P07269
顔氏家訓二卷　(北齊)顔之推撰　清光緒元年(1875)湖北崇文書局刻本　一册

320000－1606－0004689　P07270
淮南鴻烈解二十一卷　(漢)劉安撰　(漢)高誘注　清光緒元年(1875)湖北崇文書局刻本　二册　存九卷(一至四、十七至二十一)

320000－1606－0004690　P07271
尹文子一卷　（西周）尹文撰　**慎子一卷**　（戰國）慎到撰　**公孫龍子一卷**　（宋）謝希深注　**鬼谷子一卷**　（戰國）鬼谷子撰　清光緒元年（1875）湖北崇文書局刻本　一册

320000－1606－0004691　P07272
列子二卷　（戰國）列禦寇撰　清光緒元年（1875）湖北崇文書局刻本　一册

320000－1606－0004692　P07273
揚子法言一卷方言十三卷　（漢）揚雄撰（晉）郭璞注　清光緒元年（1875）湖北崇文書局刻本　一册

320000－1606－0004693　P07274
牟子一卷　（漢）牟融撰　**古今注三卷**　（晉）崔豹撰　清光緒元年（1875）湖北崇文書局刻本　一册

320000－1606－0004694　P07275
鶡冠子三卷　（宋）陸佃解　清光緒元年（1875）湖北崇文書局刻本　一册

320000－1606－0004695　P07276
孔叢子二卷　（漢）孔鮒撰　清光緒元年（1875）湖北崇文書局刻本　一册

320000－1606－0004696　P07277
論衡三十卷　（漢）王充撰　清光緒元年（1875）湖北崇文書局刻本　六册

320000－1606－0004697　P07278
鹽鐵論二卷　（漢）桓寬撰　清光緒元年（1875）湖北崇文書局刻本　二册

320000－1606－0004698　P07279
白虎通德論四卷　（漢）班固纂　清光緒元年（1875）湖北崇文書局刻本　二册

320000－1606－0004699　P07280
山海經十八卷　（晉）郭璞傳　**山海經圖讚一卷**　（晉）郭璞纂　**山海經補註一卷**　（明）楊慎撰　清光緒元年（1875）湖北崇文書局刻本　三册

320000－1606－0004700　P07281
集注太玄十卷　（漢）揚雄撰　（宋）司馬光注　清光緒元年（1875）湖北崇文書局刻本　二册

320000－1606－0004701　P07282
新書十卷　（漢）賈誼撰　清光緒元年（1875）湖北崇文書局刻本　二册

320000－1606－0004702　P07283
三宋人集三種四十八卷　（清）方功惠編　清光緒七年（1881）方氏碧琳琅館刻本　六册

320000－1606－0004703　P07284
王臨川全集一百卷目錄二卷　（宋）王安石撰　清光緒九年（1883）小岻山館刻本　十六册

320000－1606－0004704　P07285
昌黎先生全集四十卷外集十卷遺文一卷　（唐）韓愈撰　（唐）李漢編　清刻本　八册

320000－1606－0004705　P07286
文章軌範七卷　（宋）謝枋得批點　清同治五年（1866）刻本　二册

320000－1606－0004706　P07287
文章軌範七卷　（宋）謝枋得輯　清光緒二十一年（1895）曹氏四焉齋刻本　二册

320000－1606－0004707　P07288
新刊五百家註音辯昌黎先生文集四十卷外集十卷序傳碑記一卷韓文類譜十卷後序一卷　（唐）韓愈撰　清光緒二十二年（1896）刻本　十二册

320000－1606－0004708　P07291
韓文百篇編年三卷　（唐）韓愈撰　（清）劉成忠選評　清光緒二十六年（1900）食舊堂石印本　三册

320000－1606－0004709　P07294
韓集補注一卷　（清）沈欽韓撰　清光緒十七年（1891）廣雅書局刻本　一册

320000－1606－0004710　P07295
昌黎先生集四十卷朱子編昌黎先生傳一卷外集十卷遺文一卷集傳一卷　（唐）韓愈撰（唐）李漢編　清同治八年（1869）江蘇書局刻

本　十册

320000－1606－0004711　P07296
昌黎先生集四十卷遺文一卷　（唐）韓愈撰　（唐）李漢編　清光緒十五年（1889）玉山文瀾閣刻本　八册

320000－1606－0004712　P07297
山曉閣選宋大家王臨川全集一卷　（宋）王安石撰　（清）孫琮評述　清康熙十六年（1677）刻本　一册

320000－1606－0004713　P07298
韓文起十二卷　（唐）韓愈撰　（清）林雲銘評註　**韓文公年譜一卷**　（清）林雲銘編　清康熙三十二年（1693）刻本　四册

320000－1606－0004714　P07299
韓集點勘四卷　（清）陳景雲撰　清同治九年（1870）江蘇書局刻本　一册

320000－1606－0004715　P07300
昌黎先生詩集註十一卷　（唐）韓愈撰　（清）顧嗣立刪補　（清）朱彝尊　（清）何焯評述　清道光十六年（1836）膺德堂刻本　四册

320000－1606－0004716　P07308
從兄鄆城知縣吳君墓表一卷　（清）吳汝綸撰　清光緒二十六年（1900）石印本　一册

320000－1606－0004717　P07322
繪圖笑中緣六卷　（□）□□撰　清末民國石印本　六册

320000－1606－0004718　P07323
昌黎先生集考異十卷　（宋）朱熹撰　清光緒十一年（1885）刻本　二册

320000－1606－0004719　P07324
李文公集十八卷補遺一卷附錄一卷　（唐）李翱撰　清光緒元年（1875）讀有用書齋刻本　二册

320000－1606－0004720　P07325
學庸三卷　（清）李瀚章等總理　清同治六年（1867）湖北崇文書局刻本　一册

320000－1606－0004721　P07331
重校字學舉隅不分卷　（清）龍啟瑞撰　清同治十三年（1874）湖北崇文書局刻本　一册

320000－1606－0004722　P07337
常郡八邑藝文志十二卷　（清）盧文弨輯　（清）莊翊昆校補　清光緒十六年（1890）刻本　十六册

320000－1606－0004723　P07340
傳症彙編三種二十卷　（清）熊立品編輯　清乾隆四十二年（1777）西昌熊氏家塾刻本　四册　存十一卷（一、十一至二十）

320000－1606－0004724　P07341
奇經八脉考一卷　（明）李時珍撰　清順治十五年（1658）張朝璘刻本　一册

320000－1606－0004725　P07342
脉訣攷證一卷瀕湖脉學一卷　（明）李時珍撰　清順治十五年（1658）張朝璘刻本　一册

320000－1606－0004726　P07347
荀子二十卷　（唐）楊倞注　清光緒二年（1876）浙江書局刻本　六册

320000－1606－0004727　P07354
琉球國志略十六卷首一卷　（清）周煌撰　清乾隆二十四年（1759）刻本　五册　存十五卷（一至三、六至十六，首一卷）

320000－1606－0004728　P07356
［光緒］武昌縣志二十六卷首一卷　（清）鍾桐山修　清光緒十一年（1885）刻本　一册　存三卷（十三至十五）

320000－1606－0004729　P07359
平定粵寇紀畧十八卷附記四卷　（清）杜文瀾撰　清光緒元年（1875）詒穀堂刻本　八册

320000－1606－0004730　P07360
山東軍興紀畧二十二卷　（清）張曜撰　清光緒十一年（1885）徑北草堂刻本　十册

320000－1606－0004731　P07362
孔子年譜輯注一卷　（清）江永著　（清）黃定宜輯注　清道光二十七年（1847）刻本　一册

320000－1606－0004732　P07363

焦山續志八卷　(清)陳任暘輯　清光緒三十一年(1905)刻本　二冊

320000－1606－0004733　P07364
皇朝直省地輿全圖一卷　(□)□□編　清光緒二十一年(1895)石印本　一冊

320000－1606－0004734　P07369
試帖三萬選十卷　(清)鄧雲航輯　清光緒十五年(1889)袖海山房石印本　十冊

320000－1606－0004735　P07370
物理學算法八卷　(美國)丁韙良撰　清光緒三十年(1904)石印本　八冊

320000－1606－0004736　P07376
形學備旨十卷開端一卷　(美國)狄考文選譯　(清)鄒立文筆述　清光緒三十一年(1905)上海會文學社石印本　二冊

320000－1606－0004737　P07377
焦山志二十六卷首一卷　(清)吳雲輯　清同治十三年(1874)刻本　八冊

320000－1606－0004738　P07378
[咸豐]重修興化縣志十卷　(清)梁園棣修　(清)鄭之僑等纂　清咸豐二年(1852)尊經閣刻本　八冊

320000　1606　0004739　P07379
繡像說唐前後全傳前傳十卷小英雄傳首二卷後傳六卷　題(清)如蓮居士編　清石印本　六冊

320000－1606－0004740　P07380
繡像京本雲合奇蹤玉茗英烈全傳十卷八十回　(明)徐渭撰　清光緒十九年(1893)上海文宜書局石印本　四冊

320000－1606－0004741　P07381
繡像南唐演義薛家將十卷一百回　題(清)如蓮居士編次　清石印本　四冊

320000－1606－0004742　P07382
增訂繪圖精忠說岳全傳二十卷　(清)錢彩撰　清光緒二十四年(1898)源記書局石印本　八冊　存八卷(一至八)

320000－1606－0004743　P07383
新評龍圖神斷公案十卷　(明)李贄評　清光緒十四年(1888)刻本　六冊

320000－1606－0004744　P07384
增評補像全圖金玉緣十五卷一百二十回　(清)曹雪芹撰　清石印本　六冊　存六卷(二至六、十三)

320000－1606－0004745　P07385
繪圖前笑中緣金如意全傳四卷二十二回　(清)□□撰　清末民初上海錦章書局石印本　四冊

320000－1606－0004746　P07386
鏡花緣一百回　(清)李汝珍撰　清光緒上海申報館鉛印本　三冊　存二十六回(一至二十六)

320000－1606－0004747　P07390
紅樓夢散套十六卷　(清)吳鎬撰　清蟾波閣刻本　六冊

320000－1606－0004748　P07391
角山樓增補類腋六十七卷　(清)姚培謙輯　(清)趙克宜增輯　清咸豐十年(1860)刻本　二十三冊　存六十五卷(天部一至八,地部一至十一、十四至二十四,人部一至十五,物部一至二十)

320000－1606－0004749　P07392
增像全圖東漢演義四卷　(清)□□撰　清光緒三十年(1904)育文書局石印本　二冊

320000－1606－0004750　P07393
增像全圖西漢演義四卷　(清)□□撰　清光緒三十年(1904)上海書局石印本　三冊

320000－1606－0004751　P07394
南宋院畫錄八卷　(清)厲鶚輯　清光緒十年(1884)錢唐丁氏竹書堂刻本　八冊

320000－1606－0004752　P07397
閨秀詞鈔十六卷　徐乃昌撰　清宣統元年(1909)小檀欒室刻本　八冊

320000－1606－0004753　P07399

石室秘錄六卷　(清)陳士鐸撰　清康熙二十八年(1689)文英堂刻本　六冊

320000－1606－0004754　P07400
地質歌略一卷　(清)賈恩紱輯　(清)王倫正注　清末刻本　一冊

320000－1606－0004755　P07401
虎邱山志十卷首一卷　(清)顧湄重修　清宣統三年(1911)集群圖書館鉛印本　一冊

320000－1606－0004756　P07412
[咸豐]南潯鎮志四十卷首一卷蓮漪文鈔八卷　(清)汪曰楨撰　清同治二年(1863)刻本　十冊　存四十一卷(南潯鎮志四十卷、首一卷)

320000－1606－0004757　P07413
滄浪小志二卷　(清)宋犖編　清光緒十年(1884)江蘇書局刻本　一冊

320000－1606－0004758　P07418
江寧府圖一幅　(清)南洋陸地測量司製　清光緒三十二年(1906)石印本　一幅

320000－1606－0004759　P07421
天王寺圖一幅　(清)南洋陸地測量司製　清光緒三十三年(1907)石印本　一幅

320000－1606－0004760　P07422
烏龍山圖一幅　(清)南洋陸地測量司製　清光緒三十二年(1906)石印本　一幅

320000－1606－0004761　P07433
敬吾心室彝器款識不分卷　(清)朱善旂輯　清光緒三十四年(1908)影印本　二冊

320000－1606－0004762　P07434
[光緒]南陽縣志十二卷首一卷　(清)潘守廉修　(清)張嘉謀等纂　清光緒三十一年(1905)刻本　八冊

320000－1606－0004763　P07435
淞隱漫錄十二卷　(清)王韜撰　清光緒十三年(1887)上海點石齋石印本　四冊

320000－1606－0004764　P07437
文心雕龍十卷　(南朝梁)劉勰撰　(清)黃叔琳注　(清)紀昀評　清光緒二十三年(1897)寶善書局石印本　四冊

320000－1606－0004765　P07439
古文辭類纂七十四卷　(清)姚鼐纂集　清光緒十六年(1890)上海文瑞樓鉛印本　六冊　存十五卷(一至十五)

320000－1606－0004766　P07440
河東先生文集六卷　(唐)柳宗元撰　清宣統二年(1910)上海會文堂粹記石印本　六冊

320000－1606－0004767　P07441
積古齋鐘鼎彝器款識十卷　(清)阮元撰　清刻本　四冊

320000－1606－0004768　P07443
花月痕全書十六卷五十二回　(清)魏秀仁撰　清光緒十四年(1888)刻本　十六冊

320000－1606－0004769　P07444
松滋王公祠廟事畧一卷　(清)邵涵初輯　清同治十二年(1873)木活字印本　一冊

320000－1606－0004770　P07447
昌黎先生集四十卷外集十卷遺文一卷朱子校昌黎先生集傳一卷　(唐)韓愈撰　(唐)李漢編　**韓集點勘四卷**　(清)陳景雲撰　清宣統三年(1911)石印本　十冊

320000－1606－0004771　P07448
詳注聊齋志異圖詠十六卷　(清)蒲松齡著　(清)吕湛恩注　清光緒石印本　七冊　存十四卷(三至十六)

320000－1606－0004772　P07449
芥子園畫傳初集六卷二集九卷三集六卷　(清)王概等摹輯　(清)李漁論定　清光緒十三年至十四年(1887－1888)上海鴻文書局石印本　十二冊

320000－1606－0004773　P07455
桃花扇傳奇四卷首一卷　(清)孔尚任撰　清光緒三十三年(1907)蘭雪堂刻本　五冊

320000－1606－0004774　P07456
繪圖後三笑才子奇書四卷　(清)□□撰　清光緒上海錦章書局石印本　四冊

320000－1606－0004775　P07457
詳註聊齋志異圖詠十六卷首一卷　(清)蒲松齡著　(清)吕湛恩註　清光緒十二年(1886)上海同文書局石印本　一册　存四卷(一至三、首一卷)

320000－1606－0004776　P07459
醫方易簡新編六卷　(清)龔自璋彙輯　清咸豐元年(1851)羅氏刻本　四册

320000－1606－0004777　P07460
唐詩三百首注疏六卷　(清)孫洙編　(清)章燮注　(清)孫孝根校正　清道光十五年(1835)宛委山莊刻本　六册

320000－1606－0004778　P07464
玉篇四卷　(南朝梁)顧野王撰　清光緒八年(1882)遵義黎氏刻古逸叢書本　二册

320000－1606－0004779　P07465
詩中畫一卷停雲小愒畫賸一卷　(清)馬濤撰　清光緒十一年(1885)石印本　二册

320000－1606－0004780　P07468
十九世紀外交史十七章總論一章　(日本)平田久著　張相譯　清光緒二十八年(1902)史學齋刻本　四册

320000－1606－0004781　P07470
江南餘載二卷　(宋)鄭文寶著　**故宫遺録一卷**　(明)蕭洵編　清乾隆、道光間長塘鮑氏刻本　一册

320000－1606－0004782　P07471
淮海集十七卷後集二卷詞一卷補遺一卷坿纂一卷攷證一卷　(宋)秦觀著　清道光十七年(1837)刻本　十册

320000－1606－0004783　P07473
今古奇觀四十卷　題(明)抱甕老人撰　清光緒二十年(1894)文奎堂刻本　十册

320000－1606－0004784　P07474
峨山圖説二卷　(清)譚鍾嶽繪圖　(清)廖笙堂輯説　(清)黄綬芙編　清光緒十七年(1891)刻本　二册

320000－1606－0004785　P07475
學史四十八卷　(清)王希廉輯　清光緒元年(1875)上海申報館鉛印本　八册

320000－1606－0004786　P07477
今古奇觀四十卷　題(明)抱甕老人撰　(明)墨憨齋手定　清大成堂刻本　十二册

320000－1606－0004787　P07478
萬應靈方六卷附禁方一卷　(清)□□撰　清同治七年(1868)省過齋刻本　四册

320000－1606－0004788　P07486
理瀹駢文二十一種膏藥一卷　(清)吴師機撰　清光緒三年(1877)吴縣潘敏德堂刻本　二册

320000－1606－0004789　P07487
無競先生詩三卷雜文一卷　(清)吴鴻綸撰　清光緒二十八年(1902)刻本　一册

320000－1606－0004790　P07490
康熙字典十二集總目一卷檢字一卷辨似一卷等韻一卷備考一卷補遺一卷　(清)張玉書　(清)凌紹雯等纂修　清光緒十六年(1890)同文書局石印本　六册

320000－1606－0004791　P07492
傷寒經解八卷首一卷　(清)姚球撰　清抄本　四册

320000－1606－0004792　P07494
寓意草註釋四卷　(清)喻嘉言著　(清)謝甘澍註釋　清光緒三年(1877)刻本　四册

320000－1606－0004793　P07495
葉氏醫案存眞三卷附馬氏醫案並附祁案王案一卷　(清)葉桂撰　清光緒九年(1883)刻本　四册

320000－1606－0004794　P07496
三才略三卷　蔣德鈞輯　清光緒十四年(1888)蔣氏求實齋刻本　一册　存二卷(一至二)

320000－1606－0004795　P07497
廿一史約編八卷首一卷　(清)鄭元慶撰　清

刻本　一册　存二卷(一、首一卷)

320000－1606－0004796　P07498
理瀹外治方要二十一種膏藥一卷　(清)吳師機著　清光緒九年(1883)江西書局刻本　一册

320000－1606－0004797　P07499
防海備覽十卷　(清)薛傳源撰　清嘉慶六年(1801)望山堂刻本　二册

320000－1606－0004798　P07500
北固山志十四卷首一卷　(清)周伯義編　(清)陳任暘訂　清光緒三十年(1904)刻本　六册

320000－1606－0004799　P07503
繪圖綴白裘初集四卷　題(清)玩花主人輯　清光緒三十四年(1908)萃香社石印本　十二册

320000－1606－0004800　P07504
詳註聊齋志異圖詠十六卷首一卷　(清)蒲松齡著　(清)吕湛恩註　清宣統元年(1909)廣益書局石印本　八册

320000－1606－0004801　P07505
增刻紅樓夢圖詠一卷紅樓夢紀畧一卷廣義一卷論贊一卷　(清)王墀繪　題(清)青山山農撰　清光緒八年(1882)上海點石齋石印本　二册

320000－1606－0004802　P07506
續紅樓夢三十卷　(清)秦子忱撰　清光緒三十三年(1907)上海章福記石印本　六册

320000－1606－0004803　P07508
更豈有此理四卷　(清)□□撰　清道光四年(1824)刻本　三册

320000－1606－0004804　P07509
增評補圖石頭記一百二十卷首一卷　(清)曹雪芹撰　(清)高鶚續撰　題(清)護花主人題(清)大某山民評　清末鉛印本　十六册

320000－1606－0004805　P07511
四雪草堂重訂通俗隋唐演義二十卷一百回　(清)褚人穫編　清光緒三十三年(1907)上海書局石印本　十册

320000－1606－0004806　P07512
繡像七俠五義傳十二卷一百二十回　(清)石玉昆述　題(清)曲園居士重編　清光緒元年(1875)上海掃葉山房石印本　六册

320000－1606－0004807　P07513
興替寶鑑(繪圖野叟曝言)二十卷　(清)夏敬渠撰　清石印本　二十册

320000－1606－0004808　P07523
牡丹亭還魂記八卷　(明)湯顯祖撰　清刻本　六册

320000－1606－0004809　P07524
成裕堂繪像第七才子書六卷　(元)高明撰　清英德堂刻本　六册

320000－1606－0004810　P07525
繡像説唱麒麟豹傳十卷六十回　(清)陸士珍撰　題(清)廢閑主人編　清光緒元年(1875)玉積山房刻本　十册

320000－1606－0004811　P07528
國朝詞綜四十八卷二集八卷　(清)王昶纂　清同治四年(1865)亦西齋刻本　十二册

320000－1606－0004812　P07532
增像全圖東周列國志二十七卷一百八回首一卷　(清)蔡昇評點　清光緒三十一年(1905)廣益書局石印本　八册

320000－1606－0004813　P07534
大成殿關帝廟一卷　(清)□□撰　清抄本　一册

320000－1606－0004814　P07537
江南鄉試硃卷光緒丁酉科五卷　(清)□□編　清光緒刻本　五册

320000－1606－0004815　P07538
雪月梅傳奇十卷　(清)陳朗撰　(清)董孟汾評　清聚錦堂刻本　十册

320000－1606－0004816　P07539
紅樓夢廣義二卷　題(清)青山山農撰　清光

緒八年(1882)藜青閣刻本　二册

320000－1606－0004817　P07540
繡像京本雲合奇蹤玉茗英烈全傳十卷八十回　(明)徐渭撰　清醉六堂刻本　十册

320000－1606－0004818　P07541
石鐘山志十六卷首一卷　(清)李成謀　(清)丁義方輯　清光緒九年(1883)聽濤眺雨軒刻本　八册

320000－1606－0004819　P07544
龍井見聞錄十卷附宋僧元淨外傳二卷　(清)汪孟鋗纂　清光緒十年(1884)錢塘丁氏嘉惠堂刻本　三册

320000－1606－0004820　P07546
明懿安皇后外傳一卷　(清)紀昀撰　清宣統三年(1911)新陽趙詒琛刻本　一册

320000－1606－0004821　P07547
史忠正公集四卷首一卷末一卷　(明)史可法撰　清同治十年(1871)刻本　二册

320000－1606－0004822　P07548
明詞綜十二卷　(清)王昶纂　清同治四年(1865)刻本　二册

320000－1606－0004823　P07549
雷公炮製藥性解六卷　(明)李中梓輯　(清)王子接重訂　清刻本　一册

320000－1606－0004824　P07551
忠武誌十卷　(清)張鵬翮輯　清嘉慶刻本　六册

320000－1606－0004825　P07552
關中金石記八卷　(清)畢沅撰　清刻本　二册

320000－1606－0004826　P07553
新刻增删二度梅奇説六卷　題(清)惜陰堂主人　(清)繡虎堂主人編輯　清同治九年(1870)姑蘇緑慎堂刻本　六册

320000－1606－0004827　P07554
新鐫玉茗堂批評按鑑參補出像北宋志傳十卷南宋志傳十卷　題(明)研石山樵訂正　清光緒四年(1878)同文堂刻本　八册

320000－1606－0004828　P07556
新鐫笑林廣記十二卷　題(清)遊戲主人纂輯　清道光四年(1824)興化集文堂刻本　四册

320000－1606－0004829　P07559
異聞益智叢錄三十四卷　題(清)種蕉藝蘭生輯　清光緒二十六年(1900)江南書局鉛印本　八册

320000－1606－0004830　P07562
詩品三卷　(南朝梁)鍾嶸撰　清刻本　一册

320000－1606－0004831　P07563
全上古三代秦漢三國六朝文七百四十六卷　(清)嚴可均輯　清光緒十三年至十九年(1887－1893)廣州廣雅書局刻本(韵編全文姓氏五卷原缺)　一百册

320000－1606－0004832　P07564
藝苑名言八卷首一卷　(清)蔣瀾輯　清刻本　四册

320000－1606－0004833　P07565
文選六十卷　(南朝梁)蕭統輯　(唐)李善注　**考異三卷**　(清)何焯評點　(清)胡克家考異　清光緒刻本　十八册

320000－1606－0004834　P07568
東萊博議四卷　(宋)吕祖謙撰　清光緒二十三年(1897)止誼山房刻本　四册

320000－1606－0004835　P07569
昭昧詹言十卷昭昧詹言續錄二卷　(清)方東樹撰　清光緒十七年(1891)刻本　四册

320000－1606－0004836　P07572
全唐詩話八卷　(宋)尤袤輯　清刻本　八册

320000－1606－0004837　P07574
星湄詩話二卷　(清)徐傳詩撰　清宣統三年(1911)峭帆樓刻本　一册

320000－1606－0004838　P07578
廣陵詩事十卷　(清)阮元撰　清嘉慶六年(1801)刻本　二册

320000－1606－0004839　P07583

續中州名賢文表六十八卷　邵松年輯　清刻本　二十一册　存六十五卷(四至六十八)

320000－1606－0004840　P07584

芬響閣初藁十卷　(清)王褧之撰　清同治七年(1868)刻本　二册

320000－1606－0004841　P07585

徐州詩徵八卷　(清)桂中行輯　清光緒十七年(1891)刻本　四册

320000－1606－0004842　P07586

徐州二遺民集十卷　馮煦輯　清光緒十九年(1893)臨川桂中行刻本　五册

320000－1606－0004843　P07587

松陽講義十二卷　(清)陸隴其著　(清)侯銓編　清光緒十三年(1887)固始張氏刻朱印本　四册

320000－1606－0004844　P07588

文選音義八卷　(清)余蕭客輯　清乾隆二十三年(1758)靜勝堂刻本　一册

320000－1606－0004845　P07590

聊齋詞一卷　(清)蒲松齡著　清宣統二年(1910)國學扶輪社鉛印本　一册

320000－1606－0004846　P07591

夢春廬詞一卷　(清)李貽德撰　**早花集一卷**　(清)吳筠撰　清同治六年(1867)刻本　一册

320000－1606－0004847　P07592

陽春集一卷　(五代)馮延巳撰　清光緒刻本　一册

320000－1606－0004848　P07595

小書舟樂府三卷　(清)程定謨撰　清道光十八年(1838)刻本　一册

320000－1606－0004849　P07596

茂陵秋雨詞四卷　(清)王錫振撰　清咸豐九年(1859)京師寓廬刻本　一册

320000－1606－0004850　P07598

和珠玉詞一卷　(清)張祥齡　(清)王鵬運　(清)況周頤撰　清光緒二十年(1894)刻本　一册

320000－1606－0004851　P07599

和珠玉詞一卷　(清)張祥齡　(清)王鵬運　(清)況周頤撰　清光緒二十年(1894)刻本　一册

320000－1606－0004852　P07600

制義叢話二十五卷　(清)梁章鉅撰　清咸豐元年(1851)知足知不足齋刻本　六册

320000－1606－0004853　P07601

玉洤詞一卷　(清)潘曾瑋撰　清咸豐四年(1854)刻本　一册

320000－1606－0004854　P07605

大素齋詞鈔二卷　(清)勒方錡撰　清光緒十年(1884)刻本　一册

320000－1606－0004855　P07606

秋夢盦詞鈔二卷詞續一卷　(清)葉衍蘭撰　清光緒十六年(1890)刻本　一册

320000－1606－0004856　P07608

璇璣碎錦二卷　(清)萬樹撰　清光緒十四年(1888)似靜齋刻本　二册

320000－1606－0004857　P07610

石湖詞一卷補遺一卷和石湖詞一卷　(宋)范成大撰　清味菜廬活字印本　一册

320000－1606－0004858　P07615

鶴緣詞一卷　(清)吕耀斗撰　清光緒二十六年(1900)吕氏敬止堂刻本　一册

320000－1606－0004859　P07616

紅蕉詞一卷　(清)江標撰　清元和江氏師鄦室刻本　一册

320000－1606－0004860　P07617

留雲借月庵詞七卷贈言一卷　(清)劉炳照撰　清光緒十九年(1893)刻本　二册

320000－1606－0004861　P07618

洞仙詞六卷　(清)陳星涵撰　清光緒十四年(1888)永嘉沙氏刻本　一册

320000－1606－0004862　P07621
考功詞一卷　(清)鄭守廉撰　清光緒二十八年(1902)刻本　一冊

320000－1606－0004863　P07633
春鸝詞二卷　(清)葛湘撰　(清)葉長齡編次　清光緒五年(1879)刻本　一冊

320000－1606－0004864　P07634
五十絃錦瑟樓詞五卷　(清)郭寶珩撰　清光緒三十一年(1905)刻本　一冊　存三卷(一至三)

320000－1606－0004865　P07638
詞綜三十八卷　(清)朱彝尊輯　(清)汪林增定　(清)柯崇樸編　(清)周貧辨訛　清同治四年(1865)刻本　十冊

320000－1606－0004866　P07640
詞綜三十八卷　(清)朱彝尊輯　(清)汪林增定　(清)柯崇樸編　(清)周貧辨訛　**明詞綜十二卷國朝詞綜四十八卷又二集八卷**　(清)王昶輯　清同治四年(1865)亦西齋刻本　二十四冊

320000－1606－0004867　P07642
國朝常州詞錄三十一卷　繆荃孫校輯　清光緒二十二年(1896)刻本　八冊　存二十二卷(一至二十二)

320000－1606－0004868　P07646
國朝詞綜二集八卷　(清)王昶纂　清嘉慶七年(1802)三泖漁莊刻本　四冊

320000－1606－0004869　P07648
詞律二十卷　(清)萬樹論次　清康熙二十六年(1687)堆絮園刻本　十冊

320000－1606－0004870　P07649
小檀欒室彙刻閨秀詞十集　徐乃昌輯　清光緒二十一年至二十二年(1895－1896)南陵徐氏刻本　二十冊

320000－1606－0004871　P07650
宋名家詞六十一種　(明)毛晉輯　清光緒十四年(1888)刻本　三十冊

320000－1606－0004872　P07652
宋六十一家詞選十二卷　馮煦編　清宣統二年(1910)上海掃葉山房石印本　四冊

320000－1606－0004873　P07653
臨春閣一卷通天臺一卷　(清)吳偉業著　**煖香樓雜劇一卷**　吳梅著　清宣統二年(1910)長洲吳氏刻本　二冊

320000－1606－0004874　P07654
燕山外史二卷　(清)陳球撰　清嘉慶醇雅堂刻本　二冊

320000－1606－0004875　P07663
七十家賦鈔六卷　(清)張惠言輯　清光緒四年(1878)宏達堂刻本　三冊　存五卷(一至三、五全六)

320000－1606－0004876　P07665
文館詞林　(唐)許敬宗輯　清光緒十九年(1893)景蘇園刻本　二冊　存五卷(一百五十二、三百四十六、四百十四、六百六十五、六百六十九)

320000－1606－0004877　P07667
宋四六選二十四卷　(清)曹振鏞編　清刻本　八冊

320000－1606－0004878　P07668
駢文類纂四十六卷　王先謙纂輯　清光緒二十八年(1902)思賢書局刻本　二十四冊

320000－1606－0004879　P07669
本朝館閣賦前集十二卷　(清)葉抱崧　(清)程琰編　清乾隆二十九年(1764)困學齋刻本　六冊

320000－1606－0004880　P07670
八家四六文注八卷首一卷　(清)吳鼒輯　清光緒十七年(1891)刻本　八冊

320000－1606－0004881　P07671
皇朝駢文類苑十四卷首一卷　(清)姚燮選　清光緒七年(1881)刻本　十四冊　存十四卷(一至十、十二至十四,首一卷)

320000－1606－0004882　P07672

壺園試帖課存一卷附七言排律二刻課存一卷 (清)徐寶善著 清末刻本 二册

320000－1606－0004883 P07673
青芝山館駢體文集二卷 (清)樂鈞撰 清光緒十六年(1890)金峨山館刻本 一册

320000－1606－0004884 P07674
有正味齋駢體文二十四卷首一卷 (清)吳錫麒著 (清)王廣業箋 清咸豐九年(1859)青箱塾刻本 八册

320000－1606－0004885 P07675
膠西課存一卷 (清)方濬撰 清光緒十五年(1889)濟南刻本 一册

320000－1606－0004886 P07676
師鄭堂駢體文存二卷 孫雄撰 清光緒二十一年(1895)刻本 一册

320000－1606－0004887 P07678
楹聯錄三卷 (清)俞樾撰 清刻本 一册 存一卷(三)

320000－1606－0004888 P07679
示樸齋駢體文六卷 (清)錢振倫撰 清同治六年(1867)袁浦崇實書院刻本 二册

320000－1606－0004889 P07680
庸隱廬聯存一卷 張文藻著 清末刻本 一册

320000－1606－0004890 P07681
楹聯叢話十二卷續話四卷 (清)梁章鉅輯 清道光二十年(1840)環碧軒刻本 二册

320000－1606－0004891 P07682
崇辨堂墨選不分卷 (清)胡希周評選 清道光元年至二十七年(1821－1847)崇辨堂刻本 四册

320000－1606－0004892 P07683
崇辨堂墨選不分卷 (清)胡希周評選 清刻本(有抄配) 三册

320000－1606－0004893 P07685
國朝存眞註訂存三種 (□)□□撰 清刻本 三册

320000－1606－0004894 P07687
欽定本朝四書文四種 (清)方苞編 清光緒二年(1876)崇文書局刻本 十册

320000－1606－0004895 P07688
國朝常州駢體文錄三十一卷結一宧駢體文一卷 屠寄輯 清光緒十六年(1890)廣州陶濬宣刻本 八册

320000－1606－0004896 P07689
王農山文選一卷 (清)李靜齋編次 清嘉慶十四年(1809)刻本 一册

320000－1606－0004897 P07690
國朝駢體正宗評本十二卷 (清)曾燠選 (清)姚燮評 清光緒十一年(1885)花雨樓刻朱墨套印本 六册

320000－1606－0004898 P07691
駢體文鈔三十一卷 (清)李兆洛輯 清道光合河康氏刻本 八册

320000－1606－0004899 P07692
國朝詩釋二十六卷首一卷 (清)張應昌輯 清同治八年(1869)永康應氏秀芝堂刻本 十四册 存二十四卷(一至十七、二十一至二十六,首一卷)

320000－1606－0004900 P07693
五經樓小題拆字不分卷 (清)山仲甫輯 清同治三年(1864)懷德堂刻本 二册

320000－1606－0004901 P07694
精選小題清華集初集不分卷二集不分卷 (清)沈菊泉輯 清同治十一年(1872)學歐室刻本 四册

320000－1606－0004902 P07695
考卷約選二集七卷 (清)李錫瓚撰 清嘉慶十九年(1814)刻本 六册

320000－1606－0004903 P07696
近科考卷脫穎三集 (清)李錫瓚撰 清嘉慶二十年(1815)刻本 十二册

320000－1606－0004904 P07697
二銘草堂近科墨選鈔不分卷 (清)張德容輯

清同治元年(1862)刻本　四冊

320000－1606－0004905　P07699

正誼書院課選□□編　(清)朱琦輯　清道光十五年(1835)刻本　六冊　存三編(二至四)

320000－1606－0004906　P07700

楹聯叢話十二卷續話四卷　(清)梁章鉅輯　清道光二十六年(1846)刻本　四冊

320000－1606－0004907　P07701

十三科大題文徵不分卷　(清)□□撰　清刻本　四十冊

320000－1606－0004908　P07702

成均課士錄第九集十六卷　(清)劉鉅輯　清光緒二十三年(1897)國子監刻本　八冊

320000－1606－0004909　P07703

縮本精選經藝淵海五種　題(清)常安室主人輯　清光緒十四年(1888)上海鴻寶齋石印本　十冊

320000－1606－0004910　P07704

試帖玉芙蓉集四卷　題(清)同文書局主人選輯　清光緒十年(1884)上海同文書局石印本　四冊

320000－1606－0004911　P07705

四書全章聯章文備四卷　題(清)聚奎齋主人輯　清光緒十四年(1888)石印本　六冊

320000－1606－0004912　P07706

國朝元魁墨萃不分卷(清順治至光緒)　(清)朱炳麟編輯　清光緒十三年(1887)上海點石齋石印本　十二冊

320000－1606－0004913　P07707

賦海大觀三十二卷　題鴻寶齋主人編　清光緒二十年(1894)上海鴻寶齋石印本　二十六冊　存三十卷(一至十、十三至三十二)

320000－1606－0004914　P07708

小題雋快新編四種　(清)翁遂盦鑒定　清同治七年(1868)三元堂刻本　四冊

320000－1606－0004915　P07709

考卷雋快二編不分卷三編不分卷　(清)翁遂盦鑒定　清同治七年(1868)三元堂刻本　八冊

320000－1606－0004916　P07710

考卷搭截新編不分卷　(清)繆蓀泉編　清道光四年(1824)杏花書屋刻本　二冊

320000－1606－0004917　P07711

玉笥山房制義不分卷　(清)顧廷綸撰　清光緒二十年(1894)刻本　三冊

320000－1606－0004918　P07712

中鋒集初編一卷　(清)蔡鼎昌　(清)吴乃斌校編　清同治八年(1869)文光堂刻本　一冊

320000－1606－0004919　P07713

天問堂課藝四卷　(清)楊兆鋆鑒定　清光緒二十一年(1895)金陵同文館刻本　四冊

320000－1606－0004920　P07714

曲園擬墨一卷　(清)俞樾撰　清光緒十四年(1888)刻本　一冊

320000－1606－0004921　P07714－1

掖垣題稿一卷　(明)顧九思撰　清同治五年(1866)刻本　一冊

320000－1606－0004922　P07715

尤西堂文選一卷　(清)李靜齋編次　清嘉慶十四年(1809)刻本　一冊

320000－1606－0004923　P07716

金研香先生文稿一卷續一卷　(清)宋清壽輯　(清)金鳳沼校　清道光九年(1829)刻本　二冊

320000－1606－0004924　P07717

紫陽課藝不分卷　(清)俞樾審定　清同治六年(1867)刻本　三冊

320000－1606－0004925　P07718

名家制藝四十八卷　(清)俞長城論次　清刻本　四十二冊　存四十四卷(五至四十八)

320000－1606－0004926　P07719

弢園尺牘十二卷　(清)王韜撰　清光緒十九年(1893)淞隱廬鉛印本　四冊

320000－1606－0004927　P07720
曾文正公家書十卷家訓二卷　(清)曾國藩撰　清光緒十六年(1890)鴻寶南局鉛印本　六册

320000－1606－0004928　P07721
小學彙函十四種　(清)鍾謙鈞輯　清光緒十五年(1889)湘南書局刻本　四十二册

320000－1606－0004929　P07722
有正味齋尺牘一卷　(清)吴錫麒撰　清宣統三年(1911)文明書局鉛印本　一册

320000－1606－0004930　P07728
直省墨鯖二編不分卷　(清)貝信三評選　清同治九年(1870)刻本　四册

320000－1606－0004931　P07729
仁在堂時藝核一卷　(清)路德輯　清刻本　一册

320000－1606－0004932　P07730
舊雨草堂時文不分卷　(清)陳康祺撰　清同治九年(1870)刻本　三册

320000－1606－0004933　P07732
沁香書屋制藝一卷　(清)錢祖亮撰　清道光二十九年(1849)刻本　一册

320000－1606－0004934　P07733
蔭葛軒制藝二卷　(清)錢祐昌　(清)錢祚昌撰　清道光二十九年(1849)刻本　一册

320000－1606－0004935　P07734
韡鄂書屋制藝不分卷　(清)錢福昌撰　清道光二十九年(1849)刻本　四册

320000－1606－0004936　P07735
韞山堂時文集三集　(清)管世銘撰　清光緒十五年(1889)刻本　四册

320000－1606－0004937　P07737
酌雅堂駢體文集不分卷　(清)徐壽基撰　清光緒十一年(1885)桓臺官舍刻本　二册

320000－1606－0004938　P07738
何義門先生家書四卷　(清)何焯撰　清宣統元年(1909)廣州平江吴氏刻本　二册

320000－1606－0004939　P07739
曾文正公家書十卷大事記四卷家訓二卷榮哀錄一卷　(清)曾國藩撰　清光緒三十一年(1905)上海商務印書館鉛印本　八册

320000－1606－0004940　P07740
曾文正公家書十卷大事記四卷家訓二卷榮哀錄一卷　(清)曾國藩撰　清光緒三十一年(1905)上海商務印書館鉛印本　八册

320000－1606－0004941　P07741
復莊駢儷文榷八卷　(清)姚燮撰　清咸豐四年(1854)大梅山館刻本　二册

320000－1606－0004942　P07744
顧亭林先生尺牘一卷　(清)顧炎武著　清宣統三年(1911)上海文明書局鉛印本　一册

320000－1606－0004943　P07745
虚受堂書札二卷　王先謙撰　清宣統三年(1911)掃葉山房石印本　二册

320000－1606－0004944　P07746
張嘯山先生尺牘一卷　(清)張文虎撰　清宣統三年(1911)上海文明書局鉛印本　一册

320000－1606－0004945　P07747
劉芙初先生尺牘一卷　(清)劉嗣綰著　**李申耆先生尺牘一卷**　(清)李兆洛著　清宣統三年(1911)上海文明書局鉛印本　一册

320000－1606－0004946　P07748
陳其年先生尺牘一卷　(清)陳其年著　**尤西堂先生尺牘一卷**　(清)尤西堂著　清宣統三年(1911)上海文明書局鉛印本　一册

320000－1606－0004947　P07749
周文忠公尺牘二卷周文忠公雜文附錄一卷　(清)周天爵著　清同治七年(1868)蘇松太道署刻本　一册

320000－1606－0004948　P07750
得月軒尺牘八卷　(清)孫方增撰　清同治十年(1871)刻本　八册

320000－1606－0004949　P07751
佩弦齋尺牘一卷　(清)朱一新撰　清宣統三

年(1911)上海文明書局鉛印本　一冊

320000－1606－0004950　P07754
巴湘榷舍駢體尺牘三卷　(清)徐炳倬撰　清光緒八年(1882)刻本　二冊

320000－1606－0004951　P07755
晚香書札二卷　(清)潘道根撰　清刻本　一冊

320000－1606－0004952　P07756
種墨亭啟集一卷　(清)陳衍虞撰　清光緒二十五年(1899)石印本　一冊

320000－1606－0004953　P07757
陳文恭公手札節要三卷　(清)陳弘謀撰　清道光二十六年(1846)存惺齋刻本　一冊

320000－1606－0004954　P07760
因寄軒尺牘一卷　(清)管同著　**梅伯言先生尺牘一卷**　(清)梅曾亮著　清宣統三年(1911)上海文明書局鉛印本　一冊

320000－1606－0004955　P07761
惲子居先生尺牘一卷　(清)惲敬著　**張廉卿先生尺牘一卷**　(清)張廉卿著　清宣統三年(1911)上海文明書局鉛印本　一冊

320000－1606－0004956　P07762
明人尺牘選四卷　(清)王元勳　(清)程化騄編　清宣統元年(1909)上海南洋官書局石印本　四冊

320000－1606－0004957　P07777
公言集三卷　沈同芳撰　清光緒三十四年(1908)中國圖書公司鉛印本　一冊

320000－1606－0004958　P07778
明尺牘墨華三卷　(清)黄本驥輯　清道光二十七年(1847)刻本　一冊

320000－1606－0004959　P07779
歷代女才子手簡二卷　題(清)明明學社主人編　清宣統元年(1909)明明學社石印本　一冊　存一卷(一)

320000－1606－0004960　P07780
賴古堂尺牘新鈔二選藏弆集十六卷　(清)周在浚　(清)周在梁　(清)周在延輯　清道光十九年(1839)刻本　四冊

320000－1606－0004961　P07781
國朝名人書札三卷　(清)□□編　清宣統三年(1911)上海文明書局鉛印本　三冊

320000－1606－0004962　P07782
許竹篔先生出使函稿十四卷　(清)許景澄撰　清光緒鉛印本　四冊

320000－1606－0004963　P07790
宋書一百卷　(南朝梁)沈約撰　清同治十一年(1872)金陵書局刻本　十六冊

320000－1606－0004964　P07791
中西算學叢書初編　(清)四明求敏齋主人彙輯　清光緒二十二年(1896)上海鴻寶齋石印本　二十八冊　存二十六種五十九卷(同文算指通編八卷、釋弧三卷、圜容較義一卷、句股義一卷、測量法義一卷、測量異同一卷、簡平儀說一卷、五星行度解一卷、曉庵新法六卷、致曲圖解一卷、造各表簡法一卷、截球解義一卷、橢圓求周術一卷、洞方術圖解二卷、致曲術一卷、數學四卷、同文算指前編二卷、代數勾股術四卷、渾蓋通憲圖說二卷、加減乘除釋八卷、學計一得二卷、補小爾雅釋度量衡一卷、格術補一卷、對數尺記一卷、乘方捷術三卷、鄒徵君存稿一卷)

320000－1606－0004965　P07792
代數術二十五卷首一卷　(英國)華里司輯　(英國)傅蘭雅口譯　(清)華蘅芳筆述　清光緒二十二年(1896)上海璣衡堂石印本　四冊

320000－1606－0004966　P07793
代數難題解法十六卷　(英國)倫德編輯　(英國)傅蘭雅口譯　(清)華蘅芳筆述　清光緒二十二年(1896)上海璣衡堂石印本　四冊

320000－1606－0004967　P07794
禮記約編喈鳳十卷　(清)汪基鈔撰　清道光二十三年(1843)崇順堂刻本　四冊

320000－1606－0004968　P07795
周書五十卷　(唐)令狐德棻撰　清同治十三

年(1874)金陵書局刻本　四册

320000－1606－0004969　P07796

梁書五十六卷　(唐)姚思廉撰　清同治十三年(1874)金陵書局刻本　五册　存五十卷(一至五十)

320000－1606－0004970　P07797

隋書八十五卷　(唐)魏徵等撰　清同治十年(1871)淮南書局刻本　十六册

320000－1606－0004971　P07799

歷朝賦楷八卷首一卷　(清)王修玉選註　清尚德堂刻本　六册

320000－1606－0004972　P07800

閏梮先生集三十卷外集八卷　(清)張望撰　清刻本　二十四册

320000－1606－0004973　P07801

浦陽人物記二卷　(明)宋濂撰　清刻本　二册

320000－1606－0004974　P07802

醫方集解三卷　(清)汪昂撰　清刻本　六册

320000－1606－0004975　P07803

宛湄書屋文鈔十一卷　(清)李光廷撰　清刻本　十二册

320000－1606－0004976　P07804

清全齋讀春秋編十二卷　(元)陳深撰　清康熙十九年(1680)通志堂刻本　六册

320000－1606－0004977　P07805

南嶽總勝集三卷　(宋)陳田夫撰　清光緒三十二年(1906)長沙葉氏刻本　一册　存一卷(一)

320000－1606－0004978　P07806

補讀書齋遺槀十卷外稿一卷年譜一卷　(清)沈維鐈撰　清刻本　十二册

320000－1606－0004979　P07807

松隱文集四十卷　(宋)曹勛著　清刻本　十一册　存三十七卷(四至四十)

320000－1606－0004980　P07808

本經逢原四卷　(清)張璐撰　清刻本　十二册

320000－1606－0004981　P07810

霍文敏公全集十卷石頭錄八卷首一卷　(明)霍韜撰　(清)張廷玉修　清同治元年(1862)石頭書院刻本　十二册

320000－1606－0004982　P07811

鶴侶齋文稿四卷詩一卷　(清)孫勷著　清延綠吟館刻本　五册

320000－1606－0004983　P07812

漢溪書法通解八卷　(清)戈守智纂著　清道光十九年(1839)刻本　四册

320000－1606－0004984　P07813

孟晋齋文集五卷周列士傳一卷　(清)顧壽楨撰　清同治五年(1866)見素抱樸齋刻本　四册

320000－1606－0004985　P07814

古文尚書正辭三十三卷　(清)吴光耀撰　清光緒十九年(1893)刻本　十八册

320000－1606－0004986　P07815

遊道堂集四卷　(清)朱彬著　清刻本　四册

320000－1606－0004987　P07816

琉球百問不分卷　(清)曹存心著　清咸豐九年(1859)刻本　二册

320000－1606－0004988　P07818

楓山章先生集九卷附實紀八卷　(明)章懋撰　清同治至光緒永康胡氏退補齋刻金華叢書本　二十二册

320000－1606－0004989　P07819

楓山章文懿公[懋]年譜二卷　(明)阮鶚撰　清同治至光緒永康胡氏退補齋刻金華叢書本　二册

320000－1606－0004990　P07820

帝王經世圖譜十六卷附錄一卷　(宋)唐仲友撰　清同治十二年(1873)永康胡鳳丹退補齋刻本　十六册

320000－1606－0004991　P07821

鹽鐵論十卷　(漢)桓寬撰　**鹽鐵論考證一卷**　(清)張敦仁撰　清嘉慶十二年(1807)刻本　六册

320000－1606－0004992　P07822
兩漢刊誤補遺十卷　(宋)吳仁傑撰　清同治七年(1868)金陵書局木活字印本　五册

320000－1606－0004993　P07823
蔡文莊公集八卷附太極圖説一卷河洛私見一卷艾庵密箴一卷　(明)蔡清撰　(清)徐居敬重編校　清乾隆刻本　十四册　存十卷(蔡文莊公集八卷、太極圖説一卷、河洛私見一卷)

320000－1606－0004994　P07824
水道提綱二十八卷　(清)齊召南編錄　清光緒刻本　八册

320000－1606－0004995　P07825
治經堂集二十卷　(清)朱錦琮撰　清道光刻本　十六册

320000－1606－0004996　P07826
汪允莊女史傳一卷　(清)胡敬撰　**自然好學齋詩鈔十卷**　(清)汪端著　清刻本　六册

320000－1606－0004997　P07827
息養廬文集十一卷　(清)徐錦華著　清光緒二十五年(1899)寶善堂刻本　十册

320000－1606－0004998　P07828
心簡齋集錄六卷　(清)于光華編　清乾隆刻本　十八册

320000－1606－0004999　P07829
和靖先生言行錄四卷　(清)馮忠恕等錄　(清)尹仕殷輯　(清)文鳳重訂　清刻本　四册

320000－1606－0005000　P07830
北牕炙輠錄二卷　(宋)施德操撰　(清)陸煊訂　清刻奇晉齋叢書本　二册

320000－1606－0005001　P07831
古歡堂收草三卷　(朝鮮)姜瑋著　清木活字印本　二册

320000－1606－0005002　P07833
易簡方便醫書六卷　(清)周茂五撰　清咸豐十一年(1861)石陽周日新堂刻本　六册

320000－1606－0005003　P07834
四時病機十四卷溫毒病論一卷　(清)邵登瀛輯　(清)邵炳揚述　清光緒刻本　六册

320000－1606－0005004　P07835
醫貫六卷　題(明)醫無閭子著　清刻本　六册

320000－1606－0005005　P07837
中興將帥別傳三十卷續編六卷　朱孔彰撰　清光緒二十三年至三十二年(1897－1906)刻本　十二册

320000－1606－0005006　P07838
怪疾奇方一卷滙集經驗方一卷解毒編一卷　(清)汪汲撰　清嘉慶六年(1801)刻本　六册

320000－1606－0005007　P07839
觚賸八卷續編四卷　(清)鈕琇撰　清康熙臨野堂刻本　六册

320000－1606－0005008　P07840
觀妙齋藏金石文攷畧十六卷　(清)李光暎撰　清抄本　十六册

320000－1606－0005009　P07841
讀史鏡古編三十二卷　(清)潘世恩輯　清康熙臨野堂刻本　六册

320000－1606－0005010　P07844
宗聖志二十卷　(清)曾國荃編　(清)王定安輯　清光緒十六年(1890)刻本　十六册

320000－1606－0005011　P07845
獨學廬文集二十卷詩集二十五卷附六卷　(清)石韞玉著　清乾隆六十年(1795)長沙官舍刻本　五十二册

320000－1606－0005012　P07846
濟陰綱目十四卷目錄一卷　(明)武之望撰　(清)汪淇箋　清康熙掃葉山房刻本　十六册

320000－1606－0005013　P07847
傅氏眼科審視瑤函六卷首一卷前賢醫案一卷

（明）傳仁宇輯　（清）林長生校補　（清）傅維藩編　清末刻本　十册

320000－1606－0005014　P07850
浮溪集三十二卷　（宋）汪藻撰　清刻武英殿聚珍版書本　十二册

320000－1606－0005015　P07851
丹泉海島錄四卷　（清）徐景福撰　清光緒四年（1878）遂昌徐氏家塾刻本　四册

320000－1606－0005016　P07852
格致鏡原一百卷　（清）陳元龍輯　清雍正十三年（1735）刻本　二十四册

320000－1606－0005017　P07853
仙心閣文鈔二卷詩鈔八卷紀時略一卷省身雜錄一卷　（清）彭慰高撰　清光緒刻本　十册

320000－1606－0005018　P07854
石畫記五卷　（清）阮元撰　清富文齋刻本　四册

320000－1606－0005019　P07855
一規八棱硯齋文鈔一卷類鈔一卷詩鈔六卷詞鈔一卷　（清）徐延華撰　清刻本　六册

320000－1606－0005020　P07856
春秋宗朱辨義十二卷首一卷　（清）張自超撰　清光緒七年（1881）高淳書院刻本　十八册

320000－1606－0005021　P07857
醫學篇首卷四卷二卷四卷　（清）曾懿著　清光緒刻本　四册

320000－1606－0005022　P07858
熊襄愍公集十卷首一卷末一卷　（明）熊廷弼撰　清嘉慶十八年（1813）退補齋刻本　十册

320000－1606－0005023　P07859
朱子禮纂五卷　（清）李光地編　清教忠堂刻本　六册

320000－1606－0005024　P07860
刻楮集四卷　（清）錢儀吉撰　清道光十二年（1832）刻本　三册

320000－1606－0005025　P07861
新鐫陳氏二十四山造葬吉凶起例藏書十二卷首一卷　（清）陳應選撰　清刻本　十二册

320000－1606－0005026　P07862
衎石齋記事稾十卷　（清）錢儀吉撰　清道光十四年（1834）刻本　十册

320000－1606－0005027　P07863
錢氏小兒藥證直訣三卷附方一卷　（宋）閻孝忠輯　清五桂樓刻本　六册

320000－1606－0005028　P07864
朱止泉先生文集八卷　（清）朱澤澐撰　（清）朱光進編輯　清乾隆四年（1739）朱氏顧天齋刻本　八册

320000－1606－0005029　P07865
旅逸小稾二卷　（清）錢儀吉撰　清道光十三年（1833）刻本　一册

320000－1606－0005030　P07866
錢氏小兒藥證直訣三卷附方一卷　（宋）閻孝忠輯　清五桂樓刻本　七册

320000－1606－0005031　P07867
寸心知室全書正篇六卷續篇二卷首一卷　（清）湯金釗撰　清同治七年（1868）文林齋刻本　十四册

320000－1606－0005032　P07869
太乙舟文集八卷　（清）陳用光撰　清道光二十三年（1843）刻本　十二册

320000－1606－0005033　P07871
草廬吳文正公集四十九卷首一卷外集三卷　（元）吳澄撰　清乾隆二十一年（1756）刻本　二十册

320000－1606－0005034　P07872
續廣博物志十六卷　（清）徐壽基撰　清刻本　一册　存三卷（蕃植一、珍寶一、怪異一）

320000－1606－0005035　P07873
程子[程顥、程頤]年譜十二卷首一卷終一卷　（清）諸星杓　（清）池生春輯　清咸豐五年（1855）刻本　五册

320000－1606－0005036　P07874

初學行文語類三卷　(清)孫埏輯　清嘉慶二年(1797)書業堂刻本　四冊

320000－1606－0005037　P07875
隅園隱語四卷附刊蘭菊叢生館隱語二卷　(清)王錫元編纂　清宣統元年(1909)盱眙王氏紫藤花館刻本　六冊

320000－1606－0005038　P07876
曠論一卷　(清)徐壽基撰　清光緒十二年(1886)桓臺官舍刻本　一冊

320000－1606－0005039　P07877
酌雅堂駢體文集不分卷　(清)徐壽基撰　清光緒五年(1879)桓臺官舍刻本　三冊

320000－1606－0005040　P07878
品芳錄六卷　(清)徐壽基撰　清光緒十二年(1886)桓臺官舍刻本　二冊　存五卷(一至五)

320000－1606－0005041　P07879
乾坤化學編不分卷　題(清)望雲道人錄　清抄本　二冊

320000－1606－0005042　P07880
孝經集注述疏一卷附讀書堂答問一卷　簡朝亮撰　清光緒三十一年(1905)讀書堂刻本　六冊

320000－1606－0005043　P07881
己任編八卷　(清)高鼓峰著　(清)楊乘六評　清刻本　四冊

320000－1606－0005044　P07882
灌園未定稿二卷　(清)傅懷祖著　清刻本　四冊

320000－1606－0005045　P07883
凝香室鴻雪因緣圖記二卷　(清)麟慶著　**凝香室鴻雪因緣題詞二卷**　(清)戈載撰　清道光十八年(1838)雲蔭堂刻本　十二冊

320000－1606－0005046　P07884
書集傳纂疏六卷　(宋)朱熹訂定　(宋)蔡沈集傳　(元)陳櫟纂疏　清嘉慶十六年(1811)刻本　十二冊

320000－1606－0005047　P07885
前漢書一百卷　(漢)班固撰　(唐)顏師古注　清光緒十三年(1887)金陵書局刻本　三十一冊　存九十九卷(一至九十九)

320000－1606－0005048　P07886
貴耳集三卷　(宋)張端義著　(明)毛晉訂　明末汲古閣刻本　三冊

320000－1606－0005049　P07887
癸辛雜識前集一卷後集一卷　(宋)周密撰　(明)毛晉訂　明末清初汲古閣刻本　二冊

320000－1606－0005050　P07888
剪綃集二卷　(宋)李龏撰　清初汲古閣刻本　一冊

320000－1606－0005051　P07889
石湖詩集一卷　(宋)范成大撰　**斷腸詞一卷**　(宋)朱淑眞撰　**漱玉詞一卷**　(宋)李清照撰　**龍川詞一卷補一卷**　(宋)陳亮撰　明末毛氏汲古閣刻本　一冊

320000－1606－0005052　P07890
前漢書表八卷　(清)夏燮撰　清光緒十六年(1890)刻本　六冊

320000－1606－0005053　P07891
積石文稾十八卷　(清)張履撰　清光緒二十年(1894)刻本　六冊

320000－1606－0005054　P07892
積石詩存四卷南池唱和詩存一卷鱠餘編一卷　(清)張履撰　清光緒二十年(1894)刻本　二冊

320000－1606－0005055　P07893
能改齋漫錄十八卷　(宋)吳曾撰　清刻本　六冊　存十四卷(一至三、八至十八)

320000－1606－0005056　P07894
明史藳三百十卷目錄三卷　(清)王鴻緒撰　清康熙、雍正間敬慎堂刻本　八十冊

320000－1606－0005057　P07895
女英傳四卷　(清)錢保塘編　清刻本　四冊

320000－1606－0005058　P07896

讀禮志疑不分卷 （清）陸隴其纂 清嘉慶刻本 四册

320000－1606－0005059 P07897
奚囊寸錦三卷鈔句一卷 （清）張潮撰 清嘉慶二十五年（1820）刻本 四册

320000－1606－0005060 P07898
羅鄂州小集六卷 （宋）羅願撰 **羅郢州遺文一卷** （宋）羅頌撰 清刻本 五册

320000－1606－0005061 P07899
定鄉小識十六卷附定鄉雜箸二卷 （清）張道撰 清刻本 十册

320000－1606－0005062 P07900
裘文達公文集六卷詩集十二卷奏議一卷 （清）裘曰修撰 清刻本 六册

320000－1606－0005063 P07901
南宋書六十八卷 （明）錢士升撰 清嘉慶二年（1797）刻本 八册

320000－1606－0005064 P07902
尚書考異六卷 （明）梅鷟撰 清道光五年（1825）立本齋刻本 六册

320000－1606－0005065 P07903
集説詮眞不分卷集説詮眞提要不分卷 （清）黄伯禄輯 清刻本 十六册

320000－1606－0005066 P07904
周易三極圖貫四集 （清）馮道立撰 清西園刻本 十九册

320000－1606－0005067 P07905
易經爻辰貫二卷 （清）馮道立撰 清西園刻本 五册

320000－1606－0005068 P07906
朱子經濟文衡類編前集二十五卷後集二十五卷續集二十二卷 （宋）朱熹撰 （宋）滕珙輯 清乾隆四年（1739）楊雲服刻本 九册

320000－1606－0005069 P07907
益公題跋十二卷 （宋）周必大撰 清汲古閣刻本 八册

320000－1606－0005070 P07908
慈溪黄氏日抄分類九十七卷古今紀要十九卷 （宋）黄震編 清刻本 二十四册

320000－1606－0005071 P07909
三長物齋叢書 （清）黄本驥編輯 清道光二十七年（1847）刻本 六十二册

320000－1606－0005072 P07910
秘書廿一種 （清）汪士漢校 清新安汪氏刻本 二十一册

320000－1606－0005073 P07911
還讀齋詩稿二十卷 （清）韓崶著 清道光七年（1827）刻本 二十册

320000－1606－0005074 P07912
脈法須知三卷 （清）錢經綸輯 清咸豐刻本 三册

320000－1606－0005075 P07913
實政録七卷 （明）吕坤撰 清刻本 十册

320000－1606－0005076 P07914
還讀齋詩稿二十卷續刻四卷 （清）韓崶著 清刻本 二十四册

320000－1606－0005077 P07915
秘書廿一種 （清）汪士漢校 清新安汪氏刻本 十二册

320000－1606－0005078 P07916
志學齋集三十九卷 （清）徐壽基撰 清光緒刻本 十三册 存二十三卷（一至二十三）

320000－1606－0005079 P07918
功順堂叢書十八種 （清）潘祖蔭輯 清刻本 三十二册

320000－1606－0005080 P07919
湖北叢書三十一種 （清）趙尚輔輯 清光緒十七年（1891）湖北三餘草堂刻本 九十一册 缺三種十四卷（孟子雜記四卷，孟子要略五卷、附録一卷，讀史賸言四卷）

320000－1606－0005081 P07920
習是堂文集二卷自序年譜一卷 （清）曾倬著 清光緒二十年（1894）常熟曾氏義莊木活字

印本　二册

320000－1606－0005082　P07921
經玩二十卷　（清）沈淑撰　清雍正七年(1729)孝德堂刻本　十六册

320000－1606－0005083　P07922
劉屏山先生集二十卷首一卷　（宋）劉子翬著　清刻本　八册

320000－1606－0005084　P07923
清秘述聞十六卷　（清）法式善編　清嘉慶四年(1799)刻本　六册

320000－1606－0005085　P07924
白雲文集五卷詩集二卷續集八卷　（清）陳斌撰　清嘉慶十二年至道光四年(1807－1824)刻本　六册

320000－1606－0005086　P07925
雙槐歲鈔十卷附錄一卷　（明）黄瑜撰　清道光十一年(1831)南海伍氏粤雅堂文字歡娛室刻本　八册

320000－1606－0005087　P07926
吴學士文集四卷詩集五卷　（清）吴鼒著　（清）梁肇煌編訂　清光緒八年(1882)江寧藩署刻本　十二册

320000－1606－0005088　P07927
鄭小谷先生全集六種　（清）鄭獻甫撰　清光緒五年(1879)黔南節署刻本　三十册

320000－1606－0005089　P07928
嘉靖以來首輔傳八卷　（明）王世貞撰　清光緒刻本　八册

320000－1606－0005090　P07929
陳少陽集十卷首一卷　（宋）陳東撰　（清）劉德麟　（清）聞福圻輯　清刻本　六册

320000－1606－0005091　P07930
勵志錄二卷　（清）沈近思撰　清刻本　一册

320000－1606－0005092　P07931
庸言四卷補遺一卷　（清）余元遴撰　清光緒二十二年(1896)江蘇書局刻本　二册

320000－1606－0005093　P07932
武林怡老會詩集不分卷　（明）張瀚輯　清光緒八年(1882)刻本　二册

320000－1606－0005094　P07933
堪輿一覽二集　（清）孫稚玉撰　清道光三年(1823)南潯蔣氏瑞松堂刻本　六册

320000－1606－0005095　P07934
訂正仲景傷寒論釋義不分卷　（清）李纘文注　清末石印本　十二册

320000－1606－0005096　P07935
禮記二十卷　（漢）鄭玄注　**禮記釋文一卷**　（唐）陸德明撰　清嘉慶二十五年(1820)陽城張氏刻本　十六册

320000－1606－0005097　P07936
海天旭日硯記一卷題辭一卷　（清）劉瀚輯　清光緒十六年(1890)刻本　二册

320000－1606－0005098　P07940
黄帝五書六卷　（清）孫星衍校　清嘉慶十二年(1807)蘭陵孫氏刻本　四册

320000－1606－0005099　P07941
理瀹駢文一卷略言一卷續增略言三卷附膏藥方一卷治心病方一卷　（清）吴師機撰　清光緒刻本　十二册

320000－1606－0005100　P07942
螢芝全集十八卷　（清）張明弼撰　清光緒二十四年(1898)刻本　十六册

320000－1606－0005101　P07943
六朝事迹編類十四卷　（宋）張敦頤撰　清光緒十三年(1887)寶章閣李濱刻本　四册

320000－1606－0005102　P07944
女科二卷産後編二卷　（清）傅山著　清道光十一年(1831)刻本　四册

320000－1606－0005103　P07945
管子地員篇注四卷　（清）王紹蘭著　清光緒十七年(1891)寄虹山館刻本　四册

320000－1606－0005104　P07946
潛虛先生文集十四卷補遺一卷　（清）戴名世

撰　**潛虚先生年譜一卷**　(清)尤雲鶚撰　清刻本　十四册

320000－1606－0005105　P07947
浣玉軒集四卷　(清)夏敬渠著　清光緒十六年(1890)刻本　四册

320000－1606－0005106　P07948
唐類函二百卷目錄二卷　(明)俞安期彙纂　(明)徐顯卿校訂　清刻本　六十五册　存一百五十九卷(一至五十三、七十九至九十九、一百三至一百十五、一百二十二至一百九十三)

320000－1606－0005107　P07949
西夏經義十種首一卷　(清)何佩融撰　清南浦三塗邱刻本　二十册

320000－1606－0005108　P07950
海虞三陶先生集合刻三種　(清)楊沂孫輯　清刻本　十四册

320000－1606－0005109　P07951
六藝綱目二卷附錄二卷　(元)舒天民述　(元)舒恭注　(元)趙宜中附注　清道光二十八年(1848)嘉蔭簃刻本　四册

320000－1606－0005110　P07952
西國近事彙編七十二卷(清同治癸酉至光緒戊戌)　(美國)金楷理口譯　(清)蔡錫齡筆述　清光緒上海機器製造局刻本　一百二册　缺二卷(光緒丁亥三至四)

320000－1606－0005111　P07953
雙白燕堂文集二卷外集八卷　(清)陸耀通撰　清光緒四年(1878)興國州署刻本　四册

320000－1606－0005112　P07954
善卷堂四六十卷　(清)陸繁弨撰　(清)吳自高注　清鑒茲堂刻本　四册

320000－1606－0005113　P07955
春秋大事表五十卷　(清)顧棟高輯　清乾隆十三年(1748)萬卷樓刻本　十五册　存二十八卷(一至二十四、四十七至五十)

320000－1606－0005114　P07956
學林十卷　(宋)王觀國撰　清嘉慶十四年(1809)刻本　十册

320000－1606－0005115　P07957
新刊翰林群書纂粹八卷　(明)徐時行纂　清刻本　十一册　存七卷(一至五、七至八)

320000－1606－0005116　P07958
撫東政略二卷　宋小濂　徐鼐霖編輯　清末鉛印本　二册

320000－1606－0005117　P07959
宛陵先生文集六十卷　(宋)梅堯臣撰　清石印本　十册

320000－1606－0005118　P07960
蒼生司命八卷首一卷　(明)虞摶輯　清康熙十六年(1677)同德堂刻本　十六册

320000－1606－0005119　P07961
陸陳二先生詩文鈔二十九卷　(清)葉裕仁編　清同治九年至光緒二年(1870－1876)安道書院刻本　六册　存二十一卷(桴亭先生文鈔六卷、續鈔一卷、詩鈔四卷,確庵先生文鈔六卷、詩鈔五至八)

320000－1606－0005120　P07962
蘇沈内翰良方十卷　(宋)蘇軾　(宋)沈括著　(清)程永培校　清乾隆脩敬堂刻本　七册

320000－1606－0005121　P07963
江城名蹟記二卷末一卷　(清)陳弘緒著　清刻本　六册

320000－1606－0005122　P07964
晚聞堂集十六卷　(明)余紹祉撰　清道光十七年(1837)刻本　十册

320000－1606－0005123　P07965
證治彙補八卷　(清)李用粹撰　清會成堂刻本　五册　存七卷(一至七)

320000－1606－0005124　P07966
峭帆樓叢書二十種　趙詒琛輯　清宣統三年至民國八年(1911－1919)昆山趙詒琛刻本　二十册

320000－1606－0005125　P07967

表異録二十卷 （明）王志堅輯 清最宜草堂刻本 一冊

320000－1606－0005126 P07968
十藥神書一卷 （元）葛可久編 清乾隆脩敬堂刻本 一冊

320000－1606－0005127 P07969
加減靈秘十八方不分卷 （明）胡嗣廉纂 清乾隆脩敬堂刻本 一冊

320000－1606－0005128 P07970
四銅鼓齋論畫集刻十二種 （清）張祥河輯 清道光二十六年（1846）華亭張氏刻本 八冊

320000－1606－0005129 P07971
紀慎齋先生全集十四種 （清）紀大奎撰 清嘉慶十三年（1808）雙桂堂刻本 三十二冊

320000－1606－0005130 P07972
清河集七卷附録一卷 （元）元明善撰 清刻本 四冊

320000－1606－0005131 P07973
共賞集初編一卷二編一卷 （清）錢辰録 清刻本 六冊

320000－1606－0005132 P07974
鶴山題跋七卷 （宋）魏了翁撰 （明）毛晉訂 明末汲古閣刻本 二冊 存三卷（一至二）

320000－1606－0005133 P07975
劉壯肅公奏議十卷首一卷 （清）劉銘傳撰 清鉛印本 六冊

320000－1606－0005134 P07976
褚氏遺書不分卷 （南朝齊）褚澄撰 清乾隆修敬堂刻本 一冊

320000－1606－0005135 P07977
編注醫學入門七卷首一卷 （明）李梴撰 清青雲樓刻本 十四冊

320000－1606－0005136 P07978
洛學編六卷 （清）湯斌等輯 清光緒二年（1876）有不為齋刻本 六冊

320000－1606－0005137 P07979
節孝先生文集三十卷事實一卷附載一卷節孝先生語録一卷 （宋）徐積著 清宣統三年（1911）徐氏刻本 十冊

320000－1606－0005138 P07980
廣博物志五十卷 （明）董斯張纂 （明）楊鶴訂 清乾隆二十六年（1761）高暉堂刻本 三十二冊

320000－1606－0005139 P07981
十三經注疏十三種 （清）張廷玉 （清）鄂爾泰總閱 清刻本 一百十五冊

320000－1606－0005140 P07982
推測易知四卷 （清）陳松録 清光緒十三年（1887）樹德堂刻本 二冊 存二卷（一至二）

320000－1606－0005141 P07983
曾惠敏公奏疏六卷文集五卷詩集四卷日記二卷 （清）曾紀澤撰 清光緒十九年（1893）江南製造總局鉛印本 八冊

320000－1606－0005142 P07984
一斑録五卷附編三卷雜述八卷 （清）鄭光祖著 清道光二十三年（1843）刻三十年（1850）印本 十八冊 存十二卷（一斑録五卷、雜述二至八）

320000－1606－0005143 P07985
增訂易經存疑的藁十二卷 （明）林希元著 清康熙刻本 十二冊

320000－1606－0005144 P07986
類證普濟本事方十卷坊刻王氏本備録一卷治藥制度總例一卷 （宋）許叔微撰 （清）葉桂釋義 清嘉慶刻本 六冊

320000－1606－0005145 P07987
慎餘録二卷 （清）鄭言紹編輯 清光緒刻本 四冊

320000－1606－0005146 P07988
歐洲族類源流畧五卷 王樹枏撰 清光緒二十八年（1902）刻本 五冊

320000－1606－0005147 P07989
史外八卷 （清）汪有典著 清光緒三年

(1877)刻本　二十四册

320000－1606－0005148　P07990
韓節愍公遺稿十二卷首一卷末一卷　(明)韓上桂撰　清嘉慶二十一年(1816)廣州朵雲山房刻本　十二册

320000－1606－0005149　P07991
平妖傳八卷四十回　(明)羅本撰　(明)馮夢龍增定　清刻本　八册

320000－1606－0005150　P07993
地理正義不分卷　(清)張受祺纂著　清乾隆八年(1743)素宜堂刻本　十六册

320000－1606－0005151　P07995
切問齋文鈔三十卷　(清)陸燿輯　清乾隆四十年(1775)刻本　十册

320000－1606－0005152　P07996
葛仙翁肘後備急方八卷　(晉)葛洪著　清修敬堂刻本　十四册

320000－1606－0005153　P07997
求闕齋日記類鈔二卷首一卷　(清)曾國藩隨筆　(清)王啟原校編　清光緒二年(1876)傳忠書局刻本　二册

320000－1606－0005154　P07998
西湖志纂十五卷首一卷　(清)沈德潛等輯　清乾隆刻本　六册　存九卷(一至八、首一卷)

320000－1606－0005155　P08000
春秋律身錄二十二卷　(清)楊長年撰　清光緒刻本　十六册

320000－1606－0005156　P08001
本草經解要四卷附餘一卷　(清)葉桂集註　清雍正二年(1724)刻本　八册

320000－1606－0005157　P08002
山帶閣集三十三卷　(明)朱曰藩撰　清金陵劉文楷家刻本　八册　存二十八卷(一至二十八)

320000－1606－0005158　P08003
西亭文鈔十二卷首一卷末一卷附錄一卷　(清)王原撰　清光緒十七年(1891)不遠復齋刻本　十二册

320000－1606－0005159　P08004
香禪精舍集二十九卷附四家詩詞合刻四卷　(清)潘鍾瑞輯　清光緒香禪精舍刻本　十六册

320000－1606－0005160　P08005
書畫跋跋三卷續三卷　(明)孫鑛著　清乾隆五年(1740)孫氏居業堂刻本　八册

320000－1606－0005161　P08006
純白齋類稿二十卷首一卷附錄二卷　(元)胡助撰　清同治退補齋刻本　十册

320000－1606－0005162　P08007
澄蘭室古緣萃錄十八卷　邵松年輯　清光緒三十年(1904)澄蘭室石印本　十八册

320000－1606－0005163　P08008
頤綵堂全集三十四卷　(清)沈叔埏　(清)沈玨撰　清光緒九年(1883)刻本　二十六册

320000－1606－0005164　P08009
痘疹傳心錄十九卷　(明)朱惠明著　清乾隆修敬堂刻本　三册　存四卷(一至四)

320000－1606－0005165　P08010
元詩選初集九集首一卷　(清)顧嗣立輯　清康熙三十三年(1694)長洲顧氏秀野草堂刻本　二十四册

320000－1606－0005166　P08011
元和紀用經一卷　(唐)王冰著　清乾隆脩敬堂刻六醴齋醫書本　二册

320000－1606－0005167　P08012
唐堂集五十卷續八卷補遺二卷附冬錄一卷　(清)黃之雋撰　清刻本　三十四册

320000－1606－0005168　P08014
西山泉二卷　(清)王嘉璧輯　**西山林三卷**　(清)王顯曾纂　清嘉慶七年(1802)枕書樓刻本　八册

320000－1606－0005169　P08015
毅齋查先生闡道集十卷末一卷　(清)查鐸著

清光緒十六年(1890)刻本　十二冊

320000－1606－0005170　P08016

昌黎先生詩集注十一卷　(唐)韓愈撰　(清)顧嗣立注　清康熙三十八年(1699)顧氏秀野草堂刻本　十冊

320000－1606－0005171　P08017

鑑誡錄十卷　(五代)何光遠編　清光緒三年(1877)湖北崇文書局刻本　二冊

320000－1606－0005172　P08018

古今合璧事類備要前集六十九卷後集八十一卷續集五十六卷別集九十四卷外集六十六卷　(宋)謝維新編　清刻本　八十一冊　存三百卷(古今合璧事類備要前集六十九卷、後集八十一卷、續集五十六卷、別集九十四卷)

320000－1606－0005173　P08019

增註千姓連珠四卷　(清)潘紉佩著　清刻本　五冊　存三卷(二至四)

320000－1606－0005174　P08021

盛唐八十名家集八函二百四十三卷　(明)秦燿纂輯　清刻本　八十冊

320000－1606－0005175　P08022

慎柔五書五卷　(明)胡慎柔撰　清乾隆脩敬堂刻本　三冊　存三卷(三至五)

320000－1606－0005176　P08024

東京實錄一百三十卷　(宋)儿褒著　清刻本　三十二冊

320000－1606－0005177　P08026

新編古今事文類聚前集六十卷後集五十卷續集二十八卷別集三十二卷　(宋)祝穆輯　**新集三十六卷外集十五卷**　(元)富大用輯　**遺集十五卷**　(元)祝淵輯　清刻本(續集卷二十至二十四配清抄本)　六十四冊　存二百三十卷(新編古今事文類聚前集六十卷,後集五十卷,續集一至九、十六至二十八,別集三十二卷,新集三十六卷,外集十五卷,遺集十五卷)

320000－1606－0005178　P08028

天下郡國利病書一百二十卷　(清)顧炎武輯　清光緒二十六年(1900)廣雅書局刻本　五十二冊

320000－1606－0005179　P08029

魏叔子文集外篇二十二卷首一卷　(清)魏禧著　(清)魏世傑編次　清刻本　十二冊　存二十卷(一至二、六至二十二,首一卷)

320000－1606－0005180　P08031

歷朝名媛詩詞十二卷　(清)陸昶評選　清乾隆三十八年(1773)吳門陸氏紅樹樓刻本　十二冊

320000－1606－0005181　P08033

太平御覽一千卷目錄十五卷　(宋)李昉等纂　清嘉慶十七年(1812)歙縣鮑氏刻本　一百二十冊

320000－1606－0005182　P08034

練川名人畫像四卷附二卷續編三卷　(清)程祖慶編次　清道光三十年(1850)刻本　八冊

320000－1606－0005183　P08037

元朝秘史十五卷　(元)忙豁侖紐察脱察安撰　清道光二十七年(1847)靈石楊氏刻本　四冊

320000－1606－0005184　P08039

讀史論略一卷　(清)杜詔撰　清光緒刻本　一冊

320000－1606－0005185　P08041

孫職方集一卷　(唐)孫樵撰　清抄本　一冊

320000－1606－0005186　P08042

三賢文集十二卷　(清)張斐然等輯　清刻本　十八冊　存十一卷(一至四、六至十二)

320000－1606－0005187　P08043

西河合集　(清)毛奇齡撰　(清)毛健等重輯　清蕭山陸凝瑞堂刻本　七十九冊

320000－1606－0005188　P08044

日知錄三十二卷　(清)顧炎武撰　清刻本　二冊　存六卷(一至六)

320000－1606－0005189　P08045

魏伯子文集十卷　(清)魏際瑞撰　清刻本　四册　存七卷(四至十)

320000－1606－0005190　P08046

金華叢書二十五種　(清)胡鳳丹輯　清同治胡鳳丹退補齋刻本　八十册

320000－1606－0005191　P08047

元祐羣賢題跋二十種　(明)毛晉訂　明末汲古閣刻本　三十六册

320000－1606－0005192　P08048

讀禮通考一百二十卷　(清)徐乾學撰　清光緒七年(1881)江蘇書局刻本　三十二册

320000－1606－0005193　P08049

居易堂集二十卷　(明)徐枋著　清康熙刻本　十册

320000－1606－0005194　P08051

柳待制文集二十卷外編附錄一卷　(元)柳貫撰　清順治十一年(1654)刻本　二十二册

320000－1606－0005195　P08052

重修南海普陀山志二十卷首一卷　(清)秦耀曾編輯　清道光十二年(1832)刻本　四册

320000－1606－0005196　P08053

施愚山先生全集　(清)施閏章撰　清康熙四十七年(1708)曹氏楝亭刻本　十册　存四種四十三卷(年譜一至四、家風述略一卷、文集一至二十八、詩集一至十)

320000－1606－0005197　P08056

唐宋八家鈔八卷　(清)沈德潛集　(清)高嵣集評　清乾隆五十三年(1788)刻本　八册

320000－1606－0005198　P08057

西山眞文忠公[德秀]年譜一卷　(清)眞采編　**衛生歌一卷**　(宋)眞德秀撰　清乾隆二十九年(1764)刻本　一册

320000－1606－0005199　P08058

四書反身錄八卷　(清)李顒撰　清刻本　四册

320000－1606－0005200　P08059

甌鉢羅室書畫過目攷四卷附卷一卷　(清)李玉棻編輯　清光緒二十三年(1897)興盛齋刻本　四册

320000－1606－0005201　P08060

御纂周易述義十卷　(清)傅恒等撰　清刻本　八册

320000－1606－0005202　P08061

魏季子文集十六卷　(清)魏禮著　(清)魏禧訂　清刻本　八册

320000－1606－0005203　P08062

說鈴前後集五十三種　(清)吳震方輯　清刻本　二十四册

320000－1606－0005204　P08063

義門讀書記五十八卷附行狀一卷　(清)何焯撰　(清)蔣維鈞編　清石香齋刻本　十六册

320000－1606－0005205　P08064

書集傳六卷　(宋)蔡沈集傳　(元)董鼎集釋　清嘉慶十九年(1814)刻本　五册

320000－1606－0005206　P08065

新增格古要論十三卷　(明)曹昭著　清刻本　八册

320000－1606－0005207　P08066

施愚山先生學餘詩集五十卷　(清)施閏章撰　**隨村先生遺集六卷**　(清)施瑮撰　**施愚山先生別集四卷外集二卷**　(清)施念曾校　清康熙四十七年(1708)曹氏楝亭刻本　十册　存五十二卷(施愚山先生學餘詩集十一至五十,隨村先生遺集六卷,施愚山先生別集四卷、外集二卷)

320000－1606－0005208　P08067

新鐫繡像列仙傳四卷　(明)洪應明輯　清刻本　四册

320000－1606－0005209　P08068

瑞筠圖傳奇二卷　(清)夏綸撰　(清)徐夢元評　清世光堂刻本　四册

320000－1606－0005210　P08069

楹聯集錦八卷　(□)□□輯　清刻本　四册

320000－1606－0005211　P08070

書目答問不分卷 (清)張之洞撰 清光緒十四年(1888)上海蜚英館石印本 二册

320000－1606－0005212 P08071
紀元編三卷末一卷 (清)李兆洛撰 (清)六承如錄 清道光十一年(1831)輩學齋刻本 一册

320000－1606－0005213 P08072
周易費氏學八卷敘錄一卷 馬其昶撰 清光緒三十年(1904)集虛草堂刻本 三册

320000－1606－0005214 P08073
明紀六十卷 (清)陳鶴撰 (清)陳克家參訂 清同治十年(1871)江蘇書局刻本 二十册

320000－1606－0005215 P08074
鸚鵡洲小志四卷首一卷 (清)胡鳳丹編纂 清同治十三年(1874)退補齋刻本 四册

320000－1606－0005216 P08075
說嵩三十二卷例目一卷 (清)景日昣撰 清康熙嶽生堂刻本 十册

320000－1606－0005217 P08076
雙溪文集十七卷 (宋)王炎著 清刻本 十册 存八卷(一至八)

320000－1606－0005218 P08077
丹陽集二十四卷附錄一卷 (宋)葛勝仲撰 清光緒二十二年(1896)武進盛氏思惠齋刻本 三冊

320000－1606－0005219 P08078
王右丞集二十八卷首一卷末一卷 (唐)王維撰 (清)趙殿成輯錄 清颺錦齋田翠含刻本 九册 存二十六卷(一、六至二十八,首一卷,末一卷)

320000－1606－0005220 P08079
蠹書二卷續編一卷附錄一卷附錄詩一卷 (清)吳之珽撰 清康熙六十一年(1722)刻本 一册

320000－1606－0005221 P08080
西京雜記六卷 題(晉)葛洪集 清刻本 一册 存五卷(一至五)

320000－1606－0005222 P08081
五雜組十六卷 (明)謝肇淛撰 明刻本 二十四册

320000－1606－0005223 P08082
北溪先生全集五十卷字義二卷外集一卷 (宋)陳淳撰 清乾隆四十八年(1783)刻本 八册

320000－1606－0005224 P08084
四書自課錄二十九卷 (清)任時懋纂 清乾隆璜川書屋刻本 十四册

320000－1606－0005225 P08085
寶華山志十五卷首一卷 (清)劉名芳纂修 清刻本 四册

320000－1606－0005226 P08086
井中心史一卷 (宋)鄭思肖撰 清嘉慶十六年(1811)吳期抄本 一册

320000－1606－0005227 P08087
聯經四卷 (清)李學禮述 清乾隆五十五年(1790)補過堂刻本 十二册

320000－1606－0005228 P08089
朱子原編孟子要略五卷首一卷 (宋)朱熹撰 (清)劉光庭輯註 (清)曾國藩按 清光緒二十九年(1903)雲南官書局刻本 四册

320000－1606－0005229 P08090
論語意原四卷 (宋)鄭汝諧撰 清刻本 二册

320000－1606－0005230 P08095
長春眞人西遊記二卷 (元)李志常述 清道光二十七年(1847)靈石楊氏刻本 三册

320000－1606－0005231 P08097
峯抱樓楹帖二卷 (清)沈鏗輯 清光緒二十九年(1903)刻本 一册

320000－1606－0005232 P08099
香祖筆記十二卷 (清)王士禛撰 清康熙四十四年(1705)刻本 二册 存八卷(一至八)

320000－1606－0005233 P08100
新雕徂徠石先生文集二十卷末一卷 (宋)石

介撰　清光緒九年(1883)尚志書院刻本　四冊

320000－1606－0005234　P08101
香蘇山館古體詩鈔十七卷今體詩鈔十九卷　(清)吳嵩梁撰　清光緒木犀軒刻本　十冊

320000－1606－0005235　P08102
帝鑑圖說前編不分卷帝鑑圖說後編不分卷　(明)張居正輯　清刻本　十二冊

320000－1606－0005236　P08104
毋自欺室文集十卷　(清)王炳燮撰　清光緒十一年(1885)津河廣仁堂刻本　四冊

320000－1606－0005237　P08105
龍川文集三十卷　(宋)陳亮撰　清聚星堂刻本　八冊

320000－1606－0005238　P08106
黃棃洲先生南雷文約四卷　(清)黃宗羲撰　(清)鄭性訂　清乾隆刻本　四冊

320000－1606－0005239　P08107
樊川文集二十卷外集一卷别集一卷　(唐)杜牧撰　清光緒二十二年(1896)景蘇園影宋刻本　六冊

320000－1606－0005240　P08108
歷科廷試狀元策十卷總考一卷　(明)焦竑編集　(明)吳道南校正　(清)胡任輿增訂　清刻本　二十冊

320000－1606－0005241　P08109
檀几叢書五十卷二集五十卷餘集二卷　(清)王晫　(清)張潮輯　清康熙三十四年至三十六年(1695－1697)新安張氏霞舉堂刻本　十六冊

320000－1606－0005242　P08110
峨山圖說二卷　(清)譚鍾嶽繪圖　(清)廖笙堂輯說　(清)黃綬芙編　清光緒十七年(1891)四川成都兩湖公所刻本　二冊

320000－1606－0005243　P08111
清容居士集五十卷　(元)袁桷撰　**札記一卷**　(清)郁松年撰　清道光二十年(1840)上海郁氏刻宜稼堂叢刻本　十五冊

320000－1606－0005244　P08112
瞿忠宣公集十卷　(明)瞿式耜撰　清道光十五年(1835)刻本　十冊

320000－1606－0005245　P08113
解文毅公集十六卷首一卷附錄一卷　(明)解縉撰　清乾隆三十二年(1767)解氏敦仁堂刻本　十四冊

320000－1606－0005246　P08114
婁東雜著　(清)邵廷烈輯　清道光十三年(1833)太倉東陵氏刻本　十二冊　存三十種三十卷(雪履齋筆記一卷、使緬錄一卷、病逸漫記一卷、桑子庸言一卷、談藝錄一卷、服食崇儉論一卷、奉常家訓一卷、易說一卷、說文引詩辨證一卷、海運說一卷、補闕疑一卷、築圍說一卷、治病說一卷、救荒定議一卷、蔚村三約一卷、淮雲問答一卷、婁江條議一卷、蘇松浮糧攷一卷、桑梓五防一卷、支更說一卷、分野說一卷、省身錄一卷、封建考一卷、梅村詩話一卷、水利五論一卷、論畫十則一卷、敬學錄一卷、論學三說一卷、廣論學三說一卷、吳下喪禮辨一卷)

320000－1606－0005247　P08115
新刻天傭子全集十卷　(明)艾南英撰　清康熙三十八年(1699)刻本　五冊

320000－1606－0005248　P08116
說文辨字正俗八卷　(清)李富孫學　清刻本　四冊

320000－1606－0005249　P08117
讀書後八卷　(明)王世貞撰　清味菜廬木活字印本　四冊

320000－1606－0005250　P08118
張忠敏公遺集十卷首一卷附錄六卷　(明)張國維著　清光緒五年(1879)江蘇書局刻本　六冊

320000－1606－0005251　P08119
海峰文集八卷海峰詩集十一卷　(清)劉大櫆著　清同治十三年(1874)劉繼刻本　六冊

320000－1606－0005252　P08120
昭代名人尺牘續集二十四卷　陶湘輯　清宣統三年(1911)石印本　十二冊

320000－1606－0005253　P08122
邱文莊公集十卷　(明)邱濬著　**海忠介公集六卷**　(明)海瑞撰　清刻本　十冊

320000－1606－0005254　P08123
抗希堂十六種　(清)方苞撰　清康熙、嘉慶間桐城方氏抗希堂刻本　六十冊

320000－1606－0005255　P08124
楊仲宏集八卷　(元)楊載撰　清刻本　四冊

320000－1606－0005256　P08125
璧合珠聯集十卷　題(清)翰緣齋主人錄　清光緒二十三年(1897)刻本　六冊

320000－1606－0005257　P08132
弟子箴言十六卷　(清)胡達源撰　清同治九年(1870)刻本　四冊

320000－1606－0005258　P08133
禹貢川澤考二卷　(清)桂文燦撰　清光緒十二年(1886)鉛印本　二冊

320000－1606－0005259　P08134
永嘉叢書　(清)孫衣言輯　清同治、光緒間瑞安孫氏詒善祠塾刻本　三十冊　存七種一百三十八卷(横塘集二十卷、竹軒雜著六卷、劉左史文集四卷、劉給諫文集五卷、水心先生別集十六卷、止齋文集五十二卷、艮齋先生薛常州浪語集三十五卷)

320000－1606－0005260　P08140
劉子全書遺編二十四卷首一卷　(明)劉宗周撰　(清)沈復粲編輯　清光緒十八年(1892)刻本　十二冊

320000－1606－0005261　P08143
宜稼堂叢書七種　(清)郁松年輯　清道光二十年至二十二年(1840－1842)上海郁氏刻本　四十一冊　缺二種八十二卷(剡源集三十卷、附札記一卷,清容居士集五十卷、附札記一卷)

320000－1606－0005262　P08144
同治徐州府志二十五卷　(清)吳世熊　(清)朱忻修　清同治十三年(1874)刻本　十冊　存十四卷(一至六、八、十六至二十二)

320000－1606－0005263　P08145
王右丞集二十八卷首一卷末一卷　(清)趙殿成箋註　清刻本　十冊　存二十七卷(四至二十八、首一卷、末一卷)

320000－1606－0005264　P08147
清異編珠二卷　(清)福申輯　(清)楊文楷注　清道光六年(1826)刻本　四冊

320000－1606－0005265　P08148
四書合講二十卷　(清)翁復編　清尚德堂刻本　六冊

320000－1606－0005266　P08150
楹聯集帖四種　(清)何紹基輯　(清)吳雲續輯　清同治二年(1863)二百蘭亭齋刻本　三冊

320000－1606－0005267　P08151
字學海珠一卷　(清)王炯青著　(清)王大昕手錄　清抄本　一冊

320000－1606－0005268　P08152
陳氏小兒痘疹方論一卷　(宋)陳文中撰　(明)薛己注　清刻本　一冊

320000－1606－0005269　P08153
弔譜集成六卷首一卷緒餘一卷　題(清)退菴居士輯　清刻本　三冊

320000－1606－0005270　P08154
嘉定長白二先生奏議五卷　夏震武輯　清宣統二年(1910)鉛印本　四冊

320000－1606－0005271　P08156
樊南文集詳註八卷　(清)馮浩編訂　清德聚堂刻本　四冊

320000－1606－0005272　P08157
測地繪圖十一卷附一卷表一卷　(英國)富路瑪撰　(英國)傅蘭雅口譯　(清)徐壽筆述　清刻本　二冊　存六卷(一至四、附一卷、表

一卷）

320000－1606－0005273　P08158
蘿藦亭札記八卷　（清）喬松年鈔撮　清同治十二年（1873）刻本　四冊

320000－1606－0005274　P08159
新刻批點四書讀本十九卷　（宋）朱熹章句　清道光七年（1827）愷元堂刻朱墨套印本　八冊

320000－1606－0005275　P08160
鴻雪因緣圖記三集六卷　（清）麟慶撰　清道光二十七年（1847）刻本　六冊

320000－1606－0005276　P08163
心矩齋叢書十種　（清）蔣鳳藻編輯　清光緒八年至十四年（1882－1888）長洲蔣鳳藻心矩齋刻本　十六冊

320000－1606－0005277　P08164
古文審八卷首一卷　（清）劉心源撰　清光緒十七年（1891）嘉魚劉氏龍江樓刻本　四冊

320000－1606－0005278　P08165
觀自得齋叢書二十四種　（清）徐士愷輯　清光緒十二年至二十年（1886－1894）石埭徐氏觀自得齋刻本　十八冊

320000－1606－0005279　P08166
淵雅堂全集　（清）王芑孫撰　清嘉慶八年（1803）本家刻本　十六冊　存八種四十五卷（編年詩稿十八卷、惕甫未定稿十六卷、詩外集一卷、讀賦卮言一卷、文外集四卷、附寫韻軒小稿二卷、波餘遺稿一卷、波餘遺稿附錄二卷）

320000－1606－0005280　P08167
宋王黃州小畜集三十卷　（宋）王禹偁撰　清乾隆二十二年（1757）趙熟典愛日堂刻本　八冊

320000－1606－0005281　P08168
柯亭子文集八卷駢體文集六卷詩初集八卷詩二集十卷　（清）周休潤撰　清道光二十九年（1849）刻本　十四冊　存二十七卷（柯亭子文集八卷、駢體文集一至四、詩初集四至八、詩二集十卷）

320000－1606－0005282　P08169
幸魯盛典四十卷　（清）孔毓圻等撰　清康熙二十八年（1689）紅萼軒刻本　二十四冊

320000－1606－0005283　P08170
積石文稾十八卷積石詩存五卷鱠餘編一卷　（清）張履撰　清光緒二十年（1894）刻本　八冊

320000－1606－0005284　P08171
還讀我書室老人手訂年譜二卷　（清）董恂編　清光緒刻本　二冊

320000－1606－0005285　P08172
五代史記七十四卷　（宋）歐陽修撰　清宣統三年（1911）貴池劉氏玉海堂影刻本　十二冊

320000－1606－0005286　P08173
明崔文敏公洹詞十二卷目錄一卷　（明）崔銑撰　清乾隆三十六年（1771）刻本　二冊　存六卷（一至五、目錄一卷）

320000－1606－0005287　P08174
重修名法指掌圖四卷　（清）徐灝輯　清同治九年（1870）湖南藩署刻本　四冊

320000－1606－0005288　P08175
恩餘堂經進初稾十二卷續稾二十二卷三稾十一卷　（清）彭元瑞撰　清刻本　十六冊

320000－1606－0005289　P08178
後漢書補表八卷　（清）錢大昭撰　清光緒八年（1882）後知不足齋刻本　六冊

320000－1606　0005290　P08179
名賢手札八種八卷　（清）郭慶藩輯　清光緒十年（1884）刻本　六冊

320000－1606－0005291　P08180
孝經學七卷　曹元弼撰　清宣統元年（1909）刻本　一冊

320000－1606－0005292　P08181
尺園佐治摘存一卷　韓靄光撰　清宣統元年（1909）影印本　一冊

320000－1606－0005293　P08182
爾雅翼三十二卷　(宋)羅願撰　清光緒十年(1884)刻本　六冊

320000－1606－0005294　P08183
中興小紀四十卷　(宋)熊克撰　清光緒十七年(1891)廣雅書局刻本　六冊

320000－1606－0005295　P08184
李文公集十八卷補遺一卷附錄一卷　(唐)李翱撰　清光緒元年(1875)讀有用書齋刻本　二冊　存十卷(十一至十八、補遺一卷、附錄一卷)

320000－1606－0005296　P08185
觀自得齋別集六種　(清)徐士愷輯　清光緒十三年至十八年(1887－1892)石埭徐氏觀自得齋刻本　二冊

320000－1606－0005297　P08186
明人詩品二卷　(清)杜蔭棠輯　**夢曉樓隨筆一卷**　(清)宋顧樂撰　清刻本　一冊

320000－1606－0005298　P08187
公法便覽四卷總論一卷續一卷　(美國)丁韙良譯　清光緒三年(1877)同文館鉛印本　四冊　存四卷(公法便覽一至三、總論一卷)

320000－1606－0005299　P08188
十種古逸書　(清)茆泮林輯　清道光二十二年(1842)梅瑞軒刻本　十二冊

320000－1606－0005300　P08189
春渚紀聞十卷　(宋)何薳撰　清嘉慶十六年(1811)浦城祝氏留香室刻本　四冊

320000－1606－0005301　P08190
潘方伯公遺稿六卷　(清)潘駿文撰　(清)潘學祖　(清)潘延祖編　清光緒二十二年(1896)都門刻本　一冊

320000－1606－0005302　P08191
續纂江蘇水利全案正編四十卷附編十二卷首一卷　(清)李慶雲等纂　清光緒十四年(1888)江蘇水利局木活字印本　七冊

320000－1606－0005303　P08193
如皋冒氏叢書　冒廣生輯　清光緒二十六年(1900)如皋冒氏刻本　六冊　存十五種二十三卷(香儷園偶存一卷,寒碧孤吟一卷,集美人名詩一卷,泛雪小草一卷,蘭言一卷,岕茶彙鈔一卷,宣爐歌注一卷,樸巢文選四卷、詩選一卷,影梅庵憶語一卷,婦人集注一卷、集補一卷,小三吾亭文甲集一卷、詩二卷、詞一卷,外家紀聞一卷,冠柳詞一卷,莽鏡釋文一卷,冒巢民先生年譜一卷)

320000－1606－0005304　P08194
岑華居士全集六種　(清)吳慈鶴撰　清嘉慶十五年至道光七年(1810－1827)刻本　八冊

320000－1606－0005305　P08196
群經宮室圖二卷　(清)焦循撰　清半九書塾刻本　二冊

320000－1606－0005306　P08197
續軒渠集十卷附錄一卷補遺一卷　(元)洪希文撰　清光緒六年(1880)刻本　四冊

320000－1606－0005307　P08198
眞意堂叢書三種　(清)吳志忠輯　清嘉慶十六年(1811)璜川吳氏木活字印本　八冊

320000－1606－0005308　P08200
重定金石契不分卷　(清)張燕昌輯　清光緒二十二年(1896)貴池劉氏聚學軒刻朱印本　四冊

320000－1606－0005309　P08201
蒙求三卷　(唐)李瀚撰　清刻本　六冊

320000－1606－0005310　P08205
林和靖先生詩集四卷附錄一卷　(宋)林逋撰　清光緒二十一年(1895)婺源俞氏清蔭堂刻本　二冊

320000－1606－0005311　P08206
靜寄軒文鈔一卷詩鈔一卷　(清)潘辰雅撰　清光緒六年(1880)木活字印本　二冊

320000－1606－0005312　P08207
表度說一卷　(意大利)熊三拔口授　(清)周子愚等筆記　清抄本　一冊

320000－1606－0005313　P08210
天寶至寶經一卷　(唐)徐茂叔撰　清抄本　一冊

320000－1606－0005314　P08211
湯文正公[斌]年譜定本二卷　(清)方苞考訂　清乾隆八年(1743)樹德堂刻本　一冊

320000－1606－0005315　P08212
欽定執中成憲八卷　(清)世宗胤禛輯　清乾隆元年(1736)北京武英殿刻本　八冊

320000－1606－0005316　P08213
弇山畢公[沅]年譜一卷　(清)史善長撰　清同治十一年(1872)刻本　一冊

320000－1606－0005317　P08214
靈芬館集三種　(清)郭麐撰　清嘉慶、道光間刻本　十二冊

320000－1606－0005318　P08215
撼龍經註一卷　(唐)楊筠松(楊益)撰　清抄本　六冊

320000－1606－0005319　P08216
賓退錄十卷　(宋)趙與時撰　清光緒江陰繆氏刻本　四冊

320000－1606－0005320　P08217
江蘇全省輿圖不分卷　(清)諸可寶製　清光緒二十一年(1895)江蘇書局刻本　三冊

320000－1606－0005321　P08218
白虎通疏証十二卷　(清)陳立撰　清光緒元年(1875)淮南書局刻本　四冊

320000－1606－0005322　P08219
杜工部草堂詩箋四十卷補遺十卷外集一卷詩話二卷年譜二卷　(宋)魯訔撰　清光緒十年(1884)遵義黎氏日本東京使署刻本　八冊

320000－1606－0005323　P08220
欽定古今圖書集成一萬卷目錄三十二卷　(清)蔣廷錫等編　清刻本　一冊　存二卷(堪輿部六百七十九至六百八十)

320000－1606－0005324　P08221
道鄉公文集四十卷補遺一卷附錄一卷　(宋)鄒浩撰　清光緒七年(1881)蘇州寶華山房刻本　十二冊

320000－1606－0005325　P08222
千金寶要六卷　(唐)孫思邈撰　清光緒十一年(1885)吳縣朱氏槐廬家塾刻本　一冊

320000－1606－0005326　P08223
有真意齋文集不分卷　(清)潘世恩撰　清光緒二十四年(1898)吳縣潘氏刻本　二冊

320000－1606－0005327　P08224
西溪叢語二卷　(宋)姚寬撰　清嘉慶十年(1805)虞山張氏照曠閣刻本　二冊

320000－1606－0005328　P08225
凝香室鴻雪因緣圖記二卷　(清)麟慶撰　清光緒二十四年(1898)雲蔭堂刻本　四冊

320000－1606－0005329　P08226
國語二十一卷　(三國吳)韋昭注　**校刊明道本韋氏解國語札記一卷**　(清)黃丕烈撰　清嘉慶五年(1800)吳門黃氏讀未見書齋刻本　八冊

320000－1606－0005330　P08227
鹿洲全集八種　(清)藍鼎元撰　清光緒五年(1879)藍謙刻本　二十四冊

320000－1606－0005331　P08228
植物名實圖考三十八卷　(清)吳其濬撰　清道光二十八年(1848)陸應穀刻本　五十五冊

320000－1606－0005332　P08230
余忠宣公青陽集五卷　(元)余闕撰　清道光元年(1821)刻本　四冊

320000－1606－0005333　P08231
花萼交輝閣集八卷　(清)曹福元撰　清光緒三十四年(1908)刻本　四冊

320000－1606－0005334　P08233
籌海圖編十三卷　(明)胡宗憲輯議　明天啓四年(1624)胡維極刻本　二十四冊

320000－1606－0005335　P08234
經史證類大觀本草三十一卷　(宋)唐慎微撰　清光緒三十年(1904)武昌柯氏刻本　四十

三冊

320000－1606－0005336　P08236

周孟輿先生傳一卷　(清)胡玉縉撰　清抄本　一冊

320000－1606－0005337　P08237

重校聖濟總錄二百卷　(清)汪鳴珂校　清乾隆五十二年(1787)平川燕遠堂刻本　四十一冊

320000－1606－0005338　P08238

娛園叢刻十種　(清)許增輯　清光緒十五年(1889)仁和許氏刻本　八冊

320000－1606－0005339　P08239

微波榭叢書　(清)孔繼涵輯　清乾隆四十八年(1783)曲阜孔氏微波榭刻本　三十六冊　存九種一百十一卷(戴氏遺書四十六卷,算經十書三十七卷,國語補音三卷,孟子十四卷、附音義二卷,五經文字三卷、附五經文字疑一卷,春秋地名一卷,春秋長歷一卷,春秋金鎖匙一卷,新加九經字樣一卷、附九經字樣疑一卷)

320000－1606－0005340　P08240

文史通義八卷校讎通義三卷　(清)章學誠撰　清道光十三年(1833)刻本　十二冊

320000－1606－0005341　P08241

天子肆獻祼饋食禮三卷　(清)任啟運撰　清光緒十一年(1885)浙江書局刻本　三冊

320000－1606－0005342　P08242

吳巢松詩文全集二十三卷　(清)吳慈鶴撰　清光緒刻本　八冊

320000－1606－0005343　P08243

國朝中州文徵五十四卷首一卷　(清)蘇源生編　清道光二十三年至二十五年(1843－1845)刻本　二十五冊

320000－1606－0005344　P08244

郝氏遺書　(清)郝懿行撰　清光緒八年(1882)東路廳署刻本　二十九冊

320000－1606－0005345　P08245

晚香堂蘇帖十二卷　(宋)蘇軾書　清拓本　二十八冊

320000－1606－0005346　P08246

鄦齋叢書二十一種　徐乃昌輯　清光緒二十六年(1900)南陵徐氏刻本　十六冊

320000－1606－0005347　P08247

鐵華館叢書六種　(清)蔣鳳藻輯　清光緒九年至十年(1883－1884)長洲蔣氏刻本　六冊

320000－1606－0005348　P08249

司馬文正公集八十二卷首一卷　(宋)司馬光撰　清乾隆九年(1744)百祿堂刻本　二十冊

320000－1606－0005349　P08250

經學文鈔十五卷首三卷　梁鼎芬　曹元弼輯　清光緒三十四年(1908)江蘇存古學堂木活字印本　三十冊

320000－1606－0005350　P08252

咸淳臨安志一百卷　(宋)潛說友纂　**校栞咸淳臨安志札記三卷**　(清)黃士珣撰　清道光十年(1830)錢塘汪氏振綺堂刻本　二十三冊

320000－1606－0005351　P08253

印典八卷　(清)朱象賢撰　清雍正十一年(1733)朱之勱就閒堂刻本　三冊

320000－1606－0005352　P08254

戚少保[繼光]年譜耆編十二卷首一卷　(明)戚祚國等編　清光緒四年(1878)仙游崇勳祠刻本　九冊

320000－1606－0005353　P08255

邃雅堂集十卷邃雅堂學古錄七卷　(清)姚文田撰　清道光元年至七年(1821－1827)刻本　六冊

320000－1606－0005354　P08256

儀禮疏五十卷　(唐)賈公彥等撰　清道光十年(1830)汪氏刻本　十二冊

320000－1606－0005355　P08257

魏鶴山先生渠陽詩一卷　(宋)魏了翁撰　(宋)王德文注　清光緒二十八年(1902)貴池劉世珩玉海堂影宋刻本　一冊

320000－1606－0005356　P08260
婦嬰至寶六卷　題(清)亟齋居士編　清抄本　一册

320000－1606－0005357　P08262
古文辭類纂六十九卷　(清)姚鼐輯　清抄本　六册

320000－1606－0005358　P08263
六朝事迹編類十四卷　(宋)張敦頤撰　清光緒十三年(1887)寶章閣李濱刻本　四册

320000－1606－0005359　P08264
選擇醒迷全書六卷　(清)秦玉田輯　清咸豐十一年(1861)紅藥山房刻本　十册

320000－1606－0005360　P08265
元空法鑑一卷　(清)曾懷玉撰　清光緒三十年(1904)刻本　一册

320000－1606－0005361　P08266
壽者傳三卷　(明)陳懋仁撰　清乾隆五十年(1785)震澤任氏刻本　一册

320000－1606－0005362　P08267
陽宅易知錄一卷陰宅易知錄一卷　(清)張際盛輯　清抄本　二册

320000－1606－0005363　P08268
父師善誘法二卷　(清)唐彪撰　清康熙刻本　一册

320000－1606－0005364　P08269
牧齋尺牘三卷　(清)錢謙益撰　清抄本　六册

320000－1606－0005365　P08270
欽定古今圖書集成一萬卷目錄三十二卷　(清)蔣廷錫等編　清刻本　二册　存二卷(黄帝宅經一卷、元女青囊經海角經一卷)

320000－1606－0005366　P08271
清嘉錄十二卷　(清)顧祿撰　清光緒四年(1878)仁和葛氏刻本　八册

320000－1606－0005367　P08272
硯雲甲編八種　(清)金忠淳輯　清乾隆四十年(1775)甌山金氏硯雲書屋刻本　十四册

320000－1606－0005368　P08273
古今姓氏書辨証四十卷附校勘記三卷　(宋)鄧名世撰　清光緒十五年(1889)上海鴻文書局影印本　二十六册

320000－1606－0005369　P08275
賴太素催官篇四卷傳家陽宅得一錄陽宅三格辨一卷七十二葬法一卷　(宋)賴文俊撰　清嘉慶二年(1797)笥峰石室刻本　四册

320000－1606－0005370　P08276
秘藏五位詳明八卷　(唐)楊筠松(楊益)撰　清同治刻本　四册

320000－1606－0005371　P08277
大六壬尋源四卷　題(清)葵圃老人輯　清同治七年(1868)文奎堂刻本　四册

320000－1606－0005372　P08278
百二漢鏡齋秘書四種　(清)程芝雲輯　清道光四年(1824)湖邊程氏刻本　八册

320000－1606－0005373　P08280
地理秘竅一卷羅經秘竅十卷　(明)甘霖撰　清富春堂刻本　六册

320000－1606－0005374　P08287
合選心法地理一盤珠六卷　(清)劉統才輯　清宣統元年(1909)益元書局刻本　六册

320000－1606－0005375　P08290
醫宗備要三卷　(清)曾鼎輯　清同治八年(1869)刻本　二册

320000－1606－0005376　P08291
日知錄集釋三十二卷首一卷　(清)顧炎武撰　**策學纂要正續編十六卷**　(清)萬南泉等纂　清光緒十三年(1887)上海大同書局石印本　四册

320000－1606－0005377　P08292
述古叢鈔　(清)劉晚榮輯　清同治、光緒間古岡劉氏藏修書屋刻本　二十册

320000－1606－0005378　P08294
重訂法國志略二十四卷　(清)王韜輯撰　清光緒十六年(1890)淞隱廬鉛印本　十册

320000－1606－0005379　P08299

泰西十八周史攬要十八卷　(英國)雅各偉德撰　(英國)季理斐成章譯　清光緒二十七年(1901)上海廣學會鉛印本　六冊

320000－1606－0005380　P08300

最新萬國輿地韻編十二卷附韻字表補韻一卷　(清)齊忠甲編　清光緒二十九年(1903)京都刻本　十二冊

320000－1606－0005381　P08304

中外輿地彙鈔十四卷　(清)馬冠羣輯　清光緒二十年(1894)蘇州文瑞樓石印本　四冊

320000－1606－0005382　P08306

新釋地理備考全書十卷　(西洋)瑪吉士輯譯　清道光二十七年(1847)番禺潘氏刻本　六冊

320000－1606－0005383　P08309

讀書紀數略五十四卷　(清)宮夢仁撰　清康熙五十年(1711)刻本　二十四冊　存三十九卷(十六至五十四)

320000－1606－0005384　P08312

顯考南厓府君[朱珪]年譜三卷　(清)朱錫經編　清咸豐刻本　二冊

320000－1606－0005385　P08313

孫眞人備急千金要方九十三卷目錄二卷　(唐)孫思邈撰　清乾隆五十年(1785)刻本　十冊　存四十六卷(一至四十四、目錄二卷)

320000－1606－0005386　P08315

孟氏八錄八種　(清)孟超然撰　清嘉慶二十年(1815)刻亦園亭全集本　十冊

320000－1606－0005387　P08316

西青散記四卷　(清)史震林撰　清乾隆二年(1737)瓜渚草堂刻本　八冊

320000－1606－0005388　P08317

四書釋地一卷續一卷又續一卷三續一卷孟子生卒年月考一卷　(清)閻若璩撰　清乾隆八年(1743)太原閻氏眷西堂刻本　七冊　存四卷(續一卷、又續一卷、三續一卷、孟子生卒年月考一卷)

320000－1606－0005389　P08318

出使公牘十卷　(清)薛福成撰　清光緒二十四年(1898)傳經樓刻本　六冊

320000－1606－0005390　P08321

經史辨體不分卷　(清)徐與喬輯　清康熙稼史齋刻本　五十冊

320000－1606－0005391　P08322

中州人物考八卷　(清)孫奇逢輯　(清)王元鏞　(清)孫立雅編　清道光二十四年(1844)刻本　八冊

320000－1606－0005392　P08323

宋朝事實二十卷　(宋)李攸撰　清乾隆武英殿木活字印本　六冊

320000－1606－0005393　P08325

毓文書院志八卷　(清)洪亮吉撰　清嘉慶九年(1804)月午樓刻本　四冊

320000－1606－0005394　P08326

佐元直指圖解九卷首一卷　(明)劉基撰　清乾隆五十五年(1790)刻本　一冊

320000－1606－0005395　P08327

璇璣經集註一卷　(晉)趙載撰　清乾隆五十五年(1790)刻本　一冊

320000－1606－0005396　P08328

陽明按索五卷首一卷　(明)陳復心撰　清乾隆五十五年(1790)姑蘇顧氏樂眞堂刻本　一冊

320000－1606－0005397　P08329

三白寶海三卷　(元)釋幕講撰　清乾隆五十五年(1790)姑蘇顧氏樂眞堂刻本　一冊

320000－1606－0005398　P08330

白鹿書院志十九卷首一卷　(清)毛德琦原訂　(清)周兆蘭重修　清光緒九年(1883)刻本　八冊

320000－1606－0005399　P08331

學部奏咨輯要不分卷　(清)學部總務司案牘科輯　清宣統元年(1909)鉛印本　一冊

320000－1606－0005400　P08332
梅村家藏藁五十八卷梅村詩補遺一卷　(清)吳偉業撰　**梅村先生世系一卷梅村先生年譜四卷**　(清)顧師軾撰　清宣統三年(1911)武進董氏誦芬室刻本　五册　存四十卷(梅村家藏藁一至十二、三十七至五十八,梅村詩補遺一卷,梅村先生世系一卷,梅村先生年譜四卷)

320000－1606－0005401　P08333
綱目通論一卷　(清)任兆麟撰　清乾隆四十六年(1781)同川書屋刻本　一册

320000－1606－0005402　P08334
燕在閣知新錄三十二卷　(清)王棠彙訂　清康熙五十六年(1717)燕在閣刻本　六册

320000－1606－0005403　P08335
孟子時事略一卷　(清)任兆麟撰　清乾隆五十三年(1788)刻本　一册

320000－1606－0005404　P08336
弦歌古樂譜一卷　(清)任兆麟撰　清乾隆震澤任氏忠敏家塾刻本　一册

320000－1606－0005405　P08337
寧古塔紀略一卷　(清)吳桭臣撰　清抄本　一册

320000－1606－0005406　P08338
雙池先生[汪紱]年譜四卷　(清)余龍光編　清同治五年(1866)沱川理源刻本　三册

320000－1606－0005407　P08340
人壽金鑑二十二卷　(清)程得齡輯　清嘉慶二十五年(1820)安東程氏刻本　十五册

320000－1606－0005408　P08341
傷寒舌鑑一卷　(清)張登撰　清抄本　一册

320000－1606－0005409　P08342
隸釋二十七卷刊誤一卷　(宋)洪适撰　清同治十年(1871)皖南洪氏晦木齋刻本　六册

320000－1606－0005410　P08343
地理元合會通八卷首一卷　(清)姚諄教撰　清同治十年(1871)刻本　四册

320000－1606－0005411　P08344
存素堂詩稾十四卷文稾四卷補遺一卷存素堂集續編四卷壬癸志稾二十八卷　(清)錢寶琛撰　**頤壽老人年譜二卷**　(清)錢寶琛自訂　(清)錢鼎銘等注　清同治七年至光緒六年(1868－1880)刻本　八册

320000－1606－0005412　P08346
圖像水黃牛經合併大全二卷駞經一卷　(明)喻本元　(明)喻本亨撰　清光緒蘇州綠蔭堂刻本　一册

320000－1606－0005413　P08347
新刊纂圖元亨療馬集六卷附駞經一卷　(明)喻本元　(明)喻本亨撰　清光緒蘇州綠蔭堂刻本　六册

320000－1606－0005414　P08348
眞州風土記一卷　(清)厲秀芳撰　清抄本　一册

320000－1606－0005415　P08350
程中丞奏稿十九卷附錄三卷　程德全撰　清宣統元年(1909)鉛印本　十册

320000－1606－0005416　P08351
賜福廔筆記一卷　程德全撰　清光緒三十年(1904)鉛印本　一册

320000－1606－0005417　P08352
賜福廔啟事四卷庚子交涉隅錄一卷　程德全撰　宋小濂等輯　清宣統鉛印本　五册

320000－1606－0005418　P08353
啟禎朝野彙編十六種　(清)鄒流綺輯　清刻本　十六册

320000－1606－0005419　P08359
診家正眼二卷　(明)李中梓撰　清抄本　二册

320000－1606－0005420　P08362
國朝文匯乙集七十卷丙集三十卷　(清)沈粹芬等輯　清宣統元年(1909)上海國學扶輪社石印本　五十册

320000－1606－0005421　P08378

天機貫旨紅囊經四卷　(清)李三素撰　清光緒兩儀堂刻本　四冊

320000－1606－0005422　P08380
羅經圖説二卷　(清)周惇庸撰　清抄本　一冊

320000－1606－0005423　P08383
梧笙唱和初集二卷湘潭郭氏閨秀集一卷簪花閣遺稿一卷紅薇吟館遺草一卷　(清)李星沅　(清)郭潤玉撰　清道光十七年(1837)刻本　四冊

320000－1606－0005424　P08384
切韻指掌圖一卷　(宋)司馬光撰　清刻朱印本　二冊

320000－1606－0005425　P08385
新編楊會地理家傳心法捷訣一貫堪輿八卷首一卷　(明)唐世友輯　清益元堂刻本　六冊

320000－1606－0005426　P08386
御製文初集三十卷　(清)高宗弘曆撰　清刻本　八冊

320000－1606－0005427　P08391
復莊駢儷文榷八卷復莊詩問三十四卷　(清)姚燮撰　清咸豐四年(1854)大梅山館刻本　四冊　存二十七卷(復莊駢儷文榷八卷,復莊詩問一至五、二十一至三十四)

320000－1606－0005428　P08394
倭文端公遺書十卷首二卷　(清)倭仁撰　清光緒三年(1877)粤東翰元樓刻本　四冊

320000－1606－0005429　P08395
張宗道先生地理全書五卷　(明)張亘撰　清抄本　二冊

320000－1606－0005430　P08397
盾鼻隨聞錄八卷　題(清)樗園退叟輯　清光緒元年(1875)不懼無悶齋刻本　四冊

320000－1606－0005431　P08400
文信國公集二十卷首一卷　(宋)文天祥撰　清同治七年(1868)楚醴景萊書室刻本　八冊　存十六卷(一、七至二十,首一卷)

320000－1606－0005432　P08401
古今名醫彙粹八卷　(清)羅美輯　清嘉慶六年(1801)五柳居刻本　八冊

320000－1606－0005433　P08404
陽宅三要四卷　(清)趙廷棟撰　清道光十一年(1831)澹雅堂刻本　二冊

320000－1606－0005434　P08406
壹是紀始二十二卷補遺一卷　(清)魏崧撰　清道光二十二年(1842)刻本　十二冊

320000－1606－0005435　P08407
明辨齋叢書　(清)余肇鈞輯　清咸豐、同治間長沙余氏刻本　十冊　存二集九種(二集六種、三集三種)

320000－1606－0005436　P08409
遠就閣經説二卷　(清)□□撰　清抄本　四冊

320000－1606－0005437　P08411
地學二卷　(清)沈鎬撰　清宣統二年(1910)上海掃葉山房石印本　六冊

320000－1606－0005438　P08412
甫田集三十六卷　(明)文徵明撰　清宣統三年(1911)上海千頃堂書莊鉛印本　十二冊

320000－1606－0005439　P08414
陳莘田先生醫案四卷　(清)陳莘田撰　清光緒二十七年(1901)顧相軒抄本　二冊

320000－1606－0005440　P08416
巾經纂二十卷　(清)宋宗元撰　清乾隆十六年(1751)網師園刻本　二冊　存八卷(一至八)

320000－1606－0005441　P08417
漢官儀三卷　(宋)劉攽撰　清道光四年(1824)歙縣鮑氏影宋刻本　三冊

320000－1606－0005442　P08418
定山堂古文小品二卷　(清)龔鼎孳撰　清刻本　四冊

320000－1606－0005443　P08419
錫山景物畧十卷　(清)王永積輯　清光緒二

十四年(1898)刻本　四册

320000－1606－0005444　P08420
易譜尋源一卷　(唐)吕純陽撰　清抄本　二册

320000－1606－0005445　P08421
高陽太傅孫文正公[承宗]年譜五卷　(明)孫銓編　(清)孫奇逢訂正　清孫氏師儉堂刻本　四册

320000－1606－0005446　P08423
樹廬文鈔十卷　(清)彭士望撰　清道光四年(1824)冠石山房刻本　十二册

320000－1606－0005447　P08427
皇朝蓄艾文編八十卷　(清)于寶軒輯　清光緒二十九年(1903)上海官書局鉛印本　四十册

320000－1606－0005448　P08429
四書纂言四十卷　(清)宋翔鳳輯　清嘉慶、道光間宋氏浮溪草堂刻本　二十六册

320000－1606－0005449　P08432
婦科萬金方三卷　(清)□□撰　清抄本　三册

320000－1606－0005450　P08433
山洋指迷原本四卷　(明)周景一撰　(清)吴卿瞻注　清咸豐七年(1857)經綸堂刻本　四册

320000－1606－0005451　P08434
祥刑嘉言錄不分卷　(清)陶君儀撰　清抄本　四册

320000－1606－0005452　P08435
無聲詩史七卷　(清)姜紹書撰　清康熙五十九年(1720)李光暎觀妙齋刻本　五册　存六卷(一至六)

320000－1606－0005453　P08437
權制八卷　陳澹然撰　清光緒二十六年(1900)長沙徐崇立刻本　二册　存四卷(一至四)

320000－1606－0005454　P08438
孝思堂全集十卷　(清)侯七乘撰　清康熙三十二年(1693)西泠孫氏刻本　十六册

320000－1606－0005455　P08439
廣治平略四十四卷　(清)蔡方炳撰　清康熙三年(1664)刻本　四册　存十六卷(一至十六)

320000－1606－0005456　P08440
四秘全書十二種　(清)尹有本輯　清同治敦仁堂刻本　八册

320000－1606－0005457　P08442
古香齋鑒賞袖珍春明夢餘錄七十卷　(清)孫承澤撰　清光緒九年(1883)廣州惜分陰館刻本　二十四册

320000－1606－0005458　P08444
地理五十段四集　(清)李德貞撰　清同治十三年(1874)刻本　二册

320000－1606－0005459　P08447
榕村全書　(清)李光地撰　清道光九年(1829)李維迪刻本　一百十四册　存三十七種二百二十卷(易義前選五卷,榕村講授三卷,律詩四辨四卷,四書解義六卷,儀禮纂錄二卷,文貞公年譜二卷,洲啰存愚二卷,榕村譜錄合考上,道南講授四至十三,春秋燬餘四卷,經書源流歌訣一卷,三禮儀制歌訣一卷,歷代姓系歌訣一卷,名文前選六卷,周易觀象十二卷,孝經全註一卷,二程子遺書纂二卷、外書纂一卷,榕村語錄三十卷,洪範說二卷,程墨前選二卷,榕村詩選八卷、首一卷,榕村全集四十卷、續集七卷、别集五卷,詩所八卷,周禮纂訓二十一卷,古文精藻下,周易通論四卷,朱子語類四纂五卷,周易觀象大指二卷,朱子禮纂五卷,榕村制義初集一卷、二集一卷、三集一卷、四集一卷,古樂經傳一、四至五,曆象本要一卷,握奇經註一卷,陰符經註一卷,離騷經註一卷,參同契註一卷,正蒙註二卷)

320000－1606－0005460　P08448
西山眞文忠公心政二經二卷　(宋)眞德秀撰　清刻本　一册

320000－1606－0005461　P08449

諸葛忠武侯文集六卷首一卷　（三國蜀）諸葛亮撰　清同治十二年（1873）述經堂刻本　四冊

320000－1606－0005462　P08450

宋宗忠簡公文集四卷首一卷補遺一卷遺事二卷　（宋）宗澤撰　清同治十二年（1873）述荊堂刻本　四冊

320000－1606－0005463　P08451

岳忠武王文集八卷首一卷末一卷　（宋）岳飛撰　清同治十二年（1873）述經堂刻本　四冊

320000－1606－0005464　P08452

史忠正公文集四卷首一卷　（明）史可法撰　清同治十二年（1873）述經堂刻本　二冊

320000－1606－0005465　P08453

兩朝剝復錄六卷首一卷重校一卷　（明）吳應箕撰　清同治二年（1863）夏氏刻本　十二冊

320000－1606－0005466　P08454

目耕帖三十一卷　（清）馬國翰撰　清光緒九年（1883）長沙嫏嬛館刻本　十四冊　存二十七卷（一至十六、二十一至三十一）

320000－1606－0005467　P08457

桐華閣叢書六種　（清）杜貴墀撰　清光緒二十五年至二十九年（1899－1903）刻本　八冊

320000－1606－0005468　P08459

醫師秘笈二卷　（清）□□撰　**濕熱條辨一卷**　（清）薛雪撰　清嘉慶十七年（1812）潢川吳氏刻本　四冊

320000－1606－0005469　P08463

周易九卷　（三國魏）王弼注　清同治十二年（1873）稽古樓刻本　四冊

320000－1606－0005470　P08464

毛詩註二十卷詩譜一卷　（漢）毛亨傳　（漢）鄭玄箋　清同治十二年（1873）稽古樓刻本　八冊

320000－1606－0005471　P08465

禮記十卷首一卷　（元）陳澔集說　清同治十二年（1873）稽古樓刻本　十冊

320000－1606－0005472　P08466

儀禮十七卷首一卷　（漢）鄭玄注　清同治十二年（1873）稽古樓刻本　八冊

320000－1606－0005473　P08467

孝經一卷　（唐）玄宗李隆基注　**大學一卷附古本大學一卷中庸一卷論語十卷孟子七卷**　（漢）鄭玄等注　清同治十二年（1873）稽古樓刻本　十六冊

320000－1606－0005474　P08468

爾雅十一卷首一卷　（晉）郭璞注　清同治十二年（1873）稽古樓刻本　四冊

320000－1606－0005475　P08469

尚書六卷　（漢）孔安國傳　清同治十二年（1873）稽古樓刻本　四冊

320000－1606－0005476　P08470

春秋穀梁傳不分卷　（晉）范甯集解　（明）閔齊伋裁注並撰攷　清同治十二年（1873）稽古樓刻本　四冊

320000－1606－0005477　P08471

春秋公羊傳不分卷　（漢）何休注　（明）閔齊伋裁注並撰攷　清同治十二年（1873）稽古樓刻本　四冊

320000－1606－0005478　P08472

春秋左傳註六十卷　（晉）杜預撰　清同治十二年（1873）稽古樓刻本　二十冊

320000－1606－0005479　P08473

佩文齋廣羣芳譜一百卷目錄二卷　（清）汪灝等編　清同治七年（1868）江左書林刻本　二十七冊

320000－1606－0005480　P08474

政藝通報不分卷　鄧實編　清光緒二十八年至三十三年（1902－1907）上海政藝通報社鉛印本　六十五冊

320000－1606－0005481　P08475

漢志水道疏證四卷　（清）洪頤煊撰　清光緒十三年（1887）蔣氏心矩齋刻本　一冊　存二

卷(一至二)

320000－1606－0005482　P08476
程竹溪先生[仁恩]年譜一卷　(清)嚴寶枝撰　清光緒三年(1877)刻本　一冊

320000－1606－0005483　P08477
余孝惠先生年譜一卷　(清)吳師澄編　清光緒九年(1883)古吳得見齋刻本　一冊

320000－1606－0005484　P08479
瘞鶴銘圖攷一卷　(清)汪士鋐撰　**蘇齋唐碑選一卷**　(清)翁方綱撰　**蘗言一卷**　(清)姚舜牧撰　清光緒九年(1883)歸安姚氏刻咫進齋叢書本　一冊

320000－1606－0005485　P08480
補松廬詩錄六卷　(清)吳慶坻撰　清宣統三年(1911)湖南學務公所鉛印本　二冊

320000－1606－0005486　P08481
陳本堂先生年譜一卷本堂先生文集續校錄一卷　(清)趙霈濤輯　清光緒三十一年(1905)奉化趙霈濤木活字印本　一冊

320000－1606－0005487　P08483
孟子編年四卷　(清)狄子奇撰　清光緒十三年(1887)杭州浙江書局刻本　一冊

320000－1606－0005488　P08484
孔子編年四卷　(清)狄子奇撰　清光緒十三年(1887)杭州浙江書局刻本　一冊

320000－1606－0005489　P08486
高忠憲公水居志六卷　(清)廖綸輯　(清)楊殿奎編纂　清宣統元年(1909)梁溪文苑閣木活字印本　一冊

320000－1606－0005490　P08487
寒秀草堂筆記四卷　(清)姚衡撰　清光緒九年(1883)歸安姚氏刻本　一冊

320000－1606－0005491　P08488
拾慧集七卷續集十卷　(清)何德藻輯　清光緒二十三年(1897)吉林東興印書館鉛印本　十五冊

320000－1606－0005492　P08492
政治官報不分卷　官報局編　清光緒三十三年至宣統三年(1907－1911)鉛印本　十八冊

320000－1606－0005493　P08493
娛園叢刻十種　(清)許增輯　清光緒十五年(1889)仁和許氏刻本　四冊

320000－1606－0005494　P08497
子史類語六卷　(明)羅萬藻輯　清刻本　七冊

320000－1606－0005495　P08498
八家古文精選八種　(清)□□輯　清刻本　四冊

320000－1606－0005496　P08499
七古正宗七卷　(清)□□輯　清抄本　五冊　存二卷(二、七)

320000－1606－0005497　P08500
外交報不分卷　張元濟主編　清光緒上海商務印書館鉛印本　十二冊

320000－1606－0005498　P08501
萬國國力比較二十三卷比較表一卷附錄一卷　(英國)默爾化撰　清光緒二十九年(1903)上海商務印書館鉛印本　六冊

320000－1606－0005499　P08502
通鑑纂二十卷　(明)鍾惺撰　明崇禎刻本　六冊

320000－1606－0005500　P08503
京外學部官報不分卷　(清)學部編　清光緒三十二年至宣統三年(1906－1911)北京學部鉛印本　五冊

320000－1606－0005501　P08505
金匱要略論白文二十四卷　(清)徐彬撰　清吳縣潘香素抄本　一冊

320000－1606－0005502　P08506
傷寒雜病論十六卷　(漢)張仲景撰　清抄本　六冊

320000－1606－0005503　P08507
堪輿指原六卷首一卷末二卷　(清)邵涵初銓次　清道光二十八年(1848)錫山尚悳書院刻

本　五册　缺一卷(首一卷)

320000－1606－0005504　P08508
地理犀秘要十二種　題(清)玉霄道人撰　清抄本　二册

320000－1606－0005505　P08509
錫山章氏地學六種　題(清)無心道人補義　清抄本　六册

320000－1606－0005506　P08510
地理精義雪心賦註五卷　(清)張鳳藻增註　清抄本　四册

320000－1606－0005507　P08511
天機望龍經一卷天機扒砂經一卷　(宋)廖瑀輯　清抄本　一册

320000－1606－0005508　P08512
重鐫官板地理天機會元正篇體用括要三十五卷　(唐)卜則巍著　(明)顧乃德集　(明)徐之鏌重編刪補　清光緒十六年(1890)學庫山房刻本　十六册

320000－1606－0005509　P08513
脈經十卷　(晉)王叔和撰　清光緒二十二年(1896)池陽周氏刻本　三册

320000－1606－0005510　P08514
乙巳占十卷　(唐)李淳風撰　清光緒三年(1877)歸安陸氏刻本　二册

320000－1606－0005511　P08515
地理冰鑑大全十卷　(清)馬會融著　(清)馬在融編　(清)馬正倫註　清康熙四十三年(1704)四與堂刻本　四册

320000－1606－0005512　P08516
風水一書七卷　(清)歐陽純輯注　清光緒十九年(1893)金谿三讓堂信記刻本　四册

320000－1606－0005513　P08517
堪輿一覽二集　(清)孫稚玉撰　清道光三年(1823)南潯蔣氏瑞松堂刻本　六册

320000－1606－0005514　P08518
疑龍經批註校補□□卷　(唐)楊筠松(楊益)撰　清光緒刻本　九册　存八卷(寅、辰至戌)

320000－1606－0005515　P08519
新編日用涓吉奇門五總龜四卷　(明)池紀撰　**煙波釣叟歌一卷**　(宋)趙普撰　清聚盛堂刻本　四册

320000－1606－0005516　P08520
天玉經說七卷天玉經註七卷　(清)黄越註　清康熙六十年(1721)光霽堂刻本　十六册

320000－1606－0005517　P08521
新刻搜龍奧語二卷　(清)毛秀林撰　清道光四年(1824)刻本　二册

320000－1606－0005518　P08522
地理備要不分卷　(清)□□輯　清抄本　四册

320000－1606－0005519　P08523
天崇大小題文彙編不分卷　(清)劉恕輯　清嘉慶六年(1801)寒碧莊刻本　三十二册

320000－1606－0005520　P08524
聶氏痘門方旨八卷　(明)聶尚恒撰　清嘉慶十五年(1810)刻本　五册

320000－1606－0005521　P08525
恥堂存稿八卷　(宋)高斯得撰　清光緒刻本　八册

320000－1606－0005522　P08527
夏小正一卷　(清)張爾岐輯定　清抄本　三册

320000－1606－0005523　P08528
本草思辨録四卷首一卷　(清)周巖撰　清光緒三十年(1904)山陰周氏微尚室刻本　八册

320000－1606－0005524　P08529
唐丞相曲江張文獻公集十二卷附録一卷千秋金鑑録五卷　(唐)張九齡撰　清光緒十八年(1892)刻本　五册

320000－1606－0005525　P08530
聖學範圍圖説一卷　(明)岳元聲撰　清刻本　一册

320000－1606－0005526　P08531
紀慎齋先生全集十四種　(清)紀大奎撰　清嘉慶十三年(1808)雙桂堂刻本　十三册　存五種二十九卷(易問六卷,雙桂堂稿十卷,雙桂堂稿續編九卷,雙桂堂時文稿一卷、附錄一卷,甑峯先生遺稿二卷)

320000－1606－0005527　P08532
重刊人子須知資孝地理心學統宗三十九卷　(明)徐善繼　(明)徐善述撰　清抄本　十册　存八卷(一至八)

320000－1606－0005528　P08533
九星鈎玄一卷玉鏡經一卷　(元)釋幕講輯　清抄本　四册

320000－1606－0005529　P08534
山法全書二卷山水忠肝集摘要一卷　(清)高其倬批註　清福文堂刻本　四册

320000－1606－0005530　P08535
火龍經三集八卷　(三國蜀)諸葛亮等撰　清南陽石室刻本　五册

320000－1606－0005531　P08536
籥吉指原四卷　(清)李肇桂撰　清光緒五年(1879)木活字印本　四册

320000－1606－0005532　P08537
地理大成五種　(清)葉泰輯　清光緒刻本　三十二册

320000－1606－0005533　P08539
撼龍經批註校補不分卷疑龍經批註校補□□卷　(唐)楊筠松(楊益)撰　清光緒十八年(1892)巴蜀善成堂刻本　二册　存二卷(疑龍經批註校補一至二)

320000－1606－0005534　P08540
乾坤法竅三卷　(清)范宜賓輯　清上海掃葉山房刻本　六册

320000－1606－0005535　P08541
陽宅愛眾篇四卷　(清)張覺正撰　清道光二十七年(1847)刻本　三册　存三卷(二至四)

320000－1606－0005536　P08542
重校刊官板地理玉髓眞經二十八卷　(宋)張洞玄撰　**後一卷**　(宋)房正撰　清龍虎山刻本　十四册

320000－1606－0005537　P08543
大學衍義四十三卷　(宋)眞德秀撰　清刻本　八册

320000－1606－0005538　P08544
地理啖蔗錄八卷　(清)袁守定撰　清咸豐二年(1852)味經堂刻本　四册

320000－1606－0005539　P08545
新刻石函平砂玉尺經全書眞機十卷　(元)劉秉忠撰　(明)劉基解　明萬曆三十四年(1606)刻本　四册

320000－1606－0005540　P08546
歷代地理正義　(清)張受祺注　清乾隆刻本　五册　存十四種十八卷(葬經正義一卷、尋龍捉脈賦正義一卷、天玉經正義四卷、青囊正義二卷、都天寶照經正義一卷、天機金篆正義一卷、遍地鉗正義一卷、歌訣正義一卷、囊金正義一卷、催官正義一卷、發微一卷、吳氏心法正義一卷、吳氏解義一卷、心旨賦正義一卷)

320000－1606－0005541　P08547
地理明簡錄三卷　(清)蔡常雲撰　清道光山語樓刻本　二册　存二卷(一至二)

320000－1606－0005542　P08548
地學仁孝必讀六卷　(清)周梅梁撰　清光緒三年(1877)王氏刻本　二册　存二卷(五至六)

320000－1606－0005543　P08549
純陽祖師生生神數一卷　(唐)吕嵒撰　清抄本　一册

320000－1606－0005544　P08550
地理天機發秘一卷　(明)顧乃德集　清抄本　一册

320000－1606－0005545　P08551
地理指南一卷　(清)黃世勳輯　清抄本

一册

320000－1606－0005546　P08552

地理辨正五卷天元五歌闡義五卷元空秘旨一卷心眼指南四卷　(清)蔣平階補傳　(清)章仲山增補直解　清道光元年(1821)可久堂刻本　六册

320000－1606－0005547　P08555

地理統宗四種　(清)唐昺鑑編　清光緒十一年(1885)刻本　十九册

320000－1606－0005548　P08556

地理眞詮八卷　(清)張中鐸撰　清道光二十七年(1847)存存堂刻本　二册　存四卷(一至四)

320000－1606－0005549　P08557

地理陰陽合纂二卷　(清)鄧士松輯　清光緒十四年(1888)紫陽書屋刻本　二册

320000－1606－0005550　P08558

堪輿經二卷　(明)蕭克撰　清雍正七年(1729)墨妙山房刻本　二册

320000－1606－0005551　P08559

天象玄機六卷　(清)姚廣孝輯　清抄本　六册　存五卷(二至六)

320000－1606－0005552　P08560

新刻東海王先生纂輯陽宅十書四卷　(清)王君榮纂輯　清刻本　二册　存二卷(二、四)

320000－1606－0005553　P08561

一撮金易數不分卷　(宋)邵雍撰　清康熙二十一年(1682)刻本　二册

320000－1606－0005554　P08562

理氣圖説四卷　(清)周惇庸撰　清嘉慶二年(1797)大文堂刻本　四册

320000－1606－0005555　P08563

平陽全書十五卷　(清)葉泰輯　清光緒二十七年(1901)大成齋刻本　四册　存十卷(一至十)

320000－1606－0005556　P08564

六壬粹言六卷　(清)劉赤江輯　清咸豐十年(1860)品蓮堂刻本　三册

320000－1606－0005557　P08565

地理孝思集八卷　(清)舒鳳儀撰　清善成堂刻本　七册　存七卷(二至八)

320000－1606－0005558　P08566

地理六經註六卷　(清)葉泰著　清康熙二十六年(1687)刻本　一册　存三卷(一至三)

320000－1606－0005559　P08567

堪輿體撰樞籥一集平陽圖説二十卷　(清)沈鈞生著　清抄本　十册

320000－1606－0005560　P08568

地理正宗十二卷　(清)蔣國輯　清嘉慶十九年(1814)刻本　六册

320000－1606－0005561　P08569

補羅經總論不分卷　(清)陳彦繹撰　清抄本　一册

320000－1606－0005562　P08570

新刻楊救貧秘傳陰陽二宅便用統宗二卷　(明)邵礌溪撰　清經國堂刻本　二册

320000－1606－0005563　P08571

歲時廣記四十卷首一卷末一卷　(宋)陳元靚撰　清光緒八年(1882)歸安陸氏刻本　十册

320000－1606－0005564　P08572

入地眼全書十卷　(宋)釋靜道撰　(清)萬樹華編　清光緒十三年(1887)上海掃葉山房刻本　六册

320000－1606－0005565　P08573

司馬頭陀鐵案五卷　(清)郭錫疇輯注　清光緒五年(1879)刻本　二册

320000－1606－0005566　P08574

内天玉經内傳心印三卷外傳心印一卷青囊心印二卷續編一卷　(清)王宗臣撰注　清光緒刻本　四册

320000－1606－0005567　P08575

龍經二卷　(唐)楊筠松(楊益)撰　(清)汪宗沂注校　清光緒八年(1882)刻本　一册

320000－1606－0005568　P08576
明天地配干支義不分卷　(清)□□撰　清抄本　二冊

320000－1606－0005569　P08577
新刻重校秘傳鬼靈經通天竅十卷　(唐)楊筠松(楊益)撰　清刻本　一冊

320000－1606－0005570　P08578
新刻重校秘傳鬼靈經通天竅十卷　(唐)楊筠松(楊益)撰　清刻本　二冊

320000－1606－0005571　P08579
搜地靈二卷　(清)□□撰　清刻本　二冊

320000－1606－0005572　P08580
俯察集不分卷　(清)壽紹海撰　清刻本　一冊

320000－1606－0005573　P08581
陰陽指正四卷　(清)姚承輿撰　清咸豐二年(1852)刻本　二冊

320000－1606－0005574　P08583
心眼指要四卷　(清)章仲山撰　清道光十六年(1836)可久堂刻本　四冊

320000－1606－0005575　P08584
羅經解定七卷附錄一卷　(清)胡國楨著　清上海校經山房刻本　四冊

320000－1606－0005576　P08585
秘藏千里眼二卷　(元)釋法心撰　清文聚堂刻本　二冊

320000－1606－0005577　P08586
星經二卷　(漢)甘公　(漢)石申撰　清刻本　一冊

320000－1606－0005578　P08587
蔡氏九儒書九卷首一卷　(明)蔡有鵾輯　(清)蔡重增輯　清道光刻本　二冊　存一卷(一)

320000－1606－0005579　P08589
地理葬書集註一卷　(元)鄭謐註釋　清光緒五年(1879)吳興陸氏刻十萬卷樓叢書本　一冊

320000－1606－0005580　P08590
地理括要一卷　(清)王邦獻撰　清道光二十年(1840)古虞寶硯山房刻本　一冊

320000－1606－0005581　P08591
地理沙中金六卷　(清)楊兼斯撰　清道光十五年(1835)刻本　二冊

320000－1606－0005582　P08592
八宅明鏡二卷　(唐)楊筠松(楊益)撰　清掃葉山房刻本　一冊　存一卷(一)

320000－1606－0005583　P08593
地理正宗三卷　(明)蕭克撰　(清)金六吉臆解　清乾隆四十二年(1777)嘉德堂刻本　六冊

320000－1606－0005584　P08594
渾天烏兎經三卷　(清)張丙中輯　清抄本　一冊

320000－1606－0005585　P08595
挨星正旨一卷　(明)周志齋述　清抄本　一冊

320000－1606－0005586　P08596
八卦所屬譜一卷　(清)□□撰　清抄本　一冊

320000－1606－0005587　P08597
葬書糾繆六種　(清)祝懋正撰　清嘉慶九年(1804)海寧祝氏刻本　一冊

320000－1606－0005588　P08598
新刊合併官板音義評註淵海子平五卷　(宋)徐升編　清醉六堂刻本　二冊

320000－1606－0005589　P08599
地理指迷篇四卷　(明)周錦一撰　(清)金六吉臆解　清道光七年(1827)刻本　四冊

320000－1606－0005590　P08600
新刻京板工師雕鏤正式魯班經匠家鏡二卷秘訣仙機一卷　(明)午榮編　(明)章嚴集　清光緒刻本　一冊

320000－1606－0005591　P08601
地學簡明揭要二卷首一卷末一卷　(清)周安

仁删定　清光緒二十五年(1899)刻本　二册

320000－1606－0005592　P08603

地理指南三卷　(清)吳春藻輯　清光緒五年(1879)鉛印本　三册

320000－1606－0005593　P08604

地理金丹二卷　(清)方行慎輯　清雍正九年(1731)刻本　二册

320000－1606－0005594　P08605

天文歌略一卷　葉瀾著　**地學歌略一卷**　葉瀾　葉瀚著　清光緒二十七年(1901)李光明莊刻本　一册

320000－1606－0005595　P08607

增補地理直指原眞三卷首一卷　(清)釋如玉撰　清康熙三十二年(1693)裕文堂刻本　四册

320000－1606－0005596　P08608

地學正論醒迷全集不分卷　(清)□□撰　清刻本　一册

320000－1606－0005597　P08609

六神起例不分卷　(清)□□撰　清抄本　一册

320000－1606－0005598　P08610

天元五歌闡義五卷元空秘旨一卷　(清)蔣大鴻撰　題(清)無心道人注　清道光三年(1823)可久堂刻本　一册

320000－1606－0005599　P08613

西湖楹聯四卷　(清)周慶祺編　清光緒十五年(1889)知止軒刻本　一册　存一卷(四)

320000－1606－0005600　P08614

北京新聞彙報一卷(清光緒辛丑年二月)　(清)北京新聞彙報館編　清光緒二十七年(1901)北京木活字印本　一册

320000－1606－0005601　P08617

道德寶章一卷　(宋)白玉蟾撰　清道光二十四年(1844)粵東將軍府影刻本　一册

320000－1606－0005602　P08619

仿宋相臺五經附考證五種九十三卷　(宋)岳珂輯　清光緒二年(1876)江南書局刻本　二十册

320000－1606－0005603　P08621

省軒考古類編十二卷　(清)柴紹炳纂　(清)姚廷謙評　清雍正四年(1726)澹成堂刻本　七册

320000－1606－0005604　P08623

思辨錄輯要前集二十二卷後集十三卷　(清)陸世儀撰　清刻本　八册

320000－1606－0005605　P08624

陽宅指南一卷　(清)蔣大鴻撰　清抄本　一册

320000－1606－0005606　P08626

蘭雪堂古事苑定本十二卷　(明)鄧志謨輯　清康熙二十五年(1686)蘭雪堂刻本　三册　存二卷(一、十一)

320000－1606－0005607　P08627

黃帝内經素問二十四卷　(明)吳崐注　明萬曆三十七年(1609)刻本　五册　存二十一卷(四至二十四)

320000－1606－0005608　P08628

南疆繹史勘本三十卷首二卷　(清)溫睿臨撰　清道光十年(1830)都城琉璃廠半松居士刻本　十五册

320000－1606－0005609　P08629

太平御覽一千卷目錄十五卷　(宋)李昉等纂　清光緒十八年(1892)南海李氏刻本　一百十七册

320000－1606－0005610　P08630

津逮秘書十五集　(明)毛晉輯　明崇禎毛氏汲古閣刻本　二百七十七册

320000－1606－0005611　P08631

[咸豐]邳州志二十卷首一卷　(清)董用威　(清)馬軼群修　(清)魯一同纂　清咸豐元年(1851)刻光緒二十一年(1895)重印本　四册

320000－1606－0005612　P08632

地學答問六種　(清)魏青江撰　清乾隆四十九年(1784)二酉堂刻本　四冊

320000－1606－0005613　P08633
天文須知不分卷　(清)□□撰　清抄本　二冊

320000－1606－0005614　P08634
廣諧史十卷　(明)陳邦俊輯　明萬曆四十三年(1615)沈應魁刻本　五冊

320000－1606－0005615　P08635
宋大家蘇文公文抄十卷　(明)茅坤輯　明崇禎元年(1628)方應祥刻本　一冊　存五卷(一至五)

320000－1606－0005616　P08636
南國清風集二卷　(清)鄂容等輯　清雍正三年(1725)慎時哉軒刻本　三冊

320000－1606－0005617　P08637
禮經會元四卷　(宋)葉時撰　清康熙十九年(1680)通志堂刻本　二冊

320000－1606－0005618　P08638
人鏡集五十四卷　(清)孟雲峯輯　清咸豐元年(1851)鶴山堂刻本　十四冊　存五十一卷(一至三十七、四十一至五十四)

320000－1606－0005619　P08639
東坡先生[蘇軾]年譜一卷宋史本傳一卷　(宋)王宗稷撰　清康熙三十八年(1699)宋犖刻本　一冊

320000－1606－0005620　P08640
杜工部集二十卷唱酬題咏附錄一卷注杜詩略例一卷諸家詩話一卷少陵先生年譜一卷杜工部集附錄一卷　(唐)杜甫撰　(清)錢謙益注　清康熙六年(1667)泰興季振宜靜思堂刻本　二十冊　存二十二卷(杜工部集一至十三、十五至十八,唱酬題咏附錄一卷,注杜詩略例一卷,諸家詩話一卷,少陵先生年譜一卷,杜工部集附錄一卷)

320000－1606－0005621　P08641
月令粹編二十四卷圖說一卷　(清)秦嘉謨編　清嘉慶十七年(1812)江都秦嘉謨琳琅仙館刻本　八冊

320000－1606－0005622　P08642
寶鐵齋金石文跋尾三卷　(清)韓崇撰　清光緒四年(1878)吳縣潘祖蔭滂喜齋刻本　一冊

320000－1606－0005623　P08643
纂喜堂詩稿一卷青芙館詞鈔一卷二韭室詩餘別集一卷　(清)陳壽祺撰　清同治十年(1871)刻本　一冊

320000－1606－0005624　P08644
風水祛惑一卷　(清)丁芮樸撰　清光緒六年(1880)苕溪丁氏刻本　一冊

320000－1606－0005625　P08645
歷代名臣傳續編五卷　(清)朱軾等訂　清光緒十八年(1892)務本堂刻本　二冊

320000－1606－0005626　P08647
詩本音十卷　(清)顧炎武撰　清康熙六年(1667)山陽張弨符山堂刻本　三冊

320000－1606－0005627　P08648
讀禮通考一百二十卷　(清)徐乾學撰　清光緒七年(1881)江蘇書局刻本　三十二冊

320000－1606－0005628　P08653
各家楹聯持贈一卷陳曼生吳青士梁山舟楹聯一卷　(清)周慰高輯錄　清宣統元年(1909)周慰高抄本　二冊

320000－1606－0005629　P08654
諭摺彙存不分卷　(清)□□編　清光緒鉛印本　三十冊

320000－1606－0005630　P08655
漢書藝文志□□卷目錄一卷　(漢)班固撰　清抄本　一冊　存一卷(目錄一卷)

320000－1606－0005631　P08658
六十二癥諸方不分卷　(清)□□輯　清抄本　一冊

320000－1606－0005632　P08659
幼科釋迷不分卷　(清)□□輯　清抄本　二冊

320000－1606－0005633　P08663
奏稿不分卷　(清)陳明等奏　清抄本　一冊

320000－1606－0005634　P08664
孝行四十八則不分卷　(清)□□編　清光緒晉文齋刻本　一冊

320000－1606－0005635　P08667
詩韻輯略五卷　(明)潘恩撰　明隆慶刻本　五冊　存四卷(二至五)

320000－1606－0005636　P08671
張文襄公遺摺稿一卷　(清)張之洞撰並書　清宣統元年(1909)石印本　一冊

320000－1606－0005637　P08672
張文襄公榮哀錄十卷　(清)□□輯　清宣統北京集成圖書公司鉛印本　一冊　存五卷(六至十)

320000－1606－0005638　P08673
憲政編查館奏摺十六卷　奕劻等撰　清光緒、宣統間憲政編查館鉛印本　十七冊

320000－1606－0005639　P08674
王陽明先生傳習錄四卷　(明)王守仁撰　清抄本　一冊

320000－1606－0005640　P08675
壺隱子青笻經不分卷　(清)壺隱子撰　清抄本　一冊

320000－1606－0005641　P08676
欽定弼德院官制一卷　奕劻撰　清宣統三年(1911)鉛印本　一冊

320000－1606－0005642　P08677
勸戒上海國會及出洋學生文一卷　(清)張之洞撰　清光緒二十六年(1900)刻本　一冊

320000－1606－0005643　P08678
欽定大清商律摘抄不分卷　(清)商部訂　清光緒鉛印本　一冊

320000－1606－0005644　P08680
擬重修歷代名賢遺墓小啟一卷　(清)王桂林等撰　清鉛印本　一冊

320000－1606－0005645　P08684
隋唐嘉話一卷　(唐)劉餗撰　清抄本　一冊

320000－1606－0005646　P08687
清溪草堂文二卷首一卷　(清)蔣錫震撰　清光緒九年(1883)太倉任光奇刻本　一冊　存一卷(二)

320000－1606－0005647　P08688
六壬畢法一卷　(清)□□撰　清抄本　一冊

320000－1606－0005648　P08689
希鄭堂叢書　潘任撰　清光緒二十年(1894)木活字印本　一冊　存二種五卷(鄭君粹言一至三、說文粹言疏證一至二)

320000－1606－0005649　P08690
亭林先生補遺十種　(清)顧炎武撰　(清)朱記榮搜輯　清光緒十一年(1885)吳縣朱氏刻本　五冊　存五種十四卷(亭林雜錄一卷、亭林文集六卷、亭林詩集五卷、亭林餘集一卷、亭林軼詩一卷)

320000－1606－0005650　P08691
唐景龍道德經攷文一卷　(清)□□撰　清抄本　一冊

320000－1606－0005651　P08693
明史稿三百十卷目錄三卷　(清)王鴻緒撰　清敬慎堂刻本　九十四冊

320000－1606－0005652　P08694
[雍正]敕修浙江通志二百八十卷首三卷　(清)李衛等修　(清)沈翼機　(清)傅王露纂　清乾隆元年(1736)刻本　六十二冊

320000－1606－0005653　P08695
本草綱目拾遺十卷　(清)趙學敏輯　清光緒十一年(1885)合肥張紹棠味古齋刻本　三冊　存四卷(一至二、九至十)

320000－1606－0005654　P08697
香豔叢書二十集　(清)張廷華(蟲天子)輯　清宣統上海國學扶輪社鉛印本　八十冊

320000－1606－0005655　P08698
海山仙館叢書五十六種　(清)潘仕成輯　清

道光、咸豐間番禺潘氏刻本　一百二十册

320000－1606－0005656　P08699
[光緒朝]東華續錄二百二十卷　朱壽朋編　清宣統元年(1909)上海集成圖書公司鉛印本　六十四册

320000－1606－0005657　P08700
涵芬樓古今文鈔一百卷　吳曾祺編　清宣統三年(1911)上海商務印書館鉛印本　一百册

320000－1606－0005658　P08701
項城袁氏家集　(清)丁振鐸編輯　清宣統三年(1911)清芬閣鉛印本　三十九册

320000－1606－0005659　P08702
三長物齋叢書　(清)黄本驥編輯　清道光二十六年(1846)刻光緒四年(1878)古香書閣印本　二十五册　存十七種一百六十七卷(皇朝經籍志六卷,歷代統系錄六卷,歷代紀元表一卷、附年號分韻錄一卷,郡縣分韻攷十卷,三志合編七卷,歷代職官表六卷,避諱錄五卷,古誌石華三十卷,姓氏解紛十卷,癡學八卷,顏魯公文集一至八、二十二至三十,集古錄目五卷,集古錄跋尾十卷,金石錄三十卷,三十六灣草廬稿十卷,茶香閣遺草一卷,嵰山甜雪一至四)

320000－1606－0005660　P08704
宋學士全集三十二卷補遺八卷附錄二卷　(明)宋濂撰　清同治十三年(1874)永康胡氏退補齋刻本　二十八册

320000－1606－0005661　P08705
宋學士全集三十二卷補遺八卷附錄二卷　(明)宋濂撰　清退補齋刻本　十册

320000－1606－0005662　P08717
十一經問對五卷　(清)何異孫撰　清康熙十九年(1680)通志堂刻本　二册

320000－1606－0005663　P08718
周易本義附錄纂注十五卷　(元)胡一桂撰　清康熙十九年(1680)通志堂刻本　四册

320000－1606－0005664　P08719
周易本義通釋十二卷輯錄雲峰文集易義一卷　(元)胡炳文撰　清康熙刻通志堂經解本　四册

320000－1606－0005665　P08720
易璇璣三卷　(宋)吳沆撰　清康熙十九年(1680)通志堂刻本　一册

320000－1606－0005666　P08721
尚書纂傳四十六卷　(元)王天與撰　清康熙十九年(1680)通志堂刻本　四册

320000－1606－0005667　P08722
讀易私言一卷　(元)許衡撰　**復齋易説六卷**　(宋)趙彥肅撰　清康熙十九年(1680)通志堂刻本　二册

320000－1606－0005668　P08723
大易輯説十卷　(元)王申子撰　清康熙十九年(1680)通志堂刻本　六册

320000－1606－0005669　P08724
漢上易傳十一卷周易卦圖三卷　(宋)朱震撰　清康熙十九年(1680)通志堂刻本　五册

320000－1606－0005670　P08725
水村易鏡一卷　(宋)林光世撰　清康熙十九年(1680)通志堂刻本　一册

320000－1606－0005671　P08726
書集傳纂疏六卷首一卷　(元)陳櫟撰　清康熙十九年(1680)通志堂刻本　四册

320000－1606－0005672　P08727
書纂言四卷　(元)吳澄撰　清康熙十九年(1680)通志堂刻本　二册

320000－1606－0005673　P08728
欽定儀禮義疏四十八卷首二卷　(清)允祿等撰　清乾隆刻本　二十六册

320000－1606－0005674　P08729
尚書表注二卷　(宋)金履祥撰　清康熙十九年(1680)通志堂刻本　一册

320000－1606－0005675　P08730
禹貢集解二卷　(宋)傅寅撰　清同治八年(1869)永康胡氏退補齋刻本　二册

320000－1606－0005676　P08731

杏溪傅氏禹貢集解二卷　(宋)傅寅撰　清康熙十九年(1680)通志堂刻本　二册

320000－1606－0005677　P08732

禹貢譜二卷　(清)王澍　(清)金詢撰　清康熙積書巖刻本　一册

320000－1606－0005678　P08733

詩經疑問七卷附編一卷　(元)朱倬撰　清康熙十九年(1680)通志堂刻本　一册

320000－1606－0005679　P08734

詩故攷異三十二卷　(清)徐華嶽輯　清道光十二年(1832)思聞齋刻本　八册　存二十三卷(一至二十三)

320000－1606－0005680　P08735

太平經國之書十一卷首一卷　(宋)鄭伯謙撰　清康熙十九年(1680)通志堂刻本　一册

320000－1606－0005681　P08736

欽定詩經傳説彙纂二十一卷首二卷詩序二卷　(清)王鴻緒等纂　清雍正刻本　二十三册

320000－1606－0005682　P08737

江西全省輿圖十四卷首一卷　(清)劉坤一等編繪　清同治七年(1868)刻本　十五册

320000－1606－0005683　P08738

毛詩名物解二十卷　(宋)蔡卞撰　清康熙十九年(1680)通志堂刻本　一册

320000－1606－0005684　P08739

詩補傳三十卷篇目一卷　(宋)范處義撰　清康熙十九年(1680)通志堂刻本　六册

320000－1606－0005685　P08740

詩經比義述八卷首一卷　(清)王千仞撰　清乾隆五十七年(1792)嘉德堂刻本　三册

320000－1606－0005686　P08741

尚書句解十三卷　(元)朱祖義撰　清康熙十九年(1680)通志堂刻本　一册

320000－1606－0005687　P08742

書朱子訂定蔡氏集傳六卷首一卷　(元)董鼎撰　清康熙十九年(1680)通志堂刻本　四册

320000－1606－0005688　P08743

詩所八卷　(清)李光地撰　清雍正六年(1728)刻本　三册

320000－1606－0005689　P08744

詩集傳名物鈔八卷　(元)許謙撰　清康熙十九年(1680)通志堂刻本　四册

320000－1606－0005690　P08745

詩集傳名物鈔八卷　(元)許謙撰　清康熙十九年(1680)通志堂刻本　四册

320000－1606－0005691　P08746

詩集傳名物鈔八卷　(元)許謙撰　清同治八年(1869)永康胡氏退補齋刻本　四册　存四卷(一至四)

320000－1606－0005692　P08747

儀禮十七卷　(元)敖繼公集説　清通志堂刻本　三册　存六卷(十二至十七)

320000－1606－0005693　P08748

五禮通考二百六十二卷首四卷總目二卷　(清)秦蕙田撰　清乾隆秦蕙田味經窩刻本　五十六册

320000－1606－0005694　P08749

周官集注十二卷　(清)方苞撰　清刻本　三册　存六卷(七至十二)

320000－1606－0005695　P08750

讀禮通考一百二十卷　(清)徐乾學撰　清康熙三十五年(1696)崑山徐氏刻乾隆秦氏味經窩印本　二十一册　存一百八卷(十三至一百二十)

320000－1606－0005696　P08751

春秋諸國統紀六卷　(元)齊履謙撰　清康熙十九年(1680)通志堂刻本　二册

320000－1606－0005697　P08752

春秋左氏傳事類始末五卷附録一卷　(宋)章衝撰　清康熙十九年(1680)通志堂刻本　三册

320000－1606－0005698　P08753

蘭雪堂古事苑定本十二卷　(明)鄧志謨輯

清康熙二十五年(1686)蘭雪堂刻本　六冊
存六卷(一至三、十至十二)

320000－1606－0005699　P08754
大學集説啓蒙一卷中庸集説啓蒙一卷　(元)景星撰　清康熙十九年(1680)通志堂刻本　一冊

320000－1606－0005700　P08755
大學纂疏一卷中庸纂疏一卷論語纂疏十卷孟子纂疏十四卷　(宋)趙順孫撰　清康熙十九年(1680)通志堂刻本　八冊

320000－1606－0005701　P08756
孟子通十四卷　(元)胡炳文撰　清康熙十九年(1680)通志堂刻本　三冊

320000－1606－0005702　P08757
四書通旨六卷　(元)朱公遷撰　清康熙十九年(1680)通志堂刻本　二冊

320000－1606－0005703　P08758
論語通十卷　(元)胡炳文撰　清康熙十九年(1680)通志堂刻本　二冊

320000－1606－0005704　P08759
四書改錯二十一卷附錄一卷　(清)毛奇齡撰　清嘉慶十六年(1811)學圃刻本　四冊

320000－1606－0005705　P08760
春秋左氏傳補註十卷　(元)趙汸撰　清康熙十九年(1680)通志堂刻本　一冊

320000－1606－0005706　P08761
止齋先生春秋後傳十二卷　(宋)陳傅良撰　清康熙十九年(1680)通志堂刻本　四冊

320000－1606－0005707　P08762
清全齋讀春秋編十二卷　(元)陳深撰　清康熙十九年(1680)通志堂刻本　二冊

320000－1606－0005708　P08763
春秋集傳釋義大成十二卷首一卷　(元)俞皋撰　清康熙十九年(1680)通志堂刻本　五冊

320000－1606－0005709　P08764
春秋集注十一卷綱領一卷　(宋)張洽撰　清康熙十九年(1680)通志堂刻本　三冊

320000－1606－0005710　P08765
春秋王霸列國世紀編三卷　(宋)李琪撰　(清)納蘭成德輯　清康熙十九年(1680)通志堂刻本　二冊

320000－1606－0005711　P08766
春秋劉氏傳十五卷　(宋)劉敞撰　清康熙十九年(1680)通志堂刻本　二冊

320000－1606－0005712　P08767
春秋諸傳會通二十四卷首一卷　(元)李廉撰　清康熙十九年(1680)通志堂刻本　五冊

320000－1606－0005713　P08768
初學記三十卷補遺一卷　(唐)徐堅等撰　清光緒十四年(1888)安康黄氏蘊石齋刻本　十六冊

320000－1606－0005714　P08769
欽定春秋傳説彙纂三十八卷首二卷　(清)王掞等撰　清康熙六十年(1721)刻本　二十冊

320000－1606－0005715　P08770
明夷待訪錄一卷　(清)黄宗羲著　清光緒五年(1879)五桂樓刻本　一冊

320000－1606－0005716　P08772
讀書錄十一卷續錄十二卷　(明)薛瑄撰　清康熙天蓋樓刻本　三冊

320000－1606－0005717　P08773
選佛譜六卷　(明)釋智旭述　清刻本　一冊
存三卷(一至三)

320000－1606－0005718　P08774
南唐書十八卷音釋一卷　(宋)陸遊撰　(元)戚光音釋　清光緒九年(1883)郯郡于氏刻本　四冊

320000－1606－0005719　P08775
四禮翼八卷　(明)吕坤撰　清同治二年(1863)品蓮書屋刻本　一冊

320000－1606－0005720　P08776
陰陽五要奇書六種三十卷　(明)江之棟輯　清乾隆五十五年(1790)姑蘇顧氏樂真堂刻本　十六冊

320000－1606－0005721　P08777

朱子遺書　(宋)朱熹撰　清康熙禦兒吕氏寶誥堂刻本　十二册　存九種八十四卷(近思錄十四卷,延平李先生師弟子答問一卷、後錄一卷,雜學辨一卷,中庸輯略二卷,論語或問二十卷,孟子或問十四卷,伊洛淵源錄十四卷,上蔡先生語錄三卷,孟子精義十四卷)

320000－1606－0005722　P08778

說鈴二集五十三種　(清)吳震方輯　清康熙刻本　六册

320000－1606－0005723　P08779

義門讀書記五十八卷　(清)何焯撰　(清)蔣維鈞編　清乾隆三十四年(1769)長洲蔣氏刻本　六册　存三十四卷(一至三十四)

320000－1606－0005724　P08780

續近思錄十四卷　(清)張伯行集解　清康熙四十九年(1710)姑蘇正誼堂刻本　四册

320000－1606－0005725　P08781

周禮註疏刪翼三十卷　(明)葉培恕定　(明)王志長輯　清刻本　九册　存二十二卷(九至三十)

320000－1606－0005726　P08785

古今韻略五卷例言一卷　(清)邵長蘅撰　清康熙刻本　十册

320000－1606－0005727　P08788

石居士詩刪二卷　(明)石崑玉撰　清刻本　四册

320000－1606－0005728　P08789

唐韻正二十卷　(清)顧炎武撰　清康熙符山堂刻本　六册　存十八卷(一至十八)

320000－1606－0005729　P08790

音韻闡微十八卷韻譜一卷　(清)李光地等撰　清雍正六年(1728)武英殿刻本　十册　存十四卷(音韻闡微四至十六、韻譜一卷)

320000－1606－0005730　P08791

字林古今正俗異同通攷四卷　(清)湯容煟撰　清嘉慶二年(1797)四明滋德堂刻本　四册

320000－1606－0005731　P08792

惜抱軒全集　(清)姚鼐撰　清同治五年(1866)省心閣刻本　八册　缺一種十六卷(文集一至十六)

320000－1606－0005732　P08793

敬業堂詩集五十卷　(清)查慎行撰　清康熙五十八年(1719)刻本　七册　存四十五卷(六至五十)

320000－1606－0005733　P08794

寒松堂全集十二卷　(清)魏象樞撰　清康熙四十七年(1708)刻本　十册

320000－1606－0005734　P08795

范文正公文集九卷　(宋)范仲淹撰　清康熙四十八年(1709)正誼堂刻本　三册

320000－1606－0005735　P08796

杜詩鏡銓二十卷讀書堂杜工部文集註解二卷　(唐)杜甫撰　(清)楊倫輯　清同治十一年(1872)吳棠望三益齋刻本　二册　存五卷(杜詩鏡銓二至四、十一至十二)

320000－1606－0005736　P08797

楊龜山先生集四十二卷首一卷末一卷　(宋)楊時撰　清康熙四十六年(1707)刻本　二册　存十三卷(六至十八)

320000－1606－0005737　P08799

鳥鼠山人遺集　(明)胡纘宗撰　明嘉靖刻清補修本　十三册　存二十三卷(小集一至七、十三至十四,後集二,願學編一至二,雍音二至四,唐雅一至八)

320000－1606－0005738　P08800

梅村詩集箋注十八卷　(清)吳偉業撰　(清)吳翌鳳箋注　清光緒十年(1884)湖北官書處刻本　二册　存四卷(二至三、十三至十四)

320000－1606－0005739　P08801

吕東萊先生文集四卷　(宋)吕祖謙撰　清康熙五十年(1711)正誼堂刻本　一册　存二卷(一至二)

320000－1606－0005740　P08802

漁洋山人精華錄訓纂十卷目録二卷附辯訛一卷 （清）惠棟撰 **年譜二卷** （清）王士禛撰 清光緒十七年（1891）會稽徐氏述史樓刻本 十册 存九卷（二、五至十，附辯訛一卷，年譜二）

320000－1606－0005741 P08803
陳同甫龍川文集不分卷 （宋）陳亮撰 清吳門周氏刻本 一册

320000－1606－0005742 P08804
曾文定公全集二十卷首一卷末一卷 （宋）曾鞏撰 （清）彭期編 清康熙三十一年（1692）南豐彭氏七業堂刻本 十四册

320000－1606－0005743 P08805
唐人五十家小集 （清）江標輯 清光緒二十一年（1895）元和江氏靈鶼閣影宋刻本 十六册

320000－1606－0005744 P08806
元詩選癸集十集 （清）顧嗣立輯 （清）席世臣增補 清嘉慶三年（1798）掃葉山房刻本 十六册

320000－1606－0005745 P08807
江蘇詩徵一百八十三卷 （清）王豫輯 清道光元年（1821）焦山海西庵詩徵閣刻本 四十册

320000－1606－0005746 P08808
古今詩話八卷 （明）陳繼儒輯 明讀書坊刻本 二十册

320000－1606－0005747 P08809
詩林韶濩二十卷 （清）顧嗣立選 清康熙四十四年（1705）長洲顧氏秀野草堂刻本 八册

320000－1606－0005748 P08810
名家詞鈔一百卷 （清）聶先 （清）曾王孫編 清康熙綠蔭堂刻本 二十三册

320000－1606－0005749 P08811
七家詞鈔七種 （清）汪世泰輯 清嘉慶二十四年（1819）刻本 五册

320000－1606－0005750 P08813
國朝詩别裁集三十六卷 （清）沈德潛纂評 清乾隆刻本 十二册 存三十卷（一至六、十一至三十四）

320000－1606－0005751 P08816
唐宋八大家文鈔 （明）茅坤評選 清康熙四十二年（1703）雲林大盛堂刻本 二十九册

320000－1606－0005752 P08817
御選唐宋文醇五十八卷 （清）高宗弘曆選 清光緒三年（1877）浙江書局刻本 十六册

320000－1606－0005753 P08818
嗇庵隨筆六卷末一卷 （清）陸文衡著 清光緒二十三年（1897）木活字印本 三册 存四卷（一至四）

320000－1606－0005754 P08820
批點燕子箋二卷 （明）阮大鋮撰 清宣統二年（1910）貴池暖紅室刻本 二册

320000－1606－0005755 P08821
情史類略二十四卷 （明）馮夢龍撰 清東溪堂刻本 十一册 存十九卷（一至十九）

320000－1606－0005756 P08822
槐廳載筆二十卷 （清）法式善撰 清嘉慶刻本 十册

320000－1606－0005757 P08823
明況太守龍岡公治蘇政績全集十六卷續集十二卷首一卷末一卷 （明）況鍾撰 清乾隆二十九年（1764）況氏承恩坊刻本 六册

320000－1606－0005758 P08824
納書楹曲譜正集四卷續集四卷外集二卷補遺四卷牡丹亭譜二卷紫釵記譜二卷邯鄲記譜二卷南柯記譜二卷 （清）葉堂編 清乾隆五十七年（1792）納書楹刻本 二十册

320000－1606－0005759 P08825
詞學全書 （清）查培繼輯 清乾隆十一年（1746）世德堂刻本 二册 存三種六卷（填詞名解一至四、古今詞論一、填詞圖譜一）

320000－1606－0005760 P08826
浪跡叢談十卷附刻一卷續談八卷 （清）梁章

鉅撰　清道光二十七年(1847)亦東園刻本　八册

320000－1606－0005761　P08827
清容外集九種　(清)蔣士銓撰　清鉛山蔣氏紅雪樓刻本　六册　存七種七卷(香祖樓上、空谷香傳奇下、冬青樹一卷、桂林霜一卷、一片石一卷、雪中人一卷、四弦秋一卷)

320000－1606－0005762　P08828
駢體南鍼十六卷　(清)汪傳懿編　清同治五年(1866)容我讀齋刻本　八册

320000－1606－0005763　P08829
藏事輯要二十三卷　張其勤輯　清末油印本　二十三册

320000－1606－0005764　P08830
詞林典故八卷　(清)張廷玉等編　清乾隆十三年(1748)武英殿刻本　八册

320000－1606－0005765　P08831
十六國春秋一百卷　(北魏)崔鴻撰　清乾隆四十六年(1781)仁和汪氏刻本　十四册

320000－1606－0005766　P08833
日下舊聞四十二卷　(清)朱彝尊輯　(清)朱昆田補遺　清康熙二十七年(1688)六峯閣刻本　八册　存三十卷(九至三十八)

320000－1606－0005767　P08834
江蘇全省輿圖不分卷　(清)諸可寶製　清光緒二十一年(1895)江蘇書局刻本　二册

320000－1606－0005768　P08835
史記集解索隱正義一百三十卷　(南朝宋)裴駰集解　(唐)司馬貞索隱　(唐)張守節正義　清刻本　六十八册

320000－1606－0005769　P08836
閑閑老人滏水文集二十卷附錄一卷　(金)趙秉文撰　清抄本　十四册

320000－1606－0005770　P08837
隋文紀八卷　(明)梅鼎祚輯　清抄本　八册

320000－1606－0005771　P08849
常郡八邑藝文志十二卷　(清)盧文弨輯　(清)莊翊昆校補　清刻本　十四册　存十一卷(二至十二)

320000－1606－0005772　P08850
大清一統志四百二十四卷　(清)和珅纂修　清光緒二十八年(1902)上海寶善齋石印本　六十册

320000－1606－0005773　P08851
小方壺齋輿地叢鈔十二帙　(清)王錫祺輯　清光緒十七年(1891)上海著易堂鉛印本　六十四册

320000－1606－0005774　P08852
畫徵姓氏錄一卷　(清)□□輯　清抄本　一册

320000－1606－0005775　P08853
素書一卷　(漢)黄石公撰　(宋)張商英注　**陰符經三卷**　(漢)張良等注　清妝燕調鶯館抄本　一册

320000－1606－0005776　P08854
新定三禮圖二十卷　(宋)聶崇義集註　清康熙刻本　二册

320000－1606－0005777　P08855
華陽國志十二卷附錄一卷　(晉)常璩撰　清嘉慶九年(1804)益州佳史館刻本　四册

320000－1606－0005778　P08857
[嘉慶]廣西通志二百七十九卷首一卷　(清)謝啟昆修　(清)胡虔纂　清光緒十七年(1891)桂垣書局刻本　八十册

320000－1606－0005779　P08858
水經注四十卷補遺一卷附錄二卷　(北魏)酈道元注　清光緒十四年(1888)無錫薛氏刻本　十六册

320000－1606－0005780　P08860
梅花數二卷　(宋)邵雍撰　明刻本　四册

320000－1606－0005781　P08861
精選歷代文雋十六卷　(明)澹然子輯　清抄本　二册

320000－1606－0005782　P08862

福建沿海圖說一卷海島表一卷 （清）朱正元撰 清光緒二十八年（1902）上海鉛印本 一冊

320000－1606－0005783 P08863
瀛環志畧十卷 （清）徐繼畬撰 清道光二十八年（1848）刻本 六冊

320000－1606－0005784 P08865
元豐九域志十卷 （宋）王存等撰 清光緒八年（1882）金陵書局刻本 四冊

320000－1606－0005785 P08866
增訂廣輿記二十四卷 （明）陸應陽纂 （清）蔡方炳增輯 清嘉慶七年（1802）文會堂刻本 十六冊

320000－1606－0005786 P08868
括地志八卷補遺一卷 （唐）李泰撰 （清）孫星衍輯 （清）朱記榮補 清光緒十二年（1886）吳縣朱記榮槐廬家塾刻本 二冊

320000－1606－0005787 P08870
西域三記不分卷 （清）路同申撰 清光緒三年（1877）路立本堂刻本 一冊

320000－1606－0005788 P08871
朔方備乘札記一卷 （清）李文田撰 清光緒二十三年（1897）會稽施氏鄦鄦學廬刻本 一冊

320000－1606－0005789 P08872
［光緒］平樂縣志十卷 （清）全文炳修 （清）伍嘉猷纂 清光緒十年（1884）平樂縣署刻本 六冊

320000－1606 0005790 P08873
太平寰宇記二百卷目錄二卷 （宋）樂史撰 （清）陳蘭森補 清刻本 二十四冊

320000－1606－0005791 P08874
［道光］廣東通志三百三十四卷首一卷 （清）阮元修 （清）陳昌齊等纂 清道光二年（1822）刻本 一百五十九冊 存三百二十五卷（一至一百八十八、一百九十九至三百三十四，首一卷）

320000－1606－0005792 P08875
天下郡國利病書一百二十卷 （清）顧炎武輯 清鉛印本 十四冊 存五十七卷（十至二十二、三十一至三十四、四十五至四十九、七十八至八十二、九十一至一百二十）

320000－1606－0005793 P08876
［乾隆］江南通志二百卷首四卷 （清）尹繼善等總裁 （清）性桂等協裁 （清）刁承祖等監理 （清）王恕等協理 （清）黃之雋等纂修 （清）王元蘅等分修 清乾隆元年（1736）刻本 七十九冊 存二百卷（一至一百七十二、一百七十七至二百，首四卷）

320000－1606－0005794 P08879
［道光］太原縣志十八卷圖一卷 （清）員佩蘭修 （清）楊國泰等纂 清道光六年（1826）刻本 六冊

320000－1606－0005795 P08880
［光緒］續太原縣志二卷 （清）薛元釗修 （清）王效尊纂 清光緒八年（1882）太原縣署刻本 二冊

320000－1606－0005796 P08881
滇考二卷 （清）馮甦撰 清道光元年（1821）臨海宋氏刻本 二冊

320000－1606－0005797 P08882
［光緒］續修曲沃縣志三十二卷 （清）張鴻逵等修 （清）韓子泰纂 清光緒六年（1880）刻本 六冊

320000－1606－0005798 P08883
［光緒］汾陽縣志十四卷首一卷 （清）李文起等修 （清）戴震纂 （清）慶文等遞修 （清）王文員遞纂 清光緒十年（1884）刻本 十冊

320000－1606－0005799 P08884
［光緒］嘉應州志三十二卷首一卷 （清）吳宗焯等修 （清）溫仲和纂 清光緒二十七年（1901）刻本 十四冊

320000－1606－0005800 P08885
［嘉慶］東莞縣志四十六卷續志二卷 （清）彭

人傑等修　(清)黄時沛等纂　清嘉慶三年(1798)存古堂刻本　十册

320000－1606－0005801　P08887

元和郡縣圖志四十卷　(唐)李吉甫撰　**闕卷逸文一卷**　(清)孫星衍輯　**補志九卷**　(清)嚴觀補　清光緒六年至八年(1880－1882)金陵書局刻本　八册

320000－1606－0005802　P08888

[光緒]夏縣志十卷首一卷　(清)萬啟鈞等修　(清)張承熊纂　清光緒六年(1880)刻本　四册

320000－1606－0005803　P08890

[同治]河曲縣志八卷　(清)金福增修　(清)張兆魁　(清)金鐘彦纂　清同治十一年(1872)河曲縣署刻本　八册

320000－1606－0005804　P08891

[道光]昆明縣志十卷　(清)戴絅孫纂修　清光緒二十七年(1901)文廟桂香樓刻本　六册

320000－1606－0005805　P08892

[光緒]交城縣志十卷首一卷　(清)夏肇庸修　(清)許惺南纂　清光緒八年(1882)刻本　八册

320000－1606－0005806　P08893

[光緒]翼城縣志二十八卷　(清)王耀章等纂修　清光緒七年(1881)刻本　八册

320000－1606－0005807　P08894

[光緒]定襄縣補志十三卷　(清)鄭繼修等修　(清)邢澍田纂　清光緒六年(1880)刻本　八册

320000－1606－0005808　P08895

[嘉慶]衛藏通志十六卷首一卷　(清)和琳纂修　清光緒二十二年(1896)桐廬袁昶漸西村舍刻本　八册

320000－1606－0005809　P08896

[乾隆]寧武府志十二卷首一卷　(清)周景柱修　(清)李維梓纂　清乾隆十六年(1751)刻本　六册

320000－1606－0005810　P08897

[乾隆]汾州府志三十四卷首一卷　(清)孫和相修　(清)戴震纂　清乾隆三十六年(1771)刻本　三十二册

320000－1606－0005811　P08898

[雍正]山東通志三十六卷首一卷　(清)岳濬等修　(清)杜詔等纂　清乾隆元年(1736)刻本　四十册

320000－1606－0005812　P08899

山東考古錄一卷　(清)顧炎武撰　**續山東考古錄三十二卷首一卷**　(清)葉圭綬撰　清光緒八年(1882)山東書局刻本　七册

320000－1606－0005813　P08900

[康熙]隰州志二十四卷　(清)錢以塏纂修　清康熙四十九年(1710)刻本　四册

320000－1606－0005814　P08901

[雍正]朔平府志十二卷　(清)劉士銘修　(清)王霨纂　清雍正十一年(1733)刻本　十册

320000－1606－0005815　P08902

[光緒]續修隰州志四卷　(清)崔澄寰修　(清)王嘉會纂　清光緒二十四年(1898)刻本　四册

320000－1606－0005816　P08903

[乾隆]興縣志十八卷　(清)程雲修　(清)孫鴻淦纂　(清)藍山續纂修　清乾隆二十八年(1763)刻光緒六年(1880)藩州張啟蘊永興齋增刻本　四册

320000－1606－0005817　P08904

[光緒]興縣續志二卷　(清)張啟蘊修　(清)孫福昌纂　清光緒六年(1880)刻本　二册

320000－1606－0005818　P08905

[康熙]臨縣志八卷首一卷　(清)楊飛熊修　(清)崔鶴齡等纂　清道光二十年(1840)刻本　四册

320000－1606－0005819　P08906

[道光]**滕縣志十四卷首一卷**　(清)王政修　(清)王庸立等纂　清道光二十六年(1846)刻本　八册

320000－1606－0005820　P08907

[乾隆]**德州志十二卷首一卷**　(清)王道亨修　(清)張慶源纂　清乾隆五十三年(1788)刻本　八册

320000－1606－0005821　P08908

[光緒]**永年縣志四十卷首一卷**　(清)夏詒鈺等纂修　清光緒三年(1877)刻本　八册

320000－1606－0005822　P08909

[同治]**利川縣志十卷首一卷**　(清)何蕙馨修　(清)吳江纂　清同治四年(1865)刻本　二册　存五卷(六至十)

320000－1606－0005823　P08910

[乾隆]**平原縣志十卷首一卷**　(清)黃懷祖修　(清)黃兆熊纂　清乾隆十四年(1749)刻本　四册

320000－1606－0005824　P08911

[乾隆]**大名縣志四十卷首一卷**　(清)張維祺　(清)李棠纂修　清乾隆五十四年(1789)刻本　十二册

320000－1606－0005825　P08912

[光緒]**江陵縣志六十五卷首一卷**　(清)蒯正昌修　(清)劉長謙等纂　清光緒三年(1877)刻本　四册　存二十五卷(三十四至五十八)

320000－1606－0005826　P08913

[同治]**續輯漢陽縣志二十八卷**　(清)黃式度　(清)王庭楨修　(清)王柏心纂　清同治七年(1868)刻本　二十册

320000－1606－0005827　P08914

[光緒]**黃州府志四十卷首一卷**　(清)英啟修　(清)鄧琛等纂　清光緒十年(1884)刻本　三十六册

320000－1606－0005828　P08915

[道光]**重纂福建通志二百七十八卷首六卷附一卷**　(清)孫爾準等修　(清)陳壽祺纂　(清)程祖洛等續修　(清)魏敬中續纂　清同治十年(1871)正誼書院刻本　一百四十册

320000－1606－0005829　P08917

[康熙]**潛江縣志二十卷首一卷**　(清)劉煥修　(清)朱載震纂　清光緒五年(1879)傳經書院刻本　一册　存二卷(一、首一卷)

320000－1606－0005830　P08918

[光緒]**江陵縣志六十五卷首一卷**　(清)蒯正昌修　(清)劉長謙等纂　清光緒三年(1877)刻本　二十四册

320000－1606－0005831　P08919

[光緒]**通州直隸州志十六卷首一卷末一卷訂訛一卷**　(清)莫祥芝等修　(清)季念詒等纂　清光緒元年(1875)刻本　十六册

320000－1606－0005832　P08920

[乾隆]**臨清直隸州志十一卷首一卷**　(清)張度等纂修　清乾隆五十年(1785)刻本　十一册

320000－1606－0005833　P08921

館陶縣鄉土志八卷　(清)孫方陵修　(清)宋金鏡　(清)熊廷獻纂　清光緒三十四年(1908)山東官報局鉛印本　四册

320000－1606－0005834　P08922

[光緒]**通州直隸州志十六卷首一卷末一卷訂訛一卷**　(清)莫祥芝等修　(清)季念詒等纂　清光緒元年(1875)刻本　十六册

320000－1606－0005835　P08923

[嘉慶]**禹城縣志十二卷**　(清)董鵬翱修　(清)牟應震纂　清嘉慶十三年(1808)刻本　四册

320000－1606－0005836　P08924

[康熙]**鄒縣志三卷**　(清)婁一均纂修　清康熙五十五年(1716)刻本　四册

320000－1606－0005837　P08925

[光緒]**鄒縣續志十二卷首一卷**　(清)吳若灝修　(清)錢枱等纂　清光緒十八年(1892)刻本　四册

320000－1606－0005838　P08926
濰縣鄉土志不分卷　（清）宋朝楨修　（清）陳傳弼等纂　清光緒三十三年（1907）石印本　一冊

320000－1606－0005839　P08931
［乾隆］萊州府志十六卷首一卷　（清）嚴有禧纂修　（清）張桐續纂修　清乾隆五年（1740）刻本　八冊

320000－1606－0005840　P08932
［嘉慶］莒州志十六卷首一卷　（清）許紹錦纂修　清嘉慶元年（1796）刻本　六冊

320000－1606－0005841　P08934
［光緒］重修安徽通志三百五十卷補遺十卷　（清）吳坤修等修　（清）何紹基等纂　清光緒四年（1878）刻本　一百十六冊

320000－1606－0005842　P08936
［光緒］吉水縣志六十六卷首一卷　（清）彭際盛等修　（清）胡宗元纂　清光緒元年（1875）刻本　二十二冊

320000－1606－0005843　P08937
［同治］靖安縣志十六卷首一卷　（清）徐家瀛修　（清）舒孔恂纂　清同治九年（1870）木活字印本　十二冊

320000－1606－0005844　P08938
石鐘山志十六卷首一卷　（清）李成謀　（清）丁義方輯　清光緒九年（1883）聽濤眺雨軒刻本　八冊

320000－1606－0005845　P08939
［同治］重修上高縣志十四卷首一卷　（清）馮蘭森修　（清）陳卿雲等纂　清同治九年（1870）刻本　十四冊

320000－1606－0005846　P08940
武夷山志二十四卷首一卷　（清）董天工編　清道光二十七年（1847）五夫尺木軒刻本　八冊

320000－1606－0005847　P08943
徽州府志辨證一卷　（清）黃崇惺撰　清末木活字印本　一冊

320000－1606－0005848　P08944
黃山志定本七卷首一卷　（清）閔麟嗣修　清康熙十八年（1679）烏程閔氏刻乾隆三十二年（1767）閔道隆重修印本　七冊

320000－1606－0005849　P08945
宛陵郡志備要四卷首一卷附太平郡志二卷　（清）謝庭氏纂　清光緒二年（1876）寧郡清華齋刻本　四冊

320000－1606－0005850　P08946
［乾隆］潁州府志十卷　（清）王斂福纂修　清乾隆十七年（1752）刻本　十三冊

320000－1606－0005851　P08948
［同治］祁門縣志三十六卷首一卷　（清）周溶修　（清）汪韻珊纂　清同治十二年（1873）刻本　十二冊

320000－1606－0005852　P08949
［雍正］敕修浙江通志二百八十卷首三卷　（清）李衛等修　（清）沈翼機　（清）傅王露纂　清光緒二十五年（1899）浙江書局刻本　一百二十冊

320000－1606－0005853　P08951
［光緒］續修廬州府志一百卷首一卷末一卷　（清）黃雲修　（清）汪宗沂等纂　清光緒十一年（1885）刻本　四十八冊

320000－1606－0005854　P08953
［光緒］龍泉縣志十二卷首一卷　（清）顧國詔修　（清）張世堉重修　清光緒四年（1878）刻本　六冊

320000－1606－0005855　P08954
［光緒］宣平縣志二十卷首一卷　（清）皮樹棠修　（清）皮錫瑞纂　清光緒四年（1878）宣平縣署刻本　八冊

320000－1606－0005856　P08955
［光緒］處州府志三十卷首一卷末一卷　（清）潘紹詒等修　（清）周榮椿等纂　清光緒三年（1877）刻本　二十八冊

320000－1606－0005857　P08956
[康熙]衢州府志四十卷首一卷　(清)楊廷望修　(清)姜超伯繪校　清光緒八年(1882)劉國光刻本　十二册

320000－1606－0005858　P08958
[光緒]仙居志二十四卷首一卷　(清)王壽頤等修　(清)王棻等纂　清光緒二十年(1894)木活字印本　十册

320000－1606－0005859　P08959
[光緒]永康縣志十六卷首一卷　(清)李汝為等修　(清)潘樹棠等纂　清光緒十八年(1892)刻本　十二册

320000－1606－0005860　P08960
[同治]江山縣志十二卷首一卷末一卷　(清)王彬等纂修　(清)陳鶴翔　(清)陶謨分纂　(清)朱鋆等協修　(清)王以鎮等參訂　清同治十二年(1873)文溪書院刻本　八册

320000－1606－0005861　P08961
[雍正]寧波府志三十六卷首一卷　(清)曹秉仁修　(清)萬經纂　清道光二十六年(1846)慈溪沈氏介祉堂刻本　十六册

320000－1606－0005862　P08962
[乾隆]温州府志三十卷首一卷　(清)李琬修　(清)齊召南　(清)汪沆纂　(清)趙鎮　(清)朱葉瑛增修　清乾隆二十七年(1762)刻同治四年(1865)、民國四年(1915)補刻本　二十册

320000－1606－0005863　P08963
[光緒]定海廳志三十卷首一卷　(清)史致馴等修　(清)陳重威等纂　清光緒十一年(1885)刻二十八年(1902)重修本　九册　存二十七卷(一至二十七)

320000－1606－0005864　P08964
[光緒]太平續志十八卷首一卷　(清)陳汝霖等修　(清)王棻纂　清光緒二十二年(1896)刻本　八册

320000－1606－0005865　P08965
[同治]湖州府志九十六卷首一卷　(清)宗源瀚等修　(清)周學濬等纂　(清)李宗蓮增纂　清同治十三年(1874)愛山書院刻光緒九年(1883)增修本　四十册

320000－1606－0005866　P08966
廣雁蕩山志二十八卷首一卷末一卷　(清)曾唯纂輯　清乾隆五十五年(1790)東嘉依緑園刻嘉慶十三年(1808)增刻本　八册

320000－1606－0005867　P08968
西湖志四十八卷　(清)李衛　(清)程元章修　(清)傅王露撰　清光緒四年(1878)浙江書局刻本　二十册

320000－1606－0005868　P08969
[光緒]松陽縣志十二卷首一卷　(清)支恒椿等纂　清光緒元年(1875)刻本　六册

320000－1606－0005869　P08970
[光緒]蘭谿縣志八卷首一卷　(清)邵秉經等修　(清)唐壬森纂　清光緒十五年(1889)刻本　十册

320000－1606－0005870　P08971
[光緒]嘉興府志八十八卷首二卷　(清)許瑤光修　(清)吳仰賢纂　清光緒四年(1878)嘉興鴛湖書院刻五年(1879)重印本　四十八册

320000－1606－0005871　P08972
[光緒]嚴州府志三十八卷首一卷　(清)吳世榮修　(清)鄒柏森等纂　清光緒九年(1883)刻本　二十八册

320000－1606－0005872　P08973
[同治]景甯縣志十四卷首一卷末一卷　(清)周杰纂修　(清)嚴用光等纂輯　清同治十二年(1873)刻本　八册

320000－1606－0005873　P08974
咸淳臨安志一百卷　(宋)潛説友纂　**校栞咸淳臨安志札記三卷**　(清)黄士珣撰　清道光十年(1830)錢塘汪氏振綺堂刻本　二十册

320000－1606－0005874　P08975
[康熙]臨海縣志十五卷首一卷　(清)洪若臯纂　清康熙二十二年(1683)武林刻光緒重印

本　八册

320000－1606－0005875　P08977
[同治]長興縣志三十二卷　(清)趙定邦等主修　(清)周學濬等鑒定　(清)丁寶書等纂　清同治十三年至光緒元年(1874－1875)刻光緒十八年(1892)文光齋重修本　十六册

320000－1606－0005876　P08979
[乾隆]江南通志二百卷首四卷　(清)尹繼善等總裁　(清)性桂等協裁　(清)刁承祖等監理　(清)王恕等協理　(清)黄之雋等纂修　(清)王元蘅等分修　清乾隆元年(1736)刻本　六十三册

320000－1606－0005877　P08980
[嘉慶]高郵州志十二卷首一卷　(清)楊宜崙修　(清)夏之蓉等纂　(清)馮馨續修　(清)王念孫續纂　清道光二十五年(1845)刻本　十二册

320000－1606－0005878　P08981
[光緒]崑新兩縣續修合志五十二卷首一卷末一卷　(清)金吳瀾等修　(清)汪堃　(清)朱成熙纂　清光緒六年(1880)敦善堂刻本　二十四册

320000－1606－0005879　P08982
[乾隆]句容縣志十卷首一卷末一卷斠勘記略一卷　(清)曹襲先纂修　清光緒二十六年(1900)句容楊世沅刻本　八册

320000－1606－0005880　P08984
[光緒]贛榆縣志十八卷　(清)王豫熙等修　張謇等纂　清光緒十四年(1888)刻本　四册

320000－1606－0005881　P08985
[光緒]六合縣志八卷附録一卷　(清)謝延庚等修　(清)賀廷壽等纂　清光緒十年(1884)刻本　十册

320000－1606－0005882　P08986
[乾隆]碭山縣志十四卷　(清)劉王瑗纂修　清乾隆三十二年(1767)刻本　六册

320000－1606－0005883　P08988
[乾隆]震澤縣志三十八卷首一卷　(清)陳和志修　(清)倪師孟　(清)沈彤纂　清光緒十九年(1893)吳郡徐元圃刻本　八册

320000－1606－0005884　P08989
[光緒]武進陽湖縣志三十卷首一卷　(清)王其淦等修　(清)湯成烈纂　清光緒五年(1879)刻本　二十册

320000－1606－0005885　P08990
[光緒]崑新兩縣續修合志五十二卷首一卷末一卷　(清)金吳瀾等修　(清)汪堃　(清)朱成熙纂　清光緒六年(1880)敦善堂刻本　二十四册

320000－1606－0005886　P08991
[同治]上江兩縣志二十九卷首一卷　(清)莫祥芝　(清)甘紹盤修　(清)汪士鐸等纂　清光緒二年(1876)刻本　十六册

320000－1606－0005887　P08992
同治上海縣志札記六卷　(清)秦榮光撰　清光緒二十八年(1902)松江振華德記印書館鉛印本　六册

320000－1606－0005888　P08993
同治上海縣志三十二卷首一卷補遺一卷敘録一卷　(清)應寶時等修　(清)俞樾　(清)方宗誠纂　清同治十年(1871)吳門臬署刻本　十六册

320000－1606－0005889　P08995
[元豐]吳郡圖經續記三卷　(宋)朱長文纂修　清同治十二年(1873)江蘇書局刻本　一册

320000－1606－0005890　P08996
[咸豐]邳州志二十卷首一卷　(清)董用威　(清)馬軼群修　(清)魯一同纂　清咸豐元年(1851)刻光緒二十一年(1895)重印本　四册

320000－1606－0005891　P08998
[光緒]寶山縣志十四卷首一卷　(清)梁蒲貴等修　(清)朱延射等纂　清光緒八年(1882)學海書院刻本　八册

320000－1606－0005892　P08999
[光緒]川沙廳志十四卷首一卷末一卷　(清)

陳方瀛修　(清)俞樾纂　清光緒五年(1879)刻本　六冊

320000－1606－0005893　P09000

[光緒]川沙廳志十四卷首一卷末一卷　(清)陳方瀛修　(清)俞樾纂　清光緒五年(1879)刻本　六冊

320000－1606－0005894　P09002

[道光]重修寶應縣志二十八卷首一卷　(清)孟毓蘭修　(清)喬載繇等纂　清道光二十年(1840)湯氏沐華堂刻本　十冊

320000－1606－0005895　P09003

[光緒]吳江縣續志四十卷首一卷　(清)金福曾修　(清)熊其英纂　清光緒五年(1879)刻本　八冊

320000－1606－0005896　P09004

[光緒]豐縣志十六卷首一卷　(清)姚鴻杰　(清)李運昌纂修　清光緒二十年(1894)刻本　八冊

320000－1606－0005897　P09005

[光緒]崇明縣志十八卷　(清)林達泉等修　(清)李聯琇等纂　清光緒七年(1881)刻本　十二冊

320000－1606－0005898　P09006

[光緒]續纂句容縣志二十卷首一卷末一卷　(清)張紹棠修　(清)蕭穆纂　清光緒三十年(1904)刻本　二十冊

320000－1606－0005899　P09007

[光緒]崇明縣志十八卷　(清)林達泉等修　(清)李聯琇等纂　清光緒七年(1881)刻本　十二冊

320000－1606－0005900　P09009

同治徐州府志二十五卷　(清)吳世熊　(清)朱忻修　清同治十三年(1874)刻本　十六冊

320000－1606－0005901　P09010

同治徐州府志二十五卷　(清)吳世熊　(清)朱忻修　清同治十三年(1874)刻本　十六冊

320000－1606－0005902　P09012

[光緒]阜甯縣志二十四卷首一卷　(清)阮本焱等修　(清)殷自芳等纂　清光緒十二年(1886)刻本　十冊

320000－1606－0005903　P09013

[同治]山陽縣志二十一卷　(清)張兆棟　(清)孫雲修　(清)何紹基　(清)丁晏纂　清同治十二年(1873)刻本　八冊

320000－1606－0005904　P09015

[光緒]溧水縣志二十二卷首一卷　(清)傅觀光等修　(清)丁維誠纂　清光緒九年(1883)刻本　十二冊

320000－1606－0005905　P09016

[光緒]溧水縣志二十二卷首一卷　(清)傅觀光等修　(清)丁維誠纂　清光緒九年(1883)刻本　十二冊

320000－1606－0005906　P09017

攝山志八卷首一卷　(清)陳毅纂　清乾隆五十五年(1790)蘇州府署刻本　四冊

320000－1606－0005907　P09018

寶華山志十五卷首一卷　(清)劉名芳纂修　清乾隆刻本　四冊

320000－1606－0005908　P09019

[光緒]嘉興府志八十八卷首二卷　(清)許瑤光修　(清)吳仰賢纂　清光緒四年(1878)嘉興鴛湖書院刻本　十六冊　存四十一卷(一至三十九、首二卷)

320000－1606－0005909　P09020

[光緒]淮安府志四十卷首一卷　(清)孫雲錦修　(清)吳昆田等纂　清光緒十年(1884)刻本　十六冊

320000－1606－0005910　P09021

[光緒]淮安府志四十卷首一卷　(清)孫雲錦修　(清)吳昆田等纂　清光緒十年(1884)刻本　十六冊

320000－1606－0005911　P09022

[嘉慶]海州直隸州志三十二卷首一卷　(清)唐仲冕修　(清)汪梅鼎纂　清嘉慶十年

(1805)刻十六年(1811)重修本　三册

320000－1606－0005912　P09023
[嘉慶]重刊江甯府志五十六卷校勘記一卷　(清)吕燕昭修　(清)姚鼐纂　清光緒六年(1880)刻本　十二册

320000－1606－0005913　P09024
[光緒]續纂江甯府志十五卷首一卷勘誤一卷　(清)趙佑宸等修　(清)汪士鐸纂　清光緒十年(1884)刻本　十二册

320000－1606－0005914　P09026
光緒丙子清河縣志二十六卷　(清)胡裕燕修　(清)吳昆田　(清)魯蕡纂　清光緒五年(1879)刻本　十六册

320000－1606－0005915　P09027
光緒丙子清河縣志二十六卷　(清)胡裕燕修　(清)吳昆田　(清)魯蕡纂　清光緒五年(1879)刻本　六册

320000－1606－0005916　P09028
[光緒]續纂江甯府志十五卷首一卷勘誤一卷　(清)蔣啟勛　(清)趙佑宸修　(清)汪士鐸纂　清光緒六年(1880)刻本　十二册

320000－1606－0005917　P09029
[嘉慶]重刊宜興縣舊志十卷首一卷末一卷宜興荆谿縣志十卷首一卷末一卷　(清)阮升基等修　(清)寧楷纂　清光緒八年(1882)刻宜興荆溪舊志五種本　二十六册

320000－1606－0005918　P09030
[乾隆]江都縣志三十二卷　(清)五格　(清)黄湘纂修　清光緒七年(1881)劉汝賢刻本　十册

320000－1606－0005919　P09031
[嘉慶]江都縣續志十二卷首一卷　(清)王逢源修　(清)李保泰纂　清光緒七年(1881)刻本　四册

320000－1606－0005920　P09032
[光緒]江都縣續志三十卷首一卷　(清)謝延庚修　(清)劉壽曾纂　清光緒十年(1884)刻本　八册

320000－1606－0005921　P09034
[光緒]溧陽縣續志十六卷末一卷　(清)朱畯修　馮煦等纂　清光緒二十五年(1899)木活字印本　八册

320000－1606－0005922　P09035
[乾隆]江都縣志三十二卷　(清)五格　(清)黄湘纂修　清光緒七年(1881)劉汝賢刻本　十册

320000－1606－0005923　P09036
[光緒]安東縣志十五卷首一卷　(清)金元烺修　(清)吳昆田　(清)魯蕡纂　清光緒元年(1875)刻本　四册

320000－1606－0005924　P09038
[嘉慶]江都縣續志十二卷首一卷　(清)王逢源修　(清)李保泰纂　清光緒七年(1881)刻本　四册

320000－1606－0005925　P09039
[光緒]江陰縣志三十卷首一卷　(清)盧思誠等修　(清)季念詒等纂　清光緒四年(1878)刻本　二十册

320000－1606－0005926　P09041
[嘉慶]如皋縣志二十四卷　(清)楊受廷等修　(清)馬汝舟等纂　清嘉慶十三年(1808)刻本　十册

320000－1606－0005927　P09042
[道光]如皋縣續志十二卷　(清)范仕義修　(清)吳鎧纂　清道光十七年(1837)刻本　二册

320000－1606－0005928　P09043
[光緒]增修甘泉縣志二十四卷首一卷　(清)徐成敟等修　(清)陳浩恩等纂　清光緒七年(1881)木活字印本　二十册

320000－1606－0005929　P09044
[光緒]重修華亭縣志二十四卷首一卷末一卷　(清)楊開第修　(清)姚光發等纂　清光緒五年(1879)刻本　十册

320000－1606－0005930　P09045
[光緒]重修華亭縣志二十四卷首一卷末一卷　(清)楊開第修　(清)姚光發等纂　清光緒五年(1879)刻本　十冊

320000－1606－0005931　P09046
[光緒]宜興荆谿縣新志十卷首一卷末一卷　(清)施惠等修　(清)吳景牆等纂　清光緒八年(1882)刻宜興荆溪舊志五種本　七冊

320000－1606－0005932　P09047
[嘉慶]溧陽縣志十六卷圖一卷　(清)陳鴻壽等修　(清)史炳等纂　清光緒二十二年(1896)木活字印本　十冊

320000－1606－0005933　P09049
[嘉慶]松江府志八十四卷首二卷　(清)宋如林修　(清)莫晉等纂　清嘉慶二十二年(1817)府學明倫堂刻本　四十冊

320000－1606－0005934　P09050
[同治]蘇州府志一百五十卷首三卷　(清)李銘皖等修　(清)馮桂芬纂　清光緒九年(1883)江蘇書局刻本　八十冊

320000－1606－0005935　P09051
[光緒]松江府續志四十卷首一卷圖一卷　(清)博潤修　(清)姚光發等纂　清光緒十年(1884)郡齋刻本　二十四冊

320000－1606－0005936　P09052
[同治]蘇州府志一百五十卷首三卷　(清)李銘皖等修　(清)馮桂芬纂　清光緒九年(1883)江蘇書局刻本　八十冊

320000－1606－0005937　P09054
[嘉慶]重修揚州府志七十二卷首一卷　(清)阿克當阿等修　(清)姚文田等纂　清嘉慶十五年(1810)刻本　四十八冊

320000－1606－0005938　P09055
[嘉慶]重修揚州府志七十二卷首一卷　(清)阿克當阿等修　(清)姚文田等纂　清嘉慶十五年(1810)刻本　四十八冊

320000－1606－0005939　P09056
[嘉慶]東臺縣志四十卷　(清)周右修　(清)蔡復午纂　清嘉慶二十二年(1817)東臺縣署刻本　八冊

320000－1606－0005940　P09057
[光緒]南匯縣志二十二卷首一卷末一卷　(清)金福曾修　(清)張文虎纂　清光緒五年(1879)刻本　十二冊

320000－1606－0005941　P09065
[道光]泰州志三十六卷首一卷　(清)王有慶等修　(清)陳世鎔等纂　清道光七年(1827)刻本　十冊

320000－1606－0005942　P09066
[光緒]青浦縣志三十卷首二卷末一卷　(清)陳其元等修　(清)熊其英等纂　清光緒五年(1879)刻本　十二冊

320000－1606－0005943　P09068
[光緒]青浦縣志三十卷首二卷末一卷　(清)陳其元等修　(清)熊其英等纂　清光緒五年(1879)刻本　十二冊

320000－1606－0005944　P09069
[同治]續纂揚州府志二十四卷　(清)方濬頤修　(清)晏端書纂　清同治十三年(1874)刻本　八冊

320000－1606－0005945　P09070
[光緒]婁縣續志二十卷　(清)汪坤厚等修　(清)張雲望等纂　清光緒五年(1879)刻本　六冊

320000－1606－0005946　P09071
[光緒]婁縣續志二十卷　(清)汪坤厚等修　(清)張雲望等纂　清光緒五年(1879)刻本　六冊

320000－1606－0005947　P09072
[光緒]重修奉賢縣志二十卷首一卷末一卷　(清)韓佩金修　(清)張文虎纂　清光緒四年(1878)志書局刻本　六冊

320000－1606－0005948　P09073
[光緒]泰興縣志二十六卷首一卷末一卷

(清)楊激雲修 (清)顧曾烜纂 清光緒十二年(1886)刻本 十册

320000－1606－0005949 P09074
[光緒]睢甯縣志稾十八卷 (清)侯紹瀛修 (清)丁顯纂 清光緒十二年(1886)刻本 六册

320000－1606－0005950 P09075
[光緒]睢甯縣志稾十八卷 (清)侯紹瀛修 (清)丁顯纂 清光緒十二年(1886)刻本 八册

320000－1606－0005951 P09077
[康熙]常州府志三十八卷首一卷 (清)于琨修 (清)陳玉璂纂 **校勘記一卷** (清)陸鼎翰撰 清光緒十二年(1886)木活字印本 二十一册

320000－1606－0005952 P09078
[光緒]丹徒縣志六十卷首四卷圖一卷 (清)何紹章等修 (清)吕耀斗等纂 清光緒五年(1879)刻本 三十二册

320000－1606－0005953 P09079
[光緒]鹽城縣志十七卷首一卷 (清)劉崇照修 (清)陳玉樹纂 清光緒二十一年(1895)刻本 十册

320000－1606－0005954 P09080
北固山志十四卷首一卷 (清)周伯義編 (清)陳任暘訂 清光緒三十年(1904)刻本 六册

320000－1606－0005955 P09081
京口三山志三種七十二卷 (清)周伯義編 清同治、光緒間刻本 二十二册 缺一種十一卷(北固山志一至十、首一卷)

320000－1606－0005956 P09084
[光緒]金山縣志三十卷首一卷 (清)崔廷鏞等修 (清)黄厚本等纂 清光緒四年(1878)刻本 八册

320000－1606－0005957 P09085
[光緒]常昭合志稿四十八卷首一卷末一卷校勘記一卷 (清)鄭鍾祥等修 (清)龐鴻文等纂 清光緒三十年(1904)木活字印本 十七册

320000－1606－0005958 P09086
[道光]銅山縣志二十四卷首一卷 (清)崔志元修 (清)金左泉纂 清道光十一年(1831)刻本 十二册

320000－1606－0005959 P09087
[乾隆]金山縣志二十卷首一卷 (清)常琬修 (清)焦以敬纂 清乾隆十六年(1751)刻本 四册

320000－1606－0005960 P09089
[光緒]常昭合志稿四十八卷首一卷末一卷 (清)鄭鍾祥等修 (清)龐鴻文等纂 清光緒三十年(1904)木活字印本 十六册

320000－1606－0005961 P09090
[乾隆]彰德府志三十二卷首一卷 (清)盧崧修 清乾隆五十二年(1787)彰德府署刻本 二十册

320000－1606－0005962 P09091
[雍正]河南通志八十卷 (清)田文鏡修 (清)孫灝纂 清乾隆三十二年(1767)刻道光六年(1826)、同治八年(1869)、光緒十八年(1892)遞修本 四十册

320000－1606－0005963 P09092
[乾隆]續河南通志八十卷首四卷 (清)阿思哈 (清)嵩貴纂修 清乾隆三十二年(1767)刻道光六年(1826)、同治八年(1869)、光緒十八年(1892)、二十八年(1902)遞修本 二十册

320000－1606－0005964 P09093
[光緒]湖南通志二百八十八卷首八卷末十九卷 (清)李瀚章等修 (清)曾國荃等纂 清光緒十一年(1885)刻本 一百六十八册

320000－1606－0005965 P09094
湖南方物志八卷 (清)黄本驥撰 清道光二十六年(1846)寧鄉黄本驥三長物齋刻本 二册

320000－1606－0005966　P09095

說嵩三十二卷例目一卷　(清)景日昣撰　清康熙嶽生堂刻本　十册

320000－1606－0005967　P09096

河南省圖不分卷　(清)劉恂繪　清同治九年(1870)刻本　一册

320000－1606－0005968　P09099

[康熙]商邱縣志二十卷首一卷　(清)劉德昌修　(清)葉澐纂　清光緒十一年(1885)刻本　六册

320000－1606－0005969　P09100

[同治]郟縣志十二卷　(清)張熙瑞　(清)茅恒春修　(清)郭景泰纂　清同治四年(1865)刻本　六册

320000－1606－0005970　P09101

[同治]武陵縣志四十八卷　(清)孫翹澤等修　(清)陳啟邁纂　清同治二年(1863)刻本　十二册

320000－1606－0005971　P09102

[光緒]道州志十二卷圖一卷　(清)李鏡蓉等修　(清)許清源等纂　清光緒四年(1878)刻本　八册

320000－1606－0005972　P09104

[光緒]東安縣志八卷　(清)黄心菊等修　(清)席寶田等纂　清光緒二年(1876)刻本　四册

320000－1606－0005973　P09105

[同治]臨武縣志四十七卷首一卷　(清)鄒景文等纂修　(清)吴洪恩續修　(清)陳佑啟　(清)章俊純續纂　清同治六年(1867)刻本　十二册

320000－1606－0005974　P09106

[光緒]陝州直隸州續志十卷首一卷　(清)黄璟等纂修　清光緒十八年(1892)刻本　三册

320000－1606－0005975　P09107

[光緒]陝州直隸州志十五卷首一卷　(清)趙希曾等纂修　清光緒十七年(1891)刻本　十二册

320000－1606－0005976　P09108

[同治]臨湘縣志十三卷首一卷末一卷　(清)恩榮等修　(清)朱俊彦等纂　清同治十一年(1872)刻本　六册

320000－1606－0005977　P09109

[乾隆]長葛縣志十卷　(清)阮景咸纂修　清乾隆十二年(1747)刻本　四册

320000－1606－0005978　P09110

[光緒]巴陵縣志六十三卷首一卷　(清)姚詩德等修　(清)杜貴墀纂　清光緒二十六年(1900)刻本　十六册

320000－1606－0005979　P09111

[嘉慶]常德府志四十八卷首一卷　(清)應先烈修　(清)陳楷禮纂　清嘉慶十八年(1813)刻本　十八册

320000－1606－0005980　P09113

[乾隆]盛京通志四十八卷　(清)吕耀曾等修　(清)魏樞等纂　清乾隆元年(1736)刻本　二十册

320000－1606－0005981　P09114

[同治]增修萬縣志三十六卷首一卷典禮備考八卷　(清)王玉鯨　(清)張琴修　(清)范泰衡等纂　清同治五年(1866)萬川書院刻本　十册

320000－1606－0005982　P09115

[嘉慶]四川通志二百四卷　(清)常明修　(清)楊芳燦等纂　清嘉慶二十一年(1816)刻本　一百十册

320000－1606－0005983　P09117

[同治]重修涪州志十六卷首一卷末一卷　(清)吕紹衣等修　(清)王應元　(清)傅炳墀纂　清同治九年(1870)刻本　十册

320000－1606－0005984　P09118

峽江救生船志二卷圖考一卷附行川必要一卷　(清)賀縉紳　(清)程以輔編　清光緒三年至五年(1877－1879)水師新副中營刻本

四冊

320000－1606－0005985　P09119
[嘉慶]黑龍江外記八卷　(清)西清撰　清光緒二十年(1894)漸西村舍刻本　二册

320000－1606－0005986　P09121
[康熙]陝西通志三十二卷　(清)賈漢復修　(清)李楷等纂　清康熙六年(1667)刻本　四十册

320000－1606－0005987　P09122
[雍正]陝西通志一百卷首一卷　(清)劉於義修　(清)沈青崖纂　清雍正十三年(1735)刻本　一百册　缺十一卷(一至十、首一卷)

320000－1606－0005988　P09125
[嘉慶]西安縣志四十八卷首一卷　(清)姚寶煃修　(清)范崇楷纂　清嘉慶十六年(1811)刻本　十册

320000－1606－0005989　P09126
通志堂經解一百四十種　(清)納蘭成德　(清)徐乾學輯　清刻本　三百六十五册　缺六十一種

320000－1606－0005990　P09128
新刻袁柳莊先生秘傳相法二卷　(明)袁忠徹撰　(明)雲林子校正　清愛日堂刻本　二册

320000－1606－0005991　P09129
三彈子傳心三集三種　(五代)何令通撰　清雍正十年(1732)吳郡綠蔭堂刻本　四册

320000－1606－0005992　P09130
寤言二卷　陳澹然撰　清光緒二十八年(1902)刻本　一册

320000－1606－0005993　P09133
沈下賢文集十二卷　(唐)沈亞之撰　清抄本　二册

320000－1606－0005994　P09134
杏廬文鈔八卷　(清)諸福坤撰　清光緒刻本　八册

320000－1606－0005995　P09135
松峯先生文集十卷　(明)王俊輯　清刻本　八册

320000－1606－0005996　P09136
西算新法直解八卷　(清)馮桂芬　(清)陳瑒撰　清光緒二年(1876)吳縣馮氏校邠廬刻本　二册

320000－1606－0005997　P09137
景宋殘本五代平話五種　(宋)□□撰　清宣統三年(1911)武進董氏誦芬室刻本　二册

320000－1606－0005998　P09138
地理知本金鎖秘二卷　(清)鄧恭撰　清嘉慶刻本　四册

320000－1606－0005999　P09139
地理六法傳心二集六卷　(唐)楊佐仙撰　清康熙學愚齋刻本　四册

320000－1606－0006000　P09140
滄浪小志二卷　(清)宋犖編　清光緒十年(1884)江蘇書局刻本　一册

320000－1606－0006001　P09141
新鍥希夷陳先生紫微斗數全書四卷　(宋)陳摶撰　清經綸堂刻本　四册

320000－1606－0006002　P09143
新譯日本法規大全不分卷　劉崇傑等譯　清光緒三十三年(1907)商務印書館鉛印本　八十一册

320000－1606－0006003　P09144
耕綠草堂詩草一卷　(清)薛熙撰　清光緒二十三年(1897)刻本　一册

320000－1606－0006004　P09145
添修莫愁湖志二卷　題(清)醉吟館主人撰　清光緒十五年(1889)修竹齋刻本　一册

320000－1606－0006005　P09146
國朝右文掌錄一卷　題(清)自有餘齋主人輯　清光緒十三年(1887)刻本　一册

320000－1606－0006006　P09147
岳容齋詩集四卷　(清)岳鍾琪撰　清道光八年(1828)青棠書屋刻本　一册

320000－1606－0006007　P09152
春秋中國夷狄辨三卷　(清)徐勤撰　清光緒二十三年(1897)上海大同譯書局石印本　一册

320000－1606－0006008　P09153
增補地理直指原眞大全三卷首一卷　(清)釋如玉撰　清三讓堂刻本　八册

320000－1606－0006009　P09154
尊水園集十二卷　(明)盧世㴶撰　(清)程先貞等輯　清順治十七年(1660)刻本　四册

320000－1606－0006010　P09155
念二史詠史詩註二卷　(清)孫殿雲撰　清道光十二年(1832)涵虚閣刻本　四册

320000－1606－0006011　P09160
乾元秘旨一卷餘論一卷　(清)舒繼英撰　清刻本　一册

320000－1606－0006012　P09161
欽定續通志六百四十卷　(清)嵇璜等纂　清光緒十二年(1886)浙江書局刻本　二百一册

320000－1606－0006013　P09162
山帶閣集三十三卷附録一卷　(明)朱曰藩撰　清道光十五年(1835)宜禄堂刻本　十二册

320000－1606－0006014　P09163
唐宋拾遺不分卷　(清)□□輯　清刻本　十册

320000－1606－0006015　P09165
[同治]山陽縣志二十一卷　(清)張兆棟　(清)孫雲修　(清)何紹基　(清)丁晏纂　清同治十二年(1873)刻本　八册

320000－1606－0006016　P09166
[同治]長沙縣志三十六卷首一卷　(清)劉采邦等修　(清)張延珂等纂　清同治十年(1871)刻本　二十册

320000－1606－0006017　P09167
[同治]衡陽縣志十二卷　(清)羅慶薌修　(清)彭玉麟纂　清同治十三年(1874)刻本　七册

320000－1606－0006018　P09168
止止堂集五卷　(明)戚繼光撰　清光緒十四年(1888)山東書局刻本　八册

320000－1606－0006019　P09169
宋文憲公集十一卷　(明)宋濂撰　(清)張汝瑚選　清康熙二十一年(1682)溫陵書林刻本　十六册

320000－1606－0006020　P09170
廬陵周益國文忠公集二百卷首一卷附録五卷　(宋)周必大撰　清道光二十八年(1848)歐陽棨瀛塘别墅刻本　四十册

320000－1606－0006021　P09171
小石山房叢書　(清)顧湘輯　清同治十三年(1874)虞山顧氏刻本　十六册

320000－1606－0006022　P09172
居業堂文集二十卷首一卷　(清)王源撰　清光緒五年(1879)新城王氏刻本　二十四册

320000－1606－0006023　P09173
廿二史攷異一百卷　(清)錢大昕撰　清光緒八年(1882)長沙龍氏家塾刻本　三十二册

320000－1606－0006024　P09174
明史稿三百十卷目録三卷　(清)王鴻緒撰　清敬慎堂刻本　七十二册

320000－1606－0006025　P09175
明史三百三十二卷目録四卷　(清)張廷玉等修　清光緒三年(1877)湖北崇文書局刻本　八十册

320000－1606－0006026　P09176
通志二百卷　(宋)鄭樵撰　清光緒二十二年(1896)浙江書局刻本　一百二十册

320000－1606－0006027　P09178
地理大全一集形勢眞訣三十卷二集理氣秘旨二十五卷　(明)李國木刪定　(清)李國林輯　清刻本　二十三册

320000－1606－0006028　P09179
春秋屬辭辨例編六十卷首二卷序目一卷　(清)張應昌撰　清同治十二年(1873)江蘇書

局刻本　三十一册

320000－1606－0006029　P09180

[乾隆]常昭合志十二卷首一卷　(清)王錦撰　清光緒二十四年(1898)丁祖蔭木活字印本　十四册

320000－1606－0006030　P09181

汪雙池先生叢書三十一種　(清)汪紱撰　清道光、光緒間刻本　一百五十一册

320000－1606－0006031　P09182

[光緒]山西通志一百八十四卷首一卷　(清)曾國荃等修　(清)王軒等纂　清光緒十八年(1892)刻本　九十六册

320000－1606－0006032　P09184

太學進士題名碑錄不分卷　(清)李周望編　(清)德沛重編　清乾隆刻本　六册

320000－1606－0006033　P09185

疫痧草三卷　(清)陳耕道撰　清光緒十四年(1888)京都琉璃廠梓文齋刻本　一册

320000－1606－0006034　P09186

明吴又可先生瘟疫論二卷　(明)吴有性撰　清經綸堂刻本　二册

320000－1606－0006035　P09187

文廟通考六卷首一卷　(清)牛樹梅撰　清同治十一年(1872)浙江書局刻本　二册

320000－1606－0006036　P09188

經史參同二帙　題(清)留耕氏撰　清乾隆二十八年(1763)寶恩堂刻本　二册

320000－1606－0006037　P09189

義門先生集十二卷附錄一卷弟子姓氏錄一卷　(清)何焯撰　(清)韓崇等輯　**何義門先生家書四卷**　吴蔭培編　清宣統元年(1909)平江吴氏廣州刻本　六册

320000－1606－0006038　P09193

建炎以來繫年要錄二百卷　(宋)李心傳撰　清光緒五年至八年(1879－1882)仁壽蕭氏刻本　六十册

320000－1606－0006039　P09194

册府元龜一千卷　(宋)王欽若等撰　明崇禎刻本　一百七十三册　存八十四卷(四百二十六至五百五、五百十九至五百二十二)

320000－1606－0006040　P09239

古經解彙函十六種小學彙函十四種　(清)鍾謙鈞等輯　清粤東省城西湖街富文齋刻本　三十五册　存十六種(古經解彙函十六種)

320000－1606－0006041　P09240

三怡堂叢書十七種　張鳳臺輯　清光緒至民國河南官書局刻本　二十册

320000－1606－0006042　P09241

古棠書屋叢書十八種　(清)孫澍　(清)孫錤輯　清道光鵝溪孫氏刻本　六十册

320000－1606－0006043　P09242

潛室劄記二卷　(清)刁包著　清道光二十三年(1843)祁陽順積樓刻本　四册

320000－1606－0006044　P09243

[同治]宜黃縣志五十卷首一卷　(清)張興言　(清)夏燮修　(清)謝煌等纂　清同治十年(1871)刻本　二十三册

320000－1606－0006045　P09244

史記索隱三十卷　(唐)司馬貞撰　明末虞山毛氏汲古閣刻本　二册

320000－1606－0006046　P09245

四書集註闡微直解二十七卷　(明)張居正撰　清康熙十六年(1677)八旗經正書院刻本　十一册　存二十一卷(七至二十七)

320000－1606－0006047　P09246

廿一史四譜五十四卷　(清)沈炳震撰　清同治十年(1871)武林吴氏清來堂刻本　十六册

320000－1606－0006048　P09247

馮氏錦囊秘錄三種五十卷　(清)馮兆張纂輯　清康熙四十一年(1702)刻本　三十五册

320000－1606－0006049　P09248

神農本草經百種錄一卷　(清)徐大椿撰　清刻本　一册

320000－1606－0006050　P09249

慎疾芻言一卷 (清)徐大椿撰 清乾隆三十九年(1774)刻本 一册

320000－1606－0006051 P09250
沙疹輯要四卷 (清)葉霖撰 清光緒十六年(1890)石林書屋刻本 四册

320000－1606－0006052 P09251
痧症全書三卷 (清)王凱輯 清光緒四年(1878)慈幼堂刻本 一册

320000－1606－0006053 P09252
推拿廣意三卷 (清)熊應雄輯 (清)陳世凱重訂 清光緒十四年(1888)刻本 二册

320000－1606－0006054 P09253
濟世養生集一卷 (清)毛世洪輯 清道光十七年(1837)潁川壽萱堂刻本 一册

320000－1606－0006055 P09254
引痘新書一卷 (清)邱熺撰 **增補牛痘三要一卷** (清)趙開泰輯 清同治九年(1870)天台趙氏刻本 二册

320000－1606－0006056 P09255
麻科活人全書四卷 (清)謝玉瓊纂輯 清咸豐十一年(1861)刻本 四册

320000－1606－0006057 P09256
著石堂新刻幼科直言六卷 (清)孟河撰 (清)孟莊輯 清嘉慶三年(1798)刻本 四册

320000－1606－0006058 P09260
廣博物志五十卷 (明)董斯張纂 (明)楊鶴訂 清光緒五年(1879)學海堂刻本 四十八册

320000－1606－0006059 P09261
後知不足齋叢書初編二十五種 (清)鮑廷爵輯 清光緒常熟鮑廷爵刻本 三十二册

320000－1606－0006060 P09262
仿宋相臺五經附考證五種九十三卷 (宋)岳珂輯 清光緒二年(1876)江南書局刻本 三十二册

320000－1606－0006061 P09263
香祖筆記十二卷 (清)王士禛撰 清康熙刻本 八册

320000－1606－0006062 P09264
宋史四百九十六卷目錄三卷 (元)脱脱等撰 清光緒元年(1875)浙江書局刻本 八十二册

320000－1606－0006063 P09265
五禮通考二百六十二卷首四卷總目二卷 (清)秦蕙田撰 清光緒二十二年(1896)新化三味堂刻本 九十册

320000－1606－0006064 P09266
唐書二百二十五卷 (宋)歐陽修 (宋)宋祁撰 清同治十二年(1873)浙江書局刻本 四十四册

320000－1606－0006065 P09267
五代史七十四卷 (宋)歐陽修撰 (宋)徐無黨注 清同治十一年(1872)湖北崇文書局刻本 八册

320000－1606－0006066 P09268
思補齋筆記八卷 (清)潘世恩撰 清末刻本 三册

320000－1606－0006067 P09269
舊五代史一百五十卷目錄二卷附考證 (宋)薛居正等撰 清同治十一年(1872)湖北崇文書局刻本 十六册

320000－1606－0006068 P09271
書經六卷首一卷末一卷 (宋)蔡沈集傳 清光緒七年(1881)金陵書局刻本 四册

320000－1606－0006069 P09272
癸巳類稿十五卷 (清)俞正燮撰 清道光十三年(1833)求日益齋刻本 八册

320000－1606－0006070 P09273
凝齋先生遺集十卷末一卷 (清)陳道撰 清乾隆二十七年(1762)集思堂刻本 四册

320000－1606－0006071 P09274
癸巳存稿十五卷 (清)俞正燮輯 清光緒十年(1884)刻本 六册

320000－1606－0006072 P09276

御批歷代通鑑輯覽一百二十卷　(清)傅恒等纂　清同治十年(1871)浙江書局刻朱墨套印本　四十八册

320000－1606－0006073　P09277
漢魏六朝一百三家集一百三種一百十八卷　(明)張溥輯　清光緒十八年(1892)善化章經濟堂刻本　一百二十七册

320000－1606－0006074　P09278
本草原始合雷公炮製十二卷　(明)李中立纂輯　清光緒五年(1879)掃葉山房刻本　六册

320000－1606－0006075　P09279
帶經堂書目四卷　(清)陳徵芝鑒藏　(清)陳樹杓編次　清宣統順德鄧氏鉛印風雨樓叢書本　三册

320000－1606－0006076　P09280
種痘眞傳三卷　(清)方燦傳述　清嘉慶十年(1805)刻本　一册

320000－1606－0006077　P09281
脾胃論三卷　(金)李杲撰　明刻本　三册

320000－1606－0006078　P09282
新增全圖文武香毬三十六卷　題(清)三樂軒主人撰　清光緒十九年(1893)上海書局石印本　六册

320000－1606－0006079　P09283
省身指掌九卷　(美國)博恒理撰　清光緒三十年(1904)上海美華書館鉛印本　一册

320000－1606－0006080　P09284
幼學操身圖說一卷　(英國)慶丕等撰　清光緒二十二年(1896)北洋官書局刻本　一册

320000－1606－0006081　P09285
齊氏醫案六卷　(清)齊秉慧撰　(清)齊高較錄　(清)齊瑞參訂　清道光十三年(1833)尚友堂刻本　六册

320000－1606－0006082　P09287
南海先生戊戌奏稿一卷　康有為撰　清宣統三年(1911)鉛印本　一册

320000－1606－0006083　P09288
處女衛生一卷　(美國)來曼比斯撇利原著　(日本)北島研三原譯　馮霈重譯　清光緒二十九年(1903)上海廣智書局鉛印本　一册

320000－1606－0006084　P09294
純正蒙求三卷　(元)胡炳文撰　清光緒八年(1882)楚南劉彊善堂刻本　一册

320000－1606－0006085　P09298
篤素堂集鈔三卷　(清)張英撰　清光緒十七年(1891)江蘇書局刻本　一册

320000－1606－0006086　P09299
筆花醫鏡四卷　(清)江涵暾撰　清光緒十八年(1892)金陵湯明林聚珍書局刻本　三册

320000－1606－0006087　P09300
藥要便蒙新編二卷　(清)談鴻鋆輯　清光緒二十四年(1898)金陵湯明林聚珍書局刻本　一册

320000－1606－0006088　P09301
香屑集十八卷首一卷末一卷　(清)黃之雋輯　清同治十年(1871)近文堂刻本　六册

320000－1606－0006089　P09302
傷寒瘟疫條辯六卷　(清)楊璿撰　清光緒十五年(1889)掃葉山房刻本　六册

320000－1606－0006090　P09303
增補醫方一盤珠全集十卷　(清)洪金鼎撰　清乾隆十四年(1749)經綸堂刻本　六册

320000－1606－0006091　P09304
本草求眞九卷主治二卷脈理求眞一卷　(清)黃宮繡纂　清刻本　十三册

320000－1606－0006092　P09305
歷代經濟文統三十二卷　(清)顧炎武輯　清光緒二十四年(1898)浙紹會文堂石印本　十六册

320000－1606－0006093　P09306
南宋襍事詩七卷　(清)沈嘉轍等撰　清同治十一年(1872)淮南書局刻本　一册

320000－1606－0006094　P09307
周氏彙刻醫學叢書五類十五種　(清)周學海

輯　清宣統三年(1911)刻本　六十冊

320000－1606－0006095　P09308
重刊綸瀷文集二十七卷首一卷　(明)龍膺撰　清光緒十三年(1887)武陵龍氏刻本　三十冊

320000－1606－0006096　P09309
東里文集二十五卷別集三卷太師楊文貞公年譜一卷　(明)楊士奇撰　清光緒二年(1876)泰和楊覲光刻本　十八冊

320000－1606－0006097　P09310
皕宋樓藏書志一百二十卷續志四卷　(清)陸心源編　清光緒八年(1882)歸安陸氏十萬卷樓刻本　三十二冊

320000－1606－0006098　P09311
割症全書七卷　(美國)嘉約翰譯　清光緒十六年(1890)刻本　七冊

320000－1606－0006099　P09312
巢氏諸病源候總論五十卷　(隋)巢元方撰　清刻本　二十八冊

320000－1606－0006100　P09313
欽定剿平捻匪方略三百二十卷　(清)奕訢等撰　清同治十一年(1872)鉛印本　一百冊

320000－1606－0006101　P09314
欽定剿平粵匪方略四百二十卷首一卷　(清)奕訢等撰　清同治十一年(1872)鉛印本　四百二十二冊

320000－1606－0006102　P09315
欽定四庫全書總目二百卷首一卷　(清)紀昀等纂　清同治七年(1868)廣東書局刻本　八十冊

320000－1606－0006103　P09316
知不足齋叢書三十集　(清)鮑廷博輯　(清)鮑志祖續輯　清乾隆至道光長塘鮑氏知不足齋刻本　二百三十九冊

320000－1606－0006104　P09317
續知不足齋叢書二集　(清)高承勳輯　清渤海高氏刻本　十六冊

320000－1606－0006105　P09318
海山仙館叢書五十六種　(清)潘仕成輯　清道光、咸豐間番禺潘氏刻光緒增刻本　二百冊

320000－1606－0006106　P09319
[雍正]陝西通志一百卷首一卷　(清)劉於義修　(清)沈青崖纂　清雍正十三年(1735)刻本　一百冊

320000－1606－0006107　P09320
[道光]重纂福建通志二百七十八卷首六卷附一卷　(清)孫爾準等修　(清)陳壽祺纂　(清)程祖洛等續修　(清)魏敬中續纂　清同治十年(1871)正誼書院刻本　一百四十冊

320000－1606－0006108　P09322
小知錄十二卷　(清)陸鳳藻輯　清同治十二年(1873)淮南書局刻本　四冊

320000－1606－0006109　P09323
欽定四庫全書簡明目錄二十卷首一卷　(清)紀昀等纂　清同治七年(1868)廣東書局刻本　十冊

320000－1606－0006110　P09324
典禮質疑六卷　(清)杜貴墀撰　清光緒二十六年(1900)刻本　四冊

320000－1606－0006111　P09331
廿一史約編八卷首一卷　(清)鄭元慶撰　清魚計亭刻本　十二冊

320000－1606－0006112　P09332
增訂南詔野史二卷　(明)楊慎撰　(清)胡蔚訂正　清光緒六年(1880)雲南書局刻本　一冊

320000－1606－0006113　P09333
琉球國志略十六卷首一卷　(清)周煌撰　清同治刻本　六冊

320000－1606－0006114　P09334
西魏書二十四卷附錄一卷　(清)謝啟昆撰　清乾隆六十年(1795)樹經堂刻本　六冊

320000－1606－0006115　P09335

漢西域圖考七卷首一卷　(清)李光廷撰　清同治九年(1870)廣州鎔經鑄史齋刻本　二冊

320000－1606－0006116　P09336
新增説文韻府羣玉二十卷　(元)陰時夫編輯　(元)陰中夫編註　明萬曆十八年(1590)王元貞刻本　十冊

320000－1606－0006117　P09338
大清一統志四百二十四卷　(清)和珅纂修　清光緒二十三年(1897)杭州竹簡齋石印本　六十冊

320000－1606－0006118　P09342
玉函山房輯佚書　(清)馬國翰輯　清光緒十年(1884)楚南書局刻本　七十六冊　缺四十七卷(經編小學類:史籒篇一卷、蒼頡篇一卷、凡將篇一卷、訓纂篇一卷、蒼頡訓詁一卷、三蒼一卷、古文官書一卷、雜字指一卷、勸學篇一卷、通俗文一卷、埤蒼一卷、古今字詁一卷、雜字一卷、雜字解詁一卷、聲類一卷、廣蒼一卷、辨釋名一卷、異字一卷、始學篇一卷、草書狀一卷、發蒙記一卷、啟蒙記一卷、韻集一卷、字指一卷、四體書勢一卷、要用字苑一卷、演説文一卷、字統一卷、纂文一卷、庭誥一卷、纂要一卷、纂要一卷、文字集略一卷、古今文字表一卷、韻略一卷、桂苑珠叢一卷、文字指歸一卷、四聲五音九弄反紐圖一卷、分毫字様一卷、漢石經尚書一卷、漢石經魯詩一卷、漢石經儀禮一卷、漢石經公羊一卷、漢石經論語一卷、三字石經尚書一卷、三字石經春秋一卷、詁幼一卷)

320000－1606－0006119　P09343
梅氏曆算全書二十九種　(清)梅文鼎著　清刻本　十冊　存七種(交食蒙求、弧三角舉要、筆算、環中黍尺、塹堵測量、曆學駢枝、三角法舉要)

320000－1606－0006120　P09344
西山先生眞文忠公文集五十五卷　(宋)眞德秀撰　清乾隆刻本　二十二冊

320000－1606－0006121　P09345
兩般秋雨盦隨筆八卷　(清)梁紹壬纂　清道光十七年(1837)文光堂刻本　五冊　存五卷(一至四、七)

320000－1606－0006122　P09346
欽定四庫全書考證一百卷　(清)王太岳　(清)曹錫寶纂輯　清刻武英殿聚珍版書本　五十九冊　存九十九卷(一至四十九、五十一至一百)

320000－1606－0006123　P09347
西山先生眞文忠公讀書記四十卷　(宋)眞德秀撰　清乾隆四年(1739)刻本　二十四冊

320000－1606－0006124　P09348
國朝八家四六文鈔八種　(清)吳鼒編　清會文堂刻本　四冊

320000－1606－0006125　P09349
欽定平定陜甘新疆回匪方略三百二十卷首一卷　(清)奕訢撰　清光緒二十二年(1896)鉛印本　八十冊

320000－1606－0006126　P09350
[正德]武功縣志三卷首一卷　(明)康海纂修　(清)孫景烈評注　清乾隆二十六年(1761)長白瑪星阿刻本　一冊

320000－1606－0006127　P09351
硃批諭旨不分卷　(清)世宗胤禛撰　(清)鄂爾泰輯　清乾隆三年(1738)内府刻朱墨套印本　一百十四冊　缺一冊(第三函第五冊)

320000－1606－0006128　P09352
欽定平定貴州苗匪紀略四十卷　(清)奕訢纂修　清光緒二十二年(1896)鉛印本　十冊

320000－1606－0006129　P09353
四書古註群義彙解九種　(清)□□編　清光緒十九年(1893)上海同文書局石印本　十六冊

320000－1606－0006130　P09354
權衡一書四十一卷　(清)王植輯　清乾隆元年(1736)崇德堂刻本　二十冊

320000－1606－0006131　P09355
晝言集十三卷　(宋)劉安世撰　清光緒五年

(1879)定州王氏謙德堂刻本　八冊

320000－1606－0006132　P09357
欽定平定雲南回匪方略五十卷　(清)奕訢纂修　清光緒二十二年(1896)鉛印本　十二冊

320000－1606－0006133　P09358
類林新詠三十六卷　(清)姚之駰撰　清康熙四十六年(1707)錢塘姚氏敦化堂刻本　十二冊

320000－1606－0006134　P09359
重刊宋本十三經注疏附校勘記十三種　(清)阮元撰校勘記　(清)盧宣旬摘錄　清嘉慶二十年至二十一年(1815－1816)南昌府學刻本　一百六十冊

320000－1606－0006135　P09360
楚辭燈四卷　(清)林雲銘撰　清康熙三十六年(1697)二南堂刻本　四冊

320000－1606－0006136　P09363
痢證匯參十卷　(清)吳道源纂輯　清光緒刻本　六冊

320000－1606－0006137　P09364
式敬編五卷　(清)楊景仁輯　清道光二年(1822)刻本　二冊

320000－1606－0006138　P09365
驗方新編十六卷　(清)鮑相璈輯　(清)張紹棠增輯　清光緒十四年(1888)上海掃葉山房刻本　十冊

320000－1606－0006139　P09366
藥類摘要四卷　(清)陳挺生輯　清抄本　四冊

320000－1606－0006140　P09367
寧野自紀四卷　(明)吳從先著　明萬曆刻本　八冊

320000－1606－0006141　P09368
醫學從眾八卷　(清)陳念祖著　清道光二十六年(1846)南雅堂刻本　四冊

320000－1606－0006142　P09369
傷寒醫約錄三卷　(清)陳念祖著　清咸豐九年(1859)杭州守克氏刻本　四冊

320000－1606－0006143　P09370
七家試帖輯註彙鈔七種　(清)張熙宇輯評　(清)王植桂輯註　清同治九年(1870)善成堂刻本　八冊

320000－1606－0006144　P09371
拙好軒詩稿四卷附五代史樂府一卷　(清)王潤生撰　清宣統元年(1909)木活字印本　四冊

320000－1606－0006145　P09372
校訂困學紀聞集證二十卷　(宋)王應麟撰　(清)閻若璩等輯註　(清)屠繼序校補　(清)萬希槐集證　清嘉慶十二年(1807)掃葉山房刻本　十冊

320000－1606－0006146　P09374
曼陀羅花室集外文一卷　(清)吳翊寅撰　清光緒十九年(1893)廣州廣雅書局刻本　一冊

320000－1606－0006147　P09375
缶廬詩四卷附缶廬別存一卷　(清)吳俊卿撰　清光緒十九年(1893)刻本　一冊

320000－1606－0006148　P09376
霜傑齋詩二卷補遺一卷　(清)秦寶璣撰　清光緒十二年(1886)刻本　一冊

320000－1606－0006149　P09377
通雅堂詩鈔十卷續集二卷　(清)施山撰　清光緒元年(1875)荊州刻本　二冊

320000－1606－0006150　P09378
陶堂志微錄五卷遺文一卷形景菴三漢碑執一卷　(清)高心夔撰　(清)李鴻裔輯　清光緒八年(1882)平湖朱氏經注經齋刻本　四冊

320000－1606－0006151　P09380
漸西村人詩十六卷　(清)袁昶撰　清光緒十六年(1890)鉛印本　六冊

320000－1606－0006152　P09382
空青水碧齋詩集十三卷補遺一卷　(清)蔣琦齡撰　清光緒三年(1877)刻本　四冊

320000－1606－0006153　P09383

空青水碧齋文集八卷 (清)蔣琦齡撰　清光緒十一年(1885)刻本　五册　存六卷(一至二、五至八)

320000－1606－0006154　P09385
朱止泉先生外集五卷 (清)朱澤澐撰　清道光三年(1823)刻本　四册

320000－1606－0006155　P09386
陳巖野先生全集四卷 (清)陳邦彦撰　(清)溫汝能校輯　清嘉慶十年(1805)聽松閣刻本　十册

320000－1606－0006156　P09387
朱文端公集四卷 (清)朱軾撰　清乾隆二年(1737)刻本　四册

320000－1606－0006157　P09388
脈經十卷 (晉)王叔和撰　清光緒十九年(1893)宜都楊氏鄰蘇園影宋刻本　四册

320000－1606－0006158　P09389
三唐人集 (清)馮焌光輯　清光緒二年(1876)讀有用書齋刻本　四册

320000－1606－0006159　P09390
陶淵明文集十卷 (晉)陶潛撰　清光緒五年(1879)會稽章氏刻本　四册

320000－1606－0006160　P09392
六醴齋醫書十種 (清)程永培輯　清光緒十七年(1891)廣州藏修堂刻本　二十二册

320000－1606－0006161　P09393
如臯冒氏叢書 冒廣生輯　清光緒至民國如臯冒氏刻本　十一册

320000－1606－0006162　P09394
望溪先生文集十八卷集外文十卷集外文補遺二卷 (清)方苞撰　**方望溪先生年譜一卷附錄一卷** (清)蘇惇元撰　清咸豐元年(1851)戴鈞衡刻本　十六册

320000－1606－0006163　P09395
墨香閣文集十三卷首一卷末一卷 (清)彭維新撰　(清)彭青萊等輯　清道光二年(1822)茶陵彭氏刻本　十八册

320000－1606－0006164　P09396
痧症全書二卷 (清)榮庭芳撰　清抄本　二册

320000－1606－0006165　P09397
樊榭山房集十卷續集十卷文集八卷集外詩三卷集外詞四卷 (清)厲鶚撰　清光緒十年(1884)錢唐汪氏振綺堂刻本　十册

320000－1606－0006166　P09398
沈端恪公遺書二種 (清)□□輯　清同治十二年(1873)浙江書局刻本　二册

320000－1606－0006167　P09399
天鑒堂一集二卷首一卷 (清)沈近思撰　清光緒二十五年(1899)刻本　一册

320000－1606－0006168　P09400
春秋疑義二卷 (清)華學泉撰　清嘉慶十九年(1814)璜川吳氏眞意堂刻本　四册

320000－1606－0006169　P09401
天中記六十卷 (明)陳耀文纂　清光緒四年(1878)聽雨山房刻本　六十册

320000－1606－0006170　P09402
古韻溯原八卷 (清)安念祖　(清)華湛恩輯　清道光十九年(1839)親仁堂刻本　二册

320000－1606－0006171　P09403
韻徵十六卷 (清)安吉纂輯　清道光十七年(1837)親仁堂刻本　六册

320000－1606－0006172　P09404
續資治通鑑二百二十卷 (清)畢沅編集　清乾隆畢氏刻嘉慶六年(1801)馮集梧補刻同治六年(1867)應氏重修本　六十四册

320000－1606－0006173　P09405
杭大宗七種叢書 (清)杭世駿撰　清乾隆杭賓仁刻本　八册

320000－1606－0006174　P09406
晴川蟹錄四卷 (清)孫之騄輯　清康熙刻本　一册

320000－1606－0006175　P09407
道古堂全集七十七卷 (清)杭世駿撰　清光

緒十四年(1888)泉唐汪氏振綺堂刻本　十六册

320000－1606－0006176　P09408
空山堂全集　(清)牛運震撰　清嘉慶空山堂刻本　二十四册　存六種六十五卷(論語隨筆一至九、十一至十七、十九,孟子論文七卷,周易解九卷,詩志八卷,春秋傳十二卷,空山堂文集十二卷)

320000－1606－0006177　P09409
國朝先正事略六十卷　(清)李元度纂　清同治五年(1866)循陔草堂刻本　二十四册

320000－1606－0006178　P09410
西昌王抑菴集四十卷　(明)王直撰　清同治六年(1867)刻本　四十一册

320000－1606－0006179　P09411
國朝杭郡詩三輯一百卷　(清)丁申　(清)丁丙編　清光緒十九年(1893)錢唐丁氏刻本　四十册

320000－1606－0006180　P09412
兩浙輶軒續録五十四卷補遺六卷　(清)潘衍桐輯　清光緒十七年(1891)浙江書局刻本　四十册

320000－1606－0006181　P09413
宋詩紀事一百卷　(清)厲鶚　(清)馬曰琯輯　清乾隆十一年(1746)錢塘厲氏刻本　二十四册

320000－1606－0006182　P09414
[同治朝]東華續錄一百卷　王先謙編　清光緒刻本　六十四册

320000－1606－0006183　P09415
萬國通史前編十卷　(英國)李思倫白約翰輯譯　蔡爾康紀述　清光緒二十六年(1900)上海廣學會鉛印本　十册

320000－1606－0006184　P09416
音韻合註四書一卷五經一卷　(清)鄒岳輯　清同治七年(1868)方氏刻本　二册

320000－1606－0006185　P09417
十六國疆域志十六卷　(清)洪亮吉撰　清光緒十七年(1891)廣雅書局刻本　四册

320000－1606－0006186　P09418
日本源流考二十二卷　王先謙撰　清光緒二十八年(1902)思賢書局刻本　十册

320000－1606－0006187　P09419
紫峰陳先生文集十三卷首一卷　(明)陳琛撰　清乾隆五十四年(1789)刻本　六册

320000－1606－0006188　P09420
梓溪文鈔内集八卷外集十卷附錄一卷　(明)舒芬撰　明萬曆四十八年(1620)舒琛刻本　十二册

320000－1606－0006189　P09421
宋書一百卷　(南朝梁)沈約撰　清同治十一年(1872)金陵書局刻本　十六册

320000－1606－0006190　P09422
陳書三十六卷　(唐)姚思廉撰　清同治十一年(1872)金陵書局刻本　四册

320000－1606－0006191　P09423
南史八十卷　(唐)李延壽撰　清同治十一年(1872)金陵書局刻本　十二册

320000－1606－0006192　P09424
欽定科場條例六十卷首一卷　(清)倉鴻謨等纂　清光緒刻本　八册　存二十三卷(一至二十二、首一卷)

320000－1606－0006193　P09425
讀史大畧六十卷首一卷　(清)沙張白著　**小沙子史畧一卷**　(清)沙晉著　清光緒二十六年(1900)刻本　十二册

320000－1606－0006194　P09427
律例便覽八卷　(清)蔡嵩年編　**處分則例圖要六卷**　(清)蔡逢年編　清同治四年(1865)刻本　五册　存十二卷(律例便覽一至六、處分則例圖要六卷)

320000－1606－0006195　P09428
康熙字典十二集總目一卷檢字一卷辨似一卷等韻一卷備考一卷補遺一卷　(清)張玉書

（清）凌紹雯等纂修　清刻本　四十冊

320000－1606－0006196　P09429
通志二百卷　（宋）鄭樵撰　清刻本　七十八冊　存七十六卷（一百二十五至二百）

320000－1606－0006197　P09430
周書五十卷　（唐）令狐德棻撰　清同治十三年（1874）金陵書局刻本　四冊

320000－1606－0006198　P09431
隋書八十五卷　（唐）魏徵等撰　清同治十年（1871）淮南書局刻本　十二冊

320000－1606－0006199　P09432
朱文端公遺書十三種　（清）朱軾輯　清光緒二十三年（1897）刻本　八十冊

320000－1606－0006200　P09434
歐陽文公圭齋集十六卷首一卷末一卷　（元）歐陽元撰　清道光二十六年（1846）新化鄧氏南村草堂刻本　十八冊

320000－1606－0006201　P09435
咸淳臨安志一百卷　（宋）潛說友纂　**校栞咸淳臨安志札記三卷**　（清）黃士珣撰　清道光十年（1830）錢塘汪氏振綺堂刻本　二十四冊　存九十九卷（一至八十九、九十一至九十七，校栞咸淳臨安志札記三卷）

320000－1606－0006202　P09436
［嘉慶］漢陰廳志十卷首一卷　（清）錢鶴年修　（清）董詔纂　清嘉慶二十三年（1818）刻本　六冊

320000－1606－0006203　P09439
蠕範八卷　（清）李元撰　清同治十三年（1874）傳經堂刻本　八冊

320000－1606－0006204　P09440
醫學實在易八卷　（清）陳念祖著　清道光二十四年（1844）南雅堂刻本　七冊

320000－1606－0006205　P09441
心齋十種　（清）任兆麟撰　清乾隆震澤任氏忠敏家塾刻本　四冊

320000－1606－0006206　P09442
昌黎先生集四十卷遺文一卷　（唐）韓愈撰　（唐）李漢編　清同治九年（1870）廣東述古堂刻本　八冊

320000－1606－0006207　P09444
成方切用十二卷首一卷末一卷　（清）吳儀洛輯　清乾隆二十六年（1761）利濟堂刻本　六冊

320000－1606－0006208　P09445
［同治］瑞州府志二十四卷首一卷　（清）黃廷金修　（清）蕭浚蘭等纂　清同治十二年（1873）刻本　十四冊

320000－1606－0006209　P09446
九宮譜定八卷　（清）查繼佐　題（清）鴛湖逸者輯　清康熙刻本　八冊

320000－1606－0006210　P09447
唐大家韓文公文抄十六卷　（唐）韓愈撰　（明）茅坤批評　**唐大家柳柳州文抄十二卷**　（唐）柳宗元撰　（明）茅坤批評　明末刻本　十冊

320000－1606－0006211　P09448
［同治］葉縣志十卷首一卷　（清）歐陽霖等修　（清）倉景恬等纂　清光緒二十二年（1896）刻本　八冊

320000－1606－0006212　P09449
雍正上諭不分卷（清康熙六十一年十一月至雍正七年十二月）　（清）允祥等編　清雍正、乾隆間刻本　二十九冊

320000－1606－0006213　P09450
石室秘籙六卷　（清）陳士鐸撰　清雍正八年（1730）宛平馬弘儒萱永堂刻本　六冊

320000－1606－0006214　P09451
舊唐書二百十四卷　（五代）劉昫等撰　清同治十一年（1872）浙江書局刻本　四十冊

320000－1606－0006215　P09452
晉書一百三十卷　（唐）房玄齡等撰　清同治十年（1871）金陵書局刻本　二十冊

320000－1606－0006216　P09453

宋元四明六志八種 (清)徐時棟輯 清咸豐四年(1854)甬上徐氏煙嶼樓刻本 三十九册

320000－1606－0006217 P09454

[九朝]東華錄一百二十卷 王先謙編 **[光緒朝]東華續錄二百二十卷** 朱壽朋編 清光緒十三年(1887)上海圖書集成印書局鉛印本 六十四册

320000－1606－0006218 P09455

御纂醫宗金鑑外科十卷 (清)吳謙等輯 清刻本 十册

320000－1606－0006219 P09456

海峰先生文十卷補遺一卷海峰先生詩八卷海峰制藝一卷 (清)劉大櫆撰 清光緒十四年(1888)桐城吳大有堂木活字印本 八册

320000－1606－0006220 P09457

國朝書識十七卷 (清)馮金伯撰 清乾隆刻道光十一年(1831)增修本 八册

320000－1606－0006221 P09458

辨證奇聞十卷 (清)錢松撰 清道光刻本 十册

320000－1606－0006222 P09459

士材三書四種 (明)李中梓撰 (清)尤乘增補 清康熙經綸堂刻本 八册

320000－1606－0006223 P09460

求闕齋日記類鈔十卷 (清)曾國藩撰 清光緒十年(1884)還讀樓刻本 四册

320000－1606－0006224 P09461

重訂法國志略二十四卷 (清)王韜輯撰 清光緒十六年(1890)淞隱廬鉛印本 八册

320000－1606－0006225 P09462

皇朝經世文編一百二十卷姓名總目三卷 (清)賀長齡輯 清光緒十二年(1886)思補樓石印本 六十册

320000－1606－0006226 P09463

續增刑案匯覽十六卷 (清)祝慶祺編 清道光二十年(1840)棠樾文淵堂刻本 七册 存七卷(一至七)

320000－1606－0006227 P09465

讀律心得三卷 (清)劉衡纂輯 **蜀僚問答二卷** (清)劉衡存稿 **漁洋山人手鏡一卷** (清)王士禎撰 **代直隸總督勸諭牧令文一卷** (清)黃輔辰撰 清刻本 一册

320000－1606－0006228 P09467

讀史方輿紀要一百三十卷輿圖要覽四卷 (清)顧祖禹輯著 (清)彭元瑞校定 清光緒二十五年(1899)慎記書莊石印本 三十二册

320000－1606－0006229 P09468

增廣尚友錄統編二十二卷 (清)應祖錫(清)韓卿甫編輯 清光緒二十八年(1902)鴻寶齋石印本 十三册 存二十卷(一至二十)

320000－1606－0006230 P09469

經籍籑詁並補遺一百六卷首一卷 (清)阮元撰 清儀徵阮氏琅嬛僊館刻本 八十册

320000－1606－0006231 P09470

疇人傳四十六卷續六卷 (清)阮元撰 (清)羅士琳續 清光緒八年(1882)海鹽張氏常惺齋刻本 十二册

320000－1606－0006232 P09471

洗冤錄歌訣一卷急救方一卷檢驗雜説歌訣一卷七殺式附一卷 (□)□□撰 清刻本 一册

320000－1606－0006233 P09472

説文解字注三十二卷 (清)段玉裁注 清光緒七年(1881)蘇州刻本 二十二册 存三十卷(一至十一、十三至二十一、二十三至三十二)

320000－1606－0006234 P09473

二百八科鄉會文統不分卷 (清)□□輯 清光緒十四年(1888)上海積山書局石印本 十九册

320000－1606－0006235 P09474

十三經註疏並校勘記十三種 (清)阮元校勘 清光緒十三年(1887)上海點石齋石印本 二十四册

320000－1606－0006236　P09475
楹聯集錦八卷　(清)胡鳳丹輯　清光緒八年(1882)燕喜堂刻本　二册

320000－1606－0006237　P09477
普通百科全書一百卷　(清)會文學社編譯　清光緒上海會文學社石印本　九十一册

320000－1606－0006238　P09478
國朝文匯二百卷　(清)沈粹芬等輯　清宣統元年(1909)上海國學扶輪社石印本　一百册

320000－1606－0006239　P09479
[同治朝]東華續錄一百卷　王先謙編　清光緒十八年(1892)上海圖書集成印書局鉛印本　三十二册

320000－1606－0006240　P09480
太平廣記五百卷目錄十卷　(宋)李昉等輯　清乾隆二十年(1755)天都黃曉峰刻本　六十四册

320000－1606－0006241　P09481
守山閣叢書四集一百十二種　(清)錢熙祚輯　清光緒十五年(1889)上海鴻文書局石印本　一百册

320000－1606－0006242　P09482
欽定古今圖書集成一萬卷目錄三十二卷　(清)陳夢雷等編　清光緒十年(1884)圖書集成鉛版印書局鉛印本　一千六百二十七册

320000－1606－0006243　P09516
明書一百七十一卷目錄二卷　(清)傅維鱗撰　清光緒五年(1879)定州王氏刻本　二百册

320000－1606－0006244　P09518
醫學匯海三十六卷首一卷　(清)孫德潤撰輯　清道光六年(1826)漢陽蕭氏刻本　一百十八册

320000－1606－0006245　P09519
[同治]宜昌府志十六卷首一卷　(清)聶光鑾修　(清)王柏心　(清)雷春沼纂　清同治四年(1865)刻本　十九册

320000－1606－0006246　P09520
事類統編九十三卷首一卷　(清)林意誠編　清道光十九年(1839)栢溪林氏味經堂刻本　三十二册

320000－1606－0006247　P09521
[六朝]東華錄三十二卷　(清)蔣良騏撰　清乾隆三十年(1765)刻本　十三册　存二十六卷(天命至雍正朝一至六、十三至三十二)

320000－1606－0006248　P09522
四書朱子語類摘鈔三十八卷　(宋)朱熹撰　(清)張履祥　(清)吕留良輯　清康熙四十年(1701)南陽講習堂刻本　一册　存六卷(三十三至三十八)

320000－1606－0006249　P09524
分類字錦六十四卷　(清)張廷玉等編　清康熙六十一年(1722)刻本　六十四册

320000－1606－0006250　P09525
割圜八綫綴術四卷　(清)徐有壬撰　清同治十二年(1873)湘陰荷池精舍左氏刻本　二册

320000－1606－0006251　P09526
數學拾遺一卷　(清)丁取忠撰　清同治十三年(1874)長沙荷池精舍刻本　一册

320000－1606－0006252　P09527
測圓海鏡細草十二卷　(元)李冶撰　清同治十二年(1873)荷池精舍刻本　四册

320000－1606－0006253　P09528
益古演段三卷　(元)李冶撰　清同治十二年(1873)長沙荷池精舍刻本　一册

320000－1606－0006254　P09529
圜率攷眞圖解一卷　(清)左潛述　清同治十三年(1874)荷池精舍刻本　一册

320000－1606－0006255　P09530
粟布演草二卷補一卷　(清)鄒伯奇撰　清同治十三年(1874)長沙荷池精舍刻本　一册

320000－1606－0006256　P09531
緝古算經細草三卷　(唐)王孝通撰　(清)張敦仁細草　清光緒二年(1876)荷池精舍刻本　一册

320000－1606－0006257　P09532
對數詳解五卷　（清）丁取忠撰　清同治十二年（1873）長沙荷池精舍刻本　一冊

320000－1606－0006258　P09533
綴術釋明二卷　（清）明安圖原本　（清）左潛釋　清光緒元年（1875）荷池精舍刻白芙堂算學叢書本　一冊

320000－1606－0006259　P09534
綴術釋戴一卷　（清）戴煦原本　（清）左潛釋　清光緒元年（1875）荷池精舍刻白芙堂算學叢書本　一冊

320000－1606－0006260　P09535
四元玉鑑三卷末一卷　（元）朱世傑編述　（清）羅士琳補草　清光緒元年（1875）荷池精舍刻本　三冊

320000－1606－0006261　P09536
[雍正]江西通志一百六十二卷首三卷　（清）謝旻等修　（清）陶成等纂　清雍正十年（1732）刻本　一百十冊

320000－1606－0006262　P09537
春秋擬題類典集解十五卷　（□）□□撰　清嘉慶二十四年（1819）南陔堂刻本　二冊

320000－1606－0006263　P09538
周易十卷　（三國魏）王弼注　清乾隆四十八年（1783）武英殿刻本　三冊

320000－1606－0006264　P09539
毛詩二十卷　（漢）毛亨傳　（漢）鄭玄箋　清乾隆四十八年（1783）武英殿仿宋刻本　六冊

320000－1606－0006265　P09540
新刻逸田叟女仙外史大奇書一百回　（清）吕熊撰　清康熙釣璜軒刻本　三十冊

320000－1606－0006266　P09541
綠雪堂遺集二十卷　（清）王衍梅撰　清道光十九年至二十年（1839－1840）會稽王文瑋刻本　六冊

320000－1606－0006267　P09542
政餘書屋文鈔二十卷　（清）王泉之撰　清道光十年（1830）刻本　三十冊

320000－1606－0006268　P09543
[六朝]東華錄一百九十五卷[三朝]東華續錄二百三十卷　王先謙編　**[咸豐朝]東華續錄六十九卷**　（清）潘頤福編　清光緒十三年（1887）刻本　一百八十八冊

320000－1606－0006269　P09544
古逸叢書二十六種　（清）黎庶昌輯　清光緒十年（1884）遵義黎氏刻本　四十九冊

320000－1606－0006270　P09545
漢書評林一百卷　（明）凌稚隆輯　清光緒十四年（1888）山西濬文書局刻本　四十八冊

320000－1606－0006271　P09546
皇清經解一千四百八卷首一卷　（清）阮元編　清道光九年（1829）學海堂刻咸豐十年（1860）補刻本　四百九冊

320000－1606－0006272　P09547
皇清經解續編一千四百三十卷　王先謙輯　清光緒十四年（1888）南菁書院刻本　三十六冊

320000－1606－0006273　P09549
春秋經傳集解三十卷　（晉）杜預撰　（唐）陸德明釋文　**春秋名號歸一圖二卷年表一卷**　（五代）馮繼先撰　清乾隆四十八年（1783）武英殿仿宋刻本　十六冊

320000－1606－0006274　P09550
禮記二十卷　（漢）鄭玄注　清乾隆四十八年（1783）武英殿刻本　十冊

320000－1606－0006275　P09551
後漢書一百二十卷　（南朝宋）范曄撰　（唐）李賢注　（晉）司馬彪續纂　（南朝梁）劉昭續注　清光緒十年（1884）同文書局影印本　二十八冊

320000－1606－0006276　P09552
粤雅堂叢書三編三十集　（清）伍崇曜輯　清道光至光緒南海伍氏刻本　二百一冊

320000－1606－0006277　P09553

國朝正雅集一百卷首一卷 (清)符葆森輯 清咸豐七年(1857)刻本 三十二册

320000－1606－0006278 P09554
皇朝駢文類苑十四卷首一卷 (清)姚燮選 清光緒十二年(1886)刻本 二十册

320000－1606－0006279 P09555
縮本精選經藝淵海五種 題(清)常安室主人輯 清光緒十一年(1885)點石齋石印本 十册

320000－1606－0006280 P09556
皇朝文獻通考三百卷 (清)嵇璜等纂 清刻本 四十册 存八十一卷(二百二十至三百)

320000－1606－0006281 P09557
大清律例增修統纂集成四十卷附督捕則例二卷 (清)陶東皋 (清)陶曉篔增修 清光緒二十四年(1898)刻本 十一册 存二十七卷(四至三十)

320000－1606－0006282 P09558
文獻通考三百四十八卷 (元)馬端臨撰 清光緒二十二年(1896)浙江書局刻本 十二册 存二十四卷(一至二十四)

320000－1606－0006283 P09559
涵芬樓古今文鈔一百卷 吴曾祺編 清宣統三年(1911)上海商務印書館鉛印本 九十九册 存九十九卷(一至九十九)

320000－1606－0006284 P09560
增補分類試策問對十卷 (清)王統 (清)王誥纂 (清)徐樹蓌續纂 清光緒五年(1879)鉛印本 十二册

320000－1606－0006285 P09561
國朝元魁墨萃不分卷(清順治至康熙) (清)朱炳麟編輯 清光緒十三年(1887)上海點石齋石印本 一册

320000－1606－0006286 P09562
策海備要十二卷 (□)□□撰 清嘉慶二十四年(1819)刻本 六册

320000－1606－0006287 P09569
瀛舟筆談十二卷首一卷 (清)阮亨撰 清嘉慶二十五年(1820)刻本 十九册 存十一卷(二至十二)

320000－1606－0006288 P09570
十三經策案二十二卷首一卷 (清)王謨輯 (清)喻祥麟編次 清刻本 十册

320000－1606－0006289 P09573
槍礮操法圖說不分卷 (清)丁日昌編譯 清刻本 三册

320000－1606－0006290 P09574
淮南天文訓補注二卷 (清)錢塘綴述 清光緒三年(1877)崇文書局刻本 二册

320000－1606－0006291 P09575
揚子法言十三卷音義一卷 (漢)揚雄撰 (晉)李軌注 清嘉慶二十三年(1818)刻同治十一年(1872)石研齋倪文林印本 二册

320000－1606－0006292 P09578
尚書十三卷 (漢)孔安國傳 清乾隆四十八年(1783)武英殿刻本 四册

320000－1606－0006293 P09579
聖蹟圖一卷 (清)孔憲蘭校 清同治十三年(1874)刻本 一册

320000－1606－0006294 P09582
研齋琴譜集錄六卷 (清)□□輯 清刻本 一册

320000－1606－0006295 P09584
經典釋文三十卷 (唐)陸德明撰 清康熙十九年(1680)納蘭成德通志堂刻本 十二册

320000－1606－0006296 P09587
淨業染香集不分卷 (清)釋悟靈輯 清道光十七年(1837)紅螺山資福寺刻本 三册

320000－1606－0006297 P09596
醫宗必讀十卷 (明)李中梓撰 清光緒六年(1880)掃葉山房刻本 五册

320000－1606－0006298 P09597
[康熙]臨淄縣志十六卷 (清)鄧性修 (清)李焕章等纂 清康熙十一年(1672)刻本

四册

320000－1606－0006299　P09599

［同治］清河縣志六卷　（清）王鏞修　（清）郭兆藩纂　清同治十一年（1872）刻本　六册

320000－1606－0006300　P09600

［同治］增修施南府志三十卷首一卷　（清）松林　（清）周慶榕修　（清）何遠鑒等纂　清同治十年（1871）刻本　十三册

320000－1606－0006301　P09601

欽定清漢對音字式一卷　（清）□□撰　清刻本　一册

320000－1606－0006302　P09602

［同治］德安縣志十五卷　（清）沈建勳修（清）程景周纂　清同治十年（1871）刻本　二册　存三卷（一至三）

320000－1606－0006303　P09603

［光緒］施南府志續編十卷附擬訂施南府志瑣言一卷　（清）王庭楨等修　（清）雷春沼等纂　清光緒十一年（1885）刻本　四册

320000－1606－0006304　P09605

庸盦文編四卷續編二卷　（清）薛福成撰　清光緒十三年（1887）無錫薛氏刻本　五册　存五卷（庸盦文編二至四、續編二卷）

320000－1606－0006305　P09751

尚書十三卷　（漢）孔安國傳　清荊溪家塾刻本　八册

320000－1606－0006306　P09775

説淵六十四卷　（明）陸楫編　明刻本　十册

320000－1606－0006307　P09780

禮記十卷　（元）陳澔集説　清同治五年（1866）金陵書局刻本　一册　存一卷（一）

320000－1606－0006308　P09783

錫金識小錄十二卷　（清）黃印輯　清光緒二十二年（1896）木活字印本　四册　存八卷（三至四、七至十二）

320000－1606－0006309　P09786

本草綱目拾遺十卷　（清）趙學敏輯　清刻本　六册　存六卷（三、六至十）

320000－1606－0006310　P09797

東軒吟社畫像一卷記一卷小傳一卷題詞一卷跋語一卷　（清）費丹旭繪　（清）黃士珣記　清光緒二年（1876）汪氏振綺堂刻本　一册

320000－1606－0006311　P09798

素靈微藴四卷　（清）黃元御著　清道光長沙徐氏燮和精舍刻本　二册

320000－1606－0006312　P09799

招隱山志十二卷首一卷　（清）繆潛纂輯　清宣統三年至民國十四年（1911－1925）刻本　四册

320000－1606－0006313　P09800

素問靈樞類纂約註三卷　（清）汪昂纂輯（清）汪桓訂定　清刻本　三册

320000－1606－0006314　P09801

素問靈樞類纂約註三卷　（清）汪昂纂輯（清）汪桓訂定　清刻本　三册

320000－1606－0006315　P09805

本朝館閣賦後集七卷補遺一卷附錄一卷（清）程琰等編錄　清乾隆三十三年（1768）困學齋刻本　三册　存四卷（一至四）

320000－1606－0006316　P09806

本朝館閣詩二十卷附錄一卷續附錄一卷（清）阮學浩　（清）阮學濬編次　清乾隆二十三年（1758）困學書屋刻本　八册　存十一卷（四至六、十二至十四、十八至二十，附錄一卷，續附錄一卷）

320000－1606－0006317　P09807

東倉書庫叢刻初編十二種三十一卷　繆朝荃編　清光緒二十九年（1903）刻本　十一册　缺二卷（安道公年譜一至二）

320000－1606－0006318　P09808

春秋釋地韻編五卷首一卷　（清）徐壽基編輯　清光緒十二年（1886）傳經堂刻本　四册

320000－1606－0006319　P09813

醫學源流論二卷　（清）徐大椿著　清刻本

二册

320000－1606－0006320　P09814
蘭臺軌範八卷　(清)徐大椿撰　清刻本　四册

320000－1606－0006321　P09815
重刊宋本十三經注疏附校勘記十三種　(清)阮元撰校勘記　(清)盧宣旬摘錄　清嘉慶二十年至二十一年(1815－1816)南昌府學刻本　六册　存二種八卷(附釋音毛詩注疏一至三、附釋音尚書注疏十六至二十)

320000－1606－0006322　P09817
高安三傳合編三種　(清)朱軾輯　(清)蔡世遠考訂　清光緒二十一年(1895)江蘇書局刻本　三册　存一種八卷(歷代名儒傳八卷)

320000－1606－0006323　P09818
明詞綜十二卷　(清)王昶纂　清刻本　二册

320000－1606－0006324　P09821
劉簾舫先生吏治三書六卷　(清)劉衡撰　清同治七年(1868)江蘇書局刻本　一册

320000－1606－0006325　P09822
陶靖節先生詩集四卷附錄一卷　(晉)陶潛撰　清拜經樓刻本　一册

320000－1606－0006326　P09823
明周端孝先生血疏一卷附題跋二卷　(明)周茂蘭撰　(清)萬福康輯　清光緒二十四年(1898)南昌萬氏刻本　一册

320000－1606－0006327　P09824
諧伯詩存二卷　(清)周諧伯撰　(清)魯一同編　清宣統二年(1910)刻本　一册

320000－1606－0006328　P09825
匹夫詩五卷　(清)陳星涵撰　清光緒三十三年(1907)刻本　一册

320000－1606－0006329　P09829
周易集解篡疏十卷附易筮遺占一卷　(清)李道平撰　清光緒十七年(1891)三餘草堂刻本　七册　存七卷(一至六、九)

320000－1606－0006330　P09832
古唐詩合解十二卷　(清)王堯衢注　清南華書局刻本　八册

320000－1606－0006331　P09833
方望溪先生全集文集十八卷集外文十卷集外文補遺二卷年譜二卷　(清)方苞撰　(清)戴鈞衡編　清咸豐元年(1851)刻本　八册

320000－1606－0006332　P09834
陶山集十六卷　(宋)陸佃撰　清刻本　三册　存十二卷(五至十六)

320000－1606－0006333　P09837
萃錦唫八卷　(清)奕訢撰　清光緒十一年(1885)刻本　五册

320000－1606－0006334　P09839
庚寅讌集三編三卷　(清)孫點輯　清光緒十六年(1890)鉛印本　三册

320000－1606－0006335　P09840
說文解字十五卷　(漢)許慎記　(清)鈕樹玉校錄　清光緒十一年(1885)江蘇書局刻本　十四册

320000－1606－0006336　P09841
詩經精華十卷　(清)薛嘉穎撰　清同治七年(1868)蘇州綠潤堂刻本　五册

320000－1606－0006337　P09842
思綺堂文集十卷　(清)章藻功撰注　清康熙六十一年(1722)刻本　十册

320000－1606－0006338　P09843
說文引經證例二十四卷　(清)承培元撰　清光緒二十一年(1895)廣雅書局刻本　六册

320000－1606－0006339　P09845
庚子剿辦淶水拳匪始末稟信摘要一卷　(清)祝芾撰　清鉛印本　一册

320000－1606－0006340　P09847
說文解字韻譜十卷　(五代)徐鍇撰　清同治三年(1864)吳縣馮桂芬刻本　二册

320000－1606－0006341　P09848
交翠軒筆記四卷　(清)沈濤撰　清刻本　二册

320000－1606－0006342　P09849
說文解字韻譜十卷　（五代）徐鍇撰　清同治三年（1864）吳縣馮桂芬刻本　二冊

320000－1606－0006343　P09850
說文分韻易知錄五卷部首重文五卷序目一卷　（清）許巽行編纂　清光緒五年（1879）刻本　十冊

320000－1606－0006344　P09851
陶靖節先生詩集四卷附錄一卷　（晉）陶潛撰　清拜經樓刻本　一冊

320000－1606－0006345　P09852
龍文鞭影二集二卷　（清）李暉吉　（清）徐瓚輯　清光緒三年（1877）掃葉山房刻本　二冊

320000－1606－0006346　P09855
明張文忠公全集奏疏十三卷書牘十五卷文集十一卷詩六卷女誡直解一卷附錄二卷　（明）張居正撰　清刻本　十六冊

320000－1606－0006347　P09856
點石齋畫報二集　（清）點石齋編　清光緒十年（1884）點石齋石印本　二冊

320000－1606－0006348　P09857
京口山水志十八卷首一卷末一卷　（清）楊棨撰　清道光刻本　二冊　存五卷（一至四、首一卷）

320000－1606－0006349　P09858
董解元西廂四卷　（金）董解元撰　清暖紅室刻本　二冊

320000－1606－0006350　P09860
鉼水齋詩集十七卷別集二卷詩話一卷　（清）舒位撰　清光緒十二年（1886）刻本　八冊

320000－1606－0006351　P09867
吟秋館詩存四卷　（清）江澄著　清光緒刻本　一冊

320000－1606－0006352　P09868
晚翠樓詩鈔四卷　（清）朱炳清撰　清光緒十六年（1890）刻本　一冊　存二卷（一至二）

320000－1606－0006353　P09873
京師譯學館規章一卷　（清）京師學務處編　清光緒三十一年（1905）京師學務處官書局鉛印本　一冊

320000－1606－0006354　P09877
論海牙和平會無干涉中國財政之理五章　（清）潘敬撰　清宣統三年（1911）鉛印本　一冊

320000－1606－0006355　P09882
日本師船考一卷　沈敦和輯譯　清光緒二十年（1894）江南水師學堂石印本　一冊

320000－1606－0006356　P09885
咽喉秘集一卷　（清）海山仙館編　清抄本　一冊

320000－1606－0006357　P09889
鉼水齋詩集十七卷　（清）舒位撰　清光緒十二年（1886）刻本　五冊

320000－1606－0006358　P09890
鐘鼎字源五卷　（清）汪立名輯　清光緒二年（1876）一隅草堂刻本　四冊

320000－1606－0006359　P09895
金石文鈔八卷續鈔二卷　（清）趙紹祖輯　清刻本　七冊

320000－1606－0006360　P09896
益智圖二卷　（清）童葉庚繪　清光緒四年（1878）睫巢刻本　二冊

320000－1606－0006361　P09897
拿破侖本紀四卷　（英國）洛加德著　林紓魏易譯　清光緒三十三年（1907）京師學務處官書局刻本　四冊

320000－1606－0006362　P09900
宋大家曾文定公文抄十卷　（宋）曾鞏著（明）茅坤批評　清刻本　四冊

320000－1606－0006363　P09901
曾文正公手札八卷　（清）曾國藩撰　清石印本　八冊

320000－1606－0006364　P09902
九鐘精舍金石跋尾甲編一卷　吳士鑑學　清

宣統二年(1910)刻本　一册

320000－1606－0006365　P09903

南海縣監獄改良試辦簡章一卷　(清)南海縣監獄撰　清光緒三十三年(1907)鉛印本　一册

320000－1606－0006366　P09904

南病別鑑一卷附節錄辨證要略一卷　(清)葉桂等撰　(清)宋兆淇輯註　清光緒五年(1879)抄本　一册

320000－1606－0006367　P09905

大藏治病藥一卷　(唐)釋靈澈錄　**種樹書一卷**　(元)俞宗本輯　**藥譜一卷**　(唐)侯寧極著　**紀曆撮要一卷**　題(唐)鹿夢老人述　**義山雜纂一卷**　(唐)李商隱著　**神呪志一卷**　(唐)雍益堅輯　**比紅兒詩一卷**　(唐)羅虬著　清刻本　一册

320000－1606－0006368　P09911

建邑書林南陽郡鼎鐫會海對類二十卷　(清)蘇謹人重校　清同治七年(1868)刻本　五册　存十四卷(四至十七)

320000－1606－0006369　P09912

嗇庵隨筆六卷末一卷　(清)陸文衡著　清光緒二十三年(1897)吳江陸同壽刻本　二册

320000－1606－0006370　P09913

大梁侯氏詩集四卷　(清)侯資燦輯　清嘉慶二十四年(1819)刻本　八册

320000－1606－0006371　P09914

九數存古九卷　(清)顧觀光撰　清光緒十八年(1892)江蘇書局刻本　四册

320000－1606－0006372　P09916

藏園九種曲　(清)蔣士銓撰　清煥乎堂刻本　十册

320000－1606－0006373　P09917

藏園九種曲　(清)蔣士銓撰　清煥乎堂刻本　六册

320000－1606－0006374　P09919

萬國公報　(清)萬國公報館輯　清光緒二十八年(1902)鉛印本　一册　存一期(第一百六十三期)

320000－1606－0006375　P09923

壽世彙編　(清)祝韻梅編　清光緒元年(1875)兩梅書屋金氏刻本　一册

320000－1606－0006376　P09927

七家試帖輯註彙鈔七種　(清)張熙宇輯評　(清)王植桂輯註　清光緒十二年(1886)崇德書院刻本　八册

320000－1606－0006377　P09931

兩罍軒彝器圖釋十二卷　(清)吳雲輯　清同治十一年(1872)刻本　六册

320000－1606－0006378　P09932

兩罍軒彝器圖釋十二卷　(清)吳雲輯　清同治十一年(1872)刻本　四册　存七卷(一至二、六至十)

320000－1606－0006379　P09933

萍海墨雨四卷　(清)李匡濟輯　清光緒二年(1876)刻本　二册

320000－1606－0006380　P09934

百美新詠圖傳不分卷　(清)顏希源撰　清嘉慶十年(1805)集腋軒刻本　四册

320000－1606－0006381　P09936

礮乘新法三卷首一卷　(英國)製造官局原書　舒高第口譯　(清)鄭昌棪筆述　清刻本　四册　存三卷(一至二、首一卷)

320000－1606－0006382　P09937

王右丞詩集二卷　(唐)王維撰　清刻本　二册

320000－1606－0006383　P09939

五洲圖考不分卷　龔柴撰　清光緒二十八年(1902)上海徐家匯印書館鉛印本　四册

320000－1606－0006384　P09941

[道光]琴川三志補記十卷續八卷　(清)黄廷鑑纂修　清光緒二十四年(1898)木活字印本　四册

320000－1606－0006385　P09943

三公奏議二十卷　盛宣懷輯　清光緒二年(1876)武進盛氏思補樓刻本　十冊　存十卷(林文忠公奏議一至四、六,曾文正公奏議一至四,胡文忠公奏議六)

320000－1606－0006386　P09944
百美新詠一卷圖傳一卷集詠一卷　(清)顏希源撰　清刻本　三冊

320000－1606－0006387　P09945
列女傳十六卷　(漢)劉向撰　(明)汪氏增輯　(明)仇英繪圖　清乾隆四十四年(1779)刻本　三冊　存六卷(一至二、十一至十二、十五至十六)

320000－1606－0006388　P09948
百美新詠一卷圖傳一卷集詠一卷題辭一卷　(清)顏希源撰　清嘉慶集腋軒刻本　四冊

320000－1606－0006389　P09953
黃鵠山志十二卷首一卷　(清)胡鳳丹編纂　清同治十三年(1874)胡氏退補齋刻本　四冊　存九卷(一至八、首一卷)

320000－1606－0006390　P09955
芳茂山人文集十二卷附贈言一卷詩錄十卷　(清)孫星衍撰　清光緒吳縣朱氏槐廬家塾刻本　八冊

320000－1606－0006391　P09956
茶香室四鈔二十九卷目錄一卷　(清)俞樾撰　清光緒二十五年(1899)刻本　十三冊　存十九卷(一至十八、目錄一卷)

320000－1606－0006392　P09957
茶香室叢鈔二十三卷　(清)俞樾撰　清光緒九年(1883)吳下春在堂刻本　八冊

320000－1606－0006393　P09959
楚辭八卷末一卷　(清)屈復新集註　(清)屈啟賢編　(清)屈來泰錄　清乾隆三年(1738)居易堂刻本　二冊

320000－1606－0006394　P09960
楚辭十七卷　(戰國)屈原著　(漢)王逸章句　(宋)洪興祖補註　清光緒九年(1883)長沙書堂山館刻本　四冊

320000－1606－0006395　P09961
感蓼廢吟圖題辭一卷　(清)□□輯　清光緒二十一年(1895)金陵鄭其榮刻本　一冊

320000－1606－0006396　P09962
移華館駢體文四卷　(清)董基誠撰　清光緒十四年(1888)木活字印本　一冊　存二卷(一至二)

320000－1606－0006397　P09963
唐人萬首絕句選七卷　(宋)洪邁　(清)王士禛選　清同治九年(1870)金陵書局刻本　二冊

320000－1606－0006398　P09965
薦堇思報感蓼廢吟雨圖題辭一卷　(清)嚴瀠撰　清刻本　一冊

320000－1606－0006399　P09966
味清堂詩鈔二卷補鈔一卷　(清)陳基著　清道光三十年(1850)味清堂刻本　一冊

320000－1606－0006400　P09967
草堂詩餘正集六卷新集五卷別集四卷續集二卷　(明)顧從敬類選　(明)沈際飛評正　明吳門童湧泉刻本　七冊

320000－1606－0006401　P09968
蘇路股東意見書一卷　(清)蘇路股東常會編印　清光緒三十四年(1908)鉛印本　一冊

320000－1606－0006402　P09970
補注黃帝內經素問二十四卷黃帝內經靈樞十二卷　(唐)王冰注　(宋)林億等校正　(宋)孫兆重改誤　**黃帝內經素問遺篇一卷**　(宋)劉溫舒原本　清光緒三年(1877)浙江書局刻本　十冊

320000－1606－0006403　P09973
步雪初聲一卷　(明)張瘦郎撰　清刻本　一冊

320000－1606－0006404　P09974
古金待問錄五卷補遺一卷　(清)朱楓輯　清光緒十六年(1890)常熟鮑氏後知不足齋刻本

一册

320000－1606－0006405　P09976
大觀亭志二卷　（清）李丙榮編輯　清宣統三年（1911）鉛印本　一册

320000－1606－0006406　P09980
補注黄帝内經素問二十四卷黄帝内經靈樞十二卷　（唐）王冰注　（宋）林億等校正　（宋）孫兆重改誤　**黄帝内經素問遺篇一卷**　（宋）劉溫舒原本　清光緒三年（1877）浙江書局刻本　二十册

320000－1606－0006407　P09982
隸法彙纂十卷　（清）項懷述編　清乾隆五十一年（1786）小西山房刻本　四册

320000－1606－0006408　P09984
宋黄文節公全集正集三十二卷首四卷外集二十四卷首一卷别集十九卷伐檀集二卷續集十卷　（宋）黄庭堅撰　清光緒二十年（1894）義寧州署刻本　二十五册　缺九卷（外集十六至二十四）

320000－1606－0006409　P09985
南洋商務報一卷　（清）江南商務局編輯　清光緒三十二年（1906）南洋官報局鉛印本　一册

320000－1606－0006410　P09990
棃雲寄傲一卷　（明）陳鐸撰　清刻本　一册

320000－1606－0006411　P09991
傷寒說意十卷首一卷　（清）黄元御著　清光緒二十年（1894）長沙徐氏燮和精舍刻本　二册

320000－1606－0006412　P09992
御製聖諭廣訓不分卷　（清）聖祖玄燁撰　（清）世宗胤禛廣訓　清雍正二年（1724）刻本　一册

320000－1606－0006413　P09993
白石道人歌曲四卷别集一卷　（宋）姜夔著　清光緒十年（1884）娛園刻本　一册

320000－1606－0006414　P09994
釋氏稽古略四卷續略三卷　（元）釋覺岸編　清光緒十二年（1886）刻本　五册

320000－1606－0006415　P09995
白圭堂詩鈔六卷續鈔六卷　（清）江之紀撰　清光緒十九年（1893）刻本　四册

320000－1606－0006416　P09996
女科證治準繩五卷　（明）王肯堂編　明刻本　六册

320000－1606－0006417　P09997
皇朝祭器樂舞錄二卷　（清）徐暢達輯錄　清同治十年（1871）楚北崇文書局刻本　二册

320000－1606－0006418　P09998
關帝廟春祭樂章一卷　（清）□□撰　清刻本　一册

320000－1606－0006419　P10000
御製圓明園詩二卷　（清）高宗弘曆撰　清光緒十三年（1887）天津石印書屋石印本　二册

320000－1606－0006420　P10001
詩毛氏傳疏三十卷　（清）陳奐撰　清刻本　九册　存二十二卷（五至二十六）

320000－1606－0006421　P10002
胡文忠公遺集十卷首一卷　（清）胡林翼撰　清同治五年（1866）刻本　七册　存十卷（一至九、首一卷）

320000－1606－0006422　P10004
越縵堂駢體文四卷附編一卷　（清）李慈銘著　（清）曾之撰編次　清光緒二十三年（1897）刻本　四册

320000－1606－0006423　P10005
越縵堂駢體文四卷附編一卷　（清）李慈銘著　（清）曾之撰編次　清光緒二十三年（1897）刻本　四册

320000－1606－0006424　P10007
觀世音菩薩本行經簡集二卷　（宋）釋普明編集　清光緒十二年（1886）無錫萬松經房刻本　一册

320000－1606－0006425　P10008

朱子讀書法四卷　(宋)張洪　(宋)齊熙編　清光緒二十三年(1897)八旗書館刻本　四册

320000－1606－0006426　P10009
御製圓明園詩二卷　(清)高宗弘曆撰　清光緒十三年(1887)天津石印書屋石印本　二册

320000－1606－0006427　P10011
手談隨錄不分卷　(清)李國棟編　清宣統二年(1910)石印本　一册

320000－1606－0006428　P10012
愛日吟廬書畫錄四卷補錄一卷續錄八卷　(清)葛金烺編纂　清宣統二年(1910)當湖葛氏刻本　三册　存八卷(愛日吟廬書畫錄三至四、補錄一卷、續錄四至八)

320000－1606－0006429　P10014
鴛鴦鏡一卷凌波影一卷脊令原二卷　(清)黄燮清填詞　清刻本　二册

320000－1606－0006430　P10017
重校蒙學堂字課圖説四卷附檢字一卷類字一卷　(清)劉樹屏撰　清光緒二十七年(1901)石印本　八册

320000－1606－0006431　P10018
虚齋名畫錄十六卷　龐元濟撰　清宣統元年(1909)烏程龐氏刻本　十三册　存十三卷(一、三至五、八至十六)

320000－1606－0006432　P10020
大清中外壹統輿圖中一卷南五卷北十卷　(清)鄒世詒等編　(清)李廷簫增訂　清同治二年(1863)石印本　六册

320000－1606－0006433　P10021
倭袍傳十二卷　(清)海蘭濤撰　清木活字印本　十一册　存十卷(一至十)

320000－1606－0006434　P10022
稽古錄歷代論一卷　(宋)司馬光撰　(清)季亮時錄　清木活字印本　一册

320000－1606－0006435　P10023
稽古錄歷代論一卷　(宋)司馬光撰　(清)季亮時錄　清木活字印本　一册

320000－1606－0006436　P10024
稽古錄歷代論一卷　(宋)司馬光撰　(清)季亮時錄　清木活字印本　一册

320000－1606－0006437　P10025
御選唐宋詩醇四十七卷目錄二卷　(清)高宗弘曆輯　清光緒七年(1881)浙江書局刻本　十八册　存三十六卷(一至八、十三至三十、三十五至四十二,目錄二卷)

320000－1606－0006438　P10026
煖香樓雜劇一卷　吳梅撰　清末刻本　一册

320000－1606－0006439　P10027
小言集三種　(清)王敬之撰　清道光刻本　一册

320000－1606－0006440　P10028
小謨觴館詩集註八卷詩續集註二卷詩餘附錄註一卷文集註四卷文續集註二卷　(清)孫元培纂輯　清光緒十九年(1893)佟氏刻本　四册

320000－1606－0006441　P10029
重訂李義山詩集箋注三卷集外詩箋注一卷　(唐)李商隱撰　(清)朱鶴齡箋注　**詩話一卷年譜一卷**　清乾隆十一年(1746)東柯草堂刻本　四册

320000－1606－0006442　P10030
常郡八邑藝文志十二卷　(清)盧文弨輯　(清)莊翊昆校補　清光緒十六年(1890)刻本　十六册

320000－1606－0006443　P10036
漁洋山人精華錄訓纂十卷目錄二卷附辯訛一卷　(清)惠棟撰　**年譜二卷**　(清)王士禛撰　清光緒十七年(1891)會稽徐氏述史樓刻本　十二册

320000－1606－0006444　P10037
説文解字韻譜十卷　(五代)徐鍇撰　清同治三年(1864)吳縣馮桂芬刻本　二册

320000－1606－0006445　P10038
定山堂詩集四十三卷附詩餘四卷　(清)龔鼎

孳著　(清)龔鼎孳訂　清光緒九年(1883)聽彝書屋刻本　八冊　存二十一卷(一至二、五至九、十二、十五至二十七)

320000－1606－0006446　P10039
琴義問答一卷　(清)韓紱　(清)崔芸琳撰　清光緒三十年(1904)刻本　一冊

320000－1606－0006447　P10040
怡秋軒初稿一卷　(清)李掌珠撰　清光緒三十年(1904)耕蘭室刻本　一冊

320000－1606－0006448　P10043
癸辛雜識前集一卷别集二卷　(宋)周密撰　清刻本　二冊　存二卷(癸辛雜識前集一卷、别集下)

320000－1606－0006449　P10046
女兒經一卷　(□)□□撰　清刻本　一冊

320000－1606－0006450　P10052
琴譜三卷　楊宗稷撰　清刻本　一冊

320000－1606－0006451　P10053
琴話四卷　楊宗稷撰　清刻本　一冊

320000－1606－0006452　P10054
史記一百三十卷　(漢)司馬遷撰　(南朝宋)裴駰集解　清刻本　三冊　存十六卷(五至十二、一百二十三至一百三十)

320000－1606－0006453　P10056
鄭志三卷　(漢)鄭玄撰　(三國魏)鄭小同編　清光緒十年(1884)刻本　一冊

320000－1606－0006454　P10057
韜廬隸譜不分卷　(清)汪宗沂撰　清光緒刻本　一冊

320000－1606－0006455　P10058
飡芍華館雜著六卷　(清)周騰虎撰　清刻本　二冊

320000－1606－0006456　P10059
八代詩選二十卷　王闓運撰　清光緒十六年(1890)江蘇書局刻本　七冊　存十七卷(一至十四、十八至二十)

320000－1606－0006457　P10060
續復古編四卷　(元)曹本撰　清光緒十二年(1886)歸安姚氏咫進齋刻本　四冊

320000－1606－0006458　P10061
崋州開河濬渠圖説不分卷　(清)汪廷棟制　清光緒二十三年(1897)石印本　一冊

320000－1606－0006459　P10062
崋州開河濬渠圖説不分卷　(清)汪廷棟制　清光緒二十三年(1897)石印本　一冊

320000－1606－0006460　P10063
崋州開河濬渠圖説不分卷　(清)汪廷棟制　清光緒二十三年(1897)石印本　一冊

320000－1606－0006461　P10066
題畫詩選鈔一卷　(明)林鴻撰　清抄本　一冊

320000－1606－0006462　P10069
汪王廟志畧一卷　汪文炳輯　清光緒三十一年(1905)刻本　一冊

320000－1606－0006463　P10072
雙清閣袖中詩本二卷附擁翠詞稿一卷　(清)朱福清撰　清光緒十九年(1893)江蘇書局刻本　一冊

320000－1606－0006464　P10077
翠微僊館詩稿二卷　(清)孫瑩培撰　**遲齋遺稿一卷**　(清)阮達元撰　清光緒二十七年(1901)吳中刻本　一冊

320000－1606－0006465　P10079
碧琅玕館詩鈔三卷　(清)朱炳清撰　清刻本　一冊

320000－1606－0006466　P10082
彊邨詞三卷　朱祖謀撰　清光緒三十一年(1905)徐鳳銜刻本　一冊

320000－1606－0006467　P10085
知非齋古文録一卷駢文録一卷　(清)沈湛鈞著　(清)劉明祺編訂　清光緒木活字印本　二冊

320000－1606－0006468　P10086

篋中詞六卷　（清）譚獻錄　清光緒八年（1882）刻本　二冊

320000－1606－0006469　P10087
竹嬾山房吟稿四卷　（清）孫清載撰　清光緒十五年（1889）木活字印本　一冊

320000－1606－0006470　P10088
竹嬾山房吟稿四卷　（清）孫清載撰　清光緒十五年（1889）木活字印本　一冊

320000－1606－0006471　P10089
字學七種二卷　（清）李祕園撰　清光緒十二年（1886）京師松竹齋刻本　一冊

320000－1606－0006472　P10090
聽月樓遺稿二卷　（清）嚴恒著　清光緒二十八年（1902）石印本　一冊

320000－1606－0006473　P10091
崋陰縣開河濬渠圖說不分卷　（清）汪廷楝制　清光緒二十三年（1897）石印本　一冊

320000－1606－0006474　P10092
崋陰縣開河濬渠圖說不分卷　（清）汪廷楝制　清光緒二十三年（1897）石印本　一冊

320000－1606－0006475　P10093
崋陰縣開河濬渠圖說不分卷　（清）汪廷楝制　清光緒二十三年（1897）石印本　一冊

320000－1606－0006476　P10094
奏定陸軍小學堂章程一卷　奕劻編　清光緒刻本　一冊

320000－1606－0006477　P10095
重訂李義山詩集箋注三卷集外詩箋注一卷　（唐）李商隱撰　（清）朱鶴齡箋注　清刻本　六冊

320000－1606－0006478　P10097
重刊校正唐荆川先生文集十二卷　（明）唐順之撰　清刻本　三冊　存六卷（一至四、十一至十二）

320000－1606－0006479　P10098
震川先生集三十卷　（明）歸有光撰　清刻本　五冊　存十五卷（三至六、十二至二十二）

320000－1606－0006480　P10099
震川先生全集三十卷別集十卷　（明）歸有光著　（清）歸玠編輯　清光緒六年（1880）常熟歸氏刻本　三冊　存五卷（別集一至五）

320000－1606－0006481　P10100
梅氏叢書輯要六十二卷　（清）梅文鼎撰　清石印本　五冊　存五十二卷（十一至六十二）

320000－1606－0006482　P10101
入幕須知五種　（清）張廷驤輯　清光緒十六年（1890）浙江書局刻本　六冊

320000－1606－0006483　P10102
四書朱子語類三十八卷　（清）張履祥等摘抄　清刻本　五冊　存三十二卷（一至三十二）

320000－1606－0006484　P10103
芥子園畫傳初集五卷二集九卷三集六卷　（清）王概等摹輯　（清）李漁論定　清上海文新書局石印本　十二冊

320000－1606－0006485　P10104
芥子園畫傳初集六卷二集九卷三集六卷　（清）王概等摹輯　（清）李漁論定　清石印本　九冊　存十八卷（芥子園畫傳初集三至六、二集九卷、三集一至五）

320000－1606－0006486　P10105
芥子園畫傳初集六卷二集九卷三集六卷　（清）王概等摹輯　（清）李漁論定　清上海章福記書局石印本　十二冊

320000－1606－0006487　P10106
文獻通考詳節二十四卷　（元）馬端臨著　（清）嚴虞惇錄　清光緒鉛印本　三冊　存四卷（九至十一、十八）

320000－1606－0006488　P10107
賴古堂藏書十種　（清）周亮工錄　（清）周在都編　清刻本　四冊

320000－1606－0006489　P10108
芥子園畫傳三集六卷　（清）王概等摹輯　（清）李漁論定　清光緒十四年（1888）石印本　三冊　存四卷（三至六）

320000－1606－0006490　P10109
芥子園畫傳初集五卷　(清)王概等摹輯　(清)李漁論定　清光緒十九年(1893)上海點石齋石印本　二册　存三卷(一至三)

320000－1606－0006491　P10110
芥子園畫傳三集六卷　(清)王概等摹輯　(清)李漁論定　清石印本　一册　存二卷(二至三)

320000－1606－0006492　P10111
芥子園畫傳五卷　(清)王概等摹輯　(清)李漁論定　清康熙十八年(1679)刻本　一册　存一卷(三)

320000－1606－0006493　P10112
芥子園畫傳二集九卷三集六卷　(清)王概等摹輯　(清)李漁論定　清光緒十六年(1890)鴻寶齋石印本　七册　存十三卷(芥子園畫傳二集一至四、七至九,三集六卷)

320000－1606－0006494　P10113
芥子園畫傳五卷　(清)王概等摹輯　(清)李漁論定　清康熙十八年(1679)刻本　五册

320000－1606－0006495　P10114
篆法探源一卷　(明)朱之蕃撰　(清)李登重訂　(清)仰嘉祥音注　清宣統三年(1911)石印本　一册

320000－1606－0006496　P10115
芥子園畫傳初集六卷二集九卷三集六卷　(清)王概等摹輯　(清)李漁論定　清光緒十三年至十四年(1887－1888)上海鴻文書局石印本　九册　存十六卷(芥子園畫傳初集一至二、四,二集一至二、五至九,三集六卷)

320000－1606－0006497　P10117
四書章句集註二十六卷　(宋)朱熹集註　清刻本　三册　存四卷(論語五至六、孟子二至三)

320000－1606－0006498　P10118
芥子園畫傳二集九卷三集六卷　(清)王概等摹輯　(清)李漁論定　清光緒十四年(1888)石印本　四册　存七卷(芥子園畫傳二集八至九、三集一至五)

320000－1606－0006499　P10119
段注說文解字三十二卷　(清)段玉裁撰　清光緒十六年(1890)石印本　六册　存二十八卷(一至十、十五至三十二)

320000－1606－0006500　P10120
李太白全集三十卷　(唐)李白撰　清光緒十三年(1887)上海積山書局石印本　四册

320000－1606－0006501　P10121
說文通檢十四卷首一卷末一卷　(清)黎永椿編　清光緒十六年(1890)石印本　一册

320000－1606－0006502　P10122
精選韞山文稿不分卷附鴻文擷勝不分卷　(清)陳觀彤選　清刻本　二册

320000－1606－0006503　P10123
增訂柏蘊皐全稿不分卷　(清)柏謙撰　(清)王釣鰲編　(清)汪雲液增輯　清光緒二年(1876)四明茹古齋鉛印本　四册

320000－1606－0006504　P10124
廿四科墨選空群錄不分卷　(清)傅子蕤評選　清刻本　五册

320000－1606－0006505　P10125
願學堂課藝續編不分卷續選觀善堂課藝四卷　(□)□□撰　清京都琉璃廠刻本　八册

320000－1606－0006506　P10126
乙酉科直省闈墨不分卷　(清)傅鍾麟評選　清光緒十二年(1886)上海點石齋石印本　二册

320000－1606－0006507　P10127
近科聯捷墨粹不分卷　(清)王亦曾編　清光緒十一年(1885)刻本　六册

320000－1606－0006508　P10128
太平御覽一千卷目錄十五卷　(宋)李昉等纂　清光緒二十年(1894)上海積山書局石印本　三十二册

320000－1606－0006509　P10130
日本學校章程三種　(日本)古城貞吉譯　清

光緒二十四年(1898)時務報館石印本　一冊

320000－1606－0006510　P10131

增補事類統編九十三卷首一卷　(清)黄葆眞增輯　清光緒石印本　一冊　存九卷(八十五至九十三)

320000－1606－0006511　P10132

御批歷代通鑑輯覽一百二十卷　(清)傅恒等纂　清光緒影印本　四冊　存二十八卷(九十三至一百二十)

320000－1606－0006512　P10133

退思粗訂稿二卷　(清)朱文翰撰　清刻本　一冊　存一卷(二)

320000－1606－0006513　P10134

八科鄉會墨繩不分卷　(清)周縵雲鑒選　清光緒二年(1876)上海機器印書局鉛印本　四冊

320000－1606－0006514　P10135

曾文定公全集二十卷首一卷末一卷　(宋)曾鞏撰　(清)彭期編　清刻本　十二冊

320000－1606－0006515　P10136

胡文忠公遺集八十六卷首一卷　(清)胡林翼撰　清刻本　二冊　存二卷(四至五)

320000－1606－0006516　P10137

胡文忠公遺集八十六卷首一卷　(清)胡林翼撰　(清)鄭敦謹　(清)曾國荃編　清同治六年(1867)黄鶴樓刻本　七冊　存十六卷(五十二至五十四、五十九至六十八、七十四至七十六)

320000－1606－0006517　P10138

曾文正公奏議十卷首一卷末一卷補編四卷　(清)曾國藩著　(清)薛福成編　清同治十三年(1874)蘇郡刻本　八冊

320000－1606－0006518　P10139

目耕齋三刻五種　(清)沈叔眉編　清刻本　二冊

320000－1606－0006519　P10140

全唐詩九百卷　(清)曹寅等輯　清刻本　九冊　存八十三卷(第二函第二冊十三卷、第三冊八卷、第四冊七卷、第五冊七卷、第六冊十四卷、第七冊十二卷、第八冊四卷、第九冊七卷、第十冊十一卷)

320000－1606－0006520　P10141

玉函山房輯佚書　(清)馬國翰輯　清光緒九年(1883)長沙嫏嬛館刻本　七十七冊　存二十八卷(經編緯書類:春秋緯漢含孳一卷、春秋緯佐助期一卷、春秋緯握誠圖一卷、春秋緯潛潭巴一卷、春秋緯説題辭一卷、春秋緯演孔圖一卷、春秋緯元命苞二卷、春秋命歷序一卷、春秋内事一卷、孝經緯援神契二卷、孝經緯鉤命訣一卷、孝經中契一卷、孝經左契一卷、孝經右契一卷、孝經内事圖一卷、孝經章句一卷、孝經雌雄圖一卷、孝經古祕一卷、論語讖八卷)

320000－1606－0006521　P10142

歷代史案二十卷首一卷　(清)洪亮吉編　清京都聚奎閣刻本　二冊　存三卷(一至二、首一卷)

320000－1606－0006522　P10143

廿二史攷異一百卷　(清)錢大昕撰　清潛研堂刻本　四冊　存十一卷(一至十一)

320000－1606－0006523　P10144

精選性理典制文鯖不分卷　(清)□□撰　清光緒十四年(1888)石印本　十冊

320000－1606－0006524　P10145

春秋胡傳三十卷　(宋)胡安國撰　清刻本　二冊　存十七卷(十四至三十)

320000－1606－0006525　P10146

陶靖節集八卷　(晉)陶潛撰　明刻本　一冊　存五卷(四至八)

320000－1606－0006526　P10147

新刊三方家兄弟註點校正昭曠諸文品粹魁華十九卷　(明)王士驁等註　明萬曆余氏雙峰堂刻本　二十八冊　存十七卷(三至十九)

320000－1606－0006527　P10148

歷代地理正義　(清)張受祺注　清乾隆刻本

三冊　存五種十卷（天玉經正義二至四、青囊正義一、心旨賦正義一、郁離子書正義一、參兩正義一至四）

320000－1606－0006528　P10160
春秋公羊經傳解詁十二卷附校記一卷　（漢）何休學　清道光四年（1824）揚州汪氏問禮堂刻本　八冊

320000－1606－0006529　P10187
春秋四家五傳平文四十一卷首一卷春秋五傳綱領一卷春秋諸國興廢説一卷春秋筆削發微圖一卷春秋名號歸一圖二卷春秋二十國年表一卷春秋提要二卷　（□）□□撰　明崇禎十四年（1641）君山堂刻本　六十八冊

320000－1606－0006530　P10210
傷寒大白四卷總論一卷　（清）秦之楨撰　清康熙五十三年（1714）新安陳懋寬其順堂刻本　八冊

320000－1606－0006531　P10211
愼齋遺書十卷　（明）周之幹撰　清刻本　八冊

320000－1606－0006532　P10214
中山文鈔四卷首一卷中山詩鈔四卷中山奏議四卷中山史論二卷　（清）郝浴撰　清康熙刻本　二十四冊

320000－1606－0006533　P10215
申文定公書經講義會編十二卷　（明）申時行著　（明）申用懋等較訂　明萬曆刻本　六冊　存六卷（一至六）

320000－1606－0006534　P10216
藏書六十八卷　（明）李贄撰　明萬曆二十七年（1599）焦竑刻本　二十六冊　存三十四卷（一至三十四）

320000－1606－0006535　P10217
王文恪公集三十六卷　（明）王鏊撰　（明）朱國禎訂　（明）董其昌閱　**鵠音一卷白社詩草一卷**　（明）王禹聲著　（明）朱國禎訂　（明）董其昌閱　明萬曆王氏三槐堂刻清修本　十二冊

320000－1606－0006536　P10218
王文恪公集三十六卷　（明）王鏊撰　（明）朱國禎訂　（明）董其昌閱　**鵠音一卷白社詩草一卷**　（明）王禹聲著　（明）朱國禎訂　（明）董其昌閱　明萬曆王氏三槐堂刻清修本　十二冊

320000－1606－0006537　P10227
朱子語類八十卷　（清）程川編　清雍正三年（1725）錢塘程氏刻本　三十六冊

320000－1606－0006538　P10230
雲臺二十八將圖一卷　（清）張菊如繪　清道光二十六年（1846）刻本　一冊

320000－1606－0006539　P10231
會稽三賦四卷　（宋）王十朋撰　（明）南逢吉註　（明）尹壇補註　（明）胡大臣訂正　明萬曆刻本　四冊

320000－1606－0006540　P10235
本語六卷　（明）高拱撰　清康熙刻本　四冊

320000－1606－0006541　P10238
歷朝説部叢珠不分卷　（明）陶宗儀編　清順治三年（1646）宛委山堂刻本　六十冊

320000－1606－0006542　P10239
農説一卷　（明）馬一龍撰　清順治三年（1646）宛委山堂刻本　一冊

320000－1606－0006543　P10240
重訂唐詩別裁集二十卷　（清）沈德潛選　清乾隆二十八年（1763）教忠堂刻本　十二冊

320000－1606－0006544　P10241
中庸輯畧二卷　（宋）石𡻕輯　（宋）朱熹刪定　清刻本　四冊

320000－1606－0006545　P10244
缶鳴集十二卷　（明）高啟撰　清順治十年（1653）介石堂刻本　六冊

320000－1606－0006546　P10246
書集傳六卷　（宋）蔡沈撰　清刻本　十二冊

320000－1606－0006547　P10250
通鑑綱目引義不分卷　（清）顧斗光撰　清抄

本　六册

320000－1606－0006548　P10265
魏晉小説不分卷　清順治三年(1646)宛委山堂刻説郛本　十二册

320000－1606－0006549　P10266
韞山堂時文集三集　(清)管世銘撰　清道光三年(1823)刻本　四册

320000－1606－0006550　P10270
新刻黄鶴樓楹聯詩賦不分卷　(清)□□輯　清光緒五年(1879)自修山人刻本　一册

320000－1606－0006551　P10271
讀書雜志八十二卷餘編二卷　(清)王念孫撰　清道光十二年(1832)刻本　二十二册　缺七卷(志四七至十二、志九補遺一卷)

320000－1606－0006552　P10272
匏瓜錄十卷　(清)芮長恤撰　清光緒十三年(1887)刻本　六册

320000－1606－0006553　P10273
翼教叢編六卷　(清)蘇輿撰　清光緒二十四年(1898)武昌刻本　一册　存三卷(一至三)

320000－1606－0006554　P10274
藝概六卷　(清)劉熙載撰　清刻本　四册

320000－1606－0006555　P10275
翼教叢編六卷　(清)蘇輿撰　清光緒二十四年(1898)武昌刻本　二册　存四卷(一至四)

320000－1606－0006556　P10276
荀子二十卷　(唐)楊倞注　清光緒二年(1876)浙江書局刻本　一册　存三卷(一至三)

320000－1606－0006557　P10278
先正讀書訣一卷　(清)周永年輯　清光緒四年(1878)刻本　一册

320000－1606－0006558　P10282
史漢合編題評八十八卷　(明)茅一桂撰　明刻本　四十册　存四十八卷(一至四十八)

320000－1606－0006559　P10290
玉茗堂全集四十六卷　(明)湯顯祖撰　清康熙三十三年(1694)刻本　十六册

320000－1606－0006560　P10303
楊忠烈公文集十卷補遺一卷　(明)楊漣撰　清刻本　二册　存二卷(三、補遺一卷)

320000－1606－0006561　P10306
傷寒證治準繩不分卷　(明)王肯堂撰　明刻本　八册

320000－1606－0006562　P10311
八代文鈔一百六種一百六卷　(明)李賓編　明末刻本　八册　存十一種十一卷(陶淵明文抄一卷、庾子山文抄一卷、王無功文抄一卷、王子安文抄一卷、杜牧之文抄一卷、李義山文抄一卷、皮襲美文抄一卷、陸魯望文抄一卷、曾子固文抄一卷、陳無己文抄一卷、蔡君謨文抄一卷)

320000－1606－0006563　P10318
新增格古要論十三卷　(明)曹昭著　明刻本　七册　存十一卷(三至十三)

320000－1606－0006564　P10319
見羅先生斅學錄要十卷　(明)李材撰　(明)羅懋忠等編錄　清刻本　十册

320000－1606－0006565　P10320
三才圖會一百六卷　(明)王圻　(明)王思義輯　明刻本　四十六册　存四十六卷(衣服一至三,宫室一至二,人事一至二,文史一至四,身體一至七,器用一、三至十二,草木一至十二,鳥獸一至五)

320000－1606－0006566　P10321
彙編唐詩十集四十一卷總目七卷　(明)唐汝詢輯　(清)王士禛重訂　清刻本　十六册

320000－1606－0006567　P10324
周禮註疏十八卷　(漢)鄭玄註　(明)張采訂定　明末刻本　十二册

320000－1606－0006568　P10325
白氏長慶集七十一卷目錄二卷　(唐)白居易著　明萬曆三十四年(1606)馬元調魚樂軒刻

本　十六册

320000－1606－0006569　P10326

尚書註疏二十卷　(唐)孔穎達疏　清康熙二十五年(1686)刻本　十册

320000－1606－0006570　P10333

田間易學不分卷　(清)錢澄之述　清斟雉堂刻本　七册

320000－1606－0006571　P10334

鼎湖山慶雲寺志八卷首一卷　(清)丁易總修　(清)釋成鷲纂述　清康熙五十六年(1717)刻本　三册

320000－1606－0006572　P10335

四書講義困勉録三十七卷　(清)陸隴其纂輯　(清)陸公鏐編次　清康熙三十八年(1699)刻本　十六册

320000－1606－0006573　P10336

名家詞鈔一百卷　(清)聶先　(清)曾王孫編　清刻本　二十册　存四十卷(梅村詞一卷、香嚴齋詞一卷、寓言集一卷、文江酬唱一卷、溉堂詞一卷、百末詞一卷、藝香詞一卷、松溪詩餘一卷、東白堂詞一卷、扶荔詞一卷、容齋詩餘一卷、紫雲詞一卷、映竹軒詞一卷、蘗棲詞一卷、紅藕莊詞一卷、峽流詞一卷、螺舟綺語合蘭雪詞一卷、樹滋堂詩餘一卷、響泉詞一卷、碧巢詞一卷、藕花詞一卷、容居堂詞一卷、月聽軒詩餘合雒鵬艸一卷、蔗閣詩餘一卷、志壑堂詞一卷、竹香亭詩餘一卷、改蟲齋詞一卷、慎庵詞一卷、柯亭詞一卷、玉壺詞一卷、棠村詞一卷、棣華堂詞一卷、飲水詞一卷、柳塘詞一卷、二鄉亭詞一卷、青城詞一卷、秋閒詞一卷、南溪詞一卷、衍波詞一卷、錦瑟詞一卷)

320000－1606－0006574　P10338

北溪先生字義二卷補遺一卷嚴陵講義一卷北溪先生傳畧一卷　(宋)陳淳撰　(宋)王雋集編　(清)戴嘉禧增訂　清康熙五十三年(1714)刻本　二册

320000－1606－0006575　P10341

增定紀效新書十四卷　(明)戚繼光撰　清刻本　八册　存十三卷(一至八、十至十四)

320000－1606－0006576　P10344

御纂性理精義十二卷　(清)李光地輯　清康熙五十六年(1717)刻本　四册

320000－1606－0006577　P10345

岱史十八卷　(明)查志隆撰　清刻本　十二册

320000－1606－0006578　P10348

柴村詩鈔五卷首一卷柴村賦集附一卷德滋堂歌詩附鈔一卷　(清)邱志廣撰　清雍正四年(1726)刻本　十册

320000－1606－0006579　P10352

賢將傳不分卷　(明)李贄撰　明萬曆刻本　八册

320000－1606－0006580　P10357

國瑋集六卷　(明)方岳貢評選　明刻本　十九册

320000－1606－0006581　P10364

性理四書註釋四種　(清)華希閔纂集　清康熙四十七年(1708)刻本　十二册

320000－1606－0006582　P10367

經世奇謀八卷　(明)俞琳編輯　明刻本　八册

320000－1606－0006583　P10371

孝經衍義一百卷首二卷　(清)葉方藹等纂　清康熙三十年(1691)刻本　三十二册

320000－1606－0006584　P10372

女學六卷　(清)藍鼎元編　清康熙刻本　三册

320000－1606－0006585　P10376

世法周行十八卷　(清)王陷輯著　(清)毛際可等校　清康熙二十四年(1685)澄碧樓刻本　十二册

320000－1606－0006586　P10377

何文肅椒丘先生策府羣玉文集三卷　(明)何喬新撰　(清)余瑩等訂　清刻本　四册

320000 - 1606 - 0006587　P10379
御製詩集二集二十卷　(清)聖祖玄燁撰　(清)高士奇編次　清康熙刻本　四冊

320000 - 1606 - 0006588　P10381
史書纂略二百二十卷　(明)馬維銘輯　明刻本　四十冊

320000 - 1606 - 0006589　P10382
繡虎軒尺牘八卷二集八卷三集八卷　(清)曹煜撰　清康熙傳萬堂刻本　十二冊

320000 - 1606 - 0006590　P10384
張洛南文集十二卷　(明)張成教撰　明刻本　二冊　存二卷(一至二)

320000 - 1606 - 0006591　P10385
張洛南文集十卷　(明)張成教撰　明刻本　十冊　存八卷(三至十)

320000 - 1606 - 0006592　P10386
王太初先生五岳遊草十二卷　(明)王士性撰　(清)馮甦輯　清康熙三十年(1691)刻本　六冊

320000 - 1606 - 0006593　P10387
理學宗傳二十六卷　(清)孫奇逢輯　(清)魏一鰲等編　清刻本　十六冊

320000 - 1606 - 0006594　P10397
馮恭定公全書二十二卷續集五卷　(明)馮從吾著　清康熙十二年(1673)刻本　十八冊　存二十六卷(馮恭定公全書一至二十、二十二,續集五卷)

320000 - 1606 - 0006595　P10405
時藝集錦初編五種　(清)□□編　清光緒二年(1876)四明茹古齋刻本　六冊

320000 - 1606 - 0006596　P10407
先儒正修錄三卷　(清)于準纂　清刻本　二冊　存二卷(一、三)

320000 - 1606 - 0006597　P10408
齊治錄三卷　(清)于準纂　清刻本　三冊

320000 - 1606 - 0006598　P10410
陳士巖稿一卷　(清)陳鴻磐著　清光緒二年(1876)四明茹古齋鉛印本　一冊

320000 - 1606 - 0006599　P10412
人壽金鑑二十二卷　(清)程得齡輯　清光緒元年(1875)湖北崇文書局刻本　六冊

320000 - 1606 - 0006600　P10413
咸豐以來功臣別傳三十卷　朱孔彰撰　清光緒二十四年(1898)漸學廬刻本　六冊

320000 - 1606 - 0006601　P10415
史略八十七卷　(清)朱堃輯　清光緒十三年(1887)上海積山書局石印本　六冊

320000 - 1606 - 0006602　P10421
漁洋感舊集小傳四卷補遺一卷　(清)盧見曾撰　清宣統二年(1910)上海國學扶輪社鉛印本　二冊

320000 - 1606 - 0006603　P10422
續碑傳集八十六卷首二卷　繆荃孫纂　清宣統二年(1910)江楚編譯書局刻本　四冊　存十七卷(一至十五、首二卷)

320000 - 1606 - 0006604　P10423
疇人傳三編七卷附載一卷　(清)諸可寶纂錄　清光緒刻本　二冊

320000 - 1606 - 0006605　P10424
小腆紀傳六十五卷　(清)徐鼒撰　**小腆紀傳補遺一卷**　(清)徐承禮撰　清光緒十三年至十四年(1887 - 1888)金陵刻本　十六冊

320000 - 1606 - 0006606　P10425
國朝先正事略六十卷首一卷　(清)李元度纂　**國朝先正事略續編四卷**　朱孔彰撰　清光緒二十八年(1902)石印本　八冊

320000 - 1606 - 0006607　P10426
欽定勝朝殉節諸臣錄十二卷首一卷　(清)舒赫德　(清)于敏中撰　清光緒十二年(1886)江西臬署刻本　六冊

320000 - 1606 - 0006608　P10427
欽定勝朝殉節諸臣錄十二卷首一卷　(清)舒赫德　(清)于敏中撰　清嘉慶二年(1797)浙江布政使司謝啟昆刻本　十二冊

320000－1606－0006609　P10429
校正尚友錄二十二卷　（明）廖用賢編纂　（清）張伯琮補輯　清光緒十八年（1892）上海書局石印本　六册

320000－1606－0006610　P10430
廣列女傳二十卷附存一卷　（清）劉開纂　孫鏘校點　清鉛印本　三册　存十六卷（一至十、十六至二十，附存一卷）

320000－1606－0006611　P10431
南陽人物志十卷明志八卷　（清）劉拱宸鑒定　（清）劉沛然編次　（清）馬至毅校訂　清同治九年（1870）刻本　十二册

320000－1606－0006612　P10432
校正尚友錄統編二十四卷　題（清）錢湖釣徒編　清光緒二十九年（1903）通文書局石印本　十六册

320000－1606－0006613　P10433
大清搢紳全書不分卷（清光緒二十九年）　（清）□□撰　清光緒二十九年（1903）京都榮寶齋刻本　四册

320000－1606－0006614　P10434
國朝先正事略六十卷　（清）李元度纂　（清）孔廣心等校訂　清同治五年（1866）循陔草堂刻本　二十四册

320000－1606－0006615　P10435
路史餘論十卷　（宋）羅泌著　（宋）羅苹注　清刻本　二册

320000－1606－0006616　P10436
西湖三祠名賢考略三卷首一卷　（清）戴啟文纂輯　清光緒三十年（1904）刻本　二册

320000－1606－0006617　P10438
文獻徵存錄十卷　（清）錢林輯　（清）王藻編　清咸豐八年（1858）有嘉樹軒刻本　十二册

320000－1606－0006618　P10440
續碑傳集八十六卷首二卷　繆荃孫纂　清刻本　二十四册

320000－1606－0006619　P10441
至聖譜考一卷　（清）徐慎安輯　清光緒三年（1877）木活字印本　一册

320000－1606－0006620　P10442
元祐黨人傳十卷　（清）陸心源纂　清光緒十五年（1889）刻本　四册

320000－1606－0006621　P10443
周列士傳一卷　（清）顧壽楨著　清同治五年（1866）見素抱樸齋刻本　一册

320000－1606－0006622　P10444
康濟譜二十五卷　（清）潘游龍輯　清道光七年（1827）京都琉璃廠刻本　十二册

320000－1606－0006623　P10445
桐溪達叟自編年譜一卷　（清）嚴辰撰　清刻本　一册

320000－1606－0006624　P10446
文獻徵存錄十卷　（清）錢林輯　（清）王藻編　清咸豐八年（1858）有嘉樹軒刻本　十册

320000－1606－0006625　P10447
止堂集十八卷　（宋）彭龜年撰　清刻本　四册

320000－1606－0006626　P10448
悼紅吟一卷　（清）管斯駿輯　清光緒十年（1884）蘇城平江路管家園管氏刻本　一册

320000－1606－0006627　P10452
疑年錄四卷續疑年錄四卷　（清）錢大昕編　清嘉慶二十三年（1818）刻本　二册

320000－1606－0006628　P10455
皇清誥授奉政大夫守陝西潼關廳同知先考顧府君行述一卷　（清）顧壽楨等述　清刻本　一册

320000－1606－0006629　P10457
錄題請已故大理寺卿李聯琇公入祀名宦祠一卷　（清）吳元炳等撰　清光緒六年（1880）刻本　一册

320000－1606－0006630　P10458
弇山畢公［沅］年譜一卷　（清）史善長撰　清同治十一年（1872）刻本　一册

320000－1606－0006631　P10459
欽定四庫全書考證一百卷　(清)王太岳　(清)曹錫寶纂輯　清道光十年(1830)翻刻武英殿聚珍版書本　九十三册　存九十七卷(一至十七、二十至八十二、八十四至一百)

320000－1606－0006632　P10462
阿文成公[桂]年譜三十四卷　(清)那彦成編　清嘉慶十八年(1813)刻本　三十二册

320000－1606－0006633　P10463
草莽私乘一卷　(明)陶宗儀輯　清光緒二十五年(1899)新陽趙氏刻本　一册

320000－1606－0006634　P10464
三續疑年錄十卷　(清)陸心源編　**補疑年錄四卷**　(清)錢椒編　清光緒五年(1879)刻本　四册

320000－1606－0006635　P10465
五孝傳一卷　(晉)陶淵明著　清光緒二十五年(1899)刻本　一册

320000－1606－0006636　P10466
國史本傳一卷　(清)□□撰　清刻本　一册

320000－1606－0006637　P10467
列女傳二卷　(漢)劉向撰　(明)汪氏增輯　清光緒十二年(1886)上海同文書局刻本　一册　存一卷(二)

320000－1606－0006638　P10472
南北史捃華八卷　(清)周嘉猷輯　清刻本　四册

320000－1606－0006639　P10473
鴻雪因緣圖記三集六卷　(清)麟慶撰　清光緒二十二年(1896)上海點石齋石印本　六册

320000－1606－0006640　P10474
黄蕘圃先生[丕烈]年譜二卷　(清)江標輯　清光緒二十三年(1897)長沙使院刻本　二册

320000－1606－0006641　P10475
國朝崑新青衿錄不分卷　(清)朱以增編　清光緒二十六年(1900)刻本　二册

320000－1606－0006642　P10476
海東逸史十八卷　題(清)翁洲老民撰　清邵武徐氏刻本　二册

320000－1606－0006643　P10478
史外八卷　(清)汪有典撰　清同治四年(1865)陝甘公所刻本　八册

320000－1606－0006644　P10482
武進李先生[兆洛]年譜三卷先師小德錄一卷　(清)蔣彤編　清末南林劉氏嘉業堂刻本　一册

320000－1606－0006645　P10483
文端公[錢陳群]年譜三卷　(清)錢儀吉編　(清)錢志澄增訂　清光緒二十年(1894)刻本　一册　存一卷(一)

320000－1606－0006646　P10492
光緒聖德記十五章　(清)□□撰　清光緒二十四年(1898)鉛印本　一册

320000－1606－0006647　P10494
碑傳集一百六十卷首二卷末二卷　(清)錢儀吉纂輯　清光緒十九年(1893)江蘇書局刻本　六十册

320000－1606－0006648　P10495
碑傳集一百六十卷首二卷末二卷　(清)錢儀吉纂輯　清光緒十九年(1893)江蘇書局刻本　四十二册　存一百十三卷(一至一百十三)

320000－1606－0006649　P10496
開闢新世界之鼻祖二十四章　(美國)勃臘忒撰　(清)張逄辰譯　清光緒二十八年(1902)文明書局鉛印本　一册

320000－1606－0006650　P10497
華盛頓傳八卷　(清)黎汝謙　(清)蔡國昭譯　清光緒十二年(1886)鉛印本　八册

320000－1606－0006651　P10498
華盛頓傳八卷　(清)黎汝謙　(清)蔡國昭譯　清光緒十二年(1886)鉛印本　八册

320000－1606－0006652　P10499
日下舊聞四十二卷目錄一卷抄撮羣書目錄一卷續采目錄一卷　(清)朱彝尊輯　(清)朱昆

田補遺　清刻本　十五册　存六卷(十九至二十一、目録一卷、抄撮羣書目録一卷、續采目録一卷)

320000－1606－0006653　P10500
日本龍馬俠士傳二卷　題(清)愚山眞軼郎述　清鉛印本　二册

320000－1606－0006654　P10501
開闢美洲閣龍航海家獨列幾合傳二卷識誤附一卷　(日本)橋本海關譯　清光緒刻本　一册

320000－1606－0006655　P10502
開闢美洲閣龍航海家獨列幾合傳二卷識誤附一卷　(日本)橋本海關譯　清光緒刻本　一册

320000－1606－0006656　P10504
意大利興國俠士傳九章　(日本)松井廣吉撰　(日本)橋本大郎譯　清上海大同譯書局鉛印本　一册

320000－1606－0006657　P10505
日本四十七俠士傳四十四章　(日本)青山延光著　清鉛印本　二册

320000－1606－0006658　P10506
欽定承華事畧補圖六卷　(元)王惲撰　(清)徐郙等補正　清光緒二十四年(1898)上海掃葉山房石印本　二册

320000－1606－0006659　P10507
壬癸志稿二十八卷　(清)錢寶琛輯　清光緒六年(1880)存素堂刻本　二册　存十二卷(一至二、十九至二十八)

320000－1606－0006660　P10509
任渭長先生畫傳四種　(清)任熊繪　清光緒十二年(1886)上海同文書局石印本　八册

320000－1606－0006661　P10510
史腴二卷　(清)周金壇纂輯　清刻本　一册

320000－1606－0006662　P10514
白香山[居易]年譜一卷年譜舊本一卷　(清)汪立名編訂　清康熙四十二年(1703)汪氏一隅草堂刻本　一册

320000－1606－0006663　P10516
隋天台智者大師别傳一卷　(隋)釋灌頂撰　清刻本　一册

320000－1606－0006664　P10517
張中丞事實集錄三卷首一卷補事一卷　(清)王德茂編　清光緒九年(1883)刻本　二册

320000－1606－0006665　P10519
孟子編年四卷　(清)狄子奇撰　清光緒十三年(1887)杭州浙江書局刻本　一册

320000－1606－0006666　P10520
西山眞文忠公[德秀]年譜一卷　(清)眞采編　清康熙五十六年(1717)刻本　一册

320000－1606－0006667　P10521
鄂國金佗稡編二十八卷續編三十卷　(宋)岳珂編　清光緒九年(1883)浙江書局刻本　十二册

320000－1606－0006668　P10527
查東山先生年譜一卷附一卷　(清)沈起撰　(清)張濤　(清)張毅纂注　清咸豐刻本　一册

320000－1606－0006669　P10530
黃忠端公[道周]年譜二卷　(清)黃炳垕編輯　清光緒二十五年(1899)黃氏留書種閣刻本　一册

320000－1606－0006670　P10534
周文襄公[忱]年譜一卷附錄一卷校勘記一卷明史列傳一卷　(明)周仁俊等撰　清光緒十五年(1889)刻本　二册

320000－1606－0006671　P10540
丁氏節烈記一卷　(清)丁丙編　清光緒二十六年(1900)丁氏正修堂刻本　一册

320000－1606－0006672　P10542
趨庭記述二卷　(清)經元善輯　清光緒二十三年(1897)刻本　二册

320000－1606－0006673　P10544
四洪年譜四卷　(清)洪汝奎輯　清宣統元年

(1909)晦木齋刻朱印本　四冊

320000－1606－0006674　P10554
百將圖傳二卷　(清)丁日昌輯　清同治八年(1869)江蘇書局刻本　一冊　存一卷(一)

320000－1606－0006675　P10556
吳郡名賢圖傳贊二十卷　(清)顧沅輯　(清)孔繼堯繪圖　清道光刻本　八冊

320000－1606－0006676　P10560
美國民主翟斐生傳略一卷　(英國)馬林口譯　(清)金湘儒筆述　清光緒二十九年(1903)金陵鐘鼓樓基督書院鉛印本　一冊

320000－1606－0006677　P10574
續百川學海十集　(明)吳永輯　清刻本　六十冊

320000－1606－0006678　P10576
說郛一百二十弓　(明)陶宗儀輯　**說郛續四十六弓**　(明)陶珽輯　清順治三年(1646)兩浙督學周南李際期宛委山堂刻本　四十冊　存十八弓(說郛九十一至九十六、九十九至一百二、一百五至一百八,說郛續三十五至三十六、四十一至四十二)

320000－1606－0006679　P10577
周禮約編六卷　(清)汪基鈔撰　(清)江永校纂　清乾隆汪氏敬堂刻本　六冊

320000－1606－0006680　P10579
皇朝事實類苑六十三卷　(宋)江少虞撰　清抄本　十冊　存二十八卷(一至二十八)

320000－1606－0006681　P10581
諸子碎金不分卷　(清)柴梁輯　清抄本　四冊

320000－1606－0006682　P10582
古栝遺芳四卷　(明)鄭宣集　明嘉靖刻本　二冊　存一卷(一)

320000－1606－0006683　P10584
後村雜著三卷　(清)王文治著　清康熙古墨齋刻本　三冊

320000－1606－0006684　P10585
周易通十卷　(清)浦龍淵著　清康熙刻本　十二冊

320000－1606－0006685　P10586
古文參同契集解三卷　(漢)魏伯陽著　(明)蔣一彪輯　(明)毛晉訂　**古文參同契箋註集解三卷**　(漢)徐景休著　(元)俞琰註　(明)蔣一彪輯　(明)毛晉訂　明崇禎汲古閣刻本　四冊

320000－1606－0006686　P10588
學統五十六卷　(清)熊賜履撰　清刻本　四十冊

320000－1606－0006687　P10589
程文恭公遺稿三十二卷　(明)程文德撰　明萬曆刻本　二十八冊

320000－1606－0006688　P10591
亦政堂重修宣和博古圖錄三十卷重修考古圖十卷重考古玉圖二卷　(宋)王黼撰　清乾隆亦政堂刻本　四十五冊　存三十九卷(亦政堂重修宣和博古圖錄一、四至八、十至三十,重修考古圖十卷,重考古玉圖二卷)

320000－1606－0006689　P10592
昚古圖譜不分卷　(明)安紹芳繪　明萬曆三十一年(1603)梁谿膠山安氏刻本　十二冊

320000－1606－0006690　P10594
任渭長先生畫傳四種　(清)任熊繪　清光緒十二年(1886)上海同文書局石印本　三冊　存三種四卷(高士傳一卷,於越先賢傳一卷,劍俠傳一卷、續一卷)

320000－1606－0006691　P10595
水道提綱七卷　(清)齊召南撰　清道光抄本　一冊

320000－1606－0006692　P10610
梁武帝集八卷　(南朝梁)武帝蕭衍撰　(明)閻光世輯閱　明刻本　四冊

320000－1606－0006693　P10611
漢書纂不分卷　(明)淩稚隆校閱　明萬曆刻本　十八冊

320000－1606－0006694　P10612

自怡悅齋書畫錄三十卷　(清)張大鏞著　清刻本　一册　存二卷(二十六至二十七)

320000－1606－0006695　P10613

袁氏世範三卷　(宋)袁采撰　**集事詩鑒一卷**　(宋)方昕撰　清刻本　四册

320000－1606－0006696　P10619

學蔀通辯前編三卷後編三卷續編三卷終編三卷　(明)陳建撰　(清)汪璲評訂　清康熙十七年(1678)敵後堂刻本　二册

320000－1606－0006697　P10624

南州草堂集三十卷首一卷續集四卷　(清)徐釚著　清康熙三十四年(1695)菊莊刻本　十六册

320000－1606－0006698　P10625

二程節錄四卷文集鈔一卷附錄一卷　(明)高攀龍輯　清康熙四十年(1701)顧棟高繼志書塾刻本　六册

320000－1606－0006699　P10630

采風類記十卷　(清)張大純撰　清乾隆二十年(1755)深柳讀書堂刻本　二十册　存七卷(一至七)

320000－1606－0006700　P10631

庸行編錄要一卷　(清)史典輯　(清)□□錄　清抄本　一册

320000－1606－0006701　P10634

得閑居詩鈔二卷　(清)金廷桂撰　清抄本　二册

320000－1606－0006702　P10637

文選六十卷　(南朝梁)蕭統輯　(唐)李善注　清康熙二十五年(1686)錢士謐刻本　二十册

320000－1606－0006703　P10642

居業錄四卷胡子粹言三卷　(明)胡居仁撰　明萬曆二十年(1592)刻本　十册

320000－1606－0006704　P10643

家範十卷　(宋)司馬光著　清光緒元年(1875)李氏刻本　四册

320000－1606－0006705　P10644

詩經世本古義二十八卷首一卷後一卷　(明)何楷撰　明崇禎刻本　七十四册

320000－1606－0006706　P10650

鈍翁續藁五十六卷前後類藁六十二卷　(清)汪琬撰　清康熙刻本　四十四册

320000－1606－0006707　P10658

史記一百三十卷　(漢)司馬遷撰　(南朝宋)裴駰集解　(唐)司馬貞索隱　(唐)張守節正義　(明)徐孚遠　(明)陳子龍測議　明崇禎十三年(1640)刻本　五十四册　存七十卷(一至七十)

320000－1606－0006708　P10664

救偏瑣言十卷瑣言備用良方一卷　(清)費啟泰撰　清康熙二十七年(1688)惠迪堂刻本　八册

320000－1606－0006709　P10668

四書集註十九卷　(宋)朱熹集註　清雍正元年(1723)刻本　八册

320000－1606－0006710　P10669

三國志六十五卷　(晉)陳壽撰　(南朝宋)裴松之注　清同治九年(1870)金陵書局刻本　十六册

320000－1606－0006711　P10670

襍症秘方不分卷　(清)黃鐘撰　清刻本　三册

320000－1606－0006712　P10674

三山拙齋林先生尚書全解四十卷　(宋)林之奇撰　清康熙十九年(1680)通志堂刻本　二十四册

320000－1606－0006713　P10676

易經揆一十四卷附易學啟蒙補二卷　(清)梁錫璵撰　清乾隆武英殿刻本　二十册

320000－1606－0006714　P10687

山居壽養全書二十五種　(□)□□撰　清刻本　八册

320000－1606－0006715　P10691
工程做法七十四卷　(清)允禮等纂修　清雍正十二年(1734)刻本　四十八册

320000－1606－0006716　P10700
華陽國志十二卷　(晉)常璩撰　**補華陽國志三州郡縣目錄一卷**　(清)廖寅撰　**江原常氏士女志一卷**　(清)張佳允輯　清嘉慶十九年(1814)廖寅題襟館刻本　十二册

320000－1606－0006717　P10706
藏書六十八卷　(明)李贄撰　明萬曆刻本　四十八册　存五十六卷(一至五十六)

320000－1606－0006718　P10712
箋釋梅亭先生四六標準四十卷　(宋)李劉撰　(明)孫雲翼箋　明萬曆四十四年(1616)唐鯉飛刻本　四十册

320000－1606－0006719　P10713
稗海　(明)商濬輯　清康熙振鷺堂刻本　二十八册　存十種四十一卷(獨異志三卷、述異記二卷、小名錄二卷、東觀奏記三卷、杜陽雜編三卷、清波雜誌三卷、墨客揮犀五卷、大唐新語十三卷、因話錄六卷、玉泉子一卷)

320000－1606－0006720　P10726
性理會通七十卷續編四十二卷　(明)鍾人傑撰　明崇禎刻本　八十册

320000－1606－0006721　P10727
文廟丁祭譜不分卷　(清)□□輯　清刻本　一册

320000－1606－0006722　P10728
鄱陽集四卷首一卷末一卷　(宋)洪皓撰　清刻本　三册

320000－1606－0006723　P10730
說郛一百二十弓　(明)陶宗儀輯　清順治三年(1646)兩浙督學周南李際期宛委山堂刻本　一百二十七册

320000－1606－0006724　P10739
昭代叢書　(清)張潮輯　清道光二十四年至二十九年(1844－1849)世楷堂刻本　一百五十二册　缺二集(甲、乙)

320000－1606－0006725　P10742
漢魏叢書　(清)王謨輯　清乾隆五十六年(1791)金溪王氏刻本　七十七册　缺二種八卷(三輔黄圖六卷、水經二卷)

320000－1606－0006726　P10780
漸學廬叢書十六種　(清)胡祥鑅輯　清光緒二十五年(1899)漸學廬石印本　四册　存十種十一卷(帕米爾圖說一卷,帕米爾輯略一卷,澳大利亞洲志一卷,美利加英屬地小志一卷,元書后妃公主列傳一卷,琿牘偶存一卷,中越東西定議全界約文一卷,外交餘勢一卷,斷腸記一卷,立方奇法一卷、求一捷術一卷)

320000－1606－0006727　P10781
西政叢書三十二種　梁啟超輯　清光緒二十三年(1897)慎記書莊石印本　二十三册　缺二種三十卷(工程致富一至十三、考工記要一至十七)

320000－1606－0006728　P10782
中西學門徑書七種　梁啟超輯　清光緒二十四年(1898)上海大同譯書局石印本　三册

320000－1606－0006729　P10783
中西學門徑書七種　梁啟超輯　清光緒二十四年(1898)上海大同譯書局石印本　三册

320000－1606－0006730　P10784
中西學門徑書七種　梁啟超輯　清光緒二十四年(1898)上海大同譯書局石印本　一册

320000－1606－0006731　P10786
西學啟蒙十六種　(英國)艾約瑟譯　清光緒二十二年(1896)上海著易堂鉛印本　十五册　存十五種(一至十二、十四至十六)

320000－1606－0006732　P10788
西學啟蒙十六種　(英國)艾約瑟譯　清光緒二十二年(1896)上海著易堂鉛印本　十五册　存十五種(一至九、十一至十六)

320000－1606－0006733　P10791
格致啟蒙四卷　(英國)羅斯古等纂　(美國)

林樂知 （清）鄭昌棪譯 清光緒二十二年(1896)石印本 四冊

320000－1606－0006734 P10793
重刻恭簡公志樂二十卷 （明）韓邦奇撰 清刻本 二十三冊 存十九卷(一至七、九至二十)

320000－1606－0006735 P10794
第一樓叢書九種三十卷 （清）俞樾撰 清刻本 二冊 存四種八卷(易貫一至五、玩易篇一卷、論語小言一卷、春秋名字解詁補義一卷)

320000－1606－0006736 P10798
咫進齋叢書三集 （清）姚覲元輯 清光緒九年(1883)歸安姚氏刻本 二十四冊

320000－1606－0006737 P10851
水經注西南諸水考三卷弧三角平視法一卷摹印述一卷三統術詳說四卷 （清）陳澧撰 清刻本 二冊

320000－1606－0006738 P10853
存素堂文稾四卷補遺一卷 （清）錢寶琛撰 清同治九年(1870)刻本 二冊

320000－1606－0006739 P10854
杭女表微錄十六卷首一卷 （清）孫樹禮編 清光緒三十二年(1906)刻本 八冊

320000 1606－0006740 P10859
最新職官全錄四卷增補一卷大清中樞備覽二卷 （清）□□編 清宣統三年(1911)榮寶齋刻本 七冊

320000－1606－0006741 P10860
西國近事彙編四卷 （美國）金楷理口譯 （清）蔡錫齡筆述 清刻本 四冊

320000－1606－0006742 P10861
聖門名字纂詁二卷補遺一卷 （清）洪恩波撰 清光緒二十三年(1897)金陵官書局刻本 二冊

320000－1606－0006743 P10862
國朝詩人徵略六十卷 （清）張維屏輯 清刻本 十冊

320000－1606－0006744 P10864
津門徵獻詩八卷 （清）華鼎元撰 清光緒十二年(1886)謝文翰齋刻本 四冊

320000－1606－0006745 P10868
疇人傳三編七卷 （清）諸可寶纂錄 清光緒十二年(1886)刻本 二冊

320000－1606－0006746 P10869
歷代詩人祠堂記一卷 （清）李恩綬撰 清宣統元年(1909)刻本 一冊

320000－1606－0006747 P10870
復社姓氏二卷 （明）吳應箕鑒定 **復社姓氏補錄一卷** （清）吳銘道撰 清刻本 一冊

320000－1606－0006748 P10874
望炊樓叢書五種附三種 （清）謝家福輯 清光緒刻本 六冊

320000－1606－0006749 P10875
茮聲館全集三十三卷 （清）朱為弼撰 清咸豐九年(1859)刻本 三冊 存九卷(文集四至八、詩集補遺一至四)

320000－1606－0006750 P10876
皇甫持正文集六卷補遺一卷 （唐）皇甫湜撰 清光緒二年(1876)讀有用書齋刻本 一冊

320000－1606－0006751 P10879
彭剛直公神道碑文一卷 （清）俞樾撰 清光緒鉛印本 一冊

320000－1606－0006752 P10880
宋名臣言行錄前集十卷後集十四卷續集八卷別集二十六卷外集十七卷 （宋）朱熹纂 （宋）李衡校正 清同治七年(1868)臨川桂氏刻本 十二冊

320000－1606－0006753 P10881
[光緒]重修華亭縣志二十四卷首一卷末一卷 （清）楊開第修 （清）姚光發等纂 清光緒五年(1879)刻本 十冊

320000－1606－0006754 P10882
山曉閣選宋大家蘇老泉全集二卷 （宋）蘇洵

撰　(清)孫琮評　清康熙刻本　二册

320000－1606－0006755　P10883
山曉閣選宋大家蘇東坡全集六卷　(宋)蘇軾撰　(清)孫琮輯　清刻本　六册

320000－1606－0006756　P10884
山曉閣選唐大家柳柳州全集四卷　(唐)柳宗元撰　(清)孫琮手評　清康熙刻本　四册

320000－1606－0006757　P10885
元豐類藁五十卷首一卷　(宋)曾鞏撰　清光緒十六年(1890)慈利漁浦書院刻本　十册

320000－1606－0006758　P10886
味蓼軒詩鈔五卷　(清)高宅暘著　清刻本　一册

320000－1606－0006759　P10887
楚辭八卷辯證二卷後語六卷　(宋)朱熹集註　清光緒八年(1882)江蘇書局刻本　四册

320000－1606－0006760　P10888
記事珠便讀三卷　(清)張以謙輯　清道光元年(1821)刻本　三册

320000－1606－0006761　P10889
唐代叢書　(清)陳世熙輯　清刻本　十一册　存二集(五至六)

320000－1606－0006762　P10890
禮記集註十卷　(元)陳澔撰　清刻本　五册

320000－1606－0006763　P10891
七修類藁五十一卷續藁七卷　(明)郎瑛著述　清光緒六年(1880)廣州翰墨園刻本　十六册

320000－1606－0006764　P10892
西漢文選四卷　(清)儲欣評　清乾隆四十九年(1784)受祉堂刻本　二册

320000－1606－0006765　P10893
隸辨八卷　(清)顧藹吉撰　清光緒十三年(1887)上海蜚英館石印本　八册

320000－1606－0006766　P10894
左傳選不分卷　(清)儲欣評　清嘉慶十八年(1813)静遠堂刻本　八册

320000－1606－0006767　P10895
山曉閣選宋大家曾南豐全集一卷　(宋)曾鞏撰　(清)孫琮手評　清康熙刻本　一册

320000－1606－0006768　P10896
山曉閣選宋大家蘇潁濱全集二卷　(宋)蘇轍撰　(清)孫琮輯　清刻本　二册

320000－1606－0006769　P10897
[正德]武功縣志三卷首一卷　(明)康海纂修　(清)孫景烈評注　清同治十二年(1873)湖北崇文書局刻本　一册

320000－1606－0006770　P10898
十六國春秋不分卷　(北魏)崔鴻撰　清刻本　一册

320000－1606－0006771　P10899
[光緒]石門縣志六卷　(清)閻鎮珩撰　清光緒十五年(1889)北嶽山房刻本　二册

320000－1606－0006772　P10900
烈皇小識八卷　(明)文秉撰　清都城琉璃廠刻本　一册　存一卷(一)

320000－1606－0006773　P10901
彙刻太倉舊志五種　繆朝荃等輯　清宣統元年(1909)刻本　八册

320000－1606－0006774　P10902
唐宋八大家類選十四卷　(清)儲欣評　清光緒十八年(1892)湖北官書處刻本　六册

320000－1606－0006775　P10903
四書十九卷　(宋)朱熹注　清光緒三年(1877)江蘇書局刻本　六册

320000－1606－0006776　P10904
[光緒]常昭合志稿四十八卷首一卷末一卷校勘記一卷　(清)鄭鍾祥等修　(清)龐鴻文等纂　清光緒三十年(1904)木活字印本　十七册

320000－1606－0006777　P10905
太師誠意伯劉文成公集二十卷首一卷　(明)劉基撰　清光緒二十六年(1900)浙江書局刻

本　十冊

320000－1606－0006778　P10906
峽江救生船志二卷圖考一卷附行川必要一卷　(清)賀縉紳　(清)程以輔編　清光緒九年(1883)水師新副中營刻本　三冊

320000－1606－0006779　P10907
孫可之文集十卷　(唐)孫樵撰　清光緒二年(1876)讀有用書齋刻三唐人集本　一冊

320000－1606－0006780　P10908
西漢九家文集九種　(清)□□輯　清刻本　十冊

320000－1606－0006781　P10909
劉葆眞太史遺稾二卷　(清)劉葆眞撰　清宣統二年(1910)刻本　一冊

320000－1606－0006782　P10910
述異記二卷　(南朝梁)任昉撰　清光緒元年(1875)湖北崇文館刻本　一冊

320000－1606－0006783　P10911
瘦碧詞二卷　鄭文焯撰　清光緒謝文翰刻本　一冊

320000－1606－0006784　P10912
意林五卷　(唐)馬總撰　清光緒三年(1877)湖北崇文書局刻本　一冊

320000－1606－0006785　P10913
林和靖詩集四卷拾遺一卷酬唱題詠附錄一卷諸家詩話一卷　(宋)林逋撰　清同治十二年(1873)長洲朱氏刻本　二冊

320000－1606－0006786　P10915
蘇龕詩錄八卷詞錄一卷文錄二卷駢文錄五卷　(清)楊葆光撰　清光緒九年(1883)刻本　五冊

320000－1606－0006787　P10916
駱大司馬奏稿十六卷　(清)駱秉章撰　清刻本　八冊

320000－1606－0006788　P10917
張大司馬奏稿四卷　(清)張亮基撰　清刻本　二冊

320000－1606－0006789　P10918
天山自敘年譜一卷　(明)鄭鄤撰　清宣統二年(1910)盛氏刻本　一冊

320000－1606－0006790　P10919
郘亭遺詩八卷　(清)莫友芝撰　清光緒元年(1875)刻本　一冊

320000－1606－0006791　P10920
恪靖侯盾鼻餘瀋一卷　(清)左宗棠撰　(清)柳葆元　(清)易策謙錄刊　(清)石本清覆校　清光緒八年(1882)刻本　一冊

320000－1606－0006792　P10921
遲鴻軒詩存一卷文存一卷　(清)楊峴撰　清光緒二年(1876)吳門刻本　一冊

320000－1606－0006793　P10922
公言集三卷　沈同芳撰　清光緒三十四年(1908)中國圖書公司鉛印本　一冊

320000－1606－0006794　P10924
遲鴻軒詩續一卷文續一卷　(清)楊峴撰　清光緒十九年(1893)刻本　一冊

320000－1606－0006795　P10927
鶴緣詞一卷　(清)吕耀斗撰　清光緒二十六年(1900)吕氏敬止堂刻本　一冊

320000－1606－0006796　P10928
青燐屑二卷　(明)應廷吉撰　清刻本　一冊

320000－1606－0006797　P10929
抱潤軒文集十卷　馬其昶撰　清宣統元年(1909)安徽官紙印刷局石印本　一冊

320000－1606－0006798　P10930
大雲山房文稾初集四卷二集四卷　(清)惲敬撰　清光緒十四年(1888)官書處刻本　八冊

320000－1606－0006799　P10931
杜詩百篇二卷　(唐)杜甫撰　(清)張燮承集解　清咸豐九年(1859)古汲郡賀氏刻本　二冊

320000－1606－0006800　P10932
杜工部集二十卷附錄一卷唱酬題詠附錄一卷諸家詩話一卷　(唐)杜甫撰　(清)錢謙益注

（清）何焯評點　清宣統二年（1910）神州國光社鉛印本　八冊

320000－1606－0006801　P10933
震川先生集三十卷別集十卷附録一卷　（明）歸有光撰　（清）歸莊較勘　（清）錢謙益選定　（清）歸玠編輯　清康熙十四年（1675）刻本　十六冊

320000－1606－0006802　P10935
西湖遊覽志二十四卷志餘二十六卷　（明）田汝成撰　清光緒二十二年（1896）錢塘丁氏嘉惠堂刻本　十二冊

320000－1606－0006803　P10936
鮑明遠集十卷　（南朝宋）鮑照撰　明刻本　一冊

320000－1606－0006804　P10937
華陽國志十二卷　（晉）常璩撰　清刻本　三冊

320000－1606－0006805　P10938
禹貢水道便覽一卷　（清）張先振撰　清同治六年（1867）刻本　一冊

320000－1606－0006806　P10939
同治上海縣志三十二卷首一卷末一卷　（清）應寶時等修　（清）俞樾　（清）方宗誠纂　清同治十年（1871）吳門臬署刻本　十六冊

320000－1606－0006807　P10941
聲調譜論例一卷前譜一卷後譜一卷續譜一卷　（清）趙執信撰　清乾隆刻本　一冊

320000－1606－0006808　P10942
琴操二卷首一卷補一卷支遁集二卷首一卷補遺一卷　（漢）蔡邕撰　清光緒十年（1884）邵武徐氏刻本　一冊

320000－1606－0006809　P10943
山海經十八卷　（晉）郭璞傳　清天都黃氏槐蔭草堂刻本　二冊

320000－1606－0006810　P10944
廣輿記二十四卷圖一卷　（明）陸應陽撰　（清）蔡方炳輯　清康熙四十六年（1707）刻本　八冊

320000－1606－0006811　P10945
東明聞見録一卷　（明）瞿共美撰　清刻本　一冊

320000－1606－0006812　P10946
聖安皇帝本紀二卷　（清）顧炎武撰　清刻本　一冊

320000－1606－0006813　P10947
黃梨洲先生［宗羲］年譜三卷　（清）黃炳垕編　清同治十二年（1873）刻本　一冊

320000－1606－0006814　P10948
牧潛集七卷　（元）釋圓至撰　清光緒二十五年（1899）錢塘丁氏刻本　一冊

320000－1606－0006815　P10949
耿尚孔吳四王合傳一卷　（□）□□撰　**揚州十日記一卷**　（清）王秀楚記　清刻本　一冊

320000－1606－0006816　P10950
谿山卧游録四卷　（清）盛大士撰　清光緒十八年（1892）刻本　一冊

320000－1606－0006817　P10951
刪定唐詩解二十四卷　（明）唐汝詢選釋　（清）吳昌祺評定　清誦懿堂刻本　四冊　存十五卷（一至六、十六至二十四）

320000－1606－0006818　P10952
唐人五十家小集　（清）江標輯　清光緒二十一年（1895）元和江氏靈鶼閣影宋刻本　十六冊

320000－1606－0006819　P10953
枯木禪琴譜八卷　釋空塵撰　清光緒十九年（1893）刻本　四冊

320000－1606－0006820　P10954
石鼓文纂釋一卷　（清）趙烈文撰　清光緒十一年（1885）静圃刻本　一冊

320000－1606－0006821　P10956
李義山詩集三卷詩譜一卷附録諸家詩評一卷　（唐）李商隱撰　（清）朱鶴齡箋注　（清）沈厚塽輯評　清同治九年（1870）刻本　四冊

320000－1606－0006822　P10957
唐人萬首絕句選七卷　(宋)洪邁　(清)王士禛選　清同治九年(1870)金陵書局刻本　二冊

320000－1606－0006823　P10958
宛鄰書屋古詩錄十二卷詞選二卷　(清)張琦輯　清同治八年(1869)刻本　二冊

320000－1606－0006824　P10959
宛鄰書屋古詩錄十二卷　(清)張琦輯　清同治八年(1869)刻本　四冊

320000－1606－0006825　P10960
紀效新書十八卷首一卷　(明)戚繼光撰　清刻本　四冊

320000－1606－0006826　P10961
六朝四家全集十六卷附辨譌考異一卷　(清)胡鳳丹輯　清退補齋刻本　六冊

320000－1606－0006827　P10962
柳文四十三卷別集二卷外集二卷附録一卷　(唐)柳宗元撰　(唐)劉禹錫編　清同治七年(1868)永州刻本　八冊

320000－1606－0006828　P10963
康熙字典十二集總目一卷檢字一卷辨似一卷等韻一卷備考一卷補遺一卷　(清)張玉書　(清)凌紹雯等纂修　清光緒十一年(1885)上海同文書局石印本　六冊

320000－1606－0006829　P10964
經籍籑詁五卷　(清)阮元譔集　清光緒九年(1883)上海點石齋石印本　五冊

320000－1606－0006830　P10965
莊子三卷　(戰國)莊周撰　**莊子闕誤一卷**　(明)楊慎撰　清光緒元年(1875)湖北崇文書局刻本　二冊

320000－1606－0006831　P10966
列子八卷　(唐)盧重元解　清嘉慶八年(1803)江都秦氏石研齋刻本　二冊

320000－1606－0006832　P10967
蘇文忠詩合注五十卷首一卷　(宋)蘇軾撰　(清)馮應榴輯訂　清乾隆惇裕堂刻本　二十冊

320000－1606－0006833　P10968
學古堂藏書目一卷附刻叢書子目一卷　(清)學古堂編　清刻本　二冊

320000－1606－0006834　P10970
鐵琴銅劍樓藏宋元本書目一卷　(清)瞿鏞編　**豐順丁氏持靜齋書目一卷**　(清)丁日昌編　**海源閣藏書目一卷**　(清)楊紹和編　清光緒十四年至二十三年(1888－1897)元和江氏刻本　一冊

320000－1606－0006835　P10972
藝風藏書記八卷　繆荃孫撰　清光緒二十六年至二十七年(1900－1901)刻本　二冊

320000－1606－0006836　P10973
崇文總目五卷補遺一卷附錄一卷　(宋)王堯臣編次　(清)錢東垣輯釋　清嘉慶四年(1799)刻本　五冊　存六卷(一至三、五,補遺一卷,附錄一卷)

320000－1606－0006837　P10975
家刻書目十卷　(清)錢培蓀彙錄　清光緒四年(1878)金山錢氏刻本　四冊

320000－1606－0006838　P10976
江南圖書館書目不分卷　(清)江南圖書館編　清末鉛印本　八冊

320000－1606－0006839　P10978
楊龜山先生集四十二卷首一卷　(宋)楊時撰　清光緒九年(1883)刻本　十冊

320000－1606－0006840　P10979
經籍跋文一卷　(清)陳鱣著　清光緒刻本　一冊

320000－1606－0006841　P10980
重編紅雨樓題跋二卷　(明)徐𤊹撰　繆荃孫輯　清宣統二年(1910)昆山趙氏峭帆樓刻本　一冊

320000－1606－0006842　P10981
鐵琴銅劍樓藏書目錄二十四卷　(清)瞿鏞編

清光緒二十四年(1898)常熟瞿氏刻本　十二冊

320000－1606－0006843　P10987
直齋書錄解題二十二卷　(宋)陳振孫撰　清光緒九年(1883)江蘇書局刻本　六冊

320000－1606－0006844　P10988
欽定天禄琳琅書目十卷後編二十卷　(清)于敏中等編　清光緒十年(1884)長沙王氏刻本　十冊

320000－1606－0006845　P10989
御纂七經　(清)李光地等編　清光緒三十年(1904)上海育文書局石印本　二十四冊

320000－1606－0006846　P10990
行素堂目睹書錄十卷　(清)朱記榮輯訂　清光緒十年(1884)古吳白堤孫谿槐廬刻本　十冊

320000－1606－0006847　P10991
江陰藝文志二卷校補一卷　金武祥輯　清光緒十七年(1891)粟香室刻本　一冊

320000－1606－0006848　P10992
增訂詩經輯評四卷首一卷　(清)徐與喬輯評　(清)于光華增訂　清乾隆四十年(1775)友於堂刻本　四冊

320000－1606－0006849　P10994
策學備纂三十二卷目錄三十二卷首一卷　(清)蔡啟盛　(清)吳潁炎輯　清光緒十三年(1887)上海點石齋石印本　一冊　存一卷(策學備纂三十一)

320000－1606－0006850　P10995
漢魏六朝文繡四卷續鈔一卷　(清)淩德編次　清光緒八年(1882)刻本　二冊

320000－1606－0006851　P10996
海峰先生文十卷補遺一卷海峰先生詩八卷海峰制藝一卷　(清)劉大櫆撰　清光緒十四年(1888)桐城吳大有堂木活字印本　十二冊

320000－1606－0006852　P10997
善本書室藏書志四十卷附錄一卷　(清)丁丙輯　清光緒二十七年(1901)錢塘丁氏刻本　十六冊

320000－1606－0006853　P10998
四書典林三十卷四書古人典林十二卷　(清)江永編　清光緒十三年(1887)石印本　四冊

320000－1606－0006854　P10999
尚友錄二十二卷　(明)廖用賢編纂　(清)張伯琮補輯　清光緒十二年(1886)暢懷書屋鉛印本　六冊

320000－1606－0006855　P11000
國朝箸述未栞書目一卷　鄭文焯撰　清光緒十四年(1888)蘇州書局刻本　一冊

320000－1606－0006856　P11001
對山書屋墨餘錄十六卷　(清)毛祥麟撰　清同治九年(1870)刻本　八冊

320000－1606－0006857　P11002
驗方新編二十四卷　(清)鮑相璈編輯　清光緒十九年(1893)上海同文書局刻本　六冊

320000－1606－0006858　P11003
漁洋書籍跋尾二卷　(清)王士禛撰　清光緒四年(1878)葛氏嘯園刻本　二冊

320000－1606－0006859　P11005
虎邱山志十卷首一卷　(清)顧湄重修　清宣統三年(1911)集群圖書館鉛印本　二冊

320000－1606－0006860　P11007
孫吳司馬灋三種　(清)孫星衍輯　清同治十年(1871)淮南書局刻本　一冊

320000－1606－0006861　P11008
柈湖文集十二卷首一卷　(清)吳敏樹著　清光緒十九年(1893)思賢講舍刻本　四冊

320000－1606－0006862　P11009
天演論二卷　(英國)赫胥黎造論　嚴復達恉　清光緒刻本　一冊　存一卷(下)

320000－1606－0006863　P11010
孫子十家注十三卷遺説一卷敘錄一卷　(宋)吉天保輯　(清)孫星衍　(清)吳人驥校　清光緒三年(1877)浙江書局刻本　六冊

320000－1606－0006864　P11011
墨子十六卷　(清)畢沅校注　清光緒三年(1877)浙江書局刻本　四冊

320000－1606－0006865　P11012
吕氏春秋二十六卷　(漢)高誘注　清光緒元年(1875)浙江書局刻本　六冊

320000－1606－0006866　P11013
晏子春秋七卷　(清)孫星衍校　**音義二卷**　(清)孫星衍撰　**校勘記二卷**　(清)黄以周撰　清光緒元年(1875)浙江書局刻本　四冊

320000－1606－0006867　P11014
文中子一卷　(隋)王通撰　清光緒元年(1875)湖北崇文書局刻百子全書本　一冊

320000－1606－0006868　P11015
列子二卷　(戰國)列禦寇撰　清光緒元年(1875)湖北崇文書局刻本　一冊

320000－1606－0006869　P11016
鶡冠子三卷　(宋)陸佃解　清光緒元年(1875)湖北崇文書局刻本　一冊

320000－1606－0006870　P11017
尹文子一卷　(西周)尹文撰　**慎子一卷**　(戰國)慎到撰　**公孫龍子一卷**　(宋)謝希深注　**鬼谷子一卷**　(戰國)鬼谷子撰　清光緒元年(1875)湖北崇文書局刻本　一冊

320000－1606－0006871　P11018
鳴原堂論文二卷　(清)曾國藩撰　(清)曾國荃審訂　清同治十二年(1873)勵志齋刻本　二冊

320000－1606－0006872　P11019
草莽私乘一卷　(明)陶宗儀輯　清光緒十五年(1889)新陽趙氏刻本　一冊

320000－1606－0006873　P11020
拾遺記十卷　(晉)王嘉撰　(南朝梁)蕭綺錄　清光緒元年(1875)湖北崇文書局刻本　一冊

320000－1606－0006874　P11021
博物志十卷　(晉)張華撰　清光緒元年(1875)湖北崇文書局刻本　一冊

320000－1606－0006875　P11022
續博物志十卷　(宋)李石撰　清光緒元年(1875)湖北崇文書局刻本　一冊

320000－1606－0006876　P11023
郁離子一卷　(明)劉基撰　**空同子一卷**　(明)李夢陽撰　**海沂子五卷**　(明)王文祿撰　清光緒元年(1875)湖北崇文書局刻百子全書本　一冊

320000－1606－0006877　P11024
老子道德經二卷　(三國魏)王弼注　清光緒元年(1875)湖北崇文書局刻本　一冊

320000－1606－0006878　P11025
老子章義二卷　(清)姚鼐撰　清同治九年(1870)桐城吴氏刻本　一冊

320000－1606－0006879　P11026
缶廬詩四卷附缶廬别存一卷　(清)吴俊卿撰　清光緒十九年(1893)刻本　一冊

320000－1606－0006880　P11027
莊子郭註十卷　(唐)陸德明音義　明萬曆三十三年(1605)鄒之嶧刻本　四冊　存七卷(一至七)

320000－1606－0006881　P11028
說文解字十五卷附說文部目分韻一卷六書音韻表五卷　(漢)許慎撰　(清)段玉裁注　清嘉慶二十年(1815)刻本　十五冊　存十九卷(說文解字二至十五、六書音韻表五卷)

320000－1606－0006882　P11029
貞觀政要十卷　(唐)吴兢撰　(元)戈直集論　清光緒四年(1878)蘇城張有容堂刻本　四冊

320000－1606－0006883　P11030
徐孝穆全集六卷　(南朝陳)徐陵撰　(清)吴兆宜箋注　清乾隆困學書屋刻本　四冊

320000－1606－0006884　P11031
司馬溫公稽古錄二十卷　(宋)司馬光撰　清同治十一年(1872)湖北崇文書局刻本　四冊

320000－1606－0006885　P11032
滄溟先生集十四卷附錄一卷　(明)李攀龍撰　清光緒二十一年(1895)長沙張氏湘雨樓刻本　四冊

320000－1606－0006886　P11033
涑水記聞十六卷補遺一卷　(宋)司馬光撰　清光緒元年(1875)湖北崇文書局刻本　四冊

320000－1606－0006887　P11034
老學庵筆記十卷　(宋)陸游撰　清光緒元年(1875)湖北崇文書局刻本　二冊

320000－1606－0006888　P11035
博物志十卷　(晉)張華撰　清光緒元年(1875)湖北崇文書局刻本　一冊

320000－1606－0006889　P11036
續博物志十卷　(宋)李石撰　清光緒元年(1875)湖北崇文書局刻本　一冊

320000－1606－0006890　P11037
世說新語六卷　(南朝宋)劉義慶撰　(南朝梁)劉孝標注　清光緒三年(1877)湖北崇文書局刻本　四冊

320000－1606－0006891　P11038
梵隱堂詩存十卷　(清)釋祖觀撰　清同治五年(1866)通濟龕刻本　二冊

320000－1606－0006892　P11039
幸存錄二卷　(明)夏允彝述　**續幸存錄一卷**　(明)夏完淳著　清刻本　二冊

320000－1606－0006893　P11040
行在陽秋二卷　(清)戴笠撰　**嘉定屠城紀畧一卷**　(清)朱子素撰　清刻本　二冊

320000－1606－0006894　P11041
墨井集五卷　(清)吳歷撰　清宣統元年(1909)上海徐家匯印書館鉛印本　一冊

320000－1606－0006895　P11042
瀛壖雜志六卷　(清)王韜撰　清光緒元年(1875)刻本　二冊

320000－1606－0006896　P11044
潛虛先生文集十四卷補遺一卷　(清)戴名世撰　**潛虛先生年譜一卷**　(清)尤雲鶚撰　清光緒十八年(1892)刻本　八冊

320000－1606－0006897　P11046
居東集二卷　蔣智由撰　清宣統二年(1910)文明書局鉛印本　一冊

320000－1606－0006898　P11048
楚疆三文忠傳三卷　(清)□□撰　清刻本　一冊

320000－1606－0006899　P11049
通隱堂詩存四卷　(清)張京度撰　清同治六年(1867)五百梅花草堂刻本　一冊

320000－1606－0006900　P11050
韓非子二十卷　(戰國)韓非撰　**韓非子識誤三卷**　(清)顧廣圻撰　清光緒元年(1875)浙江書局影宋刻本　六冊

320000－1606－0006901　P11051
荒政輯要九卷首一卷　(清)汪志伊纂　清同治八年(1869)楚北崇文書局刻本　二冊

320000－1606－0006902　P11052
隴蜀餘聞一卷　(清)王士禛撰　清刻本　一冊

320000－1606－0006903　P11053
字學舉隅不分卷　(清)龍啟瑞撰　清同治十三年(1874)刻本　一冊

320000－1606－0006904　P11054
曝書雜記三卷　(清)錢泰吉撰　清同治七年(1868)刻本　一冊

320000－1606－0006905　P11055
初月樓詩鈔三卷　(清)吳德旋撰　清道光刻本　一冊

320000－1606－0006906　P11057
繹史一百六十卷世系圖一卷年表一卷　(清)馬驌撰　清光緒二十三年(1897)武林尚友齋石印本　二十二冊　存一百五十一卷(繹史一至一百三十一、一百三十九至一百五十三、一百五十八至一百六十,世系圖一卷,年表一卷)

320000－1606－0006907　P11058

昭代名人尺牘小傳二十四卷　(清)吳修采輯　清道光六年(1826)刻本　二册

320000－1606－0006908　P11059

列子釋文二卷　(唐)殷敬順撰　(宋)陳景元補遺　清刻本　一册

320000－1606－0006909　P11061

列仙傳校正本二卷讚一卷夢書一卷　(清)王照圓撰　清刻本　一册

320000－1606－0006910　P11062

天演論二卷　(英國)赫胥黎造論　嚴復達恉　清光緒二十七年(1901)富文書局石印本　一册　存一卷(一)

320000－1606－0006911　P11063

初學檢韻十二卷　(清)姚文登撰　清刻本　四册

320000－1606－0006912　P11064

漁洋山人古詩選五十卷　(清)王士禛選　清同治五年(1866)金陵書局刻本　十册

320000－1606－0006913　P11065

秦蜀驛程後記二卷　(清)王士禛撰　清刻本　一册

320000－1606－0006914　P11066

南來志一卷廣州遊覽小志一卷北歸志一卷　(清)王士禛撰　清康熙刻本　一册

320000－1606－0006915　P11067

濂溪志七卷附遺芳集一卷　(清)周誥輯　清道光十九年(1839)愛蓮堂刻本　四册

320000－1606－0006916　P11068

楚辭評林八卷楚辭總評一卷　(宋)朱熹集註　(明)沈雲翔輯評　明崇禎十年(1637)吳郡八詠樓刻本　四册

320000－1606－0006917　P11069

漁洋山人詩問二卷　(清)王士禛撰　清乾隆三十三年(1768)刻本　一册

320000－1606－0006918　P11070

江南聞見録一卷　(清)□□撰　**粵游見聞一卷**　(明)瞿共美記　**賜姓始末一卷**　(清)黄宗羲撰　**兩廣紀略一卷**　(明)華復蠡撰　清刻本　一册

320000－1606－0006919　P11071

池北偶談二十六卷　(清)王士禛著　清康熙三十九年(1700)刻本　八册

320000－1606－0006920　P11072

四書　(宋)朱熹注　清江南製造總局刻本　二册

320000－1606－0006921　P11073

幼雅九卷　(清)陳榮袞撰　清光緒二十三年(1897)羊城崇蘭僊館刻本　一册

320000－1606－0006922　P11074

求闕齋文鈔不分卷　(清)曾國藩撰　清同治十一年(1872)刻本　二册

320000－1606－0006923　P11075

戰國策釋地二卷　(清)張琦撰　清光緒十一年(1885)新陽趙氏刻本　一册

320000－1606－0006924　P11076

戰國策去毒二卷　(清)陸隴其評選　清同治九年(1870)六安求我齋刻本　二册

320000－1606－0006925　P11077

戰國策三十三卷　(漢)高誘注　(宋)姚宏校正　**札記三卷**　(清)黄丕烈撰　清同治八年(1869)湖北崇文書局刻本　五册

320000－1606－0006926　P11078

事類賦三十卷　(宋)吳淑撰並注　清康熙刻本　五册

320000－1606－0006927　P11080

唐賢三昧集三卷　(清)王士禛編　清康熙刻本　一册

320000－1606－0006928　P11081

竹素山房集三卷補遺一卷附録一卷　(元)吾丘衍撰　清光緒二十一年(1895)錢塘丁氏嘉惠堂刻本　一册

320000－1606－0006929　P11082

說鈴一卷　(清)汪琬撰　清光緒四年(1878)

仁和葛氏抄本　一册

320000－1606－0006930　P11083
四書　(宋)朱熹注　清江南製造總局刻本　二册

320000－1606－0006931　P11084
角山樓增補類腋六十七卷　(清)姚培謙纂　(清)張卿雲同輯　(清)趙克宜增輯　清光緒六年(1880)刻本　二十四册

320000－1606－0006932　P11085
史記選六卷　(清)儲欣評　清光緒九年(1883)静遠堂刻本　四册

320000－1606－0006933　P11086
歸方評點史記合筆六卷　(清)王拯纂　清光緒元年(1875)錦城節署刻本　四册

320000－1606－0006934　P11087
史鑑節要便讀六卷　(清)鮑東里編輯　清光緒元年(1875)湖北崇文書局刻本　二册

320000－1606－0006935　P11088
五代史七十四卷　(宋)歐陽修撰　(宋)徐無黨注　明崇禎三年(1630)琴川毛氏刻本　十册

320000－1606－0006936　P11089
增廣尚友錄統編二十二卷　(清)應祖錫　(清)韓卿甫編輯　清光緒二十八年(1902)鴻寶齋石印本　十四册

320000－1606－0006937　P11090
寒山拾得詩不分卷　(唐)釋寒山　(唐)釋拾得撰　清道光二十年(1840)抄本　一册

320000－1606－0006938　P11092
學治一得編一卷　(清)何耿繩輯　清同治十三年(1874)崇文書局刻本　一册

320000－1606－0006939　P11093
李太白全集三十卷　(唐)李白撰　清光緒十四年(1888)湖北官書局刻本　四册

320000－1606－0006940　P11094
宋詩鈔初集九十四卷　(清)吳之振等輯　清康熙十年(1671)洲錢吳氏鑑古堂刻本　二十册　缺一卷(東皋詩抄一)

320000－1606－0006941　P11095
李太白文集三十六卷　(唐)李白撰　(清)王琦輯註　清乾隆二十四年(1759)聚錦堂刻本　十六册

320000－1606－0006942　P11096
澤存堂五種　(清)張士俊輯　清光緒十四年(1888)上海蜚英館石印本　八册

320000－1606－0006943　P11097
河東全集錄不分卷　(唐)柳宗元撰　(清)儲欣輯　清居易堂刻本　二册

320000－1606－0006944　P11098
南巡盛典一百二十卷　(清)高晉等纂　清光緒八年(1882)上海點石齋石印本　八册

320000－1606－0006945　P11100
司空表聖詩集三卷附錄一卷　(唐)司空圖撰　清刻本　一册

320000－1606－0006946　P11101
冰泉唱和集一卷閏集一卷　金武祥撰　清光緒十五年(1889)刻本　一册

320000－1606－0006947　P11102
拜經樓藏書題跋記五卷附錄一卷　(清)吳壽暘撰　清刻本　三册

320000－1606－0006948　P11103
揚子法言十三卷音義一卷　(漢)揚雄撰　清光緒三年(1877)浙江書局刻本　一册

320000－1606－0006949　P11104
蘇文忠公詩集五十卷目錄二卷　(宋)蘇軾撰　(清)紀昀評點　清同治八年(1869)韞玉山房刻朱墨套印本　十一册　存五十一卷(蘇文忠公詩集五十卷、目錄一)

320000－1606－0006950　P11106
書目答問四卷附國朝箸述諸家姓名略一卷　(清)張之洞撰　清光緒四年(1878)上海淞隱閣鉛印本　四册

320000－1606－0006951　P11107
陶廬雜憶一卷續詠一卷　金武祥撰　清光緒

二十四年(1898)刻本　一册

320000－1606－0006952　P11108
赤溪雜志二卷霞城唱和集一卷　金武祥撰　清光緒十七年(1891)江陰金氏刻本　一册

320000－1606－0006953　P11109
瀡江雜記一卷瀡江游草一卷　金武祥撰　清光緒二十三年(1897)粟香室刻本　一册

320000－1606－0006954　P11110
澹盦自娛草二卷附録一卷　(清)金應澍撰　**仲安遺草一卷**　(清)金和撰　清光緒十九年(1893)刻本　一册

320000－1606－0006955　P11113
勸學瑣言二卷　王先謙撰　清光緒十一年(1885)刻本　一册

320000－1606－0006956　P11115
諸子平議三十五卷　(清)俞樾撰　清光緒二十一年(1895)上海鴻文書局石印本　二册

320000－1606－0006957　P11116
輶軒語一卷　(清)張之洞撰　清光緒二十一年(1895)湖北官書處刻本　一册

320000－1606－0006958　P11117
粟香三筆八卷　金武祥撰　清光緒刻本　三册　存六卷(三至八)

320000－1606－0006959　P11118
子史精華一百六十卷　(清)允祿等輯　清宣統元年(1909)上海集成圖書公司石印本　八册

320000－1606－0006960　P11119
欽定康濟録四卷　(清)陸曾禹撰　(清)倪國璉輯　清同治八年(1869)崇文書局刻本　四册

320000－1606－0006961　P11120
學治臆説二卷續説一卷説贅一卷　(清)汪輝祖纂　清同治七年(1868)湖北崇文書局刻本　一册

320000－1606－0006962　P11121
學治續説一卷　(清)汪輝祖纂　清同治七年(1868)湖北崇文書局刻本　一册

320000－1606－0006963　P11122
武進吴鳳梧先生手書尚書禹貢篇注一卷　(清)吴良貴撰　清宣統二年(1910)石印本　一册

320000－1606－0006964　P11123
曹集銓評十卷逸文一卷附魏陳思王年譜一卷　(三國魏)曹植撰　(清)丁晏編　清同治十一年(1872)金陵書局刻本　二册

320000－1606－0006965　P11124
文房肆攷圖説八卷　(清)唐秉鈞纂　清乾隆四十年(1775)嘉定唐氏竹暎山莊刻本　四册

320000－1606－0006966　P11126
三續疑年録十卷　(清)陸心源編　**補疑年録四卷**　(清)錢椒編　清光緒五年(1879)刻本　三册　存十卷(三續疑年録十卷)

320000－1606－0006967　P11127
補疑年録四卷　(清)錢椒編　清刻本　一册

320000－1606－0006968　P11128
戰國策十卷　(宋)鮑彪校注　清蘇州緑蔭堂刻本　八册

320000－1606－0006969　P11130
山曉閣選宋大家歐陽廬陵全集四卷　(宋)歐陽修撰　(清)孫琮評　清刻本　四册

320000－1606－0006970　P11131
古今楹聯彙刻小傳十二集首集一集外集一集　(清)吴隱輯　清光緒三十二年(1906)杭州西泠印社刻本　二册

320000－1606－0006971　P11132
昭德先生郡齋讀書志二十卷　(宋)晁公武撰　(宋)姚應績編　**附志二卷考異一卷**　(宋)趙希弁撰　**校補一卷**　王先謙撰　清光緒十年(1884)長沙王氏刻本　十册

320000－1606－0006972　P11133
梨雲館類定袁中郎先生全集二十四卷　(明)袁宏道著　清刻本　二十三册　存二十二卷(二至二十三)

320000－1606－0006973　P11134
萬綠草堂初稿二十卷　(清)管繩萊撰　清刻本　一冊　存五卷(六至十)

320000－1606－0006974　P11135
小學紺珠十卷　(宋)王應麟撰　清光緒九年(1883)浙江書局刻本　四冊

320000－1606－0006975　P11136
河岳英靈集二卷　(唐)殷璠撰　清光緒四年(1878)遼陽賴豐烈刻本　一冊

320000－1606－0006976　P11137
唐詩品彙删十八卷　(明)高棅編　(清)朱克生删　清刻本　十冊

320000－1606－0006977　P11138
佩文齋廣羣芳譜一百卷目録二卷　(清)汪灝等編　清刻本　三十冊　存六十八卷(三至八、十五至二十四、三十至八十一)

320000－1606－0006978　P11140
昭昧詹言十卷續昭昧詹言八卷昭昧詹言續録二卷　(清)方東樹撰　清光緒十七年(1891)刻本　六冊

320000－1606－0006979　P11141
溫熱經緯五卷　(清)王士雄纂　清同治十三年(1874)湖北崇文書局刻本　四冊

320000－1606－0006980　P11142
列女傳八卷　(漢)劉向撰　(清)梁端注　清道光十七年(1837)錢塘汪氏振綺堂刻本　二冊

320000－1606－0006981　P11143
註釋唐詩三百首六卷　(清)孫洙編　清李光明莊刻本　二冊

320000－1606－0006982　P11144
莊子故八卷　馬其昶撰　清光緒二十七年(1901)蕭山陳氏遺經樓刻本　四冊

320000－1606－0006983　P11145
列子八卷　(晉)張湛注　清光緒二年(1876)浙江書局刻本　二冊

320000－1606－0006984　P11146
管子二十四卷　(唐)房玄齡注　清光緒二年(1876)浙江書局刻本　六冊

320000－1606－0006985　P11147
五種遺規摘鈔五種十二卷　(清)陳弘謀原編　(清)劉肇紳摘鈔　清同治七年(1868)楚北崇文書局刻本　八冊

320000－1606－0006986　P11148
名賢手札八種八卷　(清)郭慶藩輯　清光緒十三年(1887)上海鴻文書局石印本　二冊

320000－1606－0006987　P11149
吳京卿節本天演論一卷　(英國)赫胥黎撰　嚴復譯　(清)吳汝綸删節　清光緒鉛印本　一冊

320000－1606－0006988　P11150
粟香五筆八卷　金武祥撰　清光緒刻本　四冊

320000－1606－0006989　P11152
戰國策選不分卷　(清)儲欣評　清嘉慶十八年(1813)靜遠堂刻本　二冊

320000－1606－0006990　P11155
求闕齋日記類鈔二卷首一卷　(清)曾國藩隨筆　(清)王啟原校編　清光緒二年(1876)傳忠書局刻本　四冊

320000－1606－0006991　P11156
本草備要醫方集解合刻不分卷　(清)汪昂輯　清光緒十三年(1887)鴻文書局石印本　六冊

320000－1606－0006992　P11157
國策讀本二卷　(清)鮑衡編輯　清康熙刻本　二冊

320000－1606－0006993　P11158
莊子十卷　(晉)郭象注　(唐)陸德明音義　清光緒二年(1876)浙江書局刻本　四冊

320000－1606－0006994　P11159
南北史捃華八卷　(清)周嘉猷輯　清刻本　四冊

320000－1606－0006995　P11160

國朝文錄八十二卷　(清)姚椿輯　清光緒二十六年(1900)掃葉山房石印本　十六冊

320000－1606－0006996　P11161
國語選不分卷　(清)儲欣評　清嘉慶十八年(1813)靜遠堂刻本　二冊

320000－1606－0006997　P11162
詩毛氏傳疏三十卷　(清)陳奐撰　清光緒十一年(1885)上海點石齋石印本　一冊

320000－1606－0006998　P11163
五經明音一卷　(清)黃洪憲編　清抄本　二冊

320000－1606－0006999　P11164
初學記三十卷附校勘一卷　(唐)徐堅等撰　清末刻本　十六冊

320000－1606－0007000　P11165
板橋雜記三卷　(清)余懷撰　清光緒四年(1878)鉛印本　一冊

320000－1606－0007001　P11166
初月樓古文緒論一卷　(清)吳德旋撰　(清)呂璜輯　清花雨樓刻本　一冊

320000－1606－0007002　P11167
國民讀本二卷　(清)朱樹人著　清光緒二十九年(1903)上海文明書局刻本　一冊　存一卷(二)

320000－1606－0007003　P11169
國民讀本二卷　(清)朱樹人著　清光緒二十九年(1903)上海文明書局刻本　二冊

320000－1606－0007004　P11170
山曉閣國語選四卷　(清)孫琮評　清刻本　三冊

320000－1606－0007005　P11171
山曉閣國策選三卷　(清)孫琮注　清刻本　三冊

320000－1606－0007006　P11172
古文析義六卷二編八卷　(清)林雲銘評註　清刻本　十四冊

320000－1606－0007007　P11173
習之先生全集錄二卷　(唐)李翺撰　清康熙刻本　二冊

320000－1606－0007008　P11174
可之先生全集錄二卷　(清)儲欣錄　清康熙刻本　一冊

320000－1606－0007009　P11175
御定全唐詩錄一百卷　(清)徐倬等編　清康熙四十五年(1706)刻本　三十二冊

320000－1606－0007010　P11176
國語二十一卷　(三國吳)韋昭注　(宋)宋庠補音　清刻本　四冊

320000－1606－0007011　P11177
資治通鑑刊本識誤三卷　(清)張敦仁撰　清光緒十二年(1886)新陽趙氏刻本　三冊

320000－1606－0007012　P11178
東嵒艸堂評訂唐詩鼓吹十卷　(金)元好問輯　(元)郝天挺注　(明)廖文炳解　清康熙刻本　五冊

320000－1606－0007013　P11179
文獻通考二十四卷首一卷　(元)馬端臨著　清光緒十一年(1885)上海點石齋石印本　十九冊　存二十四卷(一至十六、十八至二十四,首一卷)

320000－1606－0007014　P11181
明夷待訪錄一卷　(清)黃宗羲著　清光緒五年(1879)五桂樓刻本　一冊

320000－1606－0007015　P11183
楹聯叢話十二卷續話四卷　(清)梁章鉅輯　清道光二十年至二十三年(1840－1843)刻本　六冊

320000－1606－0007016　P11184
陶淵明詩一卷　(晉)陶潛撰　清北林道者抄本　一冊

320000－1606－0007017　P11185
新增說文韻府羣玉二十卷　(元)陰時夫編輯　(元)陰中夫編註　明刻本　十冊

320000－1606－0007018　P11188
重刊救荒補遺書二卷　（宋）董煟編著　（元）張光大增　（明）朱熊補遺　清同治八年(1869)楚北崇文書局刻本　二册

320000－1606－0007019　P11189
陳文恭公手札節要三卷　（清）陳弘謀撰　清同治七年(1868)楚北崇文書局刻本　一册

320000－1606－0007020　P11190
佐治藥言一卷續一卷　（清）汪輝祖纂　清同治七年(1868)湖北崇文書局刻本　一册

320000－1606－0007021　P11192
瀛奎律髓刊誤四十九卷　（元）方回選　（清）紀昀批點　清李光垣刻本　八册

320000－1606－0007022　P11193
才調集十卷　（五代）韋縠輯　清刻本　四册

320000－1606－0007023　P11194
欽定康濟錄四卷　（清）陸曾禹撰　（清）倪國璉輯　清乾隆八年(1743)刻本　五册　存三卷(一、三至四)

320000－1606－0007024　P11195
兩當軒集二十二卷　（清）黄景仁撰　**考異二卷附錄六卷**　（清）黄志述輯　清光緒二年(1876)武進黄氏家塾刻本　六册

320000－1606－0007025　P11196
汲古閣校刻書目一卷　（明）毛晉編　**汲古閣校刻書目補遺一卷汲古閣刻板存亡攷一卷**　（清）鄭德懋輯　清刻本　一册

320000－1606－0007026　P11198
李太白文集三十卷　（唐）李白撰　清光緒十三年(1887)上海積山書局石印本　四册

320000－1606－0007027　P11200
增補事類統編九十三卷首一卷　（清）黄葆真增輯　清光緒十四年(1888)上海積山書局石印本　十二册

320000－1606－0007028　P11202
欽定四庫全書簡明目錄二十卷首一卷　（清）紀昀等纂　清同治七年(1868)廣東書局刻本　十七册　存十八卷(一至十七、首一卷)

320000－1606－0007029　P11204
書目答問一卷　（清）張之洞編　清宣統元年(1909)石印本　二册

320000－1606－0007030　P11205
書目答問一卷　（清）張之洞編　清光緒刻本　一册

320000－1606－0007031　P11206
書目答問不分卷　（清）張之洞撰　清光緒十四年(1888)上海鴻文書局鉛印本　二册

320000－1606－0007032　P11214
羣書校補一百卷　（清）陸心源輯　清同治、光緒間刻本　二十四册

320000－1606－0007033　P11218
國朝未栞遺書志略一卷　（清）朱記榮輯錄　清光緒十八年(1892)觀自得齋刻本　一册

320000－1606－0007034　P11219
儀顧堂題跋十六卷續跋十六卷　（清）陸心源著　清光緒十八年(1892)刻本　十册

320000－1606－0007035　P11221
小學考五十卷　（清）謝啟昆錄　清光緒十四年(1888)浙江書局刻本　二十册

320000－1606－0007036　P11222
東塾讀書記二十五卷　（清）陳澧撰　清廣州林記書莊刻本　五册　存二十一卷(一至二十一)

320000－1606－0007037　P11227
八大家文鈔凡例一卷論例一卷大雲山房文稾通例一卷　（清）□□編輯　清刻本　一册

320000－1606－0007038　P11228
讀書雜志八十二卷餘編二卷　（清）王念孫撰　清同治九年(1870)金陵書局刻本　二十二册　缺二卷(餘編二卷)

320000－1606－0007039　P11229
讀書樂十二卷　（清）鍾天緯編輯　清光緒二十七年(1901)上海華洋印書局鉛印本　二册　存二卷(四、七)

320000－1606－0007040　P11230
彙刻書目二十卷　(清)顧修編　清光緒十二年至十五年(1886－1889)上海福瀛書局刻本　二十册

320000－1606－0007041　P11231
玉海摘要二十一卷　(清)方維翰撰　清道光十五年(1835)刻本　四册　存十一卷(一至二、七至九、十六至二十一)

320000－1606－0007042　P11234
武林藏書録三卷首一卷末一卷　(清)丁申録　清光緒二十六年(1900)嘉惠堂刻本　二册

320000－1606－0007043　P11235
皕宋樓藏書源流攷一卷　(日本)島田翰撰　清光緒三十三年(1907)刻朱印本　一册

320000－1606－0007044　P11237
四庫全書敘一卷　(清)紀昀撰　**田隴初觀書後例一卷**　(清)田明昶撰　**姚彦長觀書例一卷**　(清)姚晉圻撰　清刻本　一册

320000－1606－0007045　P11238
昭德先生郡齋讀書志二十卷　(宋)晁公武撰　(宋)姚應績編　**附志二卷考異一卷**　(宋)趙希弁撰　**校補一卷**　王先謙撰　清光緒十年(1884)長沙王氏刻本　十册

320000－1606－0007046　P11239
新譯日本教育法規二十七編　盧靖譯　清光緒三十二年(1906)直隸提學使署鉛印本　八册　存二十五編(三至二十七)

320000－1606－0007047　P11240
行素堂目睹書録十卷　(清)朱記榮輯訂　清光緒十年(1884)古吴白堤孫谿槐廬刻本　十册

320000－1606－0007048　P11241
欽定天禄琳琅書目十卷後編二十卷　(清)于敏中等編　清光緒十年(1884)長沙王氏刻本　十册

320000－1606－0007049　P11242
八史經籍志不分卷　(清)張壽榮輯　清光緒九年(1883)鎮海張壽榮刻本　十六册

320000－1606－0007050　P11243
海虞藝文志六卷　(清)姚福均輯　清光緒二十三年(1897)常熟姚氏慕程齋刻本　二册

320000－1606－0007051　P11244
愛日精廬藏書志三十六卷續志四卷　(清)張金吾撰　清光緒十三年(1887)吴縣靈芬閣徐氏木活字印本　十册

320000－1606－0007052　P11245
孫氏祠堂書目内編四卷外編三卷平津館鑒藏書籍記三卷補遺一卷續編一卷廉石居藏書記内編一卷外編一卷　(清)孫星衍輯　清光緒九年(1883)李氏木犀軒刻木犀軒叢書本　三册

320000－1606－0007053　P11248
豐順丁氏持靜亝書目不分卷　(清)丁日昌編　清光緒二十一年(1895)元和江標刻本　一册

320000－1606－0007054　P11249
持靜齋書目四卷續增一卷　(清)丁日昌輯　清刻本　五册

320000－1606－0007055　P11256
杭州藝文志十卷　(清)吴慶坻撰　清光緒三十四年(1908)刻本　五册

320000－1606－0007056　P11258
直齋書録解題二十二卷　(宋)陳振孫撰　清刻本　十二册

320000－1606－0007057　P11273
浙江採集遺書總録十一卷　(清)沈初等輯　清乾隆三十九年(1774)刻本　十二册

320000－1606－0007058　P11275
江刻書目三種　(清)江標輯　清光緒刻本　四册

320000－1606－0007059　P11276
宋元舊本書經眼録三卷附録二卷　(清)莫友芝輯　清光緒十年(1884)上海還讀樓刻本　四册

320000－1606－0007060　P11277

元史藝文志四卷氏族表三卷　（清）錢大昕補　清嘉慶十一年（1806）江蘇書局刻本　一册　存四卷（元史藝文志四卷）

320000－1606－0007061　P11278

元史藝文志四卷氏族表三卷　（清）錢大昕補　清嘉慶十一年（1806）江蘇書局刻本　三册

320000－1606－0007062　P11279

古越藏書樓書目二十卷首一卷　（清）徐樹蘭編　清光緒三十年（1904）崇實書局石印本　八册

320000－1606－0007063　P11281

善本書室藏書志四十卷附録一卷　（清）丁丙輯　清光緒二十七年（1901）錢唐丁氏刻本　十六册

320000－1606－0007064　P11292

續博物志十卷　（宋）李石撰　清康熙七年（1668）新安汪氏刻本　一册

320000－1606－0007065　P11295

皕宋樓藏書志一百二十卷續志四卷　（清）陸心源編　清光緒八年（1882）歸安陸氏十萬卷樓刻本　三十二册

320000－1606－0007066　P11297

文淵閣書目二十卷　（明）楊士奇等撰　清刻本　六册

320000－1606－0007067　P11301

績溪金紫胡氏所著書目二卷　（清）胡培系編輯　清光緒十年（1884）世澤樓刻本　一册

320000－1606－0007068　P11302

鐵琴銅劍樓藏書目録二十四卷　（清）瞿鏞編　清光緒二十四年（1898）常熟瞿氏家塾刻本　十册

320000－1606－0007069　P11305

海源閣藏書目一卷　（清）楊紹和編　清光緒十四年（1888）元和江氏師鄦室刻本　一册

320000－1606－0007070　P11307

楹書隅録五卷續編四卷　（清）楊紹和撰　清刻本　十册

320000－1606－0007071　P11309

書經六卷　（宋）蔡沈集傳　清同治七年（1868）楚北崇文書局刻本　四册

320000－1606－0007072　P11310

詩經八卷　（宋）朱熹集傳　清同治七年（1868）楚北崇文書局刻本　四册

320000－1606－0007073　P11313

春秋左傳五十卷　（晉）杜預註釋　（唐）陸德明音義　（宋）林堯叟註釋　（明）鍾惺等評點　清李光明家刻本　十六册

320000－1606－0007074　P11315

書古微十二卷首一卷　（清）魏源撰　清光緒四年（1878）淮南書局刻本　四册

320000－1606－0007075　P11316

書傳音釋六卷首一卷末一卷　（宋）蔡沈集傳　（元）鄒季友音釋　清刻本　四册

320000－1606－0007076　P11317

書經六卷首一卷末一卷　（宋）蔡沈集傳　清同治五年（1866）金陵書局刻本　三册　存五卷（一至四、首一卷）

320000－1606－0007077　P11318

晏子春秋七卷　（清）孫星衍校　**音義二卷**　（清）孫星衍撰　清乾隆五十三年（1788）陽湖孫氏刻本　一册　存四卷（一至四）

320000－1606－0007078　P11319

易經四卷　（宋）程頤傳　清刻本　二册

320000－1606－0007079　P11322

經史鈔不分卷　（清）徐與喬原本　（清）譚尚忠增輯　清乾隆五十五年（1790）紉芳齋刻本　二十四册

320000－1606－0007080　P11327

九經九種　（清）秦鏷訂正　清觀成堂刻本　二册　存二種（一至二）

320000－1606－0007081　P11328

日本書目志十五卷　康有爲輯　清光緒上海大同譯書局石印本　八册

320000－1606－0007082　P11329

日本書目志十五卷　康有爲輯　清光緒上海大同譯書局石印本　八册

320000－1606－0007083　P11330

經餘必讀八卷續編八卷三編四卷　(清)雷琳等輯　清嘉慶十二年(1807)聚星堂刻本　十册

320000－1606－0007084　P11332

策學備纂三十二卷目錄三十二卷首一卷　(清)蔡啟盛　(清)吴潁炎輯　清光緒十四年(1888)上海點石齋石印本　四十八册

320000－1606－0007085　P11333

經學輯要二十四卷首一卷　(清)吴潁炎輯　清光緒十四年(1888)上海點石齋石印本　三十二册

320000－1606－0007086　P11334

新鐫校正詳註分類百子金丹全書十卷　(清)郭偉選註　清光緒二十九年(1903)上海經藝齋石印本　六册

320000－1606－0007087　P11336

記事珠十卷　(清)張以謙撰　清江壎刻本　六册

320000－1606－0007088　P11337

孝經一卷　(清)朱軾學　**三本管窺一卷**　(清)吴隆元學　清光緒二十三年(1897)刻本　一册

320000－1606－0007089　P11338

孝經注疏九卷附校勘記九卷　(清)阮元撰　(清)盧宣旬摘錄　清嘉慶二十年(1815)江西南昌府學刻重刊宋本十三經注疏附校勘記本　一册

320000－1606－0007090　P11339

詞林海錯類選四卷　(明)夏樹芳輯　(清)福申類次　清道光十年(1830)鶴鳴書屋刻本　四册

320000－1606－0007091　P11342

春秋穀梁傳十二卷　(晉)范甯集解　(唐)陸德明音義　清刻本　四册

320000－1606－0007092　P11343

重訂事類賦三十卷　(宋)吴淑撰註　清同治七年(1868)經綸堂刻本　六册

320000－1606－0007093　P11344

記事珠十卷　(清)張以謙撰　(清)王剛重訂　清光緒八年(1882)掃葉山房刻本　十册

320000－1606－0007094　P11345

北堂書鈔一百六十卷首一卷　(唐)虞世南輯　(清)孔廣陶校註　清光緒十四年(1888)南海孔氏三十有三萬卷堂刻本　二十册

320000－1606－0007095　P11346

周易參同契發揮三卷釋疑一卷　(元)俞琰述　清同治十年(1871)錢江王詒燕堂刻本　三册

320000－1606－0007096　P11349

春秋經傳集解三十卷　(晉)杜預撰　(唐)陸德明釋文　**春秋名號歸一圖二卷年表一卷**　(五代)馮繼先撰　清同治八年(1869)楚北崇文書局刻本　十二册

320000－1606－0007097　P11350

春秋穀梁傳十二卷　(晉)范甯集解　(唐)陸德明音義　清同治十一年(1872)濟南山東書局尚志堂刻本　四册

320000－1606－0007098　P11352

重編留青新集二十四卷　(清)陳枚原輯　(清)馮善長編　清光緒三十三年(1907)上海廣益書局鉛印本　十二册

320000－1606－0007099　P11354

論語注疏解經二十卷　(三國魏)何晏集解　(宋)邢昺疏　清嘉慶二十四年(1819)江西南昌府學刻本　四册

320000－1606－0007100　P11356

論語十卷學庸二卷孟子七卷　(宋)朱熹集注　清刻本　五册

320000－1606－0007101　P11359

大學古本質言一卷　(清)劉沅撰　清咸豐十

一年(1861)刻本　一册

320000－1606－0007102　P11360
湖南時務學堂初集不分卷　梁啟超撰　清光緒二十四年(1898)刻本　一册

320000－1606－0007103　P11361
皇朝經世文四編五十二卷　(清)何良楝輯　清光緒二十八年(1902)鴻寶書局石印本　十二册

320000－1606－0007104　P11365
春秋左傳杜注三十卷首一卷　(清)姚培謙學　清刻本　十册

320000－1606－0007105　P11367
皇朝經世文新編二十一卷　麥仲華輯　清光緒二十四年(1898)上海大同譯書局石印本　二十三册　存二十卷(一至十八、二十至二十一)

320000－1606－0007106　P11369
卷施閣文甲集十卷補遺一卷乙集十卷　(清)洪亮吉撰　清光緒三年至五年(1877－1879)授經堂刻本　四册　存十一卷(卷施閣文甲集十卷、補遺一卷)

320000－1606－0007107　P11370
藝苑零珠六卷首一卷　(清)李象梓纂輯　清光緒十五年(1889)刻本　一册　存二卷(一、首一卷)

320000－1606－0007108　P11371
應酬彙選新集八卷　(清)潘文光輯　清聚賢堂刻本　二册

320000－1606－0007109　P11372
山堂肆考二百四十卷　(明)彭大翼纂著　(明)張幼學編輯　明萬曆刻本　四十册

320000－1606－0007110　P11373
廣博物志五十卷　(明)董斯張纂　(明)楊鶴訂　清高暉堂刻本　二十册　存四十九卷(一至三十二、三十四至五十)

320000－1606－0007111　P11374
澄懷園語四卷　(清)張廷玉撰　清光緒二年(1876)葛氏嘯園刻本　一册　存二卷(一至二)

320000－1606－0007112　P11375
五洲事類匯表五十卷　(清)趙士元輯　清光緒二十九年(1903)上海仁記書局石印本　二十册

320000－1606－0007113　P11376
格致鏡原一百卷　(清)陳元龍輯　清雍正刻本　二十册

320000－1606－0007114　P11377
答問三卷　(清)孫奇逢撰　清初刻本　一册

320000－1606－0007115　P11378
詩律武庫十五卷後集十五卷　題(宋)吕祖謙撰　清刻本　四册

320000－1606－0007116　P11380
癸巳存稿十五卷　(清)俞正燮撰　清光緒十年(1884)刻本　八册

320000－1606－0007117　P11381
任兆麟述記三卷　(清)任兆麟述　清光緒二十一年(1895)上海煥文書局石印本　三册

320000－1606－0007118　P11382
策府統宗六十五卷　(清)劉昌齡撰　清光緒十五年(1889)上海蜚英館石印本　二十册

320000－1606－0007119　P11383
無邪堂答問五卷　(清)朱一新撰　清光緒二十二年(1896)上海鴻寶齋石印本　五册

320000－1606－0007120　P11384
全謝山先生經史問答十卷　(清)全祖望撰　清光緒八年(1882)上海王氏刻本　四册

320000－1606－0007121　P11386
日知録集釋三十二卷栞誤二卷續栞誤二卷　(清)顧炎武著　(清)黄汝成集釋　清光緒三年(1877)刻本　十六册

320000－1606－0007122　P11387
育正堂重訂幼學須知句解四卷　(清)程登吉編　清同治七年(1868)刻本　四册

320000－1606－0007123　P11388
續文獻通考鈔三十卷　（明）王圻著　（清）史以遇鈔　清刻本　六冊　存二十二卷（一至八、十七至三十）

320000－1606－0007124　P11389
蒿菴閒話二卷　（清）張爾岐撰　清乾隆刻本　一冊

320000－1606－0007125　P11390
食舊悳齋襍箸不分卷　劉嶽雲撰　清光緒八年（1882）刻本　一冊

320000－1606－0007126　P11391
勸學篇二卷　（清）張之洞撰　清光緒二十四年（1898）中江書院刻本　二冊

320000－1606－0007127　P11392
勸學篇二卷　（清）張之洞撰　清光緒二十四年（1898）京師同文館鉛印本　一冊

320000－1606－0007128　P11393
容齋隨筆十六卷續筆十六卷三筆十六卷四筆十六卷五筆十卷　（宋）洪邁撰　清光緒二十一年（1895）上海飛鴻閣石印本　六冊

320000－1606－0007129　P11394
聰訓齋語一卷恒產瑣言一卷　（清）張英著　清末刻本　一冊

320000－1606－0007130　P11396
退菴隨筆二十二卷　（清）梁章鉅編　清末民國上海文瑞樓石印本　八冊

320000－1606－0007131　P11397
篤素堂集鈔三卷　（清）張英撰　清宣統二年（1910）上海文瑞樓石印本　一冊

320000－1606－0007132　P11398
勸學篇二卷　（清）張之洞撰　清光緒二十四年（1898）中江書院刻本　一冊

320000－1606－0007133　P11399
湖上答問一卷　（清）黃慶澄撰　清光緒二十一年（1895）刻本　一冊

320000－1606－0007134　P11400
慈溪黃氏日鈔分類九十七卷　（宋）黃震輯著　（清）張壽榮校訂　清耕餘樓刻本　十八冊

320000－1606－0007135　P11401
陔餘叢考四十三卷　（清）趙翼撰　清乾隆五十五年（1790）湛貽堂刻本　十二冊

320000－1606－0007136　P11402
朝野類要五卷　（宋）趙升撰　清乾隆四十七年（1782）刻本　一冊

320000－1606－0007137　P11403
蕙櫋雜記一卷　（清）嚴元照著　清光緒十一年（1885）新陽趙氏刻本　一冊

320000－1606－0007138　P11405
癸巳存稿十五卷　（清）俞正燮撰　清光緒十年（1884）刻本　十冊

320000－1606－0007139　P11406
麟臺故事四卷補遺一卷　（宋）程俱撰　清刻本　一冊

320000－1606－0007140　P11408
十駕齋養新錄二十卷餘錄三卷年譜一卷　（清）錢大昕撰　清光緒二年（1876）浙江書局刻本　八冊　缺一卷（餘錄上）

320000－1606－0007141　P11410
日知薈説四卷　（清）高宗弘曆撰　清乾隆木活字印本　四冊

320000－1606－0007142　P11411
懷小編二十卷　（清）沈濂撰　清咸豐四年（1854）始言堂刻本　六冊

320000－1606－0007143　P11412
日知錄集釋三十二卷　（清）顧炎武著　（清）黃汝成集釋　清同治十一年（1872）湖北崇文書局刻本　十六冊

320000－1606－0007144　P11413
古今紀要十九卷逸編一卷　（宋）黃震輯著　清耕餘樓刻本　六冊

320000－1606－0007145　P11417
癸巳類稿十五卷　（清）俞正燮撰　清光緒五年（1879）會稽章氏刻本　八冊

320000－1606－0007146　P11419
格致書院課藝不分卷　(清)王韜編　清光緒十五年(1889)弢園鉛印本　一册

320000－1606－0007147　P11423
儆居集經説五卷史説五卷讀通攷二卷讀子集四卷　(清)黄式三撰　清光緒十四年(1888)刻本　六册

320000－1606－0007148　P11425
時事新論十二卷圖説一卷附一卷　(英國)李提摩太著　清光緒二十年(1894)上海廣學會鉛印本　三册

320000－1606－0007149　P11426
時務報　梁啟超等編　清光緒石印本　七册
存四種八卷(論説一至二、雜著一、奏摺稟牘章程一至二、東文報譯一至三)

320000－1606－0007150　P11427
皇朝經世文續編一百二十卷　(清)葛士濬輯　清光緒十四年(1888)圖書集成局鉛印本　三十二册

320000－1606－0007151　P11428
覺顛冥齋內言四卷　(清)唐才常撰　清光緒二十四年(1898)刻本　四册

320000－1606－0007152　P11429
格致書院課藝不分卷　(清)王韜編　清光緒十九年(1893)弢園鉛印本　二册

320000－1606－0007153　P11430
格致課藝全編十三卷續編四卷　(清)王韜編　清光緒二十九年(1903)石印本　十五册

320000－1606－0007154　P11431
讀書雜志八十二卷餘編二卷　(清)王念孫撰　清同治九年(1870)金陵書局刻本　二十四册

320000－1606－0007155　P11432
皇朝經世文編一百二十卷　(清)賀長齡輯　(清)魏源編次　清刻本　八十册

320000－1606－0007156　P11433
皇朝經世文續編一百二十卷　(清)盛康輯　盛宣懷編次　清光緒二十三年(1897)武進盛氏思補樓刻本　八十册

320000－1606－0007157　P11434
戰國策去毒二卷　(清)陸隴其評選　清同治九年(1870)六安求我齋刻本　二册

320000－1606－0007158　P11437
寒夜叢談三卷　(清)沈赤然撰　清光緒十一年(1885)新陽趙氏刻本　一册

320000－1606－0007159　P11438
札樸十卷　(清)桂馥撰　清光緒九年(1883)長洲蔣氏心矩齋刻本　六册

320000－1606－0007160　P11439
雞窗叢話一卷　(清)蔡澄著　清光緒十二年(1886)新陽趙氏刻本　一册

320000－1606－0007161　P11440
雞窗叢話一卷　(清)蔡澄著　清光緒十二年(1886)新陽趙氏刻本　一册

320000－1606－0007162　P11442
魯詩遺説攷六卷緒餘一卷　(清)陳壽祺學　(清)陳喬樅述　清刻本　七册

320000－1606－0007163　P11443
合肥學舍札記十二卷　(清)陸繼輅撰　清光緒四年(1878)興國州署刻本　四册

320000－1606－0007164　P11444
省軒考古類編十二卷　(清)柴紹炳纂　(清)姚廷謙評　清雍正四年(1726)澹成堂刻本　四册

320000－1606－0007165　P11445
省軒考古類編十二卷　(清)柴紹炳纂　(清)姚廷謙評　清雍正四年(1726)澹成堂刻本　四册

320000－1606－0007166　P11447
白虎通義攷一卷目録一卷闕文一卷石鼓然疑一卷　(清)莊述祖撰　清光緒八年(1882)循陔堂刻本　一册

320000－1606－0007167　P11449
譯書公會報不分卷　(清)譯書公會編　清光

緒二十三年(1897)鉛印本　六册

320000－1606－0007168　P11450
龍威秘書十集　(清)馬俊良輯　清乾隆五十九年(1794)大酉山房刻本　八十册

320000－1606－0007169　P11457
桐城方氏七代遺書二十種　(清)方昌翰輯　清光緒十四年(1888)桐城方氏刻本　十册

320000－1606－0007170　P11458
重刊拜經樓叢書七種　(清)吳騫輯　清光緒十一年(1885)章氏刻本　六册

320000－1606－0007171　P11460
半厂叢書初編　(清)譚獻輯　清光緒仁和譚氏刻本　二十册

320000－1606－0007172　P11464
張氏叢書三十六種　(清)張澍輯　清道光元年(1821)二酉堂刻本　十册

320000－1606－0007173　P11468
有福讀書堂叢刻四種　(清)吳引孫輯　清光緒二十七年(1901)揚州吳氏刻本　二册

320000－1606－0007174　P11469
有福讀書堂叢刻四種　(清)吳引孫輯　清光緒二十七年(1901)揚州吳氏刻本　二册

320000－1606－0007175　P11476
帝範四卷　(唐)太宗李世民撰　清道光二十七年(1847)武英殿刻本　一册

320000－1606－0007176　P11477
天壤閣叢書十六種　(清)王懿榮輯　清光緒五年(1879)福山王氏刻本　二十册

320000－1606－0007177　P11478
翠琅玕館叢書四集五十五種　(清)馮兆年輯　清刻本　三十六册

320000－1606－0007178　P11479
月河精舍叢鈔五種　(清)丁寶書輯　清光緒六年至十二年(1880－1886)丁氏刻本　二十四册

320000－1606－0007179　P11481
通典二百卷　(唐)杜佑纂　清咸豐九年(1859)崇仁謝氏刻本　四十册

320000－1606－0007180　P11483
欽定續通志六百四十卷　(清)嵇璜纂　清光緒十二年(1886)浙江書局刻本　二百册

320000－1606－0007181　P11485
皇朝文獻通考三百卷　(清)嵇璜等纂　清光緒八年(1882)浙江書局刻本　一百六十册

320000－1606－0007182　P11486
廣治平略三十六卷續集八卷　(清)蔡方炳撰　清光緒十四年(1888)點石齋石印本　六册

320000－1606－0007183　P11487
經史百家序錄六種十六卷　邵章輯　清光緒二十八年(1902)石印本　三册　存二種三卷(九通序錄三至四、五禮通考一卷)

320000－1606－0007184　P11488
通志二百卷　(宋)鄭樵撰　清咸豐九年(1859)刻本　一百三十二册　缺六十八卷(五至五十、六十九至七十、七十六至七十七、八十四至八十五、九十九至一百、一百四至一百十一、一百九十四至一百九十九)

320000－1606－0007185　P11489
日知錄集釋三十二卷栞誤二卷續栞誤二卷　(清)顧炎武著　(清)黃汝成集釋　清光緒三年(1877)刻本　八册　存二十卷(十七至三十二、栞誤二卷、續栞誤二卷)

320000－1606－0007186　P11490
通典二百卷　(唐)杜佑纂　清咸豐九年(1859)崇仁謝氏刻本　四十册

320000－1606－0007187　P11491
通志二百卷　(宋)鄭樵撰　清咸豐九年(1859)刻本　一百四十八册　存一百八十三卷(一至六十七、七十五至一百五十、一百五十六至一百六十六、一百七十二至二百)

320000－1606－0007188　P11492
日知錄三十二卷　(清)顧炎武撰　清經義齋刻本　十二册

320000－1606－0007189　P11493

鄭君粹言三卷　潘任撰集　清光緒二十年(1894)虞山潘氏木活字印本　一册

320000－1606－0007190　P11494

癸巳類稿十五卷　(清)俞正燮撰　清光緒五年(1879)會稽章氏刻本　十册

320000－1606－0007191　P11495

癸巳類稿十五卷　(清)俞正燮撰　清道光十三年(1833)求日益齋刻本　五册

320000－1606－0007192　P11496

十駕齋養新録二十卷餘録三卷　(清)錢大昕撰　清嘉慶九年(1804)刻本　六册

320000－1606－0007193　P11497

日知録集釋三十二卷栞誤二卷續栞誤二卷　(清)顧炎武著　(清)黄汝成集釋　清光緒三年(1877)刻本　八册　存十六卷(一至十六)

320000－1606－0007194　P11498

通志二百卷　(宋)鄭樵撰　**欽定通志考證三卷**　(清)□□撰　清光緒二十八年(1902)上海鴻寶書局石印本　四十册

320000－1606－0007195　P11499

日知録之餘四卷　(清)顧炎武撰　清宣統二年(1910)刻本　二册

320000－1606－0007196　P11500

皇朝經世文編一百二十卷　(清)賀長齡輯　清同治十二年(1873)雙峰書屋刻本　一百八册　存三十六卷(一至三十六)

320000－1606－0007197　P11501

古文翼八卷　(清)唐德宜編　清刻本　三册　存三卷(四至六)

320000－1606－0007198　P11502

困學紀聞集證二十卷首一卷末一卷　(宋)王應麟撰　(清)萬希槐綴輯　清嘉慶八年(1803)聚秀堂刻本　六册　缺一卷(首一卷)

320000－1606－0007199　P11505

槐軒雜著四卷　(清)劉沅撰　清光緒二十七年(1901)刻本　二册　存二卷(一至二)

320000－1606－0007200　P11506

切問齋文鈔三十卷　(清)陸燿輯　清同治八年(1869)金陵錢氏刻本　十二册

320000－1606－0007201　P11507

唐摭言十五卷　(五代)王定保撰　清嘉慶十年(1805)照曠閣刻本　四册

320000－1606－0007202　P11508

劉沅雜著七種　(清)劉沅著　清刻本　六册

320000－1606－0007203　P11509

存素堂集續編奏疏四卷　(清)錢寶琛撰　清光緒六年(1880)刻本　三册　缺一卷(二)

320000－1606－0007204　P11511

任兆麟述記三卷　(清)任兆麟述　清光緒二十九年(1903)上海經藝齋石印本　三册

320000－1606－0007205　P11512

國朝漢學師承記八卷附國朝經師經義目録一卷國朝宋學淵源記二卷附記一卷　(清)江藩纂　清粤雅堂刻本　三册　缺三卷(一至三)

320000－1606－0007206　P11514

風俗通義十卷　(漢)應劭撰　清光緒元年(1875)湖北崇文書局刻本　二册

320000－1606－0007207　P11515

恒言録六卷　(清)錢大昕纂　清嘉慶十年(1805)長沙龍氏家塾刻本　二册

320000－1606－0007208　P11518

皇朝經世文新編二十一卷　麥仲華輯　清光緒二十四年(1898)上海大同譯書局石印本　二十四册

320000－1606－0007209　P11519

皇朝經世文續編一百二十卷　(清)葛士濬輯　清光緒十四年(1888)圖書集成局鉛印本　三十二册

320000－1606－0007210　P11520

正誼堂全書六十三種續刻五種　(清)張伯行輯　(清)楊浚重輯　清同治五年(1866)刻八年至九年(1869－1870)福州正誼書局增刻本　一百四十六册　存六十三種

320000－1606－0007211　P11521

正誼堂全書六十三種續刻五種　(清)張伯行輯　(清)楊浚重輯　清同治五年(1866)刻八年至九年(1869－1870)福州正誼書局增刻本　一百五十九册　缺一種(湯潛庵集)

320000－1606－0007212　P11523

通志堂經解一百四十種　(清)納蘭成德　(清)徐乾學輯　清康熙十九年(1680)通志堂刻本　三百四十四册　存一百十九種

320000－1606－0007213　P11524

知不足齋叢書三十集　(清)鮑廷博輯　(清)鮑志祖續輯　清乾隆至道光長塘鮑氏知不足齋刻本　一百八十八册　存二十四集(一至二十四)

320000－1606－0007214　P11525

平津館叢書十集　(清)孫星衍輯　清光緒十一年(1885)吳縣朱氏槐廬家塾刻本　五十册

320000－1606－0007215　P11526

惜陰軒叢書　(清)李錫齡輯　清光緒十四年(1888)長沙惜陰書局刻本　八十九册

320000－1606－0007216　P11527

鐵華館叢書六種　(清)蔣鳳藻輯　清光緒九年至十年(1883－1884)長洲蔣氏刻本　六册

320000－1606－0007217　P11528

西學富強叢書　(清)上海日新社輯　清光緒二十七年(1901)上海日新社石印本　四十八册　存十二種三百二十二卷(算學二十一卷、重學二十卷、電學二十一卷、聲學八卷、光學三卷、地學三十八卷、史志三十一卷、法律十四卷、礦政二十九卷、工政四十五卷、兵政七十四卷、南北花旗戰紀十八卷)

320000－1606－0007218　P11530

玉海附詩考一卷詩地理考六卷漢藝文志考證十卷通鑑地理通釋十四卷踐阼篇集解一卷漢制考四卷姓氏急就篇二卷急就篇補注四卷周書王會補注一卷小學紺珠十卷六經天文編二卷周易鄭康成注一卷通鑑答問五卷校補瑣記二卷深寧年譜一卷　(宋)王應麟撰　清光緒浙江書局刻本　二十二册

320000－1606－0007219　P11531

玉海附詩考一卷詩地理考六卷漢藝文志考證十卷通鑑地理通釋十四卷踐阼篇集解一卷漢制考四卷姓氏急就篇二卷急就篇補注四卷周書王會補注一卷小學紺珠十卷六經天文編二卷周易鄭康成注一卷通鑑答問五卷校補瑣記二卷深寧年譜一卷　(宋)王應麟撰　清光緒浙江書局刻本　二十一册

320000－1606－0007220　P11532

欽定四庫全書簡明目錄二十卷　(清)紀昀等纂　清刻本　三册　存三卷(十八至二十)

320000－1606－0007221　P11533

聚學軒叢書　劉世珩輯　清光緒貴池劉氏刻本　二十册　存一集八種三十九卷(毛詩草木鳥獸蟲魚疏校正二卷,晉泰始笛律匡謬一卷,古經天象考十二卷、附圖説一卷、緒説一卷,國志蒙拾二卷,金石文字辨異十二卷,歲星表一卷,清白士集校補四卷,質疑删存三卷)

320000－1606－0007222　P11535

柏堂遺書　(清)方宗誠撰　清光緒刻本　四十五册　存七種一百五十二卷(柏堂經說九種三十三卷,柏堂讀書筆記七種十三卷,志學錄八卷、續錄三卷,周子通書講義一卷,俟命錄十卷,輔仁錄四卷,柏堂集次編八卷、續編二十二卷、後編二十二卷、餘編八卷、補存三卷、外編十二卷、附錄毅齋遺集五卷)

320000－1606－0007223　P11536

番禺陳氏東塾叢書　(清)陳澧撰　清咸豐、同治間刻本　九册

320000－1606－0007224　P11537

湖海樓叢書十二種　(清)陳春撰　清嘉慶十七年至二十四年(1812－1819)蕭山陳氏湖海樓刻本　三十二册

320000－1606－0007225　P11538

國朝先正事略六十卷　(清)李元度纂　清同治五年(1866)循陔草堂刻本　二十四册

320000－1606－0007226　P11540
國朝先正事略六十卷　（清）李元度纂　清同治五年(1866)循陔草堂刻本　二十四册

320000－1606－0007227　P11541
皇朝經世文新編二十一卷　麥仲華輯　清光緒二十四年(1898)上海大同譯書局石印本　二十四册

320000－1606－0007228　P11542
亭林遺書十種　（清）顧炎武著　清康熙刻本　六册　存九種二十一卷(左傳杜解補正三卷、九經誤字一卷、石經考一卷、金石文字記六卷、韻補正一卷、昌平山水記二卷、譎觚十事一卷、顧氏譜系考一卷、亭林詩集五卷)

320000－1606－0007229　P11543
宋名臣言行錄補編八卷　（清）蔡紹江纂輯　清刻本　二册

320000－1606－0007230　P11544
史傳三編五十六卷　（清）朱軾輯　清光緒二十三年(1897)刻本　二十五册

320000－1606－0007231　P11545
典故列女傳四卷　（明）解縉撰　清嘉慶十年(1805)積秀堂刻本　四册

320000－1606－0007232　P11547
先聖生卒年月日考二卷　（清）孔廣牧述　清光緒四年(1878)刻本　一册

320000－1606－0007233　P11548
禮書通故五十卷　（清）黄以周述　清光緒十九年(1893)黄氏試館刻本　三十二册

320000－1606－0007234　P11549
歷代名臣言行錄二十四卷　（清）朱桓編輯　清光緒二十六年(1900)上海宏文閣石印本　八册

320000－1606－0007235　P11550
徵君孫先生[奇逢]年譜二卷　（清）趙御衆撰　（清）湯斌等編次　（清）方苞訂正　清刻本　二册

320000－1606－0007236　P11553
中州人物考八卷　（清）孫奇逢輯　（清）王元鏞　（清）孫立雅編　清道光二十四年(1844)刻本　五册　存五卷(一至五)

320000－1606－0007237　P11554
畿輔人物考八卷　（清）孫奇逢輯　（清）高鐈　（清）孫立雅編　清同治八年(1869)兼山堂刻本　六册

320000－1606－0007238　P11556
小腆紀傳六十五卷　（清）徐鼒撰　**小腆紀傳補遺一卷**　（清）徐承禮撰　清光緒十三年至十四年(1887－1888)金陵刻本　十二册　存五十二卷(小腆紀傳一至三十九、五十四至六十五,小腆紀傳補遺一卷)

320000－1606－0007239　P11557
明季稗史彙編十六種二十七卷　題(清)留雲居士輯　清光緒二十二年(1896)上海圖書集成印書局鉛印本　五册　存十二種二十二卷(烈皇小識八卷、聖安皇帝本紀二卷、行在陽秋二卷、嘉定屠城紀略一卷、幸存錄二卷、續幸存錄一卷、求野錄一卷、也是錄一卷、江南聞見錄一卷、粵游見聞一卷、賜姓始末一卷、兩廣紀略一卷)

320000－1606－0007240　P11558
四洪年譜四卷　（清）洪汝奎輯　清宣統元年(1909)晦木齋刻本　四册

320000－1606－0007241　P11559
桐城耆舊傳十二卷　馬其昶撰　清宣統三年(1911)刻本　六册

320000－1606－0007242　P11560
譚子化書六卷　（五代）譚峭撰　清光緒六年(1880)刻本　一册

320000－1606－0007243　P11561
近科鄉會墨僅見八卷　（清）謝輔坫選評　清刻本　七册　存七卷(二至八)

320000－1606－0007244　P11562
水道提綱二十八卷　（清）齊召南編錄　清光緒七年(1881)上海文瑞樓鉛印本　八册

320000－1606－0007245　P11563
增訂臨文便覽不分卷　（清）龍光甸等輯　清光緒七年（1881）刻本　四册

320000－1606－0007246　P11564
鹿忠節公［善繼］年譜二卷　（清）陳鋐編　清尋樂堂刻本　二册

320000－1606－0007247　P11565
秋浦雙忠録四十卷　劉世珩編次　清光緒二十六年至二十八年（1900－1902）貴池劉氏唐石簃刻本　六册

320000－1606－0007248　P11566
近科館課分韻詩鈔十卷目録二卷　王先謙編　清四明茹古齋刻本　七册　存九卷（一至三、七至十，目録二卷）

320000－1606－0007249　P11567
光緒己丑恩科廣東闈墨一卷光緒癸卯恩科廣東闈墨一卷　（清）□□編　清光緒鉛印本　二册

320000－1606－0007250　P11568
制藝萃珍十卷　題（清）懷芳居士輯　清咸豐十一年（1861）刻本　十册

320000－1606－0007251　P11569
新選經藝備體不分卷　題（清）茹古齋主人撰　清光緒元年（1875）四明茹古齋刻本　八册

320000－1606－0007252　P11570
虎轡集不分卷　題（清）秋蘭若主人撰　清咸豐八年（1858）嘉蔭山房刻本　二册

320000－1606－0007253　P11571
求是齋墨醇不分卷　（清）杜聯選評　清咸豐元年至九年（1851－1859）求是齋刻本　十二册

320000－1606－0007254　P11572
有正味齋賦稿一卷　（清）吳錫麒撰　清光緒元年（1875）刻本　一册

320000－1606－0007255　P11573
經籍籑詁並補遺一百六卷首一卷　（清）阮元撰　清光緒上海漱六山莊石印本　十二册

320000－1606－0007256　P11574
普天忠憤全集十四卷　（清）孔廣德編　清光緒二十一年（1895）石印本　十二册

320000－1606－0007257　P11575
字學舉隅不分卷　（清）龍啟瑞撰　清光緒九年（1883）梅華書屋刻本　一册

320000－1606－0007258　P11576
御製數理精藴上編五卷下編四十卷表八卷　（清）聖祖玄燁撰　清光緒二十二年（1896）上海博文書局石印本　二十册　存五十一卷（御製數理精藴上編五卷、下編四十卷、表一至六）

320000－1606－0007259　P11577
康熙字典十二集總目一卷檢字一卷辨似一卷等韻一卷備考一卷補遺一卷　（清）張玉書（清）凌紹雯等纂修　清刻本　六册　存二集（戌至亥）

320000－1606－0007260　P11578
史記菁華録六卷　（清）姚祖恩輯　清光緒十八年（1892）煥文書局石印本　六册

320000－1606－0007261　P11579
有正味齋全集七十三卷　（清）吳錫麒撰　清刻本　十四册　存四十五卷（詩集一至八、駢體文集一至二十四、詞集一至八、外集一至五）

320000－1606－0007262　P11580
昌邑黃先生醫書八種　（清）黃元御著　清咸豐十年（1860）刻本　十二册

320000－1606－0007263　P11581
醫書八種　（清）徐大椿撰　清光緒四年（1878）掃葉山房刻本　十一册　缺二種（神農本草經百種録、傷寒論類方）

320000－1606－0007264　P11582
有正味齋駢體文二十四卷首一卷　（清）吳錫麒著　（清）王廣業箋　清光緒十五年（1889）上海蜚英館石印本　三册　存十七卷（一至十七）

320000－1606－0007265　P11584
二林居集二卷　(清)彭紹升撰　清光緒六年(1880)刻本　二冊

320000－1606－0007266　P11585
詞選二卷續詞選二卷附錄一卷　(清)張惠言錄　清宣統二年(1910)蘇州振新書社石印本　二冊

320000－1606－0007267　P11586
三國紀年表一卷五代紀年表一卷　(清)周嘉猷撰　清光緒六年(1880)刻本　一冊

320000－1606－0007268　P11587
臨安旬制紀三卷全浙詩話刊誤一卷　(清)張道撰　清光緒六年(1880)刻本　一冊

320000－1606－0007269　P11588
欽定大清會典一百卷　(清)允祹等纂修　清刻本　二十四冊

320000－1606－0007270　P11589
二十二子合刻二十二種　(清)□□輯　清光緒二十年(1894)上海積山書局石印本　十六冊

320000－1606－0007271　P11590
世說新語八卷　(南朝宋)劉義慶撰　(南朝梁)劉孝標注　(明)張懋辰訂　**世說新語補四卷**　(明)何良俊撰　(明)王世貞刪定　清光緒十一年(1885)蓬觀樓書室刻本　十冊

320000－1606－0007272　P11591
日本新史攬要七卷　(日本)石村貞一撰　題(清)游瀛主人譯　清光緒二十五年(1899)石印本　七冊

320000－1606－0007273　P11592
積古齋鐘鼎彝器款識十卷　(清)阮元編錄　清光緒十九年(1893)上海積山書局石印本　五冊

320000－1606－0007274　P11593
祕書廿一種　(清)汪士漢校　清嘉慶九年(1804)新安汪氏刻本　十九冊　缺二種五卷(劍俠傳四卷、集異記一卷)

320000－1606－0007275　P11594
賦學正鵠集釋十一卷　(清)李元度編　清光緒十三年(1887)古吳掃葉山房刻本　八冊

320000－1606－0007276　P11595
濂亭文集八卷　(清)張裕釗撰　清宣統三年(1911)上海掃葉山房石印本　一冊　存四卷(一至四)

320000－1606－0007277　P11596
山左校士錄不分卷　(清)黃體芳輯　清光緒二年(1876)刻本　八冊

320000－1606－0007278　P11597
涇皐藏稿二十二卷　(明)顧憲成著　清刻本　一冊　存五卷(十至十四)

320000－1606－0007279　P11598
清谿惆悵集不分卷　題(清)悔菴居士著　清光緒八年(1882)刻本　一冊

320000－1606－0007280　P11599
漢名臣傳三十二卷　(清)國史館編　清刻本　十四冊　存十四卷(十九至三十二)

320000－1606－0007281　P11600
指南後錄三卷　(宋)文天祥撰　清光緒六年(1880)刻本　一冊

320000－1606－0007282　P11601
陳檢討集二十卷　(清)陳維崧撰　清漁古山房刻本　八冊

320000－1606－0007283　P11602
經史百家簡編二卷　(清)曾國藩纂　清同治十三年(1874)傳忠書局刻本　二冊

320000－1606－0007284　P11603
曾文正公詩集四卷　(清)曾國藩撰　清同治十三年(1874)傳忠書局刻本　二冊

320000－1606－0007285　P11604
三十家詩鈔六卷　(清)曾國藩纂　(清)王定安增輯　清同治十三年(1874)傳忠書局刻本　六冊

320000－1606－0007286　P11605
十八家詩鈔二十八卷　(清)曾國藩纂　清同

治十三年(1874)傳忠書局刻本　二十八册

320000－1606－0007287　P11606
古詩源十四卷　(清)沈德潛選　清光緒十七年(1891)湖南經濟書局刻本　六册

320000－1606－0007288　P11607
兩當軒集二十二卷　(清)黄景仁撰　**考異二卷附錄六卷**　(清)黄志述輯　清光緒二年(1876)武進黄氏家塾刻本　六册

320000－1606－0007289　P11608
眉山詩案廣證六卷　(清)張鑑撰　清光緒十年(1884)江蘇書局刻本　二册

320000－1606－0007290　P11609
閲微草堂筆記二十四卷　(清)紀昀撰　清嘉慶五年(1800)北平盛時彦刻本　十二册

320000－1606－0007291　P11610
雲左山房詩鈔八卷附一卷　(清)林則徐撰　清光緒十二年(1886)刻本　二册

320000－1606－0007292　P11611
劫餘廑存三卷　(清)李承霖撰　清光緒十年(1884)刻本　一册

320000－1606－0007293　P11612
後七家詩選七種　(清)薛春黎輯　清光緒二年(1876)京師琉璃廠刻本　六册

320000－1606－0007294　P11613
施註蘇詩四十二卷總目二卷　(宋)蘇軾撰　(清)施元之等註　(清)宋犖　(清)張榕端閲定　(清)顧嗣立等删補　**蘇詩續補遺二卷**　(宋)蘇軾撰　(清)宋犖　(清)張榕端閲定　(清)馮景補註　**王註正譌一卷**　(清)邵長蘅撰　**東坡先生年譜一卷**　(宋)王宗稷編　(清)邵長蘅重訂　清康熙刻本　十六册

320000－1606－0007295　P11614
適鼀詩集十四卷　(清)彭湘撰　清光緒元年(1875)安徽學院署西齋刻本　四册

320000－1606－0007296　P11615
續古文辭類纂三十四卷　王先謙輯　清光緒八年(1882)長沙王氏刻本　八册

320000－1606－0007297　P11616
内經知要二卷　(明)李念莪輯　清掃葉山房刻本　二册

320000－1606－0007298　P11617
五松園文稿一卷　(清)孫星衍撰　清光緒刻本　一册

320000－1606－0007299　P11620
香蘇山館古體詩集十四卷今體詩集十四卷　(清)吳嵩梁撰　清道光二十三年(1843)刻本　六册

320000－1606－0007300　P11621
白香山[居易]年譜一卷白香山詩集目錄一卷白香山詩長慶集二十卷白香山詩後集十七卷别集一卷補遺二卷　(唐)白居易撰　(清)汪立名編訂　清一隅草堂刻本　十二册

320000－1606－0007301　P11622
簡學齋詩存四卷詩删四卷館課賦存一卷館課試律存一卷館課賦續鈔一卷詩律續鈔一卷　(清)陳沆撰　清咸豐二年(1852)刻本　六册

320000－1606－0007302　P11626
講筵四世詩鈔十卷　(清)張英撰　清光緒十八年(1892)刻本　四册

320000－1606－0007303　P11627
春融堂集六十八卷䄇記八種八卷述庵先生年譜二卷　(清)王昶撰　清光緒十八年(1892)珠溪文彬齋刻本　十一册　缺三十五卷(一至三十五)

320000－1606－0007304　P11628
林文忠公政書三十七卷　(清)林則徐撰　清光緒十一年(1885)刻本　十六册

320000－1606－0007305　P11629
況梅齋詩草一卷京江遊草一卷　(清)楊紹基著　清咸豐四年(1854)刻本　一册

320000－1606－0007306　P11630
松風閣詩鈔二十六卷歸樸鼀叢稿十二卷續編四卷老學蓊讀書記四卷　(清)彭蘊章撰　清同治五年(1866)刻本　十四册

320000－1606－0007307　P11633
詔旌節孝楊節母劉太孺人遺集二卷　（清）劉汝藻著　清咸豐六年（1856）刻本　一册

320000－1606－0007308　P11634
檉華館試帖彙鈔輯注十卷　（清）路德撰　清道光二十一年（1841）晉省大文堂刻本　十册

320000－1606－0007309　P11635
問字堂集六卷　（清）孫星衍撰　清光緒十一年（1885）朱氏槐廬家塾刻本　二册

320000－1606－0007310　P11636
平津館文稿二卷　（清）孫星衍撰　清光緒吳縣朱氏槐廬刻本　二册

320000－1606－0007311　P11637
岱南閣集二卷　（清）孫星衍撰　清光緒刻本　一册

320000－1606－0007312　P11638
西堂全集　（清）尤侗撰　清兩儀堂刻本　二十册　存六十一卷（西堂雜組一集八卷、西堂雜組二集八卷、西堂雜組三集八卷、西堂剩稾二卷、西堂秋夢録一卷、西堂小草一卷、論語詩一卷、右北平集一卷、看雲草堂集八卷、述祖詩一卷、于京集五卷、哀絃集一卷、擬明史樂府一卷、外國竹枝詞一卷、百末詞六卷、性理吟一卷、後性理吟一卷、附湘中草六卷）

320000－1606－0007313　P11639
古文觀止十二卷　（清）吳乘權等録　清光緒十年（1884）常州古樓前文會堂刻本　六册

320000－1606－0007314　P11640
唐詩三百首續選不分卷　（清）于慶元輯　清同治六年（1867）常熟留眞堂刻本　二册

320000－1606－0007315　P11641
板橋集六編六卷　（清）鄭燮撰　清清暉書屋刻本　三册　存五編（一至五）

320000－1606－0007316　P11642
雲間小課三卷　（清）趙粹甫選　清光緒四年（1878）刻本　五册

320000－1606－0007317　P11643
船山詩草二十卷補遺六卷　（清）張問陶撰　清同治十三年（1874）敦仁堂刻本　八册

320000－1606－0007318　P11644
時敏堂制義初編不分卷續編不分卷　朱儀訓著　清同治十年至光緒十一年（1871－1885）刻本　二册

320000－1606－0007319　P11645
艮齋先生薛常州浪語集三十五卷　（宋）薛季宣撰　清同治十年（1871）金陵書局刻本　四册　存二十七卷（一至二十七）

320000－1606－0007320　P11646
亭林先生補遺十種　（清）顧炎武撰　（清）朱記榮捜輯　清光緒十一年（1885）吳縣朱氏刻本　六册

320000－1606－0007321　P11647
時務報三十期　梁啟超等編　清光緒石印本　五册

320000－1606－0007322　P11648
四書古註群義彙解九種　（清）□□編　清光緒十六年（1890）上海珍藝書局石印本　十二册

320000－1606－0007323　P11649
海國圖志一百卷首一卷　（清）魏源撰　清光緒二十一年（1895）上海書局石印本　十六册

320000－1606－0007324　P11650
管静山先生全稿三集　（清）管静山撰　清光緒二年（1876）四明茹古齋鉛印本　三册

320000－1606－0007325　P11651
大題求是不分卷　（清）王金銛編次　清同治六年（1867）刻本　六册

320000－1606－0007326　P11652
光緒癸巳恩科直省闈墨不分卷　（清）汪蓉洲選　清光緒二十年（1894）上海淩雲閣石印本　二册

320000－1606－0007327　P11653
元史二百十卷目録二卷　（明）宋濂等撰　清刻本　十七册　存一百十卷（一百一至二百

十）

320000－1606－0007328　P11654
胡文忠公遺集十卷首一卷　（清）胡林翼撰　清同治三年（1864）武昌節署刻本　八册

320000－1606－0007329　P11655
詩經四卷　（宋）朱熹集傳　清小石山房刻本　四册

320000－1606－0007330　P11656
丁酉直省鄉墨鴻裁不分卷　（清）王焯評選　清光緒二十四年（1898）上海煥文書局石印本　二册

320000－1606－0007331　P11657
湖舫會課八集　（清）薛慰農評定　清同治八年（1869）刻本　二册

320000－1606－0007332　P11658
精選三山文稿合編附摘録　（清）陳觀彤（清）周岱選　清光緒二年（1876）長沙易潤壇刻本　四册

320000－1606－0007333　P11659
清獻堂稿不分卷　（清）趙佑撰　清光緒二年（1876）刻本　二册

320000－1606－0007334　P11660
則古昔齋算學十三種二十四卷　（清）李善蘭撰　清光緒二十二年（1896）上海積山書局石印本　二册　存十三卷（一至十三）

320000－1606－0007335　P11662
欽定學政全書八十六卷首一卷　（清）童璜等纂修　清嘉慶十七年（1812）刻本　二十四册

320000－1606－0007336　P11663
困學紀聞二十卷　（宋）王應麟撰　清乾隆三年（1738）刻本　五册　缺三卷（九至十一）

320000－1606－0007337　P11664
勸學篇二卷　（清）張之洞撰　清光緒二十四年（1898）兩湖書院刻本　一册

320000－1606－0007338　P11665
金石續編二十一卷首一卷　（清）陸耀遹纂（清）陸增祥校訂　清同治十三年（1874）毗陵雙白燕堂刻本　十六册

320000－1606－0007339　P11666
金石萃編一百六十卷　（清）王昶著　清嘉慶十年（1805）青浦王氏經訓堂刻同治十一年（1872）補刻本　六十四册

320000－1606－0007340　P11667
皇朝祭器樂舞錄二卷　（清）徐暢達輯錄　清同治十年（1871）楚北崇文書局刻本　二册

320000－1606－0007341　P11669
字典考證十二集　（清）王引之撰　清光緒二年（1876）崇文書局刻本　六册

320000－1606－0007342　P11670
經典釋文三十卷　（唐）陸德明撰　**經典釋文考證三十卷**　（清）盧文弨撰　清同治八年（1869）湖北崇文書局刻本　十二册

320000－1606－0007343　P11671
大清會典四卷　（清）托津等續修　清同治十一年（1872）崇文書局刻本　四册

320000－1606－0007344　P11672
金石文字記六卷　（清）顧炎武撰　清刻本　二册

320000－1606－0007345　P11673
文廟祀位一卷　（清）倭什琿布撰　清同治八年（1869）楚北崇文書局刻本　一册

320000－1606－0007346　P11674
綏寇紀略十二卷補遺三卷　（清）吳偉業纂輯　清嘉慶九年（1804）虞山張海鵬照曠閣刻本　八册

320000－1606－0007347　P11675
增補事類統編九十三卷首一卷　（清）黄葆真增輯　清道光二十九年（1849）敦好堂刻本　三十六册

320000－1606－0007348　P11676
易經八卷　（宋）程頤傳　清光緒九年（1883）江南書局刻本　三册

320000－1606－0007349　P11677
說文經斠十三卷補遺一卷正俗一卷　（清）楊

廷瑞撰　清光緒十七年(1891)刻本　二冊

320000－1606－0007350　P11678
新刊合併官板音義評註淵海子平五卷　(宋)徐升編　明崇禎七年(1634)刻本　二冊

320000－1606－0007351　P11679
同治中興京外奏議約編八卷　(清)陳弢編　清光緒元年(1875)刻本　八冊

320000－1606－0007352　P11680
皇清奏議六十八卷首一卷　題(清)琴川居士編輯　清都城國史舘琴川居士刻本　二十六冊

320000－1606－0007353　P11681
說文解字繫傳四十卷說文解字繫傳校勘記三卷　(五代)徐鍇撰　清光緒二年(1876)平江吳氏刻本　六冊　缺十卷(十三至二十二)

320000－1606－0007354　P11682
宋名臣言行錄前集十卷後集十四卷續集八卷別集二十六卷外集十七卷　(宋)朱熹纂　(宋)李衡校正　清同治七年(1868)臨川桂氏刻本　十冊　缺一卷(別集六)

320000－1606－0007355　P11683
四禮翼八卷　(明)吕坤撰　清同治二年(1863)品蓮書屋刻本　一冊

320000－1606－0007356　P11684
說文發疑七卷　(清)張行孚撰　清光緒九年(1883)刻本　二冊　存五卷(一至五)

320000－1606－0007357　P11685
樊南文集補編十二卷首一卷附錄一卷　(唐)李商隱撰　(清)錢振倫箋　(清)錢振常注　清同治五年(1866)望三益齋刻本　四冊

320000－1606－0007358　P11687
月令粹編二十四卷圖說一卷　(清)秦嘉謨編　清嘉慶十七年(1812)江都秦嘉謨琳琅仙館刻本　六冊

320000－1606－0007359　P11689
義門讀書記五十八卷　(清)何焯撰　清乾隆十六年(1751)刻光緒六年(1880)苕溪吳氏重修本　十二冊

320000－1606－0007360　P11690
夏小正戴氏傳訓解四卷考異一卷通論一卷　(清)王寶仁學　清同治十三年(1874)舊香居刻本　一冊

320000－1606－0007361　P11691
孝經一卷　(唐)玄宗李隆基注　清同治七年(1868)金陵書局刻本　一冊

320000－1606－0007362　P11692
朱子原訂近思錄十四卷　(清)江永集注　清同治三年(1864)刻本　六冊

320000－1606－0007363　P11693
裴光禄遺集八卷　(清)裴蔭森撰　**裴光禄年譜四卷**　(清)裴士騏等輯　(清)徐嘉編次　清刻本　十一冊

320000－1606－0007364　P11694
補注黃帝内經素問二十四卷黃帝内經靈樞十二卷　(唐)王冰注　(宋)林億等校正　(宋)孫兆重改誤　**黃帝内經素問遺篇一卷**　(宋)劉溫舒原本　清光緒三年(1877)浙江書局刻本　十冊

320000－1606－0007365　P11695
墨妙亭碑目攷二卷附攷一卷　(清)張鑑撰　清光緒十年(1884)江蘇書局刻本　二冊

320000－1606－0007366　P11696
清嘉集初編不分卷二編五卷　王先謙編　清光緒十二年至十四年(1886－1888)南菁書院刻本　十冊

320000－1606－0007367　P11697
周禮六卷　(漢)鄭玄注　(唐)陸德明音義　清光緒二十年(1894)金陵書局刻本　六冊

320000－1606－0007368　P11698
御製數理精藴上編五卷下編四十卷表八卷　(清)聖祖玄燁撰　清光緒八年(1882)江寧藩署刻本　二十七冊　存三十八卷(御製數理精藴上編五卷,下編一、四至十八、二十一至三十一,表一、四至八)

320000－1606－0007369　P11699

澄蘭室古緣萃錄十八卷　邵松年輯　清光緒三十年(1904)上海鴻文書局石印本　六冊

320000－1606－0007370　P11700

周官參證二卷　(清)王寶仁輯　清同治十三年(1874)舊香居刻本　一冊

320000－1606－0007371　P11701

焦氏易林四卷　題(漢)焦贛撰　清光緒元年(1875)湖北崇文書局刻本　四冊

320000－1606－0007372　P11702

周禮六卷　(漢)鄭玄注　(唐)陸德明音義　清福禮堂刻本　六冊

320000－1606－0007373　P11703

焦氏易林四卷　題(漢)焦贛撰　清光緒元年(1875)湖北崇文書局刻本　四冊

320000－1606－0007374　P11704

周易通解六卷　(清)楊以迴釋　清光緒十年(1884)大成巷本宅刻本　五冊

320000－1606－0007375　P11705

易經本義十二卷首一卷末一卷　(宋)朱熹撰　清同治四年(1865)金陵書局刻本　二冊

320000－1606－0007376　P11706

易經八卷　(宋)程頤傳　清同治五年(1866)金陵書局刻本　二冊

320000－1606－0007377　P11707

書經六卷首一卷末一卷　(宋)蔡沈集傳　清同治五年(1866)金陵書局刻本　四冊

320000－1606－0007378　P11708

詩經八卷　(宋)朱熹集傳　清同治五年(1866)金陵書局刻本　四冊

320000－1606－0007379　P11709

春秋左傳杜注三十卷首一卷　(清)姚培謙學　清同治五年(1866)金陵書局刻本　八冊

320000－1606－0007380　P11710

儀禮十七卷附監本正誤一卷石本誤字一卷　(漢)鄭玄注　(清)張爾岐句讀　清同治七年(1868)金陵書局刻本　四冊

320000－1606－0007381　P11711

爾雅三卷　(晉)郭璞注　(唐)陸德明音義　清嘉慶二十二年(1817)清芬閣刻本　三冊

320000－1606－0007382　P11712

國語二十一卷　(三國吳)韋昭注　**校刊明道本韋氏解國語札記一卷**　(清)黃丕烈撰　**國語明道本考異四卷**　(清)汪遠孫撰　清同治八年(1869)湖北崇文書局刻本　五冊

320000－1606－0007383　P11713

戰國策三十三卷　(漢)高誘注　(宋)姚宏校正　**札記三卷**　(清)黃丕烈撰　清嘉慶八年至同治八年(1803－1869)刻本　五冊

320000－1606－0007384　P11714

四書集註四種　(宋)朱熹章句　清同治十一年(1872)金陵書局刻本　六冊

320000－1606－0007385　P11715

制義叢話二十四卷題名一卷　(清)梁章鉅撰　清知足知不足齋刻本　八冊

320000－1606－0007386　P11716

三壬室已刻稿合編一卷續編一卷　(清)曾之撰輯　清光緒四年(1878)宣武城南刻本　二冊

320000－1606－0007387　P11717

尚絅堂制藝一卷賦一卷試帖二卷　(清)劉嗣綰撰　清同治七年(1868)辰州官署刻本　五冊

320000－1606－0007388　P11718

國朝舉業正軌不分卷　(清)陳耀庚等輯　清光緒十一年(1885)丹徒朱氏刻本　四冊

320000－1606－0007389　P11719

欽定四書文五種　(清)方苞等評選　清乾隆刻本　二十二冊

320000－1606－0007390　P11720

授經堂重刊遺集三十二種　(清)洪亮吉撰　清光緒三年至五年(1877－1879)授經堂刻本　七十三冊　缺二種三卷(弟子職箋釋一、史目表一至二)

320000－1606－0007391　P11721
易說醒四卷首一卷　(明)洪守美撰　清同治十一年(1872)新豐士族刻本　三册

320000－1606－0007392　P11722
周禮節訓六卷　(清)黄叔琳輯　(清)姚培謙重訂　清道光十年(1830)金閶步月樓刻本　二册

320000－1606－0007393　P11723
周禮節訓六卷　(清)黄叔琳輯　(清)姚培謙重訂　清光緒十二年(1886)蘇州集古山房刻本　二册

320000－1606－0007394　P11724
禮記十卷　(元)陳澔集說　清刻本　十册

320000－1606－0007395　P11725
書集傳六卷　(宋)蔡沈集傳　清光緒十六年(1890)宛委山莊刻本　六册

320000－1606－0007396　P11726
左繡三十卷首一卷　(清)馮李驊　(清)陸浩評輯　清光緒十四年(1888)上海文瑞樓刻本　十六册

320000－1606－0007397　P11727
群經識小八卷　(清)李惇著　清道光六年(1826)安愚堂刻本　二册

320000－1606－0007398　P11728
角山樓增補類腋六十七卷　(清)姚培謙纂　(清)張卿雲同輯　(清)趙克宜增輯　清光緒六年(1880)刻本　二十四册

320000－1606－0007399　P11730
亭林先生遺書彙輯四十三種附錄三種　(清)顧炎武撰　(清)席威　(清)朱記榮輯　清光緒十一年至十四年(1885－1888)上海掃葉山房刻本　七册　存十種十六卷(左傳杜解補正三卷、九經誤字一卷、五經同異三卷、顧氏譜系考一卷、聖安紀事二卷、韻補正一卷、明紀實錄一卷、顧氏求古錄一卷、昌平山水記二卷、營平二州地名記一卷)

320000－1606－0007400　P11731
古微書三十六卷　(明)孫瑴輯　清光緒十四年(1888)對山問月樓刻本　八册

320000－1606－0007401　P11732
增廣試帖詩海三十二卷　題(清)經訓堂主人選輯　清光緒十四年(1888)石印本　八册

320000－1606－0007402　P11733
五經鴻裁五種　(□)□□編　清刻本　二十册

320000－1606－0007403　P11734
小嫏嬛山館彙刊類書十二種二十三卷　(清)□□輯　清同治六年(1867)刻本　十二册

320000－1606－0007404　P11735
積學齋叢書二十種　徐乃昌輯　清光緒南陵徐氏刻本　二十册

320000－1606－0007405　P11736
子書百家一百種　(清)崇文書局輯　清光緒元年(1875)湖北崇文書局刻本　一百三册　缺四種十四卷(焦氏易林一至四、金樓子一至六、劉子一至二、述異記一至二)

320000－1606－0007406　P11737
尚書句解十三卷　(元)朱祖義撰　清康熙十九年(1680)通志堂刻本　二册

320000－1606－0007407　P11738
書經六卷　(宋)蔡沈集傳　清光緒三年(1877)永康退補齋刻本　四册

320000－1606－0007408　P11739
初月樓文鈔十卷詩鈔四卷　(清)吴德旋撰　(清)周家楣訂　清光緒十年(1884)刻本　四册

320000－1606－0007409　P11740
樂律攷二卷　(清)徐灝撰　清光緒十三年(1887)刻本　一册

320000－1606－0007410　P11741
禮記十卷　(元)陳澔集說　清同治五年(1866)金陵書局刻本　十册

320000－1606－0007411　P11742
校邠廬抗議不分卷　(清)馮桂芬著　清光緒

九年(1883)津河廣仁堂刻本　一冊

320000－1606－0007412　P11743
春秋左傳杜注三十卷首一卷　(清)姚培謙學　清同治五年(1866)金陵書局刻本　十冊

320000－1606－0007413　P11744
行年紀畧一卷　(清)王寶仁自述　清光緒九年(1883)舊香居刻本　一冊

320000－1606－0007414　P11745
尚友錄二十二卷　(明)廖用賢編纂　(清)張伯琮補輯　清刻本　十九冊　存二十一卷(一至十一、十三至二十二)

320000－1606－0007415　P11746
左傳事緯十二卷　(清)馬驌編論　清光緒四年(1878)敏德堂刻本　十二冊

320000－1606－0007416　P11747
順天文鄉試錄不分卷(清光緒十七年)　(清)□□編　清光緒十七年(1891)刻本　一冊

320000－1606－0007417　P11748
新定三禮圖二十卷　(宋)聶崇義集註　清刻本　四冊

320000－1606－0007418　P11749
行軍測繪十卷首一卷附圖一卷　(英國)連提撰　(英國)傅蘭雅口譯　(清)趙元益筆述　清刻本　二冊

320000－1606－0007419　P11750
周易四卷　(宋)朱熹本義　清光緒三年(1877)永康胡氏退補齋刻本　二冊

320000－1606－0007420　P11751
寶華山志十五卷首一卷　(清)劉名芳纂修　清刻本　四冊

320000－1606－0007421　P11752
國朝先正事略六十卷　(清)李元度纂　清同治五年(1866)循陔草堂刻本　二十四冊　存八卷(一、二十五至三十一)

320000－1606－0007422　P11753
孫子十家注十三卷遺説一卷敘錄一卷　(宋)吉天保輯　(清)孫星衍　(清)吳人驥校　清光緒三年(1877)浙江書局刻本　四冊

320000－1606－0007423　P11754
儀禮十七卷附監本正誤一卷　(漢)鄭玄注　(清)張爾岐句讀　清刻本　六冊

320000－1606－0007424　P11755
讀史大畧六十卷首一卷　(清)沙張白著　**小沙子史畧一卷**　(清)沙晉著　清光緒二十六年(1900)刻本　十二冊

320000－1606－0007425　P11756
京東攷古錄一卷山東攷古錄一卷譎觚十事一卷　(清)顧炎武著　清光緒十一年(1885)上海掃葉山房刻本　一冊

320000－1606－0007426　P11757
山谷內集詩注二十卷　(宋)黄庭堅撰　(宋)任淵注　**山谷外集詩注十七卷**　(宋)黄庭堅撰　(宋)史容注　**山谷别集詩注二卷**　(宋)黄庭堅撰　(宋)史季溫注　清刻武英殿聚珍版書本　十四冊

320000－1606－0007427　P11758
曾文正公手書日記不分卷(清道光二十一年正月至同治四年九月)　(清)曾國藩撰　清宣統元年(1909)上海中國圖書公司影印本　二十二冊

320000－1606－0007428　P11759
司馬溫公稽古錄二十卷　(宋)司馬光撰　清同治十一年(1872)湖北崇文書局刻本　四冊

320000－1606－0007429　P11760
前漢書一百卷　(漢)班固撰　(唐)顔師古注　清同治八年(1869)金陵書局刻本　十六冊

320000－1606－0007430　P11761
後漢書一百卷　(南朝宋)范曄撰　(唐)李賢注　**續漢書志三十卷**　(晉)司馬彪撰　(南朝梁)劉昭注補　清同治八年(1869)金陵書局刻本　十四冊　存一百十五卷(後漢書一至十、二十六至一百,續漢書志三十卷)

320000－1606－0007431　P11762
西魏書二十四卷附錄一卷　(清)謝啟昆撰

清光緒九年(1883)樹經堂刻本　六冊

320000－1606－0007432　P11763
路史四十七卷　(宋)羅泌纂　(宋)羅苹注　(明)喬可傳校　清嘉慶十三年(1808)酉山堂刻本　十冊　存三十四卷(前紀一至九、後紀一至十三、國名記一至六、發揮一至六)

320000－1606－0007433　P11764
春秋公羊經傳解詁十二卷附校記一卷　(漢)何休學　清道光四年(1824)揚州汪氏問禮堂刻本　一冊　存六卷(一至六)

320000－1606－0007434　P11765
歷代帝王宅京記二十卷　(清)顧炎武著　清光緒十四年(1888)刻本　四冊

320000－1606－0007435　P11766
文恭集四十卷　(宋)胡宿撰　清刻本　八冊

320000－1606－0007436　P11767
元豐九域志十卷　(宋)王存等撰　清刻本　八冊

320000－1606－0007437　P11768
陳書三十六卷　(唐)姚思廉撰　清同治十一年(1872)金陵書局刻本　四冊

320000－1606－0007438　P11769
魏書一百十四卷　(北齊)魏收撰　清同治十一年(1872)金陵書局刻本　二十冊

320000－1606－0007439　P11770
禮記十卷　(元)陳澔集說　清光緒八年(1882)江蘇書局刻本　十冊

320000－1606－0007440　P11771
周易不分卷　(宋)朱熹注　清刻本　一冊

320000－1606－0007441　P11772
隋書八十五卷　(唐)魏徵等撰　清同治十年(1871)淮南書局刻本　十六冊

320000－1606－0007442　P11773
南史八十卷　(唐)李延壽撰　清同治十一年(1872)金陵書局刻本　十二冊

320000－1606－0007443　P11774
北史一百卷　(唐)李延壽撰　清同治十一年(1872)金陵書局刻本　二十冊

320000－1606－0007444　P11775
舊唐書二百十四卷　(五代)劉昫等撰　清同治十一年(1872)浙江書局刻本　三十二冊　存一百四十一卷(一至七十六、一百三十六至二百)

320000－1606－0007445　P11776
五代史七十四卷　(宋)歐陽修撰　(宋)徐無黨注　清同治十一年(1872)湖北崇文書局刻本　六冊　存五十三卷(一至十二、二十四至六十四)

320000－1606－0007446　P11777
金史一百三十五卷　(元)托克托等修　清刻本　一冊　存七卷(二十五至三十一)

320000－1606－0007447　P11778
遼史一百十六卷　(元)脱脱等撰　清刻本　四冊　存三十七卷(二十至四十三、六十四至七十六)

320000－1606－0007448　P11779
管子二十四卷　(唐)房玄齡注　(明)劉績補　清刻本　四冊

320000－1606－0007449　P11780
宋史四百九十六卷目錄三卷　(元)脱脱等撰　清刻本　二十九冊　存一百五十一卷(十至十九、一百五至一百十一、一百二十至一百七十三、一百九十一至二百三十、二百三十三至二百三十八、二百七十八至三百四、三百二十七至三百三十三)

320000－1606－0007450　P11781
元史二百十卷目錄二卷　(明)宋濂等撰　**元史藝文志四卷**　(清)錢大昕補　**元史氏族表三卷**　(清)錢大昕撰　**欽定元史語解二十四卷**　(清)□□撰　清光緒四年(1878)江蘇書局刻本　五十冊

320000－1606－0007451　P11782
檀弓叢訓二卷　(明)楊慎撰　清刻本　一冊

320000－1606－0007452　P11783
載詠樓重鐫硃批孟子二卷　（宋）蘇洵原本　清嘉慶八年（1803）慎詒堂刻本　二册

320000－1606－0007453　P11784
文章練要十卷　（清）王源評訂　清刻本　五册

320000－1606－0007454　P11785
大學一卷中庸一卷　（宋）朱熹章句　清光緒二十年（1894）金陵書局刻本　一册

320000－1606－0007455　P11786
爾雅三卷　（晉）郭璞注　（唐）陸德明音義　清嘉慶二十二年（1817）清芬閣刻本　三册

320000－1606－0007456　P11787
春秋公羊經傳解詁十二卷附校記一卷　（漢）何休學　清道光四年（1824）揚州汪氏問禮堂刻本　二册

320000－1606－0007457　P11788
春秋穀梁傳十二卷　（晉）范甯集解　清同治七年（1868）金陵書局刻本　二册

320000－1606－0007458　P11789
而菴説唐詩二十二卷　（清）徐增撰　清刻本　四册

320000－1606－0007459　P11790
詩經一卷　清刻本　一册

320000－1606－0007460　P11791
孝經易知一卷　（清）耿介輯註　清同治十一年（1872）邗江王氏刻本　一册

320000－1606－0007461　P11792
書集傳六卷　（宋）蔡沈集傳　清光緒六年（1880）公善堂刻本　四册

320000－1606－0007462　P11793
十三經注疏並校勘記十三種　（清）阮元校勘　清光緒十三年（1887）點石齋石印本　二十五册

320000－1606－0007463　P11794
寫定尚書一卷　（清）吳汝綸校疏　清光緒十八年（1892）桐城吳氏家塾石印本　一册

320000－1606－0007464　P11795
楚辭約註不分卷　（清）高秋月删定　（清）曹同春纂述　清康熙文粹堂刻本　一册

320000－1606－0007465　P11796
樂府詩集一百卷目録二卷　（宋）郭茂倩編　清同治十三年（1874）湖北崇文書局刻本　十六册

320000－1606－0007466　P11797
儀禮十七卷附監本正誤一卷　（漢）鄭玄注　（清）張爾岐句讀　清同治七年（1868）金陵書局刻本　四册

320000－1606－0007467　P11798
杜詩詳註二十五卷附録二卷　（清）仇兆鰲輯註　清刻本　八册　缺一卷（附録下）

320000－1606－0007468　P11799
唐人説薈　（清）陳蓮塘輯　清嘉慶十一年（1806）弁山樓刻本　二十五册　存五集（一至五）

320000－1606－0007469　P11800
元史譯文證補三十卷　（清）洪鈞撰　清光緒二十三年（1897）陸潤庠刻本　四册　存二十一卷（一至六、九至十五、十八、二十二至二十四、二十六至二十七、二十九至三十）

320000－1606－0007470　P11801
元史二百十卷目録二卷　（明）宋濂等撰　清同治十三年（1874）江蘇書局刻本　三十一册　存一百五十四卷（一至一百、一百五十七至二百十）

320000－1606－0007471　P11802
元史譯文證補三十卷　（清）洪鈞撰　清光緒二十三年（1897）陸潤庠刻本　四册　存二十一卷（一至六、九至十五、十八、二十二至二十四、二十六至二十七、二十九至三十）

320000－1606－0007472　P11803
明史藁三百十卷　（清）王鴻緒撰　清光緒元年（1875）掃葉山房刻本　八十册

320000－1606－0007473　P11804

明史藁三百十卷 (清)王鴻緒撰 清光緒元年(1875)掃葉山房刻本 四十册 存二百四十一卷(本紀一至十九、志一至十七、列傳一至二百五)

320000－1606－0007474 P11805

明史三百三十二卷目錄四卷 (清)張廷玉等修 清光緒三年(1877)湖北崇文書局刻本 四十七册 存二百十卷(一至三十九、四十六至五十、五十六至一百十三、一百十九至一百五十四、一百七十一至二百十四、二百二十至二百二十八、二百三十四至二百四十三、二百五十六至二百五十八、三百十九至三百二十,目錄四卷)

320000－1606－0007475 P11807

宋史紀事本末一百九卷 (明)馮琦編 (明)陳邦瞻增訂 (明)張溥論正 清刻本 二册 存十二卷(四十五至五十、五十五至六十)

320000－1606－0007476 P11808

明史三百三十二卷目錄四卷 (清)張廷玉等修 清光緒三年(1877)湖北崇文書局刻本 八十册

320000－1606－0007477 P11811

聖武記十四卷 (清)魏源撰 清申報館鉛印本 十册

320000－1606－0007478 P11813

五經備旨五種四十五卷 (清)鄒聖脈纂輯 清石印本 二十一册 存三十七卷(易經一至七、書經一至七、詩經一至八、禮記一至十一、左傳九至十二)

320000－1606－0007479 P11814

聖武記十四卷 (清)魏源撰 清刻本 十二册

320000－1606－0007480 P11818

明宮史八卷 (明)劉若愚撰 清宣統二年(1910)國學扶輪社鉛印本 二册

320000－1606－0007481 P11819

芸牕翰墨不分卷 (清)□□撰 清抄本 一册

320000－1606－0007482 P11820

[六朝]東華錄一百九十五卷[三朝]東華續錄二百三十卷 王先謙編 清光緒十三年(1887)廣百宋齋鉛印本 七十四册 缺七卷(東華錄雍正朝二十三至二十六、東華續錄乾隆朝二十六至二十八)

320000－1606－0007483 P11821

[同治朝]東華續錄一百卷 王先謙編 清光緒二十四年(1898)文瀾書局石印本 二十四册

320000－1606－0007484 P11822

[光緒朝]東華續錄二百二十卷 朱壽朋編 清宣統元年(1909)上海集成圖書公司鉛印本 五十四册 存一百八十四卷(一至一百二十三、一百六十至二百二十)

320000－1606－0007485 P11823

元和郡縣圖志四十卷 (唐)李吉甫纂修 **元和郡縣補志九卷** (清)嚴觀纂 清光緒六年至八年(1880－1882)金陵書局刻本 十册 存四十五卷(元和郡縣圖志一至二十二、二十五至三十四、三十七至四十,元和郡縣補志九卷)

320000－1606－0007486 P11824

[咸豐朝]東華續錄六十九卷 (清)潘頤福編 清光緒十八年(1892)上海圖書集成印書局石印本 十六册

320000－1606－0007487 P11825

元和郡縣志四十卷 (唐)李吉甫撰 清光緒二十五年(1899)廣雅書局刻本 十二册

320000－1606－0007488 P11828

平定粵匪紀略十八卷附記四卷 (清)杜文瀾撰 清同治十年(1871)京都聚珍齋刻本 八册

320000－1606－0007489 P11829

[同治]湖州府志九十六卷首一卷 (清)宗源瀚等修 (清)周學濬等纂 清同治十三年(1874)愛山書院刻本 三十九册 缺三卷(九十四至九十六)

320000－1606－0007490　P11830

天下郡國利病書一百二十卷　（清）顧炎武輯　清光緒二十七年（1901）圖書集成局鉛印本　二十八册

320000－1606－0007491　P11831

水經注匯校四十卷附錄二卷　（清）楊希閔撰　清光緒七年（1881）福州刻本　十六册

320000－1606－0007492　P11832

天下郡國利病書一百二十卷　（清）顧炎武輯　清石印本　六册　存三十一卷（九十至一百二十）

320000－1606－0007493　P11834

水經注四十卷補遺一卷附錄二卷　（北魏）酈道元注　清光緒十四年（1888）無錫薛氏刻本　十二册

320000－1606－0007494　P11835

小腆紀年附攷二十卷　（清）徐鼒譔　清刻本　十三册　存十五卷（六至二十）

320000－1606－0007495　P11836

［乾隆］蘇州府志八十卷首一卷　（清）雅爾哈善等纂修　清乾隆刻本　二十九册　存七十四卷（七至八十）

320000－1606－0007496　P11837

［光緒］松江府續志四十卷首一卷圖一卷　（清）博潤修　（清）姚光發等纂　清光緒十年（1884）郡齋刻本　二十四册

320000－1606－0007497　P11838

［嘉慶］松江府志八十四卷首二卷　（清）宋如林修　（清）莫晉等纂　清嘉慶二十二年（1817）府學明倫堂刻本　四十册

320000－1606－0007498　P11839

［康熙］常州府志三十八卷首一卷　（清）于琨修　（清）陳玉璂纂　**校勘記一卷**　（清）陸鼎翰撰　清光緒十二年（1886）木活字印本　二十一册

320000－1606－0007499　P11840

皇清經解一千四百八卷首一卷　（清）阮元編　清道光九年（1829）學海堂刻咸豐十年（1860）補刻本　三百六十册

320000－1606－0007500　P11841

皇清經解一千四百八卷首一卷　（清）阮元編　清道光九年（1829）學海堂刻咸豐十年（1860）補刻本　三百四十二册　存一千三百八十卷（一至六百四十、六百六十一至一千一百十六、一千一百二十至一千一百六十、一千一百六十六至一千四百八）

320000－1606－0007501　P11842

皇清經解續編一千四百三十卷　王先謙輯　清光緒十四年（1888）南菁書院刻本　三百二十六册　存一千三百六十五卷（一至三十六、四十八至一百三十六、一百四十九至一百五十八、一百六十五至三百一、三百十五至八百七十九、九百三至一千四百三十）

320000－1606－0007502　P11843

文獻通考三百四十八卷　（元）馬端臨撰　清咸豐九年（1859）崇仁謝氏刻本　一百十三册　存三百二十四卷（一至二百二十二、二百四十七至三百四十八）

320000－1606－0007503　P11844

說文解字義證五十卷　（清）桂馥撰　清刻本　六册　存十卷（十一至十三、三十一至三十三、三十七至四十）

320000－1606－0007504　P11845

春在堂全書　（清）俞樾撰　清光緒二十五年（1899）刻二十八年（1902）補刻本　一百三十九册　存十四種四百十九卷（群經平議三十五卷，諸子平議三十五卷，第一樓叢書三十卷，曲園雜纂五十卷，俞樓雜纂五十卷，賓萌集六卷、外集四卷，春在堂雜文二卷、續編五卷、三編四卷、四編八卷、五編八卷、六編十卷、補遺六卷，春在堂詩編二十三卷、詞錄三卷，春在堂隨筆十卷，春在堂尺牘六卷，楹聯錄存五卷、附錄一卷，四書文一卷，右台仙館筆記十六卷，茶香室叢鈔二十三卷、續鈔二十五卷、三鈔二十九卷、四鈔二十四卷）

320000－1606－0007505　P11846

春在堂全書　(清)俞樾撰　清光緒九年(1883)刻本　九十七册

320000－1606－0007506　P11847
武英殿聚珍版書　(清)紀昀等編　清刻本　二百六十二册　缺四十種(續吕氏家塾讀詩記,絜齋毛詩經筵講義,儀禮識誤,儀禮釋宫,春秋傳説例,春秋辨疑,鄭志,論語意原,方言註,兩漢刊誤補遺,東觀漢記,五代史記纂誤,輿地廣記,嶺表録異,麟臺故事,明本釋,項氏家説、項氏家説附録,農桑輯要,蘇沈良方,小兒藥證眞訣,周髀算經、音義,宋景文集,祠部集,華陽集,公是集,劉忠肅集,淨德集,后山詩註,西臺集,浮沚集,毘陵集,浮溪集,汪文定集,雪山集,乾道稾,淳熙稾,章泉稾,拙軒集,金淵集,欽定四庫全書考證)

320000－1606－0007507　P11849
説文解字十五卷　(漢)許慎撰　(清)段玉裁注　(清)鈕樹玉校字　清刻本　二册　存二卷(五至六)

320000－1606－0007508　P11850
十國春秋一百十六卷　(清)吳任臣撰　清刻本　二十一册　存一百五卷(七至一百三、一百九至一百十六)

320000－1606－0007509　P11851
續碑傳集八十六卷首二卷　繆荃孫纂　清刻本　二十册　存七十一卷(十六至八十六)

320000－1606－0007510　P11852
資治通鑑綱目五十九卷續編一卷　(宋)朱熹撰　(明)陳仁錫評閲　**續資治通鑑綱目二十七卷**　(明)商輅撰　(明)陳仁錫評閲　**御撰資治通鑑綱目三編二十卷**　(清)張廷玉等編　清乾隆十一年(1746)刻本　二十九册　存三十三卷(資治通鑑綱目五十七至五十九、續編一卷,續資治通鑑綱目二、六、九至十二、十四至十五、二十至二十二、二十四至二十七,御撰資治通鑑綱目三編一至十四)

320000－1606－0007511　P11853
疇人傳四十六卷續六卷三編七卷　(清)阮元撰　(清)羅士琳續　清光緒二十二年(1896)石印本　六册

320000－1606－0007512　P11856
儀禮識誤三卷　(宋)張淳撰　清刻武英殿聚珍版書本　一册

320000－1606－0007513　P11857
錢公良測語二卷　(明)錢琦撰　(明)樊維城彙編　明刻本　二册

320000－1606－0007514　P11858
融堂書解二十卷　(宋)錢時撰　清刻武英殿聚珍版書本　六册

320000－1606－0007515　P11859
詩總聞二十卷　(宋)王質撰　清刻武英殿聚珍版書本　八册

320000－1606－0007516　P11860
續吕氏家塾讀詩記三卷　(宋)戴溪撰　清刻武英殿聚珍版書本　二册

320000－1606－0007517　P11861
絜齋毛詩經筵講義四卷　(宋)袁燮撰　清刻武英殿聚珍版書本　一册

320000－1606－0007518　P11862
儀禮集釋三十卷　(宋)李如圭撰　清刻武英殿聚珍版書本　十二册

320000－1606－0007519　P11863
大戴禮記十三卷　(漢)戴德撰　(北周)盧辯注　清武英殿刻本　四册

320000－1606－0007520　P11864
周易口訣義六卷　(唐)史徵撰　清刻武英殿聚珍版書本　三册

320000－1606－0007521　P11865
易説六卷　(宋)司馬光撰　清刻武英殿聚珍版書本　三册

320000－1606－0007522　P11866
吳園周易解九卷附録一卷　(宋)張根撰　清刻武英殿版書本　三册

320000－1606－0007523　P11867
易原八卷　(宋)程大昌撰　清刻武英殿聚珍

版書本　二冊

320000－1606－0007524　P11868
郭氏傳家易說十一卷首一卷　(宋)郭雍著　清刻武英殿聚珍版書本　八冊

320000－1606－0007525　P11869
誠齋易傳二十卷　(宋)楊萬里撰　清刻武英殿聚珍版書本　八冊

320000－1606－0007526　P11870
易象意言一卷　(宋)蔡淵撰　清刻武英殿聚珍版書本　一冊

320000－1606－0007527　P11871
易緯乾元序制記一卷坤靈圖一卷辨終備一卷易緯是類謀一卷易緯乾鑿度二卷易緯乾坤鑿度二卷易緯稽覽圖二卷易緯通卦驗二卷　(漢)鄭玄注　清刻武英殿聚珍版書本　二冊

320000－1606－0007528　P11872
禹貢指南四卷　(宋)毛晃撰　清刻武英殿聚珍版書本　二冊

320000－1606－0007529　P11873
禹貢說斷四卷　(宋)傅寅撰　清乾隆武英殿木活字印武英殿聚珍版書本　四冊

320000－1606－0007530　P11874
絳帖平六卷　(宋)姜夔撰　清武英殿刻本　一冊

320000－1606－0007531　P11875
唐書直筆四卷　(宋)吕夏卿撰　清武英殿刻本　一冊

320000－1606－0007532　P11876
傅子一卷　(晉)傅玄撰　清武英殿刻本　一冊

320000－1606－0007533　P11877
公是弟子記四卷　(宋)劉敞撰　清刻武英殿聚珍版書本　一冊

320000－1606－0007534　P11878
明本釋三卷　(宋)劉荀撰　清刻武英殿聚珍版書本　三冊

320000－1606－0007535　P11879
項氏家說十卷附錄二卷　(宋)項安世撰　清刻本　三冊

320000－1606－0007536　P11880
農桑輯要七卷　(元)司農司撰　清刻本　三冊

320000－1606－0007537　P11881
蘇沈良方八卷　(宋)蘇軾　(宋)沈括著　清刻本　二冊

320000－1606－0007538　P11882
小兒藥證眞訣三卷　(宋)錢乙撰　清刻武英殿聚珍版書本　一冊

320000－1606－0007539　P11883
周髀算經二卷　(漢)趙君卿注　(唐)李淳風釋　**周髀算經音義一卷**　(唐)李籍撰　清刻武英殿聚珍版書本　二冊

320000－1606－0007540　P11884
孫子算經三卷　(唐)李淳風等注　清刻武英殿聚珍版書本　一冊

320000－1606－0007541　P11885
夏侯陽算經三卷　(唐)夏侯陽撰　清刻武英殿聚珍版書本　一冊

320000－1606－0007542　P11886
魏鄭公諫續錄二卷　(清)翟思忠撰　清刻本　一冊

320000－1606－0007543　P11887
元朝名臣事略十五卷　(元)蘇天爵輯　清刻本　五冊

320000－1606－0007544　P11888
琉球國志略十六卷首一卷　(清)周煌撰　清刻本　六冊

320000－1606－0007545　P11889
東漢會要四十卷　(宋)徐天麟撰　清刻本　八冊

320000－1606－0007546　P11890
漢官舊儀二卷補遺一卷　(漢)衞宏撰　**鄴中記一卷**　(晉)陸翽撰　清刻本　一冊

320000－1606－0007547　P11891
欽定武英殿聚珍版程式一卷　（清）金簡撰　清刻本　一冊

320000－1606－0007548　P11892
直齋書錄解題二十二卷　（宋）陳振孫撰　清刻本　十二冊

320000－1606－0007549　P11893
春秋集註四十卷　（宋）高閌撰　清刻本　十冊

320000－1606－0007550　P11894
鄭志三卷　（漢）鄭玄撰　（三國魏）鄭小同編　清刻武英殿聚珍版書本　一冊

320000－1606－0007551　P11895
論語意原四卷　（宋）鄭汝諧撰　清刻武英殿聚珍版書本　二冊

320000－1606－0007552　P11896
輶軒使者絕代語釋別國方言十三卷　（漢）揚雄撰　（晉）郭璞注　清刻武英殿聚珍版書本　三冊

320000－1606－0007553　P11897
兩漢刊誤補遺十卷　（宋）吳仁傑撰　清刻武英殿聚珍版書本　三冊

320000－1606－0007554　P11898
五代史纂誤三卷　（宋）吳縝撰　清刻武英殿聚珍版書本　一冊

320000－1606－0007555　P11899
東觀漢記二十四卷　（漢）劉珍撰　清刻武英殿聚珍版書本　四冊

320000－1606－0007556　P11900
御選明臣奏議四十卷　（清）高宗弘曆選　清刻本　十六冊

320000－1606－0007557　P11901
尚書詳解五十卷　（宋）陳經撰　清刻本　十二冊

320000－1606－0007558　P11902
春秋釋例十五卷首一卷　（晉）杜預撰　清刻本　十冊

320000－1606－0007559　P11903
春秋經解十五卷　（宋）孫覺撰　清刻本　八冊

320000－1606－0007560　P11904
春秋辨疑四卷　（宋）蕭楚撰　清刻本　二冊

320000－1606－0007561　P11905
春秋攷十六卷　（宋）葉夢得撰　清刻本　七冊

320000－1606－0007562　P11906
水經注四十卷　（北魏）酈道元撰　清刻本　十六冊

320000－1606－0007563　P11907
嶺表錄異三卷　（唐）劉恂撰　清刻武英殿聚珍版書本　一冊

320000－1606－0007564　P11908
麟臺故事五卷首一卷　（宋）程俱撰　清刻武英殿聚珍版書本　一冊

320000－1606－0007565　P11909
五代會要三十卷　（宋）王溥撰　清刻武英殿聚珍版書本　六冊

320000－1606－0007566　P11910
宋朝事實二十卷末一卷　（宋）李攸撰　清刻本　八冊

320000－1606－0007567　P11911
寶眞齋法書贊二十八卷　（宋）岳珂撰　清刻本　十冊

320000－1606－0007568　P11912
墨法集要不分卷　（明）沈繼孫撰　清刻本　一冊

320000－1606－0007569　P11913
猗覺寮雜記二卷　（宋）朱翌撰　清刻本　二冊

320000－1606－0007570　P11914
能改齋漫錄十八卷　（宋）吳曾撰　清刻武英殿聚珍版書本　八冊

320000－1606－0007571　P11915

雲谷雜紀四卷首一卷末一卷　(宋)張淏撰　清刻武英殿聚珍版書本　二冊

320000－1606－0007572　P11916
學林十卷　(宋)王觀國撰　清刻武英殿聚珍版書本　八冊

320000－1606－0007573　P11917
甕牖閒評八卷　(宋)袁文撰　清刻武英殿聚珍版書本　二冊

320000－1606－0007574　P11918
朝野類要五卷　(宋)趙升撰　清刻本　一冊

320000－1606－0007575　P11919
澗泉日記三卷　(宋)韓淲撰　清刻本　一冊

320000－1606－0007576　P11920
敬齋古今黈八卷　(元)李冶撰　清刻本　三冊

320000－1606－0007577　P11921
意林五卷　(唐)馬總撰　清刻本　二冊

320000－1606－0007578　P11922
涑水記聞十六卷補遺一卷　(宋)司馬光撰　清刻本　四冊

320000－1606－0007579　P11923
唐語林八卷　(宋)王讜撰　清刻武英殿聚珍版書本　六冊

320000－1606－0007580　P11924
歸潛志十四卷　(元)劉祁撰　清刻武英殿聚珍版書本　四冊

320000－1606－0007581　P11925
文子纘義十二卷　(宋)杜道堅撰　清刻武英殿聚珍版書本　四冊

320000－1606－0007582　P11926
張燕公集二十五卷　(唐)張説撰　清刻本　六冊

320000－1606－0007583　P11927
文忠集十六卷　(唐)顔眞卿撰　清刻武英殿聚珍版書本　二冊

320000－1606－0007584　P11928
南陽集六卷　(宋)趙湘撰　清刻武英殿聚珍版書本　二冊

320000－1606－0007585　P11929
元憲集三十六卷　(宋)宋庠撰　清刻武英殿聚珍版書本　八冊

320000－1606－0007586　P11930
祠部集三十五卷　(宋)強至撰　清刻武英殿聚珍版書本　十冊

320000－1606－0007587　P11931
景文集六十二卷　(宋)宋祁撰　清刻武英殿聚珍版書本　十九冊

320000－1606－0007588　P11932
公是集五十四卷　(宋)劉敞撰　清刻本　十二冊

320000－1606－0007589　P11933
彭城集四十卷　(宋)劉攽撰　清刻武英殿聚珍版書本　九冊

320000－1606－0007590　P11934
淨德集三十八卷　(宋)吕陶撰　清刻武英殿聚珍版書本　八冊

320000－1606－0007591　P11935
忠肅集二十卷　(宋)劉摯撰　清刻武英殿聚珍版書本　六冊

320000－1606－0007592　P11936
華陽集四十卷　(宋)王珪撰　清刻武英殿聚珍版書本　十一冊

320000－1606－0007593　P11937
后山詩十二卷　(宋)陳師道撰　清刻武英殿聚珍版書本　四冊

320000－1606－0007594　P11938
柯山集五十卷　(宋)張耒撰　清刻武英殿聚珍版書本　十冊

320000－1606－0007595　P11939
陶山集十六卷　(宋)陸佃撰　清刻武英殿聚珍版書本　四冊

320000－1606－0007596　P11940

學易集八卷 （宋）劉跂撰 清刻武英殿聚珍版書本 二冊

320000－1606－0007597 P11941
西臺集二十卷 （宋）畢仲游撰 清刻武英殿聚珍版書本 七冊

320000－1606－0007598 P11942
浮沚集九卷 （宋）周行己撰 清刻武英殿聚珍版書本 三冊

320000－1606－0007599 P11943
昆陵集十六卷 （宋）張守撰 清刻武英殿聚珍版書本 五冊

320000－1606－0007600 P11944
浮溪集三十二卷 （宋）汪藻撰 清刻武英殿聚珍版書本 八冊

320000－1606－0007601 P11945
簡齋集十六卷 （宋）陳與義撰 清刻武英殿聚珍版書本 四冊

320000－1606－0007602 P11946
茶山集八卷 （宋）曾幾撰 清刻武英殿聚珍版書本 二冊

320000－1606－0007603 P11947
文定集二十四卷 （宋）汪應辰撰 清刻武英殿聚珍版書本 六冊

320000－1606－0007604 P11948
雪山集十六卷首一卷 （宋）王質撰 清刻武英殿聚珍版書本 四冊

320000－1606－0007605 P11949
攻媿集一百十二卷 （宋）樓鑰撰 清刻武英殿聚珍版書本 四十冊

320000－1606－0007606 P11950
乾道稿二卷 （宋）趙蕃撰 **淳熙稿二十卷** （宋）趙蕃撰 清刻武英殿聚珍版書本 十冊

320000－1606－0007607 P11951
絜齋集二十四卷 （宋）袁燮撰 清刻武英殿聚珍版書本 十冊

320000－1606－0007608 P11952
南澗甲乙稿二十二卷 （宋）韓元吉撰 清刻武英殿聚珍版書本 九冊

320000－1606－0007609 P11953
蒙齋集二十卷 （宋）袁甫撰 清刻武英殿聚珍版書本 八冊

320000－1606－0007610 P11954
恥堂存稿八卷 （宋）高斯得撰 清刻本 四冊

320000－1606－0007611 P11955
拙軒集六卷 （金）王寂撰 清刻本 二冊

320000－1606－0007612 P11956
金淵集六卷 （元）仇遠撰 清刻本 二冊

320000－1606－0007613 P11957
文苑英華辨證十卷 （宋）彭叔夏撰 清刻本 二冊

320000－1606－0007614 P11958
悅心集五卷 （清）世宗胤禛輯 清刻本 二冊

320000－1606－0007615 P11959
碧溪詩話十卷 （宋）黃徹撰 清刻武英殿聚珍版書本 一冊

320000－1606－0007616 P11960
浩然齋雅談三卷 （宋）周密撰 清刻武英殿聚珍版書本 一冊

320000－1606－0007617 P11961
歲寒堂詩話二卷 （宋）張戒撰 清刻武英殿聚珍版書本 一冊

320000－1606－0007618 P11962
御纂周易述義十卷 （清）傅恒等撰 清刻武英殿聚珍版書本 八冊

320000－1606－0007619 P11963
易經十卷附考證 （三國魏）王弼注 清刻本 三冊

320000－1606－0007620 P11964
尚書十三卷附考證 （宋）岳珂編 清刻本 四冊

320000－1606－0007621　P11965
毛詩二十卷附考證　(宋)岳珂輯　清刻本　六冊

320000－1606－0007622　P11966
御纂詩義折中二十卷　(清)傅恒等撰　清刻本　十冊

320000－1606－0007623　P11967
御纂春秋直解十二卷　(清)傅恒等纂修　清刻本　八冊

320000－1606－0007624　P11968
經典釋文三十卷　(唐)陸德明撰　清通志堂刻本　十二冊

320000－1606－0007625　P11969
九章算術九卷附錄一卷　(三國魏)劉徽註　(唐)李淳風註釋　清刻武英殿聚珍版書本　四冊

320000－1606－0007626　P11970
欽定清漢對音字式一卷　(清)□□撰　清刻本　一冊

320000－1606－0007627　P11971
閫政領要三卷　(清)德福編　清刻本　一冊

320000－1606－0007628　P11972
章泉稿五卷附錄一卷　(宋)趙蕃撰　清刻本　二冊

320000－1606－0007629　P11973
御批續資治通鑑綱目二十七卷　(明)商輅等撰　清刻本　二十七冊

320000－1606－0007630　P11974
春秋經傳集解三十卷　(晉)杜預撰　(唐)陸德明釋文　**春秋名號歸一圖二卷年表一卷**　(五代)馮繼先撰　清乾隆四十八年(1783)武英殿仿宋刻本　十六冊

320000－1606－0007631　P11975
五經算術二卷　(北周)甄鸞撰　(唐)李淳風注　清刻武英殿聚珍版書本　一冊

320000－1606－0007632　P11976
佩文韻府一百六卷韻府拾遺一百六卷　(清)張玉書等纂　清刻本　一百二十五冊　存一百六十四卷(佩文韻府三十八至一百三、一百五至一百六,韻府拾遺一至六十五、七十一至九十二、九十八至一百六)

320000－1606－0007633　P11977
重編留青新集二十四卷　(清)陳枚原輯　(清)馮善長編　清光緒三十四年(1908)上海廣益書局鉛印本　十二冊

320000－1606－0007634　P11978
玉海二百四卷　(宋)王應麟撰　清光緒九年(1883)浙江書局刻本　一百冊

320000－1606－0007635　P11979
淵鑑類函不分卷　(清)張英等纂　清光緒九年(1883)上海點石齋石印本　十冊

320000－1606－0007636　P11980
淵鑑類函四百五十卷目錄四卷　(清)張英等纂　清康熙四十九年(1710)清吟堂刻本　一百四十冊

320000－1606－0007637　P11981
子史精華一百六十卷　(清)允祿等輯　清雍正五年(1727)刻本　四十八冊

320000－1606－0007638　P11982
彙草堂治平類纂三十卷　(明)朱健著　清彙艸堂刻本　二十六冊

320000－1606－0007639　P11983
策學備纂三十二卷目錄三十二卷　(清)蔡啟盛　(清)吳潁炎輯　清光緒十四年(1888)上海點石齋石印本　三十五冊　存六十卷(一至三、六至二十八、三十至三十一,目錄三十二卷)

320000－1606－0007640　P11985
文獻通考三百四十八卷欽定通考考證三卷　(元)馬端臨撰　清光緒二十八年(1902)上海鴻寶齋石印本　三十二冊

320000－1606－0007641　P11988
佩文韻府一百六卷韻府拾遺一百六卷　(清)張玉書等纂　清光緒十三年(1887)上海點石

齋石印本　五十册

320000－1606－0007642　P11991

史記一百三十卷　（漢）司馬遷撰　（南朝宋）裴駰集解　（唐）司馬貞索隱　（唐）張守節正義　清刻本　二十二册　存六十五卷（六至七十）

320000－1606－0007643　P11992

九通全書九種　（清）□□輯　清光緒二十七年至二十八年（1901－1902）貫吾齋石印本　一百二十七册

320000－1606－0007644　P11996

欽定續文獻通考二百五十卷　（清）嵇璜等纂　清光緒十三年（1887）浙江書局刻本　一百二十册

320000－1606－0007645　P11999

皇朝續文獻通考三百二十卷　（清）劉錦藻纂　清光緒三十一年（1905）堅匏盦鉛印本　八十八册

320000－1606－0007646　P12004

文獻通考輯要二十四卷欽定續文獻通考輯要二十六卷皇朝文獻通考輯要二十六卷　（元）馬端臨撰　湯壽潛編輯　清光緒二十五年（1899）圖書集成局鉛印本　三十册

320000－1606－0007647　P12008

皇朝通典一百卷　（清）嵇璜等總裁　（清）曹仁虎等纂修　清光緒八年（1882）浙江書局刻本　四十册

320000－1606－0007648　P12009

皇朝通志一百二十六卷　（清）嵇璜等總裁　（清）曹仁虎等纂修　清光緒八年（1882）浙江書局刻本　四十册

320000－1606－0007649　P12011

春秋左氏傳賈服註輯述二十卷　（清）李貽德撰　清同治五年（1866）刻本　五册　存十七卷（四至二十）

320000－1606－0007650　P12013

御批歷代通鑑輯覽一百二十卷　（清）傅恒等纂　清同治刻本　二十四册　存四十九卷（七十二至一百二十）

320000－1606－0007651　P12014

尺木堂明鑑易知錄十五卷　（清）吴乘權等輯　清同治二年（1863）寶慶經綸堂刻本　四册

320000－1606－0007652　P12014－1

綱鑑易知錄九十二卷　（清）吴乘權等輯　清咸豐八年（1858）經綸堂刻本　十一册　存三十九卷（一至十二、六十六至九十二）

320000－1606－0007653　P12015

御批歷代通鑑輯覽一百二十卷　（清）傅恒等纂　清光緒三十二年（1906）上海商務印書館鉛印本　三十九册　存一百十七卷（一至一百十七）

320000－1606－0007654　P12016

續資治通鑑長編五百二十卷目錄二卷　（宋）李燾撰　清光緒七年（1881）浙江書局刻本　一百二十册

320000－1606－0007655　P12017

廿二史劄記三十六卷補遺一卷　（清）趙翼撰　清光緒二十八年（1902）上海鴻文書局石印本　六册

320000－1606－0007656　P12018

續資治通鑑二百二十卷　（清）畢沅編集　清同治八年（1869）江蘇書局刻本　六十册

320000－1606－0007657　P12022

史緯三百三十卷首一卷　（清）陳允錫删修　（清）羅大春補　**明史緯六十八卷**　（清）鄭弟銜輯　清光緒二十九年（1903）上海英商順成書局石印本　五十二册

320000－1606－0007658　P12025

辛卯侍行記六卷　（清）陶保廉撰　清光緒二十三年（1897）養樹山房刻本　六册

320000－1606－0007659　P12026

史緯三百三十卷首一卷　（清）陳允錫删修　（清）羅大春補　清同治九年（1870）刻本　一百二十七册　存二百七十一卷（一至九十三、

一百十七至一百六十三、一百八十一至一百九十三、二百八至二百四十三、二百五十至三百三十,首一卷)

320000－1606－0007660　P12031

後漢書一百二十卷　(南朝宋)范曄撰　清石印本　五冊　存三十一卷(六十五至九十五)

320000－1606－0007661　P12034

前漢書一百二十卷　(漢)班固撰　(唐)顏師古注　清光緒十三年(1887)金陵書局刻本　十六冊

320000－1606－0007662　P12040

三國志六十五卷　(晉)陳壽撰　(南朝宋)裴松之注　清光緒十四年(1888)上海圖書集成印書局鉛印本　八冊

320000－1606－0007663　P12041

前漢書一百二十卷　(漢)班固撰　(唐)顏師古注　清光緒十四年(1888)上海圖書集成印書局鉛印本　二十冊

320000－1606－0007664　P12042

三國志六十五卷　(晉)陳壽撰　(南朝宋)裴松之注　清同治九年(1870)金陵書局刻本　五冊　存三十五卷(一至五、十二至三十、五十五至六十五)

320000－1606－0007665　P12043

三國志六十五卷　(晉)陳壽撰　(南朝宋)裴松之注　清同治九年(1870)金陵書局刻本　八冊

320000－1606－0007666　P12044

前漢書一百二十卷　(漢)班固撰　(唐)顏師古注　清同治八年(1869)金陵書局刻本　十六冊

320000－1606－0007667　P12045

續漢志三十卷　(晉)司馬彪撰　(南朝梁)劉昭補註　清同治八年(1869)金陵書局刻本　二冊

320000－1606－0007668　P12047

文選六十卷　(南朝梁)蕭統輯　(唐)李善注　**考異十卷**　(清)胡克家撰　清同治八年(1869)湖北崇文書局刻本　二十冊

320000－1606－0007669　P12048

晉書一百三十卷　(唐)房玄齡等撰　清刻本　三十二冊

320000－1606－0007670　P12049

南齊書五十九卷　(南朝梁)蕭子顯撰　清同治十三年(1874)金陵書局刻本　四冊　存三十六卷(一至三十六)

320000－1606－0007671　P12050

南齊書五十九卷　(南朝梁)蕭子顯撰　清同治十二年(1873)刻本　四冊　存四十五卷(十五至五十九)

320000－1606－0007672　P12051

宋書一百卷　(南朝梁)沈約撰　清同治十一年(1872)金陵書局刻本　十二冊　存七十五卷(一至三十六、四十八至八十六)

320000－1606－0007673　P12052

南北史捃華八卷　(清)周嘉猷輯　清光緒二年(1876)退補齋刻本　四冊

320000－1606－0007674　P12053

北史一百卷　(唐)李延壽撰　清同治十一年(1872)金陵書局刻本　二十冊

320000－1606－0007675　P12054

遼史拾遺二十四卷　(清)厲鶚撰　清光緒元年(1875)江蘇書局刻本　六冊

320000－1606－0007676　P12055

宋書一百卷　(南朝梁)沈約撰　清同治十一年(1872)金陵書局刻本　十六冊

320000－1606－0007677　P12056

北史一百卷　(唐)李延壽撰　清同治十一年(1872)金陵書局刻本　十九冊　存九十四卷(一至九十四)

320000－1606－0007678　P12057

北史一百卷　(唐)李延壽撰　清同治十一年(1872)金陵書局刻本　十六冊　存八十卷(一至三、九至二十二、二十七至三十四、四十

六至一百）

320000－1606－0007679　P12058
魏書一百十四卷　（北齊）魏收撰　清光緒二十八年（1902）上海文瀾書局石印本　六冊

320000－1606－0007680　P12059
魏書一百十四卷　（北齊）魏收撰　清同治十一年（1872）金陵書局刻本　十八冊　存一百一卷（一至六十五、七十三至九十、九十七至一百十四）

320000－1606－0007681　P12060
周書五十卷　（唐）令狐德棻撰　清同治十三年（1874）金陵書局刻本　四冊

320000－1606－0007682　P12061
舊唐書二百十四卷　（五代）劉昫等撰　清同治刻本　三十一冊　存一百六十六卷（三十五至二百）

320000－1606－0007683　P12062
春秋左傳五十卷　（晉）杜預註釋　清刻本　十一冊　存三十五卷（一至十三、二十至三十四、三十八至四十四）

320000－1606－0007684　P12063
隋書八十五卷　（唐）魏徵等撰　清同治十年（1871）淮南書局刻本　六冊

320000－1606－0007685　P12064
隋書八十五卷　（唐）魏徵等撰　清刻本　六冊　存三十卷（一至三十）

320000－1606－0007686　P12065
唐會要一百卷　（宋）王溥撰　清光緒十年（1884）江蘇書局刻本　二十二冊　存九十二卷（一至七十五、八十四至一百）

320000－1606－0007687　P12066
唐會要一百卷　（宋）王溥撰　清光緒十年（1884）江蘇書局刻本　六冊　存二十五卷（七十六至一百）

320000－1606－0007688　P12067
春秋董氏學八卷附傳一卷　康有爲撰　清光緒大同譯書局刻本　六冊

320000－1606－0007689　P12068
舊唐書二百十四卷　（五代）劉昫等撰　清同治十一年（1872）浙江書局刻本　二十三冊　存一百二十五卷（一至十八、二十六至三十、四十一至一百四十二）

320000－1606－0007690　P12069
舊唐書二百卷　（五代）劉昫等撰　清光緒二十八年（1902）上海文瀾書局石印本　十冊

320000－1606－0007691　P12070
唐書二百二十五卷　（宋）歐陽修　（宋）宋祁撰　清同治十二年（1873）浙江書局刻本　三十五冊　存一百九十四卷（九至七十七、一百一至二百二十五）

320000－1606－0007692　P12071
唐書二百二十五卷　（宋）歐陽修　（宋）宋祁撰　清同治十二年（1873）浙江書局刻本　三十二冊　存一百八十八卷（一至六十、六十九至七十、七十二至七十三、七十八至一百二十九、一百三十八至一百六十九、一百八十六至二百二十五）

320000－1606－0007693　P12072
唐書二百二十五卷　（宋）歐陽修　（宋）宋祁撰　清同治十二年（1873）浙江書局刻本　四十冊

320000－1606－0007694　P12073
春秋董氏學八卷附傳一卷　康有爲撰　清刻本　六冊

320000－1606－0007695　P12074
舊五代史一百五十卷目錄二卷附考證　（宋）薛居正等撰　清同治十一年（1872）湖北崇文書局刻本　十六冊

320000－1606－0007696　P12075
新唐書二百二十五卷　（宋）歐陽修撰　清光緒二十八年（1902）上海文瀾書局石印本　七冊　存一百八十九卷（一至一百二、一百三十九至二百二十五）

320000－1606－0007697　P12076
舊五代史一百五十卷目錄二卷附考證　（宋）

薛居正等撰　清同治十一年(1872)湖北崇文書局刻本　十六冊

320000－1606－0007698　P12077
舊五代史一百五十卷目錄二卷附考證　(宋)薛居正等撰　清同治十一年(1872)湖北崇文書局刻本　十六冊

320000－1606－0007699　P12078
宋史四百九十六卷目錄三卷　(元)脱脱等撰　清光緒元年(1875)浙江書局刻本　八十八冊　存三百五十卷(十二至四十七、五十二至八十二、九十一至一百二十九、一百三十五至一百七十五、一百八十六至一百九十七、二百十至四百)

320000－1606－0007700　P12079
五代史七十四卷　(宋)歐陽修撰　(宋)徐無黨注　清同治十一年(1872)湖北崇文書局刻本　八冊

320000－1606－0007701　P12080
五代史七十四卷　(宋)歐陽修撰　(宋)徐無黨注　清同治十一年(1872)湖北崇文書局刻本　八冊

320000－1606－0007702　P12081
五代史七十四卷　(宋)歐陽修撰　(宋)徐無黨注　清同治十一年(1872)湖北崇文書局刻本　八冊

320000－1606－0007703　P12466
宋史四百九十六卷目錄三卷　(元)脱脱等撰　清光緒二十八年(1902)上海文瀾書局石印本　十九冊

320000－1606－0007704　P12467
宋史四百九十六卷目錄三卷　(元)脱脱等撰　清光緒元年(1875)浙江書局刻本　一百冊

320000－1606－0007705　P12468
遼史一百十五卷　(元)脱脱等撰　清同治十二年(1873)江蘇書局刻本　七冊　存八十一卷(一至九、四十四至一百十五)

320000－1606－0007706　P12469
遼史一百十五卷　(元)脱脱等撰　清同治十二年(1873)江蘇書局刻本　十二冊

320000－1606－0007707　P12470
遼史拾遺二十四卷　(清)厲鶚撰　清光緒元年(1875)江蘇書局刻本　八冊

320000－1606－0007708　P12471
金史一百三十五卷　(元)托克托等修　清同治十三年(1874)江蘇書局刻本　二十冊

320000－1606－0007709　P12472
元史二百十卷目錄二卷　(明)宋濂等撰　清同治十三年(1874)江蘇書局刻本　三十二冊　存一百五十六卷(一至一百五十六)

320000－1606－0007710　P12473
立厓詩鈔七卷　(清)蔣業晉撰　清嘉慶四年(1799)交翠堂刻本　五冊　存五卷(一至五)

320000－1606－0007711　P12474
弢甫五岳集二十卷　(清)桑調元撰　清乾隆修汲堂刻本　十冊　存十卷(衡山集三至五、恒山集一至七)

320000－1606－0007712　P12476
古文披金二十四卷　(清)納蘭常安評選　清刻本　十一冊　存十四卷(一至十四)

320000－1606－0007713　P12477
欽定四庫全書簡明目錄二十卷　(清)紀昀等纂　清光緒二十年(1894)上海點石齋石印本　二冊　存十卷(一至十)

320000－1606－0007714　P12478
欽定四庫全書總目二百卷首一卷未收書目提要五卷　(清)紀昀等纂　清光緒上海漱六山莊石印本　二十冊

320000－1606－0007715　P12482
商務官報□□期　(清)商務官報局編　清光緒三十四年(1908)農工商部工藝局印刷科鉛印本　二冊　存二期(二十六至二十七)

320000－1606－0007716　P12484
廣生編一卷　(清)包誠編　清同治七年(1868)蘊璞齋刻本　一冊

320000－1606－0007717　P12487
毛詩品物圖攷七卷　(日本)岡元鳳纂輯　清光緒十二年(1886)上海積山書局石印本　二册

320000－1606－0007718　P12488
毛詩品物圖攷七卷　(日本)岡元鳳纂輯　清光緒十二年(1886)上海積山書局石印本　二册

320000－1606－0007719　P12491
欽定四庫全書總目二百卷首一卷　(清)紀昀等纂　清同治七年(1868)廣東書局刻本　一百二十册

320000－1606－0007720　P12493
欽定四庫全書總目二百卷首一卷未收書目提要五卷　(清)紀昀等纂　清光緒上海漱六山莊石印本　十八册　存一百九十卷(欽定四庫全書總目七至四十七、五十八至二百,首一卷,未收書目提要五卷)

320000－1606－0007721　P12495
古經解彙函十六種小學彙函十四種續附十種　(清)鍾謙鈞等輯　清光緒十四年(1888)石印本　二十册

320000－1606－0007722　P12496
皇清經解續編二百九卷　王先謙輯　清光緒十五年(1889)上海蜚英書局石印本　三十二册

320000－1606－0007723　P12497
經學輯要二十四卷首一卷　(清)吳頴炎輯　清光緒十四年(1888)上海點石齋石印本　三十一册　存二十一卷(一至十九、二十三至二十四)

320000－1606－0007724　P12499
群經宮室圖二卷　(清)焦循撰　清光緒十一年(1885)梁谿朱氏刻本　二册

320000－1606－0007725　P12500
新學僞經考十四卷　康有爲撰　清光緒刻本　三册　存八卷(四至七、十一至十四)

320000－1606－0007726　P12501
彙刻書目二十卷　(清)顧修編　清光緒十二年(1886)上海福瀛書局刻本　十九册　存十九卷(一至八、十至二十)

320000－1606－0007727　P12504
九經三傳沿革例一卷　(宋)岳珂撰　清光緒三年(1877)湖北崇文書局刻本　一册

320000－1606－0007728　P12505
九經三傳沿革例一卷　(宋)岳珂撰　清光緒三年(1877)湖北崇文書局刻本　一册

320000－1606－0007729　P12506
五經贊一卷　(清)陸榮秬纂　(清)徐堂注　清同治四年(1865)刻本　一册

320000－1606－0007730　P12507
五經體註五種　(□)□□撰　清光緒十四年(1888)鴻寶齋石印本　十一册

320000－1606－0007731　P12508
皇朝五經彙解二百七十卷　題(清)抉經心室主人編　清光緒十四年(1888)鴻文書局石印本　三十二册

320000－1606－0007732　P12509
匏瓜錄十卷　(清)芮長恤撰　清光緒十三年(1887)刻本　六册

320000－1606－0007733　P12510
重刻歐陽外翰點勘記二卷　(清)歐陽泉撰　清同治九年(1870)刻本　二册

320000－1606－0007734　P12511
經義考三百卷目錄二卷　(清)朱彝尊錄　清光緒二十三年(1897)浙江書局刻本(卷二百八十六、二百九十九至三百原缺)　五十册

320000－1606－0007735　P12513
經訓比義三卷　(清)黃以周述　清光緒二十二年(1896)南菁講舍刻本　一册

320000－1606－0007736　P12514
習學記言五十卷　(宋)葉適撰　清光緒九年(1883)刻本　八册　存四十一卷(一至三十一、三十六至四十五)

320000－1606－0007737　P12515
五經小學述二卷　(清)莊述祖著　清光緒九年(1883)刻本　一冊

320000－1606－0007738　P12516
詩瀋二十卷三家詩拾遺十卷夏小正輯註四卷　(清)范家相撰　清光緒十三年(1887)墨潤堂刻本　八冊

320000－1606－0007739　P12517
重刻經學五書五種　(清)萬斯大著　清乾隆辨志堂刻本　四冊

320000－1606－0007740　P12518
十三經舊學加商二卷　(清)吳修祜著　清光緒十五年(1889)木活字印本　一冊

320000－1606－0007741　P12520
經義述聞三十二卷　(清)王引之撰　清光緒七年(1881)上海文瑞樓刻本　十六冊

320000－1606－0007742　P12521
東塾讀書記十五卷　(清)陳澧撰　清光緒二十七年(1901)煥文書局刻本　四冊

320000－1606－0007743　P12522
經餘必讀二卷續編二卷三編二卷　(清)雷琳等輯　清光緒二十二年(1896)上海圖書集成局鉛印本　五冊

320000－1606－0007744　P12523
白虎通德論四卷　(漢)班固纂　清光緒元年(1875)湖北崇文書局刻本　二冊

320000－1606－0007745　P12524
緯攟十四卷　(清)喬松年輯　清光緒三年(1877)強恕堂刻本　六冊　存十二卷(一至四、七至十四)

320000－1606－0007746　P12525
經義述聞三十二卷　(清)王引之撰　清嘉慶二十二年(1817)刻本　十六冊

320000－1606－0007747　P12526
目耕帖三十一卷　(清)馬國翰撰　清同治十年(1871)濟南皇華館書局補刻本　十六冊

320000－1606－0007748　P12530
味經齋遺書　(清)莊存與撰　清光緒八年(1882)陽湖莊氏刻本　十冊　存四種二十八卷(易七卷、書四卷、詩四卷、春秋十三卷)

320000－1606－0007749　P12531
經傳考證八卷　(清)朱彬撰　清道光十六年(1836)宜祿堂刻本　二冊

320000－1606－0007750　P12532
經傳考證八卷　(清)朱彬撰　清道光十六年(1836)宜祿堂刻本　二冊

320000－1606－0007751　P12534
困學紀聞注二十卷　(清)翁元圻輯　清道光五年(1825)餘姚守福堂刻本　十二冊

320000－1606－0007752　P12535
困學紀聞注二十卷　(清)翁元圻輯　清道光五年(1825)餘姚守福堂刻本　十七冊　存十四卷(一至三、十至二十)

320000－1606－0007753　P12537
經典釋文考證三十卷　(清)盧文弨撰　清同治八年(1869)湖北崇文書局刻本　二冊

320000－1606－0007754　P12538
經典釋文三十卷　(唐)陸德明撰　清刻本　四冊　存十三卷(十八至三十)

320000－1606－0007755　P12539
重刊宋本十三經注疏附校勘記十三種　(清)阮元撰校勘記　(清)盧宣旬摘錄　清同治十二年(1873)江西書局刻本　一百七十五冊

320000－1606－0007756　P12540
宋本十三經註疏附校勘記十三種　(清)阮元撰　清光緒十三年(1887)上海脈望仙館石印本　三十二冊

320000－1606－0007757　P12541
五經備旨十一卷　(清)鄒聖脈纂輯　清光緒十五年(1889)上海積山書局石印本　十二冊

320000－1606－0007758　P12542
欽定七經七種　(清)李光地等輯　清光緒二十年(1894)湖北書局刻本　一百四十二冊

320000－1606－0007759　P12543

仿宋刻阮本十三經注疏附校勘記十三種 （清）阮元輯　清光緒三十年（1904）同文升記石印本　三十二册

320000－1606－0007760　P12544
四書五經九種 （□）□□輯　清同治三年（1864）浙江撫署刻本　三十八册

320000－1606－0007761　P12545
易經本義十二卷首一卷末一卷 （宋）朱熹撰　清同治四年（1865）金陵書局刻本　二册

320000－1606－0007762　P12546
易經八卷 （宋）程頤傳　清同治五年（1866）金陵書局刻本　三册

320000－1606－0007763　P12547
易經八卷 （宋）程頤傳　清光緒九年（1883）江南書局刻本　三册

320000－1606－0007764　P12548
易經八卷 （宋）程頤傳　清光緒九年（1883）江南書局刻本　三册

320000－1606－0007765　P12549
易經八卷 （宋）程頤傳　清光緒九年（1883）江南書局刻本　三册

320000－1606－0007766　P12550
宋本十三經註疏附校勘記十三種 （清）阮元撰　清光緒十三年（1887）上海脈望仙館石印本　二十八册　缺四種五十三卷（論語註疏二十卷、孝經註疏九卷、爾雅註疏十卷、孟子註疏十四卷）

320000－1606－0007767　P12551
春秋比事參議十六卷 （清）桂含章輯　清光緒八年（1882）石埭務本堂桂氏刻本　十册　存十卷（一至十）

320000－1606－0007768　P12555
易經本義十二卷首一卷末一卷 （宋）朱熹撰　清同治四年（1865）金陵書局刻本　二册

320000－1606－0007769　P12556
周易人事疏證正編八卷 （清）章世臣輯　清宣統二年（1910）同文書館鉛印本　八册

320000－1606－0007770　P12557
欽定七經綱領七卷奏定學堂章程摘録一卷 （清）學部輯　清宣統元年（1909）學部圖書局鉛印本　一册

320000－1606－0007771　P12558
太玄集注四卷 （漢）揚雄撰　（宋）司馬光注　（清）孫澍增補　清道光十一年（1831）鵝溪孫氏刻本　四册

320000－1606－0007772　P12560
虹舟四書講義二十卷 （清）李祖惠撰　清乾隆二十二年（1757）刻本　四册

320000－1606－0007773　P12561
退思易話八卷 （清）王玉樹撰　清刻本　二册

320000－1606－0007774　P12563
鄭氏周易三卷鄭氏周易爻辰圖一卷 （漢）鄭玄撰　（宋）王應麟輯　（清）惠棟增補　清乾隆二十一年（1756）德州盧氏雅雨堂刻本　三册

320000－1606－0007775　P12564
易林釋文二卷 （清）丁晏撰　清光緒十六年（1890）廣雅書局刻本　一册

320000－1606－0007776　P12567
易經本義十二卷周易本義考一卷周易本義卦歌一卷圖說一卷易經五贊一卷筮儀一卷 （宋）朱熹本義　清光緒十九年（1893）江南書局刻本　二册

320000－1606－0007777　P12568
焦氏易林十六卷 題（漢）焦贛撰　**易林元籥十測一卷** （明）盛如林纂著　清嘉慶知白齋刻本　六册

320000－1606－0007778　P12571
易漢學八卷 （清）惠棟撰　清清來堂刻本　二册

320000－1606－0007779　P12572
周易姚氏學十六卷 （清）姚配中撰　清光緒三年（1877）湖北崇文書局刻本　六册

320000－1606－0007780　P12573
讀易管窺五卷　(清)吳隆元撰　清刻本　一冊　存三卷(三至五)

320000－1606－0007781　P12574
周易注疏校勘記九卷附周易釋文校勘記一卷　(清)阮元撰　清嘉慶刻本　二冊

320000－1606－0007782　P12575
周易通解六卷　(清)楊以迴釋　清光緒十年(1884)大成巷本宅刻本　五冊

320000－1606－0007783　P12577
書經六卷首一卷末一卷　(宋)蔡沈集傳　清光緒七年(1881)金陵書局刻本　四冊

320000－1606－0007784　P12578
書經六卷首一卷末一卷　(宋)蔡沈集傳　清光緒七年(1881)金陵書局刻本　四冊

320000－1606－0007785　P12579
書經六卷首一卷末一卷　(宋)蔡沈集傳　清光緒七年(1881)金陵書局刻本　四冊

320000－1606－0007786　P12580
書經六卷　(宋)蔡沈集傳　清刻本　四冊

320000－1606－0007787　P12581
皇極經世緒言九卷首二卷　(宋)邵雍撰　清嘉慶四年(1799)刻本　八冊

320000－1606－0007788　P12582
欽定詩經傳説彙纂二十一卷首二卷詩序二卷　(清)王鴻緒等纂　清同治七年(1868)刻本　十六冊

320000－1606－0007789　P12591
欽定書經傳説彙纂二十一卷首二卷書序一卷　(清)王頊齡等纂　清刻本　十冊　存二十卷(一至十八、首二卷)

320000－1606－0007790　P12592
書經六卷首一卷末一卷　(宋)蔡沈集傳　清光緒七年(1881)金陵書局刻本　四冊　存七卷(書經六卷、首一卷)

320000－1606－0007791　P12593
尚書注疏校勘記二十卷尚書釋文校勘記二卷　(清)阮元撰　清刻本　三冊

320000－1606－0007792　P12594
尚書古文疏證八卷朱子古文書疑一卷　(清)閻若璩撰　清嘉慶元年(1796)刻本　八冊

320000－1606－0007793　P12595
融堂書解二十卷　(宋)錢時撰　清刻本　五冊

320000－1606－0007794　P12596
禹貢古今注通釋六卷　(清)侯楨撰　清光緒六年(1880)古抒秋館木活字印本　二冊

320000－1606－0007795　P12597
禹貢古今注通釋六卷　(清)侯楨撰　清光緒六年(1880)古抒秋館木活字印本　二冊

320000－1606－0007796　P12598
禹貢錐指節要一卷　(清)汪獻玗撰　清咸豐三年(1853)恩暉堂刻本　一冊

320000－1606－0007797　P12599
禹貢因一卷　(清)沈練集註　清光緒十八年(1892)溧陽沈氏刻本　一冊

320000－1606－0007798　P12601
禹貢錐指二十卷略例一卷禹貢圖一卷　(清)胡渭撰　清漱六軒刻本　十一冊

320000－1606－0007799　P12602
禹貢正詮四卷　(清)姚彥渠輯　清同治九年(1870)刻本　一冊

320000－1606－0007800　P12603
禹貢班義述三卷漢糜水入尚龍谿攷一卷　(清)成蓉鏡撰　清光緒十一年(1885)刻本　一冊

320000－1606－0007801　P12607
詩經補箋二十卷　王闓運撰　清光緒三十二年(1906)刻本　四冊

320000－1606－0007802　P12608
御纂詩義折中二十卷　(清)傅恒等撰　清刻本　八冊

320000－1606－0007803　P12609

詩經八卷 (宋)朱熹集傳 清刻本 四冊

320000－1606－0007804 P12610
詩經八卷 (宋)朱熹集傳 清光緒十二年(1886)上洋大文堂楨記刻本 四冊

320000－1606－0007805 P12611
詩經集傳八卷 (宋)朱熹集傳 清刻本 五冊

320000－1606－0007806 P12612
毛詩天文考一卷 (清)洪亮吉撰 清光緒十七年(1891)刻本 一冊

320000－1606－0007807 P12613
詩經精華十卷 (清)薛嘉穎撰 清道光五年(1825)刻本 一冊 存一卷(一)

320000－1606－0007808 P12614
吕氏家塾讀詩記三十二卷 (宋)吕祖謙撰 清同治退補齋刻本 十二冊

320000－1606－0007809 P12615
吕氏家塾讀詩記三十二卷 (宋)吕祖謙撰 清刻本 十二冊

320000－1606－0007810 P12616
毛詩注疏校勘記七卷毛詩釋文校勘記三卷 (清)阮元撰 清刻本 四冊

320000－1606－0007811 P12617
四禮翼一卷 (明)吕坤撰 清光緒十四年(1888)固始張氏刻本 一冊

320000－1606－0007812 P12618
吕氏四禮翼一卷 (明)吕坤撰 清光緒二十三年(1897)刻本 一冊

320000－1606－0007813 P12619
周官精義十二卷 (清)連斗山編 清嘉慶二十二年(1817)刻本 四冊

320000－1606－0007814 P12620
周禮節訓六卷 (清)黄叔琳輯 (清)姚培謙重訂 清光緒十九年(1893)刻本 一冊

320000－1606－0007815 P12621
欽定周官義疏四十八卷首一卷 (清)允祿等撰 清同治七年(1868)刻本 二十四冊

320000－1606－0007816 P12622
東巖周禮訂義八十卷 (宋)王與之撰 清通志堂刻本 十二冊 存六十一卷(一至六十一)

320000－1606－0007817 P12623
讀禮叢鈔十六種 (清)李輔燿輯 清光緒十七年(1891)湘西李氏鞠園之懷翼草廬刻本 六冊

320000－1606－0007818 P12624
周禮注疏校勘記十二卷周禮釋文校勘記二卷 (清)阮元撰 清刻本 四冊

320000－1606－0007819 P12625
周禮折衷六卷 (清)胡興銓撰 清同治五年(1866)刻本 六冊

320000－1606－0007820 P12626
周禮六卷 (漢)鄭玄注 (唐)陸德明音義 清刻本 六冊

320000－1606－0007821 P12627
周禮政要二卷 (清)孫詒讓撰 清光緒二十八年(1902)刻本 二冊

320000－1606－0007822 P12628
周禮十二卷 (漢)鄭玄注 (唐)陸德明釋文 清同治七年(1868)湖北崇文書局刻本 六冊

320000－1606－0007823 P12629
儀禮圖六卷 (清)張惠言撰 清同治九年(1870)楚北崇文書局刻本 三冊

320000－1606－0007824 P12630
儀禮圖六卷 (清)張惠言撰 清同治九年(1870)楚北崇文書局刻本 三冊

320000－1606－0007825 P12631
周禮政要二卷 (清)孫詒讓撰 清光緒二十九年(1903)上海書局石印本 二冊

320000－1606－0007826 P12633
儀禮鄭注句讀十七卷儀禮監本正誤一卷儀禮石本誤字一卷 (清)張爾岐撰 清同治七年

(1868)金陵書局刻本　四冊

320000－1606－0007827　P12634
周禮六卷　(漢)鄭玄注　(唐)陸德明音義　清光緒二十九年(1903)刻本　六冊

320000－1606－0007828　P12635
輪輿私箋二卷附圖一卷　(清)鄭珍撰　(清)鄭知同繪　清光緒十七年(1891)廣雅書局刻本　一冊

320000－1606－0007829　P12636
仿宋嚴州本儀禮十七卷嚴本儀禮鄭氏注校錄一卷　(漢)鄭玄注　清同治九年(1870)湖北崇文書局刻本　二冊

320000－1606－0007830　P12639
朱子儀禮釋宫一卷儀禮宫室圖一卷冕弁冠服圖一卷表一卷　(宋)朱熹撰　清光緒十五年(1889)刻本　一冊

320000－1606－0007831　P12640
儀禮節略二十卷　(清)朱軾撰　清光緒二十三年(1897)刻本　十六冊

320000－1606－0007832　P12641
儀禮古今文疏義十七卷　(清)胡承珙撰　清光緒三年(1877)湖北崇文書局刻本　四冊

320000－1606－0007833　P12642
儀禮注疏校勘記十七卷儀禮釋文校勘記一卷　(清)阮元撰　清刻本　三冊

320000－1606－0007834　P12643
制服成誦編一卷制服表一卷喪服通釋一卷　(清)周保珪撰　清光緒二十一年(1895)武林王氏紅蝠山房石印本　一冊

320000－1606－0007835　P12645
禮記質疑四十九卷　(清)郭嵩燾撰　清光緒十六年(1890)思賢講舍刻本　十冊

320000－1606－0007836　P12646
禮記天算釋一卷　(清)孔廣牧撰　清光緒十五年(1889)廣雅書局刻本　一冊

320000－1606－0007837　P12647
禮記注疏校勘記六十三卷禮記釋文校勘記四卷　(清)阮元撰　清刻本　八冊

320000－1606－0007838　P12648
夏時明堂陰陽經十卷夏時等列說一卷　(清)莊述祖撰　清光緒九年(1883)刻本　四冊

320000－1606－0007839　P12649
禮記集解六十一卷尚書顧命解一卷　(清)孫希旦集解　清咸豐十年(1860)瑞安孫氏盤穀草堂刻本　十六冊

320000－1606－0007840　P12650
禮記十卷　(元)陳澔集說　清刻本　十冊

320000－1606－0007841　P12651
禮記十卷　(元)陳澔集說　清同治七年(1868)刻本　九冊　存九卷(一至九)

320000－1606－0007842　P12652
禮記十卷　(元)陳澔集說　清光緒十九年(1893)江南書局刻本　十冊

320000－1606－0007843　P12658
禮記要義三十三卷　(宋)魏了翁撰　清光緒十二年(1886)刻本　七冊　存二十七卷(一至二十七)

320000－1606－0007844　P12659
禮記述注二十八卷　(清)李光坡撰　清光緒八年(1882)刻本　十冊

320000－1606－0007845　P12661
禮記訓纂四十九卷　(清)朱彬輯　清咸豐六年(1856)宜禄堂刻本　八冊　存三十六卷(一至二十一、三十五至四十九)

320000－1606－0007846　P12662
禮記訓纂四十九卷　(清)朱彬輯　清咸豐六年(1856)宜禄堂刻本　十冊

320000－1606－0007847　P12663
禮記纂言三十六卷　(元)吳澄纂　清光緒二十三年(1897)刻本　十五冊

320000－1606－0007848　P12667
禮記陳氏集說十卷　(元)陳澔撰　清光緒十九年(1893)江南書局刻本　九冊　存九卷(一至二、四至十)

320000－1606－0007849　P12668
禮記陳氏集說十卷　(元)陳澔撰　清光緒十九年(1893)江南書局刻本　十册

320000－1606－0007850　P12672
天子肆獻祼饋食禮三卷　(清)任啟運撰　清光緒十一年(1885)浙江書局刻本　一册

320000－1606－0007851　P12673
禮書通故五十卷　(清)黄以周述　清光緒十九年(1893)黄氏試館刻本　三十二册

320000－1606－0007852　P12674
禮書通故五十卷　(清)黄以周述　清光緒十九年(1893)黄氏試館刻本　三十二册

320000－1606－0007853　P12675
禮書通故五十卷　(清)黄以周述　清光緒十九年(1893)黄氏試館刻本　三十二册

320000－1606－0007854　P12676
春秋三傳十六卷首一卷　清同治三年(1864)浙江撫署刻本　十四册

320000－1606－0007855　P12677
春秋董氏學八卷附傳一卷　康有爲撰　清光緒大同譯書局刻本　六册

320000－1606－0007856　P12678
春秋董氏學八卷附傳一卷　康有爲撰　清光緒大同譯書局刻本　六册

320000－1606－0007857　P12679
春秋董氏學八卷附傳一卷　康有爲撰　清光緒大同譯書局刻本　六册

320000－1606－0007858　P12680
春秋董氏學八卷附傳一卷　康有爲撰　清光緒大同譯書局刻本　六册

320000－1606－0007859　P12681
南史八十卷　(唐)李延壽撰　清刻本　四册　存二十五卷(五十六至八十)

320000－1606－0007860　P12682
南史八十卷　(唐)李延壽撰　清刻本　七册　存五十卷(二十五至七十四)

320000－1606－0007861　P12683
周禮正義八十六卷　(清)孫詒讓撰　清光緒三十一年(1905)鉛印本　二十四册

320000－1606－0007862　P12686
春秋經傳集解三十卷　(晉)杜預撰　(唐)陸德明釋文　**春秋名號歸一圖二卷年表一卷**　(五代)馮繼先撰　清刻本　十二册

320000－1606－0007863　P12687
春秋比事參議十六卷　(清)桂含章輯　清光緒八年(1882)石埭務本堂桂氏刻本　十六册

320000－1606－0007864　P12688
春秋鈔十卷首一卷　(清)朱軾輯　清刻本　四册

320000－1606－0007865　P12689
春秋或問二十卷　(宋)吕大圭述　清通志堂刻本　四册

320000－1606－0007866　P12692
讀左補義五十卷綱領二卷　(清)姜炳璋輯　清同文堂刻本　十一册　存三十六卷(讀左補義一至二十四、三十四至四十三,綱領二卷)

320000－1606－0007867　P12693
四書近指二十卷　(清)孫奇逢纂　清康熙中州學署刻本　五册

320000－1606－0007868　P12694
孫子晚年批定四書近指十七卷　(清)孫奇逢批定　清同治三年(1864)刻本　二册

320000－1606－0007869　P12699
春秋左傳三十卷　(晉)杜預註釋　清同治元年(1862)刻本　十册　存十七卷(一至十七)

320000－1606－0007870　P12701
春秋左傳杜注三十卷首一卷　(清)姚培謙學　清光緒九年(1883)江南書局刻本　十册　缺一卷(首一卷)

320000－1606－0007871　P12702
春秋左傳杜注三十卷首一卷　(清)姚培謙學　清光緒九年(1883)江南書局刻本　十册

缺一卷(首一卷)

320000－1606－0007872　P12704
欽定春秋左傳讀本三十卷　(清)英和等輯　清同治刻本　十六册

320000－1606－0007873　P12705
十三經注疏校勘記識語四卷　(清)汪文臺撰　清光緒三年(1877)江西書局刻本　二册

320000－1606－0007874　P12708
春秋左傳注疏校勘記三十六卷釋文校勘記六卷　(清)阮元撰　清刻本　八册

320000－1606－0007875　P12709
左傳舊疏考正八卷　(清)劉文淇撰　清光緒三年(1877)湖北崇文書局刻本　四册

320000－1606－0007876　P12712
春秋公羊傳十一卷　(漢)何休注　清光緒二十二年(1896)湖南仁記書局刻本　六册

320000－1606－0007877　P12713
春秋公羊注疏質疑二卷　(清)何若瑶撰　清光緒二十年(1894)廣雅書局刻本　一册

320000－1606－0007878　P12714
春秋公羊傳注疏校勘記十一卷釋文校勘記一卷　(清)阮元撰　清刻本　三册

320000－1606－0007879　P12715
春秋穀梁傳十二卷　(晉)范甯集解　清光緒二十二年(1896)湖南仁記書局刻本　四册

320000－1606－0007880　P12716
十國春秋一百十六卷　(清)吳任臣撰　清乾隆五十三年(1788)刻本　十六册

320000－1606－0007881　P12717
春秋穀梁傳注疏校勘記十二卷釋文校勘記一卷　(清)阮元撰　清刻本　一册

320000－1606－0007882　P12720
孝經集傳四卷　(明)黄道周撰　清康熙三十年(1691)刻本　二册

320000－1606－0007883　P12721
孝經注疏校勘記三卷孝經釋文校勘記一卷　(清)阮元撰　清刻本　一册

320000－1606－0007884　P12723
孝經一卷　(唐)玄宗李隆基注　清光緒十二年(1886)湖北官書局刻本　一册

320000－1606－0007885　P12726
爾雅蒙求二卷　(清)李拔式撰　清光緒深柳書屋刻本　二册

320000－1606－0007886　P12728
爾雅注疏校勘記三卷爾雅釋文校勘記二卷　(清)阮元撰　清刻本　四册

320000－1606－0007887　P12730
欽定化治四書文不分卷　(清)方苞輯　清光緒二年(1876)崇文書局刻本　五册

320000－1606－0007888　P12731
四書集註校語一卷　王祖畬撰　清光緒三十年(1904)刻本　一册

320000－1606－0007889　P12732
四書總字釋義類編一卷四書總字同聲集一卷　(清)王士崧輯　清乾隆四十六年(1781)刻本　一册

320000－1606－0007890　P12733
四書訓解參證十二卷補遺四卷　(清)張定鋆撰　清同治四年(1865)刻本　四册　存十五卷(四書訓解參證一至三、五至十二,補遺四卷)

320000－1606－0007891　P12734
四書通證六卷　(元)張存中撰　清康熙十九年(1680)通志堂刻本　二册

320000－1606－0007892　P12735
四書説苑十一卷首一卷補遺一卷續遺一卷　(清)孫應科輯　清道光刻本　四册

320000－1606－0007893　P12738
四書約旨十九卷　(清)任啟運撰　清光緒九年(1883)篠里任一本堂家塾刻本　十册

320000－1606－0007894　P12739
新刻批點四書讀本十九卷　(宋)朱熹章句　清道光七年(1827)愷元堂刻朱墨套印本

八冊

320000－1606－0007895　P12740
四書集註十九卷　(宋)朱熹集註　清光緒八年(1882)金陵書局刻本　六冊

320000－1606－0007896　P12741
四書纂箋二十八卷　(元)詹道傳著　清康熙通志堂刻本　七冊

320000－1606－0007897　P12742
增訂批點真西山四書集編二十九卷　(宋)真德秀撰　清同治七年(1868)福浦西山祠刻本　九冊

320000－1606－0007898　P12743
四書註解撮要二卷　(清)林慶炳輯　清光緒十一年(1885)小石渠閣刻本　一冊

320000－1606－0007899　P12744
四書釋地一卷續一卷又續一卷三續一卷孟子生卒年月攷一卷　(清)閻若璩撰　清乾隆五十三年(1788)南城吳氏聽雨齋刻本　六冊

320000－1606－0007900　P12745
四書經史摘證七卷　(清)宋繼穜輯著　清道光二十四年(1844)刻本　六冊

320000－1606－0007901　P12746
四書恒解十一卷　(清)劉沅輯注　清同治十三年(1874)樂善堂刻本　六冊　存七卷(大學一卷、中庸一至二、論語一至四)

320000－1606－0007902　P12748
大學衍義四十三卷　(宋)真德秀撰　清同治十三年(1874)金陵書局刻本　八冊

320000－1606－0007903　P12751
孟子要略五卷　(宋)朱熹撰　清同治十三年(1874)傳忠書局刻本　一冊

320000－1606－0007904　P12760
中庸章句質疑二卷　(清)郭嵩燾著　清光緒十六年(1890)思賢講舍刻本　一冊

320000－1606－0007905　P12761
延平李先生師弟子答問一卷延平李先生答問後錄一卷延平答問補錄一卷　(宋)朱熹編　清光緒五年(1879)延平府署刻本　二冊

320000－1606－0007906　P12764
論語注疏校勘記十卷論語釋文校勘記一卷　(清)阮元撰　清刻本　二冊

320000－1606－0007907　P12766
孟子注疏校勘記十四卷孟子音義校勘記二卷　(清)阮元撰　清刻本　二冊

320000－1606－0007908　P12767
四書典林三十卷四書古人典林十二卷　(清)江永編　清光緒十五年(1889)上海石印本　四冊

320000－1606－0007909　P12768
四書典林三十卷四書古人典林十二卷　(清)江永編　清光緒二十二年(1896)積山書局石印本　三冊　存三十卷(四書典林一至九、二十一至二十九,四書古人典林十二卷)

320000－1606－0007910　P12770
論語後案二十卷　(清)黃式三撰　清光緒九年(1883)浙江書局刻本　十冊

320000－1606－0007911　P12771
白香山詩集四十卷　(唐)白居易撰　(清)汪立名編訂　清一隅草堂刻本　八冊　存二十三卷(白香山詩長慶集一至十六、白香山詩後集十至十六)

320000－1606－0007912　P12772
昌黎先生集四十卷　(唐)韓愈撰　清同治八年(1869)江蘇書局刻本　八冊　存三十五卷(一至三、九至四十)

320000－1606－0007913　P12773
黃詩全集五十八卷附錄一卷　(宋)黃庭堅撰　(宋)任淵注　清光緒二年(1876)敘郡山谷祠刻本　二十四冊

320000－1606－0007914　P12775
武夷新集二十卷楊文公逸詩文一卷　(宋)楊億撰　清嘉慶十六年(1811)浦城祝氏留香室刻本　八冊

320000－1606－0007915　P12776

陸象山先生文集三十六卷 （宋）陸九淵撰 **少湖徐先生學則辯一卷** （明）徐階撰 **陸象山先生文集校勘略一卷** （清）喻震孟撰 清同治十年至光緒七年(1871－1881)刻本 十二册

320000－1606－0007916 P12777
震川先生全集三十卷 （明）歸有光撰 清刻本 七册 存二十三卷(一至六、八至二十四)

320000－1606－0007917 P12778
高子遺書十二卷附錄一卷 （明）高攀龍撰（明）陳龍正編定 （清）高世泰訂正 清光緒二年(1876)無錫東林書院刻本 十册 存十卷(·至十)

320000－1606－0007918 P12779
朱子詩義補正八卷 （清）方苞著 清光緒三年(1877)刻本 一册 存三卷(六至八)

320000－1606－0007919 P12780
明大司馬盧公集十二卷首一卷 （明）盧象昇撰 清光緒元年(1875)刻本 六册

320000－1606－0007920 P12781
望溪先生文集十八卷集外文十卷集外文補遺二卷 （清）方苞撰 **方望溪先生年譜一卷附錄一卷** （清）蘇惇元撰 清咸豐元年(1851)戴鈞衡刻本 十二册

320000－1606－0007921 P12782
春融堂集六十八卷 （清）王昶撰 清嘉慶十二年(1807)塾南書舍刻本 九册 存三十五卷(一至三十五)

320000－1606－0007922 P12783
曾文正公手書日記不分卷(清道光二十一年正月至同治四年九月) （清）曾國藩撰 清宣統元年(1909)上海中國圖書公司影印本 四十册

320000－1606－0007923 P12784
古文辭類纂七十四卷 （清）姚鼐纂集 **續古文辭類纂三十四卷** 王先謙纂集 清光緒三十三年(1907)上海商務印書館鉛印本 十二册

320000－1606－0007924 P12785
古文辭類纂七十四卷 （清）姚鼐纂集 **續古文辭類纂三十四卷** 王先謙纂集 清光緒三十三年(1907)上海商務印書館鉛印本 十二册

320000－1606－0007925 P12786
青藤書屋文集三十卷補遺一卷 （明）徐渭撰（明）袁宏道編 清宣統三年(1911)石印本 八册 存三十卷(青藤書屋文集三十卷)

320000－1606－0007926 P12787
庾子山集十六卷 （北周）庾信撰 （清）倪璠注 清刻本 二册 存五卷(四至六、十三至十四)

320000－1606－0007927 P12788
牧齋全集一百六十三卷 （清）錢謙益撰（清）錢曾箋注 清宣統二年(1910)邃漢齋鉛印本 三十六册 存一百四十九卷(初學集一百十卷,有學集一至八、二十三至五十,有學集補遺二卷,投筆集一卷)

320000－1606－0007928 P12789
四書益智錄二十卷 （清）桂含章輯 清光緒刻本 十四册 存十四卷(二至七、十三至二十)

320000－1606－0007929 P12790
續古文辭類纂二十八卷 （清）黎庶昌輯 清光緒十六年(1890)金陵書局刻本 八册 存十九卷(一至十九)

320000－1606－0007930 P12791
古文辭類纂十五卷 （清）姚鼐編 **續古文辭類纂十卷** 王先謙編 清光緒二十四年(1898)石印本 十册

320000－1606－0007931 P12792
春秋屬辭辨例編六十卷 （清）張應昌撰 清刻本 二十一册 存四十卷(三至四十二)

320000－1606－0007932 P12793
文選考異十卷 （清）胡克家撰 清嘉慶十四

年(1809)鄱陽胡氏刻本　四冊

320000－1606－0007933　P12794
古文觀止十二卷　(清)吳乘權　(清)吳大職輯　清道光二十二年(1842)文粹堂刻本　六冊

320000－1606－0007934　P12795
文選六十卷　(南朝梁)蕭統輯　(唐)李善注　清乾隆三十七年(1772)長洲葉氏海錄軒刻朱墨套印本　十二冊

320000－1606－0007935　P12796
古文辭類纂十五卷　(清)姚鼐編　**續古文辭類纂十卷**　王先謙編　清光緒二十年(1894)上海圖書集成局石印本　十冊

320000－1606－0007936　P12799
古文辭類纂七十四卷　(清)姚鼐輯　清刻本　十二冊

320000－1606－0007937　P12802
制義叢話二十四卷題名一卷　(清)梁章鉅撰　清咸豐九年(1859)知足知不足齋刻本　六冊　存十八卷(一至十五、二十二至二十四)

320000－1606－0007938　P12803
詞綜三十八卷　(清)朱彝尊輯　**明詞綜十二卷國朝詞綜四十八卷又二集八卷**　(清)王昶輯　清光緒二十八年(1902)刻本　二十四冊

320000－1606－0007939　P12804
端石擬三卷　(清)陳齡撰　清同治十二年(1873)刻本　一冊

320000－1606－0007940　P12805
宋詩紀事補遺一百卷小傳補正四卷　(清)陸心源輯　清光緒十九年(1893)刻本　二十六冊

320000－1606－0007941　P12806
宋詩紀事補遺一百卷小傳補正四卷　(清)陸心源輯　清光緒十九年(1893)刻本　二十四冊

320000－1606－0007942　P12807
太平廣記五百卷目錄十卷　(宋)李昉等輯　清道光二十六年(1846)三讓睦記刻本　六十四冊

320000－1606－0007943　P12808
寶硯堂硯辨一卷　(清)何傳瑤撰　清道光十七年(1837)肇城馮積儒堂刻本　一冊

320000－1606－0007944　P12812
宋四六選二十四卷　(清)曹振鏞編　清同治四年(1865)連元閣刻本　十二冊

320000－1606－0007945　P12813
出使日記續刻十卷　(清)薛福成撰　清光緒二十四年(1898)刻本　十冊

320000－1606－0007946　P12814
制義叢話二十四卷題名一卷　(清)梁章鉅撰　清末刻本　八冊

320000－1606－0007947　P12816
魏書一百十四卷　(北齊)魏收撰　清同治十一年(1872)金陵書局刻本　十冊　存七十五卷(七至十二、二十二至五十二、五十九至九十六)

320000－1606－0007948　P12817
明史三百三十二卷目錄四卷　(清)張廷玉等修　清光緒三年(1877)湖北崇文書局刻本　七十八冊　存三百二十九卷(一至八十一、八十九至三百三十二,目錄四卷)

320000－1606－0007949　P12818
資治通鑑二百九十四卷　(宋)司馬光編集　(元)胡三省音註　清刻本　八十二冊　存二百四十六卷(七至九、十三至二十七、四十至一百二十、一百二十七至一百五十三、一百六十至二百一、二百十四至二百九十一)

320000－1606－0007950　P12820
資治通鑑補二百九十四卷　(宋)司馬光編集　(元)胡三省音註　(明)嚴衍補　清光緒二年(1876)武進盛氏思補樓刻本　五十八冊　存二百五十六卷(一至一百六十七、一百七十六至一百八十四、一百九十六至一百九十九、二百十至二百十二、二百二十二至二百九十四)

320000－1606－0007951　P12821
萬年甲子譜一卷　（清）江永撰　清光緒元年(1875)友于書屋刻本　一册

320000－1606－0007952　P12822
御批歷代通鑑輯覽一百二十卷　（清）傅恒等纂　清同治十年(1871)浙江書局刻朱墨套印本　四十二册　存一百八卷(一至六十八、七十三至八十、八十三至八十七、九十四至一百二十)

320000－1606－0007953　P12824
御批歷代通鑑輯覽一百二十卷　（清）傅恒等纂　清同治十年(1871)浙江書局刻朱墨套印本　四十二册　存一百四卷(一至十一、十八至二十六、三十三至六十、六十五至一百二十)

320000－1606－0007954　P13132
兩漢五經博士考三卷　（清）張金吾撰　清光緒十年(1884)後知不足齋刻本　一册

320000－1606－0007955　P13133
積古齋鐘鼎彝器款識十卷　（清）阮元撰　清刻本　三册　存八卷(三至十)

320000－1606－0007956　P13135
漢魏六朝志墓金石例三卷唐人志墓諸例一卷　（清）吳鎬撰　清光緒十年(1884)後知不足齋刻本　一册

320000－1606－0007957　P13136
禮書綱目八十五卷首三卷　（清）江永編　清嘉慶十五年(1810)鏤恩堂刻本　十六册　存五十五卷(三十二至六十一、六十四至八十五,首三卷)

320000－1606－0007958　P13137
礦務叢鈔十二卷　（英國）傅蘭雅口譯　清光緒二十三年(1897)上海六先書局石印本　七册　存四卷(四至六、九)

320000－1606－0007959　P13138
函史上編八十二卷下編二十一卷　（明）鄧元錫撰　明刻本　十四册　存二十七卷(函史上編八至十一、四十九至五十、五十二至五十九、七十二至八十,下編七至十)

320000－1606－0007960　P13139
明辨齋叢書　（清）余肇鈞輯　清同治二年(1863)明辨齋刻本　五册

320000－1606－0007961　P13140
孝友堂家規一卷　（清）孫奇逢著　清順治十八年(1661)刻本　一册

320000－1606－0007962　P13141
忠獻韓魏王家傳十卷　（宋）韓忠彦撰　清刻本　二册　存三卷(三、六至七)

320000－1606－0007963　P13142
憺園全集三十六卷　（清）徐乾學撰　清光緒九年(1883)嘉興金吳瀾鋤月唫館刻本　九册　存二十八卷(三至二十六、三十三至三十六)

320000－1606－0007964　P13143
漢魏別解十六卷　（明）葉紹泰選　明崇禎十一年(1638)香谷山房刻本　二册　存二卷(春秋繁露一卷、抱朴子一卷)

320000－1606－0007965　P13144
明史紀事本末八十卷　（清）谷應泰輯　清光緒十三年(1887)廣雅書局刻本　十六册

320000－1606－0007966　P13148
清頌堂叢書　（清）黃奭輯　清刻本　十六册　存六種四十五卷(消暑隨筆子目二卷,太乙舟文集八卷,涇西書屋詩稿三至四、涇西書屋文稿二卷,胥屏山館詩存二卷、胥屏山館文存一卷,青霞仙館詩錄一卷,端綺集一至二十七)

320000－1606－0007967　P13150
盋山志八卷　（清）顧雲編　清刻本　一册　存一卷(八)

320000－1606－0007968　P13151
舊唐書二百卷　（五代）劉昫等撰　清刻本　十二册　存五十八卷(一百四十三至二百)

320000－1606－0007969　P13153
皇朝經世文續編一百二十卷　（清）葛士濬輯

清光緒十四年(1888)鉛印本　三十二册

320000－1606－0007970　P13155
楹聯酬世四卷　(清)陸殿撰　清光緒九年(1883)刻本　二册

320000－1606－0007971　P13156
十三經注疏校勘記識語四卷　(清)汪文臺撰　清光緒十三年(1887)上海點石齋石印本　一册

320000－1606－0007972　P13157
重訂河防通議一卷　(元)沙克什撰　**今水經一卷**　(清)黄宗羲撰　清同治刻本　一册

320000－1606－0007973　P13158
明九邊考四卷　(明)魏煥撰　清同治八年(1869)長沙余氏永豐書局刻本　一册

320000－1606－0007974　P13159
閩中海錯疏一卷　(明)屠本畯撰　**海國聞見録一卷**　(清)陳倫炯撰　清同治八年(1869)長沙余氏永豐書局刻本　一册

320000－1606－0007975　P13160
四六初徵二十卷　(清)李漁輯　清刻本　三册　存二卷(十九至二十)

320000－1606－0007976　P13161
畿輔人物考八卷　(清)孫奇逢輯　(清)高鐈等編　清同治八年(1869)刻本　六册　存六卷(一至二、五至八)

320000－1606－0007977　P13162
遊譜一卷　(清)孫奇逢撰　清順治十二年(1655)刻本　一册

320000－1606－0007978　P13163
答問一卷　(清)孫奇逢撰　清順治十三年(1656)刻本　一册

320000－1606－0007979　P13164
孫徵君日譜録存三十六卷　(清)孫奇逢撰　清光緒兼山堂刻本　二十册　存三十卷(一至十、十四、十八至三十六)

320000－1606－0007980　P13165
金石訂例四卷　(清)鮑振方撰　清光緒十年(1884)後知不足齋刻本　一册

320000－1606－0007981　P13166
後知不足齋叢書初編二十五種　(清)鮑廷爵編輯　清光緒鮑氏後知不足齋刻本　三册　存二種三卷(稽瑞一卷、崇文總目一至二)

320000－1606－0007982　P13167
説文楬原二卷説文發疑六卷　(清)張行孚撰　清光緒後知不足齋刻本　四册

320000－1606－0007983　P13168
漢禮器制度一卷漢官一卷漢官解詁一卷漢舊儀二卷補遺二卷漢官儀二卷漢官典職儀式選用一卷　(清)孫星衍輯　清光緒後知不足齋刻本　二册

320000－1606－0007984　P13169
後漢書補表八卷　(清)錢大昭撰　清光緒八年(1882)後知不足齋刻本　一册　存二卷(七至八)

320000－1606－0007985　P13170
海防圖論一卷　(明)胡宗憲撰　清同治十一年(1872)後知不足齋刻本　一册

320000－1606－0007986　P13171
淳化秘閣法帖考正十卷附錄二卷　(清)王澍撰　清光緒十五年(1889)鮑氏後知不足齋刻本　四册

320000－1606－0007987　P13172
誠齋先生易傳二十卷　(宋)楊萬里撰　清張日晸刻本　三册　存十二卷(五至九、十四至二十)

320000－1606－0007988　P13173
詩總聞二十卷　(宋)王質撰　清刻本　二册　存五卷(一至三、十九至二十)

320000－1606－0007989　P13174
吕氏家塾讀詩記三十二卷　(宋)吕祖謙撰　清刻本　六册　存二十卷(一至二十)

320000－1606－0007990　P13175
儀禮集釋三十卷　(宋)李如圭撰　清刻本　一册　存三卷(十五至十七)

320000－1606－0007991　P13176

讀論語叢說三卷　(元)許謙撰　清刻本　二冊　存二卷(上、中)

320000－1606－0007992　P13177

舊五代史一百五十卷目錄二卷附考證　(宋)薛居正等撰　清同治十一年(1872)湖北崇文書局刻本　十二冊　存一百十一卷(一至六十一、一百一至一百五十)

320000－1606－0007993　P13179

唐書二百二十五卷　(宋)歐陽修　(宋)宋祁撰　清同治十二年(1873)浙江書局刻本　二十六冊　存一百五十九卷(一至五十八、一百七至一百二十六、一百四十五至二百二十五)

320000－1606－0007994　P13180

南宋襍事詩七卷　(清)沈嘉轍等撰　清雍正武林芹香齋刻本　三冊

320000－1606－0007995　P13181

鹿洲初集二十卷　(清)藍鼎元著　清刻本　一冊　存二卷(四至五)

320000－1606－0007996　P13182

歸田瑣記八卷　(清)梁章鉅撰　清刻本　一冊　存二卷(七至八)

320000　1606－0007997　P13183

周易述二十一卷　(清)惠棟著　清咸豐十年(1860)學海堂刻本　二冊　存十二卷(一至十二)

320000－1606－0007998　P13184

昌黎先生詩增註證訛十一卷　(唐)韓愈撰　(清)顧嗣立刪補　(清)黃鉞增註證訛　清刻本　三冊　存十卷(二至十一)

320000－1606－0007999　P13188

高子遺書十二卷附錄一卷　(明)高攀龍撰　(明)陳龍正編定　(清)高世泰訂正　清光緒二年(1876)無錫東林書院刻本　八冊

320000－1606－0008000　P13190

陶菴集二十二卷首一卷末一卷　(明)黃淳耀撰　清光緒五年(1879)刻本　八冊

320000－1606－0008001　P13194

[六朝]東華錄一百九十五卷[三朝]東華續錄二百三十卷　王先謙編　清光緒刻本　一百四十四冊　存三百八十三卷(天命一至四,天聰一至十一,崇德一至八,順治朝一至三十六,康熙朝一至一百十,雍正朝一至二十六,乾隆朝一至一百八,嘉慶朝八至三十六、四十二至五十,道光朝一至三十九、四十六至四十八)

320000－1606－0008002　P13195

欽定剿平粵匪方略四百二十卷首一卷　(清)奕訢等撰　清同治十一年(1872)鉛印本　一百四十冊

320000－1606　0008003　P13197

南菁文鈔三集十六卷　(清)丁立鈞輯　清光緒二十七年(1901)刻本　六冊

320000－1606－0008004　P13209

甯陽驪唱錄一卷　(清)李鍾玨等撰　清光緒刻本　一冊

320000－1606－0008005　P13211

丁未消夏詩鐘一卷　題(清)五色煉石廬主輯　清光緒三十三年(1907)五色煉石廬油印本　一冊

320000－1606－0008006　P13215

南菁文鈔二集六卷　(清)黃以周輯　清光緒二十年(1894)刻本　四冊

320000－1606－0008007　P13219

勺湖蓮隱圖詠一卷　(清)周石君編　清光緒八年(1882)並門刻本　一冊

320000－1606－0008008　P13225

青雲集分韻試帖詳註四卷　(清)楊逢春　(清)蕭應槐輯　清光緒二十二年(1896)溧陽聚寶齋刻本　四冊

320000－1606－0008009　P13226

國朝文錄八十二卷　(清)姚椿輯　清咸豐元年(1851)終南山館刻本　三十二冊

320000－1606－0008010　P13227

詩緣前編四卷正編十卷　(清)王曾祺輯　清光緒十六年(1890)韓城刻本　四冊

320000－1606－0008011　P13228
粵東七子詩六卷　(清)盛大士輯　清刻本　二冊

320000－1606－0008012　P13231
國朝詩十卷外編一卷補六卷　(清)吴翌鳳輯　清同治十一年(1872)新陽趙元益刻本　六冊

320000－1606－0008013　P13232
國朝詩十卷外編一卷補六卷　(清)吴翌鳳輯　清同治十一年(1872)新陽趙元益刻本　六冊

320000－1606－0008014　P13235
圖詠遺芬六卷遺集一卷　(清)俞旦輯　清光緒二十一年(1895)婺源俞氏清蔭堂刻本　一冊

320000－1606－0008015　P13236
門存倡和詩鈔十卷續刻一卷　(清)陳鋭等撰　清光緒刻本　二冊

320000－1606－0008016　P13237
務滋堂集五十卷　(清)金文城等撰　清嘉慶二十二年(1817)同川金氏刻本　四冊

320000－1606－0008017　P13239
國朝松江詩鈔六十四卷　(清)姜兆翀輯　清嘉慶十四年(1809)華亭姜氏刻本　九冊　存三十六卷(一至三十六)

320000－1606－0008018　P13242
切問齋文鈔三十卷　(清)陸燿輯　清道光二年(1822)五華書院刻本　十二冊

320000－1606－0008019　P13243
海虞三陶先生集合刻三種　(清)楊沂孫輯　清光緒七年(1881)海虞楊同福貴池縣署刻本　八冊

320000－1606－0008020　P13244
芳洲文集十卷附録一卷芳洲詩集一卷　(明)陳循撰　清刻本　三十二冊

320000－1606－0008021　P13258
山洋指迷原本四卷　(明)周景一撰　(清)吴卿瞻注　清咸豐七年(1857)經綸堂刻本　二冊

320000－1606－0008022　R00001
船菴集十二卷船菴詞一卷　(清)潘曾沂撰　清光緒五年(1879)八囍齋刻本　二冊

320000－1606－0008023　R00002
小浮山人閉門集六卷　(清)潘曾沂撰　清光緒五年(1879)八囍齋刻本　二冊

320000－1606－0008024　R00003
風水二書形氣類則四卷　(清)歐陽純著　清歐陽書院刻本　八冊

320000－1606－0008025　R00005
嚴太僕先生集十二卷墓表一卷　(清)嚴虞惇撰　清光緒九年(1883)常熟嚴氏西涇艸堂刻本　二冊

320000－1606－0008026　R00008
地學簡明揭要二卷首一卷末一卷　(清)周安仁刪定　清光緒二十五年(1899)刻本　二冊

320000－1606－0008027　R00009
桐城吳先生文集四卷　(清)吳汝綸撰　清光緒三十年(1904)吳氏刻本　二十冊

320000－1606－0008028　R00010
山家肪玉二卷　(清)李鹵歐編　清宣統元年(1909)文匯堂刻本　四冊

320000－1606－0008029　R00012
葬書易悟二卷　(清)林鶚著　清道光二十三年(1843)刻本　四冊

320000－1606－0008030　R00013
地理支隴乘氣論四卷　(清)羅金鑒著　(清)魏源參　清道光廣勤堂刻本　四冊

320000－1606－0008031　R00014
閏榻先生集三十卷外集八卷覷花岡詩集八卷　(清)張望著　清同治三年(1864)鴻文齋刻本　三十二冊

320000－1606－0008032　R00018

顯志堂稿十二卷夢柰詩稿一卷　(清)馮桂芬撰　清光緒二年(1876)校邠廬刻本　六冊

320000－1606－0008033　R00022
内科闡微不分卷　(美國)嘉約翰口譯　(清)林湘東筆述　清光緒十五年(1889)羊城博濟醫局刻本　一冊

320000－1606－0008034　R00023
養素堂文集三十五卷首一卷　(清)張澍撰　清道光十七年(1837)棗華書屋刻本　三十二冊

320000－1606－0008035　R00024
小學彙函十四種　(清)鍾謙鈞輯　清刻本　三十一冊

320000－1606－0008036　R00025
文獻公全集十一卷首一卷　(元)黄溍著　(明)宋濂等輯　清宣統三年(1911)刻本　二十七冊

320000－1606－0008037　R00026
合選心法地理一盤珠六卷　(清)劉統才輯　(清)許冠英等鑒定　清道光十四年(1834)刻本　六冊

320000－1606－0008038　R00027
皇朝詞林典故六十四卷　(清)朱珪等撰　(清)陳希曾等纂　清光緒十三年(1887)刻本　三十四冊

320000－1606－0008039　R00028
汪子文錄十卷　(清)汪縉著　清刻本　八冊

320000－1606－0008040　R00030
陽宅指掌不分卷　題(清)黄海山人撰　清光緒十八年(1892)聞梅齋刻本　一冊

320000－1606－0008041　R00031
學古齋文集二卷　(清)龍廷霖著　清道光二十六年(1846)刻本　八冊

320000－1606－0008042　R00032
拱璧緣傳奇二十四回　(清)陸怡安編　(清)王柱臣評　清道光八年(1828)雲秀軒刻本　八冊

320000－1606－0008043　R00033
大清教育新法令十三編續編十一編　商務印書館編　清宣統二年至三年(1910－1911)商務印書館鉛印本　十二冊

320000－1606－0008044　R00034
地理水海不分卷　(清)高文俊撰　清光緒刻本　一冊

320000－1606－0008045　R00035
龍川先生詩鈔不分卷　(清)李光炘撰　清光緒三十三年(1907)鉛印本　一冊

320000－1606－0008046　R00036
度隴記四卷　(清)董醇撰　清刻本　八冊

320000－1606－0008047　R00037
明德先生文集二十六卷孝經本義二卷孝經大全二十八卷首一卷孝經或問三卷孝經翼一卷　(明)吕維祺撰　**吕明德先生年譜四卷**　(清)施化遠等編次　清康熙二年(1663)刻本　六十冊

320000－1606－0008048　R00040
大小雅堂文鈔二卷詩鈔十卷　(清)邵堂撰　清道光三年(1823)刻本　十二冊

320000－1606－0008049　R00041
汴京遺蹟志二十四卷　(明)李濂撰　清刻本　十八冊

320000－1606－0008050　R00042
楊大年先生武夷新集二十卷　(宋)楊億撰　明刻本　二十冊　存十五卷(一至十五)

320000－1606－0008051　R00044
牆東類稾二十卷補遺一卷附校勘記一卷　(元)陸文圭撰　清光緒二十二年(1896)武進盛氏思惠齋刻本　十冊

320000－1606－0008052　R00046
葆淳閣集二十六卷附年譜一卷　(清)王杰撰　清嘉慶二十年(1815)刻本　二十六冊　存二十卷(一至二十)

320000－1606－0008053　R00047
葛中翰遺集十二卷　(清)葛培義重輯　(清)

聞福圻編輯　清刻本　十册

320000－1606－0008054　R00048
申端愍公文集一卷詩集八卷旌忠録二卷任杞實政録一卷　（明）申佳允著　**先考端愍公年譜略一卷**　（清）申涵煜等述　清刻本　十四册

320000－1606－0008055　R00049
章圃文蜕八卷首一卷末一卷　（清）姜曾著　**章圃文蜕二刻一卷**　（清）姜應門編次　清刻本　十二册

320000－1606－0008056　R00050
陰宅鏡四卷　（清）陳茹徵輯　清乾隆六十年（1795）春柳草堂刻本　八册

320000－1606－0008057　R00051
續錦機十五卷補遺六卷　（清）劉青芝輯　清刻本　十二册

320000－1606－0008058　R00052
獨善堂文集八卷　（清）王大經撰　（清）周右編　清嘉慶二十二年（1817）春暉堂刻本　十二册

320000－1606－0008059　R00055
獨漉堂詩精選不分卷　（清）陳恭尹著　清抄本　一册

320000－1606－0008060　R00059
陶節菴傷寒全生集四卷　（明）陶華撰　（清）葉桂評　清嘉慶眉壽堂刻本　四册

320000－1606－0008061　R00060
證治要訣類方十二卷　（明）戴元禮輯　明末刻本　四册

320000－1606－0008062　R00061
富陽夏氏叢刻八種　夏震武等撰　清光緒七年（1881）刻本　八册

320000－1606－0008063　R00062
寒支初集十卷首一卷寒支二集四卷　（清）李世熊撰　清同治十三年（1874）刻本　十四册

320000－1606－0008064　R00063
内科新説二卷　（英國）合信氏著　（清）管茂材撰　清咸豐八年（1858）刻本　一册

320000－1606－0008065　R00065
南沙先生文集八卷　（明）熊過著　清刻本　十册

320000－1606－0008066　R00066
韻學驪珠二卷　（清）沈乘麐輯　清光緒十八年（1892）華亭顧文善齋刻本　二册

320000－1606－0008067　R00070
［康熙］廬山志十五卷首一卷　（清）毛德琦重訂　清康熙五十九年（1720）順德堂刻同治十年（1871）補刊十二年（1873）印本　十六册

320000－1606－0008068　R00071
［嘉泰］會稽志二十卷　（宋）沈作賓修　（宋）施宿纂　清采鞠軒刻本　三十二册

320000－1606－0008069　R00072
［寶慶］會稽續志八卷　（宋）張淏等纂修　清嘉慶十三年（1808）采鞠軒刻本　八册

320000－1606－0008070　R00073
喉科秘本一卷秘授咽喉症書一卷　（清）尤乘撰　清抄本　一册

320000－1606－0008071　R00076
張仲景傷寒論原文淺註六卷　（清）陳念祖集註　清光緒三年（1877）漁古山房刻本　六册

320000－1606－0008072　R00077
張思齋示孫編六卷　（清）張廷瑑撰　清刻本　八册

320000－1606－0008073　R00083
陳迦陵婦人集一卷補一卷　（清）陳維崧撰　清道光三年（1823）小鷗波館刻本　一册

320000－1606－0008074　R00087
嬰山小園文集六卷　（清）張誠撰　清刻本　六册

320000－1606－0008075　R00088
傷寒論七卷　（漢）張仲景著　（晉）王叔和撰　（金）成無巳注　（明）張卿子糸　明末清初刻本　四册

320000－1606－0008076　R00089
陳清端公文集十卷　(清)陳瓖撰　清同治六年(1867)羊城富文齋刻本　十六册

320000－1606－0008077　R00094
天愚山人詩集十二卷天愚山人文集十六卷　(明)謝泰宗著　清刻本　三十二册　缺一卷(天愚山人詩集十二)

320000－1606－0008078　R00095
汪子詩録四卷　(清)汪縉著　清刻本　六册

320000－1606－0008079　R00096
中山文鈔四卷中山詩鈔四卷中山史論二卷　(清)郝浴著　清刻本　十八册

320000－1606－0008080　R00097
榆西僊館初藁四十三卷首一卷　(清)蔣詩撰　清刻本　二十三册　存四十三卷(一至五、七至四十三,首一卷)

320000－1606－0008081　R00098
沙麈彙三卷　(清)唐一飛著　清乾隆二十六年(1761)刻本　八册

320000－1606－0008082　R00099
方學博全集六種二十八卷附二種二卷　(清)方垌撰　清刻本　三十二册

320000－1606－0008083　R00100
證學十卷　傅守謙著　清光緒二十一年(1895)刻本　十册

320000－1606－0008084　R00101
農學報不分卷　(清)農學報館編　清光緒二十三年至三十一年(1897－1905)石印本　四十册

320000－1606－0008085　R00102
八代文粹二百二十卷　(清)簡plo　(清)陳崇哲編　清光緒十一年(1885)富順考雋堂刻本　五十八册　存一百九十七卷(九至十八、二十六至二百四、二百十三至二百二十)

320000－1606－0008086　R00103
刻仰止子參定正傳地理統一全書十二卷首一卷　(明)余象斗編著　明刻本　十二册　存九卷(一至八、十二)

320000－1606－0008087　R00104
[嘉慶]三水縣志十六卷首一卷　(清)李友榕等修　(清)鄧雲龍纂　清嘉慶二十四年(1819)刻本　八册

320000－1606－0008088　R00105
周子一卷張子一卷二程子十卷　(清)張伯行集解　清正誼堂刻本　七册

320000－1606－0008089　R00106
代數術二十五卷首一卷　(英國)華里司輯　(英國)傅蘭雅口譯　(清)華蘅芳筆述　清刻本　六册

320000－1606－0008090　R00107
鶡林子五卷　(明)趙釴著　清光緒木活字印本　四册

320000－1606－0008091　R00111
算式集要四卷　(英國)哈司韋輯　(英國)傅蘭雅口譯　(清)江衡筆述　清末江南製造局刻本　二册

320000－1606－0008092　R00112
幾何原本十五卷首一卷　(意大利)利瑪竇口譯　(明)徐光啟筆受　清同治四年(1865)金陵刻本　八册

320000－1606－0008093　R00113
腎囊醫訣四卷　(英國)高令撰　清寄傲軒刻本　十二册

320000－1606－0008094　R00114
嗇庵隨筆六卷末一卷　(清)陸文衡著　清光緒二十三年(1897)石印本　二册

320000－1606－0008095　R00116
衡齋算學七卷　(清)汪萊著　清咸豐四年(1854)鄱易縣署刻本　一册

320000－1606－0008096　R00118
理堂文集十卷外集一卷附録傳一卷墓表祭文一卷　(清)韓夢周撰　清道光三年(1823)靜恒書屋刻本　十六册

320000－1606－0008097　R00119

地學淺釋三十八卷 （英國）雷俠兒撰 （美國）瑪高溫口譯 （清）華蘅芳筆述 清同治十二年（1873）江南製造局刻本 八冊

320000－1606－0008098 R00121
三國兩晉南北朝文選三卷 （明）錢士馨（明）陸上瀾選 清刻本 十冊 存三卷（南北朝文選三卷）

320000－1606－0008099 R00122
雙佩齋詩集八卷 （清）王友亮撰 **補梅書屋詩草一卷** （清）王麟生撰 清刻本 四冊

320000－1606－0008100 R00123
亦有生齋集文二十卷 （清）趙懷玉撰 清刻本 六冊

320000－1606－0008101 R00125
赤水玄珠三十卷 （明）孫一奎著輯 明刻本 二冊 存一卷（三）

320000－1606－0008102 R00126
寶奎堂集十二卷 （清）陸錫熊撰 清道光二十九年（1849）刻本 十七冊

320000－1606－0008103 R00127
涑水編五卷 （清）翟象陸著 （清）羅貞儀彙稿 清康熙二年（1663）刻本 二十冊

320000－1606－0008104 R00129
明儒學案六十二卷 （清）黄宗羲著 清光緒十四年（1888）南昌縣學刻本 二十九冊 存五十八卷（一至五十七、六十二）

320000－1606－0008105 R00130
忠義集八卷 （清）周之冕輯 （清）周金章重修 清光緒三年（1877）刻本 八冊

320000－1606－0008106 R00131
編輯婦科心法要訣二卷 （□）□□撰 清抄本 二冊

320000－1606－0008107 R00132
增廣尚友錄統編二十二卷 （清）應祖錫（清）韓卿甫編輯 清光緒二十八年（1902）鴻寶齋石印本 十二冊

320000－1606－0008108 R00135
中州名賢文表三十卷 （明）劉昌編 清光緒三十年（1904）鴻文書局石印本 六冊

320000－1606－0008109 R00136
續中州名賢文表六十八卷 邵松年輯 清光緒三十四年（1908）鴻文書局石印本 二十二冊

320000－1606－0008110 R00137
國朝書人輯略十一卷首一卷 震鈞輯 清光緒三十四年（1908）金陵刻本 八冊

320000－1606－0008111 R00138
金匱要略淺註十卷 （漢）張仲景撰 （清）陳念祖集註 清刻本 四冊

320000－1606－0008112 R00142
光學二卷附視學諸器圖説一卷 （英國）田大里輯 （美國）金楷理口譯 （清）趙元益筆述 清末刻本 二冊

320000－1606－0008113 R00146
紅竹山房文稿十二卷首一卷四書臆說二卷 （清）盧譔撰 清同治八年（1869）木活字印本 十二冊

320000－1606－0008114 R00147
聖宋文選全集三十二卷 （宋）□□輯 清光緒八年（1882）郯城于氏刻本 四冊

320000－1606－0008115 R00148
重訂駱龍吉内經拾遺方論四卷種子論一卷 （宋）駱龍吉撰 （明）劉浴德 （明）朱練考訂 清乾隆四十一年（1776）武林大成齋刻本 三冊

320000－1606－0008116 R00149
項城袁氏家集 （清）丁振鐸編輯 清宣統三年（1911）清芬閣鉛印本 五十六冊

320000－1606－0008117 R00150
工程做法七十四卷 （清）允禮等纂修 清雍正十二年（1734）刻本 二十冊

320000－1606－0008118 R00151
一行居集八卷附儒門公案拈題一卷 （清）彭紹升著 清道光五年（1825）葆素堂彭氏刻本

八册

320000－1606－0008119　R00152

思補齋文集四卷　(清)劉星煒撰　清光緒二十年(1894)刻本　四册

320000－1606－0008120　R00153

測地繪圖十一卷附一卷　(英國)富路瑪撰　(英國)傅蘭雅口譯　(清)徐壽筆述　清刻本　四册

320000－1606－0008121　R00154

宋左丞相陸公全書八卷陸忠烈公全書續編二卷　(宋)陸秀夫撰　(清)王夢熊編　(清)王之楨輯　清道光十五年(1835)鹽瀆五柳堂刻本　六册

320000－1606－0008122　R00155

西藥大成藥品中西名目表一卷附人名地名兩表　(英國)來拉撰　(清)江南製造總局編譯　清光緒十三年(1887)江南製造總局鉛印本　一册

320000－1606－0008123　R00156

天后聖母聖蹟圖志二卷　(清)上洋壽恩堂輯　清道光十二年(1832)刻本　四册

320000－1606－0008124　R00157

考工記要十七卷附圖一卷　(英國)瑪體生著　(英國)傅蘭雅等譯　清刻本　八册

320000－1606－0008125　R00159

棣懷堂隨筆十一卷首一卷末一卷賦鈔二卷　(清)李象鵾撰　清同治刻本　八册

320000－1606－0008126　R00160

金匱玉函經二註二十二卷補方一卷十藥神書一卷　(宋)趙以德衍義　(清)周揚俊補註　清同治二年(1863)刻本　六册

320000－1606－0008127　R00161

公瀍導源一卷　(清)胡薇元著　清光緒鉛印本　一册

320000－1606－0008128　R00162

介軒外集二卷　(清)張振夔著　清同治十年(1871)刻本　四册

320000－1606－0008129　R00165

車中唫存艸二卷　(清)王賡言著　清嘉慶十二年(1807)刻本　四册

320000－1606－0008130　R00168

戴簡恪公遺集八卷　(清)戴敦元撰　清刻本　四册

320000－1606－0008131　R00175

歷代臣鑒三十七卷　(明)宣宗朱瞻基撰　清刻本　三十二册

320000－1606－0008132　R00178

宋豔十二卷　(清)徐士鑾輯　清光緒十七年(1891)蝶園刻本　六册

320000－1606－0008133　R00180

已山先生文集十卷别集四卷　(清)王步青著　清乾隆十七年(1752)吳閶三槐堂刻本　十二册

320000－1606－0008134　R00181

榮性堂文集八卷　(清)吳俊撰　清嘉慶二十二年(1817)刻本　十六册

320000－1606－0008135　R00182

正誼堂文集二十四卷　(清)董沛撰　清光緒二十七年(1901)刻本　十六册

320000－1606－0008136　R00183

欽定禮記義疏八十二卷首一卷　(清)允祿等撰　清紫陽書院刻本　四十六册

320000－1606－0008137　R00185

忠義紀聞錄三十卷　(清)陳繼聰編　清光緒八年(1882)刻本　二十册

320000－1606－0008138　R00186

白華前稿六十卷　(清)吳省欽撰　清刻本　十六册　存四十二卷(一至四十二)

320000－1606－0008139　R00187

臨江玉峽孔公文仲文集五卷　(宋)孔文仲著　(清)孔應謨編　清刻本　十册

320000－1606－0008140　R00189

白湖文藁八卷　(清)葉燕撰　清嘉慶二十三年(1818)又次居刻本　六册

320000－1606－0008141　R00190
白湖詩藁八卷　(清)葉燕撰　清嘉慶二十三年(1818)又次居刻本　六冊

320000－1606－0008142　R00192
小羅浮草堂詩集四十卷　(清)馮敏昌撰　清嘉慶十六年(1811)刻本　三十冊

320000－1606－0008143　R00193
西洞庭芳徽集二卷　(明)葛祚增等輯　清道光二年(1822)刻本　六冊

320000－1606－0008144　R00199
譚襄敏公遺集三卷首一卷末一卷　(明)譚綸撰　清嘉慶二十四年(1819)木活字印本　三冊

320000－1606－0008145　R00200
懷麓堂集一百卷　(明)李東陽撰　**明李文正公年譜七卷**　(清)法式善纂輯　(清)唐仲冕增補　清嘉慶十四年(1809)刻本　二十一冊　存一百五卷(詩稿三至二十、文稿三十卷、詩後稿十卷、文後稿三十卷、雜記十卷,明李文正公年譜七卷)

320000－1606－0008146　R00201
燕泉何先生遺藁十卷　(明)何孟春撰　(清)何仲方輯　**擬古樂府二卷**　(明)何孟春註釋　清光緒六年(1880)刻本　六冊

320000－1606－0008147　R00202
去僞齋集十卷附錄一卷闕疑一卷　(明)吕坤著　清道光七年(1827)開封府署刻本　十二冊

320000－1606－0008148　R00207
玉臺新刻二卷　(□)□□編　清道光二十八年(1848)潯州郡署刻本　二冊

320000－1606－0008149　R00208
烏石山志九卷首一卷　(清)郭柏蒼　(清)劉永松纂輯　清道光二十二年(1842)侯官郭氏古天開圖畫樓刻本　六冊

320000－1606－0008150　R00209
廣志繹六卷　(明)王士性撰　清臨海宋氏刻本　二冊　存五卷(一至五)

320000－1606－0008151　R00210
湖北程限四卷　(清)□□撰　清嘉慶七年(1802)刻本　二冊

320000－1606－0008152　R00211
文瀾閣志二卷首一卷附錄一卷　(清)孫樹禮撰　清光緒二十四年(1898)刻本　三冊

320000－1606－0008153　R00212
白石山志六卷首一卷末一卷　(清)施元孚纂輯　清光緒九年(1883)永嘉郭博古齋刻本　四冊

320000－1606－0008154　R00213
黃鵠山志十二卷首一卷　(清)胡鳳丹編纂　清同治十三年(1874)胡氏退補齋刻本　六冊

320000－1606－0008155　R00214
華蓋山志十二卷首一卷　(明)崔世召纂　(清)謝希楨編輯　清同治八年(1869)松江謝氏刻本　二冊

320000－1606－0008156　R00215
廬山小志二十四卷首一卷　(清)蔡瀛纂　清道光四年(1824)娜嬛别館刻本　六冊

320000－1606－0008157　R00216
河海崑崙錄四卷　裴景福撰　清宣統元年(1909)上海文明書局鉛印本　四冊

320000－1606－0008158　R00218
金陵通紀十卷續四卷　陳作霖編輯　清光緒三十三年(1907)瑞華館刻本　六冊

320000－1606－0008159　R00219
蘿石山房文鈔四卷　(明)左懋第著　(清)李清編　清乾隆五年(1740)萊陽左氏刻本　八冊

320000－1606－0008160　R00220
木訥齋文集五卷附錄一卷　(元)王毅著　清乾隆二十七年(1762)刻本　六冊

320000－1606－0008161　R00221
汪子遺書二十卷　(清)汪縉著　清光緒八年(1882)刻本　四冊

320000－1606－0008162　R00222
鈐山堂集四十卷　(明)嚴嵩撰　清嘉慶十一年(1806)嚴氏刻本　十册

320000－1606－0008163　R00223
康熙政要二十四卷　章梫纂　清宣統二年(1910)鉛印本　十二册

320000－1606－0008164　R00224
折獄龜鑑八卷首一卷　(宋)鄭克撰　清光緒八年(1882)刻本　二册

320000－1606－0008165　R00225
產孕集二卷　(清)張曜孫撰　清同治七年(1868)藴璞齋刻本　一册

320000－1606－0008166　R00226
石鐘山志十六卷首一卷　(清)李成謀　(清)丁義方輯　清光緒九年(1883)聽濤眺雨軒刻本　八册

320000－1606－0008167　R00227
女科經綸八卷　(清)蕭壎著　清文淵堂刻本　四册

320000－1606－0008168　R00229
中國江海險要圖誌二十二卷補編五卷圖五卷　陳壽彭譯　清光緒二十七年(1901)經世文社石印本　十五册

320000－1606－0008169　R00230
叢書十二種　(清)葉晴峰編　清道光二十四年(1844)品石山房刻本　十二册

320000－1606－0008170　R00231
世説新語六卷　(南朝宋)劉義慶撰　(南朝梁)劉孝標注　清光緒三年(1877)湖北崇文書局刻本　四册

320000－1606－0008171　R00232
瑶華閣詩草一卷閩南雜詠一卷瑶華閣詞一卷補遺一卷　(清)袁綬撰　清同治六年(1867)刻本　四册

320000－1606－0008172　R00233
畿輔水利初案一卷二案一卷三案一卷四案一卷四案補一卷畿輔水利附錄一卷　(清)潘錫恩輯　清道光三年(1823)刻本　六册

320000－1606－0008173　R00234
章水經流考一卷　(清)李崇禮撰　清嘉慶二十五年(1820)刻本　一册

320000－1606－0008174　R00235
浙江海運全案重編初編八卷續編四卷新編八卷　(清)馬新貽修　(清)蔣益澧等纂　清同治六年(1867)糧儲道庫刻本　十二册

320000－1606－0008175　R00236
[同治]長興縣志三十二卷　(清)趙定邦等主修　(清)周學濬等鑒定　(清)丁寶書等纂　清同治十三年至光緒元年(1874－1875)刻光緒十八年(1892)文光齋重修本　十六册

320000－1606－0008176　R00237
竹林女科證治四卷　(清)□□撰　清光緒十七年(1891)皖江節署刻本　六册

320000－1606－0008177　R00238
胎產輯萃三卷　(清)汪嘉謨纂輯　清乾隆十一年(1746)刻本　六册

320000－1606－0008178　R00239
醫學經略四集不分卷　(明)趙金編著　清董氏刻本　十二册

320000－1606－0008179　R00240
鹿洲全集八種　(清)藍鼎元撰　清光緒六年(1880)刻本　二十四册

320000－1606－0008180　R00241
左文襄公文集五卷詩集一卷　(清)左宗棠撰　清宣統元年(1909)刻本　二册

320000－1606－0008181　R00242
平齋文集三十二卷拾遺一卷附錄一卷空同詞一卷　(宋)洪咨夔撰　清同治十一年(1872)杉直櫰清之館刻本　四册

320000－1606－0008182　R00243
李忠簡公文溪集二十卷首一卷末一卷　(宋)李昴英著　(宋)李春叟輯　(明)李際明重編　清康熙六十一年(1722)刻本　三册　存十三卷(一至十二、首一卷)

320000－1606－0008183　R00244
杜清獻公集十九卷首一卷　（宋）杜範著　**杜清獻公集補遺一卷附錄一卷校勘一卷**　（清）王棻輯　清同治九年（1870）吴縣孫氏九峰書院刻本　四册

320000－1606－0008184　R00245
止齋先生文集五十二卷附錄一卷　（宋）陳傅良撰　清瑞安孫氏詒善祠塾刻本　六册

320000－1606－0008185　R00246
夏仲子集六卷　（清）夏炯撰　清咸豐四年（1854）刻本　四册

320000－1606－0008186　R00247
寶雲山館詩稿一卷　（清）畢長豫撰　清宣統三年（1911）刻本　一册

320000－1606－0008187　R00248
邁園文鈔一卷　（清）楊金監撰　清光緒十六年（1890）毗陵世承堂楊氏木活字印本　一册

320000－1606－0008188　R00249
深寧先生文鈔八卷　（宋）王應麟撰　清道光九年（1829）刻本　八册

320000－1606－0008189　R00250
地理末學二卷首一卷　（清）紀大奎撰　清刻本　四册

320000－1606－0008190　R00251
代數通藝錄十六卷　（清）方愷撰　清光緒十六年（1890）方氏刻本　六册

320000－1606－0008191　R00252
撫郡農產攷略二卷　（清）何剛德撰　**種田雜說一卷**　（清）江召棠撰　清光緒三十三年（1907）蘇省刷印局鉛印本　二册

320000－1606－0008192　R00253
寓意草不分卷　（清）喻昌撰　清乾隆二十八年（1763）嵩秀堂刻本　四册

320000－1606－0008193　R00254
南雅堂醫書全集十六種　（清）陳念祖撰并輯　清光緒三年（1877）刻本　三十二册

320000－1606－0008194　R00255
樂志堂文集十八卷續集二卷　（清）譚瑩撰　清咸豐九年（1859）吏隱園刻本　二十四册

320000－1606－0008195　R00256
樊山政書二十卷　樊增祥撰　清宣統二年（1910）金陵鉛印本　十册

320000－1606－0008196　R00257
史姓韻編二十四卷　（清）汪輝祖輯　清光緒二十九年（1903）上海文瀾書局石印本　八册

320000－1606－0008197　R00258
醫學集成四卷　（清）劉仕廉纂輯　清同治十二年（1873）醉吟山房刻本　四册

320000－1606－0008198　R00259
西漢會要七十卷　（宋）徐天麟撰　清光緒十年（1884）江蘇書局刻本　十册

320000－1606－0008199　R00260
金丹正理大全群仙珠玉集成四卷　題（□）清虚子輯　明刻本　六册

320000－1606－0008200　R00261
家範十卷　（宋）司馬光著　（清）潘霨校訂　清光緒四年（1878）敏德堂刻本　二册

320000－1606－0008201　R00262
撫吴公牘五十卷　（清）丁日昌撰　（清）沈幼丹評選　清光緒三年（1877）鉛印本　六册

320000－1606－0008202　R00263
爵秩全覽不分卷　（清）□□編　清光緒十二年（1886）刻本　四册

320000－1606－0008203　R00264
牧令書輯要十卷保甲書輯要四卷　（清）徐棟編　（清）丁日昌選評　**庸吏庸言二卷讀律心得三卷蜀僚問答一卷**　（清）劉衡撰　清同治七年（1868）江蘇書局刻本　十四册

320000－1606－0008204　R00265
吾學錄初編二十四卷　（清）吴榮光述　清同治九年（1870）江蘇書局刻本　六册

320000－1606－0008205　R00266
奉使朝鮮日記一卷　（清）崇禮撰　清光緒十九年（1893）鉛印本　一册

320000－1606－0008206　R00267

袁易齋先生圖民録四卷　(清)袁守定撰　清同治十二年(1873)楊昌濬刻本　二册

320000－1606－0008207　R00268

西學考略二卷　(美國)丁韙良著　清光緒九年(1883)同文館鉛印本　二册

320000－1606－0008208　R00270

玉壺山房詞選二卷　(清)改琦撰　清道光八年(1828)刻本　二册

320000－1606－0008209　R00271

中庸理事説斷三十三卷　(清)陳安兆著　清刻本　十二册

320000－1606－0008210　R00272

傷寒補天石二卷續編二卷　(明)戈維城著　清嘉慶木活字印本　四册

320000－1606－0008211　R00273

傷寒論直解六卷　(清)張錫駒註解　清刻本　八册

320000－1606－0008212　R00274

當歸草堂醫學叢書初編十種　(清)丁丙輯　清光緒四年(1878)錢塘丁氏當歸草堂刻本　十册

320000－1606－0008213　R00276

滹南遺老王先生文集四十五卷　(金)王若虛撰　清光緒十二年(1886)刻本　十二册

320000－1606－0008214　R00277

今白華堂文集三十二卷　(清)童槐撰　清刻本　三册　存二十四卷(一至三、五、七至八、十一至十七、十九至二十、二十二至二十四、二十七至三十二)

320000－1606－0008215　R00278

庚子銷夏記八卷閒者軒帖考一卷　(清)孫承澤撰　清乾隆二十六年(1761)刻本　四册

320000－1606－0008216　R00279

振綺堂叢書二集十二種　(清)汪康年輯　清光緒二十年(1894)泉唐汪氏振綺堂刻本　八册

320000－1606－0008217　R00280

雜症準繩七卷　(明)王肯堂輯　清九思堂刻本　六册

320000－1606－0008218　R00281

欽定歷代職官表七十二卷首一卷　(清)永瑢等纂修　清光緒二十二年(1896)廣雅書局刻本　二十二册

320000－1606－0008219　R00282

四診法不分卷　(明)張三錫纂　明末刻本　三册

320000－1606－0008220　R00285

大潛山房詩鈔一卷　(清)劉銘傳撰　清同治七年(1868)刻本　一册

320000－1606－0008221　R00287

萬氏秘傳片玉心書五卷片玉痘疹十三卷家傳廣嗣紀要十六卷新刊萬氏家傳幼科發揮二卷　(明)萬全編著　清清畏堂刻本　八册

320000－1606－0008222　R00288

養生濟世便易經驗合編一卷附養生經驗補遺一卷續刊經驗集一卷　(清)毛世洪輯　(清)汪瑜增訂　清光緒二十年(1894)刻三十三年(1907)補刻本　一册

320000－1606－0008223　R00289

霄鵬先生遺著五種　(清)黄保康輯　清宣統三年(1911)刻本　三册

320000－1606－0008224　R00290

洞主仙師白喉治法忌表抉微一卷　題(清)耐修子輯　清刻本　一册

320000－1606－0008225　R00291

暢園叢書甲函五種　(清)張邁輯　清光緒二十年(1894)四明刻本　四册

320000－1606－0008226　R00293

增補藥性雷公炮製二卷　(清)張光斗增補　清光緒二年(1876)文林閣刻本　二册

320000－1606－0008227　R00294

種痘新書十二卷　(清)張琰編輯　清乾隆五年(1740)右文堂刻本　五册

320000－1606－0008228　R00295
萬氏婦人科二卷　（明）萬全撰　清道光十年(1830)佛山近文堂刻本　一册

320000－1606－0008229　R00296
蒼生司命八卷首一卷　（明）虞摶輯　清康熙十六年(1677)同德堂刻本　八册

320000－1606－0008230　R00297
隨息居飲食譜不分卷　（清）王士雄撰　清同治二年(1863)上海吉樂齋刻字店刻本　二册

320000－1606－0008231　R00298
隨息居重訂霍亂論四卷　（清）王士雄撰　清光緒十三年(1887)四明林延春室刻本　二册

320000－1606－0008232　R00299
醫略十三卷附關格考一卷人迎辨一卷　（清）蔣寶素撰　清刻本　四册

320000－1606－0008233　R00300
漁洋山人著述二十種　（清）王士禛撰　清刻本　三十册

320000－1606－0008234　R00302
御撰資治通鑑綱目三編二十卷　（清）張廷玉等編　清刻本　六册

320000－1606－0008235　R00303
明貢舉考畧二卷　（清）黄崇蘭輯　清刻本　二册

320000－1606－0008236　R00304
好雲樓初集二十八卷首一卷二集十六卷首一卷附臨川答問一卷　（清）李聯琇著　清咸豐十一年(1861)恩養堂刻本　十二册

320000－1606－0008237　R00305
十駕齋養新録二十卷餘録三卷　（清）錢大昕撰　清光緒二年(1876)浙江書局刻本　六册

320000－1606－0008238　R00306
鼎鍥趙田了凡袁先生編纂古本歷史大方綱鑑補三十九卷首一卷　（明）袁黄編纂　清刻本　三十册

320000－1606－0008239　R00307
文淵閣書目二十卷　（明）楊士奇等撰　清刻本　六册

320000－1606－0008240　R00308
養素堂文集三十五卷首一卷　（清）張澍撰　清刻本　十六册

320000－1606－0008241　R00309
國朝貢舉考畧三卷補一卷　（清）黄崇蘭輯　清道光五年(1825)金閶經義堂刻本　二册

320000－1606－0008242　R00310
虞初新志二十卷　（清）張潮輯　清刻本　八册

320000－1606－0008243　R00312
全體通考十八卷首一卷　（英國）德貞著　清光緒十二年(1886)同文館鉛印本　十四册

320000－1606－0008244　R00314
疇人傳四十六卷續六卷　（清）阮元撰　（清）羅士琳續　清光緒八年(1882)海鹽張氏常惺齋刻本　十二册

320000－1606－0008245　R00315
溫熱經緯五卷　（清）王士雄纂　清同治十三年(1874)湖北崇文書局刻本　四册

320000－1606－0008246　R00316
碧螺山館詩鈔六卷　（清）金蘭撰　清咸豐六年(1856)刻本　一册

320000－1606－0008247　R00317
閑餘吟稿一卷晋游小草一卷閑餘雜録一卷　（元）顧瑛著　清道光二十八年(1848)潯州郡署刻本　一册

320000－1606－0008248　R00318
述懷詩草一卷　（清）費庚吉撰　清刻本　一册

320000－1606－0008249　R00319
聖諭十六條附律易解一卷　（清）聖祖玄燁撰　清光緒九年(1883)省垣學院前奎文堂刻本　一册

320000－1606－0008250　R00320
太師誠意伯劉文成公集二十卷首一卷　（明）劉基撰　清栝芝南田果育堂刻本　二十册

320000－1606－0008251　R00321
摘星樓治痘全書十八卷　(清)朱一麟撰　清耕樂堂刻本　十冊

320000－1606－0008252　R00322
明紀六十卷　(清)陳鶴撰　(清)陳克家參訂　清同治十年(1871)江蘇書局刻本　二十冊

320000－1606－0008253　R00323
資治通鑑綱目發明五十九卷　(宋)尹起莘撰　清同治十三年(1874)刻本　六冊

320000－1606－0008254　R00324
兩漢韻珠十卷　(清)吳章灃編輯　清光緒十八年(1892)刻本　十冊

320000－1606－0008255　R00325
春暉堂叢書十二種　(清)徐渭仁輯　清道光二十一年(1841)刻本　十二冊

320000－1606－0008256　R00327
新喻梁石門先生集十卷首一卷末一卷　(明)梁寅撰　清光緒十五年(1889)新喻縣學宫刻本　六冊

320000－1606－0008257　R00328
營田輯要内篇二卷外篇一卷首一卷　(清)黄輔辰述　清同治五年(1866)刻本　一冊

320000－1606－0008258　R00329
頤志齋叢書　(清)丁晏撰　清同治元年(1862)丁氏六藝堂刻本　十六冊

320000－1606－0008259　R00330
元遺山詩集箋注十四卷年譜一卷　(金)元好問撰　(清)施國祁箋注　清道光二年(1822)南潯蔣氏瑞松堂刻本　六冊

320000－1606－0008260　R00331
倚霞宫筆錄三卷琴志樓雜箸一卷慕皐廬雜刻四卷　(清)易順鼎撰　清光緒十九年(1893)易園刻本　二冊

320000－1606－0008261　R00332
湘輶叢刻十三卷　(清)吳樹梅撰　清光緒二十六年(1900)長沙節署刻本　六冊

320000－1606－0008262　R00334
海嶽軒叢刻九種　杜俞撰　清光緒三十三年(1907)蘇省刷印總局鉛印本　八冊

320000－1606－0008263　R00336
御定全唐詩錄一百卷　(清)徐倬等編　清刻本　二十冊

320000－1606－0008264　R00338
百子全書　(清)崇文書局輯　清光緒元年(1875)湖北崇文書局刻本　一冊　存三種六卷(孫子三卷、吳子二卷、司馬灋一卷)

320000－1606－0008265　R00339
敖氏傷寒金鏡錄一卷　(元)杜本著　**六經定法一卷**　(清)舒詔著　清刻本　一冊

320000－1606－0008266　R00340
丹溪先生治法心要八卷　(元)朱震亨撰　(明)高叔宗校正　清宣統元年(1909)鉛印本　二冊

320000－1606－0008267　R00341
本艸經疏三十卷　(明)繆希雍著　清光緒十七年(1891)池陽周氏刻本　十二冊

320000－1606－0008268　R00342
合訂删補大易集義粹言八十卷　(清)納蘭成德撰　清刻本　三十二冊

320000－1606－0008269　R00343
雜字類考二卷　(清)丁公恕著　清刻本　八冊

320000－1606－0008270　R00344
韻辨附文五卷　(清)沈兆霖撰　清光緒三年(1877)刻本　二冊

320000－1606－0008271　R00345
堪輿體撰樞籥一集平陽圖説二十卷　(清)沈鈞生著　(清)沈岳　(清)沈元棨校訂　清抄本　九冊　存十七卷(一至八、十一至十七、十九至二十)

320000－1606－0008272　R00346
一峰園五方元音二卷　(清)樊騰鳳纂著　(清)禹祥年考正　清康熙四十九年(1710)一峰園刻本　四冊

320000－1606－0008273 R00348
椽筆樓初集二卷 （清）胡鉉編著 清宣統三年（1911）國光書局鉛印本 二册

320000－1606－0008274 R00349
一山雜文一卷經說二卷 章梫撰 清宣統元年（1909）京華印書局鉛印本 二册

320000－1606－0008275 R00350
漪蘭館詩鈔一卷 （清）周韻僊撰 清宣統二年（1910）石印本 一册

320000－1606－0008276 R00351
茶夢盦劫後詩稿十二卷 （清）高望曾撰 清同治九年（1870）刻本 一册 存二卷（一至二）

320000－1606－0008277 R00356
資治通鑑刊本識誤三卷 （清）張敦仁撰 清光緒十二年（1886）新陽趙氏刻本 三册

320000－1606－0008278 R00357
光緒武進陽湖縣志三十卷首一卷 （清）王其淦等修 清光緒五年（1879）刻本 二十册

320000－1606－0008279 R00358
［同治］續蕭縣志十八卷首一卷 （清）顧景濂修 （清）段廣瀛等纂 清光緒元年（1875）蕭縣縣署刻本 六册

320000－1606－0008280 R00359
［光緒］重修奉賢縣志二十卷首一卷末一卷 （清）韓佩金修 （清）張文虎纂 清光緒四年（1878）志書局刻本 六册

320000－1606－0008281 R00360
劉武慎公遺書二十五卷 （清）劉長佑撰 **劉武慎公年譜三卷** （清）鄧輔綸編 清光緒二十六年（1900）鉛印本 二十八册

320000－1606－0008282 R00361
衛生要旨不分卷 （美國）嘉約翰口譯 清光緒九年（1883）益智書會刻本 一册

320000－1606－0008283 R00362
增定便攷醫學善本八卷 （明）龔廷賢編輯 （清）汪琪重定 清刻本 二十册

320000－1606－0008284 R00363
串雅内編四卷 （清）趙學敏纂輯 （清）吳庚生補註 清光緒十四年（1888）榆園刻本 二册

320000－1606－0008285 R00364
重樓玉鑰二卷 （清）鄭梅澗撰 清道光十八年（1838）喜墨齋刻本 二册

320000－1606－0008286 R00365
溫證羊毛論不分卷 （清）隨霖著 清刻本 四册

320000－1606－0008287 R00367
外科大成四卷 （清）祁坤輯 清乾隆光霽堂刻本 四册

320000－1606－0008288 R00368
震川先生集三十卷別集十卷 （明）歸有光撰 清光緒六年（1880）常熟歸氏刻本 十六册

320000－1606－0008289 R00369
訂正東醫寶鑑二十三卷目錄二卷 （朝鮮）許浚撰 清光緒十五年（1889）江左書林刻本 二十五册

320000－1606－0008290 R00370
心矩齋叢書七種 （清）蔣鳳藻編輯 清光緒十四年（1888）常州蔣氏心矩齋刻本 八册

320000－1606－0008291 R00371
石渠餘紀六卷 （清）王慶雲述 清光緒刻本 六册

320000－1606－0008292 R00372
諏吉述正二十五卷首一卷 （清）張祖同輯 清光緒二十三年（1897）湖南思賢書局刻本 十二册

320000－1606－0008293 R00374
西夏紀事本末三十六卷年表一卷 （清）張鑑著 清光緒十年（1884）江蘇書局刻本 四册

320000－1606－0008294 R00375
焦山志二十六卷首一卷 （清）吳雲輯 清同治十三年（1874）刻本 八册

320000－1606－0008295 R00376

禹峡山志四卷　(清)孫繩祖纂修　清同治元年(1862)刻本　十二册

320000－1606－0008296　R00377
寄庵詩鈔八卷續十卷續附十二卷　(清)劉大紳撰　**龍山詩草一卷**　(清)沈彬撰　清道光元年(1821)刻本　三十八册

320000－1606－0008297　R00378
譯古含奇三卷　(清)楊翼亮著　清光緒十三年(1887)杭州小酉堂書坊刻本　六册

320000－1606－0008298　R00380
高厚蒙求四集　(清)徐朝俊纂　清光緒十三年(1887)同文館鉛印本　四册

320000－1606－0008299　R00381
開方釋例四卷　(清)駱騰鳳著　清道光二十三年(1843)刻本　二册

320000－1606－0008300　R00382
修事指南一卷　(清)張叡著　清刻本　三册

320000－1606－0008301　R00383
石林奏議十五卷　(宋)葉夢得撰　清光緒十一年(1885)吳興陸氏皕宋樓刻本　二册

320000－1606－0008302　R00384
周易審義四卷　(清)張惠言著　清咸豐文選樓刻本　八册

320000－1606－0008303　R00385
有不為齋算學四卷　(清)傅九淵撰　清刻本　四册

320000－1606－0008304　R00386
瀛壖雜志六卷　(清)王韜撰　清光緒元年(1875)刻本　二册

320000－1606－0008305　R00387
易林補遺四卷　(明)張世寶著　清乾隆三十七年(1772)金閶綠蔭堂刻本　四册

320000－1606－0008306　R00388
豫南水利卮言一卷　(清)徐壽兹撰　清光緒二十七年(1901)大梁刻本　一册

320000－1606－0008307　R00390
空同詩集三十四卷　(明)李夢陽撰　清光緒十五年(1889)渭南嚴氏刻本　六册

320000－1606－0008308　R00391
峽江救生船志二卷附行川必要一卷　(清)賀縉紳　(清)程以輔編　清光緒四年(1878)刻本　四册

320000－1606－0008309　R00392
存素堂詩稾十四卷文稾四卷補遺一卷存素堂集續編四卷　(清)錢寶琛撰　**頤壽老人年譜二卷**　(清)錢寶琛自訂　(清)錢鼎銘等注　清同治七年至光緒六年(1868－1880)刻本　十册

320000－1606－0008310　R00393
鐵橋漫稿八卷　(清)嚴可均撰　清光緒十一年(1885)長洲蔣氏心矩齋刻本　四册

320000－1606－0008311　R00394
柏梘山房文集十六卷續集一卷詩集十卷續集二卷駢體文二卷　(清)梅曾亮撰　清咸豐六年(1856)刻本　八册　存三十卷(柏梘山房文集十六卷、詩集十卷、詩集續集二卷、駢體文二卷)

320000－1606－0008312　R00395
顯志堂稿十二卷　(清)馮桂芬撰　清光緒二年(1876)校邠廬刻本　四册

320000－1606－0008313　R00396
天台山方外志三十卷　(明)釋傳燈撰　清光緒二十年(1894)佛隴眞覺寺刻本　八册

320000－1606－0008314　R00397
醫貫六卷　題(明)醫無閭子著　清刻本　六册

320000－1606－0008315　R00398
證治彙補八卷　(清)李用粹撰　清光緒九年(1883)萬卷樓刻本　八册

320000－1606－0008316　R00399
有恆心齋集十五種　(清)程鴻詔編　清同治四年至十二年(1865－1873)刻本　十二册

320000－1606－0008317　R00401

周易洗心十卷　(清)任啟運傳　清刻本　六册

320000－1606－0008318　R00402
春秋左傳杜注三十卷首一卷　(清)姚培謙學　清乾隆十一年(1746)刻本　二十四册

320000－1606－0008319　R00404
圖註八十一難經辨眞四卷　(明)張世賢註　**刪註脈訣規正二卷**　(清)沈鏡刪註　(清)徐良臣參補　清愛日堂刻本　四册

320000－1606－0008320　R00405
傷寒論註四卷附翼二卷　(漢)張仲景原本　(清)柯琴編註　(清)馬中驊較訂　清乾隆二十年(1755)金閶綠慎堂刻本　六册

320000－1606－0008321　R00406
世補齋醫書六種三十三卷　(清)陸懋修著　清光緒十年(1884)刻本　八册

320000－1606－0008322　R00407
理瀹駢文摘要二卷附錄應驗諸方一卷　(清)吳尚先著　清光緒三年(1877)吳縣潘氏敏德堂刻本　二册

320000－1606－0008323　R00407－1
傷寒論類方四卷　(清)徐大椿撰　(清)潘霨增輯　清同治五年(1866)古吳潘氏刻本　三册

320000－1606－0008324　R00407－2
衛生要術一卷　(清)徐鳴峰撰　(清)潘霨增輯　清光緒二年(1876)刻本　一册

320000－1606－0008325　R00407－3
醫學金鍼八卷　(清)陳念祖原本　(清)潘霨增輯　清光緒四年(1878)敏德堂潘氏刻本　四册

320000－1606－0008326　R00408
傷寒論翼二卷　(清)柯琴編　清刻本　四册

320000－1606－0008327　R00409
醫宗說約五卷首一卷　(清)蔣示吉纂述　清乾隆六十年(1795)刻本　四册

320000－1606－0008328　R00410
羣經補義五卷　(清)江永著　清敷文閣刻本　二册

320000－1606－0008329　R00411
羣經字攷十卷　(清)吳東發學　清嘉慶刻本　四册

320000－1606－0008330　R00413
外科大成四卷　(清)祁坤輯　清康熙四年(1665)善成堂刻本　八册

320000－1606－0008331　R00414
外科症治全生前集三卷後集三卷　(清)王維德著　(清)馬文植評　清光緒十年(1884)掃葉山房刻本　二册

320000－1606－0008332　R00415
天文歌略一卷　葉瀾著　**地學歌略一卷**　葉瀾　葉瀚著　清光緒二十八年(1902)交河縣署刻本　一册

320000－1606－0008333　R00416
律服考古錄二卷　(清)楊峒著　清光緒三十四年(1908)武進李氏聖譯樓刻本　一册

320000－1606－0008334　R00417
羣書札記十六卷　(清)朱亦棟學　清光緒四年(1878)武林竹簡齋刻本　六册

320000－1606－0008335　R00418
金鏡内臺方議十二卷　(明)許宏集　清心導樓刻本　八册

320000－1606－0008336　R00419
台州叢書七種　(清)宋世犖輯　清嘉慶、道光間臨海宋氏刻本　二十册

320000－1606－0008337　R00420
奇門遁甲統宗十二卷　(三國蜀)諸葛亮撰　清刻本　六册

320000－1606－0008338　R00421
[同治]盧陵縣志三十二卷首一卷　(清)陳汝楨等修　(清)匡汝諧纂　清刻本　十六册

320000－1606－0008339　R00422
經義考三百卷目錄二卷　(清)朱彝尊錄　清乾隆四十二年(1777)恒素堂刻本(卷二百八

十六、二百九十九至三百原缺）　四十冊

320000－1606－0008340　R00423

欽定詩經傳說彙纂二十一卷首二卷詩序二卷　（清）王鴻緒等纂　清雍正五年（1727）刻本　二十四冊

320000－1606－0008341　R00424

歸盦文稾八卷　（清）葉裕仁撰　清光緒八年（1882）刻本　四冊

320000－1606－0008342　R00425

彭剛直公詩集八卷　（清）彭玉麟撰　清光緒十七年（1891）吳下刻本　二冊

320000－1606－0008343　R00426

攜雪堂文集四卷　（清）吳可讀著　（清）楊慶生箋注　清光緒二十六年（1900）浙江書局刻本　四冊

320000－1606－0008344　R00427

復莊駢儷文榷八卷　（清）姚燮撰　清咸豐四年（1854）大梅山館刻本　四冊

320000－1606－0008345　R00428

羅忠節公集八種　（清）羅澤南著　清咸豐六年至同治二年（1856－1863）刻本　十一冊

320000－1606－0008346　R00429

海國圖志一百卷　（清）魏源撰　清咸豐二年（1852）古微堂刻本　二十四冊

320000－1606－0008347　R00430

皇朝通典一百卷　（清）嵇璜等纂修　清刻本　三十六冊

320000－1606－0008348　R00431

通典二百卷　（唐）杜佑纂　清同治十年（1871）廣州學海堂刻本　四十八冊

320000－1606－0008349　R00432

欽定續通典一百五十卷　（清）嵇璜等纂　清刻本　四十八冊

320000－1606－0008350　R00434

春融堂集六十八卷褉記八種八卷述庵先生年譜二卷　（清）王昶撰　清光緒十八年（1892）珠溪文彬齋刻本　十六冊

320000－1606－0008351　R00435

史記評林一百三十卷　（明）淩稚隆纂輯　清光緒十五年（1889）濬文書局刻本　三十二冊

320000－1606－0008352　R00436

潛齋醫學叢書八種　（清）王士雄輯著　清刻本　五冊

320000－1606－0008353　R00437

養拙齋詩十四卷桂隱詩存一卷　（清）王必達撰　清光緒十六年（1890）刻本　四冊

320000－1606－0008354　R00438

期不負齋政書九卷文集五卷首一卷　（清）周家楣撰　清光緒二十一年（1895）刻本　八冊

320000－1606－0008355　R00439

寄菴文鈔二卷續二卷　（清）劉大紳撰　清道光七年（1827）潭西草堂刻本　十冊

320000－1606－0008356　R00441

籌濟編三十二卷首一卷　（清）楊景仁輯　清光緒四年（1878）詒硯齋刻本　六冊

320000－1606－0008357　R00442

文廟上丁禮樂備考四卷　（清）吳祖昌撰　清同治九年（1870）江右乙藜齋刻本　四冊

320000－1606－0008358　R00443

實政錄七卷　（明）吕坤撰　清同治十一年（1872）浙江書局刻本　六冊

320000－1606－0008359　R00444

西藥大成十卷首一卷　（英國）來拉　（英國）海得蘭撰　（英國）傅蘭雅口譯　（清）趙元益筆述　清光緒江南機器製造總局刻本　十六冊

320000－1606－0008360　R00445

歌方集論四卷人身譜一卷　（清）祝源纂述　清光緒十七年（1891）棱香館刻本　二冊

320000－1606－0008361　R00446

南巡盛典一百二十卷　（清）高晉等纂　清刻本　四十八冊

320000－1606－0008362　R00447

普門醫品四十八卷補遺四卷　（明）王化貞編

清康熙娱暉堂刻本　六十册

320000－1606－0008363　R00448
不薄今齋時文二集不分卷　(清)戴錫鈞著　清刻本　二册

320000－1606－0008364　R00449
示樸齋制義不分卷　(清)錢振倫撰　清同治四年(1865)刻本　四册

320000－1606－0008365　R00450
五種遺規　(清)陳弘謀輯　清光緒二十一年(1895)浙江書局刻本　十册

320000－1606－0008366　R00451
重訂文選集評十五卷首一卷末一卷　(清)于光華編次　清乾隆四十三年(1778)心簡齋刻本　十六册

320000－1606－0008367　R00452
且甌歌一卷附楠溪竹枝詞一卷問壺述懷詩一卷　(清)石方洛著　清光緒十七年(1891)葉懷古齋刻本　一册

320000－1606－0008368　R00453
愛吾廬詩鈔六編　(清)張洵佳撰　清宣統二年(1910)鉛印本　四册

320000－1606－0008369　R00454
吾學錄初編二十四卷　(清)吳榮光述　清同治九年(1870)江蘇書局刻本　六册

320000－1606－0008370　R00455
斯文正統十二卷　(清)刁包選輯　清順治十一年(1654)金陵韓瑞甫刻本　十二册

320000－1606－0008371　R00456
退思軒詩集六卷補遺一卷　(清)張百熙撰　清宣統三年(1911)京師鉛印本　一册

320000－1606－0008372　R00459
定齋集二十卷　(宋)蔡戡撰　清光緒二十三年(1897)武進盛氏思惠齋刻本　十册

320000－1606－0008373　R00460
養正彙編四卷首一卷　(清)李毓秀撰　(清)周士錦輯　清光緒十年(1884)沭陽縣儒學刻本　二册

320000－1606－0008374　R00461
[嘉慶]重修揚州府志七十二卷首一卷　(清)阿克當阿等修　(清)姚文田等纂　清嘉慶十五年(1810)刻本　四十四册

320000－1606－0008375　R00463
澡雪堂文鈔十卷首一卷籌海蠡言一卷澡雪堂詩鈔一卷綿江别話一卷澡雪堂聯語一卷　(清)鍾體志著　清光緒二十年(1894)灌城刻本　六册

320000－1606－0008376　R00464
[同治]續纂揚州府志二十四卷　(清)方濬頤修　(清)晏端書纂　清同治十三年(1874)刻本　十二册

320000－1606－0008377　R00465
[嘉慶]增修宜興縣舊志十卷首一卷末一卷　(清)李先榮纂修　(清)阮升基等增修　(清)寧楷增纂　清同治八年(1869)木活字印本　十册

320000－1606－0008378　R00466
[嘉慶]新修宜興縣志四卷首一卷　(清)阮升基修　(清)寧楷纂　清同治八年(1869)木活字印本　二册

320000－1606－0008379　R00467
[嘉慶]新修荆溪縣志四卷首一卷　(清)唐仲冕修　(清)寧楷纂　清同治八年(1869)木活字印本　二册

320000－1606－0008380　R00468
[道光]續纂宜興荆溪縣志十卷首一卷　(清)龔潤森等修　(清)吳德旋纂　清同治八年(1869)木活字印本　四册

320000－1606－0008381　R00469
[光緒]宜興荆谿縣新志十卷首一卷末一卷　(清)施惠等修　(清)吳景牆等纂　清光緒八年(1882)刻宜興荆溪舊志五種本　八册

320000－1606－0008382　R00470
[乾隆]景州志六卷首一卷　(清)屈成霖纂輯　清乾隆十年(1745)刻本　四册

320000－1606－0008383　R00471
[乾隆]鄭州志十二卷首一卷　(清)張鉞等纂修　清刻本　六册

320000－1606－0008384　R00472
五代史纂誤三卷　(宋)吳縝撰　清刻本　一册

320000－1606－0008385　R00473
補五代史藝文志一卷　(清)顧櫰三撰　清光緒二十三年(1897)晦齋刻本　一册

320000－1606－0008386　R00474
[嘉慶]重刊江甯府志五十六卷校勘記一卷　(清)吕燕昭修　(清)姚鼐纂　清光緒六年(1880)刻本　十二册

320000－1606－0008387　R00475
[光緒]續纂江甯府志十五卷首一卷　(清)蔣啟勛　(清)趙佑宸修　(清)汪士鐸纂　清刻本　十二册

320000－1606－0008388　R00476
五代史記纂誤補四卷附錄一卷　(清)吳蘭庭撰　清嘉慶刻本　四册

320000－1606－0008389　R00477
五代紀年表一卷　(清)周嘉猷撰　清光緒十七年(1891)廣雅書局刻本　一册

320000－1606－0008390　R00478
補五代史藝文志一卷　(清)顧櫰三撰　清光緒十七年(1891)廣雅書局刻本　一册

320000－1606－0008391　R00479
宋史藝文志補一卷　(清)倪燦撰　**補五代史藝文志一卷**　(清)顧櫰三撰　清光緒十七年(1891)廣雅書局刻本　一册

320000－1606－0008392　R00480
補梁疆域志四卷　(清)洪齮孫撰　清光緒十七年(1891)廣雅書局刻本　二册

320000－1606－0008393　R00481
宋史藝文志補一卷　(清)倪燦撰　清光緒二十四年(1898)晦齋刻本　一册

320000－1606－0008394　R00482
古今治平彙要十四卷　(清)楊潮觀纂　清雍正七年(1729)文聚樓刻本　二册

320000－1606－0008395　R00483
[乾隆]鳳陽縣志附續志十六卷首一卷　(清)于萬培纂修　(清)謝永泰總修　清光緒二年(1876)刻本　十册

320000－1606－0008396　R00484
[乾隆]登封縣志三十二卷　(清)洪亮吉　(清)陸繼萼纂修　清乾隆五十二年(1787)刻本　十六册

320000－1606－0008397　R00485
[乾隆]豐縣志十六卷首一卷　(清)盧世昌重輯　(清)王恩元續修　清道光九年(1829)刻本　六册

320000－1606－0008398　R00486
[乾隆]潮州府志四十二卷首一卷　(清)周碩勳輯　清光緒十九年(1893)潮州保安總局珠蘭書屋刻本　二十五册

320000－1606－0008399　R00487
[嘉慶]澄海縣志二十六卷首一卷　(清)李書吉等纂修　清嘉慶二十年(1815)刻本　八册

320000－1606－0008400　R00488
[嘉慶]溧陽縣志十六卷圖一卷　(清)陳鴻壽等修　(清)史炳等纂　清光緒二十二年(1896)木活字印本　十册

320000－1606－0008401　R00489
[光緒]溧陽縣續志十六卷末一卷　(清)朱畯修　馮煦等纂　清光緒二十五年(1899)木活字印本　八册

320000－1606－0008402　R00490
[嘉慶]江都縣續志十二卷首一卷　(清)王逢源修　(清)李保泰纂　清光緒七年(1881)刻本　四册

320000－1606－0008403　R00491
光緒江都縣續志三十卷首一卷　(清)謝延庚修　清光緒十年(1884)刻本　八册

320000－1606－0008404　R00492

[嘉慶]廣西通志二百七十九卷首一卷 (清)謝啟昆修 (清)胡虔纂 清嘉慶五年(1800)刻本 八十冊

320000－1606－0008405 R00493
[道光]廣東通志三百三十四卷首一卷 (清)阮元修 (清)陳昌齊等纂 清同治三年(1864)刻本 一百二十冊

320000－1606－0008406 R00494
[嘉慶]廬州府志五十四卷圖一卷 (清)張祥雲修 (清)孫星衍纂 清嘉慶八年(1803)刻本 十六冊

320000－1606－0008407 R00495
[乾隆]長沙府志五十卷首一卷 (清)吕肅高纂修 (清)張雄圖 (清)王文清編撰 清乾隆十二年(1747)長沙府署刻本 三十二冊

320000－1606－0008408 R00496
[嘉慶]四川通志二百四卷首二十二卷 (清)常明修 (清)楊芳燦等纂 清嘉慶二十一年(1816)刻本 一百六十冊

320000－1606－0008409 R00497
[嘉慶]松江府志八十四卷首二卷 (清)宋如林修 (清)莫晉等纂 清嘉慶二十二年(1817)府學明倫堂刻本 四十冊

320000－1606－0008410 R00498
[光緒]松江府續志四十卷首一卷圖一卷 (清)博潤修 (清)姚光發等纂 清光緒十年(1884)郡齋刻本 二十二冊

320000－1606－0008411 R00499
[咸豐]邳州志二十卷首一卷 (清)董用威 (清)馬軼群修 (清)魯一同纂 清咸豐元年(1851)刻本 四冊

320000－1606－0008412 R00500
[嘉慶]成都縣志六卷首一卷 (清)王泰雲等修 (清)衷以壎等纂 清嘉慶二十一年(1816)刻本 六冊

320000－1606－0008413 R00501
[嘉慶]長安縣志三十六卷 (清)張聰賢修 (清)董曾臣纂 清嘉慶二十年(1815)刻同治十一年(1872)重修本 六冊

320000－1606－0008414 R00502
草廬吴文正公集四十九卷首一卷外集三卷 (元)吴澄撰 清刻本 二十四冊

320000－1606－0008415 R00503
馬端敏公奏議八卷 (清)馬新貽撰 清光緒二十年(1894)閩浙督署刻本 八冊

320000－1606－0008416 R00504
兵垣奏議不分卷 (明)陳子龍著 清光緒二十三年(1897)刻本 二冊

320000－1606－0008417 R00505
孫忠靖公遺集八卷首一卷末一卷 (明)孫傳庭撰 清刻本 三冊 存六卷(一至六)

320000－1606－0008418 R00507
拙修集十卷 (清)吴廷棟撰 清同治十年(1871)六安求我齋刻本 四冊

320000－1606－0008419 R00508
花宜館詩鈔十六卷續存一卷無腔村笛二卷 (清)吴振棫撰 清同治四年(1865)刻本 六冊

320000－1606－0008420 R00509
御纂醫宗金鑑九十卷首一卷 (清)吴謙等輯 清光緒二年(1876)江西書局刻本 六十冊

320000－1606－0008421 R00510
欽定蒙古源流八卷 (清)小徹辰薩囊臺吉撰 清刻本 四冊

320000－1606－0008422 R00511
皇朝輿地畧不分卷韻編一卷 (清)六承如編繪 清光緒五年(1879)羊城王氏聽春雨樓刻本 四冊

320000－1606－0008423 R00512
璞山存槀十二卷 (清)曹藍田撰 清光緒二十二年(1896)刻本 四冊

320000－1606－0008424 R00513
玉芝堂談薈三十六卷首一卷 (明)徐應秋撰 清光緒元年(1875)蒨園刻本 三十四冊

320000－1606－0008425　R00514
漢魏叢書　(明)張運泰　(明)余元熹輯　清初華文堂刻本　四十七冊　缺一種十卷(新書附文十卷)

320000－1606－0008426　R00515
月齋文集八卷詩集四卷　(清)張穆撰　(清)吳履敬等編次　清咸豐八年(1858)刻本　四冊

320000－1606－0008427　R00516
移芝室古文讀本十三卷　(清)楊彝珍撰　(清)閻鎮珩輯　清光緒刻本　四冊

320000－1606－0008428　R00517
四書訓解參證十二卷補遺四卷　(清)張定鋆撰　清咸豐二年至同治九年(1852－1870)刻本　四冊

320000－1606－0008429　R00518
淮北票鹽續略十二卷　(清)許寶書編　清同治九年(1870)刻本　四冊

320000－1606－0008430　R00519
張亨甫全集三十四卷　(清)張際亮著　清同治六年(1867)刻本　十二冊　存三十一卷(詩集一至十八、二十二至二十七,首一卷;文集一至六)

320000－1606－0008431　R00520
胡文忠公遺集八十六卷首一卷　(清)胡林翼撰　(清)鄭敦謹　(清)曾國荃編　清同治六年(1867)黃鶴樓刻本　三十二冊

320000－1606－0008432　R00521
水心先生别集十六卷　(宋)葉適撰　清同治九年(1870)瑞安孫氏刻本　四冊

320000－1606－0008433　R00522
墨花吟館感舊懷人集一卷　(清)嚴辰撰　清光緒刻本　一冊

320000－1606－0008434　R00523
遜學齋詩鈔十卷文鈔十卷　(清)孫衣言撰　清同治三年至十二年(1864－1873)刻本　六冊

320000－1606－0008435　R00524
退補齋詩存十六卷首一卷末一卷　(清)胡鳳丹撰　清同治十二年(1873)鄂州寓廬刻本　四冊

320000－1606－0008436　R00525
遲鴻軒詩存一卷文存一卷　(清)楊峴撰　清光緒二年(1876)吳門刻本　一冊

320000－1606－0008437　R00526
毋自欺室文集十卷　(清)王炳燮撰　清光緒十一年(1885)津河廣仁堂刻本　四冊

320000－1606－0008438　R00527
永嘉叢書　(清)孫衣言輯　清同治、光緒間瑞安孫氏詒善祠塾刻本　八冊　存三種四十四卷(劉左史文集一至四、劉給諫文集一至五、薛浪語集一至三十五)

320000－1606－0008439　R00528
悔餘詩稿四集十五卷　(清)何栻著　清刻本　四冊

320000－1606－0008440　R00529
竹軒雜著六卷　(宋)林季仲撰　清光緒二年(1876)刻本　一冊

320000－1606－0008441　R00530
蒙川先生遺稾四卷補遺一卷　(宋)劉黻撰　(宋)劉應奎校正　(明)阮存編次　清同治十二年(1873)瑞安孫氏刻本　一冊

320000－1606－0008442　R00531
橫塘集二十卷　(宋)許景衡撰　清光緒二年(1876)瑞安孫氏刻本　四冊

320000－1606－0008443　R00532
開禧德安守城錄一卷　(宋)王致遠編　清同治十二年(1873)瑞安孫氏刻本　一冊

320000－1606－0008444　R00533
羣書校補一百卷　(清)陸心源輯　清刻本　二十冊

320000－1606－0008445　R00534
胡文忠公政書十四卷　(清)胡林翼撰　(清)但湘良編輯　清光緒二十五年(1899)湖南糧

儲道署刻本　十六冊

320000－1606－0008446　R00535

六經圖定本六卷　(清)王皜校錄　清刻本　十二冊　存一卷(大易象數鈎深圖一卷)

320000－1606－0008447　R00536

九經九種　(清)□□輯　清刻本　二十四冊

320000－1606－0008448　R00537

養一齋集二十六卷附詩話十三卷文四卷試帖一卷詞三卷　(清)潘德輿撰　清道光二十九年至咸豐三年(1849－1853)刻本　十八冊

320000－1606－0008449　R00538

人境結廬詩稾十二卷　(清)褚維塏撰　清光緒二十年(1894)刻本　六冊

320000－1606－0008450　R00539

蘿藦亭遺詩四卷附詞一卷　(清)喬松年撰　清光緒七年(1881)皖城刻本　四冊

320000－1606－0008451　R00540

張文毅公詩鈔不分卷　(清)張芾撰　清光緒二十六年(1900)刻本　一冊

320000－1606－0008452　R00541

竹菴盦傳鈔書目一卷　(清)趙魏撰　清光緒三十年(1904)葉氏觀古堂刻本　一冊

320000－1606－0008453　R00542

結一廬書目四卷　(清)朱學勤編　清光緒二十八年(1902)葉氏觀古堂刻本　一冊

320000－1606－0008454　R00545

秋審比較條款五卷　(清)□□撰　清光緒三十二年(1906)刻本　四冊

320000－1606－0008455　R00546

晚邨先生八家古文精選八卷　(清)吕留良選　清康熙四十三年(1704)吕氏家塾刻本　四冊

320000－1606－0008456　R00547

滇海虞衡志十三卷　(清)檀萃輯　清嘉慶九年(1804)雲南圖書館刻本　八冊

320000－1606－0008457　R00549

楚南桃源洞天志一卷　(清)蘭巖輯　清乾隆十九年(1754)刻本　一冊

320000－1606－0008458　R00550

焦山志十二卷圖一卷　(清)盧見曾錄　清乾隆刻本　三冊

320000－1606－0008459　R00551

嵩山志二十卷首一卷　(清)葉封等纂　清刻本　五冊

320000－1606－0008460　R00552

皇朝藩部要略十八卷附世系表四卷　(清)祁韻士纂　清刻本　八冊

320000－1606－0008461　R00553

平定粵匪紀略十八卷附記四卷　(清)杜文瀾撰　清同治十年(1871)京都聚珍齋刻本　八冊

320000－1606－0008462　R00554

白圭樹古文遺藁一卷　(清)張璐著　清光緒二十五年(1899)弇山學舍刻本　一冊

320000－1606－0008463　R00555

張文達公遺集四卷　(清)張之萬撰　(清)張瑞蔭編　清光緒二十六年(1900)京師同文館鉛印本　二冊

320000－1606－0008464　R00556

甘泉鄉人稿二十四卷　(清)錢泰吉撰　**警石府君[錢泰吉]年譜一卷**　(清)錢應溥撰　**邠農偶吟稿一卷**　(清)錢炳森撰　清同治十一年(1872)刻本　六冊

320000－1606－0008465　R00557

萬善花室文藁六卷附錄一卷續集一卷　(清)方履籛撰　清光緒刻朱印本　四冊

320000－1606－0008466　R00558

[元豐]吳郡圖經續記三卷　(宋)朱長文纂修　清同治十二年(1873)江蘇書局刻本　一冊

320000－1606－0008467　R00559

[光緒]蔚州志二十卷首一卷　(清)慶之金修　(清)楊篤纂　清光緒三年(1877)蘿川公廨刻本　八冊

320000－1606－0008468　R00560
樂道堂古近體詩二卷正誼書屋試帖詩存二卷賡獻集一卷豳風詠一卷廣四時讀書樂詩試帖一卷岵屺懷音一卷樂道堂文鈔五卷　(清)奕訢撰　清同治刻本　十三冊

320000－1606－0008469　R00561
鐵琴銅劍樓藏書目錄二十四卷　(清)瞿鏞編　清光緒二十四年(1898)常熟瞿氏家塾刻本　十二冊

320000－1606－0008470　R00562
紉佩僊館唫鈔一卷文鈔一卷　(清)趙瀛著　清光緒十三年(1887)木活字印本　二冊

320000－1606－0008471　R00563
蘇盦詩錄八卷詞錄一卷文錄二卷駢文錄五卷　(清)楊葆光撰　清光緒九年(1883)刻本　三冊　存九卷(蘇盦詩錄八卷、詞錄一卷)

320000－1606－0008472　R00564
女科輯要八卷　(清)周紀常纂輯　清同治四年(1865)奎照樓刻本　三冊

320000－1606－0008473　R00565
胎產全書一卷　(清)□□輯　清刻本　一冊

320000－1606－0008474　R00566
女科切要八卷　(清)吳道源纂輯　清乾隆三十八年(1773)刻本　二冊

320000－1606－0008475　R00567
吳醫彙講十一卷　(清)唐大烈輯　清刻本　六冊

320000－1606－0008476　R00568
醫碥七卷　(清)何夢瑤輯　清乾隆十六年(1751)樂只堂刻本　六冊

320000－1606－0008477　R00569
漢名臣傳三十二卷滿洲名臣傳四十八卷欽定宗室王公功績表傳十二卷首一卷　(清)國史館編　清京都琉璃廠榮錦書坊刻本　八十四冊

320000－1606－0008478　R00571
醫方切韻二卷　(清)王森澍輯　清刻本　二冊

320000－1606－0008479　R00573
平定關隴紀畧十三卷　(清)易孔昭撰　清光緒十三年(1887)刻本　十冊

320000－1606－0008480　R00575
小學類編六種附說文舊音一卷　(清)李祖望輯　清同治十年(1871)江都李氏半畝園刻本　八冊

320000－1606－0008481　R00576
郝文忠公陵川文集三十九卷首一卷附錄一卷　(元)郝經撰　(清)王繆編訂　清刻本　十冊

320000－1606－0008482　R00577
蘭雪堂古事苑定本十二卷　(明)鄧志謨輯　清康熙蘭雪堂刻本　十二冊

320000－1606－0008483　R00578
左氏節萃十卷　(清)凌璿玉撰　清乾隆二十六年(1761)刻本　八冊

320000－1606－0008484　R00579
春秋指掌三十卷前二卷附錄二卷　(清)蔣景祁　(清)儲欣撰輯　清康熙二十七年(1688)刻本　十四冊

320000－1606－0008485　R00580
鶴山文鈔三十二卷周禮折衷四卷師友雅言一卷　(宋)魏了翁撰　清宣統二年(1910)望三益齋刻本　十二冊

320000－1606－0008486　R00581
韓園醫學六種　(清)潘霨編輯　清光緒九年至十年(1883－1884)江西書局刻本　十二冊

320000－1606－0008487　R00582
保產要旨四卷附出痘經驗第一簡便良方一卷　(清)許廷哲撰　清道光二十六年(1846)水明學署刻本　一冊

320000－1606－0008488　R00583
洞主仙師白喉治法忌表抉微一卷　題(清)耐修子輯　清光緒十七年(1891)刻本　一冊

320000－1606－0008489　R00584

[光緒]益都縣圖志五十四卷首一卷 (清)張承燮修 (清)法偉堂纂 清光緒三十三年(1907)益都官舍刻本 十六冊

320000－1606－0008490 R00585
傷寒論近言七卷 (清)何夢瑤輯 清乾隆二十四年(1759)樂只堂刻本 二冊

320000－1606－0008491 R00586
醫門法律二十四卷 (清)喻昌著 清乾隆三十年(1765)集思堂刻本 八冊

320000－1606－0008492 R00587
救偏瑣言五卷瑣言備用良方一卷 (清)費啟泰著 清道光二十一年(1841)大文堂刻本 四冊

320000－1606－0008493 R00589
釀齋訓蒙雜編四種 (清)鮑東里編 清光緒十年(1884)刻本 三冊

320000－1606－0008494 R00590
韜厂蹈海錄四卷 (清)徐良弼等編 清宣統二年(1910)蘇城毛上珍鉛印本 二冊

320000－1606－0008495 R00592
范文正公集十二種四十八卷 (宋)范仲淹撰 清宣統二年(1910)歲寒堂刻本 八冊 存三十六卷(一至二十六、三十九至四十八)

320000－1606－0008496 R00593
醫學讀書記三卷續記一卷靜香樓醫案一卷 (清)尤怡著 清光緒十四年(1888)行素艸堂刻本 二冊

320000－1606－0008497 R00594
范忠宣公集二十卷首一卷奏議二卷遺文一卷補編一卷附錄一卷 (宋)范純仁撰 清宣統二年(1910)歲寒堂刻本 六冊

320000－1606－0008498 R00595
唐詩金粉十卷 (清)沈炳震輯 清刻本 六冊

320000－1606－0008499 R00596
枝山文集四卷 (明)祝允明撰 (清)李文楷編校 清同治十三年(1874)元和祝氏刻本 二冊

320000－1606－0008500 R00597
枝山文集四卷 (明)祝允明撰 (清)李文楷編校 清同治十三年(1874)元和祝氏刻本 二冊

320000－1606－0008501 R00598
絳雪園古方選註不分卷 (清)王子接撰 清掃葉山房刻本 四冊

320000－1606－0008502 R00599
鍥旁註事類捷錄十五卷 (明)鄧志謨撰 明刻本 八冊

320000－1606－0008503 R00600
素問靈樞類纂約註三卷 (清)汪昂纂輯 (清)汪桓訂定 清嘉慶九年(1804)掃葉山房刻本 四冊

320000－1606－0008504 R00601
山海經廣注十八卷附圖五卷 (清)吳任臣注 清康熙刻本 四冊

320000－1606－0008505 R00602
日知錄集釋三十二卷栞誤二卷續栞誤二卷 (清)顧炎武著 (清)黄汝成集釋 清刻本 十六冊

320000－1606－0008506 R00603
經笥質疑易義原則六卷首一卷易義附篇四卷首一卷經笥質疑書義原古三卷三五本紀補一卷 (清)張瓚昭撰 清道光七年(1827)蘭朋堂刻本 八冊 缺二卷(經笥質疑書義原古一至二)

320000－1606－0008507 R00604
純正蒙求三卷 (元)胡炳文撰 清光緒八年(1882)楚南劉彊善堂刻本 一冊

320000－1606－0008508 R00606
清頌堂叢書 (清)黄奭輯 清道光二十年(1840)承啟堂刻本 二十四冊

320000－1606－0008509 R00607
[光緒]通州直隸州志十六卷首一卷末一卷訂訛一卷 (清)莫祥芝等修 (清)季念詒等纂

清光緒元年(1875)刻本　十六册

320000－1606－0008510　R00608

愈愚錄六卷　(清)劉寶楠撰　清光緒十四年(1888)廣雅書局刻本　二册

320000－1606－0008511　R00609

無邪堂答問五卷　(清)朱一新撰　清光緒二十一年(1895)廣雅書局刻本　五册

320000－1606－0008512　R00610

孫眞人千金方衍義三十卷　(清)張璐著　清光緒五年(1879)刻本　三十二册

320000－1606－0008513　R00611

[光緒]撫州府志八十六卷首一卷　(清)朱澄瀾等修　(清)謝煌等纂　清光緒二年(1876)刻本　二十四册

320000－1606－0008514　R00612

孟塗前集十卷駢體文二卷文集十卷後集二十二卷　(清)劉開撰　清道光六年(1826)桐城姚氏檗山草堂刻本　八册

320000－1606－0008515　R00616

適園叢稿十二卷　(清)袁學瀾撰　清同治十一年(1872)香溪艸堂刻本　十六册

320000－1606－0008516　R00618

四書考異七十二卷　(清)翟灝撰　清乾隆無不宜齋刻本　十二册

320000－1606－0008517　R00619

大衍筮法直解一卷仙源礪士參語一卷夏小正箋疏四卷淡園文集一卷　(清)馬徵麟撰　清光緒十五年(1889)金陵清凉山半日讀書齋刻本　四册

320000－1606－0008518　R00620

字説一卷　(清)吳大澂撰　清光緒十九年(1893)思賢講舍刻本　一册

320000－1606－0008519　R00621

紅杏山房文稿五卷瑣語三卷性理拾遺一卷讀兵書隨筆一卷附説經粹語一卷　(清)趙承恩著　清光緒九年至十八年(1883－1892)刻本　六册

320000－1606－0008520　R00624

吕子遺書七種　(明)吕坤撰　清道光二十七年(1847)開封府署刻本　二十四册

320000－1606－0008521　R00625

陽宅擇吉一卷　(□)□□撰　清抄本　一册

320000－1606－0008522　R00626

疫喉淺論二卷補遺一卷　(清)夏春農撰　清光緒五年(1879)存吾春齋刻本　一册

320000－1606－0008523　R00627

治疫全書六卷　(清)熊立品編輯　清乾隆四十一年(1776)刻本　六册

320000－1606－0008524　R00628

壽世良方四卷首一卷　(清)陳勱編輯　清光緒十四年(1888)四明積善堂王氏刻本　一册

320000－1606－0008525　R00629

醫家四要四卷　(清)江誠等纂　清光緒十二年(1886)養鶴山房刻本　四册

320000－1606－0008526　R00630

附經驗良方一卷　(□)□□撰　清光緒十二年(1886)同善齋善書坊刻本　一册

320000－1606－0008527　R00631

滂喜齋叢書　(清)潘祖蔭輯　清同治十一年至光緒九年(1872－1883)潘氏八喜齋刻本　三十册

320000－1606－0008528　R00632

衛生要術不分卷　(清)潘霨編　清京口文成堂刻本　一册

320000－1606－0008529　R00633

行素草堂金石叢書二十一種　(清)朱記榮輯訂　清光緒十四年(1888)行素草堂刻本　四十册

320000－1606－0008530　R00634

趙文敏公松雪齋全集十卷外集一卷續集一卷　(元)趙孟頫撰　清光緒八年(1882)洞庭楊氏刻本　十册

320000－1606－0008531　R00635

泉布統誌九卷首一卷　(清)孟麟撰　清道光

刻本　三十二册

320000－1606－0008532　R00636
如不及齋叢書　(清)陳坤編　清同治、光緒間刻本　十六册

320000－1606－0008533　R00637
薛氏醫按二十四種　(明)吴琯輯　清嘉慶十四年(1809)書業堂刻本　六十二册

320000－1606－0008534　R00638
兩厓文集十一卷首一卷　(明)朱廷立著　清道光元年(1821)炯然亭刻本　八册

320000－1606－0008535　R00639
小睡足寮詩録四卷續録二卷補録二卷附録一卷　(清)秦敏樹撰　清光緒十三年(1887)刻本　二册

320000－1606－0008536　R00640
周武壯公遺書九卷外集三卷别集一卷附録一卷首一卷　(清)周盛傳撰　(清)周家駒編輯　清光緒三十一年(1905)金陵刻本　十册

320000－1606－0008537　R00641
雪坡文集十二卷獨行詩集八卷醉吟詩集九卷　(明)萬節撰　**篬篔詩存附刻一卷**　(明)萬震撰　清光緒三年(1877)雍塘萬燕翼堂刻本　十册

320000－1606－0008538　R00642
日下舊聞四十二卷目録一卷抄撮羣書目録一卷續采目録一卷　(清)朱彝尊輯　(清)朱昆田補遺　清刻本　二十册

320000－1606－0008539　R00643
記事珠十卷　(清)張以謙撰　(清)王剛重訂　清同治十三年(1874)天倪清室刻本　十册

320000－1606－0008540　R00644
文道十書十種　(清)陳景雲撰　清乾隆十九年(1754)刻本　二册　存四種二十卷(綱目訂誤一至四、紀元要畧一至二、通鑑胡注舉正一至十、韓集點勘一至四)

320000－1606－0008541　R00645
日知録栞誤二卷　(清)黄汝成撰　清道光十五年(1835)袖海樓刻本　一册

320000－1606－0008542　R00646
野記四卷　(明)祝允明撰　清同治十三年(1874)元和祝氏刻本　二册

320000－1606－0008543　R00647
素問懸解十三卷靈樞懸解九卷難經懸解二卷　(清)黄元御解　**校餘偶識一卷**　(清)馮承熙著　清同治十一年至光緒六年(1872－1880)湯湖馮氏刻本　十二册

320000－1606－0008544　R00648
池北偶談二十六卷　(清)王士禛著　清光緒二十年(1894)桐陰山館刻本　十二册

320000－1606－0008545　R00649
湘綺樓文集八卷　王闓運撰　清光緒二十六年(1900)刻本　四册

320000－1606－0008546　R00650
鐵瓶雜存二卷詩鈔九卷　(清)張岳齡撰　清光緒刻本　四册

320000－1606－0008547　R00651
利于不息齋初集不分卷　(清)孔昭焜撰　清道光刻本　二册

320000－1606－0008548　R00652
秋室集十卷　(清)楊鳳苞著　清光緒湖州陸氏刻本　四册

320000－1606－0008549　R00653
補讀書齋遺稾十卷　(清)沈維鐈撰　清光緒元年(1875)廣州寓舍刻本　四册

320000－1606－0008550　R00654
寶研堂集四卷厚德録節識二卷吕子節識一卷　(清)舒化民撰　(清)舒孔安等編次　清同治三年(1864)刻本　七册

320000－1606－0008551　R00655
昌邑黄先生醫書八種　(清)黄元御著　清刻本　二十册

320000－1606－0008552　R00656
喉科杓指四卷　(清)包永泰著　清嘉慶二十二年(1817)邗江包氏刻本　四册

320000－1606－0008553　R00658
爻象實解一卷　（清）施敢人注　清抄本　二冊

320000－1606－0008554　R00659
事類賦三十卷　（宋）吴淑撰並注　清刻本　四冊

320000－1606－0008555　R00660
陸象山先生文集三十六卷　（宋）陸九淵撰　清雍正二年（1724）刻本　十六冊

320000－1606－0008556　R00661
學古堂日記十六種　（清）雷浚　（清）汪之昌選　（清）吴履剛　（清）顧光昌編次　清光緒十六年至二十二年（1890－1896）錢唐諸可寶刻本　二十六冊

320000－1606－0008557　R00662
雅雨堂叢書十三種　（清）盧見曾輯　清乾隆二十一年（1756）德州盧氏雅雨堂刻本　二十二冊

320000－1606－0008558　R00663
御製增訂清文鑑三十二卷總綱八卷補編四卷補編總綱一卷　（清）高宗弘曆撰　清乾隆三十六年（1771）刻本　四十九冊

320000－1606－0008559　R00664
廣雁蕩山志二十八卷首一卷末一卷書後一卷　（清）曾唯纂輯　清同治八年（1869）東嘉依緑園刻本　八冊

320000－1606－0008560　R00665
張氏醫通十六卷　（清）張璐纂述　清三元堂刻本　二十四冊

320000－1606－0008561　R00666
瘍醫大全四十卷　（清）顧世澄纂輯　清光華堂刻本　四十冊

320000－1606－0008562　R00668
增訂醫方易簡十卷　（清）龔自璋輯　清光緒九年（1883）刻本　八冊

320000－1606－0008563　R00669
婦嬰至寶六卷　題（清）亟齋居士原編　（清）拜松居士增訂　清同治三年（1864）湖郡最樂齋善書坊刻本　一冊

320000－1606－0008564　R00670
增訂達生編二卷　題（清）亟齋居士撰　（清）王敬山增訂　清同治五年（1866）刻本　一冊

320000－1606－0008565　R00671
素問靈樞類纂約註三卷　（清）汪昂纂輯　（清）汪桓訂定　清同治六年（1867）又新山房刻本　二冊　存二卷（上、下）

320000－1606－0008566　R00672
新刊良朋彙集十卷　（清）孫偉輯　清大興堂刻本　八冊

320000－1606－0008567　R00673
四診抉微八卷管窺附餘一卷　（清）林之翰纂述　清近文堂刻本　五冊

320000－1606－0008568　R00674
種痘新書十二卷　（清）張琰編輯　清末埽葉山房刻本　六冊

320000－1606－0008569　R00675
咽喉經驗秘傳一卷　（清）程永培撰　清光緒二年（1876）存濟書屋刻本　一冊

320000－1606－0008570　R00676
洞天奥旨十六卷　（清）陳士鐸著　（清）陶式玉評　清乾隆五十五年（1790）緯文堂刻本　六冊

320000－1606－0008571　R00677
神農本草備要醫方合編兩種　（清）汪昂輯著　（清）汪桓等參訂　清乾隆五十年（1785）刻本　八冊

320000－1606－0008572　R00678
醫林指月十二種　（清）王琦輯　清光緒二十二年（1896）上海圖書集成印書局鉛印本　八冊

320000－1606－0008573　R00679
遂生編一卷　（清）莊一夔著　（清）魏時傑訂　**福幼編一卷**　（清）莊一夔著　（清）莊一鶴訂　清姑蘇得見齋刻本　一冊

320000－1606－0008574　R00680
葉選醫衡二卷　(清)葉桂撰　清光緒二十四年(1898)上海圖書集成印書局鉛印本　二册

320000－1606－0008575　R00681
詳要胎產問答一卷　題(清)亟齋居士原編　題(清)三農老人附註　清光緒十八年(1892)上海管可壽木活字印本　一册

320000－1606－0008576　R00682
眼科百問二卷　(清)王行沖編著　清光緒十年(1884)善成堂刻本　二册

320000－1606－0008577　R00684
醫林枕秘保赤存真十卷　(清)余含棻著　**脈理存真三卷**　(元)滑壽著　清光緒二年(1876)慎德堂刻本　八册

320000－1606－0008578　R00685
格致精華錄四卷附德國議院章程合盟紀事本末一卷　(清)江標編次　王仁俊述　清光緒二十二年(1896)石印本　四册

320000－1606－0008579　R00686
感應篇贅言一卷　(清)于覺世著　清光緒三十四年(1908)刻本　一册

320000－1606－0008580　R00687
述古叢鈔　(清)劉晚榮輯　清同治、光緒間古岡劉氏藏修書屋刻本　四十册

320000－1606－0008581　R00688
識小類編八卷　(清)夏大觀編輯　清嘉慶四年(1799)刻本　八册

320000－1606－0008582　R00689
類腋物部十六卷　(清)姚培謙　(清)張卿雲輯　清乾隆二十八年(1763)刻本　八册

320000－1606－0008583　R00690
九數通考十一卷首一卷末一卷　(清)屈曾發輯　清同治十一年(1872)刻本　五册

320000－1606－0008584　R00691
花雨樓叢鈔十五種續鈔十四種　(清)張壽榮輯　清光緒八年至十四年(1882－1888)蛟川張氏刻本　四十八册

320000－1606－0008585　R00692
鑄史駢言十二卷　(清)孫玉田編定　清光緒二年(1876)四明陳氏銀藤花館刻本　六册

320000－1606－0008586　R00693
歷代陵寢備考五十卷歷代宗廟附考八卷　(清)朱孔陽輯　清光緒申報館鉛印本　十四册

320000－1606－0008587　R00694
痛史二十種　題(清)樂天居士輯　清宣統三年(1911)商務印書館鉛印本　三十一册

320000－1606－0008588　R00695
形學備旨習題詳草八卷　(清)徐樹勳選輯　清光緒三十一年(1905)石印本　四册

320000－1606－0008589　R00696
時疫白喉捷要合編不分卷　(清)張紹修撰　清光緒十四年(1888)刻本　一册

320000－1606－0008590　R00697
李肅毅伯奏議二十卷　(清)李鴻章撰　(清)章洪鈞　(清)吳汝綸編　清光緒二十五年(1899)上海鴻文書局石印本　二十册

320000－1606－0008591　R00698
嘯園叢書　(清)葛元煦輯　清光緒九年(1883)刻本　八十册

320000－1606－0008592　R00699
粟香室叢書二十九種　金武祥輯　清光緒至民國江陰金氏刻本　二十四册　缺六種十四卷(宜齋野乘一卷、滄螺集六卷、青暘集四卷、陽羨茗壺系一卷、洞山岕茶系一卷、得月樓書目一卷)

320000－1606－0008593　R00700
廬陵宋丞相信國公文忠烈先生全集十六卷　(宋)文天祥撰　清雍正三年(1725)文五桂堂刻本　十二册

320000－1606－0008594　R00701
媿林漫錄不分卷　(明)瞿式耜撰　清光緒十六年(1890)江蘇書局刻本　二册

320000－1606－0008595　R00702

列子釋文考異一卷 （清）任大椿撰　清乾隆刻本　一冊

320000－1606－0008596　R00703
彭文敬公集四種 （清）彭藴章撰　清同治刻本　十六冊

320000－1606－0008597　R00704
藤香館詩鈔四卷續鈔二卷 （清）薛時雨撰　清同治七年至十年(1868－1871)刻本　六冊

320000－1606－0008598　R00705
陔南池館遺集二卷 （清）喬重禧撰　清咸豐刻本　一冊

320000－1606－0008599　R00706
煙霞萬古樓詩殘藁一卷 （清）王曇撰　**秋紅丈室遺詩一卷** （清）金禮嬴撰　（清）文靜玉編　清光緒二十六年(1900)寒松閣刻本　一冊

320000－1606－0008600　R00707
天壤閣叢書十九種 （清）王懿榮編輯　清同治元年至光緒十年(1862－1884)福山王氏刻本　十四冊

320000－1606－0008601　R00708
胎產護生篇不分卷 （清）李長科輯　清刻本　二冊

320000－1606－0008602　R00709
胎產集要三卷 （清）黄惕齋輯　清常州郡廟培本堂善書局刻本　一冊

320000－1606－0008603　R00710
福幼編一卷痘證經驗遂生編一卷 （清）莊一夔著　清光緒十年(1884)廟會文齋刻本　一冊

320000－1606－0008604　R00711
小兒月内出痘神方一卷 題(清)紫陽山人撰　清光緒七年(1881)刻本　一冊

320000－1606－0008605　R00712
醫林改錯二卷 （清）王清任著　清道光二十九年(1849)金陵文英堂刻本　二冊

320000－1606－0008606　R00713
三指禪三卷 （清）周學霆著　（清）歐陽輯瑞評註　清會友堂刻本　三冊

320000－1606－0008607　R00714
醫經原旨六卷 （清）薛雪集注　清簡香齋刻本　四冊

320000－1606－0008608　R00715
齊莊中正堂集詩鈔十五卷律賦六卷制義十二卷試帖八卷 （清）殷兆鏞撰　清光緒五年(1879)鴛湖世翰林家刻本　十二冊

320000－1606－0008609　R00716
湛然居士文集十四卷 （元）耶律楚材撰　清光緒二十一年(1895)漸西村舍刻本　四冊

320000－1606－0008610　R00717
水雲邨吟稿十二卷首一卷末一卷 （元）劉壎著　清道光十年(1830)愛餘堂刻本　四冊

320000－1606－0008611　R00718
元遺山詩集箋注十四卷年譜一卷 （金）元好問撰　（清）施國祁注　**元遺山全集補載一卷** （清）施國祁輯　**元遺山全集附錄一卷** （明）儲瓘輯　（清）華希閔增輯　清道光二年(1822)南潯蔣氏瑞松堂刻本　六冊

320000－1606－0008612　R00719
鐵網珊瑚二十卷 （明）都穆撰　清刻本　十二冊

320000－1606－0008613　R00720
慎其餘齋文集二十卷末一卷 （清）王贈芳撰　清咸豐四年(1854)留香書屋刻本　四冊

320000－1606－0008614　R00721
唐確慎公集十卷首一卷末一卷 （清）唐鑑著　清光緒元年(1875)刻本　六冊

320000－1606－0008615　R00722
二如亭群芳譜三十卷 （明）王象晉纂輯　（明）陳繼儒等校　明末汲古閣刻本　二十冊

320000－1606－0008616　R00723
武林掌故叢編十集 （清）丁丙輯　清光緒九年(1883)丁氏嘉惠堂刻本　八十冊

320000－1606－0008617　R00724

初學記三十卷 (唐)徐堅等撰 明萬曆二十五年至二十六年(1597－1598)維揚陳大科刻本 八冊

320000－1606－0008618 R00725
明堂大道錄八卷 (清)惠棟撰 清乾隆鎮洋畢氏經訓堂刻本 四冊

320000－1606－0008619 R00726
春秋公羊經傳解詁十二卷附校記一卷 (漢)何休學 清道光四年(1824)揚州汪氏問禮堂刻本 八冊

320000－1606－0008620 R00727
五種遺規 (清)陳弘謀輯 清同治七年(1868)金陵書局刻本 十冊

320000－1606－0008621 R00728
時病論八卷 (清)雷豐撰 清光緒十年(1884)雷氏慎修堂刻本 六冊

320000－1606－0008622 R00729
醫醇賸義四卷 (清)費伯雄撰 清光緒十四年(1888)刻本 六冊

320000－1606－0008623 R00730
醫醇賸義四卷 (清)費伯雄撰 清光緒三年(1877)刻本 四冊

320000－1606－0008624 R00731
時病論八卷 (清)雷豐撰 清光緒十年(1884)雷氏慎修堂刻本 五冊

320000－1606－0008625 R00732
春秋義存錄十二卷首一卷 (清)陸奎勳撰 清康熙五十四年(1715)叙陸堂刻本 八冊

320000－1606－0008626 R00733
儀禮經傳内編二十三卷外編五卷 (清)姜兆錫撰 清乾隆元年(1736)寅清樓刻本 四冊
存十一卷(儀禮經傳内編一至六、十三至十七)

320000－1606－0008627 R00734
易憲四卷 (明)沈泓撰 清乾隆刻本 三冊

320000－1606－0008628 R00736
虞文靖公道園全集詩八卷詩遺稿八卷文四十四卷 (元)虞集撰 清道光十七年(1837)鵝溪孫氏刻本 四十冊

320000－1606－0008629 R00737
傷寒第一書四卷附餘二卷 (清)車宗輅 (清)胡憲豐輯 清光緒十一年(1885)浙紹奎照樓刻本 六冊

320000－1606－0008630 R00738
佚存叢書六帙十六種 (日本)林衡輯 清光緒八年(1882)滬上黄潤生木活字印本 三十六冊

320000－1606－0008631 R00739
功順堂叢書十八種 (清)潘祖蔭輯 清光緒吳縣潘氏刻本 三十二冊

320000－1606－0008632 R00740
龍川文集三十卷首一卷末一卷 (宋)陳亮撰
辨譌考異二卷 (清)胡鳳丹撰 清同治七年(1868)退補齋刻本 十冊

320000－1606－0008633 R00741
朱子集一百四卷目錄二卷 (宋)朱熹撰 清咸豐十年(1860)紫霞洲祠堂刻本 一百冊

320000－1606－0008634 R00742
半厂叢書初編 (清)譚獻輯 清光緒仁和譚氏刻本 二十冊

320000－1606－0008635 R00743
式訓堂叢書三集 (清)章壽康輯 清光緒會稽章氏刻本 三十冊

320000－1606－0008636 R00744
家藏心典十六卷 題(清)陳念祖輯 清道光十一年(1831)刻本 四十冊

320000－1606－0008637 R00745
藝海珠塵八集 (清)吴省蘭輯 清嘉慶南匯吴氏聽彝堂刻本 六十三冊

320000－1606－0008638 R00746
小琅嬛館叢書十種 (清)陳壽祺撰 清道光、同治間刻本 六十八冊

320000－1606－0008639 R00747
思賢錄八卷 (元)謝應芳編 (明)謝量增訂

（清）謝蘭生補遺　清光緒十年（1884）木活字印本　二冊

320000－1606－0008640　R00748
寰宇訪碑録十二卷　（清）孫星衍　（清）邢澍撰　清刻本　四冊

320000－1606－0008641　R00752
龍岡山人文鈔十卷紫藤花室駢體文鈔四卷龍岡山人詩鈔十八卷古今體詩二卷　（清）洪良品撰　清光緒刻本　二十六冊

320000－1606－0008642　R00756
田叔禾小集十二卷　（明）田汝成撰　清刻本　十二冊

320000－1606－0008643　R00758
王先生十七史蒙求十六卷　（宋）王令撰　清道光二十八年（1848）粵東文雅齋刻本　四冊

320000－1606－0008644　R00759
素隱所刻書四種　（清）□□輯　清刻本　六冊

320000－1606－0008645　R00760
白石道人詩集二卷集外詩一卷詩説一卷附録一卷附録補遺一卷歌曲四卷别集一卷詩詞評論一卷詩詞評論補遺一卷逸事一卷逸事補遺一卷　（宋）姜夔著　清光緒十年（1884）娱園刻本　二冊

320000－1606－0008646　R00761
千百年眼十卷　（明）張燧纂　清刻本　十二冊

320000－1606－0008647　R00763
吴歈百絶一卷　（清）蔡雲撰　清抄本　一冊

320000－1606－0008648　R00765
敬敷書院課讀四書文不分卷　（清）姚鼐選　清道光十三年（1833）敬敷書院刻本　六冊

320000－1606－0008649　R00767
黄帝龍首經二卷　（清）孫星衍校　清抄本　一冊

320000－1606－0008650　R00768
黄帝金匱玉衡經一卷黄帝授三子玄女經一卷六壬粹言一卷　（清）孫星衍校　清抄本　一冊

320000－1606－0008651　R00770
林皐間集文六卷詩五卷常語二卷初續二卷　（清）潘諮著　清道光十六年（1836）刻本　十八冊

320000－1606－0008652　R00773
原獻文録四卷原獻詩録三卷附原故文録一卷原故詩録一卷　（清）賀瑞麟編輯　清光緒六年（1880）刻本　十七冊

320000－1606－0008653　R00774
悟香亭畫稿三卷詩文五卷襍録一卷　（清）劉愔編　清道光十八年（1838）刻本　八冊

320000－1606－0008654　R00775
文心雕龍十卷　（南朝梁）劉勰撰　（清）黄叔琳注　（清）紀昀評　清道光十三年（1833）兩廣節署刻本　四冊

320000－1606－0008655　R00776
十二段錦一卷附易筋經一卷　（清）潘霨編輯　清咸豐八年（1858）刻陳氏志學齋叢刊本　一冊

320000－1606－0008656　R00777
陽湖錢氏家集　錢振鍠輯　清光緒三十三年（1907）木活字印本　一冊　存六卷（摘星詩草一至四、北窗吟草一、乩詩録一）

320000－1606－0008657　R00779
善思齋文鈔九卷文續鈔四卷詩鈔七卷詩續鈔二卷　（清）徐宗亮撰　清刻本　十六冊

320000－1606－0008658　R00780
惜抱先生尺牘八卷　（清）姚鼐撰　清咸豐五年（1855）海源閣刻本　二冊

320000－1606－0008659　R00781
牡丹亭全譜二卷　（清）葉堂訂譜　（清）王文治參訂　清乾隆五十七年（1792）刻本　四冊

320000－1606－0008660　R00782
柴村文集十二卷　（清）邱志廣撰　清刻本　二十冊

320000－1606－0008661　R00783
潛園友朋書問十二卷　(清)李鴻章等撰　清石印本　六册

320000－1606－0008662　R00784
昨夢齋文集四卷　(清)彭泰來著　清同治四年(1865)刻本　六册

320000－1606－0008663　R00787
悦目益心八卷　(清)黄凱鈞筆記　清嘉慶二十三年(1818)友漁齋刻本　十六册

320000－1606－0008664　R00788
小白華山人文鈔四卷　題(□)西村居士著　清嘉慶二十一年(1816)刻本　六册

320000－1606－0008665　R00789
史記論文一百三十卷　(清)吴見思評點　清尺木堂刻本　二十册

320000－1606－0008666　R00792
李襲侯遺集八卷　(清)李國杰編輯　清刻本　十二册

320000－1606－0008667　R00794
集古録目五卷　(宋)歐陽棐撰　(清)黄本驥編　清刻本　二册

320000－1606－0008668　R00795
集古録跋尾十卷　(宋)歐陽修著　清刻本　四册

320000－1606－0008669　地 3543
[江蘇無錫]管氏宗譜十二卷首一卷　(清)管寶華等纂修　清光緒三十年(1904)敦厚堂木活字印本　十三册

320000－1606－0008670　R00797
妙香館文鈔四卷　(清)銘岳著　清道光二十九年(1849)刻本　八册

320000－1606－0008671　R00798
二竹齋文集二卷詩鈔六卷江南河道總督畏堂張公墓誌銘一卷　(清)張井撰　清刻本　十六册

320000－1606－0008672　R00800
涵村詩集十卷　(清)秦文超撰　清刻本　十二册

320000－1606－0008673　R00801
嚴陵集九卷　(宋)董棻編　清光緒二十三年(1897)于湖官舍刻本　二册

320000－1606－0008674　R00802
補梁疆域志四卷　(清)洪齮孫撰　清道光十五年(1835)刻本　六册

320000－1606－0008675　R00803
水南灌叟遺稿六卷　(清)羅暹春撰　清乾隆四十八年(1783)二畝園刻本　十六册

320000－1606－0008676　R00804
醫鏡二卷　(明)王肯堂撰　清刻本　六册

320000－1606－0008677　R00805
醫宗撮精四卷　(明)薛己著　(明)黄承昊輯　清乾隆刻本　十二册

320000－1606－0008678　R00807
東垣十書　(金)李杲撰　(明)吴勉學校　清文奎堂刻本　十六册

320000－1606－0008679　R00808
喉症全科紫珍集二卷　(清)朱翔宇輯　清刻本　四册

320000－1606－0008680　R00809
許竹篔先生出使函稿十四卷　(清)許景澄撰　清光緒鉛印本　四册

320000－1606－0008681　R00810
榕村全集四十卷别集五卷　(清)李光地撰　清刻本　十册

320000－1606－0008682　R00811
訂補明醫指掌十卷　(明)皇甫中撰註　(明)王肯堂訂補　(明)邵從臯參校　清乾隆四十四年(1779)瀚海樓刻本　五册

320000－1606－0008683　R00812
五燈會元二十卷　(宋)釋慧明撰　清光緒三十二年(1906)貴池劉世珩刻玉海堂景宋叢書本　十二册

320000－1606－0008684　R00813

中外交涉類要表一卷光緒通商綜覈表一卷 (清)錢學嘉輯　清光緒二十年(1894)刻本　二册

320000－1606－0008685　R00814
大清現行刑律三十六卷首一卷附錄二卷　沈家本等修　清宣統二年(1910)鉛印本　十二册

320000－1606－0008686　R00815
欽定臺規四十二卷首一卷　(清)延煦等纂修　清光緒十八年(1892)都察院刻本　二十四册

320000－1606－0008687　R00816
赤水玄珠三十卷醫旨緒餘二卷醫案五卷 (明)孫一奎著輯　清光緒十四年至十七年(1888－1891)刻本　三十二册

320000－1606－0008688　R00817
哀生閣初稿四卷續稿三卷　(清)王大經撰　清光緒十一年(1885)刻本　六册

320000－1606－0008689　R00818
枝山文集四卷　(明)祝允明撰　(清)李文楷編校　清同治十三年(1874)元和祝氏刻本　二册

320000－1606－0008690　R00820
金石三例三種　(元)潘昂霄等撰　(清)盧見曾輯　(清)王芑孫評　清刻本　四册

320000－1606－0008691　R00821
吳侍讀全集二十三卷　(清)吳慈鶴撰　清刻本　八册

320000－1606－0008692　R00822
生香書屋文集四卷　(清)陳浩撰　清乾隆三多齋刻本　八册

320000－1606－0008693　R00823
壺盦類稿五種　(清)胡念修撰　清光緒二十四年至二十七年(1898－1901)刻鵠齋刻本　十册

320000－1606－0008694　R00824
儒門事親十五卷　(金)張從正撰　明萬曆步月樓刻本　十册

320000－1606－0008695　R00825
銀海精微四卷　(唐)孫思邈輯　清刻本　四册

320000－1606－0008696　R00826
醫法圓通四卷　(清)鄭壽全編輯　清刻本　十册

320000－1606－0008697　R00827
脉法統宗不分卷　(清)孫德潤著　清刻本　二册

320000－1606－0008698　R00828
醫林適用不分卷　(清)程葵輯　清乾隆五十三年(1788)有基書屋刻本　三册

320000－1606－0008699　R00829
新刻景岳先生質疑錄二卷　(明)張介賓撰　(清)石楷校訂　**敖氏傷寒金鏡錄一卷**　(元)杜本增訂　清刻本　四册

320000－1606－0008700　R00830
喉科指掌六卷　(清)張宗良著　清合志堂刻本　二册

320000－1606－0008701　R00831
濟人自濟經驗諸方三卷　(清)王夢蘭　(清)梁憲纂輯　清蔣伊刻本　八册

320000－1606－0008702　R00832
曾惠敏公遺集十七卷　(清)曾紀澤撰　清光緒十九年(1893)江南製造總局鉛印本　八册

320000－1606－0008703　R00833
武陵山人遺書十二種附二種　(清)顧觀光撰　清光緒九年(1883)刻本　八册

320000－1606－0008704　R00834
唐人詩文集七十二種　(明)□□輯　明刻本　二十二册

320000－1606－0008705　R00835
所知錄三卷　(清)錢澄之撰　清刻本　六册

320000－1606－0008706　R00836
胡氏雜刊六種　(清)胡鳳丹輯　清咸豐五年

至同治四年(1855－1865)退補齋刻本　六冊

320000－1606－0008707　R00837
[光緒]餘姚縣志二十七卷首一卷末一卷　(清)周炳麟修　(清)孫德祖纂　清光緒二十五年(1899)刻本　十六冊

320000－1606－0008708　R00838
鄂不齋叢書六種　(清)唐樹森　(清)唐贊袞撰并輯　清光緒十八年至二十七年(1892－1901)刻本　十三冊　缺一種一卷(誦芬集一卷)

320000－1606－0008709　R00841
[光緒]羅店鎮志八卷附羅溪文徵一卷　(清)王樹棻修　(清)潘履祥等纂　清光緒十五年(1889)鉛印本　五冊

320000－1606－0008710　R00842
[光緒]寶山縣志十四卷首一卷　(清)梁蒲貴等修　(清)朱延射等纂　清光緒八年(1882)學海書院刻本　十冊

320000－1606－0008711　R00843
栖雲閣文集十五卷　(清)高珩撰　清刻本　二十冊

320000－1606－0008712　R00844
重輯楓涇小志十卷首一卷　(清)許光墉修輯　清鉛印本　四冊

320000－1606－0008713　R00845
蜀水攷四卷　(清)陳登龍撰　(清)朱錫穀補注　(清)陳一津分疏　清道光五年(1825)刻本　四冊

320000－1606－0008714　R00846
[咸豐]甘棠小志四卷首一卷　(清)董醇著　清咸豐五年(1855)刻本　四冊

320000－1606－0008715　R00848
唾居隨錄四卷　(清)張貞生著　清康熙刻本　十冊

320000－1606－0008716　R00849
浮邱子十二卷　(清)湯鵬著　清同治四年(1865)刻本　四冊

320000－1606－0008717　R00851
士林彝訓八卷　(清)關槐撰　清乾隆五十四年(1789)刻本　四冊

320000－1606－0008718　R00852
延年益壽論七章　(英國)愛凡司撰　清光緒鉛印本　一冊

320000－1606－0008719　R00853
陳園公集九種　(清)陳廣澤等輯　清道光十九年至二十六年(1839－1846)鳳城鐵巷世馨堂刻本　三十六冊

320000－1606－0008720　R00854
舫廬文存内集四卷外集一卷餘集一卷　(清)張壽榮撰　清光緒九年(1883)蛟川張氏秋樹根齋刻本　八冊

320000－1606－0008721　R00856
榸華館文集六卷駢體文一卷詩集四卷雜錄一卷附錄一卷　(清)路德撰　清光緒七年(1881)刻本　三十五冊

320000－1606－0008722　R00858
麗廔叢書九種　葉德輝輯　清光緒三十三年(1907)長沙葉氏刻本　十一冊

320000－1606－0008723　R00859
東皋四傑賦集四卷　(清)張金詰編次　清刻本　二冊

320000－1606－0008724　R00862
樸學廬文初鈔一卷詩初鈔三卷外集鈔一卷　(清)宋祖駿撰　清刻本　六冊

320000－1606－0008725　R00863
海嶽集十卷附錄一卷　(清)張開東撰　(清)張兆騫編　清嘉慶六年(1801)青園刻本　十八冊

320000－1606－0008726　R00864
元書一百二卷首一卷　曾廉撰　清宣統三年(1911)刻本　六十冊

320000－1606－0008727　R00866
尹洪川時文稿四種　(清)尹掄撰　清洞麓堂刻本　六冊

320000－1606－0008728　R00867
重訂宣和譜牙牌彙集二卷　（清）金杏園輯題（清）博昌散人重訂　清刻本　四册

320000－1606－0008729　R00868
閻潛丘先生[若璩]年譜一卷　（清）張穆編　清刻本　四册

320000－1606－0008730　R00869
顧亭林先生[炎武]年譜一卷　（清）張穆編　清刻本　四册

320000－1606－0008731　R00870
飛六亭稿五卷　（明）陳所志著　（清）李繼白訂　清刻本　十二册

320000－1606　0008732　R00871
芝庭先生集十八卷附錄一卷　（清）彭啟豐撰　清刻本　十八册

320000－1606－0008733　R00872
松峰説疫六卷　（清）劉奎撰　清刻本　四册

320000－1606－0008734　R00873
瘟疫論類編五卷　（明）吳有性著　清咸豐十年（1860）佛山鎮近文堂刻本　二册

320000－1606－0008735　R00874
中興將帥別傳三十卷　朱孔彰撰　清光緒二十三年（1897）江寧刻本　二十册

320000－1606－0008736　R00876
清暑筆談一卷　（明）陸樹聲著　清抄本　一册

320000－1606－0008737　R00877
姚文敏公遺藁九卷奏議補缺一卷　（明）姚夔撰　（明）張元禎校正　清刻本　十二册

320000－1606－0008738　R00879
簣山文鈔二卷附錄一卷　（日本）鹽谷誠著　清刻本　六册

320000－1606－0008739　R00880
桐閣先生文鈔十二卷首一卷　（清）李元春著　清光緒十年（1884）同義文會刻本　四十八册

320000－1606－0008740　R00882
地球韻言四卷　（清）張士瀛撰　清刻本　四册

320000－1606－0008741　R00885
雲溪文集五卷　（清）儲掌文著　清刻本　八册

320000－1606－0008742　R00887
二知軒詩鈔十四卷　（清）方浚頤撰　清刻本　二十六册

320000－1606－0008743　R00888
文山別集四種　（宋）文天祥撰　清宣統二年（1910）東雅社鉛印本　四册

320000－1606－0008744　R00889
小羅浮草堂文集九卷首一卷　（清）馮敏昌撰　清刻本　三十册

320000－1606－0008745　R00890
南宋文錄錄二十四卷　（清）董兆熊輯　清光緒十七年（1891）蘇州書局刻本　六册

320000－1606－0008746　R00891
信心齋疏稿不分卷　（清）李贊元著　清刻本　十二册

320000－1606－0008747　R00892
聖賢像贊三卷首一卷　（明）冠洋子編　清光緒四年（1878）曲阜會文堂刻本　四册

320000－1606　0008748　R00894
泊鷗山房集三十八卷　（清）陶元藻撰　清刻本　二十四册

320000－1606－0008749　R00896
生香書屋詩集七卷　（清）陳浩撰　清刻本　八册

320000－1606－0008750　R00897
河南先生文集二十七卷附錄一卷　（宋）尹洙撰　清宣統二年（1910）守政書局木活字印本　四册

320000－1606－0008751　R00900
忠裕堂文集三卷　（清）申涵盼著　清道光刻本　六册

320000－1606－0008752　R00901
固哉草亭文集二卷詩集四卷　（清）高斌著　（清）高恒校字編次　清刻本　八册

320000－1606－0008753　R00902
四知堂文集三十六卷　（清）楊錫紱著　清刻本　六十册

320000－1606－0008754　R00903
西磧山房詩錄二卷文錄二卷　（清）蔡復午撰　清道光十二年（1832）刻本　四册

320000－1606－0008755　R00904
都是春齋文集八卷　（清）張佑著　清吾學園刻本　十六册

320000－1606－0008756　R00905
白蕤詩集十六卷　（清）張開東撰　（清）張兆騫編校　（清）杜光德選　清棗存園刻本　二十六册

320000－1606－0008757　R00906
存吾文稾四卷　（清）余廷燦撰　清雲香書屋刻本　十五册

320000－1606－0008758　R00907
增訂花柳指迷一卷　（美國）嘉約翰輯譯　（清）林應祥筆述　清光緒十五年（1889）羊城博濟醫局刻本　一册

320000－1606－0008759　R00908
宦吴稾牘一卷　（清）竇鎮山撰　清刻本　二册

320000－1606－0008760　R00909
車書樓選註名公新語滿紙千金八卷　（明）李自榮選輯　（明）王世茂較註　明天啓七年（1627）映旭齋刻本　十六册

320000－1606－0008761　R00911
江南趙氏楹聯叢話二卷　（清）趙曾望纂　清光緒十八年（1892）石印本　二册

320000－1606－0008762　R00913
清夢盦二白詞五卷　（清）沈傳桂撰　清刻本　一册

320000－1606－0008763　R00914
欽定協紀辨方書三十六卷　（清）允祿等纂　清刻本　十六册

320000－1606－0008764　R00915
四書翼註論文十二卷　（清）鄭獻甫著　清光緒五年（1879）黔南節署刻本　十二册

320000－1606－0008765　R00916
四書翼註論文十二卷　（清）鄭獻甫撰　清刻本　十二册

320000－1606－0008766　R00917
呂祖彙集三十四卷附十四卷新附六卷　（清）陶煦編　清刻本　十一册　存四十三卷（呂祖彙集一至二十九、附一至十一、新附四至六）

320000－1606－0008767　R00919
正氣集三卷　（清）王夫之等著　（清）陳慶林輯　清光緒三十年（1904）刻本　六册

320000－1606－0008768　R00920
欽定授時通考七十八卷　（清）鄂爾泰　（清）張廷玉纂修　清刻本　二十四册

320000－1606－0008769　R00921
虎谷集七種　（明）王雲鳳撰　清刻本　十二册

320000－1606－0008770　R00923
梧溪石屋詩鈔四卷　（清）溫訓著　清道光十二年（1832）刻本　一册

320000－1606－0008771　R00924
十種古逸書　（清）茆泮林輯　清道光二十二年（1842）梅瑞軒刻本　六册

320000－1606－0008772　R00925
楊忠愍公遺書不分卷　（明）楊繼盛撰　清道光二十五年（1845）張德暖堂刻本　一册

320000－1606－0008773　R00926
補籬遺稿八卷　（清）姚福均著　清光緒三十一年（1905）木活字印本　七册　存七卷（一至四、六至八）

320000－1606－0008774　R00930
潛莊文鈔六卷　（清）卜起元撰　清光緒五年

(1879)刻本　六冊

320000－1606－0008775　R00932
聚學軒叢書　劉世珩輯　清光緒貴池劉氏刻本　十冊　存一集四種二十卷(金石文字辨異十二卷、歲星表一卷、清白士集校補四卷、質疑刪存三卷)

320000－1606－0008776　R00935
山中一夕話四卷　(明)李贄編次　題(明)笑笑先生增訂　題(明)哈哈道士較閱　明刻本　六冊

320000－1606－0008777　R00937
秘傳通天竅鬼靈經十卷　(唐)楊救貧著　清刻本　二冊

320000－1606－0008778　R00938
編注醫學入門七卷首一卷　(明)李梴撰　清咸豐六年(1856)廣城青雲樓刻本　十二冊

320000－1606－0008779　R00939
樹廬文鈔十卷　(清)彭士望撰　清道光四年(1824)冠石山房刻本　十九冊

320000－1606－0008780　R00940
鍼灸大成十卷　(清)章廷珪重修　清光緒十二年(1886)上洋江左書林刻本　十冊

320000－1606－0008781　R00941
亦玉堂稿十卷　(明)沈鯉撰　清康熙二十九年(1690)刻本　十六冊

320000－1606－0008782　R00945
同館賦鈔三十二卷　(清)法式善編　清刻本　三十二冊

320000－1606－0008783　R00947
補學軒批選時文讀本二卷制藝四卷制藝雜話一卷詩集十二卷　(清)鄭獻甫撰　清同治八年至光緒五年(1869－1879)刻本　八冊　存十四卷(補學軒批選時文讀本二卷,制藝四卷,制藝雜話一卷,詩集一至三、九至十二)

320000－1606－0008784　R00948
黄帝内經素問九卷　(清)高世栻註解　清光緒十三年(1887)浙江書局刻本　八冊

320000－1606－0008785　R00950
古文學餘三十四卷　(清)毛慶蕃評選　清光緒三十四年(1908)刻本　十冊

320000－1606－0008786　R00960
嵩厓尊生書十五卷　(清)景日昣纂著　清同治掃葉山房刻本　八冊

320000－1606－0008787　R00961
醉白堂文集四卷續集一卷　(清)謝良琦撰　清光緒十九年(1893)王鵬運刻本　八冊

320000－1606－0008788　R00965
風眩方一卷　(南朝齊)徐嗣伯撰　清刻本　一冊

320000－1606－0008789　R00967
王山遺響六卷　(清)張貞生著　清康熙講學山房刻本　十冊

320000－1606－0008790　R00968
漢史億二卷　(清)孫廷銓撰　清康熙刻本　六冊

320000－1606－0008791　R00969
守默齋詩稿一卷雜著三卷　(清)何應祺著　清同治十年(1871)刻本　四冊

320000－1606－0008792　R00970
韋弦集十二卷　(清)朱輔撰　清嘉慶二十年(1815)裕德堂刻本　十二冊

320000－1606－0008793　R00971
東津館文集三卷　(清)潘曾沂撰　清咸豐八年(1858)刻本　六冊

320000－1606－0008794　R00972
史記正譌一卷　(清)王元啟撰　清光緒十六年(1890)廣雅書局刻本　一冊

320000－1606－0008795　R00974
二谷山人近稿十卷　(明)侯一元撰　清刻本　二十四冊

320000－1606－0008796　R00975
新刊纂圖元亨療馬集六卷　(明)喻本元　(明)喻本亨撰　清乾隆刻本　五冊

320000－1606－0008797　R00976
算經十書十二種　(清)孔繼涵編　清光緒十六年(1890)滬上刻本　十册

320000－1606－0008798　R00977
味雪齋文鈔二集十八卷詩鈔八卷　(清)戴絅孫撰　清道光二十七年至二十九年(1847－1849)刻本　二十四册

320000－1606－0008799　R00978
四六法海十二卷　(明)王志堅論次　明載德堂刻清乾隆補刻本　十二册

320000－1606－0008800　R00980
空石齋文集二卷　(清)汪國著　清四明少白山房刻本　八册

320000－1606－0008801　R00981
岸東草堂集四卷　(清)王謨鑒定　清刻本　四册

320000－1606－0008802　R00982
東萊先生古文關鍵二卷　(宋)吕祖謙評　(宋)蔡文子注　(清)徐樹屏考異　清同治九年(1870)古閩晏湖張氏勵志書屋刻本　二册

320000－1606－0008803　R00983
李氏三忠事蹟考證不分卷　(清)李慶來輯　清刻本　二册

320000－1606－0008804　R00984
定盦文集三卷續集四卷補編四卷補五卷　(清)龔自珍撰　清光緒二十三年(1897)萬本書堂刻本　八册

320000－1606－0008805　R00985
白芙堂算學叢書　(清)丁取忠輯　清同治至光緒長沙荷池精舍刻本　二十四册

320000－1606－0008806　R00987
五公山人集十六卷　(明)王餘佑撰　(清)李興祖編　清康熙三十四年(1695)刻本　八册

320000－1606－0008807　R00988
傅忠毅公全集八卷首一卷　(清)傅宏烈撰　清咸豐元年(1851)刻本　十六册

320000－1606－0008808　R00989
涇野先生文集三十八卷　(明)吕柟撰　清刻本　二十四册　存三十七卷(一至二、四至三十八)

320000－1606－0008809　R00990
石舟文賸二卷　(清)潘汝炯撰　清嘉慶二十一年(1816)刻本　六册

320000－1606－0008810　R00991
庸德堂贈言四卷前編一卷　(清)潘汝炯撰　清刻本　八册

320000－1606－0008811　R00992
書經六卷　(宋)蔡沈集傳　清光緒十七年(1891)刻本　四册　存四卷(一至二、五至六)

320000－1606－0008812　R00993
教育叢書初集十一種二集十五種三集十一種　教育世界社譯　清光緒二十七年(1901)教育世界社石印本(初集爲刻本)　三十册

320000－1606－0008813　R00996
教育叢書初集十一種二集十五種三集十一種　教育世界社譯　清光緒二十七年(1901)教育世界社石印本(初集爲刻本)　三十册

320000－1606－0008814　R00997
教育世界六十八卷　教育世界社譯　清光緒二十七年(1901)石印本(卷一至十八爲刻本)　十二册

320000－1606－0008815　R00998
摛文堂集十五卷附錄一卷　(宋)慕容彦逢著　清光緒刻本　八册

320000－1606－0008816　R00999
醫學辨正四卷　(清)張學醇著　清光緒二十二年(1896)刻本　十册

320000－1606－0008817　R01000
緝齋詩稿八卷首一卷　(清)蔡新撰　清刻本　九册

320000－1606－0008818　R01001
墨池編二十卷附印典八卷　(宋)朱長文纂次　清雍正十一年(1733)就閒堂刻本　十二册

320000－1606－0008819　R01005
來鶴堂全集十一種　(清)于宗瑛撰　清刻本　十六册

320000－1606－0008820　R01010
百老吟一卷後編一卷三編一卷附編一卷　錢溯耆輯　**稀齡贈言三卷**　錢綏槃輯　清宣統二年至民國三年(1910－1914)錢氏聽邠館刻本　四册

320000－1606－0008821　R01011
燕川集十四卷　(清)范泰恒撰　清嘉慶十四年(1809)顧起廬刻本　二十八册

320000－1606－0008822　R01012
怡亭文集二十卷怡亭詩集六卷　(清)張紳撰　清道光十三年(1833)留香書屋刻本　十册

320000－1606－0008823　R01014
王陽明先生全集十六卷目錄二卷　(明)王守仁撰　**陽明先生年譜二卷**　(明)李贄輯　清同治九年(1870)佛山翰墨樓刻本　二十册

320000－1606－0008824　R01015
李氏五種合刊　(清)李兆洛輯　清光緒十四年(1888)掃葉山房刻本　十二册

320000－1606－0008825　R01016
新鐫陳氏二十四山造葬吉凶起例藏書十二卷首一卷　(清)陳應選撰　清刻本　十册

320000－1606　0008826　R01019
五代詩話八卷　(清)王士禛輯　清嘉慶五年(1800)刻本　八册

320000－1606－0008827　R01024
彙刻太倉舊志五種　繆朝荃等輯　清宣統元年(1909)太倉繆氏刻本　八册

320000－1606－0008828　R01025
大雲山房文稾初集四卷二集四卷大雲山房言事二卷　(清)惲敬撰　清嘉慶二十年(1815)南昌甲戌坊刻本　十册

320000－1606－0008829　R01027
地理六法大全二集六卷　(唐)楊佐仙撰　清刻本　十册

320000－1606－0008830　R01028
古文辭類纂七十五卷　(清)姚鼐編　清同治八年(1869)問竹軒刻本　十六册

320000－1606－0008831　R01029
讀杜隨筆二卷　(清)陳訏撰　清松柏堂刻本　四册

320000－1606－0008832　R01031
學餘堂詩集一卷敬業堂詩集一卷　(清)馬文柏編　清抄本　二册

320000－1606－0008833　R01035
楊會地理元文四卷附二卷　(清)端木國瑚注　清道光刻本　四册

320000－1606－0008834　R01036
錢清書院課藝不分卷　(清)鍾駿文編　(清)鍾福球校　清光緒三十年(1904)刻本　二册

320000－1606－0008835　R01038
錢仲陽幼科眞訣存眞一卷　(清)汪宗沂編訂　清抄本　二册

320000－1606－0008836　R01039
奇效丹方内科四卷　(□)□□撰　清抄本　四册

320000－1606－0008837　R01040
尚志廬摘集經驗方一卷　題(清)滌非子纂　清光緒四年(1878)湖郡最樂齋善書坊刻本　一册

320000－1606－0008838　R01041
奇症畧述一卷　(美國)嘉約翰撰　清光緒十二年(1886)博濟醫局刻本　一册

320000－1606－0008839　R01042
西圃叢辨三十二卷　(清)田同之纂集　清刻本　二十册

320000－1606－0008840　R01043
玉書庭全集三十一卷　(明)丘兆麟撰　清雍正刻本　四十册

320000－1606－0008841　R01044
三陶先生集合刻四種　(清)楊沂孫輯　清光緒七年(1881)貴池縣署刻本　五册

320000－1606－0008842　R01045
補學軒制藝四卷雜話一卷　（清）鄭獻甫撰　清同治十年（1871）黔南臬署刻本　四冊

320000－1606－0008843　R01046
榕園全集　（清）李彥章撰　清道光刻本　十七冊

320000－1606－0008844　R01047
老學斎讀書記四卷　（清）彭蘊章撰　清同治五年（1866）刻本　四冊

320000－1606－0008845　R01048
穴法分受二卷　（清）黃越著　清光霽堂刻本　四冊

320000－1606－0008846　R01049
說薈不分卷　（清）□□撰　清乾隆刻本　二冊

320000－1606－0008847　R01050
素脩堂詩集二十四卷後集六卷補遺一卷　（清）吳蔚光撰　清嘉慶刻本　三十冊

320000－1606－0008848　R01051
書畫傳習錄四卷附梁谿書畫徵一卷　（明）王紱輯　清嘉慶層雲閣刻本　十冊

320000－1606－0008849　R01052
暢園叢書甲函五種　（清）張邁輯　清刻本　十二冊

320000－1606－0008850　R01053
庸書二十卷　（清）張貞生著　（清）張世坤等鈔　清康熙二十七年（1688）講學山房刻本　四十冊

320000－1606－0008851　R01055
金石萃編一百六十卷　（清）王昶撰　清嘉慶十年（1805）青浦王氏經訓堂刻本　六十冊　存一百五十八卷（一至一百五十八）

320000－1606－0008852　R01056
唐詩觀瀾集二十四卷　（清）李因培選評　（清）凌應曾編注　清乾隆二十四年（1759）刻本　四冊

320000－1606－0008853　R01057
岣嶁鑑撮四卷　（清）曠敏本編　清同治八年（1869）刻本　六冊

320000－1606－0008854　R01058
說鈴抄八卷　（清）吳震方輯　題（清）曉樓主人刪訂　清乾隆十八年（1753）保元堂刻本　四冊

320000－1606－0008855　R01064
天目山齋歲編二十八卷　（明）吳維嶽著　明嘉靖刻本　六冊　存十三卷（一至十三）

320000－1606－0008856　R01065
左傳事緯十二卷　（清）馬驌編論　清光緒四年（1878）敏德堂刻本　二冊　存三卷（一至三）

320000－1606－0008857　R01067
友竹草堂文集六卷詩集二卷　（清）蔣慶第撰　清光緒十九年（1893）刻本　十二冊

320000－1606－0008858　R01069
西醫内科全書六卷　（清）孔慶高筆譯　清光緒八年（1882）博濟醫局刻本　六冊

320000－1606－0008859　R01071
日損齋筆記一卷　（元）黃溍著　清刻本　一冊

320000－1606－0008860　R01074
朱九江先生集十卷首四卷　（清）朱次琦撰　清光緒讀書草堂刻本　十二冊

320000－1606－0008861　R01075
雪鴻園文稿二卷詩稿六卷　（清）易元健撰　清道光二年（1822）刻本　十六冊　存七卷（雪鴻園文稿二卷、詩稿二至六）

320000－1606－0008862　R01076
無爲齋文集十二卷　（清）張昭潛著　清刻本　十二冊

320000－1606－0008863　R01077
濬元六卷　（清）張必剛撰　清乾隆刻本　十二冊

320000－1606－0008864　R01078
歐游雜錄二卷　（清）徐建寅著　清光緒刻本

四冊

320000－1606－0008865　R01079
微雲山館倚聲三卷　（清）秦喬章填　清咸豐十一年（1861）刻本　三冊

320000－1606－0008866　R01080
雲溪草堂文鈔十四卷　（清）彭光斗撰　清刻本　二十冊

320000－1606－0008867　R01081
紀愼齋先生全集十四種續集七種　（清）紀大奎撰　清嘉慶十三年至咸豐二年（1808－1852）刻本　三十一冊　存二十種（紀愼齋先生全集十四種、續集六種）

320000－1606－0008868　R01082
遜敏堂叢書三十二種　（清）黄秩模編　清道光二十八年（1848）木活字印本　十二冊

320000－1606－0008869　R01083
湘谷初稿八卷吟稿四卷　（清）謝庭蘭著　清刻本　十四冊

320000－1606－0008870　R01084
舊言集不分卷　（清）李兆洛編　清道光九年（1829）陽湖李氏刻本　十冊

320000－1606－0008871　R01085
伍卉園文集十八卷　（清）陳之蘭著　清乾隆二十二年（1757）大乙山房刻本　二十冊

320000－1606－0008872　R01086
平養堂文編十卷　王龍文撰　清宣統刻本　十六冊

320000－1606－0008873　R01087
微波榭叢書　（清）孔繼涵輯　清刻本　四十八冊　存七種七十一卷（戴氏遺書四十六卷，算經十書三卷，國語補音三卷，孟子十四卷、附音義二卷，春秋地名一卷，春秋長歷一卷，春秋金鎖匙一卷）

320000－1606－0008874　R01088
國朝二十四家文鈔二十四卷　（清）徐斐然輯評　（清）徐秉願參訂　清乾隆六十年（1795）刻本　八冊

320000－1606－0008875　R01089
廬陽三賢集三種　（清）張祥雲輯　清光緒元年（1875）合肥張氏毓秀堂刻本　四冊

320000－1606－0008876　R01090
船山遺書二百八十八卷　（清）王夫之撰　清同治四年（1865）湘鄉曾氏金陵節署刻本　七冊　存二十一卷（四十二、四十六、四十九至五十六、五十八至六十六、七十四至七十五）

320000－1606－0008877　R01091
地理求眞二編　（清）晏聯奎著　清同治六年（1867）刻本　六冊

320000－1606－0008878　R01092
明賢尺牘四卷　（清）王元勳　（清）程化騄輯　清刻本　四冊

320000－1606－0008879　R01093
雪杖山人詩集八卷　（清）鄭炎撰　（清）顧列星選　清刻本　十六冊

320000－1606－0008880　R01094
顨軒孔氏所著書七種　（清）孔廣森撰　清刻本　三十二冊

320000－1606－0008881　R01095
焦氏叢書二十一種　（清）焦循學　清道光刻本　四十八冊

320000－1606－0008882　R01096
洪北江全集二十二種　（清）洪亮吉撰　清光緒三年（1877）授經堂刻本　八十冊

320000－1606－0008883　R01097
通藝錄　（清）程瑤田撰　清刻本　二十冊　存四種十卷（考工創物小記一至四、溝洫疆理小記一、九谷考一至四、讓堂亦政錄一）

320000－1606－0008884　R01098
崔東壁遺書　（清）崔述著　清道光二年（1822）遺經樓刻本　六十冊　存二十種（考信錄提要、補上古考信錄、唐虞考信錄、夏考信錄、商考信錄、豐鎬考信錄、洙泗考信錄、豐鎬考信別錄、洙泗考信餘錄、孟子事實錄、考古續說、考信附錄、王政三大典考、讀風偶識、

古文尚書辨僞、論語餘說、五服異同彙攷、易卦圖說、無聞集、遺經樓文稿）

320000－1606－0008885　R01099

郝氏遺書　（清）郝懿行學　清光緒八年（1882）東路廳署刻本　三十八册　存十二種一百十二卷（易說十二卷、附易說便錄一卷，書說二卷，詩經拾遺一卷，禮記箋四十九卷，爾雅郭注義疏二十卷，竹書紀年校正十四卷，汲冢周書輯要一卷，記海錯一卷，蜂衙小記一卷，燕子春秋一卷，詩說二卷，詩問七卷）

320000－1606－0008886　R01100

汪龍莊先生遺書八種　（清）汪輝祖纂　清同治望三益齋刻本　六册

320000－1606－0008887　R01101

元和江氏靈鶼閣叢書　（清）江標輯　清光緒元和江氏刻本　二十二册　缺四十卷（第一集洨民遺文一卷、欽定四庫全書總目提要四部類敘一卷、先正讀書訣一卷；第四集文史通義補編一卷、附鈔本目一卷、刊本所有鈔本所無目一卷，和林金石錄一卷、詩一卷、附和林考一卷，前塵夢影錄二卷，西遊錄注一卷，澳大利亞洲新志一卷，張憶娘簪華圖卷題詠一卷；第五集國語校文一卷、嘉蔭簃藏器目一卷、愛吾鼎齋藏器目一卷、石泉書屋藏器目一卷、雙虞壺齋藏器目一卷、簠齋藏器目第二本一卷、選青閣藏器目一卷、藏書紀事詩六卷；第六集沅湘通藝錄八卷、四書文二卷、日本華族女學校規則一卷、黄蕘圃先生[丕烈]年譜二卷）

320000－1606－0008888　R01102

大清律例增修統纂集成四十卷附督捕則例二卷　（清）陶東皋　（清）陶曉篔增修　清光緒二十一年（1895）刻本　二十四册

320000－1606－0008889　R01103

淮南鹽法紀略十卷　（清）方濬頤等編　清同治十二年（1873）淮南書局刻本　十册

320000－1606－0008890　R01104

無欺錄二卷附墓誌銘一卷　（清）朱用純撰　清光緒二十六年（1900）玉山書院刻本　二册

320000－1606－0008891　R01105

四百三十二峯草堂詩九種　（清）黄璟撰　清光緒羊城鴻文堂刻本　九册　存八種（宛社吟、歸粵草、召南集、召南續集、黎陽集、黎陽續集、彝山集、潁川集）

320000－1606－0008892　R01106

小西腴山館集外文二卷　（清）吳大廷撰　清同治三年（1864）刻本　一册

320000－1606－0008893　R01107

大清律例增修統纂集成四十卷附督捕則例二卷　（清）陶東皋　（清）陶曉篔增修　清光緒十四年（1888）刻本　二十四册

320000－1606－0008894　R01108

土耳機史四卷　（日本）北村三郎著　趙必振譯　清光緒二十八年（1902）上海廣智書局鉛印本　一册

320000－1606－0008895　R01109

董方立遺書九種附三種　（清）董祐誠撰　清咸豐九年至同治八年（1859－1869）四川成都寓舍刻本　六册

320000－1606－0008896　R01110

經訓堂叢書　（清）畢沅輯　清乾隆四十八年至五十三年（1783－1788）刻本　三十六册

320000－1606－0008897　R01111

儆居集内編十四卷　（清）黄式三撰　清光緒刻本　四册

320000－1606－0008898　R01112

俄羅斯史二卷附大事年譜一卷　（日本）山本利喜雄撰　麥鼎華譯　清光緒二十九年（1903）上海廣智書局鉛印本　二册

320000－1606－0008899　R01113

安南志畧十九卷首一卷　（元）黎崱編　清光緒十年（1884）上海樂善堂鉛印本　四册

320000－1606－0008900　R01115

子史精華三十卷　（清）允祿等輯　清光緒九年（1883）上海點石齋石印本　二册

320000－1606－0008901　R01116

西南紀事十二卷　(清)邵廷采撰　清光緒邵武徐氏刻本　二册

320000－1606－0008902　R01117
東南紀事十二卷　(清)邵廷采撰　清光緒邵武徐氏刻本　二册

320000－1606－0008903　R01118
日本國志四十卷首一卷　(清)黄遵憲編　清光緒十六年(1890)羊城富文齋刻本　十二册

320000－1606－0008904　R01119
二思堂叢書六種　(清)梁章鉅撰　清光緒元年(1875)浙江書局刻本　十六册

320000－1606－0008905　R01120
張皋文箋易詮全集十五種　(清)張惠言撰　清嘉慶、道光間揚州阮氏琅嬛仙館刻本　七册　缺三種十一卷(虞氏易言一至二、周易鄭氏注一至三、儀禮圖一至六)

320000－1606－0008906　R01121
授堂遺書　(清)武億撰　清道光二十三年(1843)偃師武氏刻本　十六册　缺一卷(附翟晴江四書考異内句讀一)

320000－1606－0008907　R01122
惜抱軒全集　(清)姚鼐撰　清同治五年(1866)省心閣刻本　二十册

320000－1606－0008908　R01124
病榻夢痕録二卷録餘一卷　(清)汪輝祖撰　清抄本　十册

320000－1606－0008909　R01126
二知軒文存三十四卷　(清)方濬頤撰　清光緒刻本　五十册

320000－1606－0008910　R01128
思不辱齋全集十一卷　(清)萬承風撰　清嘉慶二十一年(1816)古瓦山房刻本　二十九册

320000－1606－0008911　R01129
俄游彙編十二卷　(清)繆祐孫纂　清光緒十五年(1889)上海秀文書局石印本　四册

320000－1606－0008912　R01133
史記注補正一卷　(清)方苞撰　清光緒二十年(1894)廣雅書局刻本　一册

320000－1606－0008913　R01134
馬文莊公文集選十五卷附録一卷　(明)馬自強撰　清刻本　十三册

320000－1606－0008914　R01135
爐餘志過録二卷　(清)馬先登輯　清刻本　五册

320000－1606－0008915　R01136
卷石齋語録二卷　(清)馬棫士著　清刻本　一册

320000－1606－0008916　R01137
南華瀝摘萃一卷　(清)馬魯編　清刻本　一册

320000－1606－0008917　R01139
雀硯齋文集八卷　(清)張錫穀撰　清道光三年(1823)兩廣運署刻本　十册

320000－1606－0008918　R01140
妙香館詩鈔四卷詠物全韻二卷　(清)銘岳著　清道光二十九年(1849)刻本　六册

320000－1606－0008919　R01141
玉磓集四卷紀城文稾四卷紀城詩稾四卷吴江旅嘯一卷　(清)安致遠撰　清刻本　二十册

320000－1606－0008920　R01142
牧菴雜紀六卷　(清)徐一麟著　清同治刻本　八册

320000－1606－0008921　R01144
壯學齋文集十二卷　(清)周樹槐撰　清咸豐二年(1852)刻本　十二册

320000－1606－0008922　R01145
恕谷後集十三卷　(清)李塨著　清刻本　十一册

320000－1606－0008923　R01147
新刻黄掌綸先生評訂神仙鑑三集二十二卷　(清)徐道纂　(清)李理贊撰　清刻本　二十一册　存二十卷(一至二十)

320000－1606－0008924　R01148

平書八卷　(清)秦篤輝撰　清光緒刻本　十冊

320000-1606-0008925　R01149
希古堂文甲集二卷乙集六卷　(清)譚宗浚撰　清刻本　十七冊

320000-1606-0008926　R01151
伯生詩續編三卷　(元)虞集撰　清刻本　三冊

320000-1606-0008927　R01152
郝文忠公陵川文集三十九卷首一卷附錄一卷　(元)郝經撰　(清)王繆編訂　清刻本　十冊

320000-1606-0008928　R01153
希齋文鈔二卷　(清)高學濂撰　清刻本　五冊

320000-1606-0008929　R01154
澄懷園文存十五卷　(清)張廷玉撰　清刻本　八冊

320000-1606-0008930　R01156
悅親樓詩集三十卷　(清)祝德麟撰　清刻本　二十四冊

320000-1606-0008931　R01161
李光祿公遺集八卷　(清)李國杰輯　清刻本　十二冊

320000-1606-0008932　R01162
東皋握靈本草十卷補遺一卷　(清)王翃撰　清刻本　十二冊

320000-1606-0008933　R01163
命銓不分卷　(清)石成金批訂　清刻本　六冊

320000-1606-0008934　R01164
羅司勳文集八卷外集一卷附錄一卷　(明)羅虞臣撰　清刻本　十冊

320000-1606-0008935　R01165
制義叢話二十四卷題名一卷　(清)梁章鉅撰　清知足知不足齋刻本　八冊

320000-1606-0008936　R01167
韜厂蹈海錄四卷　(清)徐良弼等編　清宣統二年(1910)蘇城毛上珍鉛印本　二冊

320000-1606-0008937　R01169
李翰林姑孰遺蹟題詠類鈔六卷首二卷　(清)曹笙南輯　(清)沈芸閣鑒定　清光緒八年(1882)姑孰謫仙樓木活字印本　六冊

320000-1606-0008938　R01170
坡硯山房詩文稿十二卷　(清)鄒嶧賢著　清刻本　十四冊

320000-1606-0008939　R01172
燭湖集二十卷附編二卷　(宋)孫應時撰　清嘉慶八年(1803)靜遠軒刻本　二十四冊

320000-1606-0008940　R01173
秋潭外集十六卷　(清)彭淑撰　清嘉慶八年(1803)太乙葉舫刻本　八冊

320000-1606-0008941　R01174
元詩選二集九集　(清)顧嗣立輯　清康熙四十一年(1702)長洲顧氏秀野草堂刻本　九冊　存八集(甲至丙、戊至壬)

320000-1606-0008942　R01176
金石錄三十卷　(宋)趙明誠編著　清刻本　八冊

320000-1606-0008943　R01178
揚子法言十三卷音義一卷　(漢)揚雄撰　(晉)李軌注　清嘉慶刻本　二冊

320000-1606-0008944　R01179
霅溪外傳十八卷　(清)陳鼎撰　清刻本　十冊

320000-1606-0008945　R01185
平播全書十五卷　(明)李化龍著　清光緒刻本　三十六冊

320000-1606-0008946　R01187
等韻一得二卷　勞乃宣撰　清光緒二十四年(1898)刻本　二冊

320000-1606-0008947　R01190
欽定同文韻統六卷　(清)允祿等纂修　清宣

統二年(1910)理藩部刻本　五册

320000 - 1606 - 0008948　R01191
補三史藝文志一卷　(清)金門詔撰　清光緒十七年(1891)廣雅書局刻本　一册

320000 - 1606 - 0008949　R01192
補遼金元藝文志一卷　(清)倪燦撰　清光緒十七年(1891)廣雅書局刻本　一册

320000 - 1606 - 0008950　R01193
爾雅補注殘本一卷　(清)劉玉麐撰　清光緒十四年(1888)廣雅書局刻本　一册

320000 - 1606 - 0008951　R01195
萬國公法四卷　(美國)惠頓撰　(美國)丁韙良譯　清同治三年(1864)京都崇實館刻本　四册

320000 - 1606 - 0008952　R01197
劉葆眞太史遺稾二卷　(清)劉葆眞撰　清刻本　二册

320000 - 1606 - 0008953　R01199
禮記十卷　(元)陳澔集說　清光緒十九年(1893)江南書局刻本　二册　存三卷(一至三)

320000 - 1606 - 0008954　R01200
擬進呈楊忠愍蚺蛇膽表忠記二卷　(清)丁耀亢撰　清同治十一年(1872)永康胡氏刻本　四册

320000 - 1606 - 0008955　R01201
鵬南詩鈔十卷首一卷末一卷　(清)胡嗣運撰　清光緒刻本　十册

320000 - 1606 - 0008956　R01202
紫釵記全譜二卷　(清)葉堂訂譜　清乾隆五十七年(1792)刻本　四册

320000 - 1606 - 0008957　R01204
鵬南文鈔十五卷末一卷　(清)胡嗣運撰　清刻本　十四册　存十五卷(鵬南文鈔十五卷)

320000 - 1606 - 0008958　R01206
史記毛本正誤一卷　(清)丁晏撰　清光緒十八年(1892)廣雅書局刻本　一册

320000 - 1606 - 0008959　R01207
邈雲樓集八種　(清)楊鸞撰　清道光三年(1823)秋影書屋刻本　三十二册

320000 - 1606 - 0008960　R01209
三朝遼事實錄十七卷總畧一卷　(明)王在晉編　清石印本　四十八册

320000 - 1606 - 0008961　R01210
紫峯陳先生文集十三卷首一卷　(明)陳琛撰　清乾隆三十三年(1768)刻本　十六册

320000 - 1606 - 0008962　R01211
增補齊省堂儒林外史六十回　(清)吳敬梓撰　清光緒十九年(1893)寶文書局石印本　四册

320000 - 1606 - 0008963　R01212
藍鹿洲全集七種　(清)藍鼎元著　(清)曠敏本評　清刻本　二十册

320000 - 1606 - 0008964　R01213
墨香居畫識十卷　(清)馮金伯撰　清江左書林刻本　四册

320000 - 1606 - 0008965　R01214
漁洋山人詩錄不分卷　(清)王士禛撰　清抄本　四册

320000 - 1606 - 0008966　R01215
應酬彙選新集八卷　(清)陸九如纂輯　清同治七年(1868)醉六堂刻本　四册

320000 - 1606 - 0008967　R01217
居易堂文集一卷詩集二卷　(清)李發甲著　清道光二十四年(1844)居易堂刻本　六册

320000 - 1606 - 0008968　R01218
古今醫彙捴目不分卷　(清)羅生甫輯　(清)張昉心錄　清抄本　四册

320000 - 1606 - 0008969　R01221
儒門法語輯要不分卷　(清)彭定求編　(清)湯金釗輯要　清刻本　三册

320000 - 1606 - 0008970　R01223
香祖樓二卷　(清)蔣士銓撰　清紅雪樓刻本　四册

320000－1606－0008971　R01224
偶更堂文集二卷　(清)徐作肅著　清康熙傳盛社刻本　二冊

320000－1606－0008972　R01226
井福堂文稿十卷　(清)汪學金撰　清嘉慶刻本　十六冊

320000－1606－0008973　R01227
蜀中名勝記三十卷　(明)曹學佺著　清刻本　十冊

320000－1606－0008974　R01228
宋元學案一百卷首一卷考略一卷　(清)黄宗羲原本　(清)黄百家纂輯　(清)全祖望修定　清光緒五年(1879)刻本　四十冊

320000－1606－0008975　R01229
[道光]吉林外記十卷　(清)薩英額纂　清光緒二十一年(1895)漸西村舍刻本　四冊

320000－1606－0008976　R01230
書目答問四卷附國朝箸述諸家姓名略一卷　(清)張之洞撰　清光緒四年(1878)上海淞隱閣鉛印本　四冊

320000－1606－0008977　R01231
古今史論大觀前編十五卷後編十七卷　雷瑨輯　清光緒二十八年(1902)硯耕山莊石印本　十二冊

320000－1606－0008978　R01236
新刊仁齋直指附遺方論二十六卷　(宋)楊士瀛編撰　(明)朱崇正附遺　明刻本　四冊　存五卷(一、十四至十七)

320000－1606－0008979　R01237
潘少白先生文集八卷常語二卷　(清)潘諮著　清道光二十四年(1844)澹園刻本　十二冊

320000－1606－0008980　R01238
李恕谷先生[塨]年譜五卷　(清)馮辰編　清光緒刻本　九冊

320000－1606－0008981　R01239
揚芬集十卷　(清)陶欽輯　清嘉慶十四年(1809)經鋤山堂刻本　十二冊

320000－1606－0008982　R01240
介軒詩鈔十卷　(清)張振夔著　清同治九年(1870)刻本　十四冊

320000－1606－0008983　R01242
况太守集十六卷首一卷補遺一卷　(明)况鍾撰　(清)况廷秀纂輯　清刻本　八冊

320000－1606－0008984　R01243
喜聞過齋文集十二卷行狀一卷墓表一卷　(清)李文耕著　(清)李德蕙等編次　清道光十九年(1839)厚遠堂刻本　十六冊

320000－1606－0008985　R01245
漱芳閣集十卷　(清)徐士芬撰　清咸豐刻本　八冊

320000－1606－0008986　R01246
杜工部集二十卷　(唐)杜甫撰　(清)錢謙益注　清康熙靜思堂刻本　十二冊

320000－1606－0008987　R01247
南岡草堂詩選二卷續編一卷　(清)秦際唐撰　清刻本　六冊

320000－1606－0008988　R01248
南岡草堂文存二卷　(清)秦際唐撰　清刻本　六冊

320000－1606－0008989　R01249
說文辨字正俗八卷　(清)李富孫學　清刻本　四冊

320000－1606－0008990　R01250
駢雅訓纂七卷首一卷　(明)朱謀㙔撰　清光緒十二年(1886)虞山後知不足齋刻本　八冊

320000－1606－0008991　R01251
釋名疏證八卷補遺一卷續一卷　(清)畢沅撰　清光緒二十年(1894)廣雅書局刻本　二冊

320000－1606－0008992　R01253
札樸十卷　(清)桂馥撰　清光緒九年(1883)長洲蔣氏心矩齋刻本　八冊

320000－1606－0008993　R01254
經義述聞三十二卷　(清)王引之撰　清嘉慶刻本　十六冊

320000－1606－0008994　R01255
歷代輿地圖四十六種　楊守敬撰　清光緒三十二年(1906)觀海堂楊氏刻本　四十二册

320000－1606－0008995　R01257
詩義堂後集六卷　(清)彭泰來著　清刻本　四册　存四卷(一至四)

320000－1606－0008996　R01258
南畇文槀十二卷小題文槀一卷　(清)彭定求撰　清道光刻本　十九册

320000－1606－0008997　R01259
尺雲軒全集五種　(清)朱實發撰　清道光十四年(1834)刻本　十二册

320000－1606－0008998　R01260
介軒文鈔八卷　(清)張振夔著　清同治刻本　十二册　存六卷(二至七)

320000－1606－0008999　R01261
萬法歸宗五卷附錄一卷　(唐)李淳風撰　清抄本　二册

320000－1606－0009000　R01262
諸葛忠武誌十卷　(清)張鵬翮輯　清嘉慶十九年(1814)麻城周畹蘭刻本　六册

320000－1606－0009001　R01263
關帝聖蹟圖誌全集十卷　(清)盧湛輯　清嘉慶十二年(1807)廣東山陝會館刻本　四册

320000－1606－0009002　R01264
廣陵詩事十卷　(清)阮元撰　清嘉慶刻本　六册

320000－1606－0009003　R01266
滄螺集六卷　(明)孫作撰　清刻本　五册

320000－1606－0009004　R01267
十三經集字摹本不分卷　(清)彭玉雯纂　清道光二十九年(1849)刻本　八册

320000－1606－0009005　R01268
敬恕堂文集紀年十卷　(清)耿介手錄　清同治三年(1864)敬恕堂刻本　八册

320000－1606－0009006　R01269
甌鉢羅室書畫過目攷四卷附卷一卷　(清)李玉棻編輯　清光緒二十三年(1897)興盛齋刻本　二册　存三卷(三至四、附卷一卷)

320000－1606－0009007　R01270
歐美政治要義十八章　(清)戴鴻慈編　清光緒三十三年(1907)石印本　四册

320000－1606－0009008　R01271
愚一錄十二卷　(清)鄭獻甫著　清光緒二年(1876)黔南節署刻本　六册

320000－1606－0009009　R01272
愚一錄十二卷　(清)鄭獻甫著　清光緒二年(1876)黔南節署刻本　六册

320000－1606－0009010　R01273
古聖賢像傳畧十二卷　(清)顧沅輯　清道光十年(1830)刻本　六册

320000－1606－0009011　R01274
裒碧齋詩五卷詞一卷襍文一卷　(清)陳銳撰　清光緒三十一年(1905)揚州刻本　二册

320000－1606－0009012　R01275
瑞芝軒楹聯三卷首一卷　(清)徐琪編修　清光緒二十七年(1901)刻本　一册

320000－1606－0009013　R01277
却病延年術二卷　(□)□□撰　清光緒十二年(1886)抄本　一册

320000－1606－0009014　R01278
黎文肅公遺書六十六卷首一卷　(清)黎培敬撰　清光緒十七年(1891)湘潭黎氏刻本　二十册

320000－1606－0009015　R01279
丹徒陳氏遺著八種　(清)陳克劬撰　清光緒十二年至十九年(1886－1893)刻本　八册

320000－1606－0009016　R01280
國朝駢體正宗續編八卷　(清)張鳴珂輯　清光緒十四年(1888)寒松閣刻本　四册

320000－1606－0009017　R01281
國朝金陵文鈔十六卷首一卷末一卷　陳作霖輯　清光緒二十三年(1897)刻本　十六册

320000－1606－0009018　R01282
浚儀世集六卷外集一卷　(清)趙希文編輯　清光緒二十四年(1898)常熟趙氏承啟堂刻本　四册

320000－1606－0009019　R01283
舊德集十四卷　繆荃孫編　清光緒二十二年(1896)刻本　四册

320000－1606－0009020　R01284
秋浦雙忠録四十卷　劉世珩編次　清光緒二十六年至二十八年(1900－1902)貴池劉氏唐石簃刻本　六册

320000－1606－0009021　R01285
國朝中州名賢集五種二十五卷　(清)黄舒昺編輯　清光緒十七年(1891)睢陽洛學書院刻本　十六册

320000－1606－0009022　R01286
唐人五十家小集　(清)江標輯　清光緒二十一年(1895)元和江氏靈鶼閣影宋刻本　十六册

320000－1606－0009023　R01287
求可堂自記一卷　(清)廖冀亨著　**南雲書屋文鈔一卷紫陽書院題解一卷**　(清)廖鴻章著　**佳想軒詩鈔二卷**　(清)廖文錦著　清光緒刻本　四册

320000－1606－0009024　R01288
西泠五布衣遺著　(清)丁丙輯　清同治、光緒間錢唐丁氏當歸草堂刻本　八册

320000－1606－0009025　R01290
淮安藝文志十卷　(清)王琛編　清同治十年(1871)刻本　八册

320000－1606－0009026　R01291
屈賈文合編四種　(戰國)屈原　(漢)賈誼撰　清光緒三年至四年(1877－1878)刻本　八册

320000－1606－0009027　R01293
海虞文徵三十卷目録二卷　邵松年輯　清光緒三十一年(1905)鴻文書局石印本　十六册

320000－1606－0009028　R01302
春秋識小録九卷　(清)程廷祚撰　清光緒二十四年(1898)江寧傅氏晦齋刻本　四册

320000－1606－0009029　R01304
讀左補義五十卷首一卷　(清)姜炳璋輯　清光緒二十八年(1902)刻本　十四册

320000－1606－0009030　R01306
春秋董氏學八卷附傳一卷　康有爲撰　清光緒二十四年(1898)上海大同譯書局刻本　六册

320000－1606－0009031　R01307
蓮龕集十六卷　(清)李來泰著　(清)李盛泰輯　清雍正十三年(1735)刻本　十四册

320000－1606－0009032　R01308
方氏左傳評點二卷　(清)方苞評點　清光緒十九年(1893)金匱廉泉刻本　二册

320000－1606－0009033　R01309
孝經注解一卷　(唐)玄宗李隆基注　(宋)司馬光指解　清道光羊城拾芥園刻本　一册

320000－1606－0009034　R01310
孝經學七卷　曹元弼撰　清光緒三十四年(1908)江蘇存古學堂木活字印本　一册

320000－1606－0009035　R01311
實其文齋文鈔八卷詩鈔六卷完貞伏虎圖一卷　(清)黄雲鵠著　清同治刻本　二十四册

320000－1606－0009036　R01312
黄四如先生六經四書講藁六卷　(宋)黄仲元撰　(宋)詹清子編　清抄本　二册

320000－1606－0009037　R01313
相臺書塾刊正九經三傳沿革例一卷　(宋)岳珂撰　清嘉慶二十五年(1820)璜川吴氏刻本　一册

320000－1606－0009038　R01314
四書經註集證十九卷　(宋)朱熹集註　(清)吴昌宗輯　清嘉慶三年(1798)江都汪氏刻本　十七册

320000－1606－0009039　R01315

四書摭餘說七卷　(清)曹之升輯　清嘉慶三年(1798)曹氏刻本　六冊

320000－1606－0009040　R01317
鄉黨圖考十卷　(清)江永著　清刻本　四冊

320000－1606－0009041　R01318
大廣益會玉篇三十卷　(南朝梁)顧野王撰　清道光三十年(1850)邵州東山精舍刻本　三冊

320000－1606－0009042　R01319
六書通不分卷　(明)閔齊伋輯　(清)畢弘述篆訂　清光緒四年(1878)繡谷三餘堂刻本　五冊

320000－1606－0009043　R01320
四書五經字考十一卷首一卷　(清)毛錫縯輯　清康熙二十五年(1686)刻本　四冊

320000－1606－0009044　R01321
四書箋解十一卷　(清)王夫之撰　清刻本　二冊　存七卷(五至十一)

320000－1606－0009045　R01322
集虛齋四書口義十卷　(清)方槩如著　(清)于光華編次　清乾隆五十三年(1788)刻本　八冊

320000－1606－0009046　R01323
銅板四書遵註合講四種　(清)翁復編次　清光緒五年(1879)掃葉山房刻本　六冊

320000－1606－0009047　R01324
四書便抄十九卷　(宋)朱熹撰　清乾隆五年(1740)芥子園刻本　三冊

320000－1606－0009048　R01325
四書考異七十二卷　(清)翟灝撰　清武林竹簡齋刻本　十二冊

320000－1606－0009049　R01326
論語註疏解經十卷札記一卷　(三國魏)何晏集解　(宋)邢昺疏　清光緒三十三年(1907)貴池劉氏玉海堂影宋刻本　二冊

320000－1606－0009050　R01327
四書章句集註十九卷　(宋)朱熹集註　清同治十三年(1874)湖南書局刻光緒十六年(1890)重印本　六冊

320000－1606－0009051　R01328
四書章句集註十九卷　(宋)朱熹集註　清同治十三年(1874)湖南書局刻本　六冊

320000－1606－0009052　R01329
大學集編二卷中庸集編三卷論語集編十卷孟子集編十四卷　(宋)眞德秀撰　清同治七年(1868)福浦本祠刻本　十冊

320000－1606－0009053　R01330
大學講義一卷　(清)芮城著　清光緒七年(1881)尊經閣刻本　一冊

320000－1606－0009054　R01331
中庸順講一卷　(清)芮城撰　清光緒七年(1881)尊經閣刻本　一冊

320000－1606－0009055　R01332
龔畏齋先生十三經客難五十五卷附三種七卷　(清)龔元玠著　清道光二十六年(1846)西城龔氏刻本　十六冊　缺一種一卷(孝經客難一)

320000－1606－0009056　R01335
泰律十二卷外篇三卷　(明)葛中選著　清光緒二十八年(1902)經正書院刻本　八冊

320000－1606－0009057　R01336
十一經音訓　(清)楊國楨等撰　清道光十年(1830)刻本　二十六冊

320000－1606－0009058　R01337
爾雅正義二十卷　(清)邵晉涵撰集　爾雅釋文三卷　(唐)陸德明撰　清乾隆五十三年(1788)餘姚邵氏家塾刻本　十二冊

320000－1606－0009059　R01338
金壺精粹四卷附疊文一卷　(清)郝在田輯　清光緒二年(1876)刻本　二冊

320000－1606－0009060　R01339
說文檢字二卷補遺一卷　(清)毛謨輯　說文檢字補遺一卷　(清)姚覲元輯　(清)余恩鴻錄　清光緒元年(1875)歸安姚氏刻本　一冊

320000－1606－0009061　R01340
繆篆分韻五卷補一卷　(清)桂馥編　清光緒歸安姚氏刻本　二册

320000－1606－0009062　R01341
說文通檢十四卷首一卷末一卷　(清)黎永椿編　清光緒二年(1876)文昌書局刻本　二册

320000－1606－0009063　R01342
娱親雅言六卷　(清)嚴元照撰　清刻本　二册

320000－1606－0009064　R01343
揅經室文集不分卷　(清)阮元撰　清刻本　二册

320000－1606－0009065　R01344
酌雅齋文集一卷汲雅山館詩鈔三卷　(清)彭希鄭著　(清)彭藴章編次　清光緒十年(1884)刻本　一册

320000－1606－0009066　R01345
七經精義七種　(清)黄淦纂　清嘉慶十二年(1807)刻本　十四册

320000－1606－0009067　R01346
范文正公集十二種四十八卷　(宋)范仲淹撰　**范忠宣公集五種二十四卷**　(宋)范純仁撰　清宣統二年(1910)歲寒堂刻本　十六册

320000－1606－0009068　R01347
金史一百三十五卷　(元)托克托等修　清同治十三年(1874)江蘇書局刻本　二十册

320000－1606－0009069　R01348
蜀秀集九卷　(清)譚宗浚編訂　清光緒五年(1879)成都試院刻本　八册

320000－1606－0009070　R01349
斯馨堂古文初集二卷詩集二卷　(清)劉暲澤著　**進呈集二卷剩存詩草二卷**　(清)劉權之著　清光緒五年(1879)映藜書屋刻本　八册

320000－1606－0009071　R01350
皖江同聲集十卷鄂渚同聲集初編七卷二編二十卷三編八卷　(清)胡鳳丹輯　清退補齋刻本　六册

320000－1606－0009072　R01351
嶺南倡和詩一卷　(清)方濬頤集錄　清同治三年(1864)羊城刻本　一册

320000－1606－0009073　R01352
六朝唐賦讀本不分卷　(清)馬傳庚選註　清同治十三年(1874)京都玉燕書巢馬氏刻本　二册

320000－1606－0009074　R01353
唐文拾遺七十二卷　(清)陸心源輯　清光緒刻本　二十册

320000－1606－0009075　R01355
長江圖說十二卷首一卷　(清)馬徵麟撰　清同治十年(1871)湖北崇文書局刻本　五册

320000－1606－0009076　R01356
南海先生詩集十三卷　康有為撰　清宣統三年(1911)影印本　一册　存四卷(一至四)

320000－1606－0009077　R01357
吴興詩存四集四十八卷　(清)陸心源輯　清光緒十六年(1890)刻本　二十四册

320000－1606－0009078　R01358
甌北集五十三卷　(清)趙翼撰　清刻本　十四册

320000－1606－0009079　R01359
小謨觴館詩集八卷續二卷詩餘附錄一卷續一卷文集四卷續二卷　(清)彭兆蓀撰　清刻本　六册

320000－1606－0009080　R01360
鑑止水齋集二十卷　(清)許宗彦撰　清刻本　四册

320000－1606－0009081　R01361
思補齋詩集六卷　(清)潘世恩撰　清刻本　二册

320000－1606－0009082　R01362
養一齋文集二十卷詩集四卷附詩餘一卷　(清)李兆洛撰　清光緒四年至八年(1878－1882)刻本　十册

320000－1606－0009083　R01363

蓉湖草堂存稿一卷　(清)陳滋撰　清光緒三年(1877)刻本　一册

320000－1606－0009084　R01364
小萬卷齋詩藁三十二卷詩續藁十二卷　(清)朱琦撰　清道光六年(1826)刻本　十二册

320000－1606－0009085　R01365
欽定儀禮義疏四十八卷首二卷　(清)允祿等撰　清紫陽書院刻本　二十六册

320000－1606－0009086　R01366
靈芬館詩初集四卷二集十卷三集四卷詞二卷雜著二卷　(清)郭麐撰　清嘉慶十二年(1807)刻本　十六册

320000　1606－0009087　R01367
問字堂集六卷附贈言一卷　(清)孫星衍撰　清光緒十年(1884)四明是亦軒刻本　二册

320000－1606－0009088　R01368
裘文達公文集六卷詩集十二卷奏議一卷　(清)裘曰修撰　清同治刻本　八册

320000－1606　0009089　R01371
金石圖說四卷　(清)褚峻摹　(清)牛運震集說　清光緒二十二年(1896)貴池劉氏聚學軒刻本　四册

320000－1606－0009090　R01372
石索六卷　(清)馮雲鵬　(清)馮雲鵷輯　清道光十五年(1835)刻本　六册

320000－1606－0009091　R01373
四焉齋文集八卷詩集六卷　(清)曹一士著
梯仙閣餘課一卷　(清)陸鳳池撰　清宣統二年(1910)新陽趙氏刻本　六册

320000－1606－0009092　R01374
芳茂山人文集十二卷詩錄九卷附長籬閣集一卷　(清)孫星衍撰　清光緒十一年(1885)長沙王氏刻本　六册　存十八卷(芳茂山人文集四至八、十至十二,詩錄九卷,附長籬閣集一卷)

320000－1606－0009093　R01375
天眞閣集五十四卷外集六卷附長眞閣詩集七卷　(清)孫原湘撰　清光緒十七年(1891)強氏南皐草廬刻本　十六册

320000－1606－0009094　R01376
寶綸堂文鈔八卷詩鈔六卷　(清)齊召南撰　清光緒十三年(1887)金峨山館刻本　四册

320000－1606－0009095　R01377
虛一齋集五卷　(清)莊培因撰　清刻本　二册

320000－1606－0009096　R01378
玉芝堂文集六卷　(清)邵齊燾撰　清光緒刻本　四册

320000－1606－0009097　R01379
雙鈎碑帖十種　楊守敬編　清同治十一年至光緒二年(1872－1876)激素飛青閣刻本　十册

320000－1606－0009098　R01380
欽定全唐文一千卷總目三卷　(清)董誥等編　清嘉慶十九年(1814)刻本　三百二十册

320000－1606－0009099　R01381
白雲文集五卷詩集二卷續集八卷　(清)陳斌撰　清嘉慶十二年至道光四年(1807－1824)刻本　六册

320000　1606－0009100　R01382
揅經室一集十四卷二集八卷三集五卷四集二卷詩集十一卷續集十一卷再續集六卷外集五卷　(清)阮元撰　清道光三年(1823)刻本　十四册　缺二十八卷(詩集十一卷、續集十一卷、再續集六卷)

320000－1606－0009101　R01383
周文忠公尺牘二卷周文忠公雜文附錄一卷　(清)周天爵著　清同治七年(1868)蘇松太道署刻本　一册

320000－1606－0009102　R01384
海雲堂詩鈔十四卷金粟香龕詞鈔二卷海雲堂文鈔二卷　(清)嚴學淦撰　清光緒十八年(1892)刻本　六册

320000－1606－0009103　R01385

古愚叢書十七種　（清）汪汲輯　清古愚山房刻本　二十四冊　缺一種（壘字編）

320000－1606－0009104　R01386
念宛齋詩集十種　（清）左輔撰　清末民國鉛印本　一冊　存五種五卷（蒙泉集一卷、搶榆集一卷、慕陔集一卷、卷施集一卷、孤雲集一卷）

320000－1606－0009105　R01387
存悔齋集二十八卷外集四卷　（清）劉鳳誥撰　清道光十年（1830）刻本　八冊

320000－1606－0009106　R01388
兩當軒集二十二卷　（清）黄景仁撰　**攷異二卷附録六卷**　（清）黄志述輯　清光緒二年（1876）武進黄氏家塾刻本　六冊　存二十六卷（兩當軒集一至二十、攷異二卷、附録一至四）

320000－1606－0009107　R01389
魏書校勘記一卷　王先謙編　清光緒十七年（1891）廣雅書局刻本　一冊

320000－1606－0009108　R01390
有正味齋詩集十六卷駢體文集二十四卷詩續集八卷文續集八卷詞集八卷詞續集二卷外集七卷　（清）吳錫麒撰　清嘉慶刻本　十八冊

320000－1606－0009109　R01391
南北史表五卷附年表一卷帝王世系表一卷　（清）周嘉猷撰　清光緒十八年（1892）廣雅書局刻本　四冊

320000－1606－0009110　R01392
大雲山房文稾初集四卷二集四卷大雲山房言事二卷　（清）惲敬撰　清嘉慶二十年（1815）南昌甲戌坊刻本　十冊

320000－1606－0009111　R01393
密齋文集不分卷　（清）程同文著　清刻本　四冊

320000－1606－0009112　R01394
紀氏嘉言四卷　（清）紀昀原本　（清）徐瑃摘録　清咸豐九年（1859）刻本　八冊

320000－1606－0009113　R01395
［光緒］順天府志一百三十卷附録一卷　（清）萬青藜等修　繆荃孫等纂　清光緒十二年（1886）刻本　六十四冊

320000－1606－0009114　R01396
［光緒］潮陽縣志二十二卷首一卷　（清）周恒重等修　（清）張其翻等纂　清光緒十年（1884）刻本　十冊

320000－1606－0009115　R01397
［光緒］豐順縣志八卷首一卷　（清）葛曙纂修　（清）許普濟增修　（清）吳鵬增纂　清光緒十年（1884）刻本　六冊

320000－1606－0009116　R01398
［光緒］漢陽縣識十卷首一卷附同治漢陽縣志校一卷　（清）濮文昶修　（清）張行簡纂　清光緒十年（1884）景賢書塾刻本　六冊

320000－1606－0009117　R01399
［光緒］淳安縣志十六卷首一卷　（清）劉世寧原本　（清）李詩續修　（清）陳中元等增纂　清光緒十年（1884）淳安縣署刻本　八冊

320000－1606－0009118　R01400
［光緒］崇明縣志十八卷　（清）林達泉等修　（清）李聯琇等纂　清光緒七年（1881）刻本　十二冊

320000－1606－0009119　R01402
［光緒］歸安縣志五十二卷首一卷　（清）李昱等修　（清）陸心源等纂　清光緒八年（1882）刻本　十六冊

320000－1606－0009120　R01403
［光緒］烏程縣志三十六卷　（清）潘玉璿等修　（清）汪曰楨纂　清光緒七年（1881）刻本　十二冊

320000－1606－0009121　R01404
［光緒］耒陽縣志八卷首一卷　（清）於學琴等修　（清）宋世煦纂　清光緒十一年（1885）耒陽縣志局刻本　十冊

320000－1606－0009122　R01405

[光緒]通州志十卷首一卷末一卷 (清)高建勳修 (清)王維珍纂 清光緒五年(1879)刻九年(1883)增修本 十二册

320000－1606－0009123 R01406
[光緒]丹陽縣志三十六卷首一卷 (清)劉誥等修 (清)徐錫麟纂 清光緒十一年(1885)刻本 十六册

320000－1606－0009124 R01407
[光緒]湖南通志二百八十八卷首八卷末十九卷 (清)李瀚章等修 (清)曾國荃等纂 清光緒十一年(1885)刻本 一百六十七册

320000－1606－0009125 R01408
[嘉慶]灤州志八卷首一卷末一卷 (清)吳士鴻修 (清)孫學恒纂 清嘉慶十五年(1810)刻本 八册

320000－1606－0009126 R01409
[光緒]川沙廳志十四卷首一卷末一卷 (清)陳方瀛修 (清)俞樾纂 清光緒五年(1879)刻本 六册

320000－1606－0009127 R01410
[光緒]淮安府志四十卷首一卷 (清)孫雲錦修 (清)吳昆田等纂 清光緒十年(1884)刻本 十六册

320000－1606－0009128 R01411
[光緒]崑新兩縣續修合志五十二卷首一卷末一卷 (清)金吳瀾等修 (清)汪堃 (清)朱成熙纂 清光緒六年(1880)敦善堂刻本 二十四册

320000－1606－0009129 R01412
說文通訓定聲十八卷分部檢韵一卷分畫檢部一卷說雅一卷古今韵準一卷 (清)朱駿聲撰 **行述一卷** 朱孔彰撰 清光緒十三年(1887)上海積山書局石印本 八册

320000－1606－0009130 R01413
金匱縣輿地全圖不分卷附金匱縣斗則簡明册二卷 (清)華湛恩撰 清光緒三十四年(1908)鵝湖華存裕堂義莊石印本 六册

320000－1606－0009131 R01414
十三經札記二十二卷 (清)朱亦棟學 清光緒四年(1878)武林竹簡齋刻本 六册

320000－1606－0009132 R01415
經窺十六卷 (清)蔡啟盛撰 清光緒十六年(1890)刻本 四册

320000－1606－0009133 R01416
僞經考十四卷 康有爲學 清光緒十七年(1891)刻民國七年(1918)重印本 六册

320000－1606－0009134 R01417
桂馨堂集六種 (清)張廷濟撰 清道光十九年至二十八年(1839－1848)清儀閣刻本 四册

320000－1606－0009135 R01418
太乙舟文集八卷 (清)陳用光撰 **觀象居詩鈔二卷** (清)陳蘭瑞撰 清光緒二十一年(1895)長沙刻本 八册

320000－1606－0009136 R01419
筠心堂文集十卷詩集四卷外集三卷 (清)張岳崧撰 清道光二十四年(1844)刻本 六册

320000－1606－0009137 R01420
吳學士文集四卷詩集五卷 (清)吳鼒著 (清)梁肇煌編訂 清光緒八年(1882)江寧藩署刻本 六册

320000－1606－0009138 R01421
陶文毅公全集六十四卷首一卷末一卷 (清)陶澍撰 清道光二十年(1840)淮北士民刻本 二十四册

320000－1606－0009139 R01422
邃雅堂集十卷文集續編一卷 (清)姚文田撰 清道光元年(1821)江陰學署刻本 六册

320000－1606－0009140 R01423
補三國疆域志二卷 (清)洪亮吉撰 清光緒十七年(1891)廣雅書局刻本 一册

320000－1606－0009141 R01424
三國職官表三卷 (清)洪飴孫撰 清光緒十七年(1891)廣雅書局刻本 三册

320000－1606－0009142 R01425

三國紀年表一卷　(清)周嘉猷撰　清光緒十七年(1891)廣雅書局刻本　一册

320000－1606－0009143　R01426
三國志證聞三卷　(清)錢儀吉撰　清光緒十一年(1885)江蘇書局刻本　二册

320000－1606－0009144　R01427
三國志攷證八卷　(清)潘眉撰　清光緒十五年(1889)廣雅書局刻本　二册

320000－1606－0009145　R01428
三國志注證遺四卷　(清)周壽昌撰　清光緒十七年(1891)廣雅書局刻本　一册

320000－1606－0009146　R01429
補三國藝文志四卷　(清)侯康撰　清光緒十三年(1887)廣雅書局刻本　一册

320000－1606－0009147　R01430
三國志補註續一卷　(清)侯康撰　清光緒十七年(1891)廣雅書局刻本　一册

320000－1606－0009148　R01431
補宋書刑法志一卷補宋書食貨志一卷　(清)郝懿行撰　清光緒十七年(1891)廣雅書局刻本　一册

320000－1606－0009149　R01432
晉宋書故一卷　(清)郝懿行撰　清光緒十七年(1891)廣雅書局刻本　一册

320000－1606－0009150　R01433
紀文達公遺集文十六卷詩十六卷　(清)紀昀撰　清嘉慶十七年(1812)紀氏刻本　十四册

320000－1606－0009151　R01434
宋州郡志校勘記一卷　(清)成孺撰　清光緒十四年(1888)廣雅書局刻本　一册

320000－1606－0009152　R01435
潛研堂文集五十卷詩集十卷詩續集十卷　(清)錢大昕著　清刻本　十六册

320000－1606－0009153　R01437
屈原賦注七卷附通釋二卷音義三卷　(清)戴震注　清光緒十七年(1891)廣雅書局刻本　一册

320000－1606－0009154　R01438
二林居集二十四卷　(清)彭紹升著　清光緒七年(1881)刻本　六册

320000－1606－0009155　R01439
唐丞相曲江張文獻公集十二卷千秋金鑑錄五卷　(唐)張九齡撰　清刻本　六册

320000－1606－0009156　R01440
杜詩鏡銓二十卷讀書堂杜工部文集註解二卷　(唐)杜甫撰　(清)楊倫輯　清同治十一年(1872)吳棠望三益齋刻本　十册

320000－1606－0009157　R01441
補後漢書藝文志四卷　(清)侯康撰　清光緒十七年(1891)廣雅書局刻本　一册

320000－1606－0009158　R01442
後漢書註又補一卷　(清)沈銘彝撰　清光緒十四年(1888)廣雅書局刻本　一册

320000－1606－0009159　R01443
史漢駢枝一卷　(清)成孺撰　清光緒十四年(1888)廣雅書局刻本　一册

320000－1606－0009160　R01444
晉書地理志新補正五卷　(清)畢沅撰　清末廣雅書局刻本　一册

320000－1606－0009161　R01445
東晉疆域志四卷　(清)洪亮吉撰　清光緒十七年(1891)廣雅書局刻本　二册

320000－1606－0009162　R01446
頤綵堂文集十六卷劍舟律賦二卷經進文稿一卷駢體文鈔二卷頤綵堂詩鈔十卷　(清)沈叔埏撰　聖禾鄉農詩鈔四卷　(清)沈珏撰　清光緒九年(1883)刻本　十册

320000－1606－0009163　R01447
樹經堂詩初集十五卷續集五卷　(清)謝啟昆撰　清刻本　十二册

320000－1606－0009164　R01448
詠史詩鈔不分卷　(清)謝啟昆　(清)鮑桂星　(清)王廷紹撰　清光緒二十五年(1899)經世書局鉛印本　二册

320000－1606－0009165　R01449
船山詩註二十卷　(清)張問陶撰　(清)李岑註　(清)江海清增註　清同治九年(1870)席珍山館刻本　十二冊

320000－1606－0009166　R01450
賞雨茅屋詩集十八卷　(清)曾燠撰　清嘉慶二十四年(1819)刻本　十冊

320000－1606－0009167　R01451
船山詩草二十卷　(清)張問陶撰　清嘉慶二十年(1815)刻本　六冊

320000－1606－0009168　R01452
儀衛軒文集十二卷外集一卷方儀衛先生年譜一卷　(清)方東樹撰　清同治七年(1868)刻本　四冊

320000－1606－0009169　R01453
寸心知室全書正篇六卷續篇二卷首一卷　(清)湯金釗撰　清同治七年(1868)文林齋刻本　六冊

320000－1606－0009170　R01454
左海文集十卷　(清)陳壽祺撰　清刻本　八冊

320000－1606－0009171　R01455
朱文定公集十卷　(清)朱士彥撰　**望雲山廬詩存附一卷**　(清)朱淵沙　(清)朱勖志編　清刻本　二冊

320000－1606－0009172　R01456
石笥山房文集六卷文集補遺一卷詩集十一卷詩餘一卷詩集補遺二卷續補遺二卷　(清)胡天游撰　清咸豐二年(1852)刻本　十冊

320000－1606－0009173　R01457
畿輔通志三百卷首一卷　(清)李鴻章修　清光緒十年(1884)刻本　二百四十冊

320000－1606－0009174　R01458
[光緒]江西通志一百八十卷首五卷　(清)劉繹等纂修　清光緒六年至七年(1880－1881)刻本　一百二十冊

320000－1606－0009175　R01459
分韻試帖詩鏡二卷　(清)紫藤花館校訂　清同治十三年(1874)涵德堂刻本　六冊

320000－1606－0009176　R01460
春明盍簪集試帖八卷　(清)蔡壽祺輯撰　清咸豐二年(1852)刻同治元年(1862)印本　四冊

320000－1606－0009177　R01461
明詩別裁集十二卷　(清)沈德潛　(清)周準輯　清刻本　六冊

320000－1606－0009178　R01462
近九科同館賦鈔四卷　(清)孫欽昂輯　清光緒四年(1878)上海淞隱閣鉛印本　二冊

320000－1606－0009179　R01464
三史拾遺五卷　(清)錢大昕撰　清光緒十七年(1891)廣雅書局刻本　一冊

320000－1606－0009180　R01465
後漢書補表八卷　(清)錢大昭撰　清光緒十七年(1891)廣雅書局刻本　三冊

320000－1606－0009181　R01466
後漢書注補正八卷　(清)周壽昌撰　清光緒十七年(1891)廣雅書局刻本　一冊

320000－1606－0009182　R01467
後漢書補注續一卷　(清)侯康撰　清光緒十七年(1891)廣雅書局刻本　一冊

320000－1606－0009183　R01468
晉書校勘記三卷　(清)勞格撰　清光緒十八年(1892)廣州廣雅書局刻本　一冊

320000－1606－0009184　R01469
晉書校勘記四卷　(清)周家祿撰　清光緒十四年(1888)廣雅書局刻本　一冊

320000－1606－0009185　R01471
津門徵獻詩八卷　(清)華鼎元撰　清光緒十二年(1886)謝文翰齋刻本　八冊

320000－1606－0009186　R01474
聊復爾集八卷　(清)鮑元佷撰　清十安堂刻本　二冊

320000－1606－0009187　R01475
憶漫菴賸稿一卷梁園歸櫂録一卷　(清)余集撰　清刻本　二册

320000－1606－0009188　R01476
韞山堂文集八卷詩集十六卷　(清)管世銘撰　清光緒二十年(1894)讀雪山房刻本　五册

320000－1606－0009189　R01477
史表功比説一卷　(清)張錫瑜撰　清光緒十四年(1888)廣雅書局刻本　一册

320000－1606－0009190　R01478
寶奎堂集十二卷　(清)陸錫熊撰　清嘉慶十五年(1810)無求安居刻本　四册

320000－1606－0009191　R01479
閏榻先生集三十卷　(清)張望著　清同治三年(1864)鴻文齋刻本　十册

320000－1606－0009192　R01480
錢南園先生遺集五卷　(清)錢灃撰　清光緒十九年(1893)浙江書局刻本　四册

320000－1606－0009193　R01481
秋士先生遺集六卷　(清)彭績撰　清光緒七年(1881)刻本　一册

320000－1606－0009194　R01482
鶴泉文鈔二卷續選八卷　(清)戚學標著　清嘉慶五年至十八年(1800－1813)刻本　六册

320000－1606－0009195　R01483
尚書伏氏本經五卷　(清)安高發原編　(清)安吉纂輯　清崇本堂刻本　五册

320000－1606－0009196　R01484
儀禮釋官九卷首一卷　(清)胡匡衷著　清同治八年(1869)研六閣刻本　四册

320000－1606－0009197　R01486
復初齋文集三十五卷　(清)翁方綱撰　清刻本　十册

320000－1606－0009198　R01488
漢書人表攷補一卷　(清)梁玉繩撰　清廣雅書局刻本　一册

320000－1606－0009199　R01489
漢書注校補五十六卷　(清)周壽昌撰　清光緒十七年(1891)廣雅書局刻本　十册

320000－1606－0009200　R01490
宋詩百一鈔八卷　(清)姚培謙　(清)張景星等輯　清刻本　四册

320000－1606－0009201　R01491
長沙方歌括六卷　(清)陳念祖著　清漁古山房刻本　四册

320000－1606－0009202　R01492
南北朝文鈔二卷　(清)彭兆蓀採輯　清光緒八年(1882)紫雲室刻本　四册

320000－1606－0009203　R01493
陳清端公文集九卷　(清)陳璸撰　清同治七年(1868)羊城富文齋刻本　四册

320000－1606－0009204　R01495
淮海英靈集二十二卷　(清)阮元輯録　清刻本　四册　存四卷(一至四)

320000－1606－0009205　R01497
國朝閨秀正始集二十卷附録一卷補遺一卷續集十卷附録一卷補遺一卷　(清)完顏惲珠輯　清道光十七年至二十二年(1837－1842)紅香館刻本　十册

320000－1606－0009206　R01498
邵武徐氏叢書初刻十四種　(清)徐榦輯　清光緒邵武徐氏刻本　二十册

320000－1606－0009207　R01501
方寸堂文鈔一卷彭氏世澤録一卷　(清)彭廷元著　**玉堂文鈔一卷**　(清)彭士芳著　清光緒十四年(1888)刻本　二册

320000－1606－0009208　R01502
觀仙汨餘集八卷首一卷　(清)法重正撰　清刻本　四册

320000－1606－0009209　R01503
知足齋詩集二十卷文集六卷詩續集四卷進呈文稿二卷　(清)朱珪撰　清刻本　十二册

320000－1606－0009210　R01795

古學鴻裁十五卷詩學鴻裁二卷 (清)范樫 (清)周采選定 清順治十七年(1660)泌樂堂刻本 四十冊

320000－1606－0009211 R01796
來禽館集二十九卷 (明)邢侗著 清道光八年(1828)刻本 十二冊

320000－1606－0009212 R01798
環遊地球新錄四卷 (清)李圭撰 清光緒十年(1884)甬上廣齋刻本 四冊

320000－1606－0009213 R01799
皇朝文典七十四卷 (清)李兆洛編 清嘉慶刻本 十六冊

320000－1606－0009214 R01800
重刊綸灝詩集十九卷先集搜遺二卷 (明)龍膺撰 清刻本 十八冊

320000－1606－0009215 R01801
重鐫心齋王先生全集三卷 (明)王艮撰 明刻本 七冊

320000－1606－0009216 R01802
白蘇齋類集十八卷 (明)袁宗道著 清光緒七年(1881)公安繼善堂刻本 十冊

320000－1606－0009217 R01803
清暉贈言十卷附錄一卷 (清)徐永宣編 清道光十六年(1836)來青閣刻本 八冊

320000－1606－0009218 R01804
懷忠錄六卷首一卷末一卷 (清)湯成烈輯 清咸豐五年(1855)刻本 四冊

320000－1606－0009219 R01805
共賞集初編不分卷二編不分卷 (清)錢辰錄 清光緒三十三年(1907)刻本 二冊

320000－1606－0009220 R01806
文清公薛先生文集二十四卷讀書錄十一卷讀書續錄十二卷 (明)薛瑄撰 (明)張鼎編輯 清刻本 二十冊

320000－1606－0009221 R01807
天玉經註七卷 (清)黄越註 清康熙六十年(1721)光霽堂刻本 八冊

320000－1606－0009222 R01808
桃花潭文徵六卷 (清)翟大程輯 清刻本 六冊

320000－1606－0009223 R01809
歐陽南野先生文集五卷 (明)歐陽德撰 (明)李春芳選編 (明)馮惟訥校訂 清刻本 十二冊

320000－1606－0009224 R01810
五種秘竅 (明)甘霖撰 清崇讓堂刻本 十二冊

320000－1606－0009225 R01811
章介菴文集十一卷 (明)章衮撰 清乾隆十八年(1753)刻本 六冊

320000－1606－0009226 R01812
太白劍二卷 (清)姚康著 清刻本 八冊

320000－1606－0009227 R01813
從野堂存稿八卷首一卷末一卷外集一卷 (明)繆昌期撰 清同治十三年(1874)海陵別業刻本 十二冊

320000－1606－0009228 R01814
高陽集詩十卷文十卷 (清)孫承宗著 (清)范景文較 清順治十二年(1655)刻本 十二冊

320000－1606－0009229 R01815
卓氏藻林八卷 (明)卓明卿編輯 明萬曆刻本 八冊

320000－1606－0009230 R01816
大清搢紳全書不分卷(清光緒二十一年) (清)□□撰 清光緒二十一年(1895)榮錄堂刻本 四冊

320000－1606－0009231 R01817
大清搢紳全書不分卷(清光緒二十九年) (清)□□撰 清光緒二十九年(1903)榮錄堂刻本 四冊

320000－1606－0009232 R01818
大清搢紳全書不分卷(清宣統二年) (清)□□撰 清宣統二年(1910)榮錄堂刻本

四冊

320000－1606－0009233　R01819

大清中樞備覽二卷(清光緒二十一年)　(清)□□編　清光緒二十一年(1895)松竹齋、榮寶齋合刻本　二冊

320000－1606－0009234　R01820

廣治平畧三十六卷　(清)蔡方炳定本　清同治九年(1870)聽松樓刻本　八冊

320000－1606－0009235　R01821

唐詩繹三十卷　(清)楊逢春選輯　清紉香書屋刻本　八冊

320000－1606－0009236　R01822

朱飲山千金譜二十九卷朱飲山三韵易知十卷　(清)朱燮著　(清)楊廷茲編輯　清乾隆五十五年(1790)治怒齋刻本　三十冊

320000－1606－0009237　R01824

使俄草八卷　(清)王之春撰　清光緒二十一年(1895)石印本　六冊

320000－1606－0009238　R01825

皇朝藩屬輿地叢書六集二十八種　(清)浦氏輯　清光緒二十九年(1903)金匱浦氏靜寄東軒屬上海書局石印本　四十八冊

320000－1606－0009239　R01826

金索六卷石索六卷　(清)馮雲鵬　(清)馮雲鵷輯　清刻本　十一冊　存十一卷(金索二至六、石索六卷)

320000－1606－0009240　R01827

養知書屋文集二十八卷詩集十五卷　(清)郭嵩燾撰　清光緒十八年(1892)刻本　十六冊

320000－1606－0009241　R01828

玉機微義五十卷　(明)徐彥純撰　(明)劉純續　明刻本　十六冊

320000－1606－0009242　R01829

金石苑六卷　(清)劉喜海輯　清末民國石印本　六冊

320000－1606－0009243　R01830

欽定滿洲源流考二十卷首一卷　(清)阿桂等編　清光緒十九年(1893)杭州便益書局石印本　四冊

320000－1606－0009244　R01831

李草閣詩集六卷拾遺一卷文集一卷附筠古詩集一卷　(明)李昱撰　清刻本　四冊

320000－1606－0009245　R01832

許文正公遺書十二卷首一卷末二卷　(元)許衡撰　清乾隆五十五年(1790)許氏刻本　十六冊

320000－1606－0009246　R01836

靈樞經九卷　(清)張志聰集註　(清)張文啟參訂　(清)張兆璜校正　清光緒十六年(1890)浙江書局刻本　八冊

320000－1606－0009247　R01837

重編瓊臺會稿文集二十四卷首一卷　(明)丘濬著　清光緒五年(1879)刻本　四十八冊

320000－1606－0009248　R01839

中西兵略指掌二十四卷首一卷　(清)陳龍昌輯　清光緒二十三年(1897)東山草堂石印本　八冊

320000－1606－0009249　R01840

葛仙翁肘後奇方八卷　(晉)葛洪撰　(清)程永培校　**褚氏遺書一卷**　(南朝齊)褚澄編　清光緒二十二年(1896)上海圖書集成印書局鉛印本　四冊

320000－1606－0009250　R01841

地理辨正翼六卷首一卷　(清)蔣大鴻注　榮錫勳補翼　清光緒十一年(1885)刻本　二冊　存三卷(一、四,首一卷)

320000－1606－0009251　R01842

丹溪心法五卷附錄一卷活瀍機要一卷醫學發明一卷脈訣指掌一卷金匱鈎玄三卷證治要訣類方四卷秘傳證治要訣十二卷　(元)朱震亨撰　(明)戴元禮輯　清刻本　十冊

320000－1606－0009252　R01843

家寶全集四集三十二卷首一卷　(清)石成金撰　清經綸堂刻本　三十二冊

320000－1606－0009253　R01844
兩谿文集二十四卷詩集四卷　(明)劉球撰　清刻本　二十六册

320000－1606－0009254　R01845
登壇必究四十卷　(明)王鳴鶴編輯　明萬曆刻本　三十六册

320000－1606－0009255　R01846
丹桂籍四卷首一卷　(明)顏正註釋　清光緒二十年(1894)文盛齋刻本　四册

320000－1606－0009256　R01848
味檗齋文集十五卷　(明)趙南星著　清光緒刻本　三十册

320000－1606－0009257　R01849
普法戰紀二十卷　(清)張宗良口譯　(清)王韜撰輯　清光緒二十一年(1895)弢園王氏鉛印本　十册

320000－1606－0009258　R01850
[道光]重修膠州志四十卷　(清)張同聲修　(清)李圖纂　清道光二十五年(1845)刻本　十六册

320000－1606－0009259　R01851
[康熙]城固縣志十卷　(清)王穆纂修　清光緒四年(1878)刻本　四册

320000－1606－0009260　R01853
尺木堂綱鑑易知錄九十二卷明鑑易知錄十五卷　(清)吳乘權等輯　清光緒十四年(1888)廣百宋齋鉛印本　十六册

320000－1606－0009261　R01854
文家稽古編十卷首一卷　(清)王乾輯　(清)劉旂錫　(清)程夢元纂定　清乾隆二十年(1755)慎詒堂刻本　二十册

320000－1606－0009262　R01855
豹斑集四卷　(清)楊國泰撰　清咸豐二年(1852)刻本　八册

320000－1606－0009263　R01856
一肚皮集十七卷小草拾遺一卷　(清)吳子光撰　清刻本　二十四册

320000－1606－0009264　R01857
紫竹山房文集二十卷　(清)陳兆崙著　清刻本　二十册

320000－1606－0009265　R01858
瑤草珠華閣詩鈔五卷　(清)席慧文撰　清道光元年(1821)刻本　四册

320000－1606－0009266　R01859
扁鵲心書三卷附神方一卷　(戰國)扁鵲傳　(清)竇材集　清上洋江左書林刻本　二册

320000－1606－0009267　R01860
錢氏小兒藥證直訣三卷　(宋)錢乙撰　(宋)閻孝忠集　**附方一卷**　(宋)閻孝忠撰　**錢仲陽傳一卷**　(宋)劉跂撰　**董氏小兒斑疹備急方論一卷**　(宋)董汲論次　清光緒十八年(1892)五桂樓刻本　二册

320000－1606－0009268　R01861
史載之方二卷　(宋)史堪撰　清刻本　四册

320000－1606－0009269　R01862
本草衍義二十卷　(宋)寇宗奭撰　清刻本　二册

320000－1606－0009270　R01863
存吾春齋文鈔十卷續鈔二卷詩鈔十三卷　(清)劉繹撰　清刻本　八册

320000－1606－0009271　R01864
姚正父文稿十卷　(清)姚承輿撰　清刻本　四册

320000－1606－0009272　R01865
十藥神書一卷　(元)葛可久編　清光緒五年(1879)敏德堂刻本　一册

320000－1606－0009273　R01866
新刻褚氏遺書一卷　(南朝齊)褚澄編　清光緒十一年(1885)石林書屋刻本　一册

320000－1606－0009274　R01868
蘭雪集八卷　(清)柯振嶽撰　清嘉慶二十三年(1818)藏修齋刻本　十六册

320000－1606－0009275　R01869
大清搢紳全書不分卷(清光緒二十一年)

(清)□□撰　清光緒二十一年(1895)松竹齋、榮寶齋合刻本　四册

320000－1606－0009276　R01870
地理辨正再辨六卷　(清)蔣平階補傳　(清)姚銘三續傳　清嘉慶十七年(1812)刻本　六册

320000－1606－0009277　R01871
史載之方二卷　(宋)史堪撰　清刻本　四册

320000－1606－0009278　R01872
雙崖文集四卷首一卷附錄一卷雙崖詩集六卷首一卷　(明)周忱著　清光緒四年(1878)周氏山前崇恩堂刻本　二十册

320000－1606－0009279　R01873
[萬曆]汶上縣志八卷　(明)栗可仕修　清刻本　四册

320000－1606－0009280　R01874
[康熙]續修汶上縣志六卷　(清)聞元炅纂修　清康熙五十六年(1717)汶上縣署刻本　四册

320000－1606－0009281　R01876
慎餘齋詩鈔四卷　(清)葉佩蓀撰　清刻本　二册

320000－1606－0009282　R01877
地理指迷篇二卷　(明)周錦一撰　(清)金六吉臆解　清刻本　二册

320000－1606－0009283　R01878
唐音審體二十卷　(清)錢良擇編　清光緒九年(1883)後知不足齋刻本　二册　存十卷(一至五、十六至二十)

320000－1606－0009284　R01880
切問齋集十六卷　(清)陸燿著　清乾隆五十七年(1792)暉吉堂刻本　六册

320000－1606－0009285　R01881
切問齋文鈔三十卷　(清)陸燿輯　清乾隆四十年(1775)刻本　八册

320000－1606－0009286　R01882
黄帝内經素問靈樞合編十八卷補遺一卷　(明)馬蒔注證　清光緒五年(1879)太醫院刻本　十八册

320000－1606－0009287　R01883
鮚埼亭集三十八卷首一卷全謝山先生經史問答十卷　(清)全祖望撰　清同治十一年(1872)姚江借樹山房刻本　十六册

320000－1606－0009288　R01884
代數難題解法十六卷　(英國)倫德編輯　(英國)傅蘭雅口譯　(清)華蘅芳筆述　清刻本　六册

320000－1606－0009289　R01885
太乙神鍼一卷附穴道圖一卷觀音如意膏一卷口涎膏一卷夾紙膏一卷痢疾三方一卷牙痛方一卷　(清)□□撰　清同治十二年(1873)潮郡翰墨堂書坊刻本　一册

320000－1606－0009290　R01886
天玉經說七卷天玉經註七卷　(清)黄越註　清康熙六十年(1721)光霽堂刻本　十二册

320000－1606－0009291　R01887
夏忠靖公集六卷首一卷末一卷附錄一卷　(明)夏原吉撰　(清)詹士懿重輯　清光緒木活字印本　十二册

320000－1606－0009292　R01888
古詩源十四卷　(清)沈德潛選　清康熙竹嘯軒刻本　四册

320000－1606－0009293　R01889
全上古三代秦漢三國六朝文七百四十六卷　(清)嚴可均輯　清光緒十三年至十九年(1887－1893)廣州廣雅書局刻本(韵編全文姓氏五卷原缺)　一百册

320000－1606－0009294　R01890
宋名臣言行錄前集十卷後集十四卷續集八卷別集二十六卷外集十七卷　(宋)朱熹纂　(宋)李幼武續纂　清道光元年(1821)洪氏歙績學堂刻二十二年(1842)丹徒包氏重修本　十二册

320000－1606－0009295　R01891

中興小紀四十卷　（宋）熊克撰　清光緒十七年（1891）廣雅書局刻本　六册

320000－1606－0009296　R01893
中興小紀四十卷　（宋）熊克撰　清光緒十七年（1891）廣雅書局刻本　六册

320000－1606－0009297　R01894
三國志六十五卷　（晉）陳壽撰　（南朝宋）裴松之注　清光緒十三年（1887）江南書局刻本　八册

320000－1606－0009298　R01895
德蔭堂集十六卷年譜一卷　（清）阿克敦撰　清嘉慶二十一年（1816）那彦成刻本　十二册

320000－1606－0009299　R01896
後漢書九十卷　（南朝宋）范曄撰　（唐）李賢注　**續漢書志三十卷**　（晉）司馬彪撰　（南朝梁）劉昭注補　清同治八年（1869）金陵書局刻本　十五册　存一百十一卷（後漢書一至六十五、七十五至九十，續漢書志三十卷）

320000－1606－0009300　R01897
地理辨正補六卷　（清）朱尊輯　清道光十年（1830）紫芝書屋方氏刻本　十册

320000－1606－0009301　R01898
地理錄要四卷　（清）蔣平階著　清道光二十一年（1841）綠陰堂刻本　四册

320000－1606－0009302　R01899
師竹齋集十四卷　（清）李鼎元撰　清師竹齋刻本　四册

320000－1606－0009303　R01900
遂初草廬詩集十卷　（清）杜堮著　清刻本　四册

320000－1606－0009304　R01901
韓詩故二卷　（清）沈清瑞學　清刻本　四册

320000－1606－0009305　R01903
集虚齋學古文十二卷附離騷經解畧一卷　（清）方棨如撰　清乾隆十九年（1754）佩古堂刻本　四册

320000－1606－0009306　R01904
九峰志四卷　（清）陳祚康鑒定　（清）魏杰参訂　清同治刻本　四册

320000－1606－0009307　R01905
校邠廬抗議二卷　（清）馮桂芬著　清光緒十年（1884）刻本　二册

320000－1606－0009308　R01906
金蓋山志四卷首一卷　（清）李宗蓮編輯　（清）潘錫春参訂　清光緒二十二年（1896）古書隱樓刻本　二册

320000－1606－0009309　R01907
歷代史案二十卷首一卷　（清）洪亮吉編　清刻本　六册

320000－1606－0009310　R01908
蒼谷全集十二卷附錄一卷　（明）王尚絅撰　（明）王綖原選　清乾隆二十三年（1758）刻本　二十册

320000－1606－0009311　R01909
念初堂集三十卷　（明）王材著　清乾隆三十八年（1773）刻本　四十八册

320000－1606－0009312　R01910
睽車志六卷　（宋）郭彖撰　清刻本　二册

320000－1606－0009313　R01911
山海經廣注十八卷附圖五卷　（清）吳任臣注　清乾隆五十一年（1786）金閶書業堂刻本　六册

320000－1606－0009314　R01912
元朝秘史十五卷　（清）李文田注　清光緒二十二年（1896）通隱堂刻本　十二册

320000－1606－0009315　R01913
簡齋先生詩選十一卷　（明）劉榮嗣著　（清）劉佑輯　清康熙元年（1662）劉氏刻本　十六册

320000－1606－0009316　R01914
龍洲集十卷　（宋）劉過撰　清刻本　四册

320000－1606－0009317　R01915
地理辨正五卷心眼指要四卷天元五歌闡義五卷元空秘旨一卷　（清）蔣平階訂定　（清）章

仲山增補闡義　清可久堂刻文奎堂印本　八册

320000－1606－0009318　R01916
次立齋詩文全集六卷　（清）袁知著　清嘉慶三年（1798）敦彝堂刻本　四册

320000－1606－0009319　R01917
羅經解定七卷附録一卷　（清）胡國楨著　**陽宅都天發用全書一卷**　（清）瞿天賚較　清同治元年（1862）刻本　四册

320000－1606－0009320　R01918
仁孝必讀六卷　（清）周梅梁輯　清光緒三年（1877）奎照樓書室王氏刻本　四册

320000－1606－0009321　R01919
黄帝内經素問靈樞合編十八卷補遺一卷　（清）張志聰集註　（清）莫承藝參訂　（清）朱景韓校正　清藝林堂刻本　二十册

320000－1606－0009322　R01922
黔書二卷續八卷　（清）田雯編　清光緒二十三年（1897）貴陽書局刻本　四册

320000－1606－0009323　R01924
奏定學堂章程不分卷　（清）張之洞撰　清光緒二十九年（1903）湖北學務處刻本　五册

320000－1606－0009324　R01925
持忠集二卷　（明）張瑤著　清刻本　六册

320000－1606－0009325　R01926
明史擬稿六卷　（清）尤侗纂　清康熙刻本　四册

320000－1606－0009326　R01927
二谷山人集十卷　（明）侯一元著　清光緒刻本　二十四册

320000－1606－0009327　R01929
孫文定公奏疏十卷　（清）孫嘉淦撰　清敦和堂刻本　六册

320000－1606－0009328　R01930
古今記林二十九卷　（清）汪士漢編輯　（清）汪世珂重訂　清居仁堂刻本　二十册

320000－1606－0009329　R01931
莊子集釋十卷　（清）郭慶藩輯　清光緒二十年（1894）思賢講舍刻本　八册

320000－1606－0009330　R01932
陶雲汀先生奏疏七十六卷　（清）陶澍撰　清道光八年（1828）刻本　三十八册

320000－1606－0009331　R01933
陶雲汀先生題稿八卷　（清）陶澍撰　清道光九年（1829）刻本　八册

320000－1606－0009332　R01934
東莆先生文集六卷　（明）林大欽撰　清刻本　十八册

320000－1606－0009333　R01935
石室秘籙六卷　（清）陳士鐸撰　清道光三年（1823）文光堂刻本　六册

320000－1606－0009334　R01936
漱玉齋文集三卷　（明）鄧雲霄著　清刻本　八册

320000－1606－0009335　R01937
黄石齋先生文集十三卷　（明）黄道周撰　（清）鄭玟編　清康熙五十三年（1714）刻本　三十二册

320000－1606－0009336　R01938
劉忠宣公文集一卷宣召録一卷詩集四卷　（明）劉大夏撰　**附録文二卷詩一卷**　（清）劉乙燃輯　清刻本　十六册

320000－1606－0009337　R01939
圓錐曲線説三卷　（英國）艾約瑟口譯　（清）李善蘭筆述　清刻本　一册

320000－1606－0009338　R01940
則古昔齋算學十三種二十四卷　（清）李善蘭撰　清同治六年（1867）刻本　六册

320000－1606－0009339　R01941
龔端毅公奏疏八卷附一卷　（清）龔鼎孳撰　清光緒九年（1883）聽彝書屋刻本　四册

320000－1606－0009340　R01942
重學二十卷圓錐曲線説三卷　（英國）胡威立

撰 （英國）艾約瑟口譯 （清）李善蘭筆述 清同治五年（1866）刻本 五冊

320000－1606－0009341 R01943
［乾隆］曲阜縣志三十五卷 （清）潘相纂修 清乾隆三十九年（1774）聖化堂刻本 十二冊

320000－1606－0009342 R01944
資治通鑑刊本識誤三卷 （清）張敦仁撰 清光緒十二年（1886）新陽趙氏刻本 三冊

320000－1606－0009343 R01946
淩谿先生集十八卷補遺一卷 （明）朱應登撰 清道光十五年（1835）宜祿堂刻本 十冊

320000－1606－0009344 R01947
風角書八卷 （清）張爾岐著 清刻本 四冊

320000－1606－0009345 R01948
拙尊園叢稿六卷 （清）黎庶昌撰 清光緒十九年（1893）上海醉六堂石印本 八冊

320000－1606－0009346 R01949
傷寒尋源三卷 （清）吕震名著 清光緒七年（1881）刻本 四冊

320000－1606－0009347 R01950
景岳全書發揮四卷 （清）葉桂著 清光緒五年（1879）吴氏醉六堂刻本 四冊

320000－1606－0009348 R01951
傷寒論三註十六卷 （清）周揚俊輯 清光緒十三年（1887）漁古山房刻本 六冊

320000－1606－0009349 R01952
葉氏醫案存眞三卷附馬氏醫案並附祁案王案一卷 （清）葉桂撰 清光緒十二年（1886）常熟抱芳閣刻本 四冊

320000－1606－0009350 R01953
立崕先生文集七卷詩集一卷 （清）宋華國著 清刻本 十六冊

320000－1606－0009351 R01954
本草再新十二卷 （清）葉桂著 （清）王源補註 清道光二十一年（1841）清介堂刻本 二冊

320000－1606－0009352 R01955
藏書樓駢文鈔二卷 （清）鮑桂生著 清咸豐刻本 六冊

320000－1606－0009353 R01956
古今醫案按十卷 （清）俞震纂輯 清光緒九年（1883）吳江李氏刻本 十冊

320000－1606－0009354 R01957
尚史七十卷 （清）李鍇纂 清乾隆三十八年（1773）悦道樓刻本 二十八冊

320000－1606－0009355 R01958
天下一統志九十卷 （明）李賢等纂修 清道光二十九年（1849）萬壽堂刻本 三十二冊

320000－1606－0009356 R01959
［光緒］處州府志三十卷首一卷末一卷 （清）潘紹詒等修 （清）周榮椿等纂 清光緒三年（1877）刻本 三十冊

320000－1606－0009357 R01961
夢鷗閣題詞一卷 （清）吳家騏撰 **夢鷗閣詩鈔一卷** （清）許銓撰 清道光刻本 一冊

320000－1606－0009358 R01962
本草述三十二卷首一卷 （清）劉若金著 （清）薛佺校訂 清嘉慶十五年（1810）還讀山房刻本 十六冊

320000－1606－0009359 R01963
選擇醒迷全書六卷 （清）秦玉田輯 清咸豐十一年（1861）紅藥山房刻本 十六冊

320000－1606－0009360 R01964
星平大成七卷 （清）沈義方纂集 清刻本 十冊

320000－1606－0009361 R01965
鄂韡聯吟集不分卷 （清）馬國偉 （清）馬用俊撰 清刻本 六冊

320000－1606－0009362 R01966
盋山志八卷 （清）顧雲編 清光緒九年（1883）金陵盋山精舍刻本 三冊

320000－1606－0009363 R01967
女科二卷產後編二卷 （清）傅山著 清同治

八年(1869)湖北崇文書局刻本　二册

320000－1606－0009364　R01970
海日堂集七卷補遺一卷　(清)程可則著　清道光五年(1825)一經書室刻本　八册

320000－1606－0009365　R01971
心簡齋集錄六卷　(清)于光華編　清乾隆刻本　八册

320000－1606－0009366　R01972
達觀樓集二十四卷　(明)鄒維璉著　清道光二十六年(1846)四始堂刻本　二十四册

320000－1606－0009367　R01973
甌香館集十二卷首一卷末一卷　(清)惲格著　(清)蔣光煦輯　清光緒七年(1881)刻本　四册

320000－1606－0009368　R01974
史鑑節要便讀六卷　(清)鮑東里編輯　清光緒二十八年(1902)日升山房刻本　二册

320000－1606－0009369　R01976
夢厂雜著七種十卷　(清)俞蛟撰　清刻本　十册

320000－1606－0009370　地3542
[江蘇無錫]管氏宗譜十二卷首一卷　(清)管寶華等纂修　清光緒三十年(1904)敦厚堂木活字印本　一册　存一卷(二)

320000－1606－0009371　R01978
寶綸堂文鈔八卷詩鈔六卷　(清)齊召南撰　清光緒十三年(1887)金峨山館刻本　四册

320000－1606－0009372　R01979
貸園叢書初集十二種　(清)周永年輯　清乾隆五十四年(1789)刻本　十二册

320000－1606－0009373　R01980
新刻張太岳先生詩集六卷文集四十卷　(明)張居正著　**太師張文忠公行實一卷**　(明)張敬修等撰　清刻本　十六册

320000－1606－0009374　R01981
十子全書十種　(清)王子興輯　清嘉慶九年(1804)蘇州聚文堂刻本　三十二册

320000－1606－0009375　R01983
楊忠愍公全集四卷首一卷　(明)楊繼盛撰　(清)章鈺輯　清光緒十九年(1893)味菜廬刻本　四册

320000－1606－0009376　R01984
讀書雜志八十二卷餘編二卷　(清)王念孫撰　清同治九年(1870)金陵書局刻本　二十四册

320000－1606－0009377　R01985
中復堂全集九十八卷　(清)姚瑩著　清同治六年(1867)安福縣署刻本　二十八册

320000－1606－0009378　R01986
安吳四種三十六卷首一卷　(清)包世臣撰　清同治十一年(1872)注經堂刻本　十六册

320000－1606－0009379　R01989
種松園集八卷　(清)湯大坊著　清乾隆清嘯齋刻本　十六册

320000－1606－0009380　R01990
謙齋遺集十二卷首一卷　(清)蔡仲光撰　(清)蔡震甲編纂　清咸豐三年(1853)篤慶堂刻本　二十四册

320000－1606－0009381　R01991
約章分類輯要三十八卷首一卷　蔡乃煌等纂　清光緒二十六年(1900)湖南商務局刻本　三十册

320000－1606－0009382　R01994
教務輯要四卷　(清)徐家幹編　清光緒二十四年(1898)湖北官書局刻本　四册

320000－1606－0009383　R01998
太平寰宇記二百卷目錄二卷　(宋)樂史撰　清紅杏山房刻本　四十册

320000－1606－0009384　R01999
鄧尉探梅詩四卷　(清)謝家福輯　清光緒二十年(1894)刻本　一册

320000－1606－0009385　R02000
靈芬館雜著續編四卷　(清)郭麐撰　清嘉慶刻本　四册

320000－1606－0009386　R02001
丹臺玉案六卷　(明)孫文胤著　清乾隆元年(1736)三樂齋刻本　六册

320000－1606－0009387　R02002
新刊醫林狀元壽世保元十卷　(明)龔廷賢編　清光緒十二年(1886)上洋江左書林刻本　十册

320000－1606－0009388　R02003
謙齋詩集八卷首一卷　(清)蔡仲光撰　清篤慶堂刻本　十二册

320000－1606－0009389　R02010
適齋居士集四卷　(清)覺羅舒敏撰　清道光二十二年(1842)刻本　四册

320000－1606－0009390　R02011
法苑火齊八卷　(清)何齊聖著　清乾隆四年(1739)連然書院刻本　二十四册

320000－1606－0009391　R02014
李氏蒙求補註六卷　(唐)李瀚撰　(清)金三俊輯　清刻本　二册

320000－1606－0009392　R02016
卍竹山莊存稿二十卷　(清)徐燊撰　清咸豐九年(1859)蘭渚卍竹莊刻本　二十四册

320000－1606－0009393　R02018
校訂地理犀精二卷　(清)甘福校定　清嘉慶二十四年(1819)刻本　四册

320000－1606－0009394　R02019
笥河文集十六卷首一卷　(清)朱筠著　清光緒刻本　十六册

320000－1606－0009395　R02022
陸堂文集二十卷　(清)陸奎勳著　清乾隆小瀛山閣刻本　十册　存十卷(一至十)

320000－1606－0009396　R02023
燕川集六卷　(清)范泰恒撰　清刻本　十册

320000－1606－0009397　R02024
華嶽志八卷首一卷　(清)李榕纂輯　清道光十一年(1831)刻光緒九年(1883)玉泉院補刻本　四册

320000－1606－0009398　R02026
丹陽集二十四卷附錄一卷　(宋)葛勝仲撰　清光緒二十二年(1896)武進盛氏思惠齋刻本　十册

320000－1606－0009399　R02028
天仙正理直論增註不分卷　(明)伍守陽撰並註　清乾隆刻本　三册

320000－1606－0009400　R02029
同亭宴傳奇一卷　(清)陳烺填詞　清刻本　一册

320000－1606－0009401　R02030
蓉湖艸堂贈言錄十二種　(清)完顔麟慶輯　清道光十六年(1836)刻本　四册

320000－1606－0009402　R02031
露澥園稿四卷　(清)龔鼎孳著　清光緒七年(1881)竇謹堂刻本　四册

320000－1606－0009403　R02032
陳子性藏書十二卷首一卷　(清)陳應選撰　清經綸堂刻本　十册

320000－1606－0009404　R02033
十家文鈔十種　(清)石韞玉選　清刻本　十册　存五種九卷(湯孔伯文鈔五卷、徐原一文鈔一卷、韓慕廬文鈔一卷、邵子湘文鈔一卷、董文友文鈔一卷)

320000－1606－0009405　R02034
三賢文集十二卷　(清)張斐然等輯　清刻本　十六册

320000－1606－0009406　R02035
[光緒]嘉定縣志三十二卷首一卷　(清)程其玨等修　(清)楊震福等纂　清光緒七年(1881)刻本　十六册

320000－1606－0009407　R02036
傷寒纘論二卷緒論二卷　(清)張璐詮次　清刻本　八册

320000－1606－0009408　R02038
篁村集十二卷　(清)陸錫熊撰　清道光二十九年(1849)刻本　十五册

320000－1606－0009409　R02039
甯鄉程氏全書七種　程頌萬著　清刻本　六十九冊

320000－1606－0009410　R02040
頻羅庵遺集十六卷　(清)梁同書撰　清嘉慶二十二年(1817)蛟川修綆山莊刻本　四冊

320000－1606－0009411　R02043
國朝柔遠記二十卷　(清)王之春　(清)彭玉麟編　清光緒十七年(1891)廣雅書局刻本　六冊

320000－1606－0009412　R02044
山公醫旨不分卷　(清)施永圖著　清刻本　八冊

320000－1606－0009413　R02045
家傳太素脉秘訣二卷　(明)張太素述　(明)劉伯詳註　清致和堂刻本　二冊

320000－1606－0009414　R02046
緝齋文集八卷首一卷附錄二卷　(清)蔡新撰　清刻本　二十三冊

320000－1606－0009415　R02047
新刻批點四書讀本十九卷　(宋)朱熹章句　清同治十三年(1874)聚盛堂刻朱墨套印本　六冊

320000－1606－0009416　R02048
大清通禮五十卷　(清)來保等總裁　(清)李玉鳴等纂修　清刻本　八冊

320000－1606－0009417　R02050
名山叢書十一種　錢振鍠撰　清木活字印本　十二冊

320000－1606－0009418　R02051
十三峯書屋全集九卷　(清)李榕撰　清光緒二十五年(1899)袖海山房石印本　四冊

320000－1606－0009419　R02054
影梅庵憶語一卷　(清)冒襄撰　清刻本　一冊

320000－1606－0009420　R02055
古本難經闡注二卷　(清)丁錦集注　清刻本　四冊

320000－1606－0009421　R02056
無近名齋文集十卷　(清)彭翊著　清刻本　十冊

320000－1606－0009422　R02063
格致鏡原一百卷　(清)陳元龍輯　清雍正刻本　二十四冊

320000－1606－0009423　R02064
佩文齋廣羣芳譜一百卷目錄二卷　(清)汪灝等編　清刻本　四十八冊

320000－1606－0009424　R02065
孫徵君日譜錄存三十六卷　(清)孫奇逢撰　清光緒兼山堂刻本　二十四冊

320000－1606－0009425　R02067
兼濟堂纂刻梅勿菴先生曆算全書七十四卷　(清)梅文鼎著　(清)魏荔彤輯　清咸豐九年(1859)聞妙香室刻本　二十四冊

320000－1606－0009426　R02068
左傳紀事本末五十三卷　(清)高士奇撰　清康熙刻本　二十四冊

320000－1606－0009427　R02069
管窺輯要八十卷附天文步天歌一卷　(清)黃鼎纂　清刻本　三十二冊

320000－1606－0009428　R02070
御製數理精蘊上編五卷下編四十卷表八卷　(清)聖祖玄燁撰　清光緒八年(1882)廣東藩司刻本　四十冊

320000－1606－0009429　R02072
元史紀事本末二十七卷　(明)陳邦瞻編輯　(明)張溥論正　清光緒十四年(1888)廣雅書局刻本　三冊

320000－1606－0009430　R02073
南菁書院叢書八集一百四十四卷　王先謙　繆荃孫輯　清光緒刻本　三十二冊

320000－1606－0009431　R02074
湖北叢書三十一種　(清)趙尚輔輯　清光緒十七年(1891)湖北三餘草堂刻本　一百冊

320000－1606－0009432　R02075
正覺樓叢書二十九種　(清)李瀚章輯　清刻本　三十六册

320000－1606－0009433　R02076
康熙字典十二集總目一卷檢字一卷辨似一卷等韻一卷備考一卷補遺一卷　(清)張玉書　(清)凌紹雯等纂修　清刻本　四十册

320000－1606－0009434　R02077
咫進齋叢書三集　(清)姚覲元撰　清光緒九年(1883)歸安姚氏刻本　二十四册

320000－1606－0009435　R02078
紹興先正遺書四集十二種　(清)徐友蘭輯　清光緒會稽徐氏刻本　四十四册

320000－1606－0009436　R02083
[光緒]靖江縣志十六卷首一卷　(清)葉滋森修　(清)褚翔纂　清光緒五年(1879)刻本　八册

320000－1606－0009437　R02084
[光緒]江陰縣志三十卷首一卷　(清)盧思誠等修　(清)季念詒等纂　清光緒四年(1878)刻本　二十册

320000－1606－0009438　R02085
[光緒]丹徒縣志六十卷首四卷圖一卷　(清)何紹章等修　(清)吕耀斗等纂　清光緒五年(1879)刻本　三十四册

320000－1606－0009439　R02086
[光緒]永年縣志四十卷首一卷　(清)夏詒鈺等纂修　清光緒三年(1877)刻本　八册

320000－1606－0009440　R02087
[同治]臨川縣志五十四卷首一卷末一卷　(清)許應鑅等鑒定　(清)童範儼總修　(清)蔣夢熊等監修　(清)陳慶齡等分修　清同治九年(1870)縣學尊經閣刻本　二十四册

320000－1606－0009441　R02088
[光緒]鄞縣志七十五卷圖一卷　(清)戴枚修　(清)董沛等纂　清光緒三年(1877)刻本　三十四册

320000－1606－0009442　R02089
[同治]蘇州府志一百五十卷首三卷　(清)李銘皖等修　(清)馮桂芬纂　清抄本　一百册

320000－1606－0009443　R02090
錢陟園考訂資治通鑑綱目全書五十九卷　(清)錢選考訂　(清)錢鵬等編次　清光緒八年(1882)惜物軒刻本　六十册

320000－1606－0009444　R02091
續資治通鑑綱目二十七卷　(明)商輅等撰　清刻本　二十四册

320000－1606－0009445　R02092
同治徐州府志二十五卷　(清)吳世熊　(清)朱忻修　清同治十三年(1874)刻本　十六册

320000－1606－0009446　R02093
漢書一百卷首一卷　(漢)班固撰　(唐)顏師古注　清光緒九年(1883)點石齋石印本　六册

320000－1606－0009447　R02094
後漢書九十卷　(南朝宋)范曄撰　(南朝梁)劉昭註補　(唐)李賢註　**續漢志三十卷**　(晉)司馬彪撰　(南朝梁)劉昭註　清光緒九年(1883)點石齋石印本　四册

320000－1606－0009448　R02095
聖諭十六條附律易解一卷　(清)聖祖玄燁撰　清光緒九年(1883)省垣學院前奎文堂刻本　一册

320000－1606－0009449　R02096
聖諭十六條附律易解一卷　(清)聖祖玄燁撰　清光緒九年(1883)省垣學院前奎文堂刻本　一册

320000－1606－0009450　R02097
聖諭十六條附律易解一卷　(清)聖祖玄燁撰　清光緒九年(1883)省垣學院前奎文堂刻本　一册

320000－1606－0009451　R02098
佩文韻府一百六卷韻府拾遺一百六卷　(清)張玉書等纂　清康熙五十年(1711)刻本　一

百九十九册

320000－1606－0009452　R02099
玉海二百四卷　（宋）王應麟撰　清刻本　九十五册

320000－1606－0009453　R02100
欽定大清會典圖一百三十二卷　（清）王茂松等纂　清嘉慶十六年（1811）刻本　四十二册

320000－1606－0009454　R02101
聚學軒叢書　劉世珩輯　清光緒貴池劉氏刻本　一百册

320000－1606－0009455　R02102
常州先哲遺書第一集四十四種　盛宣懷輯　清光緒武進盛氏刻本　六十四册

320000－1606－0009456　R02104
十萬卷樓叢書三編五十種　（清）陸心源輯　清光緒五年至十八年（1879－1892）刻本　一百册

320000－1606－0009457　R02105
三長物齋叢書　（清）黄本驥編輯　清道光二十六年（1846）刻光緒四年（1878）古香書閣印本　六十四册

320000－1606－0009458　R02106
元和江氏靈鶼閣叢書　（清）江標輯　清光緒元和江氏刻本　四十八册

320000－1606－0009459　R02107
梅花喜神譜二卷　（宋）宋伯仁編　清抄本　二册

320000－1606－0009460　R02108
聚學軒叢書　劉世珩輯　清光緒貴池劉氏刻本　二十册　存一集八種三十九卷（毛詩草木鳥獸蟲魚疏校正二卷，晉泰始笛律匡謬一卷，古經天象考十二卷、附圖説一卷、緒説一卷，國志蒙拾二卷，金石文字辨異十二卷，歲星表一卷，清白士集校補四卷，質疑删存三卷）

320000－1606－0009461　R02109
［光緒］重修安徽通志三百五十卷補遺十卷　（清）吳坤修等修　（清）何紹基等纂　清光緒四年（1878）刻本　一百二十册

320000－1606－0009462　R02110
明通鑑九十卷目錄二十卷前編四卷附編六卷首一卷　（清）夏燮編輯　清同治十二年（1873）宜黄官廨刻本　四十七册　存一百十九卷（明通鑑九十卷、目錄三至二十、前編四卷、附編六卷、首一卷）

320000－1606－0009463　R02111
欽定大清會典事例一千二百二十卷目錄八卷　（清）李鴻章等修　清光緒二十五年（1899）石印本　三百八十四册

320000－1606－0009464　R02112
欽定大清會典一百卷首一卷　（清）崑岡等修　清光緒二十五年（1899）石印本　三十六册

320000－1606－0009465　R02113
欽定大清會典事例九百二十卷　（清）崑岡等修　清刻本　三百六十七册

320000－1606－0009466　R02114
繹史一百六十卷世系圖一卷年表一卷　（清）馬驌撰　清光緒十五年（1889）金匱浦氏刻本　二十六册　存一百三十卷（一至九十九、一百五至一百十二、一百二十七至一百四十九）

320000－1606－0009467　R02115
繹史一百六十卷世系圖一卷年表一卷　（清）馬驌撰　清同治七年（1868）姑蘇亦西齋刻本　三十六册

320000－1606－0009468　R02116
讀鄦簃算稿四種　（清）馮世澂撰　清光緒二十八年（1902）刻本　二册

320000－1606－0009469　R02117
因寄軒文初集十卷二集六卷補遺一卷　（清）管同撰　清光緒五年至九年（1879－1883）合肥張氏刻本　六册

320000－1606－0009470　R02118
［光緒］青田縣志十八卷首一卷　（清）雷銑修　（清）王棻纂　清光緒二年（1876）刻本　十

六冊

320000－1606－0009471　R02119
痢證匯參十卷補遺一卷　（清）吳道源纂輯　清乾隆三十八年（1773）刻本　四冊

320000－1606－0009472　R02120
新編張仲景註解傷寒百證歌五卷新編張仲景註解發微論二卷　（宋）許叔微撰　清光緒七年（1881）歸安陸氏刻本　四冊

320000－1606－0009473　R02121
紅葉讀書樓詩草十卷　（清）孫殿齡撰　清道光二十八年（1848）刻本　八冊

320000－1606－0009474　R02122
增補星平會海命學全書十卷首一卷　水中龍編　清光緒三年（1877）同志堂刻本　四冊

320000－1606－0009475　R02123
李翁醫記二卷　（清）焦循撰　清刻本　一冊

320000－1606－0009476　R02124
枕藏外科形圖諸症一卷必用諸方一卷　（清）胡大中撰　清乾隆文大堂刻本　四冊

320000－1606－0009477　R02128
抗希堂十六種　（清）方苞撰　清乾隆刻本　四十冊

320000－1606－0009478　R02129
翠微山房數學十五種三十八卷　（清）張作楠撰　清光緒息園刻本　二十四冊

320000－1606－0009479　R02130
明大政纂要六十三卷　（明）譚希思編　清光緒刻本　二十八冊

320000－1606－0009480　R02131
[康熙]山東通志六十四卷　（清）趙祥星修（清）錢江纂　清康熙十七年（1678）刻四十一年（1702）增修本　六十四冊

320000－1606－0009481　R02132
歷代名臣言行錄二十四卷　（清）朱桓編輯　清光緒十一年（1885）楚南刻本　三十二冊

320000－1606－0009482　R02133
楹書隅錄五卷續編四卷　（清）楊紹和撰　清光緒二十年（1894）聊城楊氏海源閣刻宣統三年（1911）武進董康補刻本　十冊

320000－1606－0009483　R02134
欽定明鑒二十四卷首一卷　（清）托津纂　清同治九年（1870）湖北崇文書局刻本　二十冊

320000－1606－0009484　R02135
明南雍經籍考二卷　（明）梅鷟編　清光緒二十八年（1902）長沙葉氏刻本　一冊

320000－1606－0009485　R02136
秘書省續編到四庫闕書目二卷　（宋）祕書省改定　清光緒二十八年（1902）葉氏觀古堂刻本　二冊

320000－1606－0009486　R02137
古今書刻二卷　（明）周弘祖撰　清光緒三十二年（1906）長沙葉氏觀古堂刻本　二冊

320000－1606－0009487　R02138
萬卷堂書目四卷　（明）朱睦㮮撰　清光緒二十九年（1903）長沙葉氏觀古堂刻本　一冊

320000－1606－0009488　R02139
徵刻唐宋祕本書目一卷考證一卷徵刻書啟五先生事略一卷　（清）黃虞稷　（清）周在浚撰　清光緒三十四年（1908）長沙葉氏觀古堂刻本　一冊

320000－1606－0009489　R02141
絳雲樓書目補遺一卷　（清）錢謙益撰　清光緒二十八年（1902）長沙葉氏刻本　一冊

320000－1606－0009490　R02142
潛采堂宋元人集目錄一卷　（清）朱彝尊編　清宣統三年（1911）長沙葉氏刻本　一冊

320000－1606－0009491　R02144
童蒙訓三卷　（宋）吕本中撰　清刻本　一冊

320000－1606－0009492　R02145
劍閑齋師門答問一卷　（清）陳瀚問　（清）郭嵩燾答　（清）陳爾錫編　清宣統二年（1910）湘鄉陳爾錫刻暨石印本　一冊

320000－1606－0009493　R02146

林文忠公政書甲集九卷乙集十七卷丙集十一卷　(清)林則徐撰　清刻本　十二册

320000－1606－0009494　R02147
南齊書五十九卷　(南朝梁)蕭子顯撰　清同治十三年(1874)金陵書局刻本　六册

320000－1606－0009495　R02148
通鑑長編紀事本末一百五十卷　(宋)楊仲良撰　清光緒十九年(1893)廣州廣雅書局刻本　二十四册

320000－1606－0009496　R02149
弇山堂别集一百卷　(明)王世貞撰　清光緒廣雅書局刻本　二十册

320000－1606－0009497　R02150
尺木堂綱鑑易知錄九十二卷　(清)吳乘權等輯　清康熙五十年(1711)尺木堂刻本　四十八册

320000－1606－0009498　R02151
魏書一百十四卷　(北齊)魏收撰　清同治十一年(1872)金陵書局刻本　二十册

320000－1606－0009499　R02152
王氏算學四卷　(清)王鑑古述　清光緒二十三年(1897)刻本　二册

320000－1606－0009500　R02153
萬國公法四卷　(美國)惠頓撰　(美國)丁韙良譯　清同治三年(1864)鉛印本　四册

320000－1606－0009501　R02154
公法會通十卷　(德國)步倫撰　(美國)丁韙良譯　清光緒同文館鉛印本　五册

320000－1606－0009502　R02155
公法便覽四卷總論一卷續一卷　(美國)丁韙良譯　清光緒三年(1877)同文館鉛印本　六册

320000－1606－0009503　R02157
大清中外壹統輿圖三十卷首一卷中一卷　(清)鄒世詒等編　(清)李廷簫增訂　清同治二年(1863)新繁嚴樹森刻本　二十册

320000－1606－0009504　R02158
鳳湖古文遺稿不分卷　(清)劉椿撰　清道光四年(1824)古歙劉祝齡刻本　三册

320000－1606－0009505　R02159
萸江古文存四卷　(清)陶必銓撰　清嘉慶二十一年(1816)刻本　四册

320000－1606－0009506　R02160
地理纂要不分卷　(清)查幼安錄　清抄本　二册

320000－1606－0009507　R02161
趙清獻公集十卷目錄二卷　(宋)趙抃撰　清光緒三年(1877)刻本　十六册

320000－1606－0009508　R02162
聖武記十四卷　(清)魏源撰　清道光二十六年(1846)古微堂刻本　十二册

320000－1606－0009509　R02163
通志略五十一卷　(宋)鄭樵撰　(明)陳宗夔輯　清嘉慶十一年(1806)長洲彭氏刻本　二十四册

320000－1606－0009510　R02164
通志略五十一卷　(宋)鄭樵撰　(明)陳宗夔輯　清乾隆十三年(1748)金匱山房刻本　二十四册

320000－1606－0009511　R02166
函海一百六十三種　(清)李調元輯　清道光五年(1825)李朝夔補刻本　二百八册

320000－1606－0009512　R02167
蠹存二卷　(清)方旭撰　清光緒二十四年(1898)刻本　四册

320000－1606－0009513　R02168
樗庵存稿文五卷詩三卷　(清)蔣學鏞撰　清嘉慶十八年(1813)刻本　十册

320000－1606－0009514　R02169
閑閑老人滏水文集二十卷　(金)趙秉文撰　清光緒五年(1879)定州王氏謙德堂刻本　十册

320000－1606－0009515　R02170
師鄭堂集六卷　孫雄撰　清光緒十七年

(1891)木活字印本　六冊

320000－1606－0009516　R02171
五經類編二十八卷　(清)周世樟輯　清光緒八年(1882)掃葉山房刻本　十二冊

320000－1606－0009517　R02172
恒軒所見所藏吉金錄不分卷　(清)吳大澂藏並輯　清光緒十一年(1885)吳縣吳氏刻本　四冊

320000－1606－0009518　R02173
古玉圖攷不分卷　(清)吳大澂撰　清光緒十五年(1889)上海同文書局石印本　二冊

320000－1606－0009519　R02174
鈍翁文錄十六卷　(清)汪琬撰　清光緒十三年(1887)鋤月種梅室木活字印本　六冊

320000－1606－0009520　R02178
繡像韓湘子全傳三十回　(□)□□撰　清嘉慶二十五年(1820)步月樓刻本　十冊

320000－1606－0009521　R02180
地理青烏心傳眞訣全書七卷首一卷　(清)黎瑤光輯　清道光十二年(1832)繼溪山房刻本　六冊

320000－1606－0009522　R02181
閒談消夏錄十二卷　(清)朱翊清撰　清同治十三年(1874)刻本　十六冊

320000－1606－0009523　R02182
玉海摘要二十一卷　(清)方維翰撰　清道光十五年(1835)刻本　六冊

320000－1606－0009524　R02183
乾坤法竅三卷　(清)范宜賓輯　清乾隆三十一年(1766)刻本　六冊

320000－1606－0009525　R02184
地理錄要四卷　(清)蔣平階撰　清嘉慶二十一年(1816)兩儀堂刻本　四冊

320000－1606－0009526　R02185
地理錄要四卷　(清)蔣平階撰　清咸豐十一年(1861)三元堂刻本　四冊

320000－1606－0009527　R02187
平津館叢書十集　(清)孫星衍輯　清光緒十一年(1885)吳縣朱氏槐廬家塾刻本　五十冊

320000－1606－0009528　R02188
法苑珠林一百卷　(唐)釋道世撰　清道光七年(1827)蔣氏燕園刻本　三十二冊

320000－1606－0009529　R02189
荆駝逸史　題(清)陳湖逸士輯　清刻本　二十四冊

320000－1606－0009530　R02191
天童寺志十卷首一卷　(清)聞性道纂　清光緒刻本　四冊

320000－1606－0009531　R02192
四元玉鑑細草三卷首一卷附一卷增一卷　(元)朱世傑撰　(清)羅士琳補草　清道光十六年(1836)甘泉易之瀚刻本　十冊

320000－1606－0009532　R02194
地理簡能集十六卷　(清)宣元仁輯　清康熙刻本　六冊

320000－1606－0009533　R02195
菊逸山房地理正書三種　(唐)楊益撰　(清)寇宗輯　清道光十四年(1834)寶慶務本山房刻本　四冊

320000－1606－0009534　R02197
宋司馬頭陀鉗誌一卷　(宋)劉潛撰　清抄本　一冊

320000－1606－0009535　R02198
遼史紀事本末四十卷首一卷末一卷金史紀事本末五十二卷首一卷末一卷　(清)李有棠編纂　清光緒二十九年(1903)李栘鄂樓刻本　二十冊

320000－1606－0009536　R02199
皇朝貞孝節烈文編六卷　(清)汪正編　清刻本　六冊

320000－1606－0009537　R02201
陶齋吉金錄八卷　(清)端方輯　清光緒三十四年(1908)金陵石印本　八冊

320000－1606－0009538　R02202
三垣筆記三卷附識三卷　(清)李清撰　清抄本　六冊

320000－1606－0009539　R02203
秘書廿一種　(清)汪士漢校　清乾隆七年(1742)刻本　十二冊

320000－1606－0009540　R02204
吕晚村先生文集八卷附録一卷　(清)吕留良撰　清光緒木活字印本　四冊

320000－1606－0009541　R02206
丞相魏公譚訓十卷　(宋)蘇頌撰　(宋)蘇象先編　清道光十年(1830)刻本　四冊

320000－1606－0009542　R02207
試畯堂詩集十二卷　(清)王蘇撰　清嘉慶二十年(1815)刻本　六冊

320000－1606－0009543　R02208
鬼董五卷　(宋)□□撰　清抄本　三冊

320000－1606－0009544　R02209
山居新話一卷　(元)楊瑀撰　清抄本　三冊

320000－1606－0009545　R02210
雲峰胡先生文集十卷附碑傳二卷　(元)胡炳文撰　清道光十一年(1831)胡積城刻本　八冊

320000－1606－0009546　R02212
惕甫未定稿二十六卷　(清)王芑孫撰　清嘉慶九年(1804)刻本　二十冊

320000－1606－0009547　R02214
澂潭山房古文存稿四卷詩集十七卷附刻一卷　(清)程襄龍撰　清嘉慶二年(1797)歙縣程氏刻本　二十冊

320000－1606－0009548　R02215
陳同甫集三十卷　(宋)陳亮撰　清道光嶺南壽經堂木活字印本　八冊

320000－1606－0009549　R02216
洹詞十二卷目録一卷　(明)崔銑撰　清乾隆三十六年(1771)刻本　二十四冊

320000－1606－0009550　R02219
沈氏羣峯集五卷外集一卷韓詩故二卷　(清)沈清瑞著　(清)石韞玉定　清嘉慶元年(1796)鶴壽山堂刻本　六冊　存六卷(沈氏羣峯集五卷、外集一卷)

320000－1606－0009551　R02220
兩谿文集二十四卷　(明)劉球著　清宣統二年(1910)守政書局刻本　四冊

320000－1606－0009552　R02221
嘉樹山房集二十卷外集二卷續集二卷　(清)張士元撰　清嘉慶二十四年(1819)刻同治十一年(1872)重修震澤張氏刻本　六冊

320000－1606－0009553　R02222
同館賦續鈔十八卷　(清)徐桐等編　清光緒十六年(1890)北京翰林院刻本　十六冊

320000－1606－0009554　R02223
五畝園小志一卷　(清)謝家福輯　**桃塢百詠一卷**　(清)凌泗撰　(清)謝家福注　**五畝園懷古一卷題詠一卷**　清光緒刻本　二冊

320000－1606－0009555　R02226
靈瑩集一卷續集一卷　(清)劉道明撰　清康熙五十三年(1714)刻本　四冊

320000－1606－0009556　R02227
西塘先生文集九卷　(宋)鄭俠撰　清光緒十年(1884)公善堂刻本　十二冊

320000－1606－0009557　R02229
敦煌石室遺書十三種　羅振玉輯　清宣統元年(1909)誦芬室鉛印本　四冊

320000－1606－0009558　R02230
類證普濟本事方十卷　(宋)許叔微撰　(清)葉桂釋義　清嘉慶十九年(1814)姑蘇掃葉山房刻本　六冊

320000－1606－0009559　R02233
鼇峰講義四卷　(清)潘思榘述　清乾隆十六年(1751)刻本　四冊

320000－1606－0009560　R02234
止齋遺書十六卷　(清)黄俊苑撰　清光緒六

年(1880)刻本　十六冊

320000－1606－0009561　R02235
元史二百十卷目錄二卷　(明)宋濂等撰　清同治十三年(1874)江蘇書局刻本　四十冊

320000－1606－0009562　R02236
前漢書一百二十卷　(漢)班固撰　(唐)顏師古注　清同治八年(1869)金陵書局刻本　十六冊

320000－1606－0009563　R02237
梁書五十六卷　(唐)姚思廉撰　清同治十三年(1874)金陵書局刻本　六冊

320000－1606－0009564　R02238
滇繫四十卷　(清)師範纂輯　清嘉慶十一年(1806)二餘堂刻本　四十冊

320000－1606－0009565　R02239
藏書紀事詩七卷　葉昌熾撰　清宣統二年(1910)長洲葉昌熾刻本　六冊

320000－1606－0009566　R02248
新鐫工師雕斵正式魯班木經匠家鏡三卷靈驅解法洞明眞言秘書一卷圖一卷　(明)午榮彙編　(明)章嚴集　清刻本　二冊

320000－1606－0009567　R02250
李文公集十八卷補遺一卷附錄一卷　(唐)李翺撰　清光緒元年(1875)讀有用書齋刻本　十冊

320000－1606－0009568　R02251
洞庭湖志十四卷　(清)陶澍督修　(清)沈筠堂總纂　(清)綦世基撰　(清)夏大觀補輯　(清)萬年淳訂　清道光五年(1825)刻本　十冊

320000－1606－0009569　R02252
重編紅雨樓題跋二卷　(明)徐𤊹撰　繆荃孫輯　清宣統二年(1910)昆山趙氏峭帆樓刻本　三冊

320000－1606－0009570　R02257
小學集注六卷　(宋)朱熹撰　(明)陳選集注　清刻本　四冊

320000－1606－0009571　R02258
游廌山先生集八卷　(宋)游酢撰　清乾隆刻本　八冊

320000－1606－0009572　R02260
李平江奏議一卷　(清)李平江撰　清光緒鉛印本　一冊

320000－1606－0009573　R02261
七修類藁五十一卷續藁七卷　(明)郎瑛著述　清乾隆四十年(1775)耕煙草堂刻本　十六冊

320000－1606－0009574　R02262
拳匪紀事六卷　(日本)佐原篤介　(清)浙西漚隱輯　清光緒二十七年(1901)鉛印本　六冊

320000－1606－0009575　R02263
新元史二百五十七卷　柯邵忞撰　清光緒鉛印本　五十九冊

320000－1606－0009576　R02266
類對集材五卷　(清)顧響泉編釋　清嘉慶刻本　十冊

320000－1606－0009577　R02267
大清縉紳全書不分卷(清光緒三十三年)　(清)□□撰　清光緒三十三年(1907)榮錄堂刻本　四冊

320000－1606－0009578　R02268
皇朝經世文新增時務續編四十卷附洋務八卷　(清)陳忠倚輯　清光緒二十三年(1897)上海掃葉山房鉛印本　六冊

320000－1606－0009579　R02269
皇朝經濟文新編六十一卷　題(清)宜今室主人輯　清光緒二十七年(1901)上海宜今室石印本　二十四冊

320000－1606－0009580　R02270
華國編文選八卷　(清)孫濩孫選　(清)孫喬年增輯　清乾隆二十四年(1759)天心閣孫氏刻本　十冊

320000－1606－0009581　R02271
月日紀古十二卷　(清)蕭智漢輯　清道光二十八年(1848)經元堂刻本　二十四册

320000－1606－0009582　R02272
鳴鶴堂詩集十一卷鳴鶴堂文集十卷　(清)任源祥撰　清光緒十五年(1889)刻本　十六册

320000－1606－0009583　R02274
東洲艸堂詩鈔二十七卷詩餘一卷　(清)何紹基撰　(清)何慶涵編次　清同治六年(1867)長沙無園刻本　八册

320000－1606－0009584　R02275
留與集十卷首一卷末一卷　(清)史周沅撰　清光緒十七年(1891)璞堂刻本　八册

320000－1606－0009585　R02276
古小賦鈔二卷　(清)郟掄才　(清)蔣承志輯　清嘉慶刻本　四册

320000－1606－0009586　R02277
敦艮吉齋詩存二卷敦艮吉齋文存四卷　(清)徐子苓撰　**劫餘小錄一卷**　(清)徐元叔撰　清同治刻本　六册

320000－1606－0009587　R02278
御纂周易述義十卷　(清)傅恒等撰　清乾隆二十年(1755)内府刻本　八册

320000－1606－0009588　R02279
御纂詩義折中二十卷　(清)傅恒等撰　清乾隆刻本　十册

320000－1606－0009589　R02280
御纂春秋直解十二卷　(清)傅恒等纂修　清乾隆刻本　八册

320000－1606－0009590　R02281
時務報六十期　梁啟超等編　清光緒二十二年至二十四年(1896－1898)上海時務報館石印暨鉛印本　十八册　存四十八期(十二至五十、五十二至六十)

320000－1606－0009591　R02282
胡澹庵先生文集三十二卷　(宋)胡銓撰　清乾隆二十二年(1757)刻本　二十四册

320000－1606－0009592　R02283
汲古堂集二十八卷　(明)何白撰　清道光十六年(1836)東甌梅嶼守直堂刻本　二十四册

320000－1606－0009593　R02284
青囊玉尺度金鍼集六卷　(清)舒鳳儀纂圖　(清)段喆撰説　清光緒十六年(1890)徐州道署刻本　八册

320000－1606－0009594　R02285
龍壁山房文集五卷　(清)王拯撰　清光緒十年(1884)刻本　八册

320000－1606－0009595　R02286
二水樓文集二十卷首一卷　(清)李茹旻撰　清乾隆二十二年(1757)李氏刻本　十六册

320000－1606－0009596　R02287
徐雨峰中丞勘語四卷　(清)徐士林撰　清光緒三十二年(1906)武進李氏刻聖譯樓叢書本　四册

320000－1606－0009597　R02288
讀書延年堂文鈔十卷　(清)熊少牧撰　清同治五年(1866)洞泉草堂刻本　十册

320000－1606－0009598　R02289
重刊人子須知資孝地理心學統宗三十九卷　(明)徐善繼　(明)徐善述撰　明刻本　十五册

320000－1606－0009599　R02290
陰宅集要四卷陽宅集成八卷　(清)姚廷鑾輯　清江左書林刻本　十二册

320000－1606－0009600　R02291
御製數理精藴上編五卷下編四十卷表八卷　(清)聖祖玄燁撰　清光緒八年(1882)廣東藩司刻本　三十二册

320000－1606－0009601　R02292
國朝中州文徵五十四卷首一卷　(清)蘇源生編　清道光二十三年至二十五年(1843－1845)刻本　二十八册

320000－1606－0009602　R02294
潛虛先生文集十四卷補遺一卷　(清)戴名世

撰　**潛虛先生年譜一卷**　(清)尤雲鶚撰　清光緒十八年(1892)刻本　二十冊

320000－1606－0009603　R02295
二希堂文集十一卷首一卷　(清)蔡世遠撰　清乾隆四十八年(1783)漳浦蔡本崇刻本　二十冊

320000－1606－0009604　R02296
[光緒]吉林通志一百二十二卷圖一卷　(清)長順等修　(清)李桂林等纂　清光緒十七年(1891)刻本　四十八冊

320000－1606－0009605　R02297
練溪集四卷　(明)凌震撰　清嘉慶二十年(1815)壽世堂刻本　四冊

320000－1606－0009606　R02298
太白山人漫稿八卷附錄一卷　(明)孫一元撰　清嘉慶二十年(1815)壽世堂刻本　四冊

320000－1606－0009607　R02299
合參丁史二公羅經消納正宗不分卷　(清)儲孝則輯　清抄本　四冊

320000－1606－0009608　R02300
天一閣書目四卷　(明)范欽藏　(清)范邦甸等編　清嘉慶十三年(1808)揚州阮元文選樓刻本　二十冊

320000－1606－0009609　R02302
湯陰精忠廟志十卷　(明)張應登等輯　(清)楊世達續輯　清乾隆刻本　十冊

320000－1606－0009610　R02303
英政概一卷法政概一卷英藩政概四卷　(清)劉啟彤譯編　清光緒十六年(1890)廣百宋齋鉛印本　一冊

320000－1606－0009611　R02306
國朝耆獻類徵初編七百二十卷目錄二十卷通檢十卷　(清)李桓撰　清光緒十年至十六年(1884－1890)湘陰李氏刻本　二百九十三冊　缺二卷(國朝耆獻類徵初編二百五至二百六)

320000－1606－0009612　R02307
續資治通鑑長編五百二十卷目錄二卷　(宋)李燾撰　清光緒七年(1881)浙江書局刻本　一百十一冊

320000－1606－0009613　R02308
乾坤正氣集五百七十四卷首一卷　(清)潘錫恩等輯　清道光二十八年(1848)涇縣潘氏袁江節署刻本　一百九十八冊　存五百六十五卷(一至四百八十三、四百九十四至五百七十四,首一卷)

320000－1606－0009614　R02309
武備志二百四十卷　(明)茅元儀輯　明天啓刻本　九十四冊　存二百三十五卷(六至二百四十)

320000－1606－0009615　R02310
舊唐書二百卷　(五代)劉昫等撰　清乾隆四年(1739)刻本　八十冊

320000－1606－0009616　R02311
童山文集二十卷　(清)李調元撰　清嘉慶四年(1799)萬卷樓刻本　十五冊

320000－1606－0009617　R02312
明季北略二十四卷　(清)計六奇編輯　清都城琉璃廠半松居士木活字印本　十二冊

320000－1606－0009618　R02313
學海堂叢刻十二種　(清)□□輯　清光緒三年至十二年(1877－1886)刻本　十四冊

320000－1606－0009619　R02314
李宮保湘洲先生集十二卷　(明)李騰芳撰　清乾隆刻本　三十九冊

320000－1606－0009620　R02315
稗海　(明)商濬輯　清康熙刻本　八十冊

320000－1606－0009621　R02316
武英殿聚珍版書　(清)紀昀等編　清乾隆武英殿木活字印本　八百四冊　存一百三十七種

320000－1606－0009622　R02317
同治上海縣志三十二卷首一卷補遺一卷敘錄一卷　(清)應寶時等修　(清)俞樾　(清)

方宗誠纂　清同治十年(1871)吳門臬署刻本　十六冊

320000－1606－0009623　R02319
八宅明鏡二卷　(唐)楊筠松(楊益)撰　清蘇州綠蔭堂刻本　二冊

320000－1606－0009624　R02322
權制八卷　陳澹然撰　清光緒二十八年(1902)長沙徐崇立刻本　二冊

320000－1606－0009625　R02323
歸宮詹集四卷　(清)歸允肅撰　清光緒十三年(1887)虞山歸氏刻本　八冊

320000－1606－0009626　R02325
地理六經註六卷　(清)葉泰著　清康熙二十六年(1687)刻本　二冊

320000－1606－0009627　R02326
韓忠定公集四卷　(明)韓文撰　(明)喬因羽編　清乾隆二年(1737)刻本　十六冊

320000－1606－0009628　R02327
通甫類稿四卷續編二卷詩存四卷詩存之餘二卷　(清)魯一同撰　清咸豐九年(1859)刻本　六冊

320000－1606－0009629　R02328
仲實類稿一卷詩存二卷　(清)魯蕡撰　清咸豐九年(1859)山陽魯氏刻本　二冊

320000－1606－0009630　R02329
瘦春僊館詩賸一卷　(清)魯蘭僊撰　清咸豐九年(1859)山陽魯氏刻本　一冊

320000－1606－0009631　R02330
北溪詩集二十卷北溪文集二卷附集一卷　(清)王元文撰　清嘉慶十七年(1812)刻本　十六冊　存十六卷(北溪詩集一至十三、北溪文集二卷、附集一卷)

320000－1606－0009632　R02331
淇竹山房集十卷　(清)吳應蓮著　清道光二十四年(1844)新安吳氏刻本　十冊

320000－1606－0009633　R02332
通俗編三十八卷　(清)翟灝撰　清乾隆無不宜齋刻本　十二冊

320000－1606－0009634　R02333
定例彙編□□卷(清乾隆十八年至光緒九年)　(清)顏希深重訂　清末刻本　二百四十冊

320000－1606－0009635　R02334
漢魏叢書　(清)王謨輯　清乾隆五十六年(1791)金溪王氏刻本　八十冊

320000－1606－0009636　R02335
貫華堂選批唐才子詩甲集八卷　(清)金人瑞批　清康熙刻本　四冊　存四卷(一至四)

320000－1606－0009637　R02336
江蘇詩徵一百八十三卷　(清)王豫輯　清道光元年(1821)焦山海西庵詩徵閣刻本　四十冊

320000－1606－0009638　R02337
敬恕堂文集紀年十卷　(清)耿介撰　清道光二十九年(1849)刻本　三十冊

320000－1606－0009639　R02338
撼龍經批註校補不分卷　(唐)楊筠松(楊益)撰　(清)高其倬批點　榮錫勳校補　清光緒十八年(1892)巴蜀善成堂刻本　六冊

320000－1606－0009640　R02339
唐書合鈔二百六十卷首一卷　(清)沈炳震撰　清嘉慶十五年(1810)刻同治十年(1871)武林吳氏清來堂補刻本　八十冊

320000－1606－0009641　R02340
澤古齋文鈔三卷補遺一卷詩鈔一卷　(清)吳士模著　清光緒十九年(1893)刻本　四冊

320000－1606－0009642　R02341
澤古齋文鈔三卷補遺一卷賸稿一卷續編一卷語錄一卷　(清)吳士模著　清光緒十九年(1893)刻本　八冊

320000－1606－0009643　R02342
藍戶部集二十八卷　(清)藍千秋撰　清乾隆十二年(1747)宜黃藍氏刻本(卷二十七至二十八未刻)　二十冊

320000－1606－0009644　R02343

南菁書院叢書八集一百四十四卷　王先謙 繆荃孫輯　清光緒十四年(1888)江陰南菁書院刻本　三十冊

320000－1606－0009645　R02344
御定歷代賦彙一百四十卷外集二十卷逸句二卷補遺二十二卷目錄三卷　(清)陳元龍編緝　清康熙四十五年(1706)内府刻本　四十八冊

320000－1606－0009646　R02345
傅鶉觚集五卷　(晉)傅玄撰　清光緒二年(1876)廣州書局刻本　二冊

320000－1606－0009647　R02347
古文楷法八卷　(清)魯琢撰　清乾隆刻本　十冊

320000－1606－0009648　R02348
欽定大清會典八十卷　(清)葉繼雯等纂修　清嘉慶會典館刻本　四十一冊

320000－1606－0009649　R02355
唐八家詩鈔八卷　(清)陳明善編選　清乾隆三十四年(1769)刻本　八冊

320000－1606－0009650　R02356
有福讀書堂叢刻二編八種　(清)吳引孫輯　清光緒儀徵吳氏刻本　十四冊

320000－1606－0009651　R02357
淵鑑類函四百五十卷目錄四卷　(清)張英等纂　清同治九年(1870)刻本　一百四十冊

320000－1606－0009652　R02359
[雍正]陝西通志一百卷首一卷　(清)劉於義修　(清)沈青崖纂　清雍正十三年(1735)刻本　一百冊

320000－1606－0009653　R02360
邱海二公合集十六卷　(清)焦映漢輯　清乾隆十八年(1753)邱氏可繼堂刻本　十冊

320000－1606－0009654　R02361
李文忠公全集　(清)李鴻章撰　(清)吳汝綸編　清光緒三十四年(1908)刻本　一百冊

320000－1606－0009655　R02362
欽定大清會典圖二百七十卷首一卷　(清)崑岡等修　清光緒石印本　七十四冊

320000－1606－0009656　R02363
有福讀書堂叢刻續編九種二十六卷　(清)吳引孫輯　清光緒二十八年(1902)揚州吳氏刻本　十冊

320000－1606－0009657　R02364
木犀軒叢書　李盛鐸輯　清光緒德化李氏木犀軒刻本　四十冊

320000－1606－0009658　R02365
潛確居類書一百二十卷　(明)陳仁錫纂輯　明崇禎三年至五年(1630－1632)徐氏大觀堂刻本　五十冊　存九十六卷(一至九十六)

320000－1606－0009659　R02366
皇朝通志一百二十六卷　(清)嵇璜等總裁　(清)曹仁虎等纂修　清光緒八年(1882)浙江書局刻本　四十冊

320000－1606－0009660　R02367
陸桴亭先生遺書二十二種　(清)陸世儀著　**尊道先生年譜一卷**　(清)凌錫祺編輯　(清)陸長揞校　**桴亭先生行狀行實一卷**　(清)陳瑚　(清)陸允正撰　清光緒二十五年至二十六年(1899－1900)太倉唐受祺京師刻本　二十冊

320000－1606－0009661　R02368
柏堂遺書　(清)方宗誠撰　清光緒元年至十二年(1875－1886)桐城方氏志學堂刻本　五十冊

320000－1606－0009662　R02369
嘉定錢氏潛研堂全書　(清)錢大昕撰　清光緒十年(1884)長沙龍氏家塾刻本　六十四冊　存二十一種二百六十六卷(聲類四卷,廿二史攷異一百卷,三史拾遺五卷,諸史拾遺五卷,元史氏族表三卷,元史藝文志四卷,宋遼金元四史朔閏攷二卷,通鑑注辯正二卷,洪文惠公年譜一卷,洪文敏公年譜一卷,陸放翁先生年譜一卷,深寧先生年譜一卷,弇州山人年譜一卷,疑年錄四卷,潛研堂金石文跋尾二十卷,潛研堂金石文字目錄八卷,十駕齋養新錄二十卷、餘錄三卷,三統術衍三卷、鈐一卷,風俗通逸文一卷,恒言錄六卷,潛研堂文集五十卷、詩集十卷、詩續集十卷)

320000－1606－0009663　R02370
正誼堂全書六十三種續刻五種　(清)張伯行輯　(清)楊浚重輯　清同治五年(1866)刻八年至九年(1869－1870)福州正誼書局增刻本　一百六十册

320000－1606－0009664　R02372
槐廬叢書五編四十六種　(清)朱記榮輯　清光緒吳縣朱氏刻本　八十册

320000－1606－0009665　R02373
春在堂全書　(清)俞樾撰　清同治十年(1871)刻光緒十五年(1889)增修本　一百册

320000－1606－0009666　R02375
宋學士全集三十二卷補遺八卷附錄二卷　(明)宋濂撰　清光緒永康胡氏退補齋刻金華叢書本　八十册

320000－1606－0009667　R02376
欽定大清會典一百卷　(清)允裪等纂修　清乾隆二十九年(1764)武英殿刻本　二十四册

320000－1606－0009668　R02377
南宋襍事詩七卷　(清)沈嘉轍等撰　清同治十一年(1872)淮南書局刻本　四册

320000－1606－0009669　R02378
御選唐宋詩醇四十七卷目錄二卷　(清)高宗弘曆選　清光緒七年(1881)浙江書局刻本　二十册

320000－1606－0009670　R02379
歷朝名媛詩詞十二卷　(清)陸昶評選　清乾隆三十八年(1773)吳門陸氏紅樹樓刻本　六册

320000－1606－0009671　R02380
國朝文錄續編六十六卷附邁堂文畧四卷　(清)李祖陶輯　清同治七年(1868)敖陽李氏刻本　四十册

320000－1606－0009672　R02381
重訂古文雅正十四卷　(清)蔡世遠評選　清光緒六年(1880)儒林堂刻本　八册

320000－1606－0009673　R02382
評注才子古文大家十七卷補遺一卷歷朝九卷　(清)金聖歎選　(清)王之績評　(清)譚文昭　(清)汪澧參訂　清文源堂書坊刻本　十二册

320000－1606－0009674　R02383
欽定國朝詩別裁集三十二卷　(清)沈德潛纂評　清乾隆二十六年(1761)刻本　十册

320000－1606－0009675　R02384
唐人三家集　(清)秦恩復輯　清道光十年(1830)秦氏石研齋刻本　四册

320000－1606－0009676　R02385
晚香書札二卷　(清)潘道根撰　清刻本　一册

320000－1606－0009677　R02386
陳忠裕公全集三十卷年譜三卷首一卷末一卷　(明)陳子龍撰　(清)王昶輯　清嘉慶八年(1803)簳山草堂刻本　十册

320000－1606－0009678　R02387
陶庵文集七卷補遺一卷吾師録一卷自監録四卷詩集八卷補遺一卷首一卷末一卷　(明)黄淳耀撰　**偉恭詩一卷**　(明)黄淵耀撰　清道光二十四年(1844)嘉定學尊經閣刻本　六册

320000－1606－0009679　R02388
續古文苑二十卷　(清)孫星衍編　清嘉慶十七年(1812)冶城山館刻本　八册

320000－1606－0009680　R02389
湖海詩傳四十六卷　(清)王昶輯　清同治四年(1865)亦西齋刻本　八册

320000－1606－0009681　R02390
湖海文傳七十五卷　(清)王昶輯　清道光十七年(1837)經訓堂刻本　十六册

320000－1606－0009682　R02391
近光集八卷補二卷　(清)汪士鋐編　(清)吳

鼎科選　清康熙五十八年(1719)邃經書塾刻本　八册

320000－1606－0009683　R02392
唐音審體二十卷　(清)錢良擇輯　清光緒九年(1883)後知不足齋刻本　六册

320000－1606－0009684　R02393
吳會英才集二十四卷　(清)畢沅輯　清嘉慶刻本　六册

320000－1606－0009685　R02394
清江楊忠節公遺集八卷　(明)楊廷麟撰　清光緒五年(1879)蕭江書院刻本　八册

320000－1606－0009686　R02395
七十家賦鈔六卷　(清)張惠言輯　清光緒四年(1878)大成會刻本　四册

320000－1606－0009687　R02396
今文粹編八卷二編二卷　(清)趙熟典輯　(清)趙逢坦注　清乾隆趙氏刻本　二十册

320000－1606－0009688　R02397
隨園續同人集四卷　(清)袁枚輯　清乾隆五十五年(1790)隨園刻本　三册

320000－1606－0009689　R02398
熊襄湣公尺牘四卷　(明)熊廷弼撰　清光緒三十四年(1908)武昌璞園刻本　四册

320000－1606－0009690　R02399
國朝五言長律賡飏集十六卷　(清)陸心齋輯　清乾隆五桂堂刻本　十六册

320000－1606－0009691　R02400
國朝文錄八十二卷　(清)李祖陶輯　清道光十九年(1839)瑞州府鳳儀書院刻本　四十册

320000－1606－0009692　R02401
御選唐宋文醇五十八卷　(清)高宗弘曆選　清光緒三年(1877)浙江書局刻本　二十册

320000－1606－0009693　R02402
鴻藻集六卷　題(清)玉湖居士輯　清嘉慶二十三年(1818)莊葉庵抄本　一册

320000－1606－0009694　R02403
文選補遺四十卷　(宋)陳仁子輯　清乾隆二年(1737)陳文煜刻本　十二册

320000－1606－0009695　R02404
元詩選初集九集首一卷　(清)顧嗣立輯　清康熙三十三年(1694)長洲顧氏秀野草堂刻本　三十二册

320000－1606－0009696　R02405
元詩選二集九集　(清)顧嗣立輯　清康熙四十一年(1702)長洲顧氏秀野草堂刻本　三十六册　存八集(甲至丙、戊至壬)

320000－1606－0009697　R02406
遵巖先生文集四十二卷　(明)王慎中撰　清康熙五十年(1711)刻本　二十四册

320000－1606－0009698　R02407
唐荊川先生文集十八卷補遺一卷　(明)唐順之撰　清光緒二十一年(1895)武進盛氏思惠齋刻朱印本　八册

320000－1606－0009699　R02408
王文成公全書三十八卷　(明)王守仁撰　(明)謝廷傑輯　清同治、光緒間浙江書局刻本　二十四册

320000－1606－0009700　R02409
佩文齋書畫譜一百卷　(清)孫岳頒等纂　清康熙刻本　一百册

320000－1606－0009701　R02410
盾墨拾餘十四卷　(清)易順鼎撰　清光緒二十二年(1896)慕皋廬刻本　四册

320000－1606－0009702　R02411
洨濱蔡先生文集十卷首一卷語錄二十卷　(明)蔡𩦸撰　清光緒四年(1878)夏子鎏刻本　四册

320000－1606－0009703　R02412
元詩選癸集十集　(清)顧嗣立輯　(清)席世臣增補　清嘉慶三年(1798)掃葉山房刻本　三十二册

320000－1606－0009704　R02413
偶然云二卷語錄一卷行狀一卷　(清)湯之錡

撰　清刻本　一册

320000－1606－0009705　R02414
曝書亭集八十卷附録一卷　(清)朱彝尊撰
笛漁小藁十卷　(清)朱昆田撰　清康熙五十三年(1714)朱稻孫刻本　十六册

320000－1606－0009706　R02415
寒村詩文選三十六卷　(清)鄭梁撰　清康熙二老閣刻本　二十册

320000－1606－0009707　R02416
邵子湘全集三十卷　(清)邵長蘅纂　**邵氏家録二卷**　(清)宋犖等纂　清康熙三十二年至三十八年(1693－1699)青門艸堂刻光緒二十二年(1896)合江李超瓊印本　十二册

320000－1606－0009708　R02417
善卷堂四六十卷　(清)陸繁弨撰　(清)吴自高注　清乾隆三十五年(1770)亦園刻本　四册

320000－1606－0009709　R02418
甌香館集十二卷首一卷末一卷　(清)惲格撰　(清)蔣光煦輯　清光緒七年(1881)刻本　四册

320000－1606－0009710　R02419
在陸草堂文集六卷　(清)儲欣撰　清光緒十七年(1891)儲氏刻本　六册

320000－1606－0009711　R02420
潛菴先生全集五卷疏稿一卷困學録一卷志學會約一卷　(清)湯斌撰　**湯文正公年譜一卷**　(清)湯椿輯　清同治十年(1871)繡谷麗澤書屋刻本　八册

320000－1606－0009712　R02421
潛菴先生遺稿五卷　(清)湯斌撰　清乾隆刻本　四册

320000－1606－0009713　R02422
虚直軒文集十卷　(清)姚文然撰　清光緒津河廣仁堂刻本　四册

320000－1606－0009714　R02423
蓮洋集十二卷補遺一卷　(清)吴雯撰　(清)王士禛評定　清乾隆十七年(1752)刻本　十二册

320000－1606－0009715　R02424
古歡堂集五十卷　(清)田雯撰　清康熙刻本　十二册

320000－1606－0009716　R02425
黄葉邨莊詩集八卷後集一卷續集一卷　(清)吴之振撰　清光緒四年(1878)州泉吴氏刻本　四册

320000－1606－0009717　R02426
日知堂集四卷首一卷　(清)鄭端撰　清同治十三年(1874)保定蓮華池刻本　二册

320000－1606－0009718　R02427
漁洋山人精華録箋注十二卷　(清)王士禛撰　(清)金榮箋注　(清)徐淮纂輯　**年譜一卷附録一卷**　清康熙吴縣金氏鳳翽堂刻本　六册　缺一卷(附録一卷)

320000－1606－0009719　R02428
儲遯庵文集十二卷　(清)儲方慶撰　清光緒二年(1876)刻本　四册

320000－1606－0009720　R02429
國朝松陵詩徵二十卷　(清)袁景輅輯　清乾隆三十二年(1767)松陵袁氏愛吟齋刻本　八册

320000－1606－0009721　R02430
國朝山左詩鈔六十卷　(清)盧見曾纂　清乾隆二十三年(1758)德州盧見曾雅雨堂刻本　二十册

320000－1606－0009722　R02432
寒松堂全集十二卷　(清)魏象樞撰　**年譜一卷**　(清)魏象樞編　清嘉慶十六年(1811)刻本　十四册

320000－1606－0009723　R02433
南畇文稾十二卷南畇詩稾二十七卷南畇小題文稾一卷南畇老人自訂年譜一卷密證一卷姚江釋毀録一卷　(清)彭定求撰　**木諼録一卷**　(清)彭紹升編　清光緒七年(1881)長洲彭

氏刻本　十四冊

320000－1606－0009724　R02434

龔端毅公奏疏八卷露澥園稿四卷定山堂詩餘四卷定山堂古文小品二卷續集一卷浠川政譜二卷　(清)龔鼎孳撰　(清)龔士稚　(清)孫志說輯　清光緒十年(1884)合肥龔永孚刻本　十四冊

320000－1606－0009725　R02435

夏峰先生集十四卷首一卷補遺二卷　(清)孫奇逢撰　清道光二十五年(1845)大梁書院刻本　十二冊

320000－1606－0009726　R02436

定峯文選二卷　(清)沙張白著　清光緒二十四年(1898)江陰王氏重思齋刻本　二冊

320000－1606－0009727　R02437

菊莊集二十四卷　(清)饒宇樸撰　(清)饒開生編　清康熙三十一年(1692)刻本　十二冊

320000－1606－0009728　R02438

清溪草堂文二卷首一卷　(清)蔣錫震撰　清光緒九年(1883)太倉任光奇刻本　一冊

320000－1606－0009729　R02439

思綺堂文集十卷　(清)章藻功撰注　清康熙六十一年(1722)刻本　十冊

320000－1606－0009730　R02440

寒支初集十卷首一卷寒支二集四卷　(清)李世熊撰　清同治十三年(1874)刻本　十四冊

320000－1606－0009731　R02441

牧齋全集一百六十三卷　(清)錢謙益撰　清宣統二年(1910)邃漢齋鉛印本　四十冊

320000－1606－0009732　R02442

湖海樓文集六卷儷體文集十二卷詩集十二卷補遺一卷詞集二十卷　(清)陳維崧撰　清光緒十七年(1891)弇山鐸署刻本　十六冊

320000－1606－0009733　R02443

翠娛閣評選袁小脩先生小品二卷　(明)袁中道撰　(明)陸雲龍評　明崇禎六年(1633)崢霄館刻皇明十六名家小品本　二冊

320000－1606－0009734　R02444

蒿菴集三卷拾遺一卷附録一卷蒿菴閒話二卷　(清)張爾岐撰　清光緒十五年(1889)山東書局刻本　三冊

320000－1606－0009735　R02445

奇門秘訣一卷　(清)□□撰　清抄本　一冊

320000－1606－0009736　R02446

龍威秘書十集　(清)馬俊良輯　清乾隆五十九年至嘉慶元年(1794－1796)石門馬氏大西山房刻本　八十冊

320000－1606－0009737　R02447

中西學門徑書七種　梁啟超輯　清光緒二十四年(1898)上海大同譯書局石印本　三冊

320000－1606－0009738　R02448

哲學叢書初集四種　王國維編譯　清末教育世界石印本　八冊

320000－1606－0009739　R02449

楹聯彙鈔一卷　(清)□□輯　清抄本　一冊

320000－1606－0009740　R02453

壯悔堂文集十卷遺稿一卷　(清)侯方域撰　清歲月山房刻本　六冊

320000－1606－0009741　R02454

春秋左傳杜注三十卷首一卷　(清)姚培謙學　清光緒九年(1883)江南書局刻本　十冊

320000－1606－0009742　R02455

儀禮鄭注句讀十七卷儀禮監本正誤一卷儀禮石本誤字一卷　(清)張爾岐撰　清同治七年(1868)金陵書局刻本　四冊

320000－1606－0009743　R02458

分類摘録二卷　(清)寄巢輯　清抄本　二冊

320000－1606－0009744　R02459

禮記十卷　(元)陳澔集說　清同治五年(1866)金陵書局刻本　十冊

320000－1606－0009745　R02460

周禮六卷　(漢)鄭玄注　(唐)陸德明音義　清嘉慶十一年(1806)清芬閣刻本　六冊

320000－1606－0009746　R02461
憺園全集三十六卷　(清)徐乾學撰　清光緒九年(1883)嘉興金吳瀾鋤月唫館刻本　十二册

320000－1606－0009747　R02462
湖山便覽十二卷　(清)翟灝等輯　清光緒元年(1875)槐陰堂王氏刻本　六册

320000－1606－0009748　R02463
大清律例增修統纂集成四十卷附督捕則例二卷　(清)陶東皋　(清)陶曉篔增修　清光緒三十四年(1908)上海文瑞樓石印本　二十三册

320000－1606－0009749　R02464
中東戰紀本末八卷　(清)上海廣學會譯　清光緒二十三年(1897)上海圖書集成局石印本　八册

320000－1606－0009750　R02465
通學齋叢書五十二種　(清)鄒淩沅輯　清通學齋鉛印本　四十六册　缺六種六卷(泰西各國兵政考一卷、歐洲新志一卷、德國新制記要一卷、駢字啟蒙一卷、植物近利志一卷、養魚法一卷)

320000－1606－0009751　R02466
說文通訓定聲十八卷分部檢韵一卷分畫檢部一卷說雅一卷古今韵準一卷　(清)朱駿聲撰　行述一卷　朱孔彰撰　清光緒十三年(1887)上海積山書局石印本　八册

320000－1606－0009752　R02467
駁案新編三十二卷續編六卷　(清)全士潮等纂輯　清乾隆刻嘉慶續刻本　二十四册

320000－1606－0009753　R02470
讀通鑑論二十八卷　(清)王夫之撰　清光緒二十五年(1899)經世書局鉛印本　十五册

320000－1606－0009754　R02471
閱微草堂筆記二十四卷　(清)紀昀撰　清光緒二十四年(1898)宏文閣鉛印本　三册

320000－1606－0009755　R02473
新刻雲林神彀四卷　(明)龔廷賢編　清寶翰樓刻本　四册

320000－1606－0009756　R02474
通商條約章程成案彙編三十卷　(清)李鴻章編　清光緒鉛印本　十二册

320000－1606－0009757　R02476
書目答問四卷　(清)張之洞撰　清宣統三年(1911)掃葉山房石印本　二册

320000－1606－0009758　R02477
傷寒瘟疫條辯六卷　(清)楊璿撰　清末上海普通書局刻本　一册

320000－1606－0009759　R02478
脈學奇經八脈考二卷　(明)李時珍撰　清聚星堂刻本　二册

320000－1606－0009760　R02479
新輯刑案匯編十六卷　(清)周守赤編　清光緒二十三年(1897)上海圖書集成局鉛印本　八册

320000－1606－0009761　R02480
史記菁華錄六卷　(清)姚祖恩輯　清光緒十三年(1887)上海蜚英館石印本　六册

320000－1606－0009762　R02481
戊戌政變記九卷　梁啟超撰　清末鉛印本　三册

320000－1606－0009763　R02482
大清新法令十三類附錄三種　商務印書館編譯所編纂　清宣統二年(1910)商務印書館鉛印本　二十册

320000－1606－0009764　R02483
唐代叢書　(清)陳世熙輯　清嘉慶十一年(1806)刻本　二十四册

320000－1606－0009765　R02484
胎產心法三卷首一卷　(清)閻純璽撰　清道光八年(1828)靈武世德堂刻本　六册

320000－1606－0009766　R02485
景岳全書十六種二十四集六十四卷　(明)張介賓撰　清咸豐十年(1860)寄暢樓刻本　二

十三册

320000－1606－0009767　R02486
寓意草一卷尚論篇二卷首一卷後四卷醫門法律六卷　（清）喻昌撰　清經綸堂刻本　十二册

320000－1606－0009768　R02487
本草綱目五十二卷圖三卷附奇經八脈考一卷　（明）李時珍編輯　**本草綱目拾遺十卷**　（清）趙學敏輯　**本草萬方鍼線八卷藥品總目一卷**　（清）蔡烈先輯　清刻本　四十册

320000－1606－0009769　R02488
隨園三十種　（清）袁枚撰　清隨園刻本　八十册

320000－1606－0009770　R02490
林蕙堂文集十二卷林蕙堂文集續刻六卷藝香詞鈔四卷亭皋詩鈔四卷　（清）吳綺撰　清乾隆三十九年（1774）衷白堂刻本　十二册

320000－1606－0009771　R02492
經義述聞三十二卷　（清）王引之撰　清光緒七年（1881）上海文瑞樓刻本　十六册

320000－1606－0009772　R02493
重訂唐詩別裁集二十卷明詩別裁集十二卷欽定國朝詩別裁集三十二卷　（清）沈德潛選評　**宋詩別裁集八卷元詩別裁集八卷**　（清）姚培謙選評　清小酉山房刻本　三十二册

320000－1606－0009773　R02494
文心雕龍十卷　（南朝梁）劉勰撰　清光緒二十一年（1895）文海書局石印本　四册

320000－1606－0009774　R02495
廿一史約編八卷首一卷　（清）鄭元慶撰　清光緒十三年（1887）上海積山書局石印本　八册

320000－1606－0009775　R02496
產寶不分卷　（清）倪枝維撰　（清）潘霨增輯　清光緒三年（1877）湖北藩署刻本　一册

320000－1606－0009776　R02497
曾文正公全集十三種一百五十六卷首一卷　（清）曾國藩撰　（清）李瀚章輯　清同治、光緒間傳忠書局刻本　一百三十二册

320000－1606－0009777　R02498
胡少師總集六卷首一卷　（宋）胡舜陟著　（清）胡培翬編　清道光十九年（1839）刻本　四册

320000－1606－0009778　R02499
羅豫章先生集十二卷首一卷末一卷　（宋）羅從彥撰　清光緒八年（1882）盱江刻本　四册

320000－1606－0009779　R02500
陳少陽集十卷首一卷　（宋）陳東撰　（清）劉德麟　（清）聞福圻輯　清光緒十六年（1890）刻本　四册

320000－1606－0009780　R02501
屏山先生文集二十卷　（宋）劉子翬撰　（宋）朱熹校正　清光緒十二年（1886）毗陵新安佩三堂刻本　四册

320000－1606－0009781　R02502
韋齋集十二卷　（宋）朱松撰　**玉瀾集一卷**　（宋）朱槔撰　清康熙四十九年（1710）海昌朱昌辰刻本　六册

320000－1606－0009782　R02503
道鄉先生文集四十卷　（宋）鄒浩撰　清道光十三年（1833）刻本　八册

320000－1606－0009783　R02504
盤洲文集八十卷首一卷末一卷附校記一卷　（宋）洪适撰　清光緒涇縣藤溪洪氏刻本　十二册

320000－1606－0009784　R02505
變雅堂詩集十卷文集四卷遺集一卷　（清）杜濬撰　清同治九年（1870）黃岡劉維楨刻本　八册

320000－1606－0009785　R02506
梅村詩集箋注十八卷　（清）吳偉業撰　（清）吳翌鳳箋注　清嘉慶十九年（1814）滄浪吟榭刻本　十二册

320000－1606－0009786　R02507

樂府詩集一百卷目錄二卷　(宋)郭茂倩編　清同治十三年(1874)湖北崇文書局刻本　十六冊

320000－1606－0009787　R02508
笠翁文集四卷詩集三卷餘集一卷别集二卷偶集六卷　(清)李漁撰　清雍正八年(1730)芥子園刻本　十六冊

320000－1606－0009788　R02509
施註蘇詩四十二卷總目二卷　(宋)蘇軾撰　(清)施元之等註　(清)宋犖　(清)張榕端閲定　(清)顧嗣立等刪補　**蘇詩續補遺二卷**　(宋)蘇軾撰　(清)宋犖　(清)張榕端閲定　(清)馮景補註　**王註正譌一卷**　(清)邵長蘅撰　**東坡先生年譜一卷**　(宋)王宗稷編　(清)邵長蘅重訂　清康熙三十八年(1699)宋犖刻本　十冊

320000－1606－0009789　R02510
西清續鑑甲編二十卷附錄一卷　(清)王傑等輯　清宣統三年(1911)上海商務印書館影印本　四十二冊

320000－1606－0009790　R02511
山志初集六卷二集六卷　(清)王弘撰　清光緒二十六年(1900)敬義堂刻本　十二冊

320000－1606－0009791　R02512
[嘉靖]喬三石耀州志十一卷　(明)李廷寶修　(明)喬世寧纂　清乾隆二十七年(1762)旌德汪灝刻本　八冊

320000－1606－0009792　R02513
述記上二卷下二卷　(清)任兆麟輯　清乾隆忠敏家塾刻本　十冊

320000－1606－0009793　R02515
周忠介公燼餘集三卷　(明)周順昌撰　**忠介遺事一卷周吏部[順昌]年譜一卷**　(明)殷獻臣編　清光緒二十九年(1903)太倉唐文治刻本　三冊

320000－1606－0009794　R02516
校訂困學紀聞三箋二十卷　(宋)王應麟撰　(清)閻若璩等輯注　(清)屠繼序補注　清嘉慶十二年(1807)金閶友益齋刻本　八冊

320000－1606－0009795　R02520
事物原會四十卷　(清)汪汲撰　清嘉慶二年(1797)清河汪汲古愚山房刻本　八冊

320000－1606－0009796　R02521
十三經紀字一卷　(清)汪汲著　清乾隆五十九年(1794)汪氏古愚山房刻本　二冊

320000－1606－0009797　R02522
松鄉先生文集十卷　(元)任士林撰　清光緒十六年(1890)刻本　十冊

320000－1606－0009798　R02523
問影樓輿地叢書第一集十五種　胡思敬輯　清光緒三十四年(1908)新昌胡思敬鉛印本　十冊

320000－1606－0009799　R02524
雲仙散錄一卷　(唐)馮贄撰　清光緒南陵徐氏刻本　二冊

320000－1606－0009800　R02525
澄蘭室古緣萃錄十八卷　邵松年輯　清光緒三十年(1904)澄蘭室石印本　十六冊

320000－1606－0009801　R02527
郎潛紀聞初筆十四卷二筆十六卷　(清)陳康祺著　清光緒六年至七年(1880－1881)刻本　八冊

320000－1606－0009802　R02529
秘傳花鏡六卷圖一卷　(清)陳淏子輯　清刻本　八冊

320000－1606－0009803　R02530
中外地輿圖説集成一百三十卷首三卷　題(清)同康廬主人輯　清光緒二十年(1894)上海積山書局石印本　三十二冊

320000－1606－0009804　R02531
泰西新史攬要二十四卷　(英國)馬懇西撰　(英國)李提摩太譯　蔡爾康述　清光緒二十一年(1895)上海美華書館鉛印本　八冊

320000－1606－0009805　R02533
太史集不分卷　(明)王嘉言撰　清乾隆刻本

四册

320000－1606－0009806　R02534
讀書雜釋十四卷　(清)徐鼒撰　清咸豐十一年(1861)福甯郡齋刻本　四册

320000－1606－0009807　R02535
景德鎮陶錄十卷　(清)藍浦撰　(清)鄭廷桂補輯　清同治九年(1870)刻本　四册

320000－1606－0009808　R02536
靜修先生文集十二卷　(元)劉因著　清光緒五年(1879)定州王氏刻本　八册

320000－1606－0009809　R02538
無聲詩史七卷　(清)姜紹書撰　清康熙五十九年(1720)李光暎觀妙齋刻本　六册

320000－1606－0009810　R02539
俄羅斯國志二卷　(清)林則徐譯　(清)魏源輯　清咸豐上海樂善堂刻本　二册

320000－1606－0009811　R02540
[至正]崑山郡志六卷　(元)楊譓纂修　清鋤月種梅堂抄本　二册

320000－1606－0009812　R02541
彙刻太倉舊志五種　繆朝荃等輯　清宣統元年(1909)太倉繆氏刻本　八册

320000－1606－0009813　R02542
物理小識十二卷首一卷　(清)方以智撰　清康熙三年(1664)于藻刻本　十二册

320000－1606－0009814　R02543
葆壽集六卷首一卷末一卷補遺一卷　(清)諸同人彙訂　清嘉慶十九年(1814)問心堂刻本　五册

320000－1606－0009815　R02544
類證治裁八卷首一卷　(清)林佩琴撰　清咸豐元年(1851)丹陽研經堂刻本　十册

320000－1606－0009816　R02545
古今名醫彙粹八卷　(清)羅美輯　清道光三年(1823)刻本　八册

320000－1606－0009817　R02546
本草分經一卷　(清)釋維摩輯　清光緒十四年(1888)刻本　一册

320000－1606－0009818　R02547
痘疹正宗二卷　(清)宋麟祥撰　清末江左書林刻本　二册

320000－1606－0009819　R02548
典故紀聞十八卷　(明)余繼登輯　清光緒刻本　十六册

320000－1606－0009820　R02549
幾希錄一卷附集古方一卷續增新方一卷　題(清)瑞五堂主人輯　清道光元年(1821)刻本　一册

320000－1606－0009821　R02550
醫理信述補遺二卷　(清)夏子俊纂輯　清光緒十年(1884)刻本　一册

320000－1606－0009822　R02551
醫門棒喝四卷二集傷寒論本旨九卷　(清)章楠撰　清同治六年(1867)應澍、紀樹馥刻本　十册

320000－1606－0009823　R02552
外科正宗十二卷附錄一卷　(明)陳實功撰　清咸豐十年(1860)掃葉山房刻本　六册

320000－1606－0009824　R02553
萬壽仙書四卷　題(清)雲巖居士輯　清道光延古齋刻本　三册

320000－1606－0009825　R02554
吳門治驗錄四卷　(清)顧金壽撰　清光緒十二年(1886)揚州文富堂刻本　四册

320000－1606－0009826　R02555
三家醫案合刻三卷醫效秘傳三卷　(清)葉桂著　(清)吳金壽纂　清道光十一年至十二年(1831－1832)笠澤吳金壽刻本　六册

320000－1606－0009827　R02556
溫病二百三十七法湯頭歌括三卷　(清)葉謙編輯　清光緒二十五年(1899)種瓠草堂葉氏刻本　一册

320000－1606－0009828　R02557

儒門醫學三卷附一卷 (英國)海得蘭撰 (英國)傅蘭雅口譯 (清)趙元益筆述 清光緒江南製造總局刻本 四冊

320000－1606－0009829 R02558
文昌大洞治瘟寶録二卷 (清)劉體恕輯 清咸豐八年(1858)治心堂刻本 一冊

320000－1606－0009830 R02559
疫證集説四卷補遺一卷 余德壎輯 清宣統三年(1911)素盦鉛印本 四冊

320000－1606－0009831 R02560
仙方合集二卷 (清)唐千頃輯 清道光二十年(1840)蜀北賈氏竹橋齋刻本 六冊

320000－1606－0009832 R02561
本經疏證十二卷本經續疏六卷本經序疏要八卷 (清)鄒澍學 清道光二十九年(1849)常州長年醫局刻本 十二冊 存十二卷(本經疏證十二卷)

320000－1606－0009833 R02562
浙江海運全案重編初編八卷續編四卷新編八卷 (清)馬新貽修 (清)蔣益澧等纂 清同治浙江糧儲道庫刻本 十二冊

320000－1606－0009834 R02563
劉聘君全集十二卷 (明)劉元卿撰 清康熙六十一年(1722)南溪義社刻本 三十二冊

320000－1606－0009835 R02564
西藥大成十卷首一卷 (英國)來拉 (英國)海得蘭撰 (英國)傅蘭雅口譯 (清)趙元益筆述 清光緒江南機器製造總局刻本 十六冊

320000－1606－0009836 R02565
宋陳忠肅公言行録八卷 (明)陳載興編輯 清光緒十七年(1891)刻本 六冊

320000－1606－0009837 R02566
[乾隆]欽定皇輿西域圖志四十八卷首四卷 (清)傅恒修 (清)褚廷璋纂 (清)英廉等續纂修 清光緒鉛印本 二十四冊

320000－1606－0009838 R02567
重刻痰火點雪四卷 (清)龔居中輯 清嘉慶九年(1804)書林星聚樓刻本 四冊

320000－1606－0009839 R02568
本草述鉤元三十二卷 (清)楊時泰輯 清道光二十二年(1842)毘陵涵雅堂刻本 十二冊

320000－1606－0009840 R02569
列國政要一百三十二卷首一卷 (清)戴鴻慈 (清)端方輯 清光緒三十三年(1907)商務印書館石印本 三十二冊

320000－1606－0009841 R02570
重刻痰火點雪四卷 (清)龔居中輯 清嘉慶九年(1804)書林星聚樓刻本 二冊

320000－1606－0009842 R02571
全體闡微三卷 (美國)柯為良 (清)林鼎文編譯 清光緒十五年(1889)福州聖教醫館石印本 四冊

320000－1606－0009843 R02572
國語二十一卷 (三國吳)韋昭注 **校刊明道本韋氏解國語札記一卷** (清)黃丕烈撰 清嘉慶五年(1800)吳門黃氏讀未見書齋刻本 四冊

320000－1606－0009844 R02573
法律醫學二十四卷首一卷附卷一卷 (英國)該惠連 (英國)弗褁愛撰 (英國)傅蘭雅口譯 (清)趙元益述 清光緒二十五年(1899)江南製造局刻本 十冊

320000－1606－0009845 R02574
李義山詩三卷 (唐)李商隱撰 清宣統元年(1909)石印本 二冊

320000－1606－0009846 R02575
歐洲列國戰事本末二十二卷 王樹枏撰 清光緒二十八年(1902)中衛縣署刻本 六冊

320000－1606－0009847 R02576
讀史津逮四卷 (清)潘永圜編 清康熙五年(1666)刻本 八冊

320000－1606－0009848 R02577
龍雲先生文集三十二卷附録一卷 (宋)劉弇

撰　清乾隆劉氏刻本　三十二册

320000－1606－0009849　R02578
元秘史李注補正十五卷　（清）高寶銓撰　清光緒二十八年（1902）刻本　四册

320000－1606－0009850　R02580
欽定續文獻通考二百五十卷　（清）嵇璜等纂　清光緒十三年（1887）浙江書局刻本　一百二十册

320000－1606－0009851　R02581
古今文範三集　（明）李士淳編　清康熙元年（1662）刻本　十册

320000－1606－0009852　R02582
介石堂文鈔八卷附編一卷　（清）林芳春撰　林元英編輯　清道光五年（1825）錦江官署刻本　八册

320000－1606－0009853　R02584
劉賓客文集三十卷補遺一卷　（唐）劉禹錫撰　清光緒五年（1879）定州王氏謙德堂刻本　八册

320000－1606－0009854　R02585
商文毅公集六卷　（明）商輅撰　（清）張一魁編　清武進王家琦木活字印本　六册

320000－1606－0009855　R02586
佩弦齋雜存二卷　（清）朱一新撰　清光緒二十二年（1896）順德龍氏葆眞堂刻本　二册

320000－1606－0009856　R02587
北齊書五十卷　（唐）李百藥撰　清同治十三年（1874）金陵書局刻本　四册

320000－1606－0009857　R02588
抱沖齋詩集三十六集七十一卷附眠琴仙館詞一卷　（清）斌良撰　清道光二十九年（1849）袁浦官署刻本　十二册

320000－1606－0009858　R02589
理學逢源十二卷　（清）汪紱集　清道光十八年（1838）敬業堂刻本　二十册

320000－1606－0009859　R02590
德州田氏叢書十五種　（清）田雯等撰　清康熙、乾隆間刻本　二十八册

320000－1606－0009860　R02591
皇朝經世文編一百二十卷姓名總目二卷　（清）賀長齡輯　清同治十二年（1873）撫州饒玉成刻本　七十九册　存一百二十卷（一至一百一、一百四至一百二十，姓名總目二卷）

320000－1606－0009861　R02592
北史一百卷　（唐）李延壽撰　清同治十一年（1872）金陵書局刻本　二十册

320000－1606－0009862　R02593
十七史商榷一百卷　（清）王鳴盛撰　清乾隆五十二年（1787）刻本　三十二册

320000－1606－0009863　R02594
子史精華一百六十卷　（清）允祿等輯　清刻本　四十八册

320000－1606－0009864　R02595
宮詹司馬張公別山遺詩一卷附浩氣吟一卷　（明）張同敞撰　清光緒二十七年（1901）荊州刻本　一册

320000－1606－0009865　R02596
陸陳二先生詩文鈔二十九卷　（清）葉裕仁編　清同治九年至光緒二年（1870－1876）安道書院刻本　八册

320000－1606－0009866　R02597
道學淵源三十卷　（清）余心孺撰　清康熙三十八年（1699）刻本　十六册

320000－1606－0009867　R02599
明漳浦黃忠端公全集五十卷首一卷　（明）黃道周著　清道光刻本　十五册

320000－1606－0009868　R02600
史緯三百三十卷首一卷　（清）陳允錫刪修　清康熙刻本　一百二十册

320000－1606－0009869　R02602
宋岳忠武王集八卷末一卷　（宋）岳飛撰　清同治四年（1865）鳩江刻本　二册

320000－1606－0009870　R02603
宋宗忠簡公集七卷　（宋）宗澤撰　清同治四

年(1865)刻本　二冊

320000－1606－0009871　R02604
司馬溫公文集十四卷首一卷　(宋)司馬光撰　清光緒七年(1881)紅杏山房刻本　六冊

320000－1606－0009872　R02605
宋王忠文公文集五十卷目錄四卷　(宋)王十朋撰　(清)唐傳鉎編　清光緒二年(1876)溫州梅溪書院刻本　十六冊

320000－1606－0009873　R02606
宛陵先生文集六十卷　(宋)梅堯臣撰　清宣統二年(1910)上海石印本　十冊

320000－1606－0009874　R02607
許松濱先生全集四十三卷首一卷末一卷　(清)許錫祺著　清光緒十九年(1893)刻本　八冊

320000－1606－0009875　R02608
曾忠襄公全集　(清)曾國荃撰　清光緒二十九年(1903)刻本　六十四冊

320000－1606－0009876　R02609
左文襄公全集一百八卷　(清)左宗棠撰　清光緒十六年(1890)刻本　六十四冊

320000－1606－0009877　R02610
曾文定公全集二十卷首一卷末一卷　(宋)曾鞏撰　(清)彭期編　清康熙三十一年(1692)南豐彭氏七業堂刻南豐劉氏傳經堂印本　十四冊

320000－1606－0009878　R02611
歐陽文忠公全集一百五十三卷首一卷附錄五卷　(宋)歐陽修撰　清光緒十九年(1893)滄雅書局刻本　三十二冊

320000－1606－0009879　R02612
司馬文正公傳家集八十卷目錄二卷年譜一卷附錄一卷　(宋)司馬光撰　清乾隆六年(1741)陳氏培遠堂刻本　二十四冊

320000－1606－0009880　R02613
蘇文忠公海外集二十二卷　(宋)蘇軾撰　(清)樊庶編注　清康熙四十五年(1706)樊氏得樹軒刻本　八冊

320000－1606－0009881　R02614
醫學輯要四卷　(清)吳燡編　清同治七年(1868)山陰陳氏刻本　四冊

320000－1606－0009882　R02615
徐氏醫書八種　(清)徐大椿撰輯並釋　清光緒四年(1878)掃葉山房刻本　十二冊

320000－1606－0009883　R02617
徐騎省集三十卷補遺一卷　(宋)徐鉉撰　清光緒十六年至十九年(1890－1893)黟南李宗煝刻本　八冊

320000－1606－0009884　R02618
禪月集十二卷首一卷　(唐)釋貫休撰　清同治八年(1869)金華胡氏退補齋刻本　二冊

320000－1606－0009885　R02619
明大司馬盧公集十二卷首一卷　(明)盧象昇撰　清光緒元年(1875)刻本　八冊

320000－1606－0009886　R02620
金忠節公文集八卷　(明)金聲撰　清光緒十四年(1888)黟邑李宗煝刻本　四冊

320000－1606－0009887　R02621
吳詩集覽二十卷　(清)吳偉業撰　(清)靳榮藩補注　**吳詩談藪二卷拾遺一卷**　(清)靳榮藩輯　清乾隆四十年(1775)淩雲亭刻本　二十冊

320000－1606－0009888　R02622
邱邦士文集十八卷　(清)邱維屏撰　清光緒元年(1875)一家山房刻本　八冊

320000－1606－0009889　R02623
安雅堂未刻稿八卷　(清)宋琬撰　清乾隆三十一年(1766)刻本　六冊

320000－1606－0009890　R02624
陸子全書十八種　(清)陸隴其撰　(清)許仁沐等輯　清光緒刻本　三十六冊

320000－1606－0009891　R02625
蘇文忠公詩集五十卷目錄二卷　(宋)蘇軾撰　(清)紀昀評點　清同治八年(1869)韞玉山

房刻朱墨套印本　十二册

320000－1606－0009892　R02626
普濟應驗良方八卷末一卷　(清)德軒氏輯　清道光元年(1821)刻本　一册

320000－1606－0009893　R02627
太史升菴全集八十一卷目錄二卷　(明)楊慎著　(明)楊有仁錄　清乾隆六十年(1795)新都周參元養拙山房刻本　四十六册

320000－1606－0009894　R02628
楊園先生全集五十四卷　(清)張履祥撰　(清)姚璉輯　(清)萬斛泉編　**張楊園先生年譜一卷編年詩文目一卷**　(清)蘇惇元編　清同治十年(1871)江蘇書局刻本　十六册

320000－1606－0009895　R02629
先少保公石林遺書十三種　(宋)葉夢得撰　清宣統三年(1911)長沙葉德輝觀古堂刻本　十六册

320000－1606－0009896　R02630
陰陽五要奇書六種三十卷　(明)江之棟輯　清乾隆五十五年(1790)姑蘇顧氏樂眞堂刻本　八册

320000－1606－0009897　R02631
養志居僅存稿十八卷首一卷　(清)陳宗起撰　清光緒十一年(1885)丹徒陳克劬刻本　八册

320000－1606－0009898　R02632
鳥鼠山人遺集　(明)胡纘宗撰　明嘉靖刻清嘉慶補修本　十五册　存二十五卷(小集七卷、願學編二卷、可泉擬涯翁擬古樂府二卷、雍音四卷、唐雅八卷、榮哀錄二卷)

320000－1606－0009899　R02633
夏峰先生全集　(清)孫奇逢撰　清道光二十五年(1845)大梁書院刻本　四十一册

320000－1606－0009900　R02634
孫文恭公遺書六種　(明)孫應鼇撰　清光緒六年(1880)獨山莫氏刻本　八册

320000－1606－0009901　R02635
明季稗史彙編十六種二十七卷　題(清)留雲居士輯　清刻本　十五册

320000－1606－0009902　R02636
省吾堂四種二十五卷　(清)蔣光弼輯　清乾隆常熟蔣氏省吾堂刻本　九册

320000－1606－0009903　R02637
連筠簃叢書十二種　(清)楊尚文輯　清道光二十七年至二十九年(1847－1849)靈石楊氏刻本　三十六册

320000－1606－0009904　R02638
[光緒]海陽縣志四十六卷首一卷　(清)盧蔚猷修　(清)吳道鎔纂　清光緒二十六年(1900)海陽縣署刻本　十册

320000－1606－0009905　R02639
學詩詳說三十卷正詁五卷悔過齋文集七卷劄記一卷續集七卷補遺一卷　(清)顧廣譽撰　清光緒三年(1877)平湖顧鴻昇刻平湖顧氏遺書本　十四册

320000－1606－0009906　R02640
毋不敬齋全書六種　(清)方濬撰　清光緒十五年(1889)方敦吉濟南刻本　十七册

320000－1606－0009907　R02641
顧亭林先生遺書二十五種　(清)顧炎武撰　清光緒十四年(1888)吳縣朱記榮槐廬上海掃葉山房刻本　二十册

320000－1606－0009908　R02643
湯子遺書四種　(清)湯斌撰　清同治九年(1870)蘇廷魁刻本　三十册

320000－1606－0009909　R02644
倭文端公遺書十一卷首二卷　(清)倭仁撰　清同治刻本　八册

320000－1606－0009910　R02645
二曲全集二十六卷首一卷　(清)李顒撰　清咸豐湘陰奎樓蔣氏小嫏嬛山館刻本　六册

320000－1606－0009911　R02646
鄭小谷先生全集六種　(清)鄭獻甫撰　清光緒五年(1879)黔南節署刻本　三十二册

320000－1606－0009912　R02647
西堂全集　（清）尤侗撰　清康熙文富堂刻本　二十四册　存六十三卷（文集一至二十四、詩集一至三十二、樂府一至七）

320000－1606－0009913　R02648
匏瓜錄十卷　（清）芮長恤撰　清光緒十三年（1887）刻本　六册

320000－1606－0009914　R02649
黎雲館類定袁中郎先生全集二十四卷　（明）袁宏道撰　清道光九年（1829）培遠書屋刻本　十六册

320000－1606－0009915　R02651
賀文忠公遺集四卷末一卷　（明）賀逢聖撰　清同治八年（1869）錦樹山房刻本　四册

320000－1606－0009916　R02652
禮記集說十卷　（元）陳澔撰　清同治十三年（1874）湖南書局刻本　十册

320000－1606－0009917　R02653
禮運注一卷　康有為撰　清末鉛印本　一册

320000－1606－0009918　R02655
此觀堂集十二卷　（明）羅萬藻撰　清乾隆二十一年（1756）躍齋刻本　四册

320000－1606－0009919　R02656
禮記纂言三十六卷　（元）吳澄纂　清雍正刻本　二十册

320000－1606－0009920　R02657
詩經集傳八卷　（宋）朱熹集傳　清道生堂刻本　四册

320000－1606－0009921　R02658
詩經集傳八卷　（宋）朱熹集傳　清同治十三年（1874）湖南書局刻本　四册

320000－1606－0009922　R02659
田間詩學不分卷　（清）錢澄之撰　清同治二年（1863）斟雉堂刻本　八册

320000－1606－0009923　R02660
霜菉亭易說一卷　（清）胡薇元撰　清光緒鉛印本　一册

320000－1606－0009924　R02662
書經集傳六卷首一卷末一卷　（宋）蔡沈集傳　清同治十三年（1874）湖南書局刻本　三册　存五卷（一至四、首一卷）

320000－1606－0009925　R02663
書蔡氏傳旁通六卷　（元）陳師凱撰　清同治十二年（1873）通志堂刻本　三册

320000－1606－0009926　R02664
尚書解意六卷　（明）李楨扆撰　清順治六年（1649）書種樓刻本　六册

320000－1606－0009927　R02665
尚書今古文注疏三十卷　（清）孫星衍撰　清光緒十一年（1885）朱氏槐廬家塾刻本　六册

320000－1606－0009928　R02666
周易易簡三卷首一卷　（清）辛子未注　清道光二年（1822）井泉莊刻本　四册

320000－1606－0009929　R02667
四書說苑十一卷首一卷補遺一卷續遺一卷　（清）孫應科輯　清道光四年（1824）刻本　四册

320000－1606－0009930　R02668
春秋公羊注疏質疑二卷　（清）何若瑤撰　清光緒二十年（1894）廣雅書局刻本　一册

320000－1606－0009931　R02669
御纂周易折中二十二卷首一卷　（清）李光地等撰　清康熙五十四年（1715）內府刻本　十册

320000－1606－0009932　R02670
刪訂來氏易註象數圖說二卷　（明）來知德撰　清光緒十一年（1885）刻本　二册

320000－1606－0009933　R02671
欽定書經傳說彙纂二十一卷首二卷書序一卷　（清）王頊齡等纂　清雍正八年（1730）內府刻本　十六册

320000－1606－0009934　R02673
說文解字注十五卷六書音韻表五卷　（清）段玉裁注　清同治六年（1867）蘇州保息局刻本

二十四册

320000－1606－0009935　R02674

說文釋例二十卷　（清）王筠撰　清道光刻本　十册

320000－1606－0009936　R02675

聽園讀左隨筆二十卷　（清）李藝元撰　清同治十二年（1873）長沙李一經堂刻本　十册

320000－1606－0009937　R02676

毛詩傳箋通釋三十二卷　（清）馬瑞辰撰　清光緒十四年（1888）廣雅書局刻本　十二册

320000－1606－0009938　R02677

輪輿私箋二卷附圖一卷　（清）鄭珍撰　（清）鄭知同繪　清光緒十七年（1891）廣雅書局刻本　一册

320000－1606－0009939　R02678

尚書伸孔篇一卷　（清）焦廷琥撰　清光緒十四年（1888）廣雅書局刻本　一册

320000－1606－0009940　R02679

春秋宗朱辨義十二卷首一卷　（清）張自超撰　清光緒七年（1881）高淳書院刻本　八册

320000－1606－0009941　R02680

御纂春秋直解十二卷　（清）傅恒等纂修　清乾隆刻本　八册

320000－1606－0009942　R02681

詩經恒解六卷　（清）劉沅輯注　清光緒三十一年（1905）豫誠堂刻本　六册

320000－1606－0009943　R02682

欽定周官義疏四十八卷首一卷　（清）允禄等撰　清乾隆紫陽書院刻本　二十八册

320000－1606－0009944　R02683

儀禮要義五十卷　（宋）魏了翁撰　清光緒十年（1884）江蘇書局刻本　十二册

320000－1606－0009945　R02684

周官精義十二卷　（清）連斗山編　清同治十年（1871）刻本　四册

320000－1606－0009946　R02685

欽定詩經傳說彙纂二十一卷首二卷詩序二卷　（清）王鴻緒等纂　清雍正國子監刻本　十八册

320000－1606－0009947　R02686

大戴禮記解詁十三卷目錄一卷　（清）王聘珍撰　清光緒十三年（1887）廣雅書局刻本　三册

320000－1606－0009948　R02687

禮記恒解四十九卷　（清）劉沅輯注　清道光八年（1828）豫誠堂刻本　十册

320000－1606－0009949　R02688

禮經校釋二十二卷禮經纂疏序一卷　曹元弼撰　清光緒十八年（1892）刻本　十二册

320000－1606－0009950　R02689

儀禮圖六卷　（清）張惠言撰　清同治九年（1870）楚北崇文書局刻本　三册

320000－1606－0009951　R02690

儀禮恒解十六卷　（清）劉沅輯注　清道光八年（1828）豫誠堂刻本　六册

320000－1606－0009952　R02691

欽定春秋傳說彙纂三十八卷首二卷　（清）王掞等撰　清康熙六十年（1721）刻本　二十二册

320000－1606－0009953　R02692

儀禮古今文異同疏證五卷　（清）徐養原撰　清光緒十七年（1891）廣雅書局刻本　一册

320000－1606－0009954　R02693

儀禮私箋八卷　（清）鄭珍撰　清光緒十七年（1891）廣雅書局刻本　二册

320000－1606－0009955　R02694

王臨川全集一百卷目錄二卷　（宋）王安石撰　清光緒九年（1883）聽香館刻本　十六册

320000－1606－0009956　R02695

安陽集五十卷　（宋）韓琦撰　**別錄三卷**　（宋）王巖叟輯　**遺事一卷忠獻韓魏王家傳十卷**　（宋）強至撰　清乾隆三十五年（1770）刻本　十册

320000－1606－0009957　R02696

徐孝穆全集六卷備考一卷　(南朝陳)徐陵撰　(清)吳兆宜箋注　清善化經濟書堂刻本　六册

320000－1606－0009958　R02697

楊龜山先生集四十二卷首一卷　(宋)楊時撰　清光緒五年(1879)刻本　十册

320000－1606－0009959　R02698

庾子山集十六卷總釋一卷　(北周)庾信撰　(清)倪璠注　清同治刻本　十二册

320000－1606－0009960　R02699

謝疊山先生文章軌範七卷　(宋)謝枋得輯　清光緒二十一年(1895)湖北官書處刻三色套印本　二册

320000－1606－0009961　R02700

節孝先生文集三十卷事實一卷附載一卷節孝先生語録一卷　(宋)徐積著　清宣統三年(1911)徐氏刻本　六册

320000－1606－0009962　R02701

李長吉歌詩四卷外集一卷首一卷　(唐)李賀撰　(清)王琦彙解　清光緒四年(1878)宏達堂刻本　四册

320000－1606－0009963　R02702

盱江先生全集三十七卷　(宋)李覯撰　清光緒十九年(1893)盱江書院刻本　八册

320000－1606－0009964　R02703

楚辭燈四卷附楚懷襄王二王在位事蹟考一卷　(清)林雲銘論述　清經國堂刻本　二册

320000－1606－0009965　R02704

晉略六十六卷　(清)周濟撰　清光緒二年(1876)味雋齋刻本　十册

320000－1606－0009966　R02705

春秋集古傳注二十六卷首一卷　(清)郜坦撰　清光緒元年(1875)郜氏刻本　八册

320000－1606－0009967　R02706

東萊先生古文關鍵二卷　(宋)吕祖謙評　(宋)蔡文子註　(清)徐樹屏考異　清乾隆刻本　二册

320000－1606－0009968　R02707

[光緒]泰興縣志二十六卷首一卷末一卷　(清)楊激雲修　(清)顧曾烜纂　清光緒十二年(1886)刻本　十册

320000－1606－0009969　R02708

[道光]泰州志三十六卷首一卷　(清)王有慶等修　(清)陳世鎔等纂　清光緒三十四年(1908)刻本　十二册

320000－1606－0009970　R02709

東萊先生左氏博議二十五卷　(宋)吕祖謙著　清同治七年(1868)永康胡氏退補齋刻本　六册

320000－1606－0009971　R02710

文公家禮儀節八卷　(明)丘濬輯　清咸豐八年(1858)刻本　六册

320000－1606－0009972　R02711

司馬氏書儀十卷　(宋)司馬光撰　清同治七年(1868)江蘇書局刻本　一册

320000－1606－0009973　R02712

春秋左氏傳賈服註輯述二十卷　(清)李貽德撰　清同治五年(1866)刻本　六册

320000－1606－0009974　R02713

諸史拾遺五卷　(清)錢大昕撰　清光緒十七年(1891)廣雅書局刻本　一册　存三卷(三至五)

320000－1606－0009975　R02714

李衛公文集二十卷别集十卷外集四卷補遺一卷　(唐)李德裕撰　清光緒十六年(1890)常慊慊齋刻本　六册

320000－1606－0009976　R02716

白香山詩長慶集二十卷後集十七卷别集一卷補遺二卷　(唐)白居易撰　(清)汪立名編訂　**白文公年譜一卷**　(宋)陳振孫編　**白香山年譜一卷**　(清)汪立名編　清康熙四十二年(1703)汪氏一隅草堂刻本　十册

320000－1606－0009977　R02717

韓集補注一卷 (清)沈欽韓撰 清光緒十七年(1891)廣雅書局刻本 一冊

320000－1606－0009978 R02718
昌黎先生詩增注證訛十一卷 (唐)韓愈撰 (清)顧嗣立刪補 (清)黄鉞增注證訛 清咸豐七年(1857)四明鮑氏二客軒刻本 四冊

320000－1606－0009979 R02719
東都事略一百三十卷 (宋)王偁撰 清乾隆刻本 八冊

320000－1606－0009980 R02720
大金國志四十卷 (宋)宇文懋昭撰 清嘉慶二年(1797)掃葉山房刻本 六冊

320000－1606－0009981 R02721
溫飛卿詩集九卷 (唐)溫庭筠撰 (明)曾益注 (清)顧予咸補注 清光緒八年(1882)泉唐汪氏刻本 二冊

320000－1606－0009982 R02722
玉谿生詩詳注三卷年譜一卷樊南文集詳注八卷 (唐)李商隱撰 (清)馮浩注 清乾隆四十五年(1780)刻本 八冊

320000－1606－0009983 R02723
路史四十七卷 (宋)羅泌纂 (宋)羅苹注 清光緒二年(1876)趙承恩紅杏山房刻本 二十冊

320000－1606－0009984 R02724
文選六十卷 (南朝梁)蕭統輯 (唐)李善注 **考異十卷** (清)胡克家撰 清同治八年(1869)湖北崇文書局刻本 二十四冊

320000－1606－0009985 R02725
三蘇全集 (宋)蘇洵等撰 清道光十二年(1832)眉州三蘇祠堂刻本 八十冊

320000－1606－0009986 R02726
[光緒]常昭合志稿四十八卷首一卷末一卷 (清)鄭鍾祥等修 (清)龐鴻文等纂 清光緒三十年(1904)木活字印本 十六冊

320000－1606－0009987 R02727
[光緒]嘉興縣志三十七卷首二卷末一卷 (清)趙惟崳修 (清)石中玉等纂 清光緒三十四年(1908)刻本 二十四冊

320000－1606－0009988 R02729
唐陸宣公集二十二卷首一卷 (唐)陸贄撰 清光緒二年(1876)江蘇書局刻本 六冊

320000－1606－0009989 R02730
趙恭毅公賸藁八卷 (清)趙申喬撰 清光緒十八年(1892)浙江書局刻本 四冊

320000－1606－0009990 R02731
玉臺新詠十卷 (南朝陳)徐陵輯 清光緒五年(1879)宏達堂刻本 四冊

320000－1606－0009991 R02732
柳文四十三卷別集二卷外集二卷附録一卷 (唐)柳宗元撰 (唐)劉禹錫編 清同治七年(1868)永州刻本 十二冊

320000－1606－0009992 R02733
林和靖詩集四卷拾遺一卷 (宋)林逋撰 清同治十二年(1873)長洲朱氏刻本 四冊

320000－1606－0009993 R02734
楚辭集註八卷 (宋)朱熹集註 清聽雨齋刻朱墨套印本 六冊

320000－1606－0009994 R02735
宛陵先生文集六十卷 (宋)梅堯臣撰 清宣統二年(1910)上海石印本 十冊

320000－1606－0009995 R02736
曹集銓評十卷逸文一卷附魏陳思王年譜一卷 (三國魏)曹植撰 (清)丁晏編 清同治十一年(1872)金陵書局刻本 二冊

320000－1606－0009996 R02737
武侯全書二十卷首一卷 (三國蜀)諸葛亮撰 (清)趙承恩編輯 清光緒十年(1884)紅杏山房刻本 十冊

320000－1606－0009997 R02738
熊襄愍公集十卷首一卷末一卷 (明)熊廷弼撰 清道光二十六年(1846)匯古堂刻本 十二冊

320000－1606－0009998 R02739

宋文鑑一百五十卷目錄三卷　(宋)吕祖謙編　清光緒十二年(1886)江蘇書局刻本　二十四册

320000－1606－0009999　R02740
馮少墟集二十二卷續集五卷　(明)馮從吾著　明萬曆四十年(1612)刻本　十八册　存十六卷(馮少墟集一至十二、續集二至五)

320000－1606－0010000　R02741
餘姚黄忠端公集六卷　(明)黄尊素撰　(清)黄宗羲補註　清光緒十三年(1887)正氣堂刻本　二册

320000－1606－0010001　R02743
文選旁證四十六卷　(清)梁章鉅撰　清光緒八年(1882)刻本　十二册

320000－1606－0010002　R02744
[道光]金華縣志十二卷首一卷　(清)黄金聲修　(清)李林松纂　清道光四年(1824)刻本　八册

320000－1606－0010003　R02745
赤城集十八卷　(宋)林表民輯　清嘉慶二十三年(1818)臨海宋氏刻本　三册

320000－1606－0010004　R02746
楊忠烈公文集十卷首一卷末一卷　(明)楊漣撰　清光緒三年(1877)永康胡氏退補齋刻本　八册

320000－1606－0010005　R02747
寶綸堂集十卷拾遺一卷佚事一卷　(清)陳洪綬撰　清光緒十四年(1888)取斯家塾木活字印本　六册

320000－1606－0010006　R02748
劉子全書遺編二十四卷首一卷　(明)劉宗周撰　(清)沈復粲編輯　清光緒十八年(1892)刻本　十二册

320000－1606－0010007　R02749
[光緒]巴陵縣志六十三卷首一卷　(清)姚詩德等修　(清)杜貴墀纂　清光緒二十六年(1900)刻本　十六册

320000－1606－0010008　R02750
南陵小志四卷首一卷　(清)宗能徵纂　清光緒二十五年(1899)木活字印本　六册

320000－1606－0010009　R02751
[嘉慶]衛藏通志十六卷首一卷　(清)和琳纂修　清光緒二十二年(1896)桐廬袁昶漸西村舍刻本　八册

320000－1606－0010010　R02752
四六叢話三十三卷選詩叢話一卷　(清)孫梅輯　清光緒七年(1881)吳下刻本　十二册

320000－1606－0010011　R02753
聲調三譜四卷　(清)王祖源輯　清光緒八年(1882)福山王氏天壤閣刻本　二册

320000－1606－0010012　R02754
頑潭詩話二卷補遺一卷附錄一卷　(清)陳瑚輯　清末刻本　二册

320000－1606－0010013　R02755
全唐詩話八卷　(宋)尤袤輯　清乾隆三十九年(1774)清芬堂刻本　八册

320000－1606－0010014　R02756
[道光]雲南備徵志二十一卷　(清)王崧纂修　清宣統二年(1910)雲南官報局鉛印本　十六册

320000－1606－0010015　R02757
行水金鑑一百七十五卷首一卷　(清)傅澤洪錄　清雍正三年(1725)淮揚官舍刻本　三十六册

320000－1606－0010016　R02758
河北采風錄四卷　(清)王鳳生撰　清道光六年(1826)刻本　二册　存三卷(一至三)

320000－1606－0010017　R02759
水經注匯校四十卷附錄二卷　(清)楊希閔撰　清光緒七年(1881)福州刻本　十二册

320000－1606－0010018　R02760
唐樓志二十四卷　(清)王同輯　清光緒十五年(1889)刻本　八册

320000－1606－0010019　R02761

黎里續志十六卷首一卷　(清)蔡丙圻纂輯　清光緒二十五年(1899)禊湖書院刻本　六册

320000－1606－0010020　R02761－1
黎里志十六卷首一卷　(清)徐達源纂輯　清嘉慶十年(1805)禊湖書院刻本　四册

320000－1606－0010021　R02762
楹聯叢話十二卷續話四卷　(清)梁章鉅輯　清道光二十年至二十三年(1840－1843)刻本　五册　存十四卷(楹聯叢話十二卷、續話一至二)

320000－1606－0010022　R02763
[光緒]桐鄉縣志二十四卷首四卷　(清)嚴辰纂　清光緒十三年(1887)蘇州陶漱藝齋刻本　二十四册

320000－1606－0010023　R02764
[道光]平望志十八卷首一卷　(清)翁廣平纂輯　清光緒十二年(1886)刻本　六册

320000－1606－0010024　R02765
平望續志十二卷首一卷　(清)黄兆檉纂　清光緒十四年(1888)刻本　四册

320000－1606－0010025　R02766
辮貞亮室賦草一卷　(清)張其翻著　清刻本　一册

320000－1606－0010026　R02767
唐人試帖四卷　(清)毛奇齡論定　(清)王錫　(清)田易參釋　清刻本　二册

320000－1606－0010027　R02768
文藝正宗四種　(清)路德著　清光緒六年(1880)劉華邦刻本　十册

320000－1606－0010028　R02769
霜筠閣文鈔詩鈔賦鈔三種　(清)陳啟邁著　清刻本　十册

320000－1606－0010029　R02770
太平御覽一千卷目錄十五卷　(宋)李昉等纂　清嘉慶二十三年(1818)南海李氏刻本　一百二十册

320000－1606－0010030　R02771
蔡氏九儒書九卷首一卷　(明)蔡有鵾輯　清同治七年(1868)三餘書屋刻本　六册

320000－1606－0010031　R02772
古今濡削選章四十卷目錄一卷　(明)李國祥選　明萬曆二十九年(1601)刻本　四十八册

320000－1606－0010032　R02773
唐詩品彙九十卷拾遺十卷　(明)高棅輯　明張恂刻本　三十二册

320000－1606－0010033　R02774
文章正宗復刻三十卷　(宋)眞德秀撰　(清)楊仲興輯　清乾隆三十三年(1768)楊仲興刻本　三十六册

320000－1606－0010034　R02775
[光緒]阜甯縣志二十四卷首一卷　(清)阮本焱等修　(清)殷自芳等纂　清光緒十二年(1886)刻本　十册

320000－1606－0010035　R02776
三禮通釋二百八十卷首一卷目錄四卷　(清)林昌彝撰　清同治三年(1864)刻本　四十八册

320000－1606－0010036　R02777
隆平集二十卷　(宋)曾鞏撰　清康熙四十年(1701)七業堂刻本　六册

320000－1606－0010037　R02778
御訂全金詩增補中州集七十二卷首二卷　(金)元好問撰　(清)郭元釪補輯　清康熙五十年(1711)刻本　四十八册

320000－1606－0010038　R02779
昭代叢書　(清)張潮輯　清道光十三年(1833)吴江沈氏世楷堂刻本　一百九册

320000－1606－0010039　R02780
藝風藏書記八卷續記八卷　繆荃孫撰　清光緒二十七年(1901)刻本　五册

320000－1606－0010040　R02781
晚香堂賦集初編二卷二編一卷試帖一卷　(清)劉鳳苞著　清光緒二十五年(1899)墨琴軒刻本　四册

320000－1606－0010041　R02782
吳中水利書一卷　（宋）單鍔撰　清光緒二十六年(1900)弇山鐸署刻本　一冊

320000－1606－0010042　R02783
明文才調集不分卷　（清）許振禕編集　清光緒十七年(1891)大梁東河行署刻本　十二冊

320000－1606－0010043　R02784
全唐文紀事一百二十二卷首一卷　（清）陳鴻墀纂　清同治十二年(1873)刻本　二十冊

320000－1606－0010044　R02785
脈表診病論一卷　（英國）傅蘭雅譯　清光緒十六年(1890)上海格致書室刻本　一冊

320000－1606－0010045　R02786
西國名菜嘉花論一卷　（英國）傅蘭雅輯　清光緒十六年(1890)上海格致書室刻本　一冊

320000－1606－0010046　R02787
諸史考異十八卷　（清）洪頤煊撰　清光緒十五年(1889)廣雅書局刻本　三冊

320000－1606－0010047　R02788
史通削繁四卷　（清）紀昀撰　（清）浦起龍注刪　清光緒元年(1875)湖北崇文書局刻本　四冊

320000－1606－0010048　R02789
漢書管見四卷　（清）朱一新撰　清光緒葆眞堂刻本　四冊

320000－1606－0010049　R02790
江刻書目三種　（清）江標輯　清光緒十四年至二十三年(1888－1897)元和江氏刻本　三冊

320000－1606－0010050　R02791
古金待問錄四卷錄餘一卷補遺一卷　（清）朱楓輯　清光緒十六年(1890)常熟鮑廷爵後知不足齋刻本　二冊

320000－1606－0010051　R02794
左海全集十種　（清）陳壽祺撰　清嘉慶至道光刻本　二十八冊

320000－1606－0010052　R02795
雕菰集二十四卷　（清）焦循撰　清道光四年(1824)文學山房刻本　八冊

320000－1606－0010053　R02796
湯液本草三卷　（元）王好古類集　清刻本　五冊

320000－1606－0010054　R02797
海源閣藏書目一卷　（清）楊紹和編　清光緒十四年(1888)元和江氏師鄦室刻本　一冊

320000－1606－0010055　R02799
唐鑑二十四卷　（宋）范祖禹撰　清同治十三年(1874)蓉城尊經書院刻本　四冊

320000－1606－0010056　R02800
西漢節義傳論二卷　（清）李鄴嗣撰　清光緒十一年(1885)金峩山館刻本　一冊

320000－1606－0010057　R02802
濟陰綱目十四卷目錄一卷　（明）武之望輯著　（清）汪淇箋譯　清雍正六年(1728)掃葉山房刻本　十冊

320000－1606－0010058　R02803
飲冰室文集十六卷　梁啟超撰　清宣統二年(1910)鉛印本　八冊

320000－1606－0010059　R02804
濟生集六卷　（清）王上達纂　清光緒二十二年(1896)寧波詠古齋刻本　三冊

320000－1606－0010060　R02805
麻痘新編二卷　俞世球編著　清光緒十年(1884)刻本　一冊

320000－1606－0010061　R02806
集驗良方拔萃二卷續補一卷　題（清）恬素氏輯　清光緒十一年(1885)秀綠書屋刻本　二冊

320000－1606－0010062　R02807
治心免病法二卷　（美國）烏特亨利撰　（英國）傅蘭雅譯　清光緒二十二年(1896)上海格致書室鉛印本　一冊

320000－1606－0010063　R02809
體用十章四卷　（英國）哈士烈撰　清光緒十

年(1884)廣州博濟醫局刻本　四冊

320000－1606－0010064　R02810
西藥畧釋四卷附總論一卷　(美國)嘉約翰口譯　清光緒元年(1875)羊城博濟醫局刻本　二冊　存三卷(西藥畧釋一至二、總論一卷)

320000－1606－0010065　R02811
婦科秘方一卷　(清)杜文瀾輯　清同治五年(1866)刻本　二冊

320000－1606－0010066　R02812
婦科精蘊五卷　(美國)妥瑪氏撰　(清)孔慶高筆譯　清光緒十五年(1889)刻本　五冊

320000－1606－0010067　R02813
幼科醫學指南四卷　(清)周震撰　清乾隆五十四年(1789)刻本　四冊

320000－1606－0010068　R02814
幼科鐵鏡六卷　(清)夏鼎撰　清康熙三十四年(1695)友蘭堂刻本　二冊

320000－1606－0010069　R02815
萬國藥方八卷　(美國)洪士提反譯　清光緒二十二年(1896)刻本　八冊

320000－1606－0010070　R02816
醫學精要八卷　(清)黄巖著　清道光十年(1830)刻本　二十八冊

320000－1606－0010071　R02817
己任編八卷　(清)高鼓峰撰　(清)楊乘六評　清刻本　二冊

320000－1606－0010072　R02818
平齋文集三十二卷拾遺一卷附録一卷　(宋)洪咨夔撰　清同治十二年(1873)洪氏晦木齋校刻本　二十冊

320000－1606－0010073　R02821
四明它山水利備覽二卷　(宋)魏峴撰　清咸豐四年(1854)徐氏煙嶼樓刻本　一冊

320000－1606－0010074　R02822
熒惑新解一卷　(英國)駱三畏口譯　清光緒二十五年(1899)鉛印本　一冊

320000－1606－0010075　R02823
星學發軔十六卷　(美國)羅密士撰　(英國)駱三畏口譯　(清)熙璋等筆述　清光緒二十年(1894)同文館鉛印本　十六冊

320000－1606－0010076　R02824
[宣統]甘肅新通志一百卷首五卷　(清)升允等修　清宣統刻本　八十冊　存一百四卷(一至二十六、二十八至一百,首五卷)

320000－1606－0010077　R02825
四書講四十卷　(清)金松著　清乾隆五年(1740)求志堂刻本　十二冊

320000－1606－0010078　R02826
南嶽志八卷　(清)高自位編　(清)曠敏本輯　清乾隆十八年(1753)開雲樓刻本　六冊

320000－1606－0010079　R02827
潘方伯公遺稿六卷　(清)潘駿文撰　(清)潘學祖　(清)潘延祖編　清光緒二十二年(1896)都門刻本　六冊

320000－1606－0010080　R02828
新鐫海内奇觀十卷　(明)楊爾曾輯　明萬曆三十七年(1609)楊氏夷白堂刻本　六冊　存七卷(一至二、六至十)

320000－1606－0010081　R02829
嶺上白雲集十二卷附窳翁文鈔四卷　(清)陸懋修著　清光緒二十三年(1897)刻本　四冊

320000－1606－0010082　R02830
[光緒]續雲南通志稿一百九十四卷首六卷　(清)王文韶等修　(清)唐炯纂　清光緒二十七年(1901)刻本　一百冊

320000－1606－0010083　R02831
欽定學政全書八十六卷　(清)童璜等纂修　清刻本　二十二冊　存七十九卷(八至八十六)

320000－1606－0010084　R02832
黄帝素問宣明論方十五卷素問玄機原病式二卷素問病機氣宜保命集三卷　(金)劉完素撰　明刻本　三冊

320000－1606－0010085　R02833
周易本義啓蒙通刊八卷首一卷　（宋）朱熹撰　清雍正十二年（1734）光德堂刻本　六冊

320000－1606－0010086　R02835
物理小識十二卷首一卷　（清）方以智撰　清光緒十年（1884）寧靜堂刻本　六冊

320000－1606－0010087　R02836
林氏活人錄十四卷　（清）張在浚重輯　清刻本　二冊　存二卷（六至七）

320000－1606－0010088　R02837
明醫雜著六卷　（明）王綸撰　（明）薛己注　明刻本　八冊

320000－1606－0010089　R02838
幾何原本十五卷首一卷　（意大利）利瑪竇口譯　（明）徐光啟筆受　清同治四年（1865）金陵刻本　八冊

320000－1606－0010090　R02839
求益齋全集五種二十卷　（清）強汝詢撰　清光緒二十四年（1898）江蘇書局刻本　八冊

320000－1606－0010091　R02840
知止齋詩集十六卷　（清）翁心存撰　清光緒三年（1877）刻本　八冊

320000－1606－0010092　R02841
簡學齋詩存四卷詩刪四卷館課賦存一卷館課試律存一卷館課賦續鈔一卷詩律續鈔一卷　（清）陳沆撰　清咸豐二年（1852）刻本　六冊

320000－1606－0010093　R02842
悔餘菴詩稿十三卷文稿九卷樂府四卷餘辛集三卷衲蘇集二卷　（清）何栻撰　清同治四年（1865）鳩江戎幄刻本　十二冊

320000－1606－0010094　R02843
羅浮山志會編二十二卷首一卷　（清）宋廣業纂輯　清康熙海幢寺刻本　十冊

320000－1606－0010095　R02844
說嵩三十二卷例目一卷　（清）景日昣撰　清康熙嶽生堂刻本　十冊

320000－1606－0010096　R02845
黃山志二卷　（清）張佩芳撰　清乾隆三十五年（1770）刻本　四冊

320000－1606－0010097　R02847
西湖志纂十五卷首一卷　（清）沈德潛等輯　清刻本　十四冊

320000－1606－0010098　R02848
化學衛生論四卷　（英國）真司騰譯　（英國）傅蘭雅口譯　清光緒十六年（1890）上海格致書室刻本　四冊

320000－1606－0010099　R02849
秘授治痧要略一卷附一卷　（清）歐陽調律撰　清咸豐二年（1852）刻本　一冊

320000－1606－0010100　R02850
傳症彙編三種二十卷　（清）熊立品編輯　清乾隆四十二年（1777）西昌熊氏家塾刻本　六冊

320000－1606－0010101　R02851
國朝九家文選八集　（清）張曉瞻鑒定　清道光十四年（1834）桂月樓刻本　十四冊

320000－1606－0010102　R02852
青溪舊屋文集十一卷　（清）劉文淇撰　清光緒九年（1883）刻本　二冊

320000－1606－0010103　R02853
弔脚痧方論一卷　（清）徐子默撰　清光緒二十八年（1902）刻本　一冊

320000－1606－0010104　R02854
孩童衛生編十二章　（英國）傅蘭雅譯　清光緒十九年（1893）鉛印本　一冊

320000－1606－0010105　R02855
全體圖說二卷　（英國）稻惟德譯　清光緒十年（1884）益智書會刻本　一冊

320000－1606－0010106　R02856
平易方四卷　（清）葉香侶撰　清嘉慶刻本　六冊

320000－1606－0010107　R02857
初學衛生編一卷　（美國）蓋樂格撰　（英國）傅蘭雅譯　清光緒二十二年（1896）鉛印本

一册

320000－1606－0010108　R02858
銀海指南四卷　(清)顧錫著　清嘉慶十五年(1810)三友草堂刻本　八册

320000－1606－0010109　R02859
產科不分卷　(英國)密爾纂　(清)鄭昌棪筆述　清光緒三十一年(1905)上海江南機器製造總局鉛印本　四册

320000－1606－0010110　R02860
曙彩樓詩鈔一卷詞鈔一卷詩補鈔一卷詞補鈔二卷　(清)顧成順著　清道光二十二年(1842)刻本　二册

320000－1606－0010111　R02861
求志堂存稿彙編八種　(清)周濟著　清光緒十九年(1893)刻本　六册

320000－1606－0010112　R02862
邃懷堂全集三十八卷　(清)袁翼撰　清光緒十三年(1887)刻本　二十册

320000－1606－0010113　R02864
寶華山志十五卷首一卷　(清)劉名芳纂修　清刻本　四册

320000－1606－0010114　R02865
茅山志十四卷　(清)笪蟾光編　清康熙八年(1669)朱茂如刻本　六册

320000－1606－0010115　R02866
小滄浪筆談四卷　(清)阮元輯　清光緒二十六年(1900)江蘇書局刻本　二册

320000－1606－0010116　R02867
丹痧經驗秘傳一卷喉症圖形針藥秘傳一卷　(清)程瘦樵輯　(清)張鐵耕輯評　清道光二十三年(1843)刻本　二册

320000－1606－0010117　R02868
畸零山館文鈔八言齋文鈔二種　(清)彭煇昇著　清光緒十三年(1887)刻本　五册

320000－1606－0010118　R02869
健餘先生文集十卷　(清)尹會一撰　清光緒五年(1879)定州王氏謙德堂刻本　四册

320000－1606－0010119　R02871
清史館吴氏孝友傳稿一卷　(清)清史館撰　清刻本　一册

320000－1606－0010120　R02874
吴耿尚孔四王合傳一卷　清刻本　一册

320000－1606－0010121　R02876
南海先生五上書記一卷　康有為撰　清光緒二十三年(1897)上海大同譯書局石印本　一册

320000－1606－0010122　R02881
屈子正音三卷　(清)方績撰　清光緒六年(1880)網舊聞齋刻本　一册

320000－1606－0010123　R02883
觚賸八卷續編四卷　(清)鈕琇撰　清宣統三年(1911)時中書局石印本　六册

320000－1606－0010124　R02884
吕祖年譜海山奇遇仙蹟七卷　(清)火西月述　清道光二十六年(1846)空青洞天刻本　八册

320000－1606－0010125　R02885
陸士衡集十卷首一卷　(晉)陸機撰　**陸士龍集十卷**　(晉)陸雲撰　清光緒四年(1878)長沙寄生草堂刻本　六册

320000－1606－0010126　R02886
二希正鵠三卷　(清)潘汝翼輯　清道光八年(1828)敬敷義學刻本　八册

320000－1606－0010127　R02887
克虜伯礮説四卷操法四卷表八卷附一卷　(德國)布國軍政局編　(美國)金楷理口譯　(清)李鳳苞筆述　清光緒江南製造局刻本　二册

320000－1606－0010128　R02888
井礦工程三卷　(英國)白爾捺輯　(英國)傅蘭雅口譯　(清)趙元益筆述　清光緒江南機器製造總局刻本　二册

320000－1606－0010129　R02889
工程致富論略十三卷首一卷圖一卷　(英國)

瑪體生撰　(英國)傅蘭雅　(清)鍾天緯譯　清光緒江南製造總局鉛印本　八册

320000－1606－0010130　R02890
顔魯公文集三十卷首一卷補遺一卷　(唐)顔眞卿撰　(清)黄本驥編訂　清道光二十五年(1845)刻本　二十册

320000－1606－0010131　R02894
姑蘇名賢小記二卷　(明)文震孟撰　清光緒九年(1883)長洲蔣氏心矩齋刻本　二册

320000－1606－0010132　R02896
邊華泉集八卷邊華泉集稿六卷　(明)邊貢撰　清嘉慶十年(1805)刻本　二十册

320000－1606－0010133　R02897
語石十卷　葉昌熾撰　清宣統元年(1909)刻本　四册

320000－1606－0010134　R02898
曾西墅先生集十二卷首一卷　(明)曾棨撰　清乾隆十五年(1750)龍潭寬穀堂刻本　二十册

320000－1606－0010135　R02900
卓忠毅公遺稿三卷附録一卷　(明)卓敬撰　(清)林從炯編　(清)林維喬補編　清刻本　三册

320000－1606－0010136　R02901
從政觀法録三十卷　(清)朱方增輯　清道光十年(1830)刻本　十六册　存十九卷(一至十九)

320000－1606－0010137　R02902
明進士題名碑録不分卷　(□)□□輯　清刻本　六册

320000－1606－0010138　R02903
晉陵先賢傳不分卷　(明)歐陽東風編　清同治七年(1868)刻本　八册

320000－1606－0010139　R02904
古今孝子所見録十二卷　(清)李燕昌輯　清道光十四年(1834)順德龍裕光刻本　四册

320000－1606－0010140　R02905
守中子成人集五卷　(清)胡瀛撰　清雍正六年(1728)刻本　八册

320000－1606－0010141　R02906
元朝名臣事略十五卷　(元)蘇天爵輯　清光緒五年(1879)定州王氏謙德堂刻本　八册

320000－1606－0010142　R02908
郭侍郎奏疏十二卷　(清)郭嵩燾撰　清光緒十八年(1892)刻本　十二册

320000－1606－0010143　R02911
謝山存稿十卷　(明)陳吾德撰　清嘉慶十八年(1813)忠直堂刻本　十二册

320000－1606－0010144　R02912
顧華陽集三卷　(唐)顧況撰　(清)顧名端纂輯　**顧華陽集補遺一卷**　(清)顧履成纂輯　清咸豐五年(1855)顧炳章雙峰堂刻本　六册

320000－1606－0010145　R02913
宋鄭所南先生心史二卷　(宋)鄭思肖撰　清光緒二十年(1894)種竹書屋刻本　四册

320000－1606－0010146　R02914
歷代史論十二卷宋史論三卷元史論一卷　(明)張溥撰　**明史論四卷**　(清)谷應泰撰　**左傳史論二卷**　(清)高士奇撰　清光緒五年(1879)西江裴氏刻本　八册

320000－1606－0010147　R02916
堅正堂摺稿二卷　(清)褚成博撰　清光緒三十一年(1905)刻本　二册

320000－1606－0010148　R02917
鍾台先生文集十二卷附録一卷　(明)田一儁撰　清康熙四十四年(1705)刻本　二十册

320000－1606－0010149　R02918
備遺録一卷　(明)張芹編　清抄本　一册

320000－1606－0010150　R02920
宋大家曾文定公文鈔十卷　(宋)曾鞏撰　(明)茅坤評　**宋大家王文公文鈔十六卷**　(宋)王安石撰　明刻本　十册

320000－1606－0010151　R02921
宋大家蘇文公文鈔十卷　(宋)蘇洵撰　(明)

茅坤評　**宋大家蘇文忠公文鈔二十八卷**　(宋)蘇軾撰　**宋大家蘇文定公文鈔二十卷**　(宋)蘇轍撰　明刻本　十八册

320000－1606－0010152　R02922
百子全書　(清)崇文書局輯　清光緒元年(1875)湖北崇文書局刻本　一百十册

320000－1606－0010153　R02923
史記一百三十卷　(漢)司馬遷撰　(南朝宋)裴駰集解　(唐)司馬貞索隱　(唐)張守節正義　清光緒十年(1884)上海同文書局石印本　二十六册

320000－1606－0010154　R02924
前漢書一百二十卷　(漢)班固撰　(唐)顔師古注　清光緒十年(1884)上海同文書局石印本　三十二册

320000－1606－0010155　R02926
藝風堂金石文字目十八卷　繆荃孫撰　清光緒三十二年(1906)江陰繆氏刻本　八册

320000－1606－0010156　R02927
藏書紀事詩六卷　葉昌熾撰　清光緒二十三年(1897)長沙學使署刻本　十二册

320000－1606－0010157　R02928
張說之文集二十五卷補遺五卷　(唐)張說撰　清光緒三十一年(1905)仁和朱氏刻本　十六册

320000－1606－0010158　R02929
皇甫持正文集六卷補遺一卷　(唐)皇甫湜撰　清光緒二年(1876)讀有用書齋刻本　六册

320000－1606－0010159　R02930
韻圃羣芳八卷　(清)姚焜撰韻並輯注　清乾隆三十三年(1768)五雲堂刻本　八册

320000－1606－0010160　R02931
續同書八卷　(清)福申輯　清道光七年(1827)刻本　八册

320000－1606－0010161　R02932
周易八宅正宗二卷　(清)汪應元纂著　清留耕堂刻本　三册

320000－1606－0010162　R02933
帝京景物略八卷　(明)劉侗撰　(明)于奕正修　明崇禎刻本　十册　存四卷(三至六)

320000－1606－0010163　R02934
地理眞機全書四卷　(清)黎雲撰　清嘉慶樹德堂刻本　二册

320000－1606－0010164　R02935
青原志略十三卷首一卷　(清)釋大然編　清康熙刻本　四册

320000－1606－0010165　R02936
堪輿指原六卷首一卷末二卷　(清)邵涵初銓次　清道光二十八年(1848)錫山尚悳書院刻本　八册

320000－1606－0010166　R02938
穴法分受二卷　(清)黄越著　清刻本　二册

320000－1606－0010167　R02939
梅氏叢書輯要六十二卷　(清)梅文鼎著　(清)梅文鼏學　(清)梅瑴成重較輯　清頤園刻本　二十册

320000－1606－0010168　R02940
太平寰宇記二百卷目錄二卷　(宋)樂史撰　清乾隆五十八年(1793)刻本　三十二册

320000－1606－0010169　R02942
滇雲歷年傳十二卷　(清)倪蜕輯　清刻本　二十四册

320000－1606－0010170　R02943
白芙堂算學叢書　(清)丁取忠輯　清同治至光緒長沙荷池精舍刻本　十五册　存九種四十七卷(算書二十一種二十一卷、附一種三卷,借根方勾股細草一卷,勾股算術細草一卷,開方說三卷,少廣縋鑿一卷,務民義齋算學七種十二卷,百雞術衍二卷,輿地經緯度里表一卷,求一術通解二卷)

320000－1606－0010171　R02944
重鐫官板地理天機會元正篇體用括要三十五卷　(唐)卜則巍著　(明)顧乃德集　(明)徐之鏌重編刪補　清光緒十六年(1890)學庫

山房刻本　十六冊

320000－1606－0010172　R02945
高陽山人文集十二卷補遺一卷詩集二十卷補遺一卷附錄一卷金石續錄四卷　(清)劉青藜撰　清刻本　三十六冊

320000－1606－0010173　R02946
彙草堂治平類纂三十卷　(明)朱健著　清康熙刻本　二十冊

320000－1606－0010174　R02947
洞麓堂集十卷　(明)尹臺撰　清刻本　二十四冊

320000－1606－0010175　R02948
地理大成五種　(清)葉泰輯　清刻本　二十八冊

320000－1606－0010176　R02949
瞿忠宣公集十卷　(明)瞿式耜撰　清光緒十三年(1887)刻本　四冊

320000－1606－0010177　R02950
趙玫古先生遺集六卷首一卷續集一卷　(明)趙撝謙撰　(清)張廷枚輯　清乾隆三十八年(1773)銘西堂刻本　四冊

320000－1606－0010178　R02951
無欺錄二卷附墓誌銘一卷　(清)朱用純撰　清光緒二十六年(1900)玉山書院刻本　二冊

320000－1606－0010179　R02952
觀復堂稿略一卷　(明)朱集璜著　清光緒三十三年(1907)玉山書院刻本　一冊

320000－1606－0010180　R02953
先正格言十卷　(清)陳鑾輯　清道光十六年(1836)刻本　十冊

320000－1606－0010181　R02954
童蒙必讀書十四種　(清)涂宗瀛輯　清光緒九年(1883)武昌書局刻本　四冊

320000－1606－0010182　R02955
陰宅集要四卷　(清)姚廷鑾輯　清刻本　四冊

320000－1606－0010183　R02956
三命通會十二卷　(明)萬明英撰　清雍正刻本　十二冊

320000－1606－0010184　R02958
歸厚錄不分卷　(清)蔣平階著　清抄本　四冊

320000－1606－0010185　R02959
樊山續集二十二卷　樊增祥撰　清光緒二十八年(1902)西安臬署刻本　六冊

320000－1606－0010186　R02960
增訂五星集腋十卷續編一卷　(清)廖冀亨輯　(清)廖鴻章編　(清)程枚增訂　清同治十二年(1873)刻本　七冊

320000－1606－0010187　R02961
西圃集二十四卷　(清)潘遵祁撰　清刻本　二冊　存四卷(一至四)

320000－1606－0010188　R02962
經進文稿六卷　(清)高士奇撰　清康熙刻本　四冊

320000－1606－0010189　R02963
地理孝思集十卷　(清)舒鳳儀著　清光德堂刻本　六冊

320000－1606－0010190　R02964
養正書屋全集定本四十卷目錄四卷　(清)宣宗旻寧撰　清道光二年(1822)刻本　十冊　存三十二卷(一至三十二)

320000－1606－0010191　R02965
東坡文抄十二卷　(宋)蘇軾撰　(明)陳鑾重訂　(明)李贄原評選　清刻本　十二冊

320000－1606－0010192　R02966
新刊權載之文集五十卷　(唐)權德輿撰　清刻本　十六冊

320000－1606－0010193　R02967
躬恥齋文鈔二十卷首一卷　(清)宗稷辰撰　清咸豐元年(1851)越峴山館刻本　三十六冊　存十八卷(一至十七、二十)

320000－1606－0010194　R02970

相理衡眞十卷首一卷　(清)陳釗著　清寶慶經綸堂刻本　六冊

320000－1606－0010195　R02971
神峯通考六卷　(明)張楠撰　清刻本　六冊

320000－1606－0010196　R02972
韓文起十二卷　(唐)韓愈撰　(清)林雲銘評註　**韓文公年譜一卷**　(清)林雲銘編　清康熙三十二年(1693)刻本　二十四冊

320000－1606－0010197　R02973
雙峯猥稿九卷首一卷末一卷　(宋)舒邦佐著　清道光二十九年(1849)刻本　八冊

320000－1606－0010198　R02975
安陽集五十卷　(宋)韓琦撰　**別錄三卷**　(宋)王巖叟輯　**遺事一卷忠獻韓魏王家傳十卷**　(宋)強至撰　清刻本　十冊

320000－1606－0010199　R02976
雲居聖水寺志六卷　(清)釋明倫原輯　(清)釋實懿重纂　清刻本　三冊　存三卷(一至三)

320000－1606－0010200　R02977
學治識端一卷　(清)徐壽茲撰　清光緒二十七年(1901)刻本　一冊

320000－1606－0010201　R02978
友聲集文二卷詩五卷　(清)賴鯤升等輯　清霞綺園刻本　十二冊

320000－1606－0010202　R02979
求闕齋文鈔八卷　(清)曾國藩撰　清同治十二年(1873)刻本　八冊

320000－1606－0010203　R02980
宋大家歐陽文忠公文抄三十二卷　(宋)歐陽修撰　(明)茅坤批評　清刻本　十冊

320000－1606－0010204　R02982
牧令書二十三卷　(清)徐棟輯　清道光二十八年(1848)刻本　十八冊

320000－1606－0010205　R02983
保甲書四卷　(清)徐棟編　清道光二十八年(1848)刻本　三冊

320000－1606－0010206　R02984
五蓮山志五卷　(清)釋海霆編集　(清)王咸炤批選　清萬松禪林刻本　二冊

320000－1606－0010207　R02986
祠山志十卷首一卷末一卷　(元)周秉秀編　清光緒十二年(1886)刻本　四冊

320000－1606－0010208　R02987
汲庵文存六卷　(清)楊象濟撰　清光緒七年(1881)杭州刻本　四冊

320000－1606－0010209　R02988
集聖教字詩四卷續集四卷　(清)馬慧裕撰　清嘉慶貽穀堂刻本　四冊

320000－1606－0010210　R02989
文獻通考詳節二十四卷　(元)馬端臨著　(清)嚴虞惇錄　清光緒刻本　十冊

320000－1606－0010211　R02990
[光緒]金山縣志三十卷首一卷　(清)崔廷鏞等修　(清)黃厚本等纂　清光緒四年(1878)刻本　八冊

320000－1606－0010212　R02991
小酉腴山館文鈔九卷詩鈔二卷詩鈔補錄一卷詩鈔續編二卷詩鈔三編二卷詩鈔四編一卷集外文四卷　(清)吳大廷撰　清同治三年(1864)刻本　八冊

320000－1606－0010213　R02992
興平縣士女續志三卷　(清)王權纂修　清光緒二年(1876)刻本　二冊

320000－1606－0010214　R02993
宣講博聞錄不分卷　(清)調元善社編　清光緒十四年(1888)西樵雲泉仙館刻本　八冊

320000－1606－0010215　R02995
復堂文續五卷　(清)譚獻撰　清光緒二十七年(1901)刻鴿齋刻本　四冊

320000－1606－0010216　R02996
漸西村人初集十三卷于湖小集六卷金陵襍事詩一卷安般簃集十卷春闈雜詠一卷附錄一卷　(清)袁昶撰　清光緒十六年至二十年

(1890－1894)刻本　二十冊

320000－1606－0010217　R02997
[光緒]六合縣志八卷附錄一卷　(清)謝延庚等修　(清)賀廷壽等纂　清光緒十年(1884)刻本　十冊

320000－1606－0010218　R02999
六書十二聲傳十二卷　(清)吕調陽述　清光緒十四年(1888)刻本　六冊

320000－1606－0010219　R03000
四書釋地補一卷續補一卷又續補一卷三續補一卷　(清)閻若璩撰　(清)樊廷枚校補　清嘉慶二十一年(1816)梅陽海涵堂刻本　六冊

320000－1606－0010220　R03001
葛仙翁肘後備急方八卷　(晉)葛洪撰　清光緒十一年(1885)刻本　四冊

320000－1606－0010221　R03002
海鹽張氏涉園叢刻十二種　張元濟輯　清宣統三年(1911)上海商務印書館鉛印本　八冊
存八種(入告編、退思軒詩集、賦閒樓詩集、篔谷詩選、捫腹齋詩鈔、捫腹齋詩餘、藕村詞存、涉園題詠)

320000－1606－0010222　R03003
晨風閣叢書二十二種　沈宗畸輯　清宣統元年(1909)沈氏刻本　十六冊

320000－1606－0010223　R03004
六壬經緯六卷　(清)毛志道著　清雍正三年(1725)書業堂刻本　六冊

320000－1606－0010224　R03005
天下郡國利病書一百二十卷　(清)顧炎武輯　清光緒五年(1879)蜀南桐華書局刻本　八十冊

320000－1606－0010225　R03006
丁文誠公奏稿二十六卷首一卷　(清)丁寶楨撰　(清)陳夔龍輯　清光緒十九年(1893)刻本　二十七冊

320000－1606－0010226　R03007
[同治]湖州府志九十六卷首一卷　(清)宗源瀚等修　(清)周學濬等纂　清同治十三年(1874)愛山書院刻本　四十冊

320000－1606－0010227　R03010
駱文忠公奏議十六卷奏稿十一卷附行狀一卷神道碑銘一卷　(清)駱秉章撰　**輓言錄一卷**　(清)陳與鉞輯　清同治十年(1871)刻本　二十六冊

320000－1606－0010228　R03011
庚子都門紀事詩六卷首一卷末一卷　延清撰　清光緒二十八年(1902)京江刻本　二冊
存七卷(庚子都門紀事詩六卷、首一卷)

320000－1606－0010229　R03012
勾股六術一卷　(清)項名達撰　清刻本　一冊

320000－1606－0010230　R03013
增删算法統宗十一卷首一卷　(明)程大位編　(清)梅瑴成增删　清光緒三年(1877)江南機器製造局刻本　四冊

320000－1606－0010231　R03014
數學理九卷附一卷　(英國)棣麼甘撰　(英國)傅蘭雅口譯　(清)趙元益筆述　清光緒刻本　四冊

320000－1606－0010232　R03015
象數一原七卷　(清)項名達著　(清)戴煦校　清光緒十四年(1888)刻本　四冊

320000－1606－0010233　R03016
九數通考十一卷首一卷末一卷　(清)屈曾發輯　清同治十一年(1872)刻本　五冊

320000－1606－0010234　R03017
聖諭像解二十卷　(清)梁延年撰　清康熙二十年(1681)承宣堂刻本　十冊

320000－1606－0010235　R03018
退菴隨筆二十二卷　(清)梁章鉅編　清同治十一年(1872)刻本　八冊

320000－1606－0010236　R03019
大學衍義續七十卷　(清)強汝詢編輯　清光緒十二年(1886)刻本　二十四冊

320000－1606－0010237　R03020
筆諫八卷首一卷百孝圖一卷末編一卷　(清)馬萬選編　清光緒八年至九年(1882－1883)京口一得軒刻本　二十册

320000－1606－0010238　R03021
江城舊事十六卷　(清)朱欒纂　清道光刻本　三十二册

320000－1606－0010239　R03022
玉笙樓詩錄十二卷　(清)沈壽榕撰　清光緒九年(1883)刻本　六册

320000－1606－0010240　R03023
壹齋集四十卷泛槳錄二卷兩朝恩賚記一卷奏御集二卷　(清)黄鉞撰　清刻本　八册

320000－1606－0010241　R03024
欽定六部處分則例五十二卷　(清)清平等纂修　清光緒十八年(1892)上海圖書集成印書局石印本　八册

320000－1606－0010242　R03026
尚書說統四十卷　(明)張雲鸞編輯　明崇禎刻本　九册

320000－1606－0010243　R03027
日本書目志十五卷　康有爲輯　清光緒上海大同譯書局石印本　八册

320000－1606－0010244　R03028
坐花誌果八卷　(清)汪道鼎撰　清光緒十七年(1891)漢南義盛堂刻本　四册

320000－1606－0010245　R03029
津逮祕書十五集　(明)毛晉輯　明崇禎毛氏汲古閣刻本　三百二十册

320000－1606－0010246　R03030
定香亭筆談四卷　(清)阮元記　清光緒二十五年(1899)浙江書局刻本　四册

320000－1606－0010247　R03031
[光緒]鳳陽府志二十一卷　馮煦等修　魏家驊等纂　清光緒三十四年(1908)木活字印本　二十四册

320000－1606－0010248　R03032
遊志續編一卷　(明)陶宗儀輯　清光緒十二年(1886)新陽趙氏刻本　二册

320000－1606－0010249　R03033
泰山道里記一卷　(清)聶鈫撰　清乾隆三十八年(1773)雨山堂刻本　二册

320000－1606－0010250　R03034
江蘇水利圖説不分卷　(清)李慶雲等纂　(清)陸鐘琦編　清宣統二年(1910)刻本　二册

320000－1606－0010251　R03035
江蘇海塘新志八卷首一卷　(清)李慶雲撰　清光緒十六年(1890)刻本　四册

320000－1606－0010252　R03036
洋防輯要二十四卷　(清)嚴如熤輯　清刻本　十二册

320000－1606－0010253　R03037
續纂江蘇水利全案正編四十卷　(清)李慶雲等纂　清刻本　十五册

320000－1606－0010254　R03038
竹林答問一卷　(清)陳僅撰　清光緒十一年(1885)刻本　一册

320000－1606－0010255　R03039
苗防備覽二十二卷　(清)嚴如熤撰　清道光二十三年(1843)刻本　六册

320000－1606－0010256　R03039－1
三省邊防備覽十四卷　(清)嚴如熤輯　清道光二年(1822)刻本　六册

320000－1606－0010257　R03039－2
洋防輯要二十四卷　(清)嚴如熤輯　清刻本　十二册

320000－1606－0010258　R03040
積學齋叢書二十種　徐乃昌輯　清光緒十九年(1893)刻本　十六册

320000－1606－0010259　R03041
[康熙]廬山志十五卷首一卷　(清)毛德琦重訂　清康熙五十九年(1720)順德堂刻同治十年(1871)補刊光緒九年(1883)印本　十六册

320000－1606－0010260　R03042
風雨樓叢書二十三種　鄧實輯　清宣統順德鄧氏鉛印本　十六册　存八種五十六卷(梅村文集二十卷,天遊閣集五卷,謫麐堂遺集五卷,庚子銷夏記八卷,秋笳集八卷,東莊吟稿七卷,南雷餘集一卷,乙卯劄記一卷、丙辰劄記一卷)

320000－1606－0010261　R03043
張氏適園叢書七種　張鈞衡編　清宣統三年(1911)上海國學扶輪社鉛印本　十册

320000－1606－0010262　R03044
九疑山志四卷　(清)吴繩祖編　(清)樊在廷纂　清嘉慶元年(1796)滇南吴氏退思齋刻本　四册

320000－1606－0010263　R03045
重修南海普陀山志二十卷首一卷　(清)秦耀曾編輯　清道光十二年(1832)刻本　四册

320000－1606－0010264　R03046
雲臺新志十八卷首一卷末一卷　(清)謝元淮修　清道光十七年(1837)郁洲書院刻本　六册

320000－1606－0010265　R03047
華嶽志八卷首一卷　(清)李榕纂輯　清光緒九年(1883)刻本　四册

320000－1606－0010266　R03048
崆峒山志二卷　(清)張伯魁纂修　清同治十一年(1872)刻本　二册

320000－1606－0010267　R03049
續金山志二十卷　(清)曾燠輯　清道光四年(1824)刻本　六册

320000－1606－0010268　R03050
武夷山志二十四卷首一卷　(清)董天工編輯　清道光二十七年(1847)五夫尺木軒刻本　八册

320000－1606－0010269　R03051
戰國策釋地二卷　(清)張琦撰　清光緒十一年(1885)新陽趙氏刻本　一册

320000－1606－0010270　R03052
國語翼解六卷　(清)陳瑑撰　清光緒十八年(1892)廣雅書局刻本　二册

320000－1606－0010271　R03053
眞文忠公全集　(宋)眞德秀撰　清拱極堂刻本　九十册

320000－1606－0010272　R03054
眼科指蒙一卷　(英國)稻惟德口譯　清光緒十三年(1887)益智書會刻本　一册

320000－1606－0010273　R03055
金鼓洞志八卷首一卷　(清)朱文藻纂　清光緒五年(1879)刻本　四册

320000－1606－0010274　R03056
西域水道記五卷　(清)徐松撰　清道光刻本　五册

320000－1606－0010275　R03057
泰山志二十卷　(清)金棨撰　清嘉慶刻本　十册

320000－1606－0010276　R03058
續纂江蘇水利全案附編十二卷　(清)李慶雲等纂　清光緒木活字印本　六册

320000－1606－0010277　R03059
莫愁湖志六卷首一卷　(清)馬士圖撰　清光緒八年(1882)刻本　二册

320000－1606－0010278　R03060
重刊麻姑山志十二卷首一卷　(清)黄家駒編訂　清同治五年(1866)洞天書屋刻本　六册

320000－1606－0010279　R03061
虎阜志十卷首一卷　(清)任兆麟撰　清乾隆五十七年(1792)西溪别墅刻本　十册

320000－1606－0010280　R03062
長恩書室叢書甲集十種乙集九種　(清)莊肇麟輯　清咸豐四年(1854)新昌莊氏過客軒刻本　十四册

320000－1606－0010281　R03063
水道提綱二十八卷　(清)齊召南編錄　清光緒四年(1878)津門徐士鑾霞城精舍刻本

八冊

320000－1606－0010282　R03064
五省溝洫圖說一卷　(清)沈夢蘭撰　清光緒六年(1880)江蘇書局刻本　一冊

320000－1606－0010283　R03065
蒙古游牧記十六卷　(清)張穆撰　清同治六年(1867)壽陽祁氏刻本　四冊

320000－1606－0010284　R03066
[光緒]西藏圖考八卷首一卷　(清)黃沛翹輯　清光緒二十年(1894)刻本　四冊

320000－1606－0010285　R03067
野獲編三十卷首一卷補遺四卷　(明)沈德符撰　(清)錢枋輯　清道光七年(1827)錢塘姚祖恩扶荔山房刻本　二十冊

320000－1606－0010286　R03068
西湖志四十八卷　(清)李衛　(清)程元章修　(清)傅王露撰　清光緒四年(1878)浙江書局刻本　二十冊

320000－1606－0010287　R03069
觀自得齋叢書二十四種　(清)徐士愷輯　清光緒十八年(1892)石埭徐氏觀自得齋刻本　二十四冊

320000－1606－0010288　R03071
湖海樓叢書十二種　(清)陳春輯　清光緒八年(1882)刻本　三十二冊

320000－1606－0010289　R03072
金華吕東萊先生正學編一卷　(宋)吕祖謙撰　(明)趙鶴輯　清光緒十三年(1887)刻本　一冊

320000－1606－0010290　R03073
金華王魯齋先生傳集二卷　(宋)王柏撰　(明)趙鶴輯　清乾隆十年(1745)郡東藕塘奎光閣刻本　二冊

320000－1606－0010291　R03074
宋金仁山先生年譜一卷　(明)徐袍編次　清乾隆九年(1744)郡東藕塘賢祠義學刻本　一冊

320000－1606－0010292　R03075
仁山先生金文安公文集五卷　(宋)金履祥撰　清光緒十三年(1887)刻本　二冊

320000－1606－0010293　R03076
白雲先生許文懿公傳集四卷　(元)許謙撰　(清)戴琦編次　清雍正十年(1732)刻本　二冊

320000－1606－0010294　R03077
金華章楓山先生正學編一卷　(明)章懋撰　(明)趙鶴輯　清光緒十三年(1887)刻本　一冊

320000－1606－0010295　R03078
揚州畫舫錄十八卷　(清)李斗著　清同治十一年(1872)方濬頤刻本　六冊

320000－1606－0010296　R03079
桃花源志二十四卷　(清)胡鳳丹輯　清光緒三年(1877)永康胡氏退補齋刻本　十冊

320000－1606－0010297　R03080
吳山伍公廟志六卷首一卷　(清)金文淳纂輯　清光緒二年(1876)刻本　四冊

320000－1606－0010298　R03081
[康熙]寧化縣志七卷　(清)李元仲撰　清同治八年(1869)刻本　八冊

320000－1606－0010299　R03082
金華何北山先生正學編一卷　(宋)何基撰　(明)趙鶴輯　清乾隆十年(1745)郡東藕塘奎光閣刻本　一冊

320000－1606－0010300　R03083
惜陰軒叢書　(清)李錫齡輯　清光緒二十二年(1896)刻本　一百冊

320000－1606－0010301　R03084
宜稼堂叢書十三種　(清)郁松年輯　清道光二十年至二十二年(1840－1842)刻本　六十四冊

320000－1606－0010302　R03085
[康熙]安平縣志十卷　(清)陳宗石修　清康熙二十六年(1687)患立堂刻本　五冊

320000－1606－0010303　R03086
[雍正]高陽縣志六卷　(清)嚴宗嘉修　(清)李其旋纂　清雍正八年(1730)刻本　六冊

320000－1606－0010304　R03087
[康熙]堂邑縣志二十卷　(清)盧承琰修　清光緒十八年(1892)雀城書院刻本　四冊

320000－1606－0010305　R03088
[康熙]靈壽縣志十卷末一卷　(清)陸隴其修　清康熙二十五年(1686)刻本　四冊

320000－1606－0010306　R03089
白鹿書院志十九卷首一卷　(清)毛德琦原訂　(清)周兆蘭重修　清光緒九年(1883)刻本　八冊

320000－1606－0010307　R03090
孝肅奏議十卷　(宋)包拯撰　清同治二年(1863)李瀚章省心閣刻本　四冊

320000－1606－0010308　R03091
國語二十一卷　(三國吳)韋昭注　**校刊明道本韋氏解國語札記一卷**　(清)黄丕烈撰　**國語明道本考異四卷**　(清)汪遠孫撰　清同治八年(1869)湖北崇文書局刻本　六冊

320000－1606－0010309　R03092
曹江孝女廟誌八卷首一卷末一卷補遺一卷　(清)金廷棟編輯　(清)阮元鑒定　清光緒八年(1882)五社公所刻本　二冊

320000－1606－0010310　R03093
敏果齋七種　(清)許乃釗輯　清道光二十九年(1849)刻本　四十冊

320000－1606－0010311　R03094
十三經注疏十三種　(清)張廷玉　(清)鄂爾泰總閱　清同治十年(1871)廣東書局刻本　一百二十冊

320000－1606－0010312　R03095
崇文書局彙刻書三十三種　(清)崇文書局輯　清光緒三年(1877)湖北崇文書局刻本　七十四冊

320000－1606－0010313　R03096
率祖堂叢書十四種　(宋)金履祥撰　清雍正、乾隆間金華金氏刻光緒十三年(1887)鎮海謝駿德補刻本　三十冊

320000－1606－0010314　R03097
司馬溫公稽古錄二十卷　(宋)司馬光撰　清刻本　四冊

320000－1606－0010315　R03098
資治通鑑釋文三十卷　(宋)史炤撰　清光緒十五年(1889)刻本　六冊

320000－1606－0010316　R03099
花蕊詩鈔一卷　(五代)費氏撰　清刻本　一冊

320000－1606－0010317　R03100
國朝名臣言行錄十六卷　(清)王炳燮撰　清光緒十一年(1885)津河廣仁堂刻本　六冊

320000－1606－0010318　R03101
陳檢討集二十卷　(清)陳維崧撰　清同治十三年(1874)大文堂刻本　六冊

320000－1606－0010319　R03102
明文在一百卷　(清)薛熙輯　清康熙三十二年(1693)刻本　八冊

320000－1606－0010320　R03103
菊壽盦詞稿四卷　(清)姚輝第撰　清木活字印本　二冊

320000－1606－0010321　R03104
[乾隆]盛京通志四十八卷圖一卷　(清)吕耀曾等修　(清)魏樞等纂　清乾隆刻本　四十冊

320000－1606－0010322　R03105
歷代節義名臣錄十卷　(清)陳炳纂　清光緒十二年(1886)金陵刻本　十冊

320000－1606－0010323　R03106
元史譯文證補三十卷　(清)洪鈞撰　清光緒二十三年(1897)陸潤庠刻本　四冊

320000－1606－0010324　R03107
元史氏族表三卷　(清)錢大昕撰　清光緒二

十年(1894)廣雅書局刻本　一冊

320000－1606－0010325　R03108
金史詳校十卷首一卷末一卷　(清)施國祁撰　清光緒二十年(1894)廣雅書局刻本　十冊

320000－1606－0010326　R03109
碧血録五卷　(清)莊仲方著　清光緒八年(1882)上海同文書局石印本　四冊

320000－1606－0010327　R03110
名宦鄉賢録一卷　(清)□□輯　清光緒十四年(1888)刻本　一冊

320000－1606－0010328　R03111
新甯劉宫保七十賜壽圖不分卷　(清)恩壽等輯　清光緒上海點石齋石印本　八冊

320000－1606－0010329　R03112
浙江全省輿圖並水陸道里記不分卷　(清)宗源瀚纂　清光緒石印本　二十冊

320000－1606－0010330　R03113
船山遺書二百八十八卷　(清)王夫之撰　清同治四年(1865)湘鄉曾氏金陵節署刻本　一百五十五冊　缺一卷(續春秋左氏傳博議下之一)

320000－1606－0010331　R03114
道光二十一年辛丑恩科禮部會試同年齒録不分卷　(清)□□撰　清道光二十一年(1841)精華齋刻本　二冊

320000－1606－0010332　R03115
長興縣學表節録一卷　(□)□□撰　清光緒十六年(1890)刻本　一冊

320000－1606－0010333　R03116
浙志便覽十卷　(清)李應珏著　清光緒杭城吏隱齋刻本　四冊　存七卷(一至七)

320000－1606－0010334　R03117
靈徵録一卷　(清)劉毓奇輯　清光緒二十年(1894)刻本　一冊

320000－1606－0010335　R03118
續碑傳集八十六卷首二卷　繆荃孫纂　清宣統二年(1910)江楚編譯書局刻本　二十四冊

320000－1606－0010336　R03119
廿二史攷異一百卷　(清)錢大昕撰　清光緒二十年(1894)廣雅書局刻本　十八冊

320000－1606－0010337　R03120
百將傳略一卷　(□)□□撰　清刻本　一冊

320000－1606－0010338　R03121
率祖堂叢書十四種　(宋)金履祥撰　清雍正、乾隆間金華金氏刻光緒十三年(1887)鎮海謝駿德補刻本　二十四冊　存十一種五十六卷(金華吕東萊先生正學編一卷,資治通鑑前編十八卷、舉要三卷、首一卷,金華王魯齋先生傳集二卷,金華章楓山先生正學編一卷,白雲先生許文懿公傳集四卷,宋仁山金先生年譜一卷,尚書表注二卷,仁山先生金文安公文集五卷,宋金仁山先生大學疏義一卷,論語集注考證十卷,孟子集注考證七卷)

320000－1606－0010339　R03122
感舊集十六卷　(清)王士禛選　(清)盧見曾補傳　清乾隆十七年(1752)刻本　十六冊

320000－1606－0010340　R03123
五言詩十七卷七言詩十五卷五七言今體詩鈔九卷　(清)王士禛選　清同治五年(1866)金陵書局刻本　十冊

320000－1606－0010341　R03124
農政全書六十卷　(明)徐光啟纂輯　清道光十七年(1837)刻本　二十冊

320000－1606－0010342　R03125
補註洗冤録集證四卷附刊檢骨圖格一卷作吏要言一卷　(宋)宋慈撰　(清)王又槐集證　(清)阮其新補註　清道光二十三年(1843)刻三色套印本　四冊

320000－1606－0010343　R03126
顔氏學記十卷　(清)戴望述　清光緒二十年(1894)白巖書院刻本　四冊

320000－1606－0010344　R03127
潛書二卷附西蜀唐圃亭先生行略一卷　(清)唐甄著　(清)王聞遠編　清光緒九年(1883)中江李氏刻本　四冊

320000－1606－0010345　R03128
國朝先正事略六十卷　（清）李元度纂　清同治五年（1866）循陔草堂刻本　二十四册

320000－1606－0010346　R03129
［雍正］河南通志八十卷　（清）田文鏡修　（清）孫灝纂　清光緒二十八年（1902）刻本　四十八册

320000－1606－0010347　R03130
宋詩鈔初集九十四卷　（清）吳之振等輯　清康熙十年（1671）洲錢吳氏鑑古堂刻本　六十三册　缺十六卷（江東集鈔一卷、退休集鈔一卷、浪語集鈔一卷、水心詩鈔一卷、艾軒詩鈔一卷、攻媿集鈔一卷、東臯詩鈔一卷、石屏詩鈔一卷、農歌集鈔一卷、秋崖小藁鈔一卷、清雋集鈔一卷、晞髮集鈔一卷、晞髮近藁鈔一卷、天地間集一卷、文山詩鈔一卷、花蕊詩鈔一卷）

320000－1606－0010348　R03131
補註洗冤錄集證四卷附刊檢骨圖格一卷作吏要言一卷　（宋）宋慈撰　（清）王又槐集證　（清）阮其新補註　清道光二十三年（1843）刻三色套印本　四册

320000－1606－0010349　R03132
前敵須知四卷　（英國）克利賴著　舒高第　（清）鄭昌棪譯　清鉛印本　四册

320000－1606－0010350　R03133
武備新書十種　（清）廖壽豐輯　清光緒二十三年（1897）浙江書局刻本　五册

320000－1606－0010351　R03134
朱子經濟文衡類編前集二十五卷後集二十五卷續集二十二卷　（宋）朱熹撰　（宋）滕珙輯　清乾隆四年（1739）楊雲服刻本　十二册

320000－1606－0010352　R03135
呻吟語六卷　（明）吕坤撰　清道光十七年（1837）雅雨堂刻本　六册

320000－1606－0010353　R03136
［乾隆］江南通志二百卷首四卷　（清）尹繼善等總裁　（清）性桂等協裁　（清）刁承祖等監理　（清）王恕等協理　（清）黃之雋等纂修　（清）王元衡等分修　清乾隆元年（1736）刻本　八十册

320000－1606－0010354　R03137
日知薈説四卷　（清）高宗弘曆撰　清石印本　四册

320000－1606－0010355　R03138
于氏中説二卷　（明）于鎰撰　清光緒四年（1878）于馭良刻本　二册

320000－1606－0010356　R03139
中庸衍義十七卷　（明）夏良勝撰　清同治十年（1871）刻本　十二册

320000－1606－0010357　R03140
［乾隆］續河南通志八十卷首四卷　（清）阿思哈　（清）嵩貴纂修　清光緒二十八年（1902）刻本　十六册

320000－1606－0010358　R03141
讀史兵略四十六卷　（清）胡林翼纂　清咸豐十一年（1861）武昌節署刻本　十六册

320000－1606－0010359　R03142
［乾隆］天津縣志二十四卷　（清）吳廷華修　清乾隆四年（1739）刻本　八册

320000－1606－0010360　R03143
［同治］續天津縣志二十卷首一卷　（清）吳惠元修　清同治九年（1870）刻本　八册

320000－1606－0010361　R03144
五子近思錄發明十四卷　（清）施璜纂註　清康熙四十四年（1705）刻本　八册

320000－1606－0010362　R03145
小學集解六卷　（清）張伯行纂輯　清同治羊城拾芥園刻本　五册

320000－1606－0010363　R03146
大學衍義四十三卷　（宋）眞德秀撰　清同治十一年（1872）浙江書局刻本　十册

320000－1606－0010364　R03147
慈溪黃氏日抄分類九十七卷古今紀要十九卷　（宋）黃震編輯　清乾隆三十二年（1767）刻本　二十四册

320000－1606－0010365　R03148
［乾隆］貴州通志四十六卷首一卷　（清）鄂爾泰等修　清刻本　六十四冊

320000－1606－0010366　R03149
古文淵鑒六十四卷　（清）徐乾學等編注　清同治十二年（1873）浙江書局刻本　三十二冊

320000－1606－0010367　R03150
詞綜一百六卷　（清）朱彝尊輯　（清）王昶續選　清文萃堂、三泖漁莊刻本　二十四冊

320000－1606－0010368　R03151
弟子箴言十六卷　（清）胡達源撰　清道光十五年（1835）刻本　四冊

320000－1606－0010369　R03152
正學編八卷　（清）潘世恩輯　（清）潘曾瑋疏解　清同治六年（1867）刻本　四冊

320000－1606－0010370　R03153
全唐詩九百卷目錄十二卷　（清）曹寅等輯　清康熙四十四年至四十六年（1705－1707）揚州詩局刻本　一百十九冊　缺九卷（王勃二卷、李嶠五卷、杜審言一卷、董思恭辛常伯一卷）

320000－1606－0010371　R03154
詞選二卷續詞選二卷附錄一卷　（清）張惠言錄　清道光十年（1830）張氏刻本　三冊

320000－1606－0010372　R03155
景宋本備急灸方一卷重刻鍼灸擇日編集一卷　（宋）張炬卿輯　清光緒十七年（1891）刻本　二冊

320000－1606－0010373　R03156
曝書亭詞拾遺三卷志異一卷　（清）朱彝尊撰　（清）翁之潤輯　清光緒二十二年（1896）常熟翁氏刻本　一冊

320000－1606－0010374　R03157
新蘅詞六卷外集一卷　（清）張景祁撰　清光緒九年（1883）百億梅花仙館刻本　二冊

320000－1606－0010375　R03158
曾子家語六卷　（清）曾國荃審訂　（清）王定安編輯　清光緒十六年（1890）刻本　二冊

320000－1606－0010376　R03159
詞律拾遺八卷　（清）徐本立纂　清刻本　四冊

320000－1606－0010377　R03160
詞律二十卷　（清）萬樹論次　清康熙二十六年（1687）堆絮園刻本　十冊

320000－1606－0010378　R03161
小檀欒室彙刻閨秀詞十集閨秀詞鈔十六卷　徐乃昌輯　清光緒二十一年至二十二年（1895－1896）南陵徐乃昌刻宣統元年（1909）增刻本　二十八冊

320000－1606－0010379　R03162
理瀹駢文不分卷　（清）吳師機學　清刻本　四冊

320000－1606－0010380　R03163
尚友錄二十二卷　（明）廖用賢編纂　清刻本　二十二冊

320000－1606－0010381　R03164
大成通志十八卷　（清）楊慶輯著　清刻本　十六冊

320000－1606－0010382　R03165
丹魁堂自訂年譜一卷感遇錄一卷　（清）季芝昌撰　清咸豐刻本　一冊

320000－1606－0010383　R03166
雷塘庵主弟子記八卷　（清）張鑑錄　清琅嬛仙館刻本　四冊

320000－1606－0010384　R03167
黃文貞公忠節紀略四卷首一卷　（清）柯自遂原輯　（清）劉瑞芬重編　清光緒元年（1875）皖上刻本　二冊

320000－1606－0010385　R03168
先儒趙子言行錄二卷　（清）陳廷鈞纂述　清同治九年（1870）湖北崇文書局刻本　二冊

320000－1606－0010386　R03169
歷代名人年譜十卷　（清）吳榮光撰　清天祿閣刻本　十冊

320000－1606－0010387　R03170
通甫類稿四卷續編二卷詩存四卷詩存之餘二卷補過軒四書文一卷右軍年譜一卷　（清）魯一同撰　**仲實類稿一卷詩存二卷**　（清）魯蕡撰　清咸豐九年(1859)刻本　十二册

320000－1606－0010388　R03171
昭代名人尺牘小傳二十四卷　（清）吳修采輯　清光緒七年(1881)杭州亦鹵齋刻本　二册

320000－1606－0010389　R03172
鶴徵錄八卷首一卷　（清）李集輯　（清）李富孫等續輯　**鶴徵錄後錄十二卷首一卷**　（清）李遇孫輯　清漾葭老屋刻本　六册

320000－1606－0010390　R03173
浦陽人物記二卷　（明）宋濂撰　清同治八年(1869)退補齋刻本　一册

320000－1606－0010391　R03176
先聖生卒年月日考二卷　（清）孔廣牧述　清光緒四年(1878)刻本　一册

320000－1606－0010392　R03177
陸文慎公奏議一卷　（清）陸寶忠撰　清宣統三年(1911)鉛印本　一册

320000－1606－0010393　R03178
張中丞奏議四卷　（清）張聯桂撰　清光緒二十五年(1899)刻本　四册

320000－1606－0010394　R03179
鼎鍥幼幼集成六卷　（清）陳復正輯訂　清鋤經堂刻本　六册

320000－1606－0010395　R03180
傅氏眼科審視瑤函六卷首一卷　（明）傅仁宇輯　（清）林長生校補　（清）傅維藩編　清蘇州綠蔭堂刻本　六册

320000－1606－0010396　R03181
增注類證活人書二十二卷釋音一卷傷寒藥性一卷　（宋）朱肱撰　清光緒十二年(1886)刻本　四册

320000－1606－0010397　R03182
蠶桑萃編十五卷首一卷　（清）衛杰編　清光緒二十五年(1899)刻本　八册

320000－1606－0010398　R03183
鄂國金佗稡編二十八卷續編三十卷　（宋）岳珂編　清光緒九年(1883)浙江書局刻本　十二册

320000－1606－0010399　R03184
宋詩紀事補遺一百卷小傳補正四卷　（清）陸心源輯　清光緒十九年(1893)刻本　二十四册

320000－1606－0010400　R03186
本草綱目五十二卷首一卷圖三卷附奇經八脈攷二卷　（明）李時珍編　**本草萬方鍼線八卷**　（清）蔡烈先輯　**本草綱目拾遺十卷**　（清）趙學敏輯　清光緒十一年(1885)合肥張氏味古齋刻本　四十八册

320000－1606－0010401　R03187
廣傳遺書錄不分卷　（清）振儒社編次　清曲水書局木活字印本　二册

320000－1606－0010402　R03188
詞苑叢談十二卷　（清）徐釚編輯　清康熙二十七年(1688)蛾術齋刻本　四册

320000－1606－0010403　R03189
潘文勤公[祖蔭]年譜一卷　（清）潘祖年編　清刻本　一册

320000－1606－0010404　R03190
康齋先生集十二卷首一卷　（明）吳與弼撰　清道光十五年(1835)邑侯山左王魯齋刻本　二十四册

320000－1606－0010405　R03191
海忠介公備忘集十卷首一卷榮哀錄一卷　（明）海瑞著　（清）馮驥聲重編　清光緒三十四年(1908)海廷芳刻本　十二册

320000－1606－0010406　R03192
溫氏醫案一卷　（清）溫存厚著　清光緒十三年(1887)刻本　一册

320000－1606－0010407　R03193
存存齋醫話藁二卷　（清）趙彥暉撰　清光緒

七年(1881)刻本　一冊

320000－1606－0010408　R03194
王氏醫存十七卷　(清)王燕昌述　清同治十三年(1874)皖城黃竹友齋刻本　四冊

320000－1606－0010409　R03195
養病庸言一卷　(清)沈嘉澍撰　清光緒二十六年(1900)刻本　一冊

320000－1606－0010410　R03196
瘟疫明辨四卷末一卷　(清)鄭奠一撰　清光緒三十三年(1907)瑟齋鉛印本　一冊

320000－1606－0010411　R03197
感證集腋二卷　(清)茅鍾盈選輯　清拜石山房刻本　八冊

320000－1606－0010412　R03198
傷寒審症表一卷　(清)包誠纂輯　清同治十年(1871)湖北崇文書局刻本　一冊

320000－1606－0010413　R03199
醫鈔類編二十四卷　(清)翁藻編輯　清光緒二十一年(1895)奉新許氏刻本　二十六冊

320000－1606－0010414　R03200
撫郡農產攷略二卷　(清)何剛德撰　**種田雜說一卷**　(清)江召棠撰　清光緒三十三年(1907)蘇省刷印局鉛印本　二冊

320000－1606－0010415　R03201
金湯借箸十二籌十二卷　(明)李盤等撰　清刻本　八冊

320000－1606－0010416　R03202
藥性便蒙一卷　(清)陳古撰　清刻本　一冊

320000－1606－0010417　R03203
醫方集解三卷　(清)汪昂撰　清三益堂刻本　三冊

320000－1606－0010418　R03204
外科證治全書五卷末一卷　(清)許克昌　(清)畢法輯　清刻本　五冊

320000－1606－0010419　R03205
温症朗照不分卷　(清)喻昌著　清龍江書院刻本　三冊

320000－1606－0010420　R03206
瘟疫條辨摘要一卷　(清)吕田集錄　清光緒十五年(1889)浙江書局刻本　一冊

320000－1606－0010421　R03207
求己錄三卷　題(清)蘆涇遯士編　清刻本　三冊

320000－1606－0010422　R03210
重校聖濟總錄二百卷　(清)汪鳴珂校　清乾隆五十二年(1787)平川燕遠堂刻本　六十四冊

320000－1606－0010423　R03211
闕里文獻考一百卷首一卷末一卷　(清)孔繼汾述　清乾隆二十七年(1762)刻本　八冊

320000－1606－0010424　R03212
小學弦歌八卷　(清)李元度輯　清光緒八年(1882)文昌書局刻本　四冊

320000－1606－0010425　R03213
聖諭十六條附律易解一卷　(清)聖祖玄燁撰　清光緒九年(1883)省垣學院前奎文堂刻本　一冊

320000－1606－0010426　R03214
陶龕語錄二卷　(清)羅信南遺書　(清)羅信北編審　清光緒三十二年(1906)吳門刻本　一冊

320000－1606－0010427　R03216
先正遺規二卷　(清)汪正集錄　清光緒二十六年(1900)研思館刻本　二冊

320000－1606－0010428　R03217
內科理法前編六卷內科理法後編十卷附一卷　(英國)虎伯撰　舒高第口譯　(清)趙元益筆述　清光緒江南製造總局刻本　十二冊

320000－1606－0010429　R03219
人範須知六卷　(清)盛隆編　清光緒二十六年(1900)夔州研思館刻本　六冊

320000－1606－0010430　R03222
滇黔奏議十卷　(清)劉嶽昭著　清光緒十四

年(1888)刻本　六冊

320000－1606－0010431　R03223
名醫類案十二卷　(明)江瓘撰　清光緒十一年(1885)信錄堂刻本　十二冊

320000－1606－0010432　R03224
續名醫類案三十六卷　(清)魏之琇編集　清光緒十一年(1885)信述堂刻本　三十六冊

320000－1606－0010433　R03226
文獻徵存錄十卷　(清)錢林輯　(清)王藻編　清咸豐八年(1858)有嘉樹軒刻本　十冊

320000－1606－0010434　R03227
松陵文錄二十四卷　(清)淩淦輯　清同治十三年(1874)刻本　八冊

320000－1606－0010435　R03228
鹿鳴雅詠四卷首一卷　(清)徐棻輯　清光緒二十一年(1895)綠蔭草堂刻本　三冊

320000－1606－0010436　R03229
廣列女傳二十卷　(清)劉開纂　清光緒十年(1884)皖城刻本　六冊

320000－1606－0010437　R03230
列女傳八卷　(漢)劉向撰　(清)梁端注　清道光錢唐汪氏振綺堂刻本　二冊

320000－1606－0010438　R03231
列女傳補注八卷　(清)王照圓撰　**列女傳補注敘錄一卷**　(漢)劉向編撰　清嘉慶十七年(1812)棲霞郝氏曬書堂刻本　四冊

320000－1606－0010439　R03232
金文雅十六卷作者考一卷　(清)莊仲方編　清光緒十七年(1891)江蘇書局刻本　四冊

320000－1606－0010440　R03233
金文最一百二十卷首一卷　(清)張金吾輯　清光緒粵雅堂刻本　十一冊　存五十五卷(一至二十六、三十一至五十八,首一卷)

320000－1606－0010441　R03234
碑傳集一百六十卷首二卷末二卷　(清)錢儀吉纂輯　清光緒十九年(1893)江蘇書局刻本　六十冊

320000－1606－0010442　R03235
松陵文錄二十四卷　(清)淩淦輯　清同治十三年(1874)刻本　八冊

320000－1606－0010443　R03236
李文公集十八卷補遺一卷附錄一卷　(唐)李翱撰　**皇甫持正文集六卷補遺一卷**　(唐)皇甫湜撰　**孫可之文集十卷**　(唐)孫樵撰　清光緒元年至二年(1875－1876)讀有用書齋刻本　六冊

320000－1606－0010444　R03237
潘文恭公自訂年譜一卷　(清)潘世恩撰　清刻本　一冊

320000－1606－0010445　R03238
錢敏肅公奏疏七卷　(清)錢鼎銘撰　清光緒六年(1880)存素堂刻本　四冊

320000－1606－0010446　R03239
彭剛直公奏稿八卷　(清)彭玉麟撰　清光緒十七年(1891)刻本　八冊

320000－1606－0010447　R03240
岳廟志略十卷首一卷　(清)馮培編輯　清光緒五年(1879)浙江書局刻本　四冊

320000－1606－0010448　R03241
學海堂集十六卷二集二十二卷三集二十四卷　(清)阮元等輯　清道光五年至咸豐九年(1825－1859)啟秀山房刻本　二十六冊

320000－1606－0010449　R03243
俎豆集三十卷　(清)潘承焯編　清乾隆四十三年(1778)汲古閣刻本　六冊

320000－1606－0010450　R03245
魏伯子文集十卷　(清)魏際瑞撰　清道光二十五年(1845)紱園書塾刻本　六冊

320000－1606－0010451　R03246
魏叔子日錄三卷詩集八卷文集外篇二十二卷　(清)魏禧著　清易堂刻本　二十四冊

320000－1606－0010452　R03247
魏季子文集十六卷　(清)魏禮著　(清)魏禧訂　清刻本　十二冊

320000－1606－0010453　R03248
魏昭士文集十卷　(明)魏世效撰　清刻本　四冊

320000－1606－0010454　R03249
魏敬士文集八卷　(清)魏世儼撰　清易堂刻本　三冊

320000－1606－0010455　R03250
魏興士文集六卷　(清)魏世傑著　清易堂刻本　一冊

320000－1606－0010456　R03251
詁經精舍文集十四卷　(清)阮元訂　清阮氏琅嬛仙館刻本　十二冊

320000－1606－0010457　R03252
明三十家詩選初集八卷　(清)汪端輯　清同治十二年(1873)藴蘭吟館刻本　四冊

320000－1606－0010458　R03253
東甌先正文錄十五卷補遺一卷　(清)陳遇春輯　清道光十四年(1834)刻本　十六冊

320000－1606－0010459　R03254
端人集四卷　(清)彭泰來輯　清同治六年(1867)刻本　四冊

320000－1606－0010460　R03255
瀫溪贈詠一卷　(清)顧若曾輯　清道光二十八年(1848)潯州郡署刻本　一冊

320000－1606－0010461　R03256
柳堂師友詩錄九十六種　(清)李長榮輯　清咸豐刻本　十二冊

320000－1606－0010462　R03257
左氏雙忠集十六卷　(清)左輝春輯　清道光二十六年至二十七年(1846－1847)湘鄉詠史齋刻本　八冊

320000－1606－0010463　R03258
古懽錄八卷　(清)王士禛撰　清康熙快宜堂刻本　四冊

320000－1606－0010464　R03259
湖南文徵一百九十卷姓氏傳四卷目錄六卷　(清)羅汝懷編　清同治十年(1871)刻本　五十冊　存一百二卷(湖南文徵一至三十七、一百三十六至一百九十,姓氏傳四卷,目錄六卷)

320000－1606－0010465　R03260
欽定熙朝雅頌集一百六卷首集二十六卷餘集二卷　(清)鐵保纂輯　清嘉慶九年(1804)刻本　四十七冊　存一百三十一卷(欽定熙朝雅頌集一百六卷、首集一至二十三、餘集二卷)

320000－1606－0010466　R03261
南宋文範七十卷外篇四卷　(清)莊仲方編　清光緒十四年(1888)江蘇書局刻本　十六冊

320000－1606－0010467　R03262
揅經室一集十四卷二集八卷三集五卷四集二卷詩集十一卷續集十一卷再續集六卷外集五卷　(清)阮元撰　清道光三年(1823)刻本　二十四冊

320000－1606－0010468　R03263
鶴徵錄八卷首一卷　(清)李集輯　(清)李富孫等續輯　**鶴徵錄後錄十二卷首一卷**　(清)李遇孫輯　清漾葭老屋刻本　五冊　存十八卷(鶴徵錄八卷、首一卷,鶴徵錄後錄一至八、首一卷)

320000－1606－0010469　R03264
金山志十卷　(清)盧見曾錄　清雅雨堂刻本　五冊

320000－1606－0010470　R03265
秦邊紀略六卷　(清)□□撰　清同治十一年(1872)安徽藩署敬義齋刻本　八冊

320000－1606－0010471　R03267
恒山志四卷圖一卷　(清)桂敬順纂修　清乾隆刻本　八冊

320000－1606－0010472　R03268
峨眉山志十八卷　(清)蔣超纂　(清)吕龍光補　清道光十四年(1834)伏虎寺補刻本　六冊

320000－1606－0010473　R03269

北堂書鈔一百六十卷首一卷　(唐)虞世南輯　(清)孔廣陶校註　清光緒十四年(1888)南海孔氏三十有三萬卷堂刻本　二十册

320000－1606－0010474　R03271
[光緒]吉安府志五十三卷首一卷　(清)定祥等修　(清)劉繹等纂　清光緒二年(1876)刻本　四十册

320000－1606－0010475　R03272
銅井山房類稿二卷　(清)袁蘭升撰　清光緒二十一年(1895)刻本　二册

320000－1606－0010476　R03273
增補理氣圖說四卷　(清)周惇庸撰　清嘉慶二年(1797)大文堂刻本　四册

320000－1606－0010477　R03274
選擇當知三卷祿命要覽四卷　(清)倪榮桂輯　清嘉慶八年(1803)樹滋堂刻本　四册　存三卷(選擇當知一、祿命要覽一至二)

320000－1606－0010478　R03275
地理知新錄五卷　(清)張受祺著　清乾隆二十五年(1760)素宜堂刻本　四册

320000－1606－0010479　R03276
金匱心典三卷　(漢)張仲景撰　(清)尤怡集注　清雍正蘇州掃葉山房刻本　三册

320000－1606－0010480　R03278
甘莊恪公全集十六卷　(清)甘汝來撰　清乾隆五十六年(1791)奉新甘氏刻本　十六册

320000－1606－0010481　R03279
萬山綱目二十一卷　(清)李誠纂　清光緒二十六年(1900)刻本　八册

320000－1606－0010482　R03280
委羽山續志六卷　(明)胡昌賢輯　(清)王維翰續輯　清同治九年(1870)委羽石室刻本　二册

320000－1606－0010483　R03281
地理正義鉛彈子砂水要訣六卷　(清)張鳳藻撰　清康熙二十年(1681)刻本　十二册

320000－1606－0010484　R03282
國朝嶺南文鈔十八卷　(清)陳在謙評輯　清學海堂刻本　六册

320000－1606－0010485　R03283
古文翼八卷　(清)唐德宜編　清光緒二十八年(1902)崇德公所刻本　八册

320000－1606－0010486　R03284
唐駢體文鈔十七卷　(清)陳均輯　清嘉慶刻本　四册

320000－1606－0010487　R03285
陸氏傳家集十六種　(清)陸乃普輯　清同治十一年(1872)義經堂刻本　四册

320000－1606－0010488　R03287
蜀典十二卷　(清)張澍撰　清光緒二年(1876)尊經書院刻本　六册

320000－1606－0010489　R03291
溪堂集十卷補遺一卷　(宋)謝逸撰　清刻本　七册

320000－1606－0010490　R03292
清儀閣題跋不分卷　(清)張廷濟著　清光緒十九年(1893)丁立誠刻本　八册

320000－1606－0010491　R03293
簡齋先生文選四卷　(明)劉榮嗣撰　(清)劉佑編　清康熙繡煙亭刻本　十六册

320000－1606－0010492　R03294
康濟譜二十五卷　(清)潘游龍輯　清道光七年(1827)京都琉璃廠刻本　十六册

320000－1606－0010493　R03295
寶善堂彙稿二十七卷　(清)阮烜輝等撰　清道光二十九年(1849)刻本　八册

320000－1606－0010494　R03296
唐賢三昧集三卷　(清)王士禛編　清康熙刻本　二册

320000－1606－0010495　R03297
丹溪朱氏脈因證治二卷　(元)朱震亨撰　清乾隆四十年(1775)刻本　八册

320000－1606－0010496　R03298

徐靈胎醫略六書三十二卷　(清)徐大椿撰　清光緒二十九年(1903)上海趙氏翰香居鉛印本　十八冊

320000－1606－0010497　R03299
札樸十卷　(清)桂馥撰　清光緒九年(1883)長洲蔣氏心矩齋刻本　十冊

320000－1606－0010498　R03300
讀史大略六十卷首一卷　(清)沙張白著　**小沙子史略一卷**　(清)沙晉著　清光緒二十六年(1900)刻本　十二冊

320000－1606－0010499　R03301
增訂本草備要六卷醫方集解六卷　(清)汪昂撰　清乾隆五年(1740)芸生堂刻本　六冊

320000－1606－0010500　R03303
義門先生集十二卷附錄一卷弟子姓氏錄一卷　(清)何焯撰　(清)韓崇等輯　**何義門先生家書四卷**　吳蔭培編　清宣統元年(1909)平江吳氏廣州刻本　六冊

320000－1606－0010501　R03304
得一齋雜著四種　(清)黃楙材撰　清光緒十二年(1886)新陽趙元益夢花軒刻本　六冊

320000－1606－0010502　R03305
戰國策三十三卷　(漢)高誘注　(宋)姚宏校正　**札記三卷**　(清)黃丕烈撰　清同治八年(1869)湖北崇文書局刻本　五冊

320000－1606－0010503　R03306
經脈圖考四卷　(清)陳惠疇著　清光緒四年(1878)刻本　四冊

320000－1606－0010504　R03307
本堂先生文集九十六卷佚文詩二卷附錄二卷續錄二卷校錄二卷年譜二卷首一卷　(宋)陳著撰　清光緒十九年(1893)四明陳氏刻本(卷九十五至九十六原缺,續錄、年譜闕出)　三十六冊

320000－1606－0010505　R03308
周易集解十卷　(清)孫星衍撰　清嘉慶三年(1798)蘭陵孫氏刻本　二十冊

320000－1606－0010506　R03309
列國歲計政要十二卷首一卷　(英國)麥丁富得力編纂　(美國)林樂知口譯　(清)鄭昌棪筆述　清光緒元年(1875)江南製造總局刻本　六冊

320000－1606－0010507　R03310
醫意商一卷傷寒翼一卷　(清)蔣示吉撰　清康熙十一年(1672)刻本　四冊

320000－1606－0010508　R03311
蔡忠烈公遺集六卷　(明)蔡道憲撰　(清)鄧顯鶴輯　清道光二十八年(1848)刻本　十二冊

320000－1606－0010509　R03312
惺諟齋初稿十卷　喻長霖撰　清宣統三年(1911)鉛印本　六冊

320000－1606－0010510　R03313
巾經纂二十卷　(清)宋宗元撰　清同治十年(1871)刻本　五冊

320000－1606－0010511　R03314
五種遺規　(清)陳弘謀輯　清乾隆四年(1739)培遠堂刻本　八冊

320000－1606－0010512　R03315
經餘必讀八卷續編八卷　(清)雷琳等輯　清嘉慶八年(1803)大中堂刻本　八冊

320000－1606－0010513　R03316
南疆繹史勘本三十卷首二卷摭遺十八卷卹謚攷八卷　(清)溫睿臨撰　清道光高氏刻本　十六冊

320000－1606－0010514　R03317
浙江海運全案重編初編八卷續編四卷新編八卷　(清)馬新貽修　(清)蔣益澧等纂　清同治六年(1867)糧儲道庫刻本　十二冊

320000－1606－0010515　R03318
續纂淮關統志十四卷首一卷　(清)元成等續纂修　清光緒刻本　六冊

320000－1606－0010516　R03319
師伏堂叢書十五種　(清)皮錫瑞撰　清光緒

二十一年至三十四年(1895－1908)皮氏師伏堂刻本　四十册

320000－1606－0010517　R03320
舒文靖集二卷事實擬册一卷　(宋)舒璘撰　**附錄三卷**　(清)徐時棟輯　**校勘記三卷**　孫鏘輯　清光緒二十二年(1896)四明七千卷樓刻本　十册

320000－1606－0010518　R03321
讀史鏡古編三十二卷　(清)潘世恩輯　清道光四年(1824)刻本　六册

320000－1606－0010519　R03322
同人集十二卷　(清)冒襄輯　清道光五年(1825)刻本　十二册

320000－1606－0010520　R03323
史微内外篇八卷　張采田撰　清光緒三十四年(1908)鉛印本　二册　存四卷(内篇一至四)

320000－1606－0010521　R03324
雙節堂贈言集錄二十八卷附錄一卷　(清)汪輝祖編　清乾隆刻本　十一册　存二十五卷(一至六、十一至二十八,附錄一卷)

320000－1606－0010522　R03325
遼史一百十五卷　(元)脱脱等撰　清同治十二年(1873)江蘇書局刻本　十二册

320000－1606－0010523　R03326
嶽麓詩鈔三十五卷嶽麓詞鈔三卷　(清)歐陽厚均編　清道光十年(1830)刻本　六册

320000－1606－0010524　R03327
安陽集五十卷　(宋)韓琦撰　清乾隆刻本　十册

320000－1606－0010525　R03328
評鑑闡要十二卷　(清)劉統勳　(清)劉綸　(清)于敏中編　清刻本　十六册

320000－1606－0010526　R03329
芻蕘集六卷　(明)周是修撰　清道光刻本　十六册

320000－1606－0010527　R03330
范文正公集十二種四十八卷　(宋)范仲淹撰　清康熙四十六年(1707)歲寒堂刻本　二十册

320000－1606－0010528　R03331
通志堂經解一百四十種　(清)納蘭成德　(清)徐乾學輯　清康熙十九年(1680)通志堂刻本　二百三十五册　存五十九種

320000－1606－0010529　R03332
唐詩百名家全集一百四種　(清)席啟寓輯　清康熙四十一年(1702)刻本　六十四册

320000－1606－0010530　R03334
醫學心悟六卷　(清)程國彭著　清光緒六年(1880)刻本　四册

320000－1606－0010531　R03336
王氏醫案二卷王氏醫案續編八卷霍亂論二卷　(清)王士雄撰　清咸豐元年(1851)吟香書屋刻本　八册

320000－1606－0010532　R03341
大清一統志表不分卷　(清)□□編　清刻本　六册

320000－1606－0010533　R03346
二酉園文集十四卷　(明)陳文燭著　明天啓三年(1623)陳之蘧刻本　二十册

320000－1606－0010534　R03348
古文約選不分卷　(清)方苞選訂　清同治八年(1869)刻本　八册

320000－1606－0010535　R03356
新刊心法五卷　(清)程衍道校　明嘉靖三十三年(1554)刻本　五册

320000－1606－0010536　R03374
思適齋集十八卷　(清)顧廣圻撰　清道光二十九年(1849)上海徐渭仁刻春暉堂叢書本　三册　存十四卷(五至十八)

320000－1606－0010537　R03375
文清公薛先生文集二十四卷　(明)薛瑄撰　(明)張鼎編輯　清刻本　六册　存十卷(一至十)

320000－1606－0010538　R03388
唐會要一百卷　（宋）王溥撰　清光緒十年（1884）江蘇書局刻本　二十四册

320000－1606－0010539　R03406
南宋襍事詩七卷　（清）沈嘉轍等撰　清同治十一年（1872）淮南書局刻本　三册　存六卷（二至七）

320000－1606－0010540　R03407
有懷堂文稿二十二卷　（清）韓菼撰　清刻本　三册　存十四卷（九至二十二）

320000－1606－0010541　R03408
錫山文集二十卷　（清）王史直編　清刻本　六册　存十二卷（九至二十）

320000－1606－0010542　R03421
宸垣識畧十六卷　（清）吳長元輯　清刻本　一册　存二卷（一至二）

320000－1606－0010543　R03422
楚辭通釋十四卷末一卷　（清）王夫之撰　清同治四年（1865）湘鄉曾氏金陵節署刻本　二册

320000－1606－0010544　R03424
千首宋人絕句十卷　（清）嚴長明錄　清刻本　二册　存四卷（七至十）

320000－1606－0010545　R03430
洞霄圖志六卷首一卷洞霄詩集十四卷　（宋）鄧牧撰　清刻本　五册

320000－1606－0010546　R03432
有福讀書堂叢刻四種　（清）吳引孫輯　清光緒二十七年（1901）揚州吳氏刻本　二册

320000－1606－0010547　R03433
莆陽黃御史集二卷別錄一卷附錄一卷　（唐）黃滔撰　清光緒十年（1884）福山王氏天壤閣刻本　二册

320000－1606－0010548　R03434
說鈴抄八卷　（清）吳震方輯　題（清）曉樓主人刪訂　清乾隆十八年（1753）保元堂刻本　八册

320000－1606－0010549　R03435
宋遼金元四史朔閏攷二卷　（清）錢大昕撰　清光緒十七年（1891）廣雅書局刻本　一册

320000－1606－0010550　地 0001
高子遺書十二卷附錄一卷　（明）高攀龍撰　（明）陳龍正編定　（清）高世泰訂正　**高忠憲公年譜一卷**　（明）華允誠述　清光緒二年（1876）刻民國十一年（1922）補刻本　八册

320000－1606－0010551　地 0028
高子水居志補編四卷　（清）高長康輯　清宣統三年（1911）木活字印本　一册

320000－1606－0010552　地 0030
高子水居志補編四卷　（清）高長康輯　清宣統三年（1911）木活字印本　一册

320000－1606－0010553　地 0031
高子水居志補編四卷　（清）高長康輯　清宣統三年（1911）木活字印本　一册

320000－1606－0010554　地 0034
高忠憲公水居志六卷　（清）廖綸輯　（清）楊殿奎編纂　清宣統元年（1909）梁溪文苑閣木活字印本　一册

320000－1606－0010555　地 0035
高忠憲公水居志六卷　（清）廖綸輯　（清）楊殿奎編纂　清宣統元年（1909）梁溪文苑閣木活字印本　一册

320000－1606－0010556　地 0036
高忠憲公水居志六卷　（清）廖綸輯　（清）楊殿奎編纂　清宣統元年（1909）梁溪文苑閣木活字印本　一册

320000－1606－0010557　地 0049
王氏醫案四卷　（清）王旭高著　清光緒二十年（1894）琴川方氏倚雲吟館木活字印本　四册

320000－1606－0010558　地 0051
王武愍公遺文不分卷　（清）王恩綬撰　**理齋遺文一卷**　（清）王燮撰　清同治十三年（1874）鄂垣官廨刻本　二册

320000－1606－0010559　地 0052
王武愍公遺文不分卷　(清)王恩綬撰　**理齋遺文一卷**　(清)王燮撰　清同治十三年(1874)鄂垣官廨刻本　二册

320000－1606－0010560　地 0053
王武愍公遺文不分卷　(清)王恩綬撰　**理齋遺文一卷**　(清)王燮撰　清同治十三年(1874)鄂垣官廨刻本　二册

320000－1606－0010561　地 0056
王仲山公詩選二卷　(明)王問撰　(清)殷邦靖校選　(清)鄭伯興編輯　清光緒十四年(1888)介福堂木活字印本　二册

320000－1606－0010562　地 0057
王仲山公詩選二卷　(明)王問撰　(清)殷邦靖校選　(清)鄭伯興編輯　清光緒十四年(1888)介福堂木活字印本　二册

320000－1606－0010563　地 0062
慮得集四卷附録二卷　(明)華悰韡撰　清同治十一年(1872)詒穀堂刻本　一册

320000－1606－0010564　地 0063
華豫菴先生集二卷　(明)華啟直撰　(清)華爾行編輯　清宣統三年(1911)木活字印本　二册

320000－1606－0010565　地 0064
華豫菴先生集二卷　(明)華啟直撰　(清)華爾行編輯　清宣統三年(1911)木活字印本　二册

320000－1606－0010566　地 0068
節愍華公[允誠]年譜二卷首一卷末一卷　(清)華鴻模輯　(清)華衷黄述畧　(清)張夏參訂　(清)華王澄補編　清光緒存裕堂木活字印本　一册

320000－1606－0010567　地 0069
節愍華公[允誠]年譜二卷首一卷末一卷　(清)華鴻模輯　(清)華衷黄述畧　(清)張夏參訂　(清)華王澄補編　清光緒存裕堂木活字印本　一册

320000－1606－0010568　地 0070
巖居稿校正八卷首一卷　(明)華察著　清光緒元年(1875)梁溪東亭金粟嶺刻本　二册

320000－1606－0010569　地 0071
巖居稿校正八卷首一卷　(明)華察著　清光緒元年(1875)梁溪東亭金粟嶺刻本　二册

320000－1606－0010570　地 0072
巖居稿校正八卷首一卷　(明)華察著　清光緒元年(1875)梁溪東亭金粟嶺刻本　二册

320000－1606－0010571　地 0073
巖居稿校正八卷首一卷　(明)華察著　清光緒元年(1875)梁溪東亭金粟嶺刻本　二册

320000－1606－0010572　地 0074
巖居稿校正八卷首一卷　(明)華察著　清光緒元年(1875)梁溪東亭金粟嶺刻本　二册

320000－1606－0010573　地 0075
勾吴華氏本書五十四卷前一卷後一卷補編不分卷　(清)華渚纂述　清光緒三十一年(1905)存裕堂義莊木活字印本　三十二册　存五十卷(一至四十四、四十六至四十九、五十二,前一卷)

320000－1606－0010574　地 0076
勾吴華氏本書五十四卷前一卷後一卷補編不分卷　(清)華渚纂述　清光緒三十一年(1905)存裕堂義莊木活字印本　八册　存五十卷(一至四十四、四十六至四十九、五十二,前一卷)

320000－1606－0010575　地 0087
皇華集類編十卷首一卷末一卷　(明)華察著　(清)楊殿奎編訂　清光緒三年(1877)梁溪華氏甘怡小築刻本　四册

320000－1606－0010576　地 0088
皇華集類編十卷首一卷末一卷　(明)華察著　(清)楊殿奎編訂　清光緒三年(1877)梁溪華氏甘怡小築刻本　四册

320000－1606－0010577　地 0093
蓉門倪氏詩集不分卷　(清)諸祖德編輯

（清）楊壽枏校勘　清光緒木活字印本　一冊

320000－1606－0010578　地0094
蓉門倪氏詩集不分卷　（清）諸祖德編輯　（清）楊壽枏校勘　清光緒木活字印本　一冊

320000－1606－0010579　地0095
蓉門倪氏詩集不分卷　（清）諸祖德編輯　（清）楊壽枏校勘　清光緒木活字印本　一冊

320000－1606－0010580　地0102
訥盦叢稿八種十二卷　（清）顧鳴鳳撰　清宣統三年（1911）無錫文苑閣木活字印本　二冊
　存五種五卷（小辟疆園詩存一卷、武陵著作譚一卷、西吳類牘摘要一卷、勤補拙齋漫錄一卷、養閒草堂隨筆一卷）

320000－1606－0010581　地0103
春草軒詩存（芙蓉湖櫂歌）一卷　（清）楊掄撰　清光緒十年（1884）萱蔭堂刻本　一冊

320000－1606－0010582　地0112
芙蓉山館文鈔八卷　（清）楊芳燦著　清光緒十七年（1891）木活字印本　四冊

320000－1606－0010583　地0114
芙蓉山館師友尺牘一卷志序存稿一卷　（清）楊芳燦輯　清光緒十三年（1887）木活字印本　一冊

320000－1606－0010584　地0118
楊菊仙行狀一卷附侯夫人行述一卷　（清）楊宗濂等述　清光緒刻本　一冊

320000－1606－0010585　地0128
松鶴介壽圖唱和詩集二卷　（清）許巨楫輯　清光緒三十四年（1908）石印本　一冊

320000－1606－0010586　地0129
松鶴介壽圖唱和詩集二卷　（清）許巨楫輯　清光緒三十四年（1908）石印本　一冊

320000－1606－0010587　地0150
梅里志四卷首一卷　（清）吳存禮編　（清）蔡永清校　（清）杜詔訂　清道光四年（1824）泰伯廟西院刻民國二年（1913）印本　四冊

320000－1606－0010588　地0151
梅里志四卷首一卷　（清）吳存禮編　（清）蔡永清校　（清）杜詔訂　清道光四年（1824）泰伯廟西院刻本　四冊

320000－1606－0010589　地0154
泰伯梅里志八卷　（清）吳熙編輯　清光緒二十三年（1897）泰伯廟東院刻本　四冊

320000－1606－0010590　地0157
桐陰論畫二卷首一卷附錄一卷桐陰畫訣一卷續桐陰論畫一卷二編二卷三編二卷　（清）秦祖永著　清同治三年至光緒八年（1864－1882）刻朱墨套印本　八冊

320000－1606－0010591　地0158
桐陰論畫二卷首一卷附錄一卷桐陰畫訣一卷續桐陰論畫一卷二編二卷三編二卷　（清）秦祖永著　清同治三年至光緒八年（1864－1882）刻朱墨套印本　四冊

320000－1606－0010592　地0161
桐陰論畫二卷首一卷附錄一卷桐陰畫訣一卷續桐陰論畫一卷　（清）秦祖永著　清同治三年（1864）刻朱墨套印本　四冊

320000－1606－0010593　地0204
柳州文牘二卷　（清）楊道霖撰　清宣統二年（1910）鉛印本　一冊

320000－1606－0010594　地0205
柳州文牘二卷　（清）楊道霖撰　清宣統二年（1910）鉛印本　一冊

320000－1606－0010595　地0207
柳州文牘二卷　（清）楊道霖撰　清宣統二年（1910）鉛印本　一冊

320000－1606－0010596　地0209
和中峯和尚梅花百詠一卷　（明）王達撰　**梁溪詩鈔錄存一卷**　（明）王畿著　**芙蓉舫歲寒詠物詞一卷**　（清）王一元著　（明）賚傳巖編　**蕉雨堂課餘偶草一卷奚囊偶存一卷附家言一卷**　（清）王一元著　**西莊遺稿一卷**　（清）王穎鋭撰　清光緒十三年（1887）木活字印本　一冊

320000－1606－0010597　地 0210
高子遺書十二卷附録一卷　（明）高攀龍撰　（明）陳龍正編定　（清）高世泰訂正　**高忠憲公年譜一卷**　（明）華允誠述　清光緒二年（1876）刻民國十一年（1922）補刻本　八冊

320000－1606－0010598　地 0212
履園叢話二十四卷　（清）錢泳輯　清道光三年（1823）虞山錢氏刻同治九年（1870）錢曰壽重修本　十二冊

320000－1606－0010599　地 0213
履園叢話二十四卷　（清）錢泳輯　清道光三年（1823）虞山錢氏刻同治九年（1870）錢曰壽重修本　十二冊

320000－1606－0010600　地 0214
履園叢話二十四卷　（清）錢泳輯　清道光三年（1823）虞山錢氏刻同治九年（1870）錢曰壽重修本　十二冊

320000－1606－0010601　地 0215
履園叢話二十四卷　（清）錢泳輯　清道光三年（1823）虞山錢氏刻同治九年（1870）錢曰壽重修本　八冊

320000－1606－0010602　地 0217
履園叢話二十四卷　（清）錢泳輯　清道光十八年（1838）述德堂刻本　十二冊

320000－1606－0010603　地 0220
忍草菴志四卷　（清）劉繼增撰　清光緒十三年（1887）錫山遂初堂尤氏木活字印本　二冊

320000－1606－0010604　地 0221
忍草菴志四卷　（清）劉繼增撰　清光緒十三年（1887）錫山遂初堂尤氏木活字印本　一冊

320000－1606－0010605　地 0222
忍草菴志四卷　（清）劉繼增撰　清光緒十三年（1887）錫山遂初堂尤氏木活字印本　一冊

320000－1606－0010606　地 0244
國朝書畫家筆録四卷　竇鎮輯　清宣統三年（1911）木活字印本　四冊

320000－1606－0010607　地 0245
國朝書畫家筆録四卷　竇鎮輯　清宣統三年（1911）木活字印本　二冊

320000－1606－0010608　地 0246
小緑天盦簡明竹譜一卷　竇鎮輯　清宣統三年（1911）刻本　一冊

320000－1606－0010609　地 0247
小緑天盦簡明竹譜一卷　竇鎮輯　清宣統三年（1911）刻本　一冊

320000－1606－0010610　地 0262
金詩選四卷　（清）顧奎光選輯　（清）陶玉禾參評　清乾隆十六年（1751）刻本　四冊

320000－1606－0010611　地 0268
竢實學堂外課文一卷　（清）楊模輯　清光緒鉛印本　一冊

320000－1606－0010612　地 0269
竢實學堂課文一卷　（清）楊模輯　清光緒二十七年（1901）鉛印本　一冊

320000－1606－0010613　地 0270
竢實學堂課文一卷　（清）楊模輯　清光緒二十七年（1901）鉛印本　一冊

320000－1606－0010614　地 0271
竢實學堂課文一卷　（清）楊模輯　清光緒二十七年（1901）鉛印本　一冊

320000－1606－0010615　地 0272
竢實學堂課文一卷　（清）楊模輯　清光緒二十七年（1901）鉛印本　一冊

320000－1606－0010616　地 0274
余孝惠先生年譜一卷　（清）吳師澄編　清光緒元年（1875）蘇城藏棱齋刻本　一冊

320000－1606－0010617　地 0275
余孝惠先生年譜一卷　（清）吳師澄編　清光緒元年（1875）蘇城藏棱齋刻本　一冊

320000－1606－0010618　地 0284
鐵莊文集八卷疏快軒詩二卷詩餘一卷　（清）陸楣著　清光緒二十一年（1895）曹氏樂善堂木活字印本　四冊

320000－1606－0010619　地 0285
鐵莊文集八卷疏快軒詩二卷詩餘一卷　（清）陸楣著　清光緒二十一年（1895）曹氏樂善堂木活字印本　四册

320000－1606－0010620　地 0293
竢實齋文稿二卷　（清）秦寶璣著　清光緒十四年（1888）刻本　一册

320000－1606－0010621　地 0294
竢實齋文稿二卷　（清）秦寶璣著　清光緒十四年（1888）刻本　一册

320000－1606－0010622　地 0295
竢實齋文稿二卷　（清）秦寶璣著　清光緒十四年（1888）刻本　一册

320000－1606－0010623　地 0297
庶幾堂今樂二集二十八種二十八卷　（清）余治編次　清光緒六年（1880）蘇州元妙觀得見齋書坊刻本　十册

320000－1606－0010624　地 0299
尊小學齋文集六卷詩集一卷詩餘一卷家訓一卷　（清）余治撰　**余孝惠先生年譜一卷**　（清）吳師澄編　清光緒九年（1883）古吳得見齋刻本　四册

320000－1606－0010625　地 0300
尊小學齋文集六卷詩集一卷詩餘一卷家訓一卷　（清）余治撰　**余孝惠先生年譜一卷**　（清）吳師澄編　清光緒九年（1883）古吳得見齋刻本　四册

320000－1606－0010626　地 0301
尊小學齋文集六卷詩集一卷詩餘一卷家訓一卷　（清）余治撰　**余孝惠先生年譜一卷**　（清）吳師澄編　清光緒九年（1883）古吳得見齋刻本　四册

320000－1606－0010627　地 0302
尊小學齋文集六卷詩集一卷詩餘一卷家訓一卷　（清）余治撰　**余孝惠先生年譜一卷**　（清）吳師澄編　清光緒九年（1883）古吳得見齋刻本　二册

320000－1606－0010628　地 0303
尊小學齋文集六卷詩集一卷詩餘一卷家訓一卷　（清）余治撰　**余孝惠先生年譜一卷**　（清）吳師澄編　清光緒九年（1883）古吳得見齋刻本　五册

320000－1606－0010629　地 0312
錫慶堂詩集八卷　（清）嵇璜著　清咸豐九年（1859）刻本　二册

320000－1606－0010630　地 0313
錫慶堂詩集八卷　（清）嵇璜著　清咸豐九年（1859）刻本　四册

320000－1606－0010631　地 0337
篁韻盦詩鈔六卷　（清）顧森書撰　清光緒三十二年（1906）刻本　六册

320000－1606－0010632　地 0338
篁韻盦詩鈔六卷　（清）顧森書撰　清光緒三十二年（1906）刻本　二册

320000－1606－0010633　地 0339
篁韻盦詩鈔六卷　（清）顧森書撰　清光緒三十二年（1906）刻本　二册

320000－1606－0010634　地 0340
篁韻盦詩鈔六卷　（清）顧森書撰　清光緒三十二年（1906）刻本　二册

320000－1606－0010635　地 0347
範家集略六卷　（清）秦坊輯　清道光二十一年（1841）嘉定善穗堂刻本　六册

320000－1606－0010636　地 0348
範家集略六卷　（清）秦坊輯　清道光二十一年（1841）嘉定善穗堂刻本　十二册

320000－1606－0010637　地 0366
錫麓歸耕圖唱和詩一卷續唱和詩一卷附錄一卷　（清）趙起鵬等撰　清光緒十六年（1890）刻本　一册

320000－1606－0010638　地 0367
錫麓歸耕圖唱和詩一卷續唱和詩一卷附錄一卷　（清）趙起鵬等撰　清光緒十六年（1890）刻本　一册

320000－1606－0010639　地 0371
錫山秦氏詩鈔前集八卷今集十卷首一卷　(清)秦彬等輯　清道光十九年(1839)刻本　四册

320000－1606－0010640　地 0373
重刻錫山攬袂集二卷首一卷附一卷　(明)王問撰　清同治十二年(1873)木活字印本　一册

320000－1606－0010641　地 0374
重刻錫山攬袂集二卷首一卷附一卷　(明)王問撰　清同治十二年(1873)木活字印本　一册

320000－1606－0010642　地 0389
[江蘇無錫]陡門秦氏宗譜十四卷　(清)秦世鏶　(清)秦世銓纂修　清光緒二年(1876)歸厚堂木活字印本　十六册

320000－1606－0010643　地 0397
筆花書屋詩鈔二卷　(清)嵇文駿著　(清)嵇有慶編　清同治九年(1870)嵇有慶刻本　二册

320000－1606－0010644　地 0398
筆花書屋詩鈔二卷　(清)嵇文駿著　(清)嵇有慶編　清同治九年(1870)嵇有慶刻本　二册

320000－1606－0010645　地 0399
筆花書屋詩鈔二卷　(清)嵇文駿著　(清)嵇有慶編　清同治九年(1870)嵇有慶刻本　二册

320000－1606－0010646　地 0400
筆花書屋詩鈔二卷　(清)嵇文駿著　(清)嵇有慶編　清同治九年(1870)嵇有慶刻本　二册

320000－1606－0010647　地 0405
錫金識小録十二卷　(清)黄印輯　清光緒二十二年(1896)木活字印本　六册

320000－1606－0010648　地 0412
錫金鄉土地理二卷　侯鴻鑑撰　清光緒三十四年(1908)梁溪文苑閣木活字印本　一册

320000－1606－0010649　地 0414
錫金鄉土地理二卷　侯鴻鑑撰　清光緒三十四年(1908)梁溪文苑閣木活字印本　一册

320000－1606－0010650　地 0415
錫金鄉土地理二卷　侯鴻鑑撰　清光緒三十二年(1906)無錫藝文齋木活字印本　一册

320000－1606－0010651　地 0416
錫金鄉土地理二卷　侯鴻鑑撰　清光緒三十二年(1906)無錫藝文齋木活字印本　一册

320000－1606－0010652　地 0417
錫金鄉土歷史二卷　侯鴻鑑撰　清光緒三十四年(1908)梁溪文苑閣木活字印本　一册

320000－1606－0010653　地 0418
錫金鄉土歷史二卷　侯鴻鑑撰　清光緒三十四年(1908)梁溪文苑閣木活字印本　一册

320000－1606－0010654　地 0419
錫金鄉土歷史二卷　侯鴻鑑撰　清光緒三十二年(1906)無錫藝文齋木活字印本　一册

320000－1606－0010655　地 0439
錫山景物畧十卷　(清)王永積輯　清光緒二十四年(1898)刻本　五册

320000－1606－0010656　地 0440
錫山景物畧十卷　(清)王永積輯　清光緒二十四年(1898)刻本　五册

320000－1606－0010657　地 0441
錫山景物畧十卷　(清)王永積輯　清光緒二十四年(1898)刻本　五册

320000－1606－0010658　地 0443
錫山景物畧十卷　(清)王永積輯　清光緒二十四年(1898)刻本　五册

320000－1606－0010659　地 0451
錫金四哲事實彙存一卷　(清)楊模輯　清宣統二年(1910)鉛印本　一册

320000－1606－0010660　地 0452

錫金四喆事實彙存一卷 （清）楊模輯　清宣統二年（1910）鉛印本　一册

320000－1606－0010661　地0453
錫金四喆事實彙存一卷 （清）楊模輯　清宣統二年（1910）鉛印本　一册

320000－1606－0010662　地0454
錫金四喆事實彙存一卷 （清）楊模輯　清宣統二年（1910）鉛印本　一册

320000－1606－0010663　地0455
錫金科第攷六卷 （清）高鑅泉輯　清宣統二年（1910）木活字印本　二册

320000－1606－0010664　地0457
錫金科第攷六卷 （清）高鑅泉輯　清宣統二年（1910）木活字印本　二册

320000－1606－0010665　地0460
錫山遊庠錄一卷首一卷錫金遊庠錄一卷 （清）邵涵初輯　清光緒四年（1878）刻本　二册

320000－1606－0010666　地0461
錫山遊庠錄一卷首一卷錫金遊庠錄一卷 （清）邵涵初輯　清光緒四年（1878）刻本　二册

320000－1606－0010667　地0462
錫山遊庠錄一卷首一卷錫金遊庠錄一卷 （清）邵涵初輯　清光緒四年（1878）刻本　一册　存一卷（錫金遊庠錄一卷）

320000－1606－0010668　地0463
錫金遊庠錄一卷 （清）邵涵初輯　清光緒四年（1878）刻民國十九年（1930）印本　一册

320000－1606－0010669　地0464
錫金遊庠錄一卷 （清）邵涵初輯　清光緒四年（1878）刻民國十九年（1930）印本　一册

320000－1606－0010670　地0465
錫金遊庠錄一卷 （清）邵涵初輯　清光緒四年（1878）刻民國十九年（1930）印本　一册

320000－1606－0010671　地0466
錫金遊庠錄一卷 （清）邵涵初輯　清光緒四年（1878）刻民國十九年（1930）印本　一册

320000－1606－0010672　地0467
錫金遊庠錄一卷 （清）邵涵初輯　清光緒四年（1878）刻民國十九年（1930）印本　一册

320000－1606－0010673　地0468
錫金遊庠錄一卷錫金續識小錄三卷 （清）邵涵初輯　清光緒四年（1878）刻民國十九年（1930）印本　二册

320000－1606－0010674　地0469
錫金遊庠錄一卷 （清）邵涵初輯　清光緒四年（1878）刻民國十九年（1930）印本　一册

320000－1606－0010675　地0470
錫金遊庠錄一卷 （清）邵涵初輯　清光緒四年（1878）刻民國十九年（1930）印本　一册

320000－1606－0010676　地0472
錫金遊庠續錄一卷 （清）高鑅泉輯　清光緒三十一年（1905）木活字印本　一册

320000－1606－0010677　地0473
錫金遊庠續錄一卷 （清）高鑅泉輯　清光緒三十一年（1905）木活字印本　一册

320000－1606－0010678　地0474
錫金遊庠續錄一卷 （清）高鑅泉輯　清光緒三十一年（1905）木活字印本　一册

320000－1606－0010679　地0475
錫金遊庠續錄一卷 （清）高鑅泉輯　清光緒三十四年（1908）木活字印本　一册

320000－1606－0010680　地0501
梁溪先生文集一百八十卷附錄六卷 （宋）李綱著　清刻本　三十二册

320000－1606－0010681　地0502
梁溪先生文集一百八十卷附錄六卷 （宋）李綱著　清刻本　十册　存三十五卷（一至三十三、附錄一至二）

320000－1606－0010682　地0503
梁溪詩鈔五十八卷 （清）顧光旭集　清宣統三年（1911）文苑閣木活字印本　二十四册

320000－1606－0010683　地0504
梁溪詩鈔五十八卷　（清）顧光旭集　清宣統三年（1911）文苑閣木活字印本　二十四册

320000－1606－0010684　地0506
梁溪詩鈔五十八卷　（清）顧光旭集　清宣統三年（1911）文苑閣木活字印本　三十册

320000－1606－0010685　地0507
梁溪詩鈔五十八卷　（清）顧光旭集　清宣統三年（1911）文苑閣木活字印本　二十四册

320000－1606－0010686　地0534
錫金鄉土地理二卷　侯鴻鑑撰　清光緒三十二年（1906）無錫藝文齋木活字印本　一册

320000－1606－0010687　地0536
錫金鄉土歷史二卷　侯鴻鑑撰　清光緒三十二年（1906）無錫藝文齋木活字印本　一册

320000－1606－0010688　地0537
錫金鄉土歷史二卷　侯鴻鑑撰　清光緒三十四年（1908）梁溪文苑閣木活字印本　一册

320000－1606－0010689　地0538
錫金鄉土歷史二卷　侯鴻鑑撰　清光緒三十四年（1908）梁溪文苑閣木活字印本　一册

320000－1606－0010690　地0569
明季南畧十八卷　（清）計六奇編輯　清都城琉璃廠半松居士刻本　十二册

320000－1606－0010691　地0570
明季北略二十四卷　（清）計六奇編輯　清都城琉璃廠半松居士刻本　十二册

320000－1606－0010692　地0582
防海新論十八卷　（普魯士）希理哈撰　（英國）傅蘭雅口譯　（清）華蘅芳筆述　（清）趙宏繪圖　清同治十二年（1873）江南製造總局刻本　六册

320000－1606－0010693　地0584
辟疆園遺集十卷　（清）楊芳燦輯　清光緒十八年（1892）木活字印本　四册

320000－1606－0010694　地0585
辟疆園遺集十卷　（清）楊芳燦輯　清光緒十八年（1892）木活字印本　四册

320000－1606－0010695　地0592
歷代沿革圖一卷　（清）周拙耘繪　清同治九年（1870）無錫周氏石印本　一册

320000－1606－0010696　地0593
歷代沿革圖一卷　（清）周拙耘繪　清同治九年（1870）無錫周氏石印本　一册

320000－1606－0010697　地0594
歷代沿革圖一卷　（清）周拙耘繪　清同治九年（1870）無錫周氏石印本　一册

320000－1606－0010698　地0595
歷代沿革圖一卷　（清）周拙耘繪　清同治九年（1870）無錫周氏石印本　一册

320000－1606－0010699　地0596
歷代沿革圖一卷　（清）周拙耘繪　清同治九年（1870）無錫周氏石印本　一册

320000－1606－0010700　地0597
歷代沿革圖一卷　（清）周拙耘繪　清同治九年（1870）無錫周氏石印本　一册

320000－1606－0010701　地0613
周易臆解上經二卷下經二卷圖說二卷　（清）楊以迥釋　清光緒十年（1884）大成巷本宅刻本　五册

320000－1606－0010702　地0630
丹魁書屋賸稿一卷　（清）錢福煒著　清宣統元年（1909）木活字印本　一册

320000－1606－0010703　地0631
丹魁書屋賸稿一卷　（清）錢福煒著　清宣統元年（1909）木活字印本　一册

320000－1606－0010704　地0704
歐游雜錄二卷　（清）徐建寅著　清光緒刻本　二册

320000－1606－0010705　地0708
涇皐藏稿二十二卷　（明）顧憲成著　清光緒三年（1877）涇里宗祠刻本　十册

320000－1606－0010706　地0709

小心齋劄記十八卷 （明）顧憲成撰　清光緒三年(1877)涇里宗祠刻本　二册　存十卷(一至十)

320000－1606－0010707　地0713
小學纂註六卷附文公朱夫子年譜一卷朱子小學總論一卷 （清）高愈纂註　清同治八年(1869)江蘇書局刻本　二册

320000－1606－0010708　地0714
小學纂註六卷 （清）高愈纂註　清同治十一年(1872)浙江書局刻本　二册

320000－1606－0010709　地0715
小辨齋偶存八卷附錄一卷 （明）顧允成撰　清光緒二十二年(1896)武進盛氏思惠齋刻本　二册

320000－1606－0010710　地0716
顧端文公遺書 （明）顧憲成撰　清光緒三年至十二年(1877－1886)涇里宗祠刻本　十八册

320000－1606－0010711　地0718
顧端文公遺書 （明）顧憲成撰　清光緒三年至十二年(1877－1886)涇里宗祠刻本　十八册

320000－1606－0010712　地0719
顧端文公遺書 （明）顧憲成撰　清光緒三年至十二年(1877－1886)涇里宗祠刻本　二十二册

320000－1606－0010713　地0720
顧端文公遺書 （明）顧憲成撰　清光緒三年(1877)涇里宗祠刻本　十三册

320000－1606－0010714　地0721
顧端文公遺書 （明）顧憲成撰　清光緒三年(1877)涇里宗祠刻本　七册　存八種二十七卷(東林商語二卷、虞山商語三卷、經正堂商語一卷、志矩堂商語一卷、當下繹一卷、還經錄一卷、自反錄一卷、涇皋藏稿六至二十二)

320000－1606－0010715　地0727
悟秋草堂詩集十卷 （明）顧杲著　清光緒元年(1875)木活字印本　四册

320000－1606－0010716　地0728
悟秋草堂詩集十卷 （明）顧杲著　清光緒元年(1875)木活字印本(卷端、卷四至十配清抄本)　二册

320000－1606－0010717　地0729
悟秋草堂詩集十卷 （明）顧杲著　清光緒元年(1875)木活字印本　二册

320000－1606－0010718　地0730
東林書院志二十二卷 （清）高廷等輯　清光緒七年(1881)刻本　八册

320000－1606－0010719　地0731
東林書院志二十二卷 （清）高廷等輯　清光緒七年(1881)刻本　八册

320000－1606－0010720　地0732
東林書院志二十二卷 （清）高廷等輯　清光緒七年(1881)刻本　八册

320000－1606－0010721　地0733
東林書院志二十二卷 （清）高廷等輯　清光緒七年(1881)刻本　八册

320000－1606－0010722　地0735
秦板九經五十卷 （清）秦鏷訂正　清觀成堂刻本　十册

320000－1606－0010723　地0740
錫金歷朝著述書目考十二卷附雜錄一卷 （清）高鑅泉編　清光緒二十八年(1902)木活字印本(卷二姓氏總目爲抄配)　五册

320000－1606－0010724　地0741
錫金歷朝著述書目考十二卷附雜錄一卷 （清）高鑅泉編　清光緒二十八年(1902)木活字印本　四册　存十卷(一至十)

320000－1606－0010725　地0748
泰雲堂文集二卷駢體文集二卷詩集十八卷 （清）孫爾準撰　清道光十三年(1833)刻本　六册

320000－1606－0010726　地0754
太湖備考十六卷首一卷 （清）金友理纂述

湖程紀略一卷 (清)吳曾撰 清乾隆十五年(1750)藝蘭圃刻本 八冊

320000－1606－0010727 地0757

芙蓉湖志並治湖錄一卷治湖錄續後一卷 (清)吳興祚輯 清木活字印本 一冊

320000－1606－0010728 地0768

畫學心印八卷 (清)秦祖永評輯 清光緒四年(1878)刻朱墨套印本 八冊

320000－1606－0010729 地0777

[江蘇無錫]錫山蔣氏宗譜二十六卷首一卷附徵信錄一卷 (清)蔣士桐等纂修 清宣統二年(1910)一梅堂木活字印本 二十二冊

320000－1606－0010730 地0782

響泉集詩十七卷文一卷詞二卷 (清)顧光旭撰 清宣統二年(1910)無錫顧氏刻本 四冊

320000－1606－0010731 地0783

響泉集詩十七卷文一卷詞二卷 (清)顧光旭撰 清宣統二年(1910)無錫顧氏刻本 四冊

320000－1606－0010732 地0784

響泉集詩十七卷文一卷詞二卷 (清)顧光旭撰 清宣統二年(1910)無錫顧氏刻本 四冊

320000－1606－0010733 地0785

響泉集詩十七卷文一卷詞二卷 (清)顧光旭撰 清宣統二年(1910)無錫顧氏刻本 四冊

320000－1606－0010734 地0798

庸庵文編四卷 (清)薛福成撰 清光緒十四年(1888)刻本 四冊

320000－1606－0010735 地0800

庸庵文編四卷 (清)薛福成撰 清光緒十四年(1888)刻本 四冊

320000－1606－0010736 地0801

庸庵文續編二卷 (清)薛福成撰 清光緒十五年(1889)刻本 二冊

320000－1606－0010737 地0802

庸庵文續編二卷 (清)薛福成撰 清光緒十五年(1889)刻本 二冊

320000－1606－0010738 地0803

庸庵文續編二卷 (清)薛福成撰 清光緒十五年(1889)刻本 二冊

320000－1606－0010739 地0804

庸庵文續編二卷 (清)薛福成撰 清光緒十五年(1889)刻本 二冊

320000－1606－0010740 地0805

庸庵文續編二卷 (清)薛福成撰 清光緒十五年(1889)刻本 二冊

320000－1606－0010741 地0809

庸盦海外文編四卷 (清)薛福成撰 清光緒二十一年(1895)刻本 四冊

320000－1606－0010742 地0810

庸盦海外文編四卷 (清)薛福成撰 清光緒二十一年(1895)刻本 四冊

320000－1606－0010743 地0812

出使英法義比四國日記六卷 (清)薛福成撰 清光緒十七年(1891)刻本 六冊

320000－1606－0010744 地0813

出使英法義比四國日記六卷 (清)薛福成撰 清光緒十七年(1891)刻本 六冊

320000－1606－0010745 地0814

出使英法義比四國日記六卷 (清)薛福成撰 清光緒十七年(1891)刻本 六冊

320000－1606－0010746 地0815

出使日記續刻十卷 (清)薛福成撰 清光緒二十四年(1898)刻本 十冊

320000－1606－0010747 地0816

出使日記續刻十卷 (清)薛福成撰 清光緒二十四年(1898)刻本 十冊

320000－1606－0010748 地0817

出使奏疏二卷 (清)薛福成撰 清光緒二十年(1894)刻本 二冊

320000－1606－0010749 地0818

浙東籌防錄四卷 (清)薛福成纂輯 (清)李圭等參訂 清光緒十二年(1886)刻本 四冊 存三卷(一、三至四)

320000－1606－0010750　地 0820
籌洋芻議一卷　(清)薛福成撰　清光緒十一年(1885)刻本　一册

320000－1606－0010751　地 0822
庸盦筆記六卷　(清)薛福成撰　清光緒二十三年(1897)蕭山陳氏遺經樓刻本　六册

320000－1606－0010752　地 0823
庸盦筆記六卷　(清)薛福成撰　清光緒二十三年(1897)蕭山陳氏遺經樓刻本　六册

320000－1606－0010753　地 0825
庸庵文編四卷外編四卷續編二卷籌洋芻議一卷浙東籌防録四卷出使英法義比四國日記六卷　(清)薛福成撰　清光緒刻本　二十册

320000－1606－0010754　地 0826
庸庵文編四卷續編二卷出使英法義比四國日記六卷　(清)薛福成撰　清光緒刻本　九册

320000－1606－0010755　地 0834
[江蘇無錫]錫山許氏宗譜十一卷　(清)許文松　(清)許文柏纂修　清木活字印本　二十七册

320000－1606－0010756　地 0839
[江蘇無錫]榮氏宗譜二十二卷　(清)榮汝棻等修　清宣統二年(1910)木活字印本　二十三册

320000－1606－0010757　地 0840
[江蘇無錫]榮氏宗譜二十二卷　(清)榮汝棻等修　清宣統二年(1910)木活字印本　二十三册

320000－1606－0010758　地 0841
[江蘇無錫]榮氏宗譜二十二卷　(清)榮汝棻等修　清宣統二年(1910)木活字印本　二十二册

320000－1606－0010759　地 0849
[光緒]無錫金匱縣志四十卷首一卷附殉難紳民表二卷列女姓氏録四卷　(清)裴大中等修　(清)秦緗業等纂　清光緒七年(1881)刻本　二十册

320000－1606－0010760　地 0850
[光緒]無錫金匱縣志四十卷首一卷附殉難紳民表二卷列女姓氏録四卷　(清)裴大中等修　(清)秦緗業等纂　清光緒七年(1881)刻本　二十册

320000－1606－0010761　地 0851
[光緒]無錫金匱縣志四十卷首一卷附殉難紳民表二卷列女姓氏録四卷　(清)裴大中等修　(清)秦緗業等纂　清光緒七年(1881)刻本　二十册

320000－1606－0010762　地 0852
[光緒]無錫金匱縣志四十卷首一卷附殉難紳民表二卷列女姓氏録四卷　(清)裴大中等修　(清)秦緗業等纂　清光緒七年(1881)刻本　二十册

320000－1606－0010763　地 0853
[光緒]無錫金匱縣志四十卷首一卷附殉難紳民表二卷列女姓氏録四卷　(清)裴大中等修　(清)秦緗業等纂　清光緒七年(1881)刻本　二十册

320000－1606－0010764　地 0857
[光緒]無錫金匱縣志四十卷首一卷附殉難紳民表二卷列女姓氏録四卷　(清)裴大中等修　(清)秦緗業等纂　清光緒七年(1881)刻本　十八册

320000－1606－0010765　地 0858
[光緒]無錫金匱縣志四十卷首一卷附殉難紳民表二卷列女姓氏録四卷　(清)裴大中等修　(清)秦緗業等纂　清光緒七年(1881)刻本　十八册

320000－1606－0010766　地 0859
[光緒]無錫金匱縣志四十卷首一卷附殉難紳民表二卷列女姓氏録四卷　(清)裴大中等修　(清)秦緗業等纂　清光緒七年(1881)刻本　十八册

320000－1606－0010767　地 0860
[光緒]無錫金匱縣志四十卷首一卷附殉難紳民表二卷列女姓氏録四卷　(清)裴大中等修

（清）秦緗業等纂　清光緒七年（1881）刻本　十八册

320000－1606－0010768　地 0861
［光緒］無錫金匱縣志四十卷首一卷附殉難紳民表二卷列女姓氏録四卷　（清）裴大中等修　（清）秦緗業等纂　清光緒七年（1881）刻本　十八册

320000－1606－0010769　地 0862
［光緒］無錫金匱縣志四十卷首一卷附殉難紳民表二卷列女姓氏録四卷　（清）裴大中等修　（清）秦緗業等纂　清光緒七年（1881）刻本　十八册

320000－1606－0010770　地 0863
［光緒］無錫金匱縣志四十卷首一卷附殉難紳民表二卷列女姓氏録四卷　（清）裴大中等修　（清）秦緗業等纂　清光緒七年（1881）刻本　二十册

320000－1606－0010771　地 0880
彈指詞三卷　（清）顧貞觀著　（清）杜詔編訂　清光緒四年（1878）枕經葄史齋刻本　一册

320000－1606－0010772　地 0881
彈指詞三卷　（清）顧貞觀著　（清）杜詔編訂　清光緒四年（1878）枕經葄史齋刻本　二册

320000－1606－0010773　地 0882
彈指詞三卷　（清）顧貞觀著　（清）杜詔編訂　清光緒四年（1878）枕經葄史齋刻本　一册

320000－1606－0010774　地 0883
彈指詞補遺一卷　（清）顧貞觀撰　**匏園詞一卷**　（清）顧景文撰　**清琴詞一卷**　（清）顧衡文撰　**栖香詞一卷**　（清）顧貞立撰　**井華詞一卷**　（清）顧皋撰　**繡餘詞一卷**　（清）朱蕙貞撰　清光緒十九年（1893）刻本　一册

320000－1606－0010775　地 0883－1
彈指詞三卷　（清）顧貞觀著　（清）杜詔編訂　清光緒四年（1878）枕經葄史齋刻本　一册

320000－1606－0010776　地 0884
彈指詞補遺一卷　（清）顧貞觀撰　**匏園詞一卷**　（清）顧景文撰　**清琴詞一卷**　（清）顧衡文撰　**栖香詞一卷**　（清）顧貞立撰　**井華詞一卷**　（清）顧皋撰　**繡餘詞一卷**　（清）朱蕙貞撰　清光緒十九年（1893）刻本　一册

320000－1606－0010777　地 0884－1
彈指詞三卷　（清）顧貞觀著　（清）杜詔編訂　清光緒四年（1878）枕經葄史齋刻本　一册

320000－1606－0010778　地 0885
彈指詞補遺一卷　（清）顧貞觀撰　**匏園詞一卷**　（清）顧景文撰　**清琴詞一卷**　（清）顧衡文撰　**栖香詞一卷**　（清）顧貞立撰　**井華詞一卷**　（清）顧皋撰　**繡餘詞一卷**　（清）朱蕙貞撰　清光緒十九年（1893）刻本　一册

320000－1606－0010779　地 0885－1
彈指詞三卷　（清）顧貞觀著　（清）杜詔編訂　清光緒四年（1878）枕經葄史齋刻本　一册

320000－1606－0010780　地 0886
彈指詞補遺一卷　（清）顧貞觀撰　**匏園詞一卷**　（清）顧景文撰　**清琴詞一卷**　（清）顧衡文撰　**栖香詞一卷**　（清）顧貞立撰　**井華詞一卷**　（清）顧皋撰　**繡餘詞一卷**　（清）朱蕙貞撰　清光緒十九年（1893）刻本　一册

320000－1606－0010781　地 0886－1
彈指詞三卷　（清）顧貞觀著　（清）杜詔編訂　清光緒四年（1878）枕經葄史齋刻本　一册

320000－1606－0010782　地 0895
讀東華録一卷　（清）竇士鏞著　清宣統元年（1909）鉛印本　一册

320000－1606－0010783　地 0896
讀東華録一卷　（清）竇士鏞著　清宣統元年（1909）鉛印本　一册

320000－1606－0010784　地 0897
讀東華録一卷　（清）竇士鏞著　清宣統元年（1909）鉛印本　一册

320000－1606－0010785　地 0898
讀東華録一卷　（清）竇士鏞著　清宣統元年（1909）鉛印本　一册

320000－1606－0010786　地 0899
讀東華錄一卷　(清)竇士鏞著　清宣統元年(1909)鉛印本　一冊

320000－1606－0010787　地 0900
讀東華錄一卷　(清)竇士鏞著　清宣統元年(1909)鉛印本　一冊

320000－1606－0010788　地 0901
讀東華錄一卷　(清)竇士鏞著　清宣統元年(1909)鉛印本　一冊

320000－1606－0010789　地 0911
[江蘇無錫]榮氏續修宗譜帳略一卷　(清)□□撰　清宣統二年(1910)三樂堂木活字印本　一冊

320000－1606－0010790　地 0912
[江蘇無錫]榮氏續修宗譜帳略一卷　(清)□□撰　清宣統二年(1910)三樂堂木活字印本　一冊

320000－1606－0010791　地 0913
[江蘇無錫]榮氏續修宗譜帳略一卷　(清)□□撰　清宣統二年(1910)三樂堂木活字印本　一冊

320000－1606－0010792　地 0914
[江蘇無錫]榮氏續修宗譜帳略一卷　(清)□□撰　清宣統二年(1910)三樂堂木活字印本　一冊

320000－1606－0010793　地 0916
韻徵十六卷　(清)安吉纂輯　清道光十七年(1837)親仁堂刻本　八冊

320000－1606－0010794　地 0924
知足不辱齋燹餘遺稿一卷附月栽公詩存一卷　(清)竇承焯著　清宣統三年(1911)木活字印本　一冊

320000－1606－0010795　地 0925
知足不辱齋燹餘遺稿一卷附月栽公詩存一卷　(清)竇承焯著　清宣統三年(1911)木活字印本　一冊

320000－1606－0010796　地 0926
知足不辱齋燹餘遺稿一卷附月栽公詩存一卷　(清)竇承焯著　清宣統三年(1911)木活字印本　一冊

320000－1606－0010797　地 0927
知足不辱齋燹餘遺稿一卷附月栽公詩存一卷　(清)竇承焯著　清宣統三年(1911)木活字印本　一冊

320000－1606－0010798　地 0928
知足不辱齋燹餘遺稿一卷附月栽公詩存一卷　(清)竇承焯著　清宣統三年(1911)木活字印本　一冊

320000－1606－0010799　地 0929
知足不辱齋燹餘遺稿一卷附月栽公詩存一卷　(清)竇承焯著　清宣統三年(1911)木活字印本　一冊

320000－1606－0010800　地 0942
寶藏興焉十二卷　(英國)費而奔著　(英國)傅蘭雅口譯　(清)徐壽筆述　清末江南製造總局刻本　十六冊

320000－1606－0010801　地 0944
天全堂集四卷續編一卷附錄一卷　(明)安希范著　(清)安璿輯　清乾隆四十六年(1781)安吉刻本　二冊

320000－1606－0010802　地 0945
天全堂集四卷續編一卷附錄一卷　(明)安希范著　(清)安璿輯　清乾隆四十六年(1781)安吉刻本　二冊

320000－1606－0010803　地 0946
天全堂集四卷續編一卷附錄一卷　(明)安希范著　(清)安璿輯　清乾隆四十六年(1781)安吉刻本　二冊

320000－1606－0010804　地 0954
誥授資政大夫晉封光祿大夫賞戴花翎歷署陝西按察使司特授延榆綏兵備道顯考紫卿府君行狀一卷　(清)嚴壽民　(清)嚴襄述　清宣統石印本　一冊

320000－1606－0010805　地 0976

城西草堂詩集四卷　(清)秦緗武撰　清咸豐八年(1858)錫山秦氏刻本　一冊

320000－1606－0010806　地 0977
城西草堂詩集四卷　(清)秦緗武撰　清咸豐八年(1858)錫山秦氏刻本　一冊

320000－1606－0010807　地 0978
城西草堂詩集四卷　(清)秦緗武撰　清咸豐八年(1858)錫山秦氏刻本　二冊

320000－1606－0010808　地 0991
三角數理十二卷　(英國)海麻士輯　(英國)傅蘭雅口譯　(清)華蘅芳筆述　(清)劉彝程校算　(清)曹攎亭繪圖　清光緒江南製造局刻本　六冊

320000－1606－0010809　地 0992
古文眉詮七十九卷首一卷　(清)陳宏謀等鑒定　(清)浦起龍論次　(清)程鍾等彙參　清光緒二十四年(1898)嶺南良產書屋刻本　二十四冊

320000－1606－0010810　地 0994
讀杜心解六卷首一卷　(清)浦起龍撰　清雍正三年(1725)寧我齋刻本　十二冊

320000－1606－0010811　地 0995
讀杜心解六卷首一卷　(清)浦起龍撰　清雍正三年(1725)寧我齋刻本　十二冊

320000－1606－0010812　地 0996
讀杜心解六卷首一卷　(清)浦起龍撰　清雍正三年(1725)寧我齋刻本　八冊

320000－1606－0010813　地 0998
古文眉詮七十九卷首一卷　(清)陳宏謀等鑒定　(清)浦起龍論次　(清)程鍾等彙參　清乾隆九年(1744)三吳書院刻本　二十七冊　存六十七卷(一至二十一、二十五至三十四、四十至四十二、四十五至四十八、五十二至七十九,首一卷)

320000－1606－0010814　地 1000
釀蜜集四卷　(清)浦起龍著　清光緒二十七年(1901)靜寄東軒家塾刻本　四冊

320000－1606－0010815　地 1001
釀蜜集四卷　(清)浦起龍著　清光緒二十七年(1901)靜寄東軒家塾刻本　四冊

320000－1606－0010816　地 1006
史通通釋二十卷　(清)浦起龍釋　(清)方懋福等參釋　清光緒二十五年(1899)上海通時書局石印本　五冊　存十三卷(一至十、十六至十八)

320000－1606－0010817　地 1008
史通通釋二十卷　(清)浦起龍釋　(清)方懋福等參釋　清光緒十九年(1893)上海文瑞樓石印本　八冊

320000－1606－0010818　地 1012
古杼秋館遺稿文二卷詩一卷　(清)侯楨著　清光緒二十三年(1897)無錫吳氏禮讓堂刻本　二冊

320000－1606－0010819　地 1013
古杼秋館遺稿文二卷詩一卷　(清)侯楨著　清光緒二十三年(1897)無錫吳氏禮讓堂刻本　二冊

320000－1606－0010820　地 1014
古杼秋館遺稿文二卷詩一卷　(清)侯楨著　清光緒二十三年(1897)無錫吳氏禮讓堂刻本　二冊

320000－1606－0010821　地 1015
古杼秋館遺稿文二卷詩一卷　(清)侯楨著　清光緒二十三年(1897)無錫吳氏禮讓堂刻本　二冊

320000－1606－0010822　地 1016
古杼秋館遺稿文二卷詩一卷　(清)侯楨著　清光緒二十三年(1897)無錫吳氏禮讓堂刻本　二冊

320000－1606－0010823　地 1017
古杼秋館遺稿文二卷詩一卷　(清)侯楨著　清光緒二十三年(1897)無錫吳氏禮讓堂刻本　二冊

320000－1606－0010824　地 1018

古杍秋館遺稿文二卷補遺一卷詩一卷　(清)侯楨著　清光緒二十三年(1897)無錫吳氏禮讓堂刻民國四年(1915)印本　一册

320000－1606－0010825　地 1019
古杍秋館遺稿文二卷補遺一卷詩一卷　(清)侯楨著　清光緒二十三年(1897)無錫吳氏禮讓堂刻民國四年(1915)印本　一册

320000－1606－0010826　地 1020
古杍秋館遺稿文二卷補遺一卷詩一卷　(清)侯楨著　清光緒二十三年(1897)無錫吳氏禮讓堂刻民國四年(1915)印本　一册

320000－1606－0010827　地 1021
古杍秋館遺稿文二卷補遺一卷詩一卷　(清)侯楨著　清光緒二十三年(1897)無錫吳氏禮讓堂刻民國四年(1915)印本　一册

320000－1606－0010828　地 1022
古杍秋館遺稿文二卷補遺一卷詩一卷　(清)侯楨著　清光緒二十三年(1897)無錫吳氏禮讓堂刻民國四年(1915)印本　一册

320000－1606－0010829　地 1039
端甫遺稿二卷　(清)張岳駿著　清道光二十七年(1847)刻本　一册

320000－1606－0010830　地 1059
栖碧先生黄楊集三卷補遺一卷附録一卷　(元)華幼武撰　清嘉慶元年(1796)刻同治十三年(1874)重修本　四册

320000－1606－0010831　地 1060
栖碧先生黄楊集三卷補遺一卷附録一卷　(元)華幼武撰　清嘉慶元年(1796)刻同治十三年(1874)重修本　四册

320000－1606－0010832　地 1065
三借廬贅譚十二卷　鄒弢纂　清光緒管氏可壽齋木活字印本　二册　存一卷(一)

320000－1606－0010833　地 1093
己未詞科錄十二卷首一卷　(清)秦瀛輯　清光緒十四年(1888)無錫藝文齋木活字印本　六册

320000－1606－0010834　地 1097
韻府約編二十四卷　(清)鄧愷輯　清刻本　十二册

320000－1606－0010835　地 1103
五經類纂十六卷　(清)秦伯龍　(清)秦躍龍輯　清雍正六年(1728)清尋閣刻本　五册　存十四卷(三至十六)

320000－1606－0010836　地 1104
五經類纂十六卷　(清)秦伯龍　(清)秦躍龍輯　清雍正六年(1728)清尋閣刻本　十册

320000－1606－0010837　地 1109
讀書劄記二卷　(清)孫希朱撰　清刻本　三册

320000－1606－0010838　地 1110
旅遊小草四卷　(清)華振撰　燹餘剩草一卷　(清)華持撰　清光緒二年(1876)刻本　三册

320000－1606－0010839　地 1111
旅遊小草四卷　(清)華振撰　燹餘剩草一卷　(清)華持撰　清光緒二年(1876)刻本　二册

320000－1606－0010840　地 1112
旅遊小草四卷　(清)華振撰　燹餘剩草一卷　(清)華持撰　清光緒二年(1876)刻本　二册

320000－1606－0010841　地 1113
勤斯堂詩彙編九卷　(清)顧森書編次　(清)顧玉書等校勘　清光緒二十二年(1896)刻本　二册

320000－1606－0010842　地 1114
勤斯堂詩彙編九卷　(清)顧森書編次　(清)顧玉書等校勘　清光緒二十二年(1896)刻本　二册

320000－1606－0010843　地 1115
顧雙溪集九卷　(清)顧奎光著　清光緒二十一年(1895)木活字印本　二册

320000－1606－0010844　地 1134

慧山記四卷　(明)邵寶手定　(清)釋圓顯輯　(清)邵涵初附志　**慧山記續編三卷首一卷**　(清)邵涵初輯　(清)邵文燾編輯　清同治七年(1868)刻本　六冊

320000－1606－0010845　地 1135
慧山記四卷　(明)邵寶手定　(清)釋圓顯輯　(清)邵涵初附志　**慧山記續編三卷首一卷**　(清)邵涵初輯　(清)邵文燾編輯　清同治七年(1868)刻本　六冊

320000－1606－0010846　地 1136
慧山記四卷　(明)邵寶手定　(清)釋圓顯輯　(清)邵涵初附志　**慧山記續編三卷首一卷**　(清)邵涵初輯　(清)邵文燾編輯　清同治七年(1868)刻本　六冊

320000－1606－0010847　地 1137
慧山記四卷　(明)邵寶手定　(清)釋圓顯輯　(清)邵涵初附志　**慧山記續編三卷首一卷**　(清)邵涵初輯　(清)邵文燾編輯　清同治七年(1868)刻本　六冊

320000－1606－0010848　地 1138
慧山記四卷　(明)邵寶手定　(清)釋圓顯輯　(清)邵涵初附志　**慧山記續編三卷首一卷**　(清)邵涵初輯　(清)邵文燾編輯　清同治七年(1868)刻本　六冊

320000－1606－0010849　地 1139
慧山記四卷　(明)邵寶手定　(清)釋圓顯輯　(清)邵涵初附志　**慧山記續編三卷首一卷**　(清)邵涵初輯　(清)邵文燾編輯　清同治七年(1868)刻本　六冊

320000－1606－0010850　地 1145
重訂廣事類賦四十卷　(清)華希閔著　(清)華希閔重訂　清道光七年(1827)刻本　十冊

320000－1606－0010851　地 1146
綺雲樓詩草二卷楹聯一卷詞集一卷題詞一卷　(清)竇士鏞著　**曇花唫一卷詩餘附一卷題詞一卷題詩一卷**　(清)杜敬撰　清宣統鉛印本　一冊

320000－1606－0010852　地 1147
綺雲樓詩草二卷楹聯一卷詞集一卷題詞一卷　(清)竇士鏞著　**曇花唫一卷詩餘附一卷題詞一卷題詩一卷**　(清)杜敬撰　清宣統鉛印本　一冊

320000－1606－0010853　地 1148
綺雲樓詩草二卷楹聯一卷詞集一卷題詞一卷　(清)竇士鏞著　**曇花唫一卷詩餘附一卷題詞一卷題詩一卷**　(清)杜敬撰　清宣統鉛印本　一冊

320000－1606－0010854　地 1149
綺雲樓詩草二卷楹聯一卷詞集一卷題詞一卷　(清)竇士鏞著　**曇花唫一卷詩餘附一卷題詞一卷題詩一卷**　(清)杜敬撰　清宣統鉛印本　一冊

320000－1606－0010855　地 1150
綺雲樓詩草二卷楹聯一卷詞集一卷題詞一卷　(清)竇士鏞著　**曇花唫一卷詩餘附一卷題詞一卷題詩一卷**　(清)杜敬撰　清宣統鉛印本　一冊

320000－1606－0010856　地 1151
綺雲樓詩草二卷楹聯一卷詞集一卷題詞一卷　(清)竇士鏞著　**曇花唫一卷詩餘附一卷題詞一卷題詩一卷**　(清)杜敬撰　清宣統鉛印本　一冊

320000－1606－0010857　地 1158
微雲樓詩集五卷　(清)秦昌焯撰　清光緒十四年(1888)刻本　一冊

320000－1606－0010858　地 1159
微雲樓詩集五卷　(清)秦昌焯撰　清光緒十四年(1888)刻本　一冊

320000－1606－0010859　地 1160
微雲樓詩集五卷　(清)秦昌焯撰　清光緒十四年(1888)刻本　一冊

320000－1606－0010860　地 1161
微雲樓詩集五卷　(清)秦昌焯撰　清光緒十四年(1888)刻本　一冊

320000－1606－0010861　地 1162

微雲樓詩集五卷　(清)秦昌焯撰　清光緒十四年(1888)刻本　一冊

320000－1606－0010862　地1163
虹橋老屋遺稿補遺文一卷詩一卷詞賸一卷　(清)秦緗業撰　**虎侯詩存一卷**　(清)秦光祖撰　清光緒二十一年(1895)刻本　一冊

320000－1606－0010863　地1163－1
虹橋老屋遺稿文四卷詩五卷　(清)秦緗業撰　清光緒十五年(1889)刻本　三冊

320000－1606－0010864　地1164
虹橋老屋遺稿補遺文一卷詩一卷詞賸一卷　(清)秦緗業撰　**虎侯詩存一卷**　(清)秦光祖撰　清光緒二十一年(1895)刻本　一冊

320000－1606－0010865　地1164－1
虹橋老屋遺稿文四卷詩五卷　(清)秦緗業撰　清光緒十五年(1889)刻本　三冊

320000－1606－0010866　地1165
虹橋老屋遺稿補遺文一卷詩一卷詞賸一卷　(清)秦緗業撰　**虎侯詩存一卷**　(清)秦光祖撰　清光緒二十一年(1895)刻三十一年(1905)印本　一冊

320000－1606－0010867　地1165－1
虹橋老屋遺稿文四卷詩五卷　(清)秦緗業撰　清光緒十五年(1889)刻三十一年(1905)印本　三冊

320000－1606－0010868　地1166
虹橋老屋遺稿補遺文一卷詩一卷詞賸一卷　(清)秦緗業撰　**虎侯詩存一卷**　(清)秦光祖撰　清光緒二十一年(1895)刻三十一年(1905)印本　一冊

320000－1606－0010869　地1166－1
虹橋老屋遺稿文四卷詩五卷　(清)秦緗業撰　清光緒十五年(1889)刻三十一年(1905)印本　二冊　存七卷(虹橋老屋遺稿文一至二、詩五卷)

320000－1606－0010870　地1167
虹橋老屋遺稿補遺文一卷詩一卷詞賸一卷　(清)秦緗業撰　**虎侯詩存一卷**　(清)秦光祖撰　清光緒二十一年(1895)刻三十一年(1905)印本　一冊

320000－1606－0010871　地1167－1
虹橋老屋遺稿文四卷詩五卷　(清)秦緗業撰　清光緒十五年(1889)刻三十一年(1905)印本　三冊

320000－1606－0010872　地1168
顧雙溪集九卷　(清)顧奎光著　清光緒二十一年(1895)木活字印本　二冊

320000－1606－0010873　地1169
顧雙溪集九卷　(清)顧奎光著　清光緒二十一年(1895)木活字印本　二冊

320000－1606－0010874　地1170
顧雙溪集九卷　(清)顧奎光著　清光緒二十一年(1895)木活字印本　二冊

320000－1606－0010875　地1171
顧雙溪集九卷　(清)顧奎光著　清光緒二十一年(1895)木活字印本　二冊

320000－1606－0010876　地1172
顧雙溪集九卷　(清)顧奎光著　清光緒二十一年(1895)木活字印本　二冊

320000－1606－0010877　地1173
顧雙溪集九卷　(清)顧奎光著　清光緒二十一年(1895)木活字印本　二冊

320000－1606－0010878　地1174
顧雙溪集九卷　(清)顧奎光著　清光緒二十一年(1895)木活字印本　二冊

320000－1606－0010879　地1176
枕漁韻學兩種二卷　(清)顧淳著　清光緒二十五年(1899)木活字印本　一冊

320000－1606－0010880　地1177
枕漁韻學兩種二卷　(清)顧淳著　清光緒二十五年(1899)木活字印本　一冊

320000－1606－0010881　地1179
響泉年譜一卷　(清)顧光旭自述　清光緒二十三年(1897)木活字印本　一冊

320000－1606－0010882　地 1199
澹遠軒文集二卷　（清）竇士鏞著　（清）華袞編次　清宣統二年（1910）鉛印本　一冊

320000－1606－0010883　地 1200
澹遠軒文集二卷　（清）竇士鏞著　（清）華袞編次　清宣統二年（1910）鉛印本　一冊

320000－1606－0010884　地 1201
澹遠軒文集二卷　（清）竇士鏞著　（清）華袞編次　清宣統二年（1910）鉛印本　一冊

320000－1606－0010885　地 1202
澹遠軒文集二卷　（清）竇士鏞著　（清）華袞編次　清宣統二年（1910）鉛印本　一冊

320000－1606－0010886　地 1241
清足居集一卷蕉窗詞一卷　（清）鄧瑜撰　清光緒二十一年（1895）刻本　一冊

320000－1606－0010887　地 1242
清足居集一卷蕉窗詞一卷　（清）鄧瑜撰　清光緒二十一年（1895）刻本　一冊

320000－1606－0010888　地 1248
宋元明詩約鈔三百首二卷首一卷　（清）朱梓等編輯　（清）華黼臣註　清咸豐五年（1855）保墨閣刻同治印本　二冊

320000－1606－0010889　地 1249
宋元明詩約鈔三百首二卷首一卷　（清）朱梓等編輯　（清）華黼臣註　清咸豐五年（1855）保墨閣刻同治印本　二冊

320000－1606－0010890　地 1260
梁溪先生文集一百八十卷附錄六卷　（宋）李綱著　清刻本　三十六冊

320000－1606－0010891　地 1261
澹遠軒文集二卷　（清）竇士鏞著　（清）華袞編次　清宣統二年（1910）鉛印本　一冊

320000－1606－0010892　地 1263
道齊正軌二十卷　（清）鄒鳴鶴纂述　清道光二十三年（1843）刻本　八冊

320000－1606－0010893　地 1264
道齊正軌二十卷　（清）鄒鳴鶴纂述　清道光二十三年（1843）刻本　八冊

320000－1606－0010894　地 1265
道齊正軌二十卷　（清）鄒鳴鶴纂述　（清）蘇源生編次　清光緒七年（1881）刻本　八冊

320000－1606－0010895　地 1266
道齊正軌二十卷　（清）鄒鳴鶴纂述　（清）蘇源生編次　清光緒七年（1881）刻本　八冊

320000－1606－0010896　地 1280
寶素堂時文六卷　（清）鄒鳴鶴撰　清同治元年（1862）刻本　二冊

320000－1606－0010897　地 1281
寶素堂時文六卷　（清）鄒鳴鶴撰　清同治元年（1862）刻本　一冊　存三卷（大學一卷、中庸一卷、論語一卷）

320000－1606－0010898　地 1284
顧太僕致忠錄一卷　（清）顧景璐輯　清光緒三十年（1904）木活字印本　一冊

320000－1606－0010899　地 1285
讀東華錄一卷綺雲樓詩草二卷綺雲樓楹聯一卷綺雲樓詞集一卷題詞一卷澹遠軒文集二卷文學史一卷　（清）竇士鏞著　**曇花唫一卷**　（清）杜敬著　清宣統鉛印本　四冊

320000－1606－0010900　地 1286
守城善後紀畧一卷　（清）鄒鳴鶴著　（清）鄒覲颺編輯　清咸豐刻本　一冊

320000－1606－0010901　地 1326
青萍軒文錄二卷詩錄一卷　（清）薛福保撰　清光緒八年（1882）刻本　一冊

320000－1606－0010902　地 1327
青萍軒文錄二卷詩錄一卷　（清）薛福保撰　清光緒八年（1882）刻本　一冊

320000－1606－0010903　地 1328
青萍軒文錄二卷詩錄一卷　（清）薛福保撰　清光緒八年（1882）刻本　一冊

320000－1606－0010904　地 1329
青萍軒文錄二卷詩錄一卷　（清）薛福保撰　清光緒八年（1882）刻本　一冊

320000－1606－0010905　地 1332
青萍軒文録二卷詩録一卷　（清）薛福保撰　清光緒八年（1882）刻本　一册

320000－1606－0010906　地 1334
青萍軒文録二卷詩録一卷　（清）薛福保撰　清光緒八年（1882）刻本　一册

320000－1606－0010907　地 1335
青萍軒文録二卷詩録一卷　（清）薛福保撰　清光緒八年（1882）刻本　一册

320000－1606－0010908　地 1336
青萍軒文録二卷詩録一卷　（清）薛福保撰　清光緒八年（1882）刻本　一册

320000－1606－0010909　地 1337
青萍軒文録二卷詩録一卷　（清）薛福保撰　清光緒八年（1882）刻本　一册

320000－1606－0010910　地 1338
青萍軒文録二卷詩録一卷　（清）薛福保撰　清光緒八年（1882）刻本　一册

320000－1606－0010911　地 1340
青萍軒文録二卷詩録一卷　（清）薛福保撰　清光緒八年（1882）刻本　一册

320000－1606－0010912　地 1341
青萍軒文録二卷詩録一卷　（清）薛福保撰　清光緒八年（1882）刻本　一册

320000－1606－0010913　地 1342
青萍軒文録二卷詩録一卷　（清）薛福保撰　清光緒八年（1882）刻本　一册

320000－1606－0010914　地 1343
洗心齋稿五卷　（清）侯鳳苞撰　清嘉慶十一年（1806）刻本　一册

320000－1606－0010915　地 1351
況梅齋詩草一卷京江遊草一卷　（清）楊紹基著　清咸豐四年（1854）刻本　一册

320000－1606－0010916　地 1352
況梅齋詩草一卷京江遊草一卷　（清）楊紹基著　清咸豐四年（1854）刻本　一册

320000－1606－0010917　地 1353
寄春吟二卷　（清）劉汝謩撰　清光緒三年（1877）刻本　一册

320000－1606－0010918　地 1354
寄春吟二卷　（清）劉汝謩撰　清光緒三年（1877）刻本　一册

320000－1606－0010919　地 1355
寄春吟二卷　（清）劉汝謩撰　清光緒三年（1877）刻本　一册

320000－1606－0010920　地 1356
治蝗全法四卷附録一卷　（清）顧彦輯　清光緒十四年（1888）猶白雪齋刻本　一册

320000－1606－0010921　地 1357
治蝗全法四卷附録一卷　（清）顧彦輯　清光緒十四年（1888）猶白雪齋刻本　一册

320000－1606－0010922　地 1359
守望新書四卷　（清）錢泳輯　**賑粥須知一卷**　（清）支方廉輯　清道光二十二年（1842）揚州樸存堂阮亨記刻本　一册

320000－1606－0010923　地 1360
守望新書四卷　（清）錢泳輯　**賑粥須知一卷**　（清）支方廉輯　清道光二十二年（1842）揚州樸存堂阮亨記刻本　一册

320000－1606－0010924　地 1361
忠義録一卷　（清）薛丙元編輯　清光緒五年（1879）禮社薛師範堂木活字印本　一册

320000－1606－0010925　地 1362
東林書院志二十二卷　（清）高廷等輯　清光緒七年（1881）刻本　八册

320000－1606－0010926　地 1369
復社姓氏二卷　（明）吳應箕鑒定　**復社姓氏補録一卷**　（清）吳銘道撰　清光緒刻本　一册

320000－1606－0010927　地 1371
日本統計類表要論十二卷　（清）楊道霖述　清宣統元年（1909）鉛印本　六册

320000－1606－0010928　地 1372

日本統計類表要論十二卷 (清)楊道霖述 清宣統元年(1909)鉛印本 六册

320000－1606－0010929 地 1380
春燕唱和詩一卷 (清)秦國璵編 清光緒二十八年(1902)刻本 一册

320000－1606－0010930 地 1381
春燕唱和詩一卷 (清)秦國璵編 清光緒二十八年(1902)刻本 一册

320000－1606－0010931 地 1385
青琅玕館遺稿三種三卷 (清)顧濟撰 清光緒二十一年(1895)刻本 一册

320000－1606－0010932 地 1386
青琅玕館遺稿三種三卷 (清)顧濟撰 清光緒二十一年(1895)刻本 一册

320000－1606－0010933 地 1387
青琅玕館遺稿三種三卷 (清)顧濟撰 清光緒二十一年(1895)刻本 一册

320000－1606－0010934 地 1394
讀史方輿紀要一百三十卷圖説四卷 (清)顧祖禹著 清光緒二十五年(1899)新化三味書室刻本 六十册

320000－1606－0010935 地 1402
方輿紀要簡覽三十四卷 (清)顧祖禹原本 (清)潘鐸輯錄 清咸豐八年(1858)刻本 十册

320000－1606－0010936 地 1403
讀史方輿紀要十卷讀方輿紀要摘錄一卷 (清)顧祖禹著 清光緒十五年(1889)長沙遐齡庵傳忠書局刻本 十二册

320000－1606－0010937 地 1404
步天歌一卷輿地略一卷括地略一卷歷代統圖一卷讀史論略一卷 (清)杜詔撰 清光緒刻本 一册

320000－1606－0010938 地 1406
讀史論略一卷 (□)□□撰 清同治十年(1871)刻本 一册

320000－1606－0010939 地 1412
論文約旨一卷 (清)張泰開撰 清光緒十七年(1891)刻本 一册

320000－1606－0010940 地 1426
塵遠齋賦賸一卷 (清)顧瓚撰 清光緒木活字印本 一册

320000－1606－0010941 地 1427
塵遠齋賦賸一卷 (清)顧瓚撰 清光緒木活字印本 一册

320000－1606－0010942 地 1437
孟和詩草二卷 (清)范鈞撰 清光緒十六年(1890)梁溪華氏文苑閣刻本 一册

320000－1606－0010943 地 1438
孟和詩草二卷 (清)范鈞撰 清光緒十六年(1890)梁溪華氏文苑閣刻本 一册

320000－1606－0010944 地 1439
飛香圃詩集四卷 (清)安詩撰 清刻本 二册

320000－1606－0010945 地 1441
飛香圃文集四卷 (清)安詩撰 清刻本 四册

320000－1606－0010946 地 1442
玉山閣古文選四卷玉山閣詩選八卷 (清)徐鑅慶撰 **荔子丹房詩選一卷** (清)徐濤撰 **梅墅詩選一卷** (清)徐潢撰 清道光十年(1830)刻本 三册

320000－1606－0010947 地 1445
孫宗伯集十卷 (明)孫繼皐著 清光緒十八年(1892)鼎元堂木活字印本 十二册

320000－1606－0010948 地 1446
孫宗伯集十卷 (明)孫繼皐著 清光緒十八年(1892)鼎元堂木活字印本 十二册

320000－1606－0010949 地 1447
孫宗伯集十卷 (明)孫繼皐著 清光緒十八年(1892)鼎元堂木活字印本 十二册

320000－1606－0010950 地 1448
孫宗伯集十卷 (明)孫繼皐著 清光緒十八年(1892)鼎元堂木活字印本 二册 存一卷

（十）

320000－1606－0010951　地 1449
孫宗伯集十卷　（明）孫繼臯著　清光緒十八年(1892)鼎元堂木活字印本　一册　存一卷（十）

320000－1606－0010952　地 1451
孫仰晦先生文集八卷　（清）孫希朱撰　（清）薛鎰校訂　清同治十年(1871)木活字印本　二册

320000－1606－0010953　地 1453
延綠閣集十二卷附一卷　（清）華希閔撰　清光緒二十二年(1896)吉水官廨刻本　六册

320000－1606－0010954　地 1454
延綠閣集十二卷附一卷　（清）華希閔撰　清光緒二十二年(1896)吉水官廨刻本　六册

320000－1606－0010955　地 1455
延綠閣集十二卷附一卷　（清）華希閔撰　清光緒二十二年(1896)吉水官廨刻本　六册

320000－1606－0010956　地 1457
延綠閣集十二卷附一卷　（清）華希閔撰　清光緒二十二年(1896)吉水官廨刻本　六册

320000－1606－0010957　地 1460
重刻天遊集十卷天遊碎金一卷　（明）王達著　（清）侅亭編　清道光二十一年(1841)刻本　四册

320000－1606－0010958　地 1461
重刻天遊集十卷天遊碎金一卷　（明）王達著　（清）侅亭編　清道光二十一年(1841)刻本　四册

320000－1606－0010959　地 1462
重刻天遊集十卷天遊碎金一卷　（明）王達著　（清）侅亭編　清道光二十一年(1841)刻本　四册

320000－1606－0010960　地 1482
西遊日記一卷附東遊日記一卷　（清）蔣煦記　清光緒三十一年(1905)鉛印本　一册

320000－1606－0010961　地 1483
西遊日記一卷附東遊日記一卷　（清）蔣煦記　清光緒三十一年(1905)鉛印本　一册

320000－1606－0010962　地 1484
砭學芻言一卷　（清）嵇爾霖撰　清宣統木活字印本　一册

320000－1606－0010963　地 1490
三省軒自述一卷　（清）王世恩撰　清光緒十二年(1886)木活字印本　一册

320000－1606－0010964　地 1492
三省軒自述一卷　（清）王世恩撰　清光緒木活字印本　一册

320000－1606－0010965　地 1493
殉節錄一卷　（清）祝沾恩輯　清光緒三十一年(1905)木活字印本　一册

320000－1606－0010966　地 1495
聽雨小樓詞稿二卷　（清）楊英燦著　清光緒十七年(1891)西溪草堂木活字印本　一册

320000－1606－0010967　地 1499
霜傑齋詩二卷補遺一卷　（清）秦寶璣撰　清光緒十二年(1886)刻本　一册

320000－1606－0010968　地 1500
霜傑齋詩二卷補遺一卷　（清）秦寶璣撰　清光緒十二年(1886)刻本　一册

320000－1606－0010969　地 1501
霜傑齋詩二卷補遺一卷　（清）秦寶璣撰　清光緒十二年(1886)刻本　一册

320000－1606－0010970　地 1515
雲逗樓集不分卷　（清）楊度汪撰　清光緒六年(1880)刻本　二册

320000－1606－0010971　地 1516
身範十三卷　（清）孫希朱編輯　（清）薛荔浦鑒定　清咸豐無錫禮社薛氏刻本　四册

320000－1606－0010972　地 1517
身範十三卷　（清）孫希朱編輯　（清）薛荔浦鑒定　清咸豐無錫禮社薛氏刻本　四册

320000－1606－0010973　地 1520

身範十三卷 (清)孫希朱編輯 (清)薛荔浦鑒定 清咸豐無錫禮社薛氏刻本 四册

320000－1606－0010974 地1524
犢山類稿六卷附課易存商一卷讀書雜記一卷隨筆雜記一卷犢山詩稿四卷 (清)周鎬撰 清光緒十年(1884)木活字印本 八册

320000－1606－0010975 地1525
犢山類稿六卷附課易存商一卷讀書雜記一卷隨筆雜記一卷犢山詩稿四卷 (清)周鎬撰 清光緒十年(1884)木活字印本 八册

320000－1606－0010976 地1526
犢山類稿六卷附課易存商一卷讀書雜記一卷隨筆雜記一卷犢山詩稿四卷 (清)周鎬撰 清光緒十年(1884)木活字印本 八册

320000－1606－0010977 地1527
犢山類稿六卷附課易存商一卷讀書雜記一卷隨筆雜記一卷犢山詩稿四卷 (清)周鎬撰 清光緒十年(1884)木活字印本 五册 存九卷(犢山類稿一至四、課易存商一卷、讀書雜記一卷、隨筆雜記一卷、犢山詩稿一至二)

320000－1606－0010978 地1528
犢山類稿六卷附課易存商一卷讀書雜記一卷隨筆雜記一卷犢山詩稿四卷 (清)周鎬撰 清嘉慶二十二年(1817)啟秀堂刻本 四册

320000－1606－0010979 地1529
犢山類稿六卷附課易存商一卷讀書雜記一卷隨筆雜記一卷犢山詩稿四卷 (清)周鎬撰 清嘉慶二十二年(1817)啟秀堂刻本 十四册

320000－1606－0010980 地1533
化學鑑原補編六卷附體積分劑一卷 (英國)傅蘭雅口譯 (清)徐壽筆述 清江南製造總局刻本 六册

320000－1606－0010981 地1533－1
化學鑑原續編二十四卷 (英國)蒲陸山撰 (英國)傅蘭雅口譯 (清)徐壽筆述 清江南製造總局刻本 六册

320000－1606－0010982 地1534
化學鑑原補編六卷附體積分劑一卷 (英國)傅蘭雅口譯 (清)徐壽筆述 清江南製造總局刻本 六册

320000－1606－0010983 地1534－1
化學鑑原續編二十四卷 (英國)蒲陸山撰 (英國)傅蘭雅口譯 (清)徐壽筆述 清江南製造總局刻本 六册

320000－1606－0010984 地1536
禹貢古今注通釋六卷 (清)侯楨撰 清光緒六年(1880)古抒秋館木活字印本 六册

320000－1606－0010985 地1537
紅棠閣文鈔六卷詩鈔七卷 (清)王芝林撰 **和中峰和尚梅花百詠一卷** (清)王耐軒撰 **梁溪詩鈔錄存一卷** (明)王畿撰 清光緒十三年(1887)木活字印本 三册

320000－1606－0010986 地1538
紅棠閣文鈔六卷詩鈔七卷 (清)王芝林撰 **和中峰和尚梅花百詠一卷** (清)王耐軒撰 **梁溪詩鈔錄存一卷** (明)王畿撰 清光緒十三年(1887)木活字印本 四册

320000－1606－0010987 地1540
世忠堂文集六卷守城善後紀畧一卷家傳一卷 (清)鄒鳴鶴著 (清)鄒覲颺編輯 清同治二年(1863)錫山鄒寓刻本 八册

320000－1606－0010988 地1541
世忠堂文集六卷守城善後紀畧一卷家傳一卷 (清)鄒鳴鶴著 (清)鄒覲颺編輯 清同治二年(1863)錫山鄒寓刻本 八册

320000－1606－0010989 地1542
世忠堂文集六卷守城善後紀畧一卷家傳一卷 (清)鄒鳴鶴著 (清)鄒覲颺編輯 清同治二年(1863)錫山鄒寓刻本 八册

320000－1606－0010990 地1547
行素軒算學五種十九卷 (清)華蘅芳學 清光緒二十二年(1896)上海文瑞樓石印本 六册

320000－1606－0010991 地1548

行素軒算稿四種七卷　(清)華蘅芳學　清光緒八年(1882)梁溪華氏刻本　三册

320000－1606－0010992　地 1548－1
算草叢存八卷　(清)華蘅芳學　清光緒十九年(1893)武昌刻本　四册

320000－1606－0010993　地 1549
行素軒算稿四種七卷　(清)華蘅芳學　清光緒八年(1882)梁溪華氏刻本　三册

320000－1606－0010994　地 1553
拜石山房詞鈔四卷　(清)顧翰撰　清光緒二年(1876)心禪室刻本　一册

320000－1606－0010995　地 1554
拜石山房詞鈔四卷　(清)顧翰撰　清光緒二年(1876)心禪室刻本　二册

320000－1606－0010996　地 1555
拜石山房詞鈔四卷　(清)顧翰撰　清光緒十五年(1889)榆園刻本　一册

320000－1606－0010997　地 1558
後漢三公年表一卷　(清)華湛恩撰　清光緒十七年(1891)廣雅書局刻本　一册

320000－1606－0010998　地 1559
後漢三公年表一卷　(清)華湛恩撰　清光緒十七年(1891)廣雅書局刻本　一册

320000－1606－0010999　地 1576
身世準繩二卷　(清)李迪光纂輯　**儒門法語輯要一卷**　(清)彭定求編定　清光緒二十六年(1900)刻本　二册

320000－1606－0011000　地 1586
經雅堂遺稿三卷補遺一卷　(清)孫慧良著　(清)華翼綸訂　清光緒六年(1880)梁溪華氏刻本　一册

320000－1606－0011001　地 1587
纑塘集一卷　(清)顧貞觀撰　清光緒七年(1881)枕經葄史齋刻本　一册

320000－1606－0011002　地 1588
纑塘集一卷　(清)顧貞觀撰　清光緒七年(1881)枕經葄史齋刻本　一册

320000－1606－0011003　地 1589
纑塘集一卷　(清)顧貞觀撰　清光緒七年(1881)枕經葄史齋刻本　一册

320000－1606－0011004　地 1598
微雲樓詩集五卷　(清)秦昌焯撰　清光緒十四年(1888)刻本　一册

320000－1606－0011005　地 1599
荔雨軒文集六卷續集二卷詩集三卷　(清)華翼綸撰　清光緒九年(1883)梁溪華氏刻本　四册

320000－1606－0011006　地 1600
荔雨軒文集六卷　(清)華翼綸撰　清光緒九年(1883)梁溪華氏刻本　六册

320000－1606－0011007　地 1613
紹聞堂增訂古文覺斯讀本十卷　(清)過珙評選　清康熙四十一年(1702)聚錦堂刻本　十八册

320000－1606－0011008　地 1633
先文靖公[孫爾準]年譜一卷　(清)孫慧惇　(清)孫慧翼編　清光緒二十八年(1902)木活字印本　一册

320000－1606－0011009　地 1637
蘋香書屋文鈔三卷　(清)鄒文柏撰　(清)鄒觀海等較正　清光緒三十四年(1908)文苑閣木活字印本　一册

320000－1606－0011010　地 1643
化學考質八卷附表一卷　(德國)富里西尼烏司著　(英國)傅蘭雅口譯　(清)徐壽筆述　清光緒九年(1883)江南機器製造局刻本　六册

320000－1606－0011011　地 1644
化學求數十五卷附求數便用表一卷　(德國)富里西尼烏司著　(英國)傅蘭雅口譯　(清)徐壽筆述　清江南製造總局刻本　十四册

320000－1606－0011012　地 1650
學堂講語一卷　(清)余治輯　清同治十年(1871)姑蘇元妙觀得見齋刻本　一册

320000－1606－0011013　地1650－1
學堂日記一卷　（清）佘治輯　清同治七年（1868）刻本　一册

320000－1606－0011014　地1659
學算筆談十二卷　（清）華蘅芳撰　清光緒十一年（1885）金匱華氏刻本　四册

320000－1606－0011015　地1662
梁溪詩鈔五十八卷　（清）顧光旭集　清宣統三年（1911）文苑閣木活字印本　二十四册

320000－1606－0011016　地1663
訥龕叢稿八種十二卷　（清）顧鳴鳳撰　清宣統三年（1911）無錫文苑閣木活字印本　六册

320000－1606－0011017　地1664
訥龕叢稿八種十二卷　（清）顧鳴鳳撰　清宣統三年（1911）無錫文苑閣木活字印本　六册

320000－1606－0011018　地1665
訥龕叢稿八種十二卷　（清）顧鳴鳳撰　清宣統三年（1911）無錫文苑閣木活字印本　六册

320000－1606－0011019　地1666
訥龕叢稿八種十二卷　（清）顧鳴鳳撰　清宣統三年（1911）無錫文苑閣木活字印本　六册

320000－1606－0011020　地1667
筆花書屋詩鈔二卷　（清）嵇文駿著　（清）嵇有慶編　清同治九年（1870）嵇有慶刻本　二册

320000－1606－0011021　地1668
［江蘇無錫］榮氏續修宗譜帳略一卷　（清）□□撰　清宣統二年（1910）三樂堂木活字印本　一册

320000－1606－0011022　地1676
嵫景留吟館贅草一卷還山臥月軒詞一卷汗漫紀遊草一卷還山小草一卷　（清）許巨楫撰　清光緒三十一年（1905）鉛印本　一册　存一卷（嵫景留吟館贅草一卷）

320000－1606－0011023　地1681
吴畹瑛女士悼亡集一卷　（清）鄒福瑋訂　清宣統二年（1910）無錫藝文齋刻本　一册

320000－1606－0011024　地1683
修竹吾廬主人自敘一卷附行狀一卷　（清）楊宗濟撰　清末刻本　一册

320000－1606－0011025　地1684
修竹吾廬主人自敘一卷附行狀一卷　（清）楊宗濟撰　清末刻本　一册

320000－1606－0011026　地1685
修竹吾廬主人自敘一卷附行狀一卷　（清）楊宗濟撰　清末刻本　一册

320000－1606－0011027　地1686
修竹吾廬主人自敘一卷附行狀一卷　（清）楊宗濟撰　清末刻本　一册

320000－1606－0011028　地1687
修竹吾廬主人自敘一卷附行狀一卷　（清）楊宗濟撰　清末刻本　一册

320000－1606－0011029　地1691
條陳三册全錄輔世揭要一卷撫時紀略一卷治平便覽一卷　（清）王憲祖著　清刻本　一册

320000－1606－0011030　地1692
私塾改良會章程一卷　（清）沈亮棨擬　清光緒三十二年（1906）上海商務印書館鉛印本　一册

320000－1606－0011031　地1693
眞松閣詞六卷　（清）楊夔生撰　清光緒元年（1875）心禪室刻本　二册

320000－1606－0011032　地1694
眞松閣詞六卷　（清）楊夔生撰　清光緒元年（1875）心禪室刻本　二册

320000－1606－0011033　地1695
眞松閣詞六卷　（清）楊夔生撰　清光緒元年（1875）心禪室刻本　四册

320000－1606－0011034　地1696
眞松閣詞六卷　（清）楊夔生撰　清光緒元年（1875）心禪室刻本　六册

320000－1606－0011035　地1698
周櫝山稿不分卷　（清）周鎬撰　清同治十三年（1874）刻本　二册

320000－1606－0011036　地 1724
檤園四種八卷　（清）龔禮著　清咸豐五年(1855)刻本　八册

320000－1606－0011037　地 1729
小峴山人詩集二十六卷　（清）秦瀛撰　清嘉慶二十二年(1817)刻本　八册

320000－1606－0011038　地 1730
高子遺書十二卷附錄一卷　（明）高攀龍撰（明）陳龍正編定　（清）高世泰訂正　**高忠憲公年譜一卷**　（明）華允誠述　清光緒二年(1876)刻民國十一年(1922)補刻本　八册

320000－1606－0011039　地 1731
談天十八卷附表一卷　（英國）侯失勒原本（清）李善蘭删述　（英國）偉烈亞力口譯（清）徐建寅續筆　清同治十三年(1874)鉛印本　三册

320000－1606－0011040　地 1734
天全堂集四卷續編一卷附錄一卷　（明）安希范著　（清）安璿輯　清乾隆四十六年(1781)安吉刻本　二册

320000－1606－0011041　地 1736
金石識别十二卷　（美國）代那撰　（美國）瑪高溫口譯　（清）華蘅芳筆述　清光緒二十三年(1897)上海著易堂石印本　四册

320000－1606－0011042　地 1737
測候叢談四卷　（美國）金楷理口譯　（清）華蘅芳筆述　清末江南製造總局刻本　二册

320000－1606－0011043　地 1738
算式解法十四卷　（美國）好敦司　（美國）開奈利著　（英國）傅蘭雅口譯　（清）華蘅芳筆述　清光緒二十五年(1899)江南製造局刻本　二册

320000－1606－0011044　地 1739
微積溯源八卷　（英國）華里司輯　（英國）傅蘭雅口譯　（清）華蘅芳筆述　清末江南機器製造總局刻本　六册

320000－1606－0011045　地 1740
微積溯源八卷　（英國）華里司輯　（英國）傅蘭雅口譯　（清）華蘅芳筆述　清末江南機器製造總局刻本　六册

320000－1606－0011046　地 1741
防海新論十八卷　（普魯士）希理哈撰　（英國）傅蘭雅口譯　（清）華蘅芳筆述　（清）趙宏繪圖　清同治十二年(1873)江南製造總局刻本　六册

320000－1606－0011047　地 1743
防海新論十八卷　（普魯士）希理哈撰　（英國）傅蘭雅口譯　（清）華蘅芳筆述　（清）趙宏繪圖　清同治十二年(1873)江南製造總局刻本　六册

320000－1606－0011048　地 1744
保富述要不分卷　（英國）布來德著　（英國）傅蘭雅口譯　徐家寶筆述　清末江南製造總局刻本　二册

320000－1606－0011049　地 1745
國政貿易相關書二卷　（英國）法拉著　（英國）傅蘭雅口譯　徐家寶筆述　清江南製造總局刻本　二册

320000－1606－0011050　地 1746
器象顯眞四卷　（英國）白力蓋輯　（英國）傅蘭雅口譯　（清）徐建寅删述　清光緒江南製造總局刻本　二册

320000－1606－0011051　地 1747
汽機新制八卷　（英國）白爾格撰　（英國）傅蘭雅口譯　（清）徐建寅筆述　清光緒江南製造總局刻本　二册

320000－1606－0011052　地 1748
聲學八卷　（英國）田大里著　（英國）傅蘭雅口譯　（清）徐建寅筆述　清江南製造總局刻本　二册

320000－1606－0011053　地 1749
電學十卷首一卷　（英國）瑙挨德著　（英國）傅蘭雅口譯　（清）徐建寅筆述　清光緒江南機器製造總局刻本　六册

320000－1606－0011054　地 1750
西藝知新十卷　(英國)諾格德撰　(英國)傅蘭雅口譯　(清)徐壽筆述　(清)曹鍾秀等繪圖　清江南機器製造總局刻本　六冊

320000－1606－0011055　地 1751
輪船布陣十二卷首一卷附圖一卷　(英國)裴格原書　(英國)傅蘭雅口譯　(清)徐建寅筆述　清江南製造總局刻本　二冊

320000－1606－0011056　地 1752
輪船布陣十二卷首一卷附圖一卷　(英國)裴格原書　(英國)傅蘭雅口譯　(清)徐建寅筆述　清江南製造總局刻本　二冊

320000－1606－0011057　地 1753
輪船布陣十二卷首一卷附圖一卷　(英國)裴格原書　(英國)傅蘭雅口譯　(清)徐建寅筆述　清江南製造總局刻本　二冊

320000－1606－0011058　地 1754
水師操練十八卷首一卷附一卷　(英國)戰船部原書　(英國)傅蘭雅口譯　(清)徐建寅筆述　清末江南機器製造總局刻本　三冊

320000－1606－0011059　地 1755
汽機必以十二卷首一卷附一卷　(英國)蒲而捺撰　(英國)傅蘭雅口譯　(清)徐建寅筆述　清光緒江南製造總局刻本　六冊

320000－1606－0011060　地 1756
汽機必以十二卷首一卷附一卷　(英國)蒲而捺撰　(英國)傅蘭雅口譯　(清)徐建寅筆述　清光緒江南製造總局刻本　六冊

320000－1606－0011061　地 1759
高子遺書十二卷附錄一卷　(明)高攀龍撰　(明)陳龍正編定　(清)高世泰訂正　**高忠憲公年譜一卷**　(明)華允誠述　清光緒二年(1876)無錫東林書院刻本　二十冊

320000－1606－0011062　地 1760
高子遺書十二卷附錄一卷　(明)高攀龍撰　(明)陳龍正編定　(清)高世泰訂正　**高忠憲公年譜一卷**　(明)華允誠述　清光緒二年(1876)刻民國十一年(1922)補刻本　五冊　存九卷(高子遺書一至三、八至十、十二,附錄一卷;高忠憲公年譜一卷)

320000－1606－0011063　地 1761
高子遺書十二卷附錄一卷　(明)高攀龍撰　(明)陳龍正編定　(清)高世泰訂正　**高忠憲公年譜一卷**　(明)華允誠述　清光緒二年(1876)刻民國十一年(1922)補刻本　七冊　存十二卷(高子遺書一至五、八至十二,附錄一卷;高忠憲公年譜一卷)

320000－1606－0011064　地 1762
高子遺書十二卷附錄一卷　(明)高攀龍撰　(明)陳龍正編定　(清)高世泰訂正　清光緒二年(1876)無錫東林書院刻本　四冊　存八卷(一至三、六至八、十一至十二)

320000－1606－0011065　地 1764
庸盦文別集六卷　(清)薛福成著　清光緒二十九年(1903)石印本　六冊

320000－1606－0011066　地 1766
庸庵文編四卷　(清)薛福成撰　清光緒十四年(1888)刻本　三冊　存三卷(二至四)

320000－1606－0011067　地 1785
竢實學堂外課文一卷　(清)楊模輯　清光緒鉛印本　一冊

320000－1606－0011068　地 1786
竢實學堂外課文一卷　(清)楊模輯　清光緒鉛印本　一冊

320000－1606－0011069　地 1787
竢實學堂外課文一卷　(清)楊模輯　清光緒鉛印本　一冊

320000－1606－0011070　地 1788
竢實學堂外課文一卷　(清)楊模輯　清光緒鉛印本　一冊

320000－1606－0011071　地 1799
聽香仙館詩鈔一卷詞鈔一卷　(清)許巨楫撰　清光緒二十年(1894)刻本　一冊

320000－1606－0011072　地 1799－1
巇景留吟館贅草一卷還山臥月軒詞一卷汗漫

紀遊草一卷還山小草一卷　(清)許巨楫撰　清光緒三十一年(1905)鉛印本　三册

320000－1606－0011073　地 1800

聽香仙館詩鈔一卷詞鈔一卷　(清)許巨楫撰　清光緒二十年(1894)刻本　一册

320000－1606－0011074　地 1800－1

巇景留吟館贅草一卷還山臥月軒詞一卷汗漫紀遊草一卷還山小草一卷　(清)許巨楫撰　清光緒三十一年(1905)鉛印本　三册

320000－1606－0011075　地 1801

彈指詞三卷補遺一卷　(清)顧貞觀著　(清)杜詔編訂　清光緒四年(1878)枕經菲史齋刻本　二册

320000－1606－0011076　地 1802

天全堂集四卷續編一卷附錄一卷　(明)安希范著　(清)安璿輯　清乾隆四十六年(1781)安吉刻本　二册

320000－1606－0011077　地 1808

雲逗樓集不分卷　(清)楊度汪撰　清光緒六年(1880)刻本　一册

320000－1606－0011078　地 1810

三君事述一卷　(清)朱培年撰　清刻本　一册

320000－1606－0011079　地 1811

砭學芻言一卷　(清)嵇爾霖撰　清宣統木活字印本　一册

320000－1606－0011080　地 1812

砭學芻言一卷　(清)嵇爾霖撰　清宣統木活字印本　一册

320000－1606－0011081　地 1813

可園十六詠一卷　(清)楊殿奎稿　清光緒元年(1875)刻本　一册

320000－1606－0011082　地 1814

虛白舫詩續刻一卷文鈔續刻一卷　(清)滕檀膚撰　清光緒三十三年(1907)刻本　一册

320000－1606－0011083　地 1814－1

一家詩詞鈔五種五卷　(清)滕檀膚輯　清光緒二十六年(1900)金匱滕氏刻本　一册

320000－1606－0011084　地 1815

虛白舫詩續刻一卷文鈔續刻一卷　(清)滕檀膚撰　清光緒三十三年(1907)刻本　一册

320000－1606－0011085　地 1815－1

一家詩詞鈔五種五卷　(清)滕檀膚輯　清光緒二十六年(1900)金匱滕氏刻本　一册

320000－1606－0011086　地 1816

電學十卷首一卷　(英國)瑙挨德著　(英國)傅蘭雅口譯　(清)徐建寅筆述　清光緒江南機器製造總局刻本　一册　存一卷(一)

320000－1606－0011087　地 1817

忍草菴志四卷　(清)劉繼增撰　清光緒十七年(1891)錫山遂初堂尤氏木活字印本　一册

320000－1606－0011088　地 1818

綺雲樓詩草二卷楹聯一卷詞集一卷題詞一卷　(清)竇士鏞著　**曇花唫一卷詩餘附一卷題詞一卷題詩一卷**　(清)杜敬撰　清宣統鉛印本　一册

320000－1606－0011089　地 1819

綺雲樓詩草二卷楹聯一卷詞集一卷題詞一卷　(清)竇士鏞著　**曇花唫一卷詩餘附一卷題詞一卷題詩一卷**　(清)杜敬撰　清宣統鉛印本　一册

320000－1606－0011090　地 1820

出使公牘十卷　(清)薛福成撰　清光緒二十四年(1898)刻庸庵全集本　八册

320000－1606－0011091　地 1821

響泉集詩十七卷文一卷詞二卷　(清)顧光旭撰　清宣統二年(1910)無錫顧氏刻本　四册

320000－1606－0011092　地 1822

響泉集詩十七卷文一卷詞二卷　(清)顧光旭撰　清宣統二年(1910)無錫顧氏刻本　四册

320000－1606－0011093　地 1827

蘋香書屋紀略七卷　(清)鄒文柏撰　(清)鄒觀海等較正　清光緒三十四年(1908)文苑閣木活字印本　二册　存六卷(一至六)

320000－1606－0011094　地1843
上下古今談前編四卷　吳敬恒演詞　清宣統三年(1911)文明書局鉛印本　一册　存一卷(一)

320000－1606－0011095　地1846
櫝山類稿六卷附課易存商一卷讀書雜記一卷隨筆雜記一卷櫝山詩稿四卷　(清)周鎬撰　清嘉慶二十二年(1817)啟秀堂刻本　一册　存三卷(課易存商一卷、讀書雜記一卷、隨筆雜記一卷)

320000－1606－0011096　地1847
宋詩類選二十四卷首一卷　(清)王史鑑撰錄　清康熙五十一年(1712)樂古齋刻本　十册

320000－1606－0011097　地1858
安我素先生年譜一卷　(清)安紹傑輯　清乾隆五十九年(1794)刻本　一册

320000－1606－0011098　地1861
酒令叢鈔四卷　(清)俞敦培輯　清光緒四年(1878)藝雲軒刻本　四册　存三卷(一、三至四)

320000－1606－0011099　地1864
滇緬劃界圖說一卷　(清)薛福成撰　清光緒二十八年(1902)無錫傳經樓石印本　一册

320000－1606－0011100　地1868
顧雙溪集九卷　(清)顧奎光著　清光緒二十一年(1895)木活字印本　一册　存五卷(一至五)

320000－1606－0011101　地1882
還山臥月軒詞一卷　(清)許巨楫撰　清光緒鉛印本　一册

320000－1606－0011102　地1888
治湖錄芙蓉湖一卷治湖錄續後一卷　(清)吳興祚輯　清木活字印本　一册

320000－1606－0011103　地1889
治平六策一卷　(清)薛福成撰　清光緒元年(1875)刻本　一册

320000－1606－0011104　地1890
治平六策一卷　(清)薛福成撰　清光緒元年(1875)刻本　一册

320000－1606－0011105　地1891
治平六策一卷　(清)薛福成撰　清光緒元年(1875)刻本　一册

320000－1606－0011106　地1892
治平六策一卷　(清)薛福成撰　清光緒元年(1875)刻本　一册

320000－1606－0011107　地1893
治平六策一卷　(清)薛福成撰　清光緒元年(1875)刻本　一册

320000－1606－0011108　地1894
治平六策一卷　(清)薛福成撰　清光緒元年(1875)刻本　一册

320000－1606－0011109　地1895
治平六策一卷　(清)薛福成撰　清光緒元年(1875)刻本　一册

320000－1606－0011110　地1896
治平六策一卷　(清)薛福成撰　清光緒元年(1875)刻本　一册

320000－1606－0011111　地1897
治平六策一卷　(清)薛福成撰　清光緒元年(1875)刻本　一册

320000－1606－0011112　地1898
治平六策一卷　(清)薛福成撰　清光緒元年(1875)刻本　一册

320000－1606－0011113　地1899
治平六策一卷　(清)薛福成撰　清光緒元年(1875)刻本　一册

320000－1606－0011114　地1900
治平六策一卷　(清)薛福成撰　清光緒元年(1875)刻本　一册

320000－1606－0011115　地1901
浙東籌防錄四卷　(清)薛福成纂輯　(清)李圭等參訂　清光緒十二年(1886)刻本　四册

320000－1606－0011116　地1902

浙東籌防錄四卷　(清)薛福成纂輯　(清)李圭等參訂　清光緒十二年(1886)刻本　四冊

320000－1606－0011117　地 1906
清賢紀六卷　(清)尤長鏜輯　清宣統三年(1911)上海國學扶輪社鉛印本　二冊

320000－1606－0011118　地 1909
顧義莊事略二卷　(清)顧覲光輯　清道光顧氏義莊木活字印本　一冊

320000－1606－0011119　地 1913
庸盦海外文編四卷　(清)薛福成撰　清光緒二十三年(1897)上海醉六堂石印本　一冊

320000－1606－0011120　地 1927
桐陰論畫二卷首一卷附錄一卷桐陰畫訣一卷續桐陰論畫一卷　(清)秦祖永著　清同治三年(1864)刻朱墨套印本　四冊

320000－1606－0011121　地 1928
古杼秋館文集二卷詩草一卷　(清)侯楨著　清同治十二年(1873)刻本　二冊

320000－1606－0011122　地 1953
薛恭人傳一卷　(清)嚴釗撰　清光緒三十年(1904)鉛印本　一冊

320000－1606－0011123　地 1959
芙蓉山館師友尺牘一卷　(清)楊芳燦輯　**緗雅堂尺牘一卷**　(清)王詒壽著　清宣統三年(1911)上海文明書局鉛印本　一冊

320000－1606－0011124　地 1965
泰伯梅里志八卷　(清)吳熙編輯　清光緒二十三年(1897)泰伯廟東院刻本　三冊

320000－1606－0011125　地 1966
泰伯梅里志八卷　(清)吳熙編輯　清光緒二十三年(1897)泰伯廟東院刻本　一冊　存二卷(七至八)

320000－1606－0011126　地 1967
抱犢山房集六卷續離騷一卷　(清)嵇永仁撰　清同治元年(1862)刻本　二冊

320000－1606－0011127　地 1969
排律課鈔一卷　(清)楊昌宇著　清光緒十年(1884)欲自得齋刻本　一冊

320000－1606－0011128　地 1981
慧山記續編三卷首一卷　(清)邵涵初輯　(清)邵文燾編輯　清同治七年(1868)刻本　二冊　存二卷(二至三)

320000－1606－0011129　地 1988
四書總字釋義類編一卷四書總字同聲集一卷　(清)王士崧輯　清乾隆四十六年(1781)刻本　一冊

320000－1606－0011130　地 1991
閑吟處詩鈔六卷　(清)華文桂撰　清道光十五年(1835)刻本　二冊

320000－1606－0011131　地 1996
同岑詩鈔十四卷　(清)曾燠輯　清道光九年(1829)刻本　五冊　存十二卷(拜石山房集一至四、金粟莽集一至二、壺園集一至四、眞松閣集一至二)

320000－1606－0011132　地 2001
膠山安氏詩補編二卷　(清)安念祖編輯　清嘉慶二十三年(1818)刻本　一冊

320000－1606－0011133　地 2003
學算筆談十二卷　(清)華蘅芳撰　清光緒十一年(1885)金匱華氏刻本　三冊　存九卷(一至九)

320000－1606－0011134　地 2004
學算筆談十二卷　(清)華蘅芳撰　清光緒十一年(1885)金匱華氏刻本　一冊　存三卷(一至三)

320000－1606－0011135　地 2007
所知集時文七卷　(清)殷如珠輯　清光緒十一年(1885)金匱學刻本　一冊

320000－1606－0011136　地 2025
金匱縣輿地全圖不分卷附金匱縣斗則簡明冊二卷　(清)華湛恩撰　清光緒三十四年(1908)鵝湖華存裕堂義莊石印本　四冊　缺二卷(金匱縣斗則簡明冊二卷)

320000－1606－0011137　地 2042

施愚山先生[閏章]年譜四卷　(清)施念曾編　清木活字印本　一冊

320000－1606－0011138　地 2054
錫金教育會第四次報告一卷　(清)錫金教育會編　清光緒三十四年(1908)油印本　一冊

320000－1606－0011139　地 2058
曼陀羅華館集二卷　(清)汪榮棠撰　清光緒十年(1884)刻本　一冊

320000－1606－0011140　地 2062
錫金城廂平糶徵信錄二卷附錄一卷　(清)錫金城廂平糶局編　清光緒二十四年(1898)木活字印本　一冊

320000－1606－0011141　地 2063
竢實學堂改良章程一卷　(清)竢實學堂編　清光緒三十年(1904)木活字印本　一冊

320000－1606－0011142　地 2065
錫金公所徵信錄宣統元年分一卷　(清)錫金公所編　清宣統木活字印本　一冊

320000－1606－0011143　地 2070
竢實學堂改良章程一卷　(清)竢實學堂編　清光緒三十年(1904)木活字印本　一冊

320000－1606－0011144　地 2082
無錫顧氏蘇州遷居錫邑畧記一卷　(清)顧培撰　稿本　一冊

320000－1606－0011145　地 2089
錫金教育會調查城鄉學校一覽表一卷　(清)錫金教育會編　清光緒三十四年(1908)油印本　一冊

320000－1606－0011146　地 2090
錫金教育會調查城鄉學校一覽表一卷　(清)錫金教育會編　清光緒三十四年(1908)油印本　一冊

320000－1606－0011147　地 2095
錫山李閣學政績錄一卷　李澍恩輯　清宣統吉林印書館鉛印本　一冊

320000－1606－0011148　地 2105
孫氏家寶一卷　(明)孫繼皋書　清光緒二十三年(1897)石印本　一冊

320000－1606－0011149　地 2106
孫氏家寶一卷　(明)孫繼皋書　清光緒二十三年(1897)石印本　一冊

320000－1606－0011150　地 2109
銀行論綱一卷　(清)蔡文鑫編著　清宣統元年(1909)上海商務印書館鉛印本　一冊

320000－1606－0011151　地 2113
吴越錢氏傳芳集一卷　(清)錢泳輯　清嘉慶十五年(1810)金匱錢氏刻本　一冊

320000－1606－0011152　地 2115
篁韻盦詩鈔六卷　(清)顧森書撰　清光緒三十二年(1906)刻本　一冊　存三卷(一至三)

320000－1606－0011153　地 2116
劍霜龕吟稿四卷附錄一卷補遺一卷　(清)秦寶鑑撰　清宣統元年(1909)鉛印本　一冊

320000－1606－0011154　地 2117
劍霜龕吟稿四卷附錄一卷補遺一卷　(清)秦寶鑑撰　清宣統元年(1909)鉛印本　一冊

320000－1606－0011155　地 2118
劍霜龕吟稿四卷附錄一卷補遺一卷　(清)秦寶鑑撰　清宣統元年(1909)鉛印本　一冊

320000－1606－0011156　地 2119
劍霜龕吟稿四卷附錄一卷補遺一卷　(清)秦寶鑑撰　清宣統元年(1909)鉛印本　一冊

320000－1606－0011157　地 2120
劍霜龕吟稿四卷附錄一卷補遺一卷　(清)秦寶鑑撰　清宣統元年(1909)鉛印本　一冊

320000－1606－0011158　地 2123
籜仙詞稿五卷　(清)吳寶書撰　清光緒八年(1882)木活字印本　一冊

320000－1606－0011159　地 2124
元閻仲彬惠山復隱圖一卷　(元)閻驤繪　清宣統三年(1911)影印本　一冊

320000－1606－0011160　地 2127
籌世芻議四卷　(清)鄒文柏撰　清光緒三十

四年(1908)蘋香書屋木活字印本　二册

320000－1606－0011161　地2132
誥封中憲大夫晉封通議大夫五品銜南匯縣學訓導顯考樂山府君行述一卷　(清)王福畇述　清光緒無錫藝文齋木活字印本　一册

320000－1606－0011162　地2133
籌洋芻議一卷　(清)薛福成撰　清光緒十一年(1885)刻本　一册

320000－1606－0011163　地2143
無錫顧鄒二君遺跡二卷　(明)顧杲　(清)鄒德基書　清光緒二十六年(1900)石印本　一册

320000－1606－0011164　地2156
錫金教育會第四次報告一卷　(清)錫金教育會編　清光緒三十四年(1908)油印本　一册

320000－1606－0011165　地2168
錫山景物畧十卷　(清)王永積輯　清光緒二十四年(1898)刻本　二册　存四卷(七至十)

320000－1606－0011166　地2183
煙草芻議一卷　(清)秦輝祖撰述　清宣統元年(1909)上海文明書局鉛印本　一册

320000－1606－0011167　地2184
煙草芻議一卷　(清)秦輝祖撰述　清宣統元年(1909)上海文明書局鉛印本　一册

320000－1606－0011168　地2185
惜陰齋試藝一卷　(清)宣增秀撰　清光緒十二年(1886)刻本　一册

320000－1606－0011169　地2186
靖康傳信録三卷建炎進退志四卷建炎時政記三卷　(宋)李綱著　清光緒十年(1884)邵武徐氏刻本　二册

320000－1606－0011170　地2188
光緒通商列表一卷　(清)楊楷撰　清光緒十二年(1886)刻本　一册

320000－1606－0011171　地2189
光緒通商列表一卷　(清)楊楷撰　清光緒十二年(1886)刻本　一册

320000－1606－0011172　地2190
光緒通商列表一卷　(清)楊楷撰　清光緒十二年(1886)刻本　一册

320000－1606－0011173　地2201
惠山聽松石牀題字一卷　(清)吳雲編　清同治五年(1866)二百蘭亭齋刻本　一册

320000－1606－0011174　地2202
恒河沙館算草二卷　(清)華世芳學　清光緒十一年(1885)金匱華氏刻本　一册

320000－1606－0011175　地2206
誥授資政大夫二品頂帶鹽運使銜河南彰衛懷兵備道顯考叔惠府君行述一卷附先妣張夫人事略一卷　(清)馮敦琦等述　清宣統石印本　一册

320000－1606－0011176　地2209
錫金教育會第三次報告一卷　(清)錫金教育會編　清光緒三十三年(1907)油印本　一册

320000－1606－0011177　地2216/地2217
青萍軒文録二卷詩録一卷　(清)薛福保撰　清光緒八年(1882)刻本　二册

320000－1606－0011178　地2218
青萍軒文録二卷詩録一卷　(清)薛福保撰　清光緒八年(1882)刻本　一册

320000－1606－0011179　地2219
無錫南北小學堂課本書不分卷　(清)□□撰　清木活字印本　一册

320000－1606－0011180　地2220
無錫南北小學堂課本書不分卷　(清)□□撰　清木活字印本　一册

320000－1606－0011181　地2229
誠字魚鱗圖一卷　(□)□□撰　清抄本　一册

320000－1606－0011182　地2234
漱六簃試艸一卷　(清)蔡治鈞撰　清光緒十八年(1892)刻本　一册

320000－1606－0011183　地2236
常州府中學堂記一卷　(清)陳夔龍記　(清)

吳榮書　清光緒三十三年(1907)拓本　一册

320000－1606－0011184　地2256

恒河沙館算草二卷　(清)華世芳學　清光緒十一年(1885)金匱華氏刻本　一册

320000－1606－0011185　地2257

半讀齋課徒艸一卷　(清)榮汝楫撰　清光緒十三年(1887)宿還學舍刻本　一册

320000－1606－0011186　地2272

小代數學例題詳解七十八例　(英國)司密司著　丁福保編譯　清光緒三十二年(1906)上海羣學社、文明書局、科學書局石印本　五册

320000－1606－0011187　地2279

甲辰年至戊申年錫金學務公所收支清册五卷　(清)錫金學務公所編　清光緒三十年至三十四年(1904－1908)石印本　五册

320000－1606－0011188　地2281

臨證指南醫案十卷　(清)葉桂撰　清乾隆三十一年(1766)通州友于堂書坊刻本　六册　存六卷(一、三至七)

320000－1606－0011189　地2311

寄漚散人手寫璇璣圖廻文圖一卷　(清)劉繼增編　清光緒十一年(1885)鉛印本　一册

320000－1606－0011190　地2317

寄暢園法帖六卷　(清)秦震鈞編　清嘉慶六年(1801)墨拓本　六册

320000－1606－0011191　地2318

寄暢園帖續刻三卷　(清)秦震鈞編　清墨拓本　三册

320000－1606－0011192　地2319

梁溪王氏褋著五種十二卷　(清)王傳錫等校編　清光緒十三年(1887)木活字印本　二册

320000－1606－0011193　地2320

和中峯和尚梅花百詠一卷　(明)王達撰　**梁溪詩鈔錄存一卷**　(明)王畿著　**芙蓉舫歲寒詠物詞一卷**　(清)王一元著　(明)賫傳巖編　**蕉雨堂課餘偶草一卷奚囊偶存一卷附家言一卷**　(清)王一元著　**西莊遺稿一卷**　(清)王穎鋭撰　清光緒十三年(1887)木活字印本　一册

320000－1606－0011194　地2326

顧端文公遺書　(明)顧憲成撰　清光緒三年(1877)涇里宗祠刻本　一册　存一種四卷(涇皋藏稿十至十三)

320000－1606－0011195　地2328

虹橋老屋遺稿文四卷詩五卷　(清)秦緗業撰　清光緒十五年(1889)刻三十一年(1905)印本　一册　存五卷(詩五卷)

320000－1606－0011196　地2330

綠瀛軒詩集一卷　(清)徐珽撰　清康熙刻本　一册

320000－1606－0011197　地3012

[江蘇無錫]嚴埭下旺于氏宗譜十二卷　(清)于一明等修　清光緒三十二年(1906)固本堂木活字印本　十册　存十卷(一至四、六、八至十二)

320000－1606－0011198　地3013

[江蘇常熟]衛氏續修宗譜十卷首一卷　(清)衛元相纂稿　(清)衛增荃等合修　清光緒七年(1881)友順堂木活字印本　十八册　存十卷(一至三,五正編、五分編之七至十,六、七之上中,八至十,首一卷)

320000－1606－0011199　地3014

[江蘇無錫]錫山馬氏統譜十二卷首一卷　(清)馬辛階等纂修　清光緒二十八年(1902)忠孝堂木活字印本(卷二、十二、卷首若干頁補配複印件)　二十七册

320000－1606－0011200　地3022

[江蘇無錫]尤氏宗譜二十八卷　(清)尤文濬等纂修　清光緒十七年(1891)遂初堂木活字印本　二十五册　存二十四卷(一至九、十一至二十二、二十四至二十五、二十七)

320000－1606－0011201　地3023

[江蘇無錫]尤氏宗譜二十八卷　(清)尤文濬等纂修　清光緒十七年(1891)遂初堂木活字印本　十册　存九卷(二至五、八、十二、十

四、十六至十七）

320000－1606－0011202　地 3024
[江蘇無錫]尤氏宗譜二十八卷　(清)尤文濬等纂修　清光緒十七年(1891)遂初堂木活字印本　七冊　存七卷(二至三、十三至十四、二十二、二十四至二十五)

320000－1606－0011203　地 3031
[江蘇無錫]王氏三沙統譜三卷首一卷　(清)王鐘編次　清光緒二年(1876)三槐堂木活字印本　六十冊

320000－1606－0011204　地 3032
[江蘇無錫]王氏三沙統譜三卷首一卷　(清)王鐘編次　清光緒二年(1876)三槐堂木活字印本　四十四冊

320000－1606－0011205　地 3033
[江蘇無錫]王氏三沙統譜不分卷　(清)王蔭庭編　清咸豐五年(1855)三槐堂木活字印本　二冊

320000－1606－0011206　地 3034
[江蘇無錫]王氏三沙全譜不分卷　(清)王慰祖編輯　清宣統三年(1911)三槐堂木活字印本　二十八冊

320000－1606－0011207　地 3058
[江蘇無錫]金匱王氏譜世系□□卷家傳三卷重刻天遊集十卷天遊碎金一卷紅棠閣文鈔六卷詩鈔七卷問源草廬十六景題詠一卷附藝文九卷　(清)王傳錫纂修　清光緒十三年(1887)木活字印本　十四冊　存四十五卷(金匱王氏譜世系十一至十八、家傳三卷、重刻天遊集十卷、天遊碎金一卷、紅棠閣文鈔六卷、詩鈔七卷、問源草廬十六景題詠一卷、藝文九卷)

320000－1606－0011208　地 3065
[江蘇無錫]王氏三沙全譜不分卷　(清)王慰祖編輯　清宣統三年(1911)三槐堂木活字印本　二十五冊

320000－1606－0011209　地 3066
[江蘇無錫]王氏三沙全譜不分卷　(清)王慰祖編輯　清宣統三年(1911)三槐堂木活字印本　五十冊　存五十冊(東沙支)

320000－1606－0011210　地 3068
[江蘇無錫]鄧氏宗譜二十四卷　(清)鄧隆福等纂修　清光緒三十年(1904)報本堂木活字印本　六冊　存六卷(二至三、五、十二至十三、十六)

320000－1606－0011211　地 3069
[江蘇無錫]錫山馮氏宗譜不分卷　(清)馮鎮纂修　清光緒六年(1880)大樹堂木活字印本　一冊

320000－1606－0011212　地 3075
[江蘇無錫]五牧劉氏宗譜二十二卷　(清)劉贊南等纂修　清光緒三十二年(1906)永思堂木活字印本　二十一冊　存二十一卷(一至十六、十八至二十二)

320000－1606－0011213　地 3076
[江蘇無錫]五牧劉氏宗譜二十二卷　(清)劉贊南等纂修　清光緒三十二年(1906)永思堂木活字印本　四冊　存四卷(一至三、七)

320000－1606－0011214　地 3080
[江蘇無錫]五牧劉氏宗譜二十卷　(清)劉紹望等纂修　清同治十三年(1874)永思堂木活字印本　十四冊　存十四卷(一至三、五至七、十一至十八)

320000－1606－0011215　地 3081
[江蘇無錫]五牧劉氏宗譜二十卷　(清)劉紹望等纂修　清同治十三年(1874)永思堂木活字印本　三冊　存三卷(二、五至六)

320000－1606－0011216　地 3089
[江蘇無錫]華氏山桂公支宗譜十二卷首三卷末一卷　(清)華文柏等纂修　清同治十一年(1872)詒穀堂木活字印本　二冊　存六卷(四至六、十一至十二,末一卷)

320000－1606－0011217　地 3090
[江蘇無錫]華氏宗譜通八奇二合輯十卷傳芳集七卷文獻志一卷首二卷　(清)華文匯等纂修　清光緒三十二年(1906)延綠閣木活字印

本　二十冊

320000－1606－0011218　地 3091
［江蘇無錫］華氏宗譜通八奇二合輯十卷傳芳集七卷文獻志一卷首二卷　（清）華文匯等纂修　清光緒三十二年（1906）延綠閣木活字印本　十三冊　存十三卷（宗譜一至四、七至十，傳芳集一、三、六，首二卷）

320000－1606－0011219　地 3092
［江蘇無錫］華氏宗譜通八奇二合輯十卷傳芳集七卷文獻志一卷首二卷　（清）華文匯等纂修　清光緒三十二年（1906）延綠閣木活字印本　十七冊　存十七卷（宗譜一至四、六至十，傳芳集一至三、六至七，文獻志一卷，首二卷）

320000－1606－0011220　地 3093
［江蘇無錫］華氏宗譜通八奇二合輯十卷傳芳集七卷文獻志一卷首二卷　（清）華文匯等纂修　清光緒三十二年（1906）延綠閣木活字印本　三冊　存三卷（宗譜三、首二卷）

320000－1606－0011221　地 3094
［江蘇無錫］華氏宗譜通八奇二合輯十卷傳芳集七卷文獻志一卷首二卷　（清）華文匯等纂修　清光緒三十二年（1906）延綠閣木活字印本　二冊　存二卷（宗譜三、首二）

320000－1606－0011222　地 3095
［江蘇無錫］華氏宗譜通八奇二合輯十卷傳芳集七卷文獻志一卷首二卷　（清）華文匯等纂修　清光緒三十二年（1906）延綠閣木活字印本　八冊　存八卷（宗譜一至四、七，傳芳集一，首二卷）

320000－1606－0011223　地 3096
［江蘇無錫］華氏宗譜通八奇二合輯十卷傳芳集七卷文獻志一卷首二卷　（清）華文匯等纂修　清光緒三十二年（1906）延綠閣木活字印本　一冊　存一卷（首二）

320000－1606－0011224　地 3097
［江蘇無錫］華氏祠墓圖考略一卷　（清）華鴻模纂修　清宣統三年（1911）存裕堂木活字印本　一冊

320000－1606－0011225　地 3098
［江蘇無錫］華氏祠墓圖考略一卷　（清）華鴻模纂修　清宣統三年（1911）存裕堂木活字印本　一冊

320000－1606－0011226　地 3110
［江蘇無錫］華氏通九支傳芳集十卷首一卷　（清）華宗纂修　清光緒三十年（1904）惇敘堂木活字印本　一冊　存一卷（首一卷）

320000－1606－0011227　地 3111
［江蘇無錫］華氏通四怡隱公支宗譜十五卷末一卷　（清）華鴻模等纂修　清光緒二十五年（1899）存裕堂木活字印本　一冊　存三卷（一至三）

320000－1606－0011228　地 3114
［江蘇無錫］華氏通九支宗譜二十八卷首一卷附譜一卷　（清）華立均纂修　**華氏傳芳集十卷首一卷**　（清）華宗纂修　清光緒三十年（1904）惇敘堂木活字印本　十五冊　存二十二卷（華氏通九支宗譜一至二、四、七至八、十一至十九、二十一、二十四至二十五、二十八，首一卷；華氏傳芳集一至二、首一卷）

320000－1606－0011229　地 3118
［江蘇無錫］孫氏家乘□□卷　（清）□□纂修　清木活字印本　一冊　存二卷（二十六至二十七）

320000－1606－0011230　地 3119
［江蘇無錫］重刻孟里孫氏厚輿公支譜一卷　（清）孫贊堯纂修　清光緒二十九年（1903）木活字印本　一冊

320000－1606－0011231　地 3120
［江蘇無錫］孟里孫氏家譜三十五卷首一卷末一卷　（清）孫鼎烈纂修　清光緒二十八年（1902）木活字印本　一冊　存四卷（十至十三）

320000－1606－0011232　地 3121
［江蘇無錫］厚輿孫公支譜記條辯一卷附一卷　（清）孫鼎烈纂修　清光緒三十年（1904）木

活字印本　一册

320000－1606－0011233　地 3124
[江蘇無錫]莊氏宗譜十卷　(清)莊敬甫纂修　清宣統二年(1910)願賢堂木活字印本　十冊

320000－1606－0011234　地 3126
[江蘇無錫]朱氏宗譜二十二卷首一卷　(清)朱春泉纂修　清光緒二十七年(1901)存遠堂木活字印本　十五冊　存十七卷(一、五至九、十三至二十二,首一卷)

320000－1606－0011235　地 3130
[江蘇無錫]朱氏宗譜二十四卷首一卷補刻四卷　(清)朱恩沐纂修　清光緒二十四年(1898)注書堂木活字印本　二冊　存三卷(一、六,首一卷)

320000－1606－0011236　地 3145
[江蘇無錫]錫山過氏宗譜四十二卷首一卷　(清)過耀祖編輯　清同治十年(1871)實綸堂木活字印本　八冊　存五卷(一至四、首一卷)

320000－1606－0011237　地 3146
[江蘇無錫]錫山過氏宗譜四十二卷首一卷　(清)過耀祖編輯　清同治十年(1871)實綸堂木活字印本　九冊　存六卷(一至四、三十下,首一卷)

320000－1606－0011238　地 3147
[江蘇無錫]錫山過氏宗譜四十二卷首一卷　(清)過耀祖編輯　清同治十年(1871)實綸堂木活字印本　一冊　存一卷(四)

320000－1606－0011239　地 3150
[江蘇丹徒]開沙吳氏三修宗譜四卷首一卷末一卷附怡德堂雜錄二卷　(清)吳國楨主修　清光緒二十一年(1895)怡德堂木活字印本　三冊

320000－1606－0011240　地 3168
[江蘇]江陰吳氏宗譜五卷首一卷　(清)吳鴻甲纂修　清光緒二十二年(1896)九如堂木活字印本　二冊

320000－1606－0011241　地 3170
[江蘇無錫]張氏宗譜二十八卷　(清)張烈等纂修　清同治十二年(1873)壽康堂木活字印本　二十六冊　存二十六卷(一至七、九至十五、十七至二十八)

320000－1606－0011242　地 3173
[江蘇無錫]張氏家譜□□卷　(清)□□纂修　清木活字印本　九冊　存九卷(二至十)

320000－1606－0011243　地 3175
[江蘇無錫]錫山張氏宗譜十六卷　(清)張彥昭纂修　清宣統元年(1909)三知堂木活字印本　十六冊

320000－1606－0011244　地 3187
[江蘇無錫]江陂楊氏宗譜十二卷首一卷末一卷　(清)楊熊飛等纂修　清光緒十七年(1891)孝思堂木活字印本　二冊　存二卷(一、十)

320000－1606－0011245　地 3188
[江蘇無錫]楊氏寺頭支譜六卷　(清)楊儁續修　(清)楊昌礿等增較　清光緒五年(1879)木活字印本　三冊　存四卷(三至六)

320000－1606－0011246　地 3189
[江蘇無錫]楊氏宗譜□□卷　(清)楊鈞纂修　清光緒三十一年(1905)四知堂木活字印本　六冊　存六卷(三至八)

320000－1606－0011247　地 3191
[江蘇無錫]楊氏宗譜十二卷　(清)楊德榮等纂修　清光緒三十二年(1906)崇本堂木活字印本　十二冊

320000－1606－0011248　地 3193
[江蘇無錫]附修[楊氏]新五派支譜一卷　(清)楊儁續修　清光緒五年(1879)木活字印本　一冊

320000－1606－0011249　地 3194
[江蘇無錫]南山橋楊氏重修宗譜十二卷首一卷　(清)楊祖煜總纂　清光緒十八年(1892)垂裕堂木活字印本　十三冊

320000－1606－0011250　地 3204
[江蘇無錫]錫山楊氏宗譜三十二卷首一卷　(清)楊星璨等纂修　清光緒十四年(1888)道南祠木活字印本　四冊　存二十九卷(五至三十二、首一卷)

320000－1606－0011251　地 3205
[江蘇無錫]錫山楊氏宗譜三十二卷首一卷　(清)楊星璨等纂修　清光緒十四年(1888)道南祠木活字印本　四冊　存二十九卷(五至三十二、首一卷)

320000－1606－0011252　地 3220
[江蘇江陰]澄江邱氏宗譜二十六卷首一卷末一卷　(清)奚希吕主修　清光緒八年(1882)樂善草堂木活字印本　二十六冊　存二十四卷(一至九、十一至十二、十四至十九、二十一至二十六,末一卷)

320000－1606－0011253　地 3222
[江蘇無錫]邵氏大統宗譜三卷首一卷　(清)邵文熹纂修　清光緒二十四年(1898)超然堂木活字印本　三十四冊　缺二冊(十二、三十六)

320000－1606－0011254　地 3223
[江蘇無錫]邵氏宗譜三卷首一卷　(清)邵文熹纂修　清同治十二年(1873)君子堂木活字印本　十冊　存三卷(一、三,首一卷)

320000－1606－0011255　地 3233
[江蘇無錫]鄒氏家乘不分卷　(清)鄒仁溥編輯　清光緒二十九年(1903)中和堂木活字印本　六冊

320000－1606－0011256　地 3234
[江蘇無錫]鄒氏西南莊支譜六卷　(清)鄒世蘭編　(清)鄒煜和輯　清光緒三年(1877)抄本　六冊

320000－1606－0011257　地 3235
[江蘇無錫]錫山鄒氏西南莊支全譜九卷首一卷　(清)鄒鼎亨等纂修　清光緒十三年(1887)木活字印本　十冊

320000－1606－0011258　地 3241
[江蘇無錫]陸氏世譜□□卷　(清)陸□□續修　清道光十八年(1838)仰賢堂木活字印本　一冊　存一卷(五十一)

320000－1606－0011259　地 3242
[江蘇無錫]陸氏世譜□□卷　(清)陸煒纂修　清世德堂刻本　一冊　存二卷(一至二)

320000－1606－0011260　地 3246
[江蘇無錫]陸氏世譜十二卷　(清)陸筠德等重修　清宣統二年(1910)秀野堂木活字印本　五冊　存五卷(一至四、八)

320000－1606－0011261　地 3250
[江蘇無錫]陳氏宗譜六十卷　(清)陳肇基等纂修　清光緒三十三年(1907)德星堂木活字印本　二十一冊　存□□卷

320000－1606－0011262　地 3251
[江蘇無錫]陳氏宗譜六十卷　(清)陳肇基等纂修　清光緒三十三年(1907)德星堂木活字印本　十四冊　存□□卷

320000－1606－0011263　地 3252
[江蘇無錫]陳氏宗譜二十四卷　(清)陳錦文等纂修　清同治十三年(1874)德星堂木活字印本　十四冊　存十四卷(一、七、九、十一至十四、十六至十九、二十二至二十四)

320000－1606－0011264　地 3302
[江蘇江陰]黄橋陳氏宗譜八卷　(清)陳嘉會等纂修　清同治十三年(1874)永綏堂木活字印本　八冊

320000－1606－0011265　地 3303
[江蘇江陰]黄橋陳氏宗譜十卷　(清)陳錦繡等纂修　清光緒三十四年(1908)永綏堂木活字印本　十冊

320000－1606－0011266　地 3318
[江蘇無錫]錫山周氏世譜十六卷　(清)周士謨等修　清宣統元年(1909)木活字印本　二冊　存二卷(十二、十六)

320000－1606－0011267　地 3319
[江蘇無錫]錫山周氏宗譜十二卷首一卷

(清)周景濂纂修　清光緒二十八年(1902)惇敘堂木活字印本　四冊　存四卷(二、七至九)

320000－1606－0011268　地3320
[江蘇無錫]錫山周氏宗譜不分卷　(清)周昆纂修　清同治十三年(1874)木活字印本　二冊

320000－1606－0011269　地3323
[江蘇常州]臨濠周氏宗譜十卷首一卷　(清)周虎臣主修　清光緒三十二年(1906)木活字印本　二冊　存二卷(六、九)

320000－1606－0011270　地3324
[江蘇常州]毘陵居氏宗譜十八卷　(清)□□修　清樹德堂木活字印本　四冊　存四卷(二、十二、十四、十八)

320000－1606－0011271　地3345
[江蘇無錫]錫山東里侯氏七修宗譜十六卷　(清)侯晟纂修　清光緒六年(1880)木活字印本　十冊　存十四卷(一至五、七至八、十至十六)

320000－1606－0011272　地3346
[江蘇無錫]錫山東里侯氏七修宗譜十六卷　(清)侯晟纂修　清光緒六年(1880)木活字印本　五冊　存七卷(五、八、十至十四)

320000－1606－0011273　地3347
[江蘇無錫]錫山東里侯氏七修宗譜十六卷　(清)侯晟纂修　清光緒六年(1880)木活字印本　二冊　存三卷(五、十至十一)

320000－1606－0011274　地3348
[江蘇無錫]錫山東里侯氏七修宗譜十六卷　(清)侯晟纂修　清光緒六年(1880)木活字印本　十二冊

320000－1606－0011275　地3364
[江蘇無錫]錫山施氏統譜□□卷　(清)□□纂修　清光緒麟慶堂木活字印本　十一冊　存十一卷(二十三至三十三)

320000－1606－0011276　地3365
[江蘇無錫]錫山祝氏宗譜十六卷首一卷　(清)祝亮寅主修　清光緒二年(1876)永思堂木活字印本　五冊　存三卷(十二之一至二、十五之一至四,首一卷)

320000－1606－0011277　地3366
[江蘇]江陰祝氏宗譜八卷首一卷尾一卷　(清)祝康民纂修　清光緒三年(1877)木活字印本　三冊　存五卷(三、七至八,首一卷,尾一卷)

320000－1606－0011278　地3367
[江蘇]江陰祝氏宗譜八卷首一卷尾一卷　(清)祝康民纂修　清光緒三年(1877)木活字印本　五冊　存九卷(一至五、七至八,首一卷,尾一卷)

320000－1606－0011279　地3374
[江蘇無錫]費氏續修宗譜二十卷　(清)費永修纂修　清光緒二十六年(1900)源遠堂木活字印本　二十冊

320000－1606－0011280　地3375
[江蘇無錫]錫山趙氏宗譜十四卷　(清)趙寅恭等纂修　(清)趙棫等續修　(清)趙振鏞等同修　(清)趙文焜等協修　(清)趙熊等較輯　清宣統元年(1909)木活字印本　四冊　存四卷(五、九至十、十二)

320000－1606－0011281　地3377
[江蘇無錫]錫山趙氏宗譜十四卷　(清)趙寅恭等纂修　(清)趙棫等續修　(清)趙振鏞等同修　(清)趙文焜等協修　(清)趙熊等較輯　清宣統元年(1909)木活字印本　十六冊　存十三卷(一至二、四至十四)

320000－1606－0011282　地3378
[江蘇江陰]石橋趙氏宗譜七十卷首一卷　(清)趙汝明修　(清)趙汝洪等輯　清光緒二十九年(1903)誠有堂木活字印本　五十一冊　存五十八卷(一至十七、二十、二十二、二十七、二十九、三十二至四十二、四十四、四十六至五十二、五十四至七十,首一卷)

320000－1606－0011283　地3384

[江蘇無錫]**唐氏家乘十一卷附一卷**　（清）唐錫晉纂修　清光緒三十三年（1907）木活字印本　三册　存五卷（五至六、九至十一）

320000－1606－0011284　地3399
[江蘇無錫]**梁溪徐氏宗譜□□卷**　（清）徐處仁纂修　清同治十三年（1874）啟承堂木活字印本　十三册　存十三卷（一至二、四至十一、十四至十五、十八）

320000－1606－0011285　地3403
[江蘇無錫]**殷氏續修宗譜七卷首三卷**　（清）殷爾江纂修　清光緒六年（1880）履和堂木活字印本　二册　存二卷（七上、首中）

320000－1606－0011286　地3404
[江蘇無錫]**殷氏續修宗譜七卷首三卷**　（清）殷爾江纂修　清光緒六年（1880）履和堂木活字印本　十四册

320000－1606－0011287　地3405
[江蘇無錫]**殷氏續修宗譜七卷首三卷**　（清）殷爾江纂修　清光緒六年（1880）履和堂木活字印本　八册　存九卷（一至四，五上，六上、中，七上、下；首中、下）

320000－1606－0011288　地3410
[江蘇無錫]**錫山秦氏宗譜十二卷首一卷**　（清）秦瀛纂修　清嘉慶二十四年（1819）刻本　一册　存一卷（首一卷）

320000－1606－0011289　地3411
[江蘇無錫]**錫山秦氏宗譜十二卷首一卷**　（清）秦瀛纂修　清嘉慶二十四年（1819）刻本　二册　存一卷（首一卷）

320000－1606－0011290　地3412
[江蘇無錫]**錫山秦氏宗譜十二卷首一卷**　（清）秦瀛纂修　清嘉慶二十四年（1819）刻本　三册　存四卷（七、九至十，首一卷）

320000－1606－0011291　地3414
[江蘇無錫]**錫山秦氏宗譜十二卷首一卷**　（清）秦蘭枝等修　清同治十二年（1873）木活字印本　十四册

320000－1606－0011292　地3415
[江蘇無錫]**錫山秦氏宗譜十二卷首一卷**　（清）秦蘭枝等修　清同治十二年（1873）木活字印本　八册　存十一卷（一至九、十二，首一卷）

320000－1606－0011293　地3416
[江蘇無錫]**錫山秦氏宗譜十二卷首一卷**　（清）秦蘭枝等修　清同治十二年（1873）木活字印本　二册　存三卷（六至七、首一卷）

320000－1606－0011294　地3424
[江蘇無錫]**莫氏宗譜二十四卷**　（清）莫春芳等主修　清光緒二十八年（1902）敦仁堂木活字印本　十九册　存十九卷（一至三、五至十六、十九至二十二）

320000－1606－0011295　地3425
[江蘇無錫]**錫山袁氏宗譜二十八卷**　（清）袁大鐘等纂修　清光緒二年（1876）維則堂木活字印本　十一册　存十一卷（一至二、四、七至十、十二、十九、二十二、二十五）

320000－1606－0011296　地3431
[江蘇無錫]**錢氏宗譜十六卷**　（清）錢渭川等主修　（清）錢士縉等纂修　清光緒六年（1880）錦樹堂木活字印本　十二册　存十二卷（一至三、六至八、十至十一、十三至十六）

320000－1606－0011297　地3455
[江蘇無錫]**堠山錢氏宗譜十卷世譜三十卷**　（清）錢熙元纂修　清光緒三十三年（1907）錦樹堂木活字印本　十册　存十卷（堠山錢氏宗譜三、九，世譜一、六、十、十四、十八、二十一至二十二、三十）

320000－1606－0011298　地3456
[江蘇無錫]**堠山錢氏宗譜十卷世譜三十卷**　（清）錢熙元纂修　清光緒三十三年（1907）錦樹堂木活字印本　四十册

320000－1606－0011299　地3457
[江蘇無錫]**堠山錢氏宗譜六卷世譜二十二卷**　（清）錢日煦等纂修　清同治十三年（1874）錦樹堂木活字印本　二十七册　存二十七卷

（堠山錢氏宗譜一至五、世譜二十二卷）

320000－1606－0011300　地 3459
［江蘇鎮江］吳越錢氏宗譜十六卷首四卷末一卷　（清）錢正墉等纂修　清光緒六年（1880）木活字印本　十六册

320000－1606－0011301　地 3462
［江蘇無錫］陶氏宗譜十二卷首一卷　（清）陶汝楫等纂修　清宣統三年（1911）木活字印本　十册

320000－1606－0011302　地 3468
［江蘇無錫］顧氏宗譜□□卷　（清）□□纂修　清木活字印本　二册　存二卷（四、八）

320000－1606－0011303　地 3497
［江蘇無錫］龔氏宗譜一卷　（清）□□纂修　稿本　一册

320000－1606－0011304　地 3498
［安徽］合肥龔氏宗譜八卷首二卷世表全卷一卷世表卷附一卷　（清）龔照昕主修　（清）龔心鑑掌稿　清光緒十六年（1890）福壽堂木活字印本　十七册

320000－1606－0011305　地 3500
［江蘇無錫］嵇氏宗譜八卷　（清）嵇爾霖纂修　清光緒三十三年（1907）木活字印本　四册

320000－1606－0011306　地 3502
［江蘇無錫］強氏宗譜□□卷　（清）強豹臣纂修　清五雲堂木活字印本　二册　存二卷（忠集二至三）

320000－1606－0011307　地 3504
［江蘇無錫］惠氏宗譜三十四卷　（清）惠善旌纂修　清光緒二十五年（1899）百歲堂木活字印本　三十三册　存二十七卷（一、四至九、十一至十五、十八至二十一、二十三、二十五至三十四）

320000－1606－0011308　地 3511
［江蘇無錫］江陂童氏家譜一卷　（清）童雲軒纂修　清光緒二十一年（1895）抄本　一册

320000－1606－0011309　地 3512
［江蘇無錫］董氏家乘十卷　（清）董春亭（清）董元吉纂修　清同治九年（1870）蒼梧草堂木活字印本　十四册

320000－1606－0011310　地 3513
［江蘇無錫］董氏家乘十卷　（清）董瑞邦等編纂　清光緒二十一年（1895）蒼梧草堂木活字印本　二十二册

320000－1606－0011311　地 3514
［江蘇無錫］蔣氏宗譜二十卷　（清）蔣三益等纂修　清同治十三年（1874）一梅堂木活字印本　二十册

320000－1606－0011312　地 3515
［江蘇無錫］錫山蔣氏宗譜二十六卷首一卷附徵信錄一卷　（清）蔣士桐等纂修　清宣統二年（1910）一梅堂木活字印本　二十二册　存二十六卷（二至二十六、附徵信錄一卷）

320000－1606－0011313　地 3516
［江蘇無錫］錫山蔣氏宗譜二十四卷首一卷（清）蔣汝佶等纂修　清光緒四年（1878）一梅堂木活字印本　十四册　存二十二卷（二至二十、二十二至二十四）

320000－1606－0011314　地 3520
［江蘇江陰］澄江南閘蔣氏宗譜十卷首一卷（清）蔣國寶主修　清光緒十四年（1888）三徑堂木活字印本　十册

320000－1606－0011315　地 3522
［江蘇常州］毘陵墅村蔣氏再修宗譜十卷（清）蔣金川再修　清光緒二十四年（1898）追遠堂木活字印本　十册

320000－1606－0011316　地 3524
［江蘇無錫］錫山謝氏宗譜二十八卷　（清）謝鳳彥纂修　清光緒十六年（1890）寶樹堂木活字印本　二十五册　存二十六卷（一至六、八至十九、二十一至二十八）

320000－1606－0011317　地 3530
［江蘇無錫］錫山韓氏宗譜十六卷　（清）韓錦芳等纂修　清光緒四年（1878）敦倫堂木活字印本　十三册　存十三卷（一至二、四、六至

十一、十三至十六)

320000－1606－0011318　地3531
[江蘇無錫]廉氏宗譜不分卷　(清)廉聖培編纂　清嘉慶十四年(1809)孔戒堂木活字印本　一冊

320000－1606－0011319　地3532
[江蘇無錫]廉氏重修宗譜十二卷　(清)廉厚基編輯　清咸豐七年(1857)孔戒堂木活字印本　三冊　存三卷(三、五至六)

320000－1606－0011320　地3533
[江蘇無錫]廉氏重修宗譜八卷　(清)廉翰編纂　清道光四年(1824)孔戒堂木活字印本　五冊　存五卷(一、四至六、八)

320000－1606－0011321　地3534
[江蘇無錫]廉氏宗譜十二卷首一卷附一卷　(清)廉寰清纂修　清光緒二十年(1894)孔戒堂木活字印本　八冊　存八卷(一至二、五至八,首一卷,附一卷)

320000－1606－0011322　地3535
[江蘇無錫]廉氏重修宗譜八卷　(清)廉翰編纂　清道光四年(1824)孔戒堂木活字印本　七冊　存七卷(一至二、四至八)

320000－1606－0011323　地3539
[江蘇無錫]錫山竇氏宗譜八卷首二卷末二卷　(清)竇士鏞等纂修　清光緒二十九年(1903)五枝堂木活字印本　十冊

320000－1606－0011324　地3541
[江蘇無錫]管氏宗譜十二卷首一卷　(清)管寶華等纂修　清光緒三十年(1904)敦厚堂木活字印本　十冊　存八卷(一至二、四至五、七至九、十二)

書名筆畫字頭索引

一畫

二畫

三畫

四畫

五畫

六畫

七畫

八畫

九畫

十畫

十一畫

十二畫

十三畫

十四畫

十五畫

十六畫

十七畫

十八畫

十九畫

二十畫

二十一畫

二十二畫

二十三畫

二十四畫

二十五畫

二十六畫

二十八畫

三十畫

書名筆畫索引

一畫

二畫

三畫

四畫

五畫

六畫

七畫

八畫

九畫

十畫

十一畫

十二畫

十三畫

十四畫

十五畫

十六畫

十七畫

十八畫

十九畫

二十畫

二十一畫

二十二畫

二十三畫

二十四畫

二十五畫

二十六畫

二十八畫

三十畫